中华民俗大典

甘肃卷

总主编　段宝林　过　伟　白庚胜

主编　黄河

创于1897　商务印书馆　The Commercial Press

图书在版编目（CIP）数据

中华民俗大典.甘肃卷／段宝林，过伟，白庚胜总主编；黄河主编. -- 北京：商务印书馆，2024.
ISBN 978-7-100-24500-5

Ⅰ. K892

中国国家版本馆CIP数据核字第2024BD3146号

装帧设计：李杨桦

封面剪纸：何　霞

中华民俗大典　·　甘肃卷

段宝林　过伟　白庚胜　总主编

黄河　主编

商 务 印 书 馆 出 版

（北京王府井大街36号　邮政编码100710）

商 务 印 书 馆 发 行

北京尚唐印刷包装有限公司印刷

ISBN 978 - 7 - 100 - 24500 - 5

2024年9月第1版　　　开本787×1092　1/16
2024年9月北京第1次印刷　　印张33¾

定价：190.00元

《中华民俗大典》编委会

《中华民俗大典·甘肃卷》
编委会

顾　问：曲子贞　柯　杨

主　编：黄　河

副主编：刘文江　白晓霞　余粮才

委　员：杜　芳　陈宇菲　高国藩　戚晓萍

《中华民俗大典》总序

伟大的中国既是东方文明古国，也是世界文明古国，56个民族兄弟般地团结、和睦共处在一个大家庭里。几千年来，中华文化源远流长连续不断，在世界上是绝无仅有的。中华文化的这种"协和万邦"的特性，非常突出。我们56个民族博大精深的民俗文化，开启了并传续着中华民族的文化基因，几千年来不断传承发展，蔚为大观，是中华民族的文化根基，也是我们民族振兴、文化繁荣的巨大宝藏，对增进文化认同、维护国家统一、促进民族团结、铸牢中华民族共同体意识具有重大意义。在世界文明互鉴中，为构建人类命运共同体提供了坚实的人文基础。故而我们要坚定文化自信，努力增进文化自觉，把几千年来广大人民群众创造和传承的民俗文化总汇——《中华民俗大典》编写好，这是我们光荣而神圣的历史任务。

民俗文化是人类文化的根基，是各族人民的集体创造，其内涵极其丰富、深邃。对一个民族来说，民俗文化是民族的精神支柱，具有极大的民族凝聚力。即使在遥远的海外，共同的中华风俗始终坚守不衰，成为华人团结奋斗的重要标志。各民族人民之所以能够经受住历史的风风雨雨一直生活到今天，很大程度上有赖于民俗文化的创造和传承。中国境内的所有民族，不论大小，都对中国文化作出了各自独特的贡献，有很多值得其他民族好好学习之处。因此，用科学方法，对各个民族的民俗文化进行全面系统的调查与研究，是一项极其重要而艰巨的历史任务。这对于增进各个民族之间的相互了解，加强民族文化交流和民族团结，发扬优秀的文化传统，更好地建设社会主义的物质文明和精神文明，都是必不可少的。

20世纪80年代以来，随着改革开放政策的实施，排除了过去"左"的干扰，中国的民俗文化研究取得了突飞猛进的发展。在党和政府的有力支持下，对各地民间文艺进行全面普查，编印出版的大型民间文艺十套集成志书（每省1卷，每套30卷，十套共300卷；地、市、县及乡镇卷的数量则更多得多），被人们誉为"中国文化的万里长城"，曾得到联合国教科文组织的表彰和资助，受到世界各国的钦佩与欢迎。而盛开的民间文艺之花是扎根在民俗文化的土壤之中的，因此，往更深更广的方面开拓，必然要求对整个民俗文化进行全面普查记录并出版系列丛书，以满足国内外对了解中国民俗文化日益增长的需要。《中华民俗大典》正是在这样的形势下出现的。它是时代的宁馨儿，也是历史的骄子，具有深远的社会意义。

民俗是人民生活方式的体现，是人民自己的生活文化。举凡节日喜庆、衣食住行、农工商学、家庭宗族、社区社团、生老病死、婚丧礼俗、宗教信仰、祀神驱鬼、民间医药卫生、民间科学技术以及民间文艺、游戏娱乐、民间体育等风俗习惯和民众创造，都涵盖于民俗文化之中。"百里不同风，千里不同俗。"人类是按照美的规律进行创造的，各地的民俗都是在当地自然条件和历史社会条件下的产物，在其产生的当时，都是作为一种美好的生活方式而被创造出来并流传开来的，所以民俗的实质就是一种生活美。

西方流行的"民俗是历史残留物"的理论是不全面的、不科学的。因为民俗中不只有古代文化的遗存，更有各个时代人民新的创造，是人民群众按照当时当地的条件和自己的审美理想而创造出来的生活美——最适宜于当地条件的最美好的一种生活方式。

中国人民是天才的人民，最富于创造，也最善于把普通的日常生活艺术化，哪怕是在最困难的条件之下，他们也要千方百计使生活带上美的色彩。西方美学只是艺术哲学，是哲学中的一个部分，只研究艺术美，不研究生活美。我感到需要进行美学革命，于是提出了自己对美的新的定义，并且新提出了"生活美"的概念和定义，简要地说，我认为"美的就是可爱的"。美的生活就是在当时当地条件下最符合人们理想的生活，是人们的理想与现实条件的统一，所以作为生活美的民俗具有时代性、地方性和民族性等，是多种多样的。这是美的理想、观念往往因时而异、因地而异、因民族而异之故。这个道理，我们中国人早在两三千年前就已经作为一种重要的原则，在《礼记·王制》中做了论述，认识到尊重各地各族人民的风俗习惯，承认民俗美的多样性，就能促进互相了解、互相体谅，达到民族团结、地区和顺的目的："凡居民材，必因天地寒暖燥湿。广谷大川异制，民生其间者异俗，刚柔、轻重、迟速异齐，五味异和，器械异制，衣服异宜。修其教，不易其俗；齐其政，不易其宜。中国戎夷，五方之民，皆有性也，不可推移。东方曰夷，被发文身，有不火食者矣。南方曰蛮，雕题交趾，有不火食者矣。西方曰戎，被发衣皮，有不粒食者矣。北方曰狄，衣羽毛穴居，有不粒食者矣。中国、夷、蛮、戎、狄，皆有安居、和味、宜服、利用、备器。五方之民，言语不通，嗜欲不同。达其志，通其欲。"古人已认识到中原与四方的各民族——五方之民，各有自己的风俗习惯。有的被发文身，刻额交趾，有的穿皮衣、羽毛，有的不吃熟食，有的不吃粮食谷粒。但不管有怎样的不同，都各有自己的"安居、和味、宜服、利用、备器"，即吃、穿、住、用等方面的民俗美，这是各自不同的美。统治王朝只能"修其教，不易其俗；齐其政，不易其宜"，要人们认识、承认并尊重各地各民族民俗美的多样性。

我们编写的这套大型丛书《中华民俗大典》正是要全面包容中国各个民族、各个地区民俗美的多样性，使各民族相互了解、相互尊重、相互学习，从而达到更加亲密无间的团结。

民俗是变化的。民俗美具有时代性，它是随着美的观念之变化而变化的。随着历史的进步，原来的美俗渐渐变成落后的陋俗了，于是又产生了新的民俗来取代旧的。各种民俗都处在不断变化之中，社会变化愈快，民俗的变化也愈快。其变化的方向与轨迹如何呢？有什么规律可循吗？当然有。任何事物的运动都是有规律的，只是某些运动规律过于复杂而不易全面地掌握而已。事实上，真、善与美是辩证地统一在一个民俗的整体之中的。真是事物的科学内核，善是事物的用处和好处。真和善是事物内容的美，其与美的各种形式总是紧密结合在一起的。真、善、美的完全结合，就是民俗中"绝对的美"的主要内涵。

民俗在各时代、各地区的存在都是相对的，其中有一定的绝对美的分子。民俗的发展趋势是越来越美，也就是绝对美的分子越变越多，总是不断向绝对的美前进。虽然不排除发展中有曲折和反复（如某些地方某些人中的迷信行为之沉渣复起），但是总的倾向是进化的、趋美的（科学总是要战胜迷信的）。科学的民俗学应该对各种民俗进行全面的客观的分析，既要了解它们的现状及其产生的社会背景和各种条件，尊重各族人民的自我抉择，同时又要研究民俗发展的轨迹和路径，宣传更美好的先进的生活方式，普及科学知识，改善人们的生产与生活条件，改变落后的生活环境和审美观点，帮助人民自觉地自己动手去移风易俗，改变不科学、不合理的落后的生活方式，使民俗更加美好。民俗的趋美律总是要起作用的。任其自发地变化，其变化的速度就慢，掌握它的变化规律去科学地、自觉地移风易俗，就可以加快民俗进步的速度。

由于生产水平低下，科学不发达，人们不了解自然和社会的科学发展规律，不能掌握自己的命运，只好依靠神佛、祖先的崇拜来消灾求福，产生了许多鬼神迷信的民俗。这是人类软弱与无知的表现，但许多文学艺术却同时在这些宗教迷信的民俗中创造、传承、发展着，深刻地、广泛地影响着人们的社会生活。随着社会的进步，教育的发达，许多旧的迷信风俗已在逐渐改变。这种改变一般是用更加符合真、善、美的新民俗取代或改造了旧民俗，迷信的成分为新的生活美所取代，使民俗更美了，也更符合科学了。这种移风易俗是符合民俗趋美律的，是成功的。这是人们的审美观念与生活条件变化而产生的自然结果，而不是简单化的"破旧立新"的成果。正相反，民俗的改造并非"不破不立""先破后立"，而是相反："不立不破""先立后破"。如果没有新的更美的民俗创造出来去代替旧民俗，旧的民俗是不可能真正被破除的。

我们对一切带有迷信色彩的民俗，都要用科学的态度进行谨慎的、认真的全面记录，然后还要进行科学的分析和批判，保存并发扬其中合理的成分，吸取其文化、艺术的美好因素，加以推陈出新的改造，使它们更加美好，更加符合人民群众新生活的需要。如此的移风易俗是要靠群众自觉自愿地在科学的指导下来进行的。所以必须认真贯彻"全面搜集，慎重整理，加强研究"的正确方针，首先把一切旧的、哪怕是带有迷信内容的传统民俗，如实地记录下来，进行多层次的科学分析，作为移风易俗的参考。即使是一些过去流行但如今已不存在的传统民俗，为了研究民俗历史发展规律，也必须加以全面的调查并作为历史资料认真地保存下来。否则，历史的环节残缺不全，对研究现实和历史的渊源关系，对掌握历史发展规律都是非常不利的，对此我们要有清醒的认识，以免造成不可弥补的损失。对于传统民俗在现代的新的、哪怕是微小的变异，以及对一些新出现的民俗，哪怕还处在萌芽状态，尚未成俗，只是包含着一些民俗因素的事物，我们也要敏感地加以采集和研究。过去的民俗学家往往注重研究比较落后的"历史残留物"——一些迷信的精神民俗，而不研究物质民俗。我们认为，凡是人民生活的各个方面都应该调查研究，民俗应该包括物质民俗、精神民俗和社会组织制度民俗。这是更加全面的民俗观，也是一种民俗学的创新。

为了更科学地记录和研究民俗事象，我们主张运用科学的立体思维方法而不用点性思维、线性思维、片面思维和平面思维、静止思维的方法，将"立体描写"的方法运用到《中华民俗大典》整个编写、审稿和出版过程中，使它尽可能相对地大和相对地全，以符合"大典"的要求。

"世事洞明皆学问，人情练达即文章。"《红楼梦》中的这副对联是非常深刻的，对民俗学的建设尤有深远的借鉴价值。中国的民俗调查和记述，已有了两三千年的历史，但古代的民俗记录

（包括《风俗通义》这样的专书），往往比较简略、零散，并且语焉不详，缺少专门的系统的调查，更不用说全国性的民俗普查了。

目前的中国正处在实现社会主义现代化和中华民族伟大复兴的历史进程之中，新生事物层出不穷，许多传统民俗不断被新民俗所取代，并随着老一代人的不断去世而逐渐失传，如不及时调查记录保存下千百年来人民创造和流传的各种传统民俗，必将造成难以弥补的巨大损失。这既愧对前人也愧对子孙后代，我们绝对不能让流传了千百年的传统民俗，在我们这一代人手中因得不到记录而失传。所以，尽快调查与记录这些即将失传的民俗文化遗产，对新出现的民俗及时记录、研究，进行史无前例的全面的民俗大普查，正是我们这一代人不可推卸的历史责任！这对于探讨中华文化及民俗的历史发展规律，对于在科学指导下进行移风易俗以创造人民美好的新生活，都是非常必要的。我们不能因为任务艰巨而畏难退缩，以致坐失良机，眼睁睁地看着珍贵的民俗文化遗产不断在我们的视野中消失而无动于衷、无所作为。

正是基于以上的认识，我曾在中国民俗学会的两次大会的理事会上，提出了进行全国民俗普查的建议。这是一个紧迫的任务，但是非常艰巨，难度很大，所以始终处在筹备、酝酿的阶段。1994年，我们开始启动《中华民俗大典》编写工作，征求了过伟、周星、高丙中、万建中、刘铁梁等先生的意见，希望能共同负责完成这一工作，得到了热烈的响应。我又起草了一个较为详细的"编写大纲"印发各地民俗专家，一方面征求意见，一方面组织队伍。老一辈的民俗学专家费孝通、钟敬文、季羡林、贾芝、杨堃、马学良等先生都很支持这一工作。各省、自治区、直辖市及港、澳、台地区和海外的许多权威专家分头组织编委会，团结老中青各民族学者，从事各卷的调查与编写。

我们此次发动中国民俗学会会员和全国广大的民俗学家进行民俗普查（或补充调查），编写《中华民俗大典》大型系列丛书，努力运用科学的方法，进行详尽的记录，对各地有特色的民俗，进行全方位、多侧面、多层次的立体描写，把许多民俗事象的各种细节尽量详细地、具体地、形象地描写出来，使读者读后有身临其境的感受，如见其状，如闻其声。在书中，一方面集中古今调查研究的重要成果，另一方面对一些重点民俗进行重新调查，弥补过去的缺门空白点，进行全面的、立体的描写记述，克服以前民俗记录简略而零碎、缺少深入的科学分析的缺陷，以便读者对中国各地和海外华人的各种主要的民俗事象有一个清楚明白而全面深入的了解，提供现今条件下的最大信息量，以满足各行各业专家和广大读者的多种需求。在行文上，尽量做到既有知识性、科学性，又有趣味性、可读性，既有丰富深厚的学术内容，又深入浅出、通俗易懂、雅俗共赏、真实可靠，使之成为一部具有深远历史意义和社会实用价值的大型的民俗经典文献。

我们这套大型民俗系列丛书《中华民俗大典》，总共35卷，除各省、自治区、直辖市各1卷外，还包含香港、澳门、台湾及海外华人各1卷，每卷100万字左右，个别民族较多的省、自治区可适当增加字数。整套丛书，总字数共约3000万字。

这是一项由中国民俗学会主办，发动全中国和海外华人民俗学家共同调查研究的巨大的文化工程。我们的主要目的是全面收罗过去千百年来的民俗调查研究成果，并尽可能全面地进行民俗普查和某些重点民俗的补充调查，把新旧民俗的各种资料尽可能都包容在书中，力求做到既大又全，这是我们的既定目标，我们在编写工作中是努力这么做的，究竟做得怎样，就要由读者来评定了。如果各地的专家和读者在读后发现了缺漏、失误之处，请给我们提供具体的材料和意见，以便再版时改正，并不断补充新的民俗资料。

最后，我们怀着非常激动的心情，对一切关怀和帮助我们工作的各位领导和专家、读者，表示崇高的敬意和衷心的感谢！希望各位在未来的日子里，继续给我们以各种宝贵的支持和帮助，俾使这套闪耀中华文明之光、集中人民智慧的《中华民俗大典》丛书早日出齐，更加完美。

段宝林

2024 年 8 月

源远流长的甘肃民俗文化
——《中华民俗大典·甘肃卷》序

柯　杨

打开中国地图，你就会在青藏高原、内蒙古阿拉善高原和黄土高原三大自然区域的交汇处看到长条形、哑铃状的甘肃省。它东西跨度达1600多公里，面积454 000平方公里，辖兰州、白银、定西、庆阳、平凉、天水、陇南、金昌、武威、张掖、嘉峪关、酒泉12个地级市和甘南、临夏2个民族自治州，统领86个区、县（含7个少数民族自治县）。总人口2500多万。

甘肃这个省名，由甘州（今张掖）和肃州（今酒泉）这两个古地名的首字合并而成。因省内绝大部分地区在陇山以西，汉王朝曾设陇西郡，唐王朝亦曾置陇右道，故历史上将甘肃简称为"陇"，近代以来，则多以"甘"作为简称。甘肃经纬度跨度宽，地势起伏大，平均海拔高，气候种类多。境内有祁连山、阿尔金山、乌鞘岭、西倾山、西秦岭、六盘山、小陇山、子午岭、马鬃山、合黎山、龙首山等大小山脉数十条，有黄河、渭河、泾河、洮河、大夏河、庄浪河、祖厉河、马莲河、西汉水、白龙江、黑河、疏勒河等大小河流数十条，形成了高原、山地、沟壑、丘陵、戈壁、沙漠、绿洲和小型河谷冲积平原等多种地貌并存的自然景观。据历史地理学家们的研究，远古时代的甘肃境内河流纵横，湖泊星布，土质肥沃，气候湿润，植被茂密，生态环境良好，很适合人类生息和耕作。明乎此，就不难理解华夏民族最初的文明星火，诸如大地湾文化、马家窑文化、齐家文化、半山文化、马厂文化、辛店文化、寺洼文化、沙井文化等，为什么会如此集中地呈现在甘肃大地上。

甘肃是中华民族农耕文化重要发祥地之一，已被越来越丰富的考古资料所证实。从天水市秦安县五营乡邵店村大地湾古人类遗址的挖掘报告中可以看出，这个长达三千多年（最早距今7800年，最晚距今4800年）的古文化遗址，是仰韶文化的先驱，比西安半坡遗址的历史还要早800多年。其中有些出土文物，堪称中国考古史上最重要的发现。如大量陶器上所绘的鱼、鸟、蛙、虎和人形，反映了先民们的渔猎生活；黍米和油菜籽等碳化了的农作物种子的出土，证实了原始农耕的萌芽；陶制纺轮的出土，说明当时已有了原始的纺织技术；陶器上发现的十多种记事符号，也为汉字的起源提供了重要信息。尤其需要强调的是，大地湾遗址恰恰处于"人文初祖"伏羲氏的诞生地——古成纪的范围之内，其重要性就可想而知了。如果再加上黄帝问道于广成子的平凉市崆峒山，西王母与穆天子会面的泾川县回中山，大禹治水的积石山等皆在甘肃境内，就足以证明甘肃与华夏古代文明关系的密切。

夏末，周始祖后稷之子不窋因不满夏主的昏暴，率族奔狄戎之间，在陇东建立了不窋城。他殁后，儿子鞠陶、孙子公刘先后继承祖业，教民稼穑，为中华农耕文明的肇始做出了开拓性的贡献。周祖陵（不窋墓园）在庆城县东山，公刘殿在庆阳市西峰区温泉乡刘家店。在这两处，民间祭祀农耕先祖的活动至今不衰。周朝时，甘肃境内还曾建立过密须、义渠、共、秦等国，其中以秦最为强盛。秦氏族最初在天水市南西汉水流域的礼县、西和县一带为周王朝养马，后来得到很快发展并不断东迁，成为当时一支举足轻重的势力，最终完成了横扫六国，统一中华的大业。近十多年来在礼县大堡子山先后发现了大型、密集的秦先公先王墓葬群，出土了一大批国宝级的重要文物，进一步证明了秦人乃由甘入陕的史实。

秦亡汉兴，随着西北疆域的开拓及丝绸之路的贯通，出现了商旅往返，贸易兴旺，丝绸西去，天马东来的繁荣景象。西汉元狩二年（前121），汉武帝令名将霍去病讨伐匈奴，迫使匈奴浑邪王与休屠王归降汉朝，保证了河西走廊的畅通，而武威、张掖、酒泉、敦煌四郡的设立，则进一步促进了汉王朝与西域诸国的商贸往来和文化交流。

三国时期，魏、蜀、吴各自争雄，战事连连。甘肃的秦州（今天水）、陇城（今秦安）、武都（今西和）、西县（今礼县）、河池（今徽县）一带，成为魏、蜀双方激烈争夺、战争频繁之地。诸葛亮"六出祁山"的祁山堡（在今礼县境），斩马谡的街亭（在今秦安县陇城镇）等古战场遗址至今犹存，三国传说故事也在这些地方广为流传。

魏晋南北朝时期，全国动荡不安，战乱蜂起，聚居于甘肃境内的氐、羌、匈奴、鲜卑等族的上层统治者，乘机建立了各自的割据政权，如"河西五凉"（前凉、后凉、南凉、西凉、北凉）、西秦等小国，但统治时间都不长。唯武都白马氐族部落首领杨腾之子杨驹所建立的仇池国从东汉建安十六年（211）开始，历经三国、晋、宋、齐、梁、陈、魏、周、隋等朝，传十八代，易三十三主，统治甘、陕、川六郡十八县达386年之久，其治所以"百顷"为号，在今甘肃西和县境内的仇池山上。西和县曾出土两颗爵封金印，其上文字一曰"晋归义氐王"，一曰"晋归义羌侯"，这是因为晋惠帝时，氐羌部落在齐万年率领下举行起义，失败后归降，故印章上才有"归义"字样。隋朝时，甘肃一带又受突厥和吐谷浑的侵扰，隋炀帝率兵西巡，平定并安抚了吐谷浑，还在张掖会见了西域二十多个小国的君主或使者，恢复了丝绸之路的商贸往来。

盛唐时期，由于国家的安定和经济的繁荣，再加上唐王朝在丝绸之路沿线派兵驻守，建立驿站，开辟商城，保证了中亚、西亚及地中海沿岸国家使者和商旅的安全往来和正常贸易，文化交流亦蓬勃展开，出现了"凉州七城十万家，胡人半解弹琵琶"（岑参《凉州馆中与诸判官夜集》）和"琵琶长笛曲相和，羌儿胡雏齐唱歌"（岑参《酒泉太守席上醉后作》）的歌舞升平景象。安史之乱后，吐蕃乘机侵占河陇地区，加之宋元以降全国政治、经济、文化中心东移，使往昔热闹兴旺的丝绸之路趋于萧条，而甘肃也逐步演变为一个经济落后的省份。元明时期值得提出的，就是信仰伊斯兰教的回、东乡、保安、撒拉等民族开始大量在甘肃聚居。

我之所以用这么多篇幅来叙述甘肃的历史，就是因为甘肃多民族的民俗文化传承，与其历史文化背景有着密不可分的关系。许嘉璐同志在祝贺甘肃省中华民族文化促进会成立的贺信中，曾希望甘肃省的文化人以"源头·敦煌·丝路·交融"为主题开展民族文化的研究、建设与促进工作，而这八个字，也准确概括了甘肃传统民俗文化的地域特色和多民族特色。比如，天水市的伏羲庙会、平凉市泾川县的西王母庙会、庆阳市的周祖陵庙会和公刘庙会等，从古至今长盛不衰，都反映了中华民族文化源头的许多特征，它们对"人文初祖""农耕先祖"的崇拜与怀念，同全国许多地方的民间俗神信仰在性质上是有明显差别的。敦煌不但是佛教东传的重要门户和石窟艺术中的佼佼者，而且也是历史上中西文化交汇的中心之一。敦煌壁画和石室中发现的大量文献资料，不但有助于我们准确认识国内存续的众多民俗事象之所由来，而且也是研究中华民族民俗史的资料宝库。比如说，近二十多年来，全国各地都在研究傩文化的遗存，但有关傩文化的分类，大都依据敦煌遗书中所记录的古代傩歌唱词《儿郎伟》（共36首）所反映的内容，分为宫廷傩（官傩）、军傩、寺庙傩和乡傩（包括丐傩）四大类。再比如，关于伏羲女娲洪水神话的文字记载，过去的研究家都认为唐人李亢《独异志》中的记载最早，但敦煌遗书中的有关记载却著录于六朝时期，比《独异志》提前了四百年左右。这就说明，敦煌遗书中的民俗文化资料，对研究我国的民俗史和多民族的民俗文化交流具有特别重要的意义。在这方面，高国藩的《敦煌民俗学》、谢生保主编的《敦煌民俗研究》、谭蝉雪的《敦煌婚姻文化》等专著，已经为进一步深入研究敦煌民俗奠定了良好的基础。

在甘肃这块广袤的土地上，居住着汉、回、藏、蒙古、东乡、保安、裕固、哈萨克、撒拉、满、土、维吾尔等民族。其中汉族占总人口的91.31%，少数民族占总人口的8.69%。少数民族中，东乡、保安、裕固是甘肃独有的三个民族。

东乡族因聚居于河州（今临夏市）东乡（1950年设自治县）而得名。其形成的时间大约在元末明初，由信仰伊斯兰教的色目人和蒙古人所构成，其语言属阿尔泰语系蒙古语族，宗教信仰和生活习俗与回族大致相同，以农业生产为主，兼营手工业、饮食业和商业。在过去，擀毡、钉碗、当筏客子（水手）是东乡族人的绝活，现在则以餐饮业最为突出，尤其是"手抓羊肉"更是享誉全国。

保安族因最初聚居于明王朝修筑在青海同仁县的"保安三庄"而得名。清同治初年，因躲避当地喇嘛教隆务寺主持及农奴主的欺压而东迁至甘肃省积石山下的大河家、刘集、大墩、梅坡一带，形成了新的"保安三庄"，其语言亦属阿尔泰语系蒙古语族。信仰伊斯兰教，以农业生产为主要生活来源。部分人兼营手工业，专门制作各种花色品种的保安腰刀，技艺精湛，远近闻名。

裕固族自称"尧呼尔"，历史上曾被称为"撒里畏兀尔""黄番"等。源出于唐代甘州回鹘的一支——黄头回纥，后几经迁徙，才定居于祁连山北麓的狭长地带和酒泉市附近的黄泥堡、前滩、明花、明海一带。1954年2月，建立了肃南裕固族自治县。裕固族有两种语言，西部裕固族操尧乎尔语，属阿尔泰语系突厥语族；东部裕固族操恩格尔语，属阿尔泰语系蒙古语族。裕固族人以牧业生产为主，最初信仰萨满教，后来改信喇嘛教的格鲁派，是一个能歌善舞的民族，有史诗《我们来自西至哈至》和叙事诗《萨里玛珂》《黄黛琛》等在民间广为流传。

到目前为止，甘肃省已有54项民俗文化，被批准列入了国家级非物质文化遗产名录。其中最具地方和民族特色的有：兰州市的太平鼓、兰州鼓子、苦水高高跷、黄河大水车制作技艺；临夏回族自治州和政县的松鸣岩花儿会、临夏砖雕、保安腰刀锻制、东乡擀毡技艺；庆阳市的道情皮影戏、香包刺绣；甘南藏族自治州的拉卜楞寺佛殿音乐《道德尔》、藏族民歌、史诗《格萨尔王传》演唱、舟曲多地舞、卓尼巴郎鼓舞；定西市岷县二郎山的花儿会、洮砚制作技艺；天水市的伏羲祭典、清水道教音乐、武山旋鼓舞、秦安小曲；河西走廊各市、县的河西宝卷、夜光杯雕、凉州贤孝、裕固族民歌、裕固族服饰、敦煌曲子戏、永昌万字灯会；陇南市西和县与礼县的七夕节（当地人叫"巧娘娘节"）、武都高山戏、文县傩舞"池哥昼"；平凉市泾川县的西王母信仰习俗、庄浪县抬阁等。这些项目或以民族、地方特色浓郁见长，或以古老风俗本真性的存留而凸显其价值。比如说，乞巧节在历史上曾广泛流传于全国各地，是中华民族最有特色的女儿节。在我国从传统农业社会向现代工业社会急剧转化的今天，这一风俗在大多数地区已明显淡化甚至消失。但在甘肃省东南部的西和县和礼县，这一传统节日风俗却保存得相当完整，并在继续大规模传承。其延续时间之长（七天八夜），流传地区之广，参与人数之多，活动内容之丰，在全国可说是绝无仅有的，可称得上是"华夏第一"。

　　总之，现在奉献给广大读者的这部《中华民俗大典·甘肃卷》，以其古老性、多民族性和敦煌民俗为重点，充分展现了陇原大地民俗文化的历史价值、艺术价值和科学价值。这不但为文化人类学、社会学、民俗学和民族学家们提供了全面、真实、丰富的研究资料，而且在促进民族团结、构建和谐社会、创造新文化以及保护世界文化多样性等方面，也具有十分重要的意义。

2015 年 9 月于兰州大学

目　录

第三章　社会组织民俗

第四章　礼仪民俗

第五章　宗教信仰民俗

第六章 民间传统技艺与医药卫生民俗

第七章 民间游艺、曲艺与民间歌舞

第八章 民间工艺美术

第九章 敦煌古俗

第十章 甘肃民间文艺研究

甘肃民俗文化概述

甘肃省历史悠久、地域广阔、民族众多，多年来形成了非常丰富而多元的民俗事象。按照民俗学的分类体系，我们以节日民俗、物质民俗、社会组织民俗、礼仪民俗、游艺民俗等分别论述。

一

在漫长的历史中，中国人通过观察天文和气候现象发明了历法，用以安排生产生活。甘肃地区的汉族群众民间普遍使用农历，像除夕、元旦、元宵、寒食、端午、七夕、中秋、重阳、腊八等主要节日中的民俗活动和其他地区基本一致，但也有自己地域文化的特征。

例如从农历十二月初八开始，广大农村地区就进入了"过年"的时间周期，这一周期一直会延续到次年的正月十六，有些地方甚至会延长到二月初二。腊八节要吃"腊八粥"，相传农历十二月初八是释迦牟尼成佛日，佛寺常于该日举行诵经仪式，并效法佛祖成佛前牧女献乳糜的传说故事，取香谷及果实等造粥供佛，名"腊八粥"。对于甘肃地区勤俭的主妇而言，这一日要洒扫箱底，将积年的干果粮米清理干净，熬成香浓的一大锅粥供全家享用。不仅如此，陇东一带还有风俗，粥熟后先要向大门、窗户、果树涂一些，给家禽喂一些，俗称此为"抿雀儿嘴"。其意为预祝来年五谷丰登，庄稼和果树不受虫、鸟之害。

在静宁、庄浪、秦安等县的乡间，有"拉兵马"的民俗：每逢腊月初八，一大早人们就唱着《拉兵马》歌谣，去附近河里搬冰块，因此又称"拉冰马"。拉来的冰块（兵马），堆置在大门前和院子的四方五地（即院中及四方），以及马厩牛棚、猪圈羊窑和桌子、衣箱、面柜、窗台上。而在华亭市，每家每户都要于当日天明前打发强壮小伙子去河里挖凿一大块冰，运回放到自家粪堆上。拉来的冰块放置在庭院中有祈求吉兆的含义，因为冰化为水，水又象征财富。如果放在田地中，能对土壤起到保墒作用，有利于来年春耕，这对处在干旱半干旱地区的甘肃农村来说，十分重要，这可以说是从实用的生产生活知识转化为民俗事象的经典例子。

盛行在陇南市西和县的"乞巧节"也是富有地方特色的节日。其他地方"乞巧节"的活动一般在农历七月初七晚上进行，所谓"七月七日长生殿，夜半无人私语时"。但是西和乞巧节举办的时间最长，参与人数也几乎是最多的。据学者赵逵夫教授研究，西和乞巧节和早期秦人的"天汉"崇拜有密切关系，另外，西和乞巧节的仪式特征是圣俗结合，既包含有"巧娘娘"的信俗活动，也有青年女子之间进行的女性技艺传授，以及性别互助的习俗。

这种带有古老起源性特征的民俗节日在甘肃其他地方也有传承，它们与甘肃作为古代华夏文明的发祥地之一的历史状况有密切关系。比如甘南藏族自治州的舟曲县，每年的正月二十三是汉族群众的"补天节"，这一节日传说与"娲皇（女娲）补天"有关。在这一天要擀饼子，卷五色菜肴，以纪念娲皇补天的功德，求娲皇补天无灾无祸。但有趣的是，在这则解释性传说中的女娲造人环节里，女人是用大鹏金翅雕的羽毛造出来的。而这种吉祥鸟是佛教供奉的神鸟，在藏传佛教中尤为重要，从这里也可以看到民族融合在风俗上的表现。另外，属于起源性节日民俗的还有天水伏羲庙伏羲祭典、庆阳公刘庙公刘祭典等，它们都是对塑造文明源头的祖先的纪念性活动。

二

物质民俗可以分为物质生活民俗和物质生产民俗。物质生活民俗就是一般所说的"衣食住行"，而物质生产民俗指的是人们在生产劳动中所创造、享用和传承的物质文化事象，例如农业民俗，狩猎、游牧和渔业民俗，工匠民俗，商业和交通民俗，等等。

衣食住行是人们生活中占大头的内容，以满足人们的生理需求为基础，而以审美、营养、舒适、便捷等更高层次的心理要求为发展目标。

甘肃汉族群众的服饰跟东部地区的汉族群众基本一致。清代以后，我国衣着服式经过了两次较大变化。一次是中山装代替了长袍马褂；再一次是近三十年来的各种新式中装、西装，包括夹克衫、牛仔服、羽绒服及各式裤、裙等丰富多彩服式的普遍流行。

甘肃少数民族穿着的现代服饰和汉族差别不大，但传统服饰上颇有自己的民族特点。像甘肃独有的三个少数民族裕固族、东乡族、保安族的服饰，民族文化特性比较鲜明。而其他如藏族、蒙古族、土族居住在甘肃的分支，也和当地自然环境、人文风情相融合，创造出来了富于自身特色的衣饰造型。如卓尼藏族的"觉乃"藏族服饰，也称"三格毛"服饰（尤指当地藏族妇女头发梳编成的三根粗大辫子）。肃北雪山蒙古族服饰也具有不同于其他蒙古族地区服饰的种类、款式、色彩等。

在饮食方面，面食是各族群众的食物主体，另外以放牧为主业的少数民族群众饮食主体还有牛羊肉等肉食。面食的主要做法有面条、面片、馍馍、包子、饺子，少数民族如藏族还有糌粑等。

在日常饮食之外，还有宴席饮食。河东地区的汉族群众把参加宴会叫"吃席"，最有名的是"八大碗"，即八种蒸制的食物，用碗盛装。各地八大碗的品类略有不同，但普遍都有肘子、丸子等。

面条、面片的花样很多。例如现在名气遍及全国的"兰州清汤牛肉面"，就是百余年前由一位回族师傅马保子所创。兰州牛肉面制作讲究"一清（汤清）""二白（萝卜片白）""三红（辣椒油红）""四绿（蒜苗叶绿）""五黄（面条黄白色）"，拉面师傅手底下极为麻利，三五分钟一碗热腾腾的面条就已出锅，非常适合现代快节奏的生活，是真正的"快餐"。另外，面条品种还有浆水面、臊子长面、旗花面等。过去兰州地区新妇初入男方家门，要经历"十三把面"的考察，也就是要会做臊子面等十三种面条。真如唐代王建诗中所云："三日入厨下，洗手作羹汤。未谙姑食性，先遣小姑尝。"

甘肃地形复杂，在住的方面依据地势和地貌发展出来不同的民居形式。比如陇东的窑洞就是西北地区过去最常见的住房样式。古代中国人制窑、"箍窑"的历史非常悠久，《诗经》中就称赞古公亶父"陶复陶穴"。窑洞营造简单，省工省料，无须砖瓦，多在塬边、沟边及山崖下挖制，不占用地表土地。现在的庆阳居民在修建房屋住宅时，也有将厨房做成砖石窑洞的，其原因就是窑洞具备拱形建筑特征，具有保温、隔热等性能，冬暖夏凉，可使厨房内的水缸等生活用具在冬天不会冻破。

过去以游牧生活为主的民众居住在毡房、帐篷里。近些年来，大多数也采取了定居的方式。比如迭部藏族由游牧逐步转为定居的过程中，在借鉴临近兄弟民族建房工艺的基础上，总结出了一套利用地形、就地取材的山区建房经验。全县各地民房既有独特的民族特色和浓郁的地方特色，又有藏汉建筑风格相结合的合璧特征，即特有的榻板房。榻板房是一种以木为主，土、木、石相结合的建筑物，有的类似于内地四合院的风格，还有"内不见土，外不见木"的羌藏雕楼、雕房的风格。

甘肃的陇东地区是我国农业文明的发源地之一，在耕作方式、农具使用、播种收获等方面都具有自己的民俗特色。在进入机械化时代之前，陇东农村一直传承着二牛抬杠的耕作方式，这种耕作方式从汉代延续而来，能充分利用畜力。因此，陇东民间十分珍惜牛马等大牲畜，民间建有马王庙、牛王庙进行祭祀活动。

历史上陕甘宁地区地理相连、民风相近。但关中平原和黄土高原的海拔、气温、光照条件都有所不同，因此庄稼尤其是主粮成熟期就有一个先后次序。数百年来，陇东、天水一带地近关中的农民，在五黄六月时"小满"节气过后，趁着家中麦苗尚青，便成群结队前往关中帮助收麦，一路从泾渭河谷的关中东府到宝鸡一带的西府，一个月辛劳后再回到家乡，甘肃自家的麦子也成熟了，正好开镰。这些群众被称为"麦客（子）"，他们年年往返于两地，不仅完成了生产劳动，而且也进行了文化的交流。产生于关中的秦腔就是两地民众最共同的"语言"。同时，两地许多民众还互相结为姻亲，旧时代很多陕西西府的民众把去甘肃叫"走舅舅家"。庆阳宁县、天水秦安一带甚至很多村庄里有的"方神"传说就是麦客从陕西"请"来的。

甘肃因为地理位置的缘故，连接着青藏高原与蒙古高原。早在明代之时，朝廷就在秦州（今天水市）、河州（今临夏回族自治州）、洮州（今临潭县）设置了茶马司，管理茶叶和马匹贸易，形成了这几个地方居民早期的商品意识。像天水秦安县的"货郎担"就非常普遍，货郎们在冬天农闲之时备好货源出发，足迹遍及甘肃大地。每到春节之前，哪怕是在非常偏僻的乡村里，也能看到货郎们缓缓摇动着"动听"的拨浪鼓，为大姑娘小媳妇带来胭脂水粉，为孩子们带来新奇的小玩具。

在今天的临夏回族自治州临夏市和相邻的陇南市礼县盐官镇，牲畜市场、药材市场、茶叶市场依旧繁荣。特别是在交易的时候，有经验的交易商并不急于出价，而是将拳头缩在袖筒或盖在衣服里面，和对方互捏手指，商量价格。这在当地是一种古老的交易方法，叫作"捏价"，也称为"捏码子"，还有的地方形象地称为"掏麻雀"。交易成功，皆大欢喜；交易不成，脸上也淡然，另寻其他买卖。这类商业民俗在过去非常普遍，而今却很稀罕，成为了当地"一景"。

甘肃地形狭长，地貌多样，在现代的公路、铁路、航空没有开通之前，人们尽可能地使用水力、畜力来帮助通行。这就有了黄河上著名的羊皮筏子、牛皮筏子，也有了河西走廊铃声叮当的"骆驼客"。

黄河上游河道较为狭窄，不能运行大型船舶。但从甘肃兰州到内蒙古包头段，羊皮筏子一直被人们广为使用。羊皮筏子是一种特殊的摆渡和内河航行工具。人们在宰羊时，把整张羊皮囫囵剥下来，加工后成为皮胎，然后灌足了气扎紧。数十个皮胎连在一起，架在木架上就能成为运输较重货物的载具。据说大的羊皮（或牛皮）筏子可运二三十吨货物。兰州人曾幽默地说自己："洋芋开花赛牡丹，羊皮筏子赛军舰。"开春以后，"筏子客"们等黄河冰凌散去可以通航时，就满载货物开始出发，一般一星期左右就能到达包头。到了包头卸下货物，筏子客们再给皮胎放气，折叠成羊皮带回，这一回程要是步行的话，要经历三月时光。羊皮筏子所载的货物是甘青一带的特产，如水烟、皮毛等，经过包头晋商的商业网络，再发往北京、天津甚至蒙古高原和俄罗斯等地。

河西走廊的骆驼客组成的商队更大，编制多采用奇数，7—11只为一小队，俗称"一把子"或者"一链子"。骆驼客们各司其责，依次分为领房子、骑马先生、锅头、水头、拉链子。领房子是驼队中的首领，总管驼队的一切事务，熟悉骆驼习性和疾病的治疗，能够应付各种严酷的气候条件，熟悉路线和"井头"（水井分布），通常也是身怀绝技的武林高手，如果遇到强盗和土匪，能够保证驼队人员和货物安全。河西的骆驼队不仅参与了晚清民国时的内外贸易，抗战初期，大量的苏联援华物资也是由驼队运输而来，为战胜日本帝国主义的侵略立下了功劳。

三

在人类历史中，人们依据血缘关系天然形成了家庭，从家庭向外继续追溯血缘，又形成了宗族；而为了提高生存效率，又依据职业、信仰等的相互需求形成了合作关系，进而产生了社会组织。家庭、宗族形成了稳定的伦理关系，这种关系外延后则影响了社会组织。

在传统社会中，家庭、宗族和社会组织不像现代社会依赖严格的法律和章程维持和运转，而是依赖习俗惯制来进行互动。因此，关注其中的民俗活动对了解人对自身之外的社会关系和交往活动有重要意义。

现代社会的基本成分是核心家庭，也就是一对夫妇及未婚子女组成的家庭，而传统社会往往以大家庭的形式存在，或者聚族而居。家庭、家族、亲族在日常生活中的表现不是那么显著，人们各过各的"小日子"，但在婚丧嫁娶、年节庆生等仪式场合，家族的伦理行辈的表现就非常明显。比如甘肃民间风俗中，有长子为尊、舅舅最大的讲究。前者是宗族关系的核心，后者是亲族关系的核心。

　　家族的组成背后是父族，主要由同姓同宗构成。这里面的表现为兄弟排行和"房头"。在甘肃兰州一带，兄弟排行以同一祖父的孙辈男性为序，按年龄大小排行；家族如果家大业大，就有可能分家，每个兄弟自立门户，称为"房头"。"大房"即长子长孙的家庭，通常负责管理家庙和家谱，有一定的权威性。比如在兰州市皋兰县，白银市白银区、靖远县一带居住的魏氏家族，人数有数万之多。宗族传承相传有十房，分为"台五房"和"川五房"，川五房以皋兰县什川镇为主要居住地，后逐渐向外迁移发展。其中每个房头都有行辈（字辈），例如大房的男子，在近一百年中的传承谱序就是"学至周孔，万世相传，礼乐文章"。目前在世的大多是周字辈、孔字辈、万字辈。

　　传统社会中经济的互助会形成不够严格的社会组织，有的时候它们也结合民间信仰活动。我国民俗学历史上由顾颉刚等先生调查过的北京妙峰山香会就是如此。在甘肃，"香会""花会"等也曾大量存在过，另外还有实用性很强的商会、行会等。这些社会组织成立的初衷大多是扶危济困，但在成熟之后，就有了一定的规程和禁忌，也慢慢有了等级划分。

　　崇拜和禁忌是社会组织中与民俗有关的重要内容。比如常见的庙会、香会，会围绕某一地方神灵，或按其"寿诞""成神"之日，或按照"逢五逢十"的日子定期举办。也有一些行会如"鲁班祖师会""思邈神医会"，以行业内人员为主，崇拜对象是自己行当的"祖师爷"。一方面，通过共同活动筹集经费用于祭祀活动和救济贫困成员；另一方面，在活动中也可以交流各自所需的技术，同时，通过讲述口头的传说、故事、"讲究"等来规范本行业的内部秩序。

　　社会组织内部秩序的维持要依靠俗习，但其中的伦理原则是从古老的家庭秩序同构而来。在这些组织中，师傅就类同于父亲，"一日为师，终身为父"。其他徒弟类同于兄弟，关系较远一些的同行类似于宗族。

四

　　人生仪礼是人"社会化"的重要表现，从诞生到成人，从婚姻到死亡，人的一生在这几个重要环节上一般都会经历一些特定的仪式，民俗学将其命名为诞生礼、成年礼、婚礼和葬礼。此外，还有祝寿、庆生等庆贺活动，亦可视为人生仪礼的内容。

　　我国各民族长时间以来形成了丰富的人生仪礼实践，古代典籍中就有《仪礼》《礼记》等流传至今。钟敬文先生主编的《民俗学概论》中说："人生仪礼一方面连结寻常百姓的人生追求和需要，一方面连结着受儒家文化支配的传统价值观念，千百年来始终发挥着规范人生和统一教化的作用。"

　　与其他地区一样，甘肃民间的生活传统同样受到强烈的儒家文化影响。另外，在汉民族和少数民族共居共生的历史背景中，少数民族的人生仪礼也同样受到影响。这些仪礼中，既有实用性的内容，也具备象征性。

　　以诞生礼为例，在妇女怀孕的阶段，人生仪礼活动就已开展，我们称之为产育习俗。比如旧时有些家庭一直未能如愿诞下麟儿，但因不能了解其中科学的道理，这就产生了"祈子"的风俗。在甘肃很多地方都建有娘娘庙，像金花娘娘庙、九天圣母庙、碧霞元君庙等。崇拜对象虽然不同，但为不孕不育的家庭带来孩子的功能都是相似的。

孩子出生不易，生产过程中母亲要担很大风险。所以孩子呱呱坠地，亲戚朋友要来祝贺，时间一般定在三日之后。首先由孩子父母去舅舅家（娘家）报喜。娘家接信后，于第三日准备红鸡蛋、干饼、挂面、红糖、衣物等，近门女性亲人相互偕同看望"月婆"及婴儿育养状况。

婴儿长到一定阶段，怕不好养活，就要"认干亲"（干爹或干娘），这里象征着孩子不在自家成长，而是送给外姓，这样自家的一些不好的运道就不能影响孩子。两家结了干亲之后，就常来常往，双方互以"亲家"相称。干亲要给孩子送"长命锁"，在其"百岁"、周岁和每年生日，干父母均须携锁礼前往，谓之"换锁锁"，而主家每次杀鸡设酒，以宴干亲。孩童满十二岁，主家要设酒宴感谢，并以衣物回赠干亲，谓之"谢锁锁"。

甘肃有些地方"认干亲"的方法很是独特，由孩子父母选择良辰吉日出门，遇见的第一个人就成为孩子的干亲，这种风俗叫"撞干大"，被撞见的人也了解这种风俗，不能拒绝。有的时候被撞见的人也不一定就完全是陌生人，也有事先商量好的。因为在过去的乡村中，这种"干亲"是除血亲和姻亲之外另外一种重要的亲属关系，所以不可等闲视之，它们共同构成了我国熟人社会的亲属关系特征。

人生仪礼中婚礼与葬礼发生在成年以后的阶段，因此显得更为重要。婚礼的仪程持续很长，一般汉族地区的婚姻形式在确定结婚对象（相亲）之后，要进行聘问、送嫁、订婚、婚礼、回门等不同环节。婚礼当天尤其隆重，许多地方接亲的时间早早开始，新娘要在太阳出来前就从女方家出门。夫家迎娶时，除了男方家人还有"全活人"，即父母双全、家庭幸福的两口子，出发时要带上"四色礼"，一般都有一块"离娘肉"。到了娘家后还要敲门，这个环节娘家人会"故意"设置一些小小的障碍，进门之后，新郎官和新娘要吃做好的荷包蛋，表示未来"和和美美"。吃毕带着嫁妆上路，会有"压轿娃娃"跟随。甘肃一带传说宋代皇帝赵匡胤小时候给人压轿，那家人幸福一生，所以此后传下这个风俗。到了夫家之后，新娘换装给夫家长辈敬酒，然后一起前往婚宴现场进行典礼，典礼结束后晚上一般要闹洞房。成婚三日后新郎、新娘有个"回门"环节，就是回到娘家汇报结婚情况。至此婚礼方告完整结束。

甘肃几个特有民族尤其是裕固族的婚俗也富于特色，被列入国家级非物质文化遗产名录。比如裕固族婚礼中的"戴头面"，即夫家为新娘精心准备的一套饰品，包含金银饰以及珊瑚、玛瑙、海贝、珍珠镶织而成的三条带子，"头面"和发式巧妙嵌合，形成了裕固族新娘美丽大方的形象。裕固族婚礼中人们载歌载舞，各种内容的"哭嫁歌""喜歌"出现在仪式的各个环节中，既诉说新娘离别父母的苦恼和伤悲，也有夫家人热情欢迎新人加入大家庭的喜悦。婚礼仪程和其中的服饰、歌谣现在已经成为了裕固族的标志性文化。

当下一些传统的婚俗环节随着时代的变迁已经少有人问津，但那些符合中国人审美要求的内容仍然被保留下来，并被发扬光大。

葬礼在各种人生仪礼活动中最为庄重严肃，体现出中国人固有的观念——"事死如事生"。葬礼以人的"离去"为开始，主家需要将此"哀讯"通知给亲戚朋友，叫作"报丧"。甘肃一带农村中，由于有"舅舅为大"的讲究，所以首先要去舅父家报告。其次，孝子要穿上孝服，在本村中挨个向邻居家报告，村人闻讯后均会赶来帮忙。停灵有不同的时间周期，三日、五日、七日最为常见，这一段时间开展吊唁活动，称为"开悼（开吊）"。以前在吊唁中亲朋好友多数要送一些香、纸钱或现金等赙仪，现在移风易俗，不少开明的人家丧事从简，以纪念为主，不再接受帛金。

五

　　民间生活拥有多个侧面，其中欢乐的一面就是举办游艺活动。这些活动深受人民喜爱，民众参与程度极高。甘肃民间的游艺活动大致可分为这样两类：一类是单独进行的，如说书、演唱花儿等表演性的活动；还有一类是嵌合在人生仪礼与节日中的，如一些体育竞技类的游艺活动。

　　音乐表演、体育竞技等传统风俗活动丰富了人们的精神世界，缓解了人们紧张忙碌的工作压力。比如甘南的临潭县，在过年期间要举办规模宏大的"万人扯绳赛"，也就是我们常见的拔河比赛。临潭县为明代时设置的洮州卫，是军队驻扎的地方。因而军队中锻炼身体的拔河运动就留传下来，成为了民众集体娱乐的项目。该项目举办时不单是县城居民，十里八乡的各民族群众都积极参加，共同享受喜悦与热闹，成为当地民族团结的象征。据当地新闻报道，该项目参加人数众多，最多曾达到过十余万人，还在2001年被载入吉尼斯世界纪录。

　　从以上的例子可以看出，由于历史上甘肃处在"边地"的位置，尤其是明代边镇、卫所的设立，带来大量驻军、移民，许多风俗的形成受到这种情况的影响。像在社火表演中很有名的兰州市的"太平鼓"、武威市的"九曲黄河阵"，在有关它们的起源问题上，当地老百姓普遍认为是和军队的练兵操演方式有关。

　　单独进行的民间艺术表演依赖那些有传承的半职业民间艺人，比如河西地方曾广泛流行的宝卷，表演者被称为"念卷先生"。明清时代宝卷表演在我国各地都能见到，但现在只传承于河西走廊、山西介休、江苏镇江、河北唐山等少数几个地方。念卷先生在民间的地位比较高，念卷、听卷能帮助主家禳灾避祸。过去逢年过节或"过事"时，河西酒泉、张掖的居民往往请来念卷先生念诵经卷，现在这项活动虽然也有所衰微，但由于过去宝卷经常在"善信（善男信女）"中传抄，因而整体保存状况较好，恢复起来也比较容易。

　　相对来说，一些音乐性较强的民间表演艺术能给民众带来更大的乐趣。例如陇南文县的白马人村寨里，每到冬季农闲时分，村里的白马藏族群众就拿出珍爱的土琵琶弹奏，同时配以二胡、三弦、竹瓦、瓷盘和碰铃，体现了一种朴实、欢快和风趣的音乐风格。乐器虽然不够精致，然而全村人聚在一起载歌载舞，听众无不为之感染。其间演唱的小曲有《采花》等，现在统称为"阴平小调"。

　　嵌合在人生仪礼与节日中的游艺活动最为普遍。比较集中地表现于春节期间。这期间甘肃各地都有耍社火、踩高跷、跑旱船的表演，这些表演大致都叫社火、秧歌，但其中还有些具体的不同叫法。比如陇东一带叫"高台社火"，酒泉、嘉峪关一带叫"地蹦子"，等等。

　　春节过完，到了立春之日，陇东有些地方还保留着传统的"打春牛"风俗，或简称"打春"。

"春牛"为纸扎，内装二十四个泥捏小牛，寓示二十四节气，另外仪式中还有泥塑的"芒神（芒种之神）"。立春时刻一到，春官头戴官帽、手持春鞭，来到春牛前，举臂扬鞭，猛打春牛，边打边唱："一打春牛头，国泰民安；二打春牛腰，风调雨顺；三打春牛尾，五谷丰登。"打得泥草乱飞，围观者一拥而上，抢夺泥捏的小春牛，未抢到的，不管是泥是纸都要抓一把走。从此时起，春耕农忙就要开始了。有些地方打春牛的习俗时间在农历二月二，或者更早，但都是为了取祈求年景、希望丰收之意。

民间游艺中还有一类戏谑的表演，演出者注重即兴的发挥，以说为主，但又不同于有长篇底本为依据的"说书"。现在依然活跃的有"平凉笑谈"，还有"嘉峪关杂弹"，另外在临夏回族自治州，人们在宴席中会唱起"回族宴席曲"，其中的"打调"也是这样幽默的曲艺形式，不过和前两者相区别的是"打调"以唱为主，以说为辅。

甘肃地处西部边陲，居住于此的各民族也都发展出了一些带有自己竞技色彩的民俗。如汉族武术在许多地方流行，天水秦安县有壳子棍、通臂拳；而生活在河西走廊最西端的阿克塞哈萨克族自治县的哈萨克族有叼羊、姑娘追的游戏。

六

近些年来，随着非物质文化遗产保护工作的开展，越来越多的民间手工艺、民间美术进入人们的视野，纷纷被列入各级非物质文化遗产名录。这些技艺包含着传统社会中工匠的智慧，同时也直接体现着人们生活世界的样态。它们可以分为两大类，一类是与生产劳动直接相关的，例如兰州黄河大水车制造技艺，通过这一技艺制造的水车在清末民国时曾经遍布黄河沿岸，从兰州开始一直到下游的靖远县，有数百台之多。黄河水车由于其规模巨大，轮辐直径可达 20 米左右，又被形象地称为"天车"。作为当时重要的水利灌溉工具，水车的使用，大幅增加了黄河两岸的良田，同时生产力的提升也扩充了黄河两岸的人口。

兰州被称为"瓜果城"，除这里的气候适宜种植瓜果之外，当地人还发展出了一种传统的农业耕作技术——"压砂田"。简单来说就是在春播之时，先铺上肥料，然后再把河滩等地沉积的砂石运到田地中，一一定穴播种或移栽秧苗，这种办法针对旱地，可保墒保肥。农民们春季辛苦的耕作，换来了金秋满城瓜果的飘香。

另一类是与生活相关的民俗技艺，一般叫作民间工艺美术，它们往往就地取材、因地制宜。比如兰州传统的美术项目"刻葫芦"，就选择压砂田里种出来的小葫芦，运用各种针法、刀法刻出山水、人物、花鸟、走兽等画面和诗文，可陈设在案头或悬挂在室内欣赏。

剪纸艺术也是甘肃民间流行甚广的民间美术，尤其在那些心灵手巧的女性手中，一张平凡的红纸，几下就剪成了或古朴、或简练的形象。在甘肃，陇东、陇中、河西一带是剪纸艺术的重要分布区，许多已被列入国家级非物质文化遗产名录。尤其是陇东地区的剪纸艺术，在主题上保留着古老的神话和信仰传统，如"抓髻娃娃""拉手娃娃""摇钱树（生命之树）""神鱼瓶"等，另外还有大量表现红色革命的内容。其中著名的剪纸艺人祁秀梅的作品，曾被中国美术馆收藏。甘肃另外驰名全国的民间工艺还有天水雕漆、甘南洮砚和临夏砖雕等技艺。

七

　　甘肃民俗的产生、传承与发展，与它的历史、地理以及人文环境密切相关。首先，它们在总体风格上体现出古朴与传统的特征。一方面，甘肃是华夏古代文明的重要发祥地之一，尽管时间已过去千年，但仍有许多历史记忆通过民俗保存下来。像有关伏羲、女娲、黄帝等的祭祀活动和民间神话传说，都围绕着创世、造人以及文化的发明等神话内容开展仪式活动。另一方面，甘肃地区的民俗深受传统社会中儒家文化的影响，呈现着"礼俗互动"的特色，最典型的现象表现在春节民俗中。春节期间的民俗既来自符合四时节气的冬季活动，也反映着人伦世界敬老亲子的观念。例如晚辈要恭敬地给长辈拜年，而小孩子们也得到了难得的放松，呈现出一派和谐的气氛。正如汉代戴圣在《礼记·乡饮酒义》中所记："民知尊长养老，而后乃能入孝弟。民入孝弟，出尊长养老，而后成教。成教而后国可安也。"

　　甘肃的民俗在种类上多元而丰富，主要受地理单元多样性的影响，同时也建立在以汉族为主体，汉族、回族、藏族等多个世居民族之间多元聚居、共生的基础上。甘肃在地理上可分为河西走廊、陇东高原、陇中丘陵、甘南高山草甸等地理区域，生活模态在传统上有农耕和游牧文化，进入现代后又增加了几个大中型工业城市，聚集了大量人口。因此地区之间、民族之间、城乡之间民俗多有互通，相互影响。甘肃在清代以前长期处在华夏文明的边缘地带，历代均有大量人口移入。明初之时，有很多江南一带的风俗就被屯军和移民带入甘肃。例如顾颉刚先生20世纪30年代访问甘肃临洮一带时，发现当地百姓演唱的"花儿"中有"茉莉花"的曲目，当地人说这是他们祖先从江南迁居洮州时带来的。而当时兰州民众大年三十晚上为祖先烧纸，妇女们往往向南跪拜而泣，也是为了纪念自己的祖先。

　　甘肃地貌复杂，条件艰苦，这反而让民众热爱生活，因此当地的民俗还表现出来情感的浓烈性。例如正月里"耍社火"的表演中，最受欢迎的往往是那些体现阳刚之气的鼓舞，如兰州的太平鼓。鼓手们百人排成队列，鼓点齐整，时而"鹞子翻身"，时而"金龙绞尾"，打到激烈处掌声如雷。20世纪20年代胡朴安编写的《中华全国风俗志》云："又十余人负大鼓，鼓长形，且跳且击，曰太平鼓。闻此风惟兰州有之，他县所无。"还有像婚宴中的饮食习俗，民间的小曲、花儿，都体现出民众的热情与对生活浓烈的情感。

　　另外，甘肃的干旱半干旱气候带来的一个意外的好处就是帮助保存了我国的稀有之珍"敦煌卷子"。学者们通过这些宝贵的文献，复原出来了唐、五代时的敦煌民俗。如果我们将它与现代民俗相对照，就能看到那些支持民众生活世界的规则、讲究和方式方法，在当今依然发挥作用。这就是我们称民俗为珍贵文化遗产的重要理由，也是本书编写的重要理由之一。

第一章　节日民俗

第一节　四大传统节日在甘肃

一、春节

武威的元宵灯会

武威的元宵灯会在西北地区颇负盛名。据旧时武威《风俗志》记载，元宵前后，武威城区内，"四市竖坊，盛张灯炬，且架高山，蒙纱画佛像，名鳌山灯者，不一而足"。城内的镇海、姑洗两座佛塔，也层层燃灯，如同白昼。"一时燃爆竹，吹箫管，火树银花，与日月交辉；笙歌欢腾，彻夜不休；人民云集游乐，以为太平丰享之兆，自唐时已然。"

关于武威元宵灯会，另有一个传说在民间广为传播。唐时，玄宗皇帝曾梦见长安以西有一寒凉之地，每到夜间便呈现出一片光明璀璨的景象，如同白昼。玄宗梦醒以后，疑心那里便是自己久访不遇的圣地。是年元宵之夜，玄宗召来大法师叶法善，命其作法，随同自己一起乘风腾云，一路向西寻访。当他们从京城长安到达梦中所见的寒凉之地武威时，才发现这里正在举行灯会，是灯光把整个夜空照得如同白昼。玄宗在武威微服观灯，并赞叹这里灯事极盛，比起京城有过之而无不及。玄宗微服观灯饮酒，不知不觉天色将明，才在叶法善的催促之下，恋恋不舍地离开武威返京。临走时，为了给此行观灯留个纪念，玄宗还把一个玉如意抵作酒钱押在武威的酒店之中。这个故事反映了武威灯会"彩灯绵亘数里，观灯之人，往来杂

沓"的热闹景象，以及古时武威的繁华鼎盛。

据《五凉考治六德集全志》记载，旧时每到元宵节，武威城里"四市竖坊，悬灯，杂扮花鼓、高跷，演百戏"。可见"闹花灯"之奇巧、壮观。每年元宵节前，武威的三教九流、七十二行都忙碌了起来，以彩纸、颜料、铁丝、竹篾、纱线、布帛等制作花灯，剪、剔、绘、染、扎、缠、绷，各具情状，鲜有重复。到了元宵节这天，居民、店铺、机关门前，乃至四街八衢，彩灯相连、光华竞放、闪烁炫目，到处都成了灯的海洋。武威风俗，老百姓这一天晚上必去观灯（也叫"游灯"），凡是有彩灯之处，都是人影簇拥。如果是龙灯，"游灯"的人们就会围着"龙"绕一周，然后从其身下钻过，为的是沾点"龙"光，使四季平安，大吉大利；再者，"灯"从"火"谐"丁"，"丁"为人丁，"火"为红火、兴旺之意，因此，钻了龙灯，意喻着人丁兴旺，前程光明，日子红火。

武威农村的元宵"闹花灯"，更别有一番情趣。农村的花灯制作，多是就地取材，朴拙自然，乡土气息浓郁。有的用玉米芯浸油燃作火炬；有的将洋芋里面掏剜成空心，灌上油，插上棉线捻成的捻子；有的将吊葫芦壳削磨到极薄，画成各种脸谱，内燃蜡烛；更多的是以细铁丝和大红纸作原料，糊成大红灯笼，以蜡烛作为光源，高挂在院门两侧或房檐之下。

在武威的诸般灯事中，最为神奇有趣者，是唐玄宗观赏并盛赞过的"黄河灯会"。"黄河灯会"是取

黄河九曲十八弯之意，有"阵排天地，势摆黄河"之妙。也传说是仿照《封神演义》第五十回"三姑计摆黄河阵"里的摆法。"黄河灯阵"的结构是：先扎好灯山门一座，悬灯结彩，以立门户；再取中央太极之意，在灯阵中央竖一根高18米的灯杆，上挂九莲宝灯及吊斗、旗幡；然后，围绕这根中央灯杆，竖365根灯杆，挑起365盏各色花灯，按九宫八卦之势分为九座"城池"，摆成黄河九曲连环之阵。观灯者必须按八卦方位，依一定路线观赏，才能尽情领略灯阵的妙处，遍踏九座灯城而出，否则，就会在灯阵中迷失方向，如转入迷宫一样，永不得出。每年的"黄河灯会"，总会吸引武威城乡的众多百姓蜂拥而至，依照一定次序和规矩遨游黄河灯阵，"出入门户，连环进退，井井有条"（《凉州风俗志》）。"黄河灯阵"不仅结构富有特点，灯的数量、品种也堪称灯会之最。阵中的一盏盏灯，形态各异，色彩各异。传统的有走马灯、玉兔灯、孔雀开屏灯、子牙封神灯、大闹天宫灯、鹊桥相会灯、三战吕布灯等数十种，取材于各种历史故事和神话传说。此外还有白菜灯、葫芦灯、西瓜灯、辣椒灯、猫儿灯、狗儿灯、羊羔灯、娃娃灯、寿星灯、财神灯……近百种。"黄河灯阵"中的每一个灯种，都蕴含着一个神奇的传说，这些灯汇聚在一起，仿佛是各种人物、各个故事的集体亮相。在武威农村的部分村镇，元宵之夜却并不"闹花灯"，而是"打花儿"。"打花儿"就是村庄里的人聚集在远离村庄的空阔地带，多是在平坦的耕地里，周围不能有易燃之物，如柴草，以免引起火灾。请来铁匠，在一柄特制的熔勺里放入易熔化的金属，如铝、锡、铜等，放到火炉上以烈火猛烧。待到熔勺里的金属全部熔为液态而且呈彤红色时，铁匠就大喝一声"打花儿了——"以引起人们注意。然后铁匠便拿一柄长柄铁锤，猛击熔勺，长长的勺柄，将红灿灿的金属液撒向夜空。一瞬间，溅洒到高空的碎液呈扇形展开，看上去就跟星星一样，闪烁着耀眼的光芒，然后隐去。"打花儿"也叫"烧邪神"，人们相信这样一烧，那些游浮的邪魔妖怪就不敢出来作祟，可保村民们一年平安无事。近年来，因为"打花儿"溅落下来的金属容易烧坏衣服，也常有烫伤皮肤的事件发生，所以这种习俗渐渐减少了。这种"打花儿"习俗，在陇东一带也同样流行。

张掖、金昌的鳌山灯会

甘肃河西地区（张掖、金昌）的一些县城要举办"鳌山灯会"。此俗源于宋代，是从中原传播而来的。正月初四之后，民间就开始组建灯会，通常在县衙门口广场堆起一座造型别致的石山或土山，分三层。最上层正中为玉皇大帝座，其西为西天三圣及众佛座，其东为三清宫及众神仙座；中层为十殿阎君及判官、鬼吏座；下层是财神、灶神、门神、土地神座。鳌山布灯365盏，代表一年365天，共分12组，代表每年12个月。有的地方按三层布灯，每位尊神一盏灯，除此还按天罡与地煞布灯。有些鳌山还特布北斗七星灯、二十八宿灯、南斗六星灯、五方帝君灯、牛郎织女灯。鳌山四方设香案，每案上有插蜡烛的铁座数排，并置钟磬一个、木鱼一对、供盘两个。鳌山从正月初四点灯，一直长明到正月十六凌晨熄灭。每天从早到晚，人群川流不息，香火缭绕不断。特别在正月十五这一天各地社火登场，均在鳌山旁进行首次演出，目的是娱神、乐神。这一天从远处望去，人头攒动，烟气腾腾，钟磬之声、锣鼓之声、喝彩之声绕耳不绝。当夜幕降临，鳌山一片灯海，万紫千红，仿佛使人置身仙境。甘肃村民们的花灯形式繁多，上至天上飞的，下至地上走的、水中游的，无一不有。当夜幕降临之时，家家户户点亮了花灯。从高处看去，真是花灯的海洋。村民们为图吉利，还要举行"放天灯"的活动。

靖远年俗

跳干儿　在靖远县有这样一种奇特的习俗：每年农历正月二十三晚上，家家门口要燃火数堆，全家人强扶弱、壮携幼，争相从火堆上跃过。当地人将这种习俗叫作"跳干儿"。按当地人的说法，这一习俗的功能是可以"燎晦气"，意思是在火上跳来跳去便可以驱赶人们身上的晦气、不祥之气，以祈求本年吉安平顺乃至五谷丰登。

这一习俗为什么叫"跳干儿"呢？这可能与跳之前将几个事先剪好的纸人置于火中有关。在正月二十三这天，老人们事先要用黄纸剪好几个纸人，然后用香烛烫出五官，如果恰好此时家中有人嘴疼、眼疼或者有其他疾病时，在烫五官的过程中边烫边祷告病人康复，这些工序完成之后便将纸人置入面缸中"喂饱"，等晚上准备跳时再置入火中。纸人，老人们都叫"干人",因此,久而久之,大家便将这种习俗叫作"跳干儿",假若称作跳火什么的,很显然就不吉利了。等大家跳完之后,精壮的男丁们便将尚未熄灭的灰烬用铁锨扬入空中,如果灰烬呈穗状飘下,人们便齐呼:"今年的麦子要丰收了!"如果灰烬裹成一块,呈团块状飘下,人们便又齐呼:"今年的西瓜要丰收了!"

这种习俗的实用功能和满足人们心理需要的功能概括起来有如下三点:第一,春耕之前,天气转暖,用这种办法来除却冬天积累起来的多余柴草,以防日后引起大的火灾。第二,用燃过的灰烬抛入空中来兆示本年是否五谷丰登,从而使人们的心理得到某种慰藉。靖远地处陇中山区,自古以来交通不便,人们主要靠天吃饭,所以,人们对灰烬的兆示十分关注,这充分反映了内陆民族关注农业生产的一种共同心态。第三,至于剪纸人置于火中,其意在于将病人的病气附诸纸人,然后用火化之,从而使病人康复,以胜任马上就要来临的繁重的农业耕作。

至于这一习俗的由来,据说与关公出世有关。传说关公原来乃是玉皇大帝驾前火帝真君,因为泄露天机,被玉皇大帝赐死,这才转世人间。很久以前,据说蒲州(今山西运城一带)地方民风极坏,人好凌夺争斗,不敬天地,不祭灵祖。土地爷和城隍爷联名告到了玉帝那里,玉帝差火帝真君下界视察,倘若情况属实,定于这年正月二十三日夜火化蒲州,以儆世人。再说火帝真君领旨后,便化装成一个浑身腌臜且跛脚的老乞丐,往蒲州缓缓进发了。行了好几天,已经能望见蒲州城的城郭了。恰在此时,有一老汉赶毛驴车从身后跑来,见火帝真君行走艰难,便招呼上车同行。"你老贵姓,家住哪里?"火帝真君问。"姓关,家住蒲州城内。"老汉回答。"你老这大冷天,赶毛驴车干甚营生?"火帝真君又问。"我年近七十,至今膝下尚无子嗣,平素专喜修桥补路,多行善事。前日听说城外有处小桥断裂,车马行走多有不便,今早驾小驴车拉了块青石料,补修完整,这会儿正赶着回家呢。"老汉慢腾腾地回答。火帝真君犯了疑,暗思忖:人们都说蒲州无好人,民风日下,这老汉的心肠不是蛮好吗?倘若火化蒲州,将如此善良的人家化为灰烬,于心何忍?于是,火帝真君在与老汉的交谈中不自觉暴露了自己的真实身份,最后索性告诉关

老汉:"你们蒲州的祸事就要临头了,玉帝定于正月二十三日之夜,令我火化蒲州城。我不忍心残害你这样善良的人家,请你正月二十三日夜间在家门口燃堆火,作为标志,我火化蒲州时,可将你家避过。"火帝真君这一不慎之举,泄露了天机,给自己招来杀身之祸。关老汉听到火化蒲州的消息后,着实吓了一大跳,急急赶回家中,告诉了老伴。老伴也急了,对老汉说:"别人也就算了,这火化蒲州的消息一定要告诉我八十岁的老娘,她老人家若有个闪失,便是我们最大的不孝。"老伴说完,直抹眼泪。于是关老汉不得已又将这消息告诉了老岳母。老岳母听后执意要告诉自己的小儿子,也就是关老汉的小舅子。小舅子的妻子又要坚决告诉娘家。这一来,亲戚套亲戚,蒲州城里所有的人,无论男女老幼,都知道火化蒲州这件事了。这年正月二十三日夜,玉帝在一帮好事者的簇拥下,相约众神一起前往南天门,观看火帝真君火化蒲州。大伙刚到南天门,就见蒲州城火光冲天,此时火化蒲州的时辰尚未到,众神面面相觑,莫知其故,玉帝更纳闷。大伙一齐向下界望去,但见家家门口燃着一堆或数堆火,隐约中似有人还在火上跳来跳去的。玉帝立即差人去查。须臾,钦差回旨,向玉帝奏明了原委:此事系火帝真君泄露天机所致。玉帝勃然大怒,喝令随从将火帝真君拿下。火帝真君急奏:"泄露天机,理当伏诛,小神死而无怨;圣上向来宽宏大度,但愿能赦免蒲州城百姓。"玉帝准奏,降旨从此赦免蒲州百姓;同时又降旨,正月二十四日午时三刻处斩火帝真君。

再说关老汉在正月二十三日晚上提心吊胆了一夜,将及天明,才打了个盹。于朦胧中忽见一人在自己面前痛哭失声,他哭诉道:"我乃火帝真君也,救了你们蒲州一城百姓,玉帝却要杀我的头,我命休矣。如今,只有你老才能救我一命。"关老汉认得是上次城外碰到的老叫花子,急忙答道:"你救了我蒲州一城黎民,蒲州人自不能忘;可这要救你,你在天上,我在凡间,但不知怎么个救法?"火帝真君道:"你于今日午时三刻在你家院子里铺一堆棉花。当三声天雷响过之后,天空便掉下一滴血落在棉花上。你将这滴血用棉花包好,架于你家房顶中梁,就可以了。"火帝真君说完话,化作一阵风走了。关老汉从梦中惊起,浑身大汗,知道这是火帝真君托梦于己。当天中

午，三声天雷响过之后，一滴血飞落在关老汉院子里预先铺好的棉花上。关老汉急忙包好，架于屋顶中梁。十个月后，忽听屋顶中梁那团棉花里传来小儿啼哭声，急取下视之，乃一婴儿，颇招人喜爱。关老汉一生未曾生育，得此小儿，喜不自胜，视为己出，取名羽，字云长。自此之后，因为有这一段来历，蒲州人便于每年正月二十三日夜在家门口燃几堆火，相携跃过，以驱赶身上晦气。久而久之，便形成这种古朴的风俗。而今天靖远一带居民，先祖绝大多数都是明清时代山西的移民，因此，这一习俗得以从蒲州传入靖远一带，至今盛行不衰。

临夏正月十五放天灯

农历正月十五，在甘肃临夏的西部山区，老百姓有放天灯的习俗。年末岁首放天灯，把一年的瘟病邪气送得远远的。同时，寄托着盼望来年风调雨顺、国泰民安的希冀。所以，天灯又叫太平灯。当圆月从东山窝里探出头来，男女老少都涌到村里的打麦场上。麦场中央立着一个用纸糊的、圆鼓鼓好似大麻袋的天灯，天灯前面摆着一张供桌，供桌上陈列着油炸糕、冬果、面老鼠等供品。香烟缭绕，红烛通明，映照着一张张严肃庄重的脸。三声爆竹脆响，村里德高望重的老汉，手持红蜡烛向天灯走去。两个少年男女早已高举起天灯，等待老汉点燃。天灯芯点燃了，雪白的天灯顿时浑身通红透亮。不多会儿，仿佛从空中伸下一只看不见的手，徐徐提起天灯。孩子们立刻欢呼跳跃，大人们则满脸虔诚，在心里默默地祈祷着。红彤彤的天灯如大彩球，被孩子们的声浪掀得更高了，颤悠悠地飘向茫茫天宇，最后融进数不尽的星辰里。天灯的做法十分简单，先把长长的细竹条扎成一个圆圈，圆圈内用细铁丝拉上一个十字，然后把白纸糊在圆圈外面，再扯上口糊严。放天灯时，在天灯下面的十字架中央绑上一捆浇透清油的灯捻子。点燃灯捻子后，灯内热空气上升，借助气流飞向天空，如同现代的热气球一样。天灯，又叫孔明灯。相传在三国时候，军队夜间行军时，分队之间往往联络困难，给指挥的将领带来不便。于是，诸葛亮发明了这种灯，从而解决了夜间行军各分队的联络问题。民间放天灯的习俗，可能就是那时候兴起的。过去，老百姓放的天灯都比较小，往往是一个村子才放一个，碰上灾荒年景，这个习俗也就免了。如今，山里人的日子红火起

来了，这一习俗也就又兴起来了。人们糊的天灯有直径四五米的，也不是从前那样全村凑起来放一个，而是家家户户都放，更不是专等到正月十五才放，而是一搭上正月头就开始放。

现在，人们又给天灯赋予了新的色彩。老人们盼望出门的儿女不要忘了回家，并祝愿他们平安无事；媳妇们祈求在外的丈夫心像天灯一般清亮，不要忘记夫妻间的恩爱。儿童们放天灯，是出于稀奇和热闹，而他们的父母亲则是希望孩子们像天灯一样灵透，快快长大，早早成才。在人民群众的心目中，天灯带着美丽的期望和遐想，飘向高高的夜空。

岷县年俗

春节是岷县人民岁首最为隆重的节日，当地叫"过年"，穷苦人民称它为"年关"。岷县人的年节，当从去岁入腊开始。一入腊月，不论贫富，家家便开始备办老幼的穿戴，年节和元宵节的粮油果菜，除旧迎新的烟花爆竹，祭祖祀神的香烛黄纸，拜年压岁的礼品盘缠，居室厨房的器物年画，门窗楹楣的对联、窗花等年货。

腊月初八　俗称"腊八"。这日，每家都吃用肉蔬、谷米、佐料等八种原料煮成的"腊八粥"。粥熟后先要向大门、窗户、果树涂一些，给家禽喂一些，俗称此为"抿雀儿嘴"。其意为预祝来年五谷丰登，庄稼和果树不受虫、鸟之害。有些人家从此日起便开始杀年猪，打扫房屋，迎接新年的到来。农家要在年前采冰块置于粪堆之上，以祈来年的丰收和减少庄稼的病虫害。

旧时每到年节，几乎家家都要宰杀年猪，以备自食和酬客用。有些人家将猪杀倒，用黄表纸蘸猪血在神佛前焚香烧化，表示献牲还愿。当日还要煮肉敬请亲邻执友，同时用猪血和青稞面搓成"面肠"蒸炒后，上覆肥肉数片分送亲邻，每户一碗，称之为"吃年猪肉"。所剩之肉，一律施以椒盐而进行腌晒，以备年节与全年之食用。南路乡民非常珍惜猪骨头，一般留待春节煮熟后，分给前来拜年的至亲和女婿享用，表示亲近和尊贵。

送灶神　二十三日晚，多数人家要祭送灶神。灶君是每户必奉之神，被视为"一家之主"。俗传凡家中诸事，灶君都在掌管，暗中考察人们的善恶，并分别记入册籍，每至年终便升天禀奏天帝。祭灶物品以

糖为大宗。糖有糜子糖、高粱糖、糖果儿等种类，统称为"灶糖"。祭供时，将糖在灶火中稍熔，涂抹在灶王神像的口内，并祷告"上天言好事，回宫降吉祥"之语，祈求不要在天帝面前揭发和禀报家中之丑事。另外供献烙制成碗口大小的薄面饼十二块（其上勾画日月星辰之图样，有闰月之年则供十三块）、凉拌蕨菜一盘、草秸和蚕豆少许，以作灶王与他的鸡、犬、马的食物，然后烧香点灯虔诚送行。北路乡民还要焚烧纸印灶马两匹，意为灶王往返之坐骑。也有在祭灶时杀一只公鸡的。祭灶只准男性参加，家长主祭，妇幼不得近前。境内有些村庄，人们在二十四日夜祭灶。传说户主外出未于二十三日赶回家中，或谓因家境贫苦，无力于二十三日祭祀，于是移至二十四日晚进行。谣曰："灶户爷爷甭计较，插上两根席芨草，权当给你祭灶了。"此日后，妇女们便开始做"年食"和糊窗花。所做"年食"荤素兼有，品名繁多，花色各异。面食蒸制的有各式花卷、各色花糕、蜜糕等，烙烤的有各式点心、桃酥、糖酥饼、烤茶（条状馍）等，油炸的有呷茶（条状馍）、油葵（小圆饼和环状油馍）、馓子、油果子（花色、形状各异的蜜糖面果）等。肉食有清蒸、黄焖、余炸、烧炒的各类菜肴。城关地区比较讲究，乡下则普遍俭约。

糊窗花 当地叫"对窗花"，是岷县妇女的一大绝技。她们按方格窗、虎张口、三挂镜、套八面、子母窗、走马樘等不同之窗棂，糊上彩色剪纸或印染的窗花。尤其是糊上用彩纸镂空成各种形状的物体，背面再粘衬上玻璃或玻璃纸的窗花，既透明又美观。窗户最上一层方格，多糊以白纸镂空的"烟眼儿"。其图形精美纤巧，变化多端。窗花的内容十分丰富，有花草虫鱼、飞禽走兽、人物故事、博古器皿等。"三挂镜"的窗棂，除糊上窗花外，还可在三块大的白纸或玻璃上题诗作画。"套八面"之窗棂，多用不同彩纸糊成，最佳者可在不同方位看出图案的变化。一到春节，各家的窗户琳琅满目，五彩缤纷，神韵各异，方显出"镂月裁云"之高超技艺。

"追年节" 即送年礼节。是当地有些人家在年终必行的重要礼节。在旧社会，那些佣工、房客、佃农、负债人和未完婚之婿家，一到年底都要为主人和岳丈家送年礼。中华人民共和国成立后，此俗仅保留在姻亲中。婿家给岳丈家所送礼品有衣服、鞋袜、烟酒、茶糖、猪肉或剥好的羊羔一只，此外还背大花卷馍十个或二十四个。行追节礼，在民间看来是十分重要的，失礼者被视为大不敬或婚事有变。

除夕 除夕日正式进入大年。这天午后，机关休假，百行停业，家家换桃符，户户贴楹联，打扫庭院，供神主，献祭品，烧香点灯，放鞭炮，俗谓"供纸"。黄昏，焚纸锭于门外或路口，谓之"接家亲"。晚饭吃饺子，俗称"扁食"，以示全家团圆。有的人家在饺子中包进制钱一枚，吃到这个饺子，预兆来年吉祥如意。农家要将各种"年食"喂给牲口一些，以示厚爱和酬劳。入夜，灶前献供品，烧香点灯，鸣炮迎接灶神回宫来主持一年之家事。此后，家人围坐火炉，谈天戏闹，开始守岁。时交子夜，人们在院中积薪点烧庭燎，焚香献供品，按卜定礼叩拜迎接喜神，也有人称为"接天爷"。至此，家中以长幼为序，拜年祝福；长辈给少儿发盘缠，以示压岁。是夜，村村镇镇爆竹之声达旦不息，家家户户欢声笑语彻夜不眠。北路乡民，全庄各户积薪于麦场或开阔之地，焚烧跳越，笑声聒天，燎火照地，意为驱赶邪魔，祈求吉祥。当地称此为"跳火坑"。

正月初一日 旧称元旦或朔日。早晚给祖先上供、点灯、焚香、鸣炮，如此两日。这日午饭，许多人家吃饺子，并添面条少许，名曰"金线吊葫芦"，寓"进宝发财"和"岁岁平安"之意。饭后晚辈给族亲拜年，幼童以得到盘缠和果品丰厚而感到欣喜。新丧之家，因为重孝守制，三年内不贴红对联（用浅蓝色），不挂红灯，不赴亲邻朋友家拜年。旧时拜年不带礼品，仅向长辈叩头道喜而已。三日内忌讳妇女出门走亲戚拜年。现在拜年的礼品逐年增多，对象不断扩大，大家终日忙碌不停。礼品往往由甲家送至乙家，乙家送至丙家，丙家又送至丁家，甚至有丁家再送转至甲家的。如此辗转相馈，接力传递，直至点心脱皮、水果萎蔫、罐头破碎不可食，徒使一帮少儿博得几许盘缠而已。初二日开始拜见丈人（岳父）及远亲邻友。这种拜年习俗直至元宵节前后方停，虽有雨雪亦不稍止。谚曰："初一拜房亲，初二拜丈人，初三日拜亡魂。"初三日昧爽，各家男性携带供祭之冥钞、香烛、黄酒等物，掌灯去祖坟焚化、浇奠，俗称"送纸"。俗传天亮送纸者必须为路遇者叩头拜贺，人们为了躲避这等繁文缛节，所以送纸不待天明。乡下也有到午间或午后去送纸的。送纸者临出门和到坟地时都要燃放爆竹。家中妇女要烧小卵石七颗，投入盛醋的勺中，再烧木香巡绕屋室、庭院的所有角落，进行驱赶鬼魂之活动，俗称为"持醋汤"。初五日，俗称"破五"。自此日起，各家方能开启屋内的箱柜仓廪，向户外倾倒污水和垃圾；商人鸣炮开市营业；妇女去河边洗涤衣物，叫"洗五穷"；晚饭各家吃"搅团"，叫"搅五穷"，意在除去贫穷，预祝终岁大吉大利。初九日，俗传为"天爷"（天帝）生辰。许多人家在天亮前烧香点灯，鸣炮祝贺。旧时肃政街天帝庙过会演戏三日。十二日以后，各乡陆续有社火出台，拉开元宵之序幕。当地闹社火有只演戏剧的，也有只闹秧歌的，还有既演戏又闹秧歌的。过去以演小型"秧歌剧"和"曲子戏"（眉户戏）为主，现在多已被大型秦腔所替代。闹秧歌的节目繁多，城关每家社火都有"舞龙灯""跳狮子""耍狗熊""划旱船""扭秧歌""打腰鼓""踩高跷""推洋车""鹬蚌争""霸王鞭""跑纸马""铁心子""高台""大头和尚戏柳翠"等。东山区有些村庄闹秧歌的节目比城关略少，但每场表演都由"社火官"节目开头，中间尚有以"地蹦子"（不用舞台，就地表演）的形式来表演的。部分山区由于路途艰辛，扮演故事人物者骑在马上游村串庄，拜年耍闹，别有一番风采。这种形式俗称为"马社火"。南路较大村庄有"打秧歌"之歌舞，西路有口唱"阿甲"、手舞木棍之"跳棍"节目，北路有"叭当"舞之节目，形式各异，独具特色。有些地方的社火活动一直闹到十八日才结束，当地把结束之日称作"解将"。

十四日当夜，清水村举行迎神赛会活动。村民们至寺庙抬"降霸佛爷"（护法菩萨）绕辖区街巷一周。所到之处，住户在自家门前恭敬迎接，礼佛甚谨。十五日昧爽，城关和部分乡村的妇女，各带香烛供品和还愿之物，往临近寺庙求神拜佛。未育和缺儿少女的妇女，争上头蜡，祈求菩萨或子孙娘娘护佑，赐给儿女；已育少妇，礼佛还愿，酬谢神灵赏赐儿女之恩惠。这种乡俗流行较为普遍，但求索的方式与象征物各不相同：有在佛前索取纸花的，有索取童鞋、童帽的，有索取泥塑娃娃的。北路前川寺（些尔多寺），佛前悬挂着早已串联好的小铜铃和荷包儿（香袋），求取者不断摇动，如掉下小铜铃则预兆生男，

掉下荷包则预兆育女。不论带回何物，一旦生育，必将于来年元宵凌晨去原寺庙进香还愿，归还之物应是求取之物的新复制品。县城二郎山子孙殿内，子孙娘娘脚下塑有送子阿婆神像一尊。她肩扛盛满小孩的褡裢，手携赤身男孩一个。男孩的阳物屡被求儿女者抢吃一光，俗传如此可生男孩。凡进此殿者都要抛撒大豆（蚕豆）少许，俗传如此可禳除小儿的天花和痘症。有些地方还有以石投石崖或洞穴的某处来占卜生男育女和有无子嗣的，至今还有"打儿崖""打儿洞"的地名被沿用。午间，城乡都有社火出台表演。北路中寨前川一带举行"捉松杆"之活动。乡民们先把砍好的松树橼捆作一束，让"发神"的觋家跳神拣择。若能准确拣出首伐之木橼，则预兆当年五谷丰登，风调雨顺，否则凶多吉少。这日，城乡老幼都有出门游浪（浪，方言：出门玩耍、郊游踏青之意）之习俗，俗语称为"游百病"。入夜，凡城内街巷和有灯会的村庄，都要按传统的习俗举行张灯猜谜活动。每户门庭自己悬灯，街巷两旁由灯会竖"灯杆"悬公共灯。所悬之灯，或嵌玻璃、或糊纱绢和彩纸，其上绘画故事，描摹百物，神韵各异，至夜通明，街道城垣明如白昼。灯会最盛者要数北门、后所、隍庙、大沟寨、前川寺、马坞灯场等处。弟妹门灯会，自午后到子夜，观灯猜谜者络绎不绝，摩肩接踵，观猜不息。北路维新、堡子乡的许多山村妇女有歌功颂德唱《路远歌》之习。她们聚集在麦场或路口，用对答之法互相歌唱先民之来历及生活中的一切事物。歌声明朗婉转，词语缠绵情深，颇有风趣。是夜，城内及东门一带住户为所奉湫神范仲淹、朱云举行迎神赛会，到时凡住户与"花会"均燃放焰火花炮迎佛娱人。

十六日，西路水磨沟村有十八庄社火聚会大牌坊，为奉祀湫神雷万春举行会祭。这日午前，各庄社火分别到会，按先后顺序各演拿手戏一折，以此为神贺岁，同时开展社火竞赛，优异者受到大会的褒奖。入夜，西门外后所一带及大南门外一带为湫神庞统、范仲淹、朱云举行迎神赛会，悬挂花灯，燃放花炮，热闹异常。十七日夜，是城外东关一带为湫神宗泽举行迎神赛会的时间，也是全城最为壮观的迎神观灯、看花"焰火"活动，俗称"浪黑十七"。旧时，一到天黑人们便从庙里抬出佛爷的八抬大轿进城巡行。因其行进极为徐缓，便有"南川大爷（宗泽的俗称）压

马路"之说。中华人民共和国成立后，神像多已不存，会众却以龙灯作象征之物来进行传统活动。龙灯出庙，鞭炮齐鸣，仪仗前导，鸣锣开道，会众拈香奉烛簇拥徐行。凡到之处，家家设案祭祀，点炮放花，无不虔敬，每遇街头路口都有"花会"燃放会众捐资扎绑的"斗花"（斗形大框架之烟花）和大型"架花"（丰字形木架烟花）来敬神娱人。自十五日夜到十七日夜，城镇乡村到处是火树银花，锣鼓喧天，人声鼎沸，时过子夜，游观者方尽兴而归。

二十九日，俗谓火神之生辰。县民在大南门月城内的火神庙进行祭祀活动，演戏三日，入夜燃放烟花爆竹，焚香祷祝，一片至诚。

华亭年俗

平凉地区的年俗非常丰富。以华亭为例，按时间顺序可以大致梳理如下：

年事的准备阶段　农历旧一年腊月初八日，实际上业已拉开了华亭汉民传统年节的序幕，包括腊月二十三、二十四在内，都应看作华亭汉族传统年节的准备阶段。腊月初八，又叫"腊八节"，简称"腊八"。这天有两个例俗：第一是吃腊八粥。华亭人吃粥是家常便饭，平日有的用米煮，有的用玉米面煮，都要配以下饭菜，粥内并不掺和佐料。而"腊八粥"则不同，一般近似"八宝粥"，不另加下饭菜，是把肉和豆腐切成小丁，加调料爆炒后调和于粥内，有的还掺入豆子和核桃仁等。最特殊而值得研讨的是要合入面制的"雀儿头"，这是腊八粥中一个核心原料。雀儿头有两种做法：一种是实胎的，多用荞麦面加调料捏成；一种是带馅的，与饺子做法相同，以面皮包馅而成。但不论实胎或带馅的，都得捏成麻雀头的样子，和枣子相似，只是多个尖嘴，水煮油炸均可，熟后合入粥内便成。由于做法特殊，又是腊八的专食，所以才叫"腊八粥"。腊八粥一要做得多，必须把握宁剩勿缺的原则，保证除当日人吃和贴门神外，还要把剩余的用盆碗贮存，放到腊月三十晚上给牲畜拌夜草，希望牲畜在新的一年里膘肥体壮，永不生病；二要吃得早，为了不让麻雀儿看见，免得危害糜谷，一定得在麻雀出窝前吃完这顿饭。第二个例俗是粪堆上栽冰码，也是不等天明就要干完的事儿。每家每户都要于当日天明前打发强壮小伙子去河里挖凿一大块冰，运回栽到自家粪堆上。有的往往于前一天就挖好了，只等初八凌晨运回往粪堆上一栽。家里没大人，运不来大的，孩子去拣块小的也行。可见这也是一项不能空过的大事。据说这样做了新的一年里庄稼肯长，似乎这冰码又与增强粪肥性能有关。腊月二十三，主要有两项习俗：一是祭灶和送灶神。传说灶火爷一年365天只有一次上天庭的机会，就是从腊月二十三晚上天到腊月三十晚下凡这7天时间。人们知道，这位天帝派到人间掌管一家祸福的所谓"人间司命主，天上耳目神"的灶王爷是惹不得的，新的一年里全家吉凶就在他这次上天一番汇报上。于是不得不在他临上天前做点疏通工作。不但为他焚香献供送钱行礼，还要请阴阳先生诵卷念经，把他美美地奉承一番。通过力所能及的"贿赂"，求他做些"上天言好事，下凡降吉祥"的善事儿。大胆人甚至开诚布公地要求他"上天去好话多说，下凡来坏事少做"。可见人民群众对神也采取软硬兼施的手段。最发人深思的，是在供品中一定献上为送灶神特制的、黏性最强的"灶糖"，据说是为了粘住灶王爷的嘴。看来先给他点甜头吃，目的是以后封他的口，使他有话说不出。二是闹山头和守庙。当晚点灯时分，大家便在会长（管神事者）的领导下，请上方神牌位，打着锣鼓铙钹，像耍社火似的到村周最高的山顶上，先挖一个坑，内置青砖一块、瓷碗一个，瓷碗里放一把五谷杂粮，再插上几根红筷子，然后烧化香烛黄表，复又埋掉。据说这样做过就算驻下了神兵神将，恶风暴雨、瘟疫虫兽就再不敢来这个村子危害人了，这就叫"闹山头"。闹山头结束后，大家不能马上散伙回家，必须送神归庙，此后便都围着早已有人点燃的火堆。有的在庙房里敲锣打鼓，大人教娃娃伙，娃娃伙跟大人学，双方都有"诲人不倦，学而不厌"的精神；有的在庙堂里弹拉吹打，清唱乱弹和曲子；有的讲故事说笑话；有的抓住机会，计划、安排新年耍社火的事。不管干啥，都是为了把长长一夜的时间打发过去。究竟这样瞎熬眼为了什么，现在还健在的八十岁老人也说不上来，只知这叫"守庙"。与腊月二十三有关的习俗还有一个。农村里不知是没工夫，还是因为其他什么讲究，一年365天，不是想什么时候打鼓敲锣就可以的，只能从旧年腊月二十三晚开始打，到新年正月二十三晚停止，只有这么短短一个月的合理期限。一过正月二十三就要将锣鼓收藏起来。谁想要再打，就得等到第二年腊月二十三闹山头时。所以，腊月二十三晚给新年敲响了第一声开道锣，成了汉族年节庆祝活动的起点。腊月二十四的大扫除。华亭汉族的清规戒律很多，平日除了打扫房地院场，抹洗桌椅箱柜外，其余像清除屋周积土，刷屋壁，扫屋顶，都要择个黄道吉日，不然一点都不敢轻举妄动，说是避不过土神，一旦冲撞着可就了不得了。只有腊月二十四不在限内。大概是因一家的司命主神灶王爷二十三晚上了天，这样少了个管头，大家便可毫无顾忌地抓住机会，把自己想要做的事尽量多做一些，特别这直接影响新年气氛的屋内外卫生，更应该做个彻底清扫。这样不但会搬箱挪柜，把室内外垃圾清除干净，还要用梯架把屋顶打扫一番，粉刷墙壁，抹洗门窗，铲除周围积土，垫平院落，都成了刻不容缓的待办项目，目的都是过个干干净净、万象更新的年。不过这个习俗规矩还有个例外，那就是父母亲去世后未过三周年的所谓"有孝户"不能在这一天打扫屋顶和粉刷墙壁。

过年　腊月三十日至新一年的正月初三日，是华亭汉民年节的中心阶段，有着最能代表汉民年节的习俗活动。华亭民间直截了当地称之为"过年"，其间各种习俗活动相互衔接，前后照应，浑然一体，可以看出基本上是一个敬宗祀祖、迎喜接福，为美好生活而祝愿的节日。

腊月三十日白天　腊月三十已正式进入了年关，但实际上这白天仍不失为年事准备的最后关键时刻。备办年食，贴年画，裱炕围床壁，换窗纸，剪窗花，糊彩灯，挂神轴，安置正屋香烛供品，书写对联年贴等，以应过年所需，都要于当日傍晚前备办妥当，所以三十日白天是极其繁忙的一天。这天活动必须注意以下几个在年俗里雷打不动的例规：一是书写对联时不可忽视比对联更重要的年贴。华亭汉民过年，特别注意一些象征性和祝福性的套数，这在年贴上表现得最为突出。比如床壁上要按人的年龄特征、健康情况和从事的职业性质书贴。老年贴"老者安之""福寿双全""身卧福地"等，中青年贴"身体健康""百事如意""东成西就"等，有疾病的贴"百病不生""万病回春""大小清吉"等，牲口槽上要贴"六畜兴旺""牛羊满圈""骡马成群""槽头兴旺"等，粮囤上贴"粮积如山""一籽落地，万籽归仓"，面柜上

贴"取之不尽，用之有余"，衣箱上贴"丰衣足食"，财物箱柜上贴"黄金万两"等。另外门前要贴"出门见喜"，院里要贴"满院春光"，顶棚上要贴"抬头见喜"，还有石磨、石碾上也要贴年贴。基本精神无非是讨个吉利、幸福和好兆头。二是贴门神对联不宜过早。乡俗规定，一旦贴上门神和对联，别姓人就不能再进人家大门，妇女和孝子更是忌讳的对象。除非正月初三送了神以后，大家谁也不敢违规行事，否则就会受到众多人的谴责和鄙视。为了不致影响这段时间里备办年事的互通有无、疑问咨询，一般都在傍晚点灯前才贴。三是过年的窗子和灯笼不是只糊上新纸就行，而是都要加上剪纸艺术，糊得越花哨越好。这是巧媳妇巧姑娘们最易出名的好机会，所以妇女们对这项活动就表现得既热心又认真，八仙过海，各显其能，都要竭尽全部精力智力，花最大功夫，以夺天巧。正月里，你不论去哪个村子，只要到各家各户走走看看，会使你立刻感到自己在参观一个剪纸展览。四是门画儿不能乱贴。"天官赐福""加官进禄""刘海撒钱"要贴到主屋门上，"招财进宝""状元及第"要贴到一般住房门上，"秦琼敬德"只能贴到大门或者牲畜圈门上。另外"牛猴"要贴到牛圈里，"避马瘟"要贴到骡马圈或驴马圈里，这同年贴一样，可千万不能贴错。

腊月三十晚上　当地人俗称三十晚上，正是对联里写的"一夜连双岁，五更分二年"的这一夜，五更也就是当夜五更，乡里人的鸡叫头遍，新旧两年交替的正时刻，华亭人把年节叫过年，也是由此而来的。所以腊月三十晚上是汉民旧年节的中心，是最能代表年节时间性和实质性的时刻，因此最能体现汉民传统年节习俗的活动也都在这一晚。开首是"接先人"。天刚一黑，大家便都怀着万分虔诚和兴奋的心情，穿好年衣，洗净手脸，焕然一身节日仪容，一个个争先恐后、积极主动而慎重严肃地投入神圣的活动。年长并懂得礼仪的留在家中，准备香烛供品及祭祀一应用物。青年娃娃们由一个知事的率领，带上香烛黄表去祖坟请驾。在家的一定得在接驾的回来前点明案上灯烛、屋内外灯笼，摆好祭品供品，上好香，添满酒，备好鞭炮等。只待去祖坟请驾的人走近大门，便要迎上前去焚纸礼拜，同时要鸣放大小纸炮，然后起立三揖，把请驾的让在前面，好像这些外来的人中就

走着好一些已经离开人世多年的、德高望重的男女老先人。高高兴兴回了家，大家更以阔别重逢的激情欢迎，一进主屋便进入了祭礼仪程。长辈领头，其余人协从，面向香案肃立，先作揖上香，次跪地焚纸奠酒，三叩首毕，起立再揖，长者回身离开，这段大礼就告结束，这就叫"接先人"，也叫"接祖"。从其形式和内容看，无疑仅次于隆重庄严的祭祖大典。紧接"接先人"的另一个仪程，便是"年拜"。这时候，年长辈高的老者已经上了炕，稳坐上席，吸烟喝茶，喜笑颜开地等待着儿孙们的祝福。其余的按辈划分，晚辈给长辈磕头，还要呼出称谓和祝福词。在父辈给祖父辈磕头时，儿辈及孙辈都要行此礼。逐次下推，谁的辈分小，谁就磕头次数多。与此同时还有一个例俗，就是长辈给晚辈散发年钱，也叫压岁钱。因此，谁的辈分最小，谁的收入也就最多。年拜完毕后的下一个仪程是"团年"，小户人少，坐一席，大户人多，可坐几席，但都必须在一个屋里，而且间距要近，好烘托全家团聚在一起的亲热兴旺气氛。入席后，便兴高采烈，大吃大喝，嬉笑畅谈，叙古论今，同辈相互猜拳，晚辈给长辈敬酒，平日相互存有成见的婆媳，这阵子也像亲密无间似的，父子的关系再不好，这时似乎也和谐了。华亭还有个怪乡俗——父子礼严而爷孙礼宽。子辈不论男女，说个笑话都要避开父母，爹妈开个玩笑也不能让儿子和媳妇看见，否则双方都感到尴尬。尤其公公媳妇、阿伯弟妇，不仅不能同席吃饭，面对面说话也是犯禁的事。如果有人看见谁家的媳妇与公公说话，或者弟妇同阿伯说话，村里人马上就会传为笑料。至于爷爷孙子辈间，则所谓"爷爷孙子没大小"，不说孙子，就是孙子媳妇揪住爷爷的胡须拉上走，不但没人非议，而且还给加油。可这三十晚上"团年"的时候可以打破常规，虽然公公仍不能给媳妇敬酒，阿伯仍不能给弟妇敬酒，但媳妇给公公敬酒，弟妇给阿伯敬酒，却不但没人笑，还有人称她们孝道。坐在一席吃年饭，更是这临时戒规宽许的了。看来主要是一个"团"字的作用吧。团年一毕，还有个"守年"。由于俗传三十晚上不能睡觉，说是睡了觉在新的一年里没精神，而且容易倒霉，为此大家便早有准备，下决心牺牲这一夜瞌睡。所以不仅团年的时间拉得特别长，有的甚至要添换几次菜肴。即使散席回到各自屋里去，也要强打精神苦坐一夜，这

就叫"守年"。当晚比"接先人"更严肃庄重的一个大典，便是"接神"。乡里人以鸡叫头遍为准，实际上正是旧一年腊月三十晚零时至新一年正月初一早一时之间那段时辰。由于当晚大家都不睡觉，只听雄鸡刚一张嘴，还不待第一声叫完，大家便同初夜"接先人"一样，穿好衣服，洗净手脸，先上齐屋案上的香，继而在院子里朝天焚香礼拜，孩子们在大人敬神时，就已点燃爆竹和鞭炮，染红了天，响动了村，这时，山山水水，一起熔入了年的洪炉。这就叫"接神"。与"接神"有关的习俗还不少，都被编入了年的画面里。一是争时间——看谁家接得早，这叫"抢头香"。二是正屋堂案上那盏从"接先人"前就已点明的长明灯，不过正月初三"送神"，千万不能熄灭，香炉里的香不能断火。所以过年最中心的三天三夜一定要操心：油耗干了添油，香燃完了添香，做到灯长明，香不断。三是从三十晚接神放了爆竹的余火，至初三送神前不能灭，大家怕灭，又怕添柴不及时，便于接神放爆竹前早就挑选一块大顽木头疙瘩埋在柴里了。四是于接神前后还有一种预测当年庄稼收成的风俗，具体办法不同。有的在接神前把各种粮食用纸包封起来，再用戥子称后将分量记在封皮上，然后置放于香炉后边，等接神毕再复称。哪种粮食比原来减了分量，就证明哪种粮食减产，分量不变的当然就是平收了。大家一查心里就有了底儿，开春耕种时，种哪样不种哪样，种多种少，很可能都受这种卜测的支配；有的趁黑爬进牛圈，在牛头上摸，说摸着啥啥成；有的人去打碾场里摸，也说摸到啥啥成；还有的躲到碌碡后面去偷听神话，说是三十晚上神仙要到碌碡上休息，还要商量在新的一年里成哪样庄稼，种哪样庄稼，如果听到，在开春种植方面，自己虽然不是神仙，却已有了神主意。

正月初一　也叫大年初一。这天只有"迎喜神"一项活动。除此之外，大家都是定吃定坐和尽情欢乐一整天。迎喜神的时间只限于初一，具体时辰并不固定，连同方位也是一年与一年不同，都要到皇历上去查。不过迎喜神大都在早饭前后，下午不多见。俗话说"腊月忌尾，正月忌头"，这正月初一上午就该是应忌的头了。迎喜神是华亭汉民旧年俗里一个规模盛大、声势热烈的群众性的集体大赛会。各家各户都要于迎前准备足香纸酒烛等祭神用物、锣鼓铙钹和大小

纸炮，有条件的地方还要装好铁炮。除人们穿戴一新外，还要给大小牲口披红搭彩，把毛体刷洗干净。于正时辰前半个小时，就要打起锣鼓，吆上牲口，赶往规定的地点集中。只等有人高喝一声"时辰到"，大家便一齐面向大吉大利的一方跪倒，各烧各的香烛，各奠各的酒，各磕各的头，各鸣各的炮，表现得一个比一个虔诚，一个比一个恭敬，都想把喜神感动得非去他家不可。这时候，小炮加大炮，纸炮加铁炮，锣鼓声、欢笑声，夹杂着牛吼马叫的声音，合成了恭喜祝福的交响乐章。小伙子们骑上自家的光脊背大马、走骡子和欢叫驴，拼命在河滩里来回驰骋。黑狗白犬互相追逐，狂吠狂跳。此时此地，不要说人，就连这些牲口也像通人性似的，觉得这是一个应该而且难得的快乐日子。旁观的闲散老汉老婆、姑娘媳妇，连同一群淘气顽皮的小孩子，也都成了自发的啦啦队，一个个瞪大眼睛、张大嘴巴，直着脖子、昂着脑袋，拍手叫好，加油助兴。就这样大闹约个把钟头，迎喜神的正式仪程才能告一段落。沸腾了的现场呈现出一派万象更新、奋发图强的景象。总之，这活动在农村，对农民都应该说是一年中规模最大、独一无二的集体性盛会，也是年节习俗里最热闹而最有意义的一项活动。通过三十晚的接神和初一早的迎喜神，人们求得了心理上的安慰和精神上的解脱，他们对美好生活的向往和心愿得到了寄托，怎能不如此尽兴狂欢呢？

既然迎喜神，就都想而且也肯定会迎到自己家里去，这样大家便都是一个心思，赶快回到家里，谁都怕半途中怠慢了那个和自己一块走着但又看不见摸不着的喜神爷爷。于是各吆各的牲口，带桶的顺便往回捎一担水，不论大人小孩都要边走边攀折一束蒿草拿着，据说这象征和代表迎回的财帛。一路上互相恭喜，互相祝福，即使只隔了一个晚上没见，也亲热得像几十年没见一样。回到家里，第一件要紧事是由掌柜的一手提酒壶，一手持镢头，在周围挖一镢头，滴一滴酒，转一圈，以为经这样一来，当年在屋周围动土，不看日子也不出问题。还有一个与迎喜神有关的习俗，就是一迎毕喜神，若计划要栽秋千，就得马上竖柱架木，错过这个时间，当年正月就不能再栽秋千了。

正月初三"送神"　正月初三是中心年节的最后一天，这天也只"送神"这么一项活动。送神虽说在初三，实际上同三十晚上接神一样，都在两天"交界"的那个时辰。接神在旧一年腊月三十晚零时与新一年正月初一早一时之间，而送神则是在正月初二晚零时到初三早一时之间，具体时辰都是乡里人所说的鸡叫头遍的时候。接神与送神的仪式基本相似，不同处是接神时燃放爆竹和鸣放鞭炮，而送神时则是把爆竹的余火处理掉，光鸣鞭炮就行了。初三当日虽只有送神一项活动，但跟送神有关的还有在年俗里最普遍而占时最长的两个习俗。一是带上糕点，摊上工夫，借着拜年走门串户地走亲戚；二是敲起锣鼓，动员人力、畜力、车辆投入日夜闹社火的热潮中去。在这两项活动中，走亲戚一般都不超过正月十五，唯独要社火，最早收摊子的也都过了正月二十三，有的地方甚至过了二月二还热闹得停不下来。

年的余味　按理正月初三送了神就已经过了年节，但从民间与年节有直接关联的一些习俗依然接踵而起的实际情况来看，人们却还兴致正盛，年味更浓，对年节的享受欲似乎才开了个头，年俗也像火山刚刚冲破了个缺口，因年而生的活动，包括前边所说的走亲戚、耍社火在内，都正在向更集中的阶段发展，至正月十五，好像才达到高潮。所以从正月初三到正月十六这近半月时间里，尚有不少与年节有直接关系的风俗活动还要履行不误。正月初五日，俗叫"破五日"，也叫"五穷日"。且不管"五穷"包括哪五方面内容，"穷"的内涵却是敲明道响的。由此不难理解，在华亭民俗里是把初五这一天作为破穷治穷的日子。由于主旨在与"穷"做斗争，所以人民群众当日行动是毫不留情的。不烧香烛黄表只放炮，一切从清除出发。一清早就要把全屋灰尘和垃圾扫积于门槛下，庭院垃圾扫积于院当中，都于中间竖埋大纸炮，点燃后冲打得灰尘四溅，复又扫堆倒掉，这叫"打穷土"。饭后都要把脏衣服清洗干净，这又叫"打穷垢甲"，仅此两件，虽不足代表穷的所有内容，但劳动人民恨穷治穷的美好愿望及其"杀鸡吓猴，惩一儆百"的动机和目的却是非常明显而积极的。除此以外，他们还巧用文艺形式展开与"穷"的大搏斗。大家扮一出以《种扁豆》为名的跑社火，用一头黑牛套上耕犁，再扮扶犁、点籽、抱粪等角色，全同种地一样各执其事，在锣鼓铙钹声中与观众搅混在一起，这家出来那家进去，逐门挨户，紧张地辗转追逐，要一户不漏地跑完整个村子才算完事。相应地，不管到了谁家，主人总都要焚香鸣炮，以盛礼接待，临走时还要或多或少地敬送他一份礼品，这叫"断五穷"。没条件搞这样活动的村庄，即使请别村社火队效劳，也要大闹这么一番，心里才感到踏实。

正月初七日，叫"人七日"。主要习俗有以下五个方面：其一，早饭一定要吃长面条，厚薄宽窄都不限，只有一个要求——越长越好。据说和腊月三十早上吃搅团象征团结无间一样，长面条是象征长命的。人七日吃它是为了祝愿全家大小命牢寿长的。其二，在当晚上香时，必须牢记家中有几口人，一定得在正堂和灶神香炉里上几炷香，宁超勿缺。主要在于祈求神明保佑全家人平平安安。宁叫增口，不让减口。其三，当天不论男女老少，宁愿误了大事也不让一人离家外出，据说是怕把魂魄丢在外边。其四，这天都不准放炮，害怕惊散了人的魂魄。其五，这天最忌吹风，说吹了风命脆，还说早吹风死青年，午吹风死中年，晚吹风死老年。

正月初九日，叫"上九日"。这天的文章做在吃饭上。听说有些地方除夕吃饺子，华亭乡俗却是除夕吃搅团，上九日才吃饺子。还有个传统习俗，就是要特包一个硬币馅儿的，不做任何记号，与其他饺子一起蒸煮，一起装盘，谁要吃到这个特别的饺子，就证明谁的财运好。后来居然添枝加叶，还包纯盐、纯辣椒，甚或包些纯花椒或其他难以下口的馅儿，谁要吃到这些，就会被弄得泪流涕溢、啼笑皆非。

正月十三日，叫"粮食生日"。在上晚香时，要在所有贮粮的囤子、袋子以及箱柜筐笼上插香焚纸，磕头礼拜。据说经此一祭，可保当年庄稼丰收。"粮为国之宝，食为民之天"，善良的报恩意识又是中国劳动人民的特点之一，在一年一度的这个过年节日，除了祭祀一下自己的祖先外，再来祭祀一下借以养生活命的粮食，其心愿是不难理解的。

正月十五的灯节　华亭民间习俗叫"元宵节"，有的叫它"正月十五"。但不止十五一天，实际上是以十五为中心，包括前一天十四和后一天十六在内的三天，是个灯节。华亭习俗分这三天为三个阶段：十四叫演灯，十五叫点灯，十六叫倒灯。十四、十六两晚点多点少不限，一般都是为了应付个日子，唯独十五晚上却要把所有的灯，不论纸糊木做的、内放外

挂的、孩子们挑的提的和拉的，还有面做笼蒸的，都要一个不漏地全部点上。初夜灯一亮，大家便成群结伴，孩子挑上灯笼，大人抱上孩子，开始了串门观赏的活动。一边观赏，一边评论，评比谁家的灯糊得好挂得多，谁家的灯是谁的手艺，这一来巧媳妇巧姑娘也就有出名的机会，受人夸奖和羡慕。在这个以灯和光明为主宰的时间和空间里，华亭民间则就不仅只是观光欣赏，还有不少特殊的风俗习惯，可谓土生土长而别具一格。里面最引人注意的，是面灯、锥巴子。别看这两样都是面做的，而且不被欣赏或不用来供神，临了都是人的食品，可此时此地，乡俗里却赋予了二者神奇的特殊功能。先说面灯。一般把荞麦、玉米、黑豆三样面粉用沸水合烫而成熟面，然后揉制成寸半高、直径一寸大的圆柱体，上端中央做一个小窝，再于周沿边上压做一些有似光芒的花纹，入笼蒸熟即成。这类蒸多少数量不限。与此同时，按原样再做十二个，针对一年十二个月，一月边上做一道纹，二月做两道纹，依此类推，几月做几个纹，这叫"月儿灯"。蒸熟一开笼就得详细观察，看哪月窝里有水，就可预测当年哪月有雨，哪月窝里干，就断定哪月干旱，水的多少就是降雨量的多少。接着要按十二属相控制属相灯，家里人占几个属相，就做几个灯。比如属鼠的就捏一个面老鼠，属牛的就捏一个面牛，如果父子二人都属鼠，那就捏一大一小两个面老鼠，大的代表爸爸，小的代表儿子。点灯时谁的属相灯亮，就预示谁在新的一年里百事如意，万事亨通，东成西就，大吉大利。谁的属相灯暗，就意味着谁要倒霉。再下来就是做庄稼灯……蒸熟后开笼细看，哪种长了坏，就证明哪样庄稼成，哪样减了坏，就证明哪样庄稼不成。最重要不过的要算给老人捏制寿灯了。由于不像一般灯，插一根油浸胡麻秆点完事，寿灯要从十四演灯开始点燃，一直亮到十六倒灯才可熄灭，这样必须不断添油加捻子，为了有地方蓄油置捻，灯的体积和上面的窝都要比一般灯大几倍。沿纹要按老人的年龄多少去压制，多少岁就要制多少纹条。一般总是要比实有年龄多制几条，无非希望老人长命百岁，多活些年。除此之外，饭案上要制案儿灯，石磨、碾子、牲口槽上都要制灯。而且啥地方做的要像啥，点时要放在啥上边，都有讲究。与人有关的如属相灯和寿灯，谁的要谁吃掉。点面灯时，尤其十五晚上，还有

不少土讲究。点灯时如果灯花肯爆，就证明当年鸡娃能长成。大家都要趁灯正亮时从旁咬一口吃掉，说咬了眼睛亮，这叫"咬活灯"。媳妇姑娘们忙着剪积灯花留作画眉用，说染了眉毛又黑又旺。其次再说说锥巴子。锥巴子做法与包子相同，只是造型不一样。包子外皮封口处朝上，而锥巴子却压在下面，放正时很像一只趴着的蝌蚪，或者像一尾剪了鳍的金鱼在趴着，头部圆大而尾部很小，头前正中捏一个鼻子，鼻子上两侧填两颗黑豆做眼睛，背光圆而呈弧形，看起来还很标致可爱。锥巴子蒸熟后做供品用。一般主屋香案上献六个，三个一摞，分作两处置放。灶前只献三个。由于传说偷吃了别人家的锥巴子可以生孩子，意思不外乎想把上天赐给别人家的孩子转移到自家来，所以各家各户要特别加强防范，以被人盗去自家的锥巴子。在农民心目中，锥巴子被盗，就不是失掉几两面的问题，而是会少生一个孩子的大事情。可见偷这个东西也的确不是一件容易事。但总有被偷走的。光偷到手还不行，必须揣在怀里。一进自家厨房，立即就要丢在水缸里，再细看一下，如果趴着就生男孩，如果仰着就生女孩。接着赶快捞出，不挪地方就把它吃完，不能撒掉一丁点儿渣渣，这样一来，就好像吞下了定心丸，自以为十个月后生孩子就有了保证。

年事年俗大收口　正月二十三。为时一个多月的年俗，到正月二十三就要宣告结束了，所以，与年节有直接关联的最后这个二十三晚的"燎疳"活动，基本上可以说是华亭汉民年事的总结，年俗的尾声。正月二十三日，是华亭汉民传统年节整体里不可分割的一节。当日最中心的活动就是初夜的燎疳，因此大家都习惯称之为"燎疳节"。活动的过程是：各家各户都要在自家门前选好一片较为开阔平坦的场地，中间堆垒一大堆干柴，将早已缚糊好（有的在二十一日，有的在二十二日）的"疳娃娃"插置在上边；再点燃柴火，焚香烧纸，磕头作揖，大鸣鞭炮；接着不分男女老少，大家便都争着在烟焰正旺的火堆上跳来跳去。不会走路的小孩由大人抱着跳，拄着拐杖的老汉老婆子，即使翘起一条腿，也要在火上燎燎，好像也算了却一桩心愿。小伙子、大姑娘们抓紧机会，三五成群地跳罢这家的再跳那家的，兴高采烈地跳完全村所有的火堆，方觉如愿。等到火势塌了，大家就

又操起锨来，连灰带火地扬往空中，注目观望着那一块块、一丝丝当空坠落的火花和灰烬，说像啥粮食就证明当年啥庄稼有好收成。传说经此一燎，就算燎去了晦气，一年四季吉利平安，百病不生。与燎疳有关的疳娃娃，形成于何时何地，因何而生，谁也说不清楚。只知最早都是用剪纸形式把一张黄纸叠好剪成娃娃形状，然后展开摊平，便成一个抓一个、一层顶一层的许多纸娃娃，夹在竹竿或麻秆上就对了。后来于长期发展中，随着人们物质生活和文化生活以及人民群众欣赏水平的提高，便开始用竹篾和彩纸仿活人扎糊成立体造型的纸人，而且要给男孩子糊姑娘，给女孩子糊相公，这在民间工艺美术上是一大发展。并且有个规程是，给哪个孩子糊的，还要这孩子本人每日三次为它上香献饭，燎时又要亲自放在火上磕头礼拜。在当日内，与"疳"字有联系的习俗还有三个。一是各家各户都要把自己早已晒干贮存的干菜炸煮一些，如果自己没准备下，也要向邻居借点煮煮，说是这样做了可以保证一年不生疮疖；二是从旧一年腊月三十日至现在不准烙馍炸东西的戒条由即日燎疳后作废；三是从旧一年腊月二十三晚敲起的锣鼓等打击乐，从当晚燎疳后不准再敲打，乐器一律入库封存。由此可见，农村社火队一般都要于正月二十三结束活动。总之，一过正月二十三，大体上涉及过年的活动都得由此收口。

平凉地区华亭还有许多特色年俗，可以大致举要如下：

巡香守夜　农历腊月三十日（小月二十九），过年的多项准备已全部就绪，除贴春联、敬神祭祖、守夜等与各地大体相同外，还有两个特点。一是"三十儿"早饭一定要吃黄面（玉米面）搅团，取紧密团结、和睦相处之意；二是全村每户出一人，提清油少许，携香烛黄表，集于村庙敬神，叫作"巡香守夜"。以一炷香为时限（如今有以手表计时的），轮流给神位续香火，焚黄表，其余人可做即兴游戏，待鸡鸣各回各家。如今，有些山村仍守此俗。

出行　正月初一的早饭例为长面，取长命百岁、常常（长长）富有之意。也有长面与饺子同食者，名曰"金线吊葫芦"。北塬、西川的人们在早饭后赶出牲畜，鸣鞭炮，向所谓喜神方位出行，直达泉边或水边。正月初三，除灶神、祖先外，其余神位焚化，叫

"送神"。南塬人们于此日早饭后行"出行"之仪式。

送穷　正月初五，俗称"五穷"，此日要"送穷"。早饭后清除尘土垃圾，并焚香叩奠，叫作"扫穷土""送穷神"。

社火立坛　正月初六为社火立坛日，各村推举社火头子，备办耍社火的用品，叫"破纸活"。

人七儿　正月初七，陇东称之为"人七"或"人七日""魂日"等。到了初七，人们都知道什么该做，什么不该做。这一天，什么大的声响都不能有，就连鸡鸣犬吠、孩子的啼哭之声也很少听见，喜欢放炮的孩子们今天只得让他的手痒着。人们以为任何的声响都将是不吉利的。这一天，是继腊月三十之后的又一个魂归的日子。据说，若有什么声响，人的魂将被吓得四散躲开，是很不利于健康的。这天一清早，便在家门口烧一堆以麦秸秆为燃料的火，叫作"煨魂"。含意是人的魂回到家中怕冷，在家门口烤火之后才回家。娃娃们腿脚灵便，他们的魂回来得早。因此，火不能点得太迟，好让他们先烤暖身子。若点火迟了，娃娃们的魂将坐在大门口等老半天，也许会使出娃娃脾气一走了之，这样，这一家娃子的身体这一年将不太好。大人们是不愿意看到这一结果的，所以，刚一起来，就悄悄地吩咐孩子们去点火。点火的同时，还得"叫魂"。叫魂的方式很独特——一个人叫，另一个人答应。比如，一个孩子叫道："牛娃哥，回来！"另一个孩子答道："回来了！回来了！"凡家中健康的人都必须被叫到。家里若有老年人，火也不能熄得太早，老年人腿脚不灵便，魂会姗姗来迟。

人们悄悄地坐在炕上，等着吃早上的"拉魂面"，连孩子们嬉笑打闹，大人们也要瞪他们一眼，悄悄制止。"拉魂面"擀得又细又长，一头下肚，另一头还在碗中。这面都是前一天擀好、切好的。这一天是不能使用刀子的，如果谁用刀子切东西，谁的魂将被切断。谁又肯将自己的魂切断呢？同样，剪子、锤子、针等都是不能用的。过年有的是剩馍、剩菜，到了中午吃一顿随便的饭，直到晚上悄悄进入梦乡。这天忌讳走出自己家串门。俗语说的"七不出，八不入"，在陇东的有些乡村，也有"正月初七不出自家门，正月初八不进别家院"的意思。据说原因是这天魂在自己屋中，如果到别人家串门，魂也跟着去，别人家的魂就会把它赶跑，会给人招来病灾。

正月初八　俗传为谷王爷生日，早晨吃黄米干饭以祭以敬。正月初九：俗称"上九"。社火多于此日"出坛"（亦有变更此俗早出者），走家串户，携举"蜡山"（社火中的主要角色），敲锣打鼓，亲自在各家灶神前"稳蜡"（点蜡烛）、"开钱粮"（上香焚黄表），俗称"打过庄"。各家均待之以礼，赏赐钱物。

元宵节　当地较特殊的习俗有以下几点。一是午饭必须吃包子，而以"地软软儿（一种状如木耳的野菜）包子"和"麻腐包子"最为得意。二是蒸包子时多制"锥把子"（形似蝌蚪，系礼馍）供于灶神位前，给"偷取者"以方便。三是端灯。凡新婚后过第一个元宵节，新婚必到岳母家"端灯"。是夜，岳家院中摆八仙桌，桌上置炕桌，炕桌上再放倒扣着的五升斗，斗上安放面制的"金猴灯"，俗称"看山猴"。金猴的头、肩、膝、背、脚均安置小面灯。炕桌、八仙桌上罗列十二盏属相灯。号称"百盏灯山"。"端灯"开始，女儿陪着新婚先拜灯。随之，邀来的社火进院，春官说诗，戏耍相间。之后，新婚偕其妻相继端走金猴灯和十二属相灯，余者，众人争而端之，以此为吉、为乐。人散后，岳家设席，新婚就上座（乡俗，女婿在岳家仅此一次居上席），当晚不归，翌日携所端之灯归家为吉。四是东川的郿岘村是夜必放焰火，称"放花"，据传有五百多年的历史了。花炮皆自制，名曰"天女散花""刘海戏金蟾""焦赞放火""孟良收火"等。各种形式的花炮或安于屋檐翘脊，或系于树枝橡头，均以滑绳连接。点燃花炮后，顿时此起彼伏，多彩多姿，火树银花，光彩夺目。届时，几十里路之外的民众亦成群结队前来观赏。此俗近年更为兴盛。此外，旧时东川的社火多于正月十六日集于四十里铺镇表演，亦盛极一时。

正月二十三　此日有以下几项活动。一是扯下残存的对联、门神，焚化祖先牌位（叫"送三代"），也有于此日焚化灶神者。二是剪制"扫天媳妇"。多以棉花、布做头，以余下的对联、门神等纸片做衣裤裙带，以高粱秸秆做臂、腿等，右手执帚，左手提帕。制成后供儿童耍之，然后插立于院中高处"扫天"，以求风和日丽，风调雨顺。三是"燎疳"。是日晚多拾柴集于各家门前，以多为好，表柴（财）多富足。入夜，家家燃柴起火，顿时火光冲天，鞭炮齐鸣，笑语欢声不绝，男女老少相继跨越火堆，幼儿由成人携抱跨越。随后，各家将扫天媳妇、余下的对联、门神残片投入火堆焚之。燎疳毕，以扫帚扑打余火，口念"麦子花""豌豆花""糜子花""荞麦花"等，以每念一句时火星明暗来预卜当年该作物能否丰收。四是"禳（嚷）庄""卸将"。即本日结束社火活动。先在村中表演，意在驱邪除害，谓之"禳（嚷）庄"。入夜，齐集于村里社坛，社火头子率众跪地，焚香烧表，社火头子时而发出悠长呼叫的祷告声，同时烧掉纸旗、纸灯及其他"纸活"，然后，偃旗息鼓，卸妆告毕，此谓"卸将"，或附会为感谢神将。回村路上，禁止喧哗，充满奇特的神秘气氛。

新女婿点灯背猴 平凉很多地方有新女婿点灯背猴的风俗：凡是刚结婚的女婿娃，在春节时，都先要去丈人家"端礼"，实际上是拜年。凡是丈人家的亲门家族都得要去，每家每户少不了一盆饼子、两把挂面等。一般都在正月初三去，有的是小两口同行，有的是女婿一人先去，当天先到他岳父家，然后由小舅子或其他人引着女婿娃逐户送礼。当天一般不在这些家中吃饭，下午火速回到自己家中。到了正月十五这天，可忙坏了新女婿的丈母娘，因为女婿娃初三端了礼，正月十五晚必须来点灯，还要背猴灯。按照风俗，新女婿点的灯要依丈母娘的年龄来做。比如，丈母娘五十岁，就得做五十个面灯。这些灯都是用酒谷面，里面再拌点糖做的，吃起来好吃。有的请来妇女中手巧的人儿来做，有荷花灯、莲花灯、猪头、麦草垛、春燕、黄牛、羊等形式的灯，都做有装清油的小窝，插有用白棉花做的灯芯。特别引人注目的是猴子灯，它比其他灯大好几倍。猴形端坐，头上、肩上、手上、脚上、怀中、膝盖上都有小灯。它被放置于其他灯的中央。到了晚上，院里安一张大方桌，群灯放于桌上。这时，鞭炮齐鸣，新女婿和姑娘手持火种一个一个地点。当点完灯后，观看的人群围上来抢花灯。这时，女婿娃要第一个冲上去抢走猴灯，不要叫观看的人抢去，免得影响这对新夫妇一生的幸福。因此，姑娘、姑爷这晚特别注意猴灯，就连老丈人、丈母娘都为女儿女婿操心担忧。花灯散后，家里重新摆酒席，新女婿得给丈人、丈母娘敬酒。这晚除吃酒席外，还特别准备好凉粉、面皮和一些甜食，这意味着爱情的纯真甜蜜。到了第二天，其他家族才一户一户请新女婿和姑娘吃饭。吃罢临走时，每户送他们一对

肉夹馍，叫作"面盘"。这种风俗年深日久，至今仍很流行。

徽县年俗

徽县送五穷 陇南地区的徽县，到了正月初五别有一番讲究。清晨，当一家人都起床后，家中比较能干的人便开始送"五穷"。从事送"五穷"的人，手里拿着一把扫帚，把屋子里各个地方都扫一扫，甚至还要把炕席掀起来，扫一扫土炕，扫的时候口中念念有词："穷婆婆去，富婆婆来，金银财宝扫进来。"初五早上，当做完这项重要的事情后，一家人便围坐桌旁开始吃饭。今天的饭也许要大倒您的口味，因为这一顿饭实在和春节以来的美味无法相提并论。那么，今天到底吃的是什么饭呢？按这里的习俗，今天要吃一顿最差的饭——散饭。至于散饭的质量如何，那要根据各家的经济情况来决定了。有的人家用苞谷面散，还有的人家用小豆粉散，有的人家用面粉散，还有的人家用米粉散。据说初五吃一顿散饭，能粘家柜。也就是说，在新的一年里，可以少损坏或不损坏家中的一切器皿和用品，小孩子也不会打坏碗。

西和年俗

西和春官说春 腊八一过，春的气息越来越浓，村民们已准备春耕，这时，甘肃东南部就出现春官说春的习俗。一些能说会道的农民穿上新衣，戴上皮帽，肩上搭一钱袋，怀抱五彩丝绕缠的木雕春牛，结伴而行，一边唱《春官歌》，一边散发节气表，走乡串村，讨要赏钱。人们赐给他们一个雅号"春官"。在西和县，春官有自己的组织，设"春官头"一人，每到冬至，春官头招集众春官商量出行路线。在春官头家里摆设香案，上供一只木雕春牛。春官每到香案前，先向春牛三叩首，再向春官头跪拜。凡来的春官都要给春牛神献上各类祭品，等仪式结束后，大家边吃边议。临行时，春官要把酒碗砸碎，表示"岁岁平安"。说春有八路行的讲究，即春官分成八条路线说春，这也是讨吉祥的意思。春节前，八路春官返回本村。这时，春官又有一次聚会，分别向春官头述职，然后按规矩向春官头交纳所获赏品。在春官中，凡当年获赏品最多者，即为来年的春官头，当供奉雕刻木牛一年。陇南的两当县、徽县等地，春官活动小有不同。他们不到处活动，而每至立春之前，春官集于当地广阔场地扮演春神戏，举行迎春仪式。一般由村头

组织，村民捐钱。仪式由祭春、闹春、看春构成。祭春用猪羊献神，闹春由全村人即兴嬉戏，看春由春官数人扮演神话故事。整个过程欢乐而庄重。

临潭年俗

临潭小儿会（放焰火花神会） 相传三百年前，临潭县哈尕滩村的一位农民去陕西做生意，买卖兴隆后，为了能平安地回乡，他祈求家乡的文昌爷（文曲星，也就是魁星）保佑，许以顺利到家后给文昌爷点灯烧香，施放焰火。回来后，他卷了纸筒，灌上铁末和火药，放了焰火花。后来，这放焰火花的技术传到本村一户姓陈的人手里。陈某按照农村正月十五夜点灯敬神的习俗，在每年元宵放焰火花，逐渐形成放焰火花神会。

清朝同治二年临潭动荡大乱，哈尕滩群众避难流落他乡。数十年后再返回村，村庄一片荒芜。残墙破屋的院落里野草荆棘丛生，人一上庄，瘟疫流行。更为可怕的是小孩子们因麻疹传染相继离世。在那封建迷信的时代，村民们认为这是因数年没放焰火花敬神祭祖，神祖不理民事，鬼怪作邪作恶。为了讨神的欢心，当年夏季伏天，人们便用破纸卷了六个土炮火，敬神补礼，驱逐邪恶。祭神后，神"灵"大显，村庄、人畜皆安。从此，放焰火花神会照数十年前的风俗与习惯，每年正月十五夜晚举行一次，花会也改名为"小儿会"。在元宵之夜，哈尕滩村的第一出戏是社火。敲锣鼓、耍狮子是"小儿会"的前奏，这意味着对神祖的热烈欢迎。接着，烧香敬神，洒酒祭祖，一直闹到深夜子时，才算到了"小儿会"放焰火的时辰。"小儿会"的会场，设在哈尕滩村的中心场地上。会场的布置方法为：在场地中央栽立一根高三丈八尺的木杆，杆顶插一小纸旗，旗下挂一彩色的纸糊灯笼，灯笼身下用五根长短不等的木杆横扎成"弓"字形，横杆上是九莲灯①、各式礼花"天老鼠"和数百余大小鞭炮，然后围绕此高杆，在前后左右相距十多米处栽上五根较低的木杆，再在每根杆（包括中心高杆）上绑上一个纸裱的人物，人物头顶各安上一筒花炮。这六根杆上列席的六位纸裱人物，都是曾与火结过缘的人。这六位人物形象分别是：唐僧师徒四人

过八百里火焰山，焦赞、孟良玩火葫芦。另外，传说关公是火的正君，在这焰火会上，便把他安排为"主帅"。在距那六根杆组成的场圈外二十米处，平放着一个牛车木轱辘，轴眼里栽立一根约两米高的木杆，杆上扎着一座用纸裱糊的庙宇，庙内便是"主帅"关云长了。而庙外前后还分别竖立着两副对联。前联是：师卧龙将子龙偃月青龙，兄玄德弟翼德威震孟德；后联是：匹马斩颜良河北英雄丧胆，单刀会鲁肃江南文武寒心。焰火由推选的会长点放，即剪彩。会长是村中青苗会②轮换选出的领导人，一般在村里是德高望重的老人。剪彩时，会长在关公庙里清油灯上点着一炷香。据说孟良背着火葫芦放过火，所以先用香点着"孟良"，意味着孟良放火了。当把"孟良"引燃时，那头顶的花炮筒立刻炽烈地喷出火焰柱。那火焰噼噼啪啪地响着，直向夜空蹿去。但更好看的是那火焰柱的色彩却是纯净无烟的火焰红，并且其光亮的强度可以把一二十米外惊喜的观众照得通红。自然，那火焰光也就把滑稽的孟良形象清晰地映现出来。当"孟良"头部的焰火快放射完时，一只"天老鼠"从"孟良"头部发出，那火光一蹿一跳地闪着，沿着拉直的线绳飞腾出去，引燃"沙僧"头部的火炮筒。曾称霸过流沙河的沙僧，对火也是泥菩萨过河——自身难保，很快被引燃。"沙僧"又按上述程序，将火苗"天老鼠"发送给"猪八戒"。以此类推，"猪八戒"将火发给高杆（挂着彩灯的杆）上的师父"唐僧"。"唐僧"又将火发给高徒"悟空"。大闹过火焰山的齐天大圣，是饱尝过火的滋味的，因而他头上的火着起后，便把火用"芭蕉扇"扇给了"焦赞"。这焦赞会使用火葫芦，"焦赞"头顶的火炮放射完后，整场焰火神会就结束了，其意是焦赞收火了。这燃放的时间近一个半小时，将会场的热闹气氛推到了沸腾之点。焦赞收火后，按传统习俗，谁能抢得高杆上的小旗，来年就生贵子。因而，当"焦赞"头顶花炮筒里的火花放完后，便立刻会出现人潮汹涌、人浪迭起的场面。那些年轻力壮的青年们蜂拥而上，争强取胜，攀杆夺旗。

这"小儿会"的习俗在"文革"时中断，至1984

---

① 九莲灯：按九朵莲花形状制成的灯。

② 青苗会：村中一些年长者组成的管理田间青苗的组织。

年，焰火花会恢复，并成立了花炮厂。这花炮厂不再专为一年一度的民间元宵活动准备礼花，而是劳动致富，给州县内外提供礼花、花炮。随着人类社会的发展，如今的哈垿滩焰火会不再是过去的"小儿会"，而是新时代的礼花焰火会了，它的名目繁多，特别是百鸟争鸣、百花齐放、仙女散花、群蝶飞舞等新节目，皆令观者赞不绝口，眼花缭乱。

舟曲年俗

舟曲迎婆婆　正月十九迎婆婆（舟曲称圣母娘娘为婆婆）是舟曲县遗留下来的一种带有浓厚地方色彩的民俗活动，是整个春节活动的高潮，犹如舟曲县的狂欢节。活动已有五百年的历史，在其发展、演变的过程中吸收了藏传佛教、道教的精华，是老百姓祈福禳灾、迎生送子、求儿求女、祈求保佑一方平安的民俗活动。

正月十九迎婆婆的民俗活动主要分布在甘南藏族自治州舟曲县县城、乡镇、村寨，其中县城的活动最为盛大。2008 年，正月十九迎婆婆被甘肃省人民政府公布为省级非物质文化遗产名录项目。《舟曲县志》记载，春秋战国时期，舟曲县为羌、氐族的住地。公元 756 年，吐蕃东征扩占唐陇，今舟曲县城俱陷。宋王朝收复陇地时，部分原吐蕃军及其随军家属与战争中被裹挟的羌奴族在舟曲县一些地区入乡随俗定居下来，在特定的地域形成了特有的方言、服饰和风俗习惯。舟曲正月十九迎婆婆起源于古羌族祈求平安、辟邪驱灾、迎生送子、求儿求女的风俗，人们在每年正月十九举行盛大庆典，把翠峰山"婆婆"从山上请到城中，举行迎婆婆活动，从此成为定俗，流传至今。它是古代遗留下来的一种带有浓厚地方色彩的民俗活动，是整个正月各种活动的高潮，犹如舟曲城的狂欢节。正月十八一早，城内外 16 位"婆婆"（16 位"婆婆"以其寺址名号和固定的排列顺序列为：天寿寺、隆兴寺、太阳寺、净胜寺、驼铃山、龙山寺、清凉寺、西腾寺、洪福寺、楼台阁、宝峰阁、望江楼、百子楼等）做好准备，十九日上午精心打扮。"婆婆"轿是按宫殿式样制作的工艺品，该轿全顶飞檐，四周高柱回廊，上有木刻孩童、龙凤、花鸟、禽兽等物，轿前刻有"大德当年化南国，深恩今日育西秦"的对子。打扮好的"婆婆"坐于轿中，容貌端正，仪态慈祥，头戴"银凤冠"，身着"蟒袍霞

帔"，轿门左右两边各有一位身穿红裹肚的木雕童子，各打一个宫灯，上面写有圣母庙名称。舟曲城内外 16 位"婆婆"于正月十九日晚 9 时必须齐集于城东驼铃山北端的东门上，依次进城。每位"婆婆"轿后一般跟随 200 人左右，进城后已有两三千人。城内各家门前设置香案，备有香蜡、黄表、鲜花、水果、糕点等供品，及鞭炮火花，城内观者人山人海。驼铃山高出城区近百米，16 位圣母轿灯火明亮，遥望似明星闪烁从天而降。此时鼓乐响彻全城，人们前呼后拥缓缓迎来。每轿彩旗开路，锣鼓相随，以宫灯、牌灯前导，依次銮驾仪仗队，青少年打着金瓜、钺斧、朝天镫、乾坤圈、芭蕉扇等各种执事及玻璃牌灯，其后是藏族喇嘛唢呐手，不间断吹着唢呐，身着道装的道士在轿前边走边诵经，随有三四人敲打乐器。抬轿者不断轮换，刚结完婚的新女婿都争相抬轿，意思是祈求圣母早赐贵子，新媳妇们也竞相摘取"婆婆"轿前悬挂的荷包，希望"婆婆"赐下娇儿。"婆婆"法座至每家门前停数分钟，接受叩拜，各家焚香化马、鸣炮、祭酒献茶。轿停之处，人们争先恐后钻轿子，弯腰从轿底穿过，也有人在两边将婴儿从轿底递接过去，意为消灾免难，让孩子健康成长。从北街桥头起至下西街口，为 16 位圣母队伍最齐全的地段。之后西路 4 轿则出西门而归，余下沿街巡游，分别归庙。天将亮时（凌晨三时半），"婆婆"们便被抬到各自的庙观，重又盘坐莲花台上。正月十九迎婆婆仪式便告结束。过了正月十九，这里的春节方才落下帷幕。

正月十九迎婆婆具有多元文化融合的特征。舟曲人又称"婆婆"为"太乙元君""碧霞元君""送子娘娘"，而这些称号是道家对仙人的独有尊称，从中可以看出"婆婆"与道家有极其深厚的渊源关系。另外，由于世代庙官不断从藏传佛教的仪式中学习、借鉴，使得正月十九迎婆婆活动这一习俗的神职功能日益完善、不断发展，从单一的迎生送子扩展到今天的保佑平安、祈福禳灾等，"婆婆"也成为无所不能、包容一切的大神。可见正月十九迎婆婆吸收了其他教派的很多内容，呈现出多元文化融合的特征。正月十九迎婆婆民俗活动每年由政府支持各寺庙组织协调，整个过程从时间、程式都已成为一种定俗、一种自发的活动，参与此民俗活动的均为各寺庙的主管和对此活动的渊源、程序深有研究的长者及周边的群

众，属群体性民俗活动。

舟曲补天节　每年的正月二十三，舟曲人说："年过终了月满了。"这天，家家户户都擀饼子，煮腊肉，剥大葱，焯豆角，炒洋芋丝，烩黑菜卷饼子吃。在吃之前，上点年纪的老人率先把一张卷好的饼子盛在盘中，放在篮子里，吊在中堂屋梁上，神坛上再点上青油灯，敬三炷香、一尊酒，又煨木香，又烧黄表，嘴里还念念有词："一呼千里，二呼万里，娲皇补天，四序清平，诸事大吉。"然后，一家人才围住桌子夹肉夹菜，卷起香喷喷的饼子嚼。过了正月二十三，各家出远门的人才启程。

关于补天节的来历，听老辈人讲：不知道在什么年代，那时的凡间（人世间或地球）比起日头（太阳）来要大几百倍。天上有一种吉祥鸟叫"大鹏金翅雕"，地下有一种神物叫"九头龙"。两个相处得很好，从不反目。这样过了若干年，天地突然在一天发生了巨大变化，九十九天的巨响，九十九天的大火，使凡间猛然缩小，日头逐渐放大。结果，日头比起凡间反而大了几倍哩。凡间缩小的时候，大地起了褶皱。凸起的楞楞变成了丘陵、高坡、山峦，凹下来的壕壕变成了沟壑、盆地、平原。凡间收缩得好，夹死了九头龙；日头放大得好，烧死了大鹏金翅雕。这时，娲皇冒出来了。面对很荒凉的世界，她凄惶得很，就把九头龙的九个头用手捏弄了七七四十九天，捏弄成了九个男人，代表九个民族——汉、藏、羌、土、回、蒙……娲皇把他们打发到各个地方去。临行前，九个男人恳求娲皇说："我们怎么繁衍子孙啊？"娲皇想了想，说："好办着呢！"就把大鹏金翅雕九根最漂亮的羽毛给拔了下来，吹弄了七七四十九天，吹弄成了九个无比美丽的姑娘。最后，娲皇让九个男人把各自的心上姑娘领走，去建家园，刀耕火种，繁衍子孙。但是，天还在巨响，火仍在燃烧。九个男人急了，忙聚在一起商议。商量完了就去找娲皇诉苦说："阿快做咋（怎么办呀）？天放屁，震得娃娃耳朵聋，天发火，烤得我们下田难，婆娘得了疯气，洪水漫地把家园淹，没完没了，折腾得我们七死八活的，活得难心！""天穿了。"娲皇发愁地说："我想想补天的办法。嗨，有了，我可以炼就五色石，看能不能把天补起来。"炼了整整

七七四十九天饼子样的五色石，娲皇用脚把地蹬下去，用手把天顶上去，用饼子样的五色石把天窟窿给补上了。天不响了，火灭了。这样，洪水往东南流，东南慢慢下降，西北慢慢升高。天开始有黑夜白昼，日出日落，月升星转，四季循环，总之，一切都变样了。大家高兴极了，从此过上了幸福日子。人们不会忘记娲皇补天的功绩，到了每年的正月二十三这天，就擀饼子，卷五色菜肴，以纪念娲皇补天的功德，求娲皇补天无灾。这"年终日满该补天"，后来就形成了补天节的俗尚，一直延续传承至今。

二、清明[①]

中国古代民俗就有"冬至一百零五日为寒食，寒食第三日是清明"的说法。寒食节，是中国古代各民族共有的一个重要节日。《荆楚岁时记》称："去冬节一百五日即有疾风甚雨，谓之寒食。禁火三日。"中国古代先民对火有一种神秘感。在来年春天要灭掉旧火，再取新火。古人认为旧火不干净，有一种不吉利的东西，所以必须灭掉。在灭掉旧火和取来新火中间有一段无火期，人们只好吃生冷食品。

《周礼·秋官·司烜氏》："中春，以木铎修火禁于国中。"《夏官·司爟》记载："掌行火之政令，四时变国火，以救时疾。"唐代宫廷有奖励孩子钻榆木取火的风俗。古代农民把出现在东方的大火星视为农耕的开始。古人认为火过于大，会伤及人们崇拜的神龙，故而禁火。关于寒食节的来历，还有这样一则传说：春秋战国时的介子推是晋国的一名贤臣。有一年，晋国发生内乱，公子重耳被迫逃亡国外，介子推不畏艰难困苦，一直跟随重耳。公子重耳在流亡魏国途中身染重病，生命垂危，介子推为救公子重耳，从自己腿上割下一块肉，熬成肉汤献给重耳，重耳食了肉汤后很快康复，渡过了难关。后来重耳做了国君，称晋文公。晋文公对随从他流亡的功臣进行封赏，竟然忘了介子推。介子推非常难过，决心不再见这个忘恩负义的君主，他就背着年迈的老母隐居山中，不再出山。有一天，晋文公的左右提醒他忘了介子推这位

---

① 此部分资料见武文主编《中国民俗大系·甘肃民俗》，甘肃人民出版社，2004 年。

"割股奉君"的贤臣时，晋文公非常内疚，决心亲自到深山去寻找介子推，可是山大林密，哪能见到介子推的影子！有人给晋文公出主意说：介子推是个有名的孝子，如果三面放火烧山，一面留作出口，这样就可以见到介子推。于是晋文公就照此放火烧了三天三夜，仍不见介子推出山，便带人在山里找，见介子推背着老母，抱着一棵大柳树，连同老母一起被烧死。晋文公见此情景悲痛万分，为了缅怀救过他命的这位贤臣，晋文公下令在介子推被烧死这一天全国不得生火，食生冷食品，以示纪念。人们歌颂和怀念介子推这位忠孝两全的典范人物，竟以此作为寒食节来历流传下来，却忘了真正的寒食节起源的依据。最早的寒食节要吃一个月的冷食，后来缩短为三天，最后固定为一天。三国时曹操曾下令禁止过寒食节。唐宋以后，寒食节就被清明节的祭祖、春游、扫墓所代替，也就慢慢地消失了。唐代诗人韩翃的《寒食》诗中这样写："春城无处不飞花，寒食东风御柳斜。日暮汉宫传蜡烛，轻烟散入五侯家。"寒食节的内容和清明节相似，不外乎郊游、踏青、祭扫坟墓，所以人们就把这两个节合为一个节了。清明节在三月农时大忙季节，所以人们也叫它"三月节"。

清明节扫墓与古代社日有关。社日分春社、秋社，春祭在清明、秋祭在重阳，是祭祀土地神的节日。一般人们在祭祀土地神的同时也要祭祀祖先，扫墓可能也是从这儿来的。秦代政府就有祭祖的命令，唐代政府也允许官员请假上坟，刘侗在《帝京景物略·清明扫祭》中写道："三月清明日，男女扫墓，担提尊榼，轿马后挂楮锭，粲粲然满道也。拜者、酹者、哭者，为墓除草添土者，焚楮锭次，以纸钱置坟头，望中无纸钱，则孤坟矣。哭罢不归也，趋芳树，择园圃，列坐尽醉，有歌者，哭笑无端，哀往而乐回也。"可见那时民间的墓祭之风大盛。

春游踏青与古代上巳节男女在郊外自由交往有关系。上巳节在三国时定在农历的三月初三，这一天古人要在水边玩一玩，洗一洗，洗掉身上不吉祥的东西，叫作修禊。这种习俗慢慢约定俗成，成为一种节日，上巳节也就慢慢地合并到清明节里来了，和清明成为一个节日。正好这时也是大好春光，风物宜人，祭祀祖先的佳肴也可以作为春游踏青的野餐食品。北宋著名画家张择端所绘《清明上河图》中，就极生动地描绘出宋都开封清明节丰富多彩的热闹民俗场景。在这一画卷中，画面人物就达五百五十多人，牲畜五十余头，船二十多艘，车、轿二十多乘。清明踏青盛况可见一斑。清明节折柳插在头上，或将柳枝插在门楣上。民间有这样一个说法，叙述东京风物的《东京梦华录》中记述："清明节，寻常京师以冬至后一百五日为大寒食。前一日谓之'炊熟'，用面造枣锢、飞燕，柳条串之，插于门楣，谓之'子推燕'。……四野如市，往往就芳树之下，或园囿之间，罗列杯盘，互相劝酬。都城之歌儿舞女，遍满园亭，抵暮而归。……轿子即以杨柳杂花装簇顶上，四垂遮映。"这些都说明折柳插柳的民俗事象。民间还有用插柳来预测来年雨水的说法。如果插柳这一天是晴天，预示着旱情；如果插柳这一天是阴雨天，预示一年雨水多。当然这没有什么科学根据，但它隐含着人们祈求风调雨顺，五谷丰登的美好心愿。再有一种说法，是柳树的"柳"与"留"谐音，表示人们对故人的怀念，尤其是在清明节插柳，更能表示对故人的留恋之情。另一种说法是介子推背着母亲抱着大柳树被烧死，插柳也表示对介子推这种忠孝典范的歌颂和怀念。清明插柳和扫墓踏青一样，象征着我们民族的道德观念和民俗意识，以及广大人民群众对美好生活的向往和追求。这种传统的意识促使这个民俗节日经历了几千年的历史，流传至今。

甘肃民间过清明节

甘肃村民在清明节这天的活动主要是扫墓上坟，通过扫墓表现亡亲子孙终身不息的孝思体验，并把这种孝道传递给后人，希望自己寿终正寝时也能享晚辈敬奉的祭品与烟火。是日，人群如流，四野纸火如星，到处香烟缭绕，菜香茶香弥漫天空。人们扫墓大体分为备祭和正祭两部分。备祭是在清明前一日，为亡亲准备祭品，包括丰盛的食品和纸钱（冥币）。备祭中家长要强调家人的参与意识与责任感和义务感。甘肃一些地方有"哭喜"仪式，意为能与亡灵家人团聚而高兴落泪，此谓哭喜。哭喜仪式中有"白话"，大都是怀念之词。正祭是正式的扫墓活动。家长率全家子女奔赴墓地，先在后土居处焚烧香表，然后献上准备好的食品。主祭人跪在最前，陪祭人按家庭地位依次而定。主祭人手把杯盏向墓主斟酒献茶；然后焚烧纸币（冥币），全家行跪拜礼。礼毕，家人查看坟堆墓冢周围有无水道、洞穴，如发现有，就要一一填实。最后，大家一起共同进餐，每人先用筷子夹些食物放在为祖灵备的盘子里，剩下的又说又笑大吃起来，借以表达全家人与亡灵共食的欢乐。清明的祭祖活动，进一步巩固加深了血缘家族的亲情，成为维系家族团结的必要手段。扫墓时还有一种俗信，如能在坟地里见蛇，说明见到了祖宗，实为吉祥之事；如碰见了鼠，那可是一桩凶兆，后者就需请阴阳祭坟。

三、端午

甘肃民间过端午节[①]

每月初一至初五为端，仲夏端午者，指夏至，即农历五月初五。这一天是一年内太阳正当中的一天，故唐人称其为"天中节"或"端阳节"。古人于是日喜好以兰草汤沐浴，故又称"沐兰节"。农历五月头，阴阳相撞，五毒并出。甘肃民间有着丰富多彩的端午节民俗活动。

五彩丝系臂和戴五彩丝荷包　五月五这一天，甘肃民间最讲究五彩丝系臂和戴五彩丝荷包（五彩指青、赤、白、黑、黄）。这是最具文化意蕴的民俗活动。考证起来，甘肃人的五彩丝系臂和五彩荷包与龙图腾崇拜有关。五彩之色代表五方之龙，象征黄帝统一天下五龙合聚的政治局面，以五彩丝系臂可除疾长命。相传端午是凶日，这天猛兽毒虫侵扰人间，龙是降服万物的神兽，只有龙的保佑，才能平安度过凶日。故甘肃民间有谚云："端午防百毒，要戴五龙镯。"在这一天甘肃民间有些地方还要吃用红高粱、黄米、青糜、白米和黑豆做成的粘糕或五角粽子。五种粮食颜色也取与五行相合之色，代表了金、木、水、火、土的属性。吃时还伴有游戏与歌舞。

艾、蒲、柳枝插门　全省各地于是日五更时分，做父亲的就起床，从野外找来艾、蒲、柳枝，插在门户窗子之上，以避瘟疫。当太阳探头时，孩童穿戴整齐，母亲把准备好的花绳、灵符、柳圈帽戴在孩子头上，说是戴了头不疼。上午10时许，大人饮雄黄酒或青稞酒，并以雄黄酒涂抹家中每个人的发际、耳朵、眼睛、鼻子，意在避五毒伤害。这一天早饭或午饭大多人家吃油饼子卷粽糕和扇形花馍，俗称"扇子"，这种扇子花馍和粽子一样皆是三角状。据说，这些食品也是给龙吃的，龙吃了就会认其家人为龙族，再不会伤害人身。

戴花肚兜　陇东及陇中地区的小孩子一年四季有穿花肚兜的习惯。一般是端午节脱旧换新。因此，端午节前几个月，孩子的祖母、母亲要为自己的孩子精心绣制花肚兜。陇东讲究给孩子穿"五毒"肚兜，据说穿五毒肚兜可以毒攻毒，真五毒反而不会伤害孩子了。陇中讲究给孩子穿其他花卉肚兜，如鸳鸯戏水，莲生贵子，五蝠拜寿，龙凤呈祥等。到端午节这天孩子们戴出来，兴高采烈地聚在一起，敞开新汗衫，亮出花肚兜，比赛谁的好看，看谁家的母亲心灵手巧。肚兜的制作与样式各地均不相同。有用花丝线刺绣的；有用花布拼接的；还有用花绳编织的等。样式有葫芦形，有金钱罐形，有鸡蛋形，有菱形，有动物头形等。

戴花绳子　河西武威、张掖等地，陇中秦安、通渭、甘谷、武山等地，在端午节这天，人们要给孩子们的颈项、手腕、足腕上戴上五彩线合成的花绳子。传说，古时候有一群女子打扮得花枝招展，被一个驾云过路的精灵看见了，于是刮起一阵大风，把许多孩子刮到天空飞走了。从此，人们到端午节这一天，既想给孩子们穿上新衣，又怕被风刮走，就用绳子把孩子拴住。以后，渐渐把拴绳子变成戴花绳子了。还有一说，端午节这一天，五毒百怪纷纷出来伤害小孩，有一年端午，龙王实在看不惯，便让龙子龙孙把小孩围住，结果五毒百怪再也不敢靠近小孩子。后来龙王给人间托梦，告诉人们于每年五月五日戴上五彩线花手镯，就可防范五毒与百怪。这样便形成了端午戴花绳子的习俗。

抢花荷包　据说在汉代，就形成了青年男女端午互赠、互抢花荷包的习俗。荷包就成了男女谈情说爱的信物。端午节这一天，武威、民勤等地的姑娘们要把平日精心制作的花荷包、花绣球、花香袋等成串成对戴在胸前，成群结队地聚在一起，有意亮出各

① 这部分资料见武文主编《中国民俗大系·甘肃民俗》，甘肃人民出版社，2004年。

自绣制的香袋荷包，供人去争抢。男孩子们先躲在树丛中，看哪个姑娘长得漂亮，相中后，一个蹦子冲上去抢她的荷包。姑娘们不但不会生气，而且抢包的人越多，抢得一个不剩越高兴。因为在她看来，这证明了她在男孩子眼里长得漂亮，心灵手巧。如果连续三年，她的荷包总被某一个男子抢走，据说那个男子就得托媒人到女方家提亲。如家长不同意，女子完全可以私奔，村民们绝不说三道四。另外还有一个讲究，姑娘做荷包时，要以自己属相做成某种动物，荷包一旦被男子抢走，便要问清男子的属相，如属相投合，就可以私订终身。

定西岷县端午节及五月迎神赛会

端午节这一天午前，清水村周围的村民各自抬着所奉祀的湫神，齐聚关帝庙受祭。善男信女上庙烧香叩头，祈福禳灾，礼佛不苟。闾井乡七孟村一带的乡民齐聚山顶，积薪点燎，以示贺节，俗称"烧高高山"。当地乡民于大小暑间宰杀祭羊，参神礼佛，举行一年一度的"羊头会"。他们将羊头悬于高竿，插于田垄地埂，共订保田护苗之约法。祭毕，按户分食羊肉，以示吉祥。

五月九日，城北洮河滩头有一日的迎神赛会，名曰"夹滩庙"。午前，浪山滩者陆续到会，他们各自选好地段，搭起帐篷，铺好毡毯，邀朋聚友围坐一起；烧水品茶，谈笑野炊，抒怀畅饮极尽其欢。有些会水的青少年，横渡洮河博得围观者的喝彩；两岸歌手高唱花儿，相互对答，抒发自己的情怀；老人带领孩子乘坐扯船，戏水游荡，共享天伦之乐。与会者，自找乐趣，至晚尽兴而散。此会便拉开了县城二郎山花儿会的序幕。

五月十二日为北路铁城（维新元山坪）的迎神赛会。1949年以前，远近村庄的乡民，各路敬奉的湫神会聚铁城城隍庙，论次排班，祭献官司羊，进行盛大的奉祀活动。到会湫神共一十八位，多是明代的开国将帅。诸神受祭后出庙踩街巡游，鸣锣开道，仪仗簇拥，威仪令人敬畏。途中两神相遇，会众互不相让，旧有仇隙者借故滋事斗殴，继而酿成宗族或地域性的械斗，双方各有伤亡，甚而祸及游人。在三天的赛会期间，村外田野歌声鸣鸣，"两怜儿"缠绵不断，青年男女唱花儿抒怀，互寄爱慕之情。当地妇女，喜穿鲜艳过膝长衫，头面首饰银光灿灿，大足绣鞋，颇有

江南的风采。同日，县城东路申都乡也有迎神赛会的活动。抬十六位湫神会聚受祭，然后巡游辖区。凡经过的村舍，信士无不恭迎。

五月十三日，俗传是"关老爷"（关圣帝君）磨刀之期。旧时关帝庙有祭会。传说此日必会落雨，称此为"关老爷的磨刀雨"。

五月十四日，城西二十里处大沟寨"五台山"有庙会三天，此日正会最为热闹。山有五台，每台殿宇巍峨，拾级登山直达顶峰。山顶庙侧有清泉一眼，名曰"观音湫池"，游人至此必饮泉水解渴。县民如遇天旱，便集众登山祈禳取雨。此山北坡杂草丛生，野花遍地；南坡古木参天，浓荫蔽日，每到盛夏，苍翠如画，如此胜景，多被人们所向往。因此，市民、机关职工、学生、临近农民多于此日辍业往游。与会者拜佛降香，浪山采药，饮酒野餐，看戏唱花儿，各尽其欢。同日尚有岷山乡麻石头、麻子川岭峰的小型赛会和花儿会。

五月十五日，四路八乡的湫神在奉祀乡民的肩舆下向城内南寺进发，赴县城一年一度的盛大祭会。他们每到较大村庄的"歇马店"（行宫），乡民无不虔诚迎送，隆重祭祀。同时村外山坡或田野河边，都有小型的花儿会为之助兴。这一天，北路八娘寺官园也有几位湫神的迎神赛会。会期三天，到会诸神享受乡民的祭祀，烧香浪会者甚众。祭毕，各神巡游踩青，尾随众人，游乐唱花儿预祝丰收。

五月十六日清晨，境内十八位湫神会聚城外南寺。各以不同位分，排列就座，城民烧香膜拜，祈福求神，宰牲还愿，敬奉不苟。到会湫神，自汉至明，有男有女，多是历代的忠臣良将和被认为护佑一方的有威灵者。男称"龙王"或"大王"，最有趣者，民间又分别称他们为"某某大爷""某某二爷""某某三爷"等；女称"圣母"或"娘娘"，也有在"娘娘"之后加称"阿婆"的，除此尚有西路的"九天圣母"即神话中的"九天玄女"和"观音菩萨"两位善神参加祭会。

五月十七日，是县城最盛大、最壮观的迎神赛会之日。过去在这天午前，与会诸神依次登上二郎山，受地方官员之祭祀。除两位善神外各受宰杀官羊之祭。接着，师公发神预报丰收，驱灾除祸。午后下山，各按巡游路线徐行扭跳，俗谓"扭佛爷"和"压

马路"，八抬大轿之中危坐着木雕神像，大如人身，风采动人；轿前锣声锵锵，铁炮轰鸣，全驾执事，威严壮观；轿旁轿后，会众簇拥，肩舆青年无不奋力。这种行动，活脱脱地再现了古代官员出巡之场面。行进中，歌手高唱花儿，抬轿者狂蹦乱跳，兴致高涨到了顶点。如遇雨天，人佛满身泥污，游观者无不分享其乐。清末岷州进士尹世彩有诗为证："五月十七二郎山，祖裼裸裎人万千。少年都是谁家子，一声姊妹一声怜。"迎神赛会与花儿会可说是一对孪生姊妹。自十五日夜至十八日晨，四路八乡以及临县歌手云集县城。他们白天占据二郎山头，黄昏充塞城南所有街巷，女的手打多彩的阳伞，男的头戴十八盘草帽，一丛丛，一伙伙唱答不息："阿欧怜儿""两怜儿"缠绵不断。如此两天三夜，尽情讴歌，各抒胸臆，风餐露宿，大有忘乎所以的情景。会期原本三日，近十年来已更改为十天。在此期间，城内游人喧闹，郊外车水马龙，加之杂耍卖艺、跑马游艺、物资交流、影视戏剧、展览宣传、体育娱乐，真是热闹异常。整个县城沉浸在无比欢乐之中。这一传统盛会，真可谓"岷县人民的狂欢节"。新中国成立后，政府取缔了许多迷信活动，那些有益的文化娱乐形式不但得到了保护，而且得到了发扬和创新。花儿演唱的奖评活动年年进行，大会给予优秀者披红挂彩与物质奖励。于是涌现和培养了一批又一批的优秀歌手。

五月十八日，各路湫神以不同路线返回本庙，沿途村镇相继举行小型赛会。于是，花儿会遍及山乡，直至庄稼开镰方陆续结束。这日城南人民有小会一日，俗称"浪吊桥"。市民浪会郊游，歌功颂德，花儿歌手唱花儿互相赠别，直至午后才各自回家。城南老鸦河是南路歌手与游人打尖之地。于是，又有歌摊形成，唱到入夜方散。

五月十九日，二郎山南麓举行赛会一日。山坡丛林中市民浪山野炊，歌手盘唱花儿，商贩设摊叫卖共度一日之欢。因此地在古时设过关隘，再加县城赛马会和花儿会降下帷幕，所以人们称其为"关门"。同日，南路麻子川岭峰、梅川城隍庙亦有会，到会的湫神也有十多位。其会虽小于县城，但形式和内容与二郎山花儿会相同，也是十分隆重和壮观的。

五月二十日，西路磨沟河滩举行花儿会与迎神活动，俗称"二十河滩"。其会规模虽小，但演唱花儿

的情景不亚于县城。

五月二十二日，北路川都口古城坝有花儿会一天。与会歌手从午间到子夜，唱答十分热烈，会散后便同往中寨乡的牧场滩进发。

五月二十三日，西路大庙滩、北路牧场滩，东路蒲麻乡各自举行盛大的赛会三天。蒲麻会历来无演唱花儿之习，只为所奉之"九天娘娘"进行祭祀活动。会期主要有演戏、物资骡马交易、杂技等形式，游人众多，规模不小。大庙滩、牧场滩是岷县中型花儿会，两地虽有祀神活动，但主要因演唱花儿而驰名。会场临洮河，岸边帐房鳞次栉比，游人众多，文化娱乐形式多样，其隆重程度仅次于县城。大庙滩会址是岷县、临潭、卓尼三县交界之地。会期附近的藏、汉、回族歌手云集，他们服饰装扮多彩多姿，唱花儿的声腔曲调各异有别，自由唱答，各显其能，情趣盎然，别有一番风貌。

定西临洮端午节前后迎神赛会

临洮是陇上历史名城，为辛店文化、寺洼文化、马家窑文化遗存的所在地，又是秦长城的起点。临洮古称狄道，一九三七年前地界包括现在的全境及今康乐县。清代临洮著名诗人吴镇在《我忆临洮好》中写道"剧怜三月后，赛社日纷纷"，但其岁时风俗中规模最大的只是三月二十八的东山庙会和五月瑞阳河神祠迎接八位官神的庙会。特别是后者，它是当地群众最大的狂欢节。迎神开始至结束，时间将近一个月，迎神时间之长、地域之广、参加人员之多、场面之热烈、方式之独特为陇上所仅有。

临洮八位官神情况："八位官神有大有小，有一定座次，依次是常爷、金龙爷、濂洞爷、显神爷、大郎爷、二郎爷、白马爷、索爷。"据群众言，神有官神、方神、私神、座神、走神之别。所谓官神，一是朝廷敕封的，二是地方官府下谕迎接的，三是地方县令要致祭的。八位官神同时又是方神和走神。关于这些神，吴镇在《临洮阁杂咏》第九首自注中说："俗称八位官神皆无可考，而像极诧异，以午日赛会。"众说纷纭，朝代也不一致。相传八位官神的神衔为明洪武年间朱元璋统一加封。现根据大多数人的说法和方志介绍如下：1.常爷。神衔为"敕封镇守西海三边总督顺廷侯洮州治力常山副王"，一说为明代常遇春，一说为三国赵子龙。历史学家王树民在《陇游日记》中

说到临潭新堡镇一龙王庙时认为："'常'下复误加一'山'字，遂使赵子龙凭空得享意外之供奉。"不知孰是？庙在距城五里的西坪刘家湾，祠在距城九十里的冶力关冶海。其所辖地（群众称为"牌下"）为北起西坪窑头、南至马家窑洮河以西沿山一带，共十三牌。另在冶海有常爷林一片。邻近几县都有庙宇。

2. 金龙爷。神衔为"敕封马衔宝山平西王广润侯金龙大王"，据说为宋代谢绪。《狄道州志》娄玠《马衔山金龙大王祠记》中也说："吾闻王姓谢名绪，宋之诸生也，闻陆秀夫负帝昺沉于海，因赴水死于金龙山下。"传说明太祖朱元璋与陈友谅在鄱阳湖作战，船搁浅，致祭谢绪，送来顺雨，取得胜利，被明太祖封为龙王。庙在距城二里的北文峰墩，祠在距城九十里的马衔山。所辖地从北门直到下寺共十三牌。另外城北几个乡均有庙宇。据人说，八位官神中金龙爷原居首位，后在游街奔驰中双方的仪仗发生斗争，金龙爷的一方败北，从此改为常爷居首位。但据群众说八位官神之印为金龙爷所掌，抑或他虽屈居第二，不愿交出印绶；抑或此印就该"二把手"所掌。

3. 濂洞爷。神衔为"敕封单家川水濂宝洞显世大王"，据说为唐朝徐茂公。庙在河西十多里的王家咀，祠在城西北六十里的广河三甲集单家川水濂洞。所辖地从王家咀到城北三十里的边家湾川坪各村。北部几个乡均有供奉。

4. 显神爷。神衔为"敕封天竺宝山显世大王"，据说显神爷与濂洞爷同为一人，为两地共同供奉。庙在城东南四十里的尧甸，祠在沿川乡天竺岂山。所辖地东峪两沟边沿山一带直到沿川子，共四十八牌。邻近其他地方亦有供奉。

5. 大郎爷。神衔为"敕封宝聚山盖国大郎"，据说为宋将杨延平。庙在距城二十里的康乐虎关，祠在城西七八里的贾家沟。所辖地为康乐北沿河两岸各村，共四十八牌。

6. 二郎爷。神衔为"敕封河州红水沟盖国二郎"，一说为杨戬；一说为明将花荣。庙在河州红水沟，祠在城西十五里的陈家坪。所辖地不详，据说多在河州、和政一带。相传同治变乱，神像被携至金县（即榆中）。

7. 白马爷。神衔为"敕封高庙坪白马大王"，一说为明武定侯白袍将郭英；一说为三国庞统，但据吴镇《松花庵杂记》说："考金史熙宗眷天元年熙州（即今临洮）野水见一人乘白马红袍玉带，如少年官状，马前有六蟾蜍，凡三时乃没，意土人神之而遂立庙也。"庙在城南四十里的陈家咀高庙坪，祠在二十里曹家沟，所辖地陈家咀乡和玉井乡的部分地区到城关乡的梁家小庄，共十八牌。

8. 索爷。神衔为"敕封订后岔孛陀龙王"，姓名不详，据有人说是胡大海，庙在今会川本庙，祠在附近约三里的水泉湾。他在八位官神中位置最小，但所辖区最为广阔，从会川本庙直到临洮郊区的木厂村，整个南乡的山川，都是他的"马路"。据传说受封时，他在睡觉，等他醒来，别的神都把地方分光了，最后问他，他说："我要的地方是洮河沿边，大小南川，沟沟岔岔，山山洼洼。"另有索叶林一片。据说他是放羊娃出身，驱赶狼虫虎豹，保人畜安全，被尊为神。

临洮迎神活动的组织　临洮整个迎神活动都有严密的组织。每位神的赛事活动的主持人为会首和把总，每个村庄的迎送负责人为神头，其他参与者为神子、群众。会首是由地方上较有威望的人承担，掌管一切祭祀活动，要懂得神规，经地方推举县上任命。一旦任命，一般一二十年不变，但多为世袭。其手下有一至三个帮衬人，叫"把总"，负责神路仪仗。神头是一个村庄接待迎送的负责人，一般是各家轮流担任。神子是充当护送、担负仪仗任务的人，这些人大多数是给神许了愿必须参与其事的，也有临时参加的，都是为消灾免罪，图吉利的。赛事活动开始前半月，会首和把总要沐浴净身，戒房事，表示虔诚，否则据说取不上水。（每位神取水，为的是行云布雨，普降甘霖）传说有一年濂洞爷去三甲集单家川水濂洞中取水，因会首未净好身，深水潭中出现一个簸篮大的癞蛤蟆，吓坏了会首。最后焚香祷告，蛤蟆消失，才取上了水。直接参与迎神活动的人，都要身穿青布长衫，头戴杨柳圈，扎紧裤脚，赤脚走路。

迎神过程　迎神过程分为以下几个环节：下庙取水，牌下走马路，齐聚河神祠，游街拜见张进士、雍御史，回水上庙。

下庙取水　迎接八位官神前，尚有北山高庙山太白爷的祭祀活动。四月二十六日太白爷上庙后，八位官神才能下庙。迎神前由县府向各位神会活动的会首下谕（举办迎神活动的通告），会首遵谕请神下庙。庙外，摆好香案，师公敲着羊皮鼓，庙内庙外奔跑三次，才把神请出去，群众叫作"曳神"，然后焚香叩拜，抬着神轿到各自的祠上去取水。取得的只有一马蹄水。然后将瓶口用蜡封住，供入一个可以顶在头上的小轿里。据说这年雨水旺，瓶内的水就会变满，雨水少时，水就要跑光。如果在什么地方跑光，就要在什么地方就近另外找水，直到找着为止。诸神取水过程大体相仿，只有濂洞爷取水较特别，记叙如下：

濂洞爷的祠在广河三甲集单家川水濂洞。祠内有一深潭，潭边建有小亭，仅容一人能转一圈。据说潭深无底，有人曾想去探视，让别人用绳子把他下到潭中，两根绳子还未放光，拉上来时，此人已变成了一副骨头架子，皮肉都被鱼蟹虾吃完了。所以取水不易，比较危险。

牌下走马路 "牌下"是指某神管辖的地盘。"马路"是指神在自己管辖的地盘内一庄一庄行走的路线。"走马路"就是神在牌下进行巡视。八位官神的马路宽广不一，但每走一庄必须隆重迎接，替换仪仗及抬轿的人。仪仗队列大致是：前面有几面响锣开道，然后是执旗帜（包括二三人扶着的高座墩旗及小旗）的人和打伞（孔雀羽扇和翠盖，多少不等）的人，再后是锣鼓乐器队，香炉手（手执香炉，手执香引神的人）、顶小轿的人，最后是八人抬的神轿（内供木雕神像），及师公数人。仪仗队全体成员都身着长衫，头戴杨柳圈，扎着裤口，赤着脚。当仪仗队列前进时，旌旗猎猎、翠盖摇摇、锣鼓齐鸣、香烟缭绕，煞是热闹，一派大臣出巡的气势。每到一庄，庄上人事先备好香案，上供香蜡、盘馍、全羊或猪头及其他供食。案前摆着青稞酒，酒桶中插着杨柳。敬香、敬酒、敬食，师公跳神，迎接仪式一毕，招待前庄的仪仗队后，本庄的人做替换，再往下庄送。这样一天只能走两三个村庄，有时还需在途中小庙内停驾度夜。这儿较为特别的是迎接索爷的仪式：别的神都是坐暗轿，只有索爷坐的是明轿（即椅子），仍为八人所抬，轿杆较长较柔软。抬轿时有时停下，有时猛跑，还要上下故意闪颠，是谓"颠轿"。传说索爷娶了自己的阿姑为娘娘，上庙下庙都要用袍捂着脸，退着走，表示害羞。下庙后先要去西山娘娘庙一拜，附近山坡上放牛、放羊的娃娃们还要把索爷从椅子上推下来，把袍撕碎，戏耍一番，然后到会川街的下庙中另换早已准备好的新袍。别的神走的都是大路，只有索爷不受此限制，遇坡爬坡，遇田踏田，乱奔乱跑。下庙时坐明轿，回去时坐牛车。他所经路上，只要一听到"索爷过来了"的吆喝声，妇女们要用草灰或其

他秽物向他抛掷，还要"呸、呸、呸"地向他吐唾沫。据说索爷是一个欢乐之神，又是一个冒失鬼，只有闹得越凶，才越高兴。索爷"马路"广，一庄献一羊，走完"马路"要吃一圈羊。

齐聚河神祠 河神祠在临洮城西约一里的洮河岸边，为木商家集资修建。木材经营为当地一大收入，私家木商不下百家，都是从临潭冶力关购买木材，水运此地，然后转运各地。木厂附近的湖滩，木材堆积如山，但有时河水大涨，木材常被漂没，故建祠祈求河神保佑，每年于五月初一开始跳神唱戏。吴镇《临川阁杂咏》中有"湖滩原是古西湖，木客松杉积万株。秋水不来春社好，白杨林下舞神巫"的诗句，描写的正是这种情况。

河神祠附近为临洮著名风景名胜之一。洮阳景中的"西湖晚照""宝鼎停云""洮水流珠"都可在此观赏，还有洮河对岸的临川阁，东岸的十里柳堤，均在此地。临洮秀丽风光的一大半都集中在这里。河神祠迎神赛会，更给这动人画幅增添了富于神奇色彩的一笔。八位官神走完自己的马路，就要按时在五月三日这天齐会河神祠。常爷、大郎爷、二郎爷和濂洞爷这洮河以西的四位，虽有浮桥可渡，但是都要先集中在离城十多里的杨家店，乘上事先备好的四副巨型木排，漂流而下。木排上锣鼓喧天，礼炮齐鸣，彩旗招展，逶迤而下，在木厂上岸。此时两岸观者如堵，欢声雷动，大有江南龙舟竞渡的况味。也正像吴镇在诗中描绘的："贝阙珠宫羽卫多，龙舟欢噪水扬波，招魂果得灵均起，应为秦人续九歌。"（《临川阁杂咏》之四）其余四位官神则是从东岸的不同方向沿着旱路浩浩荡荡突奔而来。八位官神齐聚河神祠后，依次排坐。然后举行会面仪式：拜谕、搁水、斗宝、献牲、跳神、唱戏等。拜谕就是将县府下给各会首的谕拿出来互相展示，焚香作拜后，由师公送到洮河；搁水、斗宝，就是各神拿出自己地方的独特标志和宝物，如刺柏、枇杷、后花、红土、杨柳、红大豆等，夸耀一番，如说："土生万物""豆为养人之宝"等；献牲就是根据各神的习惯，或献猪，或献羊，或献鸡。然后是师公跳神，跳文武兼备的舞蹈，演唱诗词、祝词；同时唱戏三天，共唱五本戏（县上三本、木商一本、搞运输的车户一本）。这时，洮河岸边人山人海，达官贵人，文人学士，红男绿女齐聚洮滨。在古柳树

下，草地之上，看戏的，看跳神的，卖艺的，求神问卜的，打唱喊卖的，猜拳行令的，什么都有，热闹非常。庙会、交易会、郊游活动结合成一体，把从初一开始的河神祭祀活动又推向一个新的高潮。

游行街上，拜谒张进士、雍御史　五月初一的中午，早戏一完，县官降香后，八位官神就离开河神祠，入西街，过骡马市，后桥街头，参拜城隍，然后入北大街，去拜谒张进士、雍御史。游街时，迎神的仪仗前后相接，见头不见尾，旗帜蔽空，翠盖迎风，宝轿闪动，满街的杨柳帽，满街的氤氲，满街的鞭炮声。当轿子经过时，有大人小孩躬着腰从轿底钻过，图个吉祥如意，临洮城内万人空巷，热闹空前。张进士，名万纪，字舜卿，号兑奚，明嘉靖丁未（1547）进士，曾任户科给事中，庐州知府，其为人刚正不阿，廉明公正，敢与严党集团斗争，反对明世宗搞迷信迎接陶真人，后回归故里，躬耕事亲，不登仕途。乡人尊为乡贤，与邹应龙、杨椒山同享祭祀。雍御史，即雍焯，字闇中，嘉靖丁酉（1537）举人，曾任贵州道监察御史，也同严党做过斗争。在任期间兴利除弊，兴办学校，群众赞扬他"高如山，明如镜，清如水，平如秤"，后称疾归里，专心著述，致力地方的文化教育事业。

八位官神先在北街东张进士祠堂前参拜，此时会首等人焚香点蜡，三拜九叩，敬献牲醴，师公跳神。说起参拜雍御史的原因，还有这样一个传说：有一次，常爷发雨洮河暴涨，水淹到边家湾一个叫边女的人的田地里。边女非常气愤，就写了一个状子在灶君前告常爷，因他常在灶前念念叨叨，他的妻子嫌他啰唆，就拿起状子塞入炉灶。不料这一下反而告准了。玉皇大帝就处罚常爷做苦役，扫地端水。雍御史升天后在玉皇那儿做客，吃茶时发现了常爷，就问："你怎么在这儿？"常爷说明情由后，雍御史就对玉帝说："他做了错事，让他赔偿就成了，放他回去吧！"玉帝就放了常爷。常爷又发了一次大水，淹了许多麦田，还用土补上了边女的田地，就造成了边家咀。这样再大的水也淹不了边家湾了。这就是"水不淹边家湾，雨不打冶力关"说法的来历。但这次发雨时常爷在云层中高声喝道："边女，边女，我给你田还田、地还地，死了要让你的白骨露天地！"后来边女死了，棺木在地下就埋不住，天上炸雷一响，尸骨就炸出

来了。从此以后，常爷非常感念雍御史，每年端午就要参拜雍御史了。

回水上庙　参拜完毕后，八位官神还要在这儿停放一夜，第二天早晨起驾，分散开来，沿着自己的马路回庙，在本牌内唱戏三天，然后师公又"曳神"三次，请神入庙。会首等人还要将所取云水放回到原祠中去。整个端午的迎神活动，这时才算完全结束，等到第二年再出迎。当然在这一年中八位官神在不同的日子还有一些如"春祈""秋报"等"打醮"的祭祀活动，为期一两天，或为三五天。端午节的其他习俗，如家家门前插杨柳，喝雄黄酒，吃粽子，小孩手腕上戴五色花线，胸前戴荷包，互抢荷包等同其他地方。

迎神赛会的目的　"民以食为天"，一年庄稼收成的好坏，至关重要。历史上这一带旱灾、雹灾、虫灾非常频繁。迎神赛会的目的就是祈请神灵保佑，风调雨顺，五谷丰登，国泰民安。关于这种情况古代诗人的笔下多有涉及。如清代康雍年间吴之挺《竹枝词》第五首写道："五月清明作道场，村村迓鼓拜龙王。巫阳抱得灵湫至，一路甘霖作麦香。"明末清初临洮诗人张晋写的《迎神曲》更能说明这个问题："桃花吹风杏花雨，山口春入古庙宇。石炉突突香烟举，吹竽撞钟纷歌舞。巫娘婆娑唱神来，土壁龙蛇眼欲开。纸钱烧红飞蝶灰，精灵和乐不能回。初祝螟虫化为水，大家再祝旱魃死。殷勤跪三祝已，田熟牛肥疾病止。献神羊，酬神酒，送神神归神保佑。白马金袍神康寿，年年与我好麦豆。"

迎神赛会的特点　酬神娱乐活动，从它的渊源来说，本来很早，这是古代的遗风。但随着时代、社会、民族、地域的不同，活动的内容和形式有许多变化。临洮解放前端午迎接八位官神的赛会，起于何时，无准确的时间可考。诸神受封时间约在明代洪武年间，这在《明史·礼志四·诸神祠》有"定诸神封号""著于祀典，令有司岁时致祭"的记载。但八位官神以及被参拜的张进士、雍御史大都是明代的官员，其受供奉，起码是其逝世后的事。由此可见不会早于明代，可成定论，当然其前其后一定有所流变。

从以上粗略的调查，我们觉得临洮的端午迎神活动除了一般特点外，尚有以下几个特点：一是番汉杂居的民族特点。临洮一带周属雍州，秦汉为陇西郡。

"天水、陇西，山多林木，民以板为室屋，及安定、北地、上郡、西河，皆迫近戎狄，修习战备，高上气力，以射猎为先。"(《汉书·地理志》)"人性质朴，好勇喜猎，番汉杂处，各从其习。"(《图经》)临洮原为羌地，后一度为吐蕃所占，以后虽经变化，但"番汉杂处"的特点变化不大。临洮原为汉、回、藏民族杂居地区，称作"狄道"者，狄人必经之路也。今临洮南乡、会川、康乐一带仍沿用藏语地名，明代时锁林崾一带尚有藏民居住，清代吴镇诗中尚有"花儿饶比兴，番女亦风流"的句子，南乡风俗"拉扎"，也属藏语词汇，意为"登高"。同治以前，临洮一带居住回民较多，同治乱后，才迁移到洮河西面。从所祭之神的情况看，常遇春据说是回族，不仅为汉民供奉，也为临潭藏民所祭祀，索爷据群众传说也是回族，祭祀时只准献羊，不能献猪。从他与牧童的关系，以及欢闹戏谑的祭祀方式，也一扫祭祀其他神的庄重肃穆。由此可见，迎接八位官神的活动，一是反映了这一地区多民族的特点。二是江南龙舟竞渡的遗风犹存。据历史记载，明代洪武年间曾有移民至洮岷一带。顾颉刚《西北考查日记》中说："闻此间汉回人士，问其由来，不出南京、徐州、凤阳三地。盖明初以戡乱来此，遂占田为土著。"王树民的《陇游日记》更从"洮河两岸妇女之装束"考证说："此地居民为明初沐英平定洮岷后迁来者，此实为明代习俗之遗迹。"八位官神中河西的四位神，不从洮河浮桥来河神祠，却避近就远从上河坐木排竞相下渡，如吴镇诗中所写亦有悼念屈原之意，又恰在五月端阳之际，由此可知，迎神活动与江南竞赛龙舟打捞屈原尸体的风俗有密切关系。三是表现了对忠烈的敬仰和武将的崇拜。迎神活动中参拜历史上的官员只有洮岷一带才有。张进士、雍御史，位置并不怎么高，但都是有功绩的文臣，都有忠于明朝与严党集团斗争的经历，参拜他们，说明当地群众对忠烈的敬仰。八位官神中有好几位都是武将出身，这与当地历史上战争较多，对解救群众出水火的英雄武将的崇拜有关，也与这一带古代人民"高尚勇力，鞍马骑射""好勇喜猎"的风习心理有关。

以上所记迎接八位官神的活动，是一个头绪繁多，内容庞杂的民间传统节日习俗。新中国成立后四十多年再未举办，好多当事人已经去世，健在者也年事已高，记忆淡漠。许多传说，限于篇幅，就不一一叙述了。

四、中秋 [1]

甘肃民间过中秋节

中秋为农历八月十五，这天夜晚月圆色明，人们以月类比，借此赏月，品味月饼，表达"秋报"之心情。赏月节最早源于月神崇拜，属于自然崇拜的一种，大约在新石器晚期，与月神崇拜有关的传说是昆仑西王母及与之相联系的嫦娥。甘肃民间于中秋之夜，设供桌于庭院，置香炉蜡烛，摆月饼瓜果，祭月光娘娘（或月光菩萨）。一炷香燃尽，全家开始品尝各类祭品。之后，孩童手拉手，且歌且舞，成人仰望月宫，默祈心愿。一些妙龄女子此时掩于花影下恳请心上人的出现。月饼本是献予月神的，甘肃民间认为，月神食过的月饼乃吉祥之物，人食之，家庭和睦团圆。月饼中杂以枣仁、核桃、冰糖、玫瑰原料为馅，外表打印兔子与桂花形状，食之，味美而吉祥。甘肃少女还有拜月习俗。到夜深人静，在"月光纸"上写下心上人的名字，焚香七支插于花丛中，再轻声念三遍郎君名字，对着明月将名帖烧掉，这样便可在一年之内与之喜结良缘。

武威人过中秋节

甘肃河西一带的中秋节很有特色。以武威为例，节日这天，各家除了蒸制"千层大月饼"敬献天地，还要蒸制"面雀儿"及"孙猴子"。中秋之夜，夕阳方落，人们就开始洒扫院落，然后在院子中央或堂屋门前摆下供桌。当月亮刚刚升起时，在供桌上祭献"千层大月饼""面雀儿"和"孙猴子"以及刚刚摘下的红瓤大西瓜、苹果、梨和葡萄等各种水果，举行拜月仪式。作为供品的"面雀儿"和"孙猴子"，也是用当年产出的小麦面经过多次发酵后捏成并蒸熟的，堪称精美的工艺品。尤其是"孙猴子"，大猴子（孙悟空）站在仙桃树下，一手搭凉篷，遥视下界，一手舞动着如意金箍棒（用芨芨秆代替），全身金黄色猴

① 这部分资料见武文主编《中国民俗大系·甘肃民俗》，甘肃人民出版社，2004年。

毛（用玉米穗代替），腰间围着虎皮裙（用玉米皮代替）。大猴子周围，是一群欢呼雀跃的小猴子。面捏的"孙猴子"，形神并茂，活灵活现，煞是可爱。中秋节敬献"孙猴子"，源于当地民间传说的西游记故事。据说孙悟空保护唐僧赴西天取得真经后，功德得以圆满，被封为斗战胜佛。成佛后的孙悟空，将花果山及其"儿孙"们都搬到了月宫仙境。此后每年的中秋节前后，孙悟空都要到人间走一遭，降妖除魔，还人间以太平。所以中秋节的"孙猴子"，包含着当地老百姓安居乐业、共享太平的祈愿。"面雀儿"的制作，源于"面人"，在清代即风行于武威城乡。有些地方，也直呼为"雀（qiǎo）娃子"。"面雀儿"的制作方法较为简单，但要求做工精细。其制作过程大体如下：取优质小麦面粉若干，加以发好的"酵头子"，用力揉合均匀。和面的水中，要加入适量蓬灰。面揉好后，放入密封的盆或罐中再次进行发酵，如此反复二至三次。最后一次揉面，再加少许食用碱。然后将揉好的面分成若干拇指大小的面疙瘩，捏成各种鸟类（如麻雀、燕子、画眉、鹦鹉）和小兽（虎、狼、狮、豹）及其他小动物，用带齿的器具（如梳子）在捏成的"面雀儿"上，根据其形态特点，压出各种花纹，再放入笼屉以文火蒸熟。蒸熟后的"面雀儿"要放置在阴凉处晾干，然后用各种色料进行点缀、装饰，"面雀儿"就算最终做成了。"面雀儿"是家庭妇女的门面活之一，体现着妇女们在面食制作上的手艺。家中来客中若带小孩儿的，临走前妇女们大抵都要送几个"面雀儿"；村庄里的孩子，也常拿着自家的"面雀儿"在一起玩各种游戏。由于"面雀儿"的制作不易藏拙，因此孰优孰劣，一目了然。拜月用的红瓤大西瓜作为供品，要从中间切削开，而且要切削成数量不等的月牙齿形。对于新娶了媳妇尚未生育的人家，西瓜的"月牙儿"还带有占卜的性质：如果"月牙儿"为双数，可生男孩，反之则为女孩。武威民间风俗，大凡节会活动中的拜祭，基本上是以男子为主的，唯有中秋的拜月仪式是个例外。武威人讲究"女不祭庙男不拜月"，拜月的大礼，是由妇女完成的，一般是老年妇女。拜月时，要依次献上各种供品，并焚香三炷，化纸若干，念念有词，虔诚叩拜。三炷香，先敬天上诸神佛，保佑全家团圆，生活美满；儿女长大成人但尚未婚娶的人家，还专敬月老，求好姻缘；再谢土地爷，保得全年风调雨顺，粮食满仓；最后祭列祖列宗，保佑家道永昌，人丁兴旺。拜完月，待三炷香全部燃尽，即可撤下供品，全家分而食之。到了八月十六日，就提上月饼和酒，作为"礼行"去走亲戚。中秋之夜，尚未生育的媳妇还有向月老求子的习俗。求子的方式很特别，叫"偷偷摸摸"。"偷"，是偷别人家供桌上的"孙猴子"，因为猴多子多孙；偷来了，还要躲在门背后偷偷吃掉，不能让人看见。据说这样做，尚未怀孕的媳妇很快就能"坐胎"，生得胖小子。这种"偷"，对方也是知道并愿意让偷的。"摸"，就是已有身孕的媳妇们乘着月色到地里摸萝卜。闭上眼睛，随便挑一个萝卜拔出来，摸其根部。据说如果摸到的萝卜根部不开叉，则预示着要生男孩，反之则生女孩。

过去在端午或中秋，有的地方还有摆筵、备饭款待教书先生的习俗，俗叫"看称先生"。根据各自的经济条件，由村长或族中长者牵头，学生家长凑份子，给先生杀猪宰羊，艰难些的地方也要杀只鸡或炒个鸡蛋盘子作为表示。这一天，由长者率领学生家长给先生作揖敬酒，道声劳乏，并嘱托其尽心把学生教好；学生给先生磕头，并送些小礼物。从前农村识字人少，先生除了教书外，村中写信、念信、写春联、立契约、打条据等动笔墨的事，都离不开教书先生，所以，他们很受人们尊敬。

第二节 甘肃特色节俗

天水伏羲庙伏羲祭典

伏羲庙，原名太昊宫，俗称人宗庙，位于甘肃省天水市秦州区伏羲路，始建于明朝，是中国西北地区著名古建筑群之一，占地面积 13 000 平方米。院落重重相套，四进四院，宏阔幽深。为中国规模最大的伏羲祭祀建筑群。整个建筑群坐北朝南，牌坊、大门、仪门、先天殿、太极殿沿纵轴线依次排列，层层推进，庄严雄伟。

作为"三皇"之首的伏羲,出生于渭水流域的成纪(今甘肃秦安县一带),是中华民族心智的先启者,也是中华文明的开创者、人文始祖。人们修建了专门的祭祀场所纪念他,从古代开始每年都会举行庄严而隆重的祭奠活动。传说伏羲生于春,故于秋,因而每年有春秋两次祭祀,春祭在正月十四,秋祭一般在六月二十二日。1988 年,天水市政府首次恢复伏羲公祭大典。伏羲是以龙为图腾的部落联盟崇拜的创世英雄和氏族领袖,也是中华龙之魂的首席代表和绵延千年长盛不衰的龙的传人的龙祖。1988 年开始,每年以农历五月十三日为龙的生日开展伏羲祭典活动。2005 年起,伏羲祭典开始由甘肃省人民政府主办,并与中国天水伏羲文化旅游节相结合,使这一特殊节会吸引了众多的海内外华人来天水朝觐祖先伏羲,天水成为中华儿女寻根祭祖的胜地。2006 年,太昊伏羲祭典被本省人民政府公布为省级非物质文化遗产名录项目,同年太昊伏羲祭典被国务院公布为国家级非物质文化遗产项目。

历史上的公祭,在京师设有以伏羲为首的历代帝王祠庙,由皇帝亲自致祭。到了明代,朝廷则到各州、郡、县,设庙祭祀,同时颁有《太昊伏羲祭文》,并用于全国其他地方的伏羲祭祀中。

到了嘉靖年间,伏羲庙祭祀活动制礼日臻完备。伏羲庙继承祖制,在祭献三牲(牛、羊、猪)、果酒菜肴、乐舞鸣炮、承文主祭上各有规定。"近神曲"在太昊庙乐章中,迎神、初献、亚献、终献、撤馔、送神均有章程。民国末年庙会祭祀转由民间士绅为首组成的"上元会",按其祖传规定办理,上元会可在陇南地区 14 个县内征化布施,各处乡民可在此参与各种活动,会长由董事会中各城董事轮流担任,定期换届。随着民国政局变迁,政界放弃官祭,但民祭活动一直在流传。祭典从每年正月十四日开始,成了城乡居民前来进香、看戏逛庙会的日子。十五日出榜文,昭示伏羲对中华民族的伟大功德和贡献,十六日黎明鸣炮九响,诏告祭典活动正式开始。地方长官或著名士绅主祭,宣读祭文,这时鼓乐齐奏、鞭炮齐鸣,上香供点,同时在大殿前演"群仙拜寿"的神戏三折,以志庆贺。庙会期间,还专请西南乡民乐队全日演奏民乐,增强庙会节日气氛。庙会期间还要在临街戏楼上演三天三夜戏,旧日天水民间庙会有早

本戏、午戏连带晚三折,夜戏唱到鸡叫才回来的风俗,通宵达旦,热闹非常。这里通常是演西秦腔。清末至民国以当地"鸿盛班"为主,有时也有天水小曲(即地摊秧歌、喊背弓和眉户剧等)之类。抗战以来,中、西路秦腔荟萃,京、豫、吕剧也参与其中,除此而外,伏羲庙东关特有的三家夹板舞队,要专程来庙里表演,在庙前、院内放铁炮三声以助其威,并伴之以悠扬入耳的民间音乐曲牌,深入庙堂,传入巷里。附近城乡的舞狮子、旱船、秧歌、高跷、道情和小曲也都要专程来庙会表演,以示对伏羲的敬意,其间各种民间歌、舞、戏等争奇斗艳,形成一种自发的、传统的社火大聚会和大比赛。清道光年间,伏羲庙会又增加了灯谜晚会活动。任士言、苏统武和刘永享等当时的社会名流都亲自参加这些活动,以致伏羲庙会活动声名远扬。乡民们除逛庙会外,正月十六日还要去庙内贴纸人驱邪,保佑一年平安。民间老百姓通过这一系列活动表达对先祖伏羲的敬仰。

伏羲公祭大典的基本程序是:第一项先击鼓 34 下,象征着全国 31 个省、自治区、直辖市和香港、澳门特别行政区及台湾地区共祭中华人文始祖;鸣钟 9 响,代表中华民族最高传统礼仪。接下来由政府领导宣读祭文。第二项是乐舞告祭,第三项是敬献花篮、鲜花,瞻仰圣像、行鞠躬礼。整个活动过程庄严肃穆,表达了海内外华夏儿女感怀伏羲共祭,传承中华文明,对共同先祖——伏羲的虔诚和敬仰。

伏羲文化是中华民族源远流长的文化长河的本源文化,它所体现的科学和创造精神,以及兼容并蓄的人文情怀,对于今天我们提高民族自信心,增强世界华人的凝聚力和文化亲和力,促进祖国的和平统一,扩大对外文化交流,有着不可替代的作用。除了政府的公祭外,民间祭祀从未间断过。尤其是从民国末年开始有的"上元会"承担了民间祭祀的组织工作。上元会的成员各有分工,有分管祭祀器具的,有分管祭品的采集的,有熟悉祭祀礼仪和规程的。这些人对天水伏羲民间祭祀的传承起着重要作用。民间祭祀作为老百姓民间信仰的一种,作为老百姓祈福求安的方式,伴随形式多样的歌舞弹唱,对于丰富和活跃群众精神生活也起到了一定作用。生于 20 世纪 30 年代末的李松山、杨祥顺担任上元会的会长等职,他们深谙民间祭祀仪礼,擅长组织祭祀活动,掌握许多口传的

伏羲文化，热心为群众服务，能引导群众正确认识信仰，祭祀先祖。2008 年，李松山、杨祥顺被甘肃省文化厅公布为省级非物质文化遗产项目代表性传承人。

庆阳公刘庙祭奠公刘

每年农历三月十八，庆阳公刘庙都要举行隆重的公刘祭奠仪式。

庆阳是农耕文化的发源地，早在夏太康年间，在朝作农官的后稷之子不窋因失官而投奔戎狄，率族来到现在的庆城县，削阜为城，从事着半农半牧的生产，历史上称北豳。不窋孙公刘，率族南迁上董志塬，创立了农耕文化体系。《诗经 · 公刘》中对公刘的功绩做了详细叙述，《史记 · 周本纪》也有“鞠卒、子公刘立。公刘虽在戎狄之间，复修后稷之业，务耕种，行地宜，自漆，沮度渭，取材用，行者有资，居者有蓄积，民赖其庆。百姓怀之，多徙而保归焉。周道之兴自此始，故诗人歌乐思其德”的记载。经过先周十四代人的努力，周人最后迁于陕西岐山，成就了周王朝的八百年基业。周族后人为祭祀先祖，在董志塬修庙朝拜，久而久之成为一种祭祀习俗，一直延续至今。《括地志》《元和志》《一统志》《庆阳府志》均印证了这一史实，如《庆阳县志》载：“公刘庙，俗称老公殿，在县城南 80 里高家坳，清乾隆年间重修。”“老公”是周人对祖先的尊称，源自《诗经 · 豳风 · 七月》“献豜于公”。公刘庙就位于董志塬上，东、西、北面临沟壑，南向平塬。2003 年，中国民俗学会命名老公殿为“华夏公刘第一庙”。以公刘庙为祭祀场所的公刘祭典活动在庆阳县（现庆阳市）从未间断过。2006 年，公刘祭典被甘肃省人民政府公布为省级非物质文化遗产名录项目。

公刘祭典的时间在农历三月十八日，民间传说这一天为公刘诞辰。整个活动明显地保留着先周时代的十二蜡祭内容，即赛社、赛神、湮祺、燔柴等古老遗风。敬蜡：《诗经 · 生民》有“诞我祀如何……取萧祭脂……载燔载烈，以兴嗣岁”。公刘祭典至今保留将油脂烧灌铸成巨型蜡烛，用纸扎花簇拥，敬献公刘的习俗。尤其是陕西关中群众有三年一大蜡，一年一小蜡，跋山涉水送往庆阳公刘庙的习俗，明显地保留着周代十二蜡祭中的燔柴仪式。供馔赛社：《诗经 · 载芟》有“为酒为醴，烝畀祖妣，以洽百礼，有飶其香……匪今斯今，振古如兹”。每逢公刘祭典日，四乡八社的群众用面食做成各种各样的供品，排队送往庙堂，敬奉公刘，明显地保留着周代农事完毕陈酒食祭祀神祇的赛社遗俗。禋祺：《诗经 · 生民》有“厥初生民，时维姜嫄。生民如何？克禋克祀，以弗无子”。多年来，公刘庙会这天，没儿女的人来到老公殿内，在俗称娘娘的姜嫄神像前，焚香讨一个银质或布制娃娃，拿回家中待生子后奉还。这是传说中的姜嫄踩巨人足迹生周始祖后稷的故事所衍生的文化在历史上称为禋祀的遗传，反映了人们祈望繁衍后代的心态。娱神：《诗经 · 清庙》有“济济多士，秉文之德。对越在天，骏奔走在庙，不显不承，无射于人斯”。庙会这天，周边各庙伴随着仪仗、鼓乐，抬“神楼子”出庙，周游村舍，接送供品，这属于古代祭祀各路神祇的赛神遗俗。

公刘祭典除以上古老仪式外，还有更热闹的庙会活动，其间有各种戏曲表演、唢呐演奏、托媒相亲、杂耍，还包含农贸摊贩饮食小吃等内容。公刘祭典活动是周人从图腾崇拜转型为人本崇拜的典型，是氏族制与奴隶制交替时期的社会文化现象，它传承至今的遗风具有活的地上文物价值，也是非物质文化遗产活态传承的明显例证。它遗留了原始农业朝着农耕文化体系转型的明显轨迹，是中国农耕文化的活化石。公刘对中国农耕文化的贡献，后人为祭奠他的功绩而世代流传的祭典仪式及活动，对促成中国传统文化的传承、民俗礼仪的形成在历史上产生过深远影响。参与公刘庙会的除了庆阳各县的群众外，还有平凉、宁夏等地的群众，尤其是陕西关中的群众，按照古老的遗风三年一大蜡、每年一小蜡，不顾路途遥远，非常虔诚地到庆阳祭拜先祖。每逢周祖祭典日，参与群众达近十万人次，这种群体性的参与活动数千年绵延不绝，古老的习俗渗透在现代人群的价值观念中，历史的文化基因生生不息。

公刘祭奠活动以公刘庙为祭祀场所，祭祀活动由公刘庙的主持人来组织完成。在 20 世纪二三十年代，庆阳县温泉村的高俊堂是公刘庙的住持，也是公刘祭祀活动的重要组织者和负责人，因其较丰富的学识和主持祭典的经验，加之热心为群众服务的精神，在当地及陇东、陕西的信俗群众中享有较高的威望。其子高步祥及子侄辈高步银受高俊堂影响，耳濡目染，熟悉庙会及祭典仪式，熟悉当地传统文化，是目前公刘祭典的主要主持者。他们为祭祀活动和庙宇建设四处奔波募集资金，为公刘祭祀活动的传承做出了重要贡献。2008年，高步祥、高步银被甘肃省文化厅公布为省级非物质文化遗产项目代表性传承人。

西和、礼县的乞巧节

乞巧节这一风俗在我国由来已久，历史上曾广为流传。但在我国从传统农业社会向现代工业社会急剧转化的今天，这一风俗在大多数地区已经明显淡化，有的也只是在七夕之夜有一些祭拜织女星和女孩子们的乞巧活动。然而，甘肃省东南部西和县与礼县的这一传统节日风俗却保存得相当完整，并在继续大规模传承。其节日延续时间之长，流传地域之广，参与人数之多，活动内容之丰，在全国可能是绝无仅有的，可称得上是"华夏第一"。

笔者曾两度赴西和县对当地乞巧节进行调研，对其流传地区、历史渊源、节日程序、活动内容及有关仪式有了初步的了解。现在介绍给大家，以便引起更多专家、学者的关注，并对这一具有浓郁地方特点的传统节日文化空间进行更全面、更深入的研究。

西和县与礼县位于甘肃省东南部，西秦岭南侧，长江流域西汉水的上游。两县相邻，均属陇南市管辖。西和县、礼县历史悠久，文化积淀深厚，早在新石器时代就有人类居住，仰韶、寺洼、马家窑、齐家文化遗址遍及西汉水及漾水河流域。两县相接壤的河谷地带是秦人的发祥地，礼县大堡子山的秦先公先王墓曾出土了大量国宝级文物。两县传统的乞巧节活动，主要流传在西和县的长道、何坝、十里、汉源、赵五、西峪、姜席、苏合、芦河、兴隆、稍峪、石堡十二个乡镇和礼县的盐官、祁山、永兴、红河、宽川、马河、城关、石桥八个乡镇。两县参与乞巧节活动的人数多达40万人以上，可说是秦文化在民间传统节日习俗中的集中体现和传承。

西和、礼县一带是秦人的发祥地，当地的乞巧节，乃是古老的秦文化在民间节日习俗中的传承，其理由有二：一是作为秦人祖先的女修，因以"织"闻名，受到当地人民普遍而持久的崇拜，被尊称为"巧娘娘"（娘娘音niania，母亲的意思。当地姑娘们在唱"娘娘"这两个字时，多数发niania的音），而乞巧节在广大农村里也被称为"巧娘娘节"。如今姑娘们在唱"乞巧歌"的时候，每段唱词末尾都要高唱"巧娘娘，驾云来，我把巧娘娘请下凡"这两句副歌。当地

乞巧节的传承之所以有悠久的历史和巨大的规模，就在于它是祖先崇拜和星辰崇拜（属自然崇拜性质）相结合的产物。二是许多古籍和古人诗词中之所以把分隔牵牛、织女两个星辰的天河称为"汉""天汉""银汉""云汉"，则与秦人发祥地的主要河流汉水有关。《尚书·禹贡》曰："嶓冢导漾，东流为汉。"《汉语大字典》缩印本336页"嶓"字条释曰："嶓，嶓冢山的简称。山在今甘肃省天水市与礼县之间。"又726页"漾"字条下，吸收了清人徐灏《说文解字注笺》等前人的研究成果，指出："漾，古水名。即今嘉陵江上源的西汉水，源出甘肃省天水市西南，起初南流至陕西省略阳县即折而东流为汉水，后略阳东水道中断，或以为六朝时地震所致，水流直南为嘉陵江，至四川重庆注入长江。"这就是说，发源于甘肃，如今被人们称为西汉水的这条河，当初就叫汉水，甚至迟至民国二十二年（1933）八月出版的，由丁文江、翁文灏、曾世英编纂的《中国分省新图》上，仍标注为"汉水"。它流经甘肃的礼县、西和县、成县、康县而在陕南的略阳附近汇入嘉陵江，与发源于陕西宁强（原称宁羌）、流经湖北汇入长江的汉江有别。有趣的是甘肃西和县城所在地叫"汉源镇"，而陕西宁强县城所在地也叫"汉源镇"，只不过前者为汉水之源，后者为汉江之源而已。在古代秦人的心目中，既然女修在远古时代曾居于汉水之滨，当她被尊崇为神话传说中的织女星之后，她身边的天河也应称为"汉"，这样才符合大家的愿望和理想。这就是古人通过联想，把天河称为"汉""天汉""银汉""云汉"并得到后世人们认同的原因。

为了使乞巧节活动能够顺利进行，村民们都要在乞巧节前的一两个月内，紧张而有序地做好一切准备工作。准备工作中，主要有选址、联络、筹资、置装、练习歌舞、生巧芽、制巧或请巧等项。由于乞巧节时巧娘娘的纸扎像要安座于某一户人家里（被称为"坐巧"），于是，事先确定在谁家"坐巧"，就显得十分重要。选择坐巧人家的条件主要有：家中有适龄姑娘参加乞巧；房屋院落宽敞，便于活动；大人好客而不怕麻烦；位置适中便于往来等。相传在家中坐巧能使多年不育的妇女怀胎生子，故有此期盼的人家往往主动要求能成为"坐巧"之家。但有的村子"坐巧"人家也不易确定，那些主动出面组织活动的青年

妇女或大龄姑娘，不得不往来奔波，上门动员，托人求情，直到把"坐巧"人家确定下来为止。

地址选好了，紧接着就是联络、动员参与者，大多数姑娘经过联络，会很快报名，因为按传统习俗，谁不参加将会招来非议。至于资金的筹措，一般有一个大致的标准，实物、现金均可，家庭富裕一些的都会超出标准交纳，而确实因贫穷交纳不起的，亦可不交，人们也不会说三道四。

由于在乞巧节的每个程序和仪式中都要"唱巧"，载歌载舞。因此每年六月中旬开始都要练歌习舞，以便统一唱词和舞步。除了要练传统的曲调和舞步之外，女学生们还把从学校学来的时尚歌舞也加以练习，以便使相互拜巧时的表演更加丰富多彩。乞巧节的歌舞是姑娘们的集体活动，为展现她们的靓丽风采，都要统一置装（或购买，或统一制作）。我在西和县汉源镇、长道镇等地见到的节日盛装，虽不豪华，但却相当时尚，大多为传统女孩服装的改进型，十分好看。

生巧芽的时间多在六月二十日前后，所用种子各村镇并不统一，以小豌豆、扁豆、玉米、小麦居多。这项准备工作，大都由女孩们的母亲来操办。经过半月多的培育，巧芽长到七寸至一尺，以茎白、叶绿、整齐为佳，这才符合七月初七晚上"照瓣卜巧"的需要。

准备工作的最后一项是"造巧"或"请巧"。巧娘娘的纸扎像过去多由妇女们自己动手制作。先将棉花用白纸或白绸包裹成椭圆形，描绘五官，施以颜色做成头像，加上头发和头饰，再用五色纸制作衣裙，这叫"造巧"。现在大部分村子直接交付现金在纸活铺订做或购买，称为"请巧"。西和县漾水河流域的纸扎巧娘娘多为站像，而礼县盐官河流域的巧娘娘像多为坐像。

1. 乞巧节的程序与仪式

迎巧　迎巧的时间各乡镇并不一致，主要在六月三十日晚或七月初一上午。届时，姑娘们着盛装列队，各持燃香一支，双手合拢于胸前，一位姑娘手捧香盘走在队伍前面，其他人紧跟其后，缓步来到村外路口或乡镇的十字路口。当看到几个姑娘虔诚地抬着巧娘娘像到来时，众姑娘便牵手摆臂，齐唱迎巧歌之一：

七月初一天门开，我请巧娘娘下凡来。巧娘娘，下凡来，给我教针教线来。巧娘娘教我绣一

针，一绣桃花满树红。

……

唱毕，燃放鞭炮。在前往坐巧人家的路上，则唱迎巧歌之二：

七月初一天门开，我请巧娘娘下凡来。一炷香，两炷香，我把巧娘娘迎进庄。一根线，两根线，我把巧娘娘迎进院。

……

巧娘娘像在坐巧人家堂屋供桌靠墙处安放稳妥之后，经过焚香跪拜，还要唱迎巧歌之三：

七月初一天门开，我请巧娘娘下凡来。我把巧娘娘请下凡，天天给我教茶饭。巧娘娘请到神桌上，天天给我教文章。

……

至此，迎巧仪式完成。

祭巧　巧娘娘面前的供桌上，都摆设着金属或木制祭器，一般都有香炉一个，香桶、蜡台各一对。另外，还供有水果、糕点和各种花样的面制、油炸食品，左右各摆放一个插满鲜花的花瓶。这些习俗，与古代"以香花水果为供"的记述相类似。所有祭巧活动，均在堂屋内的供桌前举行。凡参与乞巧的姑娘，在整个乞巧节全过程中，都要进行两次个人祭巧活动。第一次在七月初一上午。这天早晨，姑娘们梳妆打扮毕，把早就准备好的祭品放入香盘，双手捧着前往坐巧之家。到了供桌前，按例祭祀跪拜，并默默祷告，诉说自己的心愿，求巧娘娘的保佑。有的地方还有力争早去，争抢头香的习俗。第二次在初六或初七的上午，只是所捧香盘中多了一碗巧芽，家境富裕的姑娘还会盛放买来的糕点、水果等物。个人祭巧，大都单独进行，也有因家境贫寒而两三人相约共备一个香盘进行祭拜的。还有一种集体供馔祭巧的仪式，俗称"转饭"，在七夕之夜"照瓣卜巧"仪式前举行。其形式为先在院子中央置一大桌，将姑娘们共同烹制的"巧饭"或糕点水果一碟碟摆好，有两个姑娘分立院内大桌两侧，另两个姑娘分立堂屋内供桌两边，准备转递和摆置供品，其余的姑娘列队在一个手捧盛水大瓷碟、其上浮有棉花制成的一对鸳鸯的姑娘的引导下，在转饭的同时，大唱转饭歌。每献一盘供品，这支队伍都要在供桌和院中大桌前来回走动一次，不到供品献完，歌声不能终止，供品献完，这个仪式也就

结束了。转饭歌的歌词如下：

> 大姐娃转饭把香插，二姐娃转饭点黄蜡，三姐娃转饭三作揖，四姐娃转饭烧表纸，五姐娃转饭点心甜，六姐娃转饭仙桃圆。

……

唱巧　在七天八夜的乞巧过程中，最大量、最基本的活动就是唱巧。也就是所有参与乞巧的姑娘们（甚至还有不少中老年妇女）聚集在坐巧之家，从白天到深夜，按一定程序载歌载舞，来表达夙愿，抒发情感，展现才艺。她们所唱的曲调，主要有两句调、三句调和数板调三种。两句调和三句调比较自由、流畅，不管歌词有多长，总是两句或三句为一节，最后用"巧娘娘，驾云来（此三字或作"想你着"），我把巧娘娘请下凡"这个副歌作为结束。只有在唱"送巧歌"时，其副歌词才变为"七月里，七月七，天上牛郎配织女"。数板调则是按照唱巧时双脚跳跃的节拍，像说快板一样，将歌词逐步加快地说唱出来，气氛热烈欢快。在"泼又泼""跳麻姐姐"等活动中都用数板调来唱。何坝镇南义村还传承一个叫《七仙女下凡》的节目，唱的是黄梅戏的曲调，据说是20世纪50年代的姑娘们从戏曲电影《天仙配》中学来的。

至于唱巧时的舞蹈动作和队形，主要有牵手摆臂式、往来穿插式、原地跳跃式和扭摆行进式四种类型。

跳"麻姐姐"　"麻姐姐"即民间传说中麻姑的俗称。这项活动实际上是古代巫术的遗存，被认为十分神秘，且有一定的危险性。首先确定一位跳神姑娘（确定的办法有三：或梦见过自己跳"麻姐姐"，想到乞巧节时真正跳一回；或认为自己当年有厄运，为求吉避凶而要求跳"麻姐姐"；或公认神灵会在该女孩身上附体而被公推出来），并请一位有跳神经验的中年妇女来主持、指导和协助，同时还要选择两个姑娘站在两边陪跳。开始时，主跳姑娘钻到供桌下准备回答问话，桌旁许多姑娘同声问："麻姐姐，做啥着呢？"主跳姑娘在桌下回答："簸粮食着呢！"桌旁姑娘则用数板调齐唱："簸东了，簸西了，簸下的粮食鸡啄了！"唱毕又问："麻姐姐，做啥着呢？"主跳姑娘又在桌下回答："磨面着呢！"桌旁姑娘又唱："东磨面，西磨面，渠里无水磨不转。"如此经过多次问答后，主跳姑娘则突然钻出供桌，并拉长声调高喊："麻姐姐的神——来——了！"于是桌旁许多姑娘开始

唱《麻姐姐歌》，并开始在原地双足跳跃，双臂前后甩动，越跳越快。左右两个陪跳者如果体力不支可以换人，但主跳姑娘必须一直跳下去直到"神灵附体"。如果跳了一段时间主跳者仍然脸色不变，神志清醒，就被视为神不附体，只好作罢。而多数主跳者往往跳到一定时候脸色发白，神志恍惚，自行倒地。这时，所有姑娘马上跪地，主持妇女则焚烧黄表并祈祷说："麻姐姐，麻姐姐，请你嘴里头莫要留言，舌底下莫要压话，给黑眼的阳人（指阳世间看不清事态的人）指一条明路……"接着就问吉凶祸福。主跳者气喘吁吁，上气不接下气地回答所问，有时答非所问，使人不知所云；有时也会说出村里的一些蹊跷之事，会引起人们事后的传播和长久议论。20世纪40年代以前，"跳麻姐姐"在各村镇相当普遍，而现在多数村庄已不再进行这项活动了。

相互拜巧　在乞巧节期间，各村庄、街道距离较近的乞巧点之间要进行你来我往的相互拜巧活动。在人口稠密、乞巧点分布较多的地方，这种相互拜巧活动往往多达十余次。按当地传统乡俗，相互拜巧活动应在初七早晨祈神迎水仪式结束后方能展开。但因近年来设立乞巧点的村庄愈来愈多，一天时间已不够用，所以就打破了常规，从初二就开始相互拜巧了。姑娘们穿戴一新，排列成队，前面引领的姑娘手捧香盘，内置各种祭品和赠给对方的礼物——巧芽，边走边唱乞巧歌。到了要拜巧的乞巧点，照例在堂屋内祭祀跪拜，赠送巧芽，然后到院内与当地姑娘们一起唱歌跳舞。歌舞毕，主方必用茶点招待，对远路来的拜巧者们还要招待吃饭。招待罢，主方将拜巧队伍送到村口，依依惜别，拜巧即告结束。

祈神迎水　七月初七早晨，各乞巧点都要在传统习俗规定的泉边或井边（如西和县城外的东泉、十里乡九眼泉等）举行祈神迎水仪式。姑娘们晨起梳妆打扮妥当后，在乞巧点集中，然后捧香盘（内置祭品和献给水神的巧芽等物）者前导，其余姑娘执扇着帕提水瓶或水罐随行。到了泉边或井边，照例要举行祈神跪拜仪式，并高声齐唱迎水歌。其词曰：

> 水神爷面前摆香案，迎上神水照花瓣。水神爷出了南天门，你把神水赐两瓶。水神爷打坐水晶宫，你把神水赐两桶。

……

唱毕，燃放鞭炮，把献给水神的巧芽折成小段撒入泉、井中，汲水的姑娘将所携的水罐打满水，然后拎着水罐列队返回各自的坐巧之家。西和县城外的东泉，是一个重要的祈神迎水之处，每年七月七日上午，有十多支载歌载舞的迎水队伍先后到达，热闹异常。在过去，这个场合也是物色对象、提亲说媒的大好机会。有的男青年虽已提亲或定亲，但尚未见过女孩的面，也乘此机会在媒人指点下远距离观察女方，有的知情人也来凑热闹，评说议论，饶有趣味。

从前，礼县盐官镇的乞巧姑娘们在初七上午祈神迎水之后，还要举行"讨巧"活动，即在街道两旁的商号店铺门前扭摆前行唱巧，掌柜的往往用现金或实物予以犒赏。现在，姑娘们则把当地的机关、单位也纳入了"讨巧"范围。

巧饭会餐　在整个乞巧节期间，每天姑娘们参加活动后都要回家吃饭，但唯独初七的晚饭，却要按乡俗在坐巧之家由大家动手做好后集体会餐。这项活动俗称"办会会"或"吃巧饭"，相传吃了巧娘娘"恩赐"的这顿饭，一年内能消灾免病，大吉大利。事先，每个姑娘都要交一碗面粉，而油、盐、酱、醋、蔬菜、柴火之类则可自愿交纳。姑娘们在这方面都十分积极，不然哪有脸面吃这顿"巧饭"，至于锅、碗、瓢、盆、筷、勺、桌、凳之类，或自带，或从近处人家借用。这顿晚饭，不是七碟八碗的酒肉筵席，而是极普通的农家饭，多数为臊子面或大锅烩面片。初七下午，其他活动一律停止，姑娘们集中在坐巧之家准备晚饭，这正是她们展示厨艺、显示技巧的大好机会。技艺好的，主动申请擀面、揪面片、切菜、炒菜、调汤，有的则劈柴、担水、洗菜、烧火，真个是各有所司，忙而不乱。下午六时左右，巧饭做好了。第一锅的第一碗必须先供奉给巧娘娘。由主持人将饭碗高举过额头，虔诚地供到桌上，祭祀跪拜后，巧饭会餐正式开始，姑娘们以年龄大小为序，各盛一碗，不够可再添。因桌凳有限，吃饭时坐、蹲、站姿都有，边吃边说，好不高兴。因为这顿饭是大家亲手做的，又有巧娘娘赐饭的意思，所以大家吃得津津有味，格外开心。家中有老人或病人的，还可以端一碗回家奉侍。有的姑娘还把年幼的弟弟、妹妹带来一同进餐，求得巧娘娘的佑护。

照瓣卜巧　在乞巧节全过程中，除了个人的"针线卜巧"分别进行外，还要在农历七月七日晚九时前后举行集体的"照瓣卜巧"仪式，即将巧芽折断投入清水碗中，从其投影来占卜自己的巧拙，当地俗称"照花瓣"。一开始，所有姑娘每人手持白瓷空碗一个，分立神桌两侧，主持者祭神跪拜，默默祈祷。礼毕，大家用数板调齐唱照花瓣歌：我给巧娘娘点黄蜡，巧娘娘你把善心发。巧娘娘给我赐花瓣，照着花瓣许心愿。巧了赐个花瓣儿，不巧了给个烂扇儿。巧了赐个扎花针，不巧了给个钉匣钉。巧了赐个扎花线，不巧了给个背篓绊。巧了赐个铰花剪，不巧了给个挑（剜）草铲。巧了赐个擀面杖，不巧了给个吆猪棒。巧了赐个切肉刀，不巧了给个朽心桃。巧了赐个写字笔，不巧了给个没毛鸡。巧了赐个磨墨砚，不巧了给个提水罐。巧娘娘给我赐吉祥，我给巧娘娘烧长香。巧娘娘给我赐花瓣，照着花瓣了心愿！

唱罢，由主持者把迎来的神水分别注入每个姑娘的碗中，便开始照瓣卜巧。各人将巧芽顶端的叶芽和嫩茎掐下，再掐成若干小段，一段一段投入水碗中。在灯光照耀下，碗底会出现不同的投影图案，大多呈花瓣状（这或许就是"照花瓣"这个俗称的来源）。也有像针、线、笔、砚或各种工具、动物的图形。姑娘们观察、解读各自碗底投影的寓意，以卜自己的灵巧、笨拙，甚至还能占卜未来丈夫的职业。年龄较小的姑娘，多请有经验的妇女或大龄姑娘帮助分析、说明。有的姑娘看到自己碗底投影带有心灵、手巧、吉利、祥瑞等美好的含义，心中十分高兴，必然要将碗中的水猛喝一口，意思是希望使乞巧得来的这一切为己所有，并长期发挥良好的作用。至于投影寓意不佳的姑娘难免有点失望。不论投影好坏，一轮完毕后都要泼去碗中的水和巧芽，再来一次或两次，往往历时两三个小时才结束。已举行完卜巧仪式的姑娘则抓紧这最后的时刻大唱乞巧歌。

送巧　初七深夜12时左右，主持者宣布送巧仪式开始。于是，姑娘们怀着惜别的心情，站在供桌旁，先唱送巧歌之一：

白手巾绣的牡丹花，巧娘娘走家（要走了）我咋家（怎么办呢）？有心把巧娘娘留一天，害怕桥折了没渡船。有心把巧娘娘留两天，害怕走迟了天门关。

……

随着这带着忧伤情感的歌声，主持者率众在供桌前祭祀跪拜，礼毕后，姑娘们在桌前排列成队，牵手摆臂，接唱送巧歌之二：

> 巧娘娘穿的神仙衣，巧娘娘走家我送你。巧娘娘影子出了门，巧娘娘先行我后行。巧娘娘影子出了院，我送巧娘娘心里乱。

> ……

在歌舞的过程中，两位大龄姑娘就把巧娘娘的纸扎像从供桌上捧起，在手持香盘者的引导下，缓步走出堂屋、院落，而姑娘们则每人手持燃香一支，列队紧随其后，在鞭炮声中向送巧地点走去。送巧地点多在村镇外的河边。到达后，将巧娘娘纸扎像放在河畔，姑娘们面对她排列成队，并唱送巧歌之三：

> 烧的长香点的蜡，野鹊哥哥把桥搭。野鹊哥，野鹊哥，你把巧娘娘送过河。驾的云，打黄伞，你把巧娘娘送上天。

> ……

在此之前，姑娘们已经把早在端午节就系在手腕上的五彩丝或红头绳解下，拆开，接续成了一条长绳（长度不够，可接续新的红头绳）以备用，届时由两个姑娘各持一端，分别站在河的两岸或同一岸边，同时松手，使其随河水漂流而去，这叫"手绊搭桥"。（有的村落则在农历六月三十日下午迎巧时举行这一仪式。）大约是象征彩虹桥或鹊桥的意思吧！这时，主持人则将纸制巧娘娘点燃，而姑娘们则含泪接唱送巧歌之四：

> 白手巾绣的是水仙，一股子青烟上了天。白手巾绣的一枝兰，再也见不上巧娘娘面。白手巾绣的竹叶梅，巧娘娘一年来一回。

> ……

在这告别巧娘娘的时刻，不少姑娘唱着唱着便泣不成声，其场面十分感人。送巧仪式结束后，姑娘们在唏嘘声中牵手结伴回家，一年一度的乞巧节就在这种伤感的氛围中结束了。

2. 乞巧节文化意义

首先，它是一个典型的传统节日文化空间。在联合国教科文组织通过的有关文件中，"文化空间"（especial cultural space）这个源于文化人类学的概念，如果直译，就是"独特的文化空间"，也有人译作"文化场所"。它的内涵有两个方面应予特别强调，一方面，它是口头和非物质文化遗产代表作的一种重要的活态存在形式。另一方面，应当准确地把握这一概念所包含的四个要素：（1）它是传统的有悠久历史的某种文化活动的地点，其范围相对固定；（2）它在活动时间上有岁时性、周期性、循环性（或称反复性）的特征；（3）它往往以神圣性和娱乐性相结合的形式表现出来；（4）参与人数众多。用这些条件来衡量，西和、礼县的乞巧节可说是一个十分典型的节日文化空间，或者说是一个典型的传统农业社会的公共文化空间。

其次，它是一个真正的传统的女儿节。在过去，只有未婚的女青年才能参与乞巧节活动，其目的在于通过一系列活动，广交女伴，交流针线、茶饭、歌唱、舞蹈的经验和技艺，并使受压抑的情绪得以释放，使自己的才华得以展现。向神灵（巧娘娘）"乞巧"，寄希望于理想，盼望自己成为心灵手巧、麻利能干、受人喜爱和赞赏的好姑娘，可说是这个节日的表层寓意。其深层的意义，乃是通过节日文化活动，在休闲娱乐的同时，拓展人际交流，使自己在成长为合格的社会人的进程中逐步走向成熟。现在，这个节日虽然仍以少女为主，但已婚的中年妇女，甚至不少老太太，也积极参与其中，又唱又跳，又说又笑，重温过去少女时代的美好岁月，享受人生的欢乐，这也可说是传统文化在当今时代的变迁与发展吧！凡到当地身临其境，感受过乞巧节氛围的外地人，无不被它那独特而巨大的场面所感动，说它现在已成为当地一年一度全体妇女的节日也不为过。

第三，乞巧节不能改为情人节。从历史上看，尽管西和、礼县一带的乞巧节在祈神水、唱巧等仪式中也有男青年挤在场外人群中，在媒人指点下瞅对象的习俗，也有物色意中人的意思，但整体来看，妇女占了绝对主导地位。照瓣卜巧仪式中虽然也有占卜未来夫婿职业、人品的一项内容，但主要是卜自己的"巧"，而不是卜未来的"人"。牛郎在整个节日里毫无地位可言，既没有纸扎像与巧娘娘并列，也得不到供奉，只是在唱词中有"天上的牛郎配织女"这一句略有表示而已。因此，有人主张把乞巧节改为中国的情人节，我认为欠妥。中国经济近二十年来有了巨大发展，但屡受摧残的中国传统文化却未能得到恢复元气的机会。我们必须扭转那种在文化上妄自菲薄的错误态度，树立自爱、自信、自尊、自强的健康心态，使我们民族的传统节日文化空间得到传承和发展。

花儿会

和政松鸣岩花儿会 农历四月二十八日是松鸣岩花儿会的正日子。松鸣岩花儿会是甘肃演唱河州花儿的代表性花儿会，也是甘肃三大花儿会之一。这一天，来自和政县、临夏、永靖、临洮、康乐、东乡族自治县的各族人民，云集在小河两岸，迎来了一年一度的松鸣岩花儿会。松鸣岩山清水秀，风景秀丽，胜似仙境，是古河州八景之一。有一首花儿唱道："松鸣岩是个好地方，四月八设下的会场，搭下个帐篷酒提上，花儿（哈）漫了个欢畅。"

松鸣岩又称笔架山，由三个并列的山峰组成。三个山峰好似亭亭玉立的三个仙女，耸立在松涛云海之中，山间古柏参天，山下潺潺流水，山间松涛发出金鼓锣鸣的响声，悦耳动听。松鸣因此得名。松鸣岩原有一个古建筑群，由圣母殿、玉皇阁、菩萨大殿组成。古代工匠利用山势，巧妙构思，把殿宇建筑在悬崖峭壁的半山腰，远远看去就如海市蜃楼一般，深藏在蒙蒙细雾之中，好似仙境。可惜这些古建在兵荒马乱时期毁于一旦。据记载，松鸣岩寺庙始建于明代成化年间，到了清代，毁于同治之乱。后经重修，又毁于光绪年间，几经反复，新中国成立后只剩菩萨大殿。古建筑虽减，但风姿尚存，歌声犹在，人们在这神话般的世界里，漫几句花儿，唱几句心里话，真是心旷神怡。

"花儿本是心上的话，不唱是由不得自家；刀刀拿来头割下，不死是还这个唱法。"花儿会从农历四月二十六日开始，持续三天，四月二十八日是高潮，也是尾声，当天傍晚人们开始收拾行装回家。人们说的四月八花儿会，为什么推迟了二十天？其说法不一。四月八原是佛教节日，俗称浴佛节，是释迦牟尼的生日。这对佛教界来说是一个重大的节日。那么，四月二十八又是怎么来的？据传说，古时候，天宫有两个仙女，一个叫金箫，一个叫玉箫。姊妹两个能歌善舞，在四月二十八这一天，溜出天宫，寻视人间美景，想找一处讴歌寄情的地方，谁知人间江山一处胜似一处，不知何处落脚为好。正在为难时，突然从脚下传来一阵金鼓锣鸣之声。两人应声向下一望，脚下一片林海，山峦重叠，百花争艳，不由自主地来到人间。姊妹二人被山景陶醉，不由放声歌唱起来，歌声

响彻云霄，在峡谷中回荡。这时，在山下放羊的小青年听见了这动人的歌声之后，向四处张望，只闻歌声不见人。歌声由近而远，又由远而近，一会儿在山上，一会儿在山下。放羊娃追到山上，歌声又从山下传来。放羊娃一边找，一边跟着学，歌学会了，人还没有找见。正当中午的时候，歌声又从山顶传了下来，放羊娃应声一望，看见山顶站着两个穿红戴绿的姑娘，放羊娃立刻又向山顶追去。当追到半山腰时，突然一阵大雾挡住去路，上不能上，下不能下。放羊娃心急火燎，不知如何是好。正在为难之际，浓雾中出现了一个白胡子老者，对放羊娃说："你只要答应我一件事，就可以安然无恙。"放羊娃连忙问："什么事？"老者说："为了纪念你四月二十八日在松鸣岩遇仙一事，你如能答应砍一些木头在松鸣岩给仙女修个庙，就万事平安。"放羊娃点头称是。云雾立即消散，老者也不见了。从此，再也没有听见仙女的歌声。放羊娃回家以后，把四月二十八遇仙学歌的事说给大家，并教给大家唱学来的歌。从此，唱花儿的习俗就这样一代一代地传了下来。每逢四月二十八日，人们就来松鸣岩以歌抒情，以歌会友。

松鸣岩花儿会上，歌手演唱时以唢呐、二胡为伴奏乐器。除此，还有一种民间自制的乐器，当地叫咪咪。它是用细竹做成，上面钻四个发音孔，上端是用柳枝外皮筒做成的哨子，吹起来声音高亢响亮。咪咪原为单管吹奏，后模仿羌笛改为双管吹奏，发出双音。这两种吹奏形式至今在临夏流传。从结构来看，咪咪与羌笛完全相似，两种乐器均为竖吹，双管并连；咪咪为四孔发五音，羌笛原始型也为四孔发五音，均为双簧，音色相似。后汉时羌人与汉、藏、回等杂居过程中，羌笛得以发展，由四孔变为五孔。后汉马融《长笛赋》云："近世双笛从羌起，羌京君明识音律，故本四孔加以一。君明所加孔后出，是谓商声五音毕。"可见咪咪是羌笛的祖属乐器。咪咪与花儿以声相伴，长期共存，它们同是五声音阶，所以，在松鸣岩花儿会上咪咪常为伴奏乐器，形成松鸣岩花儿会的独特风格。松鸣岩花儿会演唱的是河州花儿，有单唱，也有对唱，但不像洮岷花儿会那样具有严格的对唱形式，比较自由。歌手们唱道："清秀不过的四月天，万花儿开在了路边；松鸣岩会场浪一天，不觉年轻了十年。五彩的宝瓶里献牡丹，清水越浇是越鲜；

花儿是补心的鹿茸丸，歌声里堆起了粮山。"

松鸣岩花儿会演唱的河州花儿有 90 多个令调，它为音乐家提供了丰富的音乐素材，成为音乐家的摇篮。

康乐莲花山花儿会 莲花山花儿会，是洮岷花儿的代表性会场。莲花山海拔 3578 米，山势险峻，景色秀美，宛如一朵莲花镶嵌在陇南山区万顷碧波之中。"莲峰耸秀"原为古洮州八景之一。古人曾以"天削莲峰第一台，芙蓉四面望中开""西倾积石几千峰，不及莲花绝黛容"等诗句赞誉过莲花山。秀丽的风光固然吸引游客，但是，具有更大魅力的还是那莲花山"花儿会"。

"马莲绳，一根弦，琵琶还要好家弹，你不唱花花不艳，我不对花心不甜。"一群打着凉伞，手摇彩扇的年轻姑娘，在村头路口用马莲绳拦路对歌。被拦年轻小伙们笑盈盈地酬和"菊花碗，玛瑙盘，甭拿绳绳把我拦，咱们莲花山浪一转，拴住日头唱三年"……歌来情往，热闹异常。在一片欢笑声中，这一道马莲绳解开了，另一道马莲绳又拦住去路，对歌又重新开始。"马莲绳一道连一道，解开一道又一道，唱过一帮又一帮，好像洮河翻波浪。"就这样，高一阵，低一阵，一直唱到莲花山。这种形式，别具风采，饶有情趣。当地群众善于以歌代言，便将山歌昵称"花儿"，用花儿歌颂真善美，抨击假恶丑。莲花山周围有相沿成习的"花儿会"，是男女青年和众多歌手竞技赛歌的场所，其中规模最大，影响最深远的要数莲花山花儿会。每年农历六月初一至初六，三州（地区）六县的汉、回、藏、土、东乡各民族歌手云集，自由结伴，游山玩景，吟诗对歌，尽情欢唱。"一转山的莲花山，漫开花儿透心甜，十天九夜口不干。"便是这盛况的生动写照。

花儿会源于何时，众说纷纭。在一首传统花儿中，曾有"明朝洪武年，莲花山上就朝山"之句；从山上残存的二十片铁瓦中，发现铸有敬贡者的姓名、住址和年号，其中最早的一片为"嘉靖四年"（1525）。1984 年重建"莲花殿"时，曾挖出一铜碗，碗底有"大明成化年制"六字（1465）。古往今来，一般是花儿会伴随庙会，用花儿赞神浴佛，祈福降祥。据此，莲花山花儿会至少有四五百年的历史。但按民间流传的故事，花儿会则更源远流长了。相传，远古年间，冶木峡深邃莫测，有条黑蟒，神出

鬼没，残害生灵，弄得庶民呼天喊地，怨声载道。某年王母娘娘在瑶池设蟠桃会，邀请各路神仙光临。昆仑山金花娘娘驾云起程，带上千年修炼的一朵莲花去赴宴。路经冶木峡，只见烟雾滚滚，黑气冲天，阻住云路。接着一条黑蟒张牙舞爪，仗剑向她刺来。娘娘将莲花一抖，生出万道霞光，只听惊天动地的一声巨响，一座形似莲花的石山便屹立在冶木河畔，将黑蟒压在山下。从此后，风调雨顺，五谷丰登。庶民感恩戴德，为金花娘娘在莲花山修建庙宇，玉皇阁、紫霄宫、娘娘殿相继竣工。庆贺这些庙宇落成时，有的主张唱戏，有的主张诵经，有的主张赛马。终因民族的不同，语言的差异，这些都表达不了共同的心愿。正在人们争执之际，一阵悠扬嘹亮的歌声从天际传来，循声望去，只见两位仙女撑着花伞，轻摇彩扇，足登莲花，口唱花儿，翩翩起舞。人们被这美妙的歌声迷住了，都情不自禁地跟上唱和起来，莲花山顷刻沉浸在歌海声中。"六月莲花艳阳天，遥望山势如雪莲；仙女传歌留妙音，花儿绵绵万古传。"就这样莲花山花儿会便代代沿袭了下来。

莲花山花儿会别致而风趣，分拦路对歌、游山欢歌、篝火夜歌、敬酒告别等程序，灵活多样，互为穿插，在旅游中对歌，在对歌中游览。六月初一、初二在莲花山麓足古川聚会，初三、初四登莲花山对歌，初五向三十里外的王家沟门转移，围着篝火夜歌后，黎明向二十里外的紫松山攀登，纵情欢歌，敬酒告别，歌短情长，难舍难分："曲子不好酒不香，敬你一碗青稞酒来尝""香香香，实在香，亲手敬来味更长，渗在心上永不忘""说上一声去的话，心上好像篦子刮，年年青草发新芽，待到来年六月六，重结骨朵重开花"……

深受各族人民喜爱的莲花山花儿会，是一个历史悠久，闻名遐迩，禁不了、赶不散的民间文艺。可是历代封建统治阶级，却给花儿加上"伤风败俗""大逆不道"等罪名，而严加禁止，用"班辈石""镇邪崖"之类妄图封锁民间歌喉，统治阶级的禁令下了一道又一道，花儿会依然传了一代又一代。新中国成立后，阳光雨露育花儿，花儿朵朵放光彩。可是，"四人帮"倒行逆施给花儿列罪状，定罪名，封山禁歌，一时万马齐喑，"山封了，花（儿）禁了，好人害上大病了，唱山没有陪伴了，一根肠子扯断了。"粉碎

"四人帮",花儿重获解放,特别是党的十一届三中全会以来,政通人和,经济繁荣,社会安定,花儿会一年胜似一年。各民族歌手和游人,身着盛装,花团锦簇,在松柏树下,野花丛中;在九眼泉边,神仙洞旁,竞相夺寨赛歌。不仅吸引了大量国内游人,而且吸引了许许多多国际友人前来游山采风。

莲花山花儿的形式有"散花""整花"之分。散花比较自由,触景生情,即兴现编。整花则限定范围,一般要求叙述比较完整的故事。亦有将《水浒》《西游记》《三国演义》等编成歌词,从头到尾问答对唱的。在对唱形式中表现出一种智力竞赛的意味,彼此可以从中测验有关名人、事物、世态、历史传统、风俗习惯和种植、养殖技术等方面的知识,以了解对方的文化素质和机敏程度。格律上有"单套""双套"之别。一韵到底的为单套,一腔两韵的为双套,一首花儿里出现三韵的叫"三转腔"。无论散花、整花,都善于叙事,歌词纯真朴实,格律自由独特,曲调高亢奔放,能表达各种感情,具有唱中夹叙的艺术特色。

据调查,莲花山花儿会以莲花山为中心,方圆一二百里范围内,共有74场花儿会,自农历正月十五开始,万物复苏,春暖花开,花儿会一处接一处,一场连一场,到十月初一天寒地冻,百花凋谢方才结束。每场花儿会,少则数千人,多达数万人。假如把莲花山比作"花蕊",那么,周围的73处花儿会场,犹如73片"花瓣",层层叠叠,千姿百态,构成一朵无形的莲花,根植于万千歌手的心中,盛开不衰。

歌手是花儿会的主体,莲花山周围乡乡有名家,村村有歌手,户户有好家。歌坛先辈有"把死罪唱成活罪"的景满堂;有冲破封建枷锁带领妇女同登歌坛的"一代歌魁"——穷尕妹(丁如兰);后起之秀有张生彩、郎淑琴、马秀兰、牡丹花、马琴英、汪莲莲等,群星灿烂,英才辈出,青山不老终年翠,歌海丰盈浪潮涌。"串把式"是歌手中的佼佼者,具有才思敏捷,巧答善问,应付瞬息万变的本领。当甲方唱完主词合唱尾声时,乙方的串把式必须在几秒钟内编好对答词,传给歌手,要答得切题,问得准确,唱得连贯。如果答非所问,脱离主题,则立即会遭到对方的嘲弄。"我问方来你答圆,方圆本情不沾边。你的花儿不值钱,还比一碗凉水淡。"所以,有"花儿好唱串把式难当"之说。

花儿是时代的脉搏,人民的心声。随着生产的发展,生活水平的不断提高,一首首发自肺腑的花儿,轻柔甜润,情深意浓。歌手们心甜口甜地唱道:"牡丹越开越艳了,富民政策落实兑现了。活像金鸡下开金蛋了,金砖铺成廊檐了,屋里变成金殿了。"

岷县二郎山花儿会 二郎山花儿会,是洮岷花儿南路花儿的主要会场。二郎山位于岷县城南,有两座相对屹立的山峰,远看好像两个巨人在遥遥相望,当地人称东南方的为金童山;西北方的为玉女峰。两座山风光秀丽,景色迷人,当地人把它们当作象征吉祥的圣地,于是人们在这两座山上修建了很多寺庙。金童山有一座庙叫"二郎庙"。传说这座庙的修建是因为古时有一个宦官因谴责了朝廷骄奢淫逸的腐败作风,被流放到岷州,后来聚义谋反遭杀害,当地人民为了纪念这位宦官,就在他当年聚义的金童山上修了这座庙,民间并封他为"二郎神",从此这座山就改名为"二郎山"。后来,二郎山又增建了娘娘庙、喇嘛寺等很多寺庙。于是,二郎山成了当地群众朝山祭祀的主要地方,有名的二郎山花儿会就在这里举行。

二郎山花儿会,是岷县传统的农历五月十七洮岷花儿南路花儿主要的演唱会场。每年五月十五、十六日,宕昌、岷县一带的男女老少,从百十里外骑驴、坐车,身上背干粮,汇集在岷县城街和二郎山,五月十六日,二郎山上已挤满了对歌的人群,到十七日,算是花儿会的正日子。这天,连八九岁的小娃娃也都来参加花儿会对唱花儿。

二郎山花儿会有着悠久的历史。相传唐代末年,邻近的吐蕃人在岷州城一带占山为王,人们称他鬼章王。鬼章王经常出没骚扰,使这一带人民不得安居乐业。宋代中期,朝廷派种谊率领敢死队若干人来岷州破鬼章。种谊所部先是在岷州城作战,因种谊所部兵强马壮,鬼章王抵挡不过,便退兵逃至岷州城北九十里元山坪的铁城死守。铁城城墙坚固,种谊多次攻城都未成功,双方伤亡都很大,但种谊所部围城不退。直困得鬼章王粮草断绝,后来鬼章王采取"悬羊击鼓,饿马摇铃"的战术迷惑宋兵,然后挖地道逃出城至洮州一带,种谊发现受骗,追到洮州击溃敌兵,活捉鬼章王,押送到洛阳。由于鬼章王被征服,人民从此安居乐业,岷州人民感激万分,于是五月十七日在二郎山下的南寺，杀猪宰羊，载歌载舞，庆祝胜利，在这个庆祝会上有歌记载："五月十七二郎山，兄弟征番胜利还，手挽手来肩并肩，全家团圆人人欢。夺取番王一根鞭，兄弟（兄弟，指种谊、种鄂兄弟俩）骑马做高官。"

以上是传说中的花儿演唱活动。到了明代，二郎山已有很多庙宇，宗教祭祀活动盛行，据有关史料记载，明代时，岷州连年遭受自然灾害，群众就把各个朝代的民族英雄木刻成神，如南川大爷就是宋代的宗泽；梅川二爷就是唐代的罗成；王家山三爷就是三国的姜维等十八位神像。于每年五月十六日抬着十八位湫神，街道里放进水，在泥水里唱着、跳着，既赛神又赛歌。十七日由南川大爷领头同上二郎山领祭品。那时，人们用这种方法祭神，求得一年风调雨顺保丰收。在这种迎神赛会和祭祀活动中，人们用歌声寄托着自己的心愿。古《岷州志》里有这样的记载"社鼓逢逢襄赛时，青旗白马二郎祠，踏歌游女知多少，齐唱迎神舞拓枝。"足以说明迎神赛会和踏歌同时进行，当时的踏歌就是演唱花儿。直到1958年庙宇拆除后，花儿会才完全成为民间的娱乐活动。

二郎山花儿会一般演唱洮岷花儿的南路花儿"啊欧令"，也叫"扎刀令"，也有个别唱北路花儿的"两连儿"即"莲花山令"的。它的演唱形式有别于莲花山，多为单个对唱，充分显示歌手的演唱水平和即兴创作能力。好歌手三十秒钟可以编出一首韵律整齐，结构完整的歌词来。二郎山花儿的词多为七言句，一韵到底，有两句、三句、四句，还有长至十一、十三句一段的。

第三节　甘肃各民族特色节俗

藏族特色节俗

安多藏历年　按传统划分，安多藏区包括甘肃省甘南藏族自治州、天祝藏族自治县和祁连山北麓的所有藏区，青海省全部（玉树州除外），四川省阿坝藏族羌族自治州，面积约80万平方公里。安多藏区以牧业为主，其年俗不同于其他藏区，呈现出游牧文化特点。

属于安多藏区的拉卜楞地区，荟萃了周边各地的人文精华，年节民俗别具特色。拉卜楞新年的大致情形，著名藏学家李安宅先生曾在20世纪40年代的杂志《现代评论》上做了简单的记述：在过去，藏民原来是以冬至节为年关日。自金刚院（吉多扎仓）司夏历的制度制定以后，所有藏民始以夏历为正朔。在除夕那天，各家都将院里外扫净、洒水，寺院要在各门口用白土画图案，各街道灯笼络绎不绝，欢声直至天明。所祭文武二神，都是当地的保护神，如土地神等。上塔哇的保护神（吉伯达禾），文者为煞勒迦褥，译言"白山神"。除元旦致祭外，六月十七日行插箭礼（罗卜则），武者为其侍卫萃乐禾，译言"勇者"，插箭礼为四月十一日。这两位神据说是嘉木样一世之徒香堪布所邀，命之保护上塔哇者。下塔哇的保护神，文者为夏乐禾，译言"鸟爪"；武者为其侍卫马吉占德尔，译言"胜敌金刚"。插箭礼，前者四月十一日，后者二月十一日。藏族的拜年，自己家内不拜，出外拜亦无叩首或鞠躬之礼，只是串串门儿，说句祝词，如"新年大喜"，再送些礼品。礼品的轻重出入很大，由送一只羊到一撮花生或一个梨，普遍都附上一条礼巾。到初三早晨，又鸣法螺，上下塔哇的全体男子分别到两个公会堂（玛尼康）祭神。公会堂的神亦分上下塔哇。不过上塔哇的公会堂除了当地土地神以外，更有普遍的护法救主（公布）与吉祥天女（拉谋）。下塔哇的公会堂除了自己的土地神外，也有普遍的护法吉祥天女，祭礼亦有"煨桑"，加添的是一只放生羊，羊毛上缀满彩条，并于身上注奶茶。群众在堂内宴会毕，便出外赛马。地点，上塔哇在村西空场，下塔哇在村东大道上。前者先举行，后者后举行。参加者盛装乘马，三五鱼贯而驰，马跑欢时发枪射击，次数越多越好。两村分两团体唱酒曲，每村各有若干家轮流邀请，一天至五六家。由此家至彼家的时候，在路上分班舞着、唱着。到门口，放鞭炮欢迎。门内一人持碗，碗外缘酥油粘着羊毛，碗内盛酒，进来一人，蘸酒弹一次。进来以后，或在院心，或在院内，设好小杌，一排一排，形同西餐，两侧放垫子，每人席地而坐，杌上摆着肉包子或糖果。最后喝酒。同时有人起来唱歌，先独唱后合唱，唱毕，群呼"扎喜"（吉祥），即散场。离门时，每人亦弹酒，与进门同。初三开始后，还有两件事：一是少女上头，即年至十七八而无丈夫者趁此装束得与成年妇人一样。发后银饰或珠宝下垂及踵，是为少女的"笄礼"。这样的人称"窝禾妈"。窝禾妈由幼女前导，盛装艳服拜亲戚，亲戚都须送礼致敬。从此以后，待字闺中，以期正式婚姻亦可，终身随意交接亦可。即便生了孩子，也不受歧视，无私生子之说。另一件事是少年妇女结队向各机关要钱，一个村子为一队，年初三至初六止。要钱时，每处一二元至十来元不等。被要者如在队中有朋友则戏谑备至，不及满意的数量不散。要来的钱，留等二月间在分会堂举行青年男女聚会唱情歌时用。若论寺院，则除夕僧侣都平安睡觉，执事人半夜升经堂顶，吹号筒及喇叭守旧岁。天将明，僧众始起，至各护法殿前"煨桑"，以后给佛爷叩节。元旦放假一天。初一由总司食（吉哇）每人给炸食三枚。初二总法台（赤哇）每人分给炸食八枚。至初三傍晚，结会一处，听取一年的规矩，是为正月祈祷大会的开始。

拉卜楞地区新年概貌大致如此。李安宅的细节描述很有趣，但对其程序仍需要再补充记述。

初一凌晨煨罢桑，向佛爷叩过三次头，全家盛装团聚吃新年第一顿饭。户主先要拌一碗香甜可口的酥油糌粑，按辈分一撮一撮分给家庭成员（除夕夜忌家中留客）吃下去，象征和预兆新的一年丰衣足食、生活幸福，然后才吃其他食物。匆匆吃过早餐，便要去拜年。天亮前要拜完亲戚中的长辈、近邻中的长辈和附近的近亲。白天，一早去寺中给为僧的亲戚或"阿木桥"（经忏师）拜年，若有时间，再继续去亲朋好友家贺岁。拉卜楞的拜年，讲究的是"一要早，二要老"。早是指子夜一过，便要匆匆上路拜年，拜到即可，不须陪坐闲聊。老则是给老辈人拜年，亲戚中老辈最先，其次是近邻中的老人，再次是朋友家的老人。谁若不先拜老人而先去至亲好友家，则会被视为没有修养、不懂礼仪而落下话柄，被耻笑一辈子。

从初三开始，各种交际与娱乐活动便翻开了篇章。

安多藏人把正月初三看作一年中最富吉兆的日子，各种庆典也都集中在这一天举行。除了李安宅先生讲的少女上头仪式，还有周岁男婴剃头仪式、赘婿仪式、新房落成庆典、婚礼仪式等。初四、初五是亲戚之间、好友之间还有村中老人互邀做客的日子，一般也是一天走个三四家，去做客的要唱祝福酒曲，乘酒兴表演"嘎尔舞"，告辞时要跳"扎西"（吉祥）嘎尔舞、锅庄舞。从初六起，拉卜楞十三神庄中相互关系紧密的部落，便要互相宴请做客（限于成年男性）。主方除了备办丰盛的佳肴美酒，歌手还要准备足够的赞歌、酒曲，姑娘、妇女们得提前练习锅庄大舞，以助兴娱客。客人来到主方嘛哇"康哇"（公房）门前，要跳嘎尔、锅庄舞。所唱之歌的大意是："我唱着跳着上蓝天／青龙翱翔我更欢欣／愿青龙与我共舞蹈；我唱着跳着去石岩／野牛狂舞我更欢欣／愿青龙与我共抒怀；我唱着跳着去贵庄／贵庄歌舞我更欢欣／愿主人与我共舞蹈。"舞罢，举庄欢呼，并放鞭炮致意。然后把客队迎进大厅，按辈分及身份安排就座，有专人在旁陪客。姑娘们穿梭往来，奉茶并鱼贯地献上手抓羊肉、灌汤包子及其他佳肴。待客人吃得差不多了，主方歌手便会主动站起唱赞美欢聚、赞美吉祥、赞美节日和客人的酒歌。客方歌手会马上回敬赞歌。主客一来一往，不管是主方歌手还是客方歌手，唱罢后会场都会欢呼致意。在唱歌时敬酒，在饮酒时唱歌，酒和歌相辅相成，相得益彰，不猜拳不呼令，酒碗在主客间依次来往，人们尽自己的酒力和兴致随意饮酒吃肉，悠悠自得其乐。酒曲对唱中既有赞美生活、向往未来的内容，又有知识性、趣味性的问答，还有相互逗嘴的对歌。唱得难解难分或一方略显窘迫之际，会穿插男女和主客方的演唱、锅庄舞，以缓解气氛。从始至终，满大厅回荡着欢声笑语。客队辞别时，两庄男人在大院内集体跳祝福的扎西锅庄舞，祝福一年吉祥如意、人畜兴旺、庄子发达幸福。在震天动地的"扎西"欢呼声中，客人依依惜别主人，主人一直送到村口才止步。

互访联欢活动一般会延续到正月十五日，甚至二月二日。即使同在安多，由于地方不同，各地藏历新年的习俗也不一样。在林牧、林农地区，它又是另一番面貌。如东部嘉绒藏区，它的年节习俗有着自己的魅力，与其他地方差异较大。每年的十月三日和冬月十三日要过糌粑年，即早晨必须吃香甜的酥油糌粑，喝茶吃肉，整日休息。第二天用荞麦面包配上糌粑肉包食用。第三天仍要吃糌粑（因平时只有苞谷、荞麦等杂粮食品），熬茶喝，还要吃冷烧麦面饼。第四、第五天则煨桑熏烟祭祖宗。

新年期间，甘肃卓尼部分藏区还举行曼拉节。曼拉节从正月初八至十五日。曼拉节前，出嫁的妇女都得返回娘家，与父母兄弟姐妹团聚。过节时，各村寨还要挑选能歌善舞的男女青年组成"沙目"（歌艺队），到周围村寨去赶曼拉节。作为交流，也接待、邀请其他村寨的沙目来本村演出。各村都有沙目表演的广场。场中央燃起熊熊篝火，桌上摆满供品，请德高望重的长者就座，用醇酒、茶招待客人。夕阳西下时，全村男女老少身着盛装，到沙目场上观看演出。沙目身着戏装，摇起拨浪鼓，边歌边舞，有说唱，有表演，有舞蹈，各村寨编创的节目风格迥异，内容丰富，地方特色很浓郁。整个表演要持续到翌日清晨。演出结束，东道主请沙目全体成员到本村最宽敞的大厅就座，各家各户端来佳肴美酒款待。宾主一面吃喝，一面猜谜或对歌，彼此预祝新的一年农业丰收。午后，宾主又重返沙目场，举行告别仪式。

甘肃南部的白马藏人的新年仪式要数正月十五烧火把最隆重、最热闹。晚上，寨里的男女老少举着火把排成长龙，一路高呼着穿过山寨，走遍田间地头。他们是用火来驱除邪气，祈求吉祥和幸福。白马山寨的烧火把，仪式很讲究、很庄重，点燃第一支火把的荣誉属于该年属相的最年长的阿尼（老爷爷）。老阿尼赞颂着点燃火把，在前面带队小跑，后面的人依次从前面的人手中点燃自己的火把，边跑边高喊吉祥口号。火把的长龙旋成圆圈，人们载歌载舞，一直玩到深夜才散去。

舟曲、迭部五月初五朝水节　黑水沟一带藏族，除了和大家一起过重大节日外，在每年的农历五月初五还过"曲纱节"（即朝水节，又称"沐浴节"）。从节日的活动内容、形式来看，这跟汉族同胞为了纪念屈原而过的"端阳节"似乎没有什么直接关系，尽管是在同一天。对当地来说，"曲纱节"比其他任何节日都要隆重，更具特色和规模。下至舟曲县憨班乡，上至迭部县多儿乡的群众，都不辞劳苦，特地赶来朝水观光。近年来，省内外不少报纸杂志社的记者、摄影师也慕名赶来，领略"曲纱"瀑布的奇特风光，摄取生活的精美片断。

"曲纱节"这一天，人们除了赶早攀登高大苍翠的"曲纱"（即藏语"神水"）峰，在"曲纱"瀑布下朝水沐浴外，都想观赏一番难得的"曲纱"瀑布及其奇妙景致。也只有这一天，奇异的"曲纱"瀑布从绝壁奇峰中央喷落不定，变幻莫测：清晨，无人朝洗时，"曲纱"只弹出一串清流小溪；到中午，人们欢歌笑语，热闹阵阵时，"曲纱"越来越大，掷出根根银柱，挂起幅幅水帘；午后，人们陆续下山，欢呼热闹声渐渐消失，"曲纱"又缩回一串溪流。这恰似四川松潘县境内奇异的"喊瀑"。黑水沟一带所有的历史和神话都蕴含在这"曲纱"瀑布的飘落流程中！

夕阳西下时分，人们怀着无边的遐思，涌向广袤的原野。在绿色的大自然舞台上，妇女们手拉手围成一大圈，跳起欢乐的"甲让"（即乐舞）；男人们不分老幼，自觉排成浩浩荡荡的队伍，个个双手叉腰，围绕"甲让"圈操起古老的"马含"（即摆阵）。四周鞭炮齐鸣，锣鼓喧天。他们歌舞摆阵，异口同声，异脚同步，身姿摇摇，衣裙飘飘。歌海舞林，红男绿女眉来眼去，决不放过这物色意中人的难得机会。各路歌手对唱献艺，互唱"谢歌"，大显民族团结的威力，大唱自由欢乐的新歌。

甘南藏族插箭节　插箭，是流行在甘肃藏区的一种具有群众性的祭祀山神活动。在安多地区，各部落、各地域都有着自己的保护神，有的叫战神，其中有文神也有武神。这些神保护着这一方土地或某一个部落不受妖魔鬼怪的侵袭危害，还肩负着在部落仇杀中帮助自己一方赢得胜利的重任。对于百姓来说，佛教只管来世轮回，远水解不了近渴，而这些保护神却能解决眼前的、迫切需要帮忙的大事，他们才是与众生命运息息相关、关系部落生死前途的救世主。因此，各部落对保护神的供奉自然是十分丰厚而隆重的。在众多的供品中，箭镞是最重要的一种。于是就产生插箭这种民间习俗。

藏族所崇拜的山神，普遍是战神，也唯有战神才能用高超的武艺和超人的神力抵御妖魔鬼怪的侵袭。作为战神，自有战神的宇宙观、生死观、价值观。战神要担负起保护民生的神圣使命，必须依靠锐箭利刃来实现，他离不开翎箭，他也喜欢翎箭，所以，信徒们采取了这一独特的方式来讨山神的喜欢。插箭就是人们约定俗成，用翎箭来取悦战神的活动。

拉卜楞寺直属"神部"——十三庄的插箭祭祀活动甚为隆重。十三庄中，又首推人多势众的上塔哇。上塔哇的插箭日是农历六月十七日。插箭地点在庄子背面深长的彦克沟沟垴的华鲁山口。当东方露出灰白的曙光时，山包上高耸的插箭垛露出了似利箭的轮廓，直刺蓝天。箭垛四周已经人声沸腾，人头攒动，在山腰的小道上，有人扛着翎箭鱼贯而来。山上山下，气势壮观。来插箭的几乎清一色是男性，其中不乏身架单薄、满脸稚气的少年郎。只有为数很少的妇女来插箭，她们属于家中没有男性的人家。据说这是一条不成文的规矩，除非家中绝了男丁，不然不允许女人来祭神，即使儿子只有十一二岁大，也只能由他参加祭神活动。这是因为战神喜欢健壮男丁。加上旧时代认为女人身上有秽气，会亵渎或冲撞神灵。插箭的箭是预先挑出一根短则一丈余，长则十丈多，削去树皮，树身笔直，没有树杈弯拐的光滑树干，在梢头捆上柏树枝和白羊毛，颈脖三面绑上三角形的云纹彩板（一般是虎黄、黑白云纹吉祥图案），远看去犹如一根翎箭。祭祀的人把这根翎箭插在山神驻栖的山口垭豁的固定箭垛里，就算是插箭了。每一个部落的箭都是集中插在一起的，木杆四方垛栏为集中地，它便是箭垛，藏语叫"拉卜则"。

当旭日跃出东山尖，金晖抹在华鲁山垭口时，插箭仪式在村长高喊"拉加罗"（战无不胜的意思）的欢呼声中开始。第一道仪式是煨桑。桑烟是人与神沟通的信号。山包上的桑台有三尺高，两尺宽。台面上的是香柏翠枝，上面撒满了糌粑、干果。当村长从底部点燃柏枝，浓烟便袅袅升起，桑火噼里啪啦爆燃起来。顿时无数金星飞溅，乳白的烟柱腾向天空，向四周弥漫开来，在山涧把晨露融成纱幔，展开一条横贯中天的巨幅哈达。几百人围着桑台，人们此起彼落，呼喊战神的名字，争先恐后地往桑火上加自家的柏枝和糌粑。糌粑柏枝交替叠压，形成一层糌粑一层柏枝的塔楼。烧焅了的糌粑味掺和着涩香的柏枝味在空中飘散，把众生的诚心、信徒的祈祷捎向山神。第二道仪式是向长空扬撒风马符纸。风马也叫"朗尔达"，是一种原始祭祀形式，为动物崇拜，是对骏马、大鹏（金翅鸟）、龙、狮、虎，特别是风马的崇拜，寓意借风马使人的气数和运道顺应畅达，实现自己的愿望。同时，以风马为中心，大鹏、龙、狮、虎为四角

的构图，还象征着金、木、水、火、土五行循环往复，生命经久不息。煨罢桑、诵罢祷词的，会赶紧挤出人群，到箭垛的面前，呼喊着"拉加罗"的祝福，把印有风马的彩色纸片大把大把地扬向空中。顿时，蓝天变成了"天马行空"的世界，如雪花翻滚，柳絮飘扬，纷纷扬扬地飘飞、降落。它把人们对幸福生活的憧憬、对战神的崇拜全传达开去。对撒扬风马的人来说，如果自己的风马飘得高，飘得远，则意味着今年将福运高照，事事如意，如风马般步步高升。煨桑完，撒完风马，插箭仪式正式揭开帷幕。气氛庄重、神圣、肃穆，人们像出征的队伍，每个人双手高擎自己的翎箭，按顺时针方向缓缓绕煨桑台一圈，然后绕插箭垛三转，才开始争先恐后地把箭插进垛围中。

插箭垛上空成了箭的密林、镞的阵列，遮住了阳光，遮住了苍穹。翎毛在相互撞击，发出了闷钝的响声，梢顶吱吱摆晃。插箭垛前，健汉少男们蜂拥而上，里外九层，趴在栏木上，井然有序、毫无吵闹地默默把自己的翎箭递给站立在栏木上的那几位大汉。这是关键时辰，是山神正圆目监视的时辰，所以谁也不敢张狂，谁也不敢怠慢，个个都谨慎小心，毕恭毕敬。负责插箭秩序的这些大汉是村长临时指定的。他们觉得这是神圣而荣耀的使命，因此，早在人们煨桑撒风马时，他们就已经忙碌开了。他们要把那些年代久远、因风蚀雨淋而锈烂不堪的翎箭剔除干净，把剩下的用粗毛线捆紧，腾出空间给新的翎箭。很快，一束束新箭插进了旧箭丛中。新箭拥着旧箭昂然冲天，给旧箭平添了许多光彩和威风，插箭垛瞬时旧貌换新颜，显得比过去更加神采奕奕、剽悍勇武。

这时，朝阳又把金辉洒满了山包，人们再一次狂热地吼着战神的英名，欢叫"拉加罗"，按顺时针方向围绕插箭垛转圈。有马的则骑上马绕插箭垛狂奔，给山神助威添胆；有枪的则举枪向空中鸣放，表示自己的敬仰和虔诚。祭神又一次掀起了高潮。

插箭完毕，多数人下了山，但仍有人留在箭垛前。他们中有的给战神拴缠五色吉祥彩幡，或者扯换用毛线捻的通天绳，愿山神帮助自己在临终时能搭天绳去"天国"，并乞求神灵感知他们内心的苦衷，多多给予照顾；有的则在箭垛根部深埋五色金和五谷（金银等珍贵金属和麦子、青稞、豌豆等），然后叩头，祷告战神保佑自己的财富源源不断，日子更加兴

旺。在有些地区，插箭的人们还在山根举行赛马会、射箭比赛来取悦山神，之后喝酒吃肉，歌舞玩乐，到傍晚才骑马回部落。不少地方的插箭节与香浪节连在一起，插箭节过后，香浪节也就随之开始了。

夏河藏族香浪节 甘南藏族自治州的夏河一带的藏族群众，每年农历六月十五前后，总要欢度传统的民俗节日——香浪节。藏语"香浪"二字，是采薪的意思。藏区高原每年六月是气候最好的季节。也是农田里锄草刚完和牧业上奶甜肉香的时候。于是人们便带上帐篷和丰盛的食品，到风景秀丽的山野游乐玩耍几天。而寺院僧人很想与俗家群众一同玩乐，就借口"采薪"，也到山野里去了。后来人们将这一活动年复一年地延续下来，称作"香浪节"。

香浪节的第一项活动是祭"火神"（一些村庄祭神内容各有不同，有的是祭古老部落的英雄神），祈求神灵保佑村民万事吉祥如意，风调雨顺，人畜平安。祭神是在节日的第一天日出前举行。人们来到有拉再（祭神石塔）的山头上，先进行传统的"煨桑"——点燃大堆的柏香火（碎柏枝等点燃的火），接着向火里洒倒着酥油、炒面等物。男人们骑马围火堆转圈、放枪，把一沓沓"风马"——印有飞马等形象的象征吉祥如意的符图纸片向火堆上空撒去。完后，就开始插箭——即把约高四五丈的木"箭"（木椽上钉有彩色翅板及五色绸旗的木箭）插到祭神山头上的大木栏里。以这些巨型神箭来"驱邪赶魔"。

藏胞欢度香浪节，总要开展一项项富有生活情趣和民族形式的娱乐活动。最先举行的是赛马、赛牦牛。因为骏马和牦牛是藏胞的主要交通工具。人们对它们有着特殊的感情。所以节日里都要举行骑术比赛。在那宽阔的草滩上、河岸边，由村干部或有威望的长者主持比赛。只见一个个健壮剽悍的骑手们骑着一匹匹骏马和牦牛，奋勇驰骋向前，引起观看的乡亲们热烈地欢呼、鼓掌。对于优胜者，都要给予精神的和物质的奖励。节日里还要举行一些民族形式的体育活动。民族形式的赛跑、摔跤、拔河等都是最受人们欢迎的。因为参加人是全庄的男女老少。比赛的第一批运动员是少年儿童。从五六岁的儿童一批批赛起。他们天真活泼的赛跑憨态，总要引起大人们的捧腹大笑，给人们以节日的无限欢乐。儿童比赛完毕，接着就是青年男女、中年以至老年人。大家都参加比赛，人人都享受节日赐予的欢乐。民族形式的"大象拔河"、摔跤（当地人称"拔腰"）也是最引人向往的。所谓"大象拔河"是每次一人对一人，他们先背向而立，把赛绳挂在后脖颈上，再由身前的两腿间穿过。比赛时，二人弓下腰向相反方向用力拉去，各不相让，为观看的乡亲们增添了不少欢乐。

香浪节期间，活动最多的项目是举办歌舞会。藏族人民历来有喜歌善舞的传统。节日里正是他们大显艺术才华的机会。在风景秀美的山野里，乡亲们在晚上常点起熊熊的篝火，带来酒肉食品，欢聚一堂，跳舞唱歌。在歌舞会开始时，歌手们拿着扎有红绸带或一撮洁白的羊毛的酒瓶，演唱起高亢、奔放的"则柔"（也称"格尔"），他们唱道：

> 辽阔的天空呵，
> 掀起你那蓝色的帐帘，
> 雄健的蛇龙就要起舞了。
> 宽广的大地呵，
> 展开你那绿色的胸膛，
> 矫健的骏马就要奔腾了。
> 热闹的舞场呵，
> 敞开你那欢乐的大门，
> 尊敬的歌手就要高唱了……

就这样，歌手们以酒瓶为媒介，一个个唱着歌传递下去，那一首首悠扬、动听的歌谣在山涧旷野里飘荡着。此后，又欢跳起优美、动人的各种民族舞蹈。人们往往尽情高歌欢舞，直到深夜。节日期间，除集体举办歌舞会外，对青年男女来说，也是谈情说爱的好时机。他（她）们常走到远离亲人帐篷的山坡、树林或河湾，放声唱"拉也"（情歌），尽情表现自己的才华。通过歌唱选择自己心爱的人。因此，香浪节期间，也正是产生大量优秀情歌的季节。如一首情歌这样唱道：

> 清冽香甜的山泉水，
> 是供养我生命的金汤，
> 我多愿变成一棵小青草，
> 日夜生长在你的近旁。
>
> 聪明美丽的白玛措，
> 是寄托我爱情的姑娘，
> 我多愿变成一个银奶钩，

时刻悬挂在你的身上……

博峪藏族采花节　在甘肃南部与四川北部交界的一部分少数民族，他们居住在四川省的九寨沟县下塘地区、松潘县小河地区、平武县白马河流域和甘南藏族自治州南部的舟曲县博峪乡，陇南文县的白马峪一带，故称为"白马藏族"。白马藏族每年农历五月初一至初五都要举行一年一度的采花盛会。按白马藏族的习俗，节日期间，母亲或长辈女性，为姑娘、媳妇头上梳50多根细辫，辫头续上毛线长绳，头顶上盖着用一丈二尺黑布叠成的头帕，用一条三指宽的彩带箍在头上。穿上花袖的花裙，一层一层地套穿多达七层，从里到外，每层都要露出一点。胸前还要穿上镶有红珠子串织成的坎肩，再挂上镶珍珠玛瑙的大银盘，银耳坠也是相当精致，膝盖以下则缠有白色的裹腿，脚穿自制的绣花船型鞋。从初一开始，凡远嫁到外寨的姑娘，都要穿上节日的盛装，返回娘家参加本寨的采花节。

关于采花节的来历，当地有这样一个传说：相传在很远的古时候，白马峪是一个非常贫穷的山寨，人们用树叶、兽皮当衣服，以野菜、兽肉做食物。有一天，仙女莲芝从天而降，她向男人们教如何开山种庄稼的本领，给妇女们教如何纺线织布、缝衣服的技巧，她还上山采来百样草药，为人们医治创伤病痛。人们都亲切地称她"莲芝姑娘"。有一天，正逢五月初五端阳节，莲芝姑娘上山采花时，却被突如其来的山洪卷走了。消息传来，全寨人悲痛万分。后来人们为了纪念这位为白马人采药治病，带来幸福的花神，约定在莲芝姑娘出事的这一天，都要上山采花。据说采花节姑娘头帕上的彩带，就是用来纪念花神莲芝的。

采花节的程序为：抢水沐浴、采花、篝火晚会、敬酒祝福。

传说五月初四、初五时的山泉水饮用或沐浴后，能消灾除病，给人们带来吉祥。所以初四一早，姑娘们成群结队，背上水桶，小伙子挑上担子，纷纷走出家门，去抢日出前的泉水。姑娘们一到泉边，先是放下水桶，双手掬水痛饮，然后背水回家洗澡洗发。以至于有男女老少，成群结队到江边洗澡洗衣的习惯。

上山采花的姑娘，由哥哥、弟弟或堂哥、堂弟陪同，带上锅勺、行囊、砍刀、布伞先到平安无事、多

子多福的人家集中，然后到几十里以外的高山上去采花。采花队由三十多名男女组成，由一个领队的长者带领，来到寨口向乡亲们唱起《告别歌》：

遥望高山群，
飘着朵朵白云，
那不是白云，
是召唤的花神，
告别乡亲上山哟，
采回鲜花送亲人……

采花队告别乡亲，便爬上山坡，越过小溪，一路上姑娘们唱起了《上山歌》：

东方七彩朝霞绚丽灿烂，
祥光照耀我们登花山。

花山的美景像仙境般迷人，
睡梦中也向往·早日看见。

花山上圣洁的神峰宝地，
等我们插上新的金刀银箭。

花山上吉祥的鲜花柏香，
等我们多采撷把生活扮装。

花山上清泉等我们豪饮，
喝一口比美酒还要甘甜。

花山是宝镜般海子等我们畅游，
水晶宫浴花水康健百年。

花山是金凤凰等我们团聚，
忘情跳起喜庆舞快乐无边。

走啊走，愿双腿变成黄羊腿，
弯坡路上欢跳舞步把山攀。

上啊上，愿身子变成彩云团，
林中曲径飞驾金凤越苍峦……

姑娘们一路歌声，越过高山，穿过密林，走进了百花盛开的采花地点"刺儿坎"。采花男女在插箭煨桑的"花神"前举行祭祀仪式。这时，小伙子们在

山峰祭祀"花神"的地方，插上新的木刀、木斧和木箭等，祝愿"花神"永远保佑家乡风调雨顺，人畜平安。采花姑娘们在山坡上采花，折取花枝，在林木葱郁花草茂盛的高山上，姑娘们边采花、玩耍，边唱《采花歌》：

　　采呀采，花朵漫漫铺大地，
　　花朵珍草令人欣喜若狂。

　　折呀折，柏林茫茫织天宇，
　　仙界美景令人神魂迷。

　　百鸟啼鸣逗惹采花人，
　　我们在花海里放声歌唱。

　　彩蝶欢飞喜邀采花人，
　　我们在绿草坡翩翩起舞。

　　梅花鹿蹦跳笑引采花人，
　　我们在山峡崖间款款漫步。

　　花神把幸福赐给采花人，
　　我们在花山云游得迷醉。

　　花香冲天歌儿也带着香味，
　　花香铺地双脚也沾着香尘。

　　艳丽的花朵插满头顶了，
　　我们也变成了俏美的花神。

　　翻云岭要采素美的枇杷花，
　　花光映照能叫人志高才强。

　　爬险山要采火红的杜鹃花，
　　花光映照能叫人胆气豪放。

　　攀冰峰要采洁白的雪莲花，
　　花光映照能叫人品德高尚。

　　踏草坪要采娇艳的格桑花，
　　花光映照能叫人貌美身壮。

　　采百花敬献至尊的天王爷，
　　谢你高撑天穹万物才有光明。

　　采百花敬献至圣的地王爷，
　　谢你夯压大地万物才有生存的根基。

　　采百花敬献至威的水王爷，
　　谢你施法力世界才能风调雨顺。

　　采百花献至贵的祖宗，
　　谢你们历经劫难民族延续至今。

　　采百花献至贤的父母们，
　　谢你们养育如花的儿女们……

第二天清早，采花队整好行装，面对山崖给"花神"唱起了《离别歌》：

　　五色的山花采到了，
　　心中的祝愿诉尽了，
　　耳听口弦声响了，
　　离别的时间快到了，
　　眼含热泪离去了，
　　明年鲜花开圆了，
　　采花姑娘又来了。

姑娘头戴花环，身背花枝、柏香等下山回家，边走边唱《下山歌》：

　　绿树红花频点头想留采花人，
　　庄里的鼓号声催我们快回程。

　　岩峰峻岭频频招手想留采花人，
　　亲人的口弦声唤我们快回程。

　　馨香的花环戴在头上闪彩光，
　　金蜂玉蝶绕着我们把歌唱。

　　鲜美的百花背满一筐筐，
　　我们收获了吉祥带回家乡。

　　翡翠般柏香背了一捆捆，
　　我们收获了幸福带回家乡……

采花的姑娘队伍走下山坡，远处传来了采花队的歌声，采花队出现在村头，眼明手快的枪手鸣枪，向村里人报告消息。采花队进寨了，走在前面的是身背香柏枝的男人，他们要把香柏送到吉祥之家。采花队来到桥头，三名歌喉出众的老年妇女，手持龙碗，向采花人敬酒。一碗碗香喷喷的青稞酒端了过来，人们唱起《敬酒歌》：

　　春风把十里外悠扬的歌声引来了，
　　春风把十里外的花香吹来了。

　　小河笑闹着告诉回来的喜讯，
　　山雀鸣叫着报告回来的喜讯。

　　一双双饱含慈爱的玉手呵，
　　端上了绘有八瓣金莲的宝杯。

　　一双双系满情意的玉手呵，
　　递过了天宫醇香的美酒。

　　谢谢你们把丰收神请回来了，
　　慈母般的田地要铺满金谷银豆。

　　谢谢你们把如意仙请回来了，
　　慈母般的村庄要人富平安乐悠悠。

这时采花姑娘们唱道：

　　谢谢恩义深重的父老长辈，
　　一杯酒冲掉我攀山的一身劳累。

　　谢谢情意深厚的乡亲们，
　　一杯酒冲散我离家想念的愁云。

　　雄鹰飞翔再高也要落回石山，
　　骏马奔驰再远也要返归家园。

　　我们献吉祥神花愿家乡昌盛，
　　我们献长寿仙柏愿长者康健。

采花队来到吉祥之家，将柏枝、柳枝插在了乡亲们的门上，祝他们多子多福。黄昏，寨外麦场上燃起了篝火，人群云集，人们拉起手，围成圆圈，领舞的

人抖响了一串马铃，驱邪送福的鬼面舞开始了。姑娘们排成了一队队，跳起欢快优美的集体舞或三人一组的对舞，高唱起《舞歌》：

　　一百只孔雀自天涯衔花飞来了，
　　跳呀跳，我们欢庆歌声高。

　　一百匹骏马自海角驮宝驰来了，
　　跳呀跳，我们欢庆舞步俏。

　　煨暖了坛坛青稞酒敬花神呵，
　　酒润亮了个个金歌喉唱花神呵。

　　花神呈祥光五谷丰登满庄春，
　　花神呈祥光赐福送子人欢笑。

　　花云彩光把一庄人心照亮了，
　　智高力强的采花人可受苦了。

　　崎岖山道一座险崖挡了路，
　　石匠的儿子抢起金锤砸开了。

　　弯弯林径一棵巨树挡了路，
　　木匠的儿子举起银斧砍倒了。

　　滔滔激浪一条大河挡了路，
　　木匠的女儿用马勺把水舀干了。

　　密密老林一头猛虎拦了路，
　　送一只肥羊它转身走开了。

　　幽幽深谷一头恶豹拦了路，
　　送一只锦鸡它转身跑去了。

　　乱蓬蓬草丛一条毒蛇拦了路，
　　用麝香宝药把它制死了。

　　黑森森山洞一个刁魔拦了路，
　　燃起大火把他烧死了。

　　翠谷里奇景闪光耀花眼，

看见潺潺溪水变成香油流淌。

绿草坡奇景闪光耀花眼，
看见片片花团变成粮食堆。

跳呀跳，彩绣头帕随我们欢舞，
跳呀跳，玛瑙银盘随我们欢舞。

跳呀跳，金色的太阳随我们欢舞，
跳呀跳，银色的月亮随我们欢舞。

跳呀跳，巍峨的高山随我们欢舞，
跳呀跳，雄壮的大河随我们欢舞。

采花节是播种节，寓意深刻的"先开花，后结果"是他们对人生的尊重，是他们对未来的憧憬。良好的祝愿，吉祥如意，幸福美满。一个古老而又充满诗意的习俗，就这样世世代代在白马峪传承着。

东乡族特色节俗[1]

东乡族的"卧碌吃"节。"卧碌吃"是东乡族庆祝粮食丰收的节日。每年秋末冬初，碾场用的碌碡该停止了，为庆祝一年的丰收，村民们自愿拿份子钱，买来牛羊，选好地址，由做牛羊肉的行家里手为大伙制作各种各样的牛羊肉食品。全村男女老少一起放开肚皮饱吃一顿，其间还会以歌舞助兴。东乡族还有一种节日，称为"火把节"，时间与汉族的元宵节一致。是夜，全村青少年每人手持一束火把，满山跑动，犹如绽放的礼花。据说，当地人会根据火把的颜色预测来年村事、家事和农事。

保安族特色节俗[2]

保安族的浪山节。保安族每逢"五月端阳"和"六月六"到来之际，保安山庄的男女老幼便携带上早已准备好的面粉、蔬菜、牛羊肉和灶具及其他用品到附近山上去过浪山节。以前保安族的浪山节一般按不同的年龄和性别各自寻找浪山之所。妇女有时在山上，有时也在河岸或某一户人家里过浪山节。如到山林里去，男性们背上猎枪，挎着腰刀，骑上高头大马，到山上去围猎或游戏，诸如射击、摔跤、拔腰

等，或者相互对"花儿"，诉衷情。日落西山时，许多人家选择地方，搭起帐篷。当夜幕降临时，每家帐篷前便燃起篝火，人们悠闲地谈话，散步，进行各种娱乐活动。就这样一连几天，住在旷野山林中，尽情领略山野风光。如在河岸或家里，也要举行小型的庆祝活动。

裕固族特色节俗

裕固族自古对马有着深厚的情感，先辈们骑着马出征打仗、探亲访友、放牧搬迁，用马驮生活日用品……可见，马是他们的财富象征，也是他们的运载工具，有一匹好马，对于一个裕固族人来说是一种莫大的荣誉。在裕固族，小马驹出生以后，主人如获至宝，精心饲养，细心调理。给马驹第一次剪鬃毛仪式妙趣横生，有点像给少年行成人礼一样，饱含着牧人的欢欣喜悦和良好祝愿。

在漫长的历史发展过程中，裕固族的生活、生产方式及宗教信仰随着时代的变迁几经演变，从过去的纯游牧生活到现在的以牧为主兼营少量农业。藏传佛教虽已成为裕固族的主要信仰，但仍保留很多原始萨满教的遗迹。也正是受这种特殊的历史文化和宗教文化的影响，裕固族的"剪马鬃节"存留着民族精神追求和丰厚的文化内涵，充分反映了其民族文化心理的包容精神、开放精神和热爱生活、保护生态的良好意识。"马驹剪鬃才算马，娃娃剃头才成人。"仪式隆重的裕固族剪马鬃吉日一般选在农历四月二十七日，或者是五月初四，一般为期两天。届时，马的主人要准备酥油、奶茶、青稞酒、手扒肉等食品及剪马鬃用的盘子，盘子里还放置一座用炒面疙瘩垒成的7至8层小塔，塔上浇有酥油，凝固的酥油可使塔固定在盘里。塔表示四面八方平安富足。剪马鬃的剪刀把上也系条吉祥的白色哈达。

剪鬃仪式开始后，家人牵来马驹，主人邀请客人中有经验的牧人执剪，客人互相推荐，自己再三谦让。最后，由一位公认的既善剪鬃又会歌舞的人开剪。他（她）一边剪马鬃，一边唱《剪鬃歌》，歌词为：给你抹上这金黄的酥油和洁白的鲜奶，主人对你的祝愿是多么的圣洁美满！你的鬃毛如缎子一样

---

[1] 此部分资料见武文主编《中国民俗大系·甘肃民俗》，甘肃人民出版社，2004 年。

[2] 同上。

光亮，你的体格似高山一样雄壮……剪下的第一缕鬃毛，由他（她）亲自送进帐篷，敬献给"毛神"，祈求"毛神"保佑。献毕出帐继续剪，但得留一部分让其他客人剪。其实剪下来的马鬃和马尾是可以用来做刷子等工具的。草原上的牧民也用它编绳子做袋子，非常结实，因为不怕水，耐腐蚀，是裕固族人生活中不可或缺的东西。在剪马鬃的同时也要象征性地剪下一缕马尾，马尾巴是做琴弓子的上好材料。

给主人家所有的满周岁马驹剪完后，大家进帐篷入席宴饮，其间酒歌对答，十分欢洽。鬃毛修剪整齐后，主人用酒肉招待宾客，客人们借酒助兴，热情赞扬主人治家有方，也赞美主人家有了这样的骏马，今后一定会骠马成群，牛羊满圈。招待完毕，剪鬃仪式结束，主人骑上马驹在草原上串帐篷，也叫出行，表示马驹子已经长大。马驹出行每到一个帐篷，都会受到热情接待，人们都以美好的祝辞热烈祝福一番，希望今后一切吉祥如意。

裕固族人勇敢、豪放、热情、善骑射，马对他们来说不仅仅是坐骑，更是生活、生产中离不开的朋友，因此他们爱马如子。裕固族剪马鬃习俗是裕固族生活环境、生产方式、经济发展状况的生动写照，它反映了裕固族的历史文化和传统习俗，包含着牧民的审美情趣和原始崇拜隐喻，客观上符合生存环境，主观上满足了裕固族人对美好生活的愿望和追求美的心理需求，这种综合的意识形态和客观需求在裕固族剪马鬃活动中得以充分表现，所以，它是裕固族文化研究的重要组成部分。

土族特色节俗

卓尼县杓哇乡的土族，又被称为杓哇土户家，因其人口稀少（目前仅有五百多人），居住地域狭窄（仅有八个自然村），夹在广大的藏族（卓尼、夏河等县）和汉族地区（临潭等县）间，尤其是因和藏族、汉族通婚，其过年过节的习俗已同时融合了当地汉族和藏族的风俗习惯。但是，由于其居住地域封闭狭窄，八个自然村均散落在山高沟深、交通不便的白石山麓坡谷地带，历来过着半农半牧、自给自足的小农经济生活，同外界的经济、文化、思想交流又相对较弱，加之本民族的语言、生活习惯及民族自尊心理等因素，所以，他们还是保留了一些土族特有的古旧民族习俗。专家研究发现，他们

和青海各地的广大土族在语言、服饰、习俗上都存在差异。因此，称他们为"杓哇人"。据有关专家考证，他们是唐末吐谷浑覆国后散居深山的残部在长期的历史变迁中和藏族融合而繁衍的后裔。从他们的语言、习俗里，人们可以追溯、想象、考察历史上吐谷浑部落的风采。

杓哇土户家和汉族共同的节日习俗有：农历二月二炒豆子吃，祝愿农事顺利。五月初五端阳节喝自制的青稞烧缸酒，吃甜醅、醪糟及用肉和洋芋丝、胡萝卜丝做馅的角包子等，门头不插柳。六月初一至初六，参加莲花山"花儿会"，也参与对歌，唱土族、藏族、汉族的"花儿"，已婚女人一定要去娘娘殿烧香拜佛求儿女。当然，后来土户家也实行计划生育，一对夫妻最好生一个，最多生两个。现在的土户家妇女朝拜娘娘殿，大约只是为了求儿女平安、无灾无病之意吧。

杓哇土户家不过中秋节。和藏族同俗，最隆重的是在农历七月中下旬，庄稼收割以前，合家、合族或合村的人都到离村庄不远的山坡、山嘴或山头去举行"支巴嘎"野餐。扎下一顶或数顶帐房，宰牛宰羊，提前酿好了大量的青稞烧缸酒。酒量如海的，嫌烧缸度数低不过瘾，还从供销社买来瓶装酒兑着喝。还炸制了油圈子、油馓子、油饼，大铜壶里熬奶茶，最近几年也买罐头、糖果、西瓜。本村本族的说唱家们，这时便尽情尽兴地说唱着本民族或藏族一些传统故事、叙事诗、酒曲等。真可谓大吃大喝，豪歌曼舞。这几年经济搞活了，也从康多乡、冶力关镇请来小型放映机电影队来山头、山嘴、山梁包场放电影。自然界的松风明月里，繁星夜空下，武打片、反特片、现代生活片、改革片、古装戏曲片、外国片，每晚放几部，打破时空界限，融古今中外、惊险风雅于一夜，够有神秘趣味的了。"支巴嘎"的欢乐要延续七至十天，这和夏河及各地藏族"香浪节"的习俗相仿。

和汉族一样，按照杓哇土户家的习俗，"年头正月最吉利"，但在年及年前年后的过法上，他们却有另外一些讲究。比如汉族是腊月二十三祭灶神，土户家是腊月二十四祭灶神；汉族是腊月初八吃"蒸子饭"，而土户家则正月十五吃"珍子饭"。"珍子饭"的做法，因年景、家庭、原料而大同小异，大

多都是用石磨磨碎或石杵砸碎的青稞、小麦（不是磨成面粉）、米粒配以熏腊肉或羊肉、牛肉、粉条、红枣、花生米、核桃仁、葡萄干等做成的混合饭。祭灶神的讲究也不同：他们仍是从冶力关或康乐附近集市上买一张灶神爷的木刻像，在灶神牌位前祭献的大蒸馍也有定数，无闰月的一年献十二个，有闰月的一年献十三个。除夕之夜，在各门扇（大门、耳门）及面柜上都贴一张黄表纸，把写有符咒记号的正方形黄表纸对折成等腰三角形，折缝处涂上糨糊，粘在各门上框，然后在门缝处插香焚燃，这叫作"表练寨闹"，大约是求福辟邪之意。除夕夜，还要为贴有灶神爷牌位的灶头奉献一个无盖小木匣，里面装上麦稞豆等粮食，然后连插每三根为一束的香，插在匣中粮食上，共插三束。其中一束从中腰破开一点缝，缝中夹一丝棉花或白羊毛。三束香均不点燃。然后又在匣中粮食上再放油馓子、油饼、油条等，这些祭品均要油炸过的，共放三样。当夜，还给牛、马喂小豆、青稞等精饲料，给狗喂白面馍，以示慰劳。家中当年有丧事戴孝的，除夕之夜不贴"表练寨闹"，但还是要给灶神献供祭品。这种风俗表达了杓哇土户家对灶神的敬畏之情，和以农为主的汉族是一样的。

大年初一拂晓，全家酣睡时，由家中一位主事老人悄悄起床接灶神。他在家中正庭点起油灯，在院子中心和大门外煨桑火、放鞭炮。打开大门后，又用大蒜抹门扇、门框，随后抹各种门和偏门的门扇、门框。天亮后，奉行上述仪式的老人第一个登上木楼，听最先传到耳中的是什么声音。最希望听到的是牛叫、羊叫、鸡叫、狗叫，则表示年景如意，六畜兴旺。若是喜鹊的叫声，则满心欢喜，表示这一年有喜有利；若是麻雀叫，则表示家庭内部有争吵矛盾等麻烦事。因土户家旧俗不兴分家，怕把"福气"分散了彼此都不吉利，所以过去几乎家家都是由老人执掌家政，儿孙大团结，四代同堂，几十口人的家庭是很平常的。所以正月初一清早登木楼的老人很忌讳听见麻雀叫。现在这种几十人的大家庭很少，子女成亲后分家另过已是正常事，树大分枝，合情合理。另外最忌讳听到的就是乌鸦叫，表示这一年家庭成员有病有灾。若正月初一清早听到乌鸦叫，这年这家的木楼正庭檐下必须挂一面圆镜辟邪，同时还要在院廊板墙上张挂寺院的护符。

从正月初八开始，至正月十五，各村的嘎尔队就会献舞。在村中的大场上点燃大火，嘎尔队即围着火堆歌舞。这是杓哇土户家特有的秧歌庆祝形式。队员们一手持短把羊皮巴郎鼓，一手提红灯笼，所以又称红灯巴郎鼓舞。嘎尔队边唱边舞，唱词中把太阳巧喻为掌握、驱赶春夏秋冬四时交替的"天上的缰绳"，把月亮巧喻为圆而又黄的烙饼，把星星巧喻为庄稼丰收后的"磨物"（粮食）。唱词很长，很讲究排比、押韵、音节整齐等。红灯巴郎鼓舞是杓哇土户家宝贵的民间音乐舞蹈及民间文学遗产，有一定研究价值，已引起不少专家学者和音乐舞蹈工作者的重视。在演唱嘎尔前后还要耍狮子，但不耍龙，队员们口吹响亮的口哨，舞动红灯，摇响羊皮巴郎鼓，"嘎尔爸"手敲金锣，领歌领舞，其动作腾挪有力，气氛欢悦激动。这是杓哇土户家敬天祭地的一种形式。为了禳灾灭祸，各村还互请互邀嘎尔队。一位家住杓哇乡地河河自然村，现已六十多岁，跳了半辈子嘎尔的"嘎尔爸"尼盖才郎说："唱嘎尔是为当年庄稼好，耍狮子是为当年畜牧好。"可以想见，跳嘎尔和看嘎尔的人们的心灵都是虔诚的，绝不同于一般行乐时的凑热闹。

正月十五晚饭后，家中还须举行一个隆重的仪式，就是把各门及面柜上张贴的"表练寨闹"揭下来烧掉，同时把在灶神前奉献的三色粮食斗（匣）里插的三束香撤下来烧掉。家中无论老幼，只选男性一人举行这个仪式。首先，在院子中心燃起一堆香柏木，执行人朝火堆毕恭毕敬地磕三个响头，就将揭下来的"表练寨闹"和"三色斗"里撤下来的三束香投入柏香火中。这时，全家人在院、房中恭敬肃立，只有孩子们急不可耐，因为只有举行完这个仪式，全家人才能出门去杓哇寺院，观看僧民们抬着杓哇寺院信奉的马王爷、骡子天王、白马爷的纸马像，在寺院经堂前的空地上载歌载舞，并观看造型精美逼真、色彩艳丽异常的酥油花。同时参加寺院僧众的诵经祈祷仪式。除了如上这些节日，属于杓哇土户家特有的节日或欢庆仪式，还有每年农历三月十五日在杓哇寺院举行的面具舞，扮跳寺院保护神白马爷。当然，最隆重的还要数农历五月二十五日至二十七日为常爷池（冶海）的神灵常爷举行的神会了。这是根据一个美丽的传说而流传下来的风俗：很早很早以前，属于枸哇部落的拉巴常姓老夫妇，生有一个极丑陋的女儿。女儿长到十五六岁时，满脸淌脓，秃头秃脑的，谁知却被游历路过此地的东海龙王的小王子看上了。王子托梦常爸，要借他的一对老犏牛和犁杠用一用。一连三夜，夜夜如此。每天清早，常爸看见自家的老犏牛浑身大汗淋漓，犁尖也磨秃了，心中十分诧异。第四天，常家老阿姨（土户家语，阿妈、阿姨同称阿姨）上山打猪草，听见白石山头有一个雷鸣般的声音问她："阿姨，山开了没有？山开了没有？"常家老阿姨吓破了胆，战战兢兢答应了一声"开了"，就听见山呼海啸般的声响，眼前出现一个绿波荡漾的海子。当天，常家丫头跪请双亲，说自己长大了，要出嫁。老两口儿以为她又犯了傻病，就想由着她的性儿闹去：没有提亲说媒的人，你出嫁到天上还是海底去？从此，常家丫头在自己的小木楼里开始了"坐嫁"，不出门也不吃饭喝水，老阿姨偷偷去瞧，只见她从头顶取下疮壳子，顿时雪面乌丝，光彩照人，老阿姨被惊呆了。

七天坐嫁期满，借犁的少年在梦中向双亲求婚。少年、常丫双双跪下磕头后辞去。双亲梦醒，急奔常丫住房，已是人去楼空。双亲寻到海子边，只见常丫的一对花鞋漂在水上，于是双双投海。倏然睁眼，却已置身于琼楼玉宫，少年、常丫侍奉甚周。听他诉来，原来王子倾慕常丫美貌，欲结万年姻缘，遂借了牛、铧，犁通了海眼，偷来东海水，自成小天地。又奉请老龙王恩准他镇守此地，保境安民，疏通云雨。双亲听后大喜，居三日乃出，人世已三年。故事传开去，海子遂被称为常爷池，常丫被称为常大爷，姑爷被称为常姑爷。枸哇人所居各村落就当然成为常大爷的娘家、常姑爷的丈人家了。每逢农历五月二十五日常丫出嫁后该回门转娘家的这天，枸哇人就敲锣打鼓，又吹铜箫，用彩轿去常爷池边池沟大庙里把二位神像抬到拉巴村，方圆几十里的土、藏、汉族百姓都去拉巴进香朝拜。在拉巴梁上还要举行赛马敬神仪式。届时，枸哇人无论男女老幼，皆盛装艳服彩饰，去拉巴浪神会。各地的小商贩也闻风而动，翻山越岭到拉巴梁摆摊设点，凉面凉粉煮醪糟，针线花布小百货，韭菜大葱酥糖果，还有三教九流，五花八门耍把戏、卖膏药的，争先恐后，纷纷来赚拜神人的

钱。二十六日把常爷抬到大庄，二十七日抬到出录庙；小商贩们也跟着常爷转移，不把朝神人兜里剩下的几个钱掏空就决不罢休。这时，枸哇各村的"排子"（即村长）都要日夜轮流到出录庙去守神灵。一直要守到农历六月初一，才把二位常爷抬回冶力关池沟大庙唱大戏。这时恰值庄稼出穗灌浆季节，人们农闲无事，又是自己部族的神灵"省亲"回门转娘家，所以枸哇人每家除了留下守门的，几乎家家出动，村庄都成了无人村。这可以算枸哇人一年中除春节外最隆重的庆典活动了。常丫因此成了神，人们尊之为常大爷，姑爷只好屈居第二，又不好称常二爷，只好仍称常姑爷。抬佛爷时，常大爷的神灵塑像彩轿走在前，常姑爷的彩轿走在后。看来，即使在偏僻乡村里，人一旦成了神，男尊女卑的界限就自然打破了。

枸哇土户家每逢年节神会，男女老幼都要穿戴一新，银饰熠熠。其穿戴法很奇特。妇女们一般外罩"达袄"。这是一种用大红或紫红色布做面、蓝布夹里的无袖长披衫，前后襟片仅在肩部缝连，罩在蓝色长布袍外边。无论男女，腰间都系一条红色或绿色的腰带，显得干练窈窕。妇女们都穿黑裤，但在裤脚处缝缀大红布边，年轻妇女的宽约四指，老年妇女的窄仅二指。妇女的首饰、佩饰主要有"章嘎"、"谢逗"、"那娄"、"车介"、班钮、手镯、戒指等。男子佩饰主要是"考昌"、戒指。梳妆时，已婚妇女们把发辫盘结在头顶，后脑部的发辫上平铺着银质圆形的"章嘎"。"谢逗"每组九颗或八颗。耳饰有银质的"那娄"，像两个大大的问号。"问号"的弯钩穿过耳环，挂在缠于头部的银丝链上。银丝链上还挂着垂吊于胸前两侧的圆形银饰"车介"。衣领处缝着银质的班钮。同时还佩戴银手镯、银戒指等。新嫁娘在新婚一月内回娘家、走亲戚或遇喜庆节日出头露面时，要佩戴十颗"谢逗"，"那娄"问号的弯钩要穿过耳环倒垂下来，用以区别身份，表示她是刚过门的新媳妇儿。枸哇土户家男人们除了佩戴银戒指，主要头饰就是斜佩在左额角的银质"考昌"。所有这些饰物的造型、花纹、图案都很精美。大多数银质饰物表面都镶嵌着大小不等的红珊瑚，价值很高。

枸哇土户家有自己的语言，属藏语系。出于交往需要，一般中青年人都能熟练使用土、藏、汉三种

语言，几乎都是出色的翻译。他们与藏族、汉族均通婚，但多属入赘招婿。一般在农历腊月嫁娶。新娘在出嫁前一月要行坐嫁仪式，洗沐减食，令体态白净苗条。新娘出门时唱《哭嫁歌》，其词调委婉哀伤，表达对娘家的留恋惜别。婚礼过程中有赛马、泼水仪式。双方聘请的说唱家对唱"勺嘞"（杓哇酒歌）、"汤嘎买"（筵席曲）等。客人告别时，主人敬酒，并在客人额头抹炒面祝福。

第二章　物质民俗

第一节　物质生产民俗

一、农业生产民俗

陇东地区生产民俗

陇东系甘肃的"粮仓"，粮食作物主要有冬小麦、春小麦、黑麦（洋麦）、燕麦（莜麦）、大麦（青稞）、糜子、玉米、高粱、荞麦、黄豆、黑豆、豌豆、蚕豆、扁豆、谷子等。分夏秋两季，夏粮以小麦为主，秋粮以玉米、谷类、荞麦等为主。陇山以东多种冬小麦，陇山以西以春小麦为主。油料等经济作物有胡麻、油菜、芸芥、向日葵、大麻、荏、甜菜、烟草、党参、地黄、黄芪、百合、山药等。蔬菜有洋芋、白菜、油菜、萝卜、辣椒、大蒜、大葱、韭菜、菠菜、甘蓝、番瓜、黄瓜、茄子、瓠子、黄花。水果有苹果、梨、枣、柿子、桃、杏、李子、山楂、葡萄等。

农事生产，紧跟时令，耕、种、锄、收、打、碾，均顺应节气而行。农历二月，惊蛰过后，开始春耕生产。清明前后，点瓜种豆。三至四月，松土间苗，六至七月，开镰收割夏田，九至十月，收割秋粮作物。耕地以传统的"二牛抬杠"为主，耕作条件好的地方亦用机器。打碾主要以碌碡碾场为主，也使用小四轮碾场。八月，秋收、秋播开始，忙期较长。过去有"打冬场"的习惯，近年则边收边打碾。搬运庄稼和向地里送粪，过去主要靠肩挑背扛，或用独轮车送粪，经济条件好的家庭则使用马车或牛车。随着社会

的进步，架子车成了农家的主要运输工具，富裕家庭有自己的手扶拖拉机或"小四轮"。但一些穷困农家仍然未从人推肩背中解放出来。在有些落后山区，还使用着一种原始的运输工具——"拉拉"。拉拉用粗壮木头做成框架，前后可插进挡板以扩大容量。拉拉主要用于送粪或搬运庄稼，由牛拉拽。山区吃水困难，水泉在深深的沟底，住在半山上的人家均用驮畜驮水。驮畜，指专门用来驮水的毛驴。驮桶是用窄木板箍成的，近半人高，驮水时将木桶一边一个架在毛驴背上。农民们一大早就拉着驮畜，沿着山间小道下山，到水泉边一瓢一瓢地将木桶灌满，再架到毛驴背上，一步一步地顺原路往上攀援。一趟水驮下来，差不多要用半天时间。搬运庄稼也是这样，效率很低，特别是在以秋粮为主的年代，搬运时间拖得很长。有些大农场，九月里把玉米收下来，剥完之后就一堆堆地在地里放着，差不多到元旦前后才能完全搬运到场上。在农村，冬季主要任务是挖圈、送粪，较闲。20世纪六七十年代，冬季以平田整地为主，冬闲变为冬忙。近年，对平田整地又开始重视起来。

陇东以农业生产为主，还有不同的行业分工。这些行业，多与祖传技艺有密切的关系。各个村子都有木匠，大点的村子有专门打造和修理农具的铁匠铺。此外，还有车户、脚户（车户、脚户指专跑运输的）、裁缝、皮匠等。

伴随着农事活动，有许多独具意义的民俗事象。**出新牛**　牛是农民的宝贝，在传统耕作方式中，牛是

除了人之外最重要的劳动力。岁时习俗大多和农业生产有关，牛又是农业生产中的"壮劳力"，于是在陇东一些地方，大年初一就有了关于"牛"的专门"节目"叫"出新牛"，也叫"初醒牛"。初一早上惊醒耕牛，让牛从去冬卧圈"赋闲"的懒散中醒来，放开性子野跑一天，为即将开始的春耕生产先练一练腿力。

一大早，小伙子们欢欢喜喜地吃过长面，便兴冲冲地把牛从圈里拉出来，开始精心打扮起来。先是给牛头挽上象征喜气的红绫和大红花，然后再给牛鼻子插两支花炮。准备停当，打开大门，迅速点燃花炮。"啪啪"两响，牛如劲箭离弦，扬蹄振尾，冲出院门，冲出村庄，奔向田野。被花炮惊醒的耕牛，跨沟越坎，冲破一切障碍，互相追逐，鼻子喷出的水汽在早春的寒意里凝结团团白烟。一时间，百牛竞雄，千牛争春，大人小孩欢呼雀跃，一冬的暮气被甩得干干净净。我国素有鞭春牛的习俗，那打的是土牛，以此揭开一年农事活动的序幕。像陇东这样真枪实战的"炮醒春牛"，在其他地方很少见。"出新牛"，显示出了大西北人勇武豪健的本色。

"出新牛"是男孩子们显示胆量与足力的好机会。剽悍的小伙儿，趁牛冲出大门的一刹那，"嗖"地跨上牛背，举起双手对村邻们欢呼，俨若跨马出征的勇士。也有被牛颠下去的，爬起来再跨，牛在前面跑，人在后面追。也有些胆量小的，第一次未能跨上牛背，看见别人跨上牛背，怎甘示弱？跟着奔牛穷追不舍，总要跨上去才算个小伙子。老人们心疼牛了，说牛辛苦了一年，马上又要出力了，该让它自由自在地野上一天。于是这些人家的孩子就牵出毛驴，骑着毛驴钻牛阵。那些小家伙们看见大哥哥们跨牛骑驴，怎闲得下？他们就拉出自家的大羝羊，也把小小的鞭炮插在羊鼻子里，创造性地来个"初醒羊"。这些五六七岁的孩子骑在羊背上，给"出新牛"增添了别样色彩。可惜这些羊们毕竟不如"新牛"，转几个圈就急着往回跑。

"出新牛"给新年第一天的人们带来了欢乐，带来了青春的活力。人们站在村头、地边、梁峁上，看自家村的群牛出征，望别村的牛阵奔来，看着牛们背负着新的希望奔向天边，又一年的蓝图已在胸间铺展开来……

试犁 农历二月初二，大地解冻，春耕开始。二月初二，"龙"已抬头，春耕之日，旧俗多行"德龙仪式"。这是一年中的第一次耕种，多驱牛在田里耕一圆圈，散籽施肥。然后，全家人跪拜于圈内，鸣炮，焚香，磕头，祈求风调雨顺、五谷丰登。

马莲河流域有蒸"枣山"的习俗。枣山，是一种祭祀土地神的专用面花，有垒起的若干层，每层都嵌以一定数量的红枣。枣山有面制的头脸、胳膊和腿，面部用黑豆等镶出五官。多数地方在腊月二十八或大年三十蒸制，也有的在二月二当天蒸制。二月二这天，一家人背上犁耙绳索，赶上耕牛，来到田间。枣山由家庭主妇送到地头。一家人都到齐了，由当家人主持，全家人先焚香化表，跪拜土地神，并且要拧下几块枣山向田里撒祭，边祭拜边祈祷土地神保佑五谷满仓。祭拜完毕，由户主套上犁耕一段地。然后，一家人坐下来享用枣山。也有的家庭不在二月二这天试犁，而是在其他日子，那么就要把枣山放到试犁这一天。总之，开犁第一天一定要祭祀土地神，不可随便耕种，否则，会遭受自然灾害，并且容易损坏农具。献祭之后，本年的耕作就不再有那么多讲究了。

平凉一带将试犁称作"开牛"。每年冰化雪消，春耕之前，各村多有择吉日试犁者。吉日择定，视最近鹊巢之所向，定喜神方位。主持者套牛拉犁，村民多聚观助兴。以犁、铧和套绳不损坏为吉。至今有些老农仍恪守此俗。

拳手与开手 以农历每月初一至初五为拳手（五指握拢），初六至初十为开手（五指伸展），依此循环至月终再周而复始。农家播种、生豆芽及孵鸡雏均选"开手"日，力避"拳手"日。

打瞎瞎 二月二，在陇东还有打土块的习俗。大清早起来，孩子们便拿上木棒到田间将一些凸起来的土块敲碎，俗称"打瞎瞎"。"瞎瞎"，是一种危害农作物和林木的地鼠。"打瞎瞎"，是以农为本的陇东地区的人们在新的一年里，向危害庄稼的病虫兽害的一次集体宣战的预演。

祭虫 病虫害对庄稼的成长造成极大的威胁。旧社会，没有农药防治，特别是蝗灾，更是不可抗拒。收得好不如种得好，种得好不如管得好。但田间管理的施肥、除草只要肯下力气就能搞好，唯有病虫害却是不可抗拒的。于是人们便把希望寄托在一些巫术和祭祀礼仪上，便有了专门的祭虫仪式。

祭虫仪式多在每年春三月病虫害将发未发之时举行。合水一带在庙中举行。祭前，主事人先安排有关人员做好前期准备工作：一人捉一些小虫，用五色纸分别包在五个纸包中；一人捉一只大公鸡，并备好纸、炮、香、烛；另外一个人拿上几颗鸡蛋。祭虫仪式在晌午时分开始，念经先生持五色纸旗5面，由主事人迎进庙堂。主事人点烛上香之后，念经先生便摇动法器（铜锣），诵念经文，内容多为驱虫保丰收之类。庙里诵过经后，一伙人来到庙外荒地上，念经先生在东南西北四个方位逐一诵念经文。每念完一个方位，燃放一枚火炮，拿鸡蛋者朝天空甩出一颗鸡蛋，同时让公鸡吃掉一包虫。在这种场合，熟鸡蛋多是甩不烂的，被看热闹的娃娃们争来抢去，抢上鸡蛋是莫大的幸运。庙上祭虫仪式结束后，由主事人指派五个成年人将五面旗子分别插在东南西北中五个方位的麦田里。这样，在人们心目中虫害就不会发生了。

灵台一带也有祭虫仪式，不过时间不是在三月，而是在农历四月初八。当地人把这一天当作麦子的生日，要请来戏班专门为麦子唱大戏，并杀猪宰羊进行祭献。除村社的祭祀活动之外，还有以家族为单位的祭祀活动——青苗祭。也许认为麦子是有灵的，这一天里，全家族的主要成员敲锣打鼓来到麦田，向青苗献祭。队伍由挂在长竿上的幡和纸鹰前导，每人手里举一面白色的小三角旗，绕家族中各家的麦田游走一遍。麦王诞辰日的青苗祭，实质上是一种群体性驱虫仪式。

还有一些地方，在四月初八日这天，以鸡血染小纸旗，插在田间"祭虫"。

炮打冰雹　夏收季节是"龙口"夺食的季节，人们最担心的是冰雹，一场冰雹下来，眼看到口的粮食就全糟蹋了。因此，陇东乡村非常重视对雹灾的预防工作。

陇东人对付冰雹，主要是用火炮轰打。关于火炮的来历，有一个动人的传说。泾河老龙王违犯天条被魏徵处斩后，老龙王的儿子泾河小龙接替了他的位子。这小龙和老龙王一样暴虐，为了向民间要祭礼，便兴狂风暴雨，冲毁庄稼。人们无奈，便在每年端午和中秋，向龙王献祭。泾河小龙之妻为洞庭龙王之女。她美丽善良，劝说小龙爱护民众，但却惹恼了泾河小龙，被毒打之后贬到汭河去受罪。这一年的端午

快要到了，主办这次祭龙会的木牌轮到铁匠铁九家。官府定下每人交一两雪花银，让铁九催办。老实善良的铁九，有钱人家不敢去要，穷人家不忍心去要，只好午夜出逃，不幸被打进大牢。官府贴出告示，要用铁九的心肝祭龙王。铁九下了狠心，只要自己的心肝能解除泾汭两岸百姓的苦难，死就死吧。五月初四夜里，铁九想起第二天就将告别人间，想起自己苦难的身世，不由泪如雨下。这时，突然金光一闪，牢门开了，面前站着一位美丽的姑娘。原来她就是被贬到汭河受难的泾河小龙之妻——洞庭公主。公主指教铁九铸一铁炮，专为明日正午祭龙王时用，可保泾汭民众不再受害。公主让铁九闭上眼睛，只听耳旁风呼呼响，等他睁开眼睛，已站在自家铁匠炉旁。铁九按照公主的指点，不到一个时辰就将火炮造好了，装上了土炸药和火箭头。公主让铁九再闭上眼睛，又是一阵风声响，他睁开眼睛，又回到了牢房。

第二天正当午时，铁九被狱卒押到祭坛上。突然西北天空传来一阵爆雷声，霎时乌云密布，狂风大作，是泾河小龙前来享祭了。铁九这时遵照洞庭公主的嘱咐，望着眼前紫色的乌云默念："火炮，火炮，升起火苗。箭头箭头，快击腰！"话音刚落，只见土坛边上一声巨响，随着一股青烟，火箭升空，直逼乌云。不一会儿，天晴云散，铁九不知去向，只见一尊威武的火炮像将军一样蹲在河边。泾河小龙被火箭击瞎了一只眼，再不敢向人们讨祭，祭龙庙会也从此结束了。从此，陇东就有了专打冰雹、雷雨的火炮。人们尊敬地把火炮称作"将军"。

四月初八，是"将军"上山的日子，人们把火炮抬到村庄附近的高地上，并置公鸡头于炮口以"祭炮"。有火炮的村庄都制作专门的木牌，依次轮于各家，国营农场则有专门守护火炮的工人，一旦发现有雷雨、冰雹的迹象，即登高鸣炮。一时间，各个山头，火炮声此起彼伏，煞是壮观。炮弹是用土火药制造的，有了化肥之后，也有用硝酸铵、锯末等代替的。打冰雹的具体方法是将炮弹装进炮膛，瞄准可能带来冰雹、雷雨的乌云燃放、射击，用炮弹爆炸的威力震散乌云，拦住雨头，使其无法成灾。

点高高山和压山　在六盘山以西，每逢农历五月初四，羊倌们就要挨家挨户收柴，在村子附近的高地，堆一个尖而高的柴垛，旁边垒几个小的。五月五

早晨，天上星光还未退去，羊倌们便点着小柴垛，大喊："高高山着了！高高山着了！"孩子们从梦中惊醒，慌乱地穿上衣服，母亲也赶忙给孩子装上早已煮好的鸡蛋。大人们牵着牲口，向着火处聚集。赶到后，先给山神爷上香叩头，献上"花馍馍"。人聚多了，羊倌头子一声令下："点！"几个火把飞向大草垛，顿时浓烟滚滚而起，大火冲天而上。孩子们围在火边，边吃鸡蛋，边赶着牲畜围着大火堆狂欢。据说，点高高山是为了纪念在绵山上被晋文公烧死的介子推。火势小了，人们牵着牲口，让其啃几口露水草，也在自己身上弄点露水珠，因为五月五早晨的露水可除百病。孩子们折来杨柳枝回家插在门上或屋檐下。

中午，开始"压山"活动。由阴阳先生领头，带着公鸡、公猫爬上村子近郊最高的山。到山顶，孩子们争着去拿五种颜色的纸旗，旗上有符。抢着旗的，每人拿一颗熟鸡蛋和一只有符的碗，在山顶的四角各埋一只碗，中间也埋一只，再插上小旗。然后，阴阳先生开始诵经祭山。其他人，便给鸡和猫吃点东西，随后，斩其头，埋在山顶中央，用鸡、猫血将准备好的白纸三角小旗染红。"压山"后，给每户送一叠，放在不同谷物的地里，以防雨和防虫害。"压山"时，阴阳先生边诵经，边舞步，同时在四角拿起他们的印往空中施法。施法时，人们大喊："白雨过去了，白雨过去了！"四角一一走遍，"压山"活动即告结束。据说，"压山"是为了防止冰雹袭击本村庄稼。

送麦饭　凡生活在甘肃陇东地区特别是平凉地区的老百姓，说起送麦饭，他们大都熟知而且津津乐道，因为它是丰富多彩、很有地方特色的陇东民俗之一。

送麦饭，就是在秋播时给地里播种的人送饭。这看似简单，可是还有一些有趣的说法呢。

陇东地区人民以勤劳淳朴著称，每年到秋播的时候，为了下种及时，赶上好墒情，他们往往一大清早下地，一整天在地里劳作，以致连回家吃饭的工夫都没有。为了保证地里的人能及时吃上热饭，专门有人在家做饭，并及时送到地头。送的麦饭要有干有湿（馍、汤），这样才能干湿结合，风调雨顺。不能送烙的死面饼子，因为火生土，土克水，种上麦会遭旱灾。送麦饭，关键在于一个"送"字。在送饭的人

出家门时，家里其他人要把他（她）送到大门外，表现出无限的诚意。而且，在地里人未曾吃饭以前，家里的人不能先吃，而是等到他们吃完饭后，才吃。送饭人上路时，有的用手提，有的用担挑，一头是供近十多人喝的稀粥或稀饭，另一头是用香油或其他香料糅合在一起做成的花卷饼。花卷饼，当地人叫"油糊圈"。由于它是一层一层卷起来做成的，中间略凹，看起来好像旋涡一样，农人们在种麦时最爱吃这种馍，不仅仅因为它美味可口，更重要的是它从形象上象征着来年麦子长势好，像旋涡一样厚实，农人希望借此获得丰收。吃饭前，人们还要在新耕的土地上撒一点稀饭。大概是为了感谢土地的厚赠吧！

搭麦草垛　麦子收割、打碾之后，麦粒归仓，麦草则要搭成麦草垛。搭麦草垛是一个重要的生产环节。不论哪家搭麦草垛，全村人都来帮忙，主人家要像过年一样备酒菜招待。然后，把酒往麦草垛位置的中心一洒，众人围成一圈，挑草拱垛。这顿饭，鸡头一定要留给收垛心的人吃。

撒牧　在陇东，流行这么一句俗语，叫"九月九，各人粮食各自守"。这句话是什么意思呢？此俗语与陇东的"撒牧"习俗有关。撒牧，又叫"打野洼""放野"，就是从重阳节这天开始，各家的牲畜可以放出厩圈，任其在野外自由觅食、漫游。猪羊鸡鸭也是这样，任其自由。一直到日暮，炊烟升起，各家才把自家的畜禽寻回，收进圈舍。第二天，再"放野"。

关于"撒牧"习俗，有这样一个传说：很久很久以前，陇东像江南一样富庶，庄稼一季一成熟，一年可以收获四季。但粮食多了，人们就不爱惜了，只管种，不管收，黄灿灿的粮食丢在田里，一任雨打水浸，到处散发出霉变的臭味。一天，玉皇大帝驾临崆峒，被粮食的霉味儿熏得差点昏了过去，询问是何原因。太白金星如实告诉他。玉皇大帝闻听大怒，责令掌握时序的天神更改时序。于是，陇东的庄稼由一季一熟改为三季一熟。更换时序的时间，正是九月九日重阳节。看到遍地庄稼没人收割，天神派神马、神牛、神羊、神猪下界，只一个时辰就吃了个精光。

从此，陇东的老百姓开始加倍地珍惜粮食，在重阳节前就把庄稼收割得一干二净。为了督促有些懒人及时收获，还在九月九日这天开始，将畜禽放出圈

棚，在田野漫游。一年一年，就形成了"撒牧"的习俗。但在实际上，重阳节后牲畜并不能完全自由撒野，因为重阳节时一部分秋庄稼还没有收获上场，而且会因为牲畜糟蹋庄稼引起村民不和。

陇东地区编簸箕

陇东庆阳正宁县核桃峪村的簸箕历史悠久，源远流长。据说先民自明朝弘治年间从山西迁此时，就带来了编簸箕手艺，世代相传，从未间断。核桃峪最早实现小康村，村党支部被评为全省十佳党支部，除干部群众协力备战外，与簸箕有很大关系。核桃峪簸箕以其独有的紧密、光亮、柔韧、适用、出糠利索的特点，备受农家妇女的喜爱，闻名省内外，远销陕西、宁夏、新疆等地。因此，有些人称核桃峪为簸箕村，这是再贴切不过了。走进核桃峪，犹如进到簸箕的海洋，家家户户院子里放着如山似丘的簸箕条，房里摆满了光彩夺目的新簸箕。核桃峪人一年四季都在忙碌着，一有空闲时间就编簸箕，男的搞编织，女的打麻绳，几乎人人都从事簸箕业。平时你到村上要找一个人，这个人不是上地干活，就是下簸箕窑编簸箕，或进山割簸箕条去了。村中无闲人，村风正，民风顺，大家齐心协力发簸箕财，多次被评为地、县的模范和先进单位。

编簸箕的基本原料是沙柳条。过去，主要是奔赴子午岭林区、陕西麟游、彬县（今彬州市）一带山区采割，现在当地亦有栽植。簸箕条有三种：三月柳条发芽皮鲜嫩时采割的叫芽条；七月割的利皮条子叫秋条；农历八月白露过后所采，要放在锅里蒸后才能脱皮，故名蒸条。以蒸条为上乘，芽条次之。秋条因生长期短，虫口大，韧性差，品质不好，因此，近年来很少有人采割秋条。

一个成品簸箕看起来很简单，但做起来专用工具甚多，工序很复杂。做簸箕的场地要避风、避潮湿，否则条子干燥容易折断。所以，做簸箕的窑洞好似地下室，出入口用草席盖严，只有一个小窗透光，保湿保温程度很好，俗称地窑，也就是编簸箕的作坊。编簸箕的工具有尺子、削簸箕刀，放在簸箕舌头上过眼的样舌，叫量舌子，钻眼的是方锥，缠沿子的是槽锥，从舌头眼往上钩绳子的叫钩针，刮篾的刀称圆篾刀，等等。这些名堂，外行人听起来颇似"黑话"，不懂其内涵。

做簸箕首先是结掌子，即把舌头和条子用绳子编结在一起，做成的平面叫簸箕掌子。然后把掌子弓起来结角子，做成半成品称簸箕茬子。用篾条把沿子缠好了才算成品簸箕。

编簸箕是很辛苦的，是最重的体力活。采割条子时，人们早上天不亮就起床、吃饭，赶天明就要到生长柳条的地方，村民把这叫出坡。整整割上一天，天黑时饿着肚子，担上百斤左右的重担，奔跑十里路才能返回驻地。接着自己拾柴、挑水、做饭，吃晚饭往往是晚上九十点钟。在编簸箕时做到三眼六道绳，就不能动弹了，一动做出的簸箕就会变斜，行话把这叫"不得起来"，常常是叫吃饭时，回答是"不得起来"。这样，屈腿弯腰一蹲就是几个钟头，腰疼腿酸，实在难熬。

编簸箕如此辛苦，核桃峪人为什么能世代坚持下来，且越来越兴旺发达，形成规模生产呢？原因只有一个，简言之能赚钱。编簸箕这个行当，除绳、麻、舌头要花钱购置外，其余如采割条子、编制产品，只要能吃苦，不怕累，舍得出力气就行了。慢手一天编一个，快手一天编两个，吃在家里，住在家里，不出家门一天就能赚来二三十元，一月就是五六百元，而且又不耽误农活，这样的好事何乐而不为呢！即使有一年年成不好，农业歉收，簸箕只是价格下跌罢了，绝对没有赔钱的风险存在。

不光是核桃峪人发了簸箕财，就连与核桃峪为邻的房村、王禄、大璋等村落，由于亲传亲，邻帮邻，簸箕生产者也一年多似一年。远在合水县固城川有几户编簸箕的，他们的手艺也是核桃峪人传授的。每年正月初九宁县和盛、二月初二陕西长武、七月十五临军镇等大型物资交流会上，核桃峪的簸箕在成千上万的物资交流中总是独领风骚。簸箕编织业还带动了一批运销专业户。村上有杨崇民等五户农民，终年搞簸箕运销，他们及时把村民编成的簸箕收集起来，集中运往外地销售。有些外地的贩子，也三三两两来村上收购。近年来，男的加班加点搞编织，女的带上簸箕到集上去搞批发，又形成了核桃峪簸箕的另一特色。核桃峪簸箕愁做不愁卖，其所以出远门赶交流会，只不过是为了卖个好价钱而已。

陇东地区的"麦客子"

陇东高原上有一支季节性劳动大军——"麦客子"。

广袤的陕甘黄土高原，由于各地海拔高度的不同以及其他地理环境的差别，小麦成熟的时间先后不一。这个季节，庄稼人最怕的就是"白雨"（暴雨和冰雹）的袭击，万一碰上，半年的辛苦就白费了。"麦捆不上场，心里总发慌"，正是庄稼人这时的心情。"龙口"夺食，急需临时性的帮工来帮助收麦，但从本地找人是极难的，因为家家麦熟，都急着要开镰。于是，外来的割麦劳动大军——"麦客子"，就在这关键时刻出现了。

每年小满刚过，甘肃东部天水、平凉、庆阳等地区麦尚未熟。于是，农村中的青壮劳力，便以村为单位自愿结伙，三五一群，六七一帮，推举能干人当伙首，携带自备的镰刀，在鸟儿"旋黄旋割"的催促声中上了路，陇东俗语把这叫"赶麦场"。有时，一支支"赶场"的队伍在途中汇合，达数百人之众，浩浩荡荡，十分壮观。他们必然先到小麦成熟最早的陕西关中平原和泾渭河谷地带帮工，然后逐渐西移，边割边朝回走，当割到本乡本土时，正好赶上自家麦田开镰。由于旧社会农村生活贫困，甘肃"麦客子"在旅途多以干炒面（将杂粮炒熟磨成粉）充饥，故陕西人多以"炒面客"呼之。如今"麦客子"赶场，连白面锅盔也用不着带，走到哪里，饭馆、食摊有的是，来上两大碗面，继续赶路，好不方便。

麦熟季节，陕甘一带的农村，每隔十华里左右，就有一个自发形成的临时性劳务市场，或在乡村的戏楼前，或在紧靠大路的庙院里，或在某市的广场上。天刚麻麻亮，"麦客子"和雇主就集中到这里。前者是"待价而沽"，想得到较丰厚的收入；后者是欲求割麦能手却不想多出钱，眼看一轮红日欲出，方才达成协议，一群群"麦客子"分别跟着雇主下田割麦。

在旧社会，偶尔还会出现"挡场"的事。即"麦客子"中身强力壮、会一点拳脚的人，瞅准雇主急于觅工的心理，以"麦客子"代表的身份，在集中地当众宣布每割一亩，工资最低不得少于多少钱，否则不成交。个别雇主为了对付挡场者，也会邀集几条壮汉来为自己撑腰，一旦挡场者出现，便上前干预，有时会真的动起武来，拳脚相加。不过，这种事很少出现。据天水的老麦客讲，秦安人中的挡场者最有威信，成功率最高。

雇主把麦客子们领到田头，指出割麦范围，大家立即动手干活。至于每个人干得如何，由众麦客推举出来的首领掌握。上午十点光景，主人家送馍馍、茶水到地头，叫作"喝茶"。中午十二点到下午两点之间的午饭款待白面馒头或烙饼，外加一碗熟菜，有时菜碗里还会出现几片肥肉，甚至有一点白酒助兴，这叫"吃晌午"。吃罢晌午，"麦客子"们在树荫下歇息片刻，吼上几句秦腔，立即又投入紧张的收割。下午四五点钟，主人家再送一次饭来，多为馍馍、葱韭小菜、米汤之类，叫作"吃后响"，然后一直干到天黑，才回主人家吃晚饭。这顿饭，大多数是吃面条，不论干稀，当地均称之为"喝汤"。"喝汤"完毕，立即结账。先由"麦客子"首领与雇主按所割亩数算清总工钱，然后"麦客子"之间再合理分成。如果这家的麦子一天尚未割完，得明后天接着干叫"坐场"。若已割完，当晚就在主人家里免费住一宿，第二天天未亮便向西行，赶下一个麦场。近年来，甘肃"麦客子"开上自己的小型拖拉机去帮人收割和犁地的愈来愈多，这是大西北"麦客子"向现代化过渡的前奏。

陇南地区打锣鼓草

打锣鼓草是流行在陇南地区武都、西和、徽县、成县、两当一带的一种生产民俗。

打锣鼓草，顾名思义，既要敲锣，又要打鼓。多半为苞谷地里薅草，或在种秋荞时进行，而且要在山地。凡打锣鼓草，一天要吃四顿饭。中午、下午两餐在地头吃，早、晚在家里就餐，以晚饭最为丰盛，有酒，有肉，讲究十大碗。打锣鼓草少则四五十人，多则一百多人，在地头排成"一"字形的队伍，站在要薅草的地边沿，有两个人则站在最前面，一个敲锣，一个打鼓，来回走动，边打边唱。参加劳动的人争先恐后，一边干活，一边听他俩唱歌。这两个唱歌的既是歌手，又是这次劳动中的组织者和指挥者，无论谁都得听他俩的。这两个人配合默契。他们唱的歌多半是流传在当地群众中喜闻乐见的传统小曲儿，如《梁山一百单八将》《桃园三结义》《十二将》《梁山伯与祝英台》《十八里相送》《月儿落西山》《七仙姑配董永》等，有时发现问题也随机应变，即兴编词演唱，好似正月间说春的春官一样随时编词来唱。如发现有的人劳动中爱说话，活儿慢了，"一"字队形出现了前后不齐的现象，他们就会唱：

太阳出来热难当，

庄稼人儿实在忙；

左走薅草上了梁，

右走不慌又不忙。

这时劳动慢的人立刻就紧张了起来，迅速赶上劳动快的人，每到此时累得他们满头大汗。发现有些人只图快，草薅得不净，他们就唱：

八仙桌子太师椅，

十个大碗摆宴席；

主家叫你来薅草，

不是让你来赛跑。

这时人人互相关照，都注意起薅草的质量了。干的活又快又好。有时他们也唱汉朝张良出家当和尚的曲儿，如：

看透先天道理详，

昆仑山上练纯阳；

舍去白马西岗养，

锁住青龙北海藏。

儿女情长需勿记，

要学济公任癫狂；

乾坤笑傲心不辱，

自然丹中遍身香。

子房丹成道果全，

双手合十做神仙；

金童玉女来召唤，

足踏祥云谒九天。

谁识其中玄妙诀，

须知火里好种莲；

群明利书金丹熟，

跨鹤瑶池会众仙。

陇南地区秋季"看号"

武都南部接近陕南、裕河镇、五马镇、西支乡、枫相乡等十二个乡镇。当地山大沟深，森林密布，野兽特别多。其中野猪、狗熊、刺猬、川猪、猴给农业生产带来了危害，也给农民带来了很多困难，因此从苞谷种地开始就要搭号棚守庄稼。东山一个号棚，西山一个号棚，有时全家出动。每到秋季庄稼快要成熟，适逢雨季，熊、野猪白天都来糟蹋庄稼，尤其猴子一群几十个到地里来掰苞谷。守不好一亩地用不了几分钟苞谷棒子就被掰得精光，一年的辛苦付诸

东流。所以每到秋季，人们只得带上吃的，白天黑夜守在地里，一直守到庄稼全部收获完这才卷着铺盖回家，因此在当地民间流传着一首民谣，说明了种庄稼的艰难困苦：

种庄稼，实在愁，又有狗熊又有猴；

夫妻要得同床睡，等到苞谷收上楼。

守号的，实辛苦，尤其秋天庄稼熟，

守号彻夜不能眠，地头还得点火堆。

他们用一根约三尺长、碗口粗的木头，中间挖空，做成梆子，一夜敲到天亮，边敲边吼，或边敲边唱，用来惊走野兽。此时也是年轻人谈情说爱的良好时机。从古到今都保留着这种淳朴而古老的习俗。所以守号虽然辛苦，年轻人都还是乐意去守，他们往往是以对歌的方式进行，每到夜深人静，各个山头的号棚里，都传出了悠扬动听的山歌声，女方一唱，男方即和，或者男方一唱，女方即和，这是一种情歌的对唱，如男方唱：

花满山，满山花，

贤妹今年正十八；

十八正是花中王，

我爱贤妹好心肠。

这时女方即和，她唱道：

牡丹花儿绿叶衬，

小妹和哥心连心；

我爱小哥人品好，

可惜无人来搭桥。

男方又唱：

小哥山上去砍柴，

小妹赶快上山来；

你家无柴我家有，

你家无水我担来。

这时如女方也爱男方，同意发展这种爱情关系，则唱：

一把扇儿两面黄，

一人扇风二人凉；

扇面画的梁山伯，

扇后画的祝英台。

如果只男方同意，女方不同意相爱，这时女方就会唱：

下完白雨螃蟹多，

我问螃蟹几只脚；

一只螃蟹八只脚，

钳钳虽利没奈何！

男方不死心，还要缠着女的，这时他还要继续再唱：

天上月明星星稀，

莫嫌穷人穿破衣；

烂铁尚有放光日，

破瓦也有翻身时。

这时女方表示生气，以拒绝男方的相爱，她唱道：

早晨起来雾满天，

对面山上鳖叫唤；

等到明天天晴了，

要你鳖的命使唤。

如果女方同意和男方相爱但男方却不同意，这时男方也会唱：

天上起了五花云，

地上青鹿变麒麟；

只有青鹰追黄鹰，

哪有婆娘赶男人。

这样往往爱情告吹，此时各走各的路，再也不唱。如通过对山歌，男女双方都同意见面时要唱，或者很长时间双方都未见面，一见也唱：

白布汗褂马蹄袖，

好久未见我朋友；

今天见了我朋友，

好像牡丹对石榴。

总之，守号既是一种艰苦的劳动，又是青年人的一种愉快的精神享受，它作为一种古老、淳朴的习俗，一代一代地传下来，至今盛行不衰。

二、畜牧业生产民俗

东乡族养殖业民俗①

东乡地区，属农本畜牧业，与农业相存相依而不可分。农家饲养的大牲畜牛、马、驴、骡，主要供农业生产上挽役使用，也是驮运和乘骑的工具，而广泛牧养的山绵羊则是东乡族农户的主要副业。每户养羊数只至数十只，极为普遍。养羊的主要作用有三：一是剪毛，每只羊每年可剪二斤毛，主要用于擀毡或织褐子，有余则出售；二是积粪，每只羊每年可积30背斗粪，可上1疴地；三是出售，每只羊可售七八十元钱。东乡族地区山大沟深，牧坡虽不大，但星罗棋布，牧草虽不茂密旺盛，但林间和小块草地到处都有，适宜放牧。东乡大部分地区是合群放牧，一群上百只，不都是自家的，有些是为亲戚朋友放牧的。东乡族所在大部分地区，几乎一半农民家里都有一个牧羊人，或为老人，或为儿童，一般是家庭中的弱劳力。在东乡族中，代牧羊只，有这样一个习俗：如果是1只母羊，两年下两只羊羔，其中1只归代牧人家，两年内所剪的羊毛则全归羊主，因此牧羊人在合群放牧时，自家尽量多配有骚羊（种公羊），以吸引别人寄牧。每当清晨，曙色初透，出了圈的羊群的叫声，最先打破了山村的沉寂，清晨的出牧图，为山村平添了别样情趣。牧羊人自带一把长把子小铲和"矣娄"。"矣娄"是自制的一种甩炮，这种甩炮，一条绳中间缝上一片小布兜，折起来挽在手指上，甩上几圈，"叭"的一声，把绳的一头抛出去，夹在布兜里的土块，可以投掷到很远。甩炮是在大山坡上挡羊拦羊用的，它既可当牧羊鞭，有时还可做防止野兽袭击的武器。由于天长日久地锻炼，牧羊人摔掷的甩炮，命中率相当高。如果遇上野兽，甩炮的小布兜里则装上鸡蛋大的小石头，摔掷出去的小石头，击在野兽身上不亚于弩箭上放的箭头。中午，牧羊人自带干粮就餐，或是在洋芋地里拣些洋芋，再拣些枯草干枝，在山野里烧"地窠窠"吃，尔后拿出东乡特有的民间乐器"吡吡"（吡吡是用两根筷子粗细的竹棍自制的，有四个小孔，拿柳枝的叶儿做簧片，制作相当简单），吹奏着花儿曲调，羊群漫撒在山坡上悠然吃草。日落西山，牧羊人把羊群赶到泉边或溪沟里饮水，尔后归牧，赶羊群回圈。羊圈多建在自己家庄窠后院里，专门为圈羊而盖有简陋房子，或在黄土崖上挖有大窑洞。东乡族的住房多为依山而筑，靠崖背的房屋比比皆是，所以挖个窑洞并不太费劲。出牧以

---

① 王仲保、胡国兴主编《甘肃民俗总览》，民族出版社，2006 年。

后，羊圈每天清一次，清扫出来的羊粪蛋，当填炕用的燃料，尔后在羊圈里铺上一层晒干的细白土，作为圈肥。牛、马、驴、骡在夏秋季的绿饲料主要是紫花苜蓿和草谷，冬春季则是铡碎的干草拌麸子和切碎的小洋芋蛋。大忙季节须给大牲口加料，喂尕麻豆。农闲时，特别是夏秋时节，也在山坡上放牧，晚间，在牲口圈里加一次草料。为了饲养大牲畜，东乡族人家一般都有一亩以上的苜蓿地，苜蓿长成以后，每天铲一次，驮回来，用铡刀铡碎后饲养。苜蓿、草谷、燕麦草，晾干保存，以备冬用。许多人家在收完麦子的地里，种上燕麦，霜降以后，燕麦长成尺把高，就把燕麦拔了，捆成小捆子，摞在房顶上，晒干后留作冬天的青饲料。

东乡族的家禽主要是鸡，"玄鸡"是东乡族养鸡的一种方法。公鸡阉割以后，长得又肥又大，叫"玄鸡"。一只玄鸡的肉，可达7—8斤，有的高达10斤以上。玄鸡羽毛丰满而鲜亮，东乡族喜拿活玄鸡做礼物。定亲、开斋时用一对活玄鸡做礼物，可以顶一只小羊，算尽了大礼，所以过去东乡人养玄鸡的很多。东乡族还有养"站羊""站牛"的风俗习惯。站羊、站牛一般用来办大事，比如婚丧嫁娶。喂站羊、站牛时一般不让羊、牛活动，拴在圈里，多喂粮食，更不能拉出去放牧。这样，膘长得又快又肥。站羊肉是东乡人宴宾待客的美餐佳肴，闻名陇上。

裕固族剪羔毛

裕固族选定农历的四月十一日、二十七日，或者五月初四日举行剪羔毛仪式。这天要请来亲戚朋友、左邻右舍。在一个碗内盛上鲜奶，碗边四面放四块酥油，代表四面八方。用酥油拌炒面，把炒面捏成上小下大的宝塔形，放在一个盘子里。用酥油捏成一只小羊，站在炒面捏成的宝塔尖上。盘内还放一把系着白色哈达的剪刀。在帐篷上方的佛龛前点上一盏酥油灯。

准备工作就绪之后，从羊羔群内挑选一公一母两只最好的羊羔，拉来站在帐篷门前，羊羔头上系一条白哈达。一个人端着鲜奶碗，一个人端着盘子，分站在羊羔两旁，事先请好能说会剪的操剪者，操剪者把碗内的酥油、鲜奶蘸一点儿抹在羊羔头上。先在公羊羔头上剪一剪，然后在母羊羔身上剪两剪。剪完后操剪者要说一段"哈尔给斯"，即吉祥的美好祝愿。

祝词是：

呀来塞（即恭喜的意思），
酥油一般的光滑，
鲜奶一般的纯洁。
草原上草青山花盛，
牧羊人盼来好收成。
今年在一只公羊羔头上动剪，
明年就会在一百只羊羔身上把毛剪。
羊群在高高山上吃草，
羊群在滔滔海子边喝水。
从此羊群大得前面的羊上了山，
后面的羊群还没有离开羊圈门。
呀来塞，
酥油一般的金黄，
鲜奶一般的洁白。
草原上人欢羊儿叫，
牧羊人盼来好收成。
今年在一只母羊身上动剪，
明年就会在一百只羊羔身上把毛剪。
羊群里百母跟百子，
羊羔子年年大发展。
从此羊群大得前面的羊上了山，
后面的羊群还没有离开羊圈门。

祝词说完之后，把剪下的羊毛用绳子挽住，吊在佛龛前面的帐篷顶上。裕固族有个规矩，每买一匹马、一头牛或一只羊，都要拔下一根毛，挽在一起吊在帐篷上方的绳子上。在仪式进行之前，家庭主妇就着手蒸一锅米饭，仪式结束后，招待亲戚朋友、邻居吃饭。碗里盛上米饭，放上酥油、白糖，表示今后的日子甜甜美美。从剪羔毛仪式举行之日起，不论哪天都可剪羊羔毛，直至全部剪完。

三、其他生产民俗

回族皮毛贩售民俗

皮毛业主要分皮毛的收购和加工出售两大类。多数人从事收购贩卖业，只有少数富有者，才开设加工作坊加工出售皮毛。回族由于以农为主，各类皮毛和肉食资源必须依靠牧区，而牧区又需要面粉、茶叶、布匹和日用品，所以在与牧区毗邻的河州、拉卜楞、临潭旧城和以皮毛加工为主的平凉、张家川等城镇形成了商贸中心。后者的交换对象主要是西海固和靖远等牧区的牧产品，以加工皮张和皮衣为主。这些畜产品一般都发往上海、天津等地出售后，又购买各类布匹和日用百货运回销售。这些商贸城镇，是甘肃的商贸重地，甘肃的皮毛也驰名京、津、沪地区。

从事交易的商人，不只是甘肃人，全国各地的人都有，并且还有外国商行来此经商。

就以洮州（今临潭）来说，历史上旧城和拉卜楞曾是藏民与回、汉民贸易的中心，而河州则是这些商贸市场货物的批发站和转运站。参加交易的回、汉民，虽然多数是中、小商人，但主要畜产品均被德商普纶洋行、平津的魁元永和德和河州的马辅臣、旧城的天兴隆，以及外商、官绅、富商大贾和宗教上层所垄断，据李式金、丁明德调查，20世纪40年代，拉卜楞共有商户210家，资本在10万元白洋以上者仅三五家；10万元以下者，为数也不多；1万元以下者，130余家。这些商户多系青海及临夏回民经营。计年输出马1500匹、牛1300头、羊15 000只，羊毛120万—300万斤，哈拉皮、狐皮、老羊皮、羔皮、水獭皮、豹皮、熊皮、扫雪皮、獾皮、黄羊皮、草猫皮、牛皮、马皮等30余万张，马尾4000余斤，羊肠2万余斤，牛尾3000余斤，酥油10万余斤，牛油2万余斤，麝香500余个，牛黄百余个，鹿茸10余架，年输出土特产品的价值约在55万—60万元之间。

年输入粮食20万斤，大米1800斤，挂面6000余斤，黄烟56 000斤，糖9500斤，青盐13.5万斤，酒7650斤，茯茶15 000块，松潘茶16 000包，纸烟50箱，洋烛500箱，茧绸6000匹，各种彩缎250尺，各种普通布料2580匹，瓷器35担。年输入的工农业产品价值约在40万—45万元。

临潭县旧城商贸不亚于拉卜楞，但垄断市场的，主要是本地回族商号天兴隆等。据19世纪40年代调查统计，旧城全部商业资本64万余元（银圆）。资本在2000元以上的商号约有38家。交易的货物不仅有马、牛、羊和珍贵野生动物皮，而且还有鹿茸、麝香等名贵药材40余种，有23个省市的人来此参加商贸活动。在这些城镇从事商贸活动的回汉人民，虽然在促进物资交流、繁荣边远城镇经济方面作出了重要贡献，但不等价交换居多。据中华人民共和国成立前夕旧城、拉卜楞两地商业资料记载：1张羊皮换1盒香烟，1张牛皮换1丈白布，100斤羊毛换30斤砖茶，1两麝香换18斤茯茶，1只肥羊换26斤食盐。围绕西（吉）、海（原）、固（原）、平（凉）、会（宁）、定（西）牧区而形成的张川、龙山二镇皮毛、布匹市场，是甘肃陇东和陇中回族商贸的又一个中心。每逢集日（张川双日为集，龙山单日为集），贸易成交额一般在10万元以上。操纵商贸权柄的除本地德盛行店和天锡、潘盛、桓盛、福来等乡绅行店外，扎庄设店的还有川、陕、津、京、沪等10多个省市的皮毛、布匹商，英、俄、美、法、德等外国洋行，也来此从事皮毛及土特产收购活动，直至1937年抗日战争全面爆发后，洋行渐衰，对张川、龙山地区皮毛的掠夺始停。

皮毛除当地自产的以外，大量的则是中小商贩从固原、海原、西吉、泾源、隆德、会宁、靖远、定西、通渭、临潭、岷县、临夏及青海等地贩运来的。这些皮毛一部分为本地皮毛作坊所收购，一部分为外省市和外国洋行所收购。本地皮毛作坊有两种：一种是皮毛工人自开的小作坊，规模不大，年产二毛和老羊皮，少则三五件，多则一二十件，他们随做随卖给外地客商或本地商家，获利微薄；另一种是当地商家开设的作坊，规模较大，年产二毛皮衣等，少则几百件，多则两三千件，全部运往上海、天津、汉口、成都等地销售后，又购回布匹、杂货，行销于本地区。一往一来一般获利一倍以上。外地商人以收购皮毛为主，包括野生羔皮、猾子（山羊羔皮）、云板（不到生育期而产的绒毛羔皮）、羔皮、板子（没有绒根的羊皮、牛皮、狗皮、狐腿和羊毛、山羊绒等），同时也收购肠衣。有些商人为了供外国洋行所需要的猾子、云板和板子，赚得一点儿微利，竟大量杀母羊，一度出现每只母羊肉售价只有四五角钱，甚至卖不出去，只好丢弃的局面。

洋行收购皮毛，只凭空头汇票，大购大卖货物，而当地店主和商家，为了利用洋行汇款，借本图利，把皮毛商贩的皮毛买来后，用"拨、兑、借"等欺骗手段，推诿拖欠，直到把皮毛买足、发往天津后，利用汇款买成货物运回来，才给皮毛商贩以货顶款，结果洋行和本地商家赚了大钱，中小商贩却连本钱也很难保住，有的甚至破产。

回族驯养猎鹰习俗

西北回族群众驯鹰狩猎也有好几百年的历史了。俗话说："看了鹰抓兔，庄稼买卖没心做。"说的就是猎人放鹰狩猎时的那种愉快的心情。

猎鹰有鸡鹰和兔鹰之分，鸡鹰体小敏捷，善于捕雉；兔鹰凶猛有力，善于捕兔。它们生活在高山林线以上、雪线以下的草原地带，以草原上的野兔、雉鸡为攫取对象，一般喜欢栖居于危岩巨石之巅和秃树老枝之上。捕获一只鹰，首先要掌握好季节，一般以农历的七月二日为最好时机，八月上旬次之，八月下旬捕获就比较差了。

捕鹰有两种方法：一种是在雏鹰经常栖息的山巅，用杆栽上鹰架，绾上绳扣，架下用鹁鸽作诱子；一种是在高山的平缓处，张开绳网，网下拴上鸽子，捕鹰人紧抓网绳，隐蔽起来，当雏鹰听见鸽子的鸣叫，即刻展翅俯冲下来，落在架上，绳扣就紧套住鹰爪，跌到网下，捕鹰人快速拉网，雏鹰就被罩住了。尽管它怒目仇视，也难以逃脱猎人的手掌。

雏鹰捕获之后，下一个工序就是驯鹰了。回族管驯鹰叫"熬鹰"，关键在于一个"熬"字，驯鹰的好把式，把鹰架在臂上，不能放松，白天黑夜七天七夜，如果稍一疏忽，让鹰睡着，梦见深山老林，就会前功尽弃。人们常说"黄鹰盘起老山"就是这个道理。而后找来食物，诱其跳架，通其灵性，培养和主人的感情。

然后猎人要训练猎鹰的捕食口令。捕猎前要给鹰"带珠子"，猎鹰捉兔前，要消除胃里的积食，不然鹰见猎物不捕捉。珠子一般用大麻缕缠成枣核状，狩猎前夜塞进鹰肚。待第二天拂晓，珠子随大便一起排泄出来，猎鹰的积食被排尽。这种饥饿的鹰一见猎物，便不顾一切地扑过去。珠子也有用萝卜削的。冰糖珠子效果来得快，可以快速应急。由此可见，要驯出一只好猎鹰一是需要毅力，二是有一定的技巧，还要懂得鹰的习性。猎鹰驯出来后就是狩猎，当猎鹰捕捉到猎物以后，猎人要给猎鹰一定的奖励，把兔或鸡的内脏给它们吃。

裕固族狩猎习俗

裕固族聚居的祁连山北麓，山清水秀，草茂林深，种类繁多的飞禽走兽出没其间，成了裕固族人们日常食品的又一来源。裕固族的子弟很小就随父兄挎枪骑马，练就了一手好枪法和一身硬功夫。

1949 年前，裕固族人民虽然以畜牧业为主，但是，因为大部分牲畜都被部落头人占有，生活经常处于窘迫之中，只能靠狩猎、采集药材和山货为生，猎取的鹿茸、麝香等名贵药材和珍贵兽皮又是向官府、头目纳税进贡的主要物品。这种纳税进贡一般来说都是年初作为任务分派确定的。

祁连山里有马鹿、麝、熊、豹、狼、豺狼、猞猁、狐狸、青羊、黄羊、羚羊、大头盘羊、野驴、野牛、蓝马鸡、雪鸡等野生动物，这些都是猎人们捕猎的对象。猎人所用的捕猎工具，主要有自制的土火枪、步枪、套索和铁铗（一种自己打制的铁夹子，力量很大，夹住动物腿然后捕之）等。依据经验，捕猎不同动物采取不同方法，下铁铗夹狼、狐狸、猞猁；下套扣、吊扣捉麝、青羊；下卡筒捉狼、猞猁、豹子；还有挖陷阱捕鹿、下活刀捕熊等。

在长期的狩猎实践中，裕固族猎人不断摸索出了各种野生动物的活动规律，总结出了不少狩猎格言。裕固族把麝称为獐子，这种动物胆小机灵，行动敏捷，可它行走却有一定的路线。马鹿就没有固定的活动地方，一有惊动立即转移。这些动物都是天刚亮就出去吃草，太阳一出即隐蔽睡觉。猎人总结出了"獐子舍命不舍山，马鹿舍山不舍命"、"早打獐子晚打鹿，中午打个老燥胡"（燥胡即雄性野羊）的谚语。猎人对有些动物的踪迹，经长期辨认，非常熟悉，见这些动物的踪迹，猎人就跟踪追击。獐子尾巴根爱发痒，经常在固定的树木上蹭痒，时间久了树木上就留下很多油污，给猎人提供了线索。对青羊这种动物（有些地方称为石羊或岩羊）除用枪打、下套扣、下铁铗外，猎人选好深山峡谷联合起来打围猎，也是常用的方法。过去还常用巴豆等毒药下毒饵，把毒药放入肉中，毒狐狸、狼和貂。随着科学技术的发展，造出可自动爆炸的毒弹放入饵内，食肉动物一旦咬食，毒弹就会爆炸，将动物炸死。

狩猎不但需要勇，更需要谋。以下铁铗来说，铗食草动物比较容易，铗食肉动物就非常困难。黄羊也有一定的行动路线，当猎人发现新留下的黄羊蹄印后，在其必经之路设置铁铗，上面覆盖好草叶和松土，松土上还要用手指模仿留一两个蹄印。然后伪装到使动物看不出丝毫的破绽来，在铁铗放置处数十米以内清除掉人的踪迹，就可以回家等候了。当黄羊再次经过时误入铗铙中间，即可夹住腿骨。黄羊生命力很强，虽然铗铙使其骨断筋折，带上十来斤的铗铙仍可奔跑数十里。猎人寻血迹拽痕追击，才可将其猎杀。

用铗铙捕捉狐狸就没有那么简单了。狐狸不像羊可用枪打，猎狐狸是为取用皮张，一用枪打，皮上有了枪眼，其价值只剩十之一二，为人们所不取。所以，即使有枪打的机会猎人也不会轻易开枪。这样，用铗铙猎取狐狸虽然费事，但又只能用此方法。

三九天，狐狸皮质量最好，毛厚绒长，颜色艳丽，是猎取狐狸的最好时机。猎人下铗铙要更加精心伪装，更加注意不留一丝一毫的破绽。狐狸是非常狡猾的，它可以从气味、些许的痕迹判断出危险所在，只要略有怀疑，就是再美味的诱饵它也不去动上一动。有时，它还会把人戏弄上一番。当它判断出铗铙所在后，就用爪子把铗铙周围的土全部刨走，使铗铙悬空如空中楼阁然后一走了之，让猎人气愤之余也不得不佩服狐狸的狡猾。有的干脆在刨出铗铙后，想方设法把铗铙的机关引发，放心将诱饵饱餐一顿，然后扬长而去。就是铗铙把狐狸夹住了，也不一定就能到手。狐狸在力尽身疲之时，会用锋利的牙齿咬断断腿的筋，留下断腿，舍腿保命逃之夭夭。所以，铗铙下好后，猎人必须经常前去巡视，稍不留心，那到手的猎物就会只是一截狐狸的断腿。当然，常言道："狐狸再狡猾也斗不过好猎手。"有丰富经验的猎人比狐狸更聪明，想方设法要让狐狸识不破、逃不走，终究要丧命在技高一筹的猎人手里，要不然，猎人怎么能以猎取了多少狐狸来证明自己的猎技精妙呢！

裕固族猎人自古就形成了规矩，狩猎时对危害人们生命和畜牧业生产的害兽绝不留情，时至今日，对猎取害兽者还采取奖励的办法，鼓励牧民消灭害兽。对其他动物则是猎大的、老的和雄性的。对雌的和幼小的，采取放生的办法，使它们繁衍生息。如有猎取则会受到众人非议，被视为坏了良心。过去，狩猎工具一般为私有，除个人狩猎外，还经常集体围猎。猎物的分配，单人猎获的一般归个人所有，集体猎获的，主要猎手分两份，其余猎手每人平均分得一份。猎物拿回家后，野味要给左邻右舍分送一些。入冬之前，猎人主要猎取野羊、野牛，作为冬季的主要食物。猎获的鹿茸、麝香、豹骨、熊胆都是珍贵的药材，卖出后购回生活日用品和粮食。还有猞猁皮、貂皮、豹皮、狐狸皮都是名贵的毛皮，鹿脯、熊掌又是罕见的名菜，这些都是猎人赖以生存的主要经济收入。

1949年以后，裕固族人民做了草原的主人，以畜牧业生产为主，都有了自己的牛羊，牧民生活不断改善，狩猎从经济来源上退居副业。为保护生态平衡，国家早已三令五申保护野生动物，祁连山区被列为自然保护区，有选择地狩猎，使野生动物得到有效的保护。

第二节　物质生活民俗

一、服饰民俗

甘肃各族服饰，在不同的历史阶段有不同的特点。以下选择一些有特色的服饰进行简述。

汉族衣服

民国初至20世纪30年代，农民普遍穿大襟上衣，既宽又长，未护住臀部者，人常詈之为未护住"行成"（指阴部），开缝分男左女右。女服边缘多有剪缀或刺绣成的装饰性的醒目镶边。男黑女蓝是常见的两种色。而新妇和少女却多着红袄绿裤、红鞋绿袜等。对襟上衣多为城镇工人、雇员常服；农村儿童亦多穿之；成年男子穿的内衣则称汗衫或汗褂。30年代后期，农村男子穿对襟外衣者日多，城镇妇女也间有穿者，但常被称为不伦不类。城乡女式大襟衣袖却由长变短，由宽变窄；腰身也多呈曲线形。滚身，也叫长袖套褙子，多为农民礼服，质料较讲究。长袍有单、夹、棉之分，是商人、教员、医生、地方绅士或在红白喜事中充当礼宾的人的常服或礼服。较富裕的农民于年节期间或走亲访友时穿之，俗话说"乡里人穿袍子呢——有了事了"，即指此。旗袍除上层妇女做常服外，城市中的妇女的嫁妆中备之，偶尔穿上，易被人詈为"马班子"（妓女），中山装和女服也在此一时期出现在城镇中，但多视为新异。裤子普遍为另上腰身的大裆裤，穿时不分前后。民国初裤腿宽而长；30年代兴宽而短；40年代女裤短至只掩小腿，以此为美，蔚成风气。西式裤与配套的上装同步，抗日战争之后，军政学界多着制服；中山装与西服在城镇中兴起，而在农村却几乎依旧。1949年后至70年代中期，城镇服式相继兴起干部服、军便服、工人装、青年服、夹克衫等；农村只有干部、教员等追随城镇服式的变化，农民服式仍多守旧。质料与时俱进，颜色多为蓝、灰、青、草绿等。进入80年代之后，体衣的款式、色彩与质料日新月异，几乎与兰州、西安等大城市同步，追求流行色，向高质化、国际化、便装化、舒适化、女服男性化迈进，成为时髦的风尚。农村也一扫往昔服式的单调、守旧，新旧款式杂陈，鲜有以新为怪异者。

裹肚，也叫裹兜、肚兜。是夹的，有里有面；面为色布，里为白布，造型五花八门，有梯形、菱形、桃形、扇形等。上面绣有花鸟虫鱼，镶有花边。上端用布带吊在脖颈上，左右两端钉布带绑在腰间，紧贴肚皮，男女老幼皆可穿。既可挡风御寒，预防疾病，又有口袋可装钱装物，不易丢失。天热时，男性不论年龄大小，脱去外边单衣，露出裹肚，悠然自得，别有一番情致，也是显示婆娘手巧的机会。

缠腰子，其形制类似坎肩，可双层亦可多层，于腰间缝隔成几个装钱物的口袋，农民多以穿此惬意。肚兜，也叫兜兜子，系双层布做的护腹用品，形制有上小下圆的，有菱形的，儿童和妇女多穿之。裹肚子，也叫围肚子，乃贴身的宽带子，为多层布缝就，分隔为几个口袋，便于藏放钱物；其两端缀以丝绳，长可围腰三匝系结；带面多精工绣以鸳鸯戏水或莲开并蒂，或云雾缭绕，或十字回环。俗语云："男裹肚，女兜兜。"可见为男性专用，多系女方赠品，甚看重。贴体系之表亲密，丝带缠绕表情思，绕身三匝表关系牢固。寓意深远，约定俗成，情意绵绵，心照不宣。腰带，多系棉布制作，长五尺，蓝、黑两道居多，用时掩紧上衣的下襟，扎系于腰间。俗话说："三单不如一棉，一棉不如腰里一缠。"即指此。脚带，也称腿带，缠于裤筒下口，多为布

制、线织或毛线打成，宽约寸许，长近二尺，男子和老妪多用黑色，青年女性则以红、绿为主。套裤，乃没有腰、裆的护腿用品，系古代"裤"之延续，今极少见。毡袄子，俗称"砖包城"，乃用羊毛排擀成的上衣，形制类无领的大襟上衣，身、袖、襟、背浑然一体，牧人最喜爱。

汉族鞋帽

民间的穿戴中，人们戴的帽子、穿的鞋袜也在不断变化。清代，男子戴小帽，用青绸、缎子或青布做成，有8棱、6棱之分，顶端用红线或红布缀成疙瘩，有"缎小帽子红疙瘩，绸袍褂子缎夹夹"之说。劳动者男子平时头勒包布（一块蓝布），女子冬季包头巾。民国时期小帽子沿清继兴。官员、绅士及部分教员戴礼帽，城镇商人多戴瓜皮帽（又叫衬帽）。冬天戴"火车头"暖帽、棉布暖帽、毡帽、缸边帽的较普遍。士兵、学生戴"熨斗帽"。小孩子戴毛帽或动物头型帽。女子多披头巾或戴羊毛编织的帽子，梳有发髻的戴黑丝网帽或黑丝绒帽。20世纪50年代后，男性多戴解放帽、八角帽，60、70年代流行黄军帽，80年代以后流行鸭舌帽、太阳帽、旅游帽等。但大多数人已养成不戴帽子的习惯。

草帽，乡间人的遮阳避雨用具。讲究的是"十八旋"大草帽。旧时农村人无雨伞，都戴草帽遮阳避雨。东南部林区山民也有以蓑衣作为避雨用具的。草帽是用麦秆编的草辫子螺旋而成。大人的草帽为麦秆本色，小孩的草帽多以染成红、蓝颜色的麦辫编成。

毡帽，用白色羊毛擀制而成毡片，再根据尺寸裁制毡帽。毡帽前面单层，后面向上翻成双层。农牧民戴在头上既可遮阳，又可挡雨，用途普遍。

瓜皮帽，又称"小帽子"，形如西瓜牙合成，故得名。城镇商人等喜戴此帽；农民多在节日、庙会、红白喜事时戴之，视为礼帽。相传瓜皮帽为明太祖所创，因六瓣合缝，取其六合一统之意。瓜皮帽的制作夏秋用纱，春冬用缎，颜色多以黑，夹里用红色。"富者用红片金或石青锦缎缘其边。"帽式有硬胎、软胎之分，硬胎为棉帽，软胎为单帽。帽前缘正中，常缀一块方形玉雕装饰。除礼仪场合外，现在一般不戴。

"火车头"帽系冬季防寒帽，帽前及左右各有一扇，放下来可护及额、耳、颈部，上折时形似火车头

而得名；农民多自制，帽扇上或缝以兔皮、狗皮，或衬以猫皮，帽顶用青或蓝色土布做外层，用白土布做里，中间装棉花。虽粗放，却保暖，城镇人多购成品。

猴娃帽，系在瓜皮帽壳上缀袋形布筒，于眼鼻处开口以通视线和呼吸，商人常戴之，亦因形得名，后类此形制的针织品出现，民间戴者日多。

缠头，也叫"头缠"，多为长二尺以上、宽近一尺的黑蓝棉布做就。戴时将布包严头顶，缠在头之周围，以御风寒，除平时缠裹外，主要是脚户、车夫及外出上路的人必备之头衣，缠头之习一直延至中华人民共和国成立初期。

包巾，系近二尺的方形棉布做就，颜色为蓝黑黄褐。用时两对角折合，成双层三角形。裹系于头上，20 世纪 20 年代后，只有拳师及习武者在表演时缠裹。

包头，系丝或丝麻织品，普遍为黑色，长近五尺，宽近一尺，中老年妇女外出或走亲戚必缠裹于头上。常以此为炫耀之饰品。60 岁以上老妪可用白色。儿童头衣以狗头帽和莲花帽最具特色。前者形似狗头，耳鼻眉眼分明，两侧有帽扇，垂可护面和耳部，制工精巧，迭出新意。后者帽壳为圈形，帽顶外露，帽前剪绣莲花，缀以金线，串以银珠，两侧有护耳，后拖披肩，珠光宝气，彩色斑斓，可谓实用观赏俱佳，乃女孩之专用品，此外儿童头衣尚有猫头、兔头等形制，不一一赘述。

围巾，民国中期，用呢绒或毛线制成的围巾，开始流行于中上层社会，一般人称其为"拥脖"。1949 年以后，城镇人逐渐使用，在冬季御寒。20 世纪 80 年代以来，各种纺织的、毛织的、皮毛制的围巾被城乡人们广泛使用。

鞋袜，民国以前基本自制。夏天以麻鞋为主，其次为草鞋，雨天打赤脚，在林区也有用椴树皮做的鞋。麻鞋是用大麻纤维做辫、纳底，以细麻绳缚"耳子"，再以麻绳做带，穿时系于脚腕，叫辫底麻鞋。用布底棉线做"耳子"和鞋带的叫棉线麻鞋，形状不一，有圆头的，有"梁子"的，有三条弦的，有所谓"单鞭救主"式的，等等，还有染色的。有的在"梁子"上"栽"一朵用棉线做的染成红色或黑色的花穗子，美观好看。麻鞋虽然鄙陋，但穿着轻巧透气，实用舒适。自制的布鞋是普通人常穿之鞋，用旧破布涂

糨糊粘贴成袼褙，剪制鞋底，鞋帮上糊新布，以细麻绳纳底，鞋底端直，不分左右，以线纳鞋帮，多用青、蓝布，有方口、圆口之分，装上棉花，即是棉鞋（暖鞋）。冬天男性多穿棉鞋、毡窝窝、毛鞋，或穿用猪皮、牛皮自制的"牲鞋"（俗称"牛蹄窝子"或"鸡窝窝"），鞋底絮以麦草、玉米须、莜麦草、燕麦草等保暖。行路人足缠羊毛线织的"毛练子"，外套麻鞋。女性多穿绣花鞋，缠脚妇女有的穿木底高跟鞋。圆口布鞋较普遍，条件好的穿云头鞋、双鼻梁鞋。无论男女，旧时多穿白布袜和毛袜。自制的布袜有单、棉、夹 3 种，布袜、毛袜为求耐穿，要加袜底，并做袜后跟。袜底针脚细密，多有绣花图案，讲究花色。20 世纪 50 年代后自制布袜基本被淘汰，普遍穿厂制线袜。60 年代以后很快发展到尼龙袜、腈纶袜等。旧时人们穿鞋袜不用鞋垫，20 世纪 60 年代以来，城镇人大多使用鞋垫，用一般布缝制而成。进入80 年代，城乡普遍重视外观漂亮雅致的鞋垫，鞋垫上多扎绣出复杂的几何图案，或程式化的花鸟图案，花色多样，向艺术化发展。1949 年以后，农民穿布鞋者渐多，职工、干部穿胶鞋、雨鞋，少数人着皮鞋。60 年代后，鞋的种类渐多，八眼鞋、方口鞋、松紧鞋、绑带鞋曾流行一时。70 年代全胶鞋、胶底鞋、塑料底布鞋和塑料凉鞋一度畅销。80 年代后，皮鞋普及，种种男女式样的、适合四季的便鞋、高跟鞋、旅游鞋、防滑鞋、凉鞋、拖鞋等，应有尽有。男鞋也时兴半高跟。除农村少数人尚穿手工制作的布鞋外，城乡大多数人家早已结束了手工做鞋的历史。

毡鞋，用羊毛洗擀成毛毡，再裁剪加工而成的一种鞋。毡鞋有毡靴、毡窝窝、"大加工"三种。毡靴高腰，毡窝窝低腰。"大加工"则是用毡做胎料、底料，红黑平绒做面料，缝制而成图案精美的鞋帮，配以毡胎白底，极其美观，多为有钱人穿用。毡鞋防寒效果好，隔潮保温，多流行于河西一带。

鸡窝窝是河西城乡旧时普遍穿用的棉鞋。因鞋帮中分两片，每片形似鸡翅膀，又叫"鸡翅膀鞋"。鸡窝窝分鞋帮与鞋底制作。先要用碎布一层层拼粘在抹过浆子的废旧纸上，叫"打确子"。三四层后，将其压在炕下，待干后，平而硬，即是"确子"。据鞋样在"确子"上剪出鞋帮式样，再覆一层鞋面。鞋面多为条绒或平绒，男式黑、蓝或咖啡色，女式除中老年

妇女多用黑色、蓝色、咖啡色外，一般为红色、紫色或彩底带花布。待鞋面干后，反面薄铺一层羊毛或驼毛，覆盖一层布缝好，将两片鞋帮前部对缝，叫"鞋鼻梁"。为防止穿时撕裂，在鞋鼻梁上打线结，若是姑娘或孩子穿的，再缀以彩色绒球以装饰。鞋底也用"确子"依底样剪出两片，朝外的一片粘上白布面，两片合并，中间再拼垫一些结实的碎布，然后用手工搓捻的细麻绳先沿边"钉"出一圈，将两片固定，再在圈内纳出针脚。底纳好后，为防止针脚垫脚，粘一层深色布，将底帮绱在一起，就是鸡窝窝。鸡窝窝有外绱、内绱两种，男式多外绱，女式多内绱。外绱时将鞋帮沿白布边，用麻绳捻"纫"穿针，与鞋底相缝，针脚在外。内绱不沿布边，只用锥子将麻绳针脚拉在里面。鸡窝窝鞋帮较高，穿时费力，常用铜制"鞋拔子"助穿。这种鞋现在河西一带乡间仍然流行。

麻鞋，用大麻做成，流行于天水一带。甘肃省是全国大麻主要产区之一。在新石器晚期，先民们已能用大麻纤维织成布，作为服饰。在三千多年前的《诗经》中记载，人们已能用麻织出漂亮的"褧衣"，作为外套，披在身上。唐代诗人杜甫当年度陇时，留下了"麻鞋见天子，衣袖露两肘"的诗句。证明唐朝时麻鞋已普遍为陇原人所采用。所谓"革皮之良，莫贵于麻"，道出了大麻在古代人民生活中的重要地位。

天水地区各县都有种植大麻的习惯，用大麻纤维编织麻鞋，是当地千百年保持不变的风俗习惯，尤以清水和甘谷最负盛名。自近代以来，清水大麻享誉甘、陕、川等地，成为清水县最有影响的特产之一。清水大麻全身无节，纤维长，有韧性，弹性好，绵软。若织成布，具有保温、吸水慢、散发快、透气好、不易起皱等优点。清水产的麻绳入水后，先从外部缓慢腐烂，早先兰州的黄河桥多用其扎捆桥身。麻类加工是清水手工业生产的主要部分。麻鞋有粗细之分，粗者用麻拧成绺，盘成底，用麻绳左右穿紧，在底周边，栽上较粗的精制麻绳，做成鞋帮子，一一串起来，再做上鼻梁，用木头做的植头把鞋鼓起来，样子就好看了。细麻鞋底子结实，帮子细密，鼻梁精致，还用白布包个周边，看起来舒服。麻鞋的编制随时代的审美变化也不断改进，除传统的样式外，还有单边麻鞋与无鼻梁麻鞋。单边麻鞋即鼻梁高，周边绳套稀少而集中；无鼻梁麻鞋即在栽鼻梁的地方用细

绳子网起来代替鼻梁，形成圆口鞋式，穿在脚上既舒服，又美观。清水麻鞋久负盛名，凡到过清水的名人、学者，对清水麻鞋多有赞誉。国民党元老于右任先生在1922年组织"靖国军"支持孙中山的"护法运动"兵败后，绕道陇南赴蜀，越关山而至清水，曾对清水的麻鞋产生浓厚的兴趣，留下了著名的《麻鞋歌》，在这首《麻鞋歌》中于右任先生把对清水麻鞋的赞美与自己的感遇一并抒发出来，为时人所传唱。又据有关资料记载，爱国将领吉鸿昌于1929年驻守陇南时，在天水曾举办一次国术比赛大会，会后吉将军给高手们赠发的奖品中即有清水麻鞋一双。

汉族其他服饰民俗

清代以前男子留全发梳髻（俗称满头），女子及笄作髻，未及笄作鬟，髻形中绕，鬟两分。到了清代，按朝廷定制，男子除额部一小圈剃光外，其余留发梳为单辫垂后背，劳动时绾于头顶。官僚儒士年过三旬蓄须，庶民则年过五旬蓄须。留须有讲究。父母在不能留"罢须"，只能留"子胡"。女孩出生后，剃过满月头不再理发。年过六岁穿耳孔、戴耳环。姑娘梳辫子，有单有双，扎红头绳，头上喜缀花，额前戴箍儿。已婚的女子挽髻（俗称纂纂），外戴丝织网子，上别金银泡儿针，插簪钗首饰。城镇及富户人家女子多戴耳环、镯子、小银铃、戒指、玉圈、凤簪、银花，涂脂抹粉，有的还佩长命银锁、银牌或玉饰于项下。普通人家的男孩有戴铁项圈的，上面缠了红丝线，戴到十二岁才能取下来，穷人家女子则穿线坠珠。民国时期，男子剪掉长辫，以剃光头为多，少数留齐肩短发（俗称"二毛子"）。女子未婚者多梳长辫，已婚者除知识女性留短剪发（时称"剪发头"）外，余多为盘髻。小孩子留顶撮。1949年以后，城市男子留分头、平头和背头，乡村多剃光头。青年女子发型多为双长辫、短辫（俗称"短刷刷"）或短剪发，中老年人仍为盘髻。20世纪80年代后，城乡男子中老年人仍有少数剃光头，其余多留背头、分头，也有少数男青年留女式披肩发或烫发，蓄小胡子，留长鬓角。青年女子发式变化多端，有披肩烫发、盘头、蘑菇头、半边倭坠、不等式、运动头等许多流行发式。而且渐渐兴起了染发，青年女子将头发染成金黄色或棕色，有些男青年也将黑发染成棕色。而中老年男子将白发又染成黑色。中老年妇女则仍以梳短剪发和盘

髻居多。头发的装饰物如夹、簪、钗、梳，有金属的，有塑料的，有木质的，形状多样化，更富于装饰性。耳环、耳坠等已成为年轻姑娘普遍的装饰品，金戒指、金项链、金耳环等首饰已在城市新婚妇女中基本普及，有的甚至佩戴有金臂钏、金手镯等贵重饰品。青年女子有别胸针以为装饰的，青年男子腰间有佩玉璜、玉兽或十二生肖形象的玉饰品的。旧时富有家庭女子也画眉描唇，而且束胸、缠足，普通妇女多用丝线绞脸、绞眉。民国以来放"天足"，慢慢地抛弃了缠足陋习。旧时女子多用凤仙花汁（俗称海蜡花）染指甲。20 世纪 80 年代以来，画眉、描唇、染指甲等人体装饰之风渐起。年轻姑娘及青年妇女，甚至许多中年妇女，大都描眉画唇、涂染指甲，甚至文眉、文唇、隆乳、隆鼻，做双眼皮手术，重用香水，追求自身的美饰。旧时较富有的成年男子，有镶金牙的习惯。此习俗一直延续到 20 世纪 60 年代。民谣曰："镶金牙，开口笑；留分头，不戴帽；穿皮鞋，呱呱叫。"说的就是当时比较讲究的服饰状况。20 世纪 60 年代以后，人们镶牙已完全出于生活实际的需要，但同样也显示出装饰性。

甘肃藏族服饰

华锐藏族服饰　华锐藏族区在天祝藏族自治县内，由于地处农牧兼有及汉、土、回、蒙、藏杂居区，它的服饰吸收了其他民族的成分，服饰略不同于其他藏区，特点是比较轻便，适合于放牧同时也方便于农耕。

一般是妇女穿皮靴或便鞋，头戴狐皮帽、金边帽，或四片瓦帽，脚穿靴子。妇女的发饰有两种：未婚女子把数十根小辫子分两边缀入胸前两个一尺长的辫套内；已婚女子则把发辫缝在三尺多长的两条辫套内穿过腰吊在前面。辫套是由绣制各种图案的十几个方块组成，上面缀着银牌及圆形骨制装饰品，辫套的末端挂着红穗子。妇女发辫上同时饰有用红、黄、蓝、白、绿等色组成的玉石串，还戴上用珊瑚、玛瑙、松耳石、翡翠等镶嵌的颈饰。华锐藏族女子在节日或婚礼时服饰更是十分漂亮，她们身穿用绸缎缝制、彩色织锦和水獭皮镶边的彩袍，系上五彩霞般的腰带，脱下右袖，露出宽领多层彩衬，再配挂上"依玛阿锐"，更显耀眼大方，美丽动人。华锐藏族男子的服装比较简单，一般喜欢穿白色大襟衬衣，领上绣

着花纹，袖口围着黑边，大襟中上方绣有一块图案，再穿上用布、毛、皮制成的长袍，头戴礼帽或狐皮帽，腰间带上七寸藏刀，身背锡铁酒壶，显得格外雄健神气。

舟曲黑水沟藏族服饰　青年男子头裹黑色头巾，上身穿大襟上衣，下着白色裤腰的裤子，脚蹬 13 层底子的"萨合"（当地汉族又叫"鸟姿鞋"，是妇女手工做的尖头高腰布鞋，酷似鸟形，故称"鸟姿鞋"）；鞋帮上绣有精致的"莲甲"，即美妙的几何图案；鞋底子 3、5、7、9、11 层不等，最多 13 层，常见的多是 3、5 层底子，7 层以上底子的一般出门做客时穿。男的穿黑鞋帮、白鞋筒、黑筒口鞋；女的穿蓝鞋帮、红鞋筒、黑筒口鞋；和尚穿全红鞋。鞋底子层数的多少和"莲甲"绣得好坏有关系，是衡量妇女手工技巧高低的基本标准；左侧佩着"尼加"（即原始火镰），右侧挂着腰刀，膝头飘着心上人亲手织赠的"海录叉叉"（即七彩裤带及两头的流苏线），斜挎先祖留下的"尼达"（即土枪，又叫鸟枪），骑上枣红色骏马，好不威武。逢年过节，老阿爸阿爷们穿着绸缎"尕日"（即清朝时期的绮袍），梳理清朝长辫，怡然自得。

这一带青年妇女喜欢穿扎花大襟上衣，特喜爱天蓝、草绿、粉红色衣服，老年妇女多穿棕色、深蓝、深绿和黑色大襟上衣，下身不分老幼都穿黑色大裆裤。她们不管老少都爱戴耳环。青年妇女的头饰和手饰都是昂贵的金银珊瑚制品，主要有"莲尕"（即一种别在头顶辫盘上的月牙形银制头饰）、"额多子"（即一种圆盘头饰，辫垂身后）、"哈扎"（一种银圈头饰）、"拿龙星星"（即一种麦穗式耳坠）、"黄黄"（少女戴的一种耳坠）、"考子"（中老年妇女平常戴的一种耳环）、"由合"（装饰领口的银制品）、"组儿"（即金银戒指）、"独瑚"（即手镯子）、"高吾"（一种内装佛像、佩戴于胸前的装饰品）等，一整套装饰品下来价值五千元左右。每当逢年过节，青年妇女梳头辫盘"下底"（即毛线头绳）、"下海"（即假发）、"索线莲子"（流苏头绳之类）。雪白的衬衫，套上黑色"坎肩"（马褂），腰系红色羊毛带，黑色绸缎大裆裤，裤口扎着七彩"合早"（即扎裤口的小带），身后飘着独具特色的漂亮"喜郎"（即宽五寸、长三尺左右黑白相间的布条装饰），个个好似报喜的喜鹊。然后，再头戴珍贵的"哈扎""莲尕"，耳坠"拿龙星星"，领

口琉璃"由合",背垂一对"额多子",胸前戴着"高吾"匣子,内有"可可"(即口弦)、"开户"(即针套)、"拉布干"(即獐子虎牙,掏牙用具)和精致的手绢。她们打扮得如花似玉,满身珠光宝气,走起路来,身姿摇曳,金光闪闪。女孩只梳一条辫子,姑娘长到十八九岁,家里三代同堂时,方梳两条辫子,当地藏语叫"拖拉握拉",表示姑娘已成年,可以出嫁;三十岁左右的妇女要做"苏兰"(即梳三条辫子),表示已过成年,有些还举行"苏兰"仪式,请妇女们吃饭等。新中国成立以后,男子穿干部服的多起来,女孩穿汉式长裤,但是,一到十五六岁都穿起传统的大裆裤。

卓尼藏族服饰 卓尼藏族服饰被称为觉乃藏族服饰,也称"三格毛"服饰。主要分布在卓尼县境内地势平坦、海拔较低、气候相对温暖湿润的东部新洮、洮河南岸和北岸等地的乡镇。2011年,卓尼藏族服饰被甘肃省人民政府公布为省级非物质文化遗产名录项目。

卓尼藏族主要源于上古时羌、戎诸部,至元末明初,随着卓尼县境内部落的定居与部落间多年的同化、融合,形成了卓尼藏民族的基本雏形。其住民主要由三部分组成:迁徙定居的吐蕃部落;吐蕃戍边军士留居后形成的部落;原居县境之内由羌、蕃融合同化而形成的吐蕃部落。据《卓尼县志》载:约在元末明初,藏王赤热巴巾派安多地区征税大臣噶·益西达尔吉的长子来到卓尼,建立了政权,成为第一任世袭土司,卓尼地区从此采纳了拉萨宫廷服饰和发型式样,沿袭至今就形成了卓尼独特的"三格毛"服饰。

卓尼藏族男女服饰差异很大,相对而言,男子服饰要简练得多。男子服装用布、呢料,样式和草原牧民的服装相同。上身穿黑色大襟高领布衤夹短褂,分单、棉两种,藏语称"古身子"。短袄褂子下摆用红色绸带、布或羊毛腰带系于臀部,系扣打在臀后,下身穿黑色或深蓝色长裤,头戴狐皮帽或礼帽,足蹬"连把腰子"鞋。

卓尼藏族妇女的头发都梳成三根粗大的辫子,当地汉语方言中将辫子称为"格毛儿",所以又俗称其为"三格毛儿"。这也是"三格毛"服饰的来历。其少女跟已婚妇女在梳辫上有所不同,少女们的三根辫子都梳过后编起来,用红头绳扎结;已婚妇女只编中间一根,且用黑头绳系扎,左右的两根辫子上端蓬松,至腰下才梳成辫子。卓尼藏族妇女头戴"山高帽",其帽为尖顶护耳型,帽前部绣花,后缀彩色布花,形似汉族童帽。身着左衽长袍,紧裹腰身,上身穿着天蓝色大襟的"考子"长袍,外罩镶锦边的粉红、大红或紫红马甲,藏语称"库多",腰系宽羊毛带,腿穿大红色长裤,足穿绣花鞋。服装用各种颜色的布料镶边,或嵌有绣花图案,或再套坎肩。

"三格毛"服饰制作工序相当繁复:首先要做"沙茹帽"。"沙茹帽"也称"山高帽"。属纯手工制作。一般老年人戴黑色"沙茹帽",青年人戴红色"沙茹帽"。帽子制成后还要缝缀小珊瑚珠。其次是服装制作。衣服一般都用蓝、红、桃红、绿色绸缎。量体裁剪布料,要求所用线与衣料颜色相同。老一代都是手工缝制衣服,现在也有用缝纫机进行缝制的。衣服做出后就要缝纽扣,纽扣是布做的,但马甲的纽扣就必须是铜纽扣。最后就是做"连把腰子"鞋,也是纯手工制作。用面浆子将布料一层层粘起来,粘五六层即可,压平、晾干后按照脚的大小剪成鞋样子,粘好鞋面,粘上花样子进行刺绣。鞋底一般为三层。束腰的腰带是用羊毛线编织而成,然后进行染色。"三格毛"服饰用料精美,做工精细,具有很强的民族特色,尤其是男子皮袄领口及袖口多以名贵的豹皮或虎皮作饰,显得质朴大方,女子所戴的珊瑚帽更是典雅华贵,极具收藏价值和观赏价值。"三格毛"服饰制作由家族老一辈传承下来,制作工序繁复,手工技艺独特。目前老一代艺人所剩不多,新一代传承人不能完全继承老一代的独特技艺,所以急需对老艺人所掌握的技艺进行记录、传承。目前,"三格毛"服饰制作较有影响的代表性人物是马尧草以及她的三个徒弟牛贡布草、安杰道和马保朝。2011年,马尧草被甘肃省文化厅命名为省级非物质文化遗产项目代表性传承人。

保安族服饰

保安族是居住在临夏回族自治州的积石山保安族东乡族撒拉族自治县的少数民族。早期,保安族与蒙古族相邻居住,服饰基本上同蒙古族相似。男女冬季均穿长皮袍,戴各式皮帽,夏秋则穿夹袍,戴白羊毛毡制的喇叭形高筒帽;男女均系各色鲜艳的丝绸腰带,并带有小装饰物。保安族在青海同仁县(今同仁市）"保安三庄"居住的后期，因为受藏族、土族的影响，服饰有所变化，保安族男女在春、夏、秋三季穿长衫，戴礼帽，有的男子还穿高领的白色短褂，外套黑色的坎肩，穿大裆裤；女子服饰的色彩比较鲜艳，如穿绣花鞋等，服饰兼有藏族、土族的特点。他们在迁到大河家以后的一段时间里，仍然保持着在同仁居住时的服饰特点。

后来，随着同回族、东乡族、汉族群众之间的密切往来，以及生产活动的需要，保安族的服饰有了明显的变化。平时，男的喜欢戴白色或青色的号帽，穿白布衫，套青布背心；在过节或办喜事时，一般头戴礼帽，身穿黑色条绒长袍，这种长袍比藏民穿的长袍稍短，饰有不同宽度和不同色彩的"加边"，还有的扎彩色腰带挂腰刀，足蹬牛皮制成的长筒靴，显得威武潇洒、美观大方，富有民族特色。妇女平时穿紫红色或墨绿色灯芯绒大襟上衣，穿蓝色或黑色裤子，有的喜欢穿过膝的长袍，外套深色的坎肩，均有花边装饰。在喜庆节日，保安族的妇女都穿得比较讲究，上身喜着颜色鲜艳的衣服，下身多穿水红的花色裤，显得艳丽俊俏。保安腰刀是保安族最具特色的装饰品和工艺品。保安腰刀以其工艺精巧、美观大方、刀刃锋利、富有民族风格和地方特色而著称，受到西北少数民族群众的欢迎，也赢得了国际友人的喜爱。一首"花儿"中对保安腰刀做了这样的描述："什样锦的刀把子，白银镶下的鞘子，青铜铸的尕镊子，红丝绒纳下的穗子。"现在的保安族服饰，同当地回族、东乡族群众的差不多。男子平时戴白色的号帽，身着白色衬衣，穿蓝色或灰色的裤子，走亲访友或外出时，穿中山服或军便服。女子的穿戴，未婚和已婚的有区别：未婚少女爱梳长辫，穿鲜艳的各色上衣，外出或节庆时戴又细又薄又柔而且透亮的绿色绸纱制成的盖头；已婚少妇和中年妇女戴白色卫生帽，形状近似医院里护士戴的白工作帽，外出时要戴黑色的盖头；老年妇女的服饰以深色为主，戴白色盖头。

裕固族服饰

裕固族是居住在河西走廊肃南裕固族自治县的一个少数民族，人口一万多。裕固族分东部裕固族和西部裕固族。裕固族的服饰习俗，是裕固族文化的重要组成部分。裕固族服饰华丽复杂，多姿多彩，是裕固族人民的智慧创造，也是他们生活情趣的表现。特别是女子的头饰、服饰，是这个民族民俗和日常生活中最为靓丽的部分。

裕固族的生活和文化传统形成了在服饰上的审美标准。裕固族由于一个民族两种语言，故有西部、东部之分，在服饰上也有不同之处。西部的女帽是尖顶，帽檐后部卷起，系用绵羊羔白色毛擀制而成，帽檐外镶有一道黑边，内镶黑色锯齿花边和各色丝线滚边，帽顶腰部的前面，有一块刺绣精致的图案缝在上边。东部的女帽是大圆顶帽，形似礼帽，顶比礼帽细而高，用芨芨草秆和羊毛线编织成坯，用红布缝制帽里，用白布缝制帽面，帽檐也缝有黑边或镶有花边。裕固族女帽不论是西部还是东部，帽顶都用红色丝线缀上帽缨。裕固族妇女的帽子，是姑娘和已婚妇女的区别标志，姑娘到了成婚年龄，举行戴头面仪式时，才戴上帽子，表示已结婚。已婚妇女身穿高领偏襟长袍，按季节分为夹、棉和皮衣，视经济条件由绸、缎、布、褐、皮料缝制。衣领高齐耳根，衣领外面边缘用各色丝线上劲合股，模仿天上的彩虹，用赤、橙、黄、绿、青、蓝、紫等多种颜色，精心攀绣成波浪形、三角形、菱形、长方形等几何彩色图案，把自然界奇异美景绣入生活；或是绣上各种花草、动物，美化生活。袍子一般以绿色为主，但也有深红、紫红等颜色。袍子下摆两边开衩，大襟上部、下摆、衣衩边缘都镶有云字花边，富裕人家还用水獭皮镶外边。年轻妇女的衣袖从袖口至肘部，用各色织锦缎、彩绸、彩缎花边一圈一圈缝缀装饰。腰系桃红色或绿色腰带，裕固族也叫系腰。腰带右下方挂红、绿、天蓝色正方形绸帕，少则两块。腰带上还挂有三寸小腰刀，腰刀上有刺绣精美的刀鞘套和红缨穗。大襟衣扣上挂有刺绣的荷包、针扎等。妇女长袍上再罩一件高领偏襟坎肩，用料考究，做工精细，华丽大方，一般都是用红色、紫色、赭色缎子缝制，形似偏襟背心。高领和长袍同，下摆左右开衩，镶有绸制彩色花边，背后从左肩至右肩镶一道半圆形花边，或如同衣领用彩色丝线攀绣，偏襟边缘上至领口、下至腋下绣有各种动物、花草图案。下身无论冬季还是夏天，只穿一条单裤。裕固族贫家妇女原来在日常生活中很少穿鞋，在放牧、挤奶等劳动时夏季常打赤脚，冬季穿"亢沉"，是一种前面尖而翘的皮靴。逢年过节和有重大喜庆活动时，穿尖鼻子软腰绣花鞋，其实是一种布靴，靴帮上绣花草、小鹿、小羊等动物图案。

姑娘前额戴"沙日达什轶戈"，是用一条宽约三寸的红色布带，上缀各色珊瑚珠镶饰的图案，带的下边缘用红色或白色珊瑚小珠穿缝许多珠穗，像珠帘一样齐眉垂在前额，带子在脑后系住，还有两条绣制精美的飘带飘在背后。姑娘在三岁剃头时，只蓄留后脑勺一片头发，待长成长发时而穿有珊瑚珠的黑丝线编成一条辫子，辫梢垂线穗被掖到背后的腰带里。两鬓的头发按年岁的增长，一岁编一个小辫，一直到出嫁。身着高领偏襟袍子，腰束腰带。胸前戴"舜尕尔"，背后戴"曲外代尕"，是用红布做成的两块长方形硬布牌，上缀有鱼骨圆块、各色珊瑚组成的图案，下部边缘缀有红色线穗或珠穗，并用各色珊瑚或玛瑙穿成珠链把两块布牌连起，戴在脖子上，分挂在胸前和背后。足穿前尖而翘的皮制"亢沉"或软腰布靴。姑娘的服饰色彩分外艳丽，以红、绿色为多。头面：裕固族姑娘出嫁戴头面仪式上，要在众宾客面前摘取姑娘的头饰、服饰，换上崭新的嫁衣，在舅舅领头唱的哭嫁歌声中，给新娘戴上头面。裕固族妇女的头面是一件非常精致、价格昂贵的民间手工艺品。头面也就是头饰，裕固族叫"凯门拜什"。其用料非常考究，做工也相当精细。是用红色珊瑚、白色海贝块、玛瑙珠、珍珠、孔雀石、绿松石、银牌、铜环穿缀，用红布、青布或红色香牛皮做底，用中黄、淡黄、中绿、翠绿、黑、赭红、紫红、大红诸色丝线合股滚边，用各色珠子穿缀成各种图案。有一图案名为"闹勒吾"，意思是摩尼珠宝、青摩尼帝青宝，即宝贝聚集一起，源于佛教，是把特殊的银牌、孔雀石、珍珠镶嵌在图案之中。头面共分三条。胸前分左右各一条，上端在耳际以上编入发辫，下端至脚面，中间勒入腰带，前面两条的图案、色彩对称统一。每条又分为四节，每节都包含着一定的象征意义。第一节，裕固族称作"肯能"，银牌表明中间盛开的花，图案表示玛尼青宝，称"玛珞"（宗教用语）；第二节，称"阿恩"，分三个小节，每小节缀四个戒指，共缀十二个戒指，起联结作用，也叫表示节，即戒指与铜环联结；第三节，称"肯其尔包司玛"，"肯其尔"意为小；第四节，称"昂包司玛"。四节下有一圆形铜块，称"董代尔"，表示金轮，下面的穗子表示金轮光芒四射。还有一条垂在背后，裕固族称为"阿尔擦

勒尔"，比前面的略窄，戴在头后面的发辫上。一般用青布做底，各色丝线滚边，上缀二十三块大小不一的白色海螺磨制的圆块，这种圆块裕固族称为"董"。也有用红色珊瑚珠缀做底色、白色"董"块镶在中间的。"董"块上面的大，下面的渐小，从上到下一长溜。经济条件有限者，只缀二十三"董"，不用珊瑚珠衬底。买不起珊瑚珠者，买价钱低的烧料子代替，烧料子即有色玻璃珠。头面系裕固族民间手工艺品之精华，色彩艳丽而鲜明，花纹图案排列整齐而对称，构思精巧，妇女佩戴之后显得端庄美丽又大方。裕固族妇女戴上头面的这天，同时戴起了尖顶的扎拉帽。其来历还有一段动人的传说：智勇双全的裕固族公主萨尔阿玛珂在民族危亡的关头，带领女兵夜间突袭打败敌军，人们称颂她为拯救民族的英雄。但汗国的一个奸相阴谋篡权，把公主萨尔阿玛珂视为障碍，千方百计设谋陷害，公主被烈马拖死，尸体惨不忍睹。为纪念这位女英雄，妇女戴头面，前两片表示遮住乳房，后面一片表示遮护脊骨，帽尖上的红缨穗表示头顶的鲜血，腰里扎红腰带表示公主的满腔热血抛洒在故乡的土地上。由此形成了裕固族妇女出嫁时戴头面、红缨帽的规矩，这种传统习俗一直流传至今。

裕固族男子服饰比较简单，但也有其独特之处。男子头戴金边白毡帽，帽檐后边卷起，后高前低，呈扇面形。也有的帽檐镶黑边，帽顶正中有在蓝缎上用金线织成的圆形或八角形图案。身穿大领偏襟长袍，富裕人家多用布、绸、缎和紫红色氆氇等料缝制，贫穷人家多用白羊毛捻毛线织成的褐子缝制。冬季，多穿用绸、缎、布料做面的长袍，差些的则穿白板皮袄或褐面软毯衫过冬。男子一般都扎大红腰带，腰带上佩五寸腰刀、火镰、鼻烟壶。衣襟上无论单棉都用彩色布或织锦缎镶边，富人还用水獭皮镶外边。单、夹袍下摆左右开衩，在衣衩和下摆处镶边。上年纪的老人，腰间挂有香牛皮缝制的烟荷包。荷包呈长脖大肚花瓶状，底部垂红缨穗，荷包上还带有弩烟针和铜火盅。旱烟锅是用一尺多长的乌木杆，装上玉石或玛瑙烟嘴、青铜或黄铜烟锅头，总长二尺左右，平时从脖子后面插入衣领，烟嘴要齐耳露在领边。裕固族男子，逢年过节或遇重大活动，长袍上面要罩件青色长袖短褂，左右开小衩。据历史传说，清朝顺

治年间，在朝廷的高压之下，要裕固族男子留一长辫，穿黑色马褂，遭到裕固族人民的强烈反抗，爆发了反清斗争。清朝政府派太子太保大将军年羹尧带兵镇压，屠杀了不少人，将这一斗争镇压了下去。裕固族男子留长辫、穿马褂的习俗一直延续到1949年前后才消失。男子下身穿单裤，冬季足穿用牛皮制成的高腰尖鼻的皮"兀沉"，穿毛袜。猎人狩猎常穿自己用牛皮缝制的皮窝子，里面垫毛或草，轻巧舒适。在海子地区男子也穿手工制作的双鼻梁圆头高腰布靴，靴帮上一般在青布上纳白线缀云字形图案。裕固族男子也戴礼帽。冬季，无论男女一般都戴狐皮风雪帽。

裕固族妇女还讲究戴银耳环、手镯、戒指。银耳环下坠一个直径约4厘米的薄银片，上有彩色图案。手镯一般都讲究翡翠或玉石的，也有银镯。男子上了年纪也有戴玉镯的，据说戴上胳臂不痛。戒指一般是银制的大戒指，有银制珐琅的，也有正中镶珠子的，戴在无名指上，老年男子还喜欢戴水晶茶色眼镜。裕固族有"吃饭穿衣量家当"的谚语。在新中国成立前，贫、富牧民的服饰质量有着很大差别。该民族居住在祁连山北麓，由于地势高、气候寒，服饰多以御寒类型为主。裕固族从古到今以畜牧业生产为主，服饰料以皮、毛和毛织品为多，所以在服饰上有质料构成的服饰习俗，有色彩构成的服饰习俗，有工艺构成的服饰习俗，有依据气候、民族传统、年龄、用途构成的服饰习俗。当新的生产活动、政治生活、社会关系建立起来之后，服饰为适应进步生活的需要，有些保留了下来，有些被自然淘汰，有些进行了改革，因为服饰的改革在社会的巨大变革时期常常起到移风易俗的作用。裕固族的服饰也在变化，妇女的头面一般都有七八斤重，沉重的东西垂吊在头上，还要从事生产劳动、操持家务，确有诸多不便，所以就产生了便服、礼服。随着社会的发展、新潮服装的流行，平时他们以中山服、西服、各式新潮服装为主，民族服装只在逢年过节和重大喜庆活动中作为礼服穿戴。

肃北雪山蒙古族服饰

肃北蒙古族分布于河西走廊西端的高原山区，其先民在漫长的历史长河中，分别在蒙古雪原、西域天山、青藏高原居住过。在长期的生产与生活实践中，肃北人民在自己传统服饰的基础上，不断吸收其他民族服饰的精华，使自己的服饰具有了不同于其他蒙古地区服饰的种类、款式、色彩等，为蒙古族和中华民族的服饰文化增加了更加绚烂的色彩。2006年，肃北雪山蒙古族服饰被甘肃省人民政府公布为省级非物质文化遗产名录项目。2008年，蒙古族服饰（肃北雪山蒙古族服饰）被国务院公布为国家级非物质文化遗产名录项目。

肃北蒙古族以游牧业为主，马匹是主要的骑乘工具，加之高原地区气候寒冷，所以其服饰既要便于骑马，又要有较强的御寒功能。长袍坎肩、皮帽、皮靴自然就成了他们的首选服饰。肃北蒙古人多穿大襟长袍，一般有三种：皮袄、夹层单长袍和毡褼袍。

男子通常要在袍内穿大襟缎面短衣、绵山羊皮缝制的皮裤或单夹布裤。穿袍子时稍微向上提袍，使下摆至膝盖系腰带，露右臂，头戴水獭皮或貂皮制的"四耳帽"或狐皮帽，脚蹬牛皮或绒布制作的靴子，讲究者穿牛皮制的尖端上翘镶有剪牛皮花纹的蒙古靴。左侧腰带上挂带餐刀，右侧佩带火镰，身前挂鼻烟壶袋，内装玉石玛瑙鼻烟壶。男子脖颈上戴银或铜制的护身符，耳戴银制或象牙耳环，大拇指戴镶有宝石猫眼的银戒指。

女子喜欢穿用艳丽的红色或绿色之类的绸缎缝制的蒙古袍。穿戴时下摆至靴口，系彩色丝绸腰带，露右臂，头戴尖顶红缨帽，胸前佩戴一对发套，将发梢装入其中。身前左侧挂银质或铜质环佩，环佩上挂餐刀、红黄铜质旧币和针线包。脖颈上佩戴珊瑚、松石、玛瑙串成的项链和银质护身佛龛。未婚女子不戴发套，而是将头发梳成若干条细辫，再将其用头绳横联，套上蒙古语称为"胴"的长约1.5米、宽约6厘米的布带饰品，"胴"上以银质、贝壳或海螺以及各种图案的刺绣为饰。银质耳饰，金银或玉石、象牙、铜质、彩色赛璐珞手镯，以松石珊瑚等为眼的银质马鞍桥式戒指，都是当地蒙古族妇女喜欢戴的首饰。

肃北蒙古族服饰具有很强的对生态环境的适应性特征。肃北蒙古族长期以来生活在高寒山区，过着逐水草而居的游牧生活，其服饰具有鲜明的防寒保暖和便于穿着骑射的特点。他们的服饰不论男女装均以长袍为主，多取材于动物皮毛，这既符合游牧生活的需求，也是适应当地严寒气候环境的特点。那些以貂皮、水獭皮毛做的边饰，不仅反映出衣服主人的身份和财富等信息，同时也具有抵御严寒的实际功效。长袍下面通常穿着宽松式的长裤，以便于从事日常骑马、射箭等活动。

肃北雪山蒙古族服饰具有浓郁的地域特点。在款式、质地等诸多方面都与内蒙古的鄂尔多斯服饰、察哈尔服饰、科尔沁服饰等有着明显的区别，其服饰虽与邻近的青海蒙古族的服饰相当接近，但在局部装饰、穿戴习惯等方面存在着显著的区别。

肃北雪山蒙古族服饰是民族间文化交流的"遗存"。肃北蒙古族所居住的祁连山地区历来就是各民族交融、共处的地域。随着历史的发展，历代肃北蒙古族人民在长期的生活和生产实践中，发挥自己的聪明才智并不断吸收兄弟民族服饰的精华，逐步完善和丰富了自己传统服饰的种类、款式风格、面料色彩、缝制工艺，创造了许多精美绝伦的服饰，为中华民族的服饰文化增添了灿烂的光彩。相同的宗教信仰，相似的生产生活方式，相近的自然地理环境，促使肃北蒙古族在服饰风格和制作上吸收了藏族服饰的精髓，这一点尤其反映在雪山蒙古族男子长袍上，其在风格款式、穿着方式等方面与邻近青海省的藏族男子的藏袍有着相似之处。肃北雪山蒙古族服饰是蒙古族独特的审美观念和精湛传统工艺的载体。雪山蒙古族的长袍不仅讲究款式新颖、做工精细美观得体，而且还讲究色彩鲜艳线条流畅的镶边装饰，喜欢用传统的图案做装点，图案在形式上具有浓厚的装饰性，体现了图案与颜色协调统一，同时融合着蒙古族人民对自由和谐和幸福的无限渴望，形成装饰与实用完美结合的艺术形态。肃北人民的蒙古靴做工精细，靴帮靴勒上多绣制或剪贴有精美的花纹图案。肃北蒙古族妇女喜欢佩戴用翡翠、珊瑚、玛瑙或琥珀等珍贵原料打制的各种首饰，彰显出古朴典雅、高贵华丽的蒙古族服饰文化内涵。目前，在肃北雪山蒙古族服饰的制作传承上较有影响的是娜仁其其格。2008 年，娜仁其其格被甘肃省文化厅公布为省级非物质文化遗产名录项目肃北雪山蒙古族服饰的代表性传承人。

土族服饰

甘肃土族主要分布在临夏回族自治州的积石山县、甘南藏族自治州的卓尼县、天祝藏族自治县和永登县的个别地区。土族的服饰独具特色，尤其是妇女的服饰具有浓郁的民族风格。甘肃省土族服饰在各聚居区之间不尽相同，各有特色。天祝一带的土族，男子头戴卷边毡帽，身穿小领、斜襟、袖口镶有黑边、胸前绣有四方彩色图案的白短褂，外套绣有花兜的黑色或紫色坎肩，腰系两条绣花的腰带，下穿蓝色或黑色的大裆裤，脚穿云纹布鞋。妇女则头戴织锦镶边、帽檐翻卷的"拉金锁"毡帽，身穿两袖饰有红、黄、绿、紫、蓝五色彩布的花袖衫，上套黑色、紫红色和镶边的蓝色坎肩，腰上系一条宽而长的彩带，彩带绣缀着花、鸟、蜂、蝶和彩云图案，下穿镶白边的绯红色百褶裙，裤子的膝下部分套有黑色或蓝色的一节裤筒，叫作"帖弯"，脚上穿绣有彩云的花布鞋。老年妇女不穿花袖衫，不系彩带。未婚姑娘梳一条由两鬓间和头间梳过来的三条发辫合辫的大辫子，扎以绯红色头绳，并系一枚海螺片。据说这一带土族妇女在以前并不戴毡帽，而饰各种样式的首饰，有吐浑扭达、加斯扭达、雪古郎扭达、捺仁扭达等，其中吐浑扭达被认为是最古老、最高贵的首饰。近代以后逐渐不戴这些首饰，而多织锦镶边的卷檐毡帽。新中国成立以后，天祝、永登一带的土族服饰逐渐发生了变化，现在男子普遍穿汉族服装，很多女子改穿藏袍、戴藏帽，也有的穿汉族服装，少数女子尤其是散居的土族女子只有在出嫁时象征性地穿戴本民族服饰。积石山一带的土族服饰，男子穿长袍，青壮年妇女头戴凤凰首饰，叫作"凤凰三点头"，耳朵上佩戴"索洛珠"大耳环，上身内着绣花大兜背心，外穿镶边的绿色夹袄，肩部套绣花披肩，前腹部系绣花围肚，下着绿色罗裙，中年妇女穿红色罗裙，老年妇女则穿黑色罗裙。妇女脚穿翘首花鞋。新中国成立以后，这一带的土族妇女已多不穿本民族服饰，而改穿汉式服装。卓尼县杓哇的土族服饰，男子除脚穿平底白帮黑线锁梁的精制布鞋外，穿藏袍、戴藏帽，与当地藏族服装相同，而现在又多穿汉式服装。杓哇妇女的服饰具有民族特点，她们的首饰叫作"凤凰头"，是将前额的头发分左右两股，发圈合成辫子向后系于银质圆盘形的"章卡"上，"章卡"正面雕刻着花鸟图案，发圈上用一条叫作"勒谢"的绿色带子，先从前向后，再交叉绕回将两端在前额打一结扣，在头顶上部从前向后饰戴由九颗圆形铜泡连结成的饰物，叫作"谢豆"，铜泡凸面上嵌缀有 10 个珍珠似的圆点组成的圆形图案，在头顶部还平插横竖两根铜质簪子，前面一端伸出于额前，成为凤首。头饰整个形状似一只美丽的凤凰。妇女的耳饰叫作"阿周"，由一个银质耳环套一个下端为半圆形银泡的长把耳坠组成，常将耳坠向上挂于两鬓间，在颈部还佩戴饰有珊瑚的银质项链，叫"几合特合"。妇女服装，内穿衬衣，外着两侧开衩的长衫，称为"扎西"，长衫边缘镶有花纹或氆氇边，衣领高而宽，两头各有一个饰有花纹的长方形银饰物，叫"板钮"，上面缝有珊瑚领扣。长衫长袖宽大，袖口里子缝有红边，穿后将红边翻出露在外面。在长衫外面还套一件无袖长衫，叫作"达吾"，前襟从正中开缝为两片，系腰带时将两片前襟各向两边上叠于腰带之下，仅露出两个三角形襟角。"达吾"两腋下通开衩口，用带子系结。妇女下穿宽裤，裤口镶五寸许的红边，所穿鞋子，平底长腰，中间锁梁，鞋帮绣缀花蝶图案。据说杓哇妇女从前还穿裙子，后来渐渐不穿了，只是新娘在婚礼上象征性地穿一下。

二、饮食民俗

甘肃汉族的面食

臊子面 甘肃大多数地区都喜食臊子面。选用上好的麦面，提前两三个小时用温盐水和好，放在盆里用湿布捂严。等面饧透筋出，拿到案上七揉八滚，三十二个翻轱辘，再来九九八十一个团团转，面光了，手也困了。把面团暂时放下捂住，回头做臊子，切好"三丁"（萝卜丁、豆腐丁、肉丁）、"九菜"（黄花、木耳、油煎鸡蛋薄饼、大葱、香菜、海带菜等），该单炒的，该混合的，该往锅里撒的分别备好。臊子料备好后，面也捂到八九不离十，撒上玉米面扑擀面，直擀到又薄又亮，提起来能照见人影才算擀好。然后把面七折八折，叠成阶梯状，操刀细切，切完抖开一摊，人有多高面有多长，细得跟穿针的线一样。接着把臊子汤做好。面下到锅里一窝丝，盛到碗里一叠线，浇上臊子汤，油泼辣子红艳艳，不稀不稠，一碗吃三口。如果客人是个小伙子，一连吃上十几碗也不松裤带。

搅团 用麦面、荞面、玉米面、高粱面等，均可做出风味不同的搅团。搅团的做法比较简单。先将水烧开，在面粉中放入适量碱面，然后将面粉均匀地撒

向开水锅中，边撒边用擀杖搅动，不然做成的搅团不光滑，不爽口，撒面的多少应以擀杖立在锅中不倒为宜。软了吃起来发黏，硬了吃起来发倔。用文火烧熟即可。既可用臊子汤浇着吃，又可用盐、醋、油泼辣子、葱、韭炒汤和在一起蘸着吃。吃得人热乎乎、汗津津，通体和畅。特别适于中老年人食用。有句顺口溜说"搅团搅团，老汉老婆的好饭"，又说"婆娘见搅团，忘了她老汉（丈夫）"。现在生活好了，妇女们做饭，仍然没有忘记搅团。

菜面 用菠菜、苜蓿、灰条、苣苣等无硬叶脉的蔬菜或野菜，均可以做成美味可口的菜面。先把菜煮熟切碎和上面粉，放在案上，绾高袖子，甩开胳膊，用力揉搓，使菜与面融合成一团绿物，绿得没了菜的纯色，变成浅绿。搓功到家了，面团细腻了，此时，用擀杖一卷一推，一绽一闪，直擀到薄如纸、绿如绸时，一折一叠，用刀切成"韭菜叶"面条，菜面就做成了。有的将菜面团搓成条状，叫"菜蔟檾"。这是真正无公害、无残留的绿色食品。

饸饹面 又叫"床子面""冷面"。多以麦面、荞面为料。先在面里倒入少许开水烫后，再加凉水揉和成面团，填入床模内，架于开水锅之上，从床底铁孔压出丝状细面，煮熟后，佐以荤、素汤食用，或配以佐料干调食用。

黏面 用黏糜子细粉发酵制作的一种黏糕，制作过程叫"发糕"。"发糕"关键是掌握火候，否则就发不出甜味来。吃的方法有两种：一种是将蒸熟的热糕蘸蜂蜜食用，甜上加甜；另一种是待黏面稍凉后，搓成条状（炸时切片），或捏成饼状，冷却后，用清油炸食。炸后色泽黄亮，抹上蜂蜜，软甜可口，回味无穷。

凉粉 荞麦脱皮，粉成粒状，浸水泡软，反复搓擦，搓烂之后，加水去渣，留淀粉，再加水成浆，倒入锅里，边烧火，边搅动，熟时为糊状，摊在案上，或注入盆中，冷却即成。食时刀切成细条，拌以油泼辣子、蒜泥、芥末、韭菜炒汤、盐、醋等调料食用，具有清心明目、消暑泻火之功效。凉粉晒成凉粉干，与肉同炒同烩，食之味长。用豆粉、洋芋粉亦可制作凉粉。凉粉做成后，用漏勺漏入凉水盆中，冷却成小鱼状，俗称"凉粉鱼"，加上调料食之，顿觉清爽，可解暑渴。

酿皮和淤面　用麦面和成团，水洗去筋，留淀粉糊，摊在铁皮笒内，置开水锅上蒸熟，剥下冷却，即成酿皮。如果把淀粉糊（比做酿皮稠些）倒入锅中烧炼至半熟，再捏成块状蒸熟，趁热填入床模内，压挤成饸饹面状，即成淤面。酿皮和淤面食时，都加以盐、醋、油泼辣子、葱韭炒汤、蒜泥和芥末等调料凉拌，柔韧细腻，筋道十足，酸辣清凉，回味悠长，老少适口，四季皆宜。

炒面　小麦、豆类、杂粮均可制作炒面。陇东常见的有黏糜子炒面。把黏糜子用水浸泡后，在锅里炒熟脱壳，和上炒熟的豆子，加入盐、茴香或大香，磨成细粉即可。食时用少许开水或蜂蜜或软柿子拌匀，口感良好，食后耐饥，久存不馊，食用方便，是远地干活或出门远行的充饥食品。天水、陇西一带多用燕麦、青稞、莜麦、谷子、糜子、黄豆、胡麻、干甜菜根等做成，当地叫"熟面"，是外出者的好干粮，也是农家农闲季节两顿饭间的补食食品。

煎饼　将荞面或麦面调成糊状，选用平底锅，锅底刷油，摊上面糊，文火烙熟，剥下即可。做好的煎饼，薄如宣纸，色亮质柔，再夹炒菜、油泼辣子、蒜泥等佐料，卷成卷子食用。多用来招待亲朋好友。

地软包子　地软是生长在山坡沟洼的陆生藻类植物，学名叫"地衣"，可以当菜下锅，也可以做馅包包子。地软洗净切碎，加上肉丁、萝卜丁、葱花，拌上清油等调料即成馅。蒸成小包子，吃到嘴里滑而不腻，鲜香可口，别有一番风味。

糗馍　又称"糗疙瘩"，也是干粮之一。此种食俗历史十分悠久，春秋以前即有以"糗"为军士干粮的记载。"糗馍"的特点是粗粮细做，主副搭配，先在锅底放好切成块的土豆或新鲜的苜蓿、槐花等菜蔬，其上覆以玉米面，或其他面粉，再沿锅旋入适量的水，在火上蒸煮。煮熟后用勺子搅拌均匀，调上盐末，即可食用，也有再用植物油将做好的"糗馍"炒后食用的，更加美味可口。

麦索　青黄不接时，割来浆已灌得饱满、但尚未黄熟的麦穗，置笼中急火猛蒸十几分钟，趁烫在簸箕中揉搓，簸去衣皮，然后将麦粒用石磨拉成绳索状，调上辣子油、醋、蒜泥，撒些香菜，味道极佳。

酥油圈　以精细白面为主料，用上等胡麻油配以各味香料精工制作而成。其法是将面粉发酵，添加碱水去酸，和以胡麻油，配上鸡蛋、椒末、姜末、桂皮、精盐等为佐料，经精揉细搓后，掐成剂子，拉条揉成大小粗细均匀的环状，形如微缩的救生圈，故又名"曲连"。然后将姜黄、麻油等配制好的糊状物抹在面圈上，置于上下都有炭火的鏊中双面烘烤而成。酥油圈烤成出锅时，香气扑鼻，诱人垂涎。往往不待热气散尽，就被抢购一空。

糖油糕　糖油糕是我国传统点心食品。据记载，唐代著名诗人刘禹锡作诗要用"糕"字，因六经无此字，便作罢论。宋人题诗戏云："刘郎不肯题糕字，虚负人生一世豪。"可见唐时已有糕类食品，宋时已十分盛行。宋人周密在《武林旧事》中就记载了数十种油糕品种。陇右俗谚云"糖油糕吃者心大了"，以糖油糕比兴人的心越来越大了，也说明糖油糕之美味何等诱人。糖油糕用精粉制成。制作时，先把面粉一半发面，一半烫面，然后合起来揉制，以手捏不粘为度，使糕皮爽口不粘牙。油糕馅子选料精，用上等玫瑰糖，加入核桃仁、葡萄干、芝麻、枣泥、红白丝等，并和以适量面粉，用以固定糖馅。制作时，把揉好的面团掐成小剂子，用手掌压成或用擀杖擀成圆形面皮，包入馅料，再用手旋成完整无缝的"牛眼睛"形，入油锅炸制。炸制糕的火候非常重要，以保证油温适度。这样炸出的糖油糕酥脆香甜，深受食家青睐。糖油糕以甜、香、脆著称。馅子糖饱汁足，香气馥郁。吃时需先从边沿处轻轻咬开，吸吮油糕内的糖汁，然后食之。如果拿起糖油糕就吮，便会糖汁四溅，使人狼狈不堪。

麻食　麻食原为蒙古族面食，又称秃秃麻食，意为用手搓的面疙瘩。明人蒋一葵在《长安客话》中把麻食列入汤饼（面条）类。做麻食时，将和好揉光的面团搓成细长条，再掐成小粒，在新编的草帽上用大拇指使劲一搓，即成为1厘米长短、带有草编花纹的海螺状小卷；有的人不在草帽上搓，直接在案上用大拇指使劲一搓，也成一个漂亮的小卷，只是不带花纹罢了。现在市场上有人专门出售搓麻食的小搓板，形状如同缩小了的洗衣板，搓出的麻食带有条形花纹。观看精于搓麻食的妇女搓制麻食，简直是一种美的享受。只见五指飞舞，大指领头，取、搓、丢一气呵成，顿、提、按准确快速，小小的麻食从手下新鲜出炉，不一会便摆满一案。搓好麻食后，用肉汤、肉丁、蘑菇丁、豆腐丁、土豆丁、木耳、菠菜、粉丝等烩成臊子，另起锅将水烧开后，下入麻食，麻食煮熟煮透后，再将烩制好的臊子调入麻食之中，然后加上油泼辣子、盐等调料，顿时香味盈屋，浓郁充鼻。另一种吃法是，在煮好的麻食上浇上烩好的臊子，但这种吃法不如第一种吃法普遍。将麻食与汤头合煮一会儿，各种香味交融相浸，味道更醇厚鲜美。麻食的配菜也很随便，因此深受不同层次的人们的喜爱。

扁食 唐代段文昌编纂的《食经》中，记载了一种食品——饦食。这种饮食，就是西北人所称的扁食，有的地方叫煮角，更多的称它为饺子。扁食，亦即饺子，是我国饮食文化的代表食品。在我国西北，还流传着关于饺子来历的一段传说故事：女娲抟黄土造人，造了许多许多的黄土人，可是一到冬天黄土人的耳朵就往下掉，不是掉了左耳就是掉了右耳，有时两只耳朵同时掉了。于是，女娲每做完一个黄土人，就用树棍在耳朵上扎个小眼，再用细线把耳朵拴上，把线的一头放在黄土人的嘴里，意思是让他咬住耳朵别掉下来。没想到这掉耳朵咬线，就形成了后来人们吃饺子的习俗。"掉耳朵，吃饺子"这句俗话，至今在我国西北地区流传着。而渭水中游的天水地区，正是人文始祖伏羲、女娲诞生的地方。过去，冬至是一年中最冷的一天，也是黄土人最容易掉耳朵的日子，每到这一天，老百姓就开始包饺子，意思是让黄土人咬住线（馅）的耳朵，就是像饺子一样的东西，不至于使他们的耳朵冻掉。后来人们不仅仅在冬至这一天包饺子，而逐渐演变成逢年过节吃饺子了。我国妇女自古以来喜欢扎耳朵眼、戴耳环，据说这一风俗和吃饺子一样，都是女娲抟造黄土人时留下的。

扁食传统的制法是不擀皮儿，而是把面团擀开后，用小盖碗一个一个扣刻而成，再包上馅子，捏成元宝形，两耳翘起，这就是真正的扁食。扁食，一般为素扁食，内包韭菜居多，有时按时令菜来包。煮好的扁食，盛在碗里，浇上肉臊子，再配上香醋、香菜、油泼辣子调了吃，荤汤裹素角，味道鲜美异常。荤扁食的臊子很讲究，制作时先炒肥的，撇去水油，炒好抄出，再炒瘦的，然后肥瘦合在一起炒，放上酱油、糖汁等好调料，经反复炒拌，上色后刮出。这样炒的臊子，肥而不腻，瘦而香脆，吃起来格外可口，

令人吃一碗想两碗，百吃不厌。

糁饭 隆冬时节，各地都有吃糁饭的食俗。做糁饭的基本原料是苞谷面和豆面。因此，分别称作苞谷面糁饭和豆面糁饭。前者，一般不调浆水；后者，一定要调浆水。糁饭的做法是，先在锅里放进清水，并加进些尕洋芋，尕洋芋快熟时，主妇右手持糁饭勺或糁饭棍在锅里搅动，左手操面缓慢地向锅里撒去，随着锅里的糁饭由稀而稠，其手中撒面的速度由慢而快，到最后，便将所剩下的面粉倒入锅内，同时，便用双手握糁饭棍用力搅起来，一边搅一边再加开水，使锅里的糁饭由黏稠而转为适度。谚语说：糁饭若要好，要搅三百六十搅。可见搅糁饭在做糁饭中的重要性。通过这样的搅使面水融为一体，不能形成生面疙瘩。而后盖上锅盖，再焙几分钟，即可食用。食时糁饭上放些咸菜辣椒。糁饭以"热火"而著称，吃在口里，热在心里。特别是糁饭里的囫囵尕洋芋和锅巴更为好吃。

拌汤 拌汤的原料是白面。拌汤的做法是，用筷子拌和开水烫下的白面，形成长穗穗，用切刀切碎，倒入锅中煮熟，炝些葱花，调些佐料，即可食用。拌汤既可调整口味，又可缓解积食。若在拌汤中放些姜粉、胡椒粉，喝下去还能发热出汗。也有在拌汤中打鸡蛋穗子的，因此而称为鸡蛋拌汤。拌汤可稠可稀，但以稀为主。加浆水叫浆水拌汤，既温中，又解渴。

馒头 馒头是中国人主食中的面食之首。据说诸葛亮南征班师，将渡泸水，当地风俗，以人头祭神，诸葛亮不忍，用牛、羊、猪肉做馅，包入面中，做成人的头状，投入水中，"馒头名始此"。明人郎瑛《七修类稿》也讲："馒头本名蛮头。"这种有馅的馒头，实际是现在的包子。日语中包子就写作"馒头"，是隋唐时从中国传过去的。魏晋时期，无馅的馒头也有了。嘉峪关魏晋墓的壁画中，就有一女仆端馒头的形象。甘肃风俗中在男女订婚、娶亲时，男方家都要送女方家两对"大馍馍"，就是形体特大的馒头。此大馒头从发面、揉面到上笼蒸制都十分讲究。蒸好的大馒头通体浑圆，顶端裂十字纹，松软可口。

油果子 油果子是年节必备的食品。油果子形状多样，有蝴蝶形、梅花形、翻花形。一般的做法是用红糖水和的发面与未发酵的死面搭配，卷成一定的花

样，再进行加工整形，放入油锅炸黄即可。炸熟后的油果子发面呈红，死面呈黄，红黄相间的各式花样鲜亮诱人，催人食欲。炸油果子是民间年节的习俗，几乎家家都做。走亲访友还要比比谁家油果子式样好，色泽鲜，香酥适口，以显示主妇的好手艺。

酒泉面食

烧壳子 酒泉、嘉峪关一带的食品。其做法是，上等面粉用冷水调和匀，掺进"酵头"做引子，揉成面团。发酵后擀成椭圆形薄饼，抹清油，撒上红曲、姜黄或香豆面，卷成圆筒，切成段。将面卷直立拼接成形，放在用生铁铸造的"烧壳子锅"里，加盖，埋入煨烧的草或木炭中文火烘烤而成。外表黄亮酥脆，层层红黄相间，味道喷香，久贮不霉。

张掖面食

炮杖子 张掖一带的面食。其做法是将饧好的面拉开拉细，然后揪寸段于开水中煮熟捞出，用凉水激过，拌菜即食。因形似鞭炮，故名炮杖子。随着面食做法的交流增多，在民间和街头餐馆中，也有面煮八成熟后，捞入炒勺，拌肉丝、寸段蒜薹、葱丝、葫芦（当地也称番瓜）片及各种调味品爆炒面食的，所以又称干拌炮杖、炒炮杖、炒炮。也有煮熟后捞入事先勾兑好的肉菜汤中的，称汤炮杖。

糍耳子 张掖一带民间食品。做法是将和成软硬适度的面，擀开切成细长条，左手拿面条，右手用拇指肚将面搓成一个个小窝窝，形似猫耳，故名糍耳子。做糍耳子费时较长。在当地民间，主要是农家在农闲腊月一次制作数斤，晾干后随时备用。做好的糍耳子下锅煮熟后，再捞入事先勾制好的汤里，盛碗食用。过去常被穷困人家当作年节食品，而今已成风味。

羊肉小饭 将面擀好切成碎面丁，下入用牛、羊肉煮好的汤里，加入薄肉片、粉皮、各种调味品，再配以香菜、葱丝，是张掖人早点中的风味食品。

灰碱面 张掖传统食品。灰碱面是手工擀制，将上好的面粉用盐水加用灰草烧成的灰碱和好，反复揉搓后，擀成薄薄的面皮，撒一层豆粉，折成三指宽的一叠，用刀细细切过，轻轻抖散，松松地拧成一纹，摆放整齐。吃时用白水煮熟，捞进凉水中浸过。煮出的面条薄细均匀，微微发黄。按所需多少捞进碗中，拌上菠菜、豆腐、黄瓜丝，或肉炸酱，再加上油

泼辣子和蒜泥，调上陈醋，口感柔韧滑爽。灰碱面是张掖农村待客的上食，也是判断姑娘和媳妇做饭手艺的一个标志。新婚第三天新媳妇的"试刀面"即指灰碱面。

粉皮面筋 河西一带，特别是在张掖，农民秋收后，家家户户要晾晒粉皮面筋。一来秋收后农闲；二来用新麦面做面筋质量好；三是因为马莲成熟，可用来晾晒粉皮面筋。逢年过节或喜庆之时，粉皮面筋是民间招待来客的应时食品。粉皮面筋的制作过程较复杂：由白面加水拌和揉洗，将洗出的淀粉加热煮沸，放冷凝固，切片晾干，即成粉皮。剩下的面筋蒸或烙熟切片晾干即可。做好的粉皮面筋，都用马莲丝扎成小把，贮存起来。食用时用凉水临时浸泡，既可做汤、炒菜，又可加葱末、蒜泥、椒油、盐及醋等凉拌而食，冷、热、荤、素随人口味而制，方便实惠，风味独特。

金昌面食

羊羔肉垫卷子 将羊羔肉剁成碎块，用清油爆炒，辅以葱段、蒜片、干椒，佐以姜粉、花椒粉、盐等调味品，加水焖至八成熟。将和好的面擀成薄饼抹上清油，卷成筒形，切成寸段，放在肉上。焖炖到面熟肉烂，即可上桌。羊羔肉垫卷子面香、肉嫩、味美，营养丰富。

武威面食

山药米拌面 武威一带最主要的食品。武威人称洋芋为"山药"。武威汉族一年里的大半时间，饮食中都有山药。它既是口粮，又可做蔬菜。当地人对山药的吃法有几十种，其中以山药米拌面在饮食结构中占的分量最重。当地有句俗语："三天不吃个山药米拌面，心里就干焦干焦的。""山药米拌面，元宝也不换。"长期以来，山药米拌面就是凉州汉族人饮食的象征。山药米拌面的制作方法较为简单：将小米淘洗干净后，下到开水锅中，待煮到烂时，有清香的味道溢出，然后将山药切成方块入锅并放进适量食盐再煮。山药煮到熟烂沙化时，再将面粉少许调成糊状徐徐倒入锅中搅拌使之均匀，到稍稠时为止。最后，在饭勺中放入清油，烧开后炝入葱花，泼进饭锅，再调入适量家腌酸菜即可。

米汤油馓子 武威仅次于山药米拌面的一种早餐。米汤油馓子即米汤泡油馓子。米汤多用黄米（糜

子米）加水以文火慢熬而成，所以俗称"熬米汤"。熬米汤时，要加入八角、花椒、草果等调味品。油馓子也叫"麻花"，是用"酵头子"发精面揉成圆形长条，蘸油后每两条盘绕拧成麻绳状，再在油锅里炸熟而成的一种面食。食用时，将油馓子泡在米汤中。也有的时候，以其他馍馍代替油馓子泡在米汤中食用。

炒拨鱼 "炒拨鱼"是武威的一种风味主食。"炒拨鱼"的做法讲究手上功夫，要求做到"精"与"巧"。所谓"精"，是指面的调制。"炒拨鱼"的用面，是以小麦面粉兑以一定比例的水和食盐，在碗（吃饭人多则用盆子）中反复搅制而成，盐和水的配制比例非常严格。和好的面要绕在筷子上继续搅，搅到一定火候，即黏而不沾，因此有"面质好不好，三百六十搅"之说。所谓"巧"，要求下面时手巧，眼到手到。其方法是一手拿碗，搅和好的面一端高过碗沿；一手拿一根筷子与碗沿相切，将面拨成大小、粗细、长短均匀的一条条"面鱼儿"并飞射入锅，且速度要快。"面鱼儿"在开水锅里煮熟后，捞至凉开水盆中"激"上一会，然后再捞到炒锅里，与肉、菜等一起，用大火炒拌片刻，即可食用。

行面 也叫"卤面"，是武威的一种传统主食。主要特点是在行面上浇上特别的卤汁，搅拌均匀后食用。行面的制作方法是：先用温水把面粉揉搓成穗子状，面粉中加入适量的食盐和食用碱，再揉为面剂子并使之发饧，以增加面剂子的韧性与可塑性。揉面是关键工序，不但要用力，更讲究技巧，使各个部位受力一致。食用时，将做好的面剂子稍加揉搓，双手夹住向外开拉，一开一合，行面就拉好了。拉出的行面可宽可窄，宽时如腰带状，窄时如韭叶，但都要求薄；也可拉成圆的，称"鸡肠子面"。将面捞到大海碗中盛放，浇上卤汁，就算做成了。

沙米粉 武威悠久的传统小吃。在秋后沙米成熟季节，人们就会采集沙米，作为以后的家常副食。沙米，学名"沙蓬"，属多年生草本野生植物，产于沙漠地带。制作沙米粉，要先将沙米在石碾上碾去皮，然后加适量清水浸泡2—3小时使其松软；同时把有一定拉力的小麦秆清洗干净待用。浸泡好的沙米，陆续倒在小麦秆上，同时双手揉洗小麦秆，直到把沙米洗成面浆。用箩过滤掺有小麦秆的面浆，使沙米面水滤入另外的容器，其后在火上蒸熟。食用时，将沙米粉切成条，佐以食醋、葱花、芥末、蒜泥、辣椒油等调味品。

兰州面食

兰州"三道面" 黄河流域的饮食习俗，无疑是我国北方农耕文化的一个重要组成部分，尽管它也创造性地吸收了北方游牧民族的部分食品，但以面食为主，配以各种副食，仍然具有最显著的地域性特征。陇上农家妇女，大都是做面食的能手，就以她们最拿手的面条来说，其品种之多，花样之繁，堪称世界之最，而其历史，亦相当久远。在国际上，却长期流传着"面条是由西方传入东方"的谬说，这其实正是"欧洲文化中心"的偏见在饮食文化中的一种表现。据新加坡《联合晚报》载：因发明速食面而赚了大钱的日本人"日清食品"公司，曾组织了好几个调查团到世界各地寻面食文化之根。日本国立民族博物馆的石毛直道教授在总结这次大规模调查的结果时说："公元三至四世纪时，中国黄河流域已将小麦经过加工革新，做成面条，为饮食文化增添了光彩，并经过丝绸之路向西方传播。"这个结论，纠正了面条是从西方传到东方的错误说法，澄清了历史的真相，肯定了华夏民族在饮食文化方面对人类的创造性贡献。

兰州清汤牛肉面，为清末民初时回民马保子首创。有一首赞扬兰州"四绝"的顺口溜，其词曰："麻子红的生，把把子的旦，伢狗子的包子，马保子的面。""麻子红""把把子"均为20世纪二三十年代兰州著名秦腔演员的艺名，"伢狗子"系一出售麻腐包子者的绰号。上面这首顺口溜，前两句赞秦腔名艺人，后两句赞地方名小吃。足见马保子的清汤牛肉面，早在九十年前就已誉满金城了。

牛肉面的独特处有三：一是汤的熬制，二是和面及抻面的方法，三是佐料的搭配，三者相辅相成，缺一不可。浇牛肉面所用的汤，是用大块牛肉、牛油、牛骨在大锅中加入部分调料清炖而成，比较讲究的，还要按一定比例兑入牛肝（或羊肝）汤和鸡汤，炖好后捞出熟肉，弃去牛骨，离火澄清，撇去浮沫，将清汤倾入一锅中令沸，并加入清煮熟萝卜片和另一部分调料备用，小麦面粉总是选用有"筋骨"的优质粉，而且必须用蓬灰水和成咸软面才符合要求。蓬灰水是用戈壁滩上的一种野生碱性植物——蓬灰草的烧结物熬制而成，用来代替碱水和面。这种植物碱的性能，在做面食方面，大大优于矿物碱。和面，是牛肉面馆最吃力的活，十有九家，都是由肩宽腰圆、力气最大的棒小伙子来操作。大团软面经反复捣、揉、抻、拉、摔、掼后，揪成长条，揪成茶杯粗筷子长的一条条面节，整齐排列在靠近锅台的案头，才算完成这道工序。下一步，就得由抻面师傅来表演绝技了。他操起一个面节，拨一层面粉在案边，将面节放在这层干面粉上一滚，稍稍搓得粗细一致些，然后根据顾客个人的爱好和习惯，抻成细面、二细、韭叶、宽面、大宽等各种不同的规格。观看抻面师傅的技艺，的确是一种美的享受，那些技术过硬的师傅，连抻数十碗细面，居然没有一根断线。再下一步，就是浇汤师傅的手艺了。他将沸汤中已浮起的这碗面，用长筷子一搅捞起，就全部到了碗内，很少出现二次、三次向同一个碗中捞面的现象。接着，浇上带萝卜片的牛肉汤，加上一撮事先切好的牛肉丁、香菜、蒜苗，再调入几小勺红艳艳的辣椒油，端到你的面前。这时，你只要手操起醋壶，朝自己的碗里调入适量香醋，搅动一番，就可以大嚼了。

浆水面，本为兰州及附近各县农户家夏季最普通的饮食，几乎家家会做，人人爱吃。后来，因其具有清热、降火、开胃、增食之功而愈来愈受到城里人的欢迎，渐渐变成了兰州市民夏季的一种美食。浆水面的制作，关键有二：一是浆水的沤制；二是手工面条的揉、醒、擀、切技术。沤制浆水的容器，普通家庭均用小缸，而出售浆水面的饭馆或个体户则用大缸。此缸必须专用，且事先应洗涤干净，最忌油类污染。最常见的沤制方法是：先将芹菜洗净切段，在开水中略烫后，捞入事先盛有凉开水的浆水缸中，再投入少量浆水"脚子"（又称"引子"），即别人家里已制好的浆水，令其发酵。不少人家往往将每天煮过面条的面汤晾凉后，将上面的清汤倾入浆水缸中，其目的一是加快发酵速度，二是使缸中浆水始终保持足够的数量，以便天天有浆水可吃。浆水缸必须盖严，且不得用带油或不洁的勺子搅动，否则，就会起"白花"，引起浆水变质而不能食用。在夏季，沤制三五天就好了，酷暑季节，从外面回到家，一碗清凉的酸浆水下肚，较之什么"可乐"还要舒服。也有用莲花白菜、莴苣叶、苜蓿等沤制浆水的，但味道都比不上芹菜浆

水清香可口。吃浆水面时，先从缸中轻轻舀出适量浆水，如果太酸，可掺入一些开水，使其酸味变淡，然后煮开，调上盐、油炝花椒和葱花，晾凉后备用。有些地方的农家，往往不用花椒，而喜欢用野生地椒来代替。地椒又名百里香，是一种中草药，有除烦热、防中暑、止呕吐、疗胃痛的功用，西北高原山坡上多有生长。此物与葱花一并油炝后调浆水，味道殊佳。

浆水面的面条，以手工擀制者为上。面粉以优质为宜，用碱水（或灰水）和面，要偏硬一些，然后揉足、饧好、擀薄、切细，这就是所谓的"利刀面"。下锅煮一开即熟，立即捞起，浇上已调好的浆水，撒上一撮切碎的香菜，就可以上桌。吃时，个人随量调些油泼辣子，佐生蒜瓣儿食，最为大众化。老兰州人都知道"薄擀细切，多待一桌"的俗语。这种汤面清爽滑利，酸得舒服，很耐咀嚼，是炎炎夏日的最佳饮食，进餐者往往胃口顿开，多吃一两碗者大有人在。如果接待亲朋，主人必然还得配上几碟小菜来佐餐，其中，以青椒、韭薹炒肉丝和陇西腊肉最为可口。清代进士、兰州近代名士王烜所著的《竹民诗稿》中，有《浆水面戏咏》二首，其一曰："清暑凭浆水，炎消胃自和。面长咀嚼耐，芹美品评多。溅齿酸含透，沁心冻不呵。加餐终日饱，味比秀才何？"其二曰："本地风光好，芹菠美味尝。客来夸薄细，家造发清香。饭后常添水，春残便作浆。尤珍北山面，一吸尺余长。"这两首诗，可说是对浆水面具体、形象而又风趣的写照。1972年，郭沫若先生陪柬埔寨贵宾访问雁滩乡，在一户农民家受到浆水面的款待，食后大加赞扬，一时传为佳话。

肥肠面，起先叫猪肠面，是兰州又一著名的地方性面食。陇上名士、临洮张鸿汀先生在其《兰州古今注》中写道："又有煮猪肠为汤，芼（音 mào，兰州方言词，用热汤反复冲浇使热——笔者注）面条以供食者，名曰猪肠面，以宣家巷为最。清时某巨公从军过兰，食而美之。后为相国，见陇人必以此为问。"这说明早在清代，兰州的肥肠面就已相当出名，连身为朝中相国的某公也在京城里朝思暮想，念念不忘哩！肥肠面的制作，关键在于洗肠和煮肠。办法是先将新鲜猪肠内壁翻出，除净污物，冲洗多次后，再加盐、碱和玉米面，反复捋、搓、揉、搓，其间需将猪肠翻回、翻出多次，以保证内外绝对干净，经过十数次冲

洗，直到毫无异味时为止，然后将沥尽水分的肥肠在开水锅中略煮，约三成熟时捞出，该汤弃去不用，而将肥肠置大砂锅中，加足含有碱水成分的清面汤和调料，用文火炖至软烂，捞出肥肠备用。再将白萝卜切成长方形小薄片，用水煮熟后，投入此汤中即可。肥肠面的面条，亦为抻面，只不过需事先煮熟、捞起，拌上熟清油晾凉。吃时，先将凉面抓到碗里，用铁勺舀滚烫的猪肠汤将碗中面条反复回热（即上述引文中所谓的"芼"），然后舀上此汤，加入当面切碎的肥肠段若干，调上油泼辣子、蒜泥和香醋，即可食用。蒜泥是肥肠面的重要佐料，有没有它，味道大不相同。

有人由于心理作用，总认为猪肠不洁而怕吃，其实，只要洗得干净，制作得法，味道绝对"盖帽儿"。北京的"炒肝儿"和西安的"葫芦头"，均以猪肠为基本原料，皆为当地名小吃，很受食客欢迎，就是例子。《得配本草》中说猪肠的性质是"甘、微寒，入大肠，治肠风下痢"。可见多食肥肠面，对患有"肠风下痢"之人是一种很好的饮食疗法。

白银面食

水川长面 水川长面，由来已久。宋仁宗宝元年间，秦州刺史狄青戍边来此，在黄河南岸原鲜卑西秦政权建都的废墟上建筑了一座城后，黄河两岸居民得以休养生息，喜食面食的当地居民就以长面作为逢年过节改善生活和招待客人的较佳食品。长面是白银一带居民较为喜食的面食之一，它以喷香可口味道鲜美著称，流传于白银地区黄河两岸。

水川长面与其他面不同，它长长的，细细的，第一次品尝它的人，第一印象就是"酸"，因为它的汤主要是用比例稍多的醋、酱等调味料调制而成，而"酸"是它的特色之一，这使它口感独特，鲜美开胃。再加上葱花、鸡蛋、豆腐粒、臊子粒等作为提升口感色相的点缀，品尝时还需搭配上当地野菜做成的各种小菜等。它的做法也是它的特色之一，水川长面讲究"三光"，即手光、盆光、和出的面光。和出的面要求筋道，拉面时不易断，拉面时沙沙作响不能停顿，而且要宽细一致，一条是一条，一根是一根，匀匀称称。煮熟后要先在凉水里浸泡片刻，再浇上特色汤汁。水川长面还可以一把一把地晾干进行长时间储存，十分方便。2014年5月6日，中新网记者在甘肃白银市走基层，发现当地的水川长面和兰州的牛肉面

相媲美。面条长长的细细的，煮熟后先要在凉水里浸泡片刻，再捞到碗里浇上以大肉臊子为主的汤。这种汤有绿菜，还有酱、醋调色，还可以根据个人口味喜好，再调上油泼辣子，味道十分鲜美。

定西面食

麻浮饭 冬令气候严寒，立冬之后，便是朔风飞雪，以至数九寒天，气温突降，洮河之水流在石上，犹如寒瀑跌崖露珠凝冷，迸溅出许许多多豌豆大小的水珠，立即结成冰粒，飘落在河面。洮河水面上浮动的冰珠，当地人称之为"麻浮"。他们用冰珠做成的饭，又叫"麻浮饭"。

洮州人把能否做鲜香可口的麻浮饭，作为衡量一个姑娘是否勤劳聪慧的标志。做麻浮饭还真有点不简单，其具体做法是：三九天先到洮河中去捞麻浮，用木桶提来，必须使其保持冷冻；再用面粉拌成面团，把冰粒包裹在面团当中，搓成颗粒状；然后将瘦肉和姜、葱等剁成像做丸子的肉泥，与面粒一齐下锅，等开锅后，因温度上升，冰粒溶化，使面粒中间变空。这时有部分肉屑趁着汤滚而钻进空洞中，再放上佐料，炝上葱花，就成香喷喷的麻浮饭了。吃时，可根据各人不同的口味，调配好蒜泥、辣子、酱醋或就着咸菜。麻浮饭吃起来富有弹性，面粒裹肉屑，久嚼有余香。那烹调的滋味，特殊的口感，令食者难忘！如果也讲色香味形的话，与名菜佳肴相比，毫不逊色！据说，临潭城关有位耄耋之年的人，在弥留之际，还想吃一次过去吃过的麻浮饭，可当时是六月伏天，哪能办得到呢？只好遗憾而终。在洮州人看来，吃麻浮饭也是一种口福。现在科学发达，如果在数九寒天把麻浮捞来放在电冰箱内，到三伏天运进城里，大量加工麻浮饭，供应更多的食客享用，是不成问题的。假如你有游兴，不妨冬天到古洮州来，一面观赏"洮水流珠"的奇景，一面美餐一顿麻浮饭，饮一杯捣罐茶，保证会给你留下美好的印象。

平凉面食

静宁锅盔 静宁锅盔，以色泽细白、脆酥醇香、久放不馊而风味独特，享有盛名。

静宁锅盔的制作始于何时，无从考究，据当地老年人回忆，清朝同治年间，在静宁城区回汉群众中就有以加工经销锅盔为其职业的。静宁锅盔又叫"大饼"，但从形态上看，因为其形状、大小和花纹等外

部特征宛如一轮金黄色的葵花花盘，又名"锅葵"。静宁锅盔有其独特的加工方法和制作技巧。主原料面粉以前都是用老芒春麦磨成的"75粉"，这种面粉柔劲大，烙成的锅盔不裂口。烙锅盔前，先将面备好，按每斤面粉二两五钱的比例加水，再放入适量酵面和少许碱水。然后进入第二道工序——揉面。面不能用手去揉，而是用木杠碾压。揉面时，杠子一端插在案板后墙壁上一个特制的木框里，人的两腿夹住杠子的另一端，双手扶杠，经过一上一下均匀多次挤压，直到把一大堆面团揉得柔软光滑为止。将揉成的面团盖上油布，以免因水分的蒸发而变硬变裂。接着依成品的大小将整面团切成小块，再次用木杠碾压，使其变得十分光亮柔软。这是关乎成品质量的关键性阶段。将揉压好的小面团用小擀杖旋成小圆饼，即可入锅烙制。为了随时控制火候，烙锅盔用的多是易燃性柴草。内行巧手制作的锅盔各有特色，但总的都有皮白、外形平整、薄厚均匀等特征。上等锅盔正面都有一串龙或一朵云的花色图案，色泽光亮，香脆耐嚼，不易碎裂，即使赤暑炎夏也不易发霉变质，是旅途携带佳品。静宁锅盔早就闻名省内外。据说晚清左宗棠入疆路过静宁，特意买了一批锅盔作为军粮，后来发现沿途所买其他食品大都有霉变，独静宁锅盔色形味如常，静宁锅盔由此流入新疆。至今，静宁人回乡，新疆居民总要嘱托带些锅盔回来，或分享邻居，或馈赠亲友。国民党元老于右任先生从静宁探亲回去，也把锅盔作为礼品分送好友。新中国成立后，静宁锅盔曾在兰州、北京等地展销过，还受到一些外国朋友的青睐。十一届三中全会以后，一些锅盔老户重操旧业，光扬门户，新户拜师学艺，不断进取，在竞争中求发展。目前，仅东关车站一带经营锅盔的就达三四十家。

陇东面食

荞剁面 "环县有三宝，剁面黄酒鲜羊羔。"荞剁面，以其制作工具独特、操作简便、面柔软、味淡美而闻名，堪称民间膳食中的一绝。荞剁面是以当地特产荞麦面粉为原料，用冷水和成面团，在案上擀成长方形的薄面饼，用长尺余的双柄刀将面剁成细长的面条。操作时，主妇双手握柄提刀，动作优美，起落迅疾，边剁边将细面条推入开水锅里，水沸即熟。剁面煮熟后，或拌上羊肉臊子，或捞入酸辣清汤，或泼上滚煎麻油，别是一种滋味儿。若有稀罕客人到来，主妇总要做一顿味美爽口的荞剁面来盛情款待。剁面的历史，大抵可以追溯到一千多年前。那时候，人们还不会擀面条，而是把面擀成饼子入锅煮熟吃，叫作"汤饼"。因面是白色，又叫"汤玉"。唐以后，曾把汤饼称"不饦"或"饨饦"。以后，人们嫌汤饼大而且厚，吃起来很不方便，就用刀剁成条状煮食，此即最初的剁面。可见广泛流行于环县民间的荞剁面，就其工艺来说，源于五代前后。因此，有人把它称为面条发展史中的"活化石"。

天水面食

呱呱 天水地方的传统风味小吃。相传在西汉末年，隗嚣割据天水时，其母朔宁王太后，对呱呱特别嗜好，每隔三日必有一食。由是遂为皇宫御食。后来隗嚣兵败，亡命西蜀，御厨逃离皇宫，隐居天水，在城中租一铺面，经营呱呱。天水呱呱就这样流传下来了。还有一种说法是明代有一刘姓父女，在原荞凉粉的基础上创造了呱呱。天水呱呱色泽美观，调料讲究，精柔而富有韧性，重油而浓香不腻。呱呱的吃法也很独特，先用手将呱呱撕成碎块，再配上辣子油、芝麻酱、酱油、芥末、香醋、蒜泥、精盐等十几种调料即可。呱呱之所以特别香，关键在于调料的配制。许多祖祖辈辈经营呱呱的人家，有独特的调料配制之法，将其视作祖传之宝，秘不外传。呱呱冷吃热食皆可，随季节而变，是四季咸宜的小吃，夏季冷吃清凉爽口，冬季温热鲜辣发汗。在天水市区，出售呱呱的小摊布满街头。每个摊子前，人人或坐或站，捧着一碗油亮、流红、溢香的呱呱在大嚼。唏唏声、嘘嘘声、喷喷声，不绝于耳。人人容光焕发，处处红唇翕动，连辣出来的眼泪和鼻涕也发红。当地人喜欢以呱呱为早点，真是"不可一日无此君"。若初食者吃了满碗油辣辣的呱呱，定会咋舌、冒汗。天水呱呱品种较多，有用荞麦做的，有用冰豆做的，有用豌豆做的，也有用粉面做的。其中尤以荞麦做的呱呱为上品，最受人们欢迎。制作方法是先把当地盛产的上等荞麦粉碎成"荞糁（天水方言读"糁"为zhēn）子"，筛去荞皮，将"荞糁子"入水浸泡，取其淀粉，再将淀粉加水入锅，用文火一直煮到靠锅的部分黄而不焦，满锅的呱呱（实际上就是锅巴）天水人称"锅巴"为"呱呱"，是一意之转）色泽黄亮时，即可停火，然后出锅装入盆内，待晾凉后，即可食用或上市。

麻籽　陇东、天水、陇西一带产麻籽，麻籽是一种油料，这一带民间都有没事"嗑麻籽"的习俗。农闲时节，村民凑在一起闲聊，边聊边嗑麻籽，其乐融融。逛庙会、浪山场，都少不得嗑麻籽。城镇电影院、戏院，观众中很少有人不嗑麻籽，每天清扫场地，都能扫出一堆堆的麻籽皮来。

面鱼　天水一带的食品，也叫作"面鱼"，当地人称为"蝌蚪"（天水方言读为 guǒzōu，一音之转），因形似小鱼、蝌蚪，故雅呼之。面鱼多用苞谷、荞麦面粉制成，以苞谷面粉最为普遍。制作方法是，先把锅中的水烧开，然后用左手抓面粉徐徐撒入锅中，右手持擀面杖或叉棍快速不停地旋转搅动，使面粉与水相融合，这样不停地撒粉入锅，不停地搅动，待稠硬成团后，再沿锅淋入热水，用文火慢慢使熟，并不至焦糊，这时用手勺把熟的面粥舀入陶制的漏勺中，再用手勺背在漏勺中反复挤压，让面粥通过漏勺上的许多小洞直接滴入盛有凉水的盆器中，遇冷后立即变成"活蹦乱跳"的"蝌蚪"，盛入碗中，即可食用。苞谷面粉有黄、白之分，做成的面鱼颜色黄白分明，浸在水盆中，宛如群鱼嬉水，诱人眼目，馋人口舌，煞是奇特美观。食用时，既可"酸"吃，也可"甜"吃。天水人所谓酸者，即是在面鱼中浇入做好的浆水，再配上油泼辣子、蒜泥、香菜末、精盐等调料，酸鲜奇香，滑利爽口。食者无须细嚼，"蝌蚪鱼儿"纷纷自动滑游入肚，真是其乐无穷。所谓"甜"吃者，在面鱼中浇上用豆腐丁、蛋煎饼、西红柿、肉丁、菠菜等精烩而成的汤头，再配以香醋、油泼辣椒、蒜泥、香菜末、精盐等调料，便成了色味俱全、鲜香浓郁、清爽无比的美食。

猪油盒　据传是从清代宫廷传来，人称它是宫廷点心。猪油盒的主料为上等精白粉，辅料有生猪板油、大葱嫩芯、胡麻油、精盐等。做法是：把精白面粉发酵待用；另取油、面以 1:3 的比例制酥；再把大葱嫩芯切成细末。完成以上工序后，把发酵好的面团加一定比例的碱进行反复揉制，直至揉到精柔有韧性时，拉成长条，抹上胡麻油，揪成 1 两重的面剂子，再把面剂子按扁，包入制好的生油酥卷拢，再按扁，包进生猪板油、大葱末、精盐等，捏拢收口即成圆形

猪油盒生坯。这时把鏊子置火上预热，在鏊内抹上少许胡麻油，鏊烧热后，将生坯放入鏊内稍烙一会，即在鏊内倒入适量胡麻油，把生坯半煎半炸至金黄色时，从鏊内取出，置于炉中烘烤至熟。猪油盒制作工艺复杂精细，用料讲究，经烙、煎、烤的综合加工，故具有酥脆松软、滋味浓香、色泽绚丽、油而不腻、酥而不碎的特点，受到人们的钟爱。

乌龙头大卤面　乌龙头大卤面是天水独有的传统小吃。此面的特殊处是以本地山林所产野菜乌龙头作为臊子的主菜，而面条则用扯面。乌龙头学名楤木，别名刺龙苞、鸟不宿等。属落叶灌木或乔木。叶互生，奇数 2 回羽状复叶，小叶 7—15 片。在叶未展开时，叶头集束成一蛇头深绿色叶苞，俗称乌龙头。食用以叶苞状最佳，叶片展开后品质下降。乌龙头味微苦，有特殊清香味，具祛风除湿、活血化瘀、消肿止痛之功能。食用时将叶苞剥开，拣择干净，在开水中稍焯一下，去其苦味，以备做臊子和凉调。扯面的制作也很讲究。先用温水把面粉揉搓为穗子，加适量碱水，揉为面剂子，并使发饧以增加面剂子的韧性和可塑性。扯面的功夫全在于揉。揉面不但要力气，更需要技术，揉、搓、擀、压等手法都得用上。扯面更讲究手功。食客进店，随着堂倌师傅的一声吆喝，面匠师傅把面剂子在案板上反复揉搓，双手夹住面条，一拉再拉，开合自如，一把薄厚宽窄均匀的扯面便成功了。天水的乌龙头大卤面不用"一窝丝""韭叶""二细"的扯面，而喜用宽面大臊子，这是其特点之一。做乌龙头大卤面时，先把乌龙头、芹菜、木耳、豆腐干、大肉、夹板肉、煎蛋饼等切成大块、大片，或滚刀块，再配上切成大段的黄花菜与氽好的丸子，不带汤炒成臊子，然后兑入适量的热水，煮沸后用淀粉勾芡成稠糊状，即可浇配扯面。吃时，把宽扯面捞入碗中，浇上臊子汤头，再调上油泼辣子、醋、盐等佐料，即成荤大卤面。臊子中不放肉则为素大卤面。乌龙头大卤面的特点是面宽、碗大、臊子大、臊子稠，与面条紧粘在一起，味美可口，充分体现了西北人粗犷豪放的性格。而且臊子中重用乌龙头，微带苦香寒香之味，很是上口。在天水，乌龙头不但是配做大卤面的山珍至味，更多的时候则用来凉拌食用。凉拌不但苦香清爽，而且开胃活血。因之，仲夏之季，当野生乌龙头上市之时，人们趋之若鹜，一啖为快。

麻腐包子　麻腐包子是流行于天水地区的一种美味小吃。做时，先将麻子炒熟磨成浆，过滤去皮烧开，加卤水点出麻腐，再加入佐料，做成包子。食时，调入蒜与醋和成的汤汁，异香扑鼻，食之难忘。

陇南面食

火锨馍　陇南各地广泛流行一种叫"火锨馍"的食品。其制作方法独特，味道香美，独具特色，实为粗粮细作之佳品。做火锨馍时，将玉米面和以洋麦面或荞面，加水揉和成面团，擀压成饼，将专用锨在火上烧热，把面饼放在热锨上反复烧烤。待两面均变硬结壳后，埋入火塘的火灰中，候烧熟后取出，吹去灰即可食用。这种火锨馍外脆内酥，喷香可口，若与油炮酸菜食用，别具风味。群众中流传的"陇南美食多，荞面火锨馍，清油炮酸菜，便是好吃喝"的歌谣，就是说的"火锨馍"。

荞面油圈　陇东南风味小吃。将荞面用开水冲烫拌匀后，连同面盆置于80℃水锅中15分钟左右，取出晾至20℃左右，先掺进麦粉少许，再加入酵面，待发酵后，用手蘸油做成圆饼，中间旋出小孔，入油锅炸熟后即可食用。荞面油圈甜糯软香，是不可多得的风味小吃。

回族面食

馓子　馓子有咸馓子和甜馓子之分。淡黄清亮，香气扑鼻，造型美观。每逢开斋或喜庆，回族妇女们就想方设法做出各种各样的油炸食品，馓子就是最富民族特色风味的油炸食品之一。馓子的做法很讲究，首先，做馓子的男女要按回族的习俗，进行大洗和小净。用上等面粉，以鸡蛋和清油、牛油、盐水等各种调料水和面，这是咸馓子。甜馓子则用蜂蜜、红糖等和面。面和好后几经压揉，直到把面压得起面泡，再揉成馒头的块，抹上油，放入面盆盖上盖，捂上湿毛巾或塑料布饧30—60分钟。面饧好后，像拉面一样，边拉边搓成圆条，粗细像面条一样，再精心盘绕入油锅炸熟。馓子可以存放一年不变味。馓子古名叫"寒具""环饼"，在我国已有上千年的历史。苏东坡有诗云："纤手搓成玉数寻，碧油煎出嫩黄深。夜来春睡无轻重，压扁佳人缠臂金。"

汉族肉食

暖锅子　将预先做好的丸子、酥肉、粉条、豆腐、蔬菜装入铜质或砂质火锅内，上盖大肉片，加入汤料或鸡汤，在火锅芯煨木炭火。炖煎后，根据口味再加入适量调料。热气腾腾，香飘满屋，闻之涎滴，食之可口。每逢年节，家人团聚，围在一起，吃着滚煎的暖锅，气氛格外融洽。

腊肉　即腌猪肉。民间有喜欢吃腊肉的食俗。腊月里，将年猪宰杀后，除供过年用的部分外，余皆按肋割成条块，按腿割成腿型，撒上食盐、花椒粉等，盛于缸内，过一些日子，从缸中取出，悬挂于屋檐下，任太阳曝晒，使之有腊味。因腊月里腊制而成，故称。如来客人，或过节令，便把腊肉块子取下来，割上一些，以供食用。或做腊肉夹子，或炒腊肉韭菜等各种蔬菜，或煮腊肉麦仁，或包腊肉包子，甚至连祭祀用的各种献祀，也有用腊肉做的。

烩菜　一般在年节时候吃。烩菜的原料是肉汤、冬萝卜、长白菜、粉条。烩菜的制作方法是：将冬萝卜洗净、切成或擦成细丝长条，经清水漂过后放入腥汤内煮之，同时，加进切成长条的长白菜和粉条，以及食盐等各种调料，煮熟为止。而后盛入缸内，随吃随热。自食时，一般不再放碗面子，仅放些葱花、蒜苗丝即可。而给客人端烩菜时，要放碗面子，即两片熟腊肉、四个丸子、几片油炸豆腐和夹板肉，有的还在烩菜碗中放一块小骨头，最后，放些葱花、蒜苗丝。

陇西火腿　陇西火腿、腊肉的选料严格，配料考究，制作工艺精细，其产品色味俱佳，表皮红艳如染，膘肉晶莹透亮，宛如玛瑙，肥而不腻，肌肉灿艳如霞，瘦而不柴，脆嫩清香，具有独特的风味。特别是与火腿、腊肉一起腌制的腊口条（猪舌头），更是宴客珍肴、高档礼品。

陇西火腿的制作方法如下：

1.选料。料是味之本。成品的质量优劣，首先取决于原料的好坏，其次为调料的配合适当，腌制工艺的考究。陇西火腿的主要原料是"蕨麻猪"，就是岷县、会川、武山及陇西南部地区所产的"南山猪"。这种猪嘴尖体小，皮薄膘浅，春夏放牧，常食蕨麻、党参、当归、黄芪等野生药草，故称"蕨麻猪"。秋后入圈养，入冬后由收猪客收购，成群赶往陇西宰杀腌制。其肉肥瘦相间，味带药香，质地细嫩，滋味醇美，是腌制火腿的理想原料。其中尤以岷县闾井、蒲麻等镇所产最佳。腌制陇西火腿的主要调料是食盐和花椒，并佐以小茴香等多种香料。一般每 50 千克的肉需食盐 3000 克、花椒 250 克、小茴香 100 克、曲酒 100 克，姜皮、大香、荜拨、良姜、砂仁、豆蔻、硝酸钠各少许。食盐是百味之主，不仅起调味作用，更有脱水防腐、便于保藏的作用。靖远乔城产的食盐，称为"雪花盐"，含有硝酸钠等成分，腌制火腿的味最好。花椒味麻且辣，有芳香味，可去腥解腻，刺激食欲。小茴香香味浓郁，有健脾开胃，理气祛风散寒等作用。曲酒可以解除腥味，增加芳香味，抑制细菌生长和繁殖。将上述各种调料拌均匀，如有"雪花盐"可不再加硝酸钠。

2.腌制。陇西火腿在冬季三个月腌制，春季上市。以立冬到冬至腌制的火腿最好，称为"正冬腿"，腌制时，将刚宰杀的新鲜猪肉除尽余毛，劈为两半，取下板油、油边、里脊及宰杀刀口处的血肉，在夹心肉处开口，取出前胛骨、前膀骨，用砍刀轻轻地砍断全部肋骨；在脊骨与后腿衔接的卵骨部分斜劈开，将臀部旋成椭圆形，连同后腿形似琵琶，即为火腿，其余部分称腊肉。待肉晾凉后，依块的大小薄厚分别下调料，将配制好的调料粉用力擦揉于肉、腿的内外，直至湿润为止。特别是取过骨头的刀口内要放进足够的调料，全部擦好后开始下池，一层块肉，一层火腿，封顶时全用块肉，排码腿肉时，在肉厚的地方再撒一层调料，以防腌不透。腌制期间翻倒一次，将上边的翻到池底，方可入味均匀，质量一致。下池 30—40 天后可以出池风晒。

3.风晒。腌好的火腿出池以后，要连日挂架风晒，直至水分蒸发、割骨口干、肉质坚硬、表皮红亮、香味扑鼻为度。晒的过程中要注意，每天傍晚要等肉晾凉后方可入库，次日早上再出库继续挂架风晒。晒好后的火腿要分别码垛在干燥通风的库房内。下面要垫上木椽，保持通风。入库后还要经常检查，半月后翻倒一次，以防变质。

4.烹调。火腿一般采用蒸煮两种方法使熟，以蒸制的肉味更鲜美。先用开水刷洗干净，剁成块上笼，按肉质的老嫩蒸至断生即可。煮时应将肉厚处朝外置入水中，用旺火煮到断生即可。要随时检查防止煮烂。火腿适宜于高档菜做配头，制成"火腿玉兰片""火腿玉树鸡"等菜肴。也可以单独成菜，或用于拼摆冷荤拼盘。切成薄片夹馒头、大饼、锅盔，是群众最喜欢的方便食品。

陇西腊羊肉　羊肉历来是陇西人民的主要肉食品之一，消费量仅次于猪肉。用羊肉制作各种食品，较为普遍。其中"腊羊肉"是消费者最欢迎的风味食品，在省内外享有很高的声誉，与火腿、"金钱肉"合称为"陇西三绝"。腊羊肉，实为卤羊肉，是用鲜羊肉煮制并腌制的腊肉。因为煮羊肉用的卤汁连续使用，每年到腊月下旬清吊存放，直至来年农历七月再开老卤煮制。如此反复，可使用几十年之久。卤汁的时间越长，所煮的羊肉，香浓度和色泽越可与腌腊制品相媲美。陇西腊羊肉的制作技术，据传是晚清时从西安传入的，但由于长期和当地烹调技术及口味结合，形成了不同于西安腊羊肉的特殊风味。城关地区的一些回、汉居民，世代操此业为生，其中以回族肖姓和汉族张姓的最有名。近年来操此业者有数十户，涌现了一些后起之秀，颇得消费者信赖。腊羊肉有明显的时令性，一般在农历七月开始上市，至春节前停止，是冬春两季较大众化的食品，早点、正餐皆宜，待客、佐酒极佳，更是宴席佳肴中上等的冷荤原料。用当地的小锅盔或馒头夹上腊羊肉，其风味更独特，滋味更完美。

腊羊肉的制作，选料严格，工艺精细，调料多样，讲究火候。其制作程序如下：

1.选料。鲜羊肉（以 4—6 牙的肥羯绵羊和冬至以后的肥羯山羊为好）、红曲米、植物油、食盐、姜皮、花椒、草果、茴香、丁香、桂子、桂皮、料酒。

2.制作。先把红曲米碾细，与细食盐以 2:1 的比例拌匀待用。趁热将红曲米粉在刚宰杀剥皮的羊背部搓揉均匀，使其色泽红润。然后再开膛去净内脏及污物，剔去骨头，待下锅。

把各种调料按比例包成料包。锅内放水，下垫羊骨，把整个的羊肉背部朝上平正放入水中，再加上料包、食盐、料酒（水要高出肉面），用大火烧开后，撇净浮沫，改用小火煮制。根据肉质老嫩，掌握煮至酥烂后捞出，趁热整形。冷却后，在表面擦上熟的胡麻油即可上市。肉捞出后，把汤烧开，用筛滤去渣滓，盛入专用器皿中。以后便用此汤反复煮肉，定期添加调料，合理存放，即成老卤。老卤的质量是腊羊肉质量好坏的关键所在，合理的煮制、存放极为重要。由于老卤每年的封存时间一般要在半年以上，封存前要加新料包煮制几次，提高卤汁中调料的浓度，并要使老卤中保持较大比例的羊油。最后加入适量的食盐，烧开撇去浮沫，滤去渣滓，盛入专用器皿中，放置在通风阴凉处。冷却后羊油凝在表面，形成密封的保护层，把空气和微生物与卤汁隔绝，使卤汁长期存放而不变质。特点是脂白若玉，清香不腻，肉红如霞，酥嫩鲜美。营养丰富，风味独特，经济实惠，老幼皆宜。

陇西金钱肉 陇西农民饲养毛驴很多，是当地农民的主要牲畜之一。驴肉细嫩味鲜，经济实惠，陇西自古有屠宰加工驴肉的传统习惯。驴肉以腌制后食用为最佳。陇西腌驴肉是陇西著名特产之一，质细色艳，风味独特，为佐酒佳品，畅销省内外。

腌驴肉中珍贵品是"金钱肉"，是用公驴的生殖器阴茎部分（俗称驴鞭）腌制加工而成。加工的成品，色泽红亮，柔韧味长，切片后形状酷似古钱币，因而得名，是难得的宴客珍品。传说远在唐代，陇西的金钱肉就作为贡品，贵妃杨玉环食后赞不绝口。

"金钱肉"不但好看好吃，回味无穷，而且含有丰富的蛋白质和对人十分有益的钙、磷、铁等元素，具有食疗食补、强身补肾的特效。《本草纲目》中指出驴胜（通用名称驴鞭），性温、味咸、补肾壮阳、益精补髓，用于肾气不足，遗精早泄，阳痿不举，肾寒精冷。所以，富豪人家逢年过节，将"金钱肉"精心包装，用红绫束绑，作为走亲访友的礼品。"金钱肉"取其"金钱进门"之吉兆，成为不可多得的高档礼品。一些上层权贵人物，都以来陇西品尝"金钱肉"为快事，使"金钱肉"名声大噪，价值倍增，产量翻番，销路走俏。据1987年统计，陇西从事腌制驴肉及"金钱肉"的国营、集体、个体作坊50多家，年产腌制驴肉40多万斤，"金钱肉"5000多条，仍供不应求。

"金钱肉"与腌制驴肉同时进行。深秋初冬是最好的腌制季节，春节前后上市最适时令。近年来随着生活条件的改善，把腌制好的"金钱肉"冷冻贮存，可长年食用。"金钱肉"的腌制及烹调方法如下：

1. 腌制。每腌10条"金钱肉"，需精盐300克、花椒20克、小茴香10克、白酒100克。先将驴鞭用清水洗净晾干，取陶瓷缸一个，洗净晾干。将花椒、小茴香压成粗末，用盐面、白酒拌匀，往缸内撒上一层，排上一层驴鞭，又撒一层调料面，直至排放完后，把剩余的调料面全部均匀撒在上面。待腌制半月后，翻缸一次，把上面的翻到下面。一个月后即可出缸。

2. 烹调食用。把出缸的"金钱肉"用清水洗净，在开水锅中焯2分钟，捞出用刀剥去上面的黑皮，用铁筷子捅去尿道膜。再清洗干净，入锅加水（最好用砂锅），用旺火烧开。撇去血沫，加盖用小火焖煮4个小时左右（因有老嫩之分，可灵活掌握）。将原汤带肉一起置于搪瓷盆内（以防铁锈变黑）浸泡两夜，使其吸足水分，胀发充分，而软嫩透亮时，沥干汤汁，剥去上面的一层薄膜，横刀切成圆形薄片，即成金钱状，排码在盘内，撒上葱花，淋上香油，即可上桌。可作为佐酒凉盘，也可熟食，用扒、溜、酿等方法烹调均可。当地把加工"金钱肉"的过程总结为六句口诀：形如金钱滋补大，冬季腌制最为佳。精盐茴香花椒面，食时香油配葱花。柔韧红亮咸鲜香，春节佐酒最适当。

陇西烧鸡粉 烧鸡粉是陇西的特色小吃，用鸡肉、鸡蛋、淀粉、菠菜及多种调料加工而成，四季均可食用。盛夏酷暑可以凉食，清爽可口，能消暑解热，为上等清凉饮食。隆冬寒天可以热食，香鲜味厚，佐酒极佳。特别是病愈体弱人，以烧鸡粉滋补，能收到开胃健身、迅速康复的效果。现将烧鸡粉的用料和做法介绍如下。用料：扁豆淀粉（或绿豆粉、豌豆粉亦可）500克，母鸡1只，鸡蛋20个，菠菜1000克，胡麻油100克，鸡油50克，姜片25克，花椒15克，大香、草果、胡椒各10克，丁香、桂子、味精各2.5克，精盐25克，酱油50克，大葱25克，大蒜1头。

做法：1. 豆淀粉加水500克溶化。把菠菜洗净后用手反复搓揉，再加水搅匀，用纱布滤出菠菜汁待用。2. 锅内加水5000克，置火上烧开后慢慢倒入已溶化的淀粉汁，不断用木棍在锅内搅动。待淀粉快熟时，再加上菠菜汁继续搅拌，使其均匀。直至熟后倒入盆内或盘中，晾凉待用。称绿粉。3. 将拔去毛的母鸡开膛洗净，下入加水的锅内。水烧开后撇去血沫，加入精盐，并将上述姜片、花椒、大香、草果、胡椒、丁香、桂子各取三分之一，装成调料包下入水中（其三分之二调料碾成细末待用）。继续煮至鸡肉酥烂时，捞出鸡肉。将汤中浮油撇净，再加葱末、蒜泥及各种调料粉，用勺搅拌。待汤开后，再撇净浮沫和葱蒜，加入味精，出锅淋上加工油待用（加工油是用鸡油、胡麻油加花椒、大香、葱、蒜各少许，炸制而成）。4. 把鸡蛋煮熟，剥皮后在酱油中浸泡10分钟，捞出待用。5. 把绿粉切成约3厘米大小、3厘米厚的四方块，分装20碗。把每个鸡蛋切成8牙，放入装绿粉的碗中（每碗中放一个蛋）。再把鸡肉切成小块，分放在20个碗内。然后浇入鸡汤即可食用。

特点：褐汤绿粉，蛋肉兼备，营养丰富，清香满口。在1989年9月甘肃省商业厅委托省烹调协会举办的全省首届名特优质小吃评比中，陇峰酒家特二级厨师李水清烹制的烧鸡粉，被评为全省7种"名特小吃"之一。

陇东羊羔肉　陇东各县山区地带多养羊，羊多，吃羊肉亦多。常见的有清汤羊肉、手抓羊肉、清炖羊肉，唯羊羔肉特殊，系上品。华池、环县、庆阳均有，以环县羊羔肉最驰名。每年开春至端午前后，羊羔大量繁殖，为控制羊群规模，或预防弱小羊羔春乏难以成活，或取羔皮制衣。因此，在羊羔出山食草前宰杀食用，称羊羔肉。羊羔乳期肥壮，肉鲜且嫩，油炒、水煮或裹面笼蒸，味美可口，是馈赠和待客佳品。

陇东猪火腿　庆阳特产，庆阳县城及附近一带群众自制猪火腿，颇具盛名，久享赞誉，其制法：将猪腿用刀切开三道缝，填入细盐用石块压住，流尽血水。第二年开春，用开水洗净，翻晒，农历三月前后，用熟清油涂抹一遍，使肉变成红色挂起，即成火腿，可保存三四年而不腐。

少数民族肉食

黄酒羊肉　临夏人民素有喝黄酒的习俗，同时也有自酿黄酒的习惯。大街小巷有很多黄酒铺，每到早晨七八点黄酒铺里总是坐满前来喝黄酒的中老年人，少则三四碗，多则四五碗不等。据说黄酒有提神活血、滋养身体的功能。临夏人不但把黄酒当早茶，还有一种更有营养价值、鲜美可口的饮食，它就是黄酒羊肉。人们吃黄酒羊肉时既饮酒又食肉，这种黄酒羊肉已经成为临夏各族人民喜食的保健饮食。黄酒羊肉的主要配料是黄酒和羊羔肉，因为羊羔肉鲜嫩、味美、易熟，营养价值高，所以民间讲究做黄酒羊肉要用羊羔肉。黄酒羊肉的具体做法是：先将羊羔肉用刀切成绿豆大小的肉丁，将黄酒倒入铜炒勺内，用强火急滚，待黄酒沸腾后，再将羊羔肉倒入铜勺的黄酒里，使之沸滚两下，即可将酒倒入碗内，只加少许一点葱花。虽不加任何别的调料，但香气袭人，这时一碗鲜嫩可口、酒醇味美的黄酒羊肉由店主端在了你的面前。吃这种黄酒羊肉的大多数是白发银须的老人，但他们面带童颜，精神焕发，据了解，因为他们经常来吃黄酒羊肉，是黄酒羊肉滋养了他们的身体，焕发了他们的青春。

手抓羊肉　家里来了客人，主人从羊群里挑一只膘肥的羊宰掉。如果客人不多，就卸下四条腿做饭用，其余部用刀按照关节部位一块块卸开，肋骨一根根分开，腰脊骨、后髋骨、羊胸、脖子都分成小块。肉下锅时，切忌热水中下锅。待锅开后用勺子撇掉血沫，下适量的姜片、花椒、食盐、辣皮。肉刚熟即可出锅，这种肉叫"开锅肉"。吃时肉脆嫩。如果过了火候肉变老，非得煮烂再吃。一般人家都备有大蒜，在吃肉时同食大蒜，肉味会更鲜美。在吃肉之前主人备盆净水让客人洗手，或送上一条湿毛巾让客人擦手。因为肉是大块的，只能用手抓着吃，故名"手抓肉"。

临夏杂割　杂割，又叫杂碎，是流行在临夏地区的一种民间风味小吃。它味道鲜美，老少皆宜，只要你走进临夏，每当早晨，买杂割的摊点上，总是围满头戴号帽的回族老人和小孩，一碗丰盛的杂割，外加一个煮麻花，便是一顿美味的早餐，如果你还不满足，还可以加一点汤，它的汤特别好喝。一碗杂割吃下去，不饥不渴，直到中午都不饿。

杂割制作的原料是牛的心、肝、肺、腰子（肾）、肠、胃等内脏和蹄筋及部分头肉，所以人们又称它牛杂割。

牛杂割摊主多数是回族，他们在卫生和味道上都十分讲究。杂割的肉料要现宰的牛下水（内脏也称下水），不能过夜。现宰的新鲜下水马上翻洗干净，入锅后加足水量，大火煮沸，撇去沫子和油，然后放上食盐、草果、花椒、胡椒、姜片等调料，文火慢煮，待肉绵汤鲜后，将肉捞出晾凉。杂割的汤非常重要，讲究色泽清亮、不油不腻，味香可口。

杂割吃时先将煮好的杂碎的各个部位各取一点切成小块，放进碗里，这样一碗杂割有牛内脏各个部位的肉，特别讲究要放一点肺，民间有一种说法："杂割没肺，吃者没味。"然后浇上滚烫的肉汤，再撒上一点蒜苗末，这样一碗香喷喷的杂割做成了，老远就可以闻见杂割的香味。如果再讲究一点，在锅里煮上一个回族大麻花，吃肉喝汤又食麻花，一大碗杂割可以饱餐一顿。一般人吃到一半再加一点汤，因为汤是最好喝的。临夏人大部分早餐都喜欢吃一碗杂割去上班，这样不饥又不渴，上一天班精神饱满。杂割肉不但中老年人爱吃，连小孩也喜欢吃，如今它已成为老少皆宜的美味小吃。

筷子面肠 筷子面肠，也叫发子面肠。民间也没有一个准确的用字，可能因面肠蒸熟后像一个吹满气的筷子皮袋而得名。筷子面肠，又叫筷子。筷子有两种做法，东乡族和回族不大一样：东乡族将刚宰的羊肠、肝和脖子上的肉用水翻洗干净，再用刀剁成肉末，然后加进清油、食盐、花椒、蒜苗子或葱等调料，用手搅拌均匀，根据人数的多少分放在碗里，然后放进蒸笼里蒸熟，分给每个人食用。而回族的筷子主要是把现宰羊的心、肝、腰子和羊的脖子肉用刀剁成肉末，用面粉和调料搅拌均匀灌入羊肠内，同样用蒸笼蒸熟。蒸熟后有两种吃法，一是把面肠切成 1 寸左右大小，放在锅里用油加葱、姜热炒食用；二是将蒸熟的热筷子面肠切成小块，用上等的醋、辣椒、蒜泥等调料拌着吃。它可以作为早餐，也可以作为午餐食用。筷子面肠是临夏各族人民平日喜爱的风味小吃，它可以用来招待客人，也可用来馈送亲朋好友。

陇中小吃

甜醅 亦称酒醅，是一种美味香甜、酒味甘醇的甜食品，具有健胃消化、提神益中的功效。甜醅的品种有两种，一为小麦所酿，二为莜麦所做。酿造方法基本相同。将优质白小麦或莜麦焯水，在碾盘或石碓窝中碾去、舂去麸皮，再簸净、淘净、煮熟、晾凉。晾的环节很重要，按季节掌握一定的温度。然后按一定比例将苏州、湖北、贵州等地产的酒曲拌入晾凉的麦醅之中，拌匀后装进缸中，置热处发酵，一般36 小时以后即可食用。甜醅的发酵成功与否，在于掌握温度，发酵醅料四季放在木床上用麦草围着，上边捂盖着棉被，揭缸的时间视季节而不同，全凭酿造者的经验。甜醅发酵时反应生成的甜醅酒，可谓稀罕之物，醇美香甜，营养价值也极高。

酿皮子 将小麦粉加水揉成块，置清水中反复搓洗，待面筋洗出后，将面筋蒸熟备用。把面汁注入浴面箩中，摇转均匀，令薄厚适度，置开水中隔水烫熟，复置凉水中隔水冷却，即成酿皮子。食时切成条状，加调料，味美可口。

陇东小吃

黄酒 陇东传统产品，以米酿成，可入药，通经活络，补脾健胃。制法是先酿曲，用各种药渣熬成汁，与小麦糁子相拌，用盆子等模具压成块状，覆盖麦草，使其发酵。一月后取出晒干，砸碎放到热炕上出水，酒曲即成。装酒时，把酒谷或黏米盛缸内，用开水烫一下，水要淹住米，然后封闭，待两天后，把米取出来放到锅内蒸熟，冷却后拌曲入缸，封闭缸口。经过五十多天的自然发酵，即可过滤成酒。酒色赭黄，清澈不浊，沸后饮用，味醇而浓香，苦、甜、酸兼有。

镇原酒罐子 将黄酒料装入小罐子，酿成糟酒，再以竹筒衬箩底，插入罐中吸吮，叫吃酒罐子。《镇原县志》还引用了云南苗族饮用酒罐子的诗谜一首："千颗明珠一瓮收，君王到此也低头；五岳抱住擎天柱，吸尽黄河水倒流。"

环县稠酒 与黄酒同类且优者，还有稠酒和酒罐子。又称糊涂酒，用的仍是黄酒料，因发酵迅猛而呈浑浊状，不过滤，只是用箩连续加水筛去米渣，烧沸加鸡蛋或放鲜韭菜饮用。味香性温，止渴解暑。

陇南小吃菜豆腐 菜豆腐是陇南地区的一种别具风格的地方食品。陇南菜豆腐融蔬菜、面食于一体。做菜豆腐时，前一天要将大豆浸泡，浸泡到用手指可以搓开豆瓣时即可。然后将泡好的大豆在手磨上磨成浆，再把豆浆放入锅中煮开，适时用本地特产的浆水（带酸菜）点入，当豆花浮起时，酸菜叶片穿入豆花之中，一清二白，煞是好看。然后将点好的菜豆腐舀出，盛盆另置。倒掉锅中的卤水，另加饭水，待水滚开时，将提前擀好切好的面片子下入锅，煮熟后，将菜豆腐再和进，一锅真正的菜豆腐便做成了。食用时，调入油泼辣子和蒜泥、盐等调料，醇香爽口，解饥解渴，真可说是美味佳肴。因为菜豆腐做起来费事，所以一般农家只有当贵客来临时才做，可见菜豆腐的珍贵。做菜豆腐时，用来盛豆浆的器皿必须是木制的桶子，舀豆浆和点豆浆用的勺子必须是木制的大马勺，忌用铁器。

面茶 面茶是流行于陇南康县、文县、武都等地的一种传统饮食。其历史源于何时缺乏记载，但从其特点来看，当与该地区居民的迁徙有关。极可能是西南或东南地区（四川、湖北等地）的移民带进来的风俗。做面茶时，先在煨罐内烧开水，掺入提前炒熟的麦粉，经搅拌，再加入盐、花椒、茴香等调料，又以油炒鸡蛋、豆腐丁、核桃仁、油锅渣（炸去油后所余大肉渣）、葱花等混合搅拌而成，食饮相兼，以饮为主。其味浓香可口，人人喜爱。有的连喝数碗，可当一顿饭吃。在徽县、两当等县还盛行一种炒茶，与面茶大致相同，只是用料较少。做炒茶时，先将大油放入锅中，当油熟时，投入茶叶，不断翻炒，茶叶发出阵阵清香，再倒入花生、核桃仁、芝麻、生姜等，同时放入少量面粉，搅拌翻炒成团后盛出，喝时根据各人的需要，从炒好的油茶中剜一勺，或更多些，下入"区区罐"中加水熬煮，沸腾后注入茶盅内即可饮用。茶瘾大的人同时可再加一些茶叶熬煮。

米儿浆 陇南成县、徽县、两当盛行一种叫"米儿浆"的早点饮食，即在豆浆中配入熟的大米粥，汁浓米烂，连吃带喝，再佐以酥脆的麻花，更是可口。

豆豉 将黄豆煮烂熟，置热炕上发酵，表面长出菌体后，加入香料末、辣面、盐等佐料，搅拌均匀，捏成团状，晒干即成，可久存。和肉及其他蔬菜炒食，或单独蒸食，别具风味。

黏面糕 将黏糜子面打成搅团，和生面揉成块状，置温水锅发酵后蒸熟，再揉成圆柱形，剁节备用。食时，切片油炸，撒蔗糖或蜂蜜，味香甜，极可口。

凉粉 将荞麦糁子用水泡软，在案板上碾轧成粉，略加水复搓成泥，再加水成浆，用细箩筐锅上过滤，边烧火边搅拌，熟时为稠糊，盛入盆中冷却后凝成块状。食时，切、搓为细条，加多种调料，清凉沁脾，败火明目。亦可用漏勺滴于凉水中凝成凉粉鱼，调酸汤食之。凉粉晾干，与肉同炒，其味亦长。

醪糟 亦叫江米酒。将糯米淘净，加水浸泡十一二小时，捞出控干，置入蒸笼。蒸时，先以武火烧之，待气满后，继以文火，延烧一小时左右，出笼晾凉，拌上一定数量的小曲装入容器中，严密封口，放在恒温15℃左右的地方发酵，一般需五六个小时。

掌握其熟的标准是，以手摸容器近凉为宜。饮用时，加水煮沸，香甜醇厚，余味绵长。有解渴提神之效，又具暖胃舒筋之功。

制酒造酒

酒在我国起源很早。《吕氏春秋》载："仪狄始作酒醪。"《说文解字·巾部》曰："古者少康初作箕帚，秫酒。少康，杜康也。"《素问·汤液醪醴论》记有黄帝和岐伯关于制酒的对话。这些都是关于酒的文献记载。过去，民间有用高粱等粮食加曲，发酵酿造，蒸馏出酒的酒坊，俗称"烧锅"。"烧锅"大都是些富裕户为赚钱作为副业开设的，既上市以现金交易，又可以粮换酒。农家逢年过节，也用酒谷加曲自酿黄酒。现在都饮商品酒，且讲名牌。中国是礼仪之邦，中国的传统文化也被称作礼乐文化。而酒从产生以后，便与"礼"结下了不解之缘。《论语》曰："礼之用，和为贵。"可以说，酒在促进家庭、社会、民族及人际关系的和谐方面，曾起过十分微妙而特殊的作用。

酒礼与酒令

民间的"酒礼"习俗源远流长，相当普遍。嫁娶以酒贺喜，喜庆以酒助兴，丧葬以酒酬吊，外出以酒壮行，凯旋以酒接风，请托以酒传情，解怨以酒释疑，高兴了狂饮作乐，忧闷了引酒浇愁，悠闲了自饮处优，遇险情喝酒壮胆。俗语说："一醉千愁解，三杯万事和。"酒在人们的现实生活和礼仪交往中，常常不离，处处有用。各地习俗是有宴必备酒，把筵席也称作"酒席"或"酒场子"。"酒场子"上讲的是"能划能喝"，酒足饭饱，气氛热闹。并有许多不成文的规矩。一般是酒菜上来后，主人斟满酒杯，双手捧杯，给客人一一敬酒，客人必须接饮，叫作"人有敬意须当领之"或叫"恭敬不如从命"，万一不能饮者可请邻座代饮。并有一些使人不得不饮的劝酒词。诸如"感情深一口闷""酒逢知己千杯少""敬人没恶意""先干为敬"等。主人敬酒一毕，同席客人互敬。然后从尊者、长者开始"打通拳"。同席者每人打一圈，再互找对手行酒令划拳，输了喝酒。论输赢的形式，大都是"高升五魁拳"（叫法如：一心敬，两相好，三星照，四季财，五魁首，六连升，七巧到，八大仙，九长寿，十满堂，宝拳对，等等），"鸡、虫、老虎、杠子"，"石头打砂锅"，用指头"大压小"。无论用哪种形式，由划拳双方根据各人优势自定。一些自命高拳者，必然要吹嘘什么"拳盖天下无人敌，喝酒好像喝凉水"，顿时将酒场气氛推向高潮。于是一些贪杯好胜者，捋袖搏拳，挑战应战，一来一往，什么"干三不过""二四马褂不穿""十三太保""十五月儿十六圆"……连连升级，互不服输。划拳者，高喉咙大嗓门，唾沫星子飞溅，手指哗哗乱绕；观阵者，也一个个目光炯炯，兴奋得鼓噪不已。直喝得有些人神魂颠倒，语无伦次，眼前发黑，跌跌撞撞，还喊着主人要酒喝。这时必有好心人出来扶走醉汉，收拾摊子。省内民间用酒，主要用在招待客人的礼仪场合，普通人家并不把酒作为日常饮料。

茶源自神农，发乎陆羽，其人被尊为"茶圣"。《新唐书·陆羽传》说，陆羽《茶经》"言茶之原、之法、之具尤备，天下益知饮茶矣"。历代医书记载着茶叶有20项、219种药效，诸如提神明目、止渴生津、清热消暑、祛风解表等。省内除陇南文县、康县等地出产茶叶外，其他各地都不出产茶叶，但各地城乡都有饮茶的习惯。民间凡是待客、聚会、交际等场合都不离茶，没茶似乎失礼或不敬。各家的日常也不能没有茶。民间饮茶讲究不多，主要用于提神解乏，清心止渴，休闲品味。在饮法上大体有两种：一是开水冲泡。泡在壶里倒出喝，或泡在杯里直接喝。茶具一般不求精美，只图实用。二是用水煎煮。就是把茶叶放在壶里，加水煮沸后饮用。

罐罐茶

农村（特别是山区）还有喝罐罐茶的习俗。许多人饮茶上了瘾，一日无茶，便哈欠连天，无风自泪，乏困无力。过去，有的地方把蜜果树叶子和嫩枝蒸后晒干，当作茶料，用开水冲泡而饮，大热天上地干活，都用罐子提着果叶茶，劳乏口渴了，坐在地头，捧起罐子，痛饮一饱，渴乏顿消。罐罐茶主要流行在陇东、天水、陇南、陇西一带。罐罐茶通常以中下等炒青绿茶为原料，经加水熬煮而成，所以，煮罐罐茶，又称熬罐罐茶。熬罐罐茶的茶具，表面看来，简陋粗糙，实则不然。煮茶用的砂罐子，称为"区区罐"（"区区"即小的意思），形制古朴、原始，高不过6厘米，口径不到4厘米，腹部微鼓，罐口有一点小流，供倾倒方便，罐身有一供手持的小把，用土陶烧制而成。用这种"区区罐"煮茶，不走茶味，茶香更浓。与此相搭配的是喝茶用的茶杯，是一只形如酒盅大小的粗瓷杯。用小粗瓷杯喝茶，能保色保香。宋代审安老人撰的《茶具图赞》中，称赞小茶罐能起到"养浩然之气，发沸腾之声，以执中之能，辅成汤之德"的作用。明代冯可宾的《岕茶笺》中曾谈道："茶壶以小为贵，每宾壶一把，任其自酌自饮为得趣。""壶小香不涣散，味不耽搁。"熬煮罐罐茶的方法比较简单质朴。先把"区区罐"煨在炉火上，里边注入多半罐水，滚沸后，把水倒入小瓷茶盅内，再按具体喝茶者的浓淡要求往砂罐内下入茶叶，然后再把茶盅里的滚水回入下了茶叶的"区区罐"，再次温火熬煮，同时，用一根小棍，来回翻搅罐内的茶叶，所以又把熬罐罐茶形象地称作捣罐罐茶。"捣"的目的是使茶、水相融，茶汁充分浸出，茶味变得更浓。最后将煮好的茶汁倒入瓷茶盅，细细品茗。老式的熬罐罐茶是用木材做燃料，燃具一般是用泥巴制的倒三足形火炉，周围留三个开口。熬茶时，生上火，用圆锥形镔铁做的水壶（俗称瓦子）内装上新鲜水，置于三足上预热，砂罐煨在炉上开口处的火边熬茶。这种用土法文火熬出来的茶，更适于有滋有味地品尝。随着时代的进步，生活节奏的变快，罐罐茶的熬煮之法也发生了微妙的变化。现在人们普遍在小电炉子上，或在煤火上熬煮罐罐茶，速度快，适应现代化快节奏的生活。对于闲暇时间较少的人来说，称心如意，吃茶干活两不误。

黑豆滚水

黑豆滚水就是黑豆茶，是旧时农村在夏收大忙季节所用的饮料之一。其法是将黑豆炒熟，去皮泡入沸腾的开水中，用陶罐装起来，送到地头，供解暑解渴。

茴香滚水

茴香滚水是夏季最炎热时农家的一种饮料。做法是采摘一把新鲜茴香放入瓷罐或瓷盆中，再烧一锅开水倒入，待凉了以后即可饮用，可起到解渴消暑作用。

洮州的捣罐茶

今甘南州的临潭、卓尼一带，因地处洮河上游，古代称为洮州。这里自古漫山遍野古木参天，林带如烟，夏天佳木繁荣，野芳幽香，景色宜人。假如在此踏青、观景，"日高人渴漫思茶，敲门试问野人家"。

好客的主人定会用奇特的方式，热情招待你喝捣罐茶。

喝捣罐茶是当地历史悠久的独特风情，是生活的必需。就连"花儿"中也唱："今儿个把你认朋友，请到我的屋里走。你家屋里做的啥？白面馍馍捣罐茶。"洮州人喝捣罐茶有诸多讲究，其重视程度不亚于日本人的茶道。每家至少必备罐子茶具一套。除水壶用来盛水外，有大温罐（温水用）1只，一碗罐（以盛一碗水得名，热水用）1只，牛眼罐（罐小如牛眼睛，故而得名，煮茶用）4—6只。饮用时，先在火盆生火（用木炭或柴火），将各种瓦罐依次煨在火旁。这时，以在座的宾客人数安排牛眼罐和茶盅，即每人一副。下茶多寡，放盐与否，均按各人口味自己动手，全凭饮者自定。由于瓦罐大小不等，升温时间不一，先是牛眼罐内茶煮三开，使茶汁浓酽，用筷子或竹签不停地捣搅，清香扑鼻，倒入茶盅即可饮用，是为捣罐茶。而后将一碗罐中热水添入牛眼罐，继续捣搅煮茶。又将大温罐中温水加入一碗罐内，再将凉水倒入大温罐。如此往复循环，加快速度，保证供饮。捣罐茶还有清茶、油茶之分，淡茶、咸茶之别。南路人崇尚清茶、油茶。清茶即清水熬茶，具解乏生津之功能；油茶则是先用清油熬面粉，再下茶叶煮之而成，有保健清脑之效用。而东路人则喜欢淡茶、咸茶。淡茶炎夏饮用，味甘祛火；咸茶加盐煮开，寒冬暖身。当地民谚云："茶不放盐水一样，人没朋友鬼一样。"

回族饮茶三炮台

饮茶是回族人民日常生活中不可缺少的一部分，更是迎宾待客的佳品。不论平时或节日，凡是登门来访者，都要沏茶相待。回族人饮茶很讲究，一般都使用盖碗子，通常把这种饮茶方式叫"刮碗子"，其中以"三炮台"碗子最佳。"三炮台"碗子由盖子、茶碗和托盘配套而成，造型古朴大方，精巧雅致，以景德镇出产的青花、玲珑、粉彩和颜色釉四大名瓷最受欢迎。

回族由于居住地区的气候原因，不喜欢绿茶和红茶，一般都爱喝陕青、毛尖、云南沱茶和春尖茶。喜庆节日或客人光临，即以沱茶加桂圆、荔枝、葡萄干、杏干、冰糖、枸杞等"五香茶"或"八宝茶"相敬。临夏人沏茶用的水也很有讲究，沏茶时水要滚烫，但不要烧乏，也就是长时间沸腾，以"牡丹花"开水为最好，也就是刚开，沸似牡丹。据说这样的水沏出的茶色艳味美，营养价值高。

在回族的宴席上，吃完手抓或油腻的饭菜，都要刮一阵碗子，那八宝茶、牡丹水沏出的茶刮上几遍是再好不过的享受了。

西北大菜

西北大菜又称"香饭"，是张掖城乡筵席的主菜。张掖俗有"唱戏凭的腔，筵席看香饭"的说法。筵席的好差，从香饭上看分晓。香饭制作精细，将猪或羊的肝、肺、心、血剁碎，加精制豆粉与水调和，佐以葱、蒜、姜末等各种调料和成团，搓成拇指粗细、五寸长短的条，用上好清油炸熟，谓之"卷杆子"。再将五花猪肉煮至八成熟后切成薄片，加葱、姜、大料、花椒摆放整齐置于碗中。将"卷杆子"切成寸段装碗，加肉汤蒸熟后扣于盘中。另加煎成絮状的鸡蛋，配切大叶绿蔬、灯笼辣椒等菱形脆片添置盘中，浇汁使其亮泽。香饭荤素搭配，热气腾腾，催人食欲。

陇西"巩昌十二体"筵席

巩昌是陇西的古称。金、元、明、清各代设置巩昌府（路），府治陇西，故至今人们还称陇西城为巩昌。巩昌的宴席民俗非常独特。传说，历代驻巩昌的朝廷命官，带来一些京都厨师，将一些宫廷菜、官邸菜传入陇西，经当地厨师精心钻研，与陇西传统菜相结合，不断发展创新，积千百年之经验和成果，使巩昌菜逐渐形成了自己的独特风格。到清代，巩昌筵席已有汉席、满席之分。汉席有水八碗、八碗、全十道、十二体、十四体、十八体、二十四体之分。

"巩昌十二体"筵席是当地人民逢年过节、婚丧嫁娶、宴请宾客的常用宴席规格，用当地生产的猪、羊、牛、鸡等肉和鸡蛋、山珍、干鲜菜果为主要原料，辅之以鱼、鸭，突出西北特色，具有地方风味。全席十二道主菜，有荤有素，有热有凉，有蒸有炒；甜、咸、酸、辣、麻，口味各异；色、香、形、味俱佳，以丰盛纯朴、经济实惠、雅俗共赏、四季皆宜而深受当地群众喜爱，代代相传，久盛不衰。

"巩昌十二体"筵席的菜肴安排组合大体是这样：宾客入席，先用茶点招待，名曰"下马点心"。多用自己炸制的风味糕点"酥合子"，配以鸡蛋醪糟汤。稍后，即上"会锦饼盘"，主人向客人逐个敬酒，名曰"安席酒"。主客之间致辞道贺，寒暄问候。然后让客人在热菜上桌之前，边吃边喝，猜拳行令。酒过数巡，即可开始上热菜。第一道菜是清香利口、肉酥汤鲜的"清鸡"；第二道菜是软香酥嫩、独具一格的"黄焖里脊"。先上两道菜，是因为"清鸡"谐音"清吉"，"里脊"谐音"利吉"，取"清吉平安""大吉大利""吉祥如意"的好兆头。倘若有鱼，则更为讲究，谓之"吉（鸡）庆有余（鱼）"。接着，是肥而不腻、瘦而酥软的"清汤杂烩"；汤味清爽、肉质酥烂的"清汤肘子"（夏季可改为以芥末、蒜汁、香醋等为汁的"凉拌肘子"）；肥美清香、色泽鲜艳的"清炖羊肉"，或酥烂鲜香、口味醇浓的"黄焖牛肉"；清凉解酒的"酸辣炖蛋"；具有麻、辣、酸、凉西北风味的"肉丝拌粉皮"；还有肥肉制作的佳肴"高丽丸子"或"龙眼肉"。"龙眼肉"采用肥膘肉卷红枣，外裹蛋面糊，过油后切断装碗，上笼蒸透，出笼扣碗，形如龙眼，口味香甜，虽肥不腻。红枣能补中益气，养血生津，健脾养胃。"龙眼肉"形味俱美，又兼有食补功效。

另外，可根据季节，选用时鲜瓜果蔬菜，再制作四个菜，或炒或熘、或烧或爆、或拔丝或蜜制均可。例如：夏天的鲜椒肉丝、蘑菇肉片；冬季的过油肉片、红烧丸子，可根据实际情况灵活搭配。

制作"巩昌十二体"，特别讲究的是"清汤"。清汤用净光鸡、肘子、五花肉及猪骨头煮制，吊出的清汤清澈如水，味鲜浓郁，全席各菜均用此汤。故清汤的成败，关系着每道菜的质量，关系着整个筵席的成败。结婚喜宴中间，新郎新娘向客人行礼（过去是磕头、鞠躬，现在是敬酒）时，还要上一碗原汁清汤，叫作"尝汤"。新客（即新娘子家送亲来的亲人）品尝后，还要给厨师赏"红包"，以表示对厨师烹调技术的赞赏。用当地人的话说"戏子的腔，厨子的汤"，"尝汤"即能评价厨师的技艺。"巩昌十二体"在当地久负盛名，如今已传到周围各县。随着人民生活水平的提高，经济文化的广泛交流，一些外地菜肴也进入"巩昌十二体"之列，使"巩昌十二体"不断充实，更趋完善。

通渭十三花宴席

大菜七个，小菜九个，馒头四次，端菜十七趟。即：1.红肉（碟装大菜），有三种做法。一为两撇（酥肉、条子肉），二为三溜子（白鸡蛋、烧肉、酥肉各一溜），三为四合头（蛋黄、蛋白、烧肉、酥肉合放）。2.肋脊（碗装小菜），切成丝或片炒之。3.鸡肉（碗装大菜），有清炖、黄焖、整鸡等种类。4.蹄花（碗装小菜），或腰花、耳脆。5.丸子（碗装大菜），有膘丸、糯米丸、酥丸、鸡丸、洋芋丸等。6.肚丝（碗装小菜），酸辣加蒜。7.三仙蜂蜜肉（碗装大菜），蜂蜜调肉回笼几次。8.夹三肉（碗装小菜），鸡饼裹酥肉，油锅炸熟。9.骨头肉（碗装大菜），将白骨肉放入蛋清加面的糊糊中，挂袍油炸。10.蜜汁骨肉（碗装小菜），蜜饯挂袍肉。11.肘子（碟装大菜），带馍。12.冰糖肘子（碗装小菜），大肉块加白砂糖等佐料，上笼后撒冰糖。13.甜盘子（碟装大菜），糯米饭上加桂花、蜂糖、百合等，上笼蒸之，带馍。14.鸡杂（碗装小菜）。15.笋煎肉（碟装小菜），带馍。16.肋脊或鸡、马肉（碗装小菜）。17.五围子（总端五菜，有东坡、粉饼、炒粉、苜蓿汤、白米饭），带馍。

庆阳三角子席

所谓三角子席，就是每盘盛三种不同的菜肴，形成鼎立之势。全席分伴酒菜与吃饭菜两类。伴酒菜依次分上，每次一盘，共五大菜：一是"八仙庆寿"凉盘，由猪头肉、猪耳丝、红烧排骨、鸡翅、发菜、红菜、鹿角、虾米八菜拼成，中间由豆腐丝及鸡蛋堆成寿星图；二是"连中三元"甜软盘，由加三糕、元宵、八宝米饭组成；三是"三食不餍"甜硬盘，由百合酥、张口饺子、脱面组成；四是"禹门汲浪"咸盘，由酱肉、焖蛋、芥末肘子组成；五是"三阳开泰"酸辣盘，由蒜拌羊肉、片粉条、黄花菜炒肉组成。菜完酒罢，上茶端饭。

吃饭菜四菜一汤，一次上桌。四菜名：一是"太和石汲"条子肉，二是"灵檐金鸡"清炖全鸡，三是"鹅池游鱼"鱿鱼海参，四是"文笔五子"（五子登科）五香丸子。中间一盆杂菜汤称"五方升平"。客人入席，品酒尝菜，议论典故，谈笑风生，颇有情趣。

三角子席，原是清代一贾姓厨师随官员带进庆阳的。因操作技艺难以掌握，濒临失传。现在能做好三角子席的要数年过七旬的庆阳高级厨师张恕。张恕对三角子席精心研究，达到了色香味美，实而不华，把地方各种煮、炒、煎、炸，酸、甜、辣、辛、荤、素、清、淡风味合于一席，而且在组合上巧妙地融进了典故传说和庆阳八景。张恕年轻时有个外号叫"丑太"。1940年，庆阳城宴请385旅旅长王维舟时，由张恕当厨做了三角子席。宴后，王旅长赞不绝口，握住张恕的手说："你的外号名不副实，我给你起个外号——香包。"

汉族节日祭祀食俗[1]

各地节日祭祀食俗基本相同。一年之中最大的节日要数春节，春节期间的饮食也最为丰富。无论城乡，节前十多天，各家即着手准备食品，再困难的家庭，年三十那一天都要蒸些白面馍馍，供正月的三天"年"（初一至初三）食用。除夕晚上，全家要围坐在一起吃"团圆饭"。传统年饭有的地方是"臊子面"（即长面条），又称"团圆饭""宽心面"，也有吃炒菜、扁食（饺子）的。年饭须多准备一些，使有剩余，初一一早上煎后再吃，叫吃"隔年饭"，取岁岁有余之意。吃年饭前，要先祭祀祖先，上供茶饭、果品、糕点之类。改革开放以来，城乡居民的生活大为改善，除夕晚上吃臊子面的传统有所打破。城镇人除夕晚上的菜肴十分丰富，一般有条件的家庭都做12道菜，象征一年的12个月。有些菜还有一定的象征意义。如鸡象征吉祥，吃鸡时要将鸡头留下，意为"有好兆头"；如鱼象征吉庆有余，吃鱼时要将鱼头留下，意为"有余头"；芹菜象征一年之中要勤快；葱象征聪明；蒜象征过日子会算计；青菜、白菜象征一年清清白白。初一一早上城乡家庭普遍吃饺子；初五日，俗称"破五"，城镇人早上吃饺子，意为"咬破五"，农村人早上吃荞面搅团，取意"粘五福"；初九日交子时，富裕之家用煮熟的猪头祭天，祈"天爷"赐福降祥；正月十五普遍吃元宵（汤圆）。有的农村在春节还有吃血肠的习惯。做血肠时，将猪血与荞粉按比例和在一起，兑入调料与精盐，灌入洗净的猪大肠中，上笼蒸熟，置放起来。食用时，将蒸好的血肠切成薄片，入锅炒熟，调入醋、蒜泥、盐等调料，即可食用，为地方风味饮食。二月初二，家家户户炒蚕豆、大豆或豌豆食用，意为杀虫爆蛐。清明节，经济情况好的人家，或大家族，要准备丰盛的酒席至坟前

祭奠，其中要特别做上几样死者生前爱吃的食品，祭毕，家人亲友在坟前择一草坪野餐共食。端午节家家户户包粽子做甜醅、晶糕、醪糟、凉粉食用，同时要饮雄黄酒，亲友之间有互赠食品的习俗。六月初六日，古称"天脱节"，这一天，要献绿豆汤于祖茔，农村人家还讲究用小麦粉烙"鼓角"，馍上做出花纹图案。七月十二为新麦上场后食新面之节日，时值辣椒、茄子等蔬菜盛产上市，常言"七月十二，辣椒茄儿"，新菜新面，合家饱餐，共享丰收之乐。又以新面做成各种水果、动物和人形的饼和馍，分散给小儿，也赠送亲友。农历八月十五是中秋节，又叫团圆节。家家户户于此日吃月饼，象征合家团圆。节前各家准备月饼、瓜果、糖酒等，当明月东升之际，设香案于庭院，合家"祭月"，然后分食月饼、瓜果，饮酒赏月。冬至节讲究做馄饨吃。农历十二月初八日为腊八节，旧俗"十二月初八日，食腊粥，贮冰水"。腊八粥是用小米或大米为主料，掺以扁豆、黄豆或核桃仁、花生仁、杏仁、大枣、青菜、糖等佐料，煮成粥，谓之"腊八粥"，也叫"糊涂饭"。相传吃了"腊八粥"可健身益寿，牲畜食之亦能增肥兴旺，故有人畜分食之习俗。五更早起煮粥，清晨即食，并将粥给土地堂、灶爷堂、麦垛、草堆、门窗扇、牲畜圈和大农具上抹一点，表示犒劳之意。腊八粥须多做一些，以示有余。腊月二十三日，俗称"小年"，民间有祭灶神之俗。这一天，家庭主妇要隆重致祭，虔诚祷告，除一般供品外，要专门献"灶饼"，供"灶糖"，还有灶爷所乘马匹的草料，一并献上。灶糖是农家用苞谷、麦芽做的饴糖。

汉族节日待客食俗[2]

各地汉族待客食俗也大致相同。平常客人进门后，先让上炕，坐在上首，摆好小炕桌，熬罐罐茶相待。待客的罐罐茶讲究在茶盅内放上冰糖或白砂糖，茶叶熬好后，注入茶盅，双手端捧客人品尝。待客食品一般是肉臊子面，或"出汤面"，又叫"另汤面"。民间多用手工擀制，刀切而成。一家若有妯娌几人互相比赛，看谁擀得薄，切得细，可算巧媳妇。将切得又细又长的面条，煮好捞在"品"（专供捞长面的小

---

[1]　此部分资料见王仲保、胡国兴主编《甘肃民俗总览》，民族出版社，2006年。

[2]　同上。

瓷盆）内，另将调配好的汤头（肉臊子加上醋、辣子等），用小碗盛上，每人一碗。食者自捞面条，吃多吃少自便。同时摆上菜碟，有4碟的，也有8碟的，叫"下菜"。也有以炒鸡蛋、烙油饼招待客人的。烙油饼用开水烫生面，抹油卷成多层，同时卷入葱花等调料，再拌上油在锅内烙熟。还有的在烫好擀薄的面饼中包入韭菜或菜瓜丝，抹上油在锅内烙熟的，称其为韭饼或瓜饼，用来招待客人。

婚丧宴席历来为民间盛事，待客丰盛讲究。无论城乡居民届时必置办宴席待客，宴席规模视主人经济状况而定。宴席名目有臊碗子、两道饭、"四盘子"、"四碗一锅子"（冬天常用，盛四碗不同的菜，中间再上铜质火锅或砂质火锅煎制）、"五碗"、"五破四盘子"、"六君子"、"八大碗"、"九魁"（即八碗炒菜，中间加一碗凉拌）、"十全"、"十三花"、"十八罗汉"等。在"九魁"菜中加一碗"八宝饭"，便称"十全"。十全席是因主菜为十道名之，是荤多于素，热、凉、蒸、炒搭配，酸、辣、咸、甜、麻五味俱全的十道菜，入席后先上什锦凉拼盘，也叫"攒盘"，再上主菜。在"十全"中再加三碗诸如海参、鸡、鸭、鱼之类的菜肴便称"十三花"。"九魁""十全""十三花"是待客的最上佳肴。一般情况下，这几种规格的宴席，无论选择哪种，上菜时都是一齐上桌，如果一碗一碗地上桌，便称小吃子。吃到最后端上四菜一汤叫"坐菜"，汤叫"起席汤"，这种汤讲究的是清汤，用净光鸡、肘子、五花肉、带骨肉等煮制。全席都用此汤，汤清如水，味道鲜美。席间上一碗原汁名曰"尝汤"，有让宾客品尝评价厨师的技艺之意。在订婚、送礼的筵席上，尊客（男方或女方）要给厨师赏"尝汤钱"，以示酬谢之意。在用四菜一汤的同时，佐以花卷、馒头、米饭，然后泡上茶，让客人吃个茶足饭饱。此外，还有烩菜（俗称碗儿菜），是把肉片、豆腐、粉条、红白萝卜等菜蔬烩在一起，一人一碗，同时佐以花卷、油饼、馒头、米饭，边端边吃，吃饱为止。烩菜在农村比较普遍。也有专以暖锅子（即火锅）招待客人的，边吃边下菜炙烫，更加实际。席面以8人一桌（俗称八仙桌）为多。遇婚庆寿事或丧礼（如老人逝世和过三周年），乡间多用四盘子宴客。20世纪80年代后，随着人们生活水平的提高，多做八碗子，县城则讲究十八盘（六凉、六稀、六干），城市多在酒家设宴酬宾，菜肴丰富，名目繁多，已非旧时可比。无论用何等规格的菜肴招待客人，席间都少不了以酒助兴。主人要轮番劝酒，以表敬意。酒过三巡，客人可以自由畅饮尽兴。

陇东地区节日饮食

俗话说："宁穷一年，不穷一节。"中国人对节日很看重，再穷在年里也总想吃得好一些。陇东农村，最看重的节日是春节，俗称"过年"。春节是从腊月的最后一天开始，到正月十五元宵节，才算过完了大年。大年三十（小月为二十九）这天，一般人家都要蒸好几锅白面馍馍，煮好猪肉或羊肉、鸡肉，办好下酒的各种凉菜，同时还要炸油饼、馃子，做"绿食"（点心一类）等。过年的吃喝实际上从腊月二十九就开始准备了。二十九这天早饭吃什么各地不尽相同，或吃长面，或吃搅团，或吃凉皮。晌午饭一般是吃蒸馍，炒肉菜，菜没什么规定，视准备情况而做。三十晚上，即除夕之夜，一家人要坐在一起，吃一顿年夜饭，也叫团圆饭。这顿饭是水饺或简单的家宴。团圆饭不在于多么丰盛，一家人和和气气心情舒畅则是最要紧的。

正月初一，第一顿饭吃细长面，臊子必须是肉的，愈丰富愈好。有的人家是先上水菜碟子，喝黄酒，再上炒菜，吃馒头，然后吃长面，这种吃法叫"风搅雪"。有的人家肉菜准备得少，也可以单纯吃一顿细长面。总之，初一早上吃长面取其"长年平安"之意。有的乡村初一早上吃饺子，有的在除夕之夜吃饺子，也有取其团圆欢乐之意。晌午多是吃馒头和种种炒菜或烩菜，比较随意一些。初二、初三两天的饭菜大体和初一相同。初二开始，女婿要去岳丈家拜年，小辈要去舅家磕头，亲戚互相拜望，一般人家都准备最好吃的待亲戚，吃的内容仍是"风搅雪"那一套，不过菜要做得花样多一些，肉食要上足一些。

正月初五，俗称"五穷日"。这一天早饭一般吃搅团，意思是吃了搅团可以把一年的穷气缠得干干净净。这顿搅团，因为菜汤里有大肉、豆腐、粉条之类，比平时的菜蔬搅团好吃得多。正月初七，也叫"人七"。据说这天人的灵魂要去冥府阎王爷那儿应点之后才能回来。这天的早饭一定要吃细长面，叫作"拉魂面"，意思是把"魂"拉住，让"他"早点回来。这顿长面吃时要特别小心，必须尽量把面条浑吸下去，不能用牙咬，据说咬断面条等于把自己的魂咬断了，魂就在冥府回不来了。正月十五，即元宵节，这一天吃饭讲究丰盛，俗话说"小初一，大十五"。这天不吃实心馍，要吃包子。包子的花样特别多，有大肉包子、油面包子、豆腐包子、糖包子、素菜包子。即使贫困人家，买不起肉，也要用从山坡捡来的地然做馅子包地然包子。此外，农家妇女前一天就动手捏供敬神的面灯和相属灯。捏灯用的面是黏糜子面或酒谷面。正月二十三是"燎疳节"，这一天要吃搅团，意思是把疳魔缠走。有的地方则要"炸干调"，即吃萝卜干之类的干菜。泾川等地则家家炒豆子，大人孩子咯嘣一整天。节气的饮食同过年一样，各地吃法不尽相同，大体是这样的：二月初二，有人说这一天是药王爷孙思邈的诞辰，比较普遍的说法是这一天龙开始抬头。这一天清早要炒豆子，豌豆、黑豆、黄豆、玉米、小麦可以炒熟吃，意思是"崩龙眼"。听着锅里噼里啪啦的爆豆声，龙眼睁开了，该开始上班按农事需要下雨了，大人小孩也心明眼亮了。这一天豆子炒得特别多，有的家庭还专门给孩子炒棋子豆，放着让孩子吃好几天，有的地方把正月十五的相属灯一直放着，到这一天才烩到锅里当饭吃。有的地方这天早上吃油汤搅团，取为龙糊（护）甲之意，晌午吃"龙须面"，为龙添须。二月二的吃食，表现了乡民对龙的崇拜。清明节，一般在农历的二月底或三月初。俗话说"三月清明二月半，家家户户祭祖先"，这一天农村里讲究要给死去的亲人上坟、烧纸，必须在头一天或这天早上蒸好献馍、备好供菜和奠酒。这天的饮食没有特别的讲究。大户旺族人家有坟头会，同一宗族的人家轮流当坟头，每户一年，在清明这一天要杀一口猪或几只羊，同族的人一起上坟祭祖。祭奠之后，合族在一起"吃大锅饭"，或把猪羊肉按户等分，每户一份，哪怕仅分得一两半两，决不可漏掉同宗中的任何一户。五月初五，又叫端午节。这个节日，陇东农村普遍重视。这天多吃长面，同时吃提前包好的粽子、炸的油糕，还有喝雄黄酒的习俗。静宁一带吃"馉饳"（一种面食）、烙饼。这天是屈原忌辰，农民们对屈原知道的并不多，吃粽子的习俗显然源自南方。陇东不产糯米，但用酒谷米包的粽子一样香甜可口。旧时，端午节这天讲究给老师追节，学生们自发地收些钱，买些点心、粽子、烟酒给老师送去，以示敬重和慰劳。八月十五中秋节，这天晚上有祭月的习俗。各家把月饼与桃李、西瓜、葡萄等一起放在院中的桌上，头顶一轮圆月，一家人围在一起，共同分享月饼、水果，尽兴而散。中秋节的饮食没有特别的讲究，喝酒吃肉或吃长面，根据自家情况，但吃月饼则是很普遍的。九月九日"重阳节"，文人们讲究在这一天登高赏菊，饮酒作诗。陇东人对重阳节似乎特别看重。一些农村这一天讲究吃羊肉或油糕。腊月初八是腊八节。这天要吃黏米粥，俗称"腊八粥"。"腊八粥"多以黏糜子为主料，加上豆子、核桃仁、大枣等，文火熬成。吃腊八粥有纪念佛祖的意思，因此必须多做些，当天吃不完，可以连续吃几天，也可把粥分送给左邻右舍或路人，带有佛门乐善好施的意思。有的地方吃搅团。腊月二十三是祭灶节。据说这一天灶神要回天宫汇报工作，人们都希望他"上天言好事"，便在这一天把灶爷灶奶老两口儿认真慰劳一番。准备了年猪的，要在这一天把猪杀了，先把全猪献在灶神面前，上香焚表，口里还要念叨着："今年给你老人家备了个脚程，你赶着它慢慢走。"没有备年猪的，也要杀一只鸡，献在灶君前。白条猪献过灶君后，就可以做肉菜了。晌午或晚上必须把帮忙杀猪的左邻右舍和同族长辈请来吃一顿。一般要吃最肥的大肉块，可先割下猪脖项的肉煮熟，切成大块，拌上蒜泥和辣椒水凉吃，同时把蒸的血板和灌的血肠切成块，加上辣椒水同时吃。这顿饭不讲究菜多么正规，主要是为了解馋，让平日吃不起大肉的人，这次吃个够，吃个痛快，如果有黄酒、白酒喝，就更为尽兴。

甘南藏族饮食民俗

糌粑 甘肃省甘南藏族人民，因大多经营畜牧业，或是农牧兼营，所以甘南藏族的饮食多以肉食、奶制品、青稞面等为主，高寒地区特有的农作物青稞炒熟后磨成的面粉——糌粑，便成为日常主食。糌粑可以长期保存，又便于携带，食时用一小碗，先将酥油放入碗里，然后倒上热奶茶，等酥油融化，可先喝奶茶，再加炒面，用手指捏成团，即可食，这就叫糌粑。肉食和奶制品，农区食肉较少，牧区则多食牛羊肉，除偶尔用葱、蒜、辣椒佐膳外，很少吃到蔬菜，藏族俗有大块吃肉大碗喝酒的说法。牛奶制成的酸奶和曲拉（奶渣），也是牧区群众的日常食品。

酥油奶茶 不论是农区还是牧区的藏族群众，都有饮茶的传统习惯，几乎是无人不喝茶，每日不离茶。甘南藏区饮用的多是四川松潘产的大叶茶，并掺上湖南等地产的茯茶，把茶煮沸放入少量食盐，再加入奶子，便是香味浓郁的奶茶。天祝等地则多饮用砖茶，这种茶喝起来更是浓酽。饮茶可以帮助消化，还能提神解油腻。藏族人民还喜欢饮酒。农区群众多饮自酿的青稞酒，称为"耐羌"，味甜略酸，尤其是到节庆时候，大家都要喝上几碗。

灌汤包子　常言说"不吃藏包，不算到过拉卜楞寺地区"，在甘南藏区，人们喜食"灌汤包子"，灌汤包子又称藏包。灌汤包子的皮子是用死面，馅子以牛羊肉为主，用牛肉或羊肉反复浇水剁碎做馅子，拌合少量的嫩葱，调入清油、花椒、盐巴、肉汤拌和而成，心灵手巧的藏族妇女先把死面捏成波纹皱褶，填入肉馅，包时上留小孔，皮薄个小、汁多味美，食时须先轻轻将皮咬破吮汁，否则其汤汁会溅溢而出。

烤猪　藏区的又一风味美肴，宰杀时先将猪绑束使其窒息，然后再用刀放血，燃火燎毛，刮净烹饪，其中以迭部县的"蕨麻猪"为最佳美。

人参果盖浇酥油米饭　俗称蕨麻米饭。蕨麻学名叫人参果，它是长在地下的一种野蕨类，果实饱满，果味甜美，营养价值高，每年春秋进行采掘，是当地人馈赠亲朋好友、贵宾的珍品。这种美食的制法是：先将人参果洗净、煮熟、晾干，然后把大米煮七八成熟，捞出晾干或烘干，分别盛入小龙碗里（只盛半碗），煮熟即可。食用时先盛米饭，再盛蕨麻，然后上面浇上滤过的酥油、白糖，香甜可口，它是藏餐的一道主食。此外，在拉卜楞寺地区，您还能尝到清香鲜嫩的手抓羊肉、沁脾健胃的奶茶、酥油糌粑、开胃助眠的窝奶、各种藏式点心、油炸果等美食。

华锐藏族饮食民俗

华锐藏族的饮食习俗，原来是以乳品和肉食为主。由于多民族杂居，受农耕文化影响，加之有些地方逐渐变成了半农半牧区，随之华锐藏族的饮食结构也发生了变化。现在很多地区以面食为主，辅以肉乳、蔬菜等。华锐藏族一般喜欢吃糌粑和牛羊肉，在婚礼上多吃一种类似烩菜的"搅饭"。在天祝每到夏秋两季，家家户户有晒肉干的习惯，以备冬春食用。华锐藏族用曲拉拌酥油，再加蕨麻、葡萄干、白糖等，做一种香甜可口的藏点心。藏民还食用一种叫

"哲赛"的饭，它的做法是把大米蒸熟后，拌上酥油加白糖和蕨麻等，可以制成味道鲜美香甜的食品。夏天，牧民家家户户都备有酸奶子，它是藏民营养解暑的好食品，每当中午和临睡前吃上一碗，使人感到凉爽舒适。华锐藏族性格直爽豪放，善于饮酒，每逢喜庆佳节或客人来临，都要以美酒相待，开怀畅饮，一醉方休。藏民给客人敬酒一般必须敬三杯，表示祝贺吉祥如意；也有敬一杯的，表示崇敬、诚心，不敬双杯。客人饮酒时先用无名指在酒盅蘸酒向空中弹三下，以示敬天敬地敬神灵。客人若不能饮酒，可少喝或双手端碗谢绝，以示对主人的尊敬。华锐藏族待客忌用有裂缝的破口碗、碟、杯给客人盛食品，否则就是对客人不敬。客人和长辈坐定后不得在面前过往。藏民的日常饮食就是奶茶，将砖茶熬好加上盐巴、牛奶，便是男女老少皆宜的上等饮食。华锐藏族在饮食民俗方面，也有许多礼貌规矩和禁忌，他们忌吃马、驴、骡、旱獭、狗、猫等肉。同时不食不义之食，对于偷来抢来的，以及不明不白的食品禁止动手进口。

东乡族饮食民俗

东乡族居住在甘肃省中部的临夏回族自治州的山区，属山地农耕民族。东乡族的主要粮食作物有小麦、洋芋、青稞、豆子等，所以风味食品和家常便饭都离不开这些，尤其以面食品种繁多等特点著称。东乡族的面食品及其制作方法多源于中亚地区，主要面食品有：油香，一种油炸的食品，即油饼，中间须切一个或两个小口子；麻贴，一种笼蒸的油花馒头，大小如同小孩拳头一般；酥散，油炸大麻花，呈长方形，长约一尺，宽6—8寸，像人的胳膊粗细，扭成盘旋状，食用时掰开分食，一般在结婚时制作；花果果，一种油炸的小食品，呈椭圆形片状，用蜂蜜、鸡蛋、白糖、面粉等原料制作，表面上做成各种花草树木的图案；馓子，油炸食品，酵面中和进清油、鸡蛋等，然后像拉面一样，拉成筷子粗细，扭盘成长8寸见方；酥盘，一种特制的大馒头，一个约1千克重，食用时切成片；仲卜拉，特大馒头，每个重2.5—5千克，食用时切成片，一般用于探月子。以上这些面食品一般用于请阿訇、过节日、举办各类庆贺活动及婚姻喜事，平时很少食用。

东乡族的日常食品以面食和洋芋为主，平常吃

的面食有锅塔、困锅馍、饼子、馒头、炒面稠汤、搅团、馓饭、米面窝窝等。吃洋芋的方法很多，可以在炕洞内烧焐，也可用开水蒸煮，也可炒，还可以将其煮成洋芋汤等。此外，东乡族喜欢吃手抓羊肉，吃的方法有端全羊、吃平伙等。

地阔阔　东乡族吃洋芋的一种方法，一般在荒坡或后院里挖一个坑，类似一个土炉子，然后在炉口上用土块垒起一个尖状的垒子，用野草或枯枝将土块烧红，后取出草木灰，把从地里挖来的洋芋放进炉坑，用一个大土块堵住烧火口，然后用铲子将烧红的土块打进坑内，将坑内的洋芋焐得严严实实，几分钟后可取出食用，其味又脆又沙，香甜可口。这种食用方法很适合在荒郊野外食用，像炉灶坑等都可利用。

吃平伙　东乡族男人吃羊肉的一种方式。这种方式由来已久，据说是中亚、西亚的"散尔塔"色目人东迁时，从老一辈那里传承过来的，通过筏子客放筏下河口，脚户哥结帮走泾阳，擀毡匠串州过县献手艺，传播到我国西部东乡族来。吃平伙，多在阴雨雪天的农闲时节，约十来个亲朋好友，找一个茶饭手艺较好的人家，宰一只羊煮熟食用。食用时先吃羊的肝肺杂碎，后在羊汤里下面片，吃完后，将羊肉按羊的全身部位分别剁成份子，有多少人就剁几份，每份里有羊全身每一部位的肉，很平均地分堆在桌上，肉可以当场吃，也可以拿回家。给东家留下一份，叫作锅头份，羊皮、头蹄内脏做报劳费。饭饱肉足，每个人摊钱，过后送来，也可以用粮食顶替。传说，这是东乡族先民们古代在狩猎生活中平均分配的遗风，至今还在东乡族中保留。吃平伙，又叫"手抓"平伙，东乡族的"手抓"平伙羊肉更是一绝，它不膻、不腥、不腻，只要吃过一两回就再也不会忘记，每月不来几次"手抓"平伙，心里急抓抓的。"手抓"平伙的做法有它独到之处。一般要选用羯羊，当羯羊羔出生后，主人精心喂养，不让它上山跑洼，五个月后骟割，备上笼头，固定在一定的方圆地活动，以草和精料饲养育肥。这种羊又称"站羊"，一年后体壮膘肥，并且肥瘦有致，肉嫩丝细，品质极佳，没有腥膻味，营养极为丰富，恐怕在别处难以吃到这样好的羊肉。东乡族的平伙羊肉吃法及操作烹调也很别致。首先要定股份，然后把羊拉到东家院内，由阿訇宰后吊挂树上剥皮清理内脏，取出羊肝，切成小块，用清油、葱花爆炒，凡定上股份的每个人必须尝到羊肝子，这叫作"前头的肝子比后边的肉香"。

然后整个羊囫囵下锅，强火攻煮。同时把羊心肺、肥肠和脖子上的紫肉洗净剁碎，和上羊油清油、葱花，配上调料，做成筏子（以羊脖子肉、内脏剁碎放上调料装入羊肠蒸熟而食）盛到碗里，放到肉锅里用蒸笼蒸熟。取筏子时在滚沸的肉锅里下佐料，一般为花椒、胡椒、姜片、青盐、蒜苗、红辣椒等。当筏子熟后，东家端上来油香、素盘馍，摆到桌上，在筏子碗里舀上一勺沸滚的肉汤，让食客品尝享用。此刻锅里的羊肉，碗里的筏子，炕桌上的油香，在整个庭院里飘香。

筏子吃罢，羊肉在锅里滚动，东家立刻摆上"三炮台"盖碗，放上东乡人喜欢而又讲究的毛精春尖茶，为已解馋垫饱肚子的人们用火壶或茶壶沏上"牡丹花"开水；于是食客们开始在热炕上一面刮盖碗子，一面放开话匣子，谈古论今，说长道短，无所不谈。东乡人吃平伙"手抓"羊肉，还有一层意思是，村民不和，买卖纠纷，家族邻里发生矛盾，有了隔阂，几经说合，互道"色兰"谅解，有"若要气散，共吃一顿饭；若要好，一顿手抓平伙了"的说法。锅里的羊肉煮熟，捞出凉放，在肉汤里立即揪指甲盖大的小面片，一人一碗。

吃鸡习俗　无论你到东乡任何一家做客，当你一踏进东乡人家的门槛，他们很快会热情迎接，给你宰鸡炸油香，表示最真挚的欢迎。东乡人宰鸡时还特别讲究宰割拾掇工序。宰鸡必须请阿訇提刀来宰，在煺鸡毛时主人家的主妇只能拔毛，而不能用开水烫毛。他们认为烫鸡毛，容易弄破鸡的内脏而污染鸡肉，炖熟后的鸡肉味道不鲜，色泽不亮。东乡人通常把鸡娃宰杀后立即从鸡嗉子和肛门这两处割开，把内脏等杂物全部掏出，然后用手拔毛，再用草火烧燎。因为用草火燎过的鸡肉嫩黄酥脆，炖熟后味道醇香，比起用开水所烫煺了毛的鸡肉味道更佳，兼有野餐时的烤鸭味道。待把鸡毛全部拔净后，还要割掉鸡的尾巴骨背上突出的一个小疙瘩，医学称腺体，当地人称它为外物。据现代科学证实，此腺体属于致癌物质，在吃鸡时必须割除。东乡族自古以来就有讲究割外物的风俗习惯。

东乡族给客人吃鸡娃时有一个古老而独特的习

俗——吃鸡娃礼让鸡尖。"鸡尖"是东乡族土语，即鸡的尾巴骨。一只鸡炖熟后要剁成十三块，即两个大腿，两个胯子，两块勺勺肉，把翅膀剁成四块，两块胸脯岔子肉（白肉），一个鸡尖。东乡人在待客过程中端鸡娃才算是餐桌上要端的最后一道菜。当把鸡娃端上后，主人还要视客人的年龄大小和尊贵程度，用一双洁净的筷子夹鸡肉敬来宾。通常是贵客长辈吃大块，晚辈吃小块，"鸡尖"只准敬给席面上最尊贵的一位客人享用。客人们在吃鸡娃时，要按主人给拣夹礼让的鸡块食用。得到主人所敬"鸡尖"的那位客人不会立即吃掉"鸡尖"，而是待大伙吃到最后时，他还要夹起"鸡尖"礼让给自己认为有威望的人和同辈人。一般席间客人互相礼让"鸡尖"是常规待客套程序，谁也不能随便接受。在东乡人的席面上要是哪一位客人吃了"鸡尖"，象征着他代表大家吃了席上的鸡娃，说明他是主客，今天的鸡是专为他的光临而宰的，会感到十分荣幸、自豪。

饮茶民俗 东乡族的饮料也有其特色。他们酷爱饮茶，一般每餐必饮，多用盖碗泡茶，并喜用云南绿茶。在东乡县待客时除了茶叶，还在盖碗里放冰糖、桂圆、红枣、杏干等，俗称"三香茶"。茶叶在东乡族社会中除了饮用，还经常将其作为探亲访友、礼尚往来的礼物，而且是必不可少的。儿女定亲时将聘礼称作"茶钱"，定亲称作"定茶"，足见东乡族对茶的重视程度。东乡族饮茶习俗的产生与其生活的环境是息息相关的。明代，河州地区茶马交易繁荣，促成东乡族饮茶习俗的产生，加之东乡族的主要饮食品单调，蔬菜缺乏，茶因其能帮助消化、补充营养等特点，成为蔬菜的代用品，久而久之，茶成为东乡族人民不可缺少的饮品，并最终形成独具特色的东乡茶文化。东乡族喜欢绿茶，因其适宜在高寒地区饮用，而诸如龙井茶等不管其品位如何高雅名贵，东乡族对它从来不屑一顾，若用其待客，便视为对客人的怠慢。

油面茶 这是东乡族人的一种冬令传统营养饮食。时至严冬季节，生活在西北高原上的东乡族人家，户户都要熬油面，滚油面茶。人们清晨出工、上班前，总要喝一碗醇香的油面茶来增加热量，驱寒补身。油面茶不是茶水，又是茶水。油面茶的制作原料主要是上等春尖细茶或优质茯茶及小麦面粉，牛羊油与适量的花椒粉、姜粉等为佐料。一般做油面茶时先把新鲜牛羊油切碎，放到锅里炼成液体后，放入面粉拌炒，当面炒得稍稍发黄时即可出锅，这道工序叫熬油面，即备料。每次喝油面茶时，就可以拿出熬好的油面粉，浇成油面茶。滚油面茶时先用一个茶壶或小锅滚好茶水，所滚好的茶有细茶或茯茶之分，滚好的油面茶也就成了细茶油面和茯茶油面两种。细茶油面清香可口，谓之上品，茯茶油面幽香壮热，很适合老年人的口味。茶水以浓酽为宜，然后过滤掉茶叶，将茶水加入滚油面茶的锅里，茶水沸腾时加调料，佐料以麻辣为宜，再加适量的青盐，然后撒上油面粉，直到油面茶呈汤状。如果有条件在油面茶里放些酥油、红枣、核桃仁，那就更讲究了。油面茶是东乡人平常爱吃的饮食，同时也是招待客人的一种风味小吃，出外经商走远路的商人必须带上油面以便沿途熬茶。

裕固族饮食民俗

裕固族是生活在我国西北甘肃省河西走廊祁连山下的一个少数民族，人口不足一万。据考证，裕固族属古回鹘的后裔，史称"甘州回鹘"。裕固族分东部和西部，东部裕固系阿尔泰语系蒙古语族；西部裕固系阿尔泰语系突厥语族，他们通用汉语言文字。

裕固族自古以来就以游牧业为生，是一个历史悠久的游牧民族，因此，裕固族饮食民俗具有浓郁的草原游牧民族饮食文化特征。传统饮食中，以肉食和奶制品为主，蔬菜较少。新中国成立以前，大部分地区的裕固族牧民常年吃不到蔬菜，生活条件比较艰苦。但从地方文化的角度看，在裕固族饮食民俗中，因当地不产蔬菜或缺乏蔬菜，而形成了饮食中并不依赖蔬菜或不善于加工蔬菜类食品的饮食民俗特点。正如我国北方人喜食面食而南方人喜欢大米一样。这也与生活的地域条件有关，从而使裕固族人逐渐形成不喜欢吃蔬菜的饮食特点。这种饮食文化特点首先源于一种地理因素，同时又是经济类型的反映。

裕固族的肉食以牛羊肉为主，忌食马、驴、骡肉和狗肉。牛羊肉多煮熟后食用，即手抓肉，有时也焖制面食。除日常食用肉类食品的方法外，在特殊节日聚会时，还制作烤全羊、煮全羊、羊肚烤羊肉等。裕固族人还特别善于制作各种羊下水加工食品。几乎所有的羊内脏都可以制作成各种美味食品。如用牛羊的心脏包皮、百叶制成的"扫得尔"，用羊肥肠做成的"苦得尔西吉格"，用血肠做成的"嘎拉西吉格"，用羊肚皮油做成的"脂裹干"等。牛羊的胃（肚子）多直接煮食或爆炒。血液也全部都用来制作各种食品。

献羊背　将一只羊的肉分成 12 份或 13 份，然后献给每一位客人，每一份都有固定的部位和名称及相应的社会地位含义，如最好的为"臀尖"，其次为"胸叉"，依次类推，按照每位客人的年龄、身份、地位等献上标志不同意义的"羊背子"，这一习俗从一个侧面反映了裕固族社会中的等级秩序及等级观念的存在。在吃羊肉时，特别讲究要把所吃的每一块骨头都要啃净。民间有俗语说"杀生害命，骨头啃净"，意思是说，既然宰杀了牛羊，剥夺了它的生命，那么，人们就应充分地珍惜这种用生命换来的食物。

酒肉不分家　裕固族人每次吃肉都要喝酒，即使全家人在一起吃肉，家中的成员，特别是成年人都要喝适量的酒，认为这样有利于健康。民间俗语还说"吃肉不喝酒，不如扔给狗"。似乎吃肉时必须要喝酒。

今天的裕固族人基本上以面食为主，但裕固族人至今仍然不善于面食加工制作。特别是在广大牧区，面食的制作十分简单。日常生活中，午餐和晚餐多为"揪面片"，有时也做"拉条子"，但配菜十分简单，甚至不需要佐菜。有时也制作"大米软饭"，即用羊肉汤做大米饭，或在做大米饭时放入适量的碎羊肉及各种调料，故可直接食用而不需要佐菜。其他面食还有烧饼（帖尔给奇格）、锅盔、烧壳子、馒头及各种油炸面食。在明花乡裕固人家还常利用当地沙生药用植物锁阳来做"锁阳饼"，这是一种很有特色的地方风味食品。同时，也将锁阳掺入其他面食制品中食用。如锁阳馒头、锁阳炒面、锁阳烧壳子等。

裕固族牧民特别喜欢喝茶。他们主要喝茯茶（也称砖茶）。主要分两种：清茶和奶茶。清茶是用茯茶直接煮制或泡制的，俗称"黑茶"，其色黑红；奶茶则是在煮好的清茶中调入鲜奶而成的，一般还要加入盐、姜、草果等调料。奶茶也可用来招待客人，但一般不用清茶招待客人，除非没有鲜奶。在日常生活中，裕固人更喜欢喝炒面奶茶，其方法是：先在碗中放入炒面（或锁阳炒面）、酥油、曲拉、奶皮子等，然后将滚烫的奶茶倒入碗中，慢慢搅动，不断地添茶，细细地品味。喝炒面奶茶一般要有充足的时间。裕固族老人们喝炒面奶茶往往需要几个小时。裕固族地区，早晨和晚上都要喝炒面奶茶，有时中午休息之后也要喝茶，可谓"一日三餐不离茶"。裕固族人从小开始喝炒面奶茶，即使迁居大城市以后，许多人仍然不放弃喝奶茶的习惯。

第三节　甘肃各地区居住民俗

一、汉族居住民俗

河西民居

秦汉以前，河西主要是穴居，既有沿崖、沿沟挖凿横洞的窑洞式居住，也有在地势较高、黄土较厚的地方下挖的地穴式居住。《太平御览》认为"上古皆穴处……今南方人巢居，北方人穴处，古之遗俗也"，大体反映了当时的居住特点。但是，随着历史的演进，游牧民族与农业民族的居住形式差别越来越大。游牧民族出现了可移动、便拆迁的毡帐式民居，并且日益普遍，逐渐成为传统的居住形式。农业民族则出现了随地理环境、生活水平、社会地位的不同而建造的各种固定不移的民居，地穴式建筑逐渐向地面建筑发展。秦汉以后，绿洲地带的民居普遍成为地面建筑，低洼潮湿地带则出现类似南方的干栏式建筑。

两汉特别是魏晋以后，随着屯田而出现的人口增加、农业发展、中原先进技术传入，民居也发生了很大变化。板筑土墙开始由砖墙替代；为防偷盗抢掠而出现院墙；一字形的民居建筑格局开始被门字形、口字形建筑取代；房屋的功能分工也更加明确。至隋唐以后，河西民居的主体形式基本固定下来。

明清两代长时间统一以及经济和社会的相对稳定，也使河西民居在已有形式下向着复杂、富丽和多样化方向发展。砖雕、木雕、屋脊兽、长廊等建筑装饰，为当地民居增添了新的内容。与此同时，富裕人家和贫困人家的住宅，官宦人家和普通百姓的住宅，在建筑规模、装饰程度、建筑用材、建筑式样等方面，都有着越来越大的差异。但四合一进、四合两进的院落形式，各个房屋的布局和功能以及选址要求，建房前后的礼仪俗信则是基本一致的，从而构成了当地人的居住习俗，这种习俗保持到了民国时期。

1949 年以后，当地民居的传统在农村有较多保留，主要表现在建房礼仪俗信、房屋布局形式、住宅选址等方面，但建筑用材的同一性逐渐明显。而在城区，相连的平房、低矮的两层楼房、两到六层的公共福利型楼房、套型楼房渐次替代，除有个别乔迁祝贺等习俗外，已无古老传统可言，只有装修程度上的差别。与居住相联系的卧具、其他家具有着相应的变化，表现出鲜明的地方特色。

布局　河西民居通常依地形而建。在山区，通常建于半山腰向阳的地势略平的地方，或者建于山根下依山傍水的地方。在平川，通常建于地势略高且与本村耕地较近的地方，少有单院独户而居者，一般是同一家族或同一个村的人家居住在同一区域，因此，村落的大小由家族人丁的兴旺程度和同一村的户数来决定。一个家庭中兄弟分家后，年长者通常要就近另建新屋居住，父母随最小的儿子居住。河西民居多为四合小院，由堂屋、道座及左右厢房组成。大户分为前、后两院（即四合两进式），后院多是佣人居住。堂屋多是庙宇式建筑。大户民居建筑的特点：一是采用木框架结构，梁檩柱之间开榫相接。墙内有壁尺，直径 10 厘米左右，相隔约 20 厘米。二是以土木为主要建筑材料，墙体以砖、石为基础，上用土坯砌成，屋面由于雨水较少，使用芦苇、草泥覆盖。三是大户民宅街门门楼、门、窗、屋、檐多有木雕加以装饰，木雕图案多为云纹、花卉、飞禽、走兽，风格各异，十分美观雅致。四是房顶有天棚高出屋檐约 1 米，将院口遮盖，以防风雨。为与邻居房屋相互隔开设有木栅。当地农家民宅旧时为独立的土庄子。外围方形，夹板土筑，大都可占地数亩。若有道座，则是四合院。房间一般为奇数，可造 3 间、5 间等。民间传统认为奇数代表阳，住宅也以奇数为吉。通常为正房 3 间，两侧的厦房也各为 3 间，有的留 2 间做大屋，隔出一间小屋，这样可以夏天住大厦，宽敞凉快；冬天住小屋，紧凑温暖。

房屋朝向一般是坐北向南，光线充足、冬暖夏凉。因有"有钱修个面朝南"之说。房屋最早只是土木结构，土坯砌成，草泥覆盖。现今大都是砖木结构，有砖做墙基、墙柱，墙面用白灰抹光，清爽干净。门窗梁柱保留本色，富有乡土气息和质朴感。有条件的涂上油漆，略显豪华。街门楼子一般都有精心镶嵌的彩色花纹和额题，从额题的内容可知主人的理想、希望和家传特征。有不慕仕途者，以农耕为乐，额题为"耕读传家"。若盼家业昌盛，则书"五世其昌"。还有大家望族以铜环、兽面环、锡环做门饰的。

农家院子的院墙在旧时多为板筑土墙和土坯砌成的墙，院门（也叫"庄门"）多朝东开，也有依地形而朝南、西、北方开的，但位置必须要正，即正对着东或南、西、北方，否则会被认为不吉利。房屋的格局上，一般是建 3 间房：中间为上房（也叫书房），是家中的长辈居住以及会客的处所，摆放着家里最体面的家具。左右侧为子女们的卧室（也叫"睡房"）和厨房。如果子女们多或者家庭经济条件允许，则在院内另一侧甚至两侧再建房，格局同上，区别在于多了卧室而少了厨房。盛放杂物的房间在院内某个角落另建，没有太多的讲究。房屋多为土木结构，后高前低，前面出廊（房顶超出墙面 1—2 米）。近年来，随着生活条件的改善，新建的房屋乃至院墙基本上是砖木结构，房屋格局也发生了一些新变化，即"一厅两室"：中间开一道门，为客厅（也叫书房），客厅的大小与先前的上房基本相等；客厅两侧各另开一门，通卧室（仍叫"睡房"）。厨房在居室旁，另开一门。庄门的位置有一定讲究。如果庄门朝东开，须设在墙的北侧，这又有两种情况：一种是正对厨房门，叫作"大钥匙头门"；另一种是紧依北墙而开，叫作"小钥匙头门"。如果家中有人取得功名（旧时如中了状元或者做了大官），则可将庄门开在院墙中央正对上房。

建房　旧时农家打庄子、修房子都要事先请"阴阳"择进口、看"宅色"，选避风顺水的地方，确定位置、朝向，然后立一根"红杆"，作为中心点，向大门正中取中线，确定庄子的四角。动工建房要避开农忙季节，并且须在"土旺"的日子里。"土旺"还是"土满"，由二十四节气中的立春、立夏、立秋、立冬来推算：这四个节气前 18 天至当日，为"土旺"；其中的每一个节气过后即为"土满"。然后，根据天干地支推算出在这些日子里宜建房的黄道吉日及时辰。打庄子要先立门，叫"开财门"，亲朋邻里都来祝贺、挂彩。立门时，门楣上要压书、笔及装有五谷、金属硬币的三角形红布袋，喻耕读传家、财源茂盛。建房时，先在地基撒上五谷，用犁铧翻几下，然后平整、夯打、下墙基。盖上房更讲究，要正对大门，不偏不倚，高低、前后都要精确测量。立柱上梁也要择吉时，亲友、邻居会送礼，放炮祝贺。在梁上贴喜联、挂红，还要犒赏工匠。在梁上也要放装有五谷钱币的红布袋。做门、做梁的材料多为松木、杨木。新房竣工后，也要择吉日"谢土"。谢土时请道士焚纸诵经，亲朋邻里来贺，主人设宴酬谢。在河西民间，乔迁新居时，左邻右舍、亲朋好友前来祝贺乔迁之喜，俗称"燎烟"。这种淳朴的乡风由来已久。俗信以为通过众人燎烟祝贺，迁入新居的人家会平安吉利。燎烟一般是由客人先通知主人，主人为答谢也会做出接待准备。来客手执鞭炮，从门外点燃，在院内各屋走一圈，借此象征未来的日子吉祥、红火。"燎烟"的客人带着贺礼，多为家中用品，如锅、壶、茶具、盆、被面、毛毯等。装饰品如根雕、花架、挂画、镜框等。客人在屋里、屋外看完后，主人以酒肉招待致谢。河西一带民居中的家具不少具有明代风格，其种类很多。在平常人家，最普遍的是案、桌、炕桌、椅、长凳、小圆凳、小方凳、炕柜、箱等。而在富裕人家还有屏风、衣架、几、曲足案、鼓凳、曲足盆架、镜台等。这些家具均为木制，雕花纹、绘彩画、涂油漆，今天看来，具有笨重、结实、古色古香的感觉。炕柜、炕桌在今天的乡村仍较多见。

炕柜，长约 6 尺，与炕宽相当，高约 3 尺，置于炕上对窗靠墙，由大柜、小柜、小屉相连构成。内装衣服及妇女用品，在柜顶被褥层层叠放，可谓一柜多用。各扇柜门、抽屉面都有雕饰或彩绘，整个柜用大红或橘红色油漆。有的炕柜顶部四角有竖杆，长横杆相连其上，可挂上绣花或白色布制的帘子，将柜顶被褥等物挡住，更显得整洁美观。炕桌，一般是二尺五见方，高约五六寸。桌腿与桌腿间横杆均用刻纹和雕花。桌面或彩绘花鸟，或描出纹线，整体用朱红油漆。平时置于炕中央，有客人即劝其脱鞋上炕，围坐炕桌一周，品茶、用饭、饮酒。无客人时，妇女做针线活和小手工艺品，小孩趴桌写字。夏天晴朗时，炕桌又可摆放庭院里，一家坐小凳围一周吃饭、聊天。案与桌有着明确的用途分工。案置于堂屋正面靠墙，墙上正中置中堂画，案上摆放各种装饰品，祭祀时烧香、摆供品。案面为长方形，无屉柜，四条粗腿用横杆相连，案腿、横杆都有木雕装饰，多为吉祥云纹。案一般高于桌。桌面为三尺五见方，略低于案，常置于堂屋或客厅，用于会客、设家宴和招待贵客。平时由成人读书写字。椅一般为两个，分置于案或桌的两侧，多为家中长者或为官之客坐用，长凳则置于案或桌的左侧靠墙，多为家人或一般客人、女客人坐用。椅为直角式靠背，低矮直角式扶手，椅面略呈长方形，并略高于现代的椅子。长凳有六七寸宽，长五尺，面高与椅相同。当地传统衣帽架，制作精巧，工艺独特，功能多元，是早期的组合式家具。这种衣帽架为长方形，高约五尺，长约二尺。两侧板面有雕绘彩画，边框各装一可向外侧展开的衣钩架，架上三个如意形衣钩又可折合。中间镶有镜子用以鉴照。镜下、两衣钩架均为透雕象征吉祥的合欢花图案。下部均匀排布四个小帽钩，可挂各种饰品、衣、帽等。上部钉两个铜耳，用以悬挂墙上。衣帽架通体黑漆、配彩绘、透雕，古香古色，十分典雅，是装饰艺术与实用技术的巧妙结合。火盆，是当地民间传统的取暖工具。火盆用生铁浇铸，圆形。直径约 50 厘米，沿厚约 2 厘米，中间有直径约 20 厘米向下凹下、盆壁外圈突出成鼓起的圆形，里面实际是半圆形的坑。铸上三条豹腿状的铁脚，便于支撑、移动。用火盆取暖时，在凹下的坑中放一些细小易燃的柴火，上边架上干硬、耐烧的木柴。先点燃小柴火，引燃木柴，将火盆放置院中待浓烟散尽，端进屋里，放在炕上。盆中炭火正旺，屋中顿觉温暖。男人们借盆火抽烟，女人借盆火做针线活儿，孩子们将炕桌靠近火盆读书。若有客来，主客围坐在火盆前，老人在火盆里炖上桂圆红枣茶，拉家常，谈农事。给孩子们在炭火里烧几个洋芋或爆一捧大豆。女主人借火盆热量场面搓鸡肠子。毛毡为土炕铺用，具有隔潮、保暖、结实、耐磨的特点。其制法是将羊毛洗净晾干，用弹弓弹匀后，摊在竹帘上喷洒一定比例的水、清油和硫酸，然后卷起竹帘反复擀制而成。毛毡可裁制成毡衣，有冬暖、夏凉和防风、遮雨雪之功能。农人浇水、放牧时穿用，睡觉时可就地铺盖。毛毡除本色外，还可加进颜色制成彩色或花色。精巧的毡匠还可制出彩色图案，形似如今的地毯、炕毯。

风匣，是当地民间传统鼓风用具。风匣为长方形木制箱，长约4尺，宽1尺，高约2尺，箱体内木制推风板，用木条与箱外把手相连。箱体紧靠炉灶，两头各有小木窗，一推一拉，两头的小木窗则一开一闭，如此反复吸入风，从箱下风嘴吹入炉灶助燃。至今偏远农村仍有使用。河西人喜好饮酒，因而对酒壶的制作十分讲究。传统酒壶多为铜锡合金，形状为大腹、空底、鹤嘴、高口并带高杯式壶盖，腹下空腔用以燃木炭温酒，壶底有三足。当地人饮酒要温热，酒盛入壶中，即将燃灼的木炭块置入腹下空腔中，酒饮之中同时温热。有时也用来当茶壶。也有的酒壶可直接放在火炉上加温。除金属酒壶外，还有用祁连玉制的玉壶，用釉瓷制的瓷壶，形制多样而别致。旧时当地老人有吸食水烟、鼻烟的习惯。其烟具十分别致。水烟锅的杆柄用鹰翅骨制成，一头装铜制吸嘴，另一头装铜锅头，因此又叫"鹰膀子"。与烟锅相配的是烟袋，皮革缝制，袋盖上缀细皮绳，绳梢有象牙签，平常卷折烟袋后用象牙签别紧，以防烟末漏出。鼻烟壶，用祁连玉制成，扁圆、小嘴、大腹而扁，壶塞多用橡皮制成，并衔有取鼻烟粉的小勺。鼻烟壶通体小巧精致，表面十分光润。水烟锅、袋和鼻烟壶都是随身携带，以便使用。

陇西民居

陇西，指陇山以西地区，古称陇右。陇西一带民居在择居、建房、居住、禁忌等方面，都与陇东一带大同而小异，只是旧时陇东以居住窑洞者为多，陇西以居住平房者为多。

择居习俗：境内民居，多同族居于一村，但住房各为院落，互不相通。其中也有逐渐迁来的外来户。民居建筑讲究风水，要打一处新庄寨，最先做的是看"风水"。为了图个吉利顺遂，人们不惜花几个钱，请当地的地理先生（即阴阳）观龙脉，定风水，以趋吉避祸。风水先生根据当地的山形、水势、风向，用罗盘（又叫"针盘"）打定好新院的"龙脉"（院子的正中线）。院址选好后，择吉日"开方"。开方时，由风水先生或阴阳在院基四周钉下四个桃木橛子，并在院中心挖一小坑，埋下五谷杂粮及朱砂、猩红等物，一

示扎根，二为镇宅。然后焚化香表，举行简单的祭奠仪式。最后，在院基地立一木杆，上挂竹筛一只，以示院基选定，待百日后举行"退方"（即退土）仪式。

"退方"即是向诸神打招呼。"退方"日，请阴阳下道祭文，念几句咒语告知值年太岁和山神、土地诸神灵，要在此处动土造新院，请诸神不要为难，给予方便。人们常说"太岁头上的土动不得"，如若不"退土"，做土工活就不吉利。

在退方后，如若要正式开工打院，也不能随便乱挖乱打，还是要请阴阳看个日子动工，并且一旦开工就不能半途而停，哪怕是天阴下雨也得干。这个过程叫"还方"（打起围墙，筑成四四方方一道院）。同时还要在指定方位开一个小洞，供人畜出入。还方后，此地已属宅主，若不急于修房的人，院中也可以栽树、种菜，或堆放柴火之类，均无妨害。这种习俗，无论过去与现在，在农村依然存在。民居建筑一般都背阴向阳，即坐北朝南。住宅中，尊卑关系分明，居中面阳（南）为尊，面东西者次之，面北者最低，一家中长辈住上房，两侧为晚辈子媳所在。也有因地形而建的住宅，虽然方向无法选"正"，但住房的尊卑次序依然严格。村落的形成一般由起初的家族逐渐繁衍而成。村庄多选择在向阳通风、依山傍水、接近水源、地质坚固的山坳、河谷或坡地，或占据交通要道处。

建房习俗：立木前，用红布包五色杂粮、五色布条、红筷子一双悬挂在正梁中央，焚香祭奠，称做"供梁"，群众说是"补土""压地方"。有的地方习俗略有不同，上梁前木工置中檩于木马上挂红彩，先在做好的中檩上凿一方孔，孔内装五色粮食和金银钱币，再用椿木（俗称木王）楔塞填孔口，中线处裹上包进毛笔、历书等物的红布方兜，用铜钱钉固。

柱子必须上小下大地正立，而不能倒置。上梁之日必须选择有利于修缮的吉日，上午7—8时架梁，取"天开卯时"之意，以求吉利。上梁时主人和吉相贵人在早已备好的香案前祭奠叩拜，中檩在鞭炮声中迅速架好。捎梁人的属相有严格的规定。中梁挂红，短的三尺六（取"三十六天罡"之意），长则七尺有二（取"七十二地煞"之意）。

红对联，多用"周公卜定三吉地，鲁班造就福禄门"联语，横额为"上梁大吉"。架好梁后，木工还

有跑梁习俗。挂椽每间二十四根定数，合二十四节气意。旧时忌用铁钉。新宅落成后，择日搬迁，请阴阳宣读祭文"祀土"，亲朋持喜幛、喜联或实用物什前来恭贺乔迁之喜，俗称"入烟"，又叫"踏院"。旧时农村"入烟"时，先要祭灶。主家将米面灶具率先拿到新房，安顿好"灶神"，尔后献供上香祭祀。"入烟"之日，鸣放鞭炮，男主人抱一盆冒烟的火，女主人怀抱一头小猪，用手拍打小猪，使其发出嚎叫声，同时提一壶凉水，一齐进入新居，将凉水在新灶上烧开，就算"入烟"了。这是典型的古俗。"家"字下一"豕"字，即小猪。有猪才算家，这是典型的农耕文化。而有水有火方能生活，居家不过如此。随着时代的前进，这种习俗现在只保留了部分的内容。"入烟"之后，主人要以烟、酒、糖、茶，甚至宴席款待祝贺者。农村盖房仍奉行约定俗成的原则，除木工外，其余人员都是乡邻义务助工，主人只管饭不付酬。新房建成后，讲究"起脊瓦兽"。明清之际的房屋，房脊上安有雕花陶脊，讲究上"瓦寿"。也有在大门和其他屋脊上"瓦寿"的做法。"起脊瓦兽"即是在房脊的两端安装陶兽，当地人叫脊兽。旧时，视官爵的大小等级，有三把鬃和五把鬃之别。家有进士及第的，脊兽可瓦成三把鬃。兽口含陶珠者，非五品以上官衔之家没有资格安设。家有秀才者，脊兽可瓦成五把鬃，没有功名的人家是不能"起脊瓦兽"的。

窑洞是境内最古老的住宅。本地的窑洞主要有"崖式"和"箍窑"两种。窑洞造价低廉，冬暖夏凉，旧时是农村穷苦人家的重要住宅。崖式窑洞是选择好沟边崖畔向阳之处，在崖壁上横向打洞，窑洞顶部呈拱圆形状，即覆斗状，底部一般要求直陡，洞口高大，窑垴矮小，利于出烟透气。"箍窑"当地人称"旋窑"。这类窑洞是用土坯（俗称"整子"）旋出来的。"箍窑"的原理相当于修建"拱形桥"，具有力学的原理，可以承受较大的压力。"箍窑"的材料主要是用湿黄土夯筑而成的土坯。箍时先用土坯砌出四面墙（预留门窗），然后把和有麦类衣皮的泥浆涂于土坯面上，从前后墙头往中间一片一片地粘砌，"旋"砌出拱洞形似窑的建筑。有的在"箍窑"上边修建个小房，当地人称为"高房"。窑洞住宅于20世纪70年代尚可在农村看到，现在几近绝迹，空留下许多以窑命名的村庄和窑洞残迹。

古代，甘肃东南部林木繁茂，民以"板屋"为居。《诗经·秦风》就有"在其板屋"的记述。《汉书·地理志》有"天水陇西，山多林木，民以板为室屋"的记载。后代随着林木资源的匮乏，"民以板为室屋"的建筑习俗虽然不完全存在，但在本地的农村民居建筑中，至今依然可以看到板屋的样式。在东南部一带，一些家庭在建房时，深堂宽廊，前檐墙纯用木板镶成，很是气派。

茅草房，俗称庵房。1949年以前多见于东南部山区，尤以林缘区为多。特点是简单易造，随坏随修，但易于着火，不够安全。至今在山区仍可看到，但多用于牲畜棚圈和看管果园的临时场所。

平房，又称瓦房。这是最普遍的住宅建筑样式。据传，明代对平民建屋有严格的限制，不能超过三间五檩，禁用斗拱彩绘。清代放宽限制，但无一定官职功名之家，建屋不能重檐瓦兽。有钱人家讲究一宅一院或三院，可分前院、中院、后院，边筑高墙。中院修三椽厅或五檩四柱，挂面门窗透隔窗棂。侧房均是鞍架房。有的在正院之外，筑有寨堡。有一家一堡、八家一堡或一村一堡的。堡内建筑大致与正院同。一般富裕户，修建四合院，有主房、客房、厢房等。在四合院外，还有畜圈，连同菜园、果园、花园和打麦场。边筑围墙，称庄窠院落。民国时取消一切禁限，住宅格局多为四方院，富有之家也有一进几院的。一般布局是：前有照壁、月门，进而大门、客庭。进二门才是正院。四面各有三间正房，两侧配有耳房。主房又称庭房，多为三间四檩，分一檐水和两檐水二种，有云栋、高台阶、深廊檐、起脊的大瓦房。板门板窗，讲究"四门八窗"，斜砖或木板漫地，重门暖阁；床铺是床、炕各占一半，冬炕夏床，设计合正理；屋内陈设有鸢（音diào，长的意思）桌、团桌或卷案、太师椅（高靠背椅）、机椅、衣架、立柜、茶几、炕桌、板箱、棕箱，四壁悬挂字画。上方供祖先牌位龛，前置花瓶、灯壁、供器、香炉，房门挂门帘，窗棂透花，贴上窗花。这种屋房追求高、大、深，以示阔气，但采光、取暖较差。庭房对面是对庭，如中间有甬道通则院称过庭，规格逊于庭房。其他两面虽仍是瓦房，但又差一筹。院旁是厨房、仓房、磨房、厕所、猪圈之类。小康之家是土木结构的瓦房，三檩二节椽，分一檐水、两檐水两种，小门小窗。屋内陈设皆为家常用板凳、箱、柜之类。贫穷人家住低矮小屋，无瓦者叫土坯房，苫上草，抹上麦草泥以防雨淋日晒。穷人家房小，吃睡在一屋者，叫"连锅灶"，或"连茅子房"，小到仅能盘炕的叫"忙上炕"。

睡热炕是境内城乡居民的传统习惯。不分贫富，也无论何种居室，都在屋内用土坯盘有土炕，铺上竹席和毛毡、线毯，取畜粪、禾秸、草皮等做燃料，一年四季热炕不离，冬取暖夏防潮。旧时穷人家铺盖很少，甚至在光炕上铺些细沙蓄热，或铺些麦草垫衬，和衣而眠。冬季夜长难熬，"一面烙，三面晾，烙的狠了转个向"，即是穷人住宿条件的写照。

宅基地一般是独家四方院，俗称"一颗印"。平房多为土木结构。在东南部林区或林缘区，马鞍架拱顶的两坡水（俗称双檐房）瓦房为多，而在西路及北部农村则以一坡水（俗称偏厦子，单檐房）为主。建筑形式有"托件"房（即宽廊檐）、三椽、四厅、琵琶、布裙、半寺、单背软三间等。仕宦富绅多建完整的四合院，上三椽，下四厅，左琵琶，右布裙，最为讲究，屋顶起脊瓦兽，雕梁画栋。普通人家住土挑檐和秃鼻檐式的三间单背房。境内东南部山林区因雨水较多，一般鞍架房屋有侧檐，称"出山"，灶房多设在其内，或作为堆放杂物的小屋；西北部偏厦房无侧檐，称"包封"。而且，宅居的院落建造也多有区别，东南林区有些无院落围墙，房屋兀立于山野，有的则以荆棘堆积围成院落，讲究些的以竹木编篱笆围成院落。在西北路，大部分人家筑起土墙，或用土坯、砖石砌成围墙。"档门"（即大门）亦很讲究，要依"字"（即八卦中的乾、坤、坎、离、震、艮、巽、兑）而定，修造上因家庭贫富而不一。

四合院，是中国民居中最基本、最普遍的一种形式，是中国民居的代表。中国最早的四合院产生于何时，缺乏明确的答案。目前，建筑界普遍认为陕西岐山县凤雏村出土的四合院遗迹是我国迄今发现最早的完整四合院，它的建筑年代是西周时期，距今已有3000多年的历史了。唐代四合院的形式主要是通过敦煌壁画发现的。那时的四合院多是分成前后院的二进

四合院，前窄后方，这种布局上承两汉，下启宋元明清。由于封建社会森严的等级观念，旧时的穷人没有真正意义上的四合院。从明代开始，对庶民的房屋定制不得超过三间五架。现在我们能看到的四合院，以天水秦州区古民居为代表。秦州区的胡氏民居、张庆麟故居、任其昌故居、哈锐故居、张氏宅院等许多明清民居，就是由许多四合院组成。如胡氏民居的南宅子，建于明嘉靖年间，是山西按察司副使胡来缙的宅第。平面构图略呈矩形，整体形制与建筑设施有很强的防卫性，突出了四合院的特点。入大门即是天井，东、西各有一垂花门。入西门有四合院，东、西为厢房，南有正厅五间，单檐悬山顶木结构，砖墙，斗几出抄，直棂隔窗。北有侧厅五间。沿西南角门入又有一小四合院，是佛堂、书房和客厅所在，花石铺地，竹木葱郁，清静优雅。而北宅子始建于明万历四十三年（1615），是胡来缙子太常寺正卿胡忻宅第。呈正方形，由6个大小不同的三合院和四合院组成。现存东院过厅和主体建筑厅楼，其中厅楼面阔五间，进深五间，重檐硬山顶砖木结构，气势宏伟，雍容华贵。二楼檐柱间置雕花栏板浮雕牡丹、荷花图案，生动细致，精美绝伦。

陇东民居[①]

陇东地貌复杂，山、川、沟、坡、梁、峁、原兼有，土层厚，地质硬，宜于建房、盖楼，更适于修庄挖窑。历来塬面嘴梢、山川沟坡、弯岔梁峁都有人们修庄居住。窑洞是当地民间传统的住宅形式。清代以前住窑洞的农户约占95%以上，住房厦的仅是个别富者。20世纪80年代以前，住窑洞者仍然居多，住房厦者很少。窑洞是原始人穴居的沿袭和进化，这种建筑习俗，在距今5000年左右的新石器时代就有了。3000多年前，周先祖居豳时，就曾"陶复陶穴以为居"。《诗经·大雅·绵》载："陶复陶穴，未有家室。"（"陶"音yáo，古与"窑"通。郑玄笺："复者，复于土上；凿地曰穴。皆如陶然。"）证明人们始住窑洞的年代已很久远。当地人把居住的院落称为"庄子"或"地方"，把修庄子也叫修"地方"。

为了适应环境，便于生产和生活，人们选择宅基需要统筹考虑的因素很多，概括起来大体有十个方

---

① 此部分资料见王仲保、胡国兴主编《甘肃民俗总览》，民族出版社，2006年。

面：一要避风。当地冬季气候寒冷，冬春多西北风。如果庄子面北，风会直接贯入，冬天寒冷难熬，也会使人多病，必须前有屏障，能够避风才好。因此坐南面北的庄子在当地较少。二要向阳。俗语说："有钱没钱庄子向南。"当地以坐北面南的庄向为最佳。避北风，日照长，是理想的宅基。但因地理位置限制，往往难以如愿。当地把坐西面东的庄子叫"早阳庄子"，缺点是只能在早上短时受到日照，大部分时间见不到太阳。把坐东面西的庄子叫"夕阳庄子"，缺点是上午见不到太阳，冬天阴冷，下午太阳晒进窑顶，夏天燥热。庄子只有面南才是"向阳门第"。三要利水。庄子周围要排水畅通，遇暴雨没有来路大水，无洪水之患，且不能以邻为壑，避免发生纠纷。四要路通。在土地私有时期，人们寸土必争，选择宅基首先要考虑道路畅通，出入方便，即使与邻居不和，也不至于无路可走。五要近地。当地人以农为业，庄子距所种耕地越近越好，这样便于运粪、耕种、管理和收获，因而在宅基选择上，有人撵地的习俗。六要近村。当地人惯于群居，很少单丁独户。大都是以姓氏宗族为主体，就崖势、沿胡同、绕沟圈、傍山脚修庄居住，形成村落。七要安全。旧社会兵荒马乱，土匪出没，人们为了生存安全，躲避兵匪之患，选择宅基一般都要远离大路和闹市，在隐蔽的地方安家落户，过自耕自食的田园生活。因而深山老林、沟谷坡坎至今留有许多庄子或窑洞的遗迹。1949年以后，无兵匪之扰，人民安居乐业，选宅基撵大路，靠城镇，特别是改革开放后，城镇地基寸土寸金，成了人们必争对象，原来沟坡上的庄子倒成了废墟，或已被"旧庄还田"。八要近水。水是人们生活的必需品，天天要用，天天要担，宅基一般要选距泉水不远，或能打出井水的地方，以利取用方便。九要择邻。邻居抬头不见低头见，若遇上无德的邻居，难免是非多，纠纷多，使人不得安宁。所以人们在宅基的选择上，特别注意邻居的德行，都不愿和无赖为邻，叫作"惹不起而躲得起"。十要近亲。当地人往往是"家门父子"屋隔墙，地连界，一窝一垛，融洽相处，常言说"住得近了就离得近"，有事好互相照顾，互相帮忙，这也是人们选择宅基要讲究的条件。

人们把修建一处庄子，视为关乎一家人前途和命运的大事，非常慎重，认为庄向选好了就可以发财致富、人才辈出。在地理位置大致选定之后，至于庄子方位具体如何摆布，还要看风水、讲脉气、避凶煞。这就需要请"阴阳"先生用罗盘（当地人叫"罗镜"）来测定了。按照"阴阳家"的观点，东南西北叫"四面"，再加上东南、西南、东北、西北四个角叫"八方"，绘制成一个图叫"八卦图"。刻在罗盘上，中心装有"指南针"。在"八卦图"上面，各方各用一个字代表，即乾、坎、艮、震、巽、离、坤、兑八个字。每个字分别代表着吉、凶、祸、福、喜、忧、顺、财等，并配以天干地支，还能互相转换和牵制。包含相克相生、相和相害之理；还有"左青龙，右白虎，前朱雀，后玄武"之分；又有上、下不能压，主、次不能犯等禁忌。庄子的门如何开、水何方走、灶怎样安、井哪里打、碾何处安都由"阴阳"先生说了算。庄子方位、趋势测定之后，由"阴阳"先生栽根木桩，顶上铧尖，挂个箩圈，叫作"起将"，或许算是奠基的标志，便可择吉动工。

请"阴阳"先生用罗盘测定修建庄子的方位，剔除封建迷信，从古老的中国文化来阐释，也包含着一定的合理因素。因为山有去脉，水有流向，土有层次纹路，人的居住和山脉、水势、地气相和谐，体现了古代"天地人，三才合一"的哲学思想。所以至今人们修庄子仍要用罗盘测定方位。

庄子类型有以下几种：

明庄子 又叫"崖庄子"。依山劈崖，挖窑而居。有一面靠崖、三面空旷的，也有三面靠崖、一面空旷的。打起围墙，安上大门，建成院落。其格局有正方形、长方形，也有修成半圆形（称箩圈庄），这种庄子一般都面向西南、东南或正南。避风向阳，眼前开阔，日照较长，光线敞亮，夏天凉森森，冬天暖烘烘。

半明半暗庄子 在前有高地，后有高山，或前低后高的胡同里，开挖庄基，前面土不取空，低于正庄面五六米左右，开巷道或巷洞修建大门。

架板庄子 一些地处沟堵、沟圈、沟坡的村落，人们沿坡就势，修建庄子，一层多户，一村多层，形似架板，排列有序，故称"架板庄子"。这种庄子的形式不一，一般都似"明庄子"或"半明半暗庄子"。

独院庄子 在塬面平地，四面打墙，内建房厦，或箍箍窑，平出平入，自成院落。

四合院 当地又叫"四合头"。旧时大都为富裕户或官宦人家居住。以主庭院为中心，东南西北四面都建有房厦，开成四合格局。一般坐北面南，北房为正房，亦称上房，建于1米高的高台上，是一家之主起居室；上房两边有耳房；东、西两侧是厢房，为晚辈所居住。南房一排中带过庭，两侧为客厅、书房。上等四合院，分前院、后院，两院相接处有过庭，各房之间有抄手游廊。不过当地不多见。

三合院 就是三面建房厦，一面开大门，面对大门的是正房或称上房，两侧盖有厢房或厢厦。这种格局比较简单，也较为普遍。

屯庄 土地私有时期，人们为了种地方便，在坳里自家地头修庄居住，一家或三两家住在一起，一般离村稍远，人们习惯上都把这些地方叫"屯庄"。

地坑院 当地又叫"地窑院"，就是在平地开挖一个方形大坑，深约8米，根据需要地坑有大有小，所以长、宽各不一。地坑四壁打窑居住，开凿斜洞，洞中安门，供上下行走，院中挖有渗坑，以蓄院内雨水。有的崖上建有护崖矮墙。地坑院人住进以后，随着垫圈等用土，可以逐步扩大，家庭分居也可扩建。当地有五六亩、七八亩大的地坑院，可以居住十几户人家。

庄子修建过程如下：

挖地基 庄子的方位确定之后，就开始挖地基（明庄子、半明半暗庄子）。如果门前有沟洼，可用土车子（后来用架子车）把土边挖边推入沟里，由地坑庄院于出土方便，就比较省力。如果要挖地坑院，土方巨大，在没有挖掘机械的过去，完全要靠人力用笼筐一担一担担上来，那就是非常艰巨的工程。俗语说"寸土难移"，没有持之以恒、锲而不舍的毅力和愚公移山的精神，是难以完成的。

过去人们修庄子，农活照样干，只是利用农闲、雨天挖土运土，起早贪黑移土不止；饭前饭后挤时间，能担一担是一担，能推一车是一车；肩上的皮脱了一回又一回，双手上的茧子磨起一层又一层；搬运一方土，常流几身汗，举家都上阵，老幼不得闲；一辈完不成，下辈接着干。

地基的雏形挖成以后，要把表面修理平整，叫作"刮崖面子"。"刮崖面子"不但要刮得面平如镜，而且还要刮出"水波浪"等花纹来。在黄土上能刮出美

妙的图案，就全凭刮者的眼力、技艺、手劲了。所以"刮崖面子"也是一种技术活。

打窑洞 地基挖成，崖面子刮好，就开始打窑。打窑先钻"毛洞子"，即把窑形挖出，大土运走。钻"毛洞子"不能操之过急，急了土中水分大，容易坍塌。"毛洞子"钻好，再一步就是镟窑或叫"剔窑""铣窑"。从窑顶开始剔出拱形，把窑帮刮光，也要和"刮崖面子"一样细致，但求平整，不刮花纹。这样打窑就算完成了。待晾干之后，接着用黄土和铡碎的麦草和泥泥窑，有人也叫"墁窑"。泥窑的泥用干土和才有筋，泥成的平面光滑平顺，湿土和的泥性黏不好用。泥窑至少泥两层，粗泥一层，细泥一层，也有泥三层的。日后住久了，窑壁熏黑，可以再泥。窑泥完之后，再用土整子扎山墙、安门窗，一般是门上高处安高窗，和门并列安低窗，一门二窗。门内靠窗盘炕，门外靠山墙立烟囱，炕靠窗大概是为了出烟近捷，也为了使妇女在热炕上做针线采光方便。

由繁杂而艰辛的劳动构筑的窑洞，有着独特的居住价值和文化内涵。一般来说，窑洞比较坚固、耐用。房厦因受建筑材料和建筑质量的限制，过若干年后，就要翻顶、重修，而窑洞则没有这个过程，在当地有上百年甚至数百年的窑洞。民间流传着这样一句话："有百年不漏的窑洞，没有百年不漏的房厦。"窑洞拱顶式的构筑，符合力学原理，顶部压力一分为二，分至两侧，重心稳定，分力平衡，具有极强的稳固性。古人为了住着放心，往往要在窑洞里使上木担子撑架窑顶，这种窑洞虽已成文物，但在农村仍然依稀可见。一院窑洞庄子，可住人老几辈，几经风雨，几易其主，修修补补，仍不失其居住价值。

盖房厦 过去，当地住房厦者为数很少，房厦一般很简陋，有土木结构、砖木结构，其质量、样式、大小依家庭富裕程度而定。盖房厦用料有木材、砖、瓦、石条、土墼（俗称墼子）等。木料有自栽的，也有购置的，以松、柏、楸、椿、桐、杨为佳，忌用柳木或易蛀木材。民间有零星的、时烧时停的手工土法砖瓦窑。石条本地有产。墼子自己打或雇工打。1949年以后始用水泥。20世纪80年代初，始用机砖、机瓦。盖房厦首先要备齐用料。备料是个辛劳花钱的过程。俗语说"娶媳妇盖房，费钱没王（量大之意）"，家贫是无能为力的。料已备齐，

地基测定，便择吉动工。先开挖地基，锤根子，铺石条，筑起基础。与此同时，整理梁、檩、椽，做好屋架和门窗。接着择吉日定吉时，立柱上梁（俗称"立木房"），中檩上大书"岁次某某年某月某日某时立柱上梁大吉大利"等吉祥语。在中檩披红挂彩，鸣放鞭炮，给匠人"端花红"（酒、钱、物）。这天亲邻都来帮忙，午饭摆酒场，犒劳匠人，酬谢亲邻。"立木"以后砌墙（后来多为先砌墙后上梁，用土墼子砌墙的叫"干打垒"），接着贯椽、抹栈、撒瓦，房厦即成，多设宴庆贺。

在房顶结构上，梁多少根，据房屋间数而定，檩每间用三根、五根、七根不等，椽有丈三通椽，也有用两搭、四搭椽的。过去讲究一些的房屋檩下加方，梁头挂斗，雕梁画栋，房脊像脊兽。使脊兽的必然是当地巨富、官宦宅第或豪右之家。一般家庭一方面使不起；另一方面使了会遭众人非议，被指为僭越。

当地并非木材极缺的地区，为什么人们习惯上多住窑而少住房？原因大体有三：一是经济条件限制。盖房要花钱，打窑要力气，钱不容易挣，力气自家有。在剥削制度存在的社会里，人们只得出力流汗，挖庄打窑居住。二是农家生活需要。农家小院农器家具、粮食柴草、粪土杂物、牛羊猪狗样样都有，件件有用，认为窑洞比房厦容量大，不怕火，冬暖夏凉，堆放自由，生活方便，辈辈如此，已成习惯。三是等级观念制约。旧时，人们认为只有财东家、暴发户、做官的才能住房厦，似乎一般平民不配住房。有些有盖房能力的农户也为了怕露富，怕出尖，怕招人议论，只打窑洞而不盖房厦。

当地人弃窑洞盖新房之风是从20世纪80年代兴起的。人的生活水平高了，观念变了。随着市场经济的发展，人勤奋，有本事就可以赚到钱。人们有了钱不买地，不买牛，就是盖房子，修庄子。村村房屋鳞次栉比，楼房随处可见，村庄道路都成了街道，且比过去的街道还阔气。房屋大都成为砖木或砖混结构，祖祖辈辈住在窑洞里的人们纷纷告别窑洞，住进新房，再也无人流连窑洞了。现在住窑洞的倒成了少数，过去的一些窑洞庄子正在逐步变为良田。这是当地在居住上一次翻天覆地的大变革。

其他建筑 当地民间除了窑洞和房厦，还有许多附属建筑，诸如：骑门楼子：富豪人家在大门之上顶个楼子，可以住人、瞭望、防盗匪、保安全。门楼子：即保护大门的房状建筑，大门安于下。大门的形式有三槛门、平头门两种，多为两扇。门楣上过去多书三个字，如"平为福""和为贵""孔稷业""居之安""耕读第"……现在门宽了，多书四个字，如"耕读传家""紫气东来""春光满院""前程似锦""吉祥如意""瑞气盈门"……高窑：在庄面两窑之间上部，再挖一个小窑，筑阶而上，高瞻远望，居高临下，防盗匪而用。拐窑：在窑内一侧挖个小窑，形成窑中之窑，贮物藏珍，财不外露，保证安全。地窨子：旧时群众在山脚下或庄子旁挖地道，弯弯拐拐通向悬崖，开一小孔通气、观测，以躲避匪患和抓丁拉夫。场房：在打麦场边修建的简易房屋，供看护粮食和雨天暂放粮物用。井房：在井口之上盖的小房，保护辘轳、井绳，绞水避风雨，遮挡污物落入井内。车房：宅外或场边修建的三面有墙、一面敞开、放大车的房子。庵子：农民为了看守瓜园、果园、菜园或庄稼，用椽和茅草搭起的临时窝棚。

农家院落虽小，包容却很繁杂，既要设置有序，又要符合"阴阳家"的观点。虽然说"十个阴阳定不了一个牛橛"，但是各有其说，也各有其信。当地习俗认为上为大下为小，左为上右为下，无论庄向如何，此理亘古不变。因而住宿时尊者占上，卑者居下。如父上子下、兄左弟右等。此习俗至今沿袭。在一座庄子内，灶在上首安，厕在下边设；水井在左边，磨房在右旁，体现"左青龙，右白虎"之意；庭院向下侧稍斜，雨水从下方流出。大门是一家人的尊严和象征，开设更为慎重。《相宅经纂》上说："宅之吉凶全在大门。……宅之受气于门，犹人之受气于口也，故大门名曰气口，而便门则名穿宫。""地理作法……全借门风路气，以上接天气，下接地气，层层引进以定吉凶。"因此大门方位，要请"阴阳先生"用罗盘测定，必建在罗盘测定的"字"上。因而，农村经常可以看到对称整齐的一座庄子，而把门楼子斜摆在那儿，看似不适，却不愿更改。

除上所述，农家院内还有畜圈（牛、马、驴、骡等大牲畜用）、猪圈、羊圈、鸡窝、狗窝、蜂窝等。都要按照上下左右的大原则，有序地摆布。农家院落的设置，最根本的还是要根据客观条件决定。过去，一些贫无立锥之地的穷人，一对夫妻带几个孩子，住在一孔窑洞里，窑后面拴牲口或圈猪、羊，中间放粮存物，前面立灶盘炕，做饭住人，俗称"一窑装"，虽然拥挤杂乱，很不卫生，但是也顾不得许多了。在庄前屋后和院落的树木栽植品种上也有许多讲究，不过"十里不同风，五里不同俗"，说法不一，各有各的习惯和道理。一说是"前椿后槐，中间夹个榆"，榆树所结荚果称"榆钱"，与"余钱"谐音，即钱财。槐树所结荚果多子，与"怀子"谐音，栽槐树以求后辈人丁兴旺。一说是"前槐枣，后杏榆"，意思是栽了槐树、枣树，娶的媳妇能早怀孕，早生贵子；栽杏树和榆树是因为杏、榆与"剩余"谐音，以求"连年有余"，辈辈发财。这些讲究已成过去，现在人们栽树都从绿化、美化的角度出发，根据个人爱好和条件而定了。当地人古往今来一直习惯于睡热炕，即使在炎热的夏天，也要在炕下放一把火驱赶湿气。家家都盘土炕，很少有人睡床。土炕有两种盘法：一种是砌起炕墙，周围和中间立几墩土柱，填上干土捶实，然后在上面抹上 3—4 寸厚的泥，俗叫"抹炕面子"。炕面子抹成，边晾边捶，直至捶实，捶平整，再细上一层泥皮，待全部干透后，把装在里面的干土从下掏出，泥好炕洞门即可。另一种是砌好炕墙，用模子拓出 1 平方米左右的泥坯，干后用土柱支架在炕墙上，上好泥皮，炕就成了。前者结实，后者简便。土炕用柴草衣子烧热，通宵不凉，睡着舒坦，劳动一天，躺上热炕，疲劳顿消。特别是寒冬腊月，人们从冰天雪地里归来，进门脱鞋上炕，双腿伸进热烘烘的被窝里，如沐春风，通身舒畅。亲朋自远方来，先让上热炕，再敬烟献茶，气氛格外热火。在冬季，无论是上学读书的学生娃，出门干活的小伙子，还是在家颐养天年的老人，他们一进窑洞就要爬上热炕。炕上摆着炕桌或盘子，炕头是热的，被窝是热的，盘中的食物也是热的，一家人热热火火，有滋有味地吃吃喝喝，温馨如春，毫无寒意。遇到雨雪天气，女人们凑在一个大炕上做针线拉家常；男人们则说国事，谈致富，玩扑克，下象棋，抽旱烟，其乐融融，好不热闹。出门干事的人们谁也忘不了家乡的热炕头。睡觉枕砖头在当地习以为常。经常可以看到一些农家炕头上放着几块汗津津、黑黝黝、枕久了的砖头，这是他们睡觉的必需用品。枕砖头的人们认为，砖头清凉，枕着睡觉不上火、不头痛、不牙痛，懂点医理的人还认为头部穴位多，砖头坚硬，有按摩效果，枕了少患脑动脉硬化。砖头枕久了，枕上软枕头倒觉得烦躁、头晕耳鸣，难以入眠。许多人进城住宿都要让亲友或服务员找块砖头枕。在当地无论是住窑洞的，还是住房厦的，一般都是门内靠窗盘炕，炕侧接着盘灶（俗称"锅头"），灶火门朝里，锅台上并安两口锅，一大一小。锅头与炕连接处，砌一尺许高的矮墙，俗称"栏槛"。锅头、炕、烟囱三件相通。灶下的烟经过炕从烟囱冒出，可以充分利用灶下余热，节省烧炕的燃料，保持屋内温暖。"嚷院""安居乐业"是人们的常用语，房屋落成，乔迁新居，就意味着基业奠定，发展有望。所以无论什么样的人家，都把自己的新居落成，或者乔迁新居，当作生活中的一大乐事、人生中的一大喜事庆贺一番。

当地把贺新居，俗称为"嚷院"。"嚷院"含有众人踩踏院落、驱邪镇宅，大家同喜同乐、集福纳祥两层意思。谁家迁入新居了，村邻及亲友便要向主人打听"啥时候'嚷院'呀？我们都来给你热闹热闹"。主人出于盛情难却，必会欣然同意。接着做一番认真准备，择定吉日，告知村邻亲友，届时"嚷院"。"嚷院"这天中午前后，村邻亲友有的带上写有"瑞气盈门""福地祥天""世代永昌""春风绣户""金玉满堂""福禄祯祥""福地杰人""长发其祥"等吉利话的牌匾；有的带上写有"栋起祥云连北斗，堂开瑞气焕春光""新屋落成千般喜，全家和睦万事兴""宏图大展兴隆宅，泰运长临富裕家""时泰年丰新屋起，人杰地灵伟业开"等联语的中堂贺联；有的带上现金或实物作为贺礼。三五成群，陆陆续续来到主人之家。主人面带笑容，彬彬有礼，临门迎客，应接不暇；看座、敬烟、倒茶忙个不停；厨房里刀切声、炒炸声、擀杖声、烧火声响成一片。

客人们在吸烟饮茶、稍事歇息之后，便在主人陪同下到各房（窑）里、院落里边转边看，恭喜贺喜，赞不绝口，尽说些恭维、吉利的话。有些语言方便、能说会道的人还编些顺口溜，讨主人喜，逗大家乐。例如：

有的说：

> 这个地方有脉气，
>
> 人财两旺好运来。

有的说：

> 藏龙卧虎好风水，
> 福寿双全数第一。
> 这个地方修得好，
> 金银满箱粮满囤。

有的说：

> 门庭向阳春不老，
> 日子越过越红火。
> 好人住进新地方，
> 从此发财有指望。
> 五谷丰登牛羊壮，
> 一年更比一年强。

晌午时候，农家席场便摆上了桌面，主人亲自布让敬酒。酒过数巡，菜上几道，全场开始猜拳行令，开怀畅饮，直至酒足饭饱，"嚷院"客人才相继与主人告别离去。

每一个家族、家庭都希望自己能够发展壮大，发祥流庆。为实现这一目的，人们便在住宅的建造上大做文章，绞尽脑汁，想方设法，选择有风水龙脉、神灵保佑的区域修庄居住。因而在住宅修建、院落设置等方面，都是慎重从事，毫不马虎。

宅基地的选择有许多禁忌。《阳宅十书》云："南来大路直冲门，速避直行过路人，急取大石宜改镇，免教后人哭声顿。""东西有道直冲怀，定主风病疾伤灾，从来多用医不可，儿孙难免哭声来。""宅前有水后有丘，十人遇此九人忧，家财初有终耗尽，牛羊倒死祸无休。"虽说是些没有科学道理的话，但民间建宅广为遵守。还有明朝《营造门》说，不宜居当冲口处，不宜居塔冢、寺庙、祠社、炉冶及故军营营战处，不宜居山有冲射处，不宜居大城门口及狱门、百川口去处。这些都是古人选择宅基地的要领，是以求神佑、避鬼祟、躲战乱、图清静、多生殖、息争讼等为准则的，迎合了民间的普遍心态，百姓争相仿效。

选址除了以上的禁忌，还有一个大的禁忌便是"太岁"。《论衡·难岁》对此有记载："移徙法曰：'徙抵太岁凶，负太岁亦凶。'抵太岁名曰岁下，负太岁名曰岁破，故皆凶也。假令太岁在甲子，天下之人皆不得南北徙，起宅嫁娶亦皆避之。"其实，早在《荀子·儒效》中就有关于"太岁"的记述："武王之诛纣也，行之日，以兵东南而迎太岁。"但"太岁"到底是什么，历来众说纷纭。总的看与岁星（即木星）关系密切。当时的堪舆家（占卜建筑吉凶之人）以为"太岁"为对应天上岁星的地上凶神，可以根据岁星的位置推测地上"太岁"所在的方位，如在"太岁"方位兴工动土，便会掘到蠕动的球样的土块，建宅、徙宅者应当避忌，否则会遭大灾。这种土块就是民间常说的"太岁土"。俗语曰："太岁头上不能动土。"

尽管王充极力驳斥此种"俗说"，汉代以后仍有关于"太岁土"主凶的记载。《酉阳杂俎》记载："莱州即墨县有百姓王丰兄弟三人，丰不信方位所忌，尝于太岁上掘坑，见一肉块，大如斗，蠕蠕而动，遂填其坑。肉随填而出，丰慎弃之。经宿，肉长塞于庭。兄弟奴婢数日内悉暴卒，惟一女子存焉。""太岁土"实为一种白膜菌，只因当时无力解释才附会出"太岁"凶神的臆说。当地人修庄建宅必须请"阴阳"先生查明"太岁"所在的方位，避而远之，绝不敢在"太岁"头上动土，惹祸招灾。兴工动土，迁居移灶，不仅要择黄道吉日，避讳月忌（每月的初五、十四、二十三日，认为诸事不宜），还有张、王、李、赵六月、腊月忌动土、搬家，其他姓氏三月、九月忌动土、搬家之习俗，谚曰"张王李赵忌的六、腊月，七姓八陪忌的三、九月""腊月里兔儿不离窝"，说的就是这些忌讳。

在庄子的正面，无论是打窑还是盖房，其孔数、间数，要阳数，忌阴数，就是要三、五、七、忌二、四、六。在院落树木栽植上，忌栽松、柏，认为这两种树是庙里、坟里栽的，栽在院内不祥。忌栽杨树，怕风吹叶响，说是"鬼拍手"或"鬼打锣"。忌栽柳树，因为柳与"绺"谐音，说栽柳树后辈会出"绺娃子（小偷）"。房屋门窗忌用槐木做，说是槐木上有"鬼"字。许多家庭把天灾人祸、久病不愈、缺丁乏嗣、事业无成都看作是"地方不合适"，请"阴阳"相宅改建，请法师传符镇宅，这些人也乘人之危，掐诀念咒，装神弄鬼，胡乱折腾，骗取钱财。随着现代科技的普及和发展，搞这种迷信活动的人越来越少，但仍未绝迹。

陇南民居

陇南民居与渭水流域的陇西民居截然不同。陇南民居是敞开式，或向阳的山坡，或平坝，或田头，独立着一栋栋房舍，一般没有围墙，至多不过用篱笆编成院墙。陇南民居起架高，为两坡水，房内上有板棚，可放置粮食等一应杂物，进门后多靠右手一道矮墙隔着炕头，矮墙下是炕眼门，炕眼门前是一个大火塘，火塘内终日火不熄，供烧炕、取火多种用途。家中来了客人，也是围火塘而坐。建房时，不像渭水流域，先起墙，再上梁（立木），而是先立木，用木料立起房架子，然后再用夹板筑墙（古代叫"板筑"）。所以陇南的房舍即使墙倒了，架子不倒。陇南人建房也没过多的讲究，比较开明。

旧时，陇南一些地方民居中人畜不分的情况较为普遍。房间里，前面盘炕住人，中间为锅灶，后面拴牲口。现在，经过居住旧习的改革，人畜不分的情况大为减少，但在一些林缘边远地方，旧的习俗仍然存在。山林地方，也有茅草房。

二、少数民族居住民俗

甘南藏族民居

甘肃藏族的居住方式，可分为农区和牧区两大类型。在农区（包括半农半牧区），除保留有"碉房"（这种房屋从外面看不见一根木头，以石头砌墙，窗户少且小，有"墙包房"之称，在卓尼县、舟曲县部分地区尚能偶尔见到）外，多数是土木结构的小楼房和平房。楼房一般是两层，上层住人，下层外屋做库房或圈牲口，院子较小，内屋为两大间，外间供置佛龛，内间做灶房，灶房中部砌连锅暖炕，碗架、面柜立于墙周。楼房多数是木板修建，有楼梯或藏区特有的独木梯通楼上，往往加有房廊，比较亮爽，宜于夏日居住，冬季则多睡于灶房。舟曲藏族居住的房屋，没有隔墙，多为明柱，仅一矮墙相隔，藏语称"卡向"，屋子正中有一火塘，支一铁三脚架，上置锅做饭，冬季又可用来取暖，没有烟囱，烟气从顶部檩子空隙消散。

在靠近森林地带，藏族群众的房屋墙壁多用木板装修，窗户大而别致。碌曲县郎木寺和卓尼县恰盖、康多等地群众住搭板房，屋脊较高，用木板搭盖，起到屋瓦的作用。近几年来，夏河、天祝等地有些群众，已购买砖瓦、水泥等材料，盖起了宽敞大方的砖木结构的房屋。在牧区，多住帐篷。这种帐篷大部分用黑牛毛织褐缝制，较为宽大，用两根木杆为柱，架一根杆做梁支撑，外面用毛绳把四个角拉紧，再用木橛固定，形成覆斗梁状，中间顶部平时开一空隙，以通空气和出烟，晚上休息或是下雨时用褐片盖严。帐篷中央筑台为灶，做饭烧水。帐篷里按男左女右，席羊皮或垫毡而坐。还有一种用白布为底加蓝布做饰的帐篷，形状大小不一。这种帐篷轻便，宜于携带，却不如牛毛帐篷结实耐用，在篷内不能筑台做饭，因此，除迎宾、浪山、赶会之外，平日很少用这种帐篷。现在，大部分牧区已实现定居游牧，在冬窝子盖有房屋，供冬天住用，不放牧牲畜的老年人和小孩则常年住在这里。

东乡族民居

东乡族大部分聚居于高寒地区的甘肃临夏回族自治州东乡族自治县，一般以土木结构的四合院为理想住宅，一家一院，当地人称这种院落叫"庄窠"。他们的房屋多是坐北向南，以北房为上房，一门两窗。上房是长辈的住房，东乡语称作"富个格"（意为"大房子"），这里布置得比其他房屋要好，家中主要的家具摆设都集中在上房里，比较富裕的人家，炕上还铺有新疆地毯或宁夏栽绒毛毯。上房除了供老人居住，也是接待客人的主要场所。

其他房屋称作"乔也个"，陈设比上房简陋一些，炕上铺着用绵羊毛擀制的绵毡或由山羊毛制成的沙毡，前者柔软舒适，后者则粗糙硬挺，难以卷曲。这些房屋是家庭中父母和子女的居室，已婚子女多住里间。火炕是东乡人冬天主要的取暖设备，每天需要一至两次往炕洞内填入羊、骡等畜粪或者其他燃料，用柴火点着取暖。有些条件好的人家已一改这种原始的取暖方式，在炕洞内用砖砌一小坑，放入燃着的煤块，内地一些方言称之为"扯炕"。

东乡人的灶房多设在上房与"乔也个"之间的角落里，用泥和土坯盘成锅台，十分简单。他们和其他穆斯林一样，保持着清洁卫生的习性，在房门背后的房梁上悬挂着沐浴用的吊罐，地上修有水道，将污水排出。房门前的台阶上还放有汤瓶（东乡语称作"阿杜麻"），以便饭前便后和礼拜时进行大、小净。东乡人崇尚自然、生性淳朴。他们的居室中的木质家具不饰任何彩漆，室内陈设也极为简单。一进门正中放一板柜，用来盛放粮食和衣物，柜面上有座钟、茶盘等。墙上喜挂阿文对联和"库尔白"图，忌贴人像。

裕固族民居

裕固族的居住，具有游牧生活方式的特征。据史书载，在回鹘汗国时，为适应行军打仗，汗王曾居"牛皮牙帐"，是一种内撑以木架、外包以牛皮的帐幕。东迁入关以后，经济条件好的，居住牛毛或山羊毛织成的帐篷。条件差的，利用地形、地势天然条件，挖"窑洞"居住，也有的利用山势斜坡挖搭"地窝棚"，在林区的用树木搭成"窝棚"。后来，为适应自然环境和"逐水草而居"的游牧生产生活的需要，多采用易拆卸搬迁的帐篷。帐篷不同于蒙古包，是一种以四根或六根、九根木架支撑，外用牛毛线或山羊毛线织成的毯子缝制搭盖。富裕人家多用九根房杆的帐篷，宽敞大方。但裕固族帐篷大而矮，有些地方人不能站立，行动不便。青海藏族牧民帐篷高，形似一颗大印，故称"一颗印帐房"。裕固族学习吸收这种帐篷的制作工艺，从20世纪四五十年代开始，逐渐改为一颗印帐篷，一直居住至今。1958年国家提倡定居，逐渐建起土木结构或砖木结构的住房。现在每到夏季，放牧者仍居帐篷，冬季家家户户都住上了坚固耐用、美观大方的砖瓦房。随着牧区经济改革，牧民生活逐渐改善，很多牧民的住房配备了新式家具、电器，房屋宽敞、美观、舒适、实用、气派，彻底改变了过去那种"风扫地，月当灯，三石把锅顶"的贫穷落后的生活面貌。

裕固族的居住，就以帐篷而论，有着独特的风格，并有易搬迁耐使用的特点。搬迁时松开四周的杠绳，放倒内部支撑房杆，把帐篷卷起折成长方形，捆到驮牛背上即可驮走。迁到新地，选好地方，把帐篷拉开铺平，支起内部房杆，拉起四周杠绳，拉紧固定就把帐篷扎好了。牛毛和山羊毛织成的房毯，质料结实，不仅可遮风还不漏雨。扎帐篷之处要选在避风向阳、用水方便、地形平坦的牧场中心。根据山形和水路确定坐向，多数是坐北向南，坐东向西，或坐西向东，帐篷门一般向南或向东，门忌朝北开，他们认为朝北开不吉利。有句俗语说："人只有倒霉时，门才朝北开。"帐篷扎好后，周围挖好排水沟。帐篷内部正上方设佛龛，是供佛敬神的地方，正上方不许人走过或者就座。左侧为铺。过去，就地铺上干羊粪、柏

树皮、柏树枝或鞭麻就可睡人。由于祁连山区寒冷潮湿，后改为石板火炕、木板炕，现在多用铁架支撑的木板床，既卫生又防潮，床上铺兽皮、毛毡、床单、被褥、毛毯等一应俱全。炕是全家和来客的住宿地方，也是待客的地方，来客分男左女右就座，待客或平时喝茶吃饭，都要按身份辈分就座。右侧，如果家有小两口，就在刚进门处设一小铺，也是女客人就座的地方。右侧还放着碗柜、奶桶、锅等炊具。房正中，过去是用三块石头支顶一口锅，后来改变成用石块泥巴砌成的炉灶，可烧干牛粪、羊粪或木柴。从20世纪60年代逐渐改成有烟囱的铁火炉，火旺，不冒烟，卫生。帐篷顶端有天窗，白天掀开，晚上或雨雪天可盖住。住帐篷看似简陋，却有其独特妙处，不论白天或晚睡之后，始终呼吸着新鲜空气，日出之后即可享受阳光沐浴，不阴不潮。随着牧民生活不断改善，家家都在大帐篷旁边扎一白布小帐篷，人多时可在内住宿，平时还可在内贮藏东西。

裕固族在儿女结婚成家、分家另居时，都要缝制新帐房。新帐房缝好往起扎时，要举行隆重的扎新房仪式。

首先要到寺院请喇嘛查一个黄道吉日，以图大吉大利。扎新房时间确定之后，要盛请主要的亲戚光临，凡是听到消息的亲朋好友，不请自来，登门祝贺，欢庆新生活开始这一幸福的日子。凡来者都要送一些精美的物品，有送一对新碗的，有送一口新锅的，有送新被褥的，也有送新奶桶和日用家具的，还有送哈达、瓶装酒、茶砖的，以表示对新房主人安家的祝贺。当然，要建立一个新家庭，也很不容易。为扶持新房主人能尽快过好日子，也有把骑乘的马匹、驮运的牦牛借给新房主人使用几年的，然后再归还其主。这一点很能说明裕固族的忠厚质朴、助人为乐和乐善好施的优秀品质。

根据选定的时辰、位置，客人们动手帮忙把新房扎起来，把家具用品摆设布置停当。第一件事就要在佛龛前点上酥油灯，烧上香，表示大家的崇拜之情。主妇这时就安置新锅，用专程带来的火种燃起火，炸油馃，烧奶茶，请客人喝茶、吃油馃。

扎新房仪式开始时，首先在一个新碗内盛满鲜奶，碗四边放四块酥油，献在佛龛前。扎新房仪式请一位德高望重的老人主持，老人端起鲜奶碗，把鲜

奶、酥油抹在帐房杆上、帐房顶上、支锅石上。然后老人说一番祝词对新房表示赞美:

> 呀来塞,呀来塞(恭喜,恭喜),
>
> 新房子酥油般的光滑,
>
> 房主人鲜奶般的纯洁,
>
> 在吉祥美好的日子里,
>
> 来给房主人恭喜安家,
>
> 呀来塞,呀来塞,
>
> 新帐房花楞楞的花,
>
> 是用四十幅或八十幅花毯子缝成。
>
> 房主人全家长命百岁。
>
> 新帐房四棱见线的整齐,
>
> 美观耐用可用八十年或八百年。
>
> 新房子明亮宽敞漂亮,
>
> 房主人全家和和睦睦亲亲密密。
>
> 房里叠着八十层整齐的被褥,
>
> 吃穿用具样样齐全。
>
> 全家人要长久地过幸福生活,
>
> 人丁兴旺家境美满。
>
> 牛马羊一年比一年发展,
>
> 风调雨顺牲畜满圈。
>
> 尊老爱幼人缘好,
>
> 贤淑美名传草原。

仪式结束后,房主人宰羊置酒,招待前来恭喜祝贺的客人,客人酒足饭饱后,一一向主人致谢,每人都要说几句表达自己美好祝愿的话语然后告辞离去。从此,房主人的新生活开始了。此习俗流传于大河草原。

撒拉族民居

撒拉族在居住方面最突出的是聚族而居,同一"阿格乃""孔木散"的家庭,大多居住在同一村落或地域。大的村落有上百户,小的有一二十户,有一些村落则是与回族杂居。农村房屋都是平顶土房,四周都以土墙围着,一家一院,称"庄窠",每个"庄窠"一般由堂屋、灶房、客房、圈房(草房)四部分组成。房屋一律为土木结构,由木料构架,泥土筑墙,后墙高于前檐约尺许,便于房顶上雨水流淌。房顶则用薄木板或树枝铺盖,上面涂上半尺厚草泥,抹平后再用白土嵌缝,就能够防漏保温。堂屋为"庄窠"的主体建筑,处于庭院的中轴线上,大都坐北向南,也有坐西向东的,屋体较其他房屋高大宽敞,构料也较

粗壮,都为三间相连。在旧社会,堂屋的好坏可以反映一个家庭的经济状况,富有者的堂屋高大华丽,门窗的木质优良,做工精细,有的墙壁下部还贴有方形花砖;贫穷者的低矮简陋,屋檐残破,墙泥剥落,穷富悬殊十分明显。灶房和客房分别建于堂屋两旁,与堂屋成"冂"形,有的灶房与客房相连,与堂屋成"L"形或"冂"形。灶房一般没有窗户,而在房顶开有不大的天窗,房内光线较暗。锅台用土坯叠成,或用土筑成,约半人高,紧靠墙壁。烟囱则从墙壁上垂直开槽,向上直通屋顶,便于排烟。客房为一般家庭的备用房,平时兼作储藏室,来客时招待住宿,人口多的家庭,长辈都睡在堂屋,幼辈睡在客房,体现了敬老的美德。圈房一般建在庭院的东南、西南两角,圈房内砌有牲畜的食槽。家畜同圈,有的与草房相连,房屋的构造比较简陋。1949年以后,随着群众生活水平的提高,撒拉族家庭的居住条件得到了大大改善。特别是进入20世纪80年代以来,变化更大。每个村庄都新建和整修了许多"庄窠",房屋较前高大宽敞,装上了新式门、玻璃窗,既保温又光线充足。许多人家的房檐和地坪还铺上了青砖或抹上了水泥,整洁平滑。屋内陈设也焕然一新,许多家庭添置了沙发、衣柜、写字台、座钟、收音机、缝纫机、自行车等家具器物,一些高档商品,如电视机、收录机、摩托车等也源源不断进入了农家村舍,呈现出社会主义新山庄一派欣欣向荣的景象。

另外,在居住方面,撒拉族还有一个特点:当家庭成员分居时,父母一般和最小的儿子同居旧宅,其余儿子则另迁新居。新居由家庭成员合力修建。分居时还视家中经济状况,抽出一部分生活、生产资料,分给独立门户的儿子,以助其成家立业。

撒拉族人在修堂屋,尤其是上大梁时,在大梁中端系一块方绸带,带里装有几枚清代通宝(现在多改用人民币)和一把粮食,或者放上一张写有阿拉伯文字的纸张,文字的内容多是祝愿五谷丰登、人财两旺的含义,相当于汉族人在大梁上贴的红纸字幅。回族和东乡族也有类似的仪式。回族在盖房动工的时候,有时也选择主麻日等以图吉利,有的还要干"尔埋里",请阿訇念经,然后才动工,在上梁时,请阿訇用红纸写一段"古兰经"贴在大梁上,以求平安吉祥。东乡族在上梁之时也有一定的仪式,拿出红绸和

金银首饰等物（没有贵重物品的可以用铜圆或麻钱代替），缠在梁上，用散麻捆缚，永远不取下来。

哈萨克族民居

哈萨克族牧民住的主要是毡房，其特点适合于随季节转移牧场时携带、安装和拆卸。它是由栅栏、房杆、顶圈、房毡和门五大部分组成。栅栏是把横竖交错的细木杆用皮绳捆牢相连而成的，拆下之后可以收拢。它的上面是下部弯曲、上部笔直、长不到一丈的房杆。支撑时将房杆的下端绑在栅栏墙上，上端插入圆圈顶眼内。圈顶是用三段弧形木头连接成的圆形，上面钻有洞眼，这个圆形的木圈顶既是毡房的房顶，又是窗户，用于流通空气和采光。在栅栏围墙外面围一圈用彩色毛线编织成的茇茇草帘，然后在房架上裹上白毡，房杆部分围上篷毡，屋顶上盖上顶毡，再用宽约 8 寸—1.2 尺的彩色毛绳捆在外面，这样毡房就架成了。毡房的门是由高约 4.5 尺、宽近 3 尺的双扇雕花木板门组成，哈萨克语叫"斯克余莱乌克"。

木门外挂有门帘。

毡房的门是东开的。毡房前面是放东西的地方。住宿的地方靠毡房里面。靠床铺的墙上挂有绣有彩色图案的挂毡，它既能美化房屋、又能保温。床沿前的两头挂有帐幔。毡房上座是给客人坐的，也是做"乃玛孜"的地方。做饭的火炉安放在对着房顶天窗的位置上。

为了迎娶新娘而搭的毡房，哈萨克语叫"奥塔吾"，"奥塔吾"里放置着新家具和新娘的嫁妆。现在随着牧民生活水平的提高，"奥塔吾"里面的陈设更是五彩缤纷，琳琅满目，十分讲究。在哈萨克族中，当男孩子将要结婚时，也可以分得一部分财产，另立毡房，成立自己的小家庭。新娘在第一次回娘家时，父母亲也要分给她一些牲畜。父母亲的家业由最小的儿子继承。儿子的毡房大都建在父母亲毡房的附近。因此血缘关系亲近的牧户总是住在一起的，这个游牧户群就是人们常说的"阿吾勒"。

第四节　甘肃各地区特色交通民俗

民勤驼队运输习俗

甘肃武威地区民勤驼队运输习俗很有特色：

1. 起场、退场的时间

骆驼每年从草场收回，开始一年一度的长途跋涉，叫"起场"。赶场的时间为每年农历八九月，蒙驼稍迟一些。（汉人的骆驼叫"汉驼"，蒙古人的骆驼叫"蒙驼"，回民的骆驼叫"回驼"。其详细区别见后所述）这时骆驼经过几个月的放养，膘厚力强，"喂圆了"。而且这时天气较凉，适合怕热不怕冷的骆驼负重跋涉。经过八九个月的使役，到第二年农历四五月间，骆驼已身乏力弱，加之天气转热，骆驼开始脱毛，已不适合运输。于是又将骆驼送到青草重生的草场放养，这叫"退场"。退场的骆驼一般在北山的头道湖、大毛湖、西山的花儿园以及南湖等处的沙漠草场里放养。到夏至骆驼大量脱毛，就完全不适合役使了。

2. 行走的路线及驮运的货物

民勤骆驼客走的路线很多，据老人回忆，其足迹达于陕、青、新、宁、蒙、豫、川等省区。如果根据

留存下来的史料及民歌推算，在更早的时候，其踪迹更远达京、藏及蒙古国。其主要路线有：（1）盐路。从内蒙古阿拉善旗的查汗池、吉兰泰、亚布赖等盐池驮上盐，运至宁夏的中卫或甘肃的一条山。返回时一般是空驼，或从中卫驮一些粮。这是最主要的运输路线（特别是蒙驼，几乎全走这一路线）。从查汗池走中卫，大约一个月一个来回；到一条山四十余天一个来回。驮的盐分发盐、私盐。发盐是给公家驮盐，只收运费。一峰驼走一趟中卫可挣脚钱约 6 元（钞票）。私盐是私人收盐买下，长途贩运，300 斤盐运至天水可卖 21 元。走盐路的驮帮多驮官盐。（2）东路。又叫东大路，即所谓"走泾阳，翻汉中"。从民勤驮上皮毛、中药甘草、苁蓉、锁阳，或从盐池驮上盐，经东麻岗（东麻岗是蒙语"麻岗布鲁格"的简称，意即沙漠）到兰州。从兰州东行，或走平凉至泾阳、西安，更远的可东行至河南洛阳；或天水、宝鸡，再南下汉中。也有从靖远过黄河，走小路径至宝鸡，再从宝鸡分走西安、汉中的。回来时驮铁锅、水烟、茶叶、烟、裱纸、火柴等百货。一般到第二年才能返回。东

大路的分路有去银川、固原、榆林的。走东大路没有草地，需站站投店宿铺，买草买料，但赚钱也多。（3）西路。即走西口外。西口指嘉峪关，西口外，指新疆。去时在兰州驮上皮毛（运至新疆用于出口）、洋线、茶叶、花椒、生姜、木耳及小百货，走至迪化（乌鲁木齐）。回来时驮棉花、葡萄干、哈密瓜干、杏干等。走西路有两条进疆的路线，一从苦水至烟墩140里，一从野马泉（在敦煌）至十二栋140里，均为旱站（无水的站头叫旱站）。走西口要途经大戈壁。哈密以东叫东戈壁。走西口（上述两条进疆路线均为东戈壁），以西为西戈壁。走西口外单程六七十天，有两种走法：一是第一年八九月起场，第二年在新疆丢一场（放养数月）返回，第三年春上到家。二是三四月从民勤走，边走边收，八九月到新疆，驮上货返回，年底到民勤。（以上时间均为农历）。抗战爆发后，统治新疆的盛世才禁止外地人进疆，苏联人在星星峡设卡。驼帮就只走星星峡，回来时驮运苏联援华物资，如汽油、炮弹等。（4）北路。即走包头、绥远（呼和浩特）、张家口，最远可至北京。一般是从巴彦（阿拉善左旗）驮上皮毛，运往北京。后来包头通了火车，就只到包头。回来时驮茶、烟、糖、布等百货。以上几条路线，东大路、西路道远途艰，而且路上多不安全，时有"抢寇"（土匪）劫路，一般人视为畏途，就因利大，仍有人走。但必须由大户拉帮，凑够几百骆驼，雇上拳棒手（保镖），才敢上路。民勤坝区骆驼多走这两条路线。到了20世纪40年代前后，由于公路交通逐渐发达，加上查汗池等盐池改由外国人（据说是美国人）经营，产量大增，销路日广，且途短安全，盐路因之愈益兴盛，东路和西路就渐渐停走了。

总的来说，骆驼经营性运输有两种情况，一是受雇于货主，以脚力换取佣金；一是自运自贩，随买随卖。总之一直拉到来年四五月份退场。不管哪种情况，由于时间久远，都形成了一定习惯，行走的路线，驮运的货物，挂钩的商号，均有一定的规矩。骆驼除驮货外，也可拉客。解放前及解放初期，民勤有一种"班驼"，专门拉客，由公家经营，类似于驿站。此外私人也有拉脚骆驼，走巴彦、银川、包头、新疆等地。1955年左右走巴彦，400多里地，走8—10天，脚钱20元左右。脚驼除驮客，还要驮一些货物。如果要完全包下一头峰骆驼，去巴彦就要32元左右。过去，民勤人逃荒流走他乡，男人拉驼，妇女小孩乘坐其上，阖家而行。奔逃的地方是事先大致确定的，因为以前拉驼走过，知道它的情况。一首民谣记录了穷人拉驼逃荒的情况：

> 想走北套，[①] 没有口粮。
> 亲戚邻友，凑着装上。
> 大人骑驼，娃娃蹲筐。
> 夜走昼歇，无有帐房。
> 天气寒冷，实在悲伤。
> 走在路上眼泪汪汪。
> 一经北套，干饭挣上。

3. 汉驼、蒙驼和回驼的不同

民勤县全为汉人，民勤汉人养的骆驼称为汉驼。民勤人收阿拉善旗等地蒙古人养的骆驼称为蒙驼，收宁夏回民拉的骆驼称为回驼。蒙驼虽为蒙古人所有，但因内蒙古地区人少畜多，故多雇用民勤汉人拉骆驼，而自己一般并不跟班，所以虽说是蒙驼，但还是汉人役使。所挣运费，绝大部分归蒙古族主人，少量作为工钱给雇工。汉驼、蒙驼和回驼在役使方面有许多不同：

（1）役使、喂养。从驼队起场到退场，要八九个月的时间，因此必须讲究役使和喂养的方法，又放又养，后期要加料。蒙古人驼多，一批骆驼顶多役使两三个月，然后再换一批，因此役使期间只放不喂（料），乏了就换，这叫坐膘骆驼。回驼只喂不放，只役使不丢场，每年起场时节回族人买进骆驼从事贩运，退场时再卖掉，多给屠户杀了吃肉。汉驼一个人拉7峰或8峰，蒙驼一人最少拉15峰，多的达25峰。这是因为：第一，汉驼一般载重途长，并走人口稠密的地方，把式的劳动量较大，而蒙驼只走盐路，多无人烟；第二，汉驼把式是给月工钱或年工钱，多少钱是一定的，把式不愿意多拉，而蒙驼是主人收交给把式拉的骆驼中的几峰（一般是2—3峰）所拉的运费作为工钱付给把式，所以把式拉的再少了就不够自己的收入。

---

① 指内蒙古杭锦后旗一带。

（2）行路。蒙驼走明站不走夜站（白天走路夜里休息），回驼走夜站不走明站（夜里走白天休息），汉驼半明半暗（下午四五点钟出发，夜里一两点钟休息）。汉驼半明半暗，是因为汉驼上午要放开吃草，晚上走路也天冷好行（骆驼不怕冷），这样牲口不亏。蒙驼则不在乎亏不亏，乏了回来就换。另外蒙驼把式拉得多，黑夜走路不好照管。回驼走夜站，是从后半夜出发，天亮时停下，谓之"走压鞍"。其中原因大致有三：一是回族信仰伊斯兰教，每年有一个斋月，白天不能进食，只能两头见黑吃。拉骆驼很辛苦，不吃东西不行。又要避斋，又要吃东西，只好夜里吃东西后上路。二是回驼多走东大路，很多地方沿公路走（为西兰公路），白天路上人多车多，骆驼走不开，只好夜里走。三是回驼喂而不放，白天喂草料，骆驼吃得很饱，"撑得很"，上半夜"缓一下"消化消化，所以后半夜再走。由于汉、蒙、回驼行路时间不一样，每到起场时节，有的交通要道上驼铃叮咚抑扬，昼夜不绝。有经验的人一听路上驼铃声，即可判断路上的驼帮是汉驼、蒙驼还是回驼。但汉、蒙、回驼走路的这三种时间也不是绝对的。如汉驼走东大路，往往也走夜站。这是因为一来东路白天天热；二来白天路上人多；三来东路没有草地可以放骆驼吃草，因此白天歇脚，便于买草、铡草、喂牲口。蒙驼几乎全走盐路；汉驼几种路都走；回驼既走盐路，又多走东大路。蒙驼因为野放野养，没到过城镇，加上一人拉20峰左右，如果到了大地方，人稠车密，骆驼收拾不住。另外，东路没有草地，蒙驼不喂草料，就不好办，所以多走盐路。回驼走东大路，因为路远利大，即为了多赚钱不惜涉远历艰，负重行长，驮子甚至重达600斤。有时为了赶生意，几天几夜赶路不休息。

（3）载货。汉驼驮的多，每峰负重300斤左右，好骆驼可达400斤。蒙驼负重较轻，为200—300斤。汉驼载货用"包子"，蒙驼用口袋。二者长短一样，包子稍宽，口径较大，故能多装。汉驼绑驮子，蒙驼挂驮子。汉驼因为载重，每次用两根绳收两个包子，一边一个分别绑好固定。蒙驼载轻，又因为把式拉的骆驼数量多，如要绑驮子，耗费时间太多，故用一根绳子系住两个口袋，挂于驼峰两边。

（4）装备。汉驼鼻棍短，蒙驼鼻棍长。汉驼鼻棍短，是由于要喂料，便于往嘴上套"料抽子"（即料袋）。蒙驼不喂料，故鼻棍长。另外，汉驼鼻棍上先系一小扣子（一截小绳），再在扣子上绑缰绳；蒙驼缰绳直接系于鼻棍上。汉驼的两根捆绳是皮绳，用牛皮或驼皮制成；蒙驼一根绳系毛绳，即以骆驼嗉毛（脖子下边的长毛）搓成。蒙驼上肚带，因为蒙驼一人要拉20峰左右，驼鞍卸下装上太麻烦，故役使期不下驼鞍，以肚带固定。汉、回驼要下驼鞍，一般不用肚带。汉驼有时挂掌子，即以牛皮或胶皮缝在骆驼掌上。蒙驼役使期短，又多走沙漠草地，故不挂掌。

4. 骆驼帮的组成

每到金风吹动、草黄霜白的秋季，经过三四个月放养、膘肥肚圆、驼峰高耸的大批骆驼，便被主人从牧场收齐。驼户纷纷拉帮搭伙，雇工备货，开始了一年一度长途运输。汉驼每人拉7峰左右，叫"一把子"或"一联子"。蒙驼一人拉20峰左右，叫"一捻子"。一把子、一联子、一捻子意思是一样的，都是指一人拉的骆驼的数量单位。不过穷人养驼少，一把子骆驼也许不够7峰。汉驼、蒙驼必须凑够一定数量才能上路。一队骆驼叫一帮，又叫"一顶房子"（房子指帐房）。几家一块儿走叫"联帮"。每一帮人数多少不一，视路线和货物而定。如果走东大路和西口外，因为路远途艰，必须结成大帮才敢走。一般只有大户才能领赶帮来，中小驼户只能搭帮。最后凑够几十把子骆驼（有数为峰），才赶场登程。那时几百骆驼一字拉开，浩浩荡荡，绵延数里长，前不见头，后不见尾，只听驼铃叮咚奏响，此唱彼和，声传八方，那场景倒也十分壮观。如走盐路，一次凑够七八把子骆驼，一般最少不下于四人。考虑到搭驮子必须二人合作，所以每帮人数多为双数。

大户人家养骆驼多，须雇工拉驼。驼主成为掌柜，雇工叫作把式。雇工分年活、月活两种。年活既放骆驼，又拉骆驼，月活只拉不放。年活挣年工钱，月活挣月工钱。工钱以银钱或粮食计算。年钱一般为100多元（钞票），折合6—7石粮食。月钱票子7—10元或银洋3元，或麦子3斗，种种不等。总的来说，拉骆驼工钱略高于一般长工。汉驼走北路的把式，一般还有一项额外收入，即可携带私货80斤，俗谓"把式八十"。把式的私货不上税，卡子不检查，故掌柜多有将值钱和禁运的东西藏匿于把式私货中的。到了货栈，商号将把式私货高价收下，返回时把式再带私货，商号低价提供。不过仅北路是如此。如走东路，从西安返回时，掌柜给一个把式一副鞍子，将鞍中麦草取出，充以棉花，亦由商号优质低价供给。

驼帮在途，把式们的吃喝由掌柜承包。一般一人一天二斤粮食，有时吃肉改善伙食。蒙驼上路，主人有时也给把式两只羊途中吃。汉驼大帮骆驼走远路，一般由掌柜带队，下有骆驼头。再加上须雇把式，有时还有先生、保镖。掌柜负责放站和买卖。走东路时，他一般骑快脚牲口如骡子、马，白天先生行在前，领路、兜风（观察路途是否安全），找水头、放站（确定宿营地）、买草料，以及决定货物的买进卖出。走西路掌柜骑骆驼跟大队走。骆驼头在晚清时被称为"庄客"，后来叫骆驼头，姓啥就叫啥头。他相当于长工中的领工，多由经验丰富的老把式担任，负责管理牲口和货运。在起场前，这帮骆驼中有多少骟驼，多少母驼，母驼中多少怀羔的，多少空身子，一共能驮多少货，各驮多少，平均多少，喂多少料，走多少路，多少日子，雇多少把式，付多少工钱，每百斤货收多少运费，等等，这些问题，都是掌柜和骆驼头商量。在途中，骆驼头负责牲口的喂养和疾病的医治。如走东路，骆驼头骑骆驼押后。到站投场，把式们吃完饭去睡觉休息，他则要铡草、拌料、喂牲口。如走两路，当每天早上值班把式去放骆驼时，有时他要陪着送去。当掌柜自己不亲自带队时，往往委托先生前往，也有掌柜、先生同时上路的。先生主要负责财务账目，以及货物买卖。有时，驼帮里还有保镖。蒙驼主人一般并不随同驼帮上路。他将骆驼交给把式，由把式负责一切。到时把式把运费留下自己的部分后交给主人。驼帮上路所携生活用品，大致如下：口粮是一般的黄米、干面（面粉）。干粮有馍馍、炒面。炊具包括茶壶、水桶、案板、擀杖、切刀、锅（多为铜锅）、碗、锅笼（支锅的四角铁架）或铁桩（支锅的三根铁棍）。水桶有木桶和水鳖子两种。木桶大者可容150斤水，小者可装50斤左右。水鳖子，一般为铜制，大者可装20多斤水，小的装5斤。有时还要带上做饭烧水的干柴。坝区骆驼专门有一个笈笈草编的锅筐子，放各种炊具。大帮口骆驼，有时专门一驼驮水。帐房，供野营使用。帐房大小不等，大者可容10余人睡觉，小者可容4人。小帐房亦重一、二百斤，要占用半个骆驼。所以为节省计，一般每个

驼帮最少也要四把子骆驼。但穷人有置不起帐房的，只好露宿。

汉驼赶场后头两、三个月不喂料，到开春骆驼乏了，才喂料。一峰骆驼一天要三、四斤料，草少的地方更要多喂。饲料主要是带一定数量的豌豆，其他还有黑豆、黄豆、高粱等，沿途临时采购。以上几种，均由掌柜准备。穿戴：必备一个老羊皮袄，以及毡靴、皮帽、铺盖有的用嗦毛褥子（不带亦可、盖皮袄），有的用"铺窝"（类似于睡袋，一两条麻袋制成）。穿戴、铺盖均由把式自备。山外，把式还需带上掌锥（其用途见后述），眉针（给骆驼治病扎针用），带小腰刀（特别是拉蒙驼，主要用于吃肉而非防身）。再带上些钱。这一切收拾齐备，驼帮就可以出发上路了。

甘肃黄河段羊皮筏子

黄河全长五千多公里，流经青海、四川、甘肃、宁夏、内蒙古、山西、陕西、河南和山东九个省（区）。黄河水运交通文化有着悠久的历史，羊皮筏子就是其中的灿烂篇章。甘肃民间有这样的歌谣：

> 羊皮筏子当军舰，
>
> 渡过大军十多万，
>
> 筏子客们真英勇，
>
> 支援前线扬美名。

"羊皮筏子当军舰"是黄河甘肃段的一大民俗景观。古代，九曲黄河段是古丝绸之路的必经之路。沿岸有凤林关、临津关、积石关等古关隘和很多渡口。那时没有桥梁，没有船只，于是人民群众就创造出羊皮筏子这样一个水上交通工具。《后汉书》记载了匈奴人"乘马革渡河"和护羌校尉邓训在青海贵德"缝革囊为船"载兵渡过黄河的情景。宋代《武经总要》一书说："浮囊者，以浑脱羊皮吹气令满，系其空，束于腋下，人浮以渡。"《宋史·苏辙传》记载："河北道近岁为羊浑脱，动以千计。"羊皮筏子是特殊的一种摆渡工具。人们在宰羊时，从臀部把整张羊皮如蛇蜕皮似的囫囵剥下来，用青盐鞣制，再涂以清油，使其坚韧。同时将脖子和两只前腿牢牢扎紧，从臀部开口处吹足气，使皮胎膨胀，灌足了气扎紧。熟悉水性的人可选用单只羊皮胎泅渡，名曰"单抱"，渡河的人一手抱着皮胎，一手击水遏浪，双足蛙式蹬水，顺着水势，借狂涛巨浪推拥之力，很快地渡到对岸。正如

古人诗里写到的："不用轻帆并短棹，浑脱飞渡只须臾。"那架势真可以说是"弄潮儿在浪头立"了。

把十几只羊皮胎用木排连缀起来，就叫羊皮筏子。这种运输工具，如同《三国志演义》中曹操伐东吴时使用的水军战船一样，可以视河道的情况，把五六十只连缀在一起，运载量可达 30 多吨。只见那些熟悉水性的筏子客，驾着羊皮筏子，高唱着花儿：

> 黄河上度过一辈子；
> 浪尖上要花子呢；
> 双手摇起个桨杆子，
> 好像是虚空的鹞子。

在永靖县境内，黄河干流自西南端入境横贯北部。这段俗称"九曲黄河"的河段，是古丝绸之路必经之地，沿岸有凤林关、临津关、京玉关等关隘，有莲花渡、哈脑渡、左南渡等古渡口，自古以来无数边将、使节、中外商贾在这里横渡黄河，都靠羊皮筏子。1949 年 8 月 22 日，王震司令员率领的中国人民解放军解放了临夏、永靖后，数万大军也是靠永靖五六百筏子客安全地渡往黄河对岸，为西北解放战争的胜利立下了不朽的功勋！

九曲黄河，是一条险峻而又神奇的峡道，流经永靖七八十千米。峡口从积石山的三二家峭壁高耸的鸭硼崖开始，就是有名的"扎地山"，这是一座独耸河畔的奇峰，四面绝壁，犹如刀削；又似伸向河心的鹅头。鹅头下便是呼啸的峡风和奔腾叫嚣的黄河：两丈多高浪涛汹涌怒吼。在如此惊心动魄的山峰上，过去每当筏子客出发前都要到山上的小庙里去拜佛求神保佑。黄河经过"扎地山""喇嘛石"，在千曲百折的峡道里汹涌着，又经过险恶的"骨岔浪"湾，直插河心的"西方顶"巨岩，再过"大石坑"、"阎王砭"、"黑窑洞"、"救命窝"（筏子水手辟峡跳岸之地），此处的黄河，旋涡连环，满河的"黑洞"飞快地旋转、滚动着，因之民谚云："扎地上下无风三尺浪""骨岔浪湾浪吃人""三佛崖旋涡连环催人命""西方顶山高浪滔天，山峰穿云端""一看三佛崖，飞鸟不敢来"……

"九曲黄河"段如此险要的地点还有许多许多。然而，漫长的岁月，艰苦的磨炼，造就了一代又一代水手，同时也形成了这一带祖辈相继的交通民俗。

从 20 世纪开始，外国洋行从甘南夏河及青海藏区新收购的羊毛，以及临夏羊毛商兴起后新收购的羊毛，就是用牛羊皮筏运往包头，然后经陆路转运至天津等地。

1. 牛羊皮袋的制作及历史

考诸史籍，皮筏历史久远。最早见于《水经注·叶榆水》："汉（光武）建武二十三年（47），王遣兵乘革船（即皮筏）南下水。"《后汉书》中记载了匈奴人"乘马革渡河"和护羌校尉邓训在永靖黄河上游"缝革囊为船"载兵渡河的情景。《旧唐书·东女国传》："用皮筏为船以渡。"宋代《武经总要》一书说："浮囊者，以浑脱羊皮吹气令满，系其空，束于腋下，人浮以渡。"这里的"浑脱羊皮"即熟制的牛羊皮袋，渡河人一手抱住皮袋一手击水，顺着水势借狂涛巨浪之力，像离弦之箭，很快到达彼岸。

2. 毛筏的装联及从永靖开航后的经过路线

"抗战以前，我国的毛纺工业大都集中在沿海城市，远离原料产地。西北交通闭塞，青海的羊毛和兰州的水烟全靠黄河上的牛皮筏运往包头，再转火车运往津沪。"（见《兰州风采》）永靖筏子客在皮袋里装进羊毛时，将皮袋的大口朝上，小口朝下，顺挂在扎好的木架上。一人进入皮袋内，外面的人把羊毛往里装，袋内的人使劲地用脚踏，直到装满踏实为止。每只皮袋可装羊毛 120 斤上下，每座大筏由 120 个皮袋子组成。另将部分羊毛捆成捆子，压在筏子上面，称为"浮排"。这样，每座大筏可装运羊毛 50 000 斤左右。皮袋联成筏子时，先把皮袋列成四行（每行 30 只皮袋），用粗绳绑在横杆上，上面再加上顺杆，然后绑紧捆车。这样皮袋联成一个庞大的长方体，在其前后绑上桨桩，把桨套在桨桩上。桨是用 1 丈 2、3 尺长、直径 1 尺的松木杆制成，其形似大刀。桨是操纵筏子的重要工具，犹如汽车的方向盘。每座大筏子由 6 名水手操纵，前 3 人，后 3 人。前 3 人中，当中掌舵者称"把式"，另 2 人叫"帖桨"；后 3 人叫"叶子"。"把式"为一筏的主持者，同筏人都听从把式的指挥。通常，数座筏子同时运行时还有一个"拿事"，他负责全盘指挥，各筏"把式"得服从其领导。水手们走一趟包头的工资（时称水银），"把式"约白洋 60 元，"帖桨"50 元，"叶子"45 元。返回的路费由毛商全部付给。

毛筏上备有帐篷，每到傍晚筏子靠岸或碰到雨天不能运行之时，水手均入帐。帐内设有生活用具及消闲器乐，做饭、睡觉都在其内。毛筏从永靖河沿开船后，最危险的就是刘家峡。峡内的"新浪"因险恶而有名。传说它是河岸上的岩石崩裂下去填在河心里形成的。水大时，浪还不十分险恶，而当水小时，巨石冒出头来，形成冲天浪头，对平常过来的筏子造成严重威胁，稍有不慎，即有筏翻人亡的事故。为了平安渡过这一难关，筏子从永靖河沿开航时，每筏专请当地转峡水手2人掌舵，还要到附近的报恩寺焚香请愿。水手们都在腰间绑上一条绳子，另一头拴在筏子上，以防被大浪冲走。此时，扳桨者及领筏者精力高度集中，运用高超技术，鼓足全身气力，沉着而又勇敢地冲过惊涛骇浪，每当经过"新浪"处，筏子上的水手不断地祈祷。出了刘家峡，转峡的水手们便上岸返回，又给后面的筏子"转峡"。以此为生的水手，人们刮目相看，俗称"叶子客"。筏子客从兰州开筏后，经桑园子峡、中卫的石嘴山，入河套等处后，约一个月时间即可到达包头，将羊毛交给毛厂，由毛厂装火车运往天津。至此，水运段落便告终了。水手返回时将皮袋晾干，折叠捆好，雇大车运回。有时筏子客为了多挣一点钱，每个人担着4个皮袋走回家乡。故谚云："下水，人乘筏；上水，筏乘人。"

黄河神奇筏客勇，有志之士上下从。1936年6月，我国著名记者范长江曾搭乘毛筏实地采访。他在《中国西北角》一书中，对黄河筏运情况及水手之意识做了真实介绍："筏客们的意识，给我们很大的兴趣。他们是生长在中国西北边上的大夏河域的河州……这般水手们的性格之诚实，对人对事之忠贞，使人感到人类间彼此全然相互信赖之愉……"这不正是《导河志》所谓"永靖之人习工好文"的印证吗！今天，"九曲黄河"这一段已被劳动人民拦腰截为三段，相继建立了刘家峡、盐锅峡、八盘峡电站。现代化的运输工具替代了昔日牛羊皮筏子，黄河上虽然有了众多的桥梁和船只，但这种古老而独特的运输工具仍然有它的一席之地。如果你到永靖县炳灵寺、刘家峡水库去游览，就会看到来往如梭的牛羊皮筏仍在运送人与货物。尤其外国游客特别青睐。牛羊皮筏子既不消耗能源，又不污染环境，故作为"九曲黄河"上的运输旅游工具，仍是黄河风景线上的一大奇观。

平凉交通民俗

代步工具，传统工具有轿，系官绅或富裕人家的专用品。农村赶庙会、跟集、走亲访友或外出办事，路远者多骑毛驴，富裕之家则乘骡；而接闺女回娘家必备驴待乘，几成定俗。民国初年，城区及与之通达的主干"官道"上，盛行金筒儿轿车，其形类似马车，上有篷盖，四周置幔，一般可坐五至七人，由一骡或一马拉引，专营此业者，称为"赶脚儿的"。脚价为每人十里路付小麦一斤。20世纪30年代，人力车（亦称东洋车）取代轿车，同时也出现了吉普车、自行车。解放后，人力车绝迹，自行车出入于公务部门；摩托车、拖拉机也时而奔驰于城乡之间；自行车日益普及，成了民间主要的代步工具。

行路的规矩：旧时，农历正月初三（也有定在正月初一或初二的）一早，举行出行仪式。届时，人们牵着牲畜，在锣鼓鞭炮声中集于所谓喜神主们的空旷场地，焚香烧表，祈求平安，自此，方可外出走访亲友。中华人民共和国成立后，此俗渐淡，却多守正月初三之前不访亲友之惯例，城区亦然。旧时，春节后第一次远行，须拜别祖先牌位，牲畜则搭红，有的还放鞭炮求吉；选单日起程，认为双日为"破偶"，不利，现多弃之。走路时，以往认为左为上，故先靠左侧行走。也有因左右莫辨，致使成帮的脚户畜群"顶帮"，引起纷争斗殴。中华人民共和国成立后不久统一按"右侧通行"，久而成习。走路的姿势则要求"男人挺胸不后看，女人低头一条线"，"男人走路双摆手，女人走路看河柳（低首稳步之意）"；并认为走路时"男学女，搔锅底；女学男，全家完"。如今鲜有以此挑剔者。农村倡走路时执木棍（俗叫鞭杆）以防犬欺。俗云："走路不要空摆手，拿个棍棍挡个狗。"并告诫："在家靠娘，出门靠墙。"呈现农村犬多而人求安全谨慎之心态。如今依然。

第三章　社会组织民俗

敦煌渠社

旧时由敦煌灌渠一带渠人组织起来的经济组织。渠人的活动主要是防水和修理渠堰。此外，还有修理、兴建桥梁，分配用水的职责。对渠人的这类活动，官府不仅是指导，而且是严格地控制、监督。这类活动的任务是来自官方的指令，如果不参加就要受到官府的处罚。渠社组织反映出绿洲之内占有耕地的农民对水利事业的关切。所以，渠社从一成立就具有民间性质。但是，由于敦煌水利设施十分复杂，诸干渠、支渠之间，以及一渠诸多用水农户之间的各种矛盾依靠各渠组成的渠社是无法解决的，故必须由官府进行管理、监督、协调。这就使原来作为民间组织的渠社变成了官府的工具。

扶弱助贫会

旧时存在于甘肃农村的社会组织。其主要目的是救助老弱病残、鳏寡孤独及生活贫困的家庭，帮助他们在特殊情况下渡过难关。本会由村社推选的德高望重者组成，其中有本村镇的老、中、青三代人。如属同姓家族村落，本会头目常由族长担任，并由其指定本族中的其他中青年人担任本会成员。如属多姓村落，一般在每姓中推选一人，再由全村人对推选的每个成员进行评议，然后在他们中间推选一人担任本会头目，其他人一并为本会成员。本会的主要活动每年有四次。首次活动是每年开种时间，一方面组织村民不误农时抢播下种；一方面组织一定的劳动力去帮助老弱病残家庭进行耕地播种。第二次活动是夏收时间，任务是在劳动力富裕家庭抽工帮助老弱病残人家收割打碾夏粮。第三次活动是秋收时间，主要是帮助老弱病残者收割秋田。第四次是青黄不接的时间，活动内容主要是号召村民自愿捐粮，以救济贫困户度春荒。本会成员没有任何报酬。在他们心目中，这是一种慈善活动，积点阴功，造福子孙罢了。因此，本会成员常要举行一些向神或祖宗宣誓、检讨与祭祀的活动。主要目的是向神灵做保证，让神灵监督自己的行为。除此，他们每年还要向村民们做一次汇报，说明本年的工作，特别是要公开一年的收支账务。在年终大会上，村民对会员可提出表扬或批评，甚至可临时撤换其成员。

商会和行会

旧时由经商的商人以及手工业作坊的老板等组织的社会团体。其主要任务是进行商业道德教育，动员纳税，处理商事纠纷以及安全防范等。商会设会长一人，副会长两人。有些商会还设"文书"，专门从事处理商会日常事务。商会领导任期一般是2—3年，通过选举产生。在甘肃的商业村镇里，还有与商会密切联系的类似的金融组织，主要有当铺、钱庄、银号、金银店等。他们一方面受当地商会的管理，另一方面，其内部也有特设的管理机构。主要任务是防范金融危机，鉴定、担保典押商品，进行合理竞争等。这种经营形式中，一般设有掌柜一人，其下有二掌柜，下面还有坐柜、内账房、外账务、站柜、学徒等职务。

过去甘肃的商会既有地方性的商会，又有行业商会。地方性的商会是不分行业而组织的。这种商会亦可与其他地方的商会发生联合，形成更大的商业组织行为，名称有多种叫法，如XX地区商会联合会。行业商会，是特指同性质商业人员组织的商会，它严禁跨行业人员参加，但他们之间有时也有一些联谊活动，但没有固定的组织，有需要行业联手时，可由行业商会会长出头协商。

村民互助会

过去由村民们自愿联合组织的一种互帮互助的经济组织。由一名会头和一名副会头联手主持互助会的日常工作。在通常情况下，每年在春播、夏锄和秋收之际召开"通报"会议，研究来年的互助义务以及日程安排。如遇到特殊情况，互助会可临时召开会议，解决本会中出现的重大突发事件。互助会与前面介绍的扶弱助贫会的性质相同，但涉及对象不同。扶弱助贫会的工作对象是针对一些弱势群体开展工作的，而互助会是入会成员相互救助的组织。入会的每个成员都有责任帮助其他会员解决生活困难，同时也都有权利接受其他成员给予的惠顾。互助会出于道义的需要，有时也会救助一些未入会的人渡过难关。

乡村神社

甘肃汉民族的宗教组织主要是"神社"，其主要任务是组织本村镇的神事活动，包括祈雨、祭山、祭河、修缮庙宇、重塑金身、寺庙管理以及迎神赛会等。神社里还常常设立分支组织，如根据信仰内容，有儒教神社、道教神社、佛教神社；根据信仰的形式，又有山神会、河神会、龙王神会、财神会；根据职能，还有祭祀庆典会、募捐会，等等。神社的成员有专职和兼职两种。专职人员主要由无妻室儿女，又有虔诚之心的人担任，他的衣食均由神社解决。兼职人员主要由热衷于公益，而又有慈善心肠的人担任，没有任何报酬，是协助专职人员办理庙宇管理和神事活动。神社有公共田产，供专职神职人员生活费用及用于神事活动的开销。甘肃汉民族最大的宗教性组织活动形式为举办庙会。几乎每个大的村镇都有自己的庙会活动，这是一个无法统计的数字。有些县一年内可举办的庙会多达百余次，耗资百万元以上。甘肃主要的庙会就有：伏羲庙庙会、娲皇宫庙会、玉泉观庙会、麦积山庙会、泰山庙庙会、崆峒山庙会、嘉峪关庙会、酒泉庙会、敦煌莫高窟庙会等。这样众多的庙会，从组织到管理，其间包括形式布置、筹备款项、人员分工、处理日常事务等等，都是由神社运筹的。神社对于村镇来讲，具有一般政府无法替代的职能。他们享有崇高的威望，一张简单的告示，足以使全村镇人闻风而动。

鲁班神工会

曾流行于全省各地，是由木匠、铁匠、石匠等手艺人组成的。本职业组织以鲁班为祖师，每年有不定期的祭祀活动，目的在于求吉、乞巧、获得更多的经济效益。神工会头目多由德高望重的能工巧匠担任，亦有按行当轮流坐庄的。活动经费是每个人凑的份子钱，多少不限，主要用于祭祀以及救济生活贫困会员。

思邈神医会

曾流行于省内部分地区，是由当地的医生组成的医术研讨组织。神医会以药王爷孙思邈为祖师，兼敬神农、黄帝、扁鹊、华佗、张仲景、皇甫谧、李时珍等名医及药物学家。神医会最主要的活动是祭祀医神和举行拜师学医仪式。祭祀神医时，如本村镇有"思邈庙"的，选择在庙内举行，如无专庙，则在当地其他神庙举行。仪式多为献祭、祈祷、跳神、祝颂等。拜师学医的仪式在医生家里或药铺举行。主要是祭祖师，并向师傅行三拜九叩之礼。如徒弟在学医期间，忠厚诚实、刻苦钻研医术，师傅决定为其传授秘技时，还要举行特别的授秘仪式，其他人一律不得参加。此时，徒弟必须对天、对祖师发誓，咒云："徒弟若有泄密，对师不敬者，天打、火烧、五雷轰！"医技授毕，神医会成员纷纷登门祝贺，徒弟举办酒席，招待来宾。

故事会

故事会是陇东、陇中以及河西地区出现的民间娱乐组织形式。故事会在陇原的历史十分悠久。在唐宋时期叫"闹春会"，元明时期又叫"迎春会"，清代又叫"社火会"，民国时期才改为"故事会"。故事会下属社火会、戏班子、讲唱艺人会等。故事会还有以姓氏或地域命名的，如张家故事会、王家故事会、魏店镇故事会、韩家集故事会等。故事会每年按家庭人口平均收集专门用于娱乐活动的经费。故事会设故事头一人、副头两人，任期不限，一般由热心参加者推选产生，不计任何报酬。另外，其他分支会亦有相应的领导，社火会称会长，戏班子称班长，艺人会称班主。平时，各会可自行其是，走村串乡，进行演出，而一旦到年关前后，各会均归故事会统一领导，筹划大型表演。

乡村团拜会

乡村团拜会由本村镇德高望重的人组成，主要任务是每逢节会节日或村事庆典，由他们号召、组织举办各种喜庆活动，或亲自光临现场，代表全村镇父老乡亲的意愿祝贺节日新禧。

张掖皇极会

皇极会，是民国时期张掖地区的一种秘密宗教组织。秘密宗教组织是封建社会剥削压迫现象日益严重，社会危机加深的产物。秘密宗教除吃斋、念佛、修行等活动外，还经常聚众集会，便于鼓动、组织群众闹事。故封建统治者一律视为邪教，严加禁止。但由于小农经济的社会基础和灾祸频繁的社会背景，秘密宗教不但禁而不止，而且出现了教派林立、经卷浩繁的世界宗教史上的独特现象。民国时期，张掖的秘密宗教就有皇极教、回善教、一贯道、大乘会、三阳会、聚仙宫、中华理教会等。其传播者多带有职业性，基本是为了敛钱。他们长期坐收各方进献的香金，小则不劳而获，成为小康之家，大则成为田产丰裕、妻妾婢仆成群的权贵。而本来已极度贫困的下层劳动者，为了求神祈福免灾，心甘情愿挤出血汗钱来献纳香金。这对广大居民心灵上的毒害，是不可低估的。皇极会在张掖的传播，就有代表性。

皇极会的前身为瑶池道，皇极二字取自明末白莲教经卷《皇极金丹九莲正信皈真还乡宝卷》的前两字，故称白莲教之化身。其他化名尚有普度门、清静门、道德堂、乐善堂、无极道、东征门、先觉祠、皇天道、皇极归根道等。据说是弓长老祖所传。弓长老祖为明末白莲教中闻香教主蓟州王森的三传弟子。有的资料称他是圆顿教教主，自称五极天真古佛转世。民国初年，该教的支派在云南昆明设最高祖堂，自称归根道十八代祖师的耿天瑞自命为弓长老祖嫡传。他化名高天瑞，原居昆明石桥堡，后迁杏花村。下分五盘、四柜。五盘指金、木、水、火、土五盘。耿天瑞居中央戊己土，是为土盘，坐镇中央不动，其余木、金、火、水四盘分居东西南北四面，每面分一柜，谓之四柜。西北为金柜，金柜道首田太和，也称祖师，

人称金宫大爷、五行道首。柜下又设十帝（也称十地），帝下设48佛、48个顶航、108个保恩、行恩、证恩、天恩；天恩以下又分24个执事，以下再分道徒，上下分九级，名曰九品莲台。看来九品莲台这一名称好像是向佛教净土宗借用的。

张掖最高道首为48佛、顶航，据说凡天恩以上的道首均有小印一颗，礼本一本，每小印上只有一个字，24字合成韵语。其文曰："奉天承运、既寿永昌、掌握三会、永办归根、皇灵云会、戊己合印。"最后四字有的资料写为"无极合印"，与该教弓长老祖自称无极天真古佛转世相符合。

民国初年，张掖即有皇极会传播，初传于东乡上秦庙，又叫悄悄会或摸鱼道。民国十九年（1930），归根道祖师耿天瑞派其五行道首、金公老爷田太和来河西，先在民勤，后又来张掖、高台、酒泉传道，将皇极会统一改名为皇极归根道，道坛称为归根堂，在城乡广泛发展道徒。因香火日盛，于民国二十一年（1932）将总坛由上秦庙移入城内小寺庙，后又将会址迁入民勤会馆对门广庆寺及火神庙。道徒分为护道道徒与大道道徒。前者不吃牛肉，专心念佛即可；后者则男不婚女不嫁，已婚者，夫妻亦不得同床。道内供奉无极圣母、天地老爷、瑶池金母等。念的经有白莲教的、有佛教的、有道教的，还有众多的《宝卷》，传道时以唱念《宝卷》的形式进行宣传。有《香山卷》《湘子传》《目连卷》《黄氏女卷》《七真天仙传》等。

1958年该道被取缔。

岷县青苗会

青苗会是岷县锁龙乡的十个自然村即锁龙五会：一会严家、林畔，二会后家、山庄，三会潘家寨、赵家，四会买家、拔那，五会锁龙、古素。习惯上人们称前三会为上三会，后两会为下两会，而活动的参加者包括物资交流的人员在内，主要在岷县东山区5个乡镇，武山县、礼县的部分乡镇。岷县锁龙青苗会是居住在锁龙地区的人们在长期农耕生活中形成的以娱神、娱人为内容，以庙会神灵祭祀活动为载体，包含有历史、宗教、民俗、商贸等诸多文化内容的传统民间文化活动。2008年，青苗会被甘肃省人民政府公布为省级非物质文化遗产名录项目。2014年，青苗会被国务院公布为国家级非物质文化遗产名录项目。

相传供奉于锁龙月楼滩庙里的两位善神九天圣母京华娘娘、九天圣母京皇娘娘都是锁龙乡人，她们都出生在明成化年间（1465—1487），相传两位娘娘都到出嫁年龄，因不满家里指定的婚姻离家出走，最后在锁龙的梳发台显神，成为锁龙五大会的两位善神，恩泽锁龙五大会百姓，人们因此每年都举行独特的庙会活动。

青苗会的角色组成主要有：

九天圣母京华娘娘（大娘娘）　青苗会本庙（月楼滩庙）的两位善神之一。

九天圣母京皇娘娘（二娘娘）　青苗会本庙（月楼滩庙）的两位善神之一。

大老爷　侍奉大娘娘的大水头也叫大老爷（在上三会六个村庄中产生），年龄必须在40岁以上，其家庭是儿女孝顺，妇人贤良，家道赢人，经济宽裕的男主人。

二老爷　侍奉二娘娘的二水头也叫二老爷（主要在下两会四个村庄中产生），年龄必须在40岁以上，家庭状况同大老爷。

伞客（2人）　为二位娘娘打伞之人，其选拔条件与大老爷相同。

锣客（2人）　为二位娘娘鸣锣开道之人，其选拔条件与大老爷相同。

会长　青苗会的总负责人，主要协调部分资金及活动组织。

师家　青苗会活动的主持人。

二陪官　上一年的大老爷、二老爷到今年上升为二陪官三陪官。

三陪官　上一年的二陪官到今年上升为三陪官。

四陪官　上一年的三陪官到今年上升为四陪官。

老友　大老爷、二老爷到第五年上升为老友，指二位娘娘的老朋友。

每年的农历四月初八，当五大会的所有庄稼都耕种结束的时候，上届青苗会的所有成员都要到月楼滩庙里去上香敬神，并祭北风，祈求普降喜雨，同时最重要的一项活动就是要在大家的商议之下把今年的大老爷、二老爷、二位锣客、二位伞客选出来，选出之后由青苗会长负责通知，如因经济等各方面原因，本人不同意担任，则在五月端午节这一天由青苗会组成人员重选。正式的庙会从每年农历六月初一开始，这

一天，由两个（上三会选一个，下两会选一个）新当选的大老爷、二老爷、锣客、伞客以及青苗会的其他成员在月楼滩庙佛像前向两位娘娘通报今年新当选的大老爷、二老爷、锣客、伞客。并向佛爷逐一通报："某某村的某某人鞍马齐备，家道赢人，给娘娘抱一季灵水。"然后，在月楼滩总庙二位娘娘的正殿搭好新床，返回本村，由会长、老友负责，为大老爷、二老爷、锣客、伞客在他们各自的家里设置神位，同时在摆放神位的上房一侧为大老爷、二老爷、锣客、伞客搭设新床。这一天，大老爷、二老爷、锣客、伞客完全按新郎官的装束，由里到外换一身全新的衣服（其外套是黑色绸缎长袍和黑呢礼帽），一套全新的有大红喜字的铺盖，同时有新置的茶具、酒杯、吃饭用具等供新人使用。

新选的大老爷、二老爷、锣客、伞客净手和净身（用木香熏手、熏身）后，由老友主持敬神，并陪侍两位娘娘保佑全村人等，百事如意，万事亨通，保佑严川子（锁龙五大会的统称）百姓风调雨顺、国泰民安。礼毕，大老爷、二老爷、锣客、伞客由老友扶上床，是为坐床。从此，大老爷、二老爷、锣客、伞客在各自家里新搭的床上穿上全新的衣服，坐在床上，不准说一句话，由专人负责这些新人的衣食住行，新人方便时不能与其他人共用一个厕所，每一次方便的位置都不能重复，晚上休息时，自己用一套新被褥，睡在左边（男左），留一床新被褥铺在右边虚置，铺盖上大红的双喜字渲染出热闹的婚庆场面。

到六月初六，大老爷、二老爷、锣客、伞客、陪官、老友着一色的黑色长袍、新年礼帽，并骑上一色的高头大马鸣锣开道到月楼滩庙集中，由青苗会长、师家主持向二位娘娘献祭羊一只，同时祭北风，祭雷神，这一天庙前的戏台开始唱秦腔大戏祝贺（从初六至十一），然后各自返家。从六月初七开始大老爷、二老爷、锣客、伞客家由新人自己出资备上宴席，全村的亲邻好友按正规的婚宴喜事依照当地的习俗拿上被面、毛毯、喜幛等各色礼品及鞭炮前来恭贺，打礼上席。恭贺要持续到六月初八，初八这一天，还有一项重要活动，就是献羊活动。首先大老爷、二老爷、锣客、伞客、陪官、老友在青苗会长家集合，由老友陪侍，将全村人集资购买的羊敬献给娘娘，献毕后在青苗会长家上席，席毕到大老爷家敬献大老爷为娘娘

准备的祭羊，到此宴庆活动结束。晚上大老爷、二老爷、锣客、伞客依然坐床陪伴娘娘。据老友说，虽然大老爷、二老爷、锣客、伞客家都准备了床铺，但是二位娘娘要看谁的内心虔诚才到谁家，不一定到大老爷、二老爷家过夜。因此，大老爷、二老爷、二位锣客、二位伞客都要积极为娘娘准备，以最虔敬的心，表示对二位娘娘的诚意，只有这样才能赢得娘娘的欢心，赐福五大会的黎民百姓。

农历六月初九日早晨六点钟，大老爷、二老爷、二位锣客、二位伞客家里一片忙碌，吃过早饭敬过神后家人分头准备。大家将大老爷、二老爷、二位锣客、二位伞客所骑马匹披红挂绿装扮一新，并将为庙会上准备的菜肴放在笼床里，把近几天亲邻恭贺的礼品全部装上车（用于在庙上展示），提前出发送往月楼滩庙，然后由四位年轻人将大老爷、二老爷、二位锣客、二位伞客分别扶上马，一路鸣锣送到月楼滩庙在庙中集合，待大老爷、二老爷、二位锣客、二位伞客全部到齐后，就开始用大老爷、二老爷新准备的铺盖，在供奉二位娘娘的庙里，由家人为二位老爷及二位陪官铺床，以便准备在抱回圣水后坐庙。

接下来就是隆重的抱水仪式。大老爷、二老爷、二位锣客、二位伞客、二陪官、三陪官、四陪官、所有健在的老友、青苗会长、师家及抬轿的小伙、打旗的小伙、打伞的小伙、拉马坠镫的小伙等50多人全部到齐后，用八抬大轿抬上二位娘娘，大老爷、二老爷、二位锣客、二位伞客、老友、会长着一色的礼帽长袍，骑一色的高头大马，旗手在前，二位娘娘的轿子紧跟，一色的马队，庄严的锣声，营造神秘庄严的气氛。取水的队伍起驾出巡，取水的路线有严格的规定：从月楼滩庙出发到后门梁头歇马，经严家村上房陈林家（娘娘的娘家门）到后家村二歇马，到娘娘的取水祠，每到一处都由老友主持祭祀二位娘娘，并敬酒、敬茶，敬献由小茶盅预先压出的干糌粑（干炒面），祈求二位娘娘保佑四乡的庄稼风调雨顺，这一圈巡行下来大约有3公里的路程，沿途百姓鸣炮上香好不热闹。大老爷、二老爷身上背着用红绿两条彩绸缎（名曰：达福）包裹的灵物（二位娘娘的净水瓶）。取水的地方叫娘娘祠，六月的娘娘祠气候宜人，风光秀丽，前面是一片开阔的草地，开满了鲜花，背后是一片平缓的有三个台阶的簸箕状的山梁，山冈上的松

树林形成一片神秘的屏障。当所有祭祀求水的队伍到达娘娘祠那一片开阔的草地后，首先将二位娘娘坐北朝南安顿好，然后由大老爷、二老爷、二位锣客、二位伞客、老友、青苗会长等，在师家的主持下祭祀二位娘娘，陪侍二位娘娘。然后大老爷、二老爷、二位锣客、二位伞客、二陪官、三陪官等换上清一色的新水靴准备上山取水，上山时打锣的打锣，打伞的打伞，大老爷、二老爷由二陪官、三陪官扶上前往娘娘祠取水，其他人等与二位娘娘待在原地不动。到达三寨子时取水仪式正式开始，首先铺上新毡，由二位老爷坐定，二陪官、三陪官坐在二位老爷身后，取水的任务是由老友分头进行的，取水地点分别栽植两棵杨柳树。取水过程属青苗会的秘籍，不能随便让人知晓。待水取出后，二位老友用铜锣抬上二位老爷敬献给二位娘娘的祭羊头，然后进行交换仪式，至此为二位娘娘的取水活动达到高潮。这时，由二位老友将二位老爷的祭羊分给所有参与取水的人员，祭羊肉吃罢后，二位老爷要更换衣服，将原来的黑袍礼帽更换为蓝袍缠头，并用达福将取来的灵水拴在二位老爷的身前，是为"抱水"，然后由老友为二位老爷及参与活动的所有人员折下松树枝插在头上，这就是取到灵水的标志。接下来由师家主持，大老爷、二老爷、二位锣客、二位伞客要在三重山门（三个寨子处）前举行庄重的拜灵水仪式。

拜水时大老爷、二老爷由二陪官相陪面朝山下，三陪官、四陪官在对面连磕三个长头以拜灵水，三次拜水仪式结束后，就回到二位娘娘落轿处，并在二位娘娘的轿上插上松树枝。然后"报告"二位娘娘水已取到。这时大老爷、二老爷、锣客、伞客、陪官人等将水靴更换为原来的布鞋，然后又对二位娘娘进行祭拜，结束后所有人员依次列队陪伴二位娘娘直达月楼滩神庙。这时月楼滩神庙已是人山人海，沿途更是鞭炮齐鸣，庆祝二位老爷为二位娘娘取来灵水。二位老爷的家人在门前燃放两长杆子鞭炮，迎接二位娘娘及取水的队伍，待二位娘娘安置在庙里后，二位陪官分别护送二位老爷进入神庙，然后将取来的净水瓶摆放在二位娘娘神位前。二位老爷宽衣解带，由二位陪官服侍坐在庙里的新床上休息，抽烟喝茶。由师家主持进行隆重的拜五方仪式，大老爷、二老爷、二陪官、三陪官服侍站一排，面朝南磕三个长头跪拜，再面朝

北磕三个长头跪拜，然后大老爷、二陪官和二老爷、三陪官分别相对，各朝东西交叉磕三个长头跪拜，最后交换位置进行跪拜。拜五方活动结束后，大老爷、二老爷由二陪官、三陪官搀扶到庙中床上休息，之后二位老爷及二位陪官老友人等在山门与娘娘一块看戏，与民同乐。晚上大老爷、二老爷、二陪官、三陪官、锣客、伞客相伴在庙中坐庙过夜。

坐庙活动要持续到六月十一日，这几天，就是整个庙会最热闹的时候。一方面人们上庙敬香，一方面庙会所有组成人员陪二位娘娘看戏娱乐，看戏时二位老爷还要赏赐唱戏的演职人员。到六月十二日上午10时许，二位老爷坐车背上灵水与庙会所有组成人员前往二位娘娘的取水祠，将取回的水放回原处，是为"回水"。"回水"结束后，二位老爷的家人拆掉庙里及家里的床铺，坐床坐庙仪式正式结束。

六月十三日，庙会所有组成人员全部在月楼滩庙集中，由一位老友书写一篇祭文，报告焦山总督和八海龙王，说今年的二位老爷已为二位娘娘举行了隆重的取水仪式，二位神灵可以将他们造册管理，二位老爷代表二位娘娘肩负着掌管百姓田苗的大事，是为"神文"。农历六月十七日，所有庙会组成人员重新在月楼滩庙会集中敬神，然后正式宣布二位老爷被焦山总督和八海龙王造册管理的"文件"，是为"讨文"。至此，二位老爷名正言顺地成为二位娘娘为百姓赐福的代言人，月楼滩青苗会的全部活动宣告结束。在重大节庆日，如八月十五、除夕、大年初一、正月十五等，青苗会的所有组成人员都要到月楼滩庙祭祀二位娘娘，向二位娘娘报告庄稼的长势及一年的收成。

青苗会每年从农历六月初六日开始到六月十三日结束，包括坐床、求水、坐庙、讨文等，都按固定的时间和固定的路线进行，是岷县锁龙乡人民在长期的农耕生活中形成的一种独具特色的文化形式，具有广泛的群众性和连续传承性。它不同于一般的民间祭祀活动，其独特的人神沟通方式，充满了神灵祭祀中最富有人性化的一面。青苗会每年为二位娘娘选定的大老爷、二老爷、锣客、伞客等在各自家里完全按办喜事的方式举行坐床仪式，不但形式独特而且为这些村庄的村民搭建了一个相互沟通、增进交流的平台。

作为一种古老的神灵祭祀方式，青苗会携带着许多农耕文明古老的文化信息。锁龙乡属山区和半山

区，长期以来人们的传统耕作方式主要是靠天吃饭，由于地处高寒阴湿地区，每年农历五六月份这里的山野变绿，庄稼正是拔节抽苗的大好季节，因此对禾苗的长势，人们自然就将其委托给能够主宰自然的神灵来掌管。锁龙月楼滩庙里的二位善神在人们心中本就具有无边的神力，而为二位娘娘选出能够替神灵办事并能服侍二位娘娘的大老爷、二老爷等，则更具有人间的喜剧色彩，使神秘的神灵祭祀方式更加人性化，充满了人间的烟火味，这可以说是锁龙乡人民智慧的结晶。青苗会用极其具体的世俗化的方式膜拜水神，有别于其他形式的不论是自然宗教还是神学宗教的祭祀形式，这种典范性可能在全国都是独一无二的，非常值得挖掘整理并使之永久性地传承下去。青苗会庄严而神圣的取水仪式表达了农耕文明中人们对水的崇拜。每年参与人员角色的转换成为青苗会代代相传的最有效的方式，它的全民参与性成为相对封闭的农村里最佳的娱乐方式。青苗会传统的着装打扮，也为服饰文化的研究保留了一份珍贵的资料。

按照庙会规定，青苗会的大老爷、二老爷、大陪官、二陪官、三陪官、四陪官、老友、伞客、锣客、青苗会长、师家等都按严格的程序选定，特别是大老爷、二老爷的人选必须是年龄在40岁以上，家庭是儿女孝顺、妇人贤良、家道赢人、经济宽裕的中年男子，每年选中的大老爷、二老爷必须是从未担任过青苗会角色的"新娘子"。因此，锁龙五大会十个自然村，担任过青苗会角色的在世的民间艺人，其中有代表性的大约有30人。这些人一经参与，如果没有特别情况（如身体原因或有急事外出等）将每年参与青苗会的祭祀活动。其俗以口传心授方式代代相传。

在岷县锁龙乡，各庄都有熟悉、组织、操办青苗会的人，主要有：岷县锁龙乡赵家庄人严怀明、严国彬；岷县锁龙乡买家庄人陈志贤。他们都是村中德高望重的深受群众爱戴的老艺人，年龄最小的也60岁了。他们不但组织青苗会的办会仪式，而且参与各村的村务管理，对构建村落和谐起着重要作用。

河州人的亲属称谓

临夏地区古称河州。因其独特的历史、民族、文化而造就了独特的民俗。河州人的称谓便可以说明这一点。由于河州地区是多民族聚居的地区，所以人们的互相称呼也有浓厚的民族色彩，有些称呼从外来语

中发展和演变而来，形成了河州人称呼的特异性和多元性。和大众化的称呼相比较，其趣味性、词语组成等就显出了自身的特征，有些称呼幽默风趣，有些称呼源远流长，举例说明如下：

阿大、大大　即父亲（阿语）。

娜娜、阿娜、阿娘　母亲（阿语）。

太上太　曾祖父（母）的父母亲。

太太、太爷　即曾祖父、曾祖母。

外爷、外奶奶　母亲的父母亲。

丈人、丈母娘　即岳父、岳母。临夏俗语中有"丈母娘疼女婿，好像抱窝的老母鸡"之语。

姑舅　即表兄妹、表姐弟，按临夏习惯，一般对相好的也称姑舅。

俩姨　姐妹的孩子之间互称，临夏俗语有"姑舅俩姨，三天不见想呢"的说辞。

挑担　姐妹的丈夫之间互称，犹如扁担挑水，平衡不偏之意。

先后　也作线候，即妯娌，弟兄的妻子之间互称，临夏花儿有："五劝人心先后们听，先后和好家不穷"之句。

娘娘　即姑姑。

东乡族的家庭组成

东乡族实行的是一夫一妻制，一家一户的个体生产是社会经济的基本形式。1949年10月以前个别富裕户也有一夫两妻的。

家庭通常由夫妻、儿女组成，但三四代同堂的也不乏其例。三世同堂或四世同堂的家庭，祖父母住"富各格"（即上房），父母亲和年龄尚小的女儿住"乔檐格"（即厢房），已成婚的儿子住尕房（即单间小房）。

东乡族原来实行早婚，男15岁左右，女13岁左右便结婚，儿子结婚五六年以后，便另打庄寨（院）与父母分居。儿子要分居时，父母要给儿子划分土地财产牲畜，最小的儿子一直留在父母身边，并为父母养老送终。父母亡故时的殡葬费用均由儿子们共同负担。幼子的继承权比其他儿子优厚一点，父母或者祖父母居住的老庄寨或是上房归幼子继承，这已成为东乡人不成文的规定，历来遵行不变。祖父则倚重长孙，在财产分配方面，长孙的地位几乎与儿子们一样，可分得与儿子们一样的一份财产。在几代同堂的

家庭成员中，翁媳之间均须回避不常见面，也不多交谈，以示尊重。过去，东乡族女子的地位较低，无财产继承权。

东乡族对离婚持慎重态度，尽管按过去的传统，只要丈夫向妻子连说三声"我不要你了"，就算离异了。可说这话时得有证人，且言者承认自己出于本意并不会反悔，才能算数。妻子离异临走时，要带走陪嫁的东西及个人用品和"哈卡毕尼"。

伊斯兰教对东乡族的婚姻制度，有着举足轻重的影响。东乡族男女成婚时，须经阿訇念合婚经。在念合婚经时，还有一个内容，叫"哈卡毕尼"，意思是纳聘金。"哈卡毕尼"虽然是象征意义上的聘金，并不当时付清，但若男女离异时，男方一定要偿还，这实际上是对男女离异的一种限制。这钱作为聘金在结婚时并不偿付，夫妻感情好时，女方可以口头让免，如果女方老死不让免，男方必须付给。"哈卡毕尼"的聘金很重，高达十几两黄金或白金。即便是富有人家，也不是随便开销得了的。所以实际生活中，东乡族男女随便离异情况是比较少见的。

在社会观念上，离异的男女双方都可再婚，丧偶者亦可再婚，寡妇也可以改嫁，亦可以转房，一般限于同辈兄弟、堂兄弟之间，但一定要征得寡妇本人的同意。寡妇改嫁，婆婆一般不能干涉。旧社会因妇女地位低下，寡妇不被重视，曾出现过抢寡妇的现象。若寡妇被别村的男人看上了，先得给寡妇所在村的长老送礼疏通关系，然后夜间来抢，但她所在村的男子也要娶她时，两家往往会发生械斗，甚至闹出人命案子。寡妇改嫁时，一般幼儿不让带走，由丈夫本家抚养成人，寡妇再嫁后可带婴儿去抚养。直到成婚年龄送回本家，继父家不再抚养。

东乡族的"家伍"

东乡族以血缘的亲疏来区别"家伍"（就是家族），有亲家伍和大家伍之分。一个祖父的后代组成的单个家庭，互相便视为亲家伍；出了这个范围的曾祖和太祖的后代，便叫大家伍了。家伍的作用是排解家庭纠纷，儿孙分家时家产的分配，以至婚丧等事的处理，需请亲家伍会商解决。亲家伍解决不了的，就由大家伍解决。东乡族的家伍观念是很强烈的，因而在生活中，就长期保存着不少古代的生活习俗。如父亲的家长制，长子的支配权，幼子有优厚的财产继承

权,以及在订婚娶亲时,家伍中封建宗法的遗迹随处可见。订婚时,男方除给女方送彩礼外,还要给女方的亲家伍送礼,如果亲家伍只是几家,男方不仅要给每家送一包茶叶或一份礼,还要给女方亲家伍的"节堆"(爷爷)另送一包喜茶(约一斤多重)以示恭敬。如果女方的亲家伍叔伯太多,就要以"总茶"代替。"总茶"就是带有象征性的一份礼品,送给亲家伍的某一户,即表示给每个家伍成员都送了礼,而家伍成员是轮流接受总茶的。比如,亲家伍有若干户,有众多的女儿,当她们先后订婚时,今年家伍中的甲户接受总茶,明年即乙户,后年就轮到丙户了。在娶亲的前一天,男方还须宴请大家伍,商谈娶亲的诸多事项,这叫"家伍茶"。在家伍茶宴上,大家伍的长老为首席客人,长辈坐上席(炕上)、小辈坐下席(地上摆桌子),主持户把抓肉、吃食端上,每人有一盏盖碗茶。大家边吃边议,安排婚礼的招待事项和商定给女方送亲陪员的礼数钱(也叫"羊钱",就是把整羊折算成钱,送给女方的送亲者)。亲家伍的家庭成员,都要前来参加娶亲,至少每户必须到一人。并预备一份礼物,给新郎送一件衣物或鞋袜、布料等。

在东乡地区,至今存有单一姓氏、支系或按宗族划分的村寨。这种情况还较为普遍,通常是一个村只有一个宗族的一个姓氏,户数有十几户、几十户不等。东乡族把这种同一宗族的村落,称作"阿恒德",阿恒含有村落的意思,但这里的"阿恒德",是专指属于某一村落的宗族而言。阿恒德以下,则分"富个家伍"(大家伍)和亲家伍。

阿恒德也包括出于同一祖先的几个、十几个村落。由于自然条件差,封建意识和农业经济的落后性以及时代变迁等原因,长期以来,阿恒德不断分支,或迁居他乡,或另辟新村,分成好几个、十几个村落,他们把原来居住的村庄称作"老庄"或者"老根子"。这些从"老庄"分支出来的各村各寨的人,由于地缘和年代的关系,彼此来往关系疏远,辈分也分辨不清。在这种情况下,便互称"阿哈叫"或"阿哈勒",即同一祖先的后人。近百年来,有的老庄、分支的村落已不下几十个。如东乡族自治县坪庄乡韩则岭,也叫哈木则岭。从它分支的村落,有高山乡的酒勒、南阳洼、拾拉泉,龙泉乡的那龙沟,广河县的排子坪,积石山保安族东乡族撒拉族自治县的尹集乡

尹集村等十几个村落,总共2300多户人。他们认为,韩则岭是他们的"老庄",都互称"阿哈叫"。因此,东乡所有的村寨,都有一个"老庄"和清楚的家谱。"阿哈叫"之间的关系是较亲密的,东乡族中流传着"阿舅俩姨,十年八年""阿哈叫,千年万年"的说法,意思是说,与姑舅、两姨间的关系是十年八年的事,而"阿哈叫"则是千年万年、地久天长。足见他们对"阿哈叫"之间的关系看得很重。

东乡地区有不少以地缘联系为基础的村落,一般是小集镇和大一点的村寨。比如在锁南坝居住的就有马、白、妥、何等十几个姓氏的东乡族人。单就马姓来说,就分麻失里、东达恒、奴拉、拾拉泉、难民、果果承等十几个马姓。他们虽然同姓,却分属不同的阿恒德。麻失里、东达恒、拾拉泉等,就是他们原来老庄的村寨名。他们在锁南坝居住已有一二百年的历史,至今彼此常用麻失里空(空,即人的意思)、东达恒空、拾拉泉空的称呼。他们之间是可以互相通婚的。

东乡族"哲玛"

清代,东乡族地区曾经有过一种称为"哲玛"(哲玛其)的民政组织,是由居住在清真寺周围的东乡族群众组成的。本组织也带有宗教的性质,户数多少不等,一般由乡老、学董和伊玛目管理。由于"哲玛"兼有民政和宗教的双重性质,所以其职能既有民政方面的义务与权力,又有宗教方面的义务与权力。在民政方面,他们负责扶危解困与慈善的事务;在宗教方面,他们肩负维护清真寺及其他一切宗教活动。

裕固族部落与家庭组成

部落 清康熙三十七年(1698),清王朝把裕固族划分为"七族"(即七个部落),"七族"中,讲安格儿语(过去亦称"恩格尔语",俗称东部裕固语,属阿尔泰语系蒙古语族,更接近于十三、十四世纪的古代蒙古语,而与现代蒙古语有较显著的差异)的有大头目家、五格家、罗儿格家、杨哥家、八格家(家即部落);讲尧呼尔语(俗称西部裕固语,属阿尔泰语系突厥语族,是一种古老的突厥语,和同语族的维吾尔语、哈萨克语等有着密切的关系)的有亚拉格家、贺郎格家。清政府为了加强对裕固族的统治,封大头目为七族黄番总管,赐以黄袍马褂和红顶蓝翎帽子。各部落设正副头目、守备、千总、把总等职务。

后来，从"七族"中又派生出三个部落，八格家分为东八格家、西八格家两个部落，还有四格马家和曼台部落，共有十个部落，每个部落各有若干户族（相当于氏族）。部落与部落之间原先有比较严格的地域界线，隶属关系也不同。讲东部裕固语的大头目家、杨哥家、五格家、罗儿格家属梨园营都司管辖，隶甘州提督。讲西部裕固语的亚拉格家、贺郎格家属红崖营，隶属肃州镇总兵管。

裕固族的家庭组成　裕固族世代以牧业为生，为适应游牧迁移生活的需要，多居帐篷，一顶帐篷就是一个家庭。

裕固族家族概念的形成有着久远的历史，从母权制氏族公社时期起，由于男从女居的多偶通婚，形成了母系家族，具体体现在"帐房杆戴头""勒系腰""招赘女婿"婚姻形式中，这种男从女居的形式一直延续到中华人民共和国成立，是一种古老、普遍、正式的婚姻形式。到了父权制氏族公社时期，女从男居的大量出现，又形成了父系制的婚姻。明媒正娶婚由于要彩礼过重，婚娶费用过大，只有一些经济富裕人家办得起。1949年以前，大多贫困牧民对此种婚娶只能望而却步，只好采取"帐房杆戴头"婚和"勒系腰"婚，男从女居。由于经济使然，使母权制延续了很长一个历史时期。

俗语说："国无二主。"从一个家庭讲，是指家长而言。裕固族把家长称为"户主""当家的""掌柜的"。裕固族由于婚俗方式决定了家庭家长的权力，夫随妻居的，家庭经济大权自然操在妻子手中。同居男子无财产继承权，如果感情不和，男子离异而去时，不能带走任何财产，孩子亦属女方。家务，又称家事、家政，是指一个家庭日常生活事务的全部，除饮食、衣着、起居、家务劳动由妻子安排管理，像社交往来和应酬、季节性重体力活由男子出面和承担。

家长对内统管家庭共同生活秩序，对外代表家庭全权处理事务。家庭分工：男子以狩猎、割贮牧草、驮柴火、剪羊毛、擀毛毡、搬迁帐篷为主，有时也放牧、社交往来和应酬；女子除操持家务外，还放牧、采集、捻毛线、织褐子、挤牛奶、打酥油。家庭成员中主妇是承担家务的主要角色，一个家庭的家务管理水平高低，处理是否得当，直接关系着家庭的内部成员关系和外部的声誉。裕固族家庭成员大多能和睦相

处，老人受到尊敬和赡养，儿女得到抚育和爱护。裕固族信仰藏传佛教，兄弟多者，要送一个到寺院出家当喇嘛。儿子成婚后，若家庭关系相处不好者，就另立帐篷分居。

家产是一家所拥有的财物或产业。家产是家族制度依附的经济基础，是家族体系赖以发展的命脉。对内维系家族成员之间的生产、分配与消费等多种关系，决定着大家族体系的组合与分化；对外决定着家族体系经济影响和社会地位。裕固族的家产继承，先由父母掌管家庭一切，父母年迈体弱时，由幼子继承掌管。长子婚后另居，分给一部分家产，主要财产留给幼子以把老人赡养送终。如果只有女儿和入赘女婿者，由女儿女婿继承。如果老人无儿无女，又没有本家近亲的，老人死后，家产由户族长继承，可将一部分分送给本户族成员和困难户。无儿无女的孤寡老人，由户族长负责赡养。

裕固族的"大头目"

历史上，裕固族的祖先最早把他们的最高统治者称为酋长，后来完全继承了突厥统治者的称谓，叫可汗。到了唐代，唐朝政府册封首领为"王""可汗"。明朝在裕固族祖先居住地设置军事性的卫，最高统治者称为指挥。到了明朝崇祯元年（1628），明政府将裕固族最高统治者封为大头目。到了清朝康熙三十七年（1698），清政府将裕固族又划分为"七族"（即七个部落），把大头目封为"七族黄番总管"。据传说，康熙皇帝召见过裕固族各头目，予以"安抚"，大头目被封为宗王，御赐了黄袍马褂、花翎顶戴。

从明朝崇祯元年至新中国成立，裕固族都是由大头目统辖各部落。大头目为世袭制。据民间传说，裕固族在东迁时，遭遇了千难万险。就在这个民族生死存亡的关头，老人安巴特尔以超人的智慧，为全民排忧解难，使大家化险为夷。安巴特尔为民族立下了丰功伟绩，大家就推举他为部落总头目。从此裕固族的大头目必须是姓安的才能担任。

1910年正值清朝宣统年间，年仅十七岁的裕固族青年安贯布什嘉被推上了裕固族大头目的宝座，直到中华人民共和国成立，废除封建部落制为止。1954年，在成立肃南裕固族自治区（县级）时，由全区（县）各民族代表选举，安贯布什嘉光荣地当选为自治区（县）第一任主席。

裕固族的家庆家难

家庆与家难是指家族内部发生的重大事件。

家庆 包括家族成员的诞生礼、命名礼、成人礼、婚礼。裕固族把生儿育女视为家庭中最大的喜庆事，一般在婴儿出生十多天或满月后，行命名礼，俗称过满月，要请喇嘛念祝福经并取奶名，亲属朋友送礼祝贺。孩子三岁时剃头，也按人生礼仪中一桩喜庆大事操办。姑娘戴头，儿子结婚，要举行成人礼仪式，举行隆重的婚礼，请喇嘛念祝福经，取大名，本族、亲属、朋友送祝福礼。

家难 是指家族成员的丧亡、重大病伤及意外祸灾等给家族造成的不幸与灾难。裕固族要为死者举行丧葬仪式，至七七四十九天时，本族、亲属、生前好友前往吊唁点灯致哀。对重大伤病者要前往探视，对遭灾者给予安慰和援助。

裕固族的舅权

是母权制的反映。在裕固族中，舅权制表现得尤为突出。东部裕固族把舅舅称为"达嘎"，西部裕固族把舅舅称为"达更"，这是一个从突厥语词汇演化而来的词，意思是"有影响力的人""有权威的人"。舅舅、舅母虽不是外甥家庭的成员，但在外甥家婚丧嫁娶、财产继承等重大活动中，舅舅有着特殊的地位和权利。第一个外甥出生满月时，舅母一定要送礼祝贺。外甥长到三岁举行剃头仪式时，须由舅舅首先开剪。在西部，外甥女长到十五或十七岁举行戴头仪式时，舅舅必须前往，并唱戴头歌。在外甥家举办重大喜庆或丧事，逢年过节时，把舅舅尊为上宾。凡属财产继承、分家、婚丧等大事，必须首先同舅舅商量，舅舅有权决定。在这方面就是外甥的亲生父母也要尊重舅舅的意见，如果这时候舅舅不在场，事情就不好办。故有"亲戚里舅舅为大"之说。西部裕固族有民歌唱道：

> 水的头是泉源，
> 衣的头是领子，
> 人的头是舅舅。
> 帽无缨子不好看，
> 衣无领子不能穿，
> 人无舅舅就无根源。

在东部裕固族，外甥女的婚礼上有歌唱道：

> 姑娘长大成人，

> 有父亲的养育之恩，
> 也有舅舅的深恩，
> 还有母亲的哺育之恩，
> 这三项恩情要报答。
> 父亲要一匹铁青色骟马……
> 舅舅要一匹左鬃的骟马……
> 母亲要一头产奶的犏乳牛……

在这里，舅舅不仅和父亲一样有要彩礼的权利，而且条件甚为苛刻，因为左鬃的骟马一般少见。

在东部裕固族，新娘在出嫁时要唱出嫁歌：

> 栽着沉香树的地方，
> 是我童年的故乡；
> 路经扎过帐篷的地方，
> 就把我的舅舅思想；
> 上到高山顶上，
> 回头把家乡瞭望……

这些歌中，首先被怀念的是舅舅，其次还有母亲、哥哥、弟弟，唯独没有父亲。这些都充分说明了母系氏族文化的痕迹。

裕固族的亲属称谓

裕固族的称谓特点可以第一旁系的亲属长幼为例，说明如下：

东部裕固族称谓 父的兄，本人称"细给阿加"（大老）。父的弟，本人称"迪阿加"（叔叔）。父的姐，本人称"细给阿瓦加"（大姑）。父的妹，本人称"代阿瓦加"（小姑）。父兄妻，本人称"细给麦"（大妈）。父弟妻，本人称"代麦"（婶婶）。母的兄，本人称"细给达嘎"（大舅）。母的弟，本人称"代达嘎"（小舅）。母的姐，本人称"细给麦"（大姨）。母的妹，本人称"代麦"（小姨）。母兄妻，本人称"细给达嘎宁"（大舅母）。母弟妻，本人称"代达嘎宁"（小舅母）。

东部裕固族的称谓，明确显示出父系、母系和长幼关系。他们把岳父称"尕登奇盖"，把岳母称"尕登盖尔"，把公公称"尕登奇盖"，把婆婆称"尕登盖尔"，在称呼前面冠以"尕登"［catn］一词，就是"外面""外边"的意思，把岳父、岳母也称为外父、外母，这种称谓正是氏族外婚制的产物。

西部裕固族称谓 父的兄，本人称"阿肯"（大老）。父的弟，本人称"巴榜"（叔叔）。父的姐，本人称"百字姑哪"（大姑）。父的妹，本人称"给奇姑艾"（小姑）。父兄妻，本人称"百字给娜"（大妈）。父弟妻，本人称"衣斤"（婶婶）。母的兄，本人称"百字达嘎"（大舅）。母的弟，本人称"给奇达嘎"（小舅）。母的姐，本人称"百字姑艾"（大姨）。母的妹，本人称"给奇姑艾"（小姨）。母兄妻，本人称"百字给达尔尼"（大舅母）。母弟妻，本人称"给奇达尔尼"（小舅母）。

西部裕固族的称谓，明确显示出父系、母系和长幼关系。由于和东部的语言不同，所以在称谓上有不同。他们把岳父称"阿斯当"，把岳母称"阿子囊"，把公公称"尕斯大"，把婆婆称"给字娜"，不包含"外面""外边"之意。况且有本人在场或不在场，本人自称和别人尊称之别，在名词发音上也有区别，如外甥尊称舅舅为"达嘎"，而舅舅在外甥面前自称为"达更"。兄弟姊妹多者，其大小排行不是单纯地排为一、二、三、四、五，而是把长者称为"百字"，把幼者称为"给奇"，并不是数字排列的布尔（一）、什格（二）、偶什（三）。东部把伯母（大妈）和姨妈统称"细给麦"。这些称谓一方面是古老婚姻习俗的遗存，另一方面则是母权制和夫权制在东、西部裕固族部落中的影响不同所致。

裕固族的姓名

裕固族每个户族的名称类似汉族的姓，但又与汉族的姓不完全相同。裕固族人的名是名，姓是姓，名字的前面不冠本民族的姓，即不实行姓名相连的人名结构方式。裕固族有十个部落，二十九个户族，就有二十九个本民族的姓（即户族的名称），其中一些姓氏较为古老。

来自祖先的姓和名　如亚赫拉格是裕固语，意为勇敢、强盛，来自唐代回鹘可汗的药乐葛（或药罗葛），五代和北宋的文献记载为夜落隔。史学界有人认为，今日裕固族中的亚拉格部落，即唐代回鹘可汗的药乐葛。亚赫拉格是贵族（即皇族）的姓，可汗一般都出自夜落隔姓。如甘州回鹘第八代可汗夜落隔归化，第九代可汗夜落隔通顺。再如安章本是部落首领奄章之名，安章实为奄章之对音。裕固族大头目安贯布什嘉曾说，头目姓安，系因祖先名安章。由安章传至解放，已世袭二十一代，约有四百年的历史。传说

中裕固族的安姓是皇上赐的，史书无记载封姓一事，但五代、北宋王朝敕封的甘州回鹘官吏，如安盐山、安铁山、安殿民等，这些回鹘人说明了裕固族安姓由来已久。

汉姓　裕固族除了有本民族的姓名外，还有汉姓汉名。早在五代和北宋时，史书上就记载着众多的裕固族先民的汉文姓名，如杨福安、安千、李阿山等。这些回鹘人大多是甘州回鹘汗国向五代、北宋进贡的使臣，以及受五代、北宋王朝加封的官吏、功臣等。由此可见，他们的名字已起了一定的变化，但范围较小，一般裕固族起汉族名字的不是很普遍。

到元、明时期，藏传佛教即喇嘛教逐渐传入撒里畏兀尔地区，特别是到了明中叶撒里畏兀尔人东迁入关以后，喇嘛教的格鲁派即黄教在河西走廊盛极一时，裕固人便大都信仰喇嘛教。随后，裕固人的名字也起了变化，请喇嘛为其取名，故名字里带有浓厚的藏传佛教色彩。

裕固人较为普遍地使用汉姓、汉名的历史较晚。根据史书记载和社会调查，在清朝乾隆年间，裕固人一般还没有使用汉姓。据裕固族老人回忆，约从清同治年间到民国初年，开始采用汉姓，但一般并不把姓冠于本民族名字之前。民国四年（1915），甘肃提督军换发给裕固族大头目的执照上，只写着大头目的裕固族名字贯布什嘉，既不连汉姓，也无汉名。直到1949年以前，绝大多数老人还只有本民族的名字，而没取汉名，如高木乔赛什旦、才楞扎什、恩钦才楞、尕尔玛什旦、藏哥尔赛什旦、贡布什加等。有些外出经商、求学、做事的裕固族人取用汉名，但在本民族内，仍使用裕固族本名。

随着时代的进步，裕固族的政治、经济、文化有很大发展。21世纪以来，根据部落或每个户族名称的首音取为汉姓，译为汉语时，又选用汉族姓氏中的常用字。譬如户族名称安章（原为奄章），其成员的汉姓为安；呼郎嘎特部落（亦称霍尔勒，后称贺郎格家），该部落多以贺为姓；也有的取户族名称最末一个音为姓，乌郎（或阿尔郎），其成员的汉姓为郎。有的户族名称有一定的含义，即按含义译为汉姓，如阿克达塔尔，"阿克"是白的意思，故成员汉姓为白。裕固族汉姓除音译外，还有意译。

罗列如下：

本民族姓	汉姓
安章（或奄章）	安
巩鄂拉提	郭
索嘎勒	索
杜曼	杜
亚赫拉提	杨
斯娜	白（因来源不同故名称各异）
阿克达塔尔	白
呼郎嘎特（或霍尔勒）	贺
托鄂什	妥
钟鄂勒	钟
乌郎（或阿尔郎）	郎
鄂盖尔	李、高
卡（哈）勒嘎尔	柯、哈
克孜勒（或浑）	洪
帕勒坦	潘
苏勒都斯	苏
顾令	顾
增斯恩（或增柯斯）	郑
巴依亚提	吴、巴、白
常曼	常
兰恰克（或兰贾克）	兰
各尔格兹	耿
蒙戈勒	孟
冲萨	孔
西喇	黄
贾鲁克	贾
格勒	葛
绰罗斯	左
齐鲁	右

除上述与部落、户族名称相对应的汉姓外，裕固族还有汉姓张、蔺、屈、凯、李、强等，这不是裕固皇极会族的姓，而是裕固族妇女招汉婿后，随夫之姓；也有移迁来此的汉族，为在此生存，依附本地部落，归了裕固族但仍保持其汉姓。

裕固族"的尔斤"

明末清初，裕固族地区盛行过谓之"的尔斤"的社会组织。"的尔斤"为部落的下属单元，每个"的尔斤"根据名称的首音或尾音取汉姓，如亚赫拉格"的尔斤"，取汉姓为杨；阿尔郎"的尔斤"，取汉姓为郎等等。"的尔斤"的职能包括道德职能、慈善职能、互帮互助职能、防御职能等。

第四章　礼仪民俗

第一节　交际民俗

甘肃汉族交际礼仪

汉族把家庭之间好交际、讲人缘、热情待客、礼尚往来、乡党应酬、循礼应俗，视为美德。把"亲戚不上门，邻家不点火（旧时邻居互相借火）"的人家，称为"独火虫"，众人恶之。

清末至民国初年，有亲朋来家，若是男客，男主人作揖，若是女客，女主人一拜，门外迎接。后来不再揖拜，但客人来了，主人要笑脸相迎，握手言欢，互道寒暄。进门恭让客人先入，冬天先让上炕，夏天先倒茶水。一定要问客人"吃了没有"，再互问老人康宁，孩子乖巧，收成如何。家庭成员都要来向客人表示问候。如果客人有事告辞，也要诚心留客吃饭。即使日子紧巴，客饭也要细粮精作，这叫"俭口待客"。客人临别，主人要为其提包包，推车子，举家尾随送出门外，并叮咛客人"以后常来"，瞩望客人上路后返回。

亲戚家的交往，主要在宗亲、母亲、妻亲、姑亲、姊妹亲和干亲这六大亲属中进行。"六亲"中凡遇婚丧、生寿、节庆、兴建、患病、功名等大事，均须以礼吊、贺。亲有远有近，礼有厚有薄，情有来有往，来而不往，谓之"失礼"，"失礼"多者，谓之"六亲不认"，就会受到社会谴责。"六亲"中以宗亲、母亲、妻亲最为重要，如岳父、舅父亡故，女婿、外甥要灵前隆重吊祭。

民间不管穷家小富，每逢红白喜事，都通知亲友、邻里、家族共同操办，并相互送礼吊、贺。礼品

有"官情"，即亲友族合办，一般为牌、匾、幛、屏等；也有"单情"，个人自带礼物或礼金，前去吊、贺，俗称"行情"或"戴礼"，亦称"行门户"。

送礼也有许多忌讳，一般不送镜子，有认为对方难看之嫌。不送钟表，有"送终"之讳等等。

民间还有许多传统的交往形式。例如"孝衣会"，就是群众为殡葬父母而自发成立的一种互助组织。此会协商成立后，立约为证，订设礼单，互助财物，以殡葬所需的实物为主，如粮食、清油、肉蛋、纸货等。一人有丧，会员皆按礼单予以帮助，每户出一人协理始终。此会的基本原则是帮什么，还什么，直至会员父母送终后解散。还有"互济会""拜干亲""认娘家""结拜兄弟""帮工会"等交际活动。

各地还有解困留客、乐善好施之俗。路上行人，天黑无店，就有人收留他们，供给食宿，不取分文；有人遭难，困顿于此，也有好心人收留，帮他们渡过难关。叫花子上门乞讨，都要用食物打发，俗语说"叫花子要饭不打发，顿顿吃饭娃屙下"。这样的仁慈善举，会受到众人的尊敬。

舟曲黑水沟藏族交际礼仪

好客的黑水沟一带的藏族人家，盛情款待每一位到黑水沟来的客人。当你一走进黑水沟一带的藏族人家，男主人就亲切地招呼你上炕。这一带都是连锅炕，饭做熟时炕也烧热了，女主人低着头伸出舌头，向你表示尊敬。当男主人架好一盆炭火，炖上"罐罐茶"时，女主人就端来一盘熟嫩可口的排骨，上面放

把刀，请你品尝；随后便是刚烙好的薄油饼和腊肉炒蕨菜、木耳炒鸡蛋，清香酥脆，香气四溢，使你不禁胃口大开，食欲大增。

东乡族交际礼仪

东乡族人把尊老爱幼视为天职，是晚辈做人的起码品德，并认为"前檐的水咋流，后檐的水咋淌"，俗有"孝敬父母，是半个伊玛尼（信仰）"之说。

晚辈出门回来，须在当日拜见老人，做曲弓身，说"色俩目"问安。朋友相见，一般说"色俩目"时还要握手，握手须双手相握，抱至胸前，双手大拇指并拢与友人的双手大拇指接触，恭敬有加，口中同时念颂"安拉胡麦算俩尔俩"，意即真主襄助之意。握手礼，一般不握则已，握便按这个程序，不能改成其他方式。老人与青年同行进门出门时，一定要请老人先进先出，晚辈与长辈同向而行，如有急事赶前，须打招呼，说明原委，方能超越。平时，晚辈见长辈老人进来，坐着的要起立。

待客礼规。每逢节日、喜庆日或其他原因来客，主人要走出门外迎接。若是穆斯林客人，见面先说"色俩目"问安，然后按辈分和年龄，依次让进大门。客人上炕须脱鞋，主客居中，以示首位，其余按辈分或按年龄分坐两侧。就餐时，主人再道"色俩目"，让主客先尝，鸡尖（北方方言，鸡屁股）须由主客享用。主人要站立炕沿旁边，不陪坐，不陪吃，称"陪客"。对客人无论添茶、送饭都要双手呈送，女客一般不与男客同屋吃喝。

扶贫济危。东乡族对路遇困境和因灾荒上门乞讨的人，必以食物接济，以示同情，决不歧视，更不嬉笑取乐，恶语中伤。对村内鳏寡孤独都自愿资助，邻里更是经常相帮。同村人即使平日有宿怨，对方如遇天灾人祸，便化怨为亲，挺身相助，不准幸灾乐祸。

注意信义。东乡族说话一定信义礼数，有谚"落地的石头出口的话"，把那些反复无常，言而无信者称之为"卡拉古当赤"，意即老撒谎者。毫无诚实可言的人是最不受人欢迎的。

排难解纷。东乡族称那些为别人排难解纷的调解者为"乡老"，"乡老"受人尊敬是因为既要苦口婆心，按传统公理办事，辛苦担风险，又不要报酬。"乡老"有自愿、自发担任的，也有当事人双方聘请的，一般多以中老年人为多，他们积极于结下冤仇的

人说和，受到人们的赞誉。

交友。东乡人喜欢交朋友，如果彼此肝胆相照，则要结为挚友，东乡语称多斯达尼。多斯达尼须举行一个结义的仪式，请来阿訇和至亲做证，互抱《古兰经》起誓，然后宰羊宰鸡，炸油香款待大家。结义过后的多斯（朋友）则亲如兄弟一样，双方家庭的婚丧之事，乃至念"亥亭"做"斯达哈"纪念亡人等，都必须请多斯参加，平时互相像亲戚一样拜望。如发生急难事，则义不容辞地相互帮助。

裕固族交际礼仪

裕固族人生性粗犷豪爽，率直豁达，有热情好客之美称。在交友待客方面非常重视礼节，而且细致入微，涉及日常生活的各个方面。

注重信义。裕固族讲究说话算数，素有"泼出门的水，说出口的话，难以收回"的民间谚语。把那些反复无常、言而无信的人称为"白铁壶"。他们最瞧不起那些吹牛皮说大话欺骗人的人，也最忌讳做不讲信誉失信于人的事。平时，如果他们以礼相待，相信你，信任你，而你却言而无信，骗了他们，他们从此认为你不够朋友，视同陌路，如果你能以诚相待，以礼待人，将会成为他们忠实的朋友，终身和你友好往来。裕固族为人豪爽，你到他家做客，该吃就吃，该喝就喝，他们最怕虚情假意。这也不吃，那也不喝，他们会认为瞧不起他们，而生厌恶之感。他们平时生活或招待客人，讲究大块吃肉，大碗喝酒，处处显示着豪爽气概。

待客重礼。平时如骑马走路，路遇比自己年长者，不论男女认识与否，都要立即下马在路旁站立问候。裕固族人有句名言："不尊重长辈的人，不是裕固族的子孙。"裕固族还有句名言："待客如敬神。"凡是上门的人都视为客人，有"上门就是客"之说，不论是骑马来的，还是步行来的，都要在门外迎接、接马、拴马、问候。即便客人拿一根棍，也要接过立在帐篷门外，走时还要递到客人手中。众人同行，要把年长者让在先，不论是上马、吃饭、就座、睡觉，都要先让长者客人进入家门，主客居首位，然后按辈分、年龄依次就座。先喝酥油奶茶，主客只有上年纪的老人作陪。如果不到平常的吃饭、喝茶时间，主人一般不陪吃，不陪坐。

裕固族待客规矩。待客视来人和主人的关系亲疏

及身份，区别对待。如果是过路的陌生人，以酥油奶茶相待；如果是关系一般的熟人以茶饭相待；如果是亲戚好友以酒肉招待；如果是尊贵的客人，如喇嘛、头人和远方的贵客，则要宰羊献背子，唱祝酒歌，献哈达，这是裕固族待客的最高礼节。

哈萨克族交际礼仪

哈萨克族素有热情好客的习俗，只要有客人来访，主人便热情地把客人让进毡房。哈萨克族的毡房，又名哈萨包，是哈萨克族传统住房，距今已有两千年历史。毡房的周围是用横竖交错相连的木栅栏构成，栅栏分若干片可以折合。

走进毡房，中间铺着一块餐布，右边是主妇操作的地方。按哈萨克族的习俗，客人不能从右边或中间进毡房，要从毡房的左边进入，按序就座，长者或最尊贵的客人要坐在毡房对门的中央，主人坐靠门口的右边，主妇煮好奶茶由主人一碗一碗地递到客人手里。接着主人将一只挑选好的肥羊牵到客人面前，以示对客人的热诚，这时客人说上几句祝福的词语，主人方可宰杀。哈萨克族牧人宰羊干净麻利，三下五除二收拾得干干净净，客人先是喝奶茶吃馕，要不了一个时辰，香喷喷的手抓羊肉摆在客人面前，一整个羊头放在盘子中间，羊头的嘴朝着长者或最尊贵的客人。宴席上，客人中的长者拿起刀子先是割下羊头左颊的肉放在盘中或吃进嘴里表示感谢主人赏脸之意，再割下一只羊耳朵给主人家的孩子表示喜爱，并期望他听长辈的话。羊舌头也给晚辈，以示以后说话嘴要乖巧甜蜜，然后，将羊头还给主妇以示谢意。

哈萨克族牧民习俗不劝吃、不劝喝，客人可以大胆享用。主人吃肉不直接从盘中取，应由客人将自己吃过的肉或喝过的奶茶回敬给主人吃喝，主人不但不嫌弃，认为是客人要求主人同他一起享用。客人若酒足饭饱了，不再吃喝了，可将手盖在茶碗上或不再吃馕，主人便明白，然后把茶壶盖子翻过来，以示不再倒茶。

土族交际礼仪

土族人民重礼节，好宾客，凡对来访的客人都要彬彬有礼，大门口放一张小桌子，上面摆一升五谷，五谷上放着酥油造型，主人端上酒杯，唱着酒歌先敬三杯酒，叫作"进门三杯酒"，然后茶饭招待。临走时还要敬三杯酒，叫作"上马三杯酒"。不会喝酒的客人要用中指或无名指蘸酒向空中弹三下即可。

土族招待客人忌讳用有裂纹和破痕的碗，以为这是对客人不敬，递碗端茶必须用双手。在正式的酒宴上，敬酒倒茶先用右手向左，然后将酒壶放在桌上从右转到左手，再用左手向右倒。

在举行各种仪式时，说话之前先向对方敬酒三杯，迎送客人要躬身作揖。酒宴上定座排位，亲戚中间以阿舅为大，家族中间以辈分为尊，乡邻朋友则以年长为重，同辈间要尊重，未婚姑娘和弟媳，忌讳与她们开玩笑。妇女在老人面前和佛龛前以及公共场所要穿上裙子和长袍才能出入。

土族人民尊长爱幼，忠诚朴实。土族习惯，饮食中忌吃奇蹄动物肉。忌讳在畜圈里大、小便。

第二节　生育民俗

甘肃汉族的诞生礼

三朝礼　陇东、陇中等地，当头胎儿出生后三天，娘家闻讯，即备婴儿所穿、所戴及所用之物，另备避邪驱邪之物及其他吉利之物，送给婆家。婆家于此日还要举办三朝宴，为初生婴儿"贺寿"。三朝礼不请邻里朋友，据说邻里来就会窃走月婆的奶汁。参加三朝礼的主要成员是娘家母亲、兄嫂以及婆家的母亲及兄嫂，她们除给婴儿洗身、穿戴衣物之外，还要给产妇洗奶。除此，还要给女婿送些贺礼。如果产妇出奶不佳，三朝礼中还举行"开奶"仪式，在砂锅里放小米熬两个时辰，等到米汤里出黏汁，将黏汁盛入碗中，放红糖少许。据说，这样的米汁就会变成奶汁。三朝礼之后，在坐月子期间，外姓女人不得走入月房，特别忌孕妇走入房内，同时也忌穿孝服人、忌公公、忌远路而归人进入月房，否则就会把产妇的奶汁分走。在河西一带，如产妇与孕妇有急事要见面，须各自喝一口茶，便可避免分奶之后果。

满月与百日　婴儿满月时，邻里之间要举行庆贺活动，送红鸡蛋，有条件的还摆宴席。满月时还要给婴孩举行剃发礼，所谓"胎毛不剃，终身不利"。剃发仪式，多由母亲或外婆主持。仪式开始，与会者轮抱小孩一周，意为圆满。然后吃"月筵席"，月筵席上坐首席的是孩子的外婆，酒过三巡，在红盘中盛上一把崭新的剪刀，呈到首席上，请外婆给孩子剪头。外婆净手后，拿起剪刀，剪孩子的头发，边剪边说一番贺词。贺词大意是：

> 头一剪子剪了个长命百岁，旺生旺长，百病不生，心宽体胖。
>
> 第二剪子剪了个荣华富贵，谋事得到，心想事成，财源茂盛。
>
> 第三剪子剪了个皇榜高中，直步青云，为国争光，荣祖耀宗。
>
> 剃光头，把头发用红纸包好，由父亲或舅父送于当地神庙，祈求神灵保佑。

孩子长到一百天，家人还要举行百岁礼。这一天，亲戚和乡邻要给孩子送"百家衣"。所谓百家衣是指百户人家用一块一块小花布对接缝制的衣服。乡民认为，孩子穿百家衣就得到了吉祥。百日这一天还要给孩子剃头，这次剃头时一定要在孩子脑后留一撮头发，名之曰"长寿发"。百日之所以称"百岁"者，是取长寿之意。围绕这一含义，百岁礼中家人要给孩子戴长命锁、拴长命银项圈。

抓周与取乳名　甘肃民间讲究孩子一岁时要"抓周"，即"拈周试晬"的仪式。这个仪式的核心在于预测"天命"。周岁生日这天，亲朋都前来恭贺，家人在桌子上放置笔、算盘、印玺等物。司仪会说："抓笔砚坐知县，抓印头封王侯，抓上鞭子赶骡马，抓上算盘成了金娃娃。"甘肃有些村民一贯认为，一个人的价值首先是天赋神授的，故此称赞某孩常说："天爷造就的好货（好娃）。"多数地方要在抓周这天为孩子取乳名。取乳名时，最讲究的是生辰八字，最忌五行相冲相克，忌与三代宗亲长辈名字相犯相重。乳名不在字音字义上做文章，而重"拴命"，使孩子不致夭亡。所以好乳名听起来非常可笑，如"乖爽""祥娃""铁蛋"等。孩子一岁时，许多地方行"认干爹、干妈"的习俗。一些是有意去找多子多福的人家拜认；一些是在生日这天，由父母抱孩子出门，最先碰上长孩子一辈的男女，就被认作干爹或干妈。一旦碰

不上合适的人，其他的动植物亦可做干爹、干妈。如华亭一带的"牛干大""马干大""树干大"，秦、通两县的"石娃子""木娃子""风娃子"等就是由此而生的。

甘肃汉族的成年礼

割保幢仪式　今天的甘肃村民很少举行成年礼，汉民族男女到成年时，取个学名就算进入成年期。在旧时的甘肃农村却要举行隆重的成年礼。每当一个人到了18岁时，家长要请阴阳、师公、庙管以及父亲、舅舅等人到当地神庙去举行成年仪式——割保幢。"保幢"是村民们为求神灵保佑孩子献于神庙的半尺红绫。在孩子满周岁时，家人请阴阳先生在红绫上写上孩子的姓名、生辰、家父的姓名以及恳求、祈祷等对神的祝颂，挂于神庙里。村民们认为，保幢送进了神庙，孩子就能平安地度过18年。其间，当孩子每逢3、6、9岁时，家长还要请阴阳到神庙念"岁经"。同时，要给孩子换戴用红布条缠拧着缀有铜钱、银牌的项圈，村民们称其为"拴富贵"。乡俗讲究，孩子到了18岁，家长必须向神还愿，割走保幢，否则，孩子就得出家当道人或去做道姑。割保幢，标志着孩子已进入成年。割保幢时，先念经，再让师公跳一阵娱神的旋鼓舞，最后为神献一只大红公鸡，取回保幢，名曰"赎身"。个别地方，举行成年礼时，有割礼的仪式。巫师要设祭坛，分上、中、下坛。上坛用五色纸饰坛，请各方尊神莅位，唱请神歌；中坛设于广场，中间竖幡杆，挂五色旗和幡伞，其下置方桌，安家神牌位，巫师侍神斩五方、打邪鬼；下坛设在家院，放一方桌，上置香斗。师公乐队敲锣击鼓，赎身人持香，父亲跪拜祈祷，巫师先祝后舞。礼毕，烧化保幢，送神归位。有的地方，男子实行戴帽子习俗，女子实行"盘头"戴花习俗，还有拔牙、包金牙的习俗。

康乐搭喜花儿

在临夏康乐县莲花山地区，新媳妇生下头一个孩子，按习俗要办筵席，吃"出月"，也有叫吃"满月"的，含义相同。当地吃出月煞有风趣，亲朋乡邻登门道贺，对唱莲花山花儿，触景生情，脱口而出，妙趣横生，叫唱"搭喜花儿"。娘家人一进庄，就齐声高歌：

> 麻底鞋嘛布底鞋，

我是月娃外奶奶，

专为亲家贺喜来，

给娘娘长者精神来。

东家对道：

喜鹊报者喜来了，

娘家人送者礼来了，

驴驮马载运来了，

我头顶香盘迎来了。

娘家人一到，月娃从头到脚的穿戴全由外家装扮。花帽子上缀有千层佛，祝愿神灵保佑，吉祥平安。男娃虎头鞋，意味剽悍骁勇，降龙伏虎；女娃鞋头一朵莲花，象征出泥不染，清雅高洁。家境富裕的，还请个银匠铸个"长命百岁"的银牌，拴上四个银铃，挂在月娃脖子上，银铃叮当，玩闹祛邪。

娘家人进屋，在上房给祖先斟一杯酒，浇奠一下，举酒杯祝贺道："山里的松柏冬夏常青，我们当娘外家的给娃长个精神。老的寿上加寿，小的福上加福，鸡架上有鸡，衣架上有衣，牛羊满圈，骡马成群。好像坐在起面盆上，起面一样地发旺，青苗一般地旺长，火焰焰地发起来了。"说罢一饮而尽。

奠酒毕，礼品钱掏出来，先把月娃穿戴打扮停当，然后娘家人取出两个特制的花炕子（一种大饼），中间是空心，挂在爷爷和奶奶的脖子上，像项圈一样，爷爷手持牛尾巴，奶奶手持笤帚，扭摆对唱：

银子打下针者呢，

我得下一辈人者呢，

欢者说不成者呢。

材一页，两页材，

毛红衣裳绣花鞋，

百岁银牌身上戴，

爷爷喜欢奶奶爱……

要是娘家来的歌手厉害，东家有败阵兆头时，可聘请花把式添帮搭腔，双方相互对唱，直至弄得对方穷于对答时，嘲笑道：

唱了一声停下了，

活像洋蜡浸下了，

孽障（可怜）底儿亮下了。

唱了一声不唱了，

唱羞了嘛唱忘了，

谁人把你拦挡了……

对方歌穷词尽，只好求情下话：

蓁一条四条蓁，

你的才华比我高，

拜成师傅给我教。

亲家唱的花厉害，

我的花少没能耐，

六月会上结伴来，

咱们两家搭对台。

甘拜下风，尽欢而散。

晚夕，小伙子们拉住爷爷讨喜糖、喝喜酒、抽喜烟，爷爷故作吝啬，于是文的不行用武的将他上身脱光，夏天用"荨麻"乱剁，有时把荨麻装进裤裆里，强拉乱跑，整得生痛，口头承诺求饶；冬天用猪毛绳挼，又扎又痒，难受已极，条件兑现时方可罢休。无论众乡亲怎样整治，爷爷总是笑脸相陪，从不发火。据说，能忍辱负重，可替小孙孙消灾免难。

临夏人取名风俗

临夏地区由于地域和多民族的特点，民间给孩子取名时，形成了独特的风俗，在这方面有很多讲究。农村中，婴儿出月（儿子二十九天，女儿则为三十天，"九"在民间有至高无上、尊贵的意思，所以儿子占"九"）之后，按传统习俗，家中设宴过满月，以示庆贺。满月之日早晨，由爷爷或父亲怀抱婴儿，拿上特意加工好的空心馍馍出门"闯娃"（意为给孩子取名）。在门外，碰见的第一个过路人必须为孩子取个名，空心馍则作为酬谢之礼送给取名者，碰上的第一个人是女人或叫花子者，就躲而不见，直至等到认为尊贵、敬仰的男子时，才上前为孩子求名。

表面上看起来，给婴儿取名随随便便，所取名字的内容却丰富多彩，包罗万象，它的内容特点大致如下：

有祈求神灵保佑的，虽夹杂着浓厚的迷信意识，但不乏对后辈的良好祝愿。如：神保、菩萨保、佛保、观音保、佛女等。

有吉祥富贵类，含幸福成长的祝愿。如：进财、喜娃、得福、福祥、吉祥、富贵、贵娃、贵琴等。

有按孩子出生时的生肖属相取名。如：虎娃、兔娃、虎虎、尕龙、狗狗、尕狗等。

有按孩子出生时爷爷奶奶等长辈的寿数取名、有纪念之义。如：五十七、四十六、七十一、八十六等。

有按孩子出生的地点时令节气取名。如：院生、路生、河生、冬生、卯生（男孩）、正月、八月、五月、腊月、冬花（女孩）。

有按孩子出生时的排行和重量取名。如：大林、二娃、三三、三保、四宝、四娃、五五、尕六、尕七等，有的家中生了孩子多数不能成活，于是在这一次出生之后，便用秤称一下，有时还要加上父亲的一只鞋，以增加重量和身份，有禳解的说法（禳解：读让革，方言：除厄、调解的意思），所称之数取其整，弃其零头，便成为孩子的名。如四斤、五斤、七斤等。

一连生了几胎女孩的家庭抱着很大的希望，期盼下次生个男孩，所以在给孩子取名时加进去了调换的意思。如：换换、改换、改调、改娃、唤女、吉换、换香、换梅、换生等。

随着农民文化水平和生活条件的提高，民间取名避俗趋雅，走向时髦。如：女女、梅梅、娟娟、婷婷、冰冰、强强、晶晶、佳佳、丽丽、伟伟、媛媛等。

还有按重大喜庆节日和政治运动取名。如：解放、土改、文革、红卫、国庆、五一、庆胜、学军等。

庆阳生育习俗

生育习俗为人生礼俗的重要组成部分，是历代相沿积习而成的人生风尚。一个人从出生到死亡，都会受到这些礼俗的制约，并且是自愿遵守的。庆阳生子育子习俗有着很强的民族性、历史性、地方性、传承性和变异性，常见的习俗有十几条：

祈子 旧时流行于陇东一带的民俗习俗。形式因地而异，以到娘娘庙求麒麟送子、抱泥孩为常见。清至民国时期西峰老城娘娘庙三月三日庙会、庆城西河湾娘娘庙四月八日庙会，非常隆重。届时，不孕妇女前往烧香磕头，祈求神灵赐予男儿。

催生 孕妇将分娩，其娘家亲戚送礼至婿家，慰问产妇，以祝吉祥。其礼品主要有水果、鸡蛋及孩儿绣篷（斗篷）、彩衣之类，意为催生。

诞生 婴儿诞生后，通常在三日内行"落脐灸囟"礼仪，以表示完全脱离孕期残余。有的地方由于接生条件差，婴儿常得四六风（破伤风病），故在婴儿诞生后三日内又多用艾叶、花椒等草药煎汤洗婴，以驱灾避瘟。

报喜 婴儿诞生后，父母首先记下生辰（俗称生日），随即去娘家报喜。报喜时用一块方红布包裹"锅盔"，称"给婴儿带奶要粮"。娘家接礼后，于第三日备喜蛋、干饼、挂面、红糖、衣物等，偕同近门亲友看望"月婆"及婴儿育养状况。今在某些农村仍习见。

睡扁头、绑膝盖 小儿出生后，让其枕着装有玉米、黄豆之类的枕头，仰面睡觉，使其头骨变得扁平；有的父母用四五寸宽的布带将其膝盖、脚脖两处捆扎，以使其长大后行走能保持两腿竖直，姿势端正。这一习俗源于满族的先人。《满洲源流考》载："国朝旧俗，儿生数月，置卧具，令儿仰寝其中，久而脑骨自平，头形似匾，斯乃习而自然，无足为异。"有意识地"睡扁头""绑膝盖"，可使小儿后脑勺扁平美观，两腿竖直端正，利于身体的健美，今仍流行。

做满月 也称"吃喜"，做"出月"。婴儿满月之日，亲朋携干饼、花布、衣物等礼品至其家祝福，并给婴儿系戴"长命锁"或"厌胜钱"，认为有神奇力量，可"锁"住生命，避邪除瘟。现时，是以纸币代替，用红线系在颈上。主人设早面午席款待。在酒席宴上，亲朋好友向其父母、长辈脸上抹以锅墨，以示庆贺。此后，便给婴儿起名、留影、"落胎发"。并将剃下的头发搓成团，妥加保存，作为"母子之情"的象征性纪念。剃完头，给婴儿穿红着绿，由他人抱出家门走一圈，或抱入他人房，谓之"移窝"，认为这样可以使其将来有胆有识。

百岁 婴儿百日时举行的礼仪。是日，外婆家亲友携衣帽、鞋袜、花布等物至婴儿家祝贺，婴儿家则以酒肴款待。尔后，母子着新衣，由亲友陪同出门，或去寺庙朝拜，祈求菩萨保佑；或至舅家，让婴儿始识舅家门庭。出门前，父母先在婴儿额部抹锅墨或红少许，是为了避邪，取得大吉大利。

周岁 婴儿一岁时举行的礼仪。是日，亲朋多有馈赠，且行"拈周试晬"之举。方法是在幼儿周围陈列各种玩具、文房书籍、秤尺刀剪、彩缎花朵、女工针线、应用物件，任其抓取，由此预测其日后前途、志向和兴趣。此习俗今不多见。

佩木刀、棒槌 为子女除灾免祸的一种民俗活动。旧时庆阳一带多习见。传说二月二为龙抬头日，春回大地，万物复苏，鬼祟虫豸开始活动。为赶鬼驱邪，父母在此日除房门窗上插桃枝条外，还用桃枝削成小型木刀或棒槌，给子女佩挂在身上，可为其壮胆、避邪。在三月三日，还有削柳木刀的习俗。

戴花花绳 为子女除灾免祸的一种民俗活动，旧时庆阳一带多流行。五月，酷暑将临，瘟疫滋生，古称"恶月"，谓五月初五（端午节）为不吉之日。是日父母给子女手足腕、脖颈缠以五色彩线；或用彩线扎做人形，插于发髻；或缠粽子，缀于胸前。花花绳通常以红、黄、蓝、白、黑五色丝线编织而成。据说五色代表东、西、南、北、中五方，或说代表金、木、水、火、土五行，或说五色丝象征五色龙，可驱邪避瘟。节日过后，将其弃于十字路口，意为送灾，若捡回别人的花花绳，则认为是将灾祸带回自家。此俗今仍有沿袭。

穿虎头鞋 小儿周岁或生日时，母亲为其穿上新做的虎头鞋。虎头鞋以黄布精心制作而成。鞋头绣一虎头，中间一"王"字。民间认为小儿穿上虎头鞋，可为其壮胆、避邪，也有祝福小儿长命百岁之意。有的父母还给小儿做成"猫头鞋""猪头鞋"等。

拜干亲 又称戴锁锁。将他人认作子女干亲的做法，旧时普遍流行。一般是在子女"满月"之时，约请睦邻好友携礼品和锁链为孩子"戴锁锁"。自此，子女认其为干亲。干父母对受寄之子女代取名字，列入子女之排行。子女"百岁"、周岁和每年生日，干父母均须携锁礼前往，谓之"换锁锁"，而主家每次杀鸡设酒，以宴干亲。满十二岁，谓之"谢锁锁"，主家设酒宴盛谢，并以衣物回赠干亲，双方互以"亲家"相称。此后每遇节庆，干儿女要给干父母送节礼，除夕则送年饭等物，干父母则答以压岁钱及糖果等。除以上拜干亲做法外，个别地区还流行一种拜见过路者的风俗。具体办法，通常是父母择黄道吉日，清晨在大路之畔，陈列食品，焚烧纸钱，而后静候行人。第一个经过者，即认为是小孩之干父母，并享以食品，以求认寄。被认定干父母者，不能推却，用自己的裤带为孩子拴锁锁，并为小孩另更一名，又以钱物予小孩，以当见面礼；主家则以礼物献干父母，

其后以"亲家"相称，干儿女则称干父母为"干大（da）""干妈"，其关系亦甚亲密。此俗今仍有沿袭。

家教 晚辈应当谨守的家庭礼法。其内容包括德才两个方面。旧时，德育的内容多是封建伦理道德、日常礼法等。如给女子规定的道德标准"未嫁从父，既嫁从夫，夫死从子"。在女子出嫁前三个月，要"教以妇德（指贞顺）、妇言（指辞令）、妇容（指仪态）、妇功（指女工）"。在人与人之间必须遵守"君为臣纲，父为子纲、夫为妻纲"以及"仁、义、礼、智、信"等道德规范。日常生活礼规如：问路下马、入户叩门、投宿问男、入室请允、让而后坐、客不择食、卧不进食、食不敲碗等等。

取名、取字、取号 古人有名有字，还有别号。婴儿出生三月后命名。男子二十行冠礼，取字，女子十五许嫁，行笄礼取字。名与字通常义相比附，以字释名。如明代李梦阳，字天赐，又字献吉，号空同子。名的构成因朝代不同而略有差异，古代取名大概有"以名生为信，以德命为义，以类命为象，取于物为假，取于父为类"（《左传·桓公六年》）等五种具体方法。在礼节上，什么情形下称名，什么情形下称字，古人是有一定原则的。一般是自称或称呼下辈时用"名"，称呼尊长时用"字"。近代，宗姓多以宗谱规定辈分来取名。同族子孙（特别是男性）命名时，必按家谱定辈分的用字，俗称其排行为某字辈。今人对取名的原则和方法逐渐淡薄，现代人名也比较自由。在庆阳民间某些地区，父母为孩子取名时还有一种取贱名、取昵称的习惯。如子女生病体弱，父母希望其长得结实，给子女取名为"狗娃""猪娃""兔娃"。子女长得俊俏，父母为其取名"丑丑""蛮女"。有的父母由于对子女的过分爱怜，往往以最难听的字取名，如"秃子""毛蛋""碎蛋"等。

过继 养子旧时重视宗祀，夫妇不育或无子继替，可收养兄弟或他人之子为嗣子。过继时先和本族中长辈议定，再由家长出面物色对象。其原则：先考虑兄弟之子，再是同宗的支子，最后是村邻的异姓之子。若异姓过继者，必须改名换姓。过继后地位与亲子同，应尽赡养义务，并有财产继承权。过继时的许多细节，因地区不同而各异。在某些地方，还有一子顶两门、兼祀两家宗祧的习俗。兼祀人不脱离原来家庭，兼做他人的嗣子。今农村虽有此俗，但已摈弃了

封建色彩，大多是为老人尽赡养义务。

陇东人的请"干大"风俗

在陇东农村有给孩子请"干大"的风俗。干大也就是"干爸"。请干大要经过一套仪式才能确认，这个习俗从古流传至今。

请干大前，孩子的父亲先要请懂阴阳五行的人查书推算，即根据孩子的属相和生辰八字，推算出需要请几个姓氏的干大。如果需要请五个姓氏的人做干大，请者可根据自己平时往来关系，可请张、王、李、赵、孙姓的人，也可请其他五姓的人。如果五姓中要有四男一女，可以请四个干大，一个干妈。所请干大的人数不等，少则三个，多则十五个。有的孩子乳名叫三姓或五姓，就是根据请干大时姓氏的人数而起名的。

请干大的姓氏人数定下后，孩子的父亲便分门串户去请。凡被请当干大的人，一般都欣然应许。主人请时，都说清具体时间，一般在农历正月十五日。被请定的干大，提前要在一块儿商定，集资要为干儿买什么样的衣物和锁链。旧时，多为银锁链。20世纪50年代后，多为红头绳挽的项圈，俗称锁锁。

到约定的那天，被请的干大，带着衣物和锁锁来到要拴的干儿家中，吃罢酒席，便举行拴干儿的仪式。孩子的父亲首先在灶前上香后，抱孩子跪在灶前，由请来的干大中一人，用火把锁锁烘燎后，给干儿戴在脖子上，一边戴一边问，其他人应答：

拴啥哩？

拴干儿哩。

拴住了吗？

拴住了！

接着大家共同说："大吉大利了，长命百岁了！"父亲即抱孩子叩头起身，请干大仪式结束。干大临别前，干儿家要送给每人一份礼品，以示感谢。到第二年正月十五日，所请的干大都要到干儿家中举行换锁仪式。换锁锁和戴锁锁的仪式大同小异，只是问答的词儿有所变更。连换三年，干大再不来换。第四年则由父母替干大换。有的地方，由父母把孩子戴的连环银锁链每年缩短一环；有的地方，由母亲每年用红布把锁链缝裹一层，直至男孩十二岁，女孩十五岁，干大才来脱锁。

到脱锁的日子，原请的干大，都要带上衣物来到干儿家中举行脱锁仪式。干儿在灶前跪定后，一位干大把干儿锁链下端的小锁子打开，一边开锁，一边念念有词，其内容都是祝愿干儿一生吉利的话语。有的地方脱锁时，还把用高粱秆绑好的枷给干儿戴上，在开锁的同时，把枷也卸下来，均象征吉利。脱锁完毕，主人家以丰盛酒席招待干大，干儿要分别拜谢每位干大。

陇东的请干大，从人们心理上讲，认为只有干大把孩子拴住，孩子才能平安成长，意味着有人保佑。这种民俗心理一直在民间流传。

西和生育民俗

西和县地处陇南地区，古仇池国所在地。西和的妇女生育有她们自己的一套讲究。

妇女怀孕要绝对保密，即使很显眼时，也要矢口否认，民间有这样一个说法：说是"怀时夸，生时杀"，夸多了会造成生时难产，越保密生时越顺利。生育顺利在民间称"嘹利"。

妇女临产时不许男人进入产房，禁止一切闲杂人员的干扰，民间认为男子脚重，也会造成"不嘹利"（难产）。

孩子落地，立即用一把锁锁在门上，叫"锁奶"。西和民间把奶称作"捏捏"，称脱衣也是"孽"（同音），在生产期内禁止孕妇进入产房。假如孕妇进了产房，就会踩去月婆的奶水，使婴儿缺奶。

当婴儿缺奶时，禳解的办法是：向踩去奶的孕妇索要一碗汤面或其他食物，甚至清水一碗，让产妇喝下，便会重新有奶。这叫"要奶"或"要捏捏"。如果不奏效或者先天缺奶，产妇的公婆或姑嫂甚至丈夫，就要趁天不明去水磨槽口捞一罐水，再趁人未起床时提回来。在家的人要在门口呼"捞来了，再不走了"之类的吉利话。然后把它喂给产妇，叫作"捞捏捏"。还有请阴阳禳解缺奶，或请人"叫捏捏"的习俗。当这些都无效时，便给产妇专吃猪蹄子下奶。1949年以后多用药物催奶。但锁奶、要奶、捞奶、叫奶、禳奶的风俗仍继续存在。

西和婴童育养风俗

勘　婴儿落地后，第一个入产房的人便是"勘"这个婴儿的人。俗曰养的不像勘的像。农村称喂养牲畜为"勘"（或为看）。这"看娃娃"一俗类似象征、相印、应照的意思。据说婴儿长大后和初看他的人，在脾气、爱好，甚至于兴旺发达几乎都一样。所以，主人家十分重视看娃娃习俗，唯恐碰见一个不三不四的人看他的子女，最希望福寿双全的人，看他的娃娃。主人总想使孩子有一个吉祥如意的兆头。

百日试志 百日试志和满月转道一样隆重。许多人家都设宴席待客，恭贺"出月"和"办百岁"。民间将小孩出生百日称"百岁"，也是民间一种良好的祝愿。百岁这天，给小孩投放很多东西让他挑选，以试他的志向和生平运气。

抓岁鞋 一岁这天，外祖母或舅母须给外孙或外甥做双鞋赠送，叫"抓岁鞋"，还要设一拣东西的场面以测试小孩的生平志向。

拜父母 婴儿啼哭被视为与父母命相不合，需请一个相合的男女拜为父母。有些地方拜石头、拜古树为父母的屡见不鲜，无子嗣的男女和忌讳大的男女多不接"拜儿子"和"拜女孩"，以防"三个拜儿子顶一个真儿子"的忌讳。投拜儿女的父母也选择儿多女众的男子相托，也忌无子嗣者接受拜儿拜女。

收魂 小孩夜哭被视为"失魂"，由母夜间解开自己的头发边梳边襄，念念有词，名曰"收魂"。如果摔了绊了，父母也要从地上向小孩身上边招手边念咒曰："跌大拌（摔）大，拌了不算啥。"头部跌了个疙瘩，边按摩边念咒曰："疙瘩疙瘩散，让你妈不要见。"

夜哭郎襄解俗 小孩夜啼号曰"夜哭郎"，兴写一张红纸条贴在墙头路边，让过路人念："天皇皇，地皇皇，我家有个夜哭郎。行路君子念一遍，一觉睡到大天亮。"

猪欣天阴 父母对孩子爱称猪、狗、羔等畜类名词。小孩高兴得蹦蹦跳跳叫"猪（娃）欣（亲势）"，风俗是预示天将阴。俗话说："猪（娃）亲昵，天阴哩！"还有一种风俗是：小儿掩口打哇哇，也视为阴天下雨的征兆。农村还禁止小孩掷"碌关"（石子），说："今年掷碌关，明年遭荒年。"为不祥之兆。也忌小儿掏绳绳，又称：掏交交，即解疙瘩，也视为不吉利。俗话说："今年掷碌子，明年吃麸子。"又说："今年掏交交，明年挨刀刀。"据说是战乱和凶杀之兆。

猜测 寻物问人多向未序齿的小孩问讯，俗称"惴"，即猜测。据说这种测试很灵验。看肤色测勤懒：主要看小孩的鸡鸡（生殖器）黑白，测其长大勤

快或懒惰。俗话说：黑胞子走进林哩，白胞子满炕围（挪）哩。

看黡子（痣）定贫富 黡子也成为测量小孩一生贫富的依据。俗语说：黡子掩脖子，骑马压骡子。女娃娃眼窝有痣者为一大忌，俗称"泪黡"，给嫁人造成嫌疑。

斩绳索 小孩多摔跤绊倒，走路不稳当，被视为脚上有"绊脚绳"。父母将其两脚绑上绳子，然后用刀斩断，叫斩断绊脚绳。据说从此不再绊倒摔跤。

笑脸媳妇教笑 小孩梦中多发憨笑，父母视为有个笑脸媳妇梦中教笑，看作吉利的征兆。

甘南藏族"旁色"礼仪

广大牧区的藏族妇女，直到现在还是到帐篷外面分娩小孩。即便是农区，妇女分娩小孩也只能在牛棚或羊圈之中，绝不能在帐内或屋内分娩。他们认为婴儿本身就带一种"污秽"，在家里分娩，会给全家产生不祥之兆。然而，小孩一旦生了下来，尤其是男孩，第三天，亲朋好友便要前来祝贺。这种活动叫作"旁色"，"旁"是"污浊"的意思，"色"是"清除"的意思，合起来叫"旁色"，就是清除晦气的活动。城里人带来的礼物是青稞酒、酥油茶和给小孩买的衣服、帽子等；客人一进屋，先给生身母亲和襁褓中婴儿献哈达，进而给生身母亲敬酒、倒茶，然后端详初生婴儿，对婴儿的五官相貌、出生年月，说一些吉利、祝福的话。

在农村，亲友们除带上酒、茶外，还要带上满满一羊皮口袋糌粑，及一块新鲜的酥油，这是进门的贺礼。农村人用古老的风俗来祝贺孩子健康成长，客人要敬酒、倒茶奉献给生身母亲以后，再用大拇指和食指捏一点糌粑，放在初生婴儿的额头上，表示祝福孩子吉利向上。接着，再说一些吉祥如意的话，大大夸奖一下婴儿的福运，然后才举行汤饼宴。

"旁色"仪式，是从古老的"苯教"时期传下来的。这天早晨，人们在婴儿家的门口，堆上一堆小石子，生的男孩，便堆上白色小石子；生的女孩，什么石子都可以，并在石堆旁燃烧松柏香枝。前来祝贺的人们，走到门口，首先在石堆和香堆上撒上糌粑，然后再进入主人家门。这种做法，就是苯教敬神的一种方法。所以说"旁色"仪式是从一千五百年前苯教时期流传下来的。

孩子满月后，便要选好日子，举行出门仪式。这一天，母子或母女俩都穿上新衣，由亲人陪同出门，第一件事就是到寺院里去朝佛。目的是祈求佛爷保佑婴儿长寿，在世上少受灾难。朝完佛，再到亲朋好友家中串门，一般是选择有福气的人家，如家中三世同堂，资财宽裕。意思是预示孩子将来也要建成这样好的家庭。

东乡族生育礼仪

东乡族一般喜欢多生孩子，重男轻女思想严重。

婴儿出生以后，在尚未吃奶以前将阿訇请来给孩子取经名，经名是从《古兰经》中选取的名字，取名时，随便翻开《古兰经》中的任何一页，从所翻到的页数的第一段开始念，先念到哪一位先知的名字，便以这个先知的名字命名。由于《古兰经》中的人数有限，因而在经名中重名的人很多，有的一个家里出现三四个重名的也不在少数。因此阿訇取完名后，家人根据习惯、好恶将孩子的名字拆开或在名字的前面加一些前缀、后缀等。如穆罕默德一名可以叫为"马麦德""马哈麦""马哈麦德""哈麦""麦德果"等，"伊布拉黑麦"一名可以叫"伊布拉""伊布拉果"等，以此减少重名。

孩子到了上学年龄时，则给孩子起官名。官名一般由家长起名，但由于东乡族普遍文化程度低，家长起名时随意性较大，村民不在意在一个村子里出现十多个重名的现象。学前及宗教意识的教育则由家长或日常生活中长期的耳濡目染来完成。

裕固族"勒系腰"仪式

东部裕固族在中华人民共和国成立前举行成年礼时，常常举行"勒系腰"仪式。实际上，它就是一种成年礼俗。田自成、多红斌在《裕固族风情》一书中说：姑娘长到15或17岁时，如果没有男子来提亲，那就要在举行成人礼的同时，还要举行勒系腰婚礼。具体仪式是：在自家帐篷旁边另外扎起一顶小白布帐篷，选择好吉日，请来亲戚、头人、喇嘛，待客人就座喝茶之后，由两个已婚妇女给姑娘梳头，戴上刺绣缀制好的"头面"，头面是用珊瑚珠、玛瑙珠、珍珠、银牌、铜环装饰穿缀而成的头饰。先将姑娘头上的12根小辫子梳辫为3根大辫子，头面分为三长条，前面两条齐耳根辫入发辫，分左右垂在胸前，背后一条编入后脑的发辫上，垂在后背。待头面戴好，再戴上宽檐高顶有红缨穗的帽子，这时标志着姑娘已长大成人，同时也标志着从此有了社交的权利。

头面戴好之后，勒系腰仪式开始。将戴了头面姑娘的绸、缎或纱质腰带（裕固族把腰带称为系腰）系在姑姑或舅舅尚未婚娶的儿子腰间，同时将男方的腰带解下来，系在姑娘腰上。勒系腰婚不管其姑姑家和舅舅家的男孩子年龄大小，是僧是俗，都是可以的。如果舅舅、姑姑家没有尚未婚娶的男子，则将系腰勒在已经婚娶的姑表弟或舅表兄弟身上。如果姑姑、舅舅都没儿子，才可将系腰勒于第三家。勒系腰仪式举行的当天晚上，戴了头面的姑娘，就住到小白帐篷里过夜，第二天又从白帐篷内搬回与父母同居。从此，姑娘就可与相好的男子自由交往，不受社会非议。但生下孩子，必须姓勒系腰者的家姓。

裕固族"帐房杆戴头婚"仪式

西部裕固族举行成年礼时，常常要行"帐房杆戴头婚"。《裕固族风情》中介绍说：西部裕固族在古老的历史中有"帐房杆戴头婚"（也叫"立帐房杆子婚"）的习俗，裕固语叫"杨恩开楞"。举行"帐房杆戴头婚"的仪式是：姑娘长到15、17或19岁时（一般取其奇数，但也有16或18岁者），家人为姑娘精心绣制衣服一套、头面一副，选择"吉日"（一般在农历正月初八）宴请宾客，将头面挂在支撑帐篷（也叫帐房）的佛龛前的房杆上，请一位或两位动作麻利的已婚妇女，给姑娘梳头，将12根小辫子梳辫成3条大辫子，左右耳侧各1条，背后1条，将3条头面辫入发辫戴好。在佛龛前梳头，就算戴了头。戴头之后，在父母的帐篷旁给姑娘另扎一顶小帐房。戴头面后，将姑娘的腰带也挂在帐房杆子上，这是一种"信号"，标志着姑娘有了与男子交往的权利。从此，她就可以与相好的男子同居，生了孩子也是合法的，不受社会指责。

帐房杆戴头婚，也称招"房客"。如果男女感情好，可长期居住，所生子女称男子为"谷依"（裕固语"谷依"即叔叔的意思，并非父亲）；如感情较疏远和临时性的，称"达嘎"（即舅舅）；西部称为"巴巴"（意为叔父）。帐房杆戴头的妇女，有的感情比较专一，与一个固定的男子生活到老。但也有中途感情发生波折而分手与另外男子居住的，也有男子中途遗弃女方的。同居的男子，必须帮助女家劳动，照顾双方的家庭生活，否则就会被逐出家门。男子虽和女方同居，但无夫妻名分，男子也无财产继承权。一般说戴头妇女在家庭中地位较高，不受男子约束。如果子女多者，经男女双方同意，也可给男家一二。帐房杆戴头后，上门求偶的男子较多，有时几个男子同时来，男女双方都在很大程度上有性自由，双方都没有为对方保持忠贞的义务。女方父母对此类事情从不过问，更不受社会非议。男女通过一段时间的交往，关系相对稳固，就成了只有一个男子上门"从妻居"（时间或长或短）。此种婚俗，夫妻结合不甚牢固，双方都可和其他男子或女子来往，离异频繁且随便。在离异时，男子不能带走任何财产，孩子亦属女方的。

裕固族"娃娃剃头才成人"

裕固族给孩子剃头的风俗是极富情趣和民族特点的。

裕固族人家的孩子，自出生到满三岁时才第一次剃头。给小孩举行剃头仪式，时间一般定在农历五月初四或者六月十三，剃头要当家中的一件大事来操办。剃头的日子择定后，孩子的阿扎（父亲）就要亲自去请孩子的爷爷、奶奶、舅舅、部落的头人、剃头仪式的主持者和亲戚朋友。客人来时，有的送哈达，有的送瓶装酒、茶砖、红枣、点心，也有的送一件衣服的布料或成品衣服作为贺礼。客人送上述礼品时，先把礼品递给要剃头的孩子，再由孩子的阿扎接过，恭恭敬敬地献在帐篷正上方佛像前的桌子上。

剃头的这一天，要根据客人的多少宰杀羊只。还要在炒面里倒上牛奶，加上白糖和成面团，把和好的炒面做成碗口大的一个炒面饼，饼中间开一圆孔，圆孔上还要做一个盖，把圆孔盖住，把炒面饼放到一个盘子内，饼上抹一层酥油，饼周围倒一些牛奶，并在盘子里放一把系有白色哈达的剪刀。还要把宰好的羊肉，按客人亲戚的辈分，分成一份一份的羊背子，羊背子下锅煮得不出血即可捞出备用，然后把羊肋骨另煮，把脂裹干（即把羊肝肺剁成肉末，放上羊血、炒面、调料和葱蒜拌匀，用腹油卷成一个一个卷放笼屉上蒸熟）、肉肠备煮好待用。

准备妥当后请客人按辈分大小入座，按辈分、身份敬献羊背。裕固族辈分里舅舅为大，所以把头份羊背子献在孩子舅舅的面前，依次把全部客人的羊背献上后，再把煮好的手抓羊肉、脂裹干、肉肠堆放在羊

背之上，客人开始吃肉，吃酥油炸的油饼，给客人敬酒。酒肉招待之后，剃头仪式开始。

仪式开始时，孩子的阿娜（即母亲）抱上孩子，阿扎端上放炒面饼的盘子，剃头仪式的主持者对剃头的孩子给予美好的祝愿。祝词说：

> 天地间最大的是太阳，
> 赶太阳最好的日子是每年五月初四，
> 赶月亮赶到最满最圆是明年的六月十三。
> 帐篷右面是放灶具、牛奶，女人做活的地方，
> 从今往后，
> 家里的牛发展得漫山遍野，多得像野牛一样，
> 挤出的牛奶多得像河流的旋涡一样在旋转着。
> 帐篷的左面是客人就座、待客、休息的地方，
> 从今往后，
> 家里养的枣红马多得圈滩里站不下，
> 跑在前面的已掺入了野马群；
> 家里养的羊多得撒满山坡，
> 就像白云一样飘荡在草原，
> 跑在前头的已和野生的大头盘羊合了群。

在仪式主持者叙说的同时，孩子的舅舅双手拿起炒面饼，放在孩子的头顶上，去掉饼子盖，从孔内拉出一绺头发，把酥油抹在孩子的嘴、鼻尖和前额上，从盘中拿起剪刀并唱道：

> 左面是金剪子，右面是银剪子。
> 娃娃像金子般光亮美好。
> 金剪子剪头发，给娃娃带来金银财宝。
> 银剪子剪头发，娃娃身体结实像铁疙瘩。
> 马驹剪鬃才算马，娃娃剃头才成人。
> 祝娃娃长命百岁，幸福美好。

舅舅一边唱，一边剪下从圆孔中拉出的那绺头发，并许给孩子一匹白马。然后把炒面饼放入盘内，盖上圆孔的盖子，把剪下的头发也放在盘内。其余来客都按次序每人剪一剪，剪完后有的给孩子许一头白牛，有的许一只白绵羊，有的许一只白山羊，当时许的愿，秋后一定兑现。白色象征着吉祥如意。

所有来客都剪完后，把头发用一方白布包好，挽成一个疙瘩，吊在帐篷的上方。如果举行剃头仪式时，一位主要亲戚没来，就要留块头发，待后补剪。如果舅舅没来，就由孩子的爷爷或者奶奶动第一剪。剃头仪式之后，来客拿上自己的一份羊背相继离去。

剃头时用的炒面饼，分成若干个三角形，家里人每人分食一块。

肃北蒙古族"三礼"

甘肃的蒙古族中，每个孩子从出生到结婚这一成长过程，要经过"洗儿""剪发""束发"三次仪式，才算长大成人。这三次仪式被称为"三礼"，也有连同婚礼合称为"四礼"的。"三礼"被认为是每个人一生中的重大喜庆，同婚礼一样重要，届时要进行隆重的庆典活动。

洗儿礼　洗儿礼俗称"洗娃娃"，是指给初生儿洗澡穿衣，一般在婴儿初生的第三天，届时由祖母和母亲先让婴儿在纯净的鲜奶中浸泡一会儿，然后在放有柏树叶、花椒、食盐和适量香料的温水中慢慢搓洗除去胎腥。洗时婴儿脚下垫放一黑一白两块石头。黑石象征勇敢坚毅，白石象征纯正善良。一边洗一边唱着"洗儿歌"。洗儿这天亲朋好友都来祝贺，主人摆"全羊席"招待。宴前，来客给婴儿祝辞送礼，举行庆贺仪式：母亲抱着孩子来到客人面前，客人手捧礼物向婴儿祝辞。祝毕，将礼物放在婴儿胸前，再用手指蘸少许酥油抹在婴儿额前。之后，大家入席进宴。

剪发礼　当孩子长到3岁或5岁时举行剪发礼。亲朋照例带着礼物前来祝贺。剪发仪式分首剪、家剪、客剪三道程序。先由母亲领着穿戴一新的孩子和大家见面问好；接着由舅父或与孩子属相相同的小青年动第一剪，将剪下的头发装入剪柄所系的哈达结里；再由家庭成员按长幼辈分各人一剪，谓之"家剪"；最后父亲向来客致意邀请，客人依次开剪，谓之"客剪"。剪完以后将头发集入"招福囊"挂于孩子脖颈。无论是首剪、家剪或客剪，动剪前先要向孩子祝辞和赠礼品。父亲和舅父的礼品多为一头母畜，孩子长大后对这头母畜及其仔畜有支配权，姑娘出嫁时亦可带走。

束发礼　多在孩子十五六岁时举行。昔时，十五六岁就举行结婚，所以束发礼一般在婚礼前夕举行。所谓束发，是将孩子头发梳扎成一定的成人发型，而且男女有别。未成年男子满头留发，随长随剃，称为毛头孩子。成年时把后半部剃掉，前半部分剃为左、中、右三小块发型。清朝以后，不论哪族，全国统一规定仿满族发型，一律留起长辫，此后蒙古族男子束发礼因之不行。

未成年女子是将头发编成70—100条小辫，以彩条联成一片，披于肩上。各彩条上嵌着银饰、贝壳之类，直垂腰际。当其成年时，再行束发礼。

束发仪式开始时，其母一边唱着《解发词》，一边解开女儿发穗少许，然后由嫂嫂在吟唱《束发歌》中解开一条条小穗辫，编成6条辫的成年女子发型，并给佩戴起首饰。

举行束发礼时，同"洗儿""剪发"一样，大家都来祝贺送礼。又因"束发礼"多在婚礼前夕举行，6辫发型也称为"新娘发"，其时的热闹程度更不待说。

婚礼后又要将6辫的"姑娘发"改梳为两条辫的"已婚发"。

撒拉族娘家人的"看月"习俗

撒拉族生育习俗中特别讲究诞生礼俗。孩子出生后，其命名的方式大体与其他信仰伊斯兰教的民族无甚差别，但在分娩、过满月等方面却别有一番情趣。《甘青特有民族文化形态研究》载：撒拉人对孕妇的生活起居特别重视，尤其注意饮食方面的营养和"忌口"。分娩时，请乡村的接生婆接生，分娩后，由接生婆助其洗浴。生育前几天，就在孕妇的房间里做好一切准备工作，先从炕头的房梁上挂下一条毯子，以免中风，炕上多放些棉纱。洗完婴儿后，在婴儿的肚脐上放些麝香，用干净布带扎好。第二天亲戚家的女眷端着油渍渍、香喷喷的油搅团，还有红糖、油香以及给婴儿缝衣服的布料纷纷前来贺喜问月。满月后，娘家人还要进行十分隆重的"看月"，他们提着送给女儿和亲家、女婿、婴儿的衣服，牵着一只肥美的活羊，浩浩荡荡地前去分享得子之喜。主人则早已迎候于门外，互道"色俩目"后，请进上席，男女分席而坐，并当场宰下亲家带来的活羊，煮肥肠和羊肉，款待贵客。食毕，主人要给每位看月子的人送些钱物表示酬谢。新生儿面世40日左右，家里准备"馔馔玛玛"（类似小饼干的面食）糖果等，由长辈拿出大门，逢人便散，此时最高兴的是村里的儿童。出门之日，一般选定在主麻日或农历初九、十九、二十九，撒拉人认为这些日子是婴儿出门的吉日良辰。一般情况下，在庆祝规模上，生男比生女要隆重热烈得多。

哈萨克族的割脐带、命名礼

生活在甘肃的哈萨克族，生了孩子，需要由有威望的妇女给小孩割脐带。第一天晚上行割脐带礼。第三天晚上举行晚会，庆祝孩子降生。第七天举行命名礼。其命名有以下几种形式：或以见到的第一件物品命名；或让在场客人命名；或以孩子生地命名；或起

经名。到四十天给孩子举行满月礼，一直长到五至七岁时，男孩才行"割礼"，女孩则扎耳眼。无论割脐带礼，还是命名礼，都要大宴宾客。客人为祝贺新生命的诞生，常给小孩送羊只作为礼品。

第三节　婚俗

敦煌旧时婚嫁习俗

婚姻是人生大事，"男大当婚，女大须嫁"是我国的古礼。不论哪个民族，哪个地区，自古以来，都少不了婚姻嫁娶。但各民族有各民族的风俗，各地区有各地区的习惯，不同时代又有其不同的演变。就旧时代的敦煌婚俗而言，也不例外。20 世纪三四十年代敦煌汉民族的婚俗如下。

庙会相亲　过去，河西地区经济文化较落后，妇女仅参加少量的劳动，一般都"大门不出、二门不迈"，思想比较封闭。因而婚姻多出于父母之命，媒妁之言，个人极少有选择的自由。到了 20 世纪三四十年代，男女婚嫁的习俗，才有了进一步的发展，虽不能自由恋爱，尚能通过庙会，彼此窥视；借助亲友互相打听，见其形影，知其梗概，而不至瞎瞎不见，残跛不知。

敦煌庙会之多，每月均有两三次，其中盛大庙会，一年也不下七八场。如上九会、元宵节、清明、四月八、四月廿八、端阳节、五月廿五、七月十五、七月卅以及农历八月开始在农村流行的"秋台会"等等。城乡男女大都看戏逛会，遂成为父母为成年子女、亲朋为适龄友人，以及婚期男女"相亲"的大好机会。

庙会相亲，男方比较主动，而女方均在媒人提亲之后，才相看男方，选择决定。所以男方看时大方细致，不怕别人知晓；而女方生怕他人张扬，只能偷偷窥视，多由嫂嫂、姐姐、姑姨等亲属代看，本人羞羞涩涩，不敢正视。但她们回家之后，却对男方评头品足，大加议论，姑嫂姐妹之间，无所顾忌，无所不谈。总之，通过庙会，男女之间从表面上有了大体的了解。

相准之后，做父母的首先打听打听对方及其舅舅、姑母家，有没有遗传性的痼疾。敦煌人最讲究这

一点，所以一般不愿和不明底细的外地人结亲。其次是打听家风，即在邻里之间的威望如何，有的还讲究门第。另外做婆婆的要了解未来媳妇的针线、茶饭、脾气性格咋样，岳父岳母更需要知道乘龙快婿的品格为人如何。敦煌农村有句谚语："不图庄田地，图个好女婿。"做父母的都非常关心儿女一生的大事。

了解清楚之后，通过兄嫂、姐妹或姑表之间谈心透问，弄清儿女心意，免得中途变卦，临时掣肘。

不论男婚女嫁，一定要得到舅舅的同意，敦煌人说："舅舅是骨头主儿家。"还必须取得兄嫂的同意，所谓"朝有大臣，家有长子"；女儿出嫁，又须经过姑母点头，所谓"姑侄情深"等等。否则他们都有权干涉，提出异议。

央媒说亲　旧时代的婚姻，全靠媒人说合。当时敦煌的婚俗确称得上"三媒六证"，即请主媒一人，陪宾一人，取"双双"之意，俗称"大红爷"。但婚姻之事，一般是"父主子婚，娘管女嫁"，女儿的事，多由母亲做主。这就需请一个内亲，最好是女子的姨娘、姐姐之类的亲戚做内应。她不仅可以疏通女主人，而且可以接近女方本人，通过谈心，从内部进攻，了解其细微的意见，以促成婚姻。这个人俗称"底媒"，她一般不出面。主媒、陪宾和底媒三者夫妇合起来正是"六证"。

媒人首次上门叫"提亲"，亦即求亲之意，让女家进行考虑。第二次上门是看女家的态度，有没有结亲表示。除坚决拒绝者外，一般都得不到明确的态度，以显示出女者的"身价"。这次只能起到催促女方商议的作用。第三次就需讨个结果，所以这次就得带点礼品，一般拿两包糖点就行了。有的人家爽朗给话，有的还需商量，或提出某些质疑。同意的欣然收礼；需要考虑的便推推诿诿；不愿做亲则坚决不收。媒人根据对方的态度和提问，便可揣度七八。有的三

次即得准信，有的五六次才能决定。无论亲事成不成，女方对媒人的接待都是热情的，即所谓"养女百家求""好赖不打媒人的脸"。如果同意做亲，即给媒人"给话"，选定吉日进行"开婚"。

开婚合婚 "开婚"即交"庚帖"。是把女方的"生辰八字"开写成帖，交媒人转给男方，表示已经许婚。戏剧中常有"小女已许字于人"就是这个意思。当时开婚是严格受封建律条维护的，它是婚约的铁证，除非男家退婚，女方休想反悔。

"开婚"须纳财礼，叫"开婚礼"。明智一点的女家让男方随意送纳，作为订婚的信物。有的竟同媒人要价还价，形成交易。甚至一手交钱，一手给帖，变成买卖。此外还需送母绵羊一只，因古代"羊"与"祥"通用，取吉祥之意；"绵"为绵延后代；"母"取养育之情，喜酒一瓶4—8斤（当时都是散酒），大红肉一方约4—8斤，挂面两把，肉方（羊肋巴肉）两个（每个1.5—2斤），衣料一件或一套。羊身和肉方上要抹红色，酒瓶上贴红纸方，挂面和衣料上束红纸条，表示吉祥大喜之意。

男方拿到"庚帖"，要找"阴阳先生"去"合婚"，即把男女双方的"生辰八字"对合。是"上上婚"的，就表示吉星高照；是"中平婚"的，也还平安顺和；是"下下婚"的，就有点不吉利了。倘若遇到什么"退鸡财""妨六畜"等不吉祥的"拨杂""大相不格""命中相克"等瞎说，更多是以退婚而告吹。有的不甘失败，企图幸免，再度请求阴阳先生设法"禳掩"，得花不少冤枉钱。阴阳先生便根据奉献的多寡，编弄一套说辞，钱多的改为"上好"，钱少的改为"中平"，只要男方没意见，女方也就放心了。但有些迷信较深的女方家，要婚单看个究竟，甚至还要去另一家阴阳先生那里核对。这就害苦了男方，只好给阴阳先生暗里再送些财礼，让他们改动一下儿子的生辰八字，编出较吉祥的婚相去应付。真是自欺欺人。为此，不知造成了多少悲剧，拆散了多少好姻缘。其实20世纪40年代的青年人早已不信这一套鬼把戏，只是那些守旧的老朽，总跳不出迷信的圈子，甘愿受其宰割。

纳聘送礼 合好婚后，就要纳聘，俗称"送礼"。事先由媒人提上挂面、肉方到女家通知"送礼"日期，俗称"通信"。有的女家开来一份"礼单"：穿的、戴的、衣料、鞋面、金银首饰以及财礼聘金写一大串，向男家索要。

"通信"后，男方要摆酒席请陪客，正式招待媒人，叫"请媒"。

"送礼"前两天，要送"杂使"，即送给女家纳聘那天招待男方来客的费用。一般是"大红肉"、喜酒及钱钞少许，还要配送挂面、肉方。

"送礼"之日，两位大红爷必去，但"底媒"不出面，她是女家至亲，这天必在女家做客。另请两位较有威望的陪客（目的使女方家长碍于情面，不至刁难），加上抬礼盒、赶马车的（城市抬着去，农村用车拉）共六或八人，绝不能成单。

礼品分"彩礼"和"财礼"两部分。"彩礼"是女者的穿戴、首饰；"财礼"是给女方家的钱财——聘金。"彩礼"一般是衣料十二截（一件一截子，包括单、夹、棉衣、裤以及鞋面在内。只送衣面，衣里由娘家贴陪），也有仅送八截的，最阔气的有廿四截，其中绸、缎、绒、索适当搭配。另外还要送棉花两卷、袜子两双、银手镯及化妆品之类。有钱人家还送金耳环、金戒指，贫穷人家送不起。但也有人为了面子或受女方家所迫，只好向亲朋好友去借，婚后再慢慢归还。为此常闹纠纷，惹出许多是非。"送礼"也得拉羊（有的免送）送喜酒，还得带上挂面、肉方等。

布料得折叠整齐，全用红纸条束好，财礼用红纸包裹，分装在大、小礼盒之内。棉花卷两头贴红喜字，架在礼盒盖上。备红色礼帖，书写吉祥祝辞，开列礼品名目，数量要写"成双""成对"或"成件""成料"，忌讳"只""个"等单词，并有一定的程式，表示对亲翁的恭敬。

媒人到时，女家热烈欢迎，茶点之后，举行"开盒礼"，由主人给红爷看酒开盒，把所有衣料、首饰、财礼均摆在桌案上，让亲朋好友们过目，女客们看得特别细致，翻衣料，审首饰，评质量，品花色，议论纷纷，好不热闹。这时，男主人或有声望的亲戚喊叫"收礼"。由媒人代表男方给女亲翁看酒，并递呈礼帖。女亲翁接受礼帖后给红爷看酒，表示满意，退回部分财礼，表示谦让。亲友们给主人及红爷敬酒祝贺。随后收拾礼品，摆宴开席，恭请红爷上座，行令猜拳，饮酒相贺。只有女亲戚们仍然叨叨私语，议论不休，甚至纵容女主人要这争那，说个没完没了。

有些人家嫌财礼送得少，甚至和媒人争吵，媒人只好承诺在结婚之前补送，俗称"应下"。有的竟逼着媒人即返男家讨补，亲友和解说合，媒人忍气成全。敦煌有句俗话："碰见官事要说散；遇见婚事须说合。"民间也有"当媒人，跑断筋，挨头子，脸不红"的口歌流传。新中国成立前夕，国民党货币贬值，财礼变为小麦，当时财礼之多达八九石、十石，甚至十五六石，相当于五六千斤的小麦。因实物显眼笨重，无法携带，只好写个凭条，交媒人转给女家，事后到指定地点去取。如此婚姻成了买卖交易，亲事变为欠债讨账。

从开婚以后到结婚之前，每逢春节、端阳、中秋、新年四大节令，都要"追节"，给女方送件衣料，并给岳父母拿份礼品。在商品短缺、物价昂贵的年代，"追节""送礼"成了贫苦农民严重的负担，多少人家为儿女的亲事弄得债台高筑，当房卖地，造成不幸。人常说"娶媳妇盖房，花钱的魔王"，又有"十两银子莫治衣，百两银子莫娶妻，千两银子莫筑屋"的戒语。

迎娶送亲　迎娶日期由男家请阴阳先生确定，事先得让媒人去女家商榷，还要通过"通信"和"送杂使"两道礼节。

迎娶在结婚前一天下午，一般都用马车，也有用老牛车的（富户人家套轿车，个别头面人物用汽车迎娶，举行新式婚礼），车上架有苇席做的圆洞形棚子，叫"棚子车"，车棚后端用红布绷住，马头上挂红（坚决忌讳套不生育的骡子娶亲），人们一看，就认得出是"娶亲车"，娶亲又叫"乔亲"，所谓"大娶""小乔"。

娶亲时媒人少不了要去，还要请一位女"用相"。所谓"用相"就是她的生年属相必须和新娘的生年属相，以及婚年岁次的属相合得上。相传把十二相分为"龙鼠猴""蛇鸡牛""虎马狗""猪兔羊"四组，轮流推算成"用相""闲相""避相"等说辞。"用相"还有三忌，即孕妇、孝妇、寡妇（有"寡妇不可用相、骡子不能娶亲"之说）均不能用，认为不吉祥，有"煞气"。除此还得有一个"压轿"的男孩，和一个"抱轿"的男子，加上车夫共是六人，取双数。除媒人外，其余均选定为属相相合的人，决不能有"避相"。

娶亲时带上挂面、肉方，还有新娘穿用的"淑衣"——大红棉袄、棉裤、梳妆匣子和化妆品以及"离娘钱"等。另外还有新筷子两双和莲花子（小花卷儿，忌讳拿馒头）几个。

沿途记清道路，回来时不得重走，叫"新娘不走回头路"，即使对婚姻不满意，甚至婚后受虐待，也不能走离婚的回头路。娶亲车走后，新郎得去墓地祭祀祖先（婚前女婿不去岳家）；家里贴上喜联；新房两边挂起木刻的"金毛狮子"和"麒麟送子"牌；炕头墙上贴"鸿鸾添禧"的大红帖子。狮为百兽之王，可以镇百邪，保平安。相传孔子出生时室内有异香，院中出现独角兽，鹿头牛尾，全身麟甲。孔母知为麒麟，命家人祈祷，后来孔子成为圣人，后世称为"麒麟送子"。挂此王牌象征祥瑞，期望将来生子成才。"鸿鸾添禧"是根据《封神演义》传说中的纣王死后被封为专管婚礼的"喜神"。农村没有狮牌，扣一个筛子，插三支箭杆，上面贴张写"金毛狮子"的红帖代替。

出嫁闺女，一般只请实亲，而且多为女客，客人都送给新娘衣物或用品，叫"添箱"。娶亲人到女家，要吃两顿饭。新娘也同桌吃"离娘饭"。临行前妈妈要给女儿"离娘钱"，然后穿上"淑衣"，挨身穿一件红兜兜，有避邪之说，实际是取暖护身，起背心的作用，同时供新娘装钱物之用（当时妇女衣裤都没口袋），上车前女"用相"也把婆家带来的钱交新娘转送给母亲，表示女儿离娘的馈赠，同样叫"离娘钱"。

娘家要去一个送亲的女"用相"，和娶亲的女"用相"配对，合称"喜娘"，陪送梳洗用具和有"长命富贵"四字的茶碗一对，装满核桃红枣，还衬香草、艾叶，两碗相扣，用红头绳包扎。象征着夫妻相爱、富贵长久、百年偕老之意。还要配一盏高柱铜灯，灯耳上缠绕着红色双头灯芯。并交换男家拿来的红筷子（快生贵子）、莲花子（所生子女质洁如莲，貌美似花，清香秀丽），另拿少许肥肉，最好是没紫肉的肥膘，象征生下的小孩皮肤洁白细腻。母亲给新娘兜兜里装上干净棉花，准备擦"女儿红"之用。当时敦煌实行早婚，姑娘十六七岁就结婚，到十八岁就被认为是大姑娘，有"这么大的窗子，这么大的门，十八岁的丫头不给人,娘老子居何用心"的民歌。如果上廿岁,就被称作"老丫头"。早婚严重地影响着妇女和儿童的健康。

娘家对送来的礼品,退回一份,表示谦让。车夫和"抱轿的"设法偷取女家一截木柴,俗称"偷财宝"。这是娘家人有意的安排,期望女儿家生活富裕,财源茂盛。只有个别嫂嫂心里不大舒服,生怕婆婆把财宝转给女儿。

新娘上车时流泪哭泣,表示不忍离娘,不哭会被人背后讥笑。但不许大声嚷叫,否则是不吉祥的。压轿的小孩必须坐在车前,还要撒写有"凶煞远避""避之大吉"等祈词的红纸帖子,迷信叫"避煞气"。车到新郎家一般都是预计好的"拜堂"时间,如果早到,只好委屈新娘和送亲的喜娘及压轿的小孩,在车上等待。千万不能迟到、错过吉时,这就叫"大娶"。平常人家,哪顾得上这些麻烦,只要在拜堂前赶来就行了,也不撒路贴,到门口由"抱轿的"把新娘抱到另一间房内,同喜娘一块休息等待,这叫"小乔",比较简单些。

拜堂入洞房 "拜堂"时间是由阴阳先生按属相的情况决定的。有的正当子时,有的在鸡鸣丑时,或天亮寅时,一般不超过日出卯时,据说越早越好。

"拜堂"时,男女新人都要穿"淑衣"。"淑衣"全是棉的,有"结婚穿厚沉,一辈子不受穷"的说法。事实上穷人结婚,做一套新衣都很吃力,碰到夏天,哪儿有钱缝制"淑衣"。男的将就着过,女的只好借一套穿穿,婚后仍是年年穷光阴,天天饿肚皮。

"拜堂"仪式在当院举行,由"用相"和"闲相"的亲朋好友来助兴,严忌"避相"出现。摆一张方桌、两把太师椅(方向也是由阴阳先生确定的——按喜神的方位),桌上放一个装满五谷粮食的小斗(五升斗)叫"宝斗","宝斗"四面写"天作之合"或"天地良缘"等祝词。用红纸糊严斗口,表示地,又含五谷丰登之意。斗上立一面圆形铜镜,象征天,也含团圆之意(借斗为地,圆镜为天,正合天圆地方之说),斗内插一杆秤,取意太平。还有尺子,表达封建女德。敦煌民间以"滋润"誉少女的德行,以"上炕是裁缝,下炕是厨子"赞少女的才能。并置香炉、蜡台,点燃蜡烛、香支以敬天地。桌前铺红毡两条,

新郎站在毡上,新娘头顶红绫"盖头",由"抱轿的"抱在毡上。依照赞礼员的指挥,先拜天地,再拜高堂,夫妻交拜后送入洞房(拜堂时,新郎新娘有什么小"拨杂",按男左女右的常规,在肩头上搭一块红布进行"禳掩")。

送往洞房时,新郎抱"宝斗"在前,新娘怀揣铜镜在后,意为"天包地、地接天、天地撮合"。新娘左手拿秤,右手牵着新郎的后衣襟,由喜娘扶助前行(因头顶盖头),两个男"用相"把两条红毡挪换着铺在新人的前面,叫"倒毡"。让新人在毡上走,直送到新房炕上。有"新人不沾地,婚后年年富""新人踩毡,福寿双全"等说辞。并用五谷粮食、细炉渣、碎纸屑掺杂一起,在新人身上、头上乱撒。把糊窗户的红纸打得稀巴烂,迷信叫"打煞",是赶走煞(邪)气,保住平安。新人进洞房门时,必须脚踩门槛上放好的马鞍,因手里拿着秤,取平安吉祥之意。同时新娘伸出右手把门扣上挂的锁子捏住,表示谨严门户,起主妇的作用。

进入洞房,新郎把"宝斗"放在挨炕的桌面上,由喜娘帮助将铜镜放在斗上,把娘家陪送的灯、碗摆在斗边,然后扶新人上炕,依"用相"指定的方向,按规矩并肩坐齐。新郎接过秤杆,挑起"盖头",由喜娘插在斗内,只见新娘的头发全部梳起,用红头绳扎一个髻髻,这就是所谓的"扎角夫妻"。喜娘取过油灯,由新人双双填满油料,同时点燃着双头灯芯,摆在斗旁,自此三天三夜,连续填油拨捻,日夜照明,不许熄灭,这叫"长明灯"。有"长明灯,日夜明,夫妻白头相送终"的谚语。喜娘拿过用红头绳连在一起的两只汤勺,倒入放过艾叶、砂糖的酒,让新人同时喝。只许喝一半,由喜娘掺和后仍旧倒开,交换汤勺,再同时喝完。汤勺连在一起,又拿在喜娘手里,真不好喝,只好任其捉弄。这叫"交杯酒",又称"合卺",表示夫妻俩恩爱甜蜜,幸福长久,永不分离的意思。最后喜娘让新郎抓住新娘"扎角"剩余的红头绳,警告说:"只许并肩坐不许乱动弹。"这叫"坐更"。表示"红线姻缘"必须拴牢。至此,喜娘和围观取闹的亲友全部走出,将门反扣。

一系列的过程,每项动作,喜娘都在说辞,亲友们嘻嘻哈哈,羞得新娘满头大汗,加上一身棉衣,遇到夏天,真够受罪。

窗外青年男女及小孩"格格"吵笑，被打破的窗口，尽是头影和目光，新娘哪敢挪动，只好端端坐着，泼皮点的新郎倒满不在乎，躺下休息。但都不好讲话，生怕被亲友抓住话柄。

天亮后，喜娘送进洗脸水，让新娘梳洗后早餐。新郎这段时间可自由出入，吃喝更衣（穿长袍、戴礼帽，40年代后期开始穿制服）。喜娘用细线绳给新娘绞拔鬓毛，这叫"开脸"，开脸后绽开鬟髻，重梳发型（30年代兴盘头，40年代剪发），扑粉插花，打扮得漂漂亮亮，叫"戴头"，脱去"淑衣"换上艳妆（30年代系裙穿袄，40年代穿旗袍），嫣然一位新妇，所以儿歌有"新媳妇，吊吊花，亲友见了谁不夸！"的赞美（当时敦煌民间说"××已开脸了"或"××已戴头了"，就是指她已结婚了。"戴头"的另一含义是专指童养媳结婚，又叫"圆房"）。新娘打扮好出房给翁婆及帮忙的"东家"们行"新妇礼"，然后坐在炕角，等待亲朋好友的祝贺。用相们适时重糊新房的窗户。

请客贺礼　婚礼请客，前一两天务必下帖，叫"道客"。个别下请柬，一般写请帖。每帖只写九位客人是一桌。在名下注"全位"的是请全家人做客。亲朋好友见帖必须"答字"，写"敬陪"或"敬谢"之辞，表明态度。首席客人写"敬陪末座"，意思是把首席让出来，自己坐最后一个座位，表示谦让。

婚礼这天，亲朋好友很早前来"道喜"，送贺幛、贺联、绫条等物。有的提酒壶、放鞭炮，给主人恭喜。互相敬酒，热烈祝贺，让烟献茶稍坐即去，随后再去催请，叫"催客"。凡签写"敬谢"的客人表示不来，不再催请；临时"道喜"的客人，立即备帖补请。

一切宴客礼程全由"主东"调拨，"主东"是邀请有声望的人来做主持，在上房门口放一把太师椅坐镇，发号施令。讲究一点的，墙上贴有执事人员名单。参加婚礼，俗称"搭礼"，又叫"座席"。有些老年人沿袭先向礼账先生作个揖，说："请写个礼。"表示对文化人的尊重。

每席的上面摆两把太师椅，叫"首席"。安座时，长者一般坐在首席（左为第一席，右为第二席），所谓"朝中按爵，家乡论齿"，表示尊敬长者。席末一个座位是"主位"，留着坐一位东家或主人的至亲，

代表主人招待客人，这个人叫"陪客"（所以每张帖只写九位客人留一个主位）。

不论开席或上菜，都由"陪客"先打招呼，大家看"首席"的举动行事，首席不动筷子，大家只好等着，散席时也是首席站起，大家才好离座。

宴客的酒席，当然按家庭情况分类，穷人家连请一顿肉面条或"清粉肉汤"都感到费劲；稍为过得去的用"推盘"，即上八碗肉菜一个汤或锅子，吃花卷米饭，俗称"八大碗"；中等人家用"鸡肘席"；有钱人家摆"海菜席""二喜席"，还有什么"三台席"，名堂可多了，三天、五天的大请特请。猜拳时，由主位的"陪客"当"通官"，划拳必须从首席开始，按先左右右的次序轮着过。几个桌的"陪客"可交换当官，客人只应官不当官。首席发了话，可划特约拳，又叫"敬奉拳"。

抗日战争时期，禁止烧酒，婚礼宴客只备席不喝酒，也不猜拳。

酒席间，在第三道菜后（主菜是一道一道上的，上一道撤一道）主东发令由司礼人员和女用相领着新郎、新娘逐桌给来宾行礼。当时已行鞠躬礼，碰到长辈，得跪拜磕头。

长辈们第一次和新娘见面，得送点见面礼，因礼品不好携带，故大都以钱代替，叫"端拜礼"。但多少不拘，量力而行，只给新娘端，而且仅限已婚的长辈，平辈亲戚和未婚的长辈均不行"端拜礼"。

礼账先生要及时进行"清客"，如有礼到人不到的即命请客人员再去催请。负责请客的人员，也随时向礼账先生对证，哪位客人没来是什么原因，都须交代清楚，以免贻误。有失主人心意，或造成亲友误会，这叫"销客"。总之，都非常认真尽责。所谓"备席容易请客难"，又有"备好席在主人，待好客靠东家"之说。

稍有体面的人家，戏班里要送一出"赐福送子"的戏剧小品，作为贺仪。装扮天官、送子娘娘和土地老儿，配以干鼓、铙钹、手锣、板胡、唢呐等小乐器。由婚家门口吹打到院里，天官念念祥瑞的上场诗，编弄一套"×家行善积德，感动玉帝，敕旨赐福送子"的道白，送子娘娘抱上婴儿（道具），由土地老儿带路，三人做驾云、落地、甩袖赐福等戏剧表演程式与说辞。然后让土地老儿带领送子娘娘，在唢呐

曲牌中走入洞房，将婴儿递给新娘抱抱，表示"子星入怀"。在女亲戚们的纵容和导引下，新娘腼腆羞涩、半推半就地勉强走个过场。还得给婴儿送红包致谢。土地老儿和娘娘出洞房向天官复命，天官说："赴玉帝处交旨。"念吉祥的下场词结束。主人喜之不尽，热情接待演员吃酒席，走时还端礼致谢。这场情节大大增添了婚礼气氛。

会亲缘饭 婚礼这天，娘家人要来"会亲"，主要是一些女客，即新娘的骨肉至亲，前来看看女婿（婚前女婿不去岳家），会会亲翁，俗称"缘饭"。会亲客人的车辆，由婆家送去，表示请迎，在娶亲时由媒人代表主人邀约，但也有娘家备车的。娘家来的客人叫"席客"（原意可能是"稀客"吧），和"缘饭"一词有关。新郎家的客人叫"礼客"，即来祝贺婚礼的客人。

娘家客人来时，带着全部陪送的嫁妆、箱桌及亲戚们的"添箱"，也拿挂面、肉方（穷苦人家嫁女，没什么可陪嫁，所以没有"缘饭"可言），男家在大门前相迎，到时鸣炮敬酒后请进客厅。先吃一顿饭叫"接午"，后即举行"开盒"仪式，又叫"摆陪房"。仍由大红爷代表女亲翁致意，相互敬酒，打开"礼盒"，把礼品摆在桌上。开盒时，男方在盒盖上放两个红包，是给两位红爷的"开盒"礼。并由娘家选好两个小男孩（都是用相）"开箱"。箱盖上有男家放置的钱包，是给孩子的赏赐，孩子口里念"衣满箱，褥满箱，打开箱子多吉祥"之类的祝词，随之开锁揭盖。衣物上面又有娘家备好的红包，仍是开箱者的赏份。把嫁妆摆在桌案上，让来宾观赏。看新娘绣的枕头、扎的花鞋，议娘家陪的衣料，品新娘做的针线等，热闹非凡。有专门酬谢媒人的绣花枕头，是新娘的心意。新娘、新郎都必须把娘家陪来的衣服换上，显示"陪房"。

主人家忙着招待娘家客人坐席，一定要把红爷让到上席，今天的红爷是两头客。敦煌有句口头语："新人娶进房，媒人撇过墙。"实际上倒不尽然。还要把新娘和迎送亲的女用相都让来同桌吃饭。行礼时，娘家来的已婚长辈亲戚，要给新郎端拜礼。

娘家客走时，送亲的喜娘相随回去，临行请新郎于婚后第三天"回门"。婆家对娘家送来的礼品也要退回一份，表示谦让。

这天下午，娘家让新娘的弟妹给新娘送一顿长面，叫"宽心面"。走时新郎要给赏封，还要在饭盒里装上食品，表示回敬。

闹房铺床 到了下午，客人逐渐减少了，东家们开始闹年轻婆婆和阿伯子，给脸上抹红彩、锅墨，耳上挂红枣、辣椒，头上戴红花，手里拿火棍等；让新郎新娘磕"鸳鸯头"，闹烘火。晚上，青年人都来闹新房，说谐谑、拔花儿、拥抱、接吻……内容很多，滑稽幽默，欢笑取乐，很是风趣。譬如闹房时的对话，让新郎说："×家门上一墩瓜，拉拉扯扯到×家。"新娘对："不爱×家银钱多，只爱×家新郎哥。"还有新娘说："天上牛郎配织女，我妈把我许给你。"新郎对："天上星星对月亮，我爱阿妹的好心肠。"等等。

那时，妇女思想还没开放，新娘羞羞涩涩，扭扭捏捏，须由女"用相"辅导。这样一来，"女用相"也成了青年客人取闹玩笑的对象。据说闹得越欢，婚后夫妻感情越浓。如果不闹新房，婚后夫妻就不和气。因而有的家长特邀青年亲友张罗闹房。甚至有因婚后小夫妻不和而请亲友补闹新房，进行"酿掩"。这倒不完全是迷信，实际上由于封建包办婚姻，男女陌生，从未当面交谈过，借助闹房活动，引逗新郎、新娘对话、握手、拥抱，撮合双方接触交谈，达到熟悉，开始恋爱。在当时来说，是有益的活动。

闹房客人走后，女"用相"替新人扫炕"铺床"。并把"长命富贵"碗打开，将里面盛的核桃、红枣撒在炕上，告诉新人一定要吃。并说"和和套套"（人和气的意思），又说"吃了核桃儿女多，吃了红枣生得早"，还说什么"双双核桃双双枣，儿子多来女儿少"，反映了重男轻女的封建意识。实际上是把食物作为男女双方谈话的媒介。它和闹房一样是为新婚夫妇初次结合，不致冷淡而想出的办法。当然并没有从根本上打开封建婚姻的枷锁。

铺床完毕，女"用相"完成了她的使命，辞别主人回家。

第二天早上，小姑喊开新房门给新嫂嫂送洗脸水，扫地送早餐，表示亲近，这叫"踩门"，新妇得赏"踩门礼"。新娘梳洗后给翁姑行家常礼，还给帮忙的东家们行礼致谢，有的还要闹房。这一天，习惯上新人都不出大门，叫作"三天装新"，一般的还要"谢东"。

回门认亲 婚后第三天（连娶亲算），新郎随新妇去娘家省亲。这是新娘婚后第一次回娘家，也是女婿第一次去岳家，拜望岳父母，认识姻亲近戚，俗称"回门"。去时要请一对已婚青年男女作陪，叫"陪女婿"和"伴娘"，带上挂面、肉方或糖点（婚礼进程中最后一次送去的礼物）。敦煌有首歌谣："娶个新娘，挂面肉方，二斗麦子，一只羯羊。"形容挂面、肉方之多。

到时，新女婿要给岳父母、妻兄嫂及亲戚行礼，对长辈必须磕头，一切由陪女婿招呼。受礼的长辈，要给新女婿"端拜礼"。

回门共吃两顿饭，第一顿必是水饺，正是妻嫂、大姨们捉弄新妹夫的大好机会。她们故意把辣椒、姜皮或盐块包在饺子内，留心端给新女婿吃。首次做客，怎好剩饭？不论酸、甜、苦、辣都得忍着往下咽，如夜深，任她们恶作剧。实际这是一种暗示，如果新女婿在往后的生活中虐待了新娘，她们是不会饶他的。

第二道酒席，新女婿和"陪女婿"一定上座。行酒令猜拳由陪女婿代行，输了酒，也多由陪女婿代喝，这是规矩。

新娘和母亲诉说三天的别离之情，对不舒适或不顺心之处，由母亲婉言说给伴娘转达给婆家照顾。

回门这天，女家一定要请媒人赴宴，表示致谢媒人撮合之情。

酒菜后辞行，临别时，把女儿在家穿用的心爱衣物包好交给伴娘带去，最少也要带一件，叫"带油衣"。还要送给新女婿鞋帽或衣料作为首次登门的礼物。并退还一份带来的礼品。上车时，给伴娘叮咛"乔对月"的日期。

回时要不走重路。相传走了重路，媳妇爱往娘家跑。

回婆家后，婆母、嫂子、大姑等都要看看新媳妇的茶饭手艺。一般都是事先把面擀好，让新媳妇切成面条，走个过场，叫"试刀面"，也叫"三刀面"，即三天回门后切的面。这件事，小姑非常关心，帮助新嫂嫂烧锅，告诉新娘翁婆的饮食习惯和口味，正合唐代王建《新嫁娘》中"三日入厨下，洗手做羹汤。未

谙姑食性，先遣小姑尝"的诗意。聪明的小姑，深知将来出嫁后，娘家门上来往最长的要算嫂嫂，父母去世后，嫂嫂是娘家的唯一主妇，如果关系不好，就会断掉娘家门上这条路。何况未出阁前的女红，全靠嫂嫂指教，所以尽量搞好姑嫂关系。

回门后，新娘便脱去新装，开始搞家务轻活，新郎也就出门做事去了。

适当时间，请媒人吃酒叫"谢媒"。敦煌流传着"是媒不是媒，吃个七八回"，还有"媒婆婆，嘴儿吃个油饽饽"的谚语。

对月避节 婚后第八天，娘家接回新娘去住几天，叫"站对月"，多半由嫂嫂、姐姐等至亲来迎，叫"乔对月"。站对月的天数，要和新娘婚后在婆家的天数相等。如果翁婆及祖父母还健在，减两天，表示对长辈的尊敬。

"对月"期间是母女小别后谈心的日子，谈婚后几天感受：生活情况，夫妻感情，婆媳、姑嫂关系，等等。经过几天的新婚生活，小夫妻比"回门"时的感情深得多了，所以有"三天回门去，诉说离娘苦；八天站对月，想煞情郎哥"的谚语。但那些硬性包办的婚姻，使得青年夫妇毫无感情可言。新妇受到新夫的冷落和歧视，悲痛万状，给妈妈诉说苦情，甚至哭着不愿回去。但生米已成熟饭，尽管父母悔恨不已，妈妈只好抹些眼泪，劝女儿回去。

农村的新婚妇女站过对月后，就参加生产劳动，下地干活了。

婚后第一年，逢到春节、元宵、端阳、中秋、冬至等节日，新媳妇都要被娘家接去"躲灯""躲端午""避节"等。"每逢佳节倍思亲"，女儿离家，父母难免惦念，接回过个团圆节，当在情理之中。但流传久了，又编出什么"躲"呀"避"呀的迷信说法，以讹传讹。

新女婿第一个春节给岳家及妻舅、妻姑等至亲拜年，长辈得给初上门的女婿端拜礼。婚后的新媳妇第一次上亲戚家，也要给个礼品，不在大小、不论轻重，但决不能让空着手回去。

河西地区婚俗

武威、张掖、酒泉、敦煌等地的婚俗礼仪大体上相同，一般都要经过相亲、提亲、开婚合八字、送礼纳彩、迎娶、拜堂、祝贺、会亲、闹房、回门等程

式。河西地区提亲至少往来三次才可能进入到开婚仪程。

开婚时，男女双方须交换信物，多数人家送女方家绵羊一只，取吉祥之意。有了信物交换，女方家才肯开出庚帖，然后找阴阳先生合媒。据说，敦煌地方合媒时，要分成"上上婚""中平婚""下下婚"三级。对下下婚经阴阳先生"禳祓"，还可变为上好或中平。纳聘送礼分成送女子穿戴的衣物、首饰和送女方家的钱财两部分，分别叫"彩礼"和"财礼"。此后，每逢年头节下，男方家都要给女方家送衣料、食品，俗称"追节"，以此加强亲家关系。河西迎亲通常用马车，车上做成圆棚，用红布装饰成船形，马头上也要挂红，车棚上贴上红对联。娶亲时除媒人外，还要请一位与新娘属相相同的妇女陪同。其余的人也要根据"龙鼠猴""蛇鸡牛""虎马狗""猪兔羊"推算成"用相""闲相""避相"分别使用。用相人可娶亲，但忌孕妇、孝妇、寡妇。"闲相"在男家帮忙，"避相"不能参加娶亲，甚至连帮忙都不行。迎亲返回时不走重路，民间认为，如走重复线路，日后小两口会离婚。迎亲路上为了避邪，马车上前面坐 1—2 个压轿男孩，手持莲花或牧鞭，沿途抽打行进，俗信，那些凶神恶煞一见就会逃之夭夭。拜堂多在院中举行，当院摆一张桌子，吊红线于四周，桌上放一盛有粮食的小斗，中间放镜子一面，以之象征天地和男女相合，然后新郎新娘跪在红地毯（毡）上拜天地和高堂。进入洞房时，男抱斗，女抱镜，其他人端着五谷粮食和细炉砂，一边往新人身上撒，一边往红窗纸上打，谓之"打煞"。新夫妻一进洞房便要跨过放在门口的马鞍，意味从此平安。洞房的油灯要连亮三天三夜，以长明象征长命。婚后连续几天，邻里祝贺道喜。一般人家以酒肉款待来客，富裕人家还要请戏班子唱戏。剧目多是传统闹剧和喜剧。待客这一天也免不了逗弄婆婆和公公一番。新婚后第三天，新郎陪新娘回娘家，岳丈家兄嫂或小姨们抓住机会捉弄新女婿，她们在水饺里包上辣椒及盐块，煮熟后端给这位新郎官。新郎官一口咬上，辣味刺鼻，但不好放下，只好硬着头皮吃下去，弄不好还会噎住，卡得一把鼻涕一把泪，惹得丈人家哄堂大笑。武威、张掖、酒泉均有此俗。武威的民勤县因居于沙漠边缘，迎亲时多用骆驼，一路上驼铃声、唢呐声伴随风声，确有昭君

出塞的情趣。近年来，张掖、酒泉已盛行拖拉机、摩托车迎亲，但整个婚礼过程却依然如故，传统与现代交织在一起，排场宏大。

时至今日，河西地区的买卖婚、包办婚盛行不衰，婚姻习俗中封建迷信思想相当浓厚。金塔县娶亲前夜，男女家找两名小孩在洞房压一夜新床，冲煞驱邪。女方家将陪送的嫁妆吊在水中，请水龙王"照邪"，驱赶藏于嫁妆中的魑魅魍魉。迎亲时，女方家在招待新郎一行吃饭的当儿，新郎家的陪客趁机偷去女方家的"油灯"和"柴火"，表示将女方家的光明和财气带一些给新郎家。迎亲路上不停不站，以示一帆风顺。新娘子一进婆家门，就要从火盆上跨过去，名曰"燎煞"，接着，由一名青壮男子向她身上抛撒五谷粮食，名曰"打煞"。在进入洞房之前，新娘子要一口吞下一枚红枣，示意早生贵子。在举行结婚大典时，严禁怀孕妇女参加，原因是怀孕妇女有四只眼，能看见可怕的情景，对双方不利。参加婚礼的人切忌打破人家的东西，否则两家就会变成仇人。

兰州地区婚俗

兰州市旧时的婚姻礼俗非常讲究孝道观念，一家女儿订婚须经全家族同意，一旦有一方反对，婚事就要告吹。新郎新娘举行婚礼时大讲逗婆婆和公公的排场。在人多势众中，几个刁钻的小伙子钻出人群，扑到二老跟前，把黑墨粉涂到二老的脸上，顿时全场一片哄笑，把婚礼推向高潮。这时，大家逼着新娘子去给公公洗脸。新娘子如不去，便认为她没有孝道之心。拜堂时，主持人要新娘接二连三地喊叫"爸、妈"（指男方的父母亲），这时，公公和婆婆要掏出早已准备好的红包送给新娘子，表示大家已成一家人了。

白银市迎亲时，女方的兄嫂及亲朋拿起锄头、木棍等家什挡于大门，不许男方进门，然后提出各种古怪的问题刁难男方。新郎官此时要赶快交出"开门钱"赔不是，方可进门迎娶新娘子。迎亲到婆家后，入洞房时要举行"抢床"仪式，即看谁先进洞房、先上床，认为抢先者日后掌家。在抢床过程中，公婆盯着新娘迈进门槛的双脚，认为她左脚先进门，头胎必生男，否则生女。

榆中县迎娶新娘的时间为日落之前。男方一到女家，送亲奶将姑娘单辫拆散，梳为一股，折三折成抓

角，以红头绳扎之，再用红纸剪一葫芦打于抓角上。交过夜后，请娶亲奶为姑娘梳一梳，刷三刷，女方家准备好"衣饭碗"（内装核桃、枣、杏仁）"五谷仓"（酒瓶装粮食），将男方拿来的"离娘肉"煮熟，一起让送亲奶和龙马娃带上，姑娘穿上马裤和平底布鞋，跳过门前的火堆、水盆（叫"过水火"），娶亲人出发，迎送讲究单娶双送。

午夜，闹房者退出，等新人就寝之后，好事者在门外窃听小两口的私语，称为"听房"或"听床"，作为日后取笑新娘的话柄。还有迷信的说法，若无人听会有鬼听，故无人听时在门外立一把笤帚，以示吓鬼。

永登婚俗

永登婚礼古朴典雅，洋溢着一派喜气盈门的欢乐景象。婚礼的全过程，在司仪的一套"喜话"引导下，繁而不乱，有条不紊地进行。随着时代的变迁，旧时婚礼中"踏套愦""坐宝斗""结发"等程序，已被革除，而且愈是文化交通发达的地方，婚礼程序演变得愈简单，山区则古风保留得较浓。婚礼"喜话"内容也随之更新，旧瓶装新酒，充满风趣之情。现就笔者目睹和采集的永登婚典情况，做如下记叙。先从"迎喜"说起。当迎新轿车到来后，头顶红纱（旧称"盖头"）的新娘，在贵人奶奶（伴娘）的护送下，下车进门，小叔等向新郎新娘头上抛撒彩色纸花和麦、豆、黍、糖、盐拌和的"喜花"，司仪在旁赞唱：

> 新人下轿，
> 富贵来到。
> 新人进门，
> 富贵来临。

新娘进入新房上炕后，随即有人撕破糊在窗户或炕洞门上的红纸，再向新娘抛撒五谷粮食，随唱："新人入洞房，五谷粮食撒满床，被下铺了核桃枣，男不缺来女不少。"这时，从女方家来的"喜客"被一张桌子拒之大门外，东家的招待强令"喜客"每人喝下两大杯热酒才准进门，这叫"拦门盅"，这个仪式叫"迎喜客"。这时司仪等唱：

> 跑攒们提个满壶酒，
> 喜庆的日子再添喜。
> 常言道：
> 男家要五里接驾，

> 十里迎新，
> 这才是人间大礼。
> 但今日是宾客满堂，
> 东家忙的没顾上，
> 请各位喜客原谅！
> 跑攒们！（应：在）
> 我上东家的酒，
> 给喜客打冷解乏。
> 喜客们喝下个双杯酒，
> 给东家免个嘴，
> 领了东家一片丹心！

喜客喝过"拦门盅"被请进大门，司仪又唱：

> 跑攒们！（应：在）
> 为喜客抖身，
> 抖掉身上的尘土，
> 拿过热毛巾，
> 请喜客洗脸。
> 今日里天爷刮风，
> 一路上冷冷清清，
> 客人在车上摇得乏乏困困。
> 跑攒们！
> 请喜客各就各位，
> 老汉们让到热炕上。
> 年轻的坐在椅子上，
> 给客人装烟倒茶，
> 拾上点心端上花饼，
> 请他们尝一尝东家一片诚心。

当喜客喝茶稍事休息后，东家摆开宴席，招待各方宾客。宴席上到第四道菜时，以"拜堂""摆针线""行礼"为主要内容的婚礼正式开始，司仪则视婚礼进程的快慢即兴伸缩唱词：

> 四方客人都来到，
> 厨里师傅把菜炒，
> 跑攒们！（应：到）
> 把各位贵客安顿好，
> 新媳妇就要下炕了。

这时有小叔、表弟各拿一条红毡（毯），轮番交替铺路，一对新人脚踩红毡行至中堂，"拜堂"开始。旧时拜东、南、西、北、中的木、火、金、水、土，故叫"拜五方"，又叫"拜天地"，如今"拜天地"的

内容已演变为感谢党，感谢熟客、父母及各方宾客和
夫妻对拜等，其唱词为：

　　新娘出洞房，
　　一步踏在红毡上。
　　今日里鸿鸾添襁，
　　亲朋邻里欢天喜地。
　　新郎新娘站中堂，
　　双喜临门呈吉祥，
　　首先感谢共产党，
　　一鞠躬！

　　东村的姑娘到西庄，
　　喜家爷们送到门上，
　　一对新人配成双，
　　给熟家爷们把礼行上，
　　二鞠躬！

　　鞭炮放的乒乓响，
　　红绸绿彩挂门上，
　　感谢了吃苦受累的爹娘，
　　三鞠躬！

　　二人双双成了亲，
　　多亏了介绍人的干当
　　二位新人跪下来，
　　腰身弯下再鞠躬！

　　再向亲戚朋友们，
　　东西两山的，
　　南北两川的，
　　长时间没见的，
　　鞠躬！
　　再向各位跑攒们，
　　抬箱子的糊窗子的，
　　端凳子的扫房子的，
　　择菜的、剥葱的，
　　捣蒜的、担水的，
　　端饭的、跑腿的，
　　烟熏火燎的，
　　顾不了吃饭喝水的，

　　鞠躬！
　　问：看见了没有？
　　众应：看见了

　　旧时，拜过天地，夫妻名分才及予以正式承认，
然后是"摆针凿"。"摆针凿"其实是宴席场上新娘妆
的展出。旧时这天，要摆出新娘新缝制的刺绣衣服、
鞋袜、枕头、荷包等和各种陪嫁品，以显示其心灵
手巧，另一方面也有表现娘家陪礼多少和富有程度之
意。这时司仪将随嫁妆的多少巨细，即兴伸缩，现编
唱词，其唱词能使富有人家的脸上增光添彩，也能使
陪嫁少的人家不觉寒碜：

　　各位宾家这边走，
　　新娘嫁妆摆齐全，
　　俗话说："金山配银山，寒山配雪山。"
　　有钱人陪上的绫罗绸缎，
　　没钱财人陪上件粗布衣衫。
　　旧社会穷苦人结婚实困难，
　　东借被子西借毯，
　　新娃娃要借件蓝衫，
　　新媳妇莲裙缠了边。
　　新社会幸福说不完，
　　80年代要干散。
　　新娘穿的明闪闪，
　　缎子被面纯毛毯，
　　毛料衣服滑雪衫，
　　滑雪衫真干散，
　　里翻面儿也能穿。
　　尼龙高跟鞋，
　　走起路来迎风摆。
　　姑娘手儿巧，
　　娘家人陪得好，
　　凤凰车子石英表，
　　高低柜里尽是宝。

　　摆完针凿要举行"谢媒"（今叫"介绍人"）仪
式。介绍人被请上中堂端坐，一对新人三鞠躬，敬上
双杯喜酒，东家馈赠礼品，表示谢意。司仪唱：

　　二位媒人堂上坐，
　　东家在此来道谢。
　　天上无云不下雨，
　　地上无媒不成亲；

天上牛郎配织女，

是太白金星的好处；

地下刘备招亲东吴，

是乔阁老的功劳；

张生配莺莺，

多亏了跑腿的红娘。

你二位宾功大人，

高山上修庙——庙修成了，

黄河上搭桥——桥搭牢了。

你二位劳苦功高，

东家就给你们——左肩挂红右肩披绿，

再抬上满盘金银答谢才是，

但东家条件不具备，

只抬上枕套儿两对，

虽说枕套儿礼物小，

费的心思也不少。

瓜子不饱表人情，

再斟个满杯酒表敬心。

一句空头喜话，一杯淡薄水酒，

再次感谢了二位宾功大人。

席间新郎新娘还要按辈分的大小，关系的亲疏，依祖父母、父母、姑、舅、兄嫂等逐一鞠躬，这叫"行礼认亲"。同时，新娘要向这些亲人赠送自己亲手制作的枕套、鞋袜等。司仪则随受拜者身份编出各种唱词。下面记的是拜父母时的一段"报恩"：

高高山上一棵槐，

青枝绿叶长出来。

养儿要报父母恩，

爹娘恩情似海深。

冬天防冷怀里抱，

夏天遮阴防蚊咬，

一岁拉到二十几，

一斤拉到上百斤。

儿在千里路上出门，

爹娘在屋里扯心。

如今儿子长成人，

娶上媳妇同心人，

要说报答父母养育之恩，

拉一头奶牛补养父母身子，

才算有情有义，

说了半天废话多，

奶牛还在南山吃草哩！

说这话的是你夫妻二人——勤劳吃苦，

孝敬父母。

夏天的茯茶，

冬天的热炕，

要时时操心。

爹吃硬的，

娘吃软的，

要好好问清。

人老了若有病痛，

早就医早吃药及时打针，

更不能不听话，

让老人闷气填胸，

这才是儿女们一片孝心。

在这里给父母行上大礼，

再抬上花枕头一对，

让二老解困养神，

还喝下喜酒两盅，

留下了儿女们一片孝心，

表示了父母的一片痛心。

跑攒们！（应：到）

摇一摇，给两个老人清清腰！

（清腰是掏腰包，拿礼物的意思）

在行礼认亲中，乡邻取闹要给新郎的兄嫂抹黑脸，耳朵上挂辣椒等，这时司仪的唱词，则更为诙谐风趣，把婚礼热闹气氛推向一个新高潮。认亲完毕，司仪还要喊一段喜话，谓之"套喜"。

喜酒喜酒天长日久，

左手掌桃，

右手掌枣，

桃是桃来枣是枣，

你二人姻缘真美好。

养下女儿是国花，

生下儿子是国宝，

黄河后浪推前浪，

把孩子培育成有用人才，

这又是你们做父母的功劳！

宴席结束，即婚典完毕，司仪要唱留客辞，表示东家一片真情：

各位嘉宾席上坐，

太阳偏西时辰过，

新贵人鞠躬在留客，

留下宾家过个夜。

三日圆圆五日的席，

新贵人真心要留家！

随着宴席的结束，以拜堂、认亲为中心的结婚礼典亦结束。至于晚上那风趣热闹的闹新房，新媳妇第三日早上下厨擀"试刀面"，已不属婚典范畴，故在此不做赘述。

岷县婚俗

定西市岷县属藏汉交并之地，婚嫁颇合古制。自民国以来，六礼的繁文缛节虽已有所改进，但婚娶仍然保持着以男方付给女方以身价聘礼这一主要特征。对于旧礼教下变相买卖婚姻的这一陋俗，还没有得到彻底地革除。

订婚 俗称"攀媳妇"。旧社会攀亲的首要条件是"门当户对"，穷人限于财力之贫乏，攀亲实属难事，故有"攀亲如打虎"之民谚。若男方相中某家姑娘，便请媒妁撮合成其姻缘。其间，由媒人往来，向双方通禀男女的年庚，合庚后并无咬婚者，女方收留男家之薄礼，表示应许，俗称"放话"。若婚事有梗，女方便退礼回绝。"放话"后，择定吉日举行订婚之礼。

过去男方送给女方的彩礼无非衣料、鞋袜、首饰及四色水礼，"文革"后又增加了手表、自行车、金戒指、金耳环、绸缎毛呢衣料、皮鞋、皮靴、毛呢大衣等物。此日，男家由内亲挚友出面"提礼"，女婿要为岳父母插蜡"缠灯"，叩头行拜礼。女家以酒席款待，最后以吃长面告终，谐"长来长往"和"天长地久"之意。

近些年来，在订婚后的三日内，婆家回请女方赴宴饮酒，俗谓"看婆家"。女方相应送给女婿衣物，以示诚意。订婚后数日，婆婆携带花卷馍及衣料等，去女家"认门"并且赠给媳妇"针线钱"若干。此后，每逢过年过节，婆家都要走亲戚行"追节礼"。至今农村尚有女方索要重礼或数百元乃至千元以上"干礼"的陋俗。

结婚 订婚后数月或数年，一般先由男家提出结婚的要求，征得女家同意后，便择吉"担信帖"或"送衣裳"，旧称"送鞋面"。"信帖"是双方遵从、不容反悔而取信之帖。其帖多由阴阳卜算而成，上写新人的生辰八字全福"娶送"妇女的属相及年龄、新人上下车的方位、"上头"及合卺的时辰和方位、婚典中避忌与禳解冲犯之法等。此后，双方各自筹办结婚的一切事务，届时嫁娶。

亲迎前数日，双方各自具帖邀请亲友到期贺喜吃酒。双方客人均有钱物相赠，以示庆贺，为女方送礼名曰"添箱"，女家要给"添箱"者下面喝汤（吃臊子面），俗谚有"添箱哩，喝汤哩"之说。结婚前一日，新郎偕同媒人往女家请客"稳席"，慎重落实女家所告上席及送亲人数，并参照"信帖"拟定男方娶亲的人数、车辆、时辰、路线等。此日，女家陈设妆奁供亲友观看，俗叫"亮箱"。入夜由至亲妇女将自己的钱币和陪嫁的衣物钱粮装锁加锁，俗谓"装箱"。对不便装箱的毡、毯、被、枕及精细贵重物件另行搁置，待送亲时交陪送妇女和"把轿娃娃"携带，以便达到炫耀过市，显示其"陪房"非常丰厚的目的。

亲迎之日，接亲人等略进早餐便往女家迎娶。当地乡俗，接亲人数包括新郎在内要成单数，相应送亲者也为单数，以含姑娘"于归"时"来单去双"和"成双成对"之意。过去有些乡村，女方待娶亲人马一到，便紧闭门户索讨红包利市（吉利钱），还有乘来客不备之机向他们泼水征讨利市；还有偷藏马轿之鞍鞯取笑作乐的。现在接亲人一到娘家，新郎由伴郎偕同插蜡点烛向天地宗亲磕头拜祭，并量力赠赏给小舅子点烛的利市钱若干。此间，接亲的"全福"妇女（利相并上有父母下有儿女者）将携带的一笼子花卷馍（双数）交付给娘家，待返回时娘家又让送亲的"全福"妇女将自制的花卷馍等量的送还婆婆家。事毕，双方各自将得到的一笼子花卷馍赏赠给娶、送之"全福"妇人，以做酬谢。礼毕后，娘家接待来客吃"上马宴席"。新郎乘人不备之机，偷拿女家筷子一双、酒盅一个，取"快生贵子"之意。席毕，新郎新娘出门登车上马，在跨越门槛时新娘将袖内所藏的若干双筷子撒落，俗传落在门里多的，思念父母心切，爱回娘家，少的则相反。新人上路，一定得按双方拟定的路线行走，避文庙，穿喜门不得有变。新人一到婆家，鞭炮齐鸣，彩纸纷飞，接客者喜气盈盈，观光者笑逐颜开，一片欢乐喜庆之景象。亲迎和陪送人等，争讨红包、香烟、喜糖，许久不止。新媳妇在"娶送"陪伴下进入新房。过去新娘足不履地，上下车轿应由同胞兄弟抱负，进入庭院又由"娶送"挽扶，足踩红毡而行。堂屋内花烛高照，新人按卜定吉时与方位"上头"（梳头）拜堂，到时间吃"会心饭"，共饮"交杯酒"，举行合卺之礼。此时，婆家宴客酬酢，同庆大喜。第一轮酒席当属娘家人，酒菜将完时，新郎要以丰厚的利市向娘家人敬酒赎取陪房箱柜上的钥匙，叫"赎钥匙"。娘家人对所得利市并不全拿，遗留若干，以取"取之不尽，用之不竭"之意。席毕客人道谢，主人恭送，尽欢而散。亲邻妇幼开始翻找陪嫁枕被及新房床上所藏的红枣和核桃，借此预祝新人"早生贵子"和"好合百年"。

入夜，族亲并邻友向新人索讨香烟、糖果等，乘隙拧掐新媳妇及伴房的少女少妇，此时新郎也难免其苦。俗传花烛之夜白虎占床，如此方能驱煞赶邪。闹洞房的人用语言调侃，任意调笑，婚家则百般忍耐，有的戏弄逗乐直到深夜。过去新娘一入洞房，便要上炕面对上置喜烛、内盛谷物、外蒙红笺的木斗静坐，俗称"坐斗"。1949 年以后此俗革除。

新婚第三日凌晨，一对新人必往娘家叩拜双亲，俗谓"回门"。娘家要以臊子面招待，并赠给新女婿衣物盘缠，取"长来长往"和"白头偕老"之吉。过去"回门"，往返都不待天明，可能与新人怕羞有关。时至第十日，新媳妇回娘家小住数日叫"坐十天"。至此，婚礼仪式才算告终。

改嫁再婚者，一般礼节从简，操办酒席的甚少。唯亡夫改嫁的妇女，在迎娶时，男家于门庭之处燃薪点火，让其跨入，传说"可避凶煞及前夫之鬼魂潜入"。

赘婿上门在当地较为普遍，对其非议者甚少。女婿进门虽不比娶媳妇，但庆典活动也有非常隆重的，政府颁布婚姻法，倡导男女自由恋爱，文明结婚。随之许多旧时的繁文缛节、恶习陋俗多被革除，新的风尚也逐渐形成。"文革"后，由于人民生活水平的普遍提高，结婚的习俗有所复旧。从聘礼与陪嫁的奢华到酬客数量的增加以及酒菜、烟茶的靡费等，较之以往，实有过之。

陇东地区婚俗

陇东地区婚俗包括：提亲、相亲、看家、订婚、纳礼、送水礼、添箱、压床、娶亲、上马、下马、代礼、拜堂、入洞房、开脸、封院、铺床、闹洞房、开斋、拜大小、送客、四刀面、站对月、躲忙、四门等 20 多个大程序，百十个细节。在这些繁杂的礼节中，渗透着陇东传统文化的因子，其最大的特点是突出了农本意识，表现为鲜明的土地崇拜和谷物崇拜心理。

新郎与新娘拜天地时，洞房里要设香案，如父母早亡，要在香案上摆上神主或先人遗像，另外必须在香案上放盛着粮食的升斗。新娘由其兄背进洞房，放在铺着大红毡的炕上，或朝东或向南端坐。这时，新郎亲自把粮斗抱放在东南向的炕角，然后面朝粮斗而坐，寓意"新不离粮"。诸如此类的仪式结束后，才开始拜天地、拜高堂、夫妻对拜。此后几日的仪式中都与宗土拜谷之类有一定的联系。环县地方，新娘与新郎度过初夜，第二天新娘进厨房做试手面，当地人叫"进门"。门上挂一个馍馍一根葱，新娘走到跟前伸长脖子咬一口馍馍咬一节葱，然后要揪下馍馍，扔进早放在旁边的水缸里。这时，家人根据馍馍的仰扣预测生男或是生女。新娘走进厨房后便要举行揭碗子仪式。男方家早在面板上扣着三只碗，碗下分放着盐、肉、钱或麦麸，新娘随意揭开一个碗，如揭中盐意味着有缘分，揭中肉意味着贫嘴，揭中麦麸意味着有福气，揭中钱意味着爱财。有些县在完婚后第二天，用手帕蒙住新娘的眼，由新郎托着她走到院中央用手去抓桌子上摆好的五谷粮食，假如她的手摸到某种粮食，就意味着来年这种作物一定丰收。有些地方还有更可笑的讲究，男方家用面团捏成一对男女，放在被窝里，让新娘去摸，如摸中男子便认为日后粮食丰产，如摸中女子便认为有水涝。庆阳是公刘的邑地，当地的婚姻习俗充满着与农事相关的仪式。订婚、迎亲、入洞房、回门等都离不开粮食。订婚时要给女方家送一瓶装有五谷的礼物，迎亲时沿途要撒一些谷物，入洞房时在床上要放几个大馍馍，回门时也带一些用面团捏成的面山及动物形状的食品。

陇东地区婚俗中还有一些禁忌，结婚时一定得选好黄道吉日。迎亲途中，遇到庙宇、大树、巨石、水井、十字路口、深崾岘时，要撒红纸驱邪，防小鬼挡道。在环县等地新娘入洞房前，要请吹鼓手进洞房鼓吹一圈，称"闯帐"，以防"白虎占堂"。结婚的当日要进行翻床，称"翻人身"，翻了人身的死后可进老坟；没翻人身的死后称死娃子，死后不能埋，更不能进老坟，要用土实压、火烧或抛尸野外喂飞禽走兽，不然就会变成为"飞鬼"。忌讳同族姑表兄妹结婚，谓"倒卖骨血"；女子出嫁，父母及未婚女子不送亲；寡妇不送女、不娶人；寡妇与未婚女子忌入洞房；新媳妇上马途中脚不能沾地。男女属相忌四大顶和二小顶：四大顶婚即"不敢叫白马见青牛，羊鼠相交一旦休，猛虎见蛇如挡道，黑猪怕的老猿猴"，二小顶婚即"玉兔不配龙，鸡猴不到头"，其余属相任意组合，都不犯顶头。此外，月份也很重要，生在败月和怀胎在败月的都对婚姻不利，都要设法回避，生怀在败月的称"败子"，败子分"大败"和"小败"，小败口诀是："正蛇二鼠三牛头，四猴五兔六狗头，七猪八马九羊头，十月鸡儿架上愁，十一月老虎满山游，腊月老龙不抬头。"大败的口诀是："亥卯未男二女八，巳酉丑男六女九，申子辰男正女腊，寅午戌男四女七。"就是说相属蛇，如果生在正月，就是小败；男生在六月女生在九月，就是大败，此为生败子。怀败子是如怀在正月，就是小败，男怀在六月女怀在九月就是大败，其他以此类推。男败败岳父家，女败败婆家。老年人对此十分看重，如果有子女生怀在败月，往往瞒报月份，欺骗对方，而年轻人则多不相信。新娘下马时，忌与新娘相属相克的人在场。一般规律是：申子辰年鸡蛇牛，巳酉丑年虎马狗，寅午戌年猪兔羊，亥卯未年龙鼠兔。婚嫁还忌年份，在禁忌年份不能完婚，禁忌年份即婚者本人属相禁忌年份。陇东婚俗中结婚论"黄道吉日"、订婚讲"属相冲犯"，在甘肃各地均有，但其他地方没有像陇东地区那样具有系统性、完整性。陇东婚俗中的迷信与忌讳造成了许多青年男女的爱情悲剧，这是值得反思的。

平凉婚俗

当地民俗云："庄稼瞎好是一料子（一茬子），媳妇瞎好是一辈子"和"热饭尝不得，亲事急不得"。这反映出人们对婚姻的重视和谨慎态度。1949年以前，婚俗仍按"六礼"规范，虽有增减，有变通，而烦琐依旧。1949年以后，城乡婚俗曾程度不同地简化。近年来，旧婚俗的某些部分在农村又重新袭来，而城市中的男女自由恋爱、举行新式婚礼等做法，也常为有觉悟的农民所接受、效仿，呈现出新旧杂糅、各行其是的状态。

订婚俗称"拴定""占了"或"拴媳妇"。之前先是拣选，也叫"打捞"。1949年以前，男女多在十三四岁择婚，也有指腹为婚和童龄定亲的，拣选时多着眼于"门当户对"、品貌和本事。年龄多为男大女小，俗云："宁教男大十，不教女大一。"实际上也常有女大于男的。挑选主要男方主动，也有由媒人主动撮合的。1949年以后，女方主动挑选者多注重干部和军官。有"荞麦地里撵兔呢，女娃子要嫁干部呢""若舒坦，嫁军官"以及"一个花花（指军衔的标志）少、两个花花好，三个花花难找，四个花花嫌老"的歌谣。时下农村青年在赶集或庙会上找对象；城区青年男女相亲花样更多。一方或双方看中后，多由男方请媒转达求婚之意。也有双方谈后再请媒搭桥，叫聘媒。双方基本同意亲事后，便相助看家，多为先看女方家。随之是由媒人取双方庚帖，由阴阳从属相、"生辰八字"看所谓相生相克或能否禳解来确定关系，俗称"合婚"。此虽纯属迷信，但至今人多从之。在上述过程中如果一方发生不测之祸或出现不祥之兆，关系多会中断。也有在看家时，男方女主事人在粮仓里随手捏几粒粮食，放于灶前，待"相亲人"走后细数颗粒，认为双数则成，单数则预示婚事失败或进展不顺当。如果合婚无舛，便可议定彩礼，主要由媒人从中寒暄商定。清末全礼为240吊，合纹银24两。民国初年为白元24块，以铜板计为240个。纸币通行后，先50元上下，后增至120元左右。抗日战争时期，彩礼以小麦计算，一般在八—十二石（每石500斤）之间。进入80年代，现款多在500元—1000元上下。彩礼中的实物，清末民初至1949年前，多为订婚衣一件，缎夹衣一件，绸棉衣及平时穿的单衣各一身，丝包头一条；银耳坠、手镯各一副，银簪一只。80年代，多要时兴的服装、衣料和手表、自行车以至收音机、收录机、彩电、金戒指、新式家具等。也有不议彩礼的，称为"仁义亲"。在正式定亲的日子，多由男方父率子及其他亲属二三人，携用红线系的"四色礼"（即四样礼品，如酒、肉、点心等）及部分彩礼到女方家"拴定"。其仪式为男方主事人（多为父母）将两端吊以银圆、铜钱的红包（内装现金）的红线绳搭在"媳妇"的脖子上，便算礼成。从此时起，双方父母可互称亲家。此俗延续至今，有增（如照订婚相等）有减（如免去拜三代等）。

在知识阶层或职工中多减去繁文缛节，农村也不乏仿效简化的做法。

结婚也称圆房。订婚之后到结婚之前，尚有"清彩礼"（亦称"纳礼""纳大礼"或"清大礼"）、"下小节"（亦称"送小节"）、"下卷程"（亦称"送大节"）、"下娶书"（亦称"催妆"）等烦琐程序。现除索罗乡等少数偏僻山塬乡外，多已变通、合并或废弃。

结婚的日子，多请阴阳择定，几乎都选双日为吉期。1949年以后，在干部和职工中曾有所破除，但至今仍多择双日，请阴阳择日子的也为数不少。接娶分大娶和小娶。小娶系当天接人，当天接当天拜堂，现在城区多遵此办理。大娶为头一天由男方派三两人乘马、驴或车、轿以及自行车、拖拉机、汽车等，仍携"四色礼"和若干针工钱、油花馍（亦称"离母粮"）十个至女方家接新人。旧时，还需带赁来的红色古装裙服一身（俗称"赁衣"）、古铜镜两面、盖头布以及写有"花红盖之"字样的"路贴"若干（备遇碾磨、碌碡等所谓不祥之物时抛撒禳解之用）备用，今多不用。这一天，女方家备席待客，此俗今延续。待客后，女方即由八至十人组成送亲队伍，其中必有一位儿女双全的女眷做伴娘（俗称"送女客"）。起程前，新人须从"家"（厨房）中走出并啼哭有声，同时将一把新筷子抛进"家"里，意为撂饭碗子。之后，由其亲人（多为兄长）背上马或车、轿。抵男方家时，鞭炮声起，由送亲人中一二长者在设于门内的桌前饮一两杯酒以表领情。新人入新房时，仍由其亲人背入新房或踏麻袋（喻代代相传）、红布、红毡（表喜庆）入新房，以脚不踩地为要。新房上置一盛满黄米的木斗，并放尺、剪、梳、镜子各一。此时，男方亦须请两位儿女双全的妇女陪伴新人。而今，农村遵此俗者甚多，城区则多简化，但颇讲究用小汽车迎娶。旧时拜堂多在天亮前进行，具体时间亦由阴阳择定。届时，院中摆桌，上设"天地君亲师"等神位，婚书则置于其下。在礼宾主持下，盛装的新人各拈香三炷，焚黄表两张，向神位叩拜三次，夫妻对拜两次，再拜三代。然后，将婚书装入枕内。民国后期，城区有倡文明结婚者，但实行者甚少。1949年以后直至今日，多有简化。城区在待客开宴前举行婚礼。此时多有往男方父母脸上涂彩者，可以烘托热烈气氛。农村仿此

办理者日多。偶有遵旧俗拜天地者，多争而观之。

往昔，新娘入洞房后坐炕，新郎以秤杆揭挑盖头并交新娘收藏。之后，新人合饮酒蜜、熟油混合之交杯酒，叫作"吃和气饮"，俗语云："扎角夫妻蜜和油，百年偕老到白头。"吃过交杯酒，便乘枣（早）占床，亲属中有人往炕上抛撒枣与核桃，并念喜歌："双双核桃双双枣，妇随夫唱偕到老（念喜歌也有在闹房之后进行）。"之后，新娘重新打扮，开脸，上头，烦琐规程与禁忌，造成一种期待、好奇和神秘的气氛。妆成之后，便解除一切禁忌，新娘始出房拜客。此俗今存，但有些变通简化。

摆针工，也叫"亮陪房"。多由娘家人提出（亦有在娘家先摆过一次，以示嫁妆丰盛）。具体做法是：院中设板案，将新娘缝制的衣服、鞋袜、被褥及其他妆奁陈列于案上。围观者赏之、赞之。也有应娘家人之请，男方亦将为新人制作的衣物等摆出展示于人。之后，衣物多装入箱柜，锁钥交新娘收藏。此俗除索罗乡等边远山塬区外，多已摒弃。

设待客宴席，有精打细算者，有量力而行者，也有逞强争胜者，但多讲究体面。席散后则另备酒菜，专为谢媒而设。男女双方当事人及一对新人礼请媒人上座，敬酒劝酒，然后呈献四色礼以及鞋袜等。媒人收取部分礼物，完成了中介人的使命。有俏皮话说："新人进了房，媒人撂过墙。"此俗今仍延续，城区则多简化。

入夜闹房，也叫"现房、耍床、嚷床、烘（哄）窑"。农村中，多将新人的炕烧得灼热，旧时还捅破窗纸，并引俗语："炕烙人勤苦，窗破心明亮。"闹房时有"三天不分大小"之说。参与者多为男性，女性多在旁观看。允许要者对新人拉、扯、捅、摸，也允许新娘防御乃至用针扎、锥攮，花样颇多，如"摘花"，即把纸花插在墙壁的高处，要新郎托新娘摘取，并互念喜歌曰："墙上一株花，妹妹想戴它，干急够不着，哥哥凑一把。"再如"抽蒜薹""吞柿子""掏鹁鸽""吃悬梨"、说绕口令等等。此俗今有增无减，只是花样不断翻新。要得出格者，也常引起人们反感。

扯后席，也叫吃"试刀面"。婚后第二天，新娘入厨擀面、切面，以此酬谢亲友，亦观新娘"本事"。此俗今存，但已不普遍。

回门与"坐十儿"是婚俗由新郎陪新娘同回娘家

看望父母，女婿拜见岳父母。多在当天返回。"坐十儿"也叫"望十儿"，系婚后第十天（有的八天）由娘家接女儿住上十天或八天再送回婆家。接送多由新妇的父亲承担，两亲家见面称"会亲家"。

此外，寡妇再嫁须守寡三年之后；鳏夫再娶却无明确约束。今多改变守旧观念，童养媳在1949年以前多见，1949年以后已废。招亲，俗称"倒插门"。此俗今存，舆论亦多赞之。

天水地区婚俗

天水地区在明清之际，迎娶新娘子的花轿上常贴"狮"字或狮子画，以御百害。轿门上挂一水壶，装满水，谓之"长命水"。在水壶里再插上葱蒜或其他有生命力的吉祥草数根。当地人称女性性器为"水门"，暗含其生育旺盛。壶中插的葱蒜等物，皆多根须，再配之以水门，表示多子多孙，后代不断。新娘下轿时，新郎家的嫂子把一"桳子"塞进新娘子怀里。桳子取"圣旨"谐音。桳子上用红线拴一铜镜，一把尺子，一把剪子，分别称"照妖镜""量天尺""金蛟剪"，专门用来驱百邪、避百害、防百病。相传为周公所传。后代信仰周公，遂衍为习。天水地区的婚俗紧紧围绕生育繁衍的思想主题创造了一系列婚姻习俗形式。秦安、甘谷、武山等地婚俗文化蕴涵深厚，是研究传统婚俗的极好资料。《秦安县志》载：迎亲时，男方家里张灯结彩，门户一律贴上朱红楹联。富裕人家要扎彩门，请乐队。女方邻里要赠东西为出嫁女子"添箱"。迎亲人数必为单数，花轿上贴有"雀屏"字样的红横额，轿帘上贴有"狮王在此"的红条幅，用红绸挽花，从轿顶直垂轿的四角。富裕人家还选福寿双全的妇女一人另坐大轿一同前往迎亲。到了女家，先向其祖宗"神主"磕头行礼。新娘或坐轿，或骑马骑驴，但忌用草驴和骡子。新娘胸背后佩戴镜子，意在避邪。沿房门口放一火盆，让新娘从火盆上越过。闹洞房之夜，新郎揭去新娘的盖头，伴娘为其脱去朱衣，新娘开始梳妆。先由新郎为她梳理头发之后，再由伴娘给新娘挽起高髻，名之"纂纂"。接下来便是安房仪式，新婚夫妇先喝交杯酒，闹房者嬉逗新郎新娘。到半夜，主持人揣上核桃、红枣，一把一把撒在炕上，再用被子盖上。当夜花烛高照，忌讳熄灭，意味夫妻长久。婚后还有回三、回九，归宁父母的讲究。新婚后的第一个正月十五日，

忌婆媳相见，俗称"避灯"，否则婆婆有双目失明的危险。甘谷、武山两地在举行婚礼时，女方要从娘家带一个面塑的小鸡儿或鱼儿揣在怀里，以表示新娘子具有旺盛的生育能力。

在天水地区，乡村人娶亲时，新娘的嫁妆既不用担子挑，也不用车子拉，更不用牲口驮，而是这样：在结婚的前几天，男方家悄悄地将做好的大红色木箱，让新郎的直系亲属，但必须是比新郎辈分低的男性，送到女方家。这个红木箱可以是一个，也可以是两个，那是由女方家根据陪嫁的东西多少而定的。

在结婚的前一天，女方家便请来有福之人（上有父母、下有儿女）帮助装箱。装箱，也就是女方家把新娘的所有嫁妆装入那个红色的箱内。这装箱别有一番讲究：在箱子的底层，每个箱角必须压钱，每个箱角的钱数可以不等，但每个箱角钱的张数必须成双，然后便将新娘的嫁妆一一放入箱内，放好之后，在上层还要放一个馍，一双筷子，两个小盅子。这象征着新娘过门后，一辈子有吃、有穿，生活幸福。

当有福之人的装箱工作完成后，箱子上锁，钥匙让新娘的直系亲属，但也必须是比新娘辈分低的人拿着。然后再给箱子上系一块或两块漂亮的小手绢，若女方家陪嫁的东西多，而且女方又想以此炫耀自己的富足，还可以把一床漂亮的被子放在箱盖上面。

结婚的这一天，来送红木箱的人，此刻就要背上装满新娘嫁妆沉甸甸的、被装饰起来的红木箱，走在送亲队伍最前头。

这个背嫁妆的人，在背箱前还可以得到女方家给的背箱钱，也就是当地人说的拐扒子钱。若女方故意想和背箱的人开个玩笑，不给拐扒子钱，他在背箱前也就故意装出一副没劲的样子说："箱子太重了，把拐扒子给我。"拐扒子，是当地人背东西时，用来借助休息的工具。言者有意，听者有心，一笔小小的背箱钱便到手了。

背箱者心中兴奋，双肩承受的压力又大，难免流汗，这时系在箱子上的手绢可就起作用了，但千万不可贪心，只有一块手绢是属于背箱者的。

到了新郎家以后，男方便可以开箱，但钥匙呢？只好向女方讨取，先付开箱钱，若掌管钥匙的人想多得些好处，他（她）便说："金钥匙、银钥匙，后

头还有一个链链来，这个链链拴的啥子？"说到这里他（她）就故意停下，男方须立即"贿赂"，这时他（她）才接下去说些吉祥的话。

开箱后，便亮箱。那么箱子里的馍馍怎么办？那是属于新娘、新郎享用的。

陇南平牙的抢婚

甘肃省陇南市武都区坪垭藏族乡位于古阶州西南十公里的高山巅上。这里虽然只有九个村子，四千二百八十多人，其古老的婚姻习俗却多种多样，诸如武婚、包婚、共婚等等，1949 年以后都程度不同地得到了改进，只有抢婚风俗沿袭了下来。

抢婚，也叫掠夺婚，是古代氏族部落外婚所造成的一种用战争形式掠夺妇女的遗风。我国古代《易经·爻辞》中的"匪寇婚媾"，正是这种抢婚的描绘。世界上现存的抢婚的方式也是多种多样的。在民间文学中也有古老的抢婚之说。然而，近代抢婚与古俗不同，几乎都转变成模拟抢掠的形式了。平牙的抢婚就是这样，很早以前，有的小伙子穷得娶不起媳妇，却又爱上了别家的姑娘，便请来相好的伙伴，商量好具体时间，乘夜深人静女家不备之时，就突如其来闯入家中，把姑娘抢回来成婚，末了才通知女家。后来，这种抢婚慢慢地就变成了一种习俗。如今的抢婚是青年男女经过较长时间的接触，秘密恋爱成功，而又遭到女方父母的反对。两人就悄悄说好，约定时间、地点，让姑娘偷跑出来，躲在相约的黑暗角落，小伙子就带上他的知己伙伴，来把姑娘接到家中藏到秘密处。第二天，爹娘们发现姑娘不见了，便四处呐喊、寻找，找上一天半日之后，小伙子就让亲房长辈出来讲明情况，竭力进行劝说，待一切平静了，才将姑娘放出来，烧酒、煮肉，按照正式结婚程序举行婚礼，招待岳父、岳母，招待亲戚朋友。

席间，凡来恭贺的客人，都是依年龄大小围着土炕排坐。同时要新郎的母亲给所有的来客，从上至下一一斟酒，以示祝贺。

有的老人内心里也明白自家的姑娘被谁抢走了，对姑娘找的女婿亦十分满意，可还要大喊大叫，到处寻找，其目的是显示姑娘高贵，给姑娘抬高身价。

新女婿盛情招待罢岳父、岳母以后，女婿的亲房家又要请去招待，而后才由女婿家的人送他们回家。三个月后，新媳妇要回门，女婿要亲自背上酒，由亲

朋好友作陪，一同到新媳妇娘家去送礼。从此，两家来往，彼此认亲，抢婚成亲，也告结束。

天祝华锐藏族婚俗

武威天祝藏族自治县华锐藏族的婚礼十分隆重，从提亲到娶亲，自始至终都在歌声中进行，并且有一套完整的程序，有条不紊。

提亲　小伙子一旦相中哪一家的姑娘，要请一位善于辞令，能晓礼仪的媒人去提亲。去时带一条哈达、一块砖茶、一瓶美酒和两个烧锅。所谓烧锅就是一种在铁器中烘熟的面包。到姑娘家后先是一番寒暄，接着媒人便举起酒碗唱道：

> 阿隆拉毛阿隆来，
> 我今晨来哟来自赛隆的村庄，
> 我骑着骏马来哟来自日出的东方，
> 我带着一瓶浓郁的甘露琼浆，
> 我带着一条祝福的吉祥哈达，
> 我带着一块汉地的清香砖茶，
> 把莫科家的问候给主人献上。

当主人接过了酒碗之后，媒人继续唱道：

> 在赛隆村的庄子里，
> 莫科家的牛羊如白云滚动，
> 莫科家的人品如慈悲观音，
> 莫科家的儿子如雄鹰展翅，
> 尊贵的主人，
> 请接受我的敬意。
> 在秀龙滩的帐篷里，
> 主人家的品格如海螺洁白，
> 主人家的心肠如如来再世，
> 主人家的千金如仙女下凡，
> 尊贵的主人，
> 请接受我这碗联姻美酒。

主人如果同意这门亲事，便唱一支同意的歌，并随即打开媒人带来的酒，大家一块喝，否则退回礼物。第二次去女方家叫提双瓶。这次必须带两瓶酒，还要带上哈达等其他礼物。这一次是正式定亲，商量彩礼、娶亲时间等。

戴头　新娘的戴头仪式是在女方家举行，即将原来的姑娘发饰改梳为结婚新娘的发饰。改头的时间是在姑娘出嫁的前一天，这一天藏语叫"嘉东"，也就是梳头宴庆，姑娘的舅父、叔父、姑父等亲属们前来

贺喜。开始由新娘的"吾亥玛"即婶母二人，一边给姑娘梳辫，一边唱新娘即将离别父母和故乡而依依不舍的《哭嫁歌》，歌声凄凉委婉，伴着姑娘伤心的哭泣，牵动着人们的心：

> 父叔别坐快起来，
> 快快起来要编发，
> 编发快寻阿婶们。
> 兄弟别坐快起来，
> 快快起来要分发，
> 分发要寻金筷子。
> 小妹别坐快起来，
> 快快起来要梳头，
> 梳头要寻金篦子。
> ……
> 父叔如鬼没人心，
> 拿上姑娘去换马；
> 马上唯有父叔喜，
> 哪知姑娘心里苦，
> 这多可怜哟父叔们。

整个《哭嫁歌》伴着梳头、穿衣和佩戴首饰的全过程。梳头完毕，由两个妇女陪伴，围着桑炉或庄院转三圈后进屋休息，只等第二天送亲。

送亲 送亲的人是按古老习俗严格选定，一般要有舅父、父亲、叔父、姑父、伴娘等人伴送，还必须有新娘的哥哥或弟弟一人专给新娘牵马，送亲的人必须是单数。新娘上马的时间是按男方家路途的远近而定。当吃了"上马席"之后，新娘在佛堂前磕三个头，在伴娘的护送下，哭泣着走出大门，母亲和姐妹们也洒泪相送，只有刚强的男子汉们则唱着酒歌接受敬酒。新娘上马后，用白褐衫或白毡衫将其全身护起来，这时送亲人才一齐上马，有的还围着新娘唱酒歌，有的则放马来回奔驰，最后告别了家乡一同向男方家走去。

迎客 这天早晨，男方家也异常繁忙，恭贺新禧的亲友们纷纷来到，一片吉祥如意的祝福声。此刻，男方家首先派两个通达礼仪、精干麻利的迎亲使者，骑马带上礼物在送亲路上选好一块平地，燃起牛粪火，煨上酒瓶子，铺好马褥子等待送亲客人。过去隆重一点一路上要设这样三个点，现在简化了。这样做一是表示对客人尊重，二是让远来的客人小憩。当客人刚一露头，两位迎亲使者便高唱迎接的歌，送亲人一见是男方的使者，随之也唱起歌，向煨火的地方走去，然后下马坐定，接受敬酒献哈达，并由使者诵起《迎客赞》：

> 像那金色的太阳，
> 从东方冉冉升起，
> 尊贵的客人你们辛苦了。
> 客人们连声致谢，并由一人接着说：
> 像天空般的宽阔，
> 像大海般的富有，
> 尊贵的主人家，
> 我们真心感谢。

问候词说完后，互唱赞歌、敬酒。这个仪式一方面是让客人在途中稍作休息，一方面是表示对客人的诚心和尊重。此后，两个使者迅速收拾东西，与客人同时上马，只见使者扬鞭催马，驰向归途。送亲的人们也不示弱，催马追逐，抢其帽子，你追我赶，异常紧张，看谁的马快，比谁家人精。如果抢上使者的帽子，便是送亲人的胜利，在婚礼场上要挥舞"战利品"，对使者进行冷嘲热讽。失败了的使者，敬酒下跪，方能要回帽子，这样逗趣，惹得大家哈哈大笑。

洗脸 当新娘到达男方家门前时，聚集在门口的人们举起酒碗，高唱《迎亲歌》，此时场面非常热烈壮观，成百上千的人也赶来观看，客人们紧围着新娘寸步不离。这时，两位身着盛装的妇女，手捧哈达一起向新娘走去，一边高喊"达卡雄——达卡雄"，意为接新娘的马。然后穿过密集的马群，将一条哈达献给新娘的父亲，另一条哈达献给为新娘牵马的人。如果哈达是旧的或有破孔，客人就会用皮鞭抽打"达卡来尼"。机灵的"达卡来尼"，当献完哈达后，迅速把新娘的马缰绳头抢到手，新娘便主动下马，其他客人见状也纷纷下马。这时由"拉嘛"给新娘念经，并让新娘洗脸，藏语叫"压丑"。之后，让新娘燎过麦草火堆，藏语叫"纳木尼"，意为驱邪，然后才护送新娘进房。

客人进门是很难的，因为主人们堵住门口，向客人大碗的灌酒，机灵一点的客人只有找机会冲进去，这样做以示主人对客人的真诚款待，也表现了主人的富有和大方。

婚礼 客人进了大门后，被领到婚礼场，即大房。房内挂着哈达，放着吉祥的"秀木尔"。客右主左，依次坐定，首先由女方家向宾客展现男方家所准备的服饰和女方家的陪嫁。此时，客人首席端起奶碗，主人首席端茶碗，然后用柏香枝在碗里蘸一下，即向上泼酒三次，叫作"德吉"。每个人也依次轮流"德吉"完毕，主人便开始三句问候词，待客人回答后，才互相致意。热情的招待人员则斟上奶茶，端上油果、烧锅，宾主开始享用。喝完茶后，开始敬酒，男方家还会抬出大酒坛，其动作幽默、滑稽，逗得大家哈哈大笑，以示美酒如海，请客人开怀畅饮，并开始唱酒歌。酒歌一般唱赞歌，运用以日月星辰、山川树木、蓝天白云、珍禽奇兽、江河湖海作比喻，赞美对方，歌颂生活：

> 要赞颂高山便赞颂袅袅的炊烟，
> 更赞颂那白海螺洪亮的声音；
> 要赞颂大海便赞颂翱翔的海燕，
> 更赞颂那红珊瑚艳丽的姿态；
> 要赞颂酒场便赞颂那甘露般的美酒，
> 更赞颂那逗趣欢乐的酒歌。

此时，谨慎的客人趁还没有喝醉开始进行婚礼的第一个仪式——摆嫁妆。地下铺着白毡，右面按帽、衣、带、靴的顺序，摆上男方家的彩礼，左面摆上娘家的陪嫁，中间是舅父的陪马和叔父的牦牛位置，但这马和牛的礼品均以钱代替。全部摆好后，新娘、新郎站在"雍仲"的旁边，由客人给男方家交代陪嫁实物，同时还要有一人说赞颂词《贵恰》即衣饰赞。说完，众人应呼"拉索——"。客人即向男方家敬酒致意。

摆嫁妆仪式结束后，人们又依次坐定，开始轮流唱酒歌，你来我往，接连不断。晚宴完毕后，继续饮酒唱歌。当夜幕降临时，附近村庄的人们纷纷来到男方家院里，燃起篝火，掏出自己带来的酒，一边痛饮，一边唱起"则柔"，跳起"锅庄"，歌声此起彼伏：

> 我唱着唱着天上走，
> 我和小龙一起玩；
> 我跳着跳着山上走，
> 我和小狮子一块玩；
> 我转着转着酒场走，
> 我和乡亲们一块玩。

当男方主人家听到后，立即搬出数十斤酒，表示感谢。时至半夜，便进行"强钦"（义为"喝酒"）仪式，婚礼场上，由几个大汉喊号子抬只酒罐，显得十分吃力，并做出各种各样幽默的动作，惹起一片哄笑声，酒罐放下后，便由一人诵《祝酒词》：

> 噢——拉索，
> 多么欢乐的日子哟，
> 蓝天上五彩云飘飞，
> 大地上八吉祥象征呈祥，
> 牛羊滚动如海浪，
> 五谷丰登喜盈门，
> 啊，让我们庆祝……

祝酒词完毕，便是歌的较量，好歌手开始一问一答，你来我往，互不相让，一直唱到天亮，失败者给胜利者敬酒，献上哈达方才罢休。

第二天早饭后，举行"仲"的仪式。即抬一只整羊摆在中间，一人顺关节割下肉献给客人。每份肉骨该分给谁是有古老规矩的，不能随意分配。同时，给新娘的舅父要抬一匹马，叔父要抬一头牦牛，弟弟抬一只羊，母亲抬一头犏乳牛，名为奶油母钱，现在一般均以若干钱来代替。

接着是举行"扫巴"仪式，实为娘家人交新娘、赞女婿的程序。之后，宾主共饮新婚茶，由新娘在几个妇女的陪伴下，给婚礼场的每一个人献茶。

最后一个仪式是"祝福"，新郎、新娘到婚礼场站定，由宾主诵说祝福词。而后唱《扎西》，即《祝酒歌》：

> 祝福啊祝福，
> 把吉祥献给上面的神灵，
> 那永不埋没的时运啊，
> 我今天分送给各户人家，
> ……
> 祝福啊祝福，
> 把吉祥献给中间的宾客，
> 那永远幸福的歌声啊，
> 我今天分送给各户人家。

人们听到祝福歌，便知婚礼就要结束。客人准备上路，所有的人都出来送行，大门口仍然要敬酒，客人上马后主人家一面唱歌敬酒一面向纵马驰骋的客人高声喊道："中布桑，赛热笑……"以示送行的人对客人热情挽留。客人听见喊声，立即掉转马头，喝上一口敬酒，又放马驰去，这样反复三次表示答谢后，便唱着歌扬长而去，整个婚礼也就结束了。华锐藏族实行一夫一妻制的婚姻，家中主要生产劳动由妇女承担，并有权继承遗产。如果男方被女方家招为女婿，则平等相待不受歧视。

洮迭藏族婚俗

位于甘川边境洮河中游及白龙江中上游地带的藏族，人数有二十多万。他们的历史和生活环境较为复杂。洮迭地区古为"诸戎""羌戎"之地，这一带藏族（尤其迭部县舟曲县部分地方）历史部落意识较强。在其文化习俗、生活传统方面也有别于西藏而保持了较多"诸戎""氐羌"的遗风遗俗。唐复建洮州，迭州，一直延续下来。目前卓尼、迭部、舟曲、临潭、岷县的全部或部分地域当时属洮、迭二州统辖，所以习惯上又称这里为洮迭地区，称此地藏族为洮迭藏族。这一带又地处汉藏边缘，其民俗内容有其特殊性。

订婚礼仪 整个洮迭藏区比较一致，除极少数地方外都要请媒人提亲。媒人提亲一般要登门二次。第一次是试探性的，类似于汉区的"透话"。去时提一铜壶酒，铜壶肚大颈细口阔，壶颈系一条哈达，有些地方系红布带，以示吉祥之意。无论亲事成否，这壶酒都要留下（大约二三斤）。酒一般都是自酿，舟曲一带多以苞谷为原料称土酒。卓尼迭部以青稞为原料，称青稞酒或烧缸酒。他们认为酒是粮食的精华，也反映家庭经济条件、酿酒技术等。以一铜壶酒为透话礼，显示出男家真诚的情意。

洮迭藏族择偶，重视男女双方的体魄健壮和吃苦耐劳精神。既重视家族世系的健康情况（如家族中历代没有麻风病人），也看重家庭经济状况。这些，都是与过去生存环境的险恶、农牧林业生产的艰苦、收获的瘠薄相系的。同时表达了他们崇尚雄伟、壮美、力度的审美观念。

在过去，择偶多由父母兄长叔伯等血亲中的长辈做主。这一方面是由于早婚的原因，择偶双方尚没有能力作出选择判断，另一方面也是由于双方重视家族出身与经济状况。友好部落之间双向缔结婚姻也限制了人们的择偶范围，局限了人们的择偶尺度。当然这里是指民主改革以前的状态。

首次提亲的媒人走后，女方父母兄长叔伯等权威人物一般要商量应允与否的问题。如果应允，即接受男方诚意，将铜壶里的酒倒出，将空壶退还媒人。如果不允，则原状奉还。迭部也有些地方当场倒酒喝酒或退酒。上迭一些地方不请媒人，由男方父亲叔伯兄长中一人直接提酒问亲。虽然现在铜壶稀少，人们也提两瓶"官酒"（买来的酒）或瓶装的土酒、烧缸酒，只在瓶颈系上哈达或红绸带，但其核心内容"酒"却未发生实质性变化。

洮迭藏族缔结婚约的另一重要条件是属相是否相配，并有吉祥口诀，直译出来是：

> 虎和马、狗一起的，
>
> 鸡、牛、蛇是一块的；
>
> 猪和兔、羊一起的，
>
> 鼠、猴、龙是一块的。

同样也有属相相克不吉祥的歌诀，如"牛见蛇，两眼泪汪汪"等。相生相克的基本道理和汉族相同，反映出民族文化的融合。但吉祥与不吉祥的具体推算法比较复杂。不但要看生肖，还要看生月生日，以"元月虎、二月猴；三月虎、四月猴……"十二个月如此循环；生日又按"虎1日猴2日虎3日猴4日……"排列，在男女属相的年、月、日交叉点，即推算出吉祥或不吉祥。这种方法又和汉族不同。民间有专门推算者，也有请佛教寺院高僧推算者。现在，因为精通此道的老人越来越少，也有推算出生肖大致相合即为吉祥婚姻。如碰到不吉祥时，则认为家庭可能不和睦，折财，人丁不旺等，则不能提亲或允亲。

双方在第二次提酒，举杯共饮时（舟曲县有的藏区是将女方亲戚中长辈请到男家喝酒款待），商议具体的婚礼日期。但也只能商量个大概时间，准确的吉日要到寺院喇嘛处推算才能决定。

在这一天，女方家长还会说出给女儿的陪嫁品，婉转地提出聘礼要求，男方根据女家嫁妆的多少，随时商量，提出给女方的聘礼。

从定亲到结亲的日期大约相距一年。

洮迭藏族各沟各岔不同的地区，新娘家的陪嫁与男方的聘礼相比，品类和价值悬殊较大。

上迭中迭七八个乡，新娘身上的全套衣服及首饰、耳饰、手镯、戒指等，均由女家陪送。婚礼之日，新娘上下里外穿着及饰物都是娘家的。这一习俗明显标示着母系氏族社会里女性的地位，也标示女家的富有。陪嫁品中最重要的一件衣服叫"库杜"，系腰上下连属一起，袖短而宽；系腰以下分为三片襟，后部一片，左右各一片，前部无襟片，平时劳作时也比较方便，衣领及襟边绣缀色彩鲜明的花纹花边。库杜，自当新娘之日穿起，是"有主家"的已婚妇女的象征。迭部阿夏沟一带，男女双方的聘礼和陪嫁品均极少，婚礼简单，离婚也比较随便。地方贫瘠，人们的物质生活困乏是主要原因。但也不能排除人类早期家庭观念淡薄，男女结合的随意性与不稳定因素。

迭部洛大乡一带以及卓尼、舟曲、临潭一带的藏族，新娘的衣物饰品则需要男方一次或分次送足。尤其贵重些的金银饰物，有的在定亲时说明，在成亲后逐渐补制或继承男方女性长辈的。

除了衣物饰品，男方的聘礼一般还有：整猪一个（当地蕨麻猪，个小体灵便于放牧，每只约五六十斤至七八十斤）；腊肉六七块（每块七八斤）；大砖茶数块（松潘茯砖茶）；铜锅一个或两个；家庭富裕的还牵牛一头。在农区，也有拿粮食、衣料与现金（银圆或人民币）的。

不论新娘当天的衣物饰品由男方供给或女方自备，结亲之前，都有"上头"或"梳头"仪式，改变姑娘发型，佩戴全部饰物，装扮得光彩照人。

卓尼、舟曲的农区或半农区的女子，嫁衣布料单薄，色彩鲜艳，多用棉布（过去用羊毛、麻自织自染的粗土布）、绸缎、条绒等。服饰也丰富多彩，并戴帽。一般穿单衣、夹衣、棉衣，外罩袄大襟长布袍，都带有明显的农区地理特点与气候特征。以洮河流域卓尼的藏族为例：这里的藏族妇女自称或他称均为"三根毛"，意即"三根辫子的女人"，三根辫子，也是已婚妇女的象征。"上头"时，由家道殷实、父母双全未遭过婚变的"全吉"妇女二人为其焚香洗沐，将昔日的两根粗辫梳结为脑后一根粗、两侧两根较细较散的三条辫子；头戴大红虎头帽或石榴帽或狐皮帽（成亲多在冬季农闲时），辫梢续以黑丝线使其又粗又长，辫腰佩戴直径十多厘米的圆形"阿龙"银盘，头顶簪"斑玛"银花饰，戴银手镯、金或银质耳环、戒指等。身穿孔雀蓝或翠绿色大襟衽长布衫，内穿彩绸或彩缎短袄，外罩紧身红马甲，领口有银质"斑纽"。

腰系红绿丝质长腰带，下穿大红长裤，足蹬"连把腰子鞋"。这种鞋的鞋靿及鞋帮均绣花织锦，包缀粗呢氆氇，鞋尖向上翘起。洮河一带山清水秀，地灵人杰，妇女体形也多顾长修美，一经这样穿戴装扮，更显得婀娜媚秀，飘然欲仙。

迭部境内，上迭各沟海拔均在二三千米左右，山深林密，气候寒冷，牧业、林业生产比例较大，且种植低产油料杂粮，如油菜、青稞、洋芋、豆等，历史上狩猎也是生活来源的一部分。因此新娘在妆梳上就带有浓厚的牧业与狩猎民族特点。如碎辫型梳妆，为了弥补头发之不足，续以红绿彩色细线，碎辫分几十根下垂，过耳后又归结到颈后盘结成髻或组成三根粗辫。她们习惯穿宽筒长袍，领部及衣襟缀以价值昂贵的豹皮或水獭皮，颈系珊瑚珠项链。以达拉沟为例：新娘装束一般有白粗布大襟衬衣或夹衣。夹衣是用蓝布或白布挂里，紫红或咖啡色的绸缎或条绒作为面料，并用各种色布镶衣边。皮袄下摆边沿用五寸宽的粗呢氆氇镶边。皮袄下摆放一寸宽的白牛犊皮、五寸宽的红布、二寸宽的黑布互相搭配，紧密连缀。高领与右衽均放五寸宽的豹皮作边。过去下身一般不穿裤子、现在有的人也穿蓝布长裤。脚穿长靿皮靴，一般用麝香（獐子）皮自己鞣制。从鞋尖到脚腕部凸起一道鼻状楞。鞋帮鞋底完整为一，是用生牛皮鞣制，脚底装衬干胡麻草保暖防潮。夏天鞋靿则用粗呢氆氇作面，自织褐子制里。颈系珊瑚玛瑙珍珠项链。

林牧区藏族皮袍领部、襟部以镶缀豹皮、水獭皮为荣。这反映了古代狄、羌部落的牧业特点和狩猎特征（"狄"即表示游牧部落），同时也是力量、勇气和刚性的表现。

洮迭藏族妇女广泛运用珠宝、金银、象牙、玉器来作为饰物。如银奶钩、发饰、花纹镯、变形戒指、项链、鼻烟盒、做工精细的腰刀等。这些品类繁多，价值昂贵的饰物，既表达女子的尊贵地位，也象征夫家的富有。

仅举下迭地区洛大乡新娘饰物为例：

下迭地区洛大乡一带藏族新娘在上头时也梳三条辫子，梳法与卓尼相同，夹丝制的绣花小帽叫"哈闹"：绕头一箍是"银头圈"，似孙悟空戴的金箍，用白金打制，上涂银汁，也有纯银打制的。一寸宽，厚度半厘米；银头圈用红布缠裹，不露本色。外围系珍珠、玛瑙、珊瑚等名贵宝石，每颗之间间隔一厘米左右，净重四两银。直径按新娘头部大小而打制。

另一种主要的头饰叫"那嘎"，净重十二两银。是一个长方形和两个圆形的结合体，每一部分前后两面镶嵌鲜红的珊瑚珠，共六颗。方形前部有孔，佩戴时将后顶部一绺头发穿孔而过挽结固定在后颈部位置。"那嘎"通体镂刻有精细的花纹及花鸟虫鱼龙凤图案，周边是细绳状绲边。

洛大乡一带新娘佩戴的耳环（那隆色色）也硕大奇特。一般是银质，直径四厘米左右，耳环上吊有红黄绿各色线穗，线穗中部也各缀一颗珊瑚珠。

新娘前胸还佩一银盘，叫"嘎务"（意为碗碟形银器），重三两银，厚度一厘米左右，直径八寸至一尺；是一空心银盒，内装神像、护身符、经文纸、碎柏叶等吉祥物。"嘎务"正面盒盖上有凸起的纹络图案，盖心镶嵌一颗珊瑚珠，做工精细，图文并茂。"嘎务"底盘两侧各有两耳，穿绣花丝线便于佩戴。

迭部藏族新郎也佩戴"嘎务"，只是形状有圆形、方形、椭圆形等多种。佩时用羊毛线连接两耳斜挂肩肋间，不似女子贴胸悬佩。

新娘背部还有叫"宁多子"的饰物，意为"银制钱状物"，和"嘎务"外形图案相似但较小，直径五寸左右，实心，共佩戴两个，中心亦嵌珊瑚珠，佩在辫腰。这和洮河流域藏族妇女佩戴的"阿隆"银盘有异曲同工之妙。

洛大乡一带新娘一般要戴两副手镯，一副空心，一副实心，当地藏族称"逗务"。还要戴两个戒指，左手金制，右手银制。质量而壮硕，中心亦嵌小珊瑚珠，珠座逐渐隆起，座壁纹络精美。因这里地处白龙江中游，海拔较低，气候湿润，因此不穿皮袍。衬衣"哈独"的襟、摆边饰为丝线自绣花边；第二层是黑缎大襟中长袍"阿拉"，长至膝盖，衣领及袖口绣花边；外罩长及脚面的布袍"惹闹"，衣料为咖啡色、紫红色、绿色条绒、色布或金黄色织锦缎。下身着黑裤"果洛"，裤腿肥大，裤脚直径一尺二寸，用自织花带扎住。腰带用羊毛自织染红，七寸宽，十二尺长，系时围腰绕缠三道。衣服全为大襟左衽，习用金黄色圆球形铜纽或用色布自结为卯窍形纽，藏语称"衣欧"。

当然，婚礼这天，女婿也要装扮一新，由于农牧区气候不同，新郎衣、饰也不同。一般着长短大襟衣衩藏袍，绿绸或白绸衬衣。藏袍有皮、棉、夹几种，搭配蓝或黑色裤子。袍服下摆也缀黑条绒边；袖口、右衽、高领为豹皮包镶五寸宽边，系腰、狐皮帽、皮靴；腰佩长剑或腰刀，指戴金、银质戒指。迭部一般还佩"嘎务"。

洮迭藏族婚礼，主要以女方为主。尤其是中上迭有的部落村庄，婚礼当天新郎可以毫不露面，也不装扮，只照平日那样干些担水劈柴放牛放羊的活，也可以睡大觉出门访友。婚礼只由长辈家人操持举行就行了。有这种婚俗的地方虽不多，但反映出古代氏族迎娶女子是全部落的大事这一遗俗。

送新迎娶仪式　洮迭藏族婚俗中的送亲迎娶仪式，各沟各寨有同有异。其相同处是：

第一，各地都未发现有完整的《哭嫁歌》。但有哭嫁仪式，卓尼称为"打巴欧"。

第二，送亲人员多以女方父兄及亲属为主，均尊称为"阿舅"。婚礼中阿舅最为尊贵，坐上席，上炕时不脱鞋帽，有专人高声呼应服侍，以营造敬重的氛围。

第三，迎亲阵容强大，以男性为主。只有一些特定的，搀扶新娘下马、下车，进屋等仪式由女性充当。

第四，双方均要请当地著名说唱家数名，在婚礼过程中对歌斗智，在对歌中互相抬举或贬低对方以逗趣，强化喜庆气氛。对歌的内容相当广泛，除了婚礼歌、宴席曲、酒歌外，还有天地万物来历，古今历史，神话传说，宗教故事，部落英雄传说的说唱问答，经常是三天三夜歌声不辍。说唱家，也有分别称为说家或唱家的，各司其说（赞礼）、唱之职。但多为一身三任，（卓尼专称为"什巴"）。

第五，因距离、道路、农牧等不同地域特点，新娘有骑马（母马，取其生育之意）、坐木轮牛车（大红棉毯或红毡做篷，称轿车）或步行的习惯，集中体现了藏族婚礼的简朴特色。

第六，婚礼中男女双方都要请寺院喇嘛诵经祈福，是全民信奉佛教的藏族在婚礼中所表达出的强烈的宗教特点。

第七，洮迭藏族在婚礼后，新郎新娘即随送亲队伍回娘家。在娘家再住数日数月或一年，在此期间不过夫妻生活，只在年节时转亲戚式地回一趟或数趟婆家。这是汉族或其他少数民族中罕见的婚俗现象。这既有历史上"早婚""占亲"痕迹，也是母系制"不落夫家"的习俗反映。

第八，自酿酒的大量豪饮以及酒、歌、舞浑然一体的风采，表现了藏族酒文化源远流长的历史和刚烈豪放的雪域特色。

洛大乡的送亲人员共六人：说唱家一人；新娘之弟或亲属中十三至十七岁少年一人；女陪客（拉冒新宁）四人；连同新娘共七人。天不亮就从娘家出发。

男方从头一天起，就在新娘必经大道上绑立三道木排栅栏，简称排栅：村外一道，村口一道，婆家大门外一道。第一道由男女儿童守护；第二道由中青年守护；第三道由老年人守护。

儿童们上蹿下跳瞭望远方，送亲队伍一出现，他们就高声呼喊通报，各道排栅的人们都做好准备。待送亲队伍来至排栅前，一齐用早就预备好的火塘灰、清油、吊梁灰和制的污秽物向送亲人员呐喊泼洒。呐喊语为"噢吧田保……"，意为"打不干净"的邪气。送亲者也早有提防，都披有防雨布或旧褐衫。这时女方说唱家上前求情下话，儿童们即掀开排栅，放送亲队伍通过。

据说在新娘路过的地方，山、水、树、石、动物的精灵邪气，都会依附送亲队伍而来。向来者抛洒污物，则有赶跑"不干不净"的威力。

通过第二道排栅时，泼洒污秽物"以毒攻毒"之后，即开始盘问。盘问时，由男方说家问，女方说家回答。首先就此行目的问起，问路途遇见了什么？怎么对答的？新娘的仪表妆饰及骑的马匹鞍镫如何等等。接着由娘家人敬酒，说家或女伴一人手捧预备的大碗。碗边等距离抹着三层酥油，满酒敬给排栅内男方说家。男方说家接碗后高声赞诵：

　　这一碗清醇的青稞酒，

　　应该敬神祈福；

　　碗口抹上三角形酥油，

　　是要让天神欣赏。

　　我蘸一滴青稞酒，

　　先让我们的拉则（山神）喝；

　　我蘸一滴青稞酒，

　　各路都来喝；

　　再蘸一滴青稞酒敬给财神爷，

　　再蘸一滴青稞酒敬给龙王爷（水神），

　　再蘸一滴青稞酒敬给土台爷（地神），

　　然后敬给村庄老年人喝，

　　祝有福气的人健康长寿；

　　再蘸一滴青稞酒，

　　先让亲戚家英俊儿子喝（指送亲少年），

　　感谢你们把吉祥喜气送来了。

这位说家每赞一句，即用右手中指蘸酒弹向空中、地下，众人也高声赞和；最后让年纪最大的一位老人与送亲少年各喝一口，再轮流让送亲人员均沾唇示意。撤开排栅，簇拥新娘一行通过。

过第三道排栅时，不泼洒污秽物，盘问内容及敬酒仪式和二道排栅基本相同。

到男方门口时，大门紧闭，门里的说唱家又开始盘问。主要盘问村庄、部落、民用建筑物来历、家族历史等。内容不求真实，富有夸张和炫耀意味，也有传说因素。

唱至各道门扇、锁钥（问者说我家门有十八道，锁有十八把：答者只答大门、中门、小门、金锁、银锁、铜锁、金钥、银钥、铜钥即可），大门顿开，众人拥出，热情迎接新娘一行进入"那玛则"（正中大房）的大炕上坐定，献茶、酒、肉、糌粑盒等，招呼客人吃喝，然后男方说唱家观察贵客动作，如先喝茶，则唱盘茶歌；喝酒时，唱盘酒歌；吃肉时，唱盘肉歌；吃饭时，唱盘饭歌（五谷来历）等。盘在方言中就包含问答之意。唱词充满幽默风趣和智力的角逐，包含朴素的哲理。如《盘酒歌》：

　　问：远方来的客人喝了青稞酒，

　　　　请你说说酒的来历。

　　　　酒的母亲是谁？

　　　　酒的父亲是谁？

　　　　酒的丫头是谁？

　　　　酒的儿子是谁？

　　　　酒的味道怎样？

　　答：尊贵的主人家请细听，

　　　　我把做酒的道理说一遍。

　　　　酒的父亲是酒曲，

　　　　酒的母亲是青稞，

　　　　酒的丫头是黄酒（味甜润），

酒的儿子是烤酒（味烈）。

酒虽好喝却费工，

做法请大家仔细听，

酿酒青稞好像野鸟无其数，

煮酒蒸气犹如烟雾纷纷起；

煮熟的青稞倾入银盘像金鱼。

先把酒曲丢一块，

好像半山彩云溶空中；

今天喝上一碗酒，

身轻就如鸳鸯浮水面；

威武君子喝了胆量比天高，

胆怯之人喝了也能变英雄。

酒至胳膊能拉硬宝弓，

酒至身上能穿铁铠甲，

酒走头上能骑千里马。

借酒壮胆天下无敌手，

酒场能交万众好朋友。

千好万好家乡的酒好，

多亏了主人家心灵手巧。

再如《盘肉歌》：

问：远方的客人吃了肉，

　　请把肉的来历说一说。

　　（"什么像什么"问句均略）

答：尊贵的主人家请细听，

　　我把肉的来历说一说。

　　红红的食品是猪肉，

　　猪嘴就像木匠用的墨斗，

　　猪蹄就像木匠用的锉片，

　　猪肋就像木匠用的曲尺，

　　猪肠就像背柴用的皮绳。

　　猪嘴要拱菜地洋芋地，

　　地边排栅也被破坏，

　　人们气愤骂纷纷，

　　都说该杀该挨刀。

　　（宰后）猪的骨节形似房梁卯楔，

　　胸片卸下来如同石板，

　　猪脖就像女人衣服上的"下拉"（高领）。

　　猪应挨刀肉应吃，

　　今天吃到我们嘴里了，

　　我们是吉祥幸运人。

盘歌习用一些生产生活中常见的事物进行比喻，加强歌咏对象的形象性。词句朴素无华，绝少辞藻堆积。唱时，除去起落铺垫句，实词一般是每段三句式（翻译记述时为节约篇幅均连缀而下）。曲调悠长婉转，抑扬升降自然。再加铺垫句多而曲调徐缓，有助于歌手记忆或构思。

席间，男方说唱家还要唱跳歌颂女方阿舅亲戚的歌舞。称赞新娘的"嘞"中有这样一段：

百人里挑不出你这样好的姑娘，

你口中出气赛过百茶香；

你长辫往后梳好似白胸雁翻翅，

你长发往后梳好似彩雕鸟飞翔，

你头发往前梳似梵天王坐宝殿上。

你站立如同直干松柏树，

你坐姿好像肃静白帐房；

你的美丽真是藏地少有，

今日与英俊少年配成双。

白雪山要远走东方，

手掌般平坦的草地要留下；

大河水要远流东方，

明镜般澄澈的海子要留下；

高山原要远走，

美丽的花牡鹿请坐在这里。

双方说唱者对唱时，村庄男女来客皆以单行排列跳起舞姿缓简的《迭路然》以助兴。说唱间歇时舞者高呼"迭路然""迭路然"赞和。也合唱赞颂说唱家的歌，如"阿舅（指女方男歌手）的歌声海螺一样响亮，阿姨（女歌手）的歌声铜笛一样好听"等。

对歌时，为表示宾客的显要地位婆家还要准备三尺红布，三折叠合后搭在女方说唱家的肩头（有的地方搭哈达）。经济状况好的家庭，还在说唱家面前的木盘里放一大碗酒，二三枚银圆；家境差些的，也要放三枚铜钱。迭部舟曲境内因偏僻闭塞，至1958年前仍使用银圆与铜钱交易。事后，这些礼品均归该说唱家所有。

上迭一带，婚礼上新郎不露面。下迭卓尼、舟曲一带，新郎新娘出面给宾客敬酒。新郎还要给女方长辈磕头祝福。当晚，酒宴歌舞照常进行。妇女们在厅堂中间手挽手转着圈跳唱欢乐的《罗罗舞》或《阿伽舞》。松明火把亮如白昼，酒酣歌热舞兴正浓，把婚礼的喜庆气氛推向高潮。

婚礼第二天，新娘和送亲人员由新郎的父亲或亲房中一位长辈带领，挨家挨户转亲戚友好及村邻，含有托付照应、认路、熟悉山川地理、通报部众等多层意思。拜访时，大家都夸赞家乡、部落政通人和，土地牧场肥沃宽广，男家富有和睦等各样好处，并安慰新娘，欢迎她的到来，各家略备薄礼赠送给新娘。

礼品一般有头巾、绣花鞋、扎裤腿用的丝线编织的花带，吊穗线织裤带等女性用品及哈达。这样的拜访活动要延续三天。

每到一家，长辈落座在木墩或火塘边，新娘和伴娘们侍立，答谢主人盼咐，并备简单的果品和酒肉招待。

在认亲戚、认庄村和在婆家居住的这段时间里，新娘仍和四位女伴娘同住一室。到第五天，新娘和全体送亲人员返回娘家。这时，男方要派对等人数送亲。一般有老年说唱家一人、未成年少年一人（新郎之弟或亲房中幼童），女宾五人，共七人（有的地方新郎也去，则女宾四人）。双方共十四人，同时起程去女家。

娘家则按婆家招待规格，也绑三道排栅，向男方宾客抛洒污秽物，盘问盘唱。问答者身份当然改变，但内容大致相同。

中上送一带，女家亦在半路迎接，饮酒歌舞，赛马射箭后，男方"送亲"人员即回。

聘礼有提前送去的，也有到这天才送的。

在双方商定的数日，数月，甚至一年后的吉日，新娘才动身去婆家。有些地方由新郎或婆母去接，多半地方则由新娘单身返程。去时背一只竹编背篓，装小件工具与少量酒肉礼品；或者婆家事先在大门口置放一桶清水，由新娘背进。总之，忌讳空手进门。这一婚俗在洮迭藏区普遍存在。从民族学角度讲，这反映了母权制没落时的被迫就范，并象征女子的自主自愿权利。从审美角度看，这是洮迭藏族崇尚婚俗简朴自然的外在表现。

至此，婚礼仪程才算全部结束，新娘新郎开始共同生产起居的新生活。

舟曲黑水沟藏族婚俗

黑水沟一带藏族以一夫一妻制为主，1949年以前也有一夫多妻的现象，1949年以后，这种现象已基本消失。

联姻主要在本民族内部。按照习惯，除禁止同胞兄弟姐妹间的婚配外，姑舅表、姨表兄弟姐妹之间可以通婚。但必须是同辈人，严禁异辈通婚。不论在本民族内部联姻或其他民族之间的联姻，都讲究门当户对，偶尔有富人娶穷人家美貌女子的事，而穷人要娶富人的女儿几乎是不可能的。

过去，早婚和包办婚姻，被认为是天经地义的事。早婚现象相当普遍，婚龄一般是男十八岁左右，女十六岁左右，也有十四五岁逼婚生育的。严重的包办婚姻使倾心相爱的情侣，往往不能成为眷属。直到1949年以后，这种现象才逐步改变，而且自由恋爱结婚的人越来越多。

按照这一带习惯，在哥哥未婚前，妹妹不能出嫁；姐姐未嫁前，弟弟不能娶妻。总之，长者在前，幼者在后。

儿子成家后就和父母分居，丈夫是一家之主，掌握家庭的经济大权。夫妻分工为：男的主要干耕作、放牧、拾柴、挣钱等重要活计，女的一般锄草、割田、背水、做饭、料理家务。丈夫一般是不做饭背水的。妇女在社会上和家庭中的地位都比较低，没有参与社交的权利，甚至不能随便离家外出。对妇女的管束，在富有阶层和宗教界尤为严重。1949年以后，妇女基本获得了与男子平等的地位。

1949年以前，黑水沟一带藏族人家的儿子稍大了，父母就在门户相当的人家物色对象（选择对象，主要看为人诚实，勤劳，尊长爱幼，针线技巧，做饭手艺等），一旦相中了某家姑娘，就托亲友为媒，提几斤酒出面说亲。如果女方同意，就把媒人提来的酒收下或当场喝了。接着，进入了正式的缔婚过程。

随后，媒人带领小伙儿或其同胞兄弟，拿些酒肉，前往定亲。这天，女方将直系家族长辈均请到，小伙儿遵从媒人盼咐，向女方长辈一一叩头。长辈们给未来的女婿提些条件和要求，媒人暂替小伙儿一一承诺。定亲仪式就此结束。

之后，男方择定迎亲吉日，准备前往迎亲。前往迎亲时，一般去3—5人，也有去7、9、11人的，总之，去奇数为吉。迎亲队伍中，除了媒人和新郎外还特意选派一名能唱能对，随机应变的歌手，以便到时对唱应答。去迎亲时要给新娘戴上头饰，带几套衣服，牵一匹稍乖些的迎亲马，驮上酒肉食品等。临近女方村庄时，聪明的歌手就把"劳巧"（即让道酒）提在手里，做好各方面的应酬准备。村口、村中和女方家门外三处堵刺设卡，还派一名机灵的小伙儿当"哨兵"，专门探察迎亲队伍的行动；全村男女老少都埋伏在街道两旁，堆土待撒。新郎一行迎亲队伍必须走大路，切不敢走便道寻捷径。迎亲队伍每闯过一道关卡都要费很大的劲儿。勇敢的媒人奋力清扫每一道火焰冲天的刺堆，聪明的歌手随后紧跟，向设卡抛土的男女老少敬酒求饶。老马识途的媒人，带领新郎一行乘机前进，冲到女方家门口时，大门紧闭，无能为力。于是一场智慧的较量——论"道"（即正本清源）的对唱应答开始了。按照当地习俗，双方全部用歌对答，对答时旁边放一桶冷水，谁赢了就往输者头上浇冷水。所以，主客双方都随机应变触景生情，设法难倒对方以取胜。

主方（即女方）唱道：

尊敬的客人辛苦了，

跋山涉水来迎亲，

沿河"嘛呢"（即嘛呢堆）多少座？

客方（即男方）对道：

尊敬的主人请理解，

马蹄似风不停步，

沿河"嘛呢"我没见。

聪明的歌手反应敏捷，对答如流，主方热情打开门，新郎一行迎亲队伍终于来到新娘家。新娘家早已为新郎一行设宴恭候，共进晚餐。

晚餐刚刚进罢，歌舞马上开始。一切都在女方家长和长辈的主持下进行。全村男女老少都来祝贺热闹，所有的歌舞对唱都紧紧围绕"要次"（即贺喜）这个主线进行。先是"要次"：男队在前，女队随后。高唱着贺词舞进女方家，女方家及时派人捧酒迎接本村男女老少，一一敬酒请进。然后，时而对唱，时而跳舞，时而独唱。独唱者一般都是在当地稍有名气的歌手，经大家用歌再三推荐后，女方长辈捧一大碗青稞酒，碗口四周沾四点酥油，特请歌手献歌，新郎主动在歌手面前的大碗底下押几块钱，歌手便开始独唱。唱词根据需要，触景生情，自编自唱，有的从青稞酒的来历起首，也有的直接用歌点破碗口四周四点酥油的含义及其象征性等。每唱完一曲，听众同时

高声赞叹"依嗷意！"有人还伸出拇指赞叹"巴了"（即唱得好）！如此歌舞，通宵达旦，方才结束。

翌日，太阳刚刚露出笑脸时，迎亲即将开始。彻夜未眠的新娘在母亲和姐妹们的劝说下，打扮得花枝招展，等待着那最庄严而难忘的时刻到来。

这时，亲朋好友们陆续赶来赠礼送亲。诸位亲戚在烧好的"塔路"（即象征花好月圆，白头偕老的吉祥馍）上系些花线或几尺布，特地赶来送亲。

迎亲开始，新娘听完父母的"咖达"和叮嘱，便想到就要和父母、兄弟姐妹告别，和朝夕相处的朋友告别，离开自己生长的娘家，眷恋不舍，拥抱着父母号啕大哭起来。于是，全村男女老少前簇后拥着送新娘到村口，让新娘上迎亲马，告别家乡，同新郎一行上路。按照当地习俗，新娘一出家门直到新郎家，以绝不回头为吉。

此时此刻，男方家里期待着新娘的到来。全村男女老少照例堵刺设卡三道，进道两旁堆土待撒，还有一些年轻小伙儿用锅墨、油渣等拌成油泥，专往新娘的盛装上泼。新郎一行迎亲回到村口，赶忙扶新娘下马，顿时，周围人声鼎沸，呼喊撒土。新郎冒着不断抛来的沙土，奋力冲卡开路。进道两旁的男女老少高喊："嗷——帮玛乃录，嗷——帮玛田波……"这时，新郎父母嘴也合不拢地赶来，嘴皮上劝大伙儿别打别撒，而心里则说使劲抛土，狠狠地打。

按照黑水沟一带藏族的古老习俗，新娘快到新郎家时，大门口点燃一堆篝火，请一位"巴义"（即苯教徒）当即念经祝福，新娘在篝火旁用新郎家备好的"神水"（经"巴义"念经祝福过的净水）洗脸，洗罢将一枚自己亲手戴过的旧顶针扔到洗脸盆里，连同洗罢的水一起泼出；然后，让新娘背上备好的一桶水，从篝火上边迈过，进入新郎家。新娘进门放下水后先叩拜公婆，再入席共进晚餐。传说，抛土"打新娘"，让新娘从篝火上边迈过等都是为了驱鬼避邪；让新娘背水进门是预祝新婚夫妇的生活像源源不断的流水，取之不尽，用之不竭。

晚餐后，在男方父母和长辈的主持下，举行盛大的新婚晚会。歌舞活动同在女方家迎亲时差不多，只是内容有所增减，规模更大些。婚礼仪式在热闹的气氛中结束。

新婚姻法保障婚姻自由。这一带藏族青年男女在

共同的学习和劳动中，自由交往，自由恋爱，自觉晚婚，已蔚然成风。

东乡族婚俗

居住在甘肃省东乡族自治县的东乡族，婚俗独特。由于东乡族信奉伊斯兰教，因而伊斯兰教的婚姻观、婚姻制度对东乡族的影响是很大的，尤其在过去影响更甚。《古兰经》中规定穆斯林男子可以娶四个妻子，条件是对四个妻子一视同仁，必须有足够的经济条件养活妻子。因此，在1949年以前，富裕人家娶两个以上妻子的也大有人在。1949年以后，国家法律规定一夫一妻制以后，不允许娶两个以上妻子，多妻制的东乡族有所改变。东乡族人重礼节，多规矩。参加东乡族婚礼，让人感受到高原民族对婚姻大事的庄重认真。东乡族传统上一般实行早婚，子女7—8岁时，相亲订婚，如父母早亡，由家族的叔伯或兄长做主，先由媒人到女方说亲，然后举行定亲。整个婚俗可以分为相亲、送定亲茶定亲、送大礼、举行婚礼等程序。

相亲　一般男女青年到了婚配的年龄，由男方相中某家闺女，便找一位能说会道、办事稳妥的媒人，提上一斤细茶到女方家提亲，女方父母征得女儿同意后，接受男方的礼数，说明这项婚姻基本成立。

送定亲茶　送定亲茶是男女双方已确定联姻，媒人携带男方备就的"四色礼"一至两件衣物及脂粉，还要给闺女的母亲一件衣料，送到女方家，若女方接受，便表示同意，姑娘不能再许别人。

送大礼　这与送彩礼相同。东乡人称之为送"墨海勒"。一般东乡人认为不做亲是两家，做了亲是一家，所以"墨海勒"钱根据男方家境财力酌量而定；除现金外，还送数套衣服、首饰、戒指、盖头、脂粉等；所送的现金一定要用在女子本人用物的添置方面，如挪作他用，则被人视为拿自己的女儿做买卖，是不道德的事，会受到亲朋邻里的舆论谴责。送大礼是从说亲到结婚的一个重要环节，要举行一定的仪式，以公开男女双方定了亲，可以互称"亲家"，红白事和节日里走访一般由男方的父亲、叔伯、兄弟数人，由媒人带领，在约定的日子里庄重地到女方家。还要给近亲捎带礼物。这天女方家请来"本家"老人，家务坊头的人，隆重迎接送大礼的客人。宰羊宰鸡，炸油香食品热情款待。女方近亲接受客人送的礼

物后，分别各家宴请，还要回赠礼品。

做媒　被东乡族视为高尚的功德，这不是一种职业，做媒者并不图谋财物，深受尊敬。据说成全三对以上美满婚姻，会受到后世报，功德无量。

婚礼前男女双方去当地民政部门登记，领取结婚证，再由男方托媒人商定结婚日期。有些地方在婚礼前四五天，先给女方送去"开剪"礼（大素盘十个，活羊一只，称"尼卡哈"羊）。

结婚　一般择定"主玛"日（星期五）。结婚日清晨，男方郑重邀请媒人、当家叔伯、兄嫂等，把娶亲人打扮一新，备好车辆或骡马，携带核桃、红枣、念"尼卡哈"舍散的零碎钱，路途上叫新娘穿的半新衣服一套。娶亲人一般是新郎、伴郎、媒人、当家叔伯或兄长，忌讳女客。

娶亲人到了女方村上，受到夹道欢迎，首先互道"色朗"请进准备好的院内桌席上，娶亲长辈先要礼见亲家（指姑娘母亲），然后稍食准备好的酥馓、羊肉、茶点，东乡人称作下马汤。茶毕，女方家里人请来阿訇，坐在上席，新郎、伴郎、叔伯或跪于桌前的毛毯或就在凳子上，新娘在房间里，聆听教长阿訇讲解《古兰经》上关于结婚事项的主要意义，让新人明了伊斯兰教结婚方面的规定，询问聘礼手续是否清楚？再问男女双方是否出于自愿？得到圆满答复后，阿訇根据男方的经济状况，面议"哈卡比尼"钱。此时，女方父兄争取多，男方尽量压低，围观者高声评议，哄笑四起，妙语横生，好不热闹。不过"哈卡比尼"钱听起来数额大，但不当时交付，婚后男方可求女方减免，如果女方一厢情愿减免，得到口唤，这笔钱算勾销。如不吐口减免，女方拥有索取权，男方必须交付（哈卡比尼钱，实际上就是阻止丈夫将来随便休弃妻子，如离异了，是女方日后的生活保障费）。最后让阿訇裁决，两方亲戚遵从。这时新娘的父亲开始宣布，我的女儿某某某聘给某某某。新郎立即答应"我承领"。于是阿訇庄重地高声诵念"尼卡哈"（证婚人的证婚词）。此时，热闹非常的院落顿时鸦雀无声，参加婚礼的人们沉浸在庄严肃穆的气氛中。念毕，把核桃、红枣喜庆零钱散给到场的男女老少。留有少部分核桃、红枣，装进新娘兜兜里，带到婆家，以便能早生贵子，同时也让听窗打趣的姑嫂分享新婚的甜蜜和欢乐。"尼卡哈"仪式完成后，女方家立即

摆桌上菜，以丰盛的宴席招待。东乡人称上马汤。新郎还专到厨房致谢厨师，厨师用烩菜款待时，新郎要巧妙地"偷"去厨房用具，以示将女方厨师技术偷走，让新娘心灵手巧。当上马汤席散时，男女双方长者说"高比"（即祝词），有些"高比"语重心长，富有很深刻的哲理。

东乡族中普遍流行追打新郎和伴郎的习俗。新郎和伴郎就得准备接受新娘村人的戏谑、追打。当他们步出女方家门，该村（有时邻村的人也参加）的人们使用柳条、土块之类追打新郎和伴郎，以示娶走他们村的姑娘没那么容易。但他们一般是虚张声势，不是真追实打，是逗趣凑热闹。等新郎和伴郎跑出几十米远后，他们才举起棍棒追赶，这时新郎在道路上随手撒些早已准备好的零钱硬币，追赶的人们伴装忙于捡钱，新郎和伴郎乘机脱身。东乡族还有一个习俗，是娶亲这一天，新郎的亲朋好友为了祝贺，在路旁备有茶点、羊肉、鸡蛋和油香，拦路接客招待，同时给新郎和伴郎披红，这叫作接"多苏伙"。如果娶亲途上亲朋多，那就站站应酬，不得避开。新郎、伴郎到自家村口，早候的青少年要新郎伴郎在村口跑马，以示他们娶亲中的英武。

哭嫁 新娘在离开娘家时痛哭不止，哭声悲寒凄凉。意思不外乎表达不愿意离开养育她的父母兄嫂到夫家去。穿戴都用夫家专门准备的半新衣服，看她能否适应新的生活环境。一般新娘穿戴好后，由兄弟从房内抱着上车。送亲人有新娘的叔伯、阿舅、兄弟、伴娘等，人数比娶亲人多一倍，讲究女客只去一人。嫁妆、陪送衣物箱柜装车一齐送到新郎家里。

呼"哈利"是东乡族婚礼的高潮。把新娘接到男方家后，呼"哈利"热闹异常。当新娘一进门，众亲朋和邻里选出一擅长说唱的人呼"哈利"，众人合之。时而击掌，时而拍手臂，有前进、后退、左右横行、下蹲、跳跃等各种舞步姿势，动作敏捷，节奏欢快，即兴编词歌唱，新娘在抑扬顿挫的说唱声中拥入洞房。关于呼"哈利"，据说很早以前，在东乡族自治县北部山区出现了一个蟒蛇，它专门涂炭生灵，残害百姓，四周的村庄不得安宁。人们叫苦连天，玛鲁玛山上有个非常聪明的女子，在她快要出嫁时发誓杀死蟒蛇后再结婚。成亲前夕，她带领村上的人，勇敢地杀死了占山为害的蟒蛇。人们为了纪念她，在新婚之夜呼"哈利"辟邪，祝福婚姻美满。

新娘一入洞房，深藏不露。院内院外依然热闹非常。亲朋客人，入席落座，当然新亲在上席，阿舅姑表对席（一般所有女客不入庭院中的大席）。其余分年长和关系亲疏，由当家执客遵循严格顺序安排席位，不能坐错位置。吃了下马汤后，开始搭礼收礼金，并委人记账，以备以后还礼。搭礼也有规矩讲究的。先从长辈开始，舅舅、姐夫、姑父以此为序出礼亮物，当场公开报数。接着是亲戚、乡邻、朋友，礼品一般是现金、被面、衣服、毛毯、贺幛、镜框等。也有给新郎和伴郎披红的。紧接着宴席开始，从上席对席依次用大盘端出：油炸酥馓、馓子、油果、糖包、肉包、烩菜、羊肉，七碟八碗，好不丰盛。禁忌递烟上酒。

宴席结束，两亲家相距较近的，娘家人当日返回。新娘一入洞房，立即梳妆打扮，更换新衣，在适当的时候走出新房，与客人见面，称"拜客"，再向娘家人告别。若两亲家相距较远，当天无法回去，就安排在邻近亲房家里，休息过夜。那么新娘也就不出门"拜客"了。到了第二天五点多钟，起床净身，梳洗打扮，更换新衣，头戴盖头插上鲜花，由婆家姐姐或阿姑领着先到上房拜认公婆、叔伯婶婶，然后和娘家人见面，最后进厨房拜谢厨师。此时的新娘，已是粉面桃腮、花枝招展、娇秀妩媚、光彩照人。

砸枕头 一到夜幕降落，庭院里灯光辉煌，人头攒动，村内村外的男人们混在吃席的亲朋中间，除了逗惹公婆戏耍外，主要是打枕头了，打新媳妇的枕头，必须是新媳妇陪嫁的，由一人领头从新房里要出来，装上荞麦皮，鼓鼓硬硬的，当新枕头拿入洞房时，洞房里护新娘的女客们早已严阵以待，紧紧包围着躲藏在棉被下炕旮旯儿的新娘。领头的后生面对新娘和女客们，展示威风，跃跃欲试，高举手中的枕头，唱起了"枕头歌"：

> 单单的核桃，双双的枣，
> 养了尕娃满山跑，
> 养了妮哈卧旮儿。
> 娶亲的日子是好日子，
> 打枕头的规矩自古有；
> 不娶亲是事不成，
> 不打枕头背不平。

头来是恭喜，

二来是贺喜，

三来是今晚打枕头的规矩。

歌声未落，绣花枕头飞来，不偏不倚，砸在新娘身上。守护新娘的女客们极力阻拦，你推我搡，互不示弱，吆喝声像把新房震破。这时有人建议，亮出新娘，打枕头算了结，防守的女客们只好无可奈何地答应小伙子们的条件，从炕旮旯里推出新娘，让她站在炕沿前，给众人亮相，露出深藏的真面目。接着是打开箱柜，翻出一件件嫁妆让大家欣赏新娘的针线。姑嫂们也乘机向新娘或者伴娘跟前索要礼品，真是红火呀！第二天晚饭时，新娘亲自进灶下厨，擀面切长饭，称为"试刀面"，请邻里老人们来鉴评新娘的茶饭手艺。

保安族婚俗

保安族依照伊斯兰教规，非穆斯林不许通婚。然而，据调查了解，过去保安族居住在青海省同仁县时，聚集地保安三庄内穆斯林多为保安族，禁忌族内近亲结婚，但方圆几十里没有信仰伊斯兰教的民族，保安族只好与相邻杂居民族藏族、土族通婚，并规定嫁给保安族人的藏族、土族姑娘必须信仰伊斯兰教。保安族迁徙定居甘肃省积石山保安族东乡族撒拉族自治县大河家地区后，周围邻近民族多为信仰伊斯兰教的民族，这样与相邻回族、东乡族、撒拉等通婚较多。如今，保安族青年择偶范围仍然大致在穆斯林范围内，尤其是在相邻信仰伊斯兰教民族之间择偶。过去，保安族一般实行早婚。男17岁，女15岁左右，由父母包办，媒人说合结婚。现在，男女恋爱和婚姻较自由，早婚现象也有所改变。

传统的婚姻程序包括说亲认亲、下聘礼、婚礼仪式等步骤：

说亲认亲　媒人受男方委托，征询女方家长对婚事的意见。若同意，媒人带着"定茶"即茯茶一块、"四色"礼品一份、衣料一块，送女方家正式定亲。女方若接受"定茶"，意味认亲；如果谢绝"定茶"，说明不愿结亲。认亲后直至正式结婚的这段时间，男方每逢喜庆节日或新年丰收之际，都要给女方家送礼。

下聘礼　当两方家长认为可缔结婚事时，女方派媒人通知男方聘礼数量等情况，经双方商定适宜的彩礼数后，由男方媒人及本家兄弟3至4人，带着衣料、香粉、胭脂、香皂及首饰等送给女方。如今，随着生活水平的提高，彩礼的数量和种类都有变化，如手表、自行车、缝纫机，以及电视机、电冰箱等电器。女方接受男方彩礼，设宴请亲房户族都来吃宴，称其为"叫客"。"叫客"人数较多，显示女方家庭团结和睦。如果女方没有亲友，也可请毗邻的亲房户族，表明女方家人缘关系好。在宴席间双方商定婚礼诸事宜。

婚礼仪式　婚礼日子多选在星期四或星期五（即伊斯兰教"主麻"日前一天或"主麻"日）举行。婚礼一般进行三天。娶亲日的早晨，男方家庭选派七八位男性，其中一位是新郎的伴郎。并有两位年轻妇女作陪姑，与新郎组成娶亲马队，牵着披红挂绿的马到女方家。媒人引新郎给女方家长们道"色俩目"问好。请来的阿訇及长辈坐在炕上方，新郎和伴郎蹲在炕沿下，新娘躲在其他房间，不露面。这时，新娘父亲直呼新郎的经名，正式宣布将女儿许配给新郎，如说："阿卜都，我的阿西亚聘给你了。"新郎忙答："我承领。"接着阿訇念尼卡哈（《古兰经》中关于订婚的章节）。念完，还须考问新郎伊斯兰教义常识。新郎答完，阿訇将男方带来的大盘红枣、核桃撒向院子中的人群。据说，这些红枣、核桃象征着婚姻美满、早生儿女、白头偕老、幸福安康。因而，院中的年轻人争先恐后抢拾红枣、核桃。其后便设宴招待娶亲人。宴毕，女方亲友和村上的小伙子们向媒人及娶亲者要"奴工木哈钱"（保安语，意为买羊羔肉钱）。若不满足他们的要求，年轻人们就要用棉花、羊毛粘锅黑涂抹娶亲人的脸，嬉闹取乐。在娶亲人离开之际，小伙子们要拳打脚踢他们。据说，这种别开生面的"送客"，是为了让新郎新娘未来的子女记认舅舅的一种仪式。如果男女双方是同村人，有时女方部分小伙子要随男方娶亲人到男方家，往新郎父亲、叔父、哥嫂等脸上抹黑，将新郎父母打扮成身穿翻毛皮袄，大红枣作耳坠，地瓜作眼镜，身背木制大枪的模样，抬到女方家坐下，双方亲家互道"色俩目"后，新郎父母装出生气样责问为何不快将女儿送来。这样小伙子们被新娘父母按倒，让新郎父亲打屁股，新郎父亲拿出木棍，高举轻打几下之后，便离开女方家。

当新娘离开家时，女方家也组成送亲队，一般为两个伴娘、八至十个男子或二三十人，家族中年长妇女左手扶新娘，右手托一盘五色粮食（麦、豆、玉米、青稞、小米）和茯茶。新娘从自家房门边走边向后抛撒五色粮食出院门。据说，这是示意将吉祥如意和幸福留给父母、姐妹和兄弟。新娘头盖面纱，身披一条红色毯子，骑马由送亲队送到新郎家。送亲队到达新郎家门，男方村里的小伙子们鞭炮齐鸣，并阻拦新娘骑马入门，只好由新娘的亲属抱着新娘冲入新郎家门。送亲人将嫁妆"抬鞋"（即送给新郎及长辈、兄弟姐妹的鞋）摆在院中，展示新娘的针线活。而后，逐个分给新郎家人。男方象征性地给些"抬鞋"钱。此后，客人们便三三两两到新郎亲戚家做"转客"，最后在新郎家摆宴欢庆。这时，双方的小伙子们拉出好马，在附近的平坦之地进行赛马活动。这不仅表现喜庆之情，也是青年人显示骑术的好机会。

当晚，年轻人聚集在新郎家院中，架起篝火，边饮茶边唱"筵席曲"欢庆。午夜，临近结束，唱一曲"讨喜曲"，得到主人以核桃、红枣等食品招待，便宴散而去。婚礼第二天，男方继续设宴，并由男方长辈出面给新娘的母亲"抬钱"，新娘母亲只象征性拿一些。另外男方家还得给新娘舅舅抬煮熟的牛背子（即连着牛尾巴的牛后背部分，有四五十斤重）。散宴之前，女方舅舅或伯父及男方长辈分别讲一些客套话。例如，两家的姻缘是"真主之意"，希望男方日后对新娘的不足之处多加教导、谅解；男方感谢新娘家人对新娘的养育之恩等等。

第三天是婚礼的最后一天。男方的姐姐、嫂嫂等陪同两位新人去女方家"回门"。她们到了女方家，同样先做"转客"，后于女方家赴宴。宴散客走，婚礼仪式告终。新娘到新郎家以后，一般三天不吃男方的饭，而由娘家送饭，表示父母对女儿的关怀。

保安族的婚姻实行一夫一妻制。过去，夫权思想占统治地位，有"天是大天，丈夫是小天"的说法，妇女在家庭中的地位从属男人，处理重要事情要向丈夫讨"口唤"，征得同意；妇女承担着繁重家务和农业劳动，当夫妻不和睦时，丈夫连说三遍"我不要你了"就算离婚。妇女没有主动离婚权，离婚后的妇女可再婚，俗称先嫁由父母，后嫁由自己。妇女无财产继承权，寡妇改嫁，家产归亲属。如今，妇女在家中

的地位有所提高，丈夫外出打工做活，由妇女在家做主。赡养老人，培养儿女，家务、农务大体由妇女承担。妇女成为保安族社会、家庭中的主要人物。婚姻也有了法律保障。

目前，在社会发展的大潮流中，保安族的婚俗也具有时尚特色，如彩礼中现代化用品及家用电器增多等。与此同时，有些陈规陋俗则逐渐消失，如戏弄新人双方父母的"怪打扮"，往婆亲人脸上涂黑等已经很少见到。

裕固族婚俗

裕固族婚俗分正式婚姻和非正式婚姻两种。在旧社会，一般贫苦牧民男子长到成婚年龄以后，由于家境贫穷而娶不起妻室，很少在自己家里生活，多数在别人家里当"房客"。这种非正式婚姻分"系腰带""立房杆""戴头面"三种形式。

系腰带　姑娘长到结婚年龄，在自由恋爱的过程中，看上意中人后，就把自己的腰带解下来，系在意中人的腰间，作为订婚、结婚的依据。从此，这位姑娘再也没有别人敢上门求爱了。

立房杆　就是姑娘长到十七、十九岁时，家里人就给她做几身新衣服，并在帐房内立一根杆子，挂上彩带。从此，就可以招引男子前来求爱，进而共同生活，但无夫妻名分。这种形式谓之为招"房客"。

戴头面　头面，是一种姑娘的头饰。这种习俗是在姑娘长大后，先给她做一副头面，然后请一位妇女来给姑娘把头梳好，再把头面戴上。戴了头面的姑娘就可以常住娘家，同外面的男子一起生活。而外面的男子只有给女家劳动的义务，没有女方财产的继承权。如果两个人共同生下的子女多，可以协商分给男方一两个。

这种非正式婚姻，1949年以后逐渐消失。

再一种就是正式婚姻，也就是裕固族比较古老的传统婚姻。这种正式婚姻分订婚、送亲、迎亲、新婚等仪式。

1. 订婚

（1）恋爱

裕固族传说，古代的鲍黛可汗和桢格尔思可汗两个皇上，定下了个规矩：同姓同户之间不能结婚。另外，裕固族婚姻也讲究门当户对。

恋爱的形式多种多样。有唱情歌，送礼物，对天

地或石头、树木、山泉、飞鸟起誓等。但主要还是用对歌的形式，以歌抒情，如：

> 女唱：假若你看见了鹿的蹄印，
> 　　　你就会找到灵芝草；
> 　　　假若你看见了雄鹰，
> 　　　你就一定能采到雪莲。
>
> 男唱：我虽然看见了鹿的蹄印，
> 　　　却没有找到灵芝草；
> 　　　我早就看见雄鹰在飞翔
> 　　　我恨自己没有长上翅膀。
>
> 女唱：着急的人不一定有情，
> 　　　长翅膀的并不一定就是雄鹰；
> 　　　有时候你往往没有耐心，
> 　　　没有耐心怎么知道你有诚心？
>
> 男唱：我的心火把冰雪都消融了，
> 　　　我的情感把河水都沁透了；
> 　　　我的双眼把蓝天都望穿了，
> 　　　我的两脚把大地都踏烂了。
>
> 女唱：噢，今天我才知道，
> 　　　你是来向我诉苦；
> 　　　如果你真的有心，
> 　　　先摸摸它是否在跳动。
>
> 男唱：我虽然只有一颗心，
> 　　　却早被一个人偷去了；
> 　　　假如要不是你的话，
> 　　　那你为什么脸红？

（2）议亲

如果男子看中了谁家的姑娘，男方家就要请一至两个媒人前去求婚。去时要带"拜立克"（类似藏族的哈达，但比哈达短，是用白布和蓝布做成）和酒。酒瓶口上还要系一根红线，以示吉祥如意，送给女方的父母亲。女方家长若收下"拜立克"和酒，就意味着婚事有商量的余地。男方如果拒而不收，就表示不同意。

（3）许亲

女方家长如果收下议亲的礼物，男方先给女方主事者敬酒，由女方主事者提出条件。按古老的规矩，先要120种彩礼：珍珠、玛瑙、海贝、玉石、三条项链、头面、耳环、镯子、佩刀、彩色手绢、宝石戒指、绸袍、棉衣、牛皮靴、白毡、沙毡等。等女方提完以后，男方家嫌要得太多，就二次敬酒，女方家主事人就将彩礼各减一半；男方家还嫌多，又第三次敬酒，女方家主事者再将彩礼各减一半，一直到男方可以接受的程度。双方则一言为定，一门亲事就这样说定了。

男方给女方如数送清所定礼物之后，两家共同请来本部落的喇嘛，根据新郎新娘的年龄、属相卜算结婚的吉日良辰，还要算出新娘临时戴头面、新婚夫妇拜天地、入洞房的时间。

2. 送亲

（1）迎客

婚期定后，在结婚的前一天，男女双方所请到的客人都要到女方家去。主人把客人让进大房，随后就端上奶茶、烧馍，为客人洗尘。等天色黑下来以后，就请所有的客人入席。席分头席、二席、三席、四席等，席间点有羊油灯和红纸灯笼。地毯前的小桌上点有无数盏小铜佛灯。

按过去的规矩，头席上坐有活佛、部落长、喇嘛、法台、圈头（部落长的大管家），有威望的长辈分坐头席两翼。爷爷、舅舅、伯父、叔父等男性长辈坐二席两翼，直系亲属中的男性及客人中的男客坐二席，直系女性长辈三席，女性亲属坐三席两翼，一般女客中的长辈坐四席，依此类推而就座。

待客人们入席坐定之后，男女双方则按照辈分大小唱起了待客歌。

（2）哭嫁戴头面

一直唱到半夜或天亮时分，到了给新婚者临时戴头面的时辰，全体客人就开始大合唱。娘家人此时开始恸哭连天，叫哭嫁。歌声和哭声混为一体，成了一部婚礼交响曲。这时，新娘在姐姐和亲姨妈的陪伴下，痛哭着来到羊圈，走到挂头面的墙根，然后由母亲哭着给女儿戴好头面。这时哭声更大、合唱声也更高：

> 母　唱：咿呐噢——
> 　　　　亮明星出来了，
> 　　　　天地快亮了；
> 　　　　亲生的丫头啊，
> 　　　　你戴头面的时辰到了。
> 　　　　东方已经发白了，
> 　　　　丫头戴头面的时辰到了。

女儿唱：日头一样的父亲啊，
　　　　谢谢你的抚养；
　　　　心疼女儿的是亲妈妈哟，
　　　　忘不掉你的恩情；
　　　　女儿要保重啊，
　　　　父母亲要保重。

众　唱：丫头戴上了头面，
　　　　娘家人的心儿都碎了；
　　　　这是悲伤的眼泪，
　　　　这也是喜庆的眼泪；
　　　　太阳升起来了，
　　　　新娘就要离开自己的家了。

（3）送别

头面戴好以后，姑娘就向父亲、母亲告别，姑娘开始唱《哭嫁歌》：

再见了，
我亲爱的阿札、阿娜（裕固语：爸爸、妈妈），
今天我戴上头面，
你们要把我常常挂念；
不是我对你们无情，
是生活在向我呼唤。
再见了，
我亲爱的阿札、阿娜！
女儿离开了你们以后，
父母的恩德永远记在心间；
我对你们的思念像头发一样，
每日每时都会增添。
放心吧，
我亲爱的阿札、阿娜，
女儿有一对明亮的眼睛，
走路会避开深渊；
丈夫是个好心的人哟，
你们把心儿放宽。

唱完以后，姑娘顶上盖头，由伴娘搀扶到马背或骆驼背上，而后，送亲的新娘的亲哥哥或表哥及全部客人也骑上马和骆驼，高唱《送亲歌》，离开娘家的帐房。

众人唱：

洁白的云彩一朵又一朵，
好像是撑开的阳伞；

银雀鸟儿一对对，
歌唱在辽阔的蓝天；
万紫千红的花儿一下都开了，
路边的牛羊也为新娘把头点；
美丽善良的新娘哟，
前面就要为你"打尖"。
红柳花开了一片又一片，
好像是新娘织出的花毡；
雪白的天鹅一双双哟，
飞舞嬉戏在海子泉边。
吉祥如意的彩虹为新娘搭桥，
送亲的歌儿一路没个完；
美丽幸福的新娘哟，
前面你就要和新郎见面。

3.迎亲

（1）打尖

娘家人送亲的那天，男方要派人骑上六对白马、六对红马、六对骆驼来迎亲。男方在迎亲的途中选一块干净的地方，铺上毡毯，摆上好酒和一个整羊的熟肉或一个羊胸子和120个小圆馍，等候送亲的马队。

当送亲的队伍远远出现，"尊敦"（男方的总代理和主事者）就赶紧上马去迎接，不敢怠慢。一般送亲队伍中总有几个挑剔的，故意找毛病，说婆家迎客不热情，或说酒少、肉瘦、馍不白等，故意骑马四处乱跑。这时，婆家的主事人赶快命令专门的待客人向娘家人道歉，求得谅解。把娘家的主要客人请下马，让他们坐在毡毯上，婆家人又是敬酒又是捧肉，同时也给骑在马上不下来的客人敬肉、敬酒。客人们吃喝一开始，"尊敦"就唱起《打尖歌》：

牛背子香呦羊背子嫩，
"尊敦"的客人们尝一尝；
路上太阳晒、马背晃；
喝一杯喜酒添力量。

客人们吃喝满意后，全体又上马，继续高歌向婆家行进。娘家客人中会选一名好骑手，时时到前面打探婆家的准备情况，回来禀报。通常禀报三次后，迎亲的马队就到了男方家附近。

（2）踏房

旧时婚礼日早晨，婆家要为新娘在院外的东南方另立一顶白布帐房。在新娘快来之前，娘家客人会分

四五批骑马前来踏倒这顶小帐房。婆家则事前在房内安顿两个妇女，手持木棒或毛绳，由帐房里向外猛击篷布，吓唬前来踏房的人，使之不敢靠近。如果客人来势凶猛并踏倒了帐房，就意味着不吉利，婚礼也要到此结束。如今此俗已改，娘家客人只以绕房转三圈表示踏房，而后即转回头报告说婆家准备好了，新娘即可出发。"尊敦"会在新娘的马前唱起《迎亲歌》：

> 一对鸳鸯天配成，
> 小两口子放光明；
> 家中牛羊一大群，
> 走马骑上一溜风；
> 喝茶穿绸无饥冷，
> 荣华富贵享不尽；
> 不要责怪父母亲，
> 新娘脚下铺金银。

4. 婚礼

（1）正式戴头面

新娘由兄长从马背上抱下来，一直抱到新搭建的帐房，"尊敦"宣布婚礼正式开始。新郎用方盘端去婆家为新娘准备的绿色绸袍、头面、戒指、耳环、手镯、佩刀、腰带、彩巾等。由伴娘和媒婆为新娘洗梳打扮，正式为新娘戴头面，戴头面时新郎要唱戴头面歌。

（2）射箭驱妖

新娘戴好头面以后，新郎迎新娘走出帐房。新娘快到大院门口时，门两侧燃起两堆火，新郎持弓发箭（无箭镞），射向新娘，以示驱邪。然后，新郎拾起射过新娘的箭，连同弓一起折断扔进火里，意思为夫妻一生一世无灾无难。接着，"尊敦"宣布客人进大房，次序是：先活佛、喇嘛、部落长、圈头，后直系亲属长辈及新人。男客居左排成一列，同牵一条很长的蓝布带，布带前端抓在男方长辈手里，末尾抓在新郎的手里；女客们居右排成一列，同牵一条很长的白布带，布带前端抓在女方长辈的手里，末尾抓在新娘的手里，缓步进入大房。"尊敦"在中间朗诵《阿斯卡思地》。

（3）拜天地

客人们进入大房就座后，新娘新郎开始对天地和神像叩头。这时，"尊敦"举起一只煮熟了的绵羊后腿（裕固语叫尤达），上面缠绕着羊毛，庄严地大声

朗诵《尤达尤达》。"尊敦"朗诵时，新郎新娘依次向活佛、喇嘛、部落长、圈头、长辈和客人们一一叩头致意。而后，"尊敦"端起盛满酥油的小碗，向新郎新娘口中各喂一小块酥油，以示他们婚后生活甜蜜、美满，又将熟羊腿插在新郎的腰间，以示牛羊满圈、生活富足。

（4）对歌

当新郎新娘拜过众人之后新郎扶新娘重新进入小帐房，由部落长指定若干歌手，来唱喜庆祝贺的歌，使婚礼达到高潮。按老规矩，最后由新郎和新娘对歌：

> 新娘唱：今天为啥是喜庆的日子？
> 我为啥到这里来了？
> 是我自己来的吗？
> 这恐怕不是我的意思；
> 要是我心里真这么想，
> 那我怎么连一点也猜不着？
>
> 新郎唱：天上如果没有云彩的话
> 就不会下雨；
> 如果没有雨水，
> 哪来的海子湖水。
> 如果没有媒人的话，
> 就不会有男女配成双对；
> 多谢媒人的帮助和劝导，
> 我们今天才能成亲。
>
> 新娘唱：谁都知道，
> 丫头长大天生要出嫁，
> 可我却很害怕；
> 过了门就要治一个家，
> 治家可是最难办的事啊！
>
> 新郎唱：这你就放心吧，
> 用不着你那么发愁。
> 爷爷看中了你，
> 奶奶看中了你，
> 公公看中了你，
> 婆婆看中了你，
> 哥哥看中了你，
> 嫂子看中了你，
> 弟弟妹妹看中了你，
> 一家人都看中了你，

你能当起家，

你就放心治家吧。

歌罢，新娘把酒抹在头发上，新郎把喜酒洒向天空和草原。新婚夫妻向客人们分赠"拜立克"和牛羊背子礼肉，"尊敦"宣布礼成。

（5）交新娘

婚礼仪式一结束，娘家人就拆掉白布帐篷，领着新娘进入正式新房内，将女儿交给婆家："亲家母，我把女儿交给你，从此以后，你要多加指教。"亲家母说："放心吧，我要像亲生的女儿一样对待她。""女婿娃，今天我把姑娘交给你了，从今她就是你的人啦，以后两口子要相亲相爱。""放心吧，我们一定互相关照，白头到老。"

5. 新婚

（1）入洞房

到了晚上，新郎新娘就要入洞房。新房周围有为他俩"陪夜"的人，这个人一般由男方家已婚妇女担任。新郎会先取出羊骨与新娘共同吃尽上面的肉，然后两人才熄灯。

（2）试茶饭

新娘在天亮前必须起床，进厨房拿起火链子，对准干草连打数下，再向灶膛里扔进酥油，撒上炒面和曲拉，一方面是祭灶神，另一方面使火烧得旺。新娘生起新火，搭上新锅，为婆家熬第一锅奶茶，敬给婆婆及全家人品尝。如果婆婆不挑剔，这一关就算过了。

（3）出牧

新娘要在喇嘛所定的日子、时辰、方向放牧两三次，放牧时新娘要捻一杆线，拾一捆柴，表示新娘开始辛勤持家了。

阿克塞哈萨克族婚礼

哈萨克族居住在甘肃的阿克塞哈萨克族自治县。哈萨克族青年男女的婚姻，旧时由父母包办。1949年以后婚姻自由，青年男女自由恋爱，结婚仍依照哈萨克族的习俗进行。

订婚　依照哈萨克族的习惯，订婚这一天，新郎不去女方家，前去的是新郎的父母或嫂子，还有请来帮忙的妇女。新郎的父母去女方家前，女方家先要宰一只羊，炸包尔萨克，烧好奶茶，还准备了酥油、水果、糖之类。客人一进门，几个妇女端上吃食。由两

个年轻女子将未来的新娘簇拥进帐房，让未来的公婆相看。依照哈萨克族的习惯，公婆第一次见未来的儿媳妇，要馈送"见面礼"。新郎的母亲会送给姑娘一块布料，并上前亲吻一下未来的儿媳，再把一块白纱巾扎在姑娘的头上。这时一群妇女上前抢新娘的布料，不一会儿，一块布料你撕一块，我撕一块，一抢而空，这叫抢喜果，为的是讨个喜庆吉利。

订婚后第二天，新郎由伴郎陪同到女方家去，新娘的父母竭诚相待，还把羊胸叉肉给他吃。几个小伙子在一旁风趣地问："胸叉肉香不香，甜不甜？"依照哈萨克族的习惯，这种场合羊胸叉肉别人是没资格享受的，只有当了女婿才可以，而吃上胸叉肉也就意味着婚事确定了。

结婚　哈萨克族婚礼一般要举行三天。结婚的当天，新郎兴高采烈，满面红光，同伴郎前去娶新娘。女方家又依照哈萨克族的习惯招待前来迎娶新娘的人，还给代表新郎父亲前来娶新娘的老人敬献羊头。这个老人按照哈萨克族的礼仪，割下一块羊头肉送给在座最高龄的老人，又割一只羊耳给年纪最小的孩子，然后把羊头送还主人，才开始就餐。哈萨克族办喜事非常热闹，亲戚朋友，左邻右舍都会穿上节日盛装前来贺喜。因为他们那里带有血缘关系的部落亲友非常多，一家办喜事，差不多整个部落都参加。现在还有男女双方工作单位上的人来参加，更是热闹非凡。依照习惯，女方家还专门设一间房子摆嫁妆，请大家观看，用以表现双方家庭的经济状况。

第二天休息一天，第三天正式娶新娘了，偏偏几个俏皮的伴娘偷偷把新娘子藏起来，弄得伴郎们到处找，最后在哥哥的毡房里找到了，但是伴娘们硬是挡在门上不让进，要跟伴郎们对歌，唱赢了才可进门接新娘。毡房外的两个伴郎只好揭开毡房的一角，骑在马上，同毡房里面的伴娘互相逗趣、玩闹式的对唱。请听：

女：小伙子们为啥揭开毡房？

小伙子们为啥站成一行？

男：我们不跟你们闲扯，

我们急着要接新娘。

女：我们的姑娘是好姑娘，

飞针能刺绣，

还有金歌嗓。

草原上的姑娘数她美，

你们的小伙比得上？

男：我们的小伙是好小伙，

跑马追上兔，

支枪打豺狼。

草原上的小伙数他俊，

胜过你们的小姑娘。

女：你们接新娘为啥这样忙？

是不是想新娘想断了肠？

男：不是想新娘想断了肠，

骏马要配上银鞍装。

对唱过程中，伴郎会趁伴娘不备，从马背上跃入毡房，伴娘们会拿锅灰向伴郎脸上抹，双方打闹嬉戏大半天，最终新娘被成功接出。

新娘要离开了，按照习惯，娘家的主客都来吻别。这个吻别并不是说一说话，而是编歌词唱着吻别，新娘的母亲抱着女儿的头哭着，吻着，唱着吻别歌，叮嘱女儿婚后要尊重公婆，爱护弟妹，夫妻和睦。尽管母女情深意长，难分难舍，但女儿总归要走的。

新娘的车被男女老少一段一卡，索要喜果，车每到一处，送出一块布料或者一条毛巾，撒一把包尔萨克，拦车的人就放行了。过去娶新娘骑马，用骆驼驮礼品，沿途有人用马莲绳拦路对唱，索要骆驼鼻子上拴的红布，如今有条件的都乘车。随着时代的前进和人民生活条件的改善，一些风俗习惯也在逐步改变。

娶新娘的车驶到新郎家，几个妇女拿红帐帏，把新娘围起来，盖上一方红面纱，由两个伴娘簇拥前往。这时候，新郎家的几个老太太用餐布包着糖果之类，向新娘和来宾抛撒。来宾们争相分享。

下午，典礼开始了。新房上挂着五颜六色的彩带，毡房里布置得花花绿绿，整整齐齐。绿绸床幔葱绿葱绿，红绸带子映红了人的脸庞；折叠式的哈萨克族床上铺着厚厚的花毡和褥子，壁上的挂毡色彩缤纷，各呈风姿。新郎的父母坐在毡房的上首，这时两个伴娘扶着新娘进来，她们把新娘扶到毡房中间的火堆前，由一个妇女把酥油倒进火里，用冒起的烟烤烤手，又在新娘脸上虚擦一擦。意思是"倒油驱鬼"，祝愿新娘幸福。这时，人群中站出一个小伙子，拿出系有红白布的鞭子，对着新娘唱揭面纱歌。按照哈萨克族的习惯，唱揭面纱歌的小伙子，必须与新娘同

辈，否则不便于向新娘逗趣，而且还要机灵诙谐，能唱会说，懂得礼仪。小伙子的俏皮话惹得大家捧腹大笑，为婚礼增加了热烈气氛。

唔……

好新娘，好新娘，

比树上的鸟儿还好看，

比地上的花儿还漂亮。

我给你说几句话，

你要牢牢记心上。

夜晚要晚睡，

早晨要早起床。

提水烧奶茶，

双手敬爹娘。

跟邻居不吵嘴，

尊上面是你公公，

向你公公一鞠躬！

上面是你婆婆，

向你婆婆一鞠躬！

老爱幼记心上。

唱完揭面纱歌后，小伙子用鞭杆子轻轻挑开新娘的面纱，大家一起拥上前去看新娘，有的则去抢小伙子系在鞭杆子上的红布和白布，毡房里顿时沸腾喧闹起来。

如果说揭面纱是哈萨克族婚礼中最热闹的时刻，那么婚礼的夜晚就达到了热闹的顶点。当太阳落山后，毡房里外便热闹起来，一群老汉和老太太弹着冬布拉，又唱又跳。毡房外的年轻人也欢快地连唱带跳，他们跳民间传统的黑走马舞、狗熊舞、劳动舞一直到天亮。

土族婚俗

土族普遍实行一夫一妻的婚姻家庭制度，还通行招婿赘婚。土族一般在本民族内部通婚，由于同藏汉族杂居和人口少的关系，也往往同藏汉族通婚，但主要限于两种形式，一种是土族男子娶外族女子为妻，习惯上本民族女子不嫁外民族。另一种是有女无子之家可从外族招婚入赘。招婚入赘可以不改名换姓，但须改变民族成分，成为土族的一员。1949年以来，土族与藏汉族互相嫁娶的情况越来越多，尤其在散居土族地区较为普遍。

土族男女青年结婚成亲，以前要遵循父母之命，听从媒妁之言，由父母和媒妁包办成亲，以男方向女方送彩礼为婚娶的重要条件。男女联姻成亲，大致经过说亲、订婚、要亲、嫁娶成婚等阶段。

小孩一过 10 岁，父母便给子女选择对象。如男方看中某家闺女，就托媒人携带一包茶叶或一瓶酒，卓尼县杓哇土族还另送六双礼饼前去说亲，如女方收下礼物，就表示答应这门亲事，否则表示不同意。卓尼土族的习惯是如女方同意，就在说亲的酒瓶内装入青稞或小麦，瓶口拴上白羊毛，让媒人带给男方。男方得到女方同意之后，托媒人携带订酒、礼饼、衣物和少量货币到女方家正式订婚，自此男女双方的婚姻关系便算正式确定，逢喜庆佳日男方向女方送去彩礼，等男女青年到结婚年龄（以前是十六七岁），媒人和男方父亲携带礼饼、青稞酒、衣物等聘礼到女家要亲，商议嫁妆、婚日、宴宾客等事项。要亲之后，卓尼、积石山一带土族待嫁的女子开始坐在闺房里，绣花做衣，学唱哭嫁歌，出嫁之前一个月不出闺房。

婚礼一般为三天，女方家一天一夜，男方家两天，一般在晚上由两个能歌善舞的"纳什金"（娶亲者）前去娶亲，而卓尼一带则由媒人在白天去娶亲。娶亲者牵上给新娘的坐骑（习惯上新娘坐骑忌讳骟马、骡子等）和一只白母羊（天祝一带如此，积石山一带则白天由媒人送去一只羊腔子和礼饼），携带给新娘的服装首饰到女家。女方的女子们歌唱迎接，并堵在门口与纳什金唱对答歌或骂婚。娶亲者进门时女子们从门顶上泼水。娶亲者进门坐定受到款待后，女子们又围在窗口和炕沿唱"纳什金斯果"和其他歌曲，逗笑、戏谑"纳什金"，"纳什金"也下地歌舞。卓尼土族在娶亲者进门后，女子们让新娘改发，穿戴婆家送来的服饰，而后唱歌祝福，至午后上马起程。

天祝土族在鸡叫二遍后将新娘改发，天亮之前上马起程。起程时举行上马仪式。新娘坐在红白毡上，女方一人将摆在堂屋里的佛经、柏香、佛灯、牛奶、红筷子、茯茶、粮食等依次移动，"纳什金"在屋外唱歌跳舞，屋内移动什么就唱什么，一直唱到上马起程。

卓尼土族则是新娘先向家神磕头告别，然后由伴娘扶着退出家门，前面由其父或一长老诵经开路，其母用擀面杖顶住锅台，意即不让灶神跟着女儿一起走掉，由新娘长兄从右侧将新娘抱上马，这时女子们则拉住坐骑，唱送亲歌，表示对新娘的美好祝愿。

积石山土族新娘在上马前，先坐在堂屋中央盛有粮食的升斗上，唱祝福歌。唱毕，将一把红筷子从头顶向后抛去。上马时女子们拉住马缰，唱上马歌，新娘亦在马背上哭唱婚嫁歌告别。女方到男方家的送亲者由家伍（即家族）成员、新娘舅舅和姑夫等组成"红仁切"（送亲禧客），另由新娘的姐姐和姑母中选二位全吉人（必须是头婚的、夫妻健在的、有子女的妇女）作为伴娘同去。当新娘和"红仁切"快到男方家时，男方在数里之外歌唱迎接"红仁切"，在门前设便宴敬酒，由新娘的弟弟坐在陪嫁箱上向门内洒酒祝福，然后男女双方抬陪嫁箱的一边唱问答歌，一边步入庭院。新娘下马后坐于门前的升斗上改发，然后进门坐于草铺上，等婚礼仪式完成后进入洞房。天祝一带则是男方在数里之外迎接敬酒，"红仁切"们向敬酒者回敬一尺红布。男方在门前置盛满麸皮的升斗，上插系有哈达的箭，另放一碗牛奶和一根柏树枝。"红仁切"到门前用柏树枝向四方洒牛奶，围着方斗边撒麸皮边歌舞。新郎新娘手扶一只用红布裹着的瓷瓶，踩着慢慢步入庭院。

卓尼一带新娘上马后绕道出村，到男方村外下马，进门时新娘用奶子洗脸，由一全吉女人在前撒青稞引路到厨房，坐于厨房的毡上。

各地土族在女方到达男方家不久，都举行拜天地仪式，积石山土族通常在午后举行一次送礼答谢仪式，由女方将新娘绣制的衣物和枕头送给男方家庭成员及媒人、厨师，男方亦送钱酬谢。歌舞盛宴后，女方送亲者当日返回，伴娘同新娘则第三天回去。（卓尼一带则是第二天与送亲者一起回去）。新娘新郎受到女方家伍的宴请之后，由新娘母亲陪伴，当日回婆家，或三天之后回婆家。

第四节 丧俗

甘肃汉族丧葬礼俗

甘肃民间的丧葬仪式是一套围绕"事死如事生""不死其亲"所形成的传统程序。

咽气 亲人在弥留之际，其家属迅速为其沐浴更衣。如丧者为女性，一般穿大红寿衣，如男性则穿青色寿衣。这样，亡灵到阴间可免遭惩罚。衣毕，让其仰身平躺床上。长子或长女把耳朵贴在亲人嘴边，听说遗言，谓之"讨话"，然后再把自己的嘴贴在亲人耳边，谓之"回话"。实际上，"讨话"和"回话"只是一种"人鬼相托"的仪式，意思是希望各自放心。有些地区，在亲人弥留之际举行招魂仪式，挽留亲人。招魂无效，家长便把食物塞少许于亲人口中，使其不做饿死鬼。有的地方，在逝者袖内装些冥币或糖茶之类，谓之"盘缠"，意思是让亲人在通往阴间的路上打发饿鬼的纠缠。最后，长子或长女说一声"你老走好"之类的话，全家及亲戚乡邻声泪俱下，一齐跪倒在地上哭丧。甘肃人的哭丧基本上承袭了唐宋遗风。据谢生保《敦煌壁画中的丧葬民俗》一文介绍，在敦煌的举哀仪式中，每当人绝气，生者或捶胸拔发，或双手拍头，皆痛不欲生。这些悲痛欲绝的悲伤情景，今人亦有之。在甘肃也有专用于孝子的哭丧歌词，曲调婉转凄伤，闻之使人泪下。亲人一断气，家人亟须做的事是请阴阳先生领着孝子探墓，如无老坟，就要另找墓地。找好后，用谷秆扎成人形，立于墓地之上，一边用刀把草人剁为三节，一边口诵《斩草词》，词曰：

> 先拜杨公后拜龙，三拜祖师到地中。
> 南极仙翁作师主，九天玄女定吉凶。
> 白鹤仙人到此地，麒麟凤凰到山峰。
> 前来朱雀后玄武，青龙白虎包地中。
> 今年福人葬福地，儿孙世世受王封。

诵毕，孝子烧香焚表，祭墓地后土神，再用烟酒答谢掘墓人，最后插上标记，村民们便开始挖墓坑。

落草 也叫"小殓"。由于甘肃民间亲人去世后要停尸在上房地上，亲属也要在地上守灵，因此在地上铺有一层厚麦草，故称小殓为"落草"。遗体仰卧于木板上，用白纸遮脸，挂帐掩灵。灵帐前设香案，陈放食品。案前置一供烧纸钱用的瓦盆，名曰"孝子盆"。孝子披麻戴孝日夜跪于麦草守灵。大门高悬白纸灯，以告村人。在落草守灵期间，甘肃有接娘舅或姑舅的习俗。一般在门口摆上香案，由长子哭拜。把娘舅或姑舅接入院后，孝子听审。娘舅家提出许多刁难孝子的问题，孝子如有不恭之处或对亲人生前有不敬行为是很难过关的。作为一种仪式，表面上是惩罚孝子的，实际上是人鬼相亲的一种方式。一方面是娘舅以惩罚不孝之子来劝慰逝者；另一方面是明告逝者，你虽然走了，我们还会管教你的子女，让他们好生做人。出嫁女儿得知噩耗，从婆家一直哭到娘家。众乡亲带上各类祭品前去吊丧。守灵期间，无论时间长短，孝子及亲朋好友，每天绕尸致礼，瞻仰遗容。有些地方，孝子每天摸几下逝者的手足，表示不舍离去。村民多讲究守灵期间香火不断。一日分早中、晚三次哀悼，三次祭献。个别地方每于哀悼时，孝子要用嘴贴逝者耳朵告慰。

道场 甘肃民间守灵时要念经三天超度亡灵。或请僧人，或请道士，或请阴阳，甚或有僧道并请的。无论是佛教还是道教中都有神判的说教，以因果报应达到劝善的目的。诵经三日，孝子哭拜三日。僧人、道人和阴阳先生在民间被认为是人与神鬼的沟通人。为了不使亲人遭十王审判之苦，孝子请阴阳先生念经文，除了念给十大阎王的"十王经"外，还有"陪灵经""超转经"和"颂经"等，这些念与亡灵的经文，大都是人鬼互勉之词。在做道场期间，乡亲们为亡者做"望乡台"，形式是用黄金纸和白金纸做成的圆柱团花台，俗信亡灵离家前站在台上，最后望一眼他的子孙，才能走向阴间的路。

送葬 这时，家属及亲友为死者举行"大殓"仪式。大殓是将逝者移于棺木的仪式。甘肃人的棺木常见有彩绘，画吉祥鸟、怪兽、金钱树、龙凤呈祥、八仙祝寿、蝠、鹿、猴、虎、龟、鹤等，棺木四周饰以云、水、日、月之纹。这些彩绘除装饰的意义外，主要在于表达孝子对亡灵脱尘升天，生还净土的期盼。大殓时，首先在棺内铺好褥子，放上随葬品。然后将亲人的遗体装入棺木，遗体要摆正，身周围用柏叶垫稳。起灵前，孝子最后一次瞻仰遗容，以示思念之情。临行前，家人及送葬者要喝一小碗米汤，俗称"迷魂汤"。据说是为了防止在路上看见魑魅魍魉鬼或在坟地看见阴间的事。家人把棺罩套于灵柩上，无棺罩者用一块比较华丽的棺帐盖于灵柩上。甘肃农村，因经济所限，多用上有松鹤图、仙寿图四周吊穗的线织床单盖棺。河西一带送葬时，有牛拉灵柩的讲究。灵车是大辚辘木车，棺木置于车厢，上罩一灵棚。灵棚之上有引颈啼鸣的雄鸡、展翅腾飞的仙鹤以及张牙舞爪的金龙等明器。陇东、陇南、陇中等地送葬时，由人抬棺出殡，抬棺人数不等，有4人抬、8人抬，还有备抬10余人。棺柩上立雄鸡一对，白鹤一双，照妖镜一面。有些人家还放龙、凤等明器。其他明器，如金银斗、童男童女、白马、屋宇以及家用物什等，均由其他人或抱或抬。起灵前杀鸡一只祭家神。甘肃人在出殡路上有祭庙、祭路习俗。凡经山神庙、河神庙及其他神庙，都要杀牲祭奠；凡要过桥、过沟、路过别人家坟地，都要扔下买路冥币。因此，在出殡时，必须带上这些祭品，以便行途之用，否则就认为一路不顺，甚至会遭凶灾。出殡路上，前有引魂幡或领魂鸡，孝子手挂哭丧棒，躬身大哭而行。到了坟地，举行下葬仪式。先祭土神、烧香表、发祭文，然后安葬亲人亡灵。甘肃农村的墓由墓坑和穿堂两部分组成。墓坑深3米，宽2米，长2.5米。从墓坑底部再挖一洞穴，名曰"穿堂"，堂深（长）3米、宽1.5米，高1.5米。穿堂亦称"墓穴"，即坑中之洞。入葬前，在墓穴中点亮长明灯，放好聚宝盆，由众人将棺木放入墓穴中。孝子焚烧纸钱（冥币）等物后，磕头道别。

丧葬程序中的人鬼关系，反映了祖灵崇拜的观念。祖灵在甘肃民间的观念中具有可敬可畏的双重性质。当地人认为祭祀祖灵不但可以寄托思慕之情，还可实现"报本反始"的目的。丧葬程序正是在这种观念中所形成的人鬼关系。

"扶三""七七"祭亡魂仪式　甘肃民间的服丧制度复杂而严格。早在周代，甘肃人便把服丧看成家族中为祖先尽孝的伦理中心。唐代民间有"扶三"和"七七"制祭亡魂仪式。俗传亲人入葬后，连跪三日，听候阎王审判。三日后，亡魂全身麻木，无法起身，

孝子应亲自去墓地将其扶起，此所谓"扶三"。烧扶三纸时，各地有不同的习俗，河西多在白天举行扶三追悼。孝子们背上香表纸钱，提上酒菜饭肴，穿白戴孝到新坟去祭奠。大家跪在地上，把酒、饭肴泼洒在坟头，孝子哭喊着让逝者安息，并求告阎王宽恕死者生前的一切罪孽，使亡灵早日升天，并表示愿意替亡魂受刑受罚。祈祷完毕，大家绕坟墓转一圈，全部仪式结束。陇中和陇东讲究在鸡叫前进行。烧完纸撤返回家时，不能回头看坟地，否则在你眼前就会出现亡亲在阴曹地府受审的情景。这是考验子孙有无孝敬之心。尽管听起来可怕，但只要孝子们敢于半夜三更看望亡亲就证明他有孝道之心，不去则无。据传，能否救亡灵于危难，主要看坟地有无蓝光闪亮，有之，则能救亡灵于阴曹地府之中；无之，亲人亡灵就会遭地狱之苦。

"七七"制也是斋七制，即每隔7日设斋饭祭奠亡灵，共7次，历时49天。此俗来自佛教信仰。甘肃民间斋七不念经，但每逢七必备酒菜及香表，子孙穿白戴孝在墓地祭奠亡亲，祭毕，坐于坟地将酒菜吃完，表示与亡亲同进家宴。谈到斋七，甘肃还有极为特殊的"生七斋"讲究，即活人为自己作七斋，俗称"预修七斋"。甘肃民间不但有这样奇特的"生七斋"习俗，而且其服丧还有一种特别的讲究。如若父母或祖父健在，而子孙突然暴病而死，认为是不能为老人尽孝的罪人，于是，虽然死了还得像活人一样为后死的老人挂孝（即冥服），此后，全家人才能为其治理丧事。

禀告　禀告民俗具有鲜明的地域特色，在甘肃各地都有其独一无二的习惯。如永靖县的丧葬习俗中就有"告比"的仪式。告比即"禀告"，或曰"告孝"。永靖地区的汉族人家一旦老人谢世，就得在家停灵3—7天。出殡前主事人向和尚（或喇嘛、道士）"禀告"，向外家"告孝"。进行这些仪式时，孝子执绋焚香，跪于堂前伺候。向和尚的告词，一般是这样的：

上禀说，亮明日月，二大菩萨，东升西落，永远空中普照。

禀到庄院户下，某老太公（或太君）寿终正寝，金灵在堂。孝眷们泣血执绋，俯伏在地。

邻里党家，三五辈的老小，诚惶诚恐，推举了一位德高望重的老人，虔诚奔赴佛国圣地某某寺院的

门下。

奉请了某某法台老爷及众僧罗汉，携带玄奘圣经，莅临寒舍，用佛法洒浴，以经卷超度。

超度亡魂，免除六道轮回之苦，西方极乐园里超生，成仙成圣，或者转生在富贵人家，再享来生之福。

法台老爷及众僧罗汉的大恩大德，理应重金相谢，无奈因孝眷们手长袖短，力度不足，只能奉上微薄的布施，虔诚叩头相谢。

多念了经卷，少奉了布施，希望法台老爷及众僧罗汉大慈大悲，给上个欢喜领受的脸色。

向外家的告孝词是：

上禀说，亮明日月，二大菩萨，光照全球，泽被万家。

禀到堂中，显考（妣）某太公（太君）寿终正寝，金灵在地。孝眷们泣血执绋，俯伏外家爷爷的面前，告别无限的哀思。

子女们的一切，都是父母的施舍；父母的恩德，如日月经天，江河行地。天是一大天，父母是一小天，就是这个道理。

说是亡人生前的功绩，正是车载斗量，不胜枚举，治家理业，费尽心机；历尽艰辛，家境富裕；乐施好善，八方赞许；教育子女，严中有慈；儿女长大，俱已成器。理应安度晚年，以享夕阳晚霞之娱，昊天罔极，身染沉疴，撒手阳世，魂返仙里。儿女们肝肠寸断，憾恨万千。人无回天之力，医无起死之术，黄泉异路，永远分离；欲效反哺已不能，想学跪乳也不许；养育之恩未报万一，音容笑貌，已成儿女们心中的追忆。

孝眷们抱恨终天，继承遗志，艰苦奋斗，克己复礼；兄弟和睦，共建家园，报答父母养育之恩，昭告亡者的在天之灵，永记本本水源，做到重重追忆。

永登、永靖、红古、临夏等地的送葬仪式也有特别的讲究。送葬队伍临行前，由本村的主事者登上房顶，高声呼喊"煨火了——煨火了——"，此时庄人即在各家门前用麦秆点燃一堆火，以示送葬避邪。送葬途中，死者的女儿和儿媳一人手提竹篮，名曰"折线"，一人提着煮熟的米汤，每走一步，都要用勺子将米汤舀出，泼往沿途地上，名曰"泼汤"。办理丧事，不得动荤。孝子贤孙们均不戴孝，腰里只扎一把

麻丝。就连女儿和女婿，只将孝衣拿在手中，不沾身体。

武威丧俗

武威地处河西走廊中段，古称凉州。武威的传统丧礼，细腻、严肃而繁缛，是武威民俗中最隆重的礼仪之一。

1. 报丧

报丧一般由逝者亲属（主要是子女）进行。先是报与死者亲兄弟、姐妹、堂兄弟，其次是逝者舅父母家，再次是逝者亲朋好友及与逝者生前有特殊关系的人，如表兄弟、师兄弟等。报丧者每到一家，必跪在院门口，直到有人出来，得知是报丧，需相扶才肯起来。告知家父（母）亡，并请被告知者前来家中。如报丧人路遇所要告知者，乃当即下跪，告知者相扶，报丧人才能起身。

等请到所要请的人之后，大家商议何人为丧礼主持人，何时入殓，何人何时选墓地，何时待客，何时做道场，何时出殡等。安排好了这一切，由逝者后人去请道士，并告知道士做道场的时间和规模。

2. 停尸、入殓

人死后，首先由其本家年长、辈分大之人为逝者修容。修容是按逝者生前所喜好的样式留胡须、头发、戴帽等。武威许多地方男人去世后将头发剃光、留胡须、戴黑圆帽；女人去世后留发，并将头发盘成一定的样式，戴上逝者生前所佩戴的圆帽，再包一块黑布。

第二道程序是换衣。褪下逝者所穿旧衣、裤及鞋，换穿新衣、裤及鞋，新衣裤鞋主要以黑色为主，衬衣则为白色。衣、帽、鞋等装饰换好后，逝者脸上苫一张纸，然后选择停尸的地方和设立灵堂。

做棺材在报丧的同时进行。棺木的板材为4至5厘米厚的木板，棺材的形状为一头大一头小的长四方体。棺盖成微弓形。棺材做成后，由油漆匠漆成大红色，并在棺前和棺后画上彩色图案。做好棺材，按择定的日期开始入殓。

遗体入棺前，由死者舅父母家人验尸。验尸就是查看是否为正常死亡，遗体是否完整无损，并查看是否符合入殓手续。待舅家人同意后，逝者方才可以入棺。

入棺实施人一般由逝者的长辈和兄长、兄弟来担当。入棺时，逝者子女及配偶跪于棺材两旁，在家

人的哭声中将逝者装进棺去。逝者身上盖被，头下有枕。生者再将逝者生前喜好之物（如书、字画、笔、烟袋等）和用纸叠成的金砖、银圆、元宝以及米、面、衣服、鞋帽等放置在逝者两旁。最后，将棺盖好、封死。入殓时，忌用一切带铁什物进入棺内。

入殓毕，将棺置于灵堂，叫停灵。孝子必最少有一人昼夜不离地守于灵棺前，谓之"守灵"，直到出殡埋葬才告结束。

3. 丧礼的布置

入殓后，丧礼正式开始，主持丧礼的人，一般为同门中年长又有威望的人，一切大小丧事，皆由丧礼主持人安排。

先设灵堂，之后将棺停于灵堂中，棺前置供桌。供桌上置亡者遗像，像四周覆以黑纱。棺前竖灵牌，上书"某某人之灵位"等字样，灵前放置香炉，香火不断，香炉旁点两盏或四盏长明灯，两旁堆放用 18 或 24 个白面馒头堆成塔状的"盘"、猪头、一碗水、一碗面，供桌下放一破脸盆，脸盆旁堆放纸钱（用粗麻纸裁成方块，上面打眼而成），供凭吊人"烧钱"之用。灵堂两旁放置花圈，垂吊花幡，墙壁上挂挽幛等。

再设法堂。请来道士，按道士的意思，在适当的地方设置法堂，并准备做道场用的一切物品。

逝者配偶穿黑衣、黑裤、黑鞋。子女穿黑衣、黑裤、白鞋，头顶白布，身披白布。孙辈只在臂上佩戴黑布套，上绣一个白色"孝"字，男子佩戴在左臂，女子佩戴在右臂。

4. 凭吊

凭吊是丧礼中比较重要的礼仪活动。亲属（主要是死者的子女等）在停灵期间，每天在固定的时间同跪在灵前，叩头、烧纸、号哭。边哭边说逝者生前的恩德和养育后代的辛苦，逝者未了的心事、遗憾，等等。

来客及同村邻居凭吊时，一般是双膝跪于逝者灵牌前，烧纸钱，说几句话，之后叩头完毕，有的则单膝跪于灵牌前，烧完纸后起身鞠一至三躬。之后，将随身带来的花圈、花幡、挽幛挂于灵堂，或将礼品交给收白礼之人。

5. 做道场

做道场就是请道士念经、奏乐以超度亡灵的祭典

仪式活动，一般在天黑后进行。道场的主要仪式有：

（1）设召王、开经文

设召王，就是由道士在法堂上供奉道家神灵。供奉"十五朝救苦神"（即太乙真人）像于法堂。太乙真人骑一只九头雄狮。太乙真人像下再置"十殿阎君"像，"十殿阎君"像两旁分别置"牛头""马面"两大将像。供神毕，烧表纸（一种神签）请神，一请"五方五帝神"，又称五老神；二请"凉州城隍感应尊神"；三请"报恩教主大孝真人"；四请"祖师祭侍教主西河救苦萨翁真人"。以上诸神，皆为道家神灵。

请完神后，开始升文，也叫"开经"，即由道士诵经。之后，再供奉"四值"（主管日、月、年、时的神）功曹神像。并发（焚烧）牒文三道。第一道发往"凉州城隍感应尊神"；第二道发往"孝居香水司令六神"；第三道发往"神虎何齐鲁"诸元帅。以上诸神亦为传说中的道家神灵。牒文主要叙述逝者生卒年月，生时居住何地，死时所在地等内容，并向"凉州城隍感应尊神"申请要夯夫（阴间从事搬运的苦力）。

（2）撒灯

由发丧道士率逝者孝眷，打灯笼、火把，烧纸钱，诵经文，吹乐打鼓，谓之撒灯。撒灯之意有二：一为逝者明路；二请逝者先祖到死者家中来。

（3）赞五老神灯

撒灯一毕，在法堂前摆五张桌子，分别代表：东、西、南、北、中央神位。每一神位各置神灯，为东 9 盏，西 7 盏，南 3 盏，北 5 盏，中央 12 盏，共 36 盏。由子女献"五礼"于神位。五礼为：香、果、花、酒、斋。香献于东，代表逝者之肝；果献于西，代表逝者之肺；花献于南，代表逝者之心；酒献于北，代表逝者之肾；斋（馍）献于中央，代表逝者之皮肤。

赞五老神灯之意在于消除逝者生前的肝、心、肺、肾、皮所造之罪孽。

（4）跑桥（亦称升桥沐浴）

据传，在阴间与阳间有一条界河，名叫"奈河"，河上有金银二桥，称为"奈河桥"。河中隐没无数妖魔鬼怪精灵，专门刁难去阴间之新鬼。

赞五老神灯后，取四腿长条板凳 8 个，在法堂

两边搭两座桥。一座为金桥，一座为银桥。每桥共置12盏灯于凳腿顶端，两桥共为24盏灯。由死者长子抱亡人之像，率所有孝眷，随道士绕桥而跑，共跑三次，每次3—5圈。跑桥速度一次比一次快，象征亡人在去阴间的路上越走越快，越走越顺利。

桥上贴有榜文，内容为亡人生前之恩德和功绩，守桥鬼怪见此会在死者亡灵过桥时不加阻拦、刁难。

（5）拜灵

跑桥完毕，所有孝眷随道士号令面棺灵而拜。多为双膝跪地叩头。此时孝眷披麻戴孝，哭声震天，香烟不绝，纸钱纷飞，道场达到高潮。

（6）放食

拜灵结束后，由道士率孝眷出院门，用麦草在院门前置一大圆（俗称曲连），将阴间用的钱（又称佛印）尽数烧之。将干饭（用小米煮成）撒于曲连内外。其意为，亲属请亡者先祖和游荡的孤魂野鬼到家中，施以钱、食后，再打发他们走。

（7）报恩

放食后，孝眷备香、花、灯、果、茶、酒、水、食、财、衣（都为食物），谓之十献。在道士的指点下，献于棺灵前供桌上。报亡父（母）养育子女十种恩德：香为精血恩，花为扶植恩，灯为盼望恩，果为婚嫁恩，茶为劳苦恩，酒为医药恩，水为清净恩，食为食恩（食当动词用），财为血汗恩，衣为温暖恩。

（8）念忏

报恩结束后，由孝眷手捧"忏疏"（写在纸上的忏悔文），道士每念经一卷，后人烧一节忏疏。忏疏内容为死者生前有罪，此时由子女代为忏悔。烧忏疏，就是将忏疏呈送于阴间阎君收阅，以期逝者免受阴间惩罚。

（9）上表

念忏毕，道士手书通丧一张，上写死者生卒年月，孝眷情况，家居何方，姓甚名谁及死者亡后孝眷为之发丧的情况。写好后出院门烧掉并送诸神回府。

（10）辞灵、发夯

以上活动，直至天将欲晓、东方见白，开始起灵。同样由舅家人验棺。验棺毕，由道士主持，祭奠由凉州城隍感应尊神派遣而来的夯夫，以谢他们为逝者搬运东西之辛苦。起灵开始，一般由逝者同姓壮年12—16人（皆为结过婚之人）抬棺出灵。灵上拉丈

二长白布一匹，逝者长子用肩拉布在前，其他子女挂哭丧棒随于左右，孙子及女婿及其他孝眷拿逝者所用生活用品（皆为纸糊成）如纸箱、牛、马、童男女等物随在棺前棺后。哭声震天，火把、灯笼齐照，纸钱（状如圆形方孔钱）撒向四面八方。

棺灵出院门时，村中邻居、本家和舅父母家人将一长条板凳立于院门前，由围观之人评说子女在逝者生前是否对其孝敬。如孝敬，则取凳抬灵而过；如不孝，则让所有孝眷钻凳而过，以示对子女的处罚和训诫。之后，棺灵队在道士鼓乐声中向墓地进发。行进中由后人及同村人在棺灵队前边烧纸钱边念逝者姓名，棺灵队随后前行。到达墓地后，道场正式结束。

6. 埋葬

在武威农村，一般都有本姓公用墓地。墓地按辈分排列。同辈人埋在一起。墓地中亡人具体埋葬地的选择，一般由村中老人定夺。墓坑为长方形，比棺椁略大。由同村中与逝者年龄相仿或年岁小的晚辈来挖墓坑。

棺灵队到墓地后，会举行简短的祭奠亡灵的仪式。下葬时，将棺灵用绳抬起，徐徐放入坑中，由逝者儿子和同姓人一道用土掩埋，将墓坑填平。同时在墓坑附近将所有花圈、花幡及逝者在阴间的生活用品一起焚烧，第二天，再由逝者亲眷将坟堆圆至一个大圆垛。并用土块筑成坟门、天窗，再用石块将坟墓周围二三米处圈起来成为坟院。亲眷跪拜叩头、烧纸焚香。埋葬才算正式结束。第七日亲眷再至坟前烧钱，供奉食物、焚香、烧钱。百日时如是，儿女要为亡父（母）守丧一年。周年再祭。

岷县丧俗

定西市岷县民众将丧事当作"大事"对待。当子女发现父母高龄而羸弱久病时，便尽早为其置办衣裳棺木。一旦病危，立即为之穿戴。富者衣裳多至十二件，贫者也不得少于七件。衣料采用棉丝织品，忌穿戴皮毛衣物，以免来生脱胎为兽类。老人痰壅气绝，孝子随即将备好的纸扎轿马与冥钱焚于门前或檐下。俗谓亡魂赴阴间，不至于徒步前往，如遇阻挠也可花钱买路，打通关节。亡者口内放入金银、茶叶、酥油少许，据传亡魂到幽冥必饮孟婆汤以迷其心，含此即可幸免。又在亡人袖内筒放入线香一箍、面饼七块或面丸七粒、手帕一方、纸钱灰烬少许，据传人死必经

恶狗村，持此可御恶狗之噬。遗体前点燃“长明灯”，化“倒头纸”，浇奠“倒头饮”；门楣上插香，“燃路灯”，然后将尸移至挺床，束缚手脚，面部蒙白纸一张，以示阴阳相隔之意。此时门外贴白纸，孝子哭号居丧，邻友与路人知其居丧。在亲人气绝与未挺尸前不得号啕落泪，否则会造成“搅路”和“不收尸”（不僵硬）的后果。

入殓不需卜算，由家人并邻友进行即可。如亡者殁于午前，必待日落之后入殓；殁于昏夜，必待次日黄昏之后入殓。入殓前，棺内用松香熬汁涮补缝隙，四周围以红色纸绸，底部铺垫男性孝子的红色褥子。遗体入棺，其上覆以女性孝子的红色被子，俗谓“儿铺女盖的”。遗体周围再用大小不等的垫枕、木墼、木炭、纸卷等物填塞稳妥，然后虚掩棺盖，置柩于中厅，挂挽幛、贴挽联、点燃“长明灯”、设案祭奠以行“寿终正寝”之礼。殓毕，孝子寝毡枕块，哀悼守孝，入夜点“夜纸”，凌晨烧“鸡鸣纸”，日间每逢吃饮或吊唁者来临，都要点纸祭拜，直至埋葬为止。旧俗凡助丧家入殓者，归家时必待家人向门外泼清水一碗，燃柏香火烛后而入，意即避邪驱鬼，杜绝凶煞侵扰。殓后，丧家立即央请邻友与相知者料理后事；请阴阳先生卜算吉时殡葬、并出“七草”及避忌条文等。“七草”写明丧家在四十九日内必须逢七为亡魂烧纸做祭，以求冥福。此后，画匠制作纸扎、彩绘棺木；礼房建礼簿、置办孝服孝巾及其他丧葬用品、冥帖请至亲、安排破土打墓等事宜。

县内棺木形制有二：其一叫“臌腔”（腔读“康”），流行于东北路及西路的部分地区，外表用石膏起线，彩绘有“贤孝”“八仙”“龙蟒”等图画；其二叫“金匣”，流行于南路及县城附近乡村，外表彩绘“海水朝阳”“莲台”“暗八仙”（八仙所持道具）等图画。纸扎名目繁多，有童男童女、马轿佣人、门纸幢幡、花圈铭旌、金山银山、仙人骑鹤等。

成服俗称“出纸”。此礼由阴阳先生或“礼生”主祭。孝子在其导引下先行盥洗之礼，然后按亲疏辈分披麻戴孝、出庐悬纸、张贴讣闻、入庐设奠、读祝而祭。旧时孝子也按泣血、功服、期服的身份穿戴斩缞、齐缞、大功、小功、缌麻之孝服孝巾。1949 年以后，人们仅用白布幕鞋、披戴孝巾来替代。唯逝者的长子长孙腰系绳带、头戴麻冠、手持丧杖以别他人。当地凡曾孙辈衣冠红色，玄孙辈衣冠绿色。长子长孙的麻冠形似栲栳，俗称“栲栳把”，前有遮面，临近耳际坠有棉球，有专一守孝不理外事之意。丧家门外所悬的“冲天纸”（幢幡宝盖）以七至十三简（节）连缀而成，其多少表示逝者的享年。成服之日，凡有来往的亲朋邻友各带奠仪前往吊唁，孝子匍匐灵柩两侧叩头答礼。执事者接待宾客，款以茶饭。丧家于此日宴请僧道宣读“宝卷”，设坛念经，为亡人祈福超度。

旧时官绅之家，还有在出殡前一二日请德高望重者为亡人行“点主”礼的。木主之上先用墨笔书写逝者的衔名，唯“神主”二字空其笔画为“神王”，点主者用朱笔添补题点，以便入庙奉祀，此谓“题神点主”。1949 年以后，不论贫富，葬礼多已简化，将成服与发灵（出殡）合为一天进行。这样既不拖延时日，又减少了许多俗礼和开支。

发引俗称“发灵”。丧家按照所择时日奉行出殡与安葬之礼。发灵前孝子与宾客一齐进餐“吃斋”。然后至亲孝子再次端正遗体，放置襯物，复加被褥，封钉棺盖，行告别遗体之礼，俗称其为“验棺”。旧时验棺封钉非娘舅不可。人们称亲娘外舅为“骨头主儿”。封钉者仅以裹有白布或烧纸的斧背在“银锭”（榫头）上象征性地敲击几下，然后由其他人钉牢即可。富者还要为执事者赠贻钱币。验棺毕，立即“调灵”发引。起灵时，家人给亡魂浇奠“起脚面”、大孝子摔纸盆、亲友用寝苦之草在灵前燃起大火。然后鸣放“起身炮”发丧。仪盛者数十人至数百人不等。举挽幛、拿纸扎、放爆竹、发香烟、撒纸钱、压路纸、执锨镢者簇拥着八人扛抬的灵柩在哀乐与哭号声的导引下，向墓地徐行。近邻门前燃薪点燎，以避鬼魅；至亲旧故在灵柩所到的路口、井泉、寺庙前都要压黄表，撒纸钱，唯恐神灵与野鬼挡住亡魂的去路。灵柩一到坟墓，便立刻下葬。于此，阴阳先生主持定向、稳棺、放置食品罐及禳镇之物，然后孝子向墓内投入钱币食物少许，众人随之焚烧纸扎，燃放鞭炮，即行掩埋。葬毕，阴阳先生在墓后安神祭土，其余人等返回丧家。到家时，孝子跪拜于门，对参加殡葬的亲友深表谢意。门前放清水一桶，内置菜刀一把，凡进入者都要净手除凶。接着孝子亲自为客人倒茶端饭酬劳大家。饭毕客人散去，阴阳先生为丧家安土镇宅，书符赶殃，至此葬礼告终。

葬后三日，孝子往坟上覆土圆墓，焚纸小祭，名曰"覆三"。此后，家人并族亲在人殁后的四十九天内逢七烧纸；到一百天时做"百日"小祭；满一年者做"周年"祭。守制之家在头三举行的"周年"祭与古制之"小祥""大祥""谭日"略同，唯古之"谭日"为二十七个月除服，当地要到三个整年才能除服。"周年"与"百日"之祭大同小异，一般人家设供焚纸即可，有钱人家在此期间延请僧道或宣卷者诵经念佛，超度亡魂，并设筵备馔以飨来客。

岷县至今还残存着一些古老的丧葬陋习：

遇丧人家都因亲人亡故而哀痛，但吊唁者除饮酒欢闹外，往往有数人扮演衙门"老爷"和衙役，用丧棒（杖）拷打孝子，索要钱物。此种行径从成服到葬埋前久闹不息，俗称其为"打孝子"或"拷孝子"。殡葬时，逝者的长婿要往坟上背大石一块，当作"香炉"（香案）。掩埋前若被他人藏匿，不但要被勒索，付出钱物以作赎取之代价，还要倍受拷打之苦。

乡村中少妇亡故，娘家多有纠集亲属到婿家争闹之恶习，似有亡者为婆家虐待所毙之状。且女子死后，必待娘家到齐方能殡殓，否则骚扰更甚。因此娘家会故意刁难，屡请不到，直至婿家请人规劝"下话"，舌干唇焦而后来。来则寻衅滋事妄说衣食菲薄、棺木贱劣、葬仪不周，吹毛求疵。即使婿家极度贫乏还留有子女，也有使其财尽破产而后已的。

平凉丧俗

平凉丧葬素有"亡人奔土如奔金"之说，常常给当地民众造成很重的经济与精神负担，故有"子愁父亡"的俗语。

停尸 人在生命垂危时由子女为之净身、理发、穿老衣，称之"得继"。咽气后，亲属将钱币或戒指放入逝者口中并按摩其面部，使肌肉舒展。之后，将遗体移放于灵床上，头朝房门，脸盖苫脸纸，脚脖绊上麻绳。灵床两旁铺上麦草，备守灵者坐卧，称之停尸。

报丧与出门告 如父母丧，孝子须向邻里挨家叩头报丧，并吁请帮葬。出门告，指将死者姓名、生卒年月、籍贯、年寿、死因以及何时发丧等内容写在长条白纸上，粘贴在相应的木板上，由孝子背负竖立于大门外，并不停地焚香、烧纸致祭。门楣上落款须按亲疏依次写上一服内之子、侄、孙、女儿、女婿等各

层辈的名字。因涉及财产继承为避免纷争，领衔人及先后次第不容错乱。

设灵堂、祭棚 灵堂布置可繁可简。繁者悬罩帘、长幡、金银筒子、挽词、挽联、题额。置香案，上放灵牌及木斗或香炉、花束、灯烛、奠壶、"倒头鸡"、果品等供品、冥品，颇显肃穆。简者只设灵牌、香炉、供焚纸用的瓦盆等。祭棚专为众多亲友吊唁而设，形制如灵堂，故亦称大灵堂或外灵堂。

吊唁 吊唁期间，多有请阴阳打醮诵经者。阴阳班子多由五至七人组成。其服饰皆为黑色。在整个丧期，他们手执乐器、法器，依次搞所谓立方竿、摄招、过奈何桥、巡方、取水朝庙、跑城、破狱、扬死食、放赦、踩八卦等种种愚昧、迷信的烦琐活动，使逝者亲属身心多受一番折磨，今多弃之，但也时有仿古的做法。如逝者高寿，本人或逝者先人或儿孙有一定官衔或学位的人为主祭，另配三或五人，分别充任唱赞、应传生、引荐、读文生等职司。动礼宾助祭，除世俗人情的正祭、合祭、杂祭、赠铭旌、祭祖献饭等名目外，也兼有招魂安位、祭风伯雨师、祭丧舆、祭土、禳坟等迷信仪式，有的还安排三献礼、报鼓、点主等活动。高寿者如值农历正月去世，有的请社火到家助祭，耍闹逗趣，别是一番风情。

吊唁期间，逝者子女和侄儿侄女均着孝衣孝帽，白布蒙鞋跋之。但均依照亲疏和层辈，或全孝或半孝，帽有开口、严口之分，鞋蒙白布亦有全蒙、半蒙或仅蒙鞋前之别。孙辈孝帽前加红布条，重孙辈以下则加绿布条以示区别。如放"海孝"，则奔丧吊唁者均冠孝帽，谓之"孝心大"。已嫁的女儿、侄女或孙女，均须派人专程送孝报丧，即使逝者咽气时，上述人在场，也须立即返回婆家，待送孝报丧后再动身赴祭。亲友和村邻吊唁，多送馒头九个（收八个退一个）以及香、纸或现金等赙仪，也有送童男童女等纸活冥品的。赴祭者均在灵前叩头、焚香、烧纸、奠酒，孝子等陪祭陪哭。吊唁期间的鼓乐队有全班（四人）和半班（二人）之分。一般均用半班，动礼宾为大事，用全班。亲友莅临、礼宾送礼等均须起乐，讲究唢呐吹奏不断声。礼宾有"无乐不成礼"的口头禅，由此可见一斑。1949年以后，倡导丧事从简、厚养薄葬和火葬。

待客 丧事活动由家族或近亲族中若干人办理，

并推举与逝者同辈且有声望、熟谙丧事的长者为丧主，另设总管等职员。奔丧的亲友中，外家人（即逝者的舅父家族）和娘家处于特殊地位。他们到达死者家门时，孝子等须哭跪迎候，并拄着丧棒尾随其后至灵堂陪祭，以哭声恸地为敬。外家人和娘家人便饭小憩后则开始"说理"，也叫"说话"。"说理"时，孝子中的长子头上顶着香盘，上放香、纸和孝帽在前长跪，其余弟兄等人随之。丧主总管等人作陪并代孝子述逝者生前去世后情状及丧事安排仪程等。外家和娘家人可随时提出疑问，由丧主、总管解释或说明；孝子们则无权插话。直到外家人和娘家人戴孝、接茶，再度焚纸祭奠，孝子们陪祭痛哭后，当事人才松一口气，孝子们才得起立。此项仪式须在灵堂前进行，意在为逝者整理，使其安息，同时也是训诫怠慢或虐待老人之辈。

一般亲友，只在礼桌前行礼，祭奠后用便饭。壮亡（壮年死者）只备席不备酒，老丧备酒。

入殓及寿材　入殓亦称"合殓"，即装棺。一般停灵三至五天，多者七天。装棺前先在棺内铺红色铺单，抬逝者入棺时，在场人多口内含酒；揭去逝者苫脸纸，解开脚脖上的麻绳。入棺后，逝者头枕盛土的布枕，脚蹬麸曲，体盖红色苫单。尸之周围用纸裹砖、土坯或锯末等塞实。有的在逝者脖项旁堆拥小麦或黄米，名之"拥口粮"。在这一过程中，外家人和娘家人在旁监视。寿材也叫寿器，正常情况下，是在逝者生前备就。去世后临时赶制的称棺材，也叫"忙材"。富有之家有用椁者，叫作套材。

出殡，也叫发引或抬埋。抬棺时多有争抬之习，系俗传抬棺之后腰不疼之故。启程前，孝子摔破丧盆。之后，由长子或长孙持引魂幡前导。路途近者，直接由人抬到茔地，中途如歇息，须用长凳等支垫，以棺不着地为要。路远则用灵车。途中不时抛撒"买路钱"。灵柩经过他人门前时，多有燃柴起火者，意在辟邪禳灾。

安葬，也叫埋葬或下葬。此前，或在本家老茔或在另选的坟地挖好墓穴。灵柩入穴时，均由阴阳用罗盘定方位摆正寿材，同时在穴内置吃食罐及油灯。之后，由孝子持锨沿穴之四角及中央撒土掩埋，助葬者则轮番填土，切忌将锨放置地上。随葬的冥品焚化时，也有将逝者旧衣同时焚化的。掩毕，将丧棒围插

于坟之四周。归途中，人们脱去孝服，一直前行而不回首张望。

安葬毕，死者家属须彻底清扫院、室。葬后每隔七天由逝者亲属到墓地焚纸祭奠，直到"七七四十九天"为止，俗谓"过尽七"。去世后百日，孝子蓄的"孝头"满期限，可以理发，并将剃下的头发拿到坟前与烧纸的同时焚烧之。近亲好友亦携蒸馍、香、纸"供养"，随至坟墓致祭。此后，逢周年和三周年，家中设灵位，以供亲友祭奠。三周年时，供品中的油花馍或馒头多染上红点。也多出现表示喜庆的红、黄、蓝等色彩，哀伤气氛大为淡化。逝者如是高寿者，则将三周年视为"喜事"。席间亦可猜拳行令。灵堂设置大体与去世时相同，唯气氛活脱，孝子除孝服，禁忌皆免。

壮亡、少殇者丧葬从简，未婚之男女死后多以席卷裹掩埋。孕妇亡故，多破腹取胎另埋之，意在避免"重葬"。幼夭者多裹弃郊野掩埋。

甘肃藏族丧俗

藏族的丧葬形式在甘肃省主要有塔葬、火葬、天葬、水葬、土葬。

1. 塔葬

这是藏族最高的葬礼。著名的大活佛才能享受这种葬礼，如拉卜楞寺院已去世的嘉木样一世至五世，他们的遗体经盐水处理后，再用高级香料和防腐药物涂护，安置在用金银珠宝镶饰成的灵塔中，长期供奉。

2. 火葬

活佛、达官贵人或声望很高的人死后的葬法。卓尼、迭部等一些地方的群众也采用火葬。在逝者气绝后，即时用布或腰带将其缚成蹲式，置入棺匣中（有的称"轿子"），然后砌宝瓶式炉子，将松柏木放入其中，浇上清油或加上酥油，再将棺匣安放其上，请高僧诵经点火焚烧。焚尸完毕，拣起骨灰，或埋葬或撒到高山顶上，或抛入江河之中。

3. 天葬

这是藏族比较古老的一种葬法，有不少地方采用。天葬的方法：当一个人死后，将亡人穿的衣服全部脱尽，用其生前用过的腰带或白羊毛绳将其捆缚，把亡者的头颈弯曲到膝部，双足按"结跏趺坐"样式交叉置于左右股上，双手摆成合十状于胸部，然后用

已备好的布衫或者印有六字真经及其他经文的白布紧紧包裹起来，再用白羊毛绳和腰带绑结实。若安置在炕上，则铺上白毡或者卡垫，用布幔隔开；若是在帐房中，则在白毡或卡垫帐内前方帐角摆放。在遗体前燃一酥油灯，在佛像前或逝者的头顶案几上。还有引导亡灵进入佛境的经文被翻开，象征着亡灵在清明光亮之时，由经文指引要去的道路。停尸三至五天，请喇嘛诵经超度。

捆扎、背负遗体的绳子一般是麻绳，不准用带毛的东西包裹。出殡一般都在凌晨。在拉卜楞寺附近的藏区，天将拂晓时分，念超度经的僧人念完了送行的经文，便宣布可以出殡。送行的妇孺们站在大门两侧，手持藏香，诵念"嘛呢"，等待为亡人送葬。而男人们庄严地起葬。亲属中，只要是直系，不管是长辈还是小辈，均不去天葬场，防止因伤心过度而引起意外，也为避免亲人的号啕痛哭影响灵魂的安然离去。妇女和孩童不被允许去天葬场。不是亡人生前的亲朋好友和同村邻里的人也不允许去送葬。侄孙辈的一男性（孙子也可以）手执点燃的藏香在大门口恭候，等遗体送出大门后，在前面引导，紧跟其后的是另一侄孙辈后生手持打开的超度经卷缓缓而行，上了大道后，他们便避到一边，让送殡大队快速上路。当送葬的队伍远离后，部分妇孺会前去寺院周围，或是村中佛塔、供神的庙堂前清扫道路，意味着帮助亡人清除罪孽，敬佛积德，在阴间少受痛苦，早日转世轮回。送葬的人不能中途停步歇息，也不能回头，只能一直前行。抬尸的人一般是亲属中的侄孙或旁系小辈。在天葬台，专司发糖果的人员还会对所有发送人员馈赠一枚穿好红线的银针和糖果，红线银针表示亡人的骨血，糖果代表亡人对送葬之人的最后的谢意。

在操持天葬者（藏语称"惹甲巴"）的主持下，遗体被运至天葬场的葬台上。

天葬师一般由两种人担任：第一种是村落中作风正派、家境殷实的中青年。他们认为这是积善积德、助人为乐，为自己来世积累业缘。第二种人是藏传佛教宁玛派寺中派任的僧人天葬师。

天葬师按既定程序，燃松柏香堆，撒三荤三素糌粑，引秃鹫食尽遗体，这意味着逝者已顺利"升天"。整个过程庄严肃穆。

逝者亲属把裹尸布抱到经幡林里，默默祝福亲人

顺利度过七七四十九天中阴，获得理想的轮回。天葬完毕，送葬的人回来后先用水洗脸，再用牛奶洗手，然后由逝者家人以酒、肉款待。

4. 水葬

甘肃省藏区用这种葬法的地方较少，主要是玛曲等有较大河流经过的一些牧区采用。有固定的水葬区域，即人去世后将遗体投入固定的河流水域。现在，这种习俗已经有所改变，采用者日益减少。

5. 土葬

甘肃省部分藏族农业区，特别是靠近汉族地区的藏族群众，如甘南州的舟曲、卓尼、临潭等地和天祝藏族自治县，多采用土葬。

舟曲黑水沟藏族丧俗

黑水沟一带藏族人家老人去世了，家人马上告知所有亲友，并立即派人找"子巴"（即算卦先生）算定送葬吉日，请喇嘛为死者念经超度，子女亲属围尸哭泣。家里长辈用白布把逝者的脸裹起来，并为其穿戴，尸体趁热束扎成胎婴状。据说，婴儿胎内时双拳紧顶下颚，蹲式。人死后也应束扎成此式，方能超度转世。一般当天做成棺材装入，也有病重时提前做好棺材的。棺材为立体轿式。入棺后，就请剪裁匠用各种颜色的油光纸，剪裁各种宗教性的吉祥超度图案，裱贴在棺材上。设灵堂，灵台上点一盏清油灯，随时添油昼夜长明，直到送葬，还供奉各种糖果等食品。从这天起，全村成年男子都主动前来守灵（特忌人去世后不久在灵柩周围逗留家猫等）；女的也主动来帮忙背水、做馍、炒菜等。当地因老、病去世之人，除炎夏在家守放两天外，一般都在家守放一至两周。这期间，大请方圆各寺院和尚诵经超度；并请吹鼓手吹"兵格西巴李勿"（即当地有名的高级唢呐曲），吹奏曲可分"藏西老"和"藏安周"两种。全村男女夜夜在灵前高诵"嘛呢"。

黑水沟一带藏族历来实行火葬。在送葬的前几天就选定火葬地点，用石头和泥巴垒成直径约两米的围圈。送葬的这天清晨，全村成年男子都主动上山拾火葬柴（火葬一般都用柏木柴，使灵骨完整），把柴火背到火葬地点后，先到逝者家洗漱吃饭，然后方可回家。拾火葬柴的往返途中必须扛着斧头走，平常劳动斧头可别在腰带间。

送葬时，由本村长辈们抬着灵柩往火葬点，子女

亲属随后号啕大哭。灵柩抬出大门口时，由逝者最小的儿子将灵前供奉食品的破碗一下子摔碎在灵柩前。传说这表示逝者在人世间的生活就此结束。这时，门口点燃糠，灵柩所经之地的人家门口都燃起草糠，以此避邪。灵柩抬到火葬点，由娘家（即舅舅们）揭盖察看许可后，方可点燃焚化。子女亲属叩着头哭泣不已，由其他人安慰挽回，回到门口一律用清水漱口后才进屋。焚送灵柩全由本村的长辈们自觉操劳。焚烧太慢时，亲属子女前去火葬点向亡灵承诺：实现其生前夙愿，并把逝者生前的心爱物投焚同葬。女人一般不去火葬点。

火葬后的第七天，由一位亲属长辈到火葬点去拣灵骨，按人体自然结构将灵骨拣进骨灰盒。子孙后代从送葬那天起，每周在十字路口画圈给死者烧纸，如此延续七七四十九天。儿女媳妇均戴白帽白头巾为孝，姐妹和媳妇们的孝巾必须由死者儿子亲自奉送。戴孝必须戴够三年，特忌孝帽孝巾被踩踏。戴孝期间，子女后代不能参加婚礼等热闹场面的活动，不能跟人吵架，不能骑牲畜等。

东乡族丧俗

东乡族属阿尔泰语系蒙古语族，没有文字，信仰伊斯兰教。

东乡族人非常重丧葬。对于所有亡者，不分年龄性别，一样对待，实行土葬，主张速葬。人死了不能叫"死"，叫"无常"，只有动物才叫"死"，认为人"无常"了，以入土为安。一般不过夜，当天或次日送葬，丧葬仪式比较节俭。亡人埋葬不用棺材，不穿衣服，无论贫富都无随葬品。料理亡人，脱掉亡人衣服，取掉镶牙及其他异物，将亡人放在专用的"水床"上沐浴，用水须非常洁净。一般男性亡人由舅舅家来的人洗；女性亡人由娘家的人来洗。男的洗男的，女的洗女的，均由同辈人洗遗体，别人不能随便进去。沐浴完毕，用三丈六尺白布裹住遗体，"凯凡布"要按照一定的规格剪成几块才能使用。有的还在"凯凡布"上洒些麝香水，然后将遗体放在专用的木床上，用素净的毯子盖身。（东乡族人把亡人的躯体不叫尸体，叫"埋体"，把裹遗体的白布叫"凯凡"）

人"无常"后，家族立即商议丧葬之事，推举年纪大的老人主持，并立即派人通知亡人的亲戚和友人，这叫"报丧"，告知亡故的时间和送葬时间。亲

友、邻里、村人得知消息后要到丧家向其家属表示慰问，叫"他节"。丧家要根据经济条件，自愿施舍"乜贴"，即为悼念亡人，给来者施舍些钱。前来送葬者，必须做大、小净方可送葬。送葬前请阿訇、满拉数十人来为亡人举行一种仪式赎罪，叫"非提也"。再将亡人放在担架上，盖上绿色和白色的绣单（上面绣有阿拉伯文），抬到清真寺站"者那则"。"者那则"是一种送葬的仪式，寓意是众人将参加这次礼拜的功偿全部送给亡人。站"者那则"时，教长站在最前面，带领众人虔诚地念祈祷词，求真主饶恕和怜悯亡人，让他安息，送葬者低头默祈。葬礼完毕后，由送葬亲友抬亡尸去墓地埋葬。

墓坑呈长方形，坑侧另挖一个偏洞，将亡人遗体缓缓安放偏洞内，面朝西，再用土坯将偏洞堵起来，填满土，此时，阿訇诵念《古兰经》相关章节，送葬人们跪坐旁听。念完后，大家一齐呼"都哇"，表示替亡人祈祷，至此，葬礼宣告结束。

亡人生前穿过的衣服，一般都施散给贫困者，不能留在家里。信老教的人，在送葬的当天、后7天、40天、100天和周年，请阿訇念"亥亭"（《古兰经》片段）以表纪念。纪念时宰鸡或宰羊、炸油饼，请村人和亲友赴宴。

保安族丧俗

保安族的丧葬仪式按照伊斯兰教的教规进行，实行土葬，不用棺椁。他们不论住在乡村或城镇，每到人即将离世，第一件事就是请阿訇念"喀里麦"，让逝者安详地到另一个世界去。

人离世后，很快在一个木板床上铺好最洁净的棉毯或单子，然后将遗体由土炕搬到板床，头东足西地仰停放好，以便亲属子女瞻仰遗容，瞻仰期间不能号啕大哭、交头接耳。瞻仰罢遗容便去扯"卡凡"，即三丈六尺白布，用来做大祖、小祖及格米苏。

保安族一般都是速葬，即早亡午葬，晚亡晨葬，最长不能拖过三天。为了达到速葬的目的，还规定人"无常"在哪里就在哪里安葬，不得把遗体从远方运回家埋葬。殡仪程序，当扯"卡凡"的人走后，其他的人就迅速抬来"水床"放在门前沐浴，接着点燃七至九炷香，由七至九个人站在木床周围，按次序各执一香默哀，这一仪式名叫"转香"。转香结束后，把扯来的"卡凡"叠好放在旁边，开始"抓水"。

"抓水"是一种宗教性仪式。首先将遗体上的旧衣服脱掉，抬至"水床"，一人用汤瓶浇水，三人在身边帮忙，由阿訇先洗"阿布多斯"，即用右手掬水洗三道手，用棉花呛三道口、三道鼻，洗三道脸，再洗大小便处。洗后，又洗三道手、呛三道口、三道鼻，洗三道右臂、三道左臂，再用无名指洗一道耳朵，而后才洗脚脖子，但不洗脚。洗完"阿布多斯"，再洗"俄斯里"，即全身。先洗头，由右到左各一次，再洗大小便处和脚。洗身时仍是从右到左，最后用水全面冲洗一次。

"抓水"后即行裹尸。是把小祖、大祖和格米苏铺好，又把遗体从"水床"抬至木床，穿上格米苏才裹小祖，裹小祖时，先把右边折上来，再用右边压住小祖。裹好小祖，再裹大祖，大祖裹遗体两头各长七寸，依照小祖的方法裹好后，再扎住脚部，留出头部让子女再看一次后才扎住。

最后，把"粘纳子"即木匣抬来，给底层铺上净毡，放上枕头，又将遗体从木床移进粘纳子内，上面盖一条净单子，才在木匣两边穿上木杠准备抬尸。遗体出门时，要足东头西，意即让逝者再看一眼家业。出了大门，则足前头后抬往墓地。

坟墓均为南北走向，坟底的侧壁挖一洞安放尸体，在其底部做一土枕。到了墓上，"粘纳子"便头北足南放下，阿訇则站在东面为亡人作"乃麻子"，阿訇站在最前面，满拉站在中间，送葬人站在后边。作完"乃麻子"，才把"粘纳子"抬到墓穴西边，由四个人将盖在亡人身上的单子从四角撑起，遮住太阳，然后便抬尸下葬。遗体下到墓坑后，解开大祖的两头扎线，慢慢移进墓坑西边的堂洞即墓"拉海底"，支上枕头，头北足南面朝西做侧睡状，以示永向麦加天房。之后，用土坯堵"拉海底"洞口，阿訇开始念《古兰经》，逝者之子向墓坑掬土，众人填墓坑垒口墓冢。最后，给小孩撒盐巴、火柴及茯茶，给大人们送钱物，整个葬礼宣告结束。

逝者如为女性，则由同性"抓水"、裹尸，同样不许任何人窥视。

裕固族丧俗

裕固族的丧葬民俗一般可分为火葬、天葬、土葬三种形式。1949年以前，无论哪种葬俗，都要请喇嘛念经"超度"，逢"头七"至"七七"，乃至周年，也要请喇嘛念经。"七七"之内，死者家属男子不剃头，妇女不梳妆。

西部裕固族的葬俗更多受藏族的影响，以火葬为主。一般人离世后，人们会给逝者换上干净的衣服，口含银、玉首饰。在遗体未僵硬之前即收敛，把一块毯子或大白布的四角绑上蓝布或灰布，铺在地上，将逝者放在毯子上屈身、合掌，做这种仪式时，面朝西或西南，用带子把遗体捆成胎儿形状，即双腿弯曲，两手抱膝，上身前屈，头靠双膝，俗称"圆寂"。这表示了死后回归到婴儿状，仍回"西天"的死与生的特殊观念。然后将遗体放入一个用白布围成的长方形棺罩内，仍面朝西或西南停放。一般停尸二至三天，通知亲友吊祭。同时请喇嘛僧家数人念经超度亡灵。出殡之日，由四人扯着毯子或大白布，把遗体抬到本家族的火葬场，先在平地上挖一个十字坑，以利于通风烧火，上面架置红柳和白松木，把逝者的衣服脱下，盖上白布抬到架好的柴垛上，随着喇嘛的念经声，用芨芨草点着火，先化遗体，再把逝者的衣服、生前一些用具、粮食，一一焚烧。火化后，家属赠送一些礼物给喇嘛僧人作为酬劳，家境好的赠一匹马或一副鞍子，家境差的赠一只羊。大白布则分给抬尸的四个人。三日后，亲属前往火化地拣拾骨灰首饰，须从脚到头把全部骨灰装入白布口袋里，再放进一点粮食，连同灰里拣出的银、玉首饰一起就地挖坑埋葬，地上堆起坟堆，在坟上种些芨芨草，周围放些白色石头，以示吉祥。

这种葬法，实际上是火葬与土葬的结合，也表现了游牧文化与农业文化的一种结合。对于患传染病或产妇逝者，不施火葬，只将遗体埋在三四尺深坑下的偏窑内，待三五年后再将骨头挖出，火化埋葬。十二岁以下的少年逝者则一次埋于偏窑，不再二次火化。每年清明时节，还有上坟烧纸的习俗。

东部裕固族则以天葬为主，这种天葬与藏族有所不同，它更多地受蒙古族的影响。在康乐等地的大头目家、东八个家、四个马家、罗儿家等部落，一般每个家族都有自己的天葬场地，对一般逝者，停尸家中请喇嘛僧人念经超度一天后，即送往天葬场地，将遗体脱去外衣放在一块大石头上，再请喇嘛僧人念经随后离去。待三日之后，逝者亲属再到葬场探亲，若遗体被鹰吃净，则认为死者已"升天"，乃就地垒一石头堆象征坟墓，并按家族的辈分排列。若未被老鹰吃净，则认为不祥，需再次请喇嘛僧人念经超度，但这类情况很少见。康乐的喇嘛僧人去世都用火葬。有势力的部落头人去世，也有用火葬的。火葬仪式与明花区大同小异，唯不挖十字坑，只在柴垛上浇上酥油，三天后也要捡拾骨灰，用红布包之，再放以青稞、大米之类的粮食，装入木匣埋葬。对于暴亡或少年夭折者，也用火化，但不举行仪式。

裕固族的丧葬习俗，除出殡时请喇嘛僧人念经外，逢亡者的"头七"到"七七"，乃至周年，都要请喇嘛三人以上念经超度。逝者家属在四十九天内男子不剃头，妇女不梳头，以示哀悼。

不论哪种丧葬形式，花费都很大。土葬时需备棺筑墓；天葬及火葬时，除请喇嘛念经外，还需给寺院许多布施。从出殡入葬到"七七""周年"念经超度等费用，至少需要几百元到一千元。

第五章　宗教信仰民俗

敦煌近代的寺庙与庙会

民间信仰范围十分广泛，它包括民间所流行的各种神、鬼、图腾、灵物、前兆、占卜、禁忌、祭祀仪式，等等。从古代到近现代，在漫长的历史岁月中，曾有种种宗教在我国广阔的领域内活动传播。从各族的原始宗教，到中古、近古时代民间流行的道教、佛教、伊斯兰教、儒教（有人把儒学称为儒教）等，它们对中国民众的思想、文化、民俗都曾产生过重要影响。但我国的民间风俗，从未被一种宗教统治过，它是兼容并蓄的。

敦煌民间信仰的特征，融佛、道及传统鬼神信仰于一炉。民众真正虔诚于某教的教徒数量不多，遇到急难祸灾，临时抱佛脚，病急乱投"医"，见庙就烧香、见神就叩头的现象倒屡见不鲜。

据敦煌研究院李正宇先生研究考证，唐宋时，敦煌（沙州）境内有石窟五处。于阗人记述沙州境内有寺庙二百余所。近代敦煌历年补修、重修，新建寺、宫、观、庙、堂祠者，据不完全统计达一百二十七座之多，其中城镇（含郊区）三十三座、农村九十四座，庙宇之多居河西诸县之首。究其原因，可归纳为以下四点：

1. 清雍正三年（1725）始，甘肃五十六州县迁户敦煌垦荒，随之便带来了各地的寺庙之神。五十六坊移民，在所居之地各建庙宇一座，有的坊不止一座，坊坊有庙，庙庙供神。移民不仅带来了故乡特有的神，如金花仙姑（亦称金花娘娘）庙就是兰州移民到敦煌修建的一座庙宇，而且他们还把故乡特有的文化娱乐活动，如长腿子（高跷）、旱船、龙灯、大头和尚、天平秋等，也传入敦煌。

2. 敦煌有悠久的历史。莫高窟以其辉煌灿烂的古代文化艺术而闻名于世，是古丝绸之路的重镇。在历史发展的长河中，虽有起落，但它仍是陕、甘、宁、青、新、藏等数省（自治区）的交通要道，特别是临近青、藏地区，佛、道教信徒每年农历四月八日都要来莫高窟焚香朝拜，商旅及工匠们受此影响，行善积德，也在敦煌修建起敬奉神像的许多庙宇。

3. 自佛教传入中国后，各地供奉、崇拜神像者渐多，寺观庙堂相继增多，供神建庙的风气盛行起来。

4. 敦煌庙宇之多的另一个原因则与民间宗教信仰有直接关系。追溯宗教发展的历史，由原始信仰自然神逐渐发展演变为一种超自然的崇拜，人们透过自然现象和人类活动，把它加以想象，进而概括为一种神，谓之天神。又把古人神化，成为后来崇拜的宗教神。这种信仰和崇拜，世代相袭，又与人们的生活、生产联系起来，以实用、功利为目的。敬神是为了要有所得。如财神、龙王、土地神、牛王、马王等，多为乡民所敬奉。所以民间建庙渐多，这恐怕是其中一个重要的原因。

敦煌庙宇有其自身的特点：城镇内的庙宇寺院规模大，多为官吏、学士文人、商贾、各类工匠、市民集资所建；农村庙则规模小，各坊移民多是希望通过敬奉，获得庇佑和帮助，集资兴建。

有庙必供神，也自然有庙会活动。

庙会，敦煌人俗称"赶庙会"，也叫"逛庙会"。庙会是我国集市贸易的一种形式，在寺庙的节日或规定的日子举行。庙会期间，小商贩纷纷赶来，席棚布帐，鳞次栉比，摆摊设点，销售各种货物。城乡居民不分年龄，不分行业，不分阶层，纷纷前来逛庙会，选购各自所需货物。从七八岁的儿童到七八十岁的老人，没有一个不喜欢逛庙会的。它的实际价值在于起到信息交流、商品流通的作用，同时对商会互助、商业联营也是一次不可错过的好机会。所有寺庙，每月朔望及佛道纪念日均开庙，供善男信女烧香还愿。即所谓"初一、十五庙门儿开，烧香祈祷还愿来"。

敦煌一年四季月月有庙会，其中正月的庙会最多，从正月初九开始，"上九会"在大佛寺举行；正月十五元宵节是城隍庙会和岳王庙会，分别在城隍庙、靖远庙同时开庙；二月二龙抬头，是龙王庙会等。其次是秋季，秋收后的庙会称之为秋台子（庙会），其特点是农忙务农，农闲便集会欢庆自娱。城镇庙会多演大戏（传统秦腔戏，当地人叫"大戏"），农村各坊多唱小戏（敦煌眉户，当地人叫"小戏"），开庙演戏大都是民众自筹资金，自编自乐，是群众创造的最好的民俗文化娱乐活动形式。

庙会的另一特点是由游乐逐渐发展成男女青年相亲联姻的大好时机。过去，在封建婚姻制度的束缚下，青年男女的婚姻多出于"父母之命，媒妁之言"，个人全无选择的自由，他们难得相识会面，而庙会则给众多青年相亲提供了方便和条件。庙会的"铺路搭桥"，姑嫂亲朋的"穿针引线"，对男女青年来说，是不可失去的良机，这种活动可算是对封建枷锁自发的冲击。故民间有"戏台底下转一转，找个媳妇不为难"之传言。

敦煌新城自雍正三年（1725）筑城以来，在市区内陆续建寺庙三十二座。

庆祝宫 又名万寿宫。在县城西城门内，清雍正六年（1728）建，道光六年（1826）重修。地址即今市人民法院。

庆祝宫奉祀寿星。"寿星之祠始见于秦代，汉唐以降，仍沿其俗。至明洪武三年（1370）始罢其祀。该星之或现或隐，乃诸星躔次之规律，非彼所能自主。见则寿昌，而兆千龄。"（引《集说诠真》）不过因其位列诸宿之首，故名寿。秦汉时立祠奉祀为寿星。其初所掌为国运之寿命长短，所以有"见则天下平安"之说。后为人间寿夭之神。近代所奉寿星之形象，皆为白发老翁，拄一弯弯曲曲的长拐杖，高脑门，头特长，"白发老翁"是人们想象出来的一种形象。至于长拐杖，据《后汉书》载，东汉时，遇老人星时，举行敬老活动，对七十岁以上老人赐以九尺长的鸠头王杖。清雍正四年（1726），移民将此奉祀寿星之俗传到敦煌。民国至中华人民共和国成立之初，庙存无神，后改为"周氏私立小学"。

文庙 亦称孔庙。在城内鼓楼西南（今市政府招待所），清乾隆五十七年（1792）建，道光六年（1826）重修。

文庙是纪念和祭祀孔子的祠庙。自汉以来，孔子学说成为两千余年封建文化的正统，影响极大，封建统治者一直把他尊为圣人。

敦煌的尊孔习俗，同全国各地一样，修文庙供奉。文庙庙门前竖照壁一座，入正门，有泮池、棂星门、戟殿、大成殿，最后是崇圣殿。东侧建有斋房、名宦祠、东庑，再东侧是明伦堂。西侧建有节孝祠和乡贤祠，西庑有殿堂十多处。大成殿正中供"大圣（文圣）孔子之灵位"，两侧供七十二贤之灵位。每逢农历八月廿七孔子诞辰日，由知县出面，文人学士聚于孔庙祭祀，献祭品，谓之七猪八羊九牛头，祭奠隆重庄严。1949年前后为鸣沙三校校址，文庙尚存。后大成殿改建为"塞光学社"（即敦煌县秦剧团），常年排练，演出古典历史剧，"文革"期间被废除，今为市政府招待所所在地。

关帝庙 位于敦煌县内城北台（今市政府北侧）。建于北城门之上，有腰楼八座，每座墩台周围三丈一尺八寸，角楼四座，每座墩台周围五丈，瓮城楼三座。清雍正三年（1725）建。

其庙供奉关羽，俗称关公、关帝，亦有关圣帝君之称。敦煌民间有"副玉皇大帝"之说。

关公，即三国时蜀国名将，名关羽，字云长，死后追谥为壮缪侯。自魏迄唐，他在民间的影响并不很大。唐时，尚视其为人鬼之流，自宋以后，他忽平步青云，北宋末始封武安王，至明万历中，封三界伏魔大帝神威远镇天尊关圣帝君，此后相沿有关帝之称。佛、道两家也竞相罗致关羽为本门神祇，佛教奉为护法伽蓝（《中国民间诸神》"伽蓝"条）；道教则谓其前身为雷首山泽中之老龙，又编造种种神迹，以夸张其灵验。然而，自明清以来，对关帝的信仰已不限于某教范围，既列入国家祭祀要典，又是民间供奉的最高神祇。清初，其庙已普及天下。

敦煌关帝庙建筑宏伟壮观，四周有城墙，高一丈九尺六寸，砖砌台阶百余级，入庙堂，其东西两侧建有钟楼和鼓楼，四乡六隅乡民均可听到钟鼓声。清末民初，敦煌发生农民缺粮斗争，乡民集结入城，就是以武庙大钟为信号的。登台入庙，供奉关圣帝君的正殿立即映入眼帘。正殿两侧还建有东西厢房，正殿后是三公祠。

新建的敦煌城，只有东、西、南三城门，无北城门。据传，原沙州古城曾被洪水淹没，城池毁于一旦，于是将关帝庙建于北城门之上，封闭其北城门，然后由关圣帝君坐镇，可免水祸，保佑百姓平安吉利。

每年农历五月十三为关帝庙会，俗称"单刀会"。九月十三，又是关帝圣诞。这两次庙会，百姓必隆重祭祀。是日，游人多聚武庙，竞举由八十斤重的生铁铸成的大刀，以为游戏。香火祭祀，多有献牲之举，戏班演戏三日，必演称颂关羽功德的传统戏，如《出五关，斩六将》，或《单刀会》。扮演关羽的演员视关羽为诸神之首，演前先沐浴，清洗冠帽龙袍，而后庄重膜拜，方能出演。

清末民初，山西籍行商来敦煌经商，后定居敦煌。其在城内北稍门外东建造一处山西会馆，俗称"北老爷庙"，供奉关公神像。因关羽系山西人，故山西商人多供奉之，祈其保佑经商者生意兴隆，财源茂盛。每逢关公圣诞日，山西商民自发集会，自筹资金，香火祭祀，大礼膜拜，在戏楼演戏三日。当地群众还称赞山西帮的社火独有特色，其中"铁芯子"数敦煌之最。年头节下，把化装成各种人物形象的小演员，固定在几米高的铁棍上，由四至八人抬起铁芯子，在街头巷尾表演，很有吸引力，深受群众欢迎。

城隍庙　在县署之西，庆祝宫之东（今敦煌市公安局所在地），清雍正三年（1725）建。

城隍神在中国民间信仰中极为重要，一般的看法以为是天子八腊中的水庸神（《礼记》）。水庸，即沟渠。古代城池多有护城沟渠，本地群众叫它"护城壕"，所以城隍神被视为城池守护神。其正式称为城

隍神，始见于《北齐书》。从《隋书》等的记载来看，南北朝时对城隍神的信仰已不局限于个别地区了。其普遍信仰、流行是在唐宋两代。城隍神本是自然神，但从隋唐开始，逐渐形成正直人臣死后成为冥间的城隍神的观念，当时盛行"人之正直，死为冥官"的信仰，而城隍在唐代已成为冥官。这种观念到宋代又得到极大发展，并一直影响到近代。据《北齐书》记载，城隍神的职掌，主要是负责守护城池。而到宋代，不仅守护城池、保障治安，而且当地的水旱吉凶、冥间诸事，全都由它掌管，甚至士人的科名挂籍也归其掌辖。总之，城隍已成为直接对上帝负责的地方最高神了。南北朝时尚限于南方几个地区，中唐以后已相当普遍，至宋代则几乎天下府州县城皆立庙奉祀，列入祀典，元代甚至有所谓都城隍，成为国家的守护大神了。唐宋时代，我国封建统治高度发展，城市人口集中，商业繁荣，作为城市守护神的城隍，地位日显重要，香火日益兴盛起来。明太祖朱元璋登极之初，极力利用民间信仰以巩固自己的统治，自然不会忽视城隍神的作用，于是大行封赏，所有的府城隍皆封公，州城隍皆封侯，县城隍皆封伯。至洪武三年（1370）他整顿祀典，城隍都按其行政建制称某府、某州、某县城隍之神。同时，又下令仿照各级官府衙门的规模建造城隍庙，供奉其主，"以监察民之善恶而祸福之，俾幽明举不得幸免"，企图利用这种民间信仰，不仅在政治上而且在精神上实行对人民的全面统治。他又命令各级官员赴任时都要向城隍神宣誓就职，从而借助人们对城隍神看不见、摸不着的信仰来强化地方官员的忠心、地位及行政权力。正因为城隍神与各级封建官府紧密联系在一起，所以人们对城隍神的信任也逐渐减弱。明清时民间传说和文学作品中，城隍神常被作为封建地方官的象征，因其贪污、残暴、腐败、无能而受到抨击和嘲讽。

敦煌民众长期受封建迷信思想的影响，祭祀城隍神的风气从未减弱。城隍有彩塑和木结构两种形象。木结构城隍，可站立坐卧，每逢农历七月十五，城隍身着冠服，乘坐八抬大轿出府至行宫（在北门外）施放游魂，本地人谓之城隍"放鬼"。农历十月初一，城隍回府，谓之"收鬼"，各家各户蒸麻腐包子、粘纸衣、上坟焚烧，其意是城隍要"收鬼"了，担忧各自的祖先在冥间缺吃少穿，故上坟焚纸钱，送吃送

穿，谓之送寒衣，以表后辈子孙的孝心。

城隍巡察处理完冥间诸事，即刻回府，换便衣（即睡衣）入卧室休息。道教徒侍奉城隍周到备至，入夜，给城隍爷（本地人对其之尊称）铺床；在清早叠被，备好洗脸水，按时换洗脸水，而后打扫寝宫。总之，城隍每日生活起居全由道教徒安排得井井有条。

城隍出府巡行街头，民众无不“钻关”（从城隍轿下钻过），祈求城隍保佑，大吉大利，消灾免罪。此习俗在民间极为盛行。

城隍庙布置森严可畏。其庙前院塑有土地神、地方长老，正殿供奉城隍，殿西侧塑有十殿阎王、十八层地狱。十殿阎王分坐东西两殿中，主要掌管生死簿，分管人世间的善恶。据说是善是恶，阴曹地府明察秋毫，了如指掌。在人间行善积德者，死后上天堂；在人间无恶不作者，死后必打入十八层地狱，上刀山，下火海，入血池，挖舌剜眼，过独木桥，蛆虫毁体，或转世作牛作马，等等。其刑罚样样俱全，好似人世间犯罪者触犯律条，则按律条之规定处治。

马王庙　在东大门内向南（今南街小学校址），清雍正四年（1726）建。今已拆除。

马是重要家畜，故其神化甚早。《周礼》中记载马神之祀甚隆重，以后历代沿袭，列入祀典。其塑像则四臂三目，俗语云：“马王爷三只眼。”狰狞可怖，其神牌书“水草马明王”字样（《新燕语》）。

祭马王，凡营伍及武职，有马差者，均于农历六月廿三日，以羊祭之，演戏三日。

牛王庙　县城内火神庙东南侧，雍正年间所建。供奉牛王，农历七月廿五祭祀牛王。演戏三日。后改为税厅。

文昌宫　又称文昌阁。在东稍门东郊（今敦煌中学校址），相传农历二月三日为文昌帝君（梓潼帝君）生日。“文昌，星也，天神也。”（《清续文献通考 · 群祀考》）又一说，文昌实即汉时梓潼文君，人也，非星也（明曹安《谰言长语》）。

《华阳国志》载，四川梓潼一带，东晋以前信仰恶子神（亦称梓潼神）。这本是一种地方神，当地人后来为其取名张恶子（亦作“张垩子”），因其仕晋而战死，故立庙祀之。唐玄宗、僖宗因内乱幸蜀，都曾利用过这种民俗信仰，于是地位渐高。宋时封为英显王，影响日增。宋代士人晋升，以科举为主要途径，所以各地都祈祷神灵，询问功名利禄。南宋时人们奉祀尤虔，除梓潼本地立庙外，各地亦陆续建庙供奉。近代刻字匠、印字匠、锦匣工人、冥衣工人、裱画工人及纸店均祀之为祖师。敦煌文昌宫建于何时，惜不得详知。

另有奎星（魁星）楼一座也立于文昌宫东南角，系三层六角木结构阁楼，有楼阁而无神像。旧时学宫多奉奎星，其形象似鬼，蓝面赤发。《史记 · 天官书》载，奎星即北斗七星之第一星，并无主宰文运之说。东汉时，有“奎主文章”的信仰。民间又有将魁星与蛙联系在一起的风俗，而蛙的本字“圭”，又可通“奎”。然因魁字有首意，故科举之高第亦称夺魁。民间为图吉利，也改奎为魁，遂流传至今。魁星信仰盛于宋代，从此经久不衰，成为封建社会读书人除文昌帝君之外崇信最甚的神。

雷祖庙　在东稍门外半里许（今三危乡豆家墩村），清乾隆五十六年（1791）建。农历四月十八在雷祖庙祭祀雷公。

雷公，　民间称为“雷神”“雷师”。民间所流传的雷公，多为兽形或半兽形，色如丹，目如镜，毛角长三尺余，状如六畜，头如猕猴。今俗所塑雷神，状若力士，裸胸袒腹，背插两翅，额具三目，脸赤如猴，下颏长而锐，足如鹰爪，左手执楔，右手持槌，作欲击状，从顶到膀，环悬连鼓五个，左足盘蹑一鼓，称曰雷公江天君。庙中又塑电神之像，其容如女，貌端雅，两手各执镜，号曰电母秀天君。除雷祖庙外，在月牙泉庙宇群塑中也置此二像，乡民燃烛焚香，极其诚敬。

雷公一称最早始见于《楚辞》。其所以称公者，《易》：震为雷，为长男阳也。而雷出天之阳气，故云“公”。春秋战国以来，人们已给雷公加上了许多社会职能，认为它能代天执行刑罚，击杀人世间作恶之人，它有辨别善恶的能力，能主持人间正义。所以在人们的概念中，雷公并不是一个可怕的形象。敦煌民间有这样的传言：若小辈咒骂长辈，会五雷击头。若见雷击毁树枝，便断定人世间出现了恶人作恶，雷公在发出警告，劝告恶人改邪归正，行善积德，否则，定斩（雷击）不饶。这就是人们崇拜雷公之缘由。

大佛寺　原名天竺寺。在护城南关西（今敦煌市体委广场），清同治年间建。

每逢正月初九，举办"上九会"，纪念玉皇大帝诞辰。在大佛寺搭台演戏三日，城乡士女，穿最好最美的新衣，一则看戏、逛庙会；二则焚香表、献牲，顶礼膜拜。从初九始，延续到正月十六。赶庙会的小摊贩，多聚于此，戏台四周布满小摊点，流动小贩到处可见。有的担着酿皮担子，有的端着香水梨、长把梨盘，有的是油炒瓜子、油炒沙枣、油炸大豆，沿街叫卖。推着小车卖烤羊肉（烤熟羊肉）的小贩更是行时（注：敦煌昔日的烤羊肉，与今不同。用红柳燃火，再将熟羊肉块放置在火盆架上熏烤，烤出的羊肉味美可口，别有一番风味）。妇女多选购绣花的彩色丝线，作绣花鞋、绣枕头、绣荷包之用。儿童多喜欢看"洋片"、套圈，玩个昏天黑地。藏族同胞也远道而来，朝拜大佛，故此日有"藏族风俗"之说。

玉皇大帝是民间信仰中的最高神。民间流传有"天上有玉皇，地上（指人世间）有人皇（指皇帝），地下有地皇（指阴曹地府的城隍）"之说。它是封建皇权在鬼神世界的象征。

究其起源，中国自殷周以来，已有最高神——上帝的概念，起初视天及上帝为一物，故有昊天上帝、皇天上帝之称。随着社会分工愈来愈细，社会组织、社会意识日趋复杂，神鬼世界也逐渐等级森严、分工明确。上帝的形象、功用也趋向社会化、人格化，且上帝的社会化、人格化在民间信仰中发展尤为显著，它逐渐脱离了官方祀典中的抽象概念，变为有人类感情的生动具体的"天公"，而且可由人来取代。民间称关羽为玉皇大帝，则是用三国时蜀将关羽取代玉皇大帝的一例。唐宋两代尊崇道教渐趋普及，于是把民间信仰的玉皇正式列为国家的祭祀对象。宋徽宗则把玉皇与传统奉祀的上帝合为一体，至此，国家、民间、道教三方面的信仰正式合流。

然而这种合流的局面未能保持多久，就又一分为三了。在民间的信仰中，玉皇逐渐脱离了国家祀典和道教经典的束缚，成为至高无上的天神，可总管三界十方，是神鬼世界真正的皇帝。从玉皇大帝的发展源流中，可以看到中国民间信仰兼收并蓄的特点。

龙王庙　在城西三里，今旧城墩西北，清雍正八年（1730）建。敦煌历来干旱少雨，故立龙王庙来供奉。城西门外还建有一处龙王庙。哪里有河有水，哪里就有龙王庙。

农历二月二，龙抬头节，城乡市民聚于龙王庙，奉祀龙王，各家各户祀井神，献煎饼，男理发，以示吉利。是日，各家俗尚炒豆子，吃麻麦子，吃猪头。另一习俗是到这一天，家家定要吃煎饼，谓之"补天补地"。妇女并忌针，疑为"女娲节"。

农历二月廿八日开河会，在龙王庙祭祀龙王，意在冰消开河。演戏三日。

龙王本应归于动物神，但它后来几乎完全占据了江河湖海之神的地位，所以全国各地都立龙王庙，祭祀龙王。龙本是古人幻想出来的图腾神，后成为象征祥瑞的"四灵"（麟、凤、龟、龙）之一。在古代传说中，龙往往具有降雨的神性，汉代就有祭龙祈雨之风俗。龙又能化身为天子和伟人，所以又成为古代帝王的象征。佛教传入中国以后，因佛经称诸大龙王"莫不勤于兴云布雨"，唐宋以来，封建帝王封龙神为"王"，龙王信仰遂遍及各地。唐宋以后，道教吸取龙王信仰，列入道教信仰之门，称有诸天龙王、四海龙王、五方龙王，渐而凡有水之处无论江河湖海、渊潭塘井，莫不驻有龙王，职司该地水旱丰歉。因与农业丰歉联系在一起，故各地龙王庙林立，奉祀龙王之风俗大盛。

八蜡庙　俗称八蚱庙。在东稍门外向南（今市农副日杂公司）。清雍正八年（1730）建。每逢农历四月十五，为祭祀虫王节。是日各坊各庙演戏，各家各户粘五色斜角旗，上沥鸡血、羊血，遍插田中，并将猪羊血沥入蒸熟的糯米中，再撒入禾田，谓可除虫害。

古代，蝗虫为农作物之敌，人们疾之既深，在当时条件下，又无力抗拒其害，遂寄希望于神灵。"汉武帝太初元年，关东蝗大起，西飞至敦煌。""南北朝魏高祖，太和五年七月，敦煌镇蝗，秋稼略尽。""清光绪三十年夏，蝗飞蔽天，伤禾甚重。"（敦煌三次蝗灾载入《重修敦煌县志·异祥志》）庄稼受灾，颗粒不收，乡民深受其害。民间传说，敦煌发生蝗灾后不几日，发现有一人身大的蜘蛛出现，人们视它为神，故立虫王庙祀之。

据史载所知，历代各地均立虫王庙，然奉祀神祇则各有差异。金代，安徽、江苏一带曾遭蝗害，幸而大群飞鸟啄蝗而食，朝廷遂封其鸟为护国大将军。清初海州有蒲神庙，传说也能除蝗。然明清时，各地多信仰刘猛将军，谓其驱蝗有神效。民间由于驱蝗无术，不得不乞灵于神，至今信仰不衰，至雍正时，遂正式列入祀典。

西云观　在城西三里旧城墩西南（现尚存，道教协会所在地），清雍正八年（1730）建。农历三月三是无量诞辰，乡民多聚于西云观奉祀无量寿佛。香火祭祀，并演戏三日。是日当地俗称寒食节，各家各户祭祀介子推，冷餐，戒烟火。

究其起源，无量寿佛俗称寿星。寿星之祠始见于秦代。今俗发展为家祀，家家户户仍敬奉老寿星像，家有六十岁以上老人，亲友登门必祝寿贺喜，悬挂"寿比南山""福如东海"之祝寿联。点燃长寿蜡烛（以年岁来确定点燃蜡烛之数量），献寿桃、蛋糕之类祝寿，全家几代聚坐一席，祝福长寿，欢度晚年。

新俗逐渐形成，旧俗随之淡薄消失，是社会历史必然发展的自然规律。

农历三月廿八是东岳大帝诞辰，在西云观祭祀。东岳大帝即泰山神。泰山者，乃群山之祖，五岳之宗，天皇之孙，神灵之府也（《三教源流搜神大全》卷一）。古人视为与天相通的登仙之途，后东岳神却被视为冥司之主，泰山成为治神之府。汉代人认为泰山为万物之始，主阴阳交泰。《风俗通义》称泰山上有玉策，能探知人年寿长短，主召人魂魄。这种观念与后世人信仰更为接近，遂在民间占据了一部分市场。唐宋两代更是推崇，又被封为东岳大帝。其庙祀不限于泰山而遍及全国各地。明清以来，东岳主冥和阎罗王主冥两种信仰逐渐合流，在民间信奉东岳大帝和阎罗神颇为盛行，影响极深。

敦煌民间又有一说，西云观奉祀的是西岳华山神，因西岳华山地邻长安，所以历代甚受尊崇，在五岳中地位颇高。道教分配给西岳神的职司，主管世界金银铜铁锡五金之属，兼羽毛飞鸟之事，以能兴云雨、产万物、通精气，有益于人。此亦从西方属金之五行附会而来，故民间崇拜备至。农历三月三日这一天，市民赶庙会，献祭品，焚香叩拜，演戏祝福，风气甚浓。

西云观是敦煌唯一幸存的一座庙院，现为道教活动之场所。

火帝庙　俗称火神庙。在护城东关北（今农机公司所在地），原火神庙后殿尚存。清嘉庆十一年（1806）建，民国时为敦煌六合班演戏场地，塞光学社秦剧剧团改建为剧团所在地，直至 1949 年。

每年农历五月十六，在火神庙奉祀火神。乡民称之为灶火神。其神乃冶工、金银匠与兑换商之祖师。唐代名将尉迟恭为铁匠中最知名者，故祀尉迟公以代表铁匠行。民间铁匠皆以尉迟公为祖师爷。而冶工、金银匠则以太上老君为祖师爷。

农历六月一日，又是敦煌地方杂货行业例会，各行业自筹资金，演戏三日，其间，献牛、羊、猪等祭品。

财神庙　在城内西仓（今公安局北），清道光六年（1826）重建。农历七月廿三日在财神庙奉祀财神赵公明。

各地信仰的种种财神，最著名的数赵公明。赵公明有"正一玄坛元帅"之神号，故敦煌民间称之为赵公元帅、赵玄坛。《破除迷信全书》据此以为财神在宋代本祭祀蔡京，后以赵为宋代国姓，遂编造赵玄坛之名，封为财神，此说颇为荒谬。赵公明的传说起源很早，本为道教神，始见于晋干宝《搜神记》，谓上帝差三将军督鬼下取人命，赵公明即其中之一。到了魏晋南北朝时，赵公明在道教神中被视为冥神、瘟神，所以隋唐以后，又把赵公明列为五瘟神之一。故明代《列仙全传》称赵公明等为八部鬼帅周行人间，暴杀万民，太上老君遂命张天师治之。然而元明以来，道术每称张天师道陵初于龙虎山炼丹，天帝遣赵公明守护丹炉。于是逐渐传说赵公明本秦人，于终南山得道，戴铁冠执铁鞭，黑面浓须，骑黑虎，因护张天师丹炉有功，封正一玄坛元帅。能驱雷役电，呼风唤雨，除瘟禳灾，买卖求财，使之得利（见《三教源流搜神大全》）。其职本掌雷部星宿，为道教执法天神。明代相传赵公明为三国时名将赵子龙之从兄弟，近代又称赵公明为回族，不食猪肉，故祭祀皆以牛羊肉献之。

总之，关于赵公明的身世，历代相传众说纷纭，但多是从现实生活中的印象加以附会的。

张爷庙　在东稍门西（今市博物馆），供奉三国时名将张飞。

清乾隆六年（1741）屠宰行业集资建起了张爷庙，将张飞奉为神，成为屠宰行供奉的祖师爷。

农历八月廿三，屠宰行多聚于此，香火祭祀，献性，搭台演戏三日，1940年农历二月初三夜，张爷庙因故起火被焚，但塑像尚存。据当地老人回忆，1941年5月13日关帝庙（即北台庙）亦被火烧，后又修复。民间传言，此乃桃园弟兄显灵之兆。

药王庙　敦煌药王庙有两处，一处是城内东北，火神庙后，建有戏台，即今百货仓库。建造年代约在清雍正年间。供奉三国时名医华佗，民间亦有"供奉三皇"之说，三皇（伏羲、神农、黄帝）皆古代传说中的圣王。他们很早就已神化，近代民间则视其为药王。此俗自元代始，相传神农尝百草，知药性，黄帝通医术，有《黄帝内经》，故被视为药王。民间相传药王庙卜卦求医，十分灵验，病患者多去药王庙焚香叩拜，以祈除病安康。

另一处是月牙泉庙宇群中的药王殿，亦称三皇庙，为世代医药之祖师。该殿供奉主神为唐孙思邈，号真人，京兆华原人，生于西周，重见于隋朝，数百年后又在唐朝再生（见《神仙通鉴》）。他七岁就学，日诵千余言，被称为圣童。后隐居终南山学道，炼气养神，求度世之术，洞晓天文，精究医药，务行阴德。孙思邈为唐代名医，著有《千金方》，为中国医学名著，世人视为药王。主神孙真人两旁，塑有历代名医十人，即扁鹊、岐伯、雷公、华佗、张机、李杲、刘完素、张元素、朱丹溪、钱乙十名医。每年农历四月廿八为药王生日（实扁鹊生日），医士、城乡市民多聚月牙泉药王殿，烧香叩拜，占卜求医，以求年内无病。此患者求药王之习俗，世代沿袭，民间仍在流行。

地母庙、王母庙　在城内以北，北台之东，旧称地母庙湾（今市防疫站、市党校范围内）。二庙在一处，大约由于二神神性职能相似。

农历三月十八，城乡士女纷纷赶来参加庙会活动，一则看戏取乐，活跃文化娱乐生活；二则剪纸娃娃，焚香叩拜，献祭品之后于王母娘娘手臂上拴挂纸娃娃，祈祷娘娘求子求女，同时祈求免除小孩各种疾病。

王母，民众称为西王母。西王母信仰流行于西北祁连山一带。农历三月三为西王母诞辰，民众均登三危山王母殿顶礼膜拜。《晋书·张轨传》载酒泉太守马岌言："酒泉之南山，即昆仑之体也，周穆王见西王母于此山，有石室玉堂，珠玑镂饰，焕若神宫，宜立西王母祠。"战国时西王母的神话在中原地区亦已相当流行，在中国人的心目中，已是一位著名之神，而且已人神化了。民间有西王母掌管不死之药的传说，而这种传说向来是神仙家、方士们津津乐道的。西汉颇重神仙家，帝王追求不老术，掌管不老仙药的西王母自然地位提高，成为一位白发苍苍、长生不死的老妪。西汉末年，民间已盛行西王母祀。鉴于西王母在民间的影响，新起的道教自然将其网罗门下。以后道士、文人相继推波助澜，西王母竟成为元始天尊之女，群仙之领袖。唐以来，又有为其编造姓名的。玉皇大帝信仰兴起后，人们又把西王母与之相匹配，称为王母娘娘。在道教经典、神怪小说、民间故事中，王母娘娘便成为一位重要的女神。

三官庙　在东稍门外之东（今敦煌中学）。农历正月十五亦称上元节，民间有祭祀三官的风俗。三官庙何时所建，无考。

三官神在道教中地位颇高，在民间也有较大影响。道家有天、地、水为三官之说，以天、地、水为三元，能为人赐福、赦罪、解厄，故皆以帝君尊称（见《陔余丛考》卷三五）。《道书》云：正月十五日上元，九气天官主录百司，上诣天阙，进呈世人罪福之籍。上元十天灵官，神仙兵马和上圣高真、妙行真人下降人间，考定罪福。中元九地灵官、下元水府灵官亦然。

上元（正月十五天官之诞辰）、中元（七月十五地官之诞辰）、下元（十月十五水官之诞辰），皆大庆之月也。所谓三官并非日月星辰之神，但显然源自原始宗教中对天、地、水的自然崇拜，据《典略》记载，东汉早期，道教吸收了民间的传统信仰，奉天、地、水三官为主宰人间祸福的大神。

自元代始，老子的地位日益尊崇，三官信仰仍历久不衰。三官不仅掌人间祸福，也主管鬼神之升转。宋代将三官与三元日（正月十五、七月十五、十月十五为三元日）联系起来，所以后世人又称三官为三元。这就是民间在上元日正月十五祭祀三官的缘由。后又由于三官被道教封为赐福紫微帝君，近代民间遂有以天官为福神，与禄寿并列，或做财神之助手。民间不只正月十五日三官庙祭祀三官，而且画为门神，以求赐福、避邪。"天官赐福，地官赦罪，水官解厄。"

靖远庙　在东门外之东，同三官庙在一处供奉宋代民族英雄岳飞。正月十四至十六，城乡市民聚于该庙祭祀岳飞。

岳飞之名望事迹，世代相传，家喻户晓，无须赘言。其死后，世人视为神，亦势之必然，说明岳飞在人们心中之崇高地位。南宋后期仅奉为土神，地位不甚崇高。明代，民间传说岳飞为张飞、张巡之后身。

关于岳飞身世、取名，《历代神仙通鉴》卷十九记有这样一段传说：（宋徽宗时，关羽现于宫中）帝问张飞何在？羽曰："飞与臣累劫为兄弟，世世为男子身，在唐为张巡，今已为陛下生于相州岳家。他日辅佐中兴，飞将有功。"相州汤阴岳和，存心宽厚，妻姚氏尤贤。有娠昼寝，一铁甲丈夫入曰："汉翼德，当住此。"醒产一子，有大鸟若鹄，飞鸣屋上，因名飞。此传说披上了转世的神话外衣，足以说明古人对忠良的崇敬之情。

如今人们仍纪念民族英雄岳飞，同时将罪孽难消、罪大恶极的秦桧塑像放置在岳飞像前，用火焚烧，仍不解对奸臣仇恨之心。

上元节除开展祭岳飞、"烧秦桧"的民俗活动外，还开展了许多有教育意义的民俗文化活动。如打生铁花、荡天平秋、踩长腿子、耍旱船、演戏等，可谓热闹非凡。

地藏寺　民间称地当寺。在城南（今汽车三队车站和市体委所在地），何时建造不详。

民间所信仰的阴间主宰，本为东岳神。因受佛教影响，便有了地藏王（佛教称地藏菩萨）主冥之说。关于地藏的来历，有几种说法：新罗王族姓金，出家为僧，渡海至九华山，坐化为菩萨；如来十大弟子之一，古印度摩揭陀国王舍城婆罗门目犍连；古印度婆罗门女；道教又称其为金蝉子化身。其中以新罗僧和目犍连（即目连）二说最为流行。

敦煌地方民间"目连救母"的故事广为流传，城隍庙塑造的十八层地狱，其中就有此传说。

《目连记》载，傅罗卜，南印王舍城人，父名相，母氏刘，合家向茹素。相卒，刘氏弟来，谆劝开荤，曰："文王之时，五鸡三彘（猪，关东俗称）以养亲老，世称仁政。故曾子养亲，必具酒肉。孔子食肉，必调以酱。孟子曰：鱼与熊掌，皆我所欲。"刘开斋，

死入地狱。傅罗卜削发为僧，改名目连。一日禅定，见母在地狱，立往寻之，奈乍至第一重地狱，刘氏已解往第二重，尾蹑之，至第六重，值四月八日，狱主赴会，致押解稽迟，目连始晤母，遽饷以所携乌饭，被恶鬼顷刻攫尽。鬼使又将刘氏押入第七重。目连蹑至第十重，知母已投生为郑官家犬，访得之，见犬向伊摇尾哀嚎并衔其衣，目连悟，输赀买归，事以母礼。七月十五日大设盂兰会超度伊母，遂由玉帝封刘氏为劝善夫人。

七月三十日为地藏生辰，城乡士女崇敬目连孝敬其母之品德，皆赴地藏寺礼拜，并演戏三日。

风伯雨师庙　俗称风神台。在城东一里处（今三危乡豆家墩村），清道光六年（1826）建。

"风伯"是民间对风神的称呼，也称风师。《周礼》云："以槱燎祀风师。风师者，箕星也，箕主簸扬，能致风气。"《易·巽》正义曰："巽者两风相随……风既相随，物无不顺。"故附会为风伯。谓其鼓之以雷霆，润之以风雨，养成万物，有功于人，王者祀以报功也。以丙戌日祀于西北，火胜金为木相也。古代各族对风神的信仰不尽相同，有的民族因鸟翼展搏生风而把某种鸟类神化为风神；有的民族见风来自山谷和洞穴，而把风神和山谷、洞穴联系起来；有的民族看到风吹云动，星辰月亮时隐时现，而把风神和某个星体、月亮联系起来。风的自然力会给人们生活带来损害或好处，而人力又无法左右它，这是古人崇拜风神的根本原因，而它的自然特性，又是引起人们幻想和种种神秘感的根据。春秋战国以来，逐渐形成了天神的体系，风神信仰也渐渐集中起来。传说神话色彩较浓，带有较多原始宗教的痕迹。秦汉以来，被纳入国家祀典。唐宋以后，民间传说中出现人格化的风神，流传至今。

在诸多气象神中，雨神自然是古代人类社会生活最密切相关的神灵，所以在原始宗教中，雨神崇拜必然会因地区、民族的不同而表现出多种现象。春秋战国以来，雨神信仰同风神一样，渐渐集中起来，并被称为雨师。

太阳宫　在县城西三里，今旧城墩西北，农历十一月十九日，城乡市民多聚太阳宫祭祀太阳神，演戏三日。

信仰崇拜自然神，本是原始崇拜的产物，至今仍

留有其痕迹。民间将太阳神称太阳公公，月神称月亮婆婆，二神合在一处祭祀。敦煌有八月十五中秋节祭月神的习俗。

土地祠　在旧县署院内东（今财政局所在地），清雍正三年（1725）建。土地祠奉祀土地神，城乡各坊均建有土地祠。农历二月二为土地神诞辰，各坊乡民均祀之。

土地神又名社神，敬土地神的日期为社日。万物土中生，地能载万物，世人本此观念，遂生出敬拜土地的事来。自古除敬天以外，即以敬土地为要事。近代民间信仰土地神，不亚于城隍，在我国几乎可以说凡有人烟处，都敬土地。土地的前神叫社神，也称社公。古人因为"土地广博，不可遍敬，故封土为社而祀之"。

厫神庙　在今县内南关粮站院内东侧，坐北向南，庙对面建戏台一座，供清代刘猛将军为厫神，每年农历七月二十六日为厫神庙会，便开始征粮入仓，并演戏三日。

民间相传，清代乾隆任命刘猛将军驻敦煌新建仓厫（即粮仓），刘猛仔细看城内地形后，决定将厫建造在内城外南沙梁附近。仓厫建成后不久，甘肃抚台巡查敦煌，发现军用粮仓建在内城外，认为刘猛之举触犯军律，有谋反之意，便上奏乾隆皇帝，于是将刘猛将军以"谋反罪"而斩首。数年后，所建粮仓三五年粮食蓄备完好，无糜烂变质。究其原因，主要是粮仓所选地形较高，沙土层干燥通风。实践证明刘猛建厫之举是正确的，后人为纪念他，立庙敬奉为厫神。

如今尚存数百年来保存完好的八幢仓厫，仍是蓄粮的最佳粮仓。

"卦先生"与"算命婆"

薛家湾位于甘肃省永登县城西南十里许。1949年以后，曾属永登县枝阳区高桥乡管辖，公社化后，属于柳树公社三湾大队，现改名为永登县城关镇薛家湾村。

薛家湾村坐落于庄浪河西岸的坪上，因此又称为"西坪"，再西侧为乌鞘岭之余脉白土岭（海拔2047米）。该村地势北低南高，呈阶梯状。全村被两条巨大的沙沟所围，东面的沙沟将村庄分隔成上、下两庄，居民大都集中于上庄。

过去，薛家湾居民几乎不从事任何副业生产活动，连吃菜、吃油都需进城购买。

全村有93户人家，456口人（1983年4月统计）。主要是柳、刘、高、何四大姓。"薛家湾人"是一个以卜卦算命、禳灾祛祸为谋生手段的民间职业集团，在西北高原上影响甚大。1949年以后，这种职业的活动场所已大大缩小，而"薛家湾人"的基本谋生方式也有了明显的变化。

（一）"薛家湾人"职业的三大特点

1. 职业的特殊性

我们说"薛家湾人"是一个特殊的职业集团，这首先就表现在他们所从事的职业的特殊性质上。他们的职业完全不同于那些紧紧围绕人们的物质生产或消费生活的需要而产生的职业，诸如狩猎、畜牧、农耕以及各类工匠等，而是迎合着人们的信仰需要和传统的迷信思想而把卜卦算命作为自己职业的集团。在过去，农业并不是他们基本的谋生手段，几乎可以说仅是一种点缀（这主要指1949年前的情况而言），我们曾做过一次统计：20世纪40年代，薛家湾有近20户人家，有田地者仅占6户，其余均没有田地，有的甚至连住房都没有一间。这些人完全是靠卜卦、禳解为生。即使那些有地户，因土地面积、土质及产量的限制，主要也不以农业为主，其大部分生活来源，仍在于从事这种职业。他们一般是半户务农，半户出门为人卜卦，时至今日，"薛家湾人"的卜卦虽已不再作为最基本的职业，但仍然十分盛行。

其次，"薛家湾人"职业的特殊性还表现在这个职业集团的成员，不同于那些从事单一迷信职业的人，如巫师、看相者、卖卦者等，而是占卜、巫术等多种迷信职业的混合，用他们的话来说，就叫"算命和禳解"。从他们所供奉的职业神也可看出这个特点。其职业神主要是两个：一是能掐会算的周公；一是能禳能厌的桃花娘娘。其中禳厌可以说是更为重要的一种形式。他们说："推（即算命）如认症确诊，禳如下药祛病。"凡诚心算命者，"薛家湾人"总是想方设法要为他禳解一番。这两项活动经常是结合在一起进行的。从经济角度看，施行禳解术无疑更能获得较高的报酬。

此外，"薛家湾人"职业的特殊性还表现在他们的职业与其宗教信仰有着不可分割的联系，这将在后面详加叙述。

概括言之，"薛家湾人"的职业活动大致分为两大类，一为占卜，二为禳解（亦即厌胜）。

（1）占卜

"薛家湾人"占卜的方式分为以下几种：

第一种是推八字（他们的隐语称"课巾"）。又称"批八字"。所谓"八字"是指人的出生年、月、日、时，各以天干、地支相配，每项用两个字代替，四项就有八个字。推八字就是通过这八个字推算人一生的命运，如吉凶祸福、婚丧大事、子女的多少等。

推八字的方法颇为复杂，据说是从八卦演变而来，对此，"薛家湾人"有一套完整"秘密"的程式。他们提到的书有《邵子神术》《百种经》等。这些书现在在薛家湾村已经见不到了。另外，《万年历》对于那些"技术"尚不十分娴熟的卜卦者来说，也是一本必要的工具书，他们根据人的出生年、月、日、时，从中查对八字。

推八字时，他们总是将人的一生分为"命"和"运"两大类。"薛家湾人"把"命"分金、木、水、火、土五种，五种"命"又各分为五。两相（属相）一命，共有三十种命，在八字上各有相生、相克之说。相生就"福禄亨通"，相克则"祸灾必至"。按照他们的说法，人一出生，八字就决定了他的"命"。"命"是死的，但"运"却是转的，"命运好比水磨①，命是上磨盘，运是下磨盘"，能推出运道变化的方是高手，"批上财官行上运，走遍天下无人问"。他们承认，在薛家湾村，目前能"行上运"者，寥寥无几。

推八字分为两种情况，一是全八字，即由父母的八字推及全家每一口人的命运；另一种是由自己的八字推自己的身后。子女的八字不能上算父母的命运，父母的八字可算及子女后代。称为"天可带地，地不可带天"。并且"算男不算女"，只推及兄弟，不推姊妹。

推八字过程大致如下：

立"四柱" 立"四柱"就是推算八字各属何命。卜卦者将顾主的八字以一定的形式写于黄裱纸上（亦可不列图），先看八字是否相克、月份是否不利；然后推出人一生中四大运行如何（他们将人的运行分为：奶运，11岁前；少运，12—30岁；中运，31—40岁；老运，40岁后。但年龄界限并不很严，根据每人具体情况而定）。

找九星 九星是每个人命中都有可能犯的九种难星，有些不甚要紧，有些则关人生死。一般说"男怕犯罗睺，女怕犯计都"，尤其是在本年上（即合于本人属相的一年），犯难星的可能性最大。找九星就是推出人哪一年犯难星。

找化星 倘若犯了难星，就要推算化星上是否化得开。化星共有十个，有些可以化开难星，遇难成祥；有些不仅化不开，反而更加添灾。

行十二压运 十二压运主运道。行压运就是推算年上占的压运星如何。推算时亦有一定的规律。所谓"年年起太岁"，即每一年都是从太岁星上推起，结合人的八字来进行推算。

其实，占卜时卜卦者并不一定完全按照上述过程，也不一一加以说明。对方听到的只是一串串口歌和一些解释。口歌如主婚姻大事的，"湘子见林英，携手进房门，今年成婚配，来年见儿孙"，再如"你的运道不好哩，诸事不利。时不来时运不通，当河放着一锭金，又无船渡水又深，昼夜谋事不遂心"。通过这些口歌和解释，卜卦者把"命"的好坏、四大运行、吉凶祸福、子女多少都告诉了顾主。若还有不明白的问题，他再加以解释。至此，整个推八字在薛家湾村是男子们所用的卜卦方式，妇女则多采用观面相和看手相的方式。

第二种是观面相（他们的隐语称为"交合昭盘"）。又称"麻衣相"。观面相是通过人的五官和气色来推断人的命运及吉凶祸福的。

五官和气色叫作内五行。五行即金、木、水、火、土。五行合于五色（白、青、黑、赤、黄）。内五行就是判断人的气色。这里有一定的章程：季节不同，观法不一。春季木旺，青色为主；夏季火旺，赤色为主；秋季金旺，白色为主；冬季水旺，黑色为主。辨色首先要分清季节。哪一种色太重、是否相生相克，这是内五行需辨别的。外五行与五官相配的办法是：耳为木、鼻为水、眼为金、口为火、天庭为

---

① 水磨：河水冲击叶轮，带动下磨盘转动，而上磨盘则是固定的。

土，亦合于五色。五官的位置及形状都决定着人的命运。内外五行又都合于东、西、南、北、中五方，主人的四大运行。观面相是将内外五行结合起来看的，如印堂（天庭）发黑，主人必定倒霉。

观面相有"三不观"：一曰酒后，二曰生气，三曰夜晚。这三种情况都会使气色失常。

其实，观面相与下面介绍的看手相都是推八字的变种。据"薛家湾人"说，它们都是从八卦演变而来。

第三种是看手相（他们的隐语称为"交合托罩"）。指通过人手掌的纹路（男左、女右），判定人的命运、婚姻大事、财路及子女多少。主要从三条纹路看：一是财线，主人财路如何；一是喜线，主人婚姻大事；一是命运线，主人一生命运如何。此外还有子女线、性格线等。

这种方法简便易学，薛家湾村的妇女们都谙于此道。观面相男子们偶尔也用，但从不为人看手相。

第四种是鸟占及其他。鸟占又称"黄鸟叼卦"或"凭命打彩"，是薛家湾男子们推八字时的一种辅助算命形式，借以吸引顾客，招徕生意。1949 年以后，鸟占已基本绝迹。用来卦的鸟儿主要有腊嘴、铁嘴、金翅儿等几种。卦签共有三十六张，每张正面书有"灵鹊报喜"四字，另一面写明属相或谶语。

鸟占方法有二，一是叼属相，二是鸟打卦。所谓叼属相，就是先由求卦者报生辰八字，卜卦者打开鸟笼放出鸟，嘴里念道："这位大哥报了××八字，你叼个属×的相生。叼不神，报不神，打死你喂掉老猫哩；报神了，叼神了，给你做着吃，给你做着喝。"据说叼属相一般都甚准，这里究竟有什么奥秘，"薛家湾人"讳莫如深，但据一些青年透露，鸟叼出属相后，会接着叼出一两张卦签，上面或书吉利之语，或写不祥之言，然后由卜卦者加以解释。

"薛家湾人"说，鸟打卦或好或坏，纯粹凭运气，没一定准头。只不过鸟叼出属相后，求卦者会对卜卦深信不疑，求其算命罢了。

此外，在薛家湾还有"解梦""神机敕"（抽签卜卦）等方式，但并不常用。据我们了解，"解梦"纯属"舶来品"，并不属于"薛家湾人"固有的占卜方式。

以上几种占卜方式中，以推八字为最主要，也最难学到手。

（2）禳解

禳解是从古代巫术演变来的。其目的在于通过生辰八字的处置或一定的仪式来禳灾祛祸，保佑平安。

一般来说，每占卜一次，求卦者需付酬金二至三元不等；而一次禳解，有时酬金可高达五六十元。例如"薛家湾人"柳某某，1981 年在甘肃武威某公社为一中年妇女卜卦，得知她极想生一男孩，于是对该妇女施行禳解术。此次获酬七元。一年后，他又去该处，那位妇女果生一男孩，答谢酬金达三十余元。

禳解又称为"镇法"。"薛家湾人"的禳解分为两大类：

第一类是桃花镇。此镇法是桃花娘娘的镇法。目前在薛家湾村仍能找到《桃花镇》一书。其中共有八十一种镇法。下面略举几种：

逢凶化吉法　某人运道不好，或流年不利，或财产受损，或有大灾小难，则用此法来禳解。其办法是：根据其人生辰八字，算出是犯了什么星宿或邪鬼恶煞，从而确定禳解方法。若是犯了青龙（星宿名），就在房中摆两桶水，两桶中间放一盆火，用红布将被禳解者的头蒙起来，令其从火盆上跨过，小灾跨三次，大难跨七次。同时施术者在旁边念道："青龙关过了，白虎关过了，鬼门关过了。"在整个过程中，还须一人握沙不断往被禳解者头上撒去。

求家口平安法　家道不顺，连年伤人，则用此法来解除。需用物品有桃枝、石灰、烧酒、红白纸、五色粮食等。办法是：先用烧酒洒于屋中，点燃红白纸清理四角，石灰勾画阴阳坛，按乾、坤、坎、震、巽、兑、艮、离分为八门。施术者披发，鬓角插毛笔，着八卦衣，执七星剑。用笔蘸烧酒、猩红判符，作法降神，以除邪煞，并写"祭神文状"（见附录五），作法完毕后烧掉。判符时念曰："一点水，不是水，此是北方壬癸水。赫赫煌煌，日出东方，太阳一照，化为吉祥。"待将符判完，打破醋罐。将符与桃枝、五色粮食少许包于黄裱纸中，然后用红布缝好，钉在堂屋门楣上。

求子嗣法　这里列举其中的两种。一是使不育妇女在庚日或辰日面向正东站立，口中念咒语三次："天精地精，雨结成人；天气下降，一物成形，各保安宁。"然后由施术者判符，并将所判之符与香木一起火化后令该妇吞服。二是用朱砂二钱、猩红二钱、鸡血二钱，溶合后在五色绸缎上判符。判符时念道："天圆地方，律令九章，神将感应，小孩吉昌。谨请：南斗六郎、北斗七星、太上老君，急急如律令。"然后用生铁四两，折柳木四两，三家（以有儿为条件）院内土一升，新筷子一双，小儿鞋一双，裹肚一个，茅香一两，安息香三钱，青石、白石各一个同埋于卧室门槛下。同时在该妇梳妆所用的镜子上画一小儿头符即可。

第二类是聚星镇。此镇据说是无量祖师的镇法，功效比"桃花镇"要大，也更为复杂。目前薛家湾村懂得此镇法的人极少。

同其他任何民间迷信职业集团一样，"薛家湾人"的职业活动也具有神秘性。这种神秘性主要表现在：其一，宗教信仰的神秘性。他们所供奉的神灵及职业祖师如周公、桃花娘娘、无量祖师等，与其他职业集团有所不同；祭祀方法亦有区别。其二，只限集团内部通婚的封闭性。1955年以前，该职业集团不与外人通婚。其三，职业活动的保密性。这表现在两个方面，一是卜卦技术绝不外传；二是他们有一种从事自己职业活动所使用的隐语，即所谓"绍句"。

2. 职业的集团性

"薛家湾人"职业的另一明显特征是集团性。这一特点主要表现在以下几个方面：

第一，薛家湾村从事这种职业者极为普遍。1949年以前的情况在上文中已有统计。1949年以后，从事该职业的人数比例已有所减少，但全村约有三分之二的人仍然不同程度地从事这种职业，除为数不多的几户人家没有占卜者外，大多数人家经常有一半人口出门为人占卜。

在职业技术的传授上，也表现出明显的系谱性。一般来说，是父传子，母传媳。"薛家湾人"的六姓（柳、刘、高、何、郝、郭）之间完全是亲套亲，所以在技术的传授上也有以村中"技术"较高者为师的情况。但这并没有超出系谱的范围。

第二，"薛家湾人"职业的集团性还表现在他们过去绝不与外人通婚的习俗上。这种习俗一直到1955年才有所改变。他们以往不与外人通婚，主要原因有二：一是他们的职业与生活习俗都与外人不同，因此姑娘不愿意嫁给外人，男子也不愿意娶外人做媳妇。这从薛家湾村各姓的组合也可看出，六姓正是由于共同的职业、语言和生活习俗才聚居在一起的。他们所谓"人不亲行亲"的说法，正好反映了这一特点。二是外人不愿和他们结亲。一说他们是"蛮子"；二说他们的职业不正当，像"叫花子"；三说他们常年出门在外，与中国传统的"好出门不如歹在家"的风俗大相径庭；四说他们不会生活，不会理家。当然，这种情况现在已经有所改变。

第三，"薛家湾人"特殊的隐语（"绍句"）是一种职业行话，是其职业集团性的重要表现之一。这种行话的词汇，较之一般行业用语要广，几乎可以包括日常生活中所有的常用语，其中与他们职业有关的词汇尤其丰富。

第四，从"薛家湾人"的心理上、道德上也可看出因其集团性所形成的特点。比如，当"薛家湾人"集团利益或集团中某成员受到侵害时，他们往往群起而维护之。某年，薛家湾有人因浇水问题与邻村发生了争斗，薛家湾村的青壮年几乎全部出动，甚至有些人连情况都不明，就冲上去帮衬。尊老扶幼、不欺瞒同业，决不偷盗，是他们集团性在道德上的突出表现。如果一位身体较弱的老人与一位青年或中年人同时出门从事职业活动，那么，照顾老人就成了青年人义不容辞的任务，老人每日要购买什么可口食物，尽随其意。挣得的钱，扣除老人吃饭的花销，再平分。无论几人同时在一小范围内从事职业活动，挣得报酬，均大家平分，不得欺瞒。即使某妇怀中有一不懂事的婴儿，也必然分得与大人相同的一份，不少一毫一厘。

第五，"薛家湾人"在服饰上也具有集团性的特征。1949年以前，西北地区城镇、乡村的人们，可以一眼辨别出"薛家湾人"来，因为他们的服饰颇为奇特，即所谓"高头、弓鞋"。过去，薛家湾妇女婚前发式与外人无异，从结婚那天起，则要将头高高梳起，俗称高头。这种发式与洮岷一带的"凤阳婆"[1]的发式十分相似，再裹上宽一尺、长六尺左右的黑色头帕。冬季则带"遮耳子"[2]。薛家湾男子的服装1949年以前多是长袍大褂。妇女服装则比较别致，一般是长

---

[1]　凤阳婆：见范长江《中国的西北角》，第86页。

[2]　遮耳子：前有帽檐，两边可以遮住耳朵，但头顶部是挖空的，一种妇女戴的"帽子"。

及膝盖的大襟褂，领口及衣襟均压有花边，袖口也压二至三道花边。裤子肥大，裤脚扎有类似裹腿的、压有花边的"裤腿子"。老年妇女服装多为黑色或蓝色，中年妇女服装多为绿色或蓝色。"裤腿子"老年妇女为黑色，中年及青年妇女多是绿色或红色，四周也压有花边。最为奇特的是，薛家湾妇女的"尖尖鞋"，瘦而长，整个鞋帮绣满了云状花纹，鞋尖逐渐朝上翘起，无论老年、中年鞋的颜色都极为鲜艳。以前，曾有人说薛家湾妇女是"天足"[①]，其实并非如此，她们大约在十二至十五岁时开始裹脚。但她们裹脚的方法的确与外人不同，外人是将脚裹小，而她们则仅将脚裹窄，便于长途跋涉。原先有人根据她们的服装推断"薛家湾人"是苗族的后裔[②]，但据我们考察，这种服装形式不过是明、清时期江南妇女服装的一种演变，同苗族服装并不完全一致。"薛家湾人"的饰物多为银器。他们佩戴戒指的方法十分有趣，几乎每个手指上都要戴。耳环也很奇特，一个耳环下拖有许多银穗，可惜我们未能见到实物。

3. 职业的游动性

"薛家湾人"的职业活动从来没有固定的场所，他们奔走四方，游动占卜。这一点正是"薛家湾人"与其他摆摊设点的迷信职业者不同的地方，也是把他们称为"中国的吉卜赛人"的重要原因。"薛家湾人"把他们自己职业的游动性称为"出门"。几百年来，他们当中一直流传着这样一种说法：至少三年要出门一次，否则家中便会有灾祸，就会"天火烧身"。今天坚信这种说法的人的确不多了，但作为一个集团的职业习惯，至今仍然继续着。

1949 年以前，每当他们出门谋生，一般总是全家出动，三五家为一群，全靠步行。时间短者十天半月，长者一年半载，亦有长达五年不返回家园的。

1949 年后，情况略有不同，已没全家一起出门的了，但仍然是三五人组成一伙共同出门，时间也较短，七八天即返回，过些日子再出去。

出门的大致情况如下：

（1）准备出门

出门时粮食、炊具及住宿用具等均须带全，家中

饲养的牲畜如驴、狗、羊等也得领上。为适应这种流浪生活的需要，饮食用具也有一定的改变，其中最明显的是他们用来盛调味品及酸菜的木制小罐。

妇女们大都带一根五尺左右的木棍，既可防身打狗，又是协助脚力的拐杖。男人们则带卦书（如《万年历》等用来查找生辰八字）、竹笛和卦板（招徕顾客之用。竹笛用于村，卦板用于城镇）、鸟笼（鸟占时使用）以及一两册古书（用来避邪）等。

1949 年以前，出门时间一般都在正月初五至初七几天内（1949 年以后，出门多在春耕完毕之后）。"出行"仪式就在这几天内举行。目的在于祈祷职业祖师及诸神，以保佑此次出门吉利。因此"出行"仪式又被称为"迎喜神"。具体过程如下：选择一个好日子，算出喜神在何方。备好驴，拉出大门，点燃鞭炮，来到空旷的沙沟里，朝喜神所在方向磕头祷告，其辞大意为："愿神保佑我空怀出门，满怀进家，衣粮万担。保佑我吉利无灾，贼来迷路，刀来卷刃，狼来缩口。"然后烧 1 道黄裱纸，点 3 炷香，拉驴回家。供上无量祖师（居中）、周公（居左）、桃花娘娘（居右）神位，供 12 个馒头，分为两堆，上放肉菜、米饭等。点燃 3、5、7 炷香，烧纸钱、黄裱纸，磕头祷告（祷告语如前）。待香快烧完时，洒酒祭奠祖师。至此，"出行"仪式全部完成。

出门时没有什么讲究。房屋门窗全部用泥糊住，只待回来后才打开。据说过去一些有田产的人全家出门时，会将田地租给外人耕种。

（2）出门在外时的民俗表现

薛家湾的一些俗语，颇能反映"薛家湾人"出门在外时的风俗习惯。如："拉着毛驴领着狗，抱着孩子到处游"；"站（住）破房，живут古庙"；"铺的加沙毡，盖的旋风被"；"月照灯，风扫地"；"三石一顶锅"；等等。在居住方面，"薛家湾人"出门在外，总是随遇而安。有破房舍庙临时居住固然甚佳，若无处栖身，则露天宿营亦不觉苦。露营时，分为四层：最外层由狗守卫四方，其次是牲口，接下来是羊、鸡等家畜，最里一层睡人。晚上若遇大雪，第二天一早，必须有一人先钻出被窝，扫去其他人被子上的积雪，大

---

①　刘呈芝、苏耀江《解放前永登的"算卦婆"》，载《甘肃文史资料选辑》1982 年第 13 辑，第 158 页。

②　他们自己也说服装同苗族相同。

家才能起身。饮食方面，若求卦者能请吃饭，当然最好，否则便在野外用三块石头支起锅野炊。"薛家湾人"出门时并无固定目标，有求卦者则停，无则行。行动时，老年人和小孩骑驴，其他人步行，幼儿由母亲裹于上衣大襟内，腰间扎一带子系住。每至人口较多的村镇，他们便各自分散从事职业活动。妇女多是走家串户，登门看相；男人们则手提鸟笼，口吹竹笛，走村串巷，招揽生意。愿求卦者，或请至家中，或就地占卜。

以上所述"薛家湾人"的出门习俗，1949年以后颇多改变。诸如出行仪式已不再举行，所带器具大大减少，家畜不再随主人出门，大都乘车代步而不再长途跋涉。

4.因其职业而形成的一些优点、缺点

（1）游动职业对"薛家湾人"的性格和心理方面的影响。

第一，性情豪爽。长期的游动职业活动，使他们见多识广，善于交际，性情十分豪爽大方。这主要表现在两个方面：其一，在生活上他们不以存钱为荣。按他们的说法是"不存闲钱"，即所谓"光棍一把伞，许吃不许攒"。他们以吃喝为重，决不"为难"肚皮。原公社某领导曾为他们下过一个评语，颇为有趣，他说："薛家湾的人即使背一辫蒜（约50头），进城卖八毛钱，还要下趟饭馆哩。"其二，在待人接物方面，充分表现出礼貌热情、慷慨大方的气质。凡是外乡人来家，无论认识与否，先请他进屋上炕，拿出自己家中最好的食物热情招待。"薛家湾人"待乞丐十分热情，凡登门讨食者，从不叫他们空手而归，而且不给剩饭残汤。若是正逢吃饭，便叫乞丐进来一同吃。平时，则给馍馍或面粉。他们自己说："我们也是出门人，知道出门人的难处。"

第二，头脑敏捷，能言善辩。"薛家湾人"能从旁人的一言一行、一举一动中，迅速判断出他的性格和心理活动。这种敏捷的观察与判断，是"薛家湾人"从事他们特殊职业活动必须掌握的一种重要手段。此外，他们人人都能言善辩。1949年以前，附近的人们曾对"薛家湾人"有过这样的评价："蛮婆子，真能干，凭着一张嘴走遍天下。"而且越是上了年纪的人，口舌越是厉害，出口便是一串口歌，极为有趣。这种敏捷的头脑，能言善辩的技能，无疑是他们

长期从事特殊的职业活动而锻炼出来的。

（2）职业的游动性导致了他们房屋、家具的简陋及饮食的粗糙。

现在"薛家湾人"的住房同附近农村的住宅已没有什么明显的差别，1949年以前的旧房已见不到了，但据他们自己介绍，由于过去的房屋过于简陋，许多人出门回家后，房屋已倒塌毁坏，只得寄身于山洞、庙宇之中；甚至有些人家干脆不盖房，出门回来就住山洞。日常家具几乎没有，有些家中只有一个盛粮食的木柜或一口大箱子。

"薛家湾人"平素饮食也较粗糙，饭菜品种单调，烹调技术单一。他们以面食为主，上乘者便是长面条。平时家庭中多吃汤面片，其做法为：先将土豆切片煮半熟，然后下面片入锅，最后加上腌酸菜，再用油炝一下即成。过去，办喜事的酒席也十分简单。做法是：将肉、菜都切成大块烩于一锅，全村人在院中席地而坐，一人一碗，随吃随添。名曰"罗汉席"。

（3）因其长期出门而导致对农业生产的生疏。

第一，"薛家湾人"普遍对农活没有兴趣。在薛家湾，人们感觉不到中国农民那种传统的对土地的眷恋之情，大多数人家，仿佛是不得已才去种田地，即使有闲地，宁愿荒芜，也不愿多出点力去种植。即便是农忙季节，此处也感觉不到一般农村那种紧迫的生产气氛，每天仍有许多青壮劳力蹲在一起闲聊，仿佛农时跟他们毫无关系。

第二，农具不全。薛家湾有些家庭连农家必备的犁都没有。在其隐语词汇中，有关农具的词汇寥寥无几，大多数农具的名称在隐语中无法表述。关于饲养牲口的种种术语也是如此。使役于农活的大牲畜如耕牛等，过去从不饲养，养的多是用来代步的毛驴。

第三，对农活生疏。至今，"薛家湾人"所耕作的土地仍比较粗糙，他们在农业技术方面只不过是初学者的手艺。干活时往往不大经心，不善于吸取别人的经验以改进耕作。

（二）"薛家湾人"职业活动的范围及其影响

"薛家湾人"职业活动的范围，主要在西北各省，以甘肃、青海、宁夏三省（自治区）的汉民聚居区为重点。1949年以前，他们当中曾有人到过陕西，越过陕西再往东者尚未听说。1949年以后，由于交通方

便，"薛家湾人"有不少足迹远至新疆。

"薛家湾人"在西北影响甚大。特别是1949年以前，一提起"蛮子""蛮婆子"几乎无人不晓。不同的地方的人，对他们的称呼亦有差别。比如，青海人称他们是"拱马精"，甘肃有些地方把他们叫作"卦卦婆""卦先生"。乡村里的妇女儿童，对他们尤感兴趣。1949年以后，由于活动的减少，他们的"名气"已大不如往昔。

在农村，由于重男轻女思想的影响，为求子而卜卦、禳解者甚多。这无疑是"薛家湾人"能够扩大影响的因素之一。

另外，因患病四处求医无效者，也往往以试一试的心情来请"薛家湾人"为之禳治。这类求医者以患精神病病人的家属居多，"薛家湾人"称这种病为"邪气病"。

其实，在很多场合下，"薛家湾人"是借心理揣摩和精神疗法来卜卦、禳解的。占卜过程中，心理揣摩占很大成分。"薛家湾人"常说："三句好话暖人心。"他们卜卦时，常凭着"三句好话"来套出求卦者的话，看求卦者表情，揣摩求卦者内心活动。从这个意义上讲，"薛家湾人"中的确不乏心理揣摩的"专家"。

（三）"薛家湾人"中所流传的与他们职业有关的传说

"薛家湾人"当中，流传着许多与他们的职业密切相关的传说，此处选录其中的几则。另外还有一部分似乎与他们的宗教信仰习俗的关系更为密切，所以将其另归入"信仰习俗"部分。

在这些传说中，有些历史概念和历史人物都是非常混乱的，在此保持原貌。

1. 雍正皇帝与算卦先生的传说

传说雍正皇帝的亲生父亲不是原来的皇帝，而是杭州的一个大官，后来雍正做了皇帝，知道了这件事，就带着一个丞相穿着便衣到杭州去找亲生父亲。到了杭州一打听，说是三年前就死了。

回来的路上，路过一个小饭馆，他们进去吃饭，掌柜的说："正做着呢，还得等一会。"这个时候，天气热得很，掌柜的就指着对面一棵大树说："先生先到树底下乘一会儿凉，饭好了，我就叫你。"雍正和丞相就出去乘凉，大树旁边有个学堂，这时走出来一个教书先生，请他们到学堂里去坐，并说："那里有过堂风，凉快得很。"雍正和丞相进去一看，堂上四周都挂着卦条子，上头都写着生辰八字。一问，教书先生是算卦的。雍正问："你算得怎样？"卦先生说："算得好着哩。"雍正说："你给我算一下。"卦先生说："行哩，先把八字报上来。"雍正报了八字。卦先生掐指一算，吃惊地说："哎呀！你是当皇帝的命！"丞相一边赶紧说："不对，不对！八字报错喽！你给我算一下吧！"便报了自己的八字。卦先生一掐指头说："你是个丞相的命。"丞相又赶紧说："不对，不对！我的八字也报错喽！"雍正问："你既然算得好，你自己是个啥命？"卦先生说："我算我命里注定当个兵部侍郎官。今年八月十三进京，八月十四朝见皇帝，十五封官。"雍正问："你算得准吗？"卦先生说："算得一点没错。"雍正心里说："我就偏不叫你八月十五当官！看你算得准不准？"

回到朝里，雍正坐到金殿上，马上发了一道圣旨，限令卦先生一个月内进京。卦先生接到圣旨，就找他的老外父（岳父）去了。他外父也是个算卦的，算了一下说："没关系，福多祸少。你放心去！"卦先生就收拾了一下东西走了。走到半道上，天下开大雨了，连着下了40天，把卦先生困到半道上了。等到雨一停，卦先生就赶紧往北京赶。进北京城时正好是八月十三。十四朝见了皇上。因为等着封官的人多，到十五才轮到他最后一个。雍正问："你就是那个算卦的吗？限你一个月进京，你怎么才来？"卦先生说："路上下大雨，没办法走。"雍正说："你抬头看我是谁。"卦先生说："不敢，小人有罪。"雍正说："免你没罪。"一看，不正是树下乘过凉的那个人吗？最后，只剩下个兵部侍郎官，就封给卦先生了。

2. 皇姑落难的传说

同治年间，土匪作乱。同治皇帝的姑姑不知怎么给跑散了，一下子跑到薛家湾这一伙人里头来了。就这么住了两三年，天下太平了，皇上派人访到这儿来，把皇姑带了回去。

回去以后，皇上就问皇姑："那些人对你怎么样？"皇姑说："他们对我很好。"皇上问："他们给你吃的啥？"皇姑说："他们吃啥，就给我吃啥。"皇上又问："你晚上和谁在一起住着呢？"皇姑说："有时候和姑娘们一起住，有时候和婆娘们一起住。"皇上听说"薛家湾"这些人还不错,就要给他们封官。"薛家湾"先人说:"我们不做官。"皇上说:"那给你们分些地吧?""薛家湾"先人说:"我们不种地,要地没用。"给钱,也不要。没办法,皇上只好说:"干脆封你们走州吃州,走县吃县吧!"所以后来不管"薛家湾"人走到哪里,都到县衙门里头去吃、去住。日子长了,县官们说:"这不行哪!县衙门让这些花子(乞丐)们乱进怎么成哩?还是叫他们住南关里的寺庙去吧!"这以后,"薛家湾"人就不让在衙门里站(住)了,走到哪里,都是站(住)南关寺庙。

3. 周公和桃花娘娘的传说

周公算卦算得好,算一卦,是三钱三分银子。算准了就收这三钱三分银子,算得不准就倒贴三钱三分银子。

一个老奶奶有一个儿子,是靠贩粮过日子的。每月都要出去十二三天把粮卖掉,本钱买回来,剩下多余的过日子。一次出去贩粮,半个月了还没有回来,老奶奶急了,就跑到周公那里去算卦。周公掐指一算,说:"不好了!你儿子三天之内就要让崖压掉哩!"老奶奶一听,急得不得了,团团转。正转着,桃花娘娘来了,问道:"老奶奶,你这是咋了?你有啥事,给我说一下。"老奶奶说:"我儿子出去贩粮,半个月没有回来。我请周公给算了一下,他说我儿子三天之内要让崖压掉哩!"桃花娘娘说:"没关系!明晚上,半夜子时,你杀个鸡,把鸡扔到墙外头,喊三声你儿子的名字。你儿子就回来了。"第二天晚上,老奶奶杀了鸡,扔到墙外头,喊了三声儿子的名字,就睡下了。

和他儿子一起出去的一共有十七八个人,路上耽搁了几天。有一天晚上下开雨了,就住到一个破窑里头,这个破窑正好靠着一个山崖。他们有的扯闲话,有的早就睡了。老奶奶的儿子正听着别人聊天时,就听见他妈喊他哩,他想:是不是在外头喊呢?就走出去看。外头,天正下着大雨,啥也看不见。他正想往回走,又听见他妈喊他着哩,他心里咯噔一下,思想着可能是妈不在了,不然,怎么老听着喊自己的名字呢。他还是往窑里走,又听见喊了一声,他就站在窑门外细听,这时候,只听见"轰"的一声,山崖把窑给压塌了。他伤心地朝一个破庙走去,正走着,忽然前头一个红灯笼晃晃去,他就跟着走,走着走着,

一看,已经到了自己家门口了。进屋一看妈好着哩,一问,妈把事情从头到尾说了一遍,他才明白过来。

第四天,他妈就领着他找周公去了,说:"你看我儿子不是好好地回来了吗?"周公早就算出来了,知道是桃花娘娘给他禳解了一下,二话没说,掏了三钱三分银子给了老奶奶。

从此以后,周公心里老是记恨着桃花娘娘。

周公的命神是门槛,桃花娘娘的命神是桃树。周公想害桃花娘娘,要剁桃树;桃花娘娘要害周公,要剁门槛。但都没有剁成,两个人就打起来了,一直打到了武当山上。最后,无量祖师爷来了,说:"你们为啥打架?"周公说:"我算卦算准了,她却把事给我坏了,害得我倒贴了三钱三分银子。"无量祖师爷说:"算了,干脆你俩当我的金童玉女吧!"此后,无量祖师爷就把周公和桃花娘娘收成徒弟。

这些传说,大都具有解释的作用,对了解"薛家湾人"的职业特点、他们所供奉的尊神以及他们的流浪生活等,均有一定的参考意义。

"薛家湾人"的信仰习俗

(一)"薛家湾人"的宗教信仰的特点

1. 宗教信仰的复杂性

在薛家湾村调查期间,我们明显地感到:"薛家湾人"的宗教信仰,基本上从属于中国传统的道教这一个大的系统。理由是:

(1)他们供奉的神祇及崇拜和职业祖师,大部分都是道教中的神祇。比如道教中的北方守护神玄武,就是"薛家湾人"的职业尊神无量祖师;他们所供奉的三大财神是福、禄、寿三星;其他神祇如雷祖、三霄娘娘、灶神以及雷祖庙中的365位神灵,都位列于道教诸神之中。

(2)对于道教以外的其他宗教,"薛家湾人"似乎带有一种传统的轻蔑态度。比如1949年以前,他们出门在外活动,多投宿于寺庙,但对寺庙中非道教的佛从不供奉、参拜。甚至有许多反映他们的祖先与寺庙中的神佛斗法的故事,可惜这类传说多已佚失,我们听到的也仅仅是一些片断。这些片断都有一个共同的结尾,即他们的祖先最后总是用一些古书——多是占卜一类的书籍,如《邵子神术》《桃花镇》等——制胜了神佛。这些传说无疑反映了道、佛之间的教派斗争。另外,还有一则有关当地人物的传说,同样反

映了这种斗争，却是以"薛家湾人"的失败而告终的。这个传说是：1949年以前某年，"薛家湾人"刘某某盖了一栋新房，而这块地基原先是一个寺院。房子盖起后不久，刘某某家中人隐约看见两个和尚穿着红袈裟进了大门。从此刘家灾难不断，凡家中人看见这两个和尚的，必死无疑。三年之内，一连死了五六口人。"薛家湾人"多次施行禳解术，甚至从外面请来高明的法师摆阵，都无济于事，最后以另选地点拆房重盖才告结束。

（3）"薛家湾人"中流传着许多反映道教故事的传说。比如下面这一则关于三大教爷斗法的传说。

大教爷是太上老君，二教爷是元始天尊，三教爷是碧游宫的通天教主。三个教爷要斗一下法，看谁的法术高。在三个教爷跟前摆了三盆莲子，三个教爷把眼闭上开始斗法。大教爷的一会儿就开了莲花，二教爷的结成花骨朵了，三教爷的才刚刚发芽。三教爷偷眼一看，急坏了，就把大教爷的花偷着换过来了。大教爷早知道了，把眼一睁骂开了："你是个贼娃子！"后来，三教爷的徒弟们多是贼娃子出身，就是这个缘故。

但另一方面，在"薛家湾人"的日常生活及心理上，又有受到佛教影响的痕迹，也是不可否认的事实。比如，在丧事中有时还要请清一僧（和尚）来念经。尤其是在一些口头传说中，更明显地具有道、佛融合的倾向。比如，在薛家湾流传着这样一个关于开天辟地和造人的传说。

开天辟地之时，太极图中还没有日、月。那时，如来在黑暗中一个人生活着。后来，如来用了四象，把东方青气、西方白气、南方赤气、北方黑气收到一起，生成了四大天王，四大天王又化成了四大匠人，是金匠、石匠、木匠、水匠。石匠开辟了天地。

如来不是个大人相，而是个七八岁的娃娃相。他在雪山顶上修行了好几千年。从大西洋飞来一只孔雀，到离他十里远的地方，一口气把他吸进去了。如来在孔雀肚子里修行了1500年。后来孔雀生下两个蛋，一个蛋里头就是如来，另一个蛋里头是大鹏鸟。如来在蛋里又修行了1500年。修行完毕，蛋破了，如来才出来。从这时起，人类才出世，天下才有了寒温带。如来捏五土（东、西、南、北、中五方之土）化成了7个人，4男3女，才有了人类。

另有一则传说，也反映了道、佛融合的情况。

传说天下有四霸，各霸东、西、南、北四方。东霸天的教主是太上老君；西霸天的教主是释迦如来佛；南霸天的教主是南海观音菩萨；北霸天的教主是无量祖师。东、西、南、北四方的中间，就是玉皇大帝。

"薛家湾人"宗教信仰的复杂性还表现在他们的宗教信仰很难被看作是正宗的道教。这是因为：

第一，道教供奉轩辕黄帝、太上老君为主神，而"薛家湾人"对这两尊道教正宗主神却不供奉。

第二，据"薛家湾人"自己宣称，他们是道教七真人中孙真人的弟子。所谓七真人，就是道教中全真道创始人王重阳的七位弟子的尊称，即马丹阳、谭处端、刘处玄、丘处机、王处一、郝大通、孙不二（女）。看来他们是孙不二的门徒。孙不二，亦称孙仙姑，金代女道士，法名不二，号清净散人，山东宁海人，马丹阳之妻，与马丹阳同师王重阳，在金莲堂出家，为全真道清净派的创立者。

全真道主张道、儒、佛合一。这种各教融合的现象，在薛家湾亦可看到。但"该教不尚符箓，不事烧炼，其道士须出家"。这个特征却与"薛家湾人"以占卜、禳解（均有符箓）为其主要职业活动的特点不符合，并且"薛家湾人"亦无"出家"之说。

第三，从"薛家湾人"的职业活动来看，与道教的另一分支"正一道"中的"符箓派"颇有相似之处。符箓派是道教中以符咒驱鬼治病为主的各派的通称。东汉时的太平道、五斗米道及以后的正一道等属之。从古代巫术演变而来，宣扬鬼神崇拜，画符念咒，驱鬼降灾，祈福禳灾。早期主要在民间传布，曾为农民起义所利用。还应当注意到，"薛家湾人"本身就是一个不断迁徙的职业集团，在有关他们迁徙的传说中，曾有犯罪"充军"的说法。由此看来，"薛家湾人"的宗教信仰属于符箓派的可能性还是存在的。

2. 宗教信仰的实用性

这主要表现在以下几个方面：

（1）"薛家湾人"供奉的神灵多与他们的生活及职业活动有密切联系。比如无量祖师既是他们宗教信仰的主神，又是其职业活动的祖师。周公、桃花娘娘等更与他们的职业活动有着不可分割的联系。其他诸神如保佑他们发财致富的福、禄、寿三大神，保佑家口平安的灶神、灶娘娘，驱邪煞的雷祖爷，等等，都是他们根据物质生活和精神生活的需要而有选择地加以供奉的。

（2）祭祀神灵的时间也具有实用性的特点，往往是在他们需要这些神灵庇护时才加以供奉。比如，无量祖师、周公、桃花娘娘及三大财神，"薛家湾人"平时在家中并不供奉，只是在逢年过节和举行"出行"仪式时才祭祀；再如灶神，也只是在春节前才供奉一次，以使他"上天言好事，回宫降吉祥"。除此而外，平时"薛家湾人"似乎忘记了他们的神祇。

（3）祭祀仪式的简单，也反映出"薛家湾人"宗教信仰的实用性。"薛家湾人"所信奉的神灵们，从主神无量祖师到小神山神、土地神，似乎都并不那么贪婪，一杯淡酒、几个馒头便能打发过去。除去在某些禳解仪式中需要摆阵，其降神仪式较为隆重外，对神灵的供奉，从没有场面宏大、格外隆重的情况。

（二）"薛家湾人"的各类信仰

"薛家湾人"的信仰分为以下几大类。

1. 神灵崇拜

"薛家湾人"崇拜的神灵，基本上属于道教的范畴。主要有以下几位：

（1）主神——无量祖师

无量祖师在"薛家湾人"的宗教意识中，占有最主要的地位，是他们信奉的主神，同时也是他们最高的职业尊神。

供奉时间，一般是在两个时节：

其一，逢年过节时供奉。这时节的供奉，主要是求无量祖师保佑在一年内，全家平安，人财两旺，逢凶化吉，遇难成祥。

其二，在"出行"仪式中供奉。目的在于求无量祖师保佑出行吉利，"空怀出门，满怀进家"。

这两个时节的供奉仪式基本相同。即将无量祖师神像（披发、赤足、黑衣、仗剑、足踏龟蛇）供于堂屋正中墙上，像下桌上供两堆馒头，每堆6个，摆成金字塔状，上面再放几片肉或菜，正中供3、5、7炷香。供奉者跪于桌前，奠酒，嘴里念叨着祈祷词，烧纸，磕头。仪式即算完毕。

关于无量祖师其神，在"薛家湾人"中流传着这样的传说。

无量祖师原是永乐皇帝太子，生下来就会说话，聪明得很。三岁洗澡的时候，有五条龙保护着。他不想当皇帝，每天都上街游浪。

有一天，他出门远游，刚走到街口，正遇着一个妇女生娃娃。等他云游四方转回来，又见一个新考上的状元正在游街。上去一打听，正是他走的时候看见的那个妇女养下的娃娃，已经长大成人，考上状元了，他妈也早死了。太子一看说："人一世就这么短，待着有啥意思呢？不如上武当山修行去。"就这样，太子就上了武当山。

无量上了武当山以后，曾有过三次下山和三次上山的事。第一次下山，是修行了三年以后，无量不想干了，说："我一天到晚修行，不见名堂，不如回家当我的太子去。"走到山底下，正看见一个老奶奶蘸着河里的水磨铁棒哩。无量走过去问："老奶奶！你磨铁棒干啥哩？"老奶奶说："我姑娘把绣花针丢了，闹着没办法，我给她拿铁棒磨个绣花针哩。"无量说："唉，这到啥时候才能磨成？"老奶奶说："铁棒磨成针，功到自然成。老师傅，你看着，我就要磨好了。"无量一转身的工夫，看见老奶奶已经把那根铁棒真的磨成针了，磨下了一大堆铁屑子。无量想："我三年修行没成，看来是功夫还没到家。"就又上了山。老奶奶是谁？她是南海观音菩萨的化身，专门来点化无量祖师的。

无量又修行了三年，觉得仍没进步。他想："山上这么苦，修行又不成，我不如回家享福去。"走到山头边上，看见一个鹤发童颜的老汉，把一个猪头放到一个土锅（地上挖出的土）坑里，要煮熟哩。无量觉得奇怪，便走过去问："老爷爷，你这么煮猪头能成吗？"老汉说："成哩。"无量说："你没火怎么煮哩？"老汉说："灶门在山底下哩，我一会儿就去点火。"老汉把猪头放进土锅里，倒进去一缸子水，上头盖了些草，就下山点火去了。不久，只见白气从土锅里冒出来了，里头咕嘟咕嘟地滚了。老汉上山来，把草拨开，猪头已经煮烂了。老汉一边捞猪头，一边说："年轻人，火到猪头烂，功到自然成。你看猪头烂了没有？"无量一想，知道自己的功夫没修到，就又上山，修行了三年，这个老汉是谁？原来还是南海观音菩萨的化身，专门来点化无量的。

无量修行的时候，不洗脸，不洗脚。有一天，一个白发苍苍的老奶奶上来了，对无量祖师说："修行归修行，不洗脸，不洗脚，怎么能成？你还是把脸和手脚都洗一下吧！"无量听了老奶奶的话，就赤脚出了庙门，走到泉边，把头发散开，正要洗哩，老奶奶过来，把无量给挡住了，说："你这么脏，把泉洗脏了，别人就喝不成了。"老奶奶让无量在边上挖了个土坑，把水撩进去洗。无量洗罢了要走，老奶奶又把他挡住说："上有日月，下有村店。你洗过脸和手脚的这坑脏水剩下怎么行？"无量问："那怎么办呢？"老奶奶说："你看怎么样办？我说你就把它喝了吧。"无量也没有别的办法可想，蹲下就把脏水喝了。喝罢脏水，无量回到庙里头，正要梳头，忽然从外头进来一个姑娘，长得如花似玉，十分漂亮。她对无量说："师傅，我来给你梳头。"无量是真心出家，哪里还把女人看在眼里，就说："我是出家道人，你休想缠我。出去！"姑娘一笑说："无妨。还是让我给你梳吧！"无量一看没办法，从墙上拔出剑来喝道："你再不出去，我就把你杀了！"姑娘说："不让梳就算了。"说着，指着桌上放的一卷经说："把经送给我吧！"说完，一把拿上经就跑了。无量一急，连鞋也没顾上穿，光着脚披着头发，提上剑就追了出去。

说来也怪，无量追多快，姑娘就跑多快，怎么也追不上，一直追到舍身崖，舍身崖深得很，掉下去就没命了。姑娘在崖边发愣，无量一看，哈哈大笑，指着姑娘说："这一下子你可没处跑了！快把经放下，饶你一条性命，不然的话……"姑娘一笑，抱着经，转身就从舍身崖上跳下去了。无量跑过去一看，姑娘正站在崖底下笑着哩，嘴里还说："你跳下来，我就把经还给你。你敢不敢跳下来？"无量心想："你一个姑娘家敢跳，我有啥不敢跳的。"就提着剑，跳了下去。一跳下去，无量觉得身子轻得很，脚一下子就落到实地上了。一看，脚底下躺着一个身子，也是披着发，光着脚。原来是他自己的肉身。无量祖师拿剑把肉身一拨，肚子已经摔裂了。正看着一道红光从肚子里冒出来，向北方走了。无量抬头一看，只见那个姑娘驾着云头在天上站着哩。姑娘笑着说："我是南海观音菩萨跟前的人，前来超度你的。我现在去请教一下，看怎么处置你。你等着。"说着，就驾上云头走了。

有一次，无量祖师的金童玉女周公和桃花娘娘同天上的青蛇、乌龟打起来了。周公和桃花娘娘怎么也打不过，就跑回来，向无量祖师求教。无量祖师前去一看，原来青蛇就是自己的肠子，乌龟就是自己的肚子。龟和蛇见了自己的本主，也就乖乖驯服了。无量就把他们收了回来。后来流传的无量祖师脚踏乌龟、手攥青蛇、赤脚、披发、仗剑的样子，就是这么来的。（此传说结尾几段似有遗漏。）

据考证，所谓无量祖师，就是道教的北方护卫神——玄武，亦即二十八宿中的北方七宿（斗、牛、女、虚、危、室、壁）。《楚辞·远游》洪兴祖补注引俗语云："玄武谓龟蛇。位在北方，故曰玄；身有鳞甲，故曰武。"这是较早的关于"玄武"的解释。后来，道教又加以附会，说黄帝时玄武托胎于净乐国善胜皇后，产于母之左肋，长而勇猛，不统王位，得玉清圣祖紫元君传授无极上道，命其赴太和山修炼，久而得道飞升。玉帝册封为玄武。太和山因此而更名为武当山，取"非玄武不足以当之"之意。其祀像披发、黑衣、仗剑、赤足踏龟蛇，从者执黑旗。这段故事，在《道藏》第606册《玄天上帝启圣录》中有详细记载（见附录），基本内容与"薛家湾人"的传说相似，但亦有区别：文中玄武是紫元君命其赴武当修炼，而"薛家湾人"的传说则是无量自愿上山；文中记载的超度、点化玄武者是紫元君，而在"薛家湾人"的传说中则将紫元君改为南海观音菩萨。这一点，无疑也表现出"薛家湾人"宗教信仰中道、佛合一的趋势。"无量"的称谓，大概是由文中"自斯玄帝千变万化，为主教宗师，分身降世，济物度人，无边无量，洞天福地，无不显灵，感灵事迹，简册难穷"一段文字而来。

（2）事业祖师——周公与桃花娘娘

据"薛家湾人"说，周公和桃花娘娘本是无量祖师的左右二童子。周公是算命的祖师，桃花娘娘是厌胜的祖师。"薛家湾人"中有"男顶戴周公，女顶戴桃花"的俗语流行。因此，从其事业活动来看，周公、桃花娘娘的作用比无量祖师还要大。祭祀的仪礼和时间，与无量祖师大体相同。

关于周公、桃花娘娘的来历，一时尚未弄清。但据说，周公并非历史人物周公旦，而是一个术士。元曲中曾有周公与桃花娘娘斗法的故事。而桃枝在中国古代就被视为一种重要的避邪物，这个神祇，似乎还保留着一点原始信仰（自然物崇拜）的痕迹。

（3）财神——福、禄、寿三星

跟我国民间所供奉的传统的财神不同，"薛家湾人"的财神是福、禄、寿三星。财神的作用也不仅仅是主人们的财运，还掌管着个人及家庭的福、禄、寿命。祭祀时间多在春节、十五、"出行"仪式前后。祭祀方法也十分简单，仅烧纸、磕头、祷告而已。

目前，在薛家湾许多人家中，尚能见到悬挂着的福、禄、寿三星图，在一些人家大门的门楣上，也可见福、禄、寿的图案或字样。可见三大财神在"薛家湾人"的信仰中占有很重要的地位。这与他们以占卜、禳解"博取钱财"的职业有着密切的关系。

（4）命运神——星宿

在"薛家湾人"的宗教意识中，星神崇拜十分突出。在他们看来，星神主宰着每个人一生的命运，具有监督人的行为和主宰赏罚的神性。

"薛家湾人"的星神崇拜，涉及他们职业活动乃至日常生活的各个方面。比如，就连他们的主神玄武帝——无量祖师，也是北方的七颗星宿的别称。至于职业活动中的星神崇拜就更为明显了，如推八字中的九星、十化星、十二压运星，禳解中的请星神下降驱邪，等等，无一不是星神崇拜的表现。在日常生活中，"薛家湾人"凡事必须选择日子，而择日实际上就是对星神的崇拜。当然，这种星神崇拜与原始宗教的星神崇拜的含义，已经不尽相同了。

（5）天爷

"薛家湾人"说：没有天爷，就没有人类。但他们心目中的天爷，似乎又并无实指，其作用也并不大。因此，对天爷的供奉仅仅是在供奉其他神祇时捎带一下而已。一般是在农历十二月底，在三指宽的红纸条上写"天地经纬五义"六字，贴于堂屋外的立柱之上：立柱上扎有若干小眼，上插线香以祭奉天爷。时间主要在农历正月初一、初二两日。

（6）雷神及全神庙（又称"雷祖庙"）

"薛家湾人"称雷神为"雷祖爷"。主要有两个作用，一是保佑庄稼平安，二是驱邪镇魔。但由于"薛家湾人"并不重视农耕，因此，第二种作用更大一些。在"薛家湾人"驱邪镇魔的符箓中，常可见"雷公符"。

"薛家湾人"来此聚居之前，庄内曾有全神庙（又称"雷祖庙"）一座，香火极盛。庙内神灵均为画像。正中是披发、赤脚、三只眼的雷祖（一说雷祖即无量祖师），左祀三霄娘娘，右祀紫宫、太微、文昌三官，四周绘有365位神灵的画像。上庙祭祀的时间是从农历五月初一开始，每日早晚各一次，上香、烧纸、磕头，等等。以六月十四这一天格外隆重，全村在家男人（妇女不许上庙）都要去庙内祭祀，供奉全羊一只，求雷祖保苗，收好庄稼。八月，请几位法师摆道场解降、谢神，称为"解降会"。这座供奉道教神灵的庙宇，说不定是吸引"薛家湾人"来此聚居的原因之一。

（7）其他诸神

"薛家湾人"在过去还奉山神、土地神、河神、牛王、马祖等神，但因与其事业无直接关系，故逐渐居于次要的地位。

2. 鬼魂崇拜

（1）对鬼、煞的崇拜

在"薛家湾人"的信仰意识中，"鬼"与"煞"是有区别的：人死后灵魂即为鬼，自然物（主要指动物、植物）的灵魂则为煞，煞有恶煞、善煞之分。对鬼、煞崇拜的程度也不相同，他们认为"鬼少煞多"，因此，一般多崇拜煞。

有一则传说，可以说明他们对鬼的态度。

孟子问孔子有没有鬼，孔子说："有。"孟子说："那你让我看一看。"孔子说："行。你晚上来我家，我让你看。"晚上，孔子遇见一个要饭的，就过去跟他商量，让他晚上装一回鬼。孔子对他说："我让你伸手，你就伸出手来。事情办好了，我多给你报酬。"要饭的答应了，孔子就把他领到一间小房子里，这间房子没有窗户，只有一扇门，门上有一个小洞。孔子把要饭的锁到房子里了。晚上，孟子来了要看鬼。孔子就领他到小房子门前，说："鬼！你把手伸出来。"门洞里真的伸出一只大手，上头满是毛。孔子看了，心里也很害怕，就说："鬼，你把手收回去。"手就缩回去了。孔子和孟子也就转了回去。第二天，孔子开门去给要饭的钱，门一开，不见人，铺盖还在。孔子心想："门锁得好好的，又没有窗户，他从那里也出不去呀！看来，是真的碰见鬼喽！"

所以，孔子才说："祭神如神在，祭鬼如鬼在。"

对于煞，"薛家湾人"确实深信不疑。离薛家湾村二里左右的庄浪河上有座大坝，"薛家湾人"传说在这坝上，每到傍晚常可看见一个穿一身白衣服的高个子，提着灯笼走来走去。他走得不快，可谁也撵不上。从不害人，是个善煞，名叫"白无常"。还有个关于善煞的传说：薛家湾这地方，人们又叫它"三沙头"，原因就是这儿有三座沙堆，人们分别将它们称为"鸡沙""羊沙"和"兔沙"。据说这"三沙"上也有三个"善煞"。每到晚上月圆的时候，"鸡沙"上就有一群鸡，"羊沙"上有羊叫，"兔沙"上看见兔子跑，人一走到跟前，就啥也不见了，一走开，就又有了。

人若是遇见恶煞，就倒霉了，轻则得病，重则丢命。恶煞种类繁多，有"千斤煞""万斤煞"等名目。所谓"千斤煞""万斤煞"，是说人一旦逢上，家中人、畜必死够千斤、万斤之数，方可解脱。"薛家湾人"传说：某年，柳某某家就曾碰上了"万斤煞"。一天，柳某某突然看见天上掉下来个火球，竟滚进了牲口圈，第二天，牲口就开始死亡。火球不断来，牲口不断死。请神摆阵，甚至把牲口赶到外地躲避，都逃不过去。看到火球时，如果开枪打吧，越打越厉害。

其他诸如"邪气病"等，"薛家湾人"都认为是遇上了"恶煞"或是"鬼魂附体"所造成的。

对于鬼、煞，"薛家湾人"持两种态度，"善煞"听之任之，亦无祭祀、供奉仪式；对"恶煞"及鬼魂则用符咒、摆阵请神等法镇压之。

驱煞、赶鬼，"薛家湾人"多使用建立在相似联想上的"感致巫术"（即所谓"同能致同"）的手法。在禳解术中，"薛家湾人"使用花椒十分普遍，是取"花椒不是花椒，鬼神不敢打搅"之意。

（2）祖灵崇拜

"薛家湾人"的祖灵崇拜主要表现在两个方面，一是对家谱和祖先牌位的供奉；二是祭祖坟。

祭祖坟是从清明节前18天，被称为"放舍"的那一天开始，至清明节"收舍"为止。其中的任何一天都可以进行。1949年以前多是上"户坟"（其实是大家族之坟），每年事先派定一家，饲养肥猪一口，届时宰杀，作为祭祖坟时的供品，然后，全族人共同前往坟地，祭奠祖先。祭祖坟时，除未婚少女和新媳妇外，中老年妇女一般不准参加。

1949年以后，上"户坟"的情况已经没有了，多是几家血缘较近者，各自带着酒、菜，选择日子去上坟。仪式大致如下：来到祖坟，全体跪下，由主持人负责用带来的木条搭起松塔，在上面放些祭品，点烧纸钱。与此同时，新婚未育者和未婚青年用背篓为祖坟添土，主持人跪在一边喊道："某某某给先人上坟来了！求先人们保佑她生个胖儿子！"（若是小伙子添土，就说："保佑他找个花不棱登的媳妇儿！"）接着烧纸、奠酒，最后由主持人喝令："磕头！"大家一起向祖坟磕头。祭奠仪式就结束了。最后，大家在坟墓前按辈分不同，分开坐下，摆出带来的酒和菜、肉等吃喝一通，整个进餐过程充满着一种欢乐、愉快的气氛。似乎更具有游春的意味。

祖坟上完后，在即将"收舍"的几天内，还要给死亡在外的人（凡死在外面及非正常死亡者均不准入"户坟"）和四方野鬼游魂烧纸、祭奠。一般多是在"收舍"当天，跪于沙沟中，烧纸、奠酒、献祭物。嘴里念道："死在外头的先人们，四方游荡的冤鬼们，你们也拿上些、吃上些了去吧！明年了再来。"

3. 对自然物和人工物的崇拜

"薛家湾人"对自然物和人工物的崇拜，主要表现在对"垒坝爷"和各种避邪物的崇拜上。

（1）"垒坝爷"

所谓"垒坝爷"，就是沙沟中人工垒成的石堆。平时人走过其处，见到石头总要捡起来放到上面。至于它有什么作用，"薛家湾人"也讲不清楚，只说是老一辈的一种遗俗。也有人说，是为了镇雨保庄稼，但他们平时出门在外，若碰见"垒坝爷"，也有添石的习俗。这大约是"大石文化"的遗俗，再不然就是受蒙古族人的"鄂博"或藏族人的"拉寨"影响所致。

"垒坝爷"的供奉没有定时。但人们习惯在正月初一早上去磕头、烧香。据说，有时的供祭还要将鸡头埋在"垒坝爷"当中，奠酒，上供品。

（2）各种避邪物

由于"薛家湾人"特殊职业的关系，他们所使用的"避邪物"品种十分多，除上面提到的一些外，还有几种比较重要的，简单介绍如下：

红腰带　"薛家湾人"最常用的避邪物之一。"薛家湾人"无论男女老少，腰间均系有红腰带。据说有灾难或有疾病的人，还要将白公鸡毛裹于其中，这样就可以避免一切恶煞邪鬼的侵害。

桃枝　"薛家湾人"的职业祖师之一就与桃树有关。在他们的避邪物中，桃枝也是很重要的一种。如婚礼中，往往要用桃枝做弓，红绳做弦，柳枝做箭，由新郎一脚踏新房门槛，向门外连射三箭，即所谓射"天煞""地煞"以驱邪。

古书　"薛家湾人"出外必带古书。据说古书可镇压恶魔鬼煞。

铜镜　婚礼中若有什么不利，则将铜镜用红布交叉缚于新郎、新娘后背，即可消灾免难。家中若犯凶事，也往往用铜镜来镇压。

此外，古钱、花椒、白公鸡毛，甚至筛子等，都是"薛家湾人"常用的避邪物件。

榆中七月官神会

"七月官神会"分布于兰州市榆中县苑川河流域一带。甘肃省兰州市榆中县"七月官神会"相传源于明初"靖难之变"后，建文帝逃亡至兰州，躲进了朱洪武第十七子肃王的家里。无奈追兵甚急，肃王只好拉起队伍，佯装游神，让建文帝父子混在其中逃了出去。至今已有600多年的历史。

"七月官神会"在当地又俗称"玩神"，祭祀的神灵叫作"白马将军"（白马爷），在当地寺隆沟村有庙宇。游行时陪祀的神灵还有"八蜡爷"，相传是治蝗的神灵。

"七月官神会"以村为单位，农历七月上旬开始举办，以金崖镇为中心，串联苑川河流域十几个村庄。传统的仪式中一般设总管家爷4名，神头4名，账房5名，扎水5名，扎营10名，侍从25名，旗童15名，师公子9名，祭头3名。仪式按顺序分别为传牌、曳神、抢庙、安神、秉烛、带签、献祭、鞑靼神、破羊盘、伙神。在七月官神会中有诸多师公表演的舞蹈，有羊皮鼓舞和梢子舞。流星水锤、流星火锤和小洪拳等杂耍技艺也是"七月官神会"的特色之一。

榆中"七月官神会"中的师公子在表演时，唱腔采用传统的民歌调式。在旋律的进行上，曲音呈波浪式，曲调和特性音调属典型的榆中民歌。接近苑川河流域的《挂红灯》《太平歌》的腔调。即兴编词、即兴表演。鼓点节奏根据进行"祭神"内容不同而变

化。2008年，七月官神被列入甘肃省第二批省级非物质文化遗产名录。

白银桃俗

黄河两岸每逢春暖花开，积雪融化，也正是桃花盛开的季节，人们把黄河汹涌上涨的水势美其名曰"桃花汛""桃花水"。战国时的人，用桃树梗刻成木偶，叫"桃梗"，当作神灵崇拜。《战国策·齐策三》："有土偶人与桃梗相与语。"《史记·孟尝君列传》："见木偶人与土偶人相与语。"

古时习俗，元旦用桃木板写神荼、郁垒神名，悬挂门旁，用以镇邪，叫"桃符"。

五代时西蜀的宫廷里开始在桃符上题联语。《宋史·西蜀孟氏》："每岁除，命学士为词题桃符，置寝门左右，末年，学士幸寅逊撰词，昶以其非工，自命笔题云：'新年纳余庆，嘉节号长春。'"后来，桃符就成了春联的别名。

东晋陶渊明作《桃花源记》，谓有渔人从桃花源入一山洞，见秦时避乱者的后裔聚居其间，生活适，出来以后，便不再能找见。后来用以指避世隐居的地方为"世外桃源"。

"桃李不言"一词。比喻实至名归，尚事实不尚虚声。《汉书·李广苏建传》："李将军恂恂如鄙人，口不能出辞，及死之日，天下知与不知，皆为流涕，彼其中心，诚信于士大夫也；谚曰：'桃李不言，下自成蹊。'此言虽小，可以喻大。"颜师古注："蹊，谓经道也，言桃李以其华（花）实之故，非有所召呼，而人争归趣（趋），来往不绝，其下自然成径，以喻人怀诚信之心，故能潜有所感也。"

桃和李联在一起，比喻所栽培的后辈或所教的学生，如门墙桃李，桃李满天下。《资治通鉴·唐则天顺圣皇后下·久视元年》记载，狄仁杰尝荐姚元崇等数十人，率为名臣。或谓仁杰曰："天下桃李，悉在公门矣。"按《韩诗外传》卷七："夫春树桃李，夏得阴其下，秋得食其实；春树蒺藜，夏不可采其叶，秋得其刺焉。"后以弟子及所荐士为"桃李"者，缘此。

农村妇女做鞋，鞋头儿绣个桃花图案，以示吉祥如意。给孩子脖子上挂一串磨雕的桃核，手腕和脚腕上戴上一圈雕刻的十二生肖，叫"锁儿"，以锁命护身，俨然是贾宝玉的通灵宝玉。

男女联姻表情，做个桃心荷包，内装五谷互相馈

送，以表寸心，祝愿白头偕老。

堂屋正中，请书画家，写画"桃寿星图"，悬挂正堂，顶礼膜拜。

给老人贺寿，用面制作"寿桃"，儿女晚辈，手捧桃盘，跪拜寿星，祝愿寿星万寿无疆。

每逢桃熟季节，贵客频频，亲朋济济，招待贵客，迎接亲朋，最好的礼品是端一盘桃子放于宴酒之席。

总之，桃是人们喜悦和吉祥的象征。

白银一带的人们，在崇桃如"神"的同时，却又将其视为"淫荡""破败"之物。居宅内院，绝不允许栽种桃树。就是房前屋后，野田吹来的桃叶花瓣，都要清扫干净，偷偷埋掉。

盖房所用木料禁用桃木。

坟墓陵园禁绝种桃。如果谁家坟园，哪怕出了个桃苗，就是有辱清白，引来群击，甚至被除去族籍。

白银人对桃的成见，来自这样的一则民间故事：明朝年间，以假乱真的所谓郭璞的《葬书》流行于会州（今白银）。当时会州有一刘姓风水大家，手托罗盘，身背"历书"，周游于远山近水之间，为人踏龙点脉，禳解避邪。刘氏堪舆声称自己是郭璞、杨筠松正宗，身怀绝技，道根深沉，愿为人间免祸造福。他给自家先祖踏龙点穴、安葬禳解时，不慎将桃核撒落坟园，桃种长成桃荫，后来开花结果。刘氏为此陶陶自乐，自诩家中花开坟园，必出贵人。时过数年，他家不仅不出贵人，相反地，原来的子孙却更加吃喝嫖赌，吹牛拍马，干尽坏事。

事也蹊跷，刘堪舆给几家名门望族为墓葬点穴后。他们尽学刘堪舆在坟园种桃。子孙落得和刘家一样的后果。

由此，人们领悟到坟园种桃，是不祥之兆，是华（花）而不实，是寻花（桃）问柳，自然成俗。家家户户忌桃如仇。自此之后，"桃不正经""桃是淫种"的观念在会州广为流传，人们谈桃色变，代代相传，桃竟成了淫荡、万恶之源。人们也把一些淫荡之事，谓之"桃色事件"。

临洮祭山神与"拉扎节"

临洮县"拉扎节"举行于定西市临洮县，是流行于甘肃省定西市临洮县及周边地区部分乡镇的一个民俗节日。"拉扎"是藏语"山神"之意，"拉扎节"有藏汉两种源头。在汉族聚集地举行时，也加上了当地群众对"五谷神"的崇拜。"拉扎节"从农历七月十日开始到十月一日或十月十五日后结束，历时长短不一。主要庆祝仪式是祭"五谷神"和吃"拉扎"。祭"五谷神"的过程为：先挑选优良小麦、青稞、大麦等束成把子，供奉在"五谷神"香案上。同时杀鸡宰羊献牲，请法师跳神，法师身穿花袄或法衣，头戴"麻头"，手执羊皮鼓，口中唱念祷词。小祭为一天一夜，大祭为三天。吃"拉扎"则是各家根据自身的经济状况和饮食习惯准备节日菜肴，如青稞酒、酿皮、油果等，迎待来宾。菜肴必须有剩余以及客人要带走食物。2006年，"拉扎节"被列入第一批甘肃省非物质文化遗产名录。

岷县的"驱雹"与"求雨"仪式

闸山插牌 冰雹当地又叫"白雨"。它是岷县极为严重的天灾之一。下冰雹数分钟，大面积农田、草木被毁灭殆尽，有时人畜房舍也痛遭其害。古人以为它是精怪作祟，只有求助于神灵的降服与护佑才能免其祸患。于是民间便产生了许多驱雹之方法：其一是当发现云起有雹时，人们便一边鸣锣，一边高呼"白雨散了""门担（月）担了"之语急驰村落田边，使其云消雹散，此谓"喊白雨"。其二是占山的乡村，人们祈求湫神之威灵，各选显要山头置铁炮（小土炮）来轰击驱雹。每年农历四月中旬至八月中旬要为铁炮的上下山杀羊祭祀，"钱粮"（弹药）中要和入狗血、朱砂等物，以为这样便可禳镇冰雹，此谓"打白雨"。其三是在川区与半山区，乡民们为求得神的护佑，在本村土地的周缘，选地分段插置写有"五谷丰登""风调雨顺""国泰民安"等吉语的木牌和扫帚等物，当作象征性的屏障来防止冰雹的袭击，此谓"插牌"或"挡白雨"。插牌的时间与收牌的时间以及祭祀方式与"打白雨"相同。其四是有些山乡连年遭受冰雹的危害，人们便延请喇嘛或"法官"（术士）或觋家在选定的时间内于某山头进行"攒山神"和"闸山"活动。喇嘛"攒山神"主要是束捆松枝若干根，竖立于山头，其上缚公鸡一只，书写并诵念"嘛呢真经"即可；觋家"攒山神"则"发神"宰羊于山神庙前，祈求神佛护佑田苗、人畜不受冰雹之害。"闸山"之法，喇嘛、术士大同小异。他们都要在山头掘坑埋放禳镇之物，诵经念咒，祈祷作法。喇嘛所用的禳物主要是马头或狗头，其上书写经文即可。术士所用的禳物是白狗、五砂、扫帚等。

求雨　岷县很少遭遇旱灾，偶有发生，几乎民间信仰中的所有神佛全被人们动用抬出来禳除旱魃，祈求神灵布云降雨救护庄稼。在此期间，各路湫神在会众的肩舆下接连数日往各自的湫池取雨。到时乡民宰羊"发神"，跪香祭祀，祈求神灵布雨禳灾。如仍不落雨，人们则卸轿晒佛惩戒不贷；阴阳道士，联合设坛，念经作法，镇魔求雨毫不怠惰；寺院喇嘛，诵经斋戒，大做佛事，祈求护神保田、佑人。城内观世音菩萨是人们所奉祀的救苦救难之神佛，天旱不雨时，善男信女们将其舁往城西二十里处大沟寨五台山巅的"观音湫池"去取雨。所有信士排成长队，弃帽秃头，一手端香盘灯烛，一手高举写有"风调雨顺""五谷丰登""国泰民安""普降喜雨"等标语的纸旗随佛行进。沿途乡民汲井水奋力向取雨人、佛泼洒，以应降雨之兆。一到湫池人们便烧香点灯，诵经跪拜给佛以素祭。然后由数人持净瓶入泉舀水，舀中者返回寺庙由会众将他与水瓶供奉七天，表示酬谢。洗脸净身，更冠换袍，进行一场隆重的祭祀。

巫术攒神　"攒神"又叫"发神"或"攒佛爷"。乡民们每遇灾害和疾病便要求神祈福，每遇丰收和吉祥便要酬谢神灵，每遇神诞和节日便要庆寿贺节，每遇佛像破损和陈旧便要重新绘塑"翻身"。因此，信徒们择定吉日，杀鸡宰羊，设案献供，焚香跪拜，请数名觋家身穿"法衣"，手敲扇鼓，唱念舞跳，敬请诸神到位，同享其祭，共伐灾魔。觋家有许多作法之态，跳到兴致激烈时，大有神灵附体之状，甚而代神传言，观者无不毛骨悚然，受其震慑。为湫神"翻身"时，会众选龙虎之年择吉而行。到时会中信士如遭丁忧，披麻戴孝，寝苫枕块，悼祭不苟。此间会中为神"换脏"备办之物有：金少许为心，银少许为胆，毛巾一条为胃，蛇一条为肠，燕子一只为肾，喜鹊一只为肝，棉花些许为髓，五色花线为血管脉络等。以上诸物均由雕刻绘塑的工匠用小匣按部位装入偶像之中。另外还要装入本届"会长"（主持人）之名单及《万年历》和《玉匣记》各一本。然后用鹿筋串联四肢，戴冠穿靴，衣袍着锦，梳理须发，点睛"开光"，就座正位后告终。换脏"翻身"后，会众除孝，鸣炮醒神，香烛牲祭，巫觋再次"攒神"抬魂，表示神灵附体重返塑身。

诧冲气　当地人家因小儿惊悸和大人染病以为鬼魔缠身时，便采用"诧冲气"的方法来进行禳解和驱鬼的活动。方法之一，是乘卧病者不备，用干扫帚猛喊猛击数下，然后一边向外扫除，一边呵斥来轰赶鬼祟。俗称其为"打中气"。方法之二，是待入夜时分，做面灯一盏，剪长钱（纸制）一竿，清水碗中燃钱纸若干，遍绕病者及室内一周，送在路口即可。方法之三，是将燃烧的钱纸遍绕病者后，投入清水碗中让病者用手搅动并涂抹额际，再向碗内连唾三口，由操持人口念："乡里大娘诧冲气，阿里（那里）来的阿里去，十字路上等人去。"送至路边泼洒即可。方法之四，是用竹筷子三根，一根横担清水碗上，两根夹骑在横放的筷子两侧，待筷子端立站稳时，再将钱纸燃在碗内，用切菜刀砍翻筷子，然后同方法三送出，筷子因水淋而立，则俗谓果与鬼遇，如是操作认为鬼被驱，病人将愈。

叫魂　俗以为人皆有魂魄，所以有的人家如遇少儿发病不愈时，则疑为于某地失魂成疾。于是在入夜时，一人用秤杆挑病者衣履，一人照亮，同到占卜或猜测之地"叫魂"（招魂）。叫魂人沿途抛撒食水并连续呼应："某某我娃甭害怕，吃馍馍喝凉水来，我娃来！""来了。"这样徐呼徐行，返回家中。到家后即刻将招魂之衣履穿在病者身上，并让其饮食所余食水，以为如此魂魄便被招回。另有人家用邻人处凑集的三色布角和一枚铜钱缝缀一起成"彩扒儿"，在给灶君点灯烧香祈祷后，将其抛起，观其停到锅台墙壁之某方位，便认为魂丢某方位，然后以上法"叫魂"。有时连续三至七夜，如法呼叫，最后将"彩扒儿"缝在病者臂下（左男、右女）。也有用面捏成狗形，脖子上系条红色丝线，放入灶内使其燃烧，如线已燃烧便认为魂已招回，否则魂尚未到。

禁咒　过去，当地人因身体外部生疮疖、患溃疡或跌、打、咬、烫、烧伤时，便要请"法官"（术士）禁咒，俗称"禁疮"。"法官"手捏"诀窍"，口念"咒语"，然后口含清水，或口吸灯火、日光或以舌猛舔烧红的铁器，连续喷吹患处让其好转。俗以为如此可驱鬼怪之扰害，还可疗疮生肌，愈合如旧。

泾川西王母信仰民俗

甘肃省平凉市泾川县西王母文化的遗存，可以分为四个方面来说明。

（一）文献记载

记载西王母神话传说最多的古籍，主要有成书于战国，又经秦汉人增删的《山海经》；汉代淮南王刘安及其门下士所撰的《淮南子》；晋武帝太康年间汲人从魏襄王墓中发掘出的《穆天子传》；六朝人借班固之名而撰写的《汉武故事》和《汉武帝内传》。另外，司马迁的《史记》，班固的《汉书》，魏晋南北朝时借东方朔之名所撰写的《神异经》和《十洲记》，晋人张华的《博物志》和干宝的《搜神记》中也有所涉及。至于汉魏乐府、唐代诗歌、小说笔记等作品中将西王母神话传说作为古史加以联想、发挥的，也为数不少。这里只就一些重要的史料与泾川有关的记载来证明泾川是西王母民俗文化重要的发祥地之一。

殷墟出土的甲骨卜辞中有"西母"二字，时间在公元前14世纪前后，是我国最早关于"西王母"的文字记录。编纂于秦汉之间的《尔雅·释地》中有"觚竹、北户、西王母、日下谓之四荒"这句话，可说是把"西王母"作为地域名或氏族名的最早文字记载。"西王母"这个词，最初是作为中国西部的广袤地域概念和西北地区少数民族氏族部落的统称来使用的，后来又成为西戎母系氏族部落女酋长的专名。古籍中多称西王母在"昆仑之丘"，这又是一个广袤的西部地域概念，最初是指青藏高原的东部，即祁连山及其东部支脉的高原地区。这个地区，主要包括现今的甘肃、宁夏、青海的东部，可以叫作"中国古代的昆仑文化区"。活跃在这个地区的主要是当时西北的游牧民族羌戎集团。只是到了后来，由于华夏民族向西拓展，多民族的融合、文化的交流和人们地理知识的进步，"昆仑之丘"的地理位置才逐渐西移。日本学者白鸟库吉曾说："华人对于西域，地域上知识愈进步，则西王母的位置愈移西方。"郑振铎先生也说："他（指周穆王）所经游的只是在今日河套的前后，即今日的陕西以外的甘肃、宁夏、绥远一带。这恐怕是周民族势力或文化所及的最远的边陲了。"历史学家吴晗则认为"西王母"是公元前3000年左右活动在陕甘高原的"西戎"即犬戎的别名。这三位学者的见解平实而可信，有助于加深我们对泾川在西王母文化中所处地位重要性的认识。

从《史记》《汉书》等古籍的记载可以看出，在秦汉以前，中国西部的泾、渭、洛三河中上游一带，有"回城""回中宫""回中道"等一系列与"回"字有关的地名和建筑。《史记·秦始皇本纪》中就有"二十七年，始皇巡陇西、北地，出鸡头山（今平凉崆峒山），过回中"的话。泾川古称回中，这是古文献的记载能够证明的。比如，在《汉书·武帝纪》中所载"（元封）四年冬十月，行幸雍，祠五畤，通回中道"这句话下面，颜师古先引应劭、孟康、如淳三人之说，然后自己加以分析，指出其正误。全文如下："应劭曰：回中在安定高平，有险阻，萧关在其北，通治至长安也。孟康曰：回中在北地，有山险，武帝故宫。如淳曰：《三辅黄图》云回中宫在汧也。师古曰：回中在安定，北通萧关。应说是也。而云治道至长安，非也。盖自回中通道以出萧关。孟、如二家皆失之矣。回中宫在汧者，或取安定回中为名耳，非今所通道。"文中所说的安定，就是今天的泾川县，始设于汉武帝元鼎三年（前114）。泾川县城附近有山，叫回中山，简称回山，山上建有王母宫。秦始皇所经过的"回中"，无疑是指今天的泾川一带，而《史记·赵世家》中所谓"（周）缪王使造父御，西巡狩，见西王母，乐之忘归"的地方，大约也在泾川回山。因为周穆王会见西王母的传说，主要是基于这样的史实：周朝多次西征，大都是讨伐西戎的战争，周穆王与西戎部落重归和好，并与其女酋长以礼相见，使西部社会得以安定，各氏族得以友好往来，被传为佳话盛事，这才促成了《穆天子传》的产生和许多美好传说的流传。

据《汉书·武帝纪》载，汉武帝刘彻从元封四年（前107）"通回中道"到后元元年（前88）"遂幸安定"，20年中，曾9次到"回中"或"安定"，这是西汉最富神秘色彩的天子之旅，朝野闻名，记述甚多。他到泾川来干什么呢？就是为了会见西王母，寻求长生不死的仙果与圣水。唐代诗人胡曾有《回中》诗："武皇无路及昆丘，青鸟西沉陇树秋。欲问生前躬祀日，几烦龙驾到泾州。"这首诗不但指明了回中与泾州是同一个地方，而且道出了汉武帝在泾川回山拜访西王母的历史事实。可见，至迟在唐代，泾川回山已成为全国公认的西王母圣地。宋人郭茂倩所编的《乐府诗集》中，收录了汉代铙歌古辞18首，其中第四首《上之回》正是当时民间对"汉武通回中道，后数出游幸焉"（唐人吴兢《乐府古题要解》）的颂扬。"上之回"这三个字，是该歌辞首句"上之回所中"的前半部分，借来用作标题。全部歌辞是"上之回所中，益夏将至。行将北，以承甘泉宫。寒暑德，游石关，望诸国。月支臣，匈奴服。令从百官疾驱驰，千秋万岁乐无极"。后来，唐代诗人如卢照邻、沈佺期、李白、李贺及宋代诗人陆游等，均以"上之回"为题，写了不少诗作，且都提到了"回中"这个地名。当然，最为著名的是唐代诗人李商隐于开成三年（838）落榜后游历泾川回山瑶池时所作的《瑶池》一诗："瑶池阿母绮窗开，黄竹歌声动地哀。八骏日行三万里，穆王何事不重来？"抛开诗人在这首诗中所蕴藏的寓意不说，单就字面而言，唐代的人们认定泾川回中就是西王母的发祥地，应该是没有疑义的。泾川博物馆存有一份清代重修王母宫的《共成善果》册，其中说：泾州近郭回中山，乃名山也，西王母处山之巅，有王母宫，建自西汉元封年间。其根据可能来自《汉书·武帝纪》中"（元封）元年冬，行幸回中，春，作首山宫"这句话。这条材料尚属孤证，有待进一步考证。但清人林则徐的日记中，却描写了他当年被贬新疆途经泾川时所见到的王母宫，并指出有"回中降西王母处"的巨碑存在。这个碑中的"降"字用得很妙，是西王母降生之地？是西王母从天而降？抑或是从更远更高的昆仑之丘来到了相对低凹的泾川行宫？颇值得研究。杜甫在其《秋兴八首》中写出了"西望瑶池降王母，东来紫气满函关"的名句，陶渊明也曾在他的《读〈山海经〉》之二中写道："玉台凌霞秀，王母怡妙颜。天地共俱生，不知几何年。灵化无穷已，馆宇非一山。高酣发新谣，宁效俗中言。"可见，这位大诗人当时就已把西王母当作神话传说中的人物来对待了，不但强调"馆宇非一山"，还表白"宁效俗中言"，颇有点民俗意识。光绪十六年（1890）前后，谭嗣同过泾川，留下了"为访瑶池歌舞地，飘零黄竹不堪听"的诗句。1942年，国民党元老于右任来泾川，为王母宫写了一副对联："千年气接文孙驾，万里云开王母宫。"以上材料都证明，在中国数千年的历史上，泾川始终被视为西王母民俗文化的中心。

（二）碑刻史料

北宋四朝元老、翰林学士陶谷所撰，大书法家上官佖书写的《重修泾州回山王母宫颂并序》为最重要的碑刻。此碑完成于北宋天圣三年（1025，乙丑应为天圣三年，碑末所刻天圣二年有误），其中记载着有关泾川西王母的传说和重修王母宫的经过，现存于王母宫山石窟院内的碑房。其碑全文如下：

重修泾州回山王母宫颂并序翰林学士承旨刑部尚书知制诰陶谷文

《祭法》曰："法施于人则祀之。"辩方之为法制也，不亦大哉！神有所职，足以垂训者，孰可阙焉。按《尔雅》："觚竹、北户、西王母、日下，谓之四荒。"王母事迹其来久矣，名载方册，理非语怪。西周受命之四世，有君曰王满，享国五十载，乘八马，宴瑶池，捧王母之觞，乃歌《黄竹》；西汉受命之四世，有君曰帝彻，享国亦五十载，期七夕，会甘泉，降王母之驾，遂荐仙桃。周穆之观西极也，濯马潼，炊鹊血，践巨蒐之国乃升翕山，故汲冢家有《穆天子传》；汉武之祷灵境也，祀雍畤，幸朝那，立飞廉之馆以望悬圃，故乐章有《上之回》曲。呜呼！湘灵鼓瑟，虞舜二妃也；黄姑有星，天河织女也。或《楚辞》所传，或巫咸所记，犹能编祀典，配严祠，箫鼓豆笾，豫四时之享；牺牲玉帛，陪百神之祭。岂若王母为九光圣媛，统三清上真，佩分景之玉剑，纳玄琼之凤焉。八琅仙璈以节乐，九色斑鳞而在驭。啸咏则海神鼓舞，指顾则岳灵奔走。辅五帝于金阙，较三官于绛河，位冠上宫，福流下土，则回中有王母之庙，非不经也。年纪寝远，栋宇毁坏。坛歇杏朽，蔽荆棘于荒野；井废禽亡，噪鸟鸢于古堞。物不终否，崇之在人，太师清河公受帐建牙，三临安定，军功政事，纪在旗常。是邦也，压泾水之上游，控西戎之右地，土宜菽麦，俗习骑射。抚之有道，则风能偃草；驭之非理，则水亦覆舟。中权失政，不可一日而处，矧三镇乎？岁戊辰春二月，公介主入觐，骏奔上都，天子设庭燎以延之，奏肆夏以宠之，临轩绝席以绥怀，大辂繁缨而锡命。礼成三接，诏还旧镇。公既旋所理，来谒灵庙，齐庄有感，盼蠁如答。申谞主者，鸠工缮修。雉薙蔓草于庭除，封植嘉树；易颓檐于廊庑，缔构宏材。丹青尽饰于天姿，黼藻增严于羽帐。云生画栋，如嗟西土之遥；水阅长川，若讶东溟之浅。容卫既肃，精诚在兹。何须玉女投壶，望明星于太华；瑶姬入梦，洒暮雨于阳台。合征幼妇之词，庶尽上真之美。谷也，学非博古，才不逮时。论恩廖冠于词臣，叙事敢逾于实录？久直金銮之殿，视草无功；强窥朱窗之雀，偷桃知愧。谨为颂曰："昆仑之墟，崦嵫之下，戴胜蓬发，虎豹为伍。是耶？非也？怪哉！王母丹台命驾，七夕为期。云骈凤辇，剑佩光辉。倩兮盼兮，穆若仙姿。宅玄都兮如彼，降汉宫兮若是。奚灵圣之多端，骇变化之神异。考山经于竹书，故两留于前事。山之巅兮水之湄，奠玉斝兮荐金徽。白云零落归何处，黄竹摧残无一枝。扶舁山之旧石，纪泾水之仙祠。"

天圣二年太岁乙丑三月十五日尚书度支员外郎知军州事上柱国上官佖重书

另一块重要的石碑，是明代嘉靖壬午年（1522）五月由当时的太子太保、兵部尚书、兰州人彭泽所撰的《重修王母宫记》，也被保存在回山脚下，此处不再录出。另外，甘肃现代文人张维（字鸿汀）在其《陇右金石录》中，曾收入泾川的34块古碑拓片，其中与西王母或王母宫有关的共7块，可惜这批石碑现在只有部分存留于回山石窟院内。

（三）文物古迹

相传泾川王母宫始建于西汉元封年间，如果确实，距今已2100多年，恐怕是最早最大的王母宫了。它不似其他地方一庙、一地这样简单的遗存，而是一处专门的、完整的关于西王母的圣地。后来，屡毁屡建。其中最重要的是北宋天圣年间及明代正德九年（1514）至嘉靖五年（1526）的两次大规模重建，但清同治年间却毁于战火，仅存金代"大安铁钟"及部分石碑。从1991年开始，台湾同胞与泾川人民携手重建王母宫，1994年建成西王母大殿，1999年建成了东王公大殿，同时，还建起了三道天门，计划逐步按存留的古王母宫图，将其一一复原。

在回山侧，瑶池古迹尚存，池清水碧，环境幽雅。回山下的回屋，有西王母坐像一尊，还有表现西王母与周穆王、汉武帝相会的摩崖浮雕。它们虽非古迹，却也早已成为回山一景，得到了人们的普遍认可。

（四）民俗及有关活动

首先，每年农历三月二十日，泾川人都要举行传统的西王母庙会。其俗开始于北宋开宝元年（968），即宋代重修王母宫开工的日子，至今已有1000多年的历史。这个庙会具有广泛的群众性，不论是否信仰道教，无论是否朝拜进香或供献布施，都无所谓，大都以祈求长寿幸福、国泰民安为主旨。每逢此日，不但泾川县和附近各县的老百姓都要登一回王母宫山，甚至陕西、宁夏的人也奔波数百公里前来朝拜王母。这天下午，泾川人几乎是倾城出动，有时达数万之众，人群摩肩接踵，道路为之阻塞，的确蔚为壮观。近十年来，台湾道教信仰者来泾川朝拜王母者日众，先后共50批，2000多人。尤其是其中"积善丹鼎派"更尊西王母为其主神兼祖先神，称她为"母娘"或"金母"。总之，泾川西王母庙会规模之大、历史之久、影响之远，在全国所有西王母庙会中可谓第一，甚至成为心系两岸、促进统一的一种不可忽视的重要文化载体。

其次，在泾河一带的百姓中，尤其是在妇女中，对西王母长期存在着祖先崇拜意识。他们的家乡就是西王母的故土，他们就是西王母的后裔。他们的崇拜方式，除了一年一度到王母宫庙会朝拜外，在平素遇到大喜之事或不幸遭遇时，也会在心中默念王母之名以示感谢与祈求佑护。

再次，一辈又一辈的老人向自己的儿孙们讲述西王母的神话故事和传说，叙述西王母的功德和业绩，也是他们祖先崇拜意识的反映。其原因，恐怕与西戎和华夏民族早就相互融合有关。古籍中不但有"夏道衰，而公刘失其稷官，变于西戎，邑于豳"（《史记·匈奴传》）的记载，而且有"秦用戎人由余而霸中国"（《史记·邹阳传》）的说法，证明西戎与华夏民族的密切交往和相互融合的历史极为悠久，而其古老文化因子的遗传至今仍然不衰。这样，西王母便成为中华民族古老的祖先之一，与伏羲、女娲、黄帝、炎帝、蚩尤等居于同等重要的地位。

最后，西王母崇拜还或显或隐地表现在泾川人民的日常生活中。比如，《山海经》中说西王母"穴处"，而至今泾川县农民还有许多人住在窑洞里，有"崖窑""地坑庄子"等之区分。饮食方面，以细长面（泾川人叫"臊子面"）为代表的王母宴菜系有30多个品种，小吃有60多个品种。另外，刺绣、剪纸、布绢制品等民间手工艺品在泾川也十分丰富，尤其是其中的虎帽、虎枕、虎鞋及各式动植物荷包，不仅充分表现了泾川农村妇女的智慧和手艺，也隐隐约约地透露出古老西王母文化中崇虎的遗风。

陇东"燎疳"

正月是一年中最热闹的月份。除夕之夜，欢乐的鞭炮声揭开了新春的面纱，农历新的一年就隆重地登场了。各种祝颂活动在十五日前后达到高潮，高潮之后，"年"就过完。但在陇东，过了二十还有一个特别节日，这便是正月二十三晚上的"燎疳"。

这天晚上，你若来到陇东农村，就会看到一种奇特的场景：各家大门口都燃起一堆堆篝火，一家人争着从火堆上跳来跳去。腿脚利索的青少年自不用说，即便是80岁的小脚老太太，也要爬下热炕，颤颤巍巍地从火堆上走几个来回。还不会走路的小娃娃，则由大人抱在怀里，分开胖乎乎的小腿，从火堆上跳几回。柴，是孩子们早早从野外拾掇来的杂草或谷草之类，白天把柴放在大门上和院里多处，这叫"散疳"。然后，眼巴巴地盼天黑。匆匆吃过晚饭，不用大人吩咐，孩子们便去执行他们庄严的使命——点火。明亮的火光驱散了初春的寒意，映得院落一片通红。男女老少围着火堆跳来跳去，烤暖了身子，烤得心里热乎乎的，平日里横在公媳、父子之间那颇多的讲究也仿佛被这火光消融了。这堆在正月二十三日晚间燃起的火，据说可以烧去旧年的晦气，跳过火堆，一年里就可以无灾无病。有的还用土块夹起火星，甩得远远的，这样就可以不害眼病了。在人们眼里燎疳之火有着特殊的神力，老人们会从火堆里铲起几个土块放在门或窗子的某些地方，因为那里曾有野猫或黄鼠狼之类野牲爬过，这些烧红的土块可以驱除那些不祥之物可能带来的灾星。主妇们不会忘记她们的老伙计——擀面杖、铲刀、勺子之类炊具，也要把它们从灶房请出来，在这堆净火上燎一燎，图个吉利。

尽兴之后，有经验的老人便用扫帚拍打火堆，使火花飞溅，或用铁锨把火籽拍碎，拢成圆圆尖尖的一堆，把它铲起朝天扬几下，根据溅落下落的火花的开头预卜当年的收成，这叫"打粮食"。如果火花细而均匀，便说"麦成了"。如果火花中有细细的长条，那可不好，长条代表蛇，长而两端粗细不匀的是蝎子，得赶紧用土块夹起来，撂到院子外面远远的地方去。于是，毒虫们就不会干扰一家人的安宁了。为了

求得小麦丰收，人们事先总是把灰烬拍得细细的，发现长条火籽就弄断它，柴草也多是先择易燃焚的蒿草之类，避免用木柴。

燎完疳之后，各家还要点燃一根由谷秆扎成的长长的火把，在各住处、牲口房、猪圈转绕过，向外飞奔。一边跑一边呐喊，一直把燃烧的火把送到村外。在那儿，各家的火把都堆在一起，腾起熊熊烈焰，瘟神就这样被送走了。

显而易见，燎疳在人们心目中的祛病免灾的含义是肯定的。燎疳，是流行于陇东地区的一种定期驱邪仪式。英国著名民俗学家詹姆斯·乔治·弗雷泽（James George Frazer）在考察了世界众多的驱邪仪式后，指出：就定期普遍驱邪这一方式而言，前一次和后一次仪式之间的间隔通常是一年，而举行仪式的时间一般又和季节的某种明显转变恰好一致，如北极和温带地区冬季开始或结束时，热带地区则在雨季开始或结束时。这种气候的转变容易增加死亡率，在吃、穿、住条件都很差的野蛮人中尤其如此，故原始人认为这是妖魔作祟，必须驱遣……但是，无论在一年的哪个季节举行，驱邪普遍标志着新年的开始。因为进入新年之前，人们急于摆脱过去苦恼他们的祸害，所以许多社区都在新年开始时举行庄严的、群众性的驱除妖魔鬼怪的仪式。（见《金枝》，中国民间文艺出版社，1987年版第819页）陇东燎疳是符合弗雷泽这一论断的，燎疳也在寒冬已尽、新春伊始的新旧交替之时，面临的是一年中疫病易行、病亡率上升的时期。可以推想，陇东的先民们是如何深受病患和灾难的煎熬，于是就把驱除灾邪的希望寄托于能够毁灭一切的火，希望用火净化生存环境。尽管社会已大大地前进了，一些神秘现象已不再神秘，但这一古老的祓除仪式却代代相传，保留至今。如今，人们虽不再迷信它的效力，但它依然表达了美好的寄托。旧年中多少会有些灾祸或不顺心的事，依然希望这一普遍的驱邪方式能给自己和家人在新的一年里带来健康和吉祥。镇原等地这天晚上要把纸剪的疳娃娃投入火堆，这疳娃娃大抵就是邪恶的化身。这实际上是一种转嫁巫术，认为随着疳娃娃的化灭，人身的病灾也被带走了。还有一些地方燎疳时要往火堆中投入盐末、鞭炮和蒜瓣子，也是要通过爆响和特殊的气味及消毒能力驱走"邪魔"，特别是蒜瓣子，不仅取其解毒的一面，而且

颇有些以毒攻毒的意味。

但探本求源，陇东的燎疳似乎和农事活动有着更多的联系。这不仅反映在燎疳的结果是"打粮食"，是农家预测全年作物收成的重要方式，而且在燎疳节的时间和活动内容上也可以找到与农业生产的联系。据考证，从远古时候起整个欧洲的农民都有一个风俗，在一年的某几天点起篝火，围着火堆起舞或从火上跳过去，这些篝火仪式在现代仍有遗迹。最具代表性的四旬斋篝火、复活节篝火、贝尔坦篝火、仲夏节篝火、万灵节前夕的篝火、仲冬节篝火，有的也和祈农活动联系在一起。同样，陇东的"篝火节"——燎疳，其本初意义当是一种祈祷丰收仪式。燎疳在每年正月二十三日，时值九九河开，各项农事活动就要开始，勤劳人家已开始送粪备耕了。陇东人是跳过二十三的火堆开始一年的农事活动的，换句话说，进入农耕之前先得跳过这一堆堆篝火。因此，燎疳节的火堆在陇东先民那里是有特殊意义的。就节气看，正月二十三这个日子多数在惊蛰之前，少数的在惊蛰之后。蛰者，伏也。惊蛰，意思是（雷声）惊醒蛰虫出土活动。对于农作物来说，旱、涝、虫害是为害最大的三大自然灾害，虫灾比前两种灾害更具有不可抗拒性。先民们认为虫都是有神灵的，在惊蛰前后刚刚出土活动时，要通过一定的祓除仪式将其驱走是至关重要的。采取什么方式呢？那时不可能有农药，先民们自然把希望的目光投向他们心目中最伟大、最有力量的神祇。有关研究表明，人类自新石器时期进化到农业定居阶段以后，原始宗教的重心便从狩猎巫术、原始的图腾崇拜转向了自然崇拜。"而在各种自然现象中，最显而易见的一个，也是对人类生活和思想影响最大的便是太阳。"（叶舒宪《中国神话哲学》，中国社会科学出版社，1992年版）由于近似联想的作用，火在他们心中是很可能被当作太阳的替身的，相信火能够驱除虫害，使其不能危害庄稼。这是一种既含祈求又带威胁的祈祷丰收仪式。关于火的驱虫意义，在一些少数民族传说中尚可找到。在大小凉山就有这样的传说：在很久以前，天上有个凶神斯惹阿比，经常到人间收租逼税，敲诈勒索。大力士阿提拉巴忍无可忍，与之抗争，打败了凶神。凶神逃回天庭，祭施魔法，把千千万万只害虫撒向人间，专门毒害彝民的庄稼。眼看禾苗将被害虫吃尽，阿提拉巴

苦思九天九夜，终于想出对策。他发动彝胞用箭竹扎成火把，满山遍野舞动，把会飞的天虫全部烧死。以后，阿提拉巴每年都领着人们烧害虫。他说："害虫烧不完，火把举不尽。"这样，年复一年，就形成了火把节的习俗。最直接的证据，是庆阳一带燎疳时人们总要用土块夹起火星，一边往远处抛甩，一边念着"害虫去"。燎疳过后八或九天，是农历二月二。这一天，陇东乡间多有拿上木棒赶在日出时到田野里敲打田鼠、野兔拱起的土堆的习俗，以示冬去春来，万物复苏之时，要消除虫害，保护庄稼。早晨，家家炒豆子，使虫鸟之类明目开眼，勿危害人和庄稼。从这一节日习俗，也可看出陇东先民对虫害的重视。先于此节不及旬日的燎疳之驱虫含义，由此得到进一步的肯定。

再看燎疳节的烧疳娃娃。在人类社会生产力极其落后的阶段，人们对自然现象由不理解而产生恐惧感，于是就采取媚神娱神的方式求得和解。

燎疳这一古老的祈祷丰收仪式在陇东产生并遗存至今，是有其深刻的历史渊源的。陇东是中华民族的发祥地之一。据《史记·周本纪》载，由于太康之乱，后稷之子不窋失官而率族人"奔戎狄之间"（即今庆阳一带），"教民稼穑"，时为北豳。后历经鞠陶、公刘两代，使"周道之兴从此始"。这就使得"朴勤力穑"（《庆阳府志》语）成为陇东的重要风尚，正月二十三日的燎疳节正是诞生于这种重农崇农风俗之上的谷神崇拜仪式。由于地理位置远离中心城市，使得这一古老的民俗事象代代相传，保留至今。燎疳节和这个地区遗存的四月八麦子生日、七月十五荞麦生日、五月二十六"秋生"节及五月五日"点高高山"等，共同构成陇东地区农耕文化的一个重要方面。

陇东巫歌

陇东乡村，流传着众多的巫歌。这类巫歌是巫师进行巫术活动时所唱的歌，也包括以巫术医病的咒语。这种歌产生于人们对于科学和自然力尚未认识的原始愚昧阶段，人们幻想用巫术来祈福、禳灾等。它又是仪式歌的一种，是一种无形的心理文化现象，亦称"精神民俗""心理民俗"。从民间文学角度讲，它无疑是古老文化的组成部分。每当进行巫歌活动，人们总是成群结队，围观不息，热闹非凡。但是，原始时代的巫歌作为传承文化或者被剥削阶级所利用，或

与宗教相结合，掺杂着许多封建迷信的东西，需要具体分析。

陇东巫歌，形式多样，内容丰富，虽然不外乎祈求、驱赶、诅咒等，但类型可谓繁多复杂，它既是一种文学创作，又是一种特殊民俗活动。就奠祭歌来说，有"搭轿歌""招魂歌""游城歌""家祭歌"等，祭祀歌有"祭出歌""祭庙歌""祭天歌""祭地歌"，等等。

（一）婚娶巫歌

旧时称"下马歌"或"下轿歌"。这种歌根据流传的形式来看，仅有一种，且在1949年初已不再流传。旧时，陇东的迎亲仪式，新娘不是坐轿就是骑马。把新娘接到男方大门外，一下马或一下轿，就由一位巫师（多为阴阳先生代替）端着装有谷草节、豆子、枣、核桃和钱币的木升子，一边撒一边唱下马歌，直至伴随新娘入了洞房才告结束。下马歌的内容均象征新婚夫妇婚姻大吉大利，百年偕老，美满幸福。也有驱赶邪恶，祈求神灵保佑新婚夫妇平安吉祥的意思。

下马歌根据旧时结婚的仪式，分三次唱完。新娘下马或下轿后，未步入大门前，即唱第一部分，属全歌的开头语，有鸣锣开道之意：

> 新人来到大门前，
> 红鸾天禧紧相连。
> 凶神恶煞皆退位，
> 有福有禄万万年。

此四句唱罢，新娘刚步入大门内，又径直走向院中拜天地的香案，下马者一边撒升子里的谷草节、豆子、枣钱之类，一边继续唱第二部分：

> 一撒桃条吉时开，
> 二撒新禧迎门来，
> 三撒草料予牛马，
> 四撒铜钱予猪纳，
> 五撒五子连登科，
> 六撒新人到婆家。

这时，新郎新娘刚走到香案前，通过三拜互拜仪式，在进洞房前，下马歌接唱道：

> 七撒百年永同偕，
> 八撒八卦护身边，
> 九撒室内多清静，

> 十撒新人入洞房，
> 红鸾天禧坐中堂。

这时，新娘进入洞房，下马歌就结束了，升子里的东西也全部撒完了。从歌词内容来看，为了扫清新娘入洞房的道路，对所谓的凶神恶鬼便撒些食物，以便打发其让道离去，以保新婚夫妇平平安安，同时，也有祝贺红鸾之禧及其婚后生子登科的预庆之意。

（二）禳病消灾歌

主要有"禳病歌""草人歌""黑虎歌""二郎歌""桃条歌""夜哭歌"等。这类歌均为医病秘用。陇东民间，由于原始观念的遗存，以巫歌医病活动，自然成了人们生活习俗的一部分，世代传承演变，从未间断。一般农家有人生病，在较长时间内，医疗效果不佳或病情较严重时，由于传统心理作用，总认为有凶神邪恶缠身，需请一位巫师以唱巫歌的形式，给患者驱赶邪气，禳病消灾，使其早日康复。

（1）禳病歌

均是针对禳病时所用的尺子、剪子、镜子、杆秤、线杆、笤帚、箩、筛子、公鸡等而编唱的歌。让病人睡在炕上，由巫师一手有节奏地摇动着铜铃铛，一手拿着器物在病人身上旋晃，同时唱着禳病歌。如果用镜子禳病，便唱道：

> 此镜不是非凡镜，
> 王母娘娘照妖镜。
> 东照东阳东带河，
> 南照南海普陀山。
> 西照西方灵隐寺，
> 北照北方饮马泉。
> 上照玉皇张大帝，
> 下照地府十阎罗。
> 今日床前照妖精，
> 凶神恶鬼照出门。

用镜子禳毕，如果用剪子禳，则放下镜子，拿起剪子唱道：

> 把这镜子忙放下，
> 把这剪子往起拿。
> 此剪不是非凡剪，
> 一禳头疼并脑门，
> 二禳饮食口味开，
> 三禳凶鬼化灰尘，

四禳疾病早离身，

五禳五鬼赶出门，

一年四季保安宁。

用剪子禳罢，如果用杆秤禳，即唱道：

把这剪子忙放下，

又把秤儿往起拿。

此秤不是非凡秤，

一杆老秤定天平。

南北二斗十三星，

又加福禄寿三星，

十六两刚一斤，

来到床前禳病人，

一切灾星禳出门。

仅从以上三首禳病消灾歌来看，都是借助器物神力和王母娘娘神灵，寄托人们的愿望。人们相信借助器物，会产生一种魔力，驱逐邪气，治好疾病，使疾病早日脱身。其歌词还点出了器物的主人是王母娘娘，从而增加了器物的神奇威力。如镜子不但照东南西北，还照玉皇大帝和地府阎罗，当然，照一切妖精鬼怪更不在话下了。特别是最后一首歌词，阐明了旧时杆秤上十六两的来历，即十六两是根据北斗七星、南斗六星再加上福禄寿三星而制定的，和天象紧密联系在一起，以增加神秘感。

（2）草人歌

草人是用麦秆扎绑而成，两尺多高。用纸糊头部后，以毛笔画上眼鼻口耳，形状古朴粗陋，富于变形夸张和幽默感，纯属民间美术工艺品，专为送病消灾而临时制作的病人的替身。巫师送病时，右手摇铃铛，左手拿起草人，在病人身上一边旋晃，一边唱草人歌，其内容：

天草人，地草人，

天是你老子地是你娘。

谁家外甥谁家子？

谁家门里长成人？

草家外甥草家子，

土家门里长成人。

王母差你下凡尘，

来到床前替病人，

斩断草人病离身。

巫师唱完此歌，由另一个人用切菜刀在草人身上

斩几下，然后送出大门外的十字路口烧掉，表示草人替患者带走了疾病。此歌以问答形式，点明了草人出生的门第及来到床前的目的。

（3）黑虎歌

亦称黑虎咒。这种巫歌不用器物，而是巫师左手拿一张点燃的符，在病人身上旋晃，右手摇动铃铛而唱的歌，纯属送病巫歌：

左差神，右差神，

来黑马，雾腾腾，

来在案下捉鬼精。

跪一脚，天门开，

喊一声，地户闭。

碰见南方大红光，

手执神鞭把定门，

大喊一声捉鬼精。

天黑神，地黑神，

黑虎灵官出天门。

赐予弟子铁鞭杆，

手拿铁鞭赶铁牛。

赶到东山扑在怀，

赶到西山栽跟头。

有人放进魍魉在此处，

一鞭打在地里头。

千年不吃阳间饭，

死后不踏地狱门。

今宵念起黑虎歌，

神喜人安保太平。

在陇东诸神中，有一黑虎灵官神。此歌即巫师请来黑虎灵官这一威力奇大之神，为病人逐鬼驱邪，以保太平吉祥。此歌采取极度夸张手法，重笔渲染了黑虎灵官赐予巫师铁鞭杆的厉害，使人们从语言的威力中满足心理愿望。

（4）二郎歌

同样纯属送病歌，亦称二郎咒。是巫师左手拿一把切菜刀和桃木雷尺，在病人身上旋晃，右手摇着铃铛而唱的歌。其内容是：

奉请奉请相奉请，

奉请灌州二郎神。

二郎头戴三山帽，

手拿三尖二刃九环刀。

斩起天来天又转，

斩起地来地有声，

斩起人来人翻身，

斩起鬼来斩断筋！

从内容来看，此歌是巫师请来力大无穷的二郎神，借其威力，替病人斩鬼驱邪，以便早日痊愈。此歌形象地描绘出人们熟悉的二郎神的穿戴及其三尖二刃九环刀的魔力。

（5）桃条歌

亦称桃条咒。陇东乡村，一般人（多为青年妇女）得了癔症后，人们则认为邪魔缠身，妖精鬼怪入宅，必须用避邪的桃条驱打，才能使邪魔离身。巫师把簸箕扣在病人身上，让一人压着簸箕，巫师手拿五六根桃条，在簸箕上使劲摔打，一边摔打，一边有节奏地唱巫歌：

桃条本是仙桃树，

王母院中有万根，

鲁班大爷往下砍，

一下砍了五六根，

留于世人打鬼精。

一打天上不正神，

二打地下鬼灵神，

三打家神并外神，

四打邪魔化灰尘，

五打五方不正神，

六打各庙判官神，

七打七煞并七愁，

八打八方不正神，

九打宅内判官神，

十打魍魉化灰尘。

有人念起桃条歌，

千年疾病永不生。

此歌既阐明桃条是王母娘娘院内的，又是鲁班来砍的，从而增加其威力。十打，把一切恶神恶鬼统统打得逃之夭夭，象征人间千年不生邪病。

（6）夜哭歌

陇东乡村，一些幼儿还不会说话前，因患有肚内病或皮肤病，或被蚊子、虱子叮咬，每到夜间，啼哭不止。人们因传统观念的影响，则认为有邪入宅，邪

魔在幼儿身上作怪，便请巫师在黄纸上写个夜哭歌，贴在炕壁上，由家长每晚临睡前念一遍：

白马将军夜夜游，

小儿啼哭不止休。

今晚若还再来游，

飞刀斩下鬼驴头。

写夜哭歌的同时，还要画上四不像的驴头和一把马刀，表示马刀斩了白马将军。从中可看出，在人们的臆想中，由于白马将军这一恶魔的夜游，才使幼儿夜晚不得安宁，经家长一念，白马将军便不敢夜游了。还有一种夜哭歌，是请巫师写在人们过往的路旁崖壁上，让过路人都念一遍，表示带走了邪气，幼儿便大吉大利：

天皇皇，地皇皇，

我家有个夜哭郎，

过路君子念一遍，

一觉睡到大天亮。

（三）镇宅歌

在陇东，一般农家，如果家中有人常年患病或办事不吉利，或有人从庄崖头扔下黑毛毡片或其他东西，或牲畜多病亡，则认为庄宅有邪魔凶煞侵犯，或被邪气冲了土气，冲了家神，就要请巫师镇宅安灶，俗称"谢土"。镇宅的巫歌活动均在晚上进行。在院中放一张方桌，上有盛满粮食的五升斗，内插有硬纸制作的五个神牌。首先，由巫师在香桌前唱一首祈求神灵的巫歌后，便在院内的东南西北中五个方位，依次分别一边摇铃铛，一边唱巫歌，进行安治。每一个方位唱完一首巫歌，便插上一个有符咒的纸旗子，五个旗子，五种颜色，称"五色旗"。先安东方，其歌词是：

敬祈寿，安东方，

东方六神今岁忙，

扑难祖师会阴阳，

念咒说法到东方。

宅神东地常拥护，

家谱六神镇东方。

扑难祖师灵符到，

压定吉星还本位，

镇压凶神院前仓。

每日清晨念一遍，

土伏凶煞自消散；

连叫三声为大赦，
东方地东安吉祥。

在东方唱罢，依次到南西北中方位唱，其内容完全相同，只是把其中的"东"字换成其他方位词。此巫歌完全属安家中六神之歌，即祖神、五方神，六神安则家宅平安吉祥无恙。每安治完一个方位，还需响一个纸炮，以示安神驱邪。

香水歌，亦称十二药精歌，和镇宅歌紧密相联。人们为了把侵入家宅的邪魔驱赶出去，把晦气打扫干净，在禳病或镇宅后，用十二味中草药同香面子掺和一起，盛在碗里。巫师摇动铃铛唱巫歌在前面，另一人一手端香小碗，一手拿一撮糜芒跟在巫师后边，边走边用糜芒蘸着洒香水。每个窑内均要洒遍，一直洒出大门。其驱赶巫歌的内容是：

奉请奉请相奉请，
奉请三皇圣帝君。
转用夫妻老神龙，
秋入坛马和王孙。
玉皇叫住赴坛内，
十二药精香和定，
奉请法水入坛中。
左手拿起桂花碗，
右手又拿须眉伞，
左叫三声神法水，
右叫三声鬼害愁。
骊山来了望坛祖，
卧龙来了诸孔明，
庞涓来了手拿大麻衣，
先是来到十二药精洒坛中。

此歌既是在和香水时唱，也是在洒香水时唱的。前半部为祈求三皇下令和好香水，同时，点明了左右的分工，即左手端碗，右手拿糜芒。这里的"须眉伞"指糜芒。此歌还点出了历史人物庞涓、诸葛孔明等，说明在陇东诸神中，人们把历史人物神化的传统观念由来已久。

在民间，人们总认为灶神是一家之主，对其十分崇拜，认为灶神不安则全家一切不利，特别对妇女不吉利或引起家庭不和、百事不成等。安灶实为祭灶，所谓家宅不安，实指灶神不安。又因灶神属土地神，外邪冲了土气，即冲了灶神。所以，陇东乡间凡要镇宅五方必安灶，只有安好灶神，灶神才能保佑全家人口平安，五谷丰登，万事吉利。安灶歌内容较长，共分四段：

南无佛说灶王经，
一家之主你为尊。
厨中若有三缸宝，
火星落地化灰尘。
福禄财神常拥护，
保佑一家常安宁。
眼前光明子孙兴，
人财六富百事通。

张灶君，柳妇人，
一家大小保安宁。
春保多吉庆，
夏保无灾殃，
秋保田禾收，
冬保不生疮，
一年四季保安康。

柳妇人，张灶君，
赦灾赦罪大天尊。
一愿风调雨顺，
二愿五谷丰登，
三愿皇王万岁，
四愿国土清平，
五愿民安物阜，
六愿福寿康宁，
七愿灾消祸散，
八愿水火无侵，
九愿聪明智慧，
十愿学道成真，
十一愿诸神拥护，
十二愿亡者超生。

一切飞禽走兽，
一切蝼蚁蛇虫，
一切冤家债主，
一切男女孤魂，
回生六道，

一切寒淋，

闻经听法，

早得超生。

安灶保平安，

消灾增福寿。

祈求神灵的保护，获得丰收和人身安全，是原始巫歌的本来目的。安灶歌正是出于此目的，寄托着人们美好的理想与愿望。从全歌内容来看，足以说明陇东乡间，人们对灶神无限崇拜的缘由是灶神可保佑全家万事亨通，一年四季人财两旺、六畜安康、五谷丰登。所以，陇东乡间对灶神十分尊敬和信仰，不但在年头节要家奉灶神，而且每逢农历初一、十五日，也有奉灶神的习俗。平时，替病人叫魂也要敬奉，祈求灶神保佑人魂归家。

陇东巫歌十分丰富，尽管带有封建迷信色彩，但它毕竟是宝贵的文化遗产。进一步挖掘整理它，具有一定的文化价值和研究价值，特别对研究陇东民俗、宗教信仰的传承演变等具有一定的积极意义。

陇东生活禁忌

陇东地区主要是以庆阳市的董志塬为中心，包括庆城、合水、正宁、宁县、西峰区、镇原县屯字和太平等近十个乡镇以及平凉市的泾川、灵台县以及平凉市郊的二十多个乡镇。面积有一万余平方千米，人口约两百万。陇东久居的本地人，遵从同一禁俗。

董志塬人对禁忌风俗的叫法不一。比如有忌讳、顾忌、犯禁、犯忌、忌后、说义、妨忌、忌俗、方俗、乡俗、避讳、犯理规等。虽叫法各异，但含义基本一致。

按照禁忌适用的场合，可分为以下几类：

1. 关于服饰方面

忌幼童冬天穿皮袄。一说，皮袄火气大，能拔走身上的火气。又一说，冬天穿皮袄是个大福分，一个人过早地享福不好，老了要受穷的。俗话说：少穷不算穷，老穷穷死人。

忌日常穿戴白衣、白帽。认为白色衣服是丧服色，穿了折父母寿数。

忌喜庆事贺客穿戴白衣、白帽。认为白色衣服能冲喜，对主家不利。

忌男人头上戴绿颜色的帽子，或帽子上有绿色的花饰、飘带。认为戴绿色帽是当龟头，即妻有偷汉丑行，会被人耻笑。

忌试穿别人的新鞋、新袜子。俗话说：试了别人的新，一辈子不见新。认为会破财气，受穷。

忌试戴别人的水晶石眼镜。一说是怕不慎掰折镜片或镜腿，惹人生厌。又一说是怕手气不好，冲了眼镜的水气墨色，失去养眼功力。

忌女人手摸或试戴男人的水晶石眼镜。认为女人为阴，身有污血气能冲去眼镜的功效。

忌入住室内还戴着草帽子。这会被人耻笑是"二凉"，是不懂人情事理的举动，有辱先祖。

忌男人的衣服放在女人的衣服下面，或是被女人坐在屁股下。认为能压了男人的运气。

忌女人衣服放在月光下。一说血污气能冲撞了月神，要怀怪胎或是不再生养。又一说是夜晚属阴，鬼怪必出行，能吸走衣服上的血气，变成妖精，本人要遭祸殃的。

忌小儿衣服夜晚放在室外。认为小儿人体气弱，不压邪，邪气入身会生病，会短命。

忌小娃娃玩耍时头上戴两顶帽子。认为双重帽子重千斤，压得长不大。俗话说：两顶帽子千斤压，你娃今辈子再长不大。

忌月娃子穿衣服是整一尺长。认为顶尺即定住，娃娃长不大。

忌男女结婚衣服长短刚好整尺。认为整尺是定尺，以后两口子爱淘气，日子过不好。

忌幼年人把帽子偏戴。认为这是不守规矩，不学好的表现。俗话说：偏戴帽，狗抬轿，抬到舅家门上也没人要。

忌烧衣帽鞋袜。认为烧了损人阳寿。因为只有对死的下场不好的人，衣物才用火烧了除邪。

忌拿人的帽子耍。认为人头顶苍天，帽子在中间，有灵气，污辱了帽子天不容。俗话说：欺人不欺帽，欺官不欺轿。

忌把衣帽从高的地方往下抛。认为这会惊了人的灵魂，居身不安。

2. 关于饮食方面

忌吃饭舀米舀面时挖坑，要刮着舀。不然就费得很，不经吃。

忌借盐时说借，要说量。认为"盐"与"言"同音，有口角争执的意思，不吉利。

忌归还借的盐叫还，应叫给或端。认为还盐就是还言，不吉利。

忌站在当门口吃饭。认为这是一种败家举动，只有叫花子要饭时才这样吃。

忌饿时拿上筷子敲空碗。认为这是讨饭的举动，不吉利。

忌吃饭时大声说话。认为这是没家教。俗话说：难道饭都把嘴塞不住嘛！

忌吃饭时把空碗或碟子扣着放。一说，这是饭不够，没饱，是戏弄做饭的。俗话说：嫌饭没好饭，饿死大路边。又一说，只有吃汤药用的碗才扣着，饭碗扣上，不吉利，有病灾。

忌吃饭时把筷子的一头搭在空碗边子上。认为是招丧。因为只有祭祖宗献饭，用香烛代筷子时，才这样去摆放的。

忌吃饭时一条腿站着，另一条腿踏在高处成弓状。认为这是犯人到了吃死食时的姿势，所以败主人运气。

忌油饼子夹肉吃。认为这是欺天的吃法，会遭罪的。俗话说：有福不敢重享，重享了雷打遭殃。

忌吃狗肉。一说，狗肉为热性，男人吃了心火盛生病，女人吃了破血。又一说，狗是个不嫌主家贫的忠义牲灵，食狗肉有罪。

忌小娃娃睡下吃馍。俗话说：睡下吃馍，吃到头脑里去了，长不大。

忌幼年人吃羊头。一说，羊头及脑髓性热，幼年人吃了把心烧糊涂了，记性就不好了。又一说，羊羔吃奶双腿跪，是孝子，幼年人吃了遭罪。

忌空锅烧开水。认为女主人死后，在地府会被小鬼推入滚水锅里煮，要受大难。

忌两个人分着吃一瓣蒜。认为吃了得心口子疼病。

忌烧油锅炸食物时说"油不够"。认为这会叫来野鬼随话音能把油吸完。

忌烧油锅炸食物时有生人或冷身子的人进来。认为这会带来野鬼，鬼爱吃油，油费得很。

忌做豆腐点浆前，有生人或冷身子人进来。认为带来野鬼，鬼尝豆浆，豆浆会化成一锅白水。

3. 关于居住方面

忌修庄子、打窑时响鞭子。认为这样会惊了土牛，庄子或窑是要塌下来的。

忌修庄子、打窑时在院内吹口哨。认为叫醒了庄神飞走了，人住在内不得安然。

忌庄子、房屋面对正南方。认为这是人占神位，只有庙门才正对南方，生有祸，死有凶。

忌庄子、房屋的背后正对着流水、沟壑。认为这样背后太空，没靠头，是人丁少，是不发财的凶宅。

忌打庄子、盖房不请阴阳先生定吉利日子。认为乱动土，是会遭殃的。

忌庄子、房屋正面对着尖山头或高大的树木。认为这是神箭射来的方向，会使庄子房屋塌毁，或是住上人不安宁。

忌盖房时大梁的小头向前。认为后背为下，大头要向前。

忌盖房时椽的小头向下。认为向下是头尾颠倒，要大头朝下。

忌两家大门口对端，不吉利。俗话说：对的端，家家遭磨难，不是人死就是财散。

忌院内水道、人道重在一条线上。认为在一条线上，是人占了龙王一席之地，住上人不吉利。最好是八字形分开。

忌院内水井在右，石磨在左。认为这样是青龙、白虎位置反了。左为上，要井在左而磨在右。俗话说：宁叫青龙高一丈，不叫白虎反头望。

忌老少辈住窑、房错位。要老人住在左边窑、房内，小辈人住在右边的窑、房内。

忌毁庄子、房屋四周的树木、山水。认为这会断了风水，对主家不吉利。

忌院内窑打双只，房盖双间。认为双数没法取中线，无中就是无正，无正就必然邪入而大凶。

忌驴圈在院子的左首。认为驴是死鬼，不能占上位。

忌牲口槽上拴牛头向南。认为"南"即"难"，牛养不壮，牲口不发旺。

忌在院子内栽桑树。认为"桑"与"丧"同音，招凶煞。

忌在院内栽柳树。一说，柳树爱随花伴水，无刚性，养的后辈子孙作风不正。又一说，柳树是柳树精现的形，妖入宅，主凶。又一说，"柳"与"绺"同音，易失盗。

忌院内栽白杨树。认为这个树身夜里泛白色，是显丧身，不吉利。

忌女人把洗了衣服的脏水倒入水道眼。认为水道眼是条水路，是龙王爷住的地方，污秽了招天祸。

忌院的正中栽木桩、栽树。认为木为心，木生火，人心口子爱疼。

忌院内栽松、柏树。认为常青绿色太肃杀，神鬼不易辨认，爱招祸。

忌大门与院内居中的窑或房对端。认为这是狮子大张口，不聚财。

忌在炕或床上睡觉时脚向着大门。认为是凶兆，因为只有灵柩抬出门时脚才是在前面的。

忌女人白天在床上头朝里睡觉。

忌在住室内吹口哨。认为吹口哨是叫老鼠。

忌女人睡在炕或床的左首。认为左为上，阴占阳位，男人做事就不走运气，不成功。

忌宅内见长虫（蛇）后打死。认为这是庄神，打死了，人不安。或庄神报应，越打出来的越多，要用锄或锹头挑起送远，有永远除绝的意思。

忌住处夜里有兴猴（猫头鹰的方言称呼）叫唤。说是报丧，会死人。破邪法是开门后先把烧炕用的灰耙子抛出去，惊动一下，或响个炮仗，震一声就好了。

忌母鸡叫鸣。认为是家中败兴。要把这只鸡捉到灶前，向灶神祷告几句，然后用切面刀子剁掉鸡头，接上血，献给灶神。灶神借此收了牲，败兴才能除去。

忌天刚黑公鸡叫鸣。公鸡叫鸣有两说，一说是天下有大事如兵劫、灾荒就要发生；又一说是家中必有小人犯上的乱伦事发生。要当下捉住这只鸡，在窝前剁去头，把鸡血洒在院中，叫天地诸位神灵保佑除灾。

忌鹁鸪、乌鸦等飞禽入住室。认为这是邪煞入内，不吉利。除邪的办法是捕捉到手后，放在门坎上，用斧头或刀子剁去头，把血洒在门内外，赶鬼出室。

忌戳门前树上的野雀窝。认为是驱喜神，毁风水，不吉利。

忌烟洞的烟油子水渗出皮外。泥皮上出现黑迹，认为是有下贱的人冲了，是凶兆。要赶紧抹一层泥皮或拆掉。

忌做门扇时，截门扇的一页板小头向上。认为这是颠倒了，不好。

忌做门框时，木纹的尖头向下。

忌用椿木做门扇。一说，这是欺天，遭祸，因为椿木是汉王刘秀封的树中王。又一说，椿木就是"蠢材"，蠢材顶门，坏门风。

忌用槐木做门。有两说，一说槐本的"槐"字，单边有个"鬼"字，鬼门是阴曹地府的第一关，所以不吉利；又一说槐木纹不正，神灵不临门，不平顺。要做的话，只能用来做门扇，门框要用木中王椿木做成，扇枢是一双，可除邪。

忌做住宅门时高低宽窄数是四或六。认为四六不成事，大不吉。

忌在好日子挪吃饭锅。认为动了黑煞，生祸。

忌用杏、桃等开花木头做锅盖。认为这样养活的娃娃不成才。

忌前后两个锅盖木纹方向交叉成十字。认为这样一家人爱吵架。

忌做锅盖的板页数是双数。认为没法取中，不正。

忌做案板的板页数是双数。认为没法取中，不吉利。

忌把沟渠里的料姜石拿回家。认为料姜石能成精，专吃米和面粉。

忌把空水桶担入住室。认为空桶就是空洞，有损人丁、绝世的意思。

忌用麻绳勒腰。

忌用草绳勒腰。认为这是绑着送死娃娃的办法。

忌两个娃娃比手。俗话说：手对手，活不久。

忌两个娃娃比脚。俗话说：脚对脚，活不多。

忌两个娃娃比高低。认为比了都长不高。

忌未成婚的人挖墓坑。认为挖了爱害病。

忌端饭盘子木纹向客人。

忌烧瓜蔓、豆豆、豆子蔓。认为烧了人得肚子疼病。

忌给长辈剃头。认为剃了伤本身洪福。

忌把人血抹到木头上。

忌把人血抹到柳树上。认为柳树得了人血能成精。

忌烧笤帚把。认为烧了手头紧，缺钱花。

4. 关于举动方面

忌瞪父母、长辈。是忤逆行为，认为下一世瞎眼窝。

忌年节、喜庆事打破家具。说送终或卖了，可除不祥。

忌下雨打雷时女人换脱衣服。认为秽气，雷神不饶，雷击身。

忌行在路上与出殡相遇。认为必败运气。可赶快改个方向走几步尿一泡尿，可除邪。

忌走路有旋风挡道。认为不是败运，就是生病，或是鬼迷心窍而入魔。要不断地吐唾沫来驱鬼，因为鬼怕羞。

忌走路时往树上撒尿。认为会惹树神发怒，祸殃自身。

忌在旁人家的坟上撒尿。认为这是污人祖宗的缺德行为，还会惹鬼缠身，大不利。

忌在十字路当中拉屎或撒尿。认为十字路是神鬼过往地，妄行污道神鬼都不会饶的。

忌男人在晾晒的女人衣服下走过。认为会压运气。

忌女人走路仰着头，男人走路低着头。认为是败相，也是鬼相，这种人交友不利，生财不聚。俗话说：仰头的婆娘、低头的汉，亲友死光财宝散。

忌女人夏天夜里在外露宿。认为这样会邪气入身，生怪胎。

忌吆猪赶路时在亲友家里歇住。认为猪是黑煞替身，败运。

忌女人摸玛瑙石、玉石的烟锅嘴子。认为一摸，或烟油吹不利，或石头失光色，不值钱了。

忌女人经期到井上去。认为血身子冲了东海龙王的一脉水，或井水干，或水中有小红虫。

忌女人到羊圈里去。认为女为阴，阴冲阳，满圈羊要死去。

忌女人经期在月光下尿尿。认为这会冲犯月神，身怀死胎。

忌月婆子在月亮地尿尿。认为这会丢了娃正在吃的奶。

忌女人经期熬药。认为女为阴，阴阳不和，药于病无益，或药性变化致人死亡。

忌女人从水担、扁担上跨过。认为扁担易闪折。

忌女人在男人面前走过。认为女人阴，身上血秽压运气。

忌女人坐在牛车辕上、架子车轴上。认为会使车折轴断。

忌坐在门槛上吃饭。损先人德行，认为讨饭吃的叫花子，才坐在门槛上吃喝。

忌正当午时小儿坐在门槛上。认为午时是阴阳交替，小儿体弱，弱不主正，会招邪气入身，生病。

忌牛车空过崖门前。认为木牛车属木龙，龙降诸神，使宅神不得安。

忌黑夜里冷身子人或生人入月婆子的住处。认为冷身人易带邪气，会使月娃子害病。可以点一把火烤一下，就免邪。

忌见蚰蜒不打死。俗话说：先见蚰蜒不打死，后见蚰蜒钻尻子。

忌大伯哥与弟媳妇说话。认为说了话是没家教，无规矩。

忌深更半夜喊叫人的名字。认为会让人落魂的。

忌男人爱哭。认为这是败相，命苦。俗话说：苦汉眼里尿出来。

5. 关于婚姻方面

忌同宗族的男女成婚。否则是乱伦，羞辱了先人。

忌与下眼皮有黑痣的人成婚。认为这叫接泪痣，泪痣，必命短。

忌与嘴角有痣的女人成婚。认为这是紧嘴痣，贪吃，败家业。

忌与嘴大的女人成婚。认为吃得多，败家业。俗话说：男人嘴大吃四方，女人嘴大吃断粮。

忌与手掌大的女人成婚。认为这种人命苦，不聚财，勤劳，但是无益处。

忌与走路时脚撇成外八字形的女人成婚。认为这式子叫撇脚子，没福气。俗话说：家里聚个撇脚子，能出十个叫花子。

忌私自成婚。认为这既不孝父母，又是自卖身的下贱举动。

忌娶寡居的嫂子做妻。认为这是乱伦。俗话说：长嫂子，比母哩。

忌两口子女的年龄比男的大。认为大了是阴主占阳，不吉祥。俗话说：宁叫男大十，不叫女大一。

忌男方比女方年龄大四岁或六岁成婚。认为必然合不来，否则活不顺手。俗话说：四顶六撞，不是骂仗就抬杠。也说，四冲六顶不相配。

忌新娘上轿前开脸（修眉）时见寡妇、孕妇、未婚女子、男光棍。

忌新娘上轿上车时脚挨地。认为挨地，沾了土，沾穷了娘家。要让人背出去上车、上轿。

忌新娘下轿或下车脚挨地。认为见了土，夫妻不长久。

忌新娘入洞房时见石磨子。认为见了是白虎冲头，大不吉利。

忌两口子属相不合。认为属相不合，就是属相相克，夫妻不长久。如"白马怕青牛""龙虎两相斗""鸡猴不到头""狗赶倒坡羊""玉兔不配龙""黑猪反的猴"等。

忌与败月出生的人成婚。认为生在败月，就是生在忌月。俗话说：正蛇二鼠三羊头，四猴五兔六狗头，七猪八马九老虎冻，十月鸡儿架上愁，十一月老牛满山游，腊月老龙不抬头。

忌在父母丧期成婚。认为重孝在身，不待喜神，折福寿。

忌不请阴阳先生选吉利日子结婚。

忌结婚这一天天气不好。一说，是夫妻命不好，或无福，或短命。又一说，是夫妻有一方心术不正，做了缺德事，遭天报应。

忌迎新娘的轿或是车停在涝池、井边。认为预兆夫妻不和。

忌迎新娘的女客骑的是骡子。认为骑了骡子，预兆新娘不生养，因为骡子不怀胎。

忌新娘上轿无哭声。认为笑声笑容，会败娘家财气。

忌新娘上下轿时，有寡妇、孕妇、未婚女子在场看。认为能冲了喜，折新郎的阳寿。

忌新娘下轿时，有与新娘属相相克的人在场看。被相克的属相叫"妨"。年干不同，相克的属相不同，是由阴阳推定的。

忌洞房的炕热的没够 12 小时。认为炕凉了，是夫妻不和气。

忌新人入了洞房，还没揭盖头时，有寡妇、孕妇、未婚女子及给父母守孝的人入内。认为会冲喜，折新郎寿。

忌新娘下厨切试刀长面时，中间停刀。认为要一口气切到头，才能夫妻百年和好。

忌新娘头一回走娘家时，来去走的不是同一条路。认为预示会重嫁。

忌新娘在娘家过年、过节。认为会败娘家财富。

忌新娘隔门与别的男人搭话。认为这是叫人笑骂的骚情行为。

忌寡妇改嫁时从庄子或门前过。认为这会给庄子或住户带来邪气。

忌夫妻在丈人家同房。认为是没家教的事。俗话说：女婿上床，家破人亡。

6. 关于生育方面

忌女人自己说怀了娃。认为只能说身不空，没洗垢痂了。

忌女人怀了娃吃兔肉。认为吃了生养的娃是豁豁嘴。

忌孕妇在灶前秽语骂人。认为这是欺了灶神，生的娃没屁眼，吃不了五谷粮食。

忌怀娃女人在祭祀祖宗的香案前骂人。认为恶语辱没先祖神灵，遭小月的报应。

忌怀娃女人吃牛羊或鸡鸭的头肉或脑髓。认为吃了生的娃不聪明，或眼瞎。

忌孕妇看彩虹。认为看了生的娃眼里长疔。

忌怀娃女人看要社火。认为社火冲了身，怀的娃娃会小月。

忌孕妇在椒树下尿尿。认为尿了娃就流产，椒树也会死。

忌孕妇折椒籽、叶。认为这会冲了花神，树上不结椒籽。

忌孕妇送殡。认为送了会再出丧事。

忌孕妇看花。认为看了花全生女娃。

忌怀娃女人看养的蚕姑娘。认为这会冲了蚕姑娘的喜，就淌绿色脓水全死光了。

忌把胎胞送出大门外。认为这是婴儿胎里带的皮袄子，丢了不长命。

忌在娘家生孩子。认为生了孩子娘家死人。实在来不及时，只能在烂窑里或碾窑（房）里去生。

忌月婆子吃肉、吃鸡蛋。认为吃了会断娃娃的奶水。

忌生娃未满月寻问是男是女及名字。认为让人知道了，鬼怪就寻来了。

忌把孩子出生一百天叫生日。认为短命不吉。应改叫百岁。

忌把小儿放在烂席片上睡。认为这是个死相，不吉利。

忌女人手上沾有米、面时，就给孩子喂奶。认为这样遭下罪，报应在小儿身上。

忌女人手上沾有米、面不洗，就给孩子换尿布、擦屎。认为这样做了会遭雷轰死。

忌用竹子打娃娃。认为竹打人，损肌骨。俗话说：打一竹，瘦一斤。

忌用椿树枝或木头片打娃娃。认为打了短命，椿树是汉王刘秀封的树中王，使不到凡人身上。俗话说：打一椿，病儿春。

忌喊"猫来了"吓哄小孩。一说，猫为虎形，头上有王字，小儿担当不住，睡梦中易惊哭不安。又一说，猫带"毛鬼神"来，小儿有灾。

忌喊"鸡来了"吓哄小孩。认为鸡是"鸡脚鬼"现身，于小儿、大人都不利。

忌娃娃掂秤杆。认为秤能打起千斤，把娃压得长不高了。

忌娃娃头上顶簸箕走。认为这样要遭雷劈。

忌娃娃的头上扣上升子或斗走路。认为这样脖颈上要出疙瘩。

忌娃娃躺在炕上、床上吃馍馍。认为吃到头上了，头大身小，永长不大。

忌娃娃学大人的声腔或举动。这是没家规。

忌娃娃天黑了点上火把乱抢。抢了尿床哩。

忌娃娃团泥蛋玩耍。认为玩泥蛋，收麦时天会下冷子（冰雹）。

忌娃娃做碌碡玩耍。认为耍碌碡遭年馑。

忌娃娃在住室手捂上嘴喊"哇"。认为叫打哇哇，狼会入室。

7. 关于丧葬方面

忌停尸的地方有石磨子。认为石磨子是白虎星，亡魂走不了，活人遭殃。

忌出殡见到石磨子。认为是白虎星挡了阴鬼道，大凶。

忌父母亡后女子的名字写在门告上。认为女不顶门。

忌未婚女子上坟园送葬。

忌守丧的孝子赶集、赶庙会、看戏或自作娱乐。

忌男孝子剃头、刮胡子，女孝子梳头、施粉。若这么做了，是不孝的举动，让人耻笑。

忌孝子穿鞋，只能趿拉着鞋。不然，认为是不举哀。

忌孝子丧服上有纽扣。认为扣子能使亡人魂离身。

忌用皮、毛线做寿衣。一说是亡人来世变成牲口。又一说是毛皮货有阳火，阴阳合尸发凶，住宅不安。

忌用斜纹布料做寿衣。认为穿了这样的寿衣，后辈子孙不正。

忌缝制寿衣用倒扣针法。认为倒扣针，后世没运气。

忌寿衣是黑色的。一说，是亡人会变成驴。又一说，是后世出的子孙心奸黑。

忌儿媳做寿衣。认为儿媳做的是铁衣，在阴间亡人穿不烂，转世不了。

忌坟头是正南正北方向。认为鬼挡神路，哭声不休，大不吉。

忌新挖墓坑与古墓重合。认为重墓有重丧，大不祥。

忌在外亡故的人尸体入村宅。认为会招引野鬼，不祥。

忌孕妇亡后怀胎入葬，要破腹取胎。不然，尸发凶致灾。

忌用柳木做棺材。认为柳木爱生虫，后世人会生疮。

忌尸身入殓时有眼泪落在上面。认为尸身属阴，泪为活人阳世精气，一合就发凶作怪。

忌猫入灵堂。认为会惊尸移位，不祥。

忌日出后下葬掩土。认为尸身见阳光，逗凶。

忌送殡的孝子在回来的路上哭泣。认为哭了穷得很。

忌送殡的孝子来回走重踏脚印。认为重脚印是丧的兆头。

忌送殡人（除孝子）空腹掩土。认为这是心不实，鬼祟缠身，不安。

8. 关于交际方面

忌直呼长辈的名字。不然会被人耻笑没教养，或损阴德。应该叫尊称。

忌呼叫人的小名即乳名。只有父母或亲友里长辈才能呼叫，若不然，对方认为是受了侮辱。

忌随意戏称某男子是"娃他舅"。这样叫了是侮辱人，只有知心好友开玩笑才敢这样叫。

忌看望病人时送梨。一说，"梨"与"离"同音，有咒人离世之嫌，不吉利。又一说，梨性属凉，吃了会犯陈病，对病人康复不利。

忌婚嫁及喜庆事送礼件数是单数。认为单数不吉，有引祸至的意思。

忌娃娃满月送的衣帽是黄色的。认为黄就是黄了，夭折的意思。

忌探望有丧事或遭不幸人时，送礼品是双数。认为双有祸患多的嫌疑，大不吉利。

忌做客时衣帽不整。认为是羞辱主人。

忌赴宴时迟迟不到。

忌宴席上吃喝时有响声。

忌孝子陪客喝酒。一说，孝服在身，只能待鬼不能待人，待人折寿。又一说，孝服示凶，不吉，使人谋财不得。还有一说，守孝人心痛面悲，不宜举杯。

忌吃旱烟锅借火时，手捏对方的烟锅脖项子。认为捏了使对方害哮喘病。

忌吃旱烟锅对火时，年轻人的烟锅在上面。认为这是以小欺老，天理不容。

忌客人进厨房观看。认为这会使女主人丢丑。

忌做客吃饭时，单独离开位子。只有坐尊位的人说"起席"或"端下去"时，才能离开。

忌做客吃饭时碗里剩饭。认为这是贪吃丢人的事。

忌做客吃饭馍囫囵吃，要掰成两半，先拿一半吃。

忌做客时用筷子剔牙缝。有辱在上席尊位的人。

忌做客时馍夹菜吃。

忌做客时光吃不喝汤。

忌待客时一只手倒茶、敬烟酒或递碗筷。否则是失礼，应用双手以示恭敬。

忌待客时用手抓馍敬人。要用筷子夹着送到客人面前。

忌待客时，主人先停下筷子不吃。认为是怕人吃，有嫌客的意思。

忌待客时翻手向外倒茶、舀饭。认为是嫌客的举动。

忌调戏友人妻子，这是损先人德的。俗话说：宁穿朋友衣，不戏朋友妻。

忌与人交往时，说话不实。

9. 关于节令方面

忌为父母守孝时期，过年贴大红春联、门神。认为是不孝先人的行为。

忌贴有下山虎的年画。认为下山虎，失威，有落败的意思。

忌贴有老虎头向内的年画。认为虎为兽中王，久宿宅内不吉。

忌大年三十贴有龙年画时把龙头向内。认为凡俗人家不使龙，使龙不吉。

忌女人在大年三十贴灶神后，到正月初一前这段时间内串门子。

忌正月初一、十五吃早饭见日头（太阳）。一说，日没出，各路神灵降到宅内受奉，列祖列宗受供，这时吃饭能承福迎喜。二说，早吃一年日月好过，不受穷。

忌正月初一、十五做早饭时响风箱。认为风箱拉推有气，预兆家事不和，爱淘气。

忌正月初一早上洗脸时把水淋在地上。认为淋了，收麦碾场要遭受水灾。

忌大年三十、正月初一借人家东西。认为借了人家的东西，对主人家不利。

忌大年三十、正月初一到初五这几天吃饭闭门。认为祖宗受不上供，一年不吉利。

忌正月初一、十五早饭吃包子。说那是气包子，家不和。

忌正月初一到十五这几天蒸馍。认为蒸汽大，有吃官司的灾难。

忌正月初一到十五这几天煮豆子吃。认为吃了天会下冷子，打坏庄稼。

忌大年三十、正月初一、正月十五与人骂仗、打捶（打架）。认为惊动祖宗不能受奉，有罪。

忌大年三十、正月初一、正月十五打破家具（如灶房用具等）。认为这是破喜征兆，一年不安宁。

忌正月初七使用切菜刀切面、切菜，使针、剪、锥、响炮。认为刀能断魂；铁刀、响炮能惊魂，对人不利。

忌正月初七出门、初八回家。认为初七是人日，灵魂归身，人离宅会丢魂的；初八，天宫有神看凡间拜神，回家犯了神威，大不祥。俗话说：七不出，八不入。

忌正月初九女人使针做活。认为初九是九天玄女娘娘的生日，用针扎物要生九个女孩子，绝儿子。

忌正月初十女人用针缝衣。传说这天老鼠嫁女，用针会使人得老鼠疮。

忌正月初一到十五这半月里剃头。一说，是连毛过年，过的泪涟。又一说，是头发胎里带，吉日剃发，不是发不了财，就是倒财运。还有一说，是正月剃头，亏了舅舅，伤舅的福寿。

忌正月初一到十五这半月里在宅内动土。认为动土惊四方神不安，遭天祸。俗话说：正月动土一堆，二月得病一堆，三月有墓一堆。

忌正月二十一不燎疳。疳是瘟神，这一天下来寻替身，用米、面撒在火堆安顿了以后，人再从火上跳过，就可免得疳病。

忌正月二十一燎疳后，十日内逢单日吃米饭、喝米汤。认为米是颗粒状，"颗"与"疴"同音，把疮叫疴，所以，人身上会生疮。

忌燎疳时灶房动刀子。认为刀能犯疳，使人不得安生。

忌燎疳时捻线。捻了线败财富。俗话说：穷得拧绳哩。

忌正月二十三日干活劳动或使牲口。俗话说：正月二十三，老驴老马都歇一天。

忌女人正月缝棉衣。认为若装了棉，女人得膨胀病。

忌正月做鞋。认为做的鞋是鬼鞋，折寿。俗话说：正月里做鞋二月里埋。

忌五月端阳节碰见蛤蟆。认为这天蛤蟆本是躲起来的，是污秽物，人见了头上长疮，脚趾缝溃烂、流脓水。

忌七月七碰见野雀（喜鹊）。认为这天喜鹊都上天给牛郎织女搭桥去的，人能见的都是臊雀，不是神雀，倒霉运。

忌九月九割蜂蜜用蒸馍蘸蜂糖吃。认为吃了蜂糖生虫死亡。

忌每月的初一、十五、二十三这三天出门，敬神送鬼，抱小儿挪窝（走娘家或回家）。认为这天是神与鬼交合之日，百行不利。

忌有的日子赶牲口贩运。认为有的脚夫逢七不出门，出门不吉利。

忌逢四、六日子挖牲口圈。认为四六破了圈，牲口死一圈。

10. 关于语言方面

忌说女娃娃十八岁。说了是粗鲁不知礼，要说成是十七岁或十九岁。

忌说男人四十五岁。要说成四十四或四十六岁，不然认为是污人不正经。

忌说老年人七十三岁、八十四岁。认为是增寿的坎坎，不吉利。俗话说：七十三、八十四，阎王爷叫去商量事。

忌与人说话前喊"嘚""喱"。这是吆喝牲口的声腔，侮辱人格。

忌说人长得肥。因为对牛羊牲口才说肥，认为是侮辱人。要说成是福态，或发了福相。

忌说小儿瘦。认为有咒病的意思。只能说是失形，却气。

忌说小儿肥胖。要说是结实、壮实。

忌说小儿体子重。认为重是多余，不吉利。只能说是骨沉。

忌说小儿害病。认为有病重的意思。只能说是不乖，变狗或不对路。

忌说高寿老年人瘦弱。要说是修的、贤的。

忌说老人寿终时八十一岁。认为八十一是九九归一，财气终尽，不利后世。要改说是八十二岁。

忌说老人诞辰是生日。要说是好日子。

忌生辰月日逢八。一说，八是八冷腾，即此人不聪明。又一说，八有"把住"的意思，是克父母命，灭自己寿。

忌早晨起来给人说昨日的夜梦。认为梦不言，不利出行。

忌梦见小儿戏耍。认为有口舌生，不祥。

忌梦见婚嫁乐事。认为梦与行反着，必有凶祸，大不祥。

忌与长辈名字同音。认为这样做遭罪，但单丁要联时，名前加"少"取人丁繁茂的吉利。

忌说亡故人的名字。认为人亡三年以内是鬼，三年以后是神，神鬼与人无交，呼叫有恶报。

忌供奉祖宗像、牌位时说拿。要说请、迎、供或抱。

忌饭前后见了熟人不问"吃了没有"。

忌当场问禁忌的缘由。认为说破了就有报应，恐生不利。

忌夫妻互相叫名字。只能用孩子名代替。

忌祖父母、父母在世时自己宴客贺生日。

忌在父母面前说自己出生的日子是好日。生日，要说成是啐子。

忌在宅内说狼。要说是逛山或野物。

忌在宅内说长虫。要说是虫或令虫。

忌在吃牛羊猪肠肚时说是脏器。要说是下水。

忌在吃牛羊猪的舌头时说舌头。要说是口条。

11. 关于疾病医药和养生方面

忌吃药时让人。俗话说：世有三不让人，一不让父母；二不让妻室；三不让服药。

忌说药好吃。说好吃不利治病，不吉利。俗话说：药不是好吃的，病不是好害的。只能说不苦。

忌把汤药端过门槛。认为过了门槛，就过不了病坎，药无效，病无治。

忌刚把药咽下就说吐唾沫。认为这样吐了药性，治不好病症。

忌要药锅子。认为这是要着吃药，不吉利。只能说是要砂锅子。

忌归还药锅子伸手去接。认为接药锅子，就是接病，不吉利。只能先放在门外，再拿回。

忌把药单子反放着。不然认为就是药性反，导致病人不易康复。

忌把药单子放下。要贴在墙上吊起来。认为放下，就是药没力治好病。吊，就是远离，药到病除。

忌把服汤药用的碗正放。要反扣着，暗示病就好了，不再吃药了。

忌用桃、杏或梨这些开花树的木头当柴熬药。一说，开花，就是发作，病会复发加重。又一说，是这些木头开了花，带走药性，药失效力。

忌熬汤药不用筷子搅动。不利病好。一说，"筷"与"快"同音，指病快好些，大吉。又一说，筷子是助养生之物，既养生又养命，大吉。

忌用椒树枝煎药。认为麻味会拿药性，于病不利。

忌把诊费说成功夫钱。于病情好转不吉利。要说成忌手钱，指再不得病了，良医不再来家。

忌病人炕头、床上有蜘蛛。认为是勾魂来了，要赶紧打死。

忌病中乱吃东西。俗话说：害病不忌口，害了良医的手。

忌久不洗脚。俗话说：洗头不洗脚，等着就吃药。

忌饭后就睡觉。俗话说：吃了睡倒，勾死鬼就到。

忌蜂糖就着葱吃。认为吃了会中毒，会烂肠子的。

忌萝卜就柿子吃。俗话说：萝卜就柿子，收拾打墓子。

12. 关于娱乐方面

忌在庄子前搭戏台子。认为唱了戏的地方有煞气，人住不安宁。

忌牲口驮剧团、社火队的头帽箱子。认为头帽箱子上有神鬼的灵气，走在路上常有神归附，时轻时重，驮了牲口乏瘦喂不肥。

忌拿演戏或耍社火的刀、剑对着小儿。认为刀、剑是凶煞物品，能惊散小儿魂灵。

庆阳的民间崇拜

古郡庆阳是周先祖活动的地方，有自己独特的信仰崇拜习俗，今分类表述如下，供读者了解和研究。

崇拜先农 先农，指"神农"，又叫"炎帝"。相传他开始教人民造耒耜，从事农耕，因此被认为是中国农业始祖。古代对先农的祭祀频繁，一年之中有十个月有祭祀活动，而主要的活动是从耕种到收成之前祈年，希望五谷丰登；其次是收成之后的酬谢。旧时庆阳府城东设有先农坛，坛以黄土筑成直径一丈多长的圆台，高三尺许。坛前置耤田四亩九分，坛后有正房三间，配房各一间。正房中间供奉先农神牌，东间存储祭器农具，西间收贮耤米谷。配房东间置办祭品，西间供守坛人居住。每年立春前一日和十月朔望日举行祭祀活动，但尤以立春前一日的迎春礼较为隆重。

迎春礼一般由知府、知县等地方最高行政长官主持。旗、锣、头牌等于前，衙役、仆从手持五色纸裹就的竹鞭——春鞭，骑马前导。接着是四人抬着的纸篾扎做大如真牛的春牛，尾随其后的是一个泥做的手拿长鞭的芒神。芒神即句芒，是上古少昊氏的长子重，负责观察天象，编制岁时节令，后被奉为植物之神。紧跟着抬着五谷盘和猪头、水果等祭品，其后就是参加迎春节事的官绅士商，再后便是主礼官了。主礼官身坐八人抬着的大轿，轿两侧还拉着彩纤。其他有关人员，尾随缓行，最后便是社火队的表演。

迎春队伍沿街而过，然后来到城外先农坛，致祭先农，祈求风调雨顺，五谷丰登。祭毕，便举行"始耕仪式"，先由主礼官执青色木盒播种，再选择三名乡村耆老，由一人牵黑牛，二人扶赤色犁，照九卿之例，行九推九返仪式，以示劝农。祭礼完毕，返回原处，吃"迎春酒"，即告结束。

次日立春，要行"打春"礼。打春又叫"鞭春"。是日，将纸蔑扎做的春牛和泥做的芒神置于衙门前，春牛内装二十四个泥捏小牛，寓示二十四节气。百官来到后，祭祀春牛、芒神。当立春时刻一到，春官头戴官帽、手持春鞭，来到春牛前，举臂扬鞭，猛打春牛，边打边唱："一打春牛头，国泰民安；二打春牛腰，风调雨顺；三打春牛尾，五谷丰登。"打得泥草乱飞，围观者一拥而上，抢夺泥捏的小春牛，未抢到的，不管是泥是纸都要抓一把走。从此时起，春耕农忙就要开始了。

崇拜周祖　周祖，指后稷弃的儿子不窋和不窋的孙子公刘。相传弃在尧舜时为农师，死后，不窋继任，夏太康时失官，逃匿于戎狄之间（即今庆阳一带）教民稼穑，树艺五谷，筑不窋城（即今庆阳县城），死后葬于庆阳城东山巅（人称"周老王山"）。其孙公刘，继承社业，务耕种，行地宜，改革戎狄旧俗，使"行者有资，居者有畜积，民赖其庆"（《史记·周本纪》）。后迁到邠地，周室始兴盛起来。庆人食其惠，报其德，将周祖尊为神灵，于明代在庆城南建有"周旧邦木坊"和"不窋庙"，在前原温泉刘家店建有"老公店"（又称"公刘庙"），每年农历三月二十八日，四方男女赴庙朝拜，并演剧三日，借以酬神。

崇拜土地神　上古时属于自然崇拜的范畴，先秦文献中就有"社日祭土"的记载。随着人为宗教的产生，土地神才逐渐被人格化。其来源有多种传说，一说为周朝税官张福，为官清廉，死后为"福德正神"；一说周时忠仆张明德为护送主人女儿寻亲而冻死，死后天空出现"南天门大仙福德正神"九字。在陇东，

土地神为民间最普遍的神，俗称"土地"或"土地爷"（地：读"贴"）。1949 年以前，庆阳县城设有土地祠和社稷坛（为祭祀土地神和五谷之神祈祷丰年的场所），在各户大门里面的照壁内壁中间设有神龛，祀土地神，逢年过节都上香供奉。农村则以宗族为主，在村头山畔凿窑洞以供祭土地神。不塑像的以木板长尺许，宽二寸，题其主曰某土地；塑像的多以泥为之，腰系麻绳，须发皓白，相传该神住在村头，能防御虎豹和鬼怪进村侵害村民与六畜。每年农历六月初六，各家都以酒肉祭祀，祈求年丰岁熟，村庄平安；十月农闲，各村宰羊祭祀或延巫祝祷，或夜演皮影戏（俗名"喜神"），以报答岁功。在庆阳北部某些山区，村民在大路旁垒土成堆，作为土地神的神体即"冢土"加以崇敬。这是上古自然崇拜的遗存。

崇拜山神　陇东旧时自然崇拜习俗。相传山神主管人畜和狩猎，旧时庆阳偏僻山村多设庙供祭。相传每年九月二十三日为山神寿诞，各寺庙多擂鼓赛神。林区的群众，大多以狩猎为主，若猎人在行猎时遇到不收牲（无收获）的日子，认为是山神爷在作怪，于是行"惩山神"仪式。一般把四五寸长的木刻山神像吊在树上，用木棍边打边骂，随后，再跪下洒酒，进行祭祀和祈祷。这种先惩后敬、惩敬结合的仪式，虽带有原始巫术的因素，但猎人们信奉不疑，认为惩木人可以改变不收牲的状况，获得丰收。

崇拜鬼魂　乡村传统认为，人死后身躯朽坏，灵魂即成为鬼。相传其有些未进入"阴间"而继续飘荡于阳世，或于夜间离开"阴间"而潜入阳世，能降福或托梦于人，也能作祟危害生者。因此，人间各种祸害和病痛，常被认为由鬼魔造成，民间便产生了"祭鬼""招鬼""赶鬼""丧葬""祭祖"等崇拜仪式。民国以前，庆阳府在城北郊设有"厉坛"（俗称"鬼魂坛"），以祭本境无亲人祭祀之鬼魂。每年清明节、七月十五日、十月朔日，各用羊三只、猪三头、米饭三石，并香烛、酒醴、楮帛等物祭之。

崇拜八仙　"八仙"为民间传说的道家八位仙人，即铁拐李、汉钟离、张果老、何仙姑、蓝采和、吕洞宾、韩湘子、曹国舅。陇东流传有《八仙庆寿》民歌和《八仙过海》神话故事。旧时道观府第内多彩绘或雕刻八仙人物。清代光绪十四年（1888），庆阳县城西街建有"八仙庵"一处，西峰北街等地也相继建有

"吕祖庙"。现庆阳博物馆藏有清代末年十六扇木屏风，屏风两头有用黄杨木雕刻的八仙人物像，是不可多得的民间艺术品。有的古建筑内只绘、塑八仙手中的"宝器"，隐去人物，故名"暗八仙"。它们是汉钟离所执扇、张果老所持鱼鼓、韩湘子所提花篮、铁拐李所携葫芦、曹国舅所使阴阳板、吕洞宾所握宝剑、蓝采和所用笛子和何仙姑所拿荷花。

崇拜王母娘娘 "王母娘娘"亦称"金母"或"西王母"，是中国古代神话中的女神。在《山海经》里，她是一个豹尾虎齿而善啸的怪物。在《穆天子传》里，她则是一个雍容平和、能唱歌的妇人。到《汉武内传》里，她却成为年约三十岁、容貌绝世的女神，并把三千年结一次果的蟠桃赐给武帝。在小说、戏曲里她又称为"瑶池金母"，每逢蟠桃熟时，大开寿宴，诸仙都来为她祝寿。旧时民间将其视为长生不老之象征。民国前陇东各城镇乡村都建有"娘娘庙"或"圣母庙"，庆城西河湾娘娘庙，崇拜之隆、香火之盛，远胜于他方，每年春三月、秋七月、冬十月，男女老少赴庙焚香，演戏祝神，擂鼓致谢。

崇拜太岁 "太岁"即木星，民间将其称为凶神。旧时也通作纪年时所用值岁干支的别名。如逢甲子年，则甲子为太岁；逢乙丑年，则乙丑为太岁，依此类推，至癸亥年止。习惯上只重视岁阴（十二地支），故"太岁"每十二年一循环。又因太岁配十二辰，有东西南北的方位，使算命和看风水的附会某年太岁所属的方位为凶险，由此产生了许多禁忌。庆阳民间在大兴土木或迁徙房屋时，部分村民会请阴阳先生勘察风水，推算日期，以避太岁所在的方位。有"太岁头上不宜动土"之说。

崇拜财神 相传"财神"姓赵名公明，道教亦称"赵玄坛"或"赵公元帅"。据说他在秦时得道于终南山。张陵修炼仙丹，奏请守护神，玉皇遣之，授"正一玄坛元帅"。传说他能驱雷役电，除瘟禳灾，主持公道，掌管财源。又有以战国时期越国大臣范蠡为财神之说。旧时部分地区建有"财神爷庙"，群众家内客厅亦悬挂财神像，其像黑面浓须，头戴铁冠，手执铁鞭，身跨黑虎，故又称"黑虎玄坛"。正月二十日，庆城县后庄财神庙演戏三天，兼要社火。三月十八日，该庙又举行骡马会十天。六月二十三日，西峰镇财神庙演戏三日或十日，立骡马会交易。

崇拜城隍 "城隍"为古代神话中守护城池的神。据说由《周礼》蜡祭八神之一的水（即隍）庸（即城）衍化而来。唐以后各郡县皆祭城隍。道教以城隍为"剪恶除凶，护国保邦"之神。称他能应人所请，旱时降雨，涝时放晴，以保谷丰民足。又以城隍为管领亡魂之神。陇东各府、州、县城在唐宋以后相继建起了城隍庙，每逢节日均举行盛大祭祀活动。如二月十五日，董志城隍庙香烟会十天。四月初八日，庆阳府城隍庙演戏三日，男女进香者较各庙为多。五月初一日，庆城县城隍庙演戏三日。有的县城请道士建醮"超度亡魂"时，还向"城隍"发以文书"知照"，传说这样才能"拘解"亡魂到坛。

崇拜关公 关公，指三国时蜀汉大将关羽，字云长。河东解县（今山西运城西南）人。死后被宗教神化，尊称为关帝、关公，后又被列为战神和伽蓝神之一。道教则将其称为"关圣帝君"。民间认为其能济危扶困，乐义好施，并能保佑作战获胜。陇东各帝君庙或关圣殿，各庙址虽规模不大，但建筑尚壮观。庙内墙壁绘有《三国演义》故事，存有明清时期碑刻，对关羽封号及其修建庙宇经过记述甚详。各庙的祭祀活动日期均不大一致。如三月二十五日，西峰镇寨子街关帝庙骡马会六天，邻近各乡村群众均来献牲。五月十三日庆阳府关帝庙演戏三日，等等。

崇拜药王 "药王"原为佛教菩萨名，据传为施良药治除众生身心两种病苦的净眼、净藏菩萨。庆阳群众则将远古岐伯（北地人，中国医学之祖）、唐代孙思邈〔京兆华原人（今陕西铜川市耀州区），撰有《千金要方》等书〕尊为药王，建庙祀之。二月二日，相传为药王诞辰，西峰镇寨子街药王庙、庆阳城东药王洞各演戏三日，借以酬神，并立骡马会、香烟会等交易，以通有无。

崇拜风云雷雨 古时人们尚未形成明确的超自然体观念，将风云雷雨、日月星辰等自然力当作有生命、有意志且有威力的对象加以崇拜。民国三年（1914）以前，庆阳府设有"风云雷雨山川坛"。坛高三尺，圆形，三级台阶。每年春、秋两季种致祭，祭品用一羊一猪。安化县（今庆城县）还建有"雹神祠""风神庙""雷神庙""雨神庙"等庙宇。在天旱时，某些山区还举行求雨祭神活动。

崇拜八宝　"八宝"，多系祥瑞之物，在庆阳古代的亭台楼阁、庵观寺庙中都可觅见它的彩塑或彩绘踪迹。"八宝"按其性质可分为两大类：其一为"八宝图"，即指和盒、玉鱼、鼓板、磬、龙门、灵芝、松、鹤（有的将磬、鹿角、灵芝、如意、琴、棋、书、画称为"八宝"）。和盒，也称"和合"，是一种六角形的盒子，上面绘二仙童像，象征夫妻相爱，取和谐和好之意；玉鱼，即双鱼，远古时以鱼象征女阴，后因鱼腹多子，繁殖力强，而将其作为女性配偶、爱情的象征，并寓意吃穿绰绰有余，即"双余"；鼓板，又叫"拍板"，隐喻生活有节奏、有规律，就像拍板能和乐曲一样，乐而无忧；磬为打击乐器，据《诗经》"既和且平，依我磬声"句，寓意为阖家和睦，平安快乐；龙门，形同牌坊，在古人观念中是超自然的灵物，因而表达了古人对仕途地位的欲望，希望能官运亨通，光耀门第；灵芝，古人视为仙草，食之能起死回生，长生不老，这反映人们对祛病延寿的愿望；松和鹤常绘塑在一起，名曰"松鹤延年"，取其长生不老，延年益寿吉兆。其二为"佛八宝"，即指法轮、海螺、宝伞、白盖、莲花、宝罐、金鱼、盘长。法轮如车轮状，取自佛经"大法圆转，万世不息"之意；海螺，是古印度吹奏乐器，寓意能传"妙音"，与佛经"具菩萨意，妙意吉祥"吻合；宝伞，圆而垂长可遮阳避雨，隐喻消灾免祸；白盖，柄曲，与佛经《大白伞盖》中"张驰自如，曲复众生"句意呼应；莲花，是佛教"六字真言"中的"叭咪"，在古印度，莲花象征女性生殖器，花瓣与女阴外形相似，莲蓬是子房，故此宝表达了古人祈求生殖繁盛的愿望；宝罐，形圆腹大，取自佛经"福智圆满，具定无漏"之句，寓意大智大悟，享尽天伦幸福之乐；金鱼，取其如金贵重、活泼之意，令人可爱，与佛经"坚固活泼，解脱坏劫"句照应；盘长为古印度花纹图案，用作佛经"回环贯彻，一切通明"的代名词。以上两大类的"八宝"，多出现在古建筑物的须弥座、墙壁、屋脊及内外檐等处。反映了古人对美的追求和善良的愿望。

生殖崇拜　陇东古代汉族图腾崇拜遗迹。这种崇拜在陇东民间美术作品中仍然可以找见它的原始遗存。如种类繁多，流传较广的剪纸作品《抓髻娃娃》就是一例。它们有的头戴人胜（男阳），或头顶双鸡，有的双手举鸟（鸡），或一手举鸟（鸡）一手举兔（虎），其形象如同金文的"天"字，此字据我国考古学家郭沫若先生考证，疑为轩辕黄帝族的族徽。另外，在庆阳传统民间艺术中，有关种族繁衍生殖崇拜内容的隐语很多，如《孔雀（男）戏牡丹（女）》《刘海（男）戏金蟾（女）》《鱼（男）钻莲（女）》《猫儿（男）卧莲（女）》《狮子（男）贯钱（女）》《蝶（男）采莲（女）》《龙（男）凤（女）呈祥》等。

崇拜五毒　陇东动物崇拜习俗。五毒指蝎子、蜈蚣、蛇虺、蜂（或指壁虎）、蜮（或指蛤蟆）五种有毒动物。五月端午，庆阳传统习惯将蝎子、蜈蚣、蛇虺、壁虎、蛤蟆五种动物组合成一盘龙而绣在小孩背兜、裹兜上，以示"驱邪除毒、消灾免患"。

崇拜龙　陇东古代图腾崇拜遗迹。龙为幻想中的动物，相传为其鳞虫之长，有鳞有须，且有四足五爪，能兴云致雨，可给人带来祥瑞和具有变化的神力。汉民族历来以"龙的传人"自称。北魏时期在庆阳开凿的北石窟寺和唐宋元明清修的各类寺庙以及历代石碑碑头，常将龙作为雕塑、绘画的题材，以示吉祥。现今人们仍以龙作为强者和力量的象征，民间有"望子成龙"之说，遇喜庆多以"龙凤"刺绣或剪刻成各种花样，作为饰物，谓之"龙凤呈祥"。

庆阳占卜习俗

占卜是一种古老的习俗。这一习俗在庆阳也是独具特色的。主要有：

占云　观察云彩之变异以推测吉凶。这种占卜方式上古即有流行，如以黑云兆水患，黄云主年丰，白云主丧，赤云兆兵荒等。陇东群众以此观云测天，推知晴雨。如："早上红云照，不是大雨便是雹""黑云黄稍子，必定下刀子（雹子）""红云变黑云，必定大雨淋""云从东方起，必定有风雨""黄昏上云半夜浇""云没根，雨无心""西北云堆又发黄，降雨特别强"等。

占风　自然占卜方法之一，以风势定吉凶。《史记·天官书》："正月旦决八风。风从南方来，大旱；西南，小旱；西方，有兵；西北，戎叔为。"《风角书》："春甲寅日，风高去地三四丈鸣条以上，常从申上来，为大赦期，六十日应也。"今已革除了有关占风方面的迷信活动，当地老农常根据吹风的方向和风势来预测天象，指导农业生产。如有关风向方面："风不掉头不下雨，雨停最怕东风起""南风三日不下，不由天""一日北风三日暖，三日北风暖九天""东风雨，西风晴，西风不晴转连阴"。有关风势方面："东风不过三，过三没好天""不怕南风刮得大，倒成北风就要下"等。

占日月星辰　原为封建王朝用日月星辰配合人的出生时日，来预测命运的一种活动，一些星辰被赋予有预示社会动乱的作用，同时又虚构了星辰神界的尊卑，编造"封神榜""星辰官职录"以附会"人君法天以设官，顺天以致治也"，说明统治制度的"合理"性。如今陇东老农则根据大气中各种光象来预测未来天气变化情况，以指导农业生产。如以太阳光源形成的晕来预兆天气变化的有"太阳下山两边长耳子，明天有雹""日戴封圈，大风不出三天"；以太阳光源形成的霞来预兆天气变化的有"早霞不出门，晚霞千里行""早上红丢丢，晚上雨溜溜。晚上红丢丢，明早大日头"；以太阳光源形成的虹来预兆天气变化的有"东虹日头西虹雨，南虹出来发白雨，北虹出来卖儿女"；以月晕来预兆天气变化的有"月亮生毛，大雨滔滔""月亮半圆圈，大风在眼前"；以星光的闪烁来预兆天气变化的有"银河星红有雹""星星稠，大雨流。星星稀，晒死鸡"等。

占雷电　《陶朱公书》："惊蛰前后有雷，谓之发蛰。雷声初起，从乾方来，主人民灾；坎方来，主水；艮方来，主米贱；震方来，主岁稔；巽方来，主蝗虫；离方来，主旱；兑方来，主五金长价。"

今陇东一带老农则有占雷电，兆风雨阴晴的一系列说法，如："一夜起雷三日雨""电光乱明，无雨风晴""雷打正月节，二月雨不歇""初雷早，雨水多。初雷晚，雨水少""雷打立春节，惊蛰雨不歇""未到惊蛰先闻雷，四十五天雨连阴""惊蛰闻雷，小满发水""三月打雷麦堆堆""雷打立秋，干死泥鳅""八月雷声发，早到来年八月八""九月雷声发，天旱一百八""横闪雷雨立闪雹""响雷地皮湿，闷雷下蛋子（冰雹）""干炸雷雨多，推磨雷雹多"等。

占梦　俗称"圆梦"。以梦境占验吉凶的一种活动，上古即广泛流行。后世宫廷中有官专司其职，在长期流传中逐渐形成一套相当复杂的占梦理论，所谓"以日月星辰占六梦之吉凶：一曰正梦，二曰

噩梦，三曰思梦，四曰寤梦，五曰喜梦，六曰惧梦"（《周礼·春官·大卜》）。鉴于梦的内容复杂，故梦兆迷信也复杂异常，圆梦所依据的基础是五行相成相克理论，解释梦兆常用类比推理之法，只要类比得体，推理合乎常理，美梦可以释成凶兆，恶梦也可说成吉兆。如"见嫁娶及孝主凶""被人杀害大吉利"等。旧时陇东部分乡民也相信梦中的事物，是现实生活即将发生某种事物的前兆，甚至将梦当作人神沟通的渠道。故而有的家庭或家族在有事待决时，推举户主、头人或当事人在指定的地点（如宗祠、神龛）、时间睡觉，以其梦为占。识字人家庭，多备有《玉匣记》《万事门径》《万事不求人》等类书籍。这些书上有关于"圆梦"之类的解释，根据梦的内容分为"天地日月星辰""门户井灶厨厕""饮食酒肉瓜果""夫妻产孕交欢""牛马猪羊六畜""冢墓馆郭迎送"等27大类。若偶然梦见什么事物，便及时翻检书籍，查找解释，以预测事后结果或即将发生的吉凶祸福。此习俗今民间仍有残留。

秦安女娲祭典

秦安的女娲祭典举行于天水市秦安县陇城镇。秦安县古称成纪，相传是伏羲、女娲诞生之地，其中陇城镇有许多有关女娲祭祀的场所，尤以女娲庙著名。西汉以后，秦安陇城镇曾在镇内先后5次重建女娲祠。改革开放后，由当地群众集资在陇城镇原女娲庙遗址恢复建成了一座规模较大的女娲庙，并邀请甘肃雕塑专家何鄂在庙内恢复女娲塑像，从此女娲祭祀便有了新的专门的场所。2006年由天水市政府恢复公祭以来，确定每年农历三月十五日，在甘肃省天水市秦安县陇城镇女娲庙举行公祭和民祭合一的女娲祭典。民间祭祀于农历三月十一日设坛祭拜；十二日取龙泉圣水洒坛祈福，以保民安；十三日风沟迎鸾驾；十四日风台迎馔；十五日上午九时五十分正坛祭祀。政府公祭于农历三月十五日举行，其中仪式环节为：第一项，请参加公祭活动者中最高职位的人宣布公祭女娲大典开始。第二项，全体肃立，奏乐（秦宫廷音乐）。第三项，击鼓鸣钟，先击鼓34通，代表全国各个省、市、自治区共祭女娲，后鸣钟9响，代表中华民族传统最高礼数。第四项，鸣放礼炮（鸣轻气炮9响）。第五项，恭读祭文。第六项，取龙泉圣水向万民祈福。第七项，乐舞告祭。第八项，向娲皇圣像行三鞠

躬礼。第九项，敬献花篮，瞻仰娲皇圣容。相关祭品和祭器有爵、俎、笾豆、登、铏、簠、簋、尊、鼎等青铜礼器。主要乐器有琴、瑟、笙镛、笛、箫、胡、弦、琵琶、钟、铙、铎、铃等。目前认定的省级传承人为王世贵。2008年被列入甘肃省第二批省级非物质文化遗产名录，2011年被列入第三批国家级非物质文化遗产扩展项目名录。

天水秦州区玉泉观庙会

坐落于天水市秦州区西关半山的玉泉观，是当地道教的圣地。每年正月初九，均有盛大的庙会，市内男女老幼几乎倾城而至，均以朝观为一大乐事。

这里且不说丰富多彩的杂耍，争相媲美的各种小吃，其中有几样别具一格的民俗艺术，更值得加以介绍。

朝观插冬青叶 凡朝观归来的男女老幼，都要在发上、耳旁、帽下或衣服上插一枝附近小摊出售的冬青的嫩枝叶，一时老人显得精神，姑娘、小伙子显得更清俊，小孩子显得更可爱。有些老者说，朝观人插冬青叶，还可以防头疼，不害眼……简直到了神秘的地步，这种习俗在其他地方也是罕见的。有些地方不外是清明插柳、端午插艾或葛蒲。天水冬季百花纷谢，千树凋零，室外很难看见人们所喜爱的绿色。所以人们朝观之际总要买插一枝冬青叶，以示四季常青，吉祥如意，除邪避病。明代李时珍的《本草纲目》说冬青还是一种"能治疗肾渍，预防头发稀疏"的中草药。又据明末园艺家陈淏子辑的《花镜》说"冬青一名万年枝。树以构骨，枝干柔劲。叶绿而亮，隆冬不枯，可以涩绯。庄园径路，多排直而种，号曰冬墙"。

明代洪武年间"杭城（杭州）各街市，田比屋植冬青，亦取吉祥之意"。由此观之，我国古代王室和民间历来就喜欢冬青，至今保存在许多元明石碑、元代砖刻中。古老的玉泉观，也保存下了这种在其他地方已消失了的古老奇特的民俗。

朝山会打夹板 朝观一大乐趣是能博览天水的民间艺术，这里是月明和尚耍狮子的，那里又是打皮老虎的或者是拳术表演，杠老爷、长腿子（高跷）船、龙灯都在附近的场地上表演。而最别致的要数下东关街道和几个大巷子居民所组成的夹板朝山会。这是一种很古老的打击乐，又称是八仙中蓝采和手持的云阳板，可见其历史悠久，两块夹板60余厘米长，5—6厘米宽，1厘米厚，都用桐木精制，顶端用牛筋捆绑。他们每年正月初九组织夹板朝山会是有原因的，清代罗玉河改道经流东关城外，如降特大暴雨山洪常常溢入东关，导致人如鱼鳖。于是，当地群众求神拜天以减轻水患。他们组织的夹板朝山会，实则是一组古老悠扬顿挫的祭神乐。

但见五彩斑斓的万民伞和旗幡飘动组成浩荡队伍，细吹细打的箫、锣、鼓、钹等民乐，配以有节奏的夹板声，这些打夹板的把式，身着一色的民间武士服装，打夹板的时候，变换着舞蹈队形和优美的舞步，同时有武术贯穿其中，体现了这里古代尚武的遗风。一般他们先去伏羲庙，然后上玉泉观，在老爷殿前点燃香蜡，放鞭炮，诵祭文，然后表演夹板。

朝观买罐 玉泉观与瓦罐分不开。传说元代梁真人，平日受观沟群众的供养。一日某家打发小孩给他送来了撒饭，梁真人吃毕还用手指把罐里一点一滴的饭渣都吃了个干净，小孩不耐烦地说，你还得将罐翻过舔净。说也奇怪，他话音刚落，梁真人果然把瓦罐翻过了。这虽然是一则古老的传说，但昔日山崖上还挂着一只铁罐，元代梁真人的诗碑至今珍存，所以早年朝观时花钱不多买个小瓦罐，算是给家里小孩子的落头，里面装上他们爱吃的食物，待以后天暖时还可以供他们捞鱼或装螃蟹用。

朝观庙会 封建社会里妇女整天围着锅台转，因为男女授受不亲，所以很少上街，特别是女孩子，一到十二三岁，出门必须要有家长带领。朝观对她们来说是一年难得的自由活动的大好机会。她们由婆婆或妈妈领着说是给天爷进香，一路上真想把平日的新鲜事看个够。此时她们万万没想到许多光棍少年正在悄悄地看她们呢。平日这些高门闺秀或是小家碧玉，门深狗恶，家教甚严，他们哪能见得一面，借此朝观之际渴望能相中个好媳妇，若看中了一直在后跟到住处，记下门号，然后，再打发媒人来提亲，当然女方朝观也希望相中个才貌双全的好女婿。

西和"攒家神"

巫术活动在西和民间叫作"攒神"，俗称"攒爷""攒家神"，从事这项行当者谓之"师家"，男曰"师公"，女曰"巫婆"，其道门称为"巫门"。

巫师活动的唯一工具——羊皮扇鼓，柄上置环，铁环蒙革，类似青海一带的"泰（太）平鼓"歌舞和甘南、陇南一带少数民族歌舞中"悬（旋）鼓舞"的格式、舞姿，一手持之，一手敲之，来为人祈祷禳灾。西和县地处陇南，文化相对较之落后，且古代汉、魏、隋时羌氏活动频繁，西南诸族往来迁徙交错进行，故遗留世俗繁多，其中又多带封建迷信色彩，"攒神"即其一例。为什么要"攒神"？攒什么神？椐考察，当地攒神者，皆以"家神"为主。家神，是最早胡人的一家主死后的画像。这种神被称为"人为神"，巫师用巫人术活动为人们奉祀，借以祈福禳灾，占卜历算。

本地风俗，凡有"家神"的人家，生男生女都必须立"保状"，给家神"寄保"。一般三、六、九岁念"岁经"，需请阴阳先生立写"保状"，意在保佑孩子"长命百岁，富贵有余"。从此戴上"缰绳"。到了十二岁便请巫师"攒爷（神）"抽保状，名曰"赎身"。即使夭折或少亡，这"赎身"一事是绝对免除不了的，往往招魂鬼以禳之。

巫术攒神的格式分上坛、中坛、下坛三步。

上坛　即开坛第一天，染一些五色花纸，以符箓加以装饰，设立神位，杀鸡献果，烧纸化表，称为"请神"。

中坛　即次日晌午野外的一场精彩表演，一般三至四人，多者五六人，穿着朴素的衣服，选择一个广阔的场地，中间竖一高杆，杆上端结一大两小，长二丈许的彩色纸长条，名曰"幡杆"。幡杆根端方桌上安放着家神牌位等。当天这一活动，大致分三个阶段。

第一阶段：巫师进入场地后，排成一字雁队，手持锣鼓，边敲边舞，然后兜成圆圈，状如鸿雁盘旋，敲锣与击鼓时，一律轮换双足，旋转三周，只跳不唱，接着"耍鼓"，敲之咚咚，翻转如飞，分别进行蹴、立、转三个动作，称为："一打（鼓）、二耍（鼓）、三旋（单足跳跃）。"其间还保留着"轮马头"表演，即巫师头目夹在队列，还甩动发辫（有的是假发用一条黑丝帕代替）。

第二阶段：只要不唱，形似"哑舞"。其锣鼓又成了舞蹈的伴奏，节奏严谨，动作灵敏，很能引人入胜。完了，便是"发神"（即装神），巫师的装神一般为谁祈禳便装谁家的家神，唱名道姓，说凶化吉，类

似戏台表演，俗言："跟好人，学好人，跟上师公子跳假神。"

第三阶段：装神的巫师（坛主），将出鞘刀、斧，砍着自己的额头或右手拿刀在左肩上刺破出血，名曰"斩五方"，用以祭祀天帝和东南西北中五方神，然后执鞭打之，名曰"打（邪）神"，取子牙打神鞭之义，驱邪除祟。

下坛　即晚上的活动。这晚甚为热闹，花样繁多，按先后次序，通宵达旦，聚集坛场，围观热闹的群众甚多。起先讲谈神像和神庙，采用唱名道姓的方法，先将全国名山大刹逐一介绍，什么地方什么庙，庙里塑着什么神，然后尽述县内所有寺观庙院和神名。例如：东京有座某某寺，南京有座某某寺，西京有座某某寺，北京有座某某寺，中间扬州某某寺，西天我佛观音寺……县内如：马家湾儿佛孔寺，兴国乡里兴国寺，观音殿下白雀寺，六巷河里重新寺等，一直唱到四大工匠（铁、木、石、画），取雕梁画栋之义，中间夹一个节目是"破字谜"的双人对唱舞。当地安放一方桌，上置一斗，中间插许多神位，燃着线香，香味浓烈，蜡烛明亮。方桌下面放一个大铜锣，"赎身"的人，手里拿着香，跪坐在铜锣内，巫师手里敲着鼓，脚底跳着舞，两人对唱道：

（甲）：一条大路通北京，算卦先生推子平。

兰州有个张百万，岳阳桥上祭状元。

（乙）：一字言，四字破，"长命富贵"四个字。

（甲）：人王面前一对瓜，一颗珍珠照王家。

二十一日下大雨，和尚口里吐泥巴。

（乙）：一字言，四字破，"金玉满堂"四个字。

（甲）：一对燕儿空中飞，一只瘦来一只肥。

一只一年来一回，一只一月来三回。

（乙）：一字言，一字破，拆开一颗是"八"字。

最后，举行一套仪式，即"抽保状"赎身，交代还愿的结果，送神之类的项目，全场到此结束，谓之"散坛"。

甘肃藏族生活禁忌

藏族同其他民族一样，有自己的禁忌。在甘肃省藏族中禁忌有多种多样的表现。

如有人生病或是妇女坐月子时，主人在屋外面挂一块红布或一束柏枝，告诉来人不能直接进入屋内。若是远道而来的客人，须先在门外歇息片刻，由主人

传佛教寺院。其中，最早的寺院为古佛寺，始建于明末。最大的寺院为大头目家的康隆寺，据称最盛时曾有僧人300多人，而1955年也有僧众84人，居各寺之首。

2. 裕固族藏传佛教的民族化

裕固族属于信仰藏传佛教的民族。作为一种外来文化进入裕固族地区后，藏传佛教必然要适应当地的具体情况，使之地方化、民族化，使其具备一些裕固族的特点。这些特点即藏传佛教流布过程中自然发生的，也是它在裕固族地区生存发展的重要前提。

在历史上，藏传佛教虽在裕固族地区十分普及，颇具规模，但它基本上没有形成如同其他藏区那样的严格有效的政教合一的局面。在政治上，清朝所封的"七族黄番总管"仍然是裕固族人的实际上的总统治者。宗教上层人士与大头目以及各部落头目关系密切，他们可以在一定范围内影响对部落的管理，但是不能参与，更不能直接对部落进行管理。

在藏传佛教已经深入到裕固族社会生活各个方面的情况下，萨满教信仰并没有退出历史舞台。直到1958年以前，当地仍然有萨满教活动。"也赫哲"仍然在民间从事驱邪禳灾的活动，裕固族人并不认为二者是对立的。对于多神信仰的裕固族人来说，藏传佛教的传入，只不过是在原有的多神系统中又增加了一些新的神灵而已。

裕固族地区的藏传佛教虽属主张禁欲主义的格鲁派（黄教），但在裕固族地区各寺院的僧人都可以婆妻生子，建立独立的家庭。大多数僧人平日参加农牧业生产，只有到了宗教节日或群众需要时，才从事正常的宗教活动。

寺院的内部机构比较简单，一般寺院的最高阶层为堪布，其下为喇嘛、法合，都可以转世，又可以称为"活佛"。所以，宗教仪规比较简单。这也从一个侧面反映了人们对于宗教的重视程度及宗教本身的发展水平。

宗教活动中，教义的宣传普及存在着一定程度的语言文字障碍。据调查，大多数裕固族僧人学经都要先学习藏语藏文，然后学习藏文佛经。学成回来后仍然用藏语诵经布道，仅在个别非正式宗教场所或私下里，用裕固语讲一些佛经故事。

藏传佛教在裕固族人的信仰中并没有根深蒂固。

总体而言，藏传佛教传入裕固族地区后，形式的或表面的东西居多，而其深奥的佛学思想及教义则对裕固族人的影响十分有限，首先是语言文字的限制。其次，裕固族先民自宋代开始处于不断衰落状态，民族人口不断减少，这样一个弱小的民族对于佛经的翻译是有限的。佛教传入中国以后，无论是在汉地还是在藏区，都是将佛经在翻译过程中本民族化、地方化以后，才使之有了立足之地，进而兴盛发展。藏传佛教在裕固族地区的传播一直处于初级阶段，而无法把它引向深入。有一些学者认为裕固族地区藏传佛教的信仰有"弱化现象"。实际上并不是"弱化"，而是裕固族人根本就没有形成过根深蒂固的虔诚的信仰。藏传佛教只是在形式上传入，还没有在人民群众心灵中扎下根，一旦被淡漠，也就没有发自内心深处的留恋了。

裕固族的占卜与禁忌

裕固族人的原始萨满教信仰也以占卜、禁忌的形式存在于传统社会之中。

（一）占卜

1. 灯花卜

这是祭顶汗格尔仪式的占卜方式，即在仪式结束时将九盏铜灯推倒，然后察看铜灯倒下的方向、位置及粮食散开后的形状等，以此预测一年中的吉凶。

2. 里什特尔达

即羊踝骨卜，用许多约一寸长、手指粗的羊踝骨占卜。"也赫哲"多随身携带有一个小口袋，内装几十个羊踝骨。占卜的内容多与日常事务有关，属行事出门卜类。方法是若有人问事，则先念口诀，然后把口袋内的羊踝骨散在地上，以散落后的图形来断吉凶。

3. 毛绳卜

用一段羊毛绳来占卜，方法是边念口诀边将绳子拴成若干个活扣子，再用两手捏绳子两头边拉边念口诀。"也赫哲"则以活扣被拉开的多少来判断吉凶。此种占卜多为问事卜。另一个方法则是为畜类治病，即将拴有若干活扣的绳子套在病畜身上从前往后轻拉，若从病畜的脖子一直拉到后腿，最后拉出，且活扣都能解开，则意味着病畜能康复。此种治病方法一般人也可以进行。

毛绳卜还有一种方法就是不拴活扣，由"也赫哲"在念口诀的同时把毛绳抛向空中，然后察看落下后的形状，以形状断事。民间传说，法力极强的"也赫哲"的毛绳抛出后，落在地上便会变成一条蛇，蛇会显示各种征兆。

（二）禁忌

1. 日期禁忌

旧时裕固族地区有农历六月、腊月不动土的说法，这期间不做农活，不修房建房，也不能挖井掏泉。逢虎、狗、鼠、蛇日不搬迁帐房。还有逢单日不出门办事，民间也有单日不吉利的说法，且至今流传。

2. 食禁忌

全部裕固族人禁食"尖嘴、圆蹄"动物的肉。"尖嘴"主要指飞禽和鱼类，"圆蹄"则指驴、骡、马这三种动物。但现代裕固族人基本上并不禁食"尖嘴"类动物了，而对于"圆蹄"类至今仍严格禁食。另外，不在"尖嘴、圆蹄"之内的狗肉，也在严格禁食的范围中。

3. 礼仪禁忌

平时饮食中，喝茶时一般用一根筷子，禁用两根。给客人递茶碗、敬酒时忌用单手，须用双手以表敬意，敬酒也忌敬单杯，喝敬酒也忌喝单杯。

4. 火的禁忌

在日常生活中，禁往火中扔不洁之物；禁往火中吐唾沫、擤鼻涕；禁将刀、弓箭、针等利器放在火上砍、射、刺；冬日取暖忌将脚直接放在火上或火盆、火炉上面。也不能将鞋袜、内衣等不洁之物放在火上烘烤。

5. 日月的禁忌

不能用手长时间地指日月，也不能对着日月故意吐唾沫、擤鼻涕，更不能对着日月大小便。平日言谈中也不能侮辱日月。

裕固族治病的巫术

"朝特巴"仪式　旧时裕固族民间认为，人之所以生病，都是因为某种"病魔""恶灵"等进入人体，"也赫哲"（裕固族的民间巫师）为人治病就是通过特定的方法，将病人身上的病魔驱走。若有人大病且长期不愈，就要请"也赫哲"为病人举行"朝特巴"仪式，"朝特巴"（chaotba）意为用酒祭鬼，"朝特"原意为"也赫哲"所使用的有魔力的酒。"也赫哲"至病人家后，将白、蓝、红和绿色布带串起，再把这串布带从家门口拉到病人室内铺好，然后在布块上放一张羊皮和一块案板，板上摆七个碗，碗中放入各色细布条和白酒"朝特"。接着开始念经，同时把病人抬到面前，最后拿起酒碗，逐个在患者头上绕几圈，最后把碗中之物拿到院外适当的地方倒掉，仪式结束。人们相信，病魔已被"也赫哲"转移在碗中的酒里或布条上，并一同被送走倒掉了。

"术术特尔达"　即送走山羊以消灾治病。"术术"也作"术苦"，意为山羊。"特尔达"意为"扬掉、送走"。选一褐红色山羊，将羊闷死，然后从后腿割一小口吹气，再用各色布和编制的笼头和缰绳套在羊头上。事先在屋内铺上各色布匹，摆好五个碗，碗内盛有酒和各色布条。将闷死的"术术"抬进屋后，"也赫哲"拉起缰绳念经，同时，另牵来一只绵羯羊，并往羊身上淋水。念完经，"也赫哲"取下帽子在腿上拍三下，并高喊"哈普！哈普！哈普！"三声。之后，众人开始送"术术"。选两人抬起"术术"，另一人用木盘端酒碗，一起把羊送到不远处的十字路口放下，将酒和布条倒在周围，然后返回并在半路上也放一些布条，用石头压好。送"术术"者回到家门口时，要在火堆上跳几次，以免鬼魂恶魔重新被带来。被淋了水的绵羊用火把绕几圈后放回羊群。人们认为通过上述仪式，家中的一切灾难和不幸都被送走了，从此可以平安如意。

第六章　民间传统技艺与医药卫生民俗

第一节　民间传统技艺

兰州黄河大水车

兰州黄河水车，又叫天车、翻车、灌车、老虎车，是明代开始出现在兰州地区的一个独特的大型提水灌溉工具，距今已有450多年的历史。

黄河水车利用河水流动的冲击力，推动带有水斗的车轮转动，从而将河水从低处提升到高处，提水高度可达15—18米，而且仅以河水作动力，日夜不息，是"天然自来水工程"，堪称兰州一绝。

兰州地处我国西北干旱少雨地带，年均降雨量只有320多毫米，蒸发量却是降雨量的4倍多。但它又是个带状盆地城市，依傍黄河而居，具有引河水以灌之利。黄河在兰州段自西向东穿城而过，河面距地面有10—20米，如何提水上来以济苍生，就成为世代仁人志士们殚精竭虑之事。历史进入明嘉靖年间，这件事终为一兰州旧乡土绅所解决。

据明代《重修皋兰县志》记载："续里居时，创翻车，倒挽河流，以灌田，致有巧思。沿河农民皆仿效焉。""续"就是明代兰州段家滩人段续。

段续，字绍先，明嘉靖二年（1523）进士。为官清廉，卓有政声。他在云南时发现有一种叫筒车的灌田提水工具，便格外留意，屡屡走访乡农请教筒车制作奥秘，并将筒车绘成草图保存下来。后来，他因向朝廷上奏论事而获罪，被谪贬为河南郾城县县丞，又迁为杞县知县。在此期间，由于他勤于职守，不畏权势，恤下爱民，公而忘私，革除积弊，政绩赫然，又被擢升为湖广参议、密云兵备副使等职。晚年，段续

辞官回归故里兰州，致力于黄河水车的研制，仍不忘百姓，贡献乡梓。段续仿照云南筒车的原理，自备木料和请工，与当地工匠精推细想，反复琢磨，又经多次改进、试验、再改进、再试验……终于在嘉靖三十五年（1556），黄河水车研制获得成功。

据史载，段续主持制造的第一架水车，架设在现广武门外的黄河北岸。后来，他又在现镇原路北口架设了3架，使附近600多亩旱地变成了水浇田。

此后，大水车的好处为更多人所闻，黄河两岸争相仿制，兰州下游的榆中、皋兰、靖远、泾川、平凉以至银川及陕西也竞相仿制起来，甚至兰州上游的青海贵德、循化一带也出现了大水车。至1949年初，这些地方的黄河岸边大水车多达350架，成为一件盛事和黄河上游的奇特景观。

黄河水车诞生后，在相当长的历史时期内，是兰州黄河沿岸唯一的提灌工具。明清两代，地方政府均非常支持水车提水。清代陕甘总督左宗棠曾在总督府门前凿了一个"饮和池"，引水车所提之黄河水入池，供城内百姓饮用。到民国时期，兰州近郊的水车已达160多架，保证了兰州绝大部分农田的灌溉，并为人们提供了足够的饮用水。当时黄河之滨处处可见壮观的大水车，甚至三五集群，是为胜景。著名历史学家顾颉刚于1938年8月游兰州时曾为之感叹："黄河之岸河堤之旁，水车声隆隆，兰州最胜处也。"

1952年，兰州大水车达到了全盛时期，黄河两岸水车林立，增至252架，总提灌面积由中华人民共和

国成立前的 2 万多亩增加到了 10 万亩。尤其是广武门至雁滩河段，更是水车的集聚地，单轮、双轮、三轮、五轮等样态不一而足，蔚为壮观。所以，这里又被人们称作"水车园"，兰州也被称为"水车之城"。黄河水车利用水流冲力工作，是一种高效且廉价低碳的灌溉工具，在经济比较落后的历史时期，备受老百姓欢迎。虽然它的提灌能力不算很大，但因其昼夜旋转不停，从每年三四月间河水上涨时开始，到冬季水位下降时为止，一架水车，大的可浇农田六七百亩，小的也能浇地二三百亩。

兰州大水车原本属性是生产工具，对兰州及下游人民农业生产的贡献是巨大的。它在发展过程中又成为黄河流域文化的重要组成部分，体现着中华民族的智慧和创造力，为中国农业文明和水利史研究提供了见证。从景观审美层面上说，它还对美化兰州自然面貌，改善老百姓休闲文化生活起着重要作用，为人民安居乐业和社会和谐稳定做出了贡献。

1. 结构简单工艺奇巧

兰州水车与云南用竹筒制作的筒车外形相似，但体形更加高大，像一个巨大的古式车轮，有轴、有辐条、有外圈，有五六十个挡水取动力的刮板（叶板）和三四十个取水斗。它的轮辐直径大的有 20 米左右，小的约 10 米。轮辐中心是直径 1 米左右的巨大车轴，一般长 5 米左右，外戴 12 厘米厚、15 厘米宽的袖筒（铸铁圈），安放在水车墩座上的仰盂（铸铁轴承）上。双排木制辐条长 10 米左右，一般为 28—32 根。辐条之间有穿撑、小杈、大杈（拉筋）相连，以加固增力。车轮最外圈是双层网弦。兰州水车整个车轮不用一根铁钉和任何黏合剂，全部使用木楔加固连接，整车的全部卯均为活卯，楔子有簪子楔、背娃娃楔、依老子楔等，十分精妙。兰州大水车整车大小部件多达 400 余个。

水车轮体两侧地上筑有坚厚的石坝，形成一个又深又陡的过水巷，水巷靠河一边的坝体一直斜向上延100 多米至河道深处，为水车聚引河水急流。水车内侧横空架有一个 5 米长的接水木槽，以丁字形与长 35米左右的送水槽相连。水巷中的急流冲击水车上的刮板，推动水车徐徐转动，让水斗插入水中舀满河水，又从另一面缓缓升起，到最高处倒水至接水槽里。

兰州大水车貌似结构简单，也没有传统图纸，但它构思精妙，制作工艺奇巧，展现了传统工匠高超的智慧和出色的技艺。其工艺流程有：一、选料。主轴必须是坚硬质密且不怕水浸的数百至上千年整株榆柳上乘大树，现也用泰国"红斑马"青枫木。辐条和穿撑均须为上好的整株松树，少结疤，无裂口。外弦须是上乘的杨木板。所有木楔必须顺丝，绝不能有结疤。二、下料。按照"做头"（设计工匠）的设计（为保密家传特技，只有"做头"的"脑图"），分部件下料，要求绝对精准，然后做表面削、刨处理。三、凿眼、拉卯、做榫楔。按工匠的放线样，精准留线印操作，不得有吃线口眼和无线榫楔。四、做码口、驮梁（车墩座的立柱和横梁）和大轴。技术要求严格，尺寸同样要绝对精准。五、安装。传统为全人工拉吊安装，现以人工为主，机械吊车协助。顺序是先架设车墩座，后安装主轴，再依次安装辐条、穿撑和网弦，然后安装刮板和水斗。整体安装，古时需匠人 10 多人，小工 50 多人，现在也需 30 多人。一架大水车的制作安装，需耗时 3 个多月。

几百年来，世事沧桑，水车在原有引流灌溉的主要功能上，同时附加了丰富的旅游内涵，我们所看到的龙湾水车是 1999 年为发展石林旅游而重新修建的。水车有 48 个水斗，辐条 36 根，轴心到地面是 7.8 米，水车直径为 8 米。它利用水流推动挂水板，驱使水车徐徐转动，水斗依次舀满水，缓缓上升，至上方时，水斗口朝下，将水倾倒掌盘，再入水槽，引流水渠。

2. 保护开发珍贵遗产

由于中华人民共和国成立后电力提灌的兴起，黄河老水车渐渐淡出历史舞台，陆续被拆除，兰州市今只剩下西固区新城镇下川村 1 架，另有榆中县青城镇峡口村的 1 架。

为保护这一珍贵传统文化遗产，"兰州黄河大水车制作技艺"已于 2006 年被列入第一批国家级非物质文化遗产名录，并于 2007 年列入《兰州市历史文化遗产保护规划》，得到立法保护。下川村那架老水车，也已被列为"省级文物保护单位"。

兰州市还在段续所建第一架水车原所在地"水车园"，开发建造了一个"兰州水车博览园"，沿黄河边仿建了 12 架大水车。园内同时建有不同形式、风格迥异的中外水车数十架，还为兰州大水车创始人段续立了一座雕像。

后来，兰州真正的老水车工匠所剩无几，只有新城镇的欧阳立祥和吴家庄的何谋殿两位老"做头"（领头匠人）。欧阳立祥 16 岁开始跟师傅学做水车。他师傅王仁鸿是 12 代水车匠世家出身，技艺娴熟精湛，其先人参加过段续首架水车制造。何谋殿也是兰州有名的水车制造高手，亲手做过不少水车。他们都担心这门古老的技艺失传，希望政府能抢救性保护。

深爱着黄河大水车的老"做头"欧阳立祥，亲自主持大修了下川那架清乾隆年间所建的已有 200 多年历史的老水车。他还为北京的对外经济贸易大学、浙江绍兴、山东台儿庄大战纪念馆、四川和德国各建造了 1 架大水车，小的直径 6—12 米，大的直径 18.2 米。靖远的水车匠人在为兰州水车博览园仿建了水车之后，也在为外省市一些城市建造景观用水车。

但兰州对于黄河大水车保护的认识和力度仍然很不够。所剩无几的老水车"做头"工匠技艺闲置，且年事已高，急需抢救性保护和扶持；仅存的老水车，除了下川那架，青城峡口村数百年的老水车尚没有作为重点文物得到保护；对外水车加工市场潜力很大，但现在基本属民间行为，没有作为地方产业做起来。当地政府和社会有识之士应该更多关注黄河大水车这一珍贵文化遗产，对它进行更好地保护、利用和发展。

兰州青城水烟制作技艺

兰州青城水烟制作技艺传承于兰州市榆中县青城镇，是源于兰州青城镇的一种制作传统水烟的手工艺，以种植于五泉山下、红泥沟口以及苑川河流域一带的烟叶为原料，由烟坊加工为水烟丝。制作方法是把宽大肥厚的翠绿烟叶，去掉茎根阴干，加入槐花、紫花、碱、白矾、石膏等混合蒸煮；并佐以清油、食盐、姜黄；加入当归、香草、薄荷、川芎、苍术、冰片、跨香等香料，搅拌均匀，压制成 1 米见方的烟墩；再人工推成细丝，刨丝后在模具内压成小方块即可。晚清民国时期极为兴盛，大大小小的作坊有数十家之多，产品曾远销海外。

压砂种植

甘肃中部农村干旱少雨，气候的温差比较大，农作物很难生长，农民在长期的耕作中积累了不少抗旱保墒的经验，压砂种植便是其中之一。农民有一句俗语叫："一个石头二两油，没有石头吃狗球。"可见压砂种植对于农作物生长的重要意义。

土地压砂，覆盖土壤表层，可以防止日晒蒸发水分，又可以在春寒期间起到保暖的效果。以干旱地为主，部分川地也有压砂种植的。作物有瓜类、蔬菜和粮食等。

采取点穴间隔行距操作，旱地（山区）靠雨水，施农家肥和化肥，施肥时，将行距间的砂刮起刨沟，放入肥料覆盖，摊平砂石，作物的根系就可以吸收到养分。蔬菜中常以种植番瓜（俗称葫芦）为主，菜农为了争取新鲜菜早日上市，将番瓜等菜种提前育苗，移栽至压砂地。为了防止寒冷和霜打，用粗制有孔泥大碗，晚盖早启，直到没有霜降天气暖和后，才不再使用。这样蔬菜的上市期就可提前。

压砂地一般用小卵石砂，不用细沙，先压砂，后播种。压好砂的第一茬一般是种瓜或蔬菜。压砂地种植 3—5 年后，就出现了砂土混合，这时如果不明显，可以种一茬麦子，或者起掉旧砂，重新换新砂，以确保农作物的生长。

压砂、换砂都是较辛苦的农活，山区大部分都是从山下沟底掏砂，用背斗或挑筐搬到山上地里，可以想象，一亩地压 5 厘米左右厚的砂要付出多少辛苦。

压砂种植这种传统的经验做法，至今仍在兰州、临夏一带部分干旱地区沿袭使用。

河州黄酒酿造技艺

河州黄酒酿造技艺传承于临夏州临夏市。临夏古称河州，有数百年酿造黄酒的历史。河州黄酒，选用当地的黄米，采用传统工艺，用本地的井水酿造。黄酒颜色淡黄，原汁黄酒酒液并不十分清澈，略有悬浮物，由于采用的不是蒸馏技术，而是发酵后直接出酒，没有勾兑过程，属于米酒类，所以酒精度很低，入口没有白酒的烈与烧，但也不同于醪糟，口感甜洌。酒坊都是以家庭为单位，或临街或处巷子深处。每家酒坊的产量都不大，每天的产量只供当天，半夜出酒，在木桶或大缸中储存。夏天气温高，黄酒容易变酸，于是盛在木桶里，悬吊在井中，借井的低温储存。过去老酒客有喝"头酒"的习俗。"头酒"就是由酒槽中流出的第一股酒，醇厚绵长，为黄酒中上品。喝黄酒要起得很早，甚至天没亮就要去，到上午十点多，黄酒铺都打烊了。

永靖古建筑修复

永靖古建筑修复技艺主要传承于永靖白塔寺川，

当地有"白塔出木匠,五屯出画匠"之说。白塔寺川以"木匠之乡"远近闻名,大西北的名刹古建,很多为白塔"掌尺"(木匠的别称)所承揽。这些工匠主要从事寺院、庙宇、亭台、楼阁等古典建筑的修造与修复,以其精美的建筑造型及雕刻工艺,深受赞誉。在立木结构、飞檐架彩、转隅挑角、雕梁画栋等方面永靖工匠独具匠心,具有独特的风格。当地的炳灵寺石雕、黄河浮桥、古渡及寺庙道观等古典建筑群,多为本地工匠修建。甘南拉卜楞寺几代活佛的经堂都是这里的民间工匠所修建。其建筑形式分别保持了汉式、回式、藏式建筑特点,有的融汉、回、藏建筑风格于一体,雄伟、壮观、新颖、别致。

中华人民共和国成立后,这些工匠仍活跃在农田水利、公路矿山等建设工地上,能承建楼、堂、馆、所、公路、铁路、桥梁等建筑工程,并在农村修建房屋和制作民用家具。据1954年统计,这里有木匠1686人。70年代末又组建了"永靖县古典建筑公司",规模逐渐发展壮大,主要从事古典建筑的建造和修复。自改革开放以来,经永靖白塔木匠之手建造和修复的古典建筑遍布西北大地,有敦煌的大佛阁,兰州的五泉山月牙阁、仁寿山古典建筑群、白塔山"四库全书"文溯阁、陆都花园飞云阁、文庙大成殿,天水的伏羲庙先天殿、天水麦积山庙阁,平凉崆峒山古建筑,临夏红园和大拱北,张掖大佛寺,拉卜楞寺大经堂,青海夏琼寺、塔尔寺等,都由白塔寺工匠或重建、或新建、或补修,使一座座精美的古典建筑像雨后春笋般矗立于中华大地,闻名全国。白塔木匠独具特色的古典建筑和木工技艺,是历代工匠集体智慧的结晶,尤其是他们创造的藏汉结合、回汉结合的古典建筑以及"无梁殿""天落伞""凤凰展翅""一点落地"等建筑造型,不仅丰富了中华民族的建筑形式,而且以显著的特色,在西北乃至华夏建筑史上拥有一席之地。近代出现的木工大匠有胥步山、刘聪三、陈来成、朱存聪、朱恒寿福、刘和亭、刘玉圭、胥得辉等。

永靖生铁铸造技艺

永靖生铁铸造技艺为永靖县上古村传统冶金工艺,流传于其中的王氏家族。其始祖王宣、王训原籍山西省,明洪武二年(1369)跟随明军迁来兰州,初居五泉山下芦家巷,后迁至原皋兰县西半个川上古城世毕(今永靖县刘家峡乡上古村)。兄弟二人以铸造

见长,名闻陕、甘、青等省。明洪武九年(1376),在兰州黄河镇远浮桥旁铸造高3丈、粗5尺的将军柱4根(现尚存1根),工艺精湛,造型精美,铸有花纹字样,定为省级文物保护单位。相传其后代在兰州辕门(原陕甘总督府)铸造铁狮子1对;在罗家洞寺铸造铁牛1只;在古城庙内铸有5层楼型生铁炉1座,高1丈余。另为很多寺庙铸造各式挂钟和上百人吃饭的大铁锅。中华人民共和国建立后,上古村至今仍有几家王氏炉匠,铸造各式犁铧、锅等生产、生活用具。1979年后,他们的冶炼铸造技术进一步发挥,铸造出更美更多的铧、炉、钟、磬等产品。

岷县点心加工技艺

岷县点心加工技艺传承于定西市岷县。岷县点心由中国古代的食品"酥"发展而来,是一种有甜馅的酥饼,至今已有200多年历史。200多年前,点心馅是蜂蜜拌面粉,再加"五仁",点心皮为白面和油,然后放在铁鏊里用木炭火烤熟,吃起来香酥可口。到了清末民初,随着商贸交易日益活跃,南来北往的客商云集岷县,并将各地的点心制作技术和各种原料带了进来,同时也将这种食品带向全省,深受本省人民喜爱。

陇西腊肉制作技艺

陇西腊肉制作技艺传承于定西市陇西县。陇西腊肉历史悠久,约始于清朝乾隆年间。制作陇西腊肉宰杀的生猪主要来自漳县、岷县一带,尤其以岷县蕨麻猪为最佳。因岷县野生药材甚多,农户饲养的生猪春季放牧,秋季圈养,腊肉腌制户冬季收购宰杀时,猪肉的肥瘦肉相间(俗称五花肉),且带有药性,滋味纯美。陇西腊肉瘦肉灿艳似红霞,瘦而不柴;肥肉晶莹若玛瑙,肥而不腻,微带透明;加上盐、花椒、小茴香、姜皮、桂皮、大香等10多种作料腌泡和太阳暴晒而成,色美味鲜。风味独特。陇西腊肉一定要在热的时候吃,这样口感最好。吃法很多,最经典的是夹馍吃。

静宁烧鸡制作技艺

静宁烧鸡制作技艺传承于平凉市静宁县。静宁烧鸡亦称静宁卤鸡,是静宁传统名食。它以形色美观、鲜嫩味美、外表晶亮、卤色褐红、肉香味厚、爽口不腻,驰名甘、陕、宁等省、自治区,具有近百年的加工卤制历史。静宁烧鸡的名家是烧鸡大王陆四海父

子和回族名师沙金贵，他们博采河南"道口烧鸡"和安徽"符离集烧鸡"之长，独创个人风格。静宁烧鸡的烹制秘诀是配料讲究、卤汤陈老、加工精细、火候适宜。其配料有胡椒、丁香、桂皮、陈皮、大姜、花椒、草果、白芷、茴香和少量酒、葱、味精等。卤汤最短的也有5年之久，而且每2—3天，就得按需要增添作料。烧制时一般用文火慢炖，使卤汤达到似开非开的程度。但也要根据鸡的大小、肥瘦、雌雄来决定火势变化的幅度和成熟的时间。

庆阳窑洞营造技艺

庆阳窑洞营造技艺传承于甘肃省庆阳市及周边黄土高原地区。当地所处的董志塬是世界上黄土堆积层最厚的地方之一，这为营造窑洞提供了先决条件。窑洞营造起源很早，应来源于早期人群的穴居生活方式。早在夏商时期，周先祖公刘等十多代人曾在这里挖窑洞，建村落，教民稼穑，《诗经》中称赞公刘"陶复陶穴"。窑洞营造简单，省工省料，无须砖瓦，多在塬边、沟边及山崖下挖制，不占用地表土地。庆阳居民在20世纪80年代之前的主要居住形式是窑洞，据统计，当时人口90%居住于窑洞之中。营造窑洞在当时是一种传统技艺，干这一行的通常称为"窑匠"，主要程序为掘崖面、挖窑、箍窑等。崖面通常为10—20米，将崖面掘好后可处理成水波浪、一镢倒、乱镢子等多种纹样，"窑匠"在剔削时将窑顶削成内低外高状，可使窑内的烟雾很快从高窗排出。技艺全面的"窑匠"还兼砌火炕、砌灶台、挖烟囱等。开掘窑洞首先需要挖好毛筒子，等干燥后即可定线剔削、砌窑肩，土质不好的崖面所挖的窑洞还需要箍，窑洞开一门一窗和一高窗，便于上下空气对流和采光，也可随时关闭保暖。火炕是窑洞民居的一大特色，住人窑洞必有火炕，不设床，技艺好的匠人砌的火炕、灶台，烧的过程中出烟利、不打倒烟，而且省柴，热量利用率也高。现在的庆阳居民在修建房屋住宅时，也有将厨房做成砖石窑洞的，其原因就是窑洞所具备的拱形建筑特征具有保温、隔热性能，冬暖夏凉，可使厨房内的水缸等生活用具不会冻破。

天水雕漆制作技艺

天水雕漆制作工艺历史悠久，传承于天水市区一带。辛亥革命后，随着天水当地的民族工业和制造业的兴起，雕漆技艺在天水地区发展起来，成为当地成熟而又具特色的手工业代表项目。业内人士用"繁工珍材"四字概括天水雕漆的特色。所谓"繁工"指工艺复杂，工序繁多。一件雕漆产品要经过木工、漆工、配石、石刻、镶嵌、粘贴、描金等上百道工序，费时少则三四个月，多则需要一年。所谓"珍材"，指天水雕漆产品全部采用珍贵的纯天然材料。一般采用桃红松、椴木等优质木材做胎，以当地小陇山盛产的优质天然漆为原料，以福建寿山石、浙江青田石、萧山红石、山东绿冻石、北京黄石、太湖蚌皮和珊瑚玛瑙、珍珠、象牙（现以牛骨代替）、玉石、贝壳等为装饰材料，并经常要用镶金、贴银等装饰方法，产品大气，是非常珍贵的传统家庭和办公装饰用具。

天水丝毯织造技艺

天水地区在清代、民国时期就有小作坊进行地毯编织生产。1949年后，天水轻工业得到长足发展。1973年，为了建立丝毯生产线，天水市皮革生产合作社派人到河北涿县（今涿州市）了解丝毯生产情况，引进4名织毯、倒线、配线工人，由外贸部门提供生丝，于当年11月试制丝毯成功，产品由北京外贸口岸出口。1974年7月，改为天水市丝毯厂，有工人123人，当年生产丝毯230平方米。1975年，除继续生产裘皮及皮革日用小商品外，生产丝毯376.6平方米。现已改制为公司，市场化经营。丝毯生产的工艺流程主要是图案设计、绘制图样大稿、点样、选丝、配丝、染色、倒线、配线、织毯、平毯、剪花、整理等多道工序。天水丝毯有仿古图案、艺术毯、波斯图案（东方毯）三大系列，共有花色品种185个。仿古图案丝毯从图案到色泽都以古朴为特点，平面装饰。常见的有博古、八宝、四艺、花草、龙凤、鸟兽、雷纹、蟠螭纹等。还有古代人、鱼、蚕、耕等生活场景。艺术毯多以表现人物形象、奇峰秀水、名兽珍禽、奇花异草、琴棋书画为主，设色古雅鲜明。波斯图案以波斯湾伊斯兰诸国风土人情为基调，吸收阿拉伯和我国艺术资料，多取材于自然界的树、叶、花、藤，以及鸟兽动物、几何图案，形成一种独特风格，以做工精细著称。

迭部藏族榻板房制作技艺

榻板房制作技艺传承于甘肃迭部县。该县位于青藏高原东部边缘至秦岭西延部过渡带上，榻板房就是适应这种地势而发展出来的藏族民居建筑，大都坐落在岷山、迭山间的沟谷、坡地、峡口以及苍茫难觅的千百个山坳间。榻板房是一种以木为主，土、木、石相结合的古老建筑物。在迭部一带，榻板房大致分几种类型：第一种是纯粹的榻板房，这种古建筑很少土石，全为木构造，一般建筑在平缓的山坡上或以临近的山崖或土坝为天然防护墙；第二种是土、木、石相间，此类建筑当地叫"土包房"，有类似于四合院的风格，还有"内不见土，外不见木"的羌藏雕楼、雕房的风格；第三种是"坎楼型"建筑，由于受地形限制，坎下是用石砌成的"庄廊"，一般建牛、马畜圈及贮仓，坎上才修筑住人的房屋，远远望去，像是一幢二层楼；第四种是在凹凸不平的地面上顺地势就地形展开。一般说来，上迭及高山地区，榻板房的比重占得较大，中迭以及沟谷地带雕房羌楼占的比重大，下迭以及半山腰间，坎楼占的比重大。

东乡族擀毡

走进东乡人家，无论是高寒阴湿山区，还是川塬平地，家家户户炕上或床上，你定会看到整洁朴素、美观大方的毛毡。当你坐在毡上，会为它的平顺柔软而叫绝。如果你平卧在毡上，毛毡的温热会让你舒适解乏。

东乡毛毡在东乡族群众中被视为上佳的生活必需品。它不仅隔潮防湿，御寒保暖，而且经久耐用，具有很高的经济使用价值。毛毡也是家庭的装饰品，折叠摆放在炕柜上，与层层叠叠的绸缎被褥相媲美。女孩子出嫁，娘家必备以毛毡做嫁妆，很受欢迎。东乡毛毡在临夏，在甘肃乃至大西北都享有盛誉，深受广大人民群众的青睐。

东乡毛毡之所以好，首先是羊毛质量好。东乡族自治县地处高寒干旱山区，适宜放牧的山坡比较宽敞，受自然气候的影响，水土、牧草等造就羊毛质纯柔软、细腻多绒的特点，羊毛有凝聚黏结收缩的良好性能，一般不易脱毛，擀制的毛毡使用期长，经济实惠。

东乡毛毡的类型，可以分为绵毡（纯绵羊毛的）、纱毡（山羊毛的）两种。毡色可分为纯白毡、青瓦毡、青毡、红毡四种。等级上纯白绵毡为优，瓦青绵毡次之。绵毡的大小分为 4 尺×6 尺的四六毡，5 尺×7 尺的五七毡。羊毛投放一般每条毡 8—10 千克为宜。

纯白毛毡在擀制时，擀毡师傅匠心独具，发挥自己的创造性，设计出各种典雅古朴的图案，有"喜鹊登枝""牡丹芍药""红杏闹春""红日东升""松竹梅""清水远山"等，这些精工图案、美工艺术，清新俊美，朴素大方。

东乡族擀毡要经过几道工序：

拣毛 凡擀毡的羊毛，要严格分别春毛、秋毛。春毛长而粗，富有刚劲弹力，不易黏结凝聚；秋毛短而细、柔软，黏结凝聚力极强，容易缩水，不易分散脱落。毡匠必须识别两个季节期间剪下的羊毛，认真细致挑选拣择，春秋分开，归类堆放。过长的春毛还用铡刀切碎，准备进弹毛房。

弹毛 弹毛是费力最大的工序，要有弹毛房，支木板弹案，将择好的羊毛分季节分别上案，用 7 至 9 尺长的弓，张弓紧弦，弓背高吊悬梁，身强力壮的弹毛工手持弹棒，臂缠棒带，奋力挥臂拨弓弦，堆堆疙里疙瘩的羊毛，经弓背慢压，弓弦劲弹，阵阵悦耳的弓弦音，富有明快的节奏回荡在弹房，传向远方，弹案上的羊毛变得蓬松洁净，松如云团。

铺毡坯 铺毡坯在四面堵有风墙的庭院里进行。俗称"毡匠师傅两大件，弹弓加竹帘"。铺毡坯一定在竹帘上操作，这竹帘一平方丈有余，呈长方形，摊开帘子，毡匠师傅把弹好的云团毛絮，左手松松掌握，右手挥舞双杆竹条子，轻轻抖扬，匀匀降落。秋毛做毛毡的垫底和盖子，春毛夹在中间。铺好后用撒毛杆轻压，随后用口喷洒温水，要喷洒浇透，达到浸泡成型的目的。接着把毛絮裹在竹帘子里，卷成竹帘卷筒，用绳子多处紧紧捆绑，平放在地面上，四个人分两个组，面对面背着手，唱着擀毡的小曲，双方有节奏地使劲推踏，使竹帘来回滚动，直到从竹帘缝隙内渗出水来才行，要滚动半个多小时。这时毡坯已定型黏结一体，然后松解捆绑绳，解开帘子取出毡坯。

洗毡 用木板在平地上铺成洗毡案，案子一头放在长条凳子上，用两条洗毡绳拴在条凳撑条上，毡坯铺在洗案上，用 80—90℃ 的滚烫水两大桶，拿舀水罐用笤帚扬洒在毡坯的各个部位，要洒匀浇透，再把毡坯折叠成卷筒，放到毡绳上，两名毡匠赤脚光腿，身坐条凳，手抓绳头，趁热猛踩狠踏，尽力揉搓毡坯，使羊毛自身的油垢污泥变成浊水挤出毡外。用毡匠的行话说叫"洗毡放大水"。毡匠开始哼起洗毡曲，洗案发出吱吱的声音。通过揉、洗、挤等动作程序，毡进一步收缩变厚，经过擀毡匠的两次大水一次小水，要四六毡，是四六的尺寸；要五七毡，是五七的尺寸，八九不离十，整个毡体薄厚均匀适宜。

搓边溜角　这是最后一道工序，用滚烫水边洗边搓毡边子，一直到边边坚竖卷曲，感到硬邦邦为止。尺寸合格的毛毡铺在案上，用特制的铁锚勾溜角，做到垂直为标准。

最后将毡放在端直的木椽上晾干即可使用。

红毡则是用纯白棉毡煮染而成的，铺在大西北民间百姓的土炕上，非常得体漂亮，显得室内富丽堂皇。东乡族擀毡已有几百年的历史，在西北高原上颇有名气，这种精湛的工艺已传遍青海、新疆、内蒙古、宁夏、四川等地，成为西部人民生活的必需品和工艺品，进而走上市场。

第二节　医药卫生民俗

皇甫谧针灸术

灵台县皇甫谧针灸术传承于平凉市灵台县，是由甘肃平凉灵台县晋朝名医皇甫谧开创并被当地后人承袭的一种中医针灸技术，以针灸为主要治疗方法。皇甫谧十二卷的《黄帝针灸甲乙经》是集《素问》《针经》（即《灵枢》古名）与《明堂孔穴针灸治要》三书中之有关针灸学内容等分类合编而成，根据天干编次，主要论述医学之理论和针灸之方法技术。书中对针灸经络、腧穴、主治等从理论到临床进行了比较全面系统的论述，特别是增补了典籍未能收入的新穴，使全书定位孔穴达到349个，其中双穴300个，单穴49个，比《黄帝内经》增加189个穴位，即全身共有针灸穴位649个，提出适合针灸治疗的疾病和症状等共计800多种，在选穴治疗方面论述了后世始形成的子午流注针法的理论。

伏羲庙灸百病

天水是伏羲故里，相传农历正月十六，是伏羲的诞辰日。每年的这一天，天水市伏羲庙里都要过庙会。烧香祭伏羲的人络绎不绝。其中好些人是为了前去求医灸病的。

据说伏羲氏能治病，因此每年天水市民都要到他的庙里去求医。在伏羲庙的大院里，以前共有八八六十四棵大柏树，后由于天灾人祸，现在仅存三十六棵。人们说那是按伏羲的八卦演化序列排列的。还说那些树每棵都能懂得凡人之言，能传达伏羲的心意。人们按照天干地支的循环规律来推算，每年都要轮选出一棵柏树，让它在庙院里"值班"，这棵树就是"神树"，是伏羲的代表。它可以替伏羲为人们医病。

庙会这天，有病的人先用红纸剪一人形，贴在选出的大柏树干上。再把艾蒿捻成一个小锥形，按照本人有病的部位钉到纸人的身上去灸（头痛的灸纸人头，心痛的灸纸人心，右手痛的灸纸人右手，左手痛的灸纸人左手），并且同时还要进行祝愿，据说这样病就好了。现在，这里的柏树仅剩三十六棵，人们已经无法再选择"值班树"了。于是，便以庙内最高大、枝叶最繁茂的树为伏羲的代表。有时候由于太拥挤，有的人只是胡乱选一棵树（有的甚至连树的死活也不管），灸灸完事。关于这一风俗，在《秦州直隶州新志》中没有任何记述，只有民国二十五年（1936）前后修订的《天水县志》中，有一段很简单的文字做了记录："十六日伏羲诞辰祭于伏羲庙，以红纸剪人形贴柏树上，炷艾数壮，曰灸百病。"但在民间从古一直流传至今，几禁不止。

由于这一习俗的影响很大，前去求医的人也非常多，伏羲庙里的文物古柏被破坏得很严重，树干的下半截全被烧成了黑洞洞。近年来，庙内的管理人员每当正月十六，都要用苇席把树干裹起来，人们也只好隔着席子灸病了。

华锐藏医藏药

华锐藏医藏药传承于武威市天祝县，是藏医药学的一个组成部分，11世纪藏医药传入天祝藏区，15世纪开始兴盛，多数佛教寺院都设有教授藏医药的"曼巴扎仓"。它在全面继承藏医药学的基础上，根据地理、人文、文化等方面的不同特点，不断发展、创新，形成了鲜明的特色。华锐藏医特别重视非药物的心理疗法、火疗、放血疗法等。在忠于三因学说的基础上，吸取了一些中医理论。华锐藏药炮制方法有100多种，其中烧、煮、熬、泡、炒、煎是最为常用的，每一种炮制方法都有详细的操作规程和具体的炮制要求。以华锐洁白丸、华锐肾宝、华锐药浴甘露汤和仁钦佐它、七十味珍珠丸等为代表的华锐系列藏药，深受患者青睐。

甘南藏医药

甘南藏医药的发展从吐蕃时期就已开始。明清以来，随着藏传佛教格鲁派在甘南地区的传播，藏医药得到了很大的发展。18世纪之后，在拉卜楞寺及甘南各大寺院建立了曼巴扎仓（医学院），对传承藏医药的知识尤其是《四部医典》起到了重大作用。甘南藏医药主要针对本地藏区的地方疾病，利用当地藏药资源，发展出了一套较为完整的医疗体系。其主要疗法有内治法和外治法两种，前者以成药内服为主；后者包括针灸、拔罐、放血、外涂、热冷熨等方法。藏药的剂型包括汤、散、丸、膏、珍宝剂等；著名成药品种有洁白丸、珍宝丸等。

裕固族民间医疗

在1949年之前，裕固族地区缺医少药，卫生事业极其落后，瘟疫蔓延，传染病流行，广大牧民深受其害。牧民在长期的生活实践中，对各种疾病不断摸索、实践，积累了不少因地制宜、防病治病的土方、验方，有些方法在医疗条件发达的今天，仍然在广泛流传使用。

热敷法。对受潮湿风寒的腰腿痛病人，采用包皮热敷法。即把火炕烧热，让病人脱掉内衣，睡到热炕上，然后在羊群中挑选一只绵羯羊，用最快的速度宰杀，将羊的心脏、肝、肺趁热放置在病人腰背上，将热羊皮剥下把病人的腰背或腿包裹严实，再割下一块羊肉切碎熬肉汤，汤内放生姜、花椒，熬好后让病人趁热喝下。热炕、热皮、热汤会使病人全身热汗淋漓，这时再给病人包裹被褥，让病人坐或躺下，把汗发透。随着羊皮、羊内脏慢慢冷却，待汗干时逐渐把这些包裹的东西一层一层取掉，让病人盖严躺好。因大量发汗之后，身体虚弱，此时千万不可受风，需要卧床休息一两天。用此法可使病人腰腿疼痛大大减轻。

治疗因受风寒引起的胃痛、肚子痛，也采用热敷法。病人如上述脱衣坐好，将羊肚子和百叶连同肚粪一齐取出，把烧红的五色卵石放入羊肚子内，让病人抱在怀中，趁热捂在疼痛的部位，熬好羊心肉汤让病人喝下，使其发汗。如果五色石头冷却，可再烧再敷。让病人把汗发透，祛逐风寒后病人即会痊愈。

治疗因受阴寒引起的头痛或肚子剧痛、浑身关节痛。用双手大拇指顺鼻梁、眉心往上捋，捋至眉弓上边再往左右太阳穴反复捋几次，至太阳穴时，用两大拇指压按太阳穴，以此按摩法治头疼；用双手拿起病人的胳膊，从肘部以下往上捋，反复捋几次在腕部用一根布带扎住，再从中指根往指梢捋，捋几次后用细绳把指头扎住，用一根大针刺中指梢，放出紫黑色的血；用推、拿、按摩脊椎部位治头痛或肚子痛。

治疗小肚子痛。如果一连好几天，肚痛不止，被视为长了羊毛疗。仔细看患者的脊背，如果有不均匀的红点，用针鼻一端压红点，红点压后一下不恢复原状，就断定为羊毛疗，即用一根大针往起挑红点，就会挑出像筋丝一样的东西，用剃头刀把筋丝割断。挑羊毛疗讲究前三后四，即在后背挑四个，在前胸挑三个，挑完后用铜器或银器轻轻刮前胸后背。羊毛疗也称绞肠阴，如不及时治疗，病情会加剧。

治疗刀伤或碰伤。用羊毛或头发烧成炭灰，涂撒在伤口处可止血；用麝香治牙痛。如果是虫牙，在牙齿缺损处放上小米粒大的麝香，可止痛；用大黄熬水喝可治眼睛赤红、上火。

用羊苦胆治恶指。如果手指梢红肿疼痛，有长东西症状，被称为患恶指，可用羊苦胆和胆汁套在指头上。如果脚烂，也用羊胆贴到脚上，能治溃烂化脓。

扎耳坠眼。每年农历四月初八，就会给长到四五岁的小姑娘扎耳坠眼。事先找一根大针穿上狗毛捻子，再挑选两粒扁豆，在耳坠部位一面一粒扁豆，用两指捏住豆子，用手指不停捻动，直到把豆下部位挤压得薄而透亮时，用大针刺过，把狗毛捻子穿在孔中，这样扎的耳坠眼既不会感染也不会粘连。

用松香洁净牙齿。一些年轻的牧羊姑娘和小伙子到松林牧羊时，把松树上的松香抠下放嘴里嚼，松香很黏，用其黏性除掉牙齿上的污垢锈斑，使牙齿洁白。

用柏树枝、柏树果熬水洗眼，可治眼睛发干发黏；用其洗头可使少白头转黑。

第七章　民间游艺、曲艺与民间歌舞

第一节　民间游艺

敦煌天平秋

天平秋，亦称"秋千"，敦煌人也叫"太平秋"。风俗之起，地方史载源于清雍、乾，世代相传，沿于后世。《敦煌县志》"四时风俗元宵节条"中记载东稍门内立秋三架（两根主秋柱加一横木，有一中秋和两侧秋，故两根秋柱下有基石两眼，秋架绑扎好即用四根拉绳固定秋架，称"三架"）。秋高约5丈，上系大小铜铃36个，相传象征一年365天。秋架正上方绑彩缎悬匾，匾书"天平秋"三个金色大字，寓天下太平，背面匾书"道通南天"，有道通南天门之意。秋顶上插黑底红边三角旗一面，名曰"亡命旗"[①]。秋柱有对联一副，每年元宵节之际，由敦煌人胡峄山老先生撰写[②]，已失传。每逢正月初九立秋（亦有初十一或十四日立秋之说），十七日拆秋，其间男女老幼，无不踊跃舞荡，显现蹬技，直至深更半夜，铃声不绝。民间传说，天秋之门，道通南天，荡秋戏舞之人争相坐，年内不生百病，以保吉祥。20世纪40年代敦煌人苏潮、苏海二兄弟荡秋技艺高超，高度达到"天平"，为敦煌荡秋史上之首。

敦煌秋千可能是移民带来。但中国的荡秋千起源很早。早在远古时期，荡秋千已成为北方的一种习俗。《古今艺术图》记载：秋千，北方山戎之戏，以习轻趫者。齐桓公伐北戎，流传入中国。齐桓公的时代为公元前600多年，那时荡秋千已在北方少数民族地区广泛流行，后传入中原。据此可知，秋千源于北方山戎，何时传入迁居在敦煌（沙州）的西戎族，不可知，亦无据可查考。据敦煌研究院谭蝉雪女士考证：秋千唐代以前就有。（见谭蝉雪撰《敦煌民俗——丝路明珠传风情》）

1990年春节来临之前，首先恢复的第一项民俗活动项目就是天平秋。由民俗学会成员胡开儒、何畏、李明德三位同志发起，宣传动员敦煌各界人士，有钱出钱，有力出力，有物献物，有计献计。经数天的奔波，走家串户，得到各方面的支持赞助，立见成效。从访师问友到设计施工，购置材料，前后苦干了10余天，于农历正月十四这天，尽管天不作美，大雪纷飞，寒气逼人，但大家有一颗火热的心，齐心协力，一鼓作气，天平秋这一庞然大物在市体育场终于竖立了起来。

新建的天平秋之结构造型，高低尺寸基本保持了

[①]　亡命旗：民间传说民国初年，因荡秋时发生过伤亡事故，无人再敢立秋，后某知县下令，在秋之上方插一"亡命旗"，伤亡者不偿命。

[②]　经学会成员拜访胡老先生，因年迈无法回忆起当时对联内容，今依"上联写人下联咏物"为基本点，补撰了一副对联。上联："手之舞之足之蹈之，送往迎来，回旋荡漾，动乎其四体也。"下联："钟之鸣之铃之响之，溯古颂今，风情传承，震乎其八方也。"

原貌。县民俗学会考虑到为了保证此项活动安全顺利地进行，在秋形结构上增设了一些安全设施：

1.秋柱由原来的两根增加为四根；2.固定秋架的拉绳由原来的两根增至八根；3.改"亡命旗"为五彩旗七面，新增直径一米圆形大宫灯一对，分挂秋架高处两侧；4.天平秋对联又增添了一副，年年有新秋联。

恢复后的天平秋造型古朴，雄伟壮观，装饰新颖迷人，深受敦煌人民的喜爱。据不完全统计，数天之内荡秋人数达两万多人次，游观者不计其数，从清晨到夜晚荡秋者络绎不绝。有白发苍苍的老人，有眉清目秀的青少年……而且打破了昔日妇女不得荡"中秋"的封建旧俗，男女双双同蹬一秋，姿态迷人，向上犹如雄鹰升空之形，向下好似猛虎下山之势，绳动铃响，妙趣横生，荡秋不止，乐在其中。一位年过花甲的老人深有感触地说，几十年再没见过荡秋了，学会为敦煌人民办了一件大好事。广场一片人海，熙熙攘攘，热闹非凡，这可算 1949 年以来人数最多的一次群众聚会。荡秋千，既增强了人民体质，又活跃了群众文化生活，特别是现在青少年有了活动的场所，从中亦受教育。更为感人的是不少老年人也不甘示弱，他们老当益壮，老骥伏枥，亲临蹬秋，表演技艺，激起更多青少年的兴致。他们也争先恐后，各不相让，初露赶超前辈的雄心壮志。

群众关心喜爱天平秋的另一表现是自愿赠献秋联，每逢元宵佳节，总有热心人为天平秋奉献新联，为佳节大增光彩。如有一新联这样写道：

秋架拔地起，居高临下，
看党水北流，两关竞秀，望断古郡锦秀色；
揉绳飞天来，由远及近，
听仙月凌空，双千报捷，道尽敦煌鼓乐声。

另一副秋联，别具特色，上联基本不变。对下联做一补充修辞。即：

手之舞之足之蹈之，送往迎来，
回旋荡漾，动乎其四体也；
拔今地兮经今天兮，近悦远临，
钟鸣铃响，震哉乃八方矣。

敦煌人李茂锦同志观赏民俗活动后，即兴赋诗一首《辛未敦煌民俗活动 · 寄怀》，羊年之春，失传已

40 多年的"天平秋""打铁花""打春牛""烧秦桧"重现古郡，感慨而歌。

敦煌民俗一朵花，几经风雨放光华。
天平舞荡显盛世，春牛鞭打栽云霞。
秦桧生烟妇孺乐，铁花灿烂笑语哗。
民俗民乐庆吉祥，古郡人人喜爱它。

此作虽然出自一位青年同志之手，但是它反映了敦煌人民喜爱民俗活动的心理和精神状态，说明传统民俗这朵即将凋谢的鲜花在敦煌这块古土上又重新发芽、开花、结果，出现了推陈出新的可喜前景。

天平秋的复兴，为后来顺利开展敦煌传统民俗文化活动打响了第一炮，迈开了第一步，传承发扬敦煌民俗文化渐渐地被人民群众所承认、所接受、所拥戴，显示了它本身所具有的生命力和凝聚力，同时也说明了凡有益于群众的民俗活动定会传承下来。

敦煌打春牛

汉代以前，春牛是用土塑成的牛，打春牛活动在腊月进行，目的是送寒气。到了汉代，又改为春日打土牛，目的是劝农耕，鼓励大家及时春耕。两千多年来打春牛已成为一种民俗。

制作春牛、芒神①，颜色、尺寸是有一定程序的，土地牛胎骨用木条，上蒙草席，外敷泥，牛身高四尺，长三尺六寸，头至尾长八尺，尾长一尺二寸，鞭用柳枝，长二尺四寸。其颜色是根据本年所属干支来决定，如本年是辛未年，牛头是本年天干，"辛"属金，白色；牛身用地支"未"属土，黄色；牛的足、尾用纳青，羊年辛未属土，黄色。

旁边站着赶牛的叫芒神，俗称"芒儿""芒人""牧童"。身高三尺六寸，有老、壮、幼三种形象，以立春年的地支为依据，如本年立春在庚午年，应是壮年，立春日是乙巳，"巳"属土，木克土，所以衣服用青色。立春是火日，芒神应平梳两髻，右髻在耳前，左髻在耳后，于申明，芒神的草帽应在左手拿着，不穿鞋，裤脚高卷。

打春在敦煌地方沿袭已久，到 20 世纪 40 年代，已不举行打春而只是迎春了。昔日的打春地点在县城东郊文昌宫（现敦煌一中）门前，叫"春场"。每年立春前，春牛由木匠做架，编织匠裹席，泥瓦匠摸

---

① 制作春牛、芒神资料，由敦煌研究院文献研究所谭蝉雪女士提供。

泥皮，纸画匠彩画。制作芒神由农会、水利会会员负责搭席棚，叫"春棚"。当打春这天，四乡六隅的农民纷纷赶至春场打春牛，争抢其泥皮，带回家涂抹畜槽，其意味着六畜兴旺，牲畜一年之内无百病。民间流传对春牛的颜色十分讲究，认为它能预测一年之内的气候、气象、水温、灾害等。如这一年的春牛为黄色，象征麦海金浪；牛尾搭在背上，牛蹄间歇，表示水草茂盛；若是花牛白头，象征棉花丰收；若芒神头戴草帽，光脚管裤腿，把鞋插入腰间，则这一年多雨水，适宜小麦谷物生长；若芒神把草帽斜挂背上，则这一年定会干旱，仅适于棉花生长。这一原始的气象预报和带有寓意性的农业常识，农民是非常熟悉的。一年之计在于春，他们就会按当年的时令和天气预报做好一年农业生产的安排。

敦煌地方，立春之日，地面还未解冻，不宜即日下地耕作，依据敦煌气候特点和实际，故将打春风俗易为"迎春"之风俗。

正月初九，举办群众性的"迎春大会"。今日的迎春大会不同于昔日之仪式。是日，各乡镇乡亲父老，闻风而至，聚集于市体育场，不见摆桌设供，更不见烧香跪拜，一改昔日之旧俗，专请主管农业的市长做"春耕动员"讲话。游观者有老有少，有群众有干部，广场聚满人群，将春牛团团围拢来。青年人觉得陌生稀奇，不可思议。老年人对此似有深厚之感情，久候不离，他们思绪万千，激动地讲起昔日敦煌打春的亲身经历：过去敦煌打春仪式特隆重，立春前一天，县官洗澡沐浴，穿素衣，不坐轿，不骑马，步行至东郊外，聚集乡民，摆供跪拜，并在供桌前做一头象征春牛的土牛，让衙役扮作象征丰收的勾芒神（即芒儿），举鞭去打，其意是打去春牛的懒惰，迎来一年的丰收。游观者自发的举止各异，有的手举春条轻打春牛，有的抚摸春牛，有的抱小孩骑于牛背上并拍照，留下美好的回忆，谓之年内不生百病，可免除灾祸，自称为吉祥之举。

迎春活动自正月初九始，直至十六日结束，其间全天开放，供民众观赏，每日游览群众络绎不绝。迎春民俗活动的恢复与开展，起了"寓教于乐"的作用。

敦煌打铁花

打铁花，又称"打花"，是民间一种用于喜庆、娱乐的传统项目。打花源于焰火，而焰火又始于爆竹。古代人为了驱逐一种叫"山魈"[1]的怪物，竹子有节，燃烧时竹节里面的气体膨胀，就会爆炸，发出巨大声响，古人就用它来逐邪妖，这就是后世鞭炮焰火的起源。

随着火药的发明，鞭炮、焰火从原始的驱妖，逐渐变为一种娱乐、喜庆。我国唐代就有"火树银花"的记载，这就是焰火。到了唐代，又把焰火与百戏结合起来，成为点缀佳节表示欢乐的吉祥物。制作焰火需要多种原料，如硝、硫黄、黄矾、石粉、樟脑和铁屑等。过去只有京城和大城市才放焰火，而老百姓则根据自己的条件创造出各种欢庆节日的活动。"打花"就是铁匠的一种巧艺。

昔日敦煌每逢元宵佳节之际，有打花欢庆之习俗。是日，夜幕降临，城东门外三官庙前，在一棵老榆树下，安置一化铁炉，备一条长木板凳和长110厘米、宽10厘米木板，木板一端凿长约6厘米、宽5厘米、深3.5厘米的臼窝，横放在木凳上，然后将熔化的铁水倒入臼窝，再用木棍猛击木板的另一端，顿时，铁水撞击树枝，火花腾空四溅，火树银花美丽壮观的景色即刻展现。按过去敦煌人的习俗，正月十四至十六日需打花3天。

1991年春节，敦煌民俗学会为活跃群众文化生活，增加生活情趣和节日气氛，满足群众文化娱乐之需求，在原土法打铁花的基础上，对打花工具做了改进革新。工人师傅李成东、刘吉贤、刘吉祯、李占科等，互相切磋技艺，探究土法打花工具的结构和基本原理，反复试验，从试验失败中找原因，终于成功创造发明新打花工具[2]。革新的打花工具由铁制打花凳、

---

[1] 山魈：梁宗懔撰、隋杜公瞻注《荆楚岁时记》载："先于庭前爆竹、燃草，以辟山臊恶鬼。按《神异经》云：西方山中有人焉，其长尺余，一足，性不畏人，犯之则令人寒热，名曰'山臊'。以竹著火中，烞熚有声，而山臊惊惮。《玄黄经》所谓山獋鬼也。"

[2] 新打花工具：其构造是先架起10余米高的打花架，上架铁砂网，四面插上树枝，以取代过去的老榆树，人们称为"人工造树"。

两架弹力钢板、两根拉力钢管、挂钩、铁白窝等几个部分组成。先在铁制打花凳上横向固定两架配套弹力钢板和加力钢管，两架钢板首部各焊一白窝，将弹力钢板下压至最低处勾在挂钩上，然后将熔化好的铁水倒入白窝，掺以少量镁、锌等原料之后，即刻拉一下绳，挂钩即可脱落，铁水上喷，撞击树枝，于是火花四溅，五颜六色，在夜空中大显光彩，观赏者无不欢呼叫好。

"打花从初九晚开始，一直打到初十六该多好啊！"群众的呼声反映了敦煌人民喜爱民俗活动的美好愿望。为满足群众要求，打花次数增至6次。每晚观赏者不下数万人。每当铁花升空，便伴随着一片欢呼声、喝彩声，欢声笑语此起彼伏，观赏群众无不沉醉在欢乐的气氛之中。打铁花活动的恢复，又一次为元宵佳节增添了光彩，充满了欢乐。火花的灿烂，火焰的奔腾，更象征着敦煌——古文化名城的繁荣昌盛。

革新后的打花工具省力，花费少，打一夜花（约2小时）只耗费200元，一次可同时发出两白窝火花，真是独具一格，别有特色。

古代打铁花不可考，近代敦煌打铁花可能是清代移民带至敦煌的。

酒泉地蹦子

地蹦子，又叫"老社火""跑大场""秧歌子"。是流行在酒泉、金塔、高台、张掖一带的一种古老的民间舞蹈。它有说有唱，载歌载舞，颇受群众喜爱。再加上它那朴实矫健的舞姿，高亢激越的配乐和浓郁的乡土气息，就更加显示了河西人民淳朴敦厚、豪迈剽悍的性格。

民间社火历史悠久，源远流长。据史书记载，早在远古时代就已经产生了。那时人们为了祈福禳灾，驱邪避恶，故"击器而歌，拊掌而舞……祈于天地，以期吉也"。民间传说那位头触不周山的英雄共工有个儿子死后，成了瘟疫鬼，到处散布疫病。这个鬼啥也不怕，单怕响器、烟火。于是人们在祈禳祭祀活动中掺了击器歌舞、燃放焰火的内容。梁宗懔《荆楚岁时记》载："……村人并击细腰鼓，戴胡头及作金刚

力士以逐疫。"这和地蹦子里的击细鼓、拉花敲小锣、和尚娃扮作四大天王诸形态极为相似。这种驱瘟襄疫的内容伴随着生产的发展、物质生活的改善和人们对精神文化生活的不断更新，也越来越被游艺娱乐的成分所代替，最后便演变为社火。酒泉丁家闸魏晋五号墓壁画中的《西凉乐会图》，其人物形象、服饰、舞姿无不与地蹦子相似。同时，酒泉社火，地蹦子的膏药词[1]中也唱道："众人家的会首[2]笑哈哈，商商量量办社火，办上社火做什么？办上社火和地脉。"这里的"和地脉"无疑是"祈福禳邪，镇宅消灾"痕迹的再现。后来随着传统节日的产生，社火又作为年节期间的娱乐活动，被人民群众广泛运用。清代李斗《扬州画舫录》："土风立春前一日，太守迎春于城东蕃厘观。令官妓扮社火，春梦婆一、春姐二、春吏一、皂隶二、春官一……"这段记载也和地蹦子有着异曲同工之处。同时不难看出，社火作为春节期间的文娱活动已不仅仅是民间俗事，而已列为地方官员必行的公务。

关于酒泉社火地蹦子的起源也有两种传说。一是"护清官"的传说：相传，很早以前（朝代无法考证）有个清官叫庄王，他察民情，知民俗，体民疾苦，受到了人民群众的爱戴。某年朝中出了奸贼，诬陷庄王聚众谋反。皇上降旨要将庄王满门抄斩，老百姓得悉后，大家出谋划策营救庄王全家。此时正值正月十五元宵节，百姓们就把庄王一家全部化装成社火。庄王化装成膏药匠，男眷化装成鼓子，女眷化装成拉花，儿童化装成和尚娃（又叫棒槌娃），其他杂役眷化装成傻公子、丑婆子、大头和尚及帮场人物等，混杂在老百姓中逃出城去，才使庄王得救。从此，便留下了每年春节办社火的风俗。二是火化蒲州的传说：相传，很早以前蒲州地方（据说是山西蒲州，河西人的祖先大都自山西南部移来）连年风调雨顺，五谷丰登，老百姓过着很美满的生活。有一年东海龙王的儿子化作人形来到蒲州城里游逛，他在街市上看准了一个美丽的姑娘，想霸占她。当他调戏这位姑娘的时候被几个老百姓揍了一顿，他回到龙宫向龙王诉说了蒲州百姓的许多坏话，龙王十分生气，请求玉帝惩处蒲

---

① 膏药词：地蹦子里有一个角色叫膏药匠，他的说唱部分谓之膏药词。
② 会首：由群众推选出来主持筹办社火或庙会的人。

州百姓。玉帝降旨火化蒲州。关圣帝君得知这一消息后，决意拯救蒲州百姓。他变作老妪来到一个人家求食，这家热情款待了他，他临行留诗一首："正月十五月昏黄，须防灾星起南方。红灯高悬庭堂外，夜过子时凶化祥。"这家人不解诗意，请老学究破解。老学究端详一阵说："此乃上天有好生之德，欲救难于你家也。诗中说正月十五月色昏黄不明，南方者丙丁火也，有火灾。要你在门前挂个红灯，即可化凶为吉。"这家人把挂红灯避灾的办法告诉了自己的亲友，老学究也告诉了他的亲友。一传十，十传百，及至正月十五日的晚上，蒲州城里家家挂起红灯，远看一片火海。关圣帝君向玉帝禀报说："蒲州已经火化。"玉帝站立云端，见蒲州一片火海，这才作罢。于是，当地便把每年的正月十五定为灯节。至今酒泉的屯升乡[①]还有正月十五家家院里挂红灯的习俗。

这两则民间传说为我们提供了研究地蹦子的重要资料。

下面介绍地蹦子社火的一些习俗。

1. 地蹦子的装扮和花样

酒泉泉水片和洪水片[②]的地蹦子各有特色。泉水片的社火是由四个鼓子、四个拉花、四个和尚娃、一个膏药匠、一个傻公子、一个丑婆子、一个大头和尚、一个柳翠组成。洪水片除上述人物外，还要再加一个春官、两个皂隶、两个中军官、四个竹马子。有时还装扮八仙过海。社火队的传统装扮是：

春官 正月十三至十五春官视察民情（叫扫街），州官打扮。春官逢官大一品，骑红马。由皂隶和中军官护卫，行社火队前，褒善惩恶。

膏药匠 头戴道冠或草帽圈，着八卦服或道袍，白髯，穿软底快靴，一手执纸糊的膏药幌子，一手腕套笊铃（又叫串铃）不时摇动，起指挥作用，行春官后。

鼓子 头戴牛角尖的白色毡帽，帽周用黑色平绒镶上一圈图案，毡帽左右及前额插黄色表褶或红花，有的用五色纸褶花。身穿红色夹袄，下穿白色靠腿，云转双梁牛鼻鞋，一手提细鼓，一手执鼓槌。画净水脸谱。

拉花 一般村姑打扮（旧时多以男扮女装），梳长辫，戴红花，着红绿衲袄，系褶花裙子，穿彩鞋，一手拿小铜锣，一手执锣签，随击乐的节奏敲击。

和尚娃 四大天王形貌，花脸。头戴僧帽再配以五方佛，身穿黄色夹袄，红色靠腿，云转单梁牛鼻鞋，双手执棒槌，随打击乐节奏敲击。

傻公子 戏剧小丑打扮，头戴相公帽，穿彩色长袍，手拿蚊甩子（拂尘）。配合击乐活动于场外，起维持秩序的作用。

丑婆子 妇女打扮，穿大红袄，大脚片，过去妆化得特别丑（酒泉向有丑社火之俗谚），大麻子，大红嘴，大肚子，两耳戴大红纸炮。提竹篮，手拿扇子，活动于场外，和傻公子起同样的作用。

大头和尚戏柳翠 假面具，双双活动于场外，忸怩嬉戏，滑稽逗笑，此外再加上司鼓、敲锣、拍钹、打旗、掌灯笼，共三四十人组成。

地蹦子的跑跳花样很多，据老艺人冯明信（酒泉铧尖乡小沙渠村）讲，有二十多种，跑跳一场长达三四个小时。现在通用的花样有一字长蛇、二龙戏珠、三环套月、四门焚香、四门斗地、四门拧钻、太子游四门、拜四门、五福梅花、八卦篆丁、九连环、十枝梅、蛇抱九蛋、黑虎掏心、八角茴香、九斤葫芦、盘肠儿、蒜瓣子、龙摆尾、蛇蜕皮、剪子股、兵扎墙、虎豹头、云转子、卷心子、白马分鬃、霸王观阵等。

2. 地蹦子的说唱形式

说唱兼备、歌舞并存 是地蹦子的最大特点。其说唱形式可分为先说后唱、先唱后说和自唱、点唱、边说边唱、边舞边唱等。说唱的内容也极为丰富，有唱人们在现实生活中对美好前景向往、对神灵祈求、对官府褒贬期望的；有唱通过辛勤劳动而获得丰硕成果后人们愉快心情的；有唱当地好人好事和坏人坏事的；有唱自然景色和颂扬吉利的；也有说唱古诗词的。大都即兴赋诗，现编现唱。

自说自唱 这是膏药匠显示其才华的良机，也是逗观众开心的形式。社火队特别重视选拔那些有文化且富有即兴表达能力的识字人或老艺人当膏药匠。其

---

① 屯升乡：距城90千米，是酒泉最边远的一个山区乡。

② 泉水片：酒泉市城郊靠泉水浇灌的乡镇。洪水片：酒泉市境内沿祁连山一带靠洪水浇灌的乡镇。

说唱形式是：当众人跑跳几个花样后锣鼓暂停，众行便步，膏药匠入场院，他根据场合、对象自编自说（唱），比如在龙王庙唱道：

　　五月初三到十三，求神降雨保农田。

　　秋后五谷丰登日，高烧长香谢龙王。

到有钱人家唱道：

　　进得庄宅雾腾腾，上面供的聚宝盆。

　　聚宝盆里三支箭，辈辈儿孙福满门。

到懒汉家里唱道：

　　春里春风苦种田，夏季起早莫贪懒。

　　秋季懒惰不收拾，冬受饥寒莫怨天。

　　唱完后再说一段顺口溜（酒泉民间叫打绞儿），让观众大笑一场，以取得娱乐的效果，比如：

　　且罢，且罢，听我老大夫给你嚷几句白话[①]。

　　人若不说白话，枉活了几冬几夏。

　　人若不当尻子嘴[②]，枉在世上溜一回。

　　葫芦头，茄子把，见啥人，说啥话。

　　说白话的福分大，穿绸挂缎吃香喝辣。

　　尻子嘴，说鬼话，里吹外打人人信他。

　　……

　　只有我老大夫说的是实话，

　　窝窝囊囊活在人家屋檐下。

　　说完后锣鼓复起跑跳几个花样，锣鼓停顿。

点唱　仍由膏药匠入场，点到谁谁唱，比如：

　　膏药匠：停了鼓来住了锣，

　　　　　　放开嗓子唱秧歌。

　　　　　　这个曲儿该谁唱？

　　　　　　该你四个背鼓子的歌。

　　四鼓子：三月的豆子土里埋，

　　　　　　青枝绿叶长出来。

　　　　　　开花结果到秋后，

　　　　　　多谢主人厚款待。

　　对唱：锣鼓停顿，众人互答唱，比如：

　　四鼓子：拉花的姐儿休卖排[③]，

　　　　　　我唱个曲儿你对来。

　　　　　　天上的梭罗树什么人栽？

　　　　　　地下的黄河什么人开？

　　　　　　什么人把定三关口？

　　　　　　什么人出家不回来？

　　拉花（合）：背鼓子的哥你莫怪，

　　　　　　　　你唱的曲儿我对来。

　　　　　　　　天上的梭罗树王母娘娘栽，

　　　　　　　　地下的黄河老龙王开。

　　　　　　　　杨六郎把定三关口，

　　　　　　　　韩湘子出家不回来。

　　如此反复轮唱，直到社火队的所有演员人人唱诵完毕，在和谐欢快的气氛中收场。

　　3. 地蹦子的传统活动方式

　　春节一到，由会首召集群众代表于正月初三上庙商量办社火。活动时间一般从正月初五到正月十五或十六。在这期间，社火队白天串庄子，晚上定点落鼓。串庄子时每到一家，主人放炮迎接，拿出节日食品（也有斟酒的）给所有的人散发，然后自愿给些钱或粮食，会道当众记账，春节过后收集起来，作为来年的活动经费。社火队在定点的地方落鼓后，附近群众便将所有跟随社火队的人，无论大人、小孩或做生意的统统请到家里吃饭。到了晚上远近群众纷纷来到落鼓地点（一般都在殷实户的院落），先由社火队"跑大场"，然后由眉户艺人演出传统眉户戏叫作"闹小场"。两三个小时后观众高高兴兴地散去，天天如此。正月十五社火一定要在庙里落鼓，由众人商议二月二、五月十三是否再闹，然后才彻底收场。

　　4. 地蹦子的推陈出新问题

　　地蹦子作为一种传统的民间文艺形式，数百年来对活跃群众文化生活、振奋精神、促进生产都起了积极的作用。但由于它毕竟是封建社会的产物，难免泥沙俱下，带有一定的迷信色彩。为了使它能够适应社会发展的需要，在精神文明建设中发挥它的积极作用，曾进行过一些必要的改革。特别是党的十一届三中全会后，文化部门对酒泉地蹦子做了大量的发掘、抢救和改革工作。通过举办培训班和座谈讨论，主要从装扮形象、舞姿舞势、说唱内容三个方面入手。几

---

① 白话：酒泉方言，即谎话。

② 尻子嘴：酒泉方言，说白道黑、胡吹冒料的人。

③ 卖排：酒泉方言，自卖自夸的意思。

经周折，改革后的地蹦子是：

膏药匠 戏剧中的算命先生打扮。

鼓子 戏剧中的武生打扮。头戴罗帽，穿彩色滚身子（也有穿黑色的），腰系板带，穿薄底快靴，提细鼓，跑跳时配合打击乐敲击细鼓。

拉花 戏剧中的彩女打扮。梳古装头，戴红花，净妆脸，系紧腰裙，穿彩鞋，手执铜锣配合打击乐敲击。

和尚娃 戏剧中的书童打扮。梳孩儿发，穿童彩裤，净水脸，手执双棒槌，配合乐队敲击。

傻公子 戏剧中的丑公子打扮。仍活动于场外，起维持秩序的作用。

丑婆子 戏剧中的媒旦打扮。与傻公子起同样作用。

说唱内容方面 凡是说唱丰收景象、歌颂好人好事、批评坏人坏事、咏诵古诗词、传播农事知识的全部保留，并发动社火艺人编新词。对于那些说唱人们生理缺陷、歌颂统治阶级、反映低级庸俗情调的都做了剔除和改编。比如，有个社火队的膏药匠唱道：

> 正月里来是新春，社火来到你家门。
>
> 鞭炮震得财门开，发家致富的带头人。

又有一个社火队的膏药匠唱道：

> 张大嫂来李大妈，计划生育好办法。
>
> 少生优生致富快，利国利民利自家。

内容的改革也引起了诸多争论，有的说对，有的说错。说错者主要认为用旧的传统形式，说唱现代语言似乎太过于牵强，形式和内容应当做到统一，这种见解也不无道理，有待继续探讨。

武威金塔寺九曲黄河灯

金塔寺是坐落在武威城西南三十里处的一座古老寺院。它上靠弘化公主墓侧的南营水库，下接金渠十条坎，背靠求子山（亦称西山，祁连山的一条支脉），正处在一个"双龙"怀抱的山湾之内（当地百姓称之为"龙口虎穴"）。传说金塔寺里有一口泉，名曰"太白泉"。是一个方圆数十尺的水池，池水清澈见底。太白泉中有一块露出水面一米多高的巨石，色泽斑斓，光润如玉，入水部分状若奔马，清晰可见。每至清风徐来，水波荡漾，便见池中"奔马"往来驰骋，昂首嘶鸣。其"马"毛色赤红，红如胭脂。遂有"太白泉胭脂马"之美传。

与金塔寺并肩而立的，还有一座古观，名兴龙宫。传说修建兴龙宫时，一夜之间，先前准备建在北面"求子山"的砖瓦木料，自行转移到此处，人们认为这是老君显灵。传言此处正是龙口，于是就在金塔寺旁建起了"兴龙宫"。

这一寺一观，据说都是明代建筑。当年殿宇雄峻，苍松怪柏，香火不断，而上元节（元宵节）又灯事繁盛，并集附近各乡节日民俗于金塔寺、兴龙宫。如今仅存金塔寺，而兴龙宫则只是"数株老柏、几壁断垣"了。

据记载，1949年以前金塔寺和古凉州城一样，每年在上元节都会举行规模盛大的灯会。"一时燃爆竹，吹箫管。火树银花，与日月交辉；管歌腾欢，彻夜不休。人民云集游乐，以为太平丰年之兆。"但金塔寺的灯会，不是我们平常所看到的一般灯会，而是比一般灯会规模大、时间长，结构整齐，最具民俗意义，它是河西地区独一无二的"金塔寺九曲黄河灯"，亦即"黄河阵"。

金塔寺附近的百姓中，有这样一种说法："正月十五雪打灯，当年的庄稼保险成，若要不相信，上庄里打听，下庄里问：三霄娘娘摆下的黄河阵。"

民间传说，三霄娘娘依九曲黄河之势，巧摆"黄河阵"，阵排天地，势摆黄河，将玉虚门下十二大仙困进阵去，使十二大仙"失仙之神，消仙之魂，现仙之形，损仙之气，丧神仙之本元，损神仙之肢体"。善良的百姓认为，如仿此阵而设立九曲黄河灯城，必是魑魅毁气，鬼蜮销铄。金塔寺一带又是道教圣地，传说，从正月初八到十五，是诸神大显神通、降伏妖魔鬼蜮之日。如在灯城内做道场，又可以超度亡魂，祈飨神灵，驱阴导阳，凶煞远避，百祥臻至，从而使方域平安，物阜民康，子孙昌盛。

金塔寺九曲黄河灯是金塔村各村民小组联合摆设的。九曲黄河灯的灯城，史书上略有记载："灯之数不知其几。每一灯旁植一旗，五采间错，日初落，数千百灯一时先燃。……十五、十六皆然。"

金塔寺灯城呈方阵，长宽对等，每侧约66.5米。每次摆灯三百六十一盏。其形状恰如一围棋棋盘。

备办时，选出"黄河灯会"（简称"黄会"）总头目三五人，会长一人，会员若干人。由黄会负责人商议摆灯事宜，并派人到各乡下请帖，设茶食膳堂。

具体时间安排是：初八、初九日由黄会会员准备好灯阵所需一切什物。正月十二日划定灯杆所栽地的标志，谓之"撒路"。当撒路撒至灯城内紫金城时，由黄会会长献供、放鞭炮以祭祀神灵。

正月十三日，备有灯的人家按划定的线路栽灯杆，灯杆距为 3.5 米，并将所有灯杆按一定的线路用绳连接起来。在灯阵中央竖五六丈高杆一根。

正月十四日天色见白时，各家将备好的灯固定在灯杆上，谓之"套灯"。首先在阵中高杆上，挂九道灯、旗幡、吊灯（称为中央灯）。再将三百六十盏五色花灯和五色小旗，挂在三百六十根灯杆上。灯笼（又称花灯）之纸由内色到配色，中为黄色，次为红、绿色。其灯造型各异，天马、玉兔、孔雀开屏、白菜、葫芦、西瓜、辣椒、玉米、麦穗，千姿百态。晚上约七时，天色渐黑，由灯把式和前来观灯之人将三百六十一盏灯齐燃。至第二日天色发白时灭灯。晚上七时左右再燃灯，直至正月十七日早晨灯会结束。

灯城门坐东朝西，门楼、门柱全用透明纱布镶嵌。纱布上用工笔重彩描绘了《三国演义》《水浒传》《西游记》《麻姑献寿》《八仙过海》《子牙封神》《钟馗捉鬼》等神话、故事中的人物。正门两侧贴一副大红对联，内容多为祝愿、吉祥话。如 1984 年的一副对联是："张灯结彩喜看江山如画，载歌载舞展望前程似锦。"城门横梁也是用透明纱布镶就，左右彩绘历史人物；正中写诗一首。1984 年摆灯时，诗是这样写的：

> 月正圆时灯正新，满城灯火白如银。
> 圆圆月下灯千盏，灼灼灯中月一轮。
> 月下看灯灯富贵，灯前赏月月精神。
> 今宵月色灯光内，尽是观灯赏月人。

黄河灯城，有总城、城壕、胡同、内城和仪门。

其布局和三霄娘娘所摆黄河阵一样。即由无极生太极，太极生两仪，两仪生四象，四象生八卦，八卦又构成九宫。九宫即为九座城池，成黄河九曲连环之阵，故称"阵排天地，势摆黄河"。

西门是正门，既为进门，又是出门，象征两仪。四处城壕，象征四象。转灯先从城壕转起，转毕才能入城。

八卦成九宫，即按八卦之方位组成九座城：中为紫金城，东北城（艮方），东中城（震方），东南城（巽方），中南城（离方），西南城（坤方），西中城（兑方），西北城（乾方），中北城（坎方）。城与城或相对或相邻，构成东、南、中三条长街。

总城内又分为五方。每一方边缘立旗幡以示区别。中央戊己土，立黄幡；东方甲乙木，立青幡；西方庚辛金，立白幡；南方丙丁火，立红幡；北方壬癸水，立黑幡。四个阵角及中央又立角旗。东南角绿旗，西南角红旗，西北角黑旗，东北角白旗，中央立黄旗，称为中央旗。

灯会期间，各乡社火，不远数十里前来会于灯城。社火进灯城前，先要拜灯。由黄会会长号令"拜——灯——"，随着三通锣响，各路社火在春官老爷率领下拜灯。之后，各路社火依次进入黄河阵，转、唱、跳、耍、闹。亦有武威传统的打接子、滚灯、宾鼓舞等民间舞蹈集于城内城外。

附近百姓连同远道而来的转灯城者成千上万。人们认为，转了灯城就能交好运，吉祥如意。转灯城不能迷失方向，更不能进去出不来，否则就预示着今年"不吉利"。

灯会期间，还要"偷灯"。那些缺儿少女婚后不育者，事先和灯把式说好，转灯城时来偷那些养孩子多的人家的灯，灯把式和黄会会员装作没有看见。偷灯者要将偷到的灯不熄灭带回家去。偷灯者如能将高高的中央灯杆上的九莲宝灯偷到，来年生子育女就"无疑"了。传说，只要偷到黄河灯，并在附近"求子山"上朝拜、供奉一番，无论缺儿少女还是婚后不育者，第二年准生儿生女。待下一次摆黄河灯时，还回上次所偷之灯，再配做一灯，连同供奉香烛之类，一并送到中央灯杆下以"还愿"。

十七日鸡叫回神，灯会会员共同进食，做送神仪式，灯会结束。

金塔寺黄河灯会，1950 年、1952 年摆过两次。此后禁绝。1984 年重摆。此节据 1984 年所摆黄河灯会写成。

临夏的"六月会"和"七月会"

"乡傩"是流传在临夏市部分乡镇的一种民间艺术，在群众的口语中，称为"六月会""六月黄会""六月寨会""六月跳会""七月黄会""正月会"等。"六月黄会"是古老名称，"七月黄会"和"正月会"是以后变化而来的。一般简称为"寨会"，又叫"跳会"，由于"寨会"用得更普遍，下面通用"寨会"称之。寨为方言，是奔跳的意思。"六月黄会"因每年农历六月，麦子已黄时为会期，故名"黄会"。

临夏的"北乡""南乡"，是以临夏市为中心而言的，"北乡"指临夏县的北塬镇、永靖县等地；"南乡"指临夏市四家嘴以南及和政县的马家堡、罗家集等地。北乡寨会的主要地区是临夏县的桥寺乡，先锋乡的鳌头徐家、潘家、寨子等村；永靖县三塬镇的盐沟沿、尤家塬等村。南乡寨会是以和政县的马家堡镇、罗家集镇为中心延及邻近村庄。从分布地域来看，黄河两岸的北乡寨会较盛于太子山麓的南乡寨会。

临夏的寨会活动也流传到山水相连的青海省民和县的三川地区，土族群众举办的"六月会"，在名称、时间、形式、内容及面具的制作、色彩、规格等方面与临夏的寨会完全一致。据当地的土族老人回忆，他们的"六月会"，是很早以前由河州北乡的木匠流传过来的。

传说早年每年麦熟时，这里的群众就戴上"脸子"（方言，即面具），打上旗帜，鸣锣击鼓，奏乐游行，为了庆丰收，防抢麦，后来就逐渐形成"六月会"了。南乡一带还有个传说：明朝时，有个姓刘的人在这里当官，想要造反，经常召集很多的兵马训练，这事被皇上知道了，派人前来调查。当时正是麦黄季节，姓刘的听见消息，忙把集中的兵马分散到农村，把训练的方式改为戴"脸子"的寨会，说是为了庆丰收、贺太平。从此，农村每年麦黄时，就过一次"刘爷会"。后因谐音演变为"六月会"了。

传说未说明寨会产生的时间，但从明代嘉靖癸亥年（1563）编修的《河州志》就有记载。民国时期《续修导河县志》中有"遇丰年，则扮演社火，即乡人傩之遗意"的记述。和政县流传的形式古朴的"秧歌告词"表达得更为详细："说起六月黄会，刘都督老人家踩山打围，来到了我们河州地方，把福神爷抬在高山上，锣鼓喧天，洒兵洒将，高抬袍袖，遮挡了恶风暴雨，降甘露，洒花蜜，把和风细雨降到米粮之地。"刘都督即刘剑，据《河州志》（明嘉靖本）所述："历任右军都督同知，永乐五年（1407）镇守河州，号令严明，……在镇三十余年，居民安堵，创修之工居多，后莫能及。"民间也多有他有功于民的传

说，这与另一则寨会传说有相似之处，看来寨会活动在明代就有表演了。唐代孟郊的《弦歌行》诗中描写的"驱傩击鼓吹长笛"的情景与北乡寨会非常吻合。

寨会活动在 1949 年前每年举办一次，北乡桥寺乡的群众早年曾把"六月会"改期为"七月会"，原因是六月正是青黄不接之时，难于承担"寨会"费用，并且准备割麦，无暇顾及。不料第二年的庄稼遭到雹灾，人们认为"改会期"引起了"神怒"，仍旧恢复了"六月会"的日期。永靖杨塔等地气候较热，"六月会"期正是拔麦的大忙时期，就推迟一月举行，并相沿至今，其会也就叫"七月会"了。北乡鳌头徐家的群众也以上面的理由改为"七月会"，但七月仍是多有农事，1949 年前夕，他们就把日期推迟到人闲场宽的正月初五至初八日，其会也就称为"正月会"了。

1949 年初期，寨会活动顿减，鳌头徐家只在 1952 年举办过一次，其他地方间隔几年才举办。20 世纪 50 年代末至 70 年代末，由于自然灾害及"文革"等原因，寨会活动销声匿迹。1980 年以后，逐步恢复。

1983 年鳌头徐家的"正月会"盛况空前，通往会场的道路上，人群接踵，踏起的尘土足有一尺余。面具是民国十八年（1929）用纸制作的，当时做了 50 多副，后丢失 11 副，至今仍存 39 副，还有一些服装和木制的兵器。面具着墨用色考究，比例稍大于人面，造型生动逼真。马家堡镇完整地珍藏着清代制作的"万民伞"，1985 年重新塑制了面具。

随着社会的安定和农民生活的好转，寨会已成农村的一项文化活动，趋向全面恢复的势态。

寨会作为群众性的传统活动，其组织形式、祭祀仪式和表演形式各具特点。

1. 组织形式

有按家族、村庄建立寨会班子的，有以清代划分的牌社联合组织的。鳌头徐家、潘家、寨子、盐沟沿、尤家塬等村属第一种形式。主要人员是"管会"5人，由家族中或村庄中长辈及擅于办事的人员组成，负责寨会期间管理事务。其中选出"会首"1人，统管会内外大事。"庙官"1人，职责是完成神"下庙"和"上庙"（即出庙和进庙）及烧纸、点灯、敲磬、守护等工作。"会手"12人，是寨会的演员，多为能说善舞的青壮年男子。吹笛 2 人，锣鼓 2 人。还专门

派有"行役"5人，以应付会期的跑腿打杂等。

牌社组织的规模较大，组织形式也复杂一些。各牌有"牌首"1人，掌管本牌事务。"庙官"1人，"主持"1人，分管表演活动。"牌头"5人，担负本牌帐房的拉运、支撑及待客人等杂务。"司书"1人，管理账务，接收还愿之物及香钱等。另外还有"管盘""淋洒""宰羊"等人。各牌需派出"管会"1人，推选出"总牌"1人，以统领各牌的"管会"，决策重大的牌与牌之间的事务。"会首""牌首"等产生之后，就在寨会前召集有关人士商量钱、粮的分摊数额及其他事宜，寨会的所有费用都是由群众平均分担的。

2. 祭祀仪式

（1）祭神

祭神是寨会的主旨。庄稼的平安成熟，靠的是神护佑，为使庄稼平安收获，还要靠神的帮助，举办寨会是报答"神恩"和祈求"神助"的意思。另外也有以寨会活动，把所有的神佛、鬼怪都迎请到会场上来，以免它们乘机作害的说法。"一年的庄稼两年做，吃饭喝汤全在收"，平安收获辛苦一年的劳动果实，是每个农民的根本利益所在，其成功与否全靠神灵保佑了，这是千百年来"神权"思想统治人们的结果，也是寨会活动香火兴旺、流传不息的原因。寨会过程中的献盘、下庙、舞会（或大舞）、献牲等仪式就是由此而来的。

（2）献盘

会前每个农户献神的大馍，用面3斤以上，直径一尺余，俗称素盘。北乡群众每户做3个，其中1个写上本家的名字，叫"号盘"。先送到庙中敬神，敬罢神，寨会期间用来招待来客，会毕总牌或会首、庙官、主持等各分1个；会手、管会、牌头等也可分得1个。献神的"号盘"各家领回，视为驱邪之物，家人分吃，有时还馈赠亲友。南乡群众每家蒸1个素盘，献神后用于会场。硕大丰满的素盘象征着"神恩浩荡"，也表现着人们对"神恩"的无限虔诚。北乡杨塔等"七月寨会"的地方，素盘是用收获的新麦面做的，其俗是"先敬神，后人尝"，可见信仰之盛。

（3）下庙

把神抬出庙叫下庙，这是寨会活动的序幕。北乡

为六月二十一日、七月二十一日或正月初五，时间为早上8时左右，下庙时用木雕彩轿抬出庙内的"清源妙道川蜀崇宁护国真君"（俗称二郎爷）、"太子宝山混耀大王"及"五谷""八蜡"等神，均为木雕塑像，俗称"佛爷"，鼓乐齐鸣地抬到会场正中的帐房里，庙官忙着烧香焚表，点灯击磬，称为"安神"。南乡马家堡上大庙的群众在六月十五日举行"开衙会"，在会场中央立起"万民伞"，早上下庙时还请法师进行迎神仪式，把"二郎爷""龙王爷""海池爷"等神迎到会场后，抬神者满场奔跑，称"抢坛"，然后在万民伞下按神的位次"安神"，这时法师告退，寨会活动开始。

（4）舞会

寨会的开场节目，也是用会手表演的节目礼拜神佛。演员不戴面具，由2个会首和12个会手演出。因会手各持一杆一丈有余的斜三角纸旗起舞，群众也称"跳旗"。会首身着长袍，两手持香。会手头戴红缨鞑帽，身穿彩服，腰系花裙，裙从膝上左右撩至腰间，以红、绿二色旗帜排成两行，依次站在供神的帐房前面。会首先降香焚表，后持方形白丝巾做五方（东南西北中）礼拜，会手随着会首的方位变化，口中不时发出"好好呀呀好好呀"的吆喝声，笛子、锣鼓奏舞会音乐，会首的队形变化有"三回九转""跑大圈""跳方阵"等，动作与鼓乐谐和一致。时间达1个多小时，是寨会节目中用时最多的。南乡的首场节目是"大舞"，由2个或4个会手高擎木雕青龙（长约1米），踏着音乐的节奏起舞，队形多向供神的方向上下变化，伴奏乐器是两支唢呐及锣鼓。舞步平稳徐缓，全场青龙飞舞，其意在颂扬"神恩""龙泽"的绵延悠长。

（5）献牲

这是寨会活动中的重要内容。总牌或会首及牌头或行役等将活着的羊和猪拉到供神的帐房前，用冷水浇羊身，按着猪毁土。要是"羊摆头""猪毁土"就认为是神"领羊"或"领猪"了。如果羊不摆头，猪不毁土，就要将羊背上的毛用手豁开后再用冷水冲，直到羊受凉发抖摆头才停；对猪则用点燃的柏树枝烟熏，使猪受烟的刺激毁土啃地为止。神"领牲"后，就拉下去宰杀，将宰牲的一撮毛和血盛于小碗供神。所宰之牲，一般囫囵下锅，煮熟后用木盘献于神前，

称神"领气"。待热气冒罢，即拿下去切割，先切几片肉供神，其余分给各家各户。南乡的牌首们将羊皮和羊肉分给总牌，羊胛骨分给庙官，羊肋骨分给牌头，羊腿分给击锣人等。

3. 表演形式

寨会的表演形式可分为固定式和流动式两类。

（1）固定式

以一庄一村为寨会单位，寨会活动的全过程都在一个会场中完成。北乡的鳌头徐家、潘家、寨子等村庄均属此类。这种形式的寨会规模不大，会手全是本庄、村的人，便于组织管理，会场秩序也较好，保存了古老的特点。

（2）流动式

以牌社联合组织，流动进行的，像北乡桥寺乡诸村，被划分为北塬下四牌，会期4天，一牌轮到一天。各牌都扎有一个帐房，内备有新酿黄酒、花卷馍及茶水等，各牌寨会者和逛会的都在本牌帐房内活动。会手是各牌平均选派的，一牌有一个会场，轮到哪一牌坐东，哪一牌就提前迎请"佛爷"到自己牌里。第二天十时许开始寨会，表演的节目大同小异。到中午时，坐东的一牌在"会东"家中请其他三牌的牌首、会手等轮流吃午餐。各个群众家里也备有黄酒、饭菜，热情招待蜂拥而来的亲朋好友。民谚有"六月会一场，少了半年粮"的说法，可见其热闹程度及付出的代价。南乡大庙坪六月二十三日上、下两牌联合寨会。罗家集的李家山、韩家阳洼、罗家寺、寨子等村每年轮换在半仓岭的高庙举行，人流如潮，特别是寨会和法师的打醮多在同日进行，还有庙会附近的"半仓岭花儿会"彼此呼应，热闹非凡。

寨会活动中的戴面具表演，是"六月会"最基本的特征。面具俗称"脸子"，其形状世代相传。临夏的面具有专用和活用两种，内容有刘备、关羽、张飞、周仓、曹操、蔡阳、吕布、貂蝉、三眼二郎、李存孝、唐僧、孙悟空、猪八戒、沙和尚、笑和尚、阴阳、猴（大小各二）、老虎（大小各二）、牛等属专用面具，因其鲜明的人物特征、单一的动物属性而"专人专物"。活用面具有老汉、回族人（五副）、娘子（五幅）、老婆、武士及红、绿二鬼等，这些面具可灵活出现在需要此类角色的各种场合中。像老汉可演《锄田佬》，也常扮演《布袋爷》《犁地》中的老人

等。娘子在《五官五娘子》中全部亮相，在《李存孝打虎》《方四娘》等中则表演抱孩子的母亲、方四娘及丫鬟等。服饰有颜色不同的袍、裤、裙等，多按角色的特点频繁换装。

寨会表演的曲目丰富，形式多样，按其演出的内容可分为三种类型：

第一种类型是歌舞型。是寨会者以歌唱舞蹈和器乐伴奏为表现手法，有《方四娘》《二郎降猴》《五官五娘子》《打迎官》《醉酒》等。

《方四娘》　歌词是："黄河岸呀十三乡，出了个贤良的方四娘。"从"正月定亲"一直演唱到"十二月屈死"，唱词流畅，情节曲折，曲调是《织绫罗调》，有些群众也以"方四娘"直称。角色是方四娘及两个丫鬟。由于面具的隔挡和场地的宽广，演员的演唱是难以听清的，但通过演员模拟、夸张的动作表演，许多观众还是领悟到了方四娘青春早逝的悲伤下场，一些妇女都为之泪湿衣襟。

《二郎降猴》　反映的是神话传说。由二郎、妖猴、娘子等表演。二郎三目红脸，神态威严；妖猴宽额缩腮，面容狡诈；娘子眉清目秀，给人以聪慧贤淑的感觉。开场时娘子急速赶路，途遇妖猴纠缠，互相撕扯，娘子拼命呼喊，二郎应声赶到，同妖猴展开激烈搏斗，最后将妖猴降服，使娘子安全上路。在人物对话及进出场时有《二郎降猴》曲调伴奏，撕扯、武打场面则以紧锣密鼓相对。

歌舞型的曲调还有《五官五娘子》《打迎官》《醉酒》等，因为每个曲调都为同名的曲目所专用，其曲调也就同名了。音调特点是节奏沉稳、徐缓，多以三拍子及混合拍子的形式出现。音阶为五声羽调式，旋律中宫音比较突出，常形成羽、宫调式的交替效果，使曲调抒情、豪放、刚柔并济。

第二种类型是戏剧型。用人物之间的道白及简单唱腔展开故事，交战时用锣、鼓、钹助威，保留着早期戏剧的雏形。主要剧目有《昭君和番》《三英战吕布》《华容道释曹》《长坂坡》《八棱桥饯行》《出五关》《古城会》《审貂蝉》《周仓担刀》《李存孝打虎》《唐僧取经》《光华救母》《射将》《拾观音》《白猿盗刀》《大五回》等，内容多为历史故事，场面宏大，人物众多。北乡寨会有时还踩二尺左右的短跷子表演，甚是壮观。

《三英战吕布》 吕布持戟上场亮相后即说道："吕布三来吕布三，打上锣鼓上青天，青天腰里十八转，有的天下吕布站。"刘备舞剑到场中时自报家门："刘爷刘爷卖韭黄，曹操兵马问张良，张良问我名和姓，刘备关张赵子龙。"关羽提刀入场，舞刀亮相后挥臂报名："关羽生得一脸红，手里钢刀两条龙，不见别人寻则斗，赶与吕布做对头。"其词有时用唱腔表明。张飞的道白更为直率："张老生来一脸黑，手拿长矛骑乌骓，上天入地我不怕，人人叫我冒张飞。"然后展开激烈的交战，先是单骑独战，后又双骑战吕布，最后以三骑战吕布，吕布败阵为结束。

《华容道释曹》 此剧多以演员的道白表现剧情，前面的一段道白：

曹操：啊——哈哈哈哈！（仰天大笑）

许褚、张辽：丞相为何者发笑？

曹操：我笑周瑜无计，诸葛亮无能，如果有谋，在此山中设下埋伏，我等插翅难飞也！周瑜、诸葛亮为何至此，如今叫人大笑也！

众：嘀！

曹操：许褚——张辽啊！

许褚、张辽：噢！

曹操：赤壁之战杀得我落落大败，到此处人困马乏，就在此地埋锅造饭，我等饱餐一顿。

众：噢——（众造饭吃饭）

许褚、张辽：丞相——前面有两条路口，不知道是大路上走，还是小路而生？

曹操：你二人往前查看，大路、小路可有刘备的兵马不成？

许褚、张辽：嘀！（做察看状）丞相，大路上毫无动静，小路上有烟头几处。

曹操：你二人传出将令，各个都往小路而行。

曹操行兵的结果，酿成了"关云长义释曹操"的壮举。人物之间的对话抑扬顿挫，动作具有一定的程式。后面的武打，剑挥戟舞，刀越枪迎，惊险、激烈，赢得人们的阵阵喝彩。

第三种类型是杂耍型。用面具的造型滑稽、人物的插科打诨、内容的幽默可笑及动作的杂耍逗趣来表演。结构短小，多属小型的哑剧。常演的剧目有《笑和尚》（即《大头和尚戏柳翠》）、《小鬼》、《二鬼闹判》、《锄田佬》、《撒布袋》、《犁地》、《走山打虎》、《阴阳捉鬼》、《捂鬼》、《荨麻婆》等。其中较受人欢迎的是：

《小鬼》 十个儿童头戴玲珑可笑的面具（也有不戴面具的），在场中尽情嬉闹、杂耍，动作有相互对打、前滚后翻、反复劈叉、连翻跟头等，蹦、跳、翻、打，活泼可爱。

《锄田佬》 以满脸皱纹的老公公、婆婆和年轻的儿媳妇准备锄草开始，表现锄草、中间小憩、抱娃姑娘上场喂奶、送饭姑娘送晌午及歇工回家等全过程。其中老公公年老眼花，耳聋健忘，做啥活都出差错，惹得婆婆吹腮瞪眼，连连斥责，也使儿媳妇左右为难，哭笑不得，整个表演诙谐滑稽，充满劳动生活的情趣。惹笑逗乐，常常博得观众大笑。

《撒布袋》 也称《布袋爷》，由银发白须的老汉斜挎布袋而得名。据群众说，布袋爷是送子送女的"喜神"，布袋里装的核桃为男、枣为女。开场时，布袋爷从布袋里取核桃和枣满场撒，七八个小孩跟前跑后地满场争抢。布袋爷时撒时停，戏弄小孩。孩子们抢到者高兴，空手者沮丧，有的还互相打斗。

六盘山地区社火

社火，即民间节日举行的各种杂戏。"民间鼓乐谓之社火，不可胜记，大抵以滑稽取笑。"（南宋范成大《上元纪吴中节物俳谐体三十二韵》）正月闹社火，在六盘山地区的民间，已形成了传统的习惯。闹不闹社火，反映一个村子的精神面貌以及人情世故和文明风尚。闹社火有很多讲究，也有很多约定俗成的规定，一辈一辈相传下来，成了一个村子里人人恪守的"乡规民约"，谁也无法扔弃，谁也不能随意更改。

六盘山地区的社火内容丰富，形式多样。主要有地摊子、高跷（高脚、高拐子）、高台（高架）、狮子、旱船、旱龙、马社火、纸马（竹马灯、跑竹马）、跑驴、小车（推车）、地爸爸种豆、割缠、妖婆子、驿臣（春官）、臊鞑子绊跤、抬杠、大头娃、秧歌等十多种。形式有别，耍法各异，总合起来叫"社火"。

"耍正月、耍十五"，叫"闹社火"或"耍社火"。迎新春，庆丰收，农家凑在一起，尽情热闹一番，这就是民间自发的群众文化娱乐活动。

下面介绍地摊子社火的一些习俗。

商量社火 腊月冬闲，村子里好热闹、爱耍笑的青年们牵头，备上烟酒，到德高望重、能说会道的老年人家里，请他们出面说话，号召村子里的人，支持他们"办社火"热闹正月，热闹女人娃娃。老人乐意应承后，便邀集各家的"掌柜的"来商量办社火的事宜。大伙一旦商议通过，就由这些青年人（人们称"社火头""社火大大"或"社火娅娃"）组织有耍笑特长和兴趣的人，选内容，安排"拉"（即排练）社火的时间、地点、办法。

"闹五穷" 农家视"五"为不祥之日，逢五日，有许多忌讳。三天新年一过，正月初四一番准备，初五就开始闹社火，这叫"闹五穷"。一早社火队敲锣打鼓，由狮子、旱船、驿臣（春官）开道，到家家院里耍一阵，叫"禳五穷"。意思是这样一闹腾，"穷"被驱赶走了，福要降临家家户户。

晚上，地摊子社火到村子里有威望的人家院里去耍，全村的男人女人、老汉娃娃都要去看社火，以示对主家的敬重。

掣秋风 实际上是社火队向全村各家各户收集耍社火的经费。新年家家团圆，亲人相聚一起，喜过新年。社火队以"禳五穷"为名，顶起狮子，划上旱船，喊上驿臣，锣鼓喧天地挨门逐户拜年。主家香火、纸炮迎进院里，表演一番后，"狮子"卧在当院，等待主人的"赏赐"。如果主人大方，慷慨解囊，"狮子"就高高兴兴起身走出大门。一旦主人吝啬，不肯掏钱或拿不出够数"赏金"，"狮子"就卧着不走直至增加到一定数额之后，才罢休离去。

如果谁家不肯出钱还蛮不讲理地大发一通脾气并说些风凉话，这时，"狮子"卧在他家院里就不再起来了（实际上是顶狮子者把狮子皮放在院里），其社火倒在他门口上，这就以破坏庄风之罪名，受到村子里老老少少的斥责。弄得他在村子里抬不起头，说不起话，日子也过得不精神。所以，即使多么困难的人家，这事是千万不能做出来的。

掣秋风得来的钱，全归社火会管（耍社火一村或数村自愿结合的一种群众文艺组织，专管一年社火活动事宜），或用于扩大社火箱具，或用作支付接待其他村社火的花销。

演社火 联系社火出庄演出事宜，叫"演社火"。社火在村子里热闹数天后，就要出庄演出。由社火头安排，选定演出村庄后，就打发村子里有和选定演出的那个村子里为亲的人，或有其他交往者，带上社亲

去"下书"。本家亲戚请来村子里的头面人进行商量。如果村方乐意接迎，便以礼款待来人，来人立即折回村子，通知社火头，准备出庄演出。

出庄演出 社火要趁黑出庄，出庄上路灯火齐明，锣鼓要敲"上路鼓"（鼓点）。如路过别的村子时，必须停止锣鼓，熄灯灭火，以防该村的好事者"劫社火"（阻挡下为他们村演出）。快到要演出的村子时，社火队压在山湾，派人前去探听情况，如果村头灯火通明，锣鼓喧天，社火队便即刻点起灯笼火把，敲响锣鼓直入村子。

说驿臣 就是说"春官词"。社火队里选一位能说会道、思路敏捷、想象丰富、逢场作"词"的人，进入村子，锣鼓助兴，见啥赞颂啥。遇见一棵大树就说："这棵大树长得端，皇上爷家修金殿，金殿当作顶梁柱，一条金龙缠上边。"遇见人家大门又说："这座大门面朝东，一年四季进金银，门口连通京城地，来回走的大贵人。"遇见白胡子老人，出口又说："老者胡子似白银，寿比南山不老松，寿星越活越年轻，儿孙满堂福满门。"

社火演出 社火演出的地点，一般都在村里头面人物或亲戚的院里。社火迎进演出地点，先是一番热情款待。把社火队的每一个人都请到早已摆好"暖锅子"的桌子前坐下，递上竹筷子，递给油饼油果，美餐接待，实际上客人只是礼貌性地尝尝味道，应酬一下，赶快离席准备演出。这时候绝不能贪吃，贪吃者要受到同伙的斥责，招来对方的笑话。社火队要有五六位年长者来应酬这一俗礼，这叫"跟社火"。

演出开始，必须先唱《开始曲》，四男四女边舞边唱："高高山上挂红灯，这多年没走财东家门，财东家门上挂红灯，掌柜的本是财宝星……"恭喜东家发财万福。接下去就开始其他内容的演出。

演出内容是绝不能损伤主家感情的，免得有碍和气。内容污秽、言词肮脏酸腐的节目禁忌演出。如果同一个晚上多家社火一起演出，必须先唱《和气曲》，以表示和对方和好。《和气曲》唱道："风吹了白云雨洒洒，咱多年没有到一达，今晚到一达，和和气气耍耍，亲戚耍前我耍后，耍一个《狮娃滚绣球》，亲戚耍后我耍前，耍一个《珍珍倒卷帘》……"

收场要唱《道谢曲》 "天上星星打掉掉，我给亲戚把谢道，我有心给亲戚多玩耍，月落灯灭难回家，

初九、十九、二十九，多谢亲戚好高酒。茶喝了，酒喝了，我把亲戚打搅了……"

演出全部结束后，就收场准备回家，社火队忌留宿主家，夜里遮"丑"，大白天怕露底。主家拉拉扯扯，"虚情假意"地挽留一番，最后就打起锣鼓送出庄口。

磨社火　为了欢闹，一个村子里往往邀来两家或几家社火演出，庄家要求哪一家先演，哪一家就得先演。事先叮咛好，只许演"文"社火，不许演"武"社火，以防伤害两家和气。先演的一家还得演《和气曲》，往下一家一家轮流演出。如果庄家不限制演出内容，谁家有啥演啥。这样，几家社火你一折，我一折，他一折，相互推起"磨"来，这叫"磨社火"。磨起社火来，就不论演出水平了，以戏中主要人物职衔大小来压对方。譬如，一家唱《小升官》，另一家就唱《大升官》来磨，《五明驹》磨《火焰驹》，《南桥担水》磨《彦贵卖水》，而《广成子骂阵》则磨所有阵法社火。磨起社火来，唱词胡编乱诌，以粗野为快。两家社火磨起"火"来，就相互打起架来。这时庄家出面劝解，双方仍争斗不停，于是他们组织数人暗暗用灰扬打，驱赶散离，这叫"扬社火"。两家社火瞎灯哑鼓，悄悄溜回家去。

赏　社火正演出时，庄家要拿出一定的钱或物（六尺或八尺红布）来赏赠，以表示对社火的支持，这叫"赏"。"赏"是表现庄家的富有、厚道仁慈。红纸条写着赏赠的钱物数量，递上来，一折社火要完后，社火头走上场，拦住表演者，站在观众前面，当众宣布"某某亲戚的赏"。表演者深鞠一躬，然后退场。赏"红"还要挂在表演者身上，称作"挂红"，"赏"全归社火队所有，个人是不能拿去的。

串庄　白天，社火队还要装扮上马社火、旱船、高跷、地爸爸种豆等内容的社火，敲锣打鼓，一个庄口挨一个庄口地去表演，这就叫"串庄"。社火串庄表演，先由"探马"（社火队专门派出打探传信的使者）打探，探清前面庄口接迎的虚实，马上传回消息，社火头即刻作出是否进庄表演的决定。探马探听前庄口锣鼓响迎，社火队就得去这个庄表演。社火被迎进村子后，由庄里头面人安排自家人接下社火队，把牵马和敲锣打鼓者，连同其他跟社火的人一起请到中桌子前，抽烟、喝茶、吃暖锅，盛情款待。社

火队由庄家牵马引路，敲锣打鼓串巷走道表演，家家门前鸣放纸炮、烧香以表欢迎。而后，来到大场送出村口。

吃娃娃　耍狮子是闹社火传统的一项内容，人们把"狮子"当作镇邪除恶的吉祥物。新年头上，"耍一耍狮子保平安"。"狮子"挨门挨户去拜年，主家高高兴兴拿出糖果热情接待，最后抱来自家的小孩，从"狮子"口里放进去，再从"狮子"口里吐出来，象征着娃娃得到了狮子的保护，一年中吉祥如意，不受任何邪恶所害。再抢拔上几根"狮子毛"，挂在屋里，以镇邪恶入内。

在人家院里耍狮子叫"禳院"，意思是祛除邪恶，家中一年万事如意、平安吉利。"狮子""禳院"时，如果摔倒在院里，主人最喜不过了，认为他将在年内富贵临门。

捣墨　耍社火，要文要武也耍丑。丑社火往往以滑稽可笑的动作扮相逗惹观众。装社火常装一个身背"背夹"、翻穿皮袄、手拿镰刀带着山羊胡子的老者，后面紧随一个身穿红花袄、绿绸裤大脚片的"麻"老婆子，耳坠两只用萝卜切片做的大耳环，手里拿着一把秃帚子，蘸着锅墨，人称"妖婆"。"妖婆"跑在前面，横冲直撞向人们脸上捣墨，谁一旦被这个"妖婆"捣上墨，谁就倒霉一年，做啥事都不顺利。因此，看社火时，慎防被"妖婆"捣上墨，看见她闯过来，人们便推前操后躲闪，但装扮"妖婆"的人绝不随意给人们脸上捣墨的，只是吓唬而已，提醒人们一年中做事要谨慎小心。

据说"倒霉"一词是从"捣墨"的社火演义而来的。

停演　村子里一旦死了人，社火就要停演，不准出庄，也不接待外庄的社火演出，表示对亡人的哀悼。

烧社火　一个正月，社火热热闹闹耍完之后，就要停止演出活动，进行农事生产。古历二月二日，在本庄最后一场演出后，社火队扮装天官和四大灵官，点上灯笼火把，敲锣打鼓，挥鞭呐喊逐家赶瘟神，驱逐邪恶到河边，然后把耍社火用的纸物，如绣球、花朵、符角、都儿等堆起来。这叫"烧社火"，也"叫龙头送瘟神"，天官、四大灵官卸装，息鼓灭灯，悄然回家。

社火烧掉后，就再不能演出了，直到下一年正月。

平凉的禳庄和禳院

"禳庄"和"禳院"是平凉地区普遍流行的习俗。在广大群众心目中,这种活动可以"禳灾灭祸,驱邪得福",所以至今仍然保存流行着。

"禳庄"和"禳院"往往是和耍地摊子社火交织在一起的,每年春节过后不久,各村自办的社火便要出台,首场演出必在本庄(村)戏台子上或大一点的场院里,然后,每晚到本村各家各户的院子里去耍,这就叫"禳庄"。和"出庄"演出一样,在本村和各家各户演出,也要说"春官诗"、唱小曲子、耍狮子、跑旱船、唱曲子戏等。其中"春官"说的诗,都是根据各家不同的情况编的,既切合实际、风趣幽默,又带有对主人家的夸赞、问候和良好祝愿。如:

来到李家就说:

元宵月圆禳新庄,

锣鼓喧天闹嚷嚷。

火炮不住连天响,

吉星带到宝座上。

来到张家又说:

高大门、低院墙,

凤凰落在宝庄上。

凤凰不是一般鸟,

神虎本是山中王。

凤凰神虎连声唱,

家道富裕人安康。

来到有老有小的大户人家说:

满院春光吉星照,

亲朋都说这家好。

大人好,娃娃好,

老人贤惠媳妇巧……

来到受人尊敬的良医家说:

药中王,下天堂,

身背药包走各庄。

病有四百零八病,

药有八百零八方……

因为社火"禳庄"是为全村祈福禳灾的,所以每到一家,主人都要热情接待,或馈赠果品烟酒,或资助钱财物品,否则,社火就"塌"到你家了(把"狮子"或其他社火道具、服饰放在院里不离开),那是要受到全村人指责的。

有的居民如果上一年家口不安、多灾多病的话,到正月里就会主动邀请社火到自家院子里去演出,以期借助火炮、耍狮子和社火的锣鼓家什的威力,驱邪消灾,保佑全家康复、平安,这就叫"禳院"。"禳院"时,除了耍狮子、跑旱船等,还要演出一些神话戏,如《八仙上寿》《大赐福》《小赐福》等。演出后,主人要盛情款待,献彩(给演出者"挂红")赏钱,以示感谢。

另外,有些人家修了新宅,也要"禳院"。届时如已过正月,没有社火耍了,就邀些亲朋好友、请一班皮影戏或民间艺人来热闹一番也可以。

这种习俗也沿袭到了城镇,城里人修新宅的不多,修新房或搬新居的倒是常事。届时虽然不像农村那样轰轰烈烈,但放几挂鞭炮、贴几副对联、邀几个亲友祝贺一下"乔迁之喜"总是免不了的。所以,又有了"禳房"一说。

平凉麻糖会

摇麻糖流行在平凉地区,是一种用游艺方式推销商品的民俗。"麻糖"是一种油炸面食,大多数地方叫"麻花"。它的做法很简单:把和好的面(和面时掺入鸡蛋、油、糖)揪下一二两来,揉搓成一根筷子般粗细的长条,然后像搓麻绳一样把它搓成双股"面绳",再把这个面绳折成三大股拧在一起,丢入油锅炸熟就行了。

由于麻糖制作简单,色泽金黄,香甜酥脆,携带方便,而且不易变质,所以很受群众欢迎。尤其是陕甘交界地带的乾县、彬州、长武、千阳、麟游、灵台、泾川、宁县、正宁、平凉等地的农村庙会、集市上,往往会出现上百个乃至几百个卖麻糖的小摊,堵街塞巷地摆在一起,争相叫卖,其竞争的激烈程度是可想而知的。

一些口齿伶俐、能说会道且有点"肚才"的小摊主,便使用了"摇麻糖"这个奇法儿。

"摇麻糖"有简、繁两种形式。简单的"摇麻糖"是摊主事先把麻糖捆成三、五不等的小捆,放在一个大木盘子里,一手提着木盘,一手握一把竹签,沿街走着"唱卖",让顾客抽签拿麻糖,抽不到者,也绝非少数,他们口里唱的词,都是逢啥人说啥话,顺口现编的,多为诙谐风趣的乡言俚语和吉庆话。如果抽签者是个商人,他便会唱:"商人抽了我的签,金银财宝堆成山……"如果是个学生，他就唱："学生抽了我的签，定能考上个大状元……"见了庄稼汉唱："庄稼汉抽了我的签，一亩至少打两石……"见了放羊娃唱："放羊娃抽了我的签，羊羔能下一河滩……"以至见了老头、娃娃、大姑娘、小伙子、聋人、盲人、拐子、哑巴等，他都能编几句逗人发笑又不失恭维奉承的话，非让你动了心，抽支签碰碰运气不可。采用这种"摇麻糖"形式兜揽生意的，多是些小本买卖。如果是做"大买卖"的，则采用的是开"麻糖会"的形式。

"麻糖会"是一种比较繁杂的"摇麻糖"。开"麻糖会"的摊主，必有一个固定的店铺或地盘。"兴会"时，掌柜的手捧一把竹签（一般是十三根），站在店铺门口或凳子上，对着行人、顾客大声唱道：

> 哗啦啦撒开一把签，
> 父老乡亲快上前，
> 你抽签来我开会，
> 咱两个买卖才得对……

或者：

> 叮当当响，摇麻糖，
> 拿上麻糖泡米汤，
> 麻糖泡米汤，
> 吃起来实在香。
> 吃不了亏，上不了当，
> 权当在会上逛一逛……

待手里的一把竹签撒完后，摊主就连忙招呼抽到签的人：

> 满把签子都撒完，
> 谁抽签来谁掏钱。

收了钱，便摆出三个用小碗盖着的骰子，让抽到签的人摇点子，谁摇的点数最大，谁就"得会"拿麻糖，其他的人则只有望"糖"兴叹的份儿。这时摊主显得又热情又公正，一边摆布一边唱：

> 我把点点先打乱，
> 免得大家说闲言。
> 前头买，摇在先，
> 按照顺序莫倒颠。
> 轻轻摇，慢慢掀，
> 揭开碗碗大家观。
> 三只骰子底面看，

> 哪面点大看哪面。
> 你摇个十二不相干，
> 请把碗碗向前传。
> 你的十五摇得好，
> 没有人家摇得早……

经这一番激烈的角逐，胜负便大白于天下了。"得会"者高兴之余，未免为一人独得这么多麻糖而有点不好意思伸手。这时，摊主就会很大方地唱着向你祝贺，叫你不要客气：

> 请请请，让让让，
> 三请茅庵诸葛亮。
> 让你拿，你就拿，
> 好汉朋友帮补咱。
> 帮补咱来是好意，
> 兄弟我送你几出戏：
> 要看文，《渔家乐》，
> 要看武，《长坂坡》，
> 不文不武《闹山河》……

下面就是一串戏名、戏剧人物和简单的戏剧故事。那么"未得会"者呢？又难免为自己落了空而有点丧气。不过，这也没什么，摊主的几句安慰话便会使你释之泰然了：

> 一毛钱，值个啥，
> 娶不了婆娘养不了娃；
> 一毛钱，值个屁，
> 修不了庄基置不了地；
> 一毛钱，算个球，
> 买不来骡子拴不了牛。
> 头会不得二会得，
> 三会四会不吃亏……

至此，这一"会"就算完了，"得会"者与落空者各有所得，皆大欢喜。于是，摊主又连忙张罗着起下一"会"：

> 头会打倒二会开，
> 忙把三会请起来……

如此循环往复，不断地变换着新词儿，还编几个生活小故事或笑话之类，引得来来往往的游人不得不停下来听一听，看一看，试一试。

虽然"摇麻糖"哼唱的曲调只有上、下两个乐句，但由于演唱者不断变换着新词儿，其旋律也自然要随之不断地有所变化，所以听起来并不会感到单调。相反，人们倒往往会被那优美动听的歌声、巧妙风趣的措辞和幽默曲折的故事情节所陶醉。有许多逛"糖"者就是冲着"听曲子"来的，并不单为了多几个麻糖。

话说这一带群众从明清时候起就有了开"麻糖会"的传统，1949 年以后更为盛行，不但农村的庙会集市上有，城镇里也有，平凉城里就有好几家。大概是它多少有涉赌博之嫌的缘故，近年来便渐渐地销声匿迹了。

庄浪抢亮纸

祈福禳灾这一类活动是多种多样的，除上面的"禳院"外，还有让要社火的"害婆娘"用笤帚扫身，让要社火的"狮子""吃娃娃"，抢吃神话戏中弃恶从善的白猿抛下的熟食面桃，抢着拿被打破的糊"春牛"的纸等。流行在庄浪县一带的"抢亮纸"也属此类。

"亮纸"就是演皮影戏时糊"亮子"的白纸。传说皮影戏的"亮子"，原是孔圣人周游列国讲学传道时遮面用过的东西（因孔子貌丑）；又说是某个皇后死后，大臣们剪其身影映在上面重现其姿容，安慰皇帝的。故而糊亮子的纸是个吉祥物。戴在身上扶正祛邪、消灾除难，甚至可以带来许多好处。如出门可以拾到钱，绵羊可以生双羔，等等。于是，每到一个地方的皮影戏演毕之后，群众就得纷纷上前，把糊亮子的纸扒下来，给小孩缝在帽子里，有的装在荷包里让小孩戴在纽扣上，有的装在枕头里，以得到心理上的安慰。

抢亮子，最初不是抢，而是戏毕了再去扒。后来，人多手稠，有的人生怕自己拿不到，就早早地坐在最前边，没等到戏毕，一把就抓下一大块；有人坐在后边，就要趁前边的人还没来得及动手时，用个小木杈一下把亮纸钩到自己手中……有时许多人一拥而上，你一把我一把几下子就把亮纸扒个精光，只留下一个木框框。

抢亮子的行为，皮影戏班是不反对的，他们提前也有所准备：唱最后一场戏时，事先把亮子拴成活的，戏临结束时，派一个人到亮子跟前观察动静，一旦发现有情况，便很快收了线子，留下亮子任其去抢。

现在，人们明知戴上亮纸也不会有什么好处，但仍然要抢，一来是凑热闹，闹着玩；二来也是先人留下的一种信仰习俗。

庄浪八仙紧

俗话说"十里乡俗九不同"，此话一点儿不假。就拿搭戏台子来说，多数地方都要搭得结结实实、平平整整，生怕台子塌了或台面不平伤了人，可在庄浪与秦安、张家川连畔种地的不少村子里，却偏偏不是这样，他们搭的戏台子往往在关键时候会连摇带滚地翻倒在地，当地人称这种戏台子为"八仙紧"。

"八仙紧"戏台的搭法是：先滚来八个碾场的碌碡，把它们四个、四个地排成前后两排，碌碡上面铺十几页木板。然后，在每排碌碡两头的地上各栽几根木桩（高杆），木桩上横扎几根椽，构成棚架，再围上围幔，盖上篷布就行了。

"八仙紧"台子看起来四方四正、严严实实，并无出奇之处，可当地人都知道，在这样的台子上唱戏可不是闹着玩儿的。如果你唱戏时随随便便，不认真卖力或不合群众心意，那么，早就安排好的几个愣头小伙子，就会抓住台板狠劲地推拉起来，弄得戏台子前摇后晃地来回滚动，以示警告；如果你仍然我行我素、不加改进的话，这几个愣头青就猛一使劲，哐里哐当把你连人带台板一齐掀翻在地。碰到这样的事，脸上不光彩且不用说，就是戏钱你也莫想拿到。当然，台子掀翻了，人是不会被跌伤的，因为碌碡两头的木桩是栽在地上的，且与碌碡还留有一定距离，台子倒了棚架不倒，挂在横杆上的灯盏也不会掉下来。

"八仙紧"戏台在这里常常可以遇到，但也并不是每台戏都被摇下来，他们只是用这种办法提醒你，要你认真把戏演好就是了。不妨在此向那些初来乍到、不知底的班社、剧团告诫几句：如果这里的群众提出要求，请你在"八仙紧"上唱戏的话，你可千万要当心，别被人家摇了下来。

陇东民间游艺

仙鹤舞　《仙鹤舞》流传于泾川县王村镇王村一带。它源于何时？据民间老艺人回忆，可以追溯至清代，具体年代有待进一步查证。《仙鹤舞》的形成，与道教在陇东城区的传扬是分不开的。道教认为仙鹤是吉祥如意的"神鸟"，所以在道教迎神活动中，从高坡树干上拴一根绳子，引至山下平地，绳上套一个陶瓷酒夯（民间盛酒器具，大肚细颈喇叭口，形状似夯，取光滑之意，以代替滑轮），下垂以重物，上扎一驾鹤之神仙，从山顶放下。"仙鹤"驮载神仙，飞落到迎神的场合，就算迎来了神。时至今日，今人对亡人送挽幛时，还写道："驾鹤云游。"这便是例证。道教认为西天是极乐世界，故在迷信用物"往生钱"上就印有"西方路引"等字样。而《仙鹤舞》乐曲中则有"西方赞"之曲名。另外，在《仙鹤舞》伴奏的乐器中，也使用竹笛、云锣、铙钹、铜鼓等，同道教阴阳先生作法场时使用的乐器相一致，且旋律深具庙堂音乐韵味。

《仙鹤舞》这一民间舞蹈，其演出是在每年春节时伴随"社火"这一民间游艺活动一起进行的。一般从"破五"（正月初五）开始，和"社火"队一起，"仙鹤"于村头院落，翩翩起舞地"飞翔"一番，借以祈求万事如意、吉祥太平，也盼望来年五谷丰登、风调雨顺。

《仙鹤舞》的"领舞"，原先是由男角扮演老道（俗称"驾鹤人"），后来改换为女角扮演仙女。这一改换，无疑增强了艺术审美感。其角色行当分为：仙女（领舞），头戴表花，上身穿中式对襟民族服，领口、袖口、襟裙均为浅蓝色镶边，下着白色百褶裙。右手执扇，左手执拂尘。仙鹤（四人），发式梳髻，围以环花，长发垂于脑后、披肩，穿白色紧袖口上衣、白色长裙，腰系白绸带，右手挑鹤头，左手握绸带顶端。舞蹈动作之一：起舞时，走碎蹉步，左右脚前掌着地，每次向前移动半脚，快速交替，进退相同，上身必须保持平稳；右手排鹤头，向左侧伸出四十五度，手位齐腰间；左手背于腰后，紧接右手向左侧摆动四十五度，其他动作不变。领舞（仙女）右手执扇，同鹤头动作；左手向外斜上方握拂尘，走碎蹉步。动作之二：点脚左蹲转，右手挑鹤头平腰伸向前方，左手向外上方平头举出，手掌向前，左腿向右跨出三脚位，脚尖着地，右腿斜叉于左腿后，膝部稍弯，向下左脚尖点地三次，一次一拍。然后一个原地碎步左转一圈后仍恢复，面部向前。领舞左手同群舞者，右手执扇平腰伸向前方，向下扇三下，群舞者点三下，然后向左扇，同时原地碎步，右转一圈，群舞者亦被扇得左转一圈。腿、脚动作同动作二，唯腿、脚动作与转身和动作二相对称。动作之三：侧身蹉

步。同动作一，只是脚步向左移动，每步移动半脚，但必须快速交替进行。以上仅仅是部分动作举例而言。其实，舞蹈语汇相当丰富，变化无穷，加之优美的乐曲伴奏，舞将起来，飘飘欲仙，观者亦如身临其境，似进入一个神话世界。《仙鹤舞》不愧为陇东高原独具魅力的一种民间舞蹈。

《仙鹤舞》的乐曲，有"西方赞""凤鹤恋""采茶歌""柳青"等多种。乐队编制：竹笛二支（或加用笙），大鼓、铜鼓各一面，钹两副，云锣三面。

《仙鹤舞》的道具：仙鹤四个。其胸、尾各长一尺五寸左右，中间系上带子拴在表演者腰间。竹篾扎制骨架，缠上麻纸，用白纸糊严。白翎、皂尾，皆用叶形纸片经细麻绳勒压而成。尾毛略长，大致有七八寸即可。脖颈约二尺五寸。内用麻绳，外缠穗状白纸，鹤头涂以丹顶。用白线绳系于竹棍之上，右手执之，左手舞动。拂尘——木杆、白马尾；表花——用黄表纸折叠，下部用白线扎紧即可。

《仙鹤舞》曾一度失传，1949 年以后，在地、县文化馆两次采集普查过程中，得到王村年逾古稀的民间老艺人李恭的言传身教，才使这一民间艺术遗产得到了抢救。并且在传统艺术的基础上，经过多次加工整理，使它又有了新的发展。曾于 20 世纪 50 年代先后两次参加甘肃省业余文艺会演，《仙鹤舞》以其浓郁的陇东地方特色，赢得了金城（兰州）广大观众的赞誉。

庄浪打春牛　"打春牛"近似于祭祀仪式的傩戏，是一种独具一格的民间游艺活动。曾流行于庄浪县关山一带。每年农历正月二十三日到二月二日，人们抬着纸制的大牛作为先导，跟随其后的百余人则扮作"七十二行"各色人物，还有扮就的"县官、执事、衙役"等艺术形象，队伍浩荡，前呼后拥，敲锣打鼓，彩旗翻飞。每到一处，早有探马报知，这一庄子里的"春官"便带领社火队出庄迎接。来到大场上，"县官"先"设堂"，询问"民事民情"。如果"县官"发了脾气，便斥责怒骂："看你们这庄稼种的像个啥！草多苗稀……"于是，一声令下，罚香油就得出香油，罚香火就得出香火，罚多少出多少，不得违抗；或者罚唱什么戏，这个庄子的社火头就得演，当然观看者还是广大群众。直演到"县官"不耐烦了，说声"对了"这才敢停止。然后静听"县官"的嘱咐："好

好务作庄稼，下回犯了加重处罚。"据传，打春牛的队伍来到县城，真县官也得出衙迎接。若遇有拦路喊冤告状的，或者有官错断案子、欺侮贫苦百姓之事，打春牛的"县官"可立即坐堂审理，替百姓申冤。假"县官"无论怎样判断，真县官也得绝对服从。要不，他就休想在这里继续做官。

"打春牛"的活动进行数天后，周围的村庄一一走遍了，就是最后一个地方打春牛：人们手执竹棍，边打春牛边说"风调雨顺""五谷丰登""六畜兴旺""老幼安康"等吉祥之词，最后焚烧春牛，游艺活动才告结束。这类迎春傩戏，集中反映了人们对于耕牛的虔诚崇敬和对于丰年美景的良好祝愿。

种扁豆　"种扁豆"流传于华亭市山寨、策底、马峡个别乡村。其化妆简单，形式特殊，只限在农历正月初五演一天。装有扶犁、抛粪、撒籽各一角，黑公牛一头拉犁，扶犁、抛粪者男青年打场、撒籽者女青年打场，皆农民打扮。牛及各种道具皆搭红披彩，演出和现实耕种完全相同，扶犁者持鞭吆牛，抛粪、撒籽者依次跟其后，按各自活路做舞，在巨型打击乐伴奏中东家出、西家进，挨门串户，一户也不能遗漏地赶着牛不停奔跑，不然被遗漏的户就会有人当即提出质问，主持人不得不亲自牵着牛把他家各个角落都得转到。每到一户都会受到送糕点、敬烟酒、给银钱等热情接待，招待越丰富越好。其间互相问好和说些吉利话更是舒坦称心，老人称之为"撵五穷"。所以往往有外村人专程争请或事前争约。奇怪的是，这天的牛虽然吃力，都跑着争着要支这个差。

跳端公　"跳端公"俗称"端公子"。实际上，是由巫师跳神驱逐鬼疫和祈求吉祥的古老歌舞形式演变而来的一种民间曲艺（戏曲）活动。曾盛行于华亭市一带。多是在逢年过节，以"地傩子"形式进行演出活动。据当地民间老艺人讲，他们亲眼看到的端公办法事，简直和唱大戏一样，坛场甚大，法师身穿蟒袍官衣，戴盔着靴，佩玉挂金，持扇玩笏，拿刀弄杖，表演很多故事情节。其演出场面确实可观：一个法师装扮的领头者头戴五佛冠，腰系满串铜铃和飘带的绦裙，手持羊皮扇鼓。其他人多少不限，只系绦裙，两鬓分别饰一对表花，有的什么也不穿戴，只拿一把扇鼓，旁边一个敲鼓的更是与观众没有两样。大家跟着领头的一边敲打扇鼓，一边使劲扭动屁股，尽量使鼓柄上的铜环和裙子上的铃铛作响，且与鼓锣声相谐调，边舞边唱，有时跃前退后，有时一个跟着一个转圆圈，偶尔还耍几下扇鼓、变化几个队形和舞式。每到迎、送、安神前还要吹几声牛角，似为信号。除以上活动外，其表演形式和内容也时有变化，如编演讽喻世情、劝善规过的生活小故事，有时还唱些谈情说爱的歌儿，或是即兴编演些幽默诙谐的笑话，以逗观众一笑。正如他们自己唱的"不说笑话没滋味，说些笑话神欢喜"，群众也说："端公的口，没梁的斗。"

这说明端公们的唱词不一定都有谱，而是临时口头创作的信天游。不管怎么说，从动机看来是为了娱神，但其效果完全是为了娱人，群众不仅喜欢"端公戏"，而且总是把它当戏来看的。

跑旱船　"跑旱船"流行于华亭市。这种民间舞蹈却有唱有白有舞，表演的是尼姑陈妙常乘舟追赶举子潘必正的故事。二艄翁一个掌舵，一个撑篙，分立花船前后，船内坐着陈妙常。先舞几个来回的行船动作后，便是一段对白：

甲：小伙计，你我摆渡姑姑过江，只是冷冷清清，心想唱一支曲儿，少人帮腔。

乙：我来帮腔。

甲：如此你我唱将起来呀。

接着就唱"船号子"，一般有两种曲词，一为"一只船"，一为"南海岸"，都是十段清唱，边舞边唱，唱毕又是一段对白：

甲：你我渡了半晌，还不知姑姑姓名。

乙：上前问过。

甲：这是女姑姑……

陈：你说什么？

甲：请问姑姑高名上姓？

陈：姓陈。

甲：姓冯？

陈：姓陈。

甲：姓彭？

陈：姑姑本姓陈。

甲：噢姓陈，你看我老汉耳聋门户深，冯哩彭哩听不清，多烦了姑姑。

陈：取笑了。

甲：小伙计，姑姑姓陈。

乙：管她姓陈姓旧，眼看就要拢岸，叫她给

咱把船资留下。

陈：你要几钱？

甲：我要三钱。

陈：给你三钱。

甲：我要六钱。

陈：给你六钱。

甲：小伙计，姑姑是一大贤，要了三钱给了三钱，要了六钱给了六钱，你我将她夸奖夸奖。

乙：理该。

下边便是两段念诗，甲、乙一人一句："姑姑上船一朵花，二位艄翁将她夸；今与相公去相配，来年抱个大娃娃。"陈姑答诗："无趣无趣真无趣，二位艄翁将我戏；为大事且忍心头气，免得耽误好时期。"转白：

陈：老艄翁，快速行船，少磨嘴皮。

甲：小伙计，你看西北角上起了生云咧，风也不顺咧，船也不动咧……

乙：都怪你爱磨嘴皮，迟了时分，慢了行程。

甲：闲话休说，你撑你的篙，我掌我的船，得儿哦哦哦——

接着便行船下场，全舞结束。

说善书 据传，"说善书"出于佛堂或神童之口。佛殿上香烟缭绕，由大神设坛，这叫"复联"。复联一开始，大神就开口说话，然后把大神说的话由专门人员记载下来，编印成册，即称"善书"。世世代代流传下来，传到民间，用以教化民众，扬善抑恶。所以俗称《劝善歌》。

早在清末民初，灵台县就有不少的人说善书。如独店镇薛家庄的薛善本、中台镇的王进科（出家僧人，法名常参师）、蒲窝镇张家沟的张希贤（人称张善人）。他们一生行善劝善，均在1949年前后去世。灵台县北沟郭城合作社七十五岁的老善人于自觉，于民国十七年（1928）由陕西陇县大道门（佛教）高师父（其名不详）亲自传授而学说善书。高师父是为引正天恩的"正恩职"。于自觉跟随高师父先后在灵台、麟游、长武、千阳、陇县等地说过善书。据民间传说，清朝秀才不能中举者，皇帝赐为"衣生"，而个别的命令去说善书，并赐给"命令六训"的招牌。在清朝时期，说善书的人每到一处，由地方乡约主持，

设坛演唱。民国时期逐渐变为由说书人自行组织。其活动形式为利用庙会、集市搭起布棚，中间挂着布制竖条，上书"命令六训"四字；两侧布置十殿阎王画图，说书人头戴衬帽，身穿黑色长袍，站在凳子上，一手拿善书，一手摇铃子，等听众围场后，先吟几首开场诗：

其一：一半黄铜一半金，

拿到大街试人心。

黄铜卖完全还在，

世人认假不认真。

其二：灿灿青天不可欺，

举头三尺有神灵。

善恶到头终有报，

只争来早与来迟。

其三：孝为百善之首，

淫为万恶之头。

杨一以孝而得仙，

郭巨以孝而得金。

接着顺口唱道："木铎本是一面牌，我请诸位到此来。到此莫为别的事，听我把孝经讲心怀。"（木铎指铃子，即金口木舌）或者对将要说的一段善书的内容，即兴归纳成一首诗，吟罢诗句，紧接着详细地解释其具体内容。

善书的内容是以善为本。大都说的是仁、义、礼、智、信和忠、孝、节、义方面的话。劝导人们积德行善、宽仁厚德；还劝导人们尊老爱幼、尊师敬贤、弃恶从善。歌颂真、善、美，贬斥假、恶、丑。其选本主要有《目连僧救母》《宣讲大全》《宣讲拾遗》《劝善录》等。灵台什字镇丁家沟村柴园子的道德会道徒——老善人曹辅洲，至今还保存着《至圣先师孔子译孝经》一本，《关帝三字孝经劝善宏训》一本。除此之外，还有讲醒世格言和一些劝导人们施善、行孝、积德的如"五伦""三纲五常""三从四德"等方面的选本。说善书既不收费，又不化斋，完全是以劝善为目的，向往自己有无灾无难的境遇，死有极乐自由的世界。

打醮 "打醮"是敬神、祭祀、传经的古礼。它有一套完整的音乐体系，故称道教音乐。从明代起就流行于灵台县各乡镇。在民间流传下来的有"清醮""寿醮""亡醮"三种。

清醮：主要用于神庙、寺院敬香、还愿，以敬神为主。诵经的内容是《皇忏》《移科》两部经。

寿醮：主要是为老人做生日祈祷延寿增福，也有为老人久病不愈，诵经祈祷神灵保佑以求得病愈，或早亡升天。

亡醮：主要是为"救普爷"诵经，有《救普忏》一本，其余诵经内容有早课、晚课、申法、破地狱、北斗经、三官经、施食经、玉震科、迎真科、满散科等。

《皇忏》是由道士替主人向玉皇大帝祝告忏悔在人间的过失错误；祈求玉皇大帝恩典求祝超度，以求能善始善终、升天时得个"快路"。

《移科》敬的神降魔护道天尊（即张天师），主要是清净坛场，扫除一切魔邪，安神正位，祈告各路尊神各回府地。

《救普忏》主要是向救普爷（目连生）祈祷给死者免罪，提早超度亡魂，早日转化脱生。

道教音乐的乐器主要有道教锣鼓（又叫"节子"）。鼓即牛皮制作的小鼓，有一根长把，便于行走时架着打。领头的人一手打鼓，一手敲锣，其节奏缓慢，音调清晰洪亮，以配合诵经，仪式也别具一格。

"银锣架"　用一个三角形木架，拴上三面音色不同的银锣，以做配器敲打，用来掌握乐拍节奏，并渲染气氛。还有笛子、管子、铃子三样乐器。笛子、管子是吹奏乐，与锣鼓音响同奏；铃子，则在诵经时每个道士手执其一随着诵经声调打点子。

顶灯　"顶灯"即一种民俗社火，流行于崇信县新窑镇杨安村一带。其主要内容表现了四个赌棍回家后均被妻子罚跪顶灯以示教训的故事。共有八个人物：其中甲、乙、丙、丁分扮男丑角；另有甲、乙、丙、丁女旦角四人（甲扮老旦丑，乙、丙、丁均扮旦丑）。在强烈的锣鼓声中开场：甲、乙、丙、丁（即四赌棍）同上。

甲：（白）小子长在乡里。

乙：（接白）走到固原城里。

丙：（接白）拾了个牛卵泡子。

丁：（接白）是你二爸寻哩。

甲：伙计！

乙：簸箕没按把。

丙：伙计！

丁：起火上了天咧！

甲：咱们都做啥去来？

乙：我押宝去来！

丙：我游和去来！

丁：我打麻将去来！

四个人同时说毕，紧接着说：

众：咱们都回么，该咋进门哩？

乙：我从水道眼进去呀！

丙：我从天窗里进去呀！

丁：我从猫道眼里进呀！

众：（异口同声）走，咱快回家！

四个赌棍绕场一周。甲老旦丑迎上：

老旦：强盗你们回来了？

众赌棍：墙不倒咋得进来呢？

老旦：强盗你们都做啥去来？

众赌棍：我们拾粪去来！

老旦：胡说！我看你们打麻将去来，押宝去来，游和去来，玩牛九去来，你们都给我跪了！

众赌棍：粪拾的人腿硬的咋跪呢……（但只得同时下跪）

老旦：这些强盗，你们愿打还是愿罚？

众赌棍：两样咋讲？

老旦：愿吃打就每人二十四棒槌，愿罚每人一盏灯。

众赌棍：那就愿罚。

老旦：我这罚你的灯还有名堂哩。

众赌棍：什么名堂？

老旦："老鼠过道""黑驴打滚""倒推研磨""猴儿顶灯"。你们顶得好了不必说，顶得不好就把你们扣在鸡笼里，我老婆子上去尿一泡尿，烫你个少皮无毛。

说着老旦即取出四盏灯（碗内装土并插上半支蜡烛或清油棉捻子点燃），四个赌棍边接灯边说：

甲：人凭王法树凭根，

乙：不怕老婆是野人，

丙：谁个若把女人恨，

丁：他的身子何处生？

四个赌棍顶上灯起身，踢单脚，走步；老旦引乙、丙、丁三旦顶灯上场。八人绕场舞灯，边舞边唱"十盏灯"调：

众唱：一盏灯来么什么灯？

千里送行一盏灯。

二盏灯来么什么灯？

二仙传道二盏灯。

三盏灯来么什么灯？

三战吕布三盏灯。

四盏灯来么什么灯？

四马投唐四盏灯。

五盏灯来么什么灯？

五虎叼羊五盏灯。

六盏灯来么什么灯？

南斗六郎六盏灯。

七盏灯来么什么灯？

北斗七星七盏灯。

八盏灯来么什么灯？

八仙庆寿八盏灯。

九盏灯来么什么灯？

九天仙女九盏灯。

十盏灯来么什么灯？

十殿阎君十盏灯。

以上每唱两盏灯，四赌棍皆顶灯要做如下各种动作：唱完一二盏灯后，即做"老鼠过道"；唱完三四盏灯后，即做"黑驴打滚"；唱完五六盏灯后，即做"倒推研磨"；唱完七八盏灯后，即做"猴儿顶灯"……

跑旗 "跑旗"是流行于崇信县新窑镇杨安村一带的一种民间传统社火形式。其人物分为甲、乙两队，每队八人，共十六人。每队两杆旗。在锣鼓声中开场：甲、乙两队分别站立桌子两边，乙队有一人扮成"春官"老爷立于桌上。

春官：（大喊）众将们！

众：有！

春官：大旗可曾齐备？

众：齐备多时，等候春官传令。

春官：众将列班听我一点。

众：是！

春官：一点旗。

众：有！

春官：二义旗。

众：有！

春官：三才旗。

众：有！

春官：四志旗。

众：有！

春官：五方五帝旗。

众：有！

春官：南斗六郎旗。

众：有！

春官：北斗七星旗。

众：有！

春官：八卦太极旗。

众：有！

春官：九阳春光旗。

众：有！

春官：一十二杆埋伏旗。

众：有！

春官：三十六杆地庄旗。

众：有！

春官：上搭五彩杏黄旗。

众：有！

春官：（词）锦旗列队闹嚷嚷，观见此庄好风光。

（白）点旗已毕，扭头一观，观见大师来也！嘿！嘿！嘿！嗨！嗨！嗨！

（词）八面威风生将台，吩咐人役把马排！

春官：头队里狮子旗分开左右。

众：是！

春官：二队里鬼头刀拦路接应。

众：是！

春官：三队里三股叉偕同搭救。

众：是！

春官：四队里四楞铜用水点明。

众：是！

春官：五队里五福旗列在高陈。

众：是！

春官：六队里六窝蜂左右回生。

众：是！

春官：七队里七星剑迎面就砍。

众：是！

春官：八队里大将官正直光明。

众：是！

春官：九队里鼓咚咚二声炮响。

众：是！

春官：十队里发起了各路众兵！

众：是！

春官：众将！

众：有！

春官：放炮开旗。

随即炮声齐鸣，甲、乙两队齐出，春官从桌上一跃而下，插入乙队内跑。出场后，分别跑如下旗路：

一、太子游四门——参旗。

二、蛇蜕皮——参旗。

三、扫帚疙瘩——参旗。

四、黑虎剜心——参旗。

五、四门斗底——参旗。

六、青蛇摆尾——参旗。

七、白马分鬃——参旗完毕。

然后甲、乙队分两路下场，终。

皮影戏　平凉的皮影，多是采用牛皮雕制，故称"牛皮影"；又多在窑洞内挂灯演出，也有窑洞影子戏的俗称。平凉皮影的形体高大，刻工精细，装饰性强，色彩明快，再加上艺人们娴熟的表演技术、高亢圆润的动人唱腔和激越悠扬的音乐伴奏，更使这门艺术别具一格。如果你有好运，遇到灵台县皮影戏"灯盏头"影子腔高手的演唱，更是一生中难得的艺术享受。

平凉的皮影戏源远流长，不断发展，它和当地群众喜闻乐见的"大戏"——舞台演出的秦腔传统剧目一起，相沿千百年来，流传于陇东的村镇和窑洞，赢得历代人民群众的喜爱，至今在广大农村仍久演不衰。皮影戏"乃能旋转如意，舞蹈应节；较之傀儡，更觉幽雅可观"。故有诗说："三尺生绡作戏台，全凭十指逞诙谐。有时明月灯窗下，一笑还从掌握来。"据富察敦崇《燕京岁时记》载："影戏借灯取影，情节哀怨异常，老妪听之，多能下泪。"这或许是它能够广为流传于民间的历史原因吧。即使影视和戏曲的普及减少了皮影戏的观众，可我们仍然可以看到：在深山大沟的陇东偏远山区，还是有许多皮影队活跃在村头、窑洞，他们利用电灯、录音机之便走乡串户，打开盒式录音机，一个人一台戏便唱了起来，它成了山区人民逢年过节和婚嫁之期不可缺少的娱乐形式。

淳朴的陇原人民，在劳动之余，为调剂精神，消除疲劳，创造了丰富多彩的皮影艺术造型。诸如天神地鬼、侠客猛将、飞禽走兽、鱼鳖海怪等多姿的戏曲人物，经艺人之手加以夸张创造，求得形象神似，使人看了觉得意深趣浓、亲切感人。每到演出时，再配以服饰道具，通过灯光映射在亮子上，挑影人在幕后机动灵活地做出精彩表演。那些幻想中呼风唤雨、腾云驾雾、上天入地的神话传说形象，都可表现得淋漓尽致，宛如电影画面掠过眼帘，引人入胜，令人神往。这些默默无闻的乡民艺术家，还十分注重人物结构和吸取姊妹艺术的长处。他们巧妙地继承了民间剪纸以镂空为主的表现手法，密积处用小米粒大小的眼孔组成复杂的图案，舒展处刀拉长线，如同汉代石刻一样潇洒精悍。把腕、肘、肩、腰、膝、足分别解体，然后用线联结成整体，使其挥动时灵活便利，能表现符合人体结构的高难动作，虽是侧影，却如同立体一样丰满逼真。再加轻薄透明、艳丽夺目的纸扎花灯渲染法，又给刻刀下的牛皮影增添了熠熠发光的活力——这种民族传统的土特产，相传一度成了古丝绸之路接待外国游客的拿手好戏。牛皮影也成为外国人渴望到手的宝物。

平凉著名的民间皮影收藏家——马德昌老人的皮影艺术展览，曾先后招徕奥地利和日本皮影专家，并由平凉民间皮影队的艺人们为客人做了现场雕刻和皮影戏表演，其精巧的影人和表演者高超的技艺都赢得了省内外及外国友人的好评。正如日本人形剧人协会常任理事上田顺一先生说的：平凉现收藏的明清以来的许多皮影精品，是他六次来中国看到的最好的皮影艺术品，很有研究价值。通过皮影多次展览演出和新闻界的舆论传播，人们发现"中国文化遗产中最基本、最生动、最丰富的就是民间文艺"，这是一句至理名言。也如平凉人说的："观看家乡的皮影戏，像是欣赏一幅幅风俗画。"皮影戏会给人以享受不尽的乐趣。

陇东高台社火

陇东春节闹社火，高台（亦称"高架"）尤为盛行。早在二百多年前，庆阳、平凉一带地方就出现了高台社火形式。当时，村民们为喜迎新春，庆祝一年获得丰收，感谢老天厚赐，便用新麦面捏成人形或骡马牛羊、猪狗鸡鸭等动物形象，供置在高桌之上，香烟氤氲，顶礼膜拜，并请阴阳巫师念经祈祷，热闹数日。人们把这种祈祷活动称为"献天爷"或"敬天神"。后来，一村或几村人结团聚群，抬上供桌，敲锣打鼓走村串巷。所过村社家门，都要鸣炮焚香，恭而迎之，人们称为"迎神"。到了清代末年，乡间好耍者将供桌改制成"高架"，以五六岁小孩扮成戏剧人物代替面捏的人与动物。在供桌中间凿一个7厘米的圆孔，穿一铁芯，铁芯下端拴上石磨盘或石碌碡之类重物固定结实。上部曲折成形，把扮成戏剧人物的小孩分别固定在铁芯上，再根据剧情，用道具如花卉、草木、动物、亭榭及瓶镜诸物巧妙伪装遮掩，给人以真实、奇巧、玄妙之感。春节，民间艺人经过精心设计，一架架内容新颖、形式别致、装饰艳丽、技巧玄乎的高台在铿锵喧天的锣鼓声中被人们前呼后拥地抬出来，游走街巷，供欢度节日的人们观赏。

关于高台，还有一段神奇的传说呢！

相传，乾隆年间，关陇冬暖如春，树木吐翠，百花盛开，麦长豆绿，人们穿着单衣还热得难受。这种反常的气候现象，人们预料将有一场灾难降临。果然有一天，突然狂风夹着大雪片袭来，霎时，天白地白，房倒屋塌，树断枝折，人和牲畜禽兽埋在雪里冻死了无数。巡游天空的福禄寿三星看到凡间如此惨景，知是坏人作孽，急回天宫，冒死告了玉皇长子春神和四子冬神捣乱季节、荼毒生灵的罪恶。结果三星无辜被打进天牢，玉皇暗中派人到凡世查究。果真，世间冬春颠倒，冷暖不分，殃及人类。玉皇大怒，将两个儿臣贼子推上断头台斩了，马上宣旨释放了三星，命他们速下界拯救黎民百姓，赐福关陇。三星受命来到人间，寿星用拨死活棍救活众生，福星布散五福祥气，禄星俸赐高位厚禄，一夜间，人间时序如常。人们遭受了一场劫难之后，为感谢上天复活生灵之恩，关陇千家万户用面捏人及飞禽走兽，置于供桌之上，袅袅香烟，敲锣打鼓以纪念凡间生命再生之日。人们便定这个再生之日为"年"。从那以后，每年瑞雪纷飞新年来到的时候，人们就装起高台，锣鼓喧天地庆贺神灵再造人类的这个"年"节。民间耍高台的习俗就这样形成了。

20世纪70年代初，陇东高台艺术得到进一步提高和发展，用优质钢筋做铁芯子，既安全且做得更高（最高可达8米）、更玄。由数人抬改为小型拖拉机载行。随着装潢用品不断出新，高台的装饰品由过去的粗彩色纸贴剪，染色胡麻毛团球、大麻丝穗和土色粗布料装饰，改为光彩夺目的各色金箔纸贴剪，腈纶线团球、金丝线掉穗、色彩艳丽的布绒等高档质料装饰，一架高台由过去的几元钱花销增加到三百多元钱。

高台的内容多为戏曲折子戏或民间传说故事，如《断桥》《望娘滩》《福寿图》《纣王宠妲己》等。盛行于陇东的高台社火是陇东社火形式中的一朵奇葩，别具一格、争芳斗艳，丁卯兔年陇东威戎地方的《断桥》高台高达8米，立于方桌上的两只花瓶撑起一面大照妖镜，镜边上爬着两只神情迷离的白玉兔表示丁卯年，小许仙双手撑起象征爱情的伞站在白玉兔身上。两伞上立着青白二蛇，人物共分六层，装饰奇巧玄妙，观赏者无不交口称绝。

高台上街表演，前面有浩浩荡荡的仪仗队，仪仗队以各种形式的社火组成，"狮子"开路，锣鼓、钹铰、铜号组成乐队随后。驿臣官、彩车、旱船、跑驴、高中跷、旱龙、妖婆子和小曲队等随之。融庄重、严肃、滑稽、幽默雅俗共赏的内容为一体，形成春节群众文艺活动的高潮。

临潭元宵节万人扯绳赛

甘南藏族自治州临潭县，古称洮州。在今县府所在地旧城，自古以来就有元宵节扯绳的习俗。其规模之大，人数之多，实为当地民间体育活动的一大奇观。

每逢正月十四、十五、十六这三天，每日午后，四路八乡的汉、回、藏各民族男女老少，穿红着绿，从远村近庄不断地涌向扯绳地点——旧城西大街。

两条钢缆绳（过去用大麻绳）摆在街心，俗谓亮绳，连起来足有2千多米长。各方的绳都由头连、二连、三连、稍子连成一条。头连是用多股钢丝拧成，有小铁桶那么粗，前端做成环状，便于中间插入"杠子"（木制，呈纺锤形），与对方的头连绳相结。二连、三连依次变细，稍子绳像燕尾分为二股，扯时分开，里外都可挽绳。

扯绳竞赛时，"以西城门为界，凡家居上者上扯，家居下者下扯"，鸣炮为号。青年人一马当先，牵在绳头连，其中由几个力大彪悍的小伙子把"杠子"（负责联结或脱钩），其他人一拥而上，分挽绳两边参与角逐。当双方联结之后，比赛马上开始，人们奋力向各自的方向扯。这时人声鼎沸，欢欣跳跃，号子声此起彼伏。两旁观者加油喝彩。一场排山倒海的情景，一幅民族团结的画面，顿时展现在人们眼前。如是者每晚三次，最后决定胜负。

扯绳是古洮州传承已久的民间体育活动，与现代拔河不同的是双方参加人数不限，声势浩大，有广泛的群众基础。据有关史籍记载，上古称扯绳为"牵钩"之戏。"以大麻絙，长四五十丈，两头分系小索数百条挂于胸前，分二朋，两向齐挽"。明王朝为了开拓疆域，巩固边防，对"风俗质朴，风土壮猛，人性坚刚慷慨"的洮州各族人民采用了"固俗以治"的办法，把扯绳这一风俗发展到更大规模。在清代光绪年所撰的《洮州厅志》中，对扯绳有一段颇为精彩的描述："其俗在西门外，以大麻绳挽作二股。长数十丈，另将小绳连挂之末。分上、下朋，两钩齐挽。少壮咸牵绳首，极力扯之；老弱旁观，鼓噪声可撼岳……胜者勇跃欢呼，负者亦颇失意！其说以为扯势之胜负，即以占年岁之丰歉焉。"当人们扯绳之时，人流忽上忽下，或动或静，如巨龙腾空，似长蛇起舞，蔚为壮观。有时双方相持达40分钟之久，参加人数达4万之众，出现了亘古未有的盛况。

1949年以来，临潭县各族人民翻身做了主人。每年的扯绳比赛由政府拨款支持，城关镇专人负责组织。"文革"时以"封建迷信"为由被禁，党的十一届三中全会之后，由于农村实行改革致富，广大农牧民有了好生活，元宵扯绳赛一年胜似一年。扯绳的人数逐年增加，除城关（即旧城）的农民群众、干部职工参加外，还有临潭的古战镇、术布乡、卓洛乡、长川乡，卓尼县的申藏镇、阿子滩镇、大族村、卡车村，近一百八十个村庄的群众都来参加，一直发展到"万人拔河"的浩大声势。

城关地区还流传着一些有关扯绳的奇闻逸事，现录一二：

1982年元宵节扯绳，城关万人空巷，家家关门上锁，人人上街扯绳。城内牛寿生家因点面灯引起火灾，等绳扯罢时才发现，人们一拥而上灭火，才算没有造成过大损失。

新城镇许某一家四代人，专门到旧城来扯绳。当晚他们用架子车推着87岁的老太太，抱着重孙，在路旁观战，儿子媳妇和孙子媳妇都参加扯绳。

城关古城村有一回民青年马仲良，十四日晚上扯绳时，被人将一双新布鞋踩烂。第二天又去买了一双新鞋，并且包了铁叶子，钉了铁掌。十五日晚上又扯掉了鞋，拿回去一看，铁掌、铁叶子全坏了。真可谓"踏破铁鞋"！

长川村丁耍力小两口抱着孩子来城关扯绳子。扯到第二回合时，孩子大哭，媳妇也要回去。可耍力兴致正浓。媳妇急了嘀咕。耍力将孩子塞在妻子怀里，并说："你先等着，等我扯完这一绳再和你算账！"说着又挽在绳上。路旁观者皆大笑！

扯绳历史悠久，源远流长。可在比赛期间，从未出过麻烦。因为所有参与者都怀着一个良好愿望而来，谁也不愿扫兴而去。

《洮州厅志》（卷二·风俗）中云："正月初五、六，旧城民间有拔河之戏。""传承已久，不知所自。按襄汉拔河之举，上古牵钩之俗，此殆其遗意欤！"这里所谓"襄汉拔河之举"，在唐人封演写的《封氏闻见记》中有"拔河古谓之牵钩。襄汉风俗，常以正月望日为之"的记载。那么，"上古牵钩之俗"又是怎么回事呢？查《隋书·地理志》载："而南郡、襄阳尤甚。二郡又有牵钩之戏。云从讲武所出，楚将伐吴，以为教战，流迁不改，习以相传。"可见，牵钩之俗在春秋战国时就已有。

以上资料表明：一、此俗出自襄汉；二、"楚将伐吴"时"以为教战"，可见出于军中；三、扯绳时间为"正月望日"，与现在时间相同。现在的问题是：襄汉的扯绳之戏怎么到了临潭旧城？

临潭古为《禹贡》雍州之地，早在西汉时期就建立了洮阳古郡，向来是汉藏交通的门户，商业贸易之重埠。到三国时，"蜀汉景耀元年（258）十月：蜀姜维攻洮阳，邓艾破之"（《中国历史大事年表》）。足见这里已成为兵家必争之地。此处所说的洮阳，就是现在临潭旧城的古城。"天嘉二年（561）二月己卯，遣大使巡察天下，于洮阳置洮州"（《周书·武帝纪》）。这是历史上第一次设置的洮州，距今已有1400多年。明洪武十二年（1379）建卫。朱明王朝为了开拓疆域，巩固边防，因"洮州西控番戎，东蔽湟、陇，汉唐以来备边要地"（《明史·西域传》）。故据《明史》《太祖实录》等书记载，洪武年间，先后向此地派遣了大量屯军。这些屯军及其家属，以及后来的移民，"不出南京、徐州、凤阳三地，盖明初以戡乱来此，遂占田为土著"（顾颉刚《西北考察日记》）。这样，就在临潭的旧城增加了屯垦的士兵和江南的移民。显然，这里原来的汉、藏族人又和江南人会合一处，使洮州原有的大西北秦文化与江南吴文化发生融合，就有可能把南方的民间习俗带到旧城，其中应包括扯绳这一活动。同时，笔者在采风问俗中搜集到社火秧歌中就有"正月里来是新年，我的老家在江南；自从来到洮州地，别有天地非人间"的歌词；洮州"花儿"中也有"世上英雄访好汉，就和马武访冯彦，今天访见老江南"的唱词等。

由上述史实可证：临潭旧城的元宵扯绳赛是由明代屯军、移民从江南带来的习俗。

临潭旧城的元宵扯绳赛不但有其传统性，而且具有民族性。"自西晋永嘉之乱，洮阳沦陷，为吐谷浑所据。唐安史之乱后，陇右弃之不守，随之洮地也陷于吐蕃，并号洮州曰临洮城"（《地名志》）。到元代，"西番、秃鲁卜、降胡、汉民四种人杂处"（《元史·武宗纪》）。这是今天临潭（包括卓尼）藏民之由来。此外，还有回族群众，据《甘南简史》称："自明将沐英西征以来，金朝兴部之一的部分回族军士携眷定居洮州，修建清真寺，是为州内有回族定居甘南的最早记载。"《洮州厅志》卷三载："礼拜上寺在旧城，明洪武丁未创建。"是为此地回民之来源。

以上资料表明：旧城从西汉时始，就陆续有汉、回、藏各民族居住。因此，在同一地区、不同民族的人，除了社会、历史的原因，地理环境、气候条件、文化生活等也有影响，往往具有共同的审美情趣和性格特征。因而，他们勤劳勇敢，坚韧不拔，粗犷豪放，有阳刚之美、豪壮之气。加上历史上的旧城人"重农善贾，无人不商，亦无家不农，汉回杂处，番夷往来，五方人民贸易者络绎不绝"（《洮州厅志》），故形成了此地独特的风俗习惯，扯绳活动也就成了他们共同的爱好。

前文引《洮州厅志》记载扯绳之戏于每年正月初五、六日午后进行，怎么现在又在元宵之夜比

赛？各族群众怎么如此重视这一活动？带着这些问题，笔者走访了各族群众中的年长者。现撮其要，记其事。

敏绍光，男，回族，82岁，城关教场村人。他说："听我阿爷说过，他年轻的时候就扯绳，那时用麻绳扯，绳是坐地商号和牛马贩子捐的。在西门外扯。啥人都上，别人不干涉。我父亲时，世乱不太平，四乡八路的人也不敢来，也曾在'破五'过了白天扯。"

杨保林，男，汉族，63岁，城关城内村人。他说："听说白朗来的一年，挪在城内西街扯，人不多，但没有停过。汉、回、藏都来扯，主力是回民，人多。我年轻时爱耍，把过杠子。正月十四、十五、十六三晚夕，不论哪面胜了，庄稼丰收呢！老人们这么传下来的。"

丁仲辉，男，回族，58岁，城关下河滩村人。他说："扯绳以我们回民为主，城关镇现在的回民占64.8%，还有四乡来的藏民、汉民，都来参加。穆斯林在春节期间不搞别的，但历来崇尚体育，扯绳最踊跃！扯绳比赛是人寿年丰的祝愿、民族团结的象征。"

同时，还搜集到一些有关扯绳的传说：

有一年，旧城的西山上飞来一对凤凰，振颤着美丽的羽毛和鸣而歌，衔着一根长长的麦穗而舞。人们看着凤凰将麦穗你扯我夺、你来我往，现出健美的姿态，也模仿凤凰将一根绳子扯了起来。从此，凤凰飞走了，那西山便是西凤山。这扯绳的活动也一年一年地流传下来了。

明朝永乐初年，安徽定远人李达以都督金事镇洮州，迄正统间致仕，历四十年之久。朝廷用"因俗以治"之法，组织军民人等扯绳庆元宵，对扯胜者，李重赏之。

清康、乾间呈盛世，洮州厅某同知大人与民同乐，元宵节特地到旧城，要回、汉各族共同扯绳，以示普天同庆。扯绳时，花炮齐鸣，击鼓助威，群噪歌谣，热闹非凡。

临潭"万人元宵扯绳赛"已引起国内外新闻界和专家学者的注目，据有关人士透露，临潭"万人拔河"于2001年载入吉尼斯世界纪录，这是临潭人民的自豪。

甘南社火秧歌

在甘南藏族自治州，汉族秧歌的流传历史比较悠久，大约可追溯到公元 14 世纪初。据《洮州厅志》记载，临潭县的汉族群众大多是明代初年及其后从安徽凤阳、定远及应天府（今南京）等内地陆续迁来的戍边移民。他们世世代代在甘南这块土地上生息，必然要把内地部分文化娱乐活动形式也带到这里来。除了普及全国、象征中华各民族以龙为图腾进行祭祀活动发展演变而来的龙灯舞，还有狮子舞、跑旱船（江南采莲船）、《观灯》（安徽黄梅戏《夫妻观灯》）等，还有一些演唱曲调，都和内地大同小异。从这里可以看出甘南汉族社火秧歌的移民痕迹以及和内地社火秧歌的承传关系。

《洮州厅志》（卷二·风俗）中记载："（正月）初五、六日，各乡行傩礼扮演故事……北乡民亦有纸马之戏。""元宵，观灯演社火。"从这里我们可以得出几点比较肯定的判断：

方志书点名记载。而藏族、土族的社火秧歌与汉族的其他社火秧歌活动，或由于语言隔阂，不便翻译，或出于民族歧视，或被认为俗不可耐，所以没被点名记载。但现在的临潭、卓尼、舟曲、迭部各县当时均划归洮州厅管辖，所以也可肯定"行傩礼扮演故事"的各乡，也包括这些少数民族地域。也就是说，700 年前，甘南藏族、土族的社火秧歌活动就产生了。

由于历代封建统治阶级和封建文人均把社火秧歌这种"下里巴人"的文艺娱乐活动视为鄙俗的、不入流的东西，连正眼也不看它一眼，所以历代有关这一活动的记载相当缺少。很多正史对此不屑一顾，甚至在甘南当地的地方志书中也仅有寥寥数语。但这一民间文艺活动是通过民间艺人口耳相授、代代相传的方式流传下来的。加之甘南环境偏僻闭塞，经济思想文化中渗入或遗留的祭祀祈祷因素，在群众心理上造成一种神秘的传统压力，因此又造成其内容形式都处于承袭多、创新少的相对稳定状态。

据有关资料记载，临潭、卓尼、舟曲、迭部各县的藏族（洮迭藏族）很大一部分是唐朝或唐以后从西藏因战乱迁徙而来的西藏吐蕃后裔；卓尼县杓哇乡的土族（土户家）则是吐谷浑王朝在唐中期为吐蕃所灭后隐居下来的一支，在长期的历史变迁发展过程中，与藏民族逐渐融合[1]。而这两个民族居住地带流传的独特的社火形式《沙目》《嘎尔》，还留存有当年部落每年岁首祈祷风调雨顺、人畜平安兴旺，为部落消灾灭病的祭祀活动的痕迹。

《沙目》扭舞之初唱《龙够》（意即"开歌门"），其中两段意思是这样的：

> 唱吧唱吧向上唱，
> 向上不唱三首歌，
> 天上的歌门打不开。
> 白酒黄酒盛龙碗，
> 是开歌门的好钥匙。

> 唱吧唱吧向中间唱，
> 向中间不唱三首歌，
> 阿克[2]的经卷揭不开。
> 铜钹皮鼓和木鱼，
> 是开经卷的好钥匙。

土族《嘎尔》开头迎神曲也唱道：

> 卓玛阿妈[3]爱听酒曲，
> 让我们高高兴兴唱上三段。
> 香巴格保[4]爱凑热闹，
> 让我们欢欢喜喜扭上三转。

以上唱词中，酬神、谢神、悦神的意味十分明显。而且在这些社火中，神也不是板起面孔可畏可怖的偶像，而是具有人的感情，和人一样爱听酒曲、爱凑热闹，人神共娱，喜庆佳节，表达了劳动人民善良美好的愿望。

杓哇土族自治乡近 90 岁的石旦巴老人和 70 多岁的尼盖才郎老人都说，从老先人口中传说从前跳唱《嘎尔》时有男女二队互相唱问唱答，但后来就只

---

① 参见杨士宏《"勺哇人"调查及索源》，载《西北民族研究论文辑》，西北民族学院西北民族研究所编，1984 年。
② 阿克：尊敬的称呼，父亲的意思。这里指喇嘛。
③ 卓玛：女菩萨。阿妈：对菩萨的敬称，有"圣母"的含意，泛指众女神。
④ 香巴：先知先觉的圣人。格保：马头人身明王，护法神之一。"香巴格保"泛指众神。

剩男队员了。据此说法，我们可推测《嘎尔》最早起源于吐谷浑某部族或枸哇人这支部落先民们祭天祈神或庆典等重要活动。由于当时部落母权地位的重要，也反映在社火活动之中。只是由于后来受到汉族文化习俗的影响以及妇女地位的逐渐下降，母权社会残余的消除，妇女们才被迫退出了此类隆重场面与社火活动。

关于藏族《沙目》的起源，历史上有这样一段传说：很久以前，连年大旱、灾荒不断。先民们杀牛宰羊祭天神，正当他们跪伏祈祷时，空中传来阵阵鼓乐歌声。智者默记了曲调、鼓点、节拍，制造出能摇动发响的长把羊皮鼓。然后在村中大场上煨桑火①跳唱此"天乐"，祈愿天神。当日果然甘霖普降，解除了旱魔的封锁肆虐。从此，先民们便在每年岁首的正月初五开始跳唱《沙目》，直至正月十五，才将巴郎鼓供起来，以待来年再用。从此地方风调雨顺，连年丰收。

在长期的历史发展进程中，随着当时边城的逐渐繁荣，藏、土、汉各族人民加速文化交融，当地汉族社火秧歌中也吸取了一些当地藏族的表演形式，如打熊舞，并创新或流传下来了《下四川》（反映边城商业发展的初期形态）、《张良卖布》（反映小商贩生活）、《织手巾》（反映青年男女的爱情生活）、《走了趟拉卜楞》（编唱劳动人民的贫苦生活，但语调幽默诙谐，使人发笑）、《十二古人》（编唱宋朝以前的历史人物故事及神话传说，以十二个月扣紧人物命运或故事内容，如"九里山前话埋母，十面埋伏楚霸王"等）、《十盏灯》（吉利喜庆内容）等。而当地藏族、土族群众也学会了表演狮子舞、龙灯舞、跑旱船等。这表明，社火秧歌活动在增进当地藏、土、汉各族人民互相了解、友好交往方面，确实起过桥梁纽带作用。

在这里，特别值得一提的是，甘南汉族秧歌中从内容到形式都反映了战争生活。它的内容有征兵、送兵、领兵、出兵、摆阵、鏖战、立功、思妇、闺怨等情节，各段落衔接中又加进了拜年贺节、祈祝太平的喜庆内容。

由于甘南社火秧歌的流传区域都比较小，如《嘎

尔》《纸马》《沙目》等仅存在于一两个乡社火活动中。老艺人们的传授继承方式主要是凭记忆，口耳相传，而不是靠再创作。因此在流传中变异失真的可能性很小，既保持了各自的民族特色，又保留了民间艺术的历史原貌。

在文化娱乐活动贫乏的甘南地区，每当"年头正月最吉利"的佳节良辰，社火秧歌队伍走村串寨，为农牧民拜年助兴，并以传统的吉庆祈禳仪式，来满足他们心理上、精神上的需要。锣鼓咚咚，龙腾狮跃，男扮女装，欢歌醅舞，给荒凉寂寞的山寨增添了一派热烈欢快的喜庆气氛。社火秧歌成为山民们年节时主要的甚至是唯一的（指荒凉偏僻地带）精神娱乐活动。

甘南社火秧歌按内容分类，主要有：

第一，寄寓着祭祀祝福祈愿内容的。这类节目多在社火队正式表演之前反复进行，或在一套"串戏"起头时表演。如《嘎尔》中的《迎神曲》，《沙目》中的《龙够》（开歌门）、《春牙撒》（天地问答歌）、《盖路》（心愿歌），《纸马》中的《洗旧年》，以及秧歌小调《十盏灯》，武术表演"打熊舞""龙灯舞""狮子舞"，等等。

第二，反映劳动人民农牧业生产或狩猎、商业等内容的。如《嘎尔》（反映农业）、打熊舞（狩猎）、《卖布》（商业）、《下四川》（商业）、跑旱船（江南采莲船），以及《沙目》中的《撒玛路》（敬饭歌：问答青稞、大麦、油籽等种子起源）、《扎玛路》（敬茶歌：问答有关茶叶产地及运销、买卖内容）等。

第三，反映下层劳动人民的社会生活及有关婚姻爱情生活的。如《走了趟拉卜楞》以诙谐幽默的词语咏叹"阳世上的穷人"处处交恶运的不幸遭遇；《路远迎哥》反映初期移民生活；《闹书生》反映婚姻不幸、生命早夭的姑娘的悲惨命运；《夫妻观灯》表现一对苦中寻乐的贫家夫妻和谐愉快地赏灯；《兰桥担水》（也称《南桥相会》《卖水》）表现一位穷人家的成年姑娘（"婆家强悍娘家穷"）被迫嫁给富人家，给12岁的"丈夫"做妻子，实际上是给人家当牛做马做丫鬟的。主人公唱道：

我的婆家是有钱汉，三年没给我一条线；

---

① 煨桑火：用柏枝、酥油、糌粑燃起的火。藏传佛教信徒祈神求福时点燃桑火，叫煨桑火。

我婆婆今年三十三，我公公今年四十三；

我丈夫今年一十二，送到南学把书念；

早上担水三十担，晚夕推磨到三更天；

上河里担水路又远，下河里担水路不干；

……

主人公生动形象地对旧时代农村妇女的不公平地位提出了控诉和抗议。

除此之外，反映下层劳动人民生活特别是妇女生活的还有秧歌小调《织手巾》（反映少女情窦初开的情境）以及秧歌《纸马戏》中的《路边的海纳花》（妻子在家思念远方出征打仗的丈夫）、《咕噜雁》（征夫远行前和妻子家人难分难舍的话别）等。

第四，反映古代的战争生活的。如《纸马戏》中的《影门中》《正月十五雪打灯》《送兵》《出征》《思家》《扎营》《二郎爷爷本姓杨》《路边的海纳花》《咕噜雁》《日落南山影无踪》等。

第五，其他类。有以赞美家乡山川人物为主要内容，如《沙目》中的《及柔春巴》（赞美社火队演员）、《尼给刀羊》（赞美"阳山的"村庄）等；有提倡团结友爱的，如《沙目》中的《沙目美娄》和《嘎尔》中的《拜别歌》等；还有套唱古人故事的，如秧歌小调《十二古人》等。新秧歌也逐渐出现。像舟曲县武都关村近几年演出了以植树造林、法制宣传、计划生育、文化学习等为主要内容的新秧歌；临潭县城乡也创作演出了宣传脱贫致富的社火节目。

甘南社火秧歌根据其表演形式可以划分为三类：

第一，有完整内容的成套秧歌。这部分秧歌也称"串戏""套曲"，由各自不同的词、曲、情节、人物等按照规定的顺序"串连"成一套完整的秧歌故事，但其各部分的秧歌表演风格却保持着统一。如土族《嘎尔》由《入场曲》《迎神曲》《天地五谷问答曲》《拜别歌》《敬酒歌》串演组成；藏族《沙目》则由《龙够》（开歌门）、《沙目美娄》（沙目多美）、《撒玛路》（敬饭问答曲）等11支歌舞串演组成；汉族《纸马戏》则由《洗旧年》《征兵》《送兵》等15支歌舞串演组成。这类秧歌参加表演的人数也较多，从十几个人到几十个人，人数不等。分队问答，有歌者、有舞者、有"扮演故事"者等。并且都有规定的表演场

地，一般都在村里中心大场①表演，而且要点火煨桑，以示隆重。也有规定的表演时间，如《沙目》《嘎尔》分别在正月初五、初八至正月十五，《纸马》只能在正月初五至十六的晚上才能表演。

第二，秧歌小调类。这类秧歌均有独立的词曲，有些小调可由表演者即兴填词。一般由一人单独表演，或二人对唱表演。亦歌亦舞，但比较注重唱功。内容比较单纯，只表述一个简单的情节、人物、故事。这类秧歌的调类最多，如《织手巾》《走了趟拉卜楞》《路远迎哥》《十二古人》《闹书生》《十盏灯》《兰桥担水》《跑旱船》等。

第三，武功、武术、舞蹈类。这类节目的表演者注重武术武功或舞蹈动作，伴以简单的打击乐，作为社火队正式开演前"踩台"用，或作为社火队在街头行进时边扭边舞招徕观众，也作为其他节目之间换场用。如龙灯舞、狮子舞、打熊舞、旱船舞等。

甘南社火秧歌按少数民族分类，主要有：

第一，甘南汉族群众的传统社火。主要有在打击乐（鼓、锣、钹、木鱼、铃等）伴奏下耍的狮子舞、龙灯舞、旱船舞、打熊舞等，散发着健康豪放的生活气息，给新春佳节增添热烈、诙谐、风趣的气氛。还有在丝竹乐器伴奏下唱的曲目，如《牧童放牛》《兰桥担水》《张良卖布》《放风筝》《下四川》《观灯》《十二个月》等秧歌小调，均具有朴素自然的演唱风格。这些社火形式在城乡都很流行，有的近似于省内外的一些秧歌，基本上承袭了内地的社火秧歌。

有些节目很有地方特点，突出的有《路远迎哥》《走了趟拉卜楞》《纸马戏》等。

《路远迎哥》的唱词格式为一问一答，如：

路远哥，你阿呢（哪里）来？

来时带点儿什么来哎？

路远哥，我从新城营（集市）上来，

带点儿画儿炮仗来哎。

这种古朴的民风大约在其产生之初就伴随着迎接亲人的锣鼓声，而随着后来迁徙停止，定居者思绪趋于稳定，《路远迎哥》也就渐渐演变为这一带的社火民俗，成为春节、元宵节期间歌舞娱乐形式。但其迎、送的本来意图还留存在人们心目中。比如现临潭

---

① 大场：秋时堆放打碾谷物、冬时闲置的农用场所。

县王旗镇、石门乡，每年正月十五晚，各村举行"烤摆摆"的仪式。即从全村各家各户收集柴火，高高堆在村中心场院中央，点起冲天的火焰。这天，从本村嫁出去的姑娘都要回来，全村男女老少围着火堆，嬉戏歌舞，并唱《路远迎哥》之调。有些老年妇女，在思念远嫁不能归来的女儿时，也唱此歌，只是歌词不同罢了。这"烤摆摆"的习俗，很可能就是当时迎接迁徙者的仪式的一种延续方式。

《走了趟拉卜楞》是根据一支当地叫作《牧童放牛》的曲谱填词演唱的秧歌舞曲。其在城乡各地流传的唱词略有差别，均含有即兴填词演唱的色彩。唱词诙谐调侃，表演也很滑稽，妙趣横生。诉说穷苦人的种种苦难事、坏运气，读它的唱词似乎苦不堪言，实际上表演者和观众共同创造出了调侃幽默的气氛。这是劳动人民以嬉笑的态度蔑视苦难、对付噩运的一种内在气质的表现。像这样类似打油诗式的秧歌舞曲在甘南社火秧歌中实不多见。如：

> 走了趟拉卜楞，哎嗨，
> 买了个破砂锅，哎嗨；
> 做了一锅饭，哎嗨，
> 儿子女子多，哎嗨。
> 你一碗，我一勺，
> 倒把锅打破。
> 阳世上的穷人多，
> 哪一个还像我？
>
> 买了件烂皮袄，哎嗨，
> 虱子虮子多，哎嗨；
> 怀揣个大馍馍，哎嗨，
> 虱子吃去半个多，哎嗨；
> 搭在墙头晒，哎嗨，
> 老鸹盘成窝，哎嗨。
> 阳世上的穷人多，
> 哪一个还像我？
>
> 种了一斗米，哎嗨，
> 收了个五升多，哎嗨；
> 拿到磨里去磨，哎嗨，

> 寻口的①朋友多，哎嗨。
> 你一把，我一撮，
> 撮了个差不多。
> 阳世上的穷人多，
> 哪一个还像我？

拉卜楞镇坐落在夏河县境内，因其建有藏传佛教格鲁派六大宗主寺之一的拉卜楞寺院而闻名于整个安木多藏区（包括青海、四川、甘肃等省的广大藏区）。几百年来，因朝觐拉卜楞寺院的僧俗民众很多，促使这里的商旅交通、经济文化得以发展繁荣。这里一直是藏、汉、回各族民众从事商业贸易活动的重要的物资集散地。这首秧歌小调也从侧面反映了这一历史事实。

《纸马舞》仅流传在卓尼县藏巴哇镇包舍口村。其歌词纯用汉语演唱。每年正月初五至正月十六的晚上表演。表演者身跨竹扎纸糊的彩色战马，手执战旗，身着战袍，在打击乐和号角的伴奏下，由一位手打灯笼的角色引导进行复杂的队形变换，表现了古战场的战争气氛。演唱内容以出征为主，反映建功立业的爱国情操，也有反映将士思妇及寡妇思夫的悲惨命运的，同时也宣传了忠君报国、读书做官的封建伦理道德。其形式明显受了戏剧的影响。《纸马舞》的唱词内容包含歌颂杨家将的故事，它的形成年代大约在明清之际。因为在元朝统治者的残酷镇压下，当时的汉族人民尚不能公开明确地歌颂抗敌保国的民族英雄。其歌词雅俗并存，其音韵整齐合拍，雅词和俚语俗语杂陈。由此可见，它由当地汉族文人创作或加工的可能性最大。当然，喜庆娱乐色彩，更是所有社火秧歌的重要特点。

由于《纸马舞》故事脉络清楚，人物性格鲜明，情节变化较多，以及它现实主义的创作风格，表明它已是发展成熟的民间秧歌戏了。

值得注意的是，《纸马舞》的唱词根据内容和曲谱的需要，句式多变，有长短句、七言句、五言句；每段唱词，有二句式、三句式、四句式、多句式。唱词雅俗合流，还有的完全是当地民歌句式。

在《纸马舞》的表演中，出场人物角色及唱词中涉及的人物计有李扎扎（将官名）、父、母、兄、弟、

---

① 寻口的：叫花子。

叔、嫂、妻、儿、秦州爷、送书人郑王爷等。表演叙事的成分居多。但因其随正月新春的锣鼓秧歌队同场合演，又不在正式戏台上演，而是走乡串寨，随着龙灯舞、狮子舞、跑旱船的同场演出，演出场地仅在大场上，曲调又多以固定的若干支小曲为主，它与戏剧（当地称"大戏"）还是有明显的差别。又加之其唱功、武功要求高，曲调变化多，歌词复杂，所以仅仅局限在一个村庄的社火队承袭表演。这种情况在农村社火秧歌戏中尚属少见。

《纸马舞》的部分唱词是这样的：

> 好一个洗上年，
> 好一个洗旧年，
> 洗（喜）了个今年洗（喜）明年。
> 今年中了举，
> 明年中状元。

> 读书人儿高，
> 读书人儿高，
> 脱下蓝衫换蟒袍。
> 身坐上八抬轿，
> 跃出个武华门。
>
> ——《洗旧年》

> 正月十五雪打灯，
> 各位官神下天空。
> 各州府县清官坐，
> 天下黎民保太平。
>
> ——《正月十五雪打灯》

> 这山高来那山高，
> 桃子树上结小桃。
> 小桃好吃树难栽呀，
> 太平年呀；
> 秧歌好唱口难开，
> 太平年。
>
> ——《太平年》

> 一心敬你灯一盏，
> 二家有喜二盏灯。
>
> ——《十盏灯》

> 背一杆黄龙枪二龙摆尾，
> 骑一匹豹花马威武勇猛。

> 拿一把宝雕弓铜膀铁臂，
> 带三支锁喉箭箭箭伤生。
>
> ——《营门中》

> 沙场外哟月儿正高，
> 好汉人哟出门心焦，
> 想家盼家盼不到。
>
> ——《沙场外》

> 头一杯酒呀交与我的天，
> 天呀，你是我的天，
> 小弟子出兵家里保平安。
>
> ——《十二杯酒》

> 兵间（里）头挑兵，
> 兵间（里）头挑兵，
> 尽挑下二十四五的好后生。
>
> ——《秦州爷领兵》

> 娘老子你听，
> 娘老子你听，
> 你放宽了大心。
> 若不是湟州阵上弟兄们的重兵，
> 鞑子骡马早巳飞过杨柳城。
>
> ——《秦州爷领兵》

> 男儿你站了，
> 为妻嘱咐你：
> 冷店你娿站，
> 残饭你娿吃，
> 得下了疾病奴家也不知。
>
> ——《咕噜雁》

第二，藏族的传统社火。以《沙目》为主要代表，伴之以打熊舞、龙灯舞、狮子舞以及一些表现宗教内容的面具舞等。

《沙目》表演时，沙目场中煨一堆由柏枝、炒面等点燃的敬神桑火，全村老小围着火堆观看，沙目社火队又在观众外圈分男女两队表演，均用当地藏语演唱，歌词内容多为祝福贺喜、祈神禳灾之类。这时本村出嫁的老少姑娘，均返娘家与全村人聚会。待《沙目》表演结束后，在场观众均参加跳唱一种叫"阿尼桑桑"的歌舞，人们互相敬酒敬茶，夜以继日地狂欢着。

据说《沙目》的原曲调有108种之多，逐渐失传。现存的《沙目》歌舞，由《龙够》（开歌门）、《撒玛路》（敬饭歌）、《扎玛路》（敬茶歌）、《及柔》（赞美"春巴"，即演员之舞）、《春牙撒》（敬客歌）、《沙娄麦娄》（意为"正文开了头"）、《苦松加里柔》（跳三圈转圈舞）、《春住》（意为"舞童"）、《尼给刀羊》（为了跳舞而来）、《路赛》（拜年歌）、《盖路》（告别歌）11支歌舞组成。演唱内容大多健康有趣，歌词多用比兴手法，有明显的藏族民歌特色。它的舞姿粗犷健美，曲调悠长豪放，各村社火队的演唱内容及形式各有不同。

现存《沙目》各支歌舞的表演都有固定的顺序和一定的场合。每年正月初五晚开始，先在本村中心的"才撒"（即沙目场）演唱。舞队分男女两队，分别表演，不混合。在本村演唱的只有《沙娄麦娄》《春牙撒》《尼给刀羊》等，内容仅限祝福求神、祈禳消灾。在本村跳过三个晚上后，就与别的村庄进行交流。交流时歌舞分为两队，即客队和主队，双方互问互答，交替演唱。先唱序曲《及柔》，接着是《苦松加里柔》，接下来是《沙娄麦娄》，以下依次跳唱《春牙撒》《春住》《尼给刀羊》等。中间休息、吃饭、喝酒时穿插演唱《龙够》《撒玛路》《扎玛路》等。其中《路赛》是《沙目》演唱中客队向主队拜年时演唱的曲目。最后跳《盖路》，互相祝福告别。

为了解《沙目》的基本语言特点，我们不妨翻译摘引几节唱词：

> 那高高的山顶上，
> 是降落什么的地方？
> 那高山的山脚下，
> 是降落什么的地方？
> 那宽阔的平地上，
> 是降落什么的地方？
> 那高高的山顶上，
> 是降落花色谷粒的地方。
> 那高山的脚下，

> 是降落圆体谷物的地方。
> 那宽阔的平地上，
> 是降落小谷物的地方。

以下又继续问答，依次深入，直到把大米、小米、小麦、蚕豆、豌豆、燕麦等谷物的形状与生长习性问答清楚后才告结束。这是敬饭歌（《撒玛路》），其他如敬茶歌（《扎玛路》）、敬酒歌等，问答形式及内容程序大致如此。

第三，土族的传统社火。主要以独特的秧歌舞《嘎尔》（彩灯巴郎鼓舞）为主，流行于卓尼县杓哇乡的十余个土族村寨。歌舞者一手提灯笼，一手拿短把羊皮巴郎鼓。每年正月初八至十五，土族各村寨"嘎尔"此起彼伏。群舞随着鼓声咚咚，金锣锵锵，时而伴之以队员们撮口卷舌发出的尖锐悠长的口哨，气氛热烈欢快。它的舞姿跑、跳、腾、挪，力度很强。唱词简洁明快，重复排比句多，具有好唱易记的特点。《嘎尔》演唱前还要跑旱船、耍狮子（但不要龙），寄托着祝祷牲畜兴旺、灭病免疫的愿望。它的唱词仅有一套。唱词中把太阳光比喻为"天上的缰绳"，不但形象地表明了日光夏长冬短、昼放夜收，而且含有过去人们对太阳驾驭执掌万物生长的敬畏之情。还把月亮比喻为"天上的圆干粮"（烙饼），把群星比喻为"天上的磨物"（粮食）。嘎尔队一律在大场上歌舞，这一切皆与农事有关，它是由早期吐谷浑部落进行祭祀祈禳活动流传演变而来的，具有既祭祀又娱乐的双重内容，表现了生产力落后的当地土族人民在靠天吃饭的历史条件下，人们敬畏天地、五谷之神，祈祷风调雨顺、庄稼丰收的殷切期望，并充溢着浓厚的浪漫情调。因此，每个嘎尔队不但在本村表演，还踊跃地应邀到外村献歌献舞。

每年腊月，各村的嘎尔队即在精通歌舞的"嘎尔爸"指挥下排练。每队少则七八个人，多则二三十人。演出时，队员们要穿鲜艳的民族节日服装，由"嘎尔爸"敲锣指挥领舞（其他队员一手持短把羊皮巴郎鼓，一手持纸糊的红灯或彩灯）。在村口起舞时，先唱开头《吉祥曲》，然后扭到煨有桑火的大场上，绕着火堆唱四句《敬神曲》，接着才以问答形式转入正曲。唱时动作幅度减小，腰身在原地徐徐扭动，巴郎鼓和红灯笼也轻摇慢摆。这时，队员们分为两排，或一排问一排答，或一人问一人答，或一人问多人

答，或多人问一人答。在每段问答间歇时，队员们摇
鼓摆灯，变换队形，绕场旋转，反复吟唱过门曲"代
冒代冒兰给交，代冒代冒兰给交"（此句属铺垫句，
无实际意义）。漫舞一阵，才开始另一段内容的唱问
唱答。每段内容问答结束前，唱问句开头总是要重复
上节后才发出新的提问。因此唱段越拉越长，从二句
一节增至三句一节，从三句一节增至四句一节，又增
至六句一节、八句一节等，直到换唱另一个内容时才
恢复二句、三句一节，也同样要重复。以唱太阳和月
亮起句为例：

> 问：太阳、月亮和星辰，
> 　　太阳是天上的什么？
> 答：太阳、月亮和星辰，
> 　　太阳是天上的缰绳。
> 问：太阳、月亮和星辰，
> 　　太阳是天上的缰绳。
> 　　它啥时长来啥时短，
> 　　啥时展来啥时收？
> 答：太阳、月亮和星辰，
> 　　太阳是天上的缰绳。
> 　　天上的缰绳阳春展，
> 　　夏季三个月放最长；
> 　　秋季到来开始收，
> 　　冬季到来它最短。
> 问：太阳、月亮和星辰，
> 　　太阳是天上的缰绳。
> 　　月亮是天上的什么？
> 　　……

嘎尔队就用这灵活多变的唱词演唱完全部内容。
完毕后，村庄上人们都要以酒肉或各种美食盛情招
待。天黑告别时，嘎尔队员又演唱《告别曲》：

> 蓝天长在，日头要走了；
> 森林长在，虎豹要走了；
> 村庄长在，嘎尔队要走了。
> 我们像姊妹般遇上又分开，
> 就像一窝蜜蜂有合也有分。

告别时，主人和乡邻们在队员们额头上抹一把炒
面祝福，手捧镏金边小龙碗敬酒送行。《嘎尔》全用
土族语言演唱，杓哇乡的土族群众现有 600 多人，而
《嘎尔》又是其唯一的社火秧歌形式，可以说是家喻

户晓、老幼皆知。在"文革"中被禁止，最近几年又
恢复活动。

近几年有些县城出现的宣传农村经济政策、植树
造林、计划生育、法制教育、脱贫致富等内容的新秧
歌，都有力地配合了改革中的农村工作，出现了一个
新旧内容并存、传统与创新并存的局面，二者已经既
矛盾又和谐地统一在一起。

藏棋

在我国藏区，自古以来就流行着一种类似围棋的
棋类游戏，称"藏棋"。藏棋在古代大多作为藏族上
层统治阶级的娱乐工具。以后流传到民间，现时在甘
肃藏族地区还有人下这种棋。

1. 藏棋的起源

关于藏棋的起源大致有以下四种说法：第一种说
法是在汉代，由居住在四川、青海、甘肃一带的羌族
同胞传入；第二种说法是由古印度随着佛教文化于汉
朝前后传入西藏；第三种说法是由西藏人民自己发明
的；第四种说法是在三国时期由诸葛亮带入云南，又
从云南传入西藏。

这几种说法以第一种和第四种的可能性较大。据
说诸葛亮在云南时，为了增加围棋的趣味性，在弈法
上，曾在原来只有 4 个"座子"的基础上，增加成 12
个"座子"。另外，他还根据云南少数民族在生活中、
劳动中有"对歌"的习俗，人们好以歌唱形式进行
"舌战"，而规定了下棋时双方也必须进行"舌战"，
以锻炼各自的口才，培养思维的灵敏性，增强弈棋的
趣味性。这一说法是否真实，不得而知，但在藏族一
些地区，确实有下棋时必须同时"舌战"的习俗。

2. 游戏规则

藏棋又叫"多眼棋""多目戏"。它实际上是由古
代围棋（17×17 道围棋）逐步演变而成，藏棋棋盘是
由纵横 17 道等距离平行线垂直相交成的正方形。棋
子分黑、白两色，比赛前要在棋盘固定位置交叉点上
摆放 12 子（黑、白各 6 子），称为"座子"。藏棋下
法与围棋有许多相同之处，也有独特之处。如打枪、
裕裢、三碧、四碧、转拉萨、转棍、卡子、哈木等，
既可二人对下，也可四至六人对下，藏棋没有让子之
说，如果双方实力相差甚远，一律用"贴目"的办法
解决，具体"贴目"多少，赛前由双方商定。除此之
外，两者便没有什么大的区别了。

3. 藏棋段位设置

自 2019 年 12 月西藏自治区举行首届藏棋段级位赛，并产生藏棋历史上首批段位棋手后，"西藏 2020云宿 · 倾城杯成人藏棋春季段级位赛"在拉萨举行，勒辉等 25 人成为第二批藏棋段位棋手。

4. 比赛现场

西藏于 2016 年成立中国首家省级藏棋协会。2019 年 5 月，西藏自治区体育局批准并颁布《藏棋段级位制实行办法》，自此藏棋历史上第一次有了衡量棋手水平的标准。赛事包含成人赛和少儿赛，藏棋（密芒）最高段位业余 6 段棋手。勒辉成为第二位藏棋（久棋）业余 6 段棋手。

拉卜楞藏戏

藏戏的藏语名叫"阿吉拉姆"，意思是"仙女姐妹"。据传藏戏最早由七姐妹演出，剧目内容又多是佛经中的神话故事，故而得名。

藏戏是藏族戏剧的泛称。它是一个非常庞大的剧种系统，由于青藏高原各地自然条件、生活习俗、文化传统、方言语音的不同，它拥有众多的艺术品种和流派。藏戏起源于 8 世纪藏族的宗教艺术。17 世纪时，从寺院宗教仪式中分离出来，逐渐形成以唱为主，唱、诵、舞、表、白和技等基本程式相结合的生活化的表演。

也有观点认为，藏戏起源于距今 600 多年以前，比被誉为国粹的京剧还早 400 多年，被誉为藏文化的"活化石"。在青海、甘肃、四川、云南四省的藏语地区，形成青海的黄南藏戏、甘肃的甘南藏戏、四川的色达藏戏等分支。印度、不丹等国的藏族聚居地也有藏戏流传。

藏戏种类繁多，但主流的是蓝面具藏戏。演出一般分为三个部分：第一部分为"顿"，主要是开场表演祭神歌舞；第二部分为"雄"，主要表演正戏传奇；第三部分称为"扎西"，意为祝福迎祥。

藏戏的服装从头到尾只有一套，演员不化妆，主要是戴面具表演。藏戏有白面具戏、蓝面具戏之分。蓝面具戏在流传过程中因地域不同而形成觉木隆藏戏、迥巴藏戏、香巴藏戏、江嘎尔藏戏四大流派。

甘南藏戏藏语称"南木特"，即"传记"之意。又因在拉卜楞寺首次演出，故又称"拉卜楞藏戏"，是从藏族民间舞蹈、民歌、僧歌演变而来的。

保安族民间游艺

1. 射箭

保安族的弓箭有其独特之处，弓用劈开的大竹片做成。2 至 3 片扎成一股，长 4 尺左右。为了保护弓的柔韧和弹性，弓的两端套有水牛角。弓绳由几根拧在一起的牛筋绳做成，铁制的箭头呈长三角形，半斤多重。箭绳系有红缨穗，一般射程 200 米左右。每年冬季，青壮年男子举行射箭比赛。比赛结束后，宰羊庆祝优胜者。

2. 甩抛尕

甩抛尕原是由打仗和放牧所需而产生的，现已成为一种锻炼体魄的竞技项目。抛尕由绳和装石子的布袋子组成，绳是由牛毛线缩织的，大拇指般粗，长 5 尺，绳中间有布袋子，装鸡蛋大小的石子。甩抛尕时，将绳子一头的小孔套在中指上，另一端折叠上来，夹于食指和拇指之间，开始用力绕环旋转，同时瞅准前方的攻击目标，然后松开拇指和食指，石子飞驰而去，击中目标。比赛方法有三种：一是同时一起比，看谁抛得最远；二是同一距离的，看谁击得准；三是两队攻击比赛，一直把对方攻跑为止。但第三种比赛方法，若没有一定的地形掩体，容易发生事故，因而一般很少采用。

3. 打五枪

这种竞技项目是在飞奔的马背上，用自制的土枪，完成装火药、扣压引火帽和连续打五枪等动作。跑马距离规定为 200 米。比赛之前，骑手们将引火帽装进缠于额头的两指宽的花布火药带里，带上系有 5只牛角管（约拇指粗），每管内装有火药，管口用棉花塞住。当比赛号令一下，赛马飞驰，骑手们在马背上左手持枪，右手装火药、取装引火帽，连续射击。到达终点之前，最先连续射完五枪者为第一名。每逢"保安三庄"的任何一庄有赛事，其他庄的人们都来助威。尽管比赛结果只是由主持者宣布一下名次，然而在保安族人的心目中这种竞技项目是非常重要的，认为得了第一名，就是为庄子抓了"耳朵"（意为争了光）。有的群众还请获得第一名的骑手来家赴宴，表示祝贺。

4. 抹旗

这项竞技也是在马背上进行的。一百米距离内，选手在飞奔的马背上，向不同的五个方向挥舞手中的旗，即从右到左，从前到后，最后从头顶挥过去，保安人称抹"五门旗"。这种旗的旗杆比较特殊，用四五片竹子扎成杆子，其上涂抹胶水，并用黑布层层缠裹，保安人称作"纂竹"。其特点是坚韧，不易折断，长短分 8 尺的、9 尺的和 1 丈的，因人而异。

这项竞技也深受保安族人的喜爱，优胜者备受尊崇。

5. 抱腰比赛

这项竞技不受场地、季节等限制，是保安族青年人喜爱的项目。两位青年都力争抱住对方的腰部，先抱住对方的腰，并使其双脚离地者为胜。

以上所述竞技的共同点是，都需赛手体魄强健，具有过人的臂力，勇敢和敏捷。其动作与古时打仗和牧业生产有着密切的联系。

阿克塞哈萨克族的"姑娘追"

"姑娘追"是哈萨克族牧民的一种马术竞技形式。

哈萨克族号称为马背民族，小孩从小就在马背上生活，练就一身骑马的本领，骑马是每一个人生活的基本条件，连青年男女谈情说爱也是在马背上进行的。"姑娘追"就是哈萨克族青年男女求爱的一种方式。

数以千计的牧民，骑着大马，簇拥着一个比一个打扮得漂亮的姑娘和小伙子，从四面八方走来汇集在一起，人群中一位年老的长者宣布"姑娘追"开始，双双对对自愿结合的姑娘和小伙子，骑着马飞快地奔向指定的地点，开始赛马式的"姑娘追"。"姑娘追"的行程中，小伙子随时可以拦住姑娘的马头在草原上兜圈子，同时施展自己的高超骑术，向所爱的姑娘逗趣、求爱，姑娘却从不生气，只是寻找机会机智地摆脱困境，驰向终点。但是一到终点往回折返时，为了报复小伙子的调笑，姑娘扬鞭追赶，一旦追上了小伙子，就用皮鞭在他身上抽打，小伙子始终不敢还手，只得抱住鞍桥催马飞奔，千方百计地不让姑娘打上或少打自己。如果姑娘对小伙子确实产生了爱情，她就舍不得抽打小伙子，只是高高地扬起鞭子在小伙子头上和身上虚晃空绕，或轻轻地落在小伙子身上遮人耳目，一直追到始发地为止。

关于"姑娘追"的来历，我们询问了老牧民，他说很早以前，哈萨克族中有两个部落头人结成了儿女亲家。新媳妇过门那天，新郎一行中有个爱夸口的人，对女方家送亲的男男女女夸耀说："你们看，我家新郎骑的这匹马，是许许多多骏马中挑选出来的一匹千里马，日行千里不慌，夜跑八百不忙……"姑娘的父亲听了这番话之后，很不服气，为了夸耀自家也有上好的马和姑娘超群的骑术，便对新郎一行说："我的姑娘要骑着马向你们接亲去的相反方向跑，你们的新郎如果能追上，那么今天就过门，否则，就另选吉日。"接亲的人一听，知道这是挑战，即刻应允。于是，姑娘骑着好马飞也似的向前奔驰，小伙子就紧随追赶，当追上去时，姑娘提出要小伙子在前面跑，自己在后面追。这样一来原始的"追姑娘"就变成了"姑娘追"，加之后来人们不断地改进完善，慢慢地就成了今天的"姑娘追"了。

阿克塞哈萨克族的"叼羊"

"叼羊"是哈萨克族牧民喜庆节日或婚礼上的一项重要马上游戏活动，是一种力量和勇气的较量、马术和骑术的比赛。

过去部落头人办喜事或有钱人家举行婚礼，都要举行"叼羊"游戏，如今村寨每逢节日，大家约定集会叼羊，或有喜事婚礼，由主人赐给小伙子一只山羊去进行"叼羊"游戏。

"叼羊"的形式有三种：一是两人对叼；二是分组叼，过去一个部落选一组，进行争夺；三是集体叼，一只羊被主持者扔在地上，谁叼到手不被人抢走，谁就是胜者。我们看到的正好是第三种。用于"叼羊"的山羊先由主持人当众宰杀，割去头放在场地中央，各路骑手便列队待命。当主持人一声令下，英勇的骑手便扑向场中央，一场"叼羊"搏斗就这样开始了。领先的骑手迅速口咬马鞭，双手丢开鞍缰，在马上弯身抓住地上的羊，如飞箭冲出人群催马向目标驰去，其余骑手奋起直追，观众中欢呼呐喊，加油助威。另一人紧追上去，抓住羊腿，奋力争夺，时而几人相持，难解难分，时而一人抢去，甩掉对手。就这样争来夺去，互不相让，一边叼，一边跑，较量几个回合，直到把羊身上的毛剥尽，由最后叼到手的骑手，提着羊绕场一周，再飞马回到人群中，将羊放到原处，才算真正的胜利者。这种胜利是马术的较量、力量的对比，牧民们无不拍手叫好，赞不绝口。但是活动并没有结束，胜利者还要把叼来的羊，随意向别人家的毡房顶的天窗扔进去，毡房的主人就认为这是莫大的吉祥，便组织全家人剥皮煮肉，用手抓肉和奶疙瘩等佳肴热情招待前来贺喜的所有客人，奶足肉饱后年轻人们欢歌跳舞，娱乐至深夜。

叼到羊的骑手是自豪光荣的，大家要给他披红挂花；吃到这只"叼羊"的人也是幸运的，因为哈萨克族人有一种说法，吃了这只"叼羊"的人不仅会避过灾难，而且还能交上好运。如果是这样的话，我们采风团也随着哈萨克族人变为幸运者了。

第二节　民间曲艺

河西念卷

念卷，又称为"宝卷"。曲艺曲种，流布于甘肃境内的广大城乡。

宝卷是变文的后裔，从内容、体制到讲唱方法均同出一辙，被人称为"活着的变文"。始形成于唐代，至宋曾被宫廷禁止，元明清至民国期间尤为盛行。

宝卷除讲唱宗教经典故事以外，其题材主要还来源于民间故事、历代传闻、戏曲故事、自然风物传说等。宝卷经历了"押座文""讲经文""俗讲""变文"的孕育过程，又经"谈佛""说参军""唱洋经""诸宫调""西凉乐舞""讲史""话本"的熏陶和充实，日趋丰富。其内容包含儒、释、道三教合一及大量的历史人物、民间神话、歌谣故事、童话传说等。它以曲折的故事情节、生动的人物形象、通俗的语言和抒情婉转的曲调扎根于民间，流传于甘肃。

宝卷的内容和题材可分为两大类，即宗教的和非宗教的。宗教宝卷是写佛、道、神的宝卷，是宗教经文的通俗说唱。以劝世行善、升天成果为目的，是宝卷的早期作品。其情节简单，没有美的感染，只有死板的说教。如《销释印空实际宝卷》，是用通俗文字写成的经文讲解，无故事情节；《药师本愿功德宝卷》是念《药师本愿经》；《叹世无为宝卷》也被人称作《叹世无为经》；《香山宝卷》亦名《观音济度本愿经》，虽是讲经说法，却是同类中的佳品。《香山宝卷》是流行宝卷中古老的一种，相传是宋普明禅师于崇宁二年（1103）八月十五日在武林上天竺受神之感示而写成的，亦名《观世音菩萨本行经简集》，共2卷。虽然同属劝善说教，但很有人情味，容易取得人们的同情和崇拜。所以千百年来，在善良的劳动人民心目中，都活着一个可亲、可敬的女观世音菩萨，因此《香山宝卷》可算作此类作品中的佳作。除说法讲经外，这类作品中大量讲述的是佛经故事，有《目

连救母》《刘香女宝卷》《鱼篮观音宝卷》《妙英宝卷》《秀女宝卷》《庞公宝卷》等。这些宝卷相比纯说经论道的宝卷有了一定的文学渲染，使人得到一定程度的美学享受。非宗教类宝卷是写人的宝卷，中国民间四大传统的传说故事，宝卷中都有，如《孟姜女宝卷》《梁山伯宝卷》《祝英台还魂团圆宝卷》《白蛇宝卷》等。这类宝卷很多，比写神写鬼的宝卷增强了世事、人情，艺术性强，思想性高。这是民间故事对宝卷的改造和提高，也是宝卷从神向人的过渡。写人的故事的宝卷主要有写历史人物和现实人物两种。如《赵氏贤孝宝卷》《醒世宝卷》《金镯宝卷》《雌雄宝卷》《花枷良愿图宝卷》等，是用戏文和小说的题材，互相通用，补充发挥，内容基本近似或完全相似，对历史人物的刻画手段也一致。在宝卷中，描写现实人物即写生活中的普通百姓的悲欢离合，这是流布于甘肃境内宝卷的精华。这类宝卷的写法除了开头、结尾几句惯用的劝世之词，全篇是人事世故的描写。如《还金得子宝卷》《黄马宝卷》《黄氏女宝卷》《方四姐大闹东京宝卷》等。而《鹦鸽宝卷》则是一种寓言形式的宝卷，把动物拟人化，写其孝道，虽属劝世为善之类，但能情动于中，发人深思。

宝卷继承了变文的人本思想，写出人和神崇敬的"维摩诘"人人可得益、个个能升天的思想，为宝卷创作树立了思想和理论基础。

唐宋以后，元明清至民国末期，宝卷的讲唱活动遍及甘肃各地，敦煌、嘉峪关、酒泉、张掖、武威、景泰、兰州、定西、天水、平凉等地尤为盛行。这些地区在民间都存藏有大量的抄本或刊本，即使是在"文革"期间，仍有不少人收藏。进入20世纪80年代，甘肃各地的宝卷如雨后春笋，不断地涌现出来。甘肃酒泉现存的卷本和刊本只有少量是民国年间出自上海、南京、北京、西安等几家善本书铺的刻印本，

其余绝大部分是当地抄本。如《香山宝卷》，酒泉卷本原叙为"永乐丙申岁（1416）"，后叙为"康熙丙午岁（1666）"；《目连三世宝卷》酒泉卷本的年限为公元1817年；《韩祖成仙宝卷》酒泉卷本为公元1821年。这些年份均早于《宝卷综录》书目的所定年限。

宝卷的卷本是一人创作、口头派传、集体加工的作品，同一类的卷本，在不同的乡村，有时能搜集到十多本。其在基本情节、主要人物方面都是相同的，但在具体语言、某些细节，尤其是开场与结尾却各有异处。说明它们出自同一母本，在流传过程中，加进了地方色彩，掺杂了念卷人或抄卷者的主观意图，或者是谬误所致。

宝卷的结构形式为散韵结合。一段散文（讲白），一段韵文（吟、唱），韵文部分既可抒情，也能进行叙述、描写、评论。宝卷的韵文有五言、七言、十言之分，以十言为主。韵文为吟和唱，一般前后两句七言为吟诵，十言部则为唱词。

甘肃的宝卷在唱词方面十分考究。按不同的曲牌、词调填词。如［哭五更］［西江月］［莲花落］［达摩佛］［打宫调］［浪淘沙］［道情］［平音］［花音］［山坡羊］［耍孩儿］［灯盏词］等，都是常用的曲牌，形成了宝卷独特的讲唱形式。其伴奏乐器有胡琴、唢呐、竹笛、鼓板、木鱼、磬钟等。

宝卷的讲唱活动不在寺院进行。其主要原因是宝卷内容为三教合流，并被民间宗教所利用，寺院当然不能开讲。另外是统治者的禁止，如清道光时的黄育楩就写了《破邪详辨》一书，把宝卷列为邪书，抄没销毁。

甘肃宝卷的讲唱方式，一种是公众化的，被当地人称为"讲圣语""说善书"。这类讲唱方式由居士主持，由善男信女出资，聘请居士、信士（为年长的男性）讲唱，多为大乘的居士。经常举例，利用斗行收购粮食的院场，上午做生意，下午开讲。逢年过节，上下午都讲。还有的是在各会馆开讲，为公共娱乐场所，类似变场和瓦子。武威的讲唱活动由当地商会（万字会）主持。每年四月初八开始，为期一月。在城内设点四五处，摆成临时讲坛，分别请居士、信士讲唱，听众为朝山进香的农民和当地居民，听讲者均无须付资。另外一种讲唱方式是家庭的。若是富豪官宦之家，则宴请僧尼为本家念卷。若是平民百姓，则有一家宴请，居士、信士乃至一般的识字人均可讲唱，近邻群聚听之。农村的卷本和念卷活动，多被各种民间宗教组织所掌握。甘肃的酒泉过去就有清茶会、白腊会、皇极会、玉华会等，各会的堂主家中就收有宝卷，堂主本人就会念卷。农村中的识字人，也有喜爱宝卷、参与念卷的。

甘肃宝卷在当地村镇流行的现已知有156种。各种木刻本、石印本、手抄本和油印本1230余件。在刊本当中，有确切年代可据者，最早的为15世纪之作，一部分是晚清之作。宝卷在辗转流传过程中，所有的手抄本都把原底本的年代佚亡了，致使今天看到的手抄本，绝大部分为20世纪80年代的过录本。目前，甘肃静宁王和三处有"崆峒李道士明末抄本"《红灯宝卷》一本。在甘肃所流传的宝卷中，其中有4种是甘肃河西人自己写的：《一心宝卷》《仙姑宝卷》《草滩宝卷》《救劫宝卷》。其余绝大部分都是全国性的流行本。

甘肃宝卷的研究工作从20世纪20年代就有人进行。在国际上，美国、日本的学者也多次在甘肃河西地区进行实地调查和搜集工作。近年来，诸多学者在搜集和研究宝卷方面做了大量工作。其中段平、柯扬、谭蝉雪（女）、高正刚、郭仪、谢生保、高德祥等人无论是在宝卷的搜集还是研究方面，都作出了巨大贡献。

酒泉老曲子

酒泉老曲子，甘肃地方曲艺曲种。流布于甘肃酒泉、嘉峪关地区。根据《酒泉文化志书》记载，最早演唱酒泉老曲子的团体，是总寨镇"魏德佑曲子班"，成立于民国十年（1921），说明酒泉老曲子的形成，是在清末民初，由游散艺人演唱，也叫"念曲子"。

酒泉是东西相往的古城，总寨镇的魏德佑，就在这古道上经营车马旅店，他喜欢交朋友，并嗜好弹三弦、唱曲儿，常与游客弹唱共乐。且为人正直，许多爱好老曲子的知音都纷纷登门拜他为师学艺，使老曲子艺术在酒泉农村山区广泛传播。至1938年，酒泉民间老曲子班就有5家，他们演遍城乡。

酒泉老曲子是由几十首独立的小曲、小调相缀而成，这些曲调大部分处在当地民歌、山歌渊源的风格之中，唱词、念白多用通俗口语，在演唱过程中没有死板的格律限制，几乎所有的曲调都可以灵活地联缀成套。需要唱某一曲子，不用板头不接前曲的曲尾，可随词意自行安排曲调。

由于地方语言的关系，形成了适合当地群众耳听口唱的特点：语言念白的乡土化，它与汉语四声音阶比较，许多"字"都存在阴平阳平的转移、上声去声的颠倒。这种四声转移在酒泉方言中是普遍现象。基本规律是开口音强、弱的拍节基础；声母转移：声母的转移使字音发生了变化，再加上乡音习惯化的关系，当地人听着亲切；字音韵母的变移：韵母的变移借转，使字音变化很大。除此之外，还有许多方言和土语习惯，都对酒泉老曲子的发展产生了深刻影响。

酒泉老曲子的音乐摆脱了古曲、古谱的呆板韵律，主要曲调有［长城调］［浪荡调］［太平车］［慢哭诉］［下四川］［十大片］［东调］［西调］［苦柳青］［大红袍］［四合院］［走西口］等。其节奏性乐器有板鼓、牙子、钻碗子等，为演唱带来了明快热闹的音响气氛。其代表曲目有《李彦贵卖水》《砸烟灯》《两亲家打架》《阳功传》《张琏卖布》《二姑娘害相思》等。

嘉峪关杂弹

嘉峪关杂弹又称"杂语"，甘肃地方曲艺曲种。流布于嘉峪关市全境及酒泉部分地区。

杂弹是一种即兴的、自由式的、以说为主兼有少许曲唱的口头演出形式。始创于清代中叶，兴盛于民国至今。

杂弹的雏形源于开玩笑、说俏皮话。人们在繁重的劳作之后，为了打发剩余的时光，聚集在一起聊天，互道家常，其内容包罗万象，有家常琐事，有社会趣闻，有寻某人开心的玩笑，也有针对时政的俏皮话等。早期的杂弹是散文体的，结构简单，往往只有三言两语，在当时称为"杂语"。在其传播过程中，逐渐被稍有文化的人加以修饰，由散文体转为韵文体。这种转折使杂弹有了一定的格式，说起来朗朗上口，为劳作之人所欢迎。这一形式的出现，引起了当地民间艺人的注意。这些艺人在演唱小曲前后，说一段杂弹，既招徕观众，又起镇场面的作用。还有些艺人发现杂弹的格式可以与所唱的曲调结合起来，便将其套用民歌小曲加以演唱。

杂弹一般情节简单，但其反映的内容却极为广泛，有反映地理环境的，如《酒泉城》；有反映家庭生活的，如《老汉娶妻》《穷汉气》；有反映人物的，如《十一人》；有反映阶级矛盾的，如《猛摘里》；还有一些杂弹属荒诞性的，如《西北风》等。

杂弹源于民间，真实地再现了嘉峪关地区人民的日常生活及风俗习惯，有着浓郁的生活气息，如《下面》所描述的是食面的情景和制作的过程；《掀九牛》描述了打牌紧张的场面；《割麦》描述了农民在收割时的各种姿态。杂弹的语言形象化，质朴简练，清新贴切，在描写景物方面，其语言又很生动。杂弹的手法是擅长夸张，运用夸张，除了吸引观众，更主要的是将所讲述的事件加深人们的认识和记忆。

嘉峪关杂弹的曲调借用民歌和当地小曲的音乐，无自己特有的音乐，伴奏乐器为三弦，艺人自弹自唱，或用三弦的鼓面拍打做击节之用，采用当地方言。

嘉峪关杂弹无文本，流传至今的曲目多为口传，已知的有 24 段词。1983 年，嘉峪关市文化干部赵建国进行了较为系统的收集，抄本存该处。其艺人多为当地农民，无正式班社。

山丹太平车调

山丹太平车调，甘肃地方曲艺曲种。流布于甘肃河西中部地区，是集说、唱、舞、诵为一体的曲艺形式。

山丹太平车调产生于甘肃山丹县东乐镇。据老艺人说，创始于清同治年间，余无文字记载可考。

山丹太平车调的唱词文体为韵文，包括说诵部分均为韵白，多为四言、七言、十言句。在社火行列里，它可以不拘任何场地而边走边唱，边表演、边舞蹈；在田间地头、饭后茶余又能即兴讲述、席地而唱。

山丹太平车调的音乐曲调为民歌联缀和板体，常用曲调有［十道黑］［黄钟官］［花线鼓儿］［送情郎］［盼郎君］等，有两乐句、三乐句，也有五、六、七乐句的，常有乐句的重复音型出现，每段音乐既相对独立，又相互依赖、相互影响。伴奏乐器为三弦、二胡。

山丹太平车调的传统曲目有《西厢记》连套曲目 12 折、《白蛇传》、《梁山伯与祝英台》等。

由于山丹太平车调方言色彩太浓，群众不易听懂，加之艺人相继去世，因此该曲种已失传。

民勤小曲

民勤小曲最初称镇番小曲，因明清时民勤县名"镇番"而得名，甘肃地方曲艺曲种。流布于甘肃河西地区中部和内蒙古阿拉善左、右旗，临河及新疆等地。

民勤小曲源于当地和内蒙古流传来的民歌"西调"。后又与江、浙、鄂、晋、陕等地移民的俚曲小调相融合（尤为与湖北移民所唱小曲相近），在清代中叶前就已形成。据《镇番遗事历鉴》记载，清道光十一年（1831），"二分沟胡兆岸是年创戏社，领五徒游艺于湖坝"。清同治年间前后，民勤小曲已进入兴盛时期，民勤职业小曲班社"客尤堂"曾"游艺于口外（今新疆一带），凡历三年乃归"（见《镇番遗事历鉴》）。民国十五年（1926），民勤东湖坝艺人刘发杰组建"秦合班"，将民勤小曲搬上舞台与戏曲同台演出。

民勤小曲的唱词结构为韵文体，其间夹杂少量散白。道白时多用民勤方言，通俗诙谐、亲切感人。唱词结构工整，一般不转辙换韵。其主要曲目有《箍马盆》《麒麟送子》《霜毙青枣》《打巡警》《抗匪记》《大保媒》《打懒婆》《下四川》《周月月》《闹书馆》《门当户对》等60多篇。

民勤小曲的音乐极为丰富，为曲牌联缀体，其曲牌有［茉莉花］［甜音柳青］［南瓜梦］［四弦调］［青天歌］［苦沙帽刺］［甜音满天星］［柳青娘］［哭皇天］［寄生草］［祭腔］［绕佛堂］［朝天子］［牙牙游］［红柳根］等100多首。尤其是［绕佛堂］［祭腔］［哭皇天］和［佛堂奠礼］这几支曲牌，都是出于佛家之手，属庙堂音乐，其间充满了浓郁的宗教音乐色彩，还可以感觉到一种异族音乐的风味。民勤小曲的伴奏乐器主要有曲胡、二胡、三弦、琵琶、竹笛和唢呐。

民勤小曲的表演带有蹦子社火特色，道具有扇子、手帕。演出时无固定场地，多在社火或农家院落中表演。

民勤小曲较有影响的班社，清代有胡兆岸社、客尤堂；民国期间有秦合班。优秀艺人先后有曹开兴、高培阁、周玉文等。民勤人石关卿曾作《白亭歌辞搜讨》作品集一部，收入民勤小曲作品40余篇。20世纪60年代此书被毁，现只存残本。后又有李寿山、于竹山、党寿山开始搜集整理民勤小曲，已根据曲目成册5本，收编工作仍在进行。

兰州太平歌

兰州太平歌，甘肃地方曲艺曲种。流布于甘肃中部地区的兰州、白银、定西一带。

兰州太平歌的形成期无文字考证，但它与兰州社火中的"太平鼓"却有着血缘关系，被当地艺人称为两姊妹，说有"太平鼓"无"太平歌"鼓则难鸣，有"太平歌"无"太平鼓"则显枯燥。

兰州太平歌唱词为韵文体，多为五言句、七言句，较少杂有十言句。其传统曲目主要有《盘肠大战》《楚王举鼎》《荆轲刺秦》《出五关》《贺后骂殿》《打台》《燕青打擂》《大战牛头山》等68篇。

兰州太平歌在兰州地区尤为盛行，因它不受曲牌限制，唱词又多通俗易懂、易记好学，当地百姓家里总有一二人会唱，特别是妇女儿童将其常挂嘴边。演唱兰州太平歌的正式场合为正月初一至十五的社火活动。演唱时从打太平鼓的队伍中抽出一鼓，擂鼓助唱，演唱者如唱得好，听众鼓掌要求续唱，如无人欢迎，自行下台，换人另唱，一直唱到午夜方休。

兰州太平歌的唱腔只有上音、下音互分，音乐结构十分简单，同一曲调可反复演唱，无弦乐伴奏，只是伴以太平鼓、大锣、大镲等。

1953年，甘肃省文化局、兰州市文化局在兰州市工人文化宫举办了一次"兰州太平歌民间艺人竞赛会"，参加人数达300多人，有汉、满、回等民族的艺人登台献艺，历时7天，70多人获得奖励，观众达5万多人次。1956年，甘肃省举行曲艺会演，兰州太平歌首次以新编曲目《海瑞罢官》《解放兰州》《红旗插上狗洼山》《地主恶鬼》等23个曲目上演，受到观众的欢迎和政府的奖励。1982年，以艺人丁缘为组长的"兰州太平歌演唱组"成立，在兰州市郊区进行演出。兰州太平歌著名的艺人有王亮臣、郑永安、徐延年、朱仙舟、张世安、李明、程云、扬定国、李海舟等人。

白银三弦弹唱

白银三弦弹唱亦称九腔十八调，甘肃地方曲艺曲种。源于甘肃景泰县，曾流布于甘肃白银、景泰、靖远等地。

据艺人赵怀德讲述，九腔十八调形成于清代晚期，是当地艺人在长期的传唱过程中，汲取外来戏曲音乐并结合当地小曲形成的一种套曲体的说唱艺术。其主要曲目有《任员摆擂》《张生与崔莺莺》《李逵下山》等12篇，除已知的3篇外，其余在"文革"中毁失。

九腔十八调的唱词结构为韵文体，多为七言、十言句，间杂有五言句，但不多见，且文体规范，平仄严谨，辙韵讲究。

九腔十八调的演唱特点是，只要艺人一张口，就必须将所设置的九个腔、十八个调全部唱完，否则，故事将不完整，故而得其名。

九腔十八调为一人一器弹唱形式，伴奏乐器为三弦，此外再无其他伴奏乐器。其曲调多以两个或四个乐名组成一个段落，分上下两句，根据词意、唱段配曲，每一腔都是一个独立完整的调式，曲式多为一段体，完成三弦弹唱，方为一个完整的乐段，从而形成了具有独特风格的套曲体。

九腔十八调的艺人现仅剩85岁高龄的赵怀德一人，余无考。1983年，白银市文化干部王旭赴景泰录制了赵怀德的演唱，并记录整理了一部《九腔十八调》的词、曲册子。

平凉笑谈

笑谈，俗称"谝干传"，甘肃地方曲艺曲种。流布于甘肃东部天水、平凉、庆阳等地。

笑谈的始创期众说纷纭，尚无确切定论，据铁饭碗等数位艺人讲，笑谈在元代中叶就已经形成，明清两代在上述地区尤为盛行。《平凉府志》载："北原一带，常有笑谈，世所传笑谈，行于惠帝登基之年也。"

笑谈既不同于地方小戏，更有别于地方小曲，而是介于二者之间，最突出的特点是娱乐性强，喜剧味浓郁，富于表现力，是一种以逗笑见长、以说白和表演为主的独具一格的地方说唱艺术形式。

笑谈的演出脚本，结构短小精巧。有的脚本一唱到底，有的却全部为韵白，还有的唱白相间。其唱词多变化，中间根据故事中人物可随意转韵，唱词均为七言句。有的唱段很长，百十句中不显败笔，在一些以韵白为主的脚本中，大多选用谐语、绕口令等，还有不少是方言、俚语。

笑谈所反映的内容和取材大致可分为：表现人们生产、谋生手段类，如《扬场》《推磨》《拉熊》等；

劝喻改恶从善类，如《白先生看病》《刘三吃烟》《黄道降妖》《相面》等；反映社会现实生活类，如《闹老爷》《打面缸》等；反映不合理婚姻制度类，如《大夫小妻》《双摇会》等；反映家庭、邻里生活类，如《两亲家吵架》《瞎子看戏》《双喜接妹》《王婆骂鸡》《王小过年》《懒婆娘》《背板凳》《顶花砖》《顶灯》等；表现男女爱情类，如《二姐娃害病》《货郎探亲》《闹书馆》《下四川》《放牛》等；还有一部分如《十八摸》《啃羊头》《玩灯》《瞎子嚷店》《姐弟玩床》等，皆属格调较为低下的书目。笑谈的传统曲目现已知的有70多篇。

笑谈的音乐大部分是运用当地的民间小曲，其曲调多为自由化，随艺人的喜好，随意采用别的艺术形式上的音乐，如关中小曲、酒曲、民歌或秦腔音乐，都可被用来演唱。其伴奏乐器为二胡、竹笛、三弦等，击打乐器常用"水子"、干鼓和牙子。

笑谈的演出形式以"丢丑""弄怪""耍神气"为突出特点，多在文、武社火中做穿插演出，其自由程度较大。在表演手段上多用"说、学、逗、唱"的方式，要求艺人要有真功夫，以其幽默巧妙的语言和惟妙惟肖的表演，博得观众的欢迎。

笑谈一般在农家院落就地演出，观众围成一个圆圈，就是其演出场地。

笑谈无固定专业班社，艺人多以家班或村班为演出单位。至今，笑谈仍在当地盛行。

静宁喊牛腔

喊牛腔，甘肃地方曲艺曲种。流布于甘肃静宁一带。

喊牛腔是驱傩的基础上形成的，形成年代失考。现知最早演唱喊牛腔的演员是清光绪年间的张海清（又名张占魁）。张海清自幼随父学艺，后由他再传给后人。现仅剩喊牛腔艺人张虎玺、张作彪、张殿苞等人。因流传下来的曲目较少，不能应付日常演出。

喊牛腔为散韵体文字结构。其主要曲目现仅存《杨满堂搬兵》《八郎捎书》《五鸣驹》《匡胤送妹》4篇，已知失传的有《李逵夺鱼》《截江救主》《李文娘砚墨》《党伯雄挡道》等。喊牛腔每段曲目的演出时间一般在10分钟左右。唱词、散白通俗易懂，杂有大量方言，也有不少不雅之词。唱词一般为七言、十言句，但不整齐，较随意。

喊牛腔的音乐比较简单，一般两句为一唱段，分上音和下音反复演唱。唱一句或数句后，以锣鼓敲击一阵。鼓点无固定节奏。无弦乐伴奏，全凭艺人任意演唱，喊牛腔也因此而得名。现已无演出活动，自行消亡。

天水平腔

天水平腔，亦称曲子、喊背弓，甘肃地方曲艺曲种。流布于甘肃天水地区。

天水平腔源于古代秦地的歌舞，是古秦声的遗音，《史记·秦本纪》载，秦穆公伐戎，"令内史廖以女乐二八遗戎王，戎王受而说之，终年不还"。春秋以来，《诗经·秦风》对古秦地的民间歌谣亦有记载。唐代大曲《濮阳女》即天水地区的民间歌舞节目。唐岑参《醉后戏与赵歌儿》诗载："秦州歌儿歌调苦，偏能立唱《濮阳女》。"《濮阳女》曲目在唐《教坊记·曲名》中有著录，又名"百舌鸟"。到明代，天水平腔已逐渐形成。清初，清水山门、通渭、甘谷、秦州已出现平腔班社活动，如建于清咸丰二年（1852）的秦州魁胜班、建于民国十一年（1922）的四胜社，都是以天水平腔表演故事的专业团体。清末民初，天水地区农村仍有很多演唱天水平腔的业余班社。1935年以后，天水平腔日渐衰落，至今天水平腔演唱已寥寥无几。

天水平腔的演唱形式为地摊子演出。表演者站唱，用当地方言。

天水平腔的音乐为曲牌、民歌联缀体，所用曲牌主要有［十里亭］［洛阳桥］［平子游］［四大景］等30多个，民歌曲调有《十对花》《放风筝》《织手巾》《戏秋千》等40多段。伴奏乐器有三弦、二胡、竹笛、唢呐等，击节用大鼓、牙板、四叶瓦等。

天水平腔的演出曲目散佚严重，现已知的传统曲目主要有《张羽煮海》《下四川》《花亭相会》《周文送女》等40余篇。

天水平腔较有影响的专业机构有魁胜班、张月娃班、西秦鸿盛社、四胜社等，著名艺人有陈旺、张月娃、王大头等。

清水小曲

清水小曲亦称清水曲子，甘肃地方曲艺曲种。流布于甘肃清水、秦安等地。清水小曲是在当地民歌俚曲基础上，汲取秦安老调曲子发展起来的。

约在明代万历四十一年（1613），清水远门部分村庄即学唱秦安老调，并吸收当地民歌小调，形成了自己的小调风格，以地摊形式演唱故事。明崇祯元年（1628）前后，白驼村已用小曲为官绅富户祝寿。曲目唱词多为表现爱情或表述穷人生活遭遇的民间故事，亦有历史故事。至清代中叶，小曲在清水已相当盛行，白驼、玉河、土门乡村均有小曲班社在春节演出。

清水小曲的曲牌常用的有［叠断桥］［十里莲花］［杨柳叶儿青］等。曲牌联缀已形成固定格式，出入为［月调］，对唱为［五更］［花调］［西凉］等。主奏乐器为三弦、二弦、胡琴、瓦子、捧子等辅之。

清水小曲的传统曲目，现已知的主要有《割韭菜》《大保媒》《二瓜子赶车》《送红灯》《狐狸缘》《闹书馆》《梅绛雪》《干妹子下四川》等。

清水小曲在清末民初年间，曾被搬上舞台，并常和秦腔"两下锅"演出，往往作为开场或戏曲换折时插演。清水小曲中有一种相对独立的形式，称"王变"，以说诗诵白形式演出，内容多为滑稽幽默的生活小事，主要流行在郭川、金集等村镇。清水小曲主要是在春节、庙会期间或农家大办喜事时临时组织自乐班，但艺人大多是相对稳定的。在清水有种说法，要演秦腔，必唱小曲，方被当地群众认可。至今，清水小曲仍旧以当年的风貌活跃在上述地区。

陇南说书

陇南说书，甘肃地方曲艺曲种。流布于甘肃陇南地区境内。

陇南说书的文体为散韵体。始创于明代中叶，清代与民国期间最为盛行。清顺治四年（1647），武都府作社戏，方圆百里的说书艺人40余人云集香炉峰兴国寺前说书三日，听书者不下万人（见《武都县志》艺文类）；民国二十五年（1936）宕昌艺人顾某某，为红军唱书两日。

陇南说书的已知书目主要有《毛红传》《花儿组》《拐带歌》《王祥卧冰》《华容挡曹》《掐葡萄》《点兵》《商林和雪梅》《梁山伯与祝英台》《光绪逃西安》《钉缸记》《烟花女告状》及创作书目《见红军》等36篇。这些作品有反映当时社会现实的，有根据民间传说故事创编的，有反映男女青年追求爱情的，也有叙述重大历史事件的。所有这些书目的唱词以七言句为

主，也有少数十言句，散白部分口语化，用当地方言
表述。

陇南说书的音乐，大多运用当地民歌，一般为一
个乐段反复使用，只有少数书目用民歌联曲体。伴奏
乐器为三弦，由讲唱艺人自弹。

陇南说书的艺人现已无存，该曲种已濒临失传，
只有部分抄本流落民间。1984 年以后，陇南地区文化
干部邓剑秋对散落在民间的抄本进行过收集，甘肃省
群众艺术馆华杰处存有《毛红传》《商林和雪梅》《汗
衫记》抄本。

西和说春

在中国民俗里，有一个"打春牛"的传说：在
立春的前一天，地方官沐浴素服，步行郊外。集会乡
民，设供烧香，编唱春歌，祈祷丰收。而且要塑一泥
牛，鞭之驱懒，使其勤快，这个仪式呼为"打春"。
说春，是由于我国地域辽阔，季节迟早悬殊。所以，
劝农官按气温从南到北演说于农家，传递春讯，这个
传递，谓之"说春"。其后，民间仿照朝廷这个仪式
活动，也从早播地方沿途叫唱。传送"种谷"，谓之
"说春"。从事这项活动者，誉之曰"春官"。

春官的唱词类别是十分细致丰富的，很讲究分门
别类，并且按行业说古道今，包含丰富的史学知识，
大致可以分为二十四节、十送、迎喜、招财进宝、铁
木石画、店铺洗染、药房书斋、枪手漆工、绣房馆舍
等 20 多个纲目。这些纲目的唱词一般都是一二十句，
费不了十几分钟时间，即可进行第二家"说春"。俗
话说："春官来了早打发（给赐），打发春官走别家。"
那么，春官怎样从人生地不熟的环境里，能够识别和
一眼看透对方是从事哪种行业的呢？就必须练习发现
事物和识别事物的能力。需要有锐利的目光和审势的
能力，俗言：进了门，视脸容，"照脸寻事"。如果
确实一时探查不出对方的身世、职业，一般以二十四
节、招财进宝等"迎喜接福"套语颂之以德，道之以
喜，总之要激发起对方的感激情绪，使对方心悦诚
服，给予赏赐，以填充自己的袋囊，获得温饱。这是
一条季节性很强的谋生之路和生财之道。为了不发生
争执，以往是分道进行，名曰"路分"，大致以西和
县坛土关和礼县龙林桥为两翼，一般以西汉水为界，
挨门"说春"，一家只说一次，这里仅举铁、木两例，
看其词义：

> 走了一家又一家，走到老君铁匠家。
> 铁匠师傅有根生，顶代老君神一尊。
> 口是风匣手是钳，髁膝盖上打三年。
> 老君一见心不忍，置之砧子到如今。
> 麻柳风匣三尺三，张良按住鲁班旋。
> 打得麦镰快三年，铁疙瘩能打花牡丹。
> 百里扬名火炉旺，师傅的金钱水流长。

以上是节录的一段"铁匠春"，再录一段"木
匠春"：

> 师傅顶的啥根生？是那鲁班神一尊。
> 昔日八仙过金桥，桥面压了一道槽。
> 鲁班一看事不好，跳到水里撑住桥。
> 八仙一齐过了桥，师傅从此出名了。
> 赵州桥是鲁班造，玉石栏杆修得妙。
> 天下师傅手艺高，鲁班手艺全学到。
> 当今皇上知道了，封你做官穿红袍。
> 好好好、妙妙妙，春官给你把喜报。

春官走家串户都说的是诸如此类的吉利句，所
以，春官的生财之道是全凭"吉祥话"暖人心怀的，
也富有心理学和哲理。说春为什么兴于坛土关，其说
有二：一曰其地曾出兄弟二人在外做官（大概是礼部
官员），春前带着二十四节图来乡里"说春"，劝课农
桑，遂留下说春风俗；二曰曾有龙林桥说春师傅收坛
土关一个徒弟，师徒二人唱和。后又出师分手，各把
持一方，此地遂盛行。

文县琵琶

文县琵琶，甘肃地方曲艺曲种。流布于甘肃省
南部地区的文县、康乐、宕昌、武都、成县一带。

文县琵琶历史悠久，具体形成期失考。明清时
期，文县琵琶在文县地区已十分盛行。据《文县志》
载："中寨、马营艺人自制土琵琶，户户有之，人人唱
曲已成乡风。"又载："相传，李自成入京时，歌琵琶
者编曲鼓动之。"

文县琵琶的唱词为韵文体，无散白，句式多为
七言、十言句。其传统曲目已知的有《韩湘子盘道》
《湘子出家》《女寡妇》《摘花椒》《八洞神仙》《月儿
落西下》《肖家女子》《男寡妇》《进财门》《福禄寿
喜》《杨八姐》《怀胎》《皇姑哭五更》《王祥卧冰》
《放风筝》《单身汉》《南桥戏水》《王哥》《进兰房》
《杜康造酒》《乡裹肚》《穿白鞋》《刘和尚》《十二劝

君》《钉缸》等47个。1950年以后，当地艺人和文艺工作者又相继创作了《十朵梅花》《喜盈盈》《挂红灯》《夜访青石崖》等8个新曲目。文县琵琶的表现题材多为神话故事和民间传说。1970年10月，文县琵琶参加了甘肃省业余文艺调演。1972年10月，文县琵琶又参加了地区和甘肃省的文艺汇演。至今，文县琵琶在当地汉、藏聚居区仍为盛行。

文县琵琶的音乐为曲牌联缀体，主要曲牌有［打青草］［十二大将］［十个字］［开曲］［南北宫调］［三六调］［慢弦板］［顿顿腔］［慢三六］［四平调］［江河调］［弯弯腔］［小数弦］［太平调］［凤点头］［快三六］［慢数弦］等41个。伴奏乐器为艺人自制琵琶。

文县琵琶有一人弹唱的形式和群体坐唱的形式两种，一人弹唱曲目为叙述体故事曲目，群体坐唱多为抒怀之作。演出场地不拘，可在家庭院落，也可在舞台登场。近年来，许多藏族同胞也同汉族兄弟在一起弹唱。文县琵琶弹唱的优秀艺人先后有王阳生、高永兴、刘金寿、马永德、谭荣孝、刘银梅（女）、马珍英（女）、刘桂林、刘树仁、王文蛾（女）、班慧婷（女、藏族）等人。专门研究文县琵琶弹唱的理论工作者有尤喜等人。

河州回族"打调"

河州回族曲艺是出现于宴席场中的一种类似"打岔""打诨"的说唱曲，临夏回族民间俗称"打调"，青海东部地区的回族民间俗称"打搅儿"，新疆回族民间俗称"溜杂话"，都是专指这种独特的曲艺形式。这种曲艺形式显然是受了汉族戏曲艺术和曲艺艺术的综合影响，经过回族人民创造形成的百姓喜闻乐见的说唱艺术。

这种曲儿说唱性很强，词儿长短不等，比较自由；语言生动活泼，诙谐幽默；一般对合辙押韵要求不严；节奏明快自由，不受约束，流畅自然；调子大同小异，各具地方乡土风味，"调把式"在演唱中根据词儿的长短灵活应变，表现各自的演唱风格和艺术特色。

"打调"是一种带有喜剧性的艺术形式。它的某些特征与相声相似。如可笑的语言、可笑的内容、可笑的情节、可笑的矛盾、可笑的现象等，都融于唱词之中。尤其是在语言方面，像诙谐、幽默、滑稽、夸张、讽刺、戏谑、风趣、浪漫等，都与河州回民的语言和性格相吻合，所以，民族特色在"打调"中得到了充分的表现和发挥。但是，这种曲艺形式与相声有着明显的区别。"打调"以唱为主，说很少。相声则以说为主，唱次之。

"打调"表演方便灵活，形式短小精悍，娱乐性很强，寓教于乐，逗人发笑，教育深刻，艺术效果好。演唱"打调"的"调把式"一般由一人上场演唱，有时也由两人演唱。演唱时不要服装道具，不要乐器伴奏，纯属清唱，非常简便。每当唱宴席曲的歌手们唱乏了，跳累了，口干了，舌燥了，嗓麻了，词忘了，需要喝茶润嗓、记忆唱词时，"调把式"就像滑稽演员一样，登场"打诨"要笑，制造一个个笑料，气氛热烈，其所演唱的内容往往逗得全宴席场的男女老少捧腹大笑，使大家在欢乐中受到教益，并获得各种各样的社会知识。

1. 曲文结构和押韵方式

河州回族"打调"（或打搅儿）的曲文结构基本相同，一般由三个部分组成：开头、正文、曲尾。开头起着一种开场和起韵的作用，正文叙述传统故事、传统事物笑料、社会知识，即兴创作。如用丑化的方法描述新郎、新娘、主人、陪客、宴席场景等风貌，使人们有个概括的了解，试举一例：

［开头］哎哟——

> 得儿一个了，了嘛了，
> 小曲子们（哈）唱完了，
> 不打个调子是不热闹，
> 众人的伙伴里要个笑。

［正文］哎哟——

> 叶叶儿绿了叶叶儿大，
> 听说是东家（主人）的宴席阵势大，
> 宰了牦牛者宰鸡娃。
> 尕务务缠住者来不下，
> 来了是想啃个东家的鸡肋巴。
> 鸡肋巴好像个羊肋巴，
> 东家们抓住者叼不下。

哎哟——

> 东家的大门是窝儿旮，
> 串给者阿里（哪里）了是没知道。
> 东家的大门是拐大肚，

拐来拐去的拐糊涂。

哎哟——

芽芽儿绿来树叶儿青，

这一个东家爱耍人，

麻乎子月亮（哈）当电灯。

这一个东家惜得很，

冰糖沱茶啦苦死人。

哎哟——

夸了东家者夸亲家，

新女婿（啦）新媳妇（哈）夸的吓。

新媳妇好像个癞蛤蟆，

还说是她的阿娜（母亲）的一朵花。

新女婿好像个黑蚂蚱，

还说是他的阿大的一匹马。

哎哟——

新客（哈）不夸是着气哩，

娘家里去是说去哩。

新客阿姐的好吃手，

骨头（哈）啃给了半背斗。

新客阿姐的好肚囊，

稀屎拉给了一裤裆。

这一句唱完了再不唱。

［曲尾］三朵花儿开哎，

两朵的金花咿呀啊，

小曲有了再续上，

野玫花，嗨嗨莲花，

花儿野玫花。

曲文的开头一般都有起韵作用，开头的词儿因地域不同和歌手习惯不同，各地都不一样。无论怎样编词起韵，都必须为正文韵脚的需要进行变化，不能违犯这个规律。

正文语句一般由七言至十言组成，根据唱词的需要可增可减，没有严格要求，只要押韵即可。语句都是由生动的民族民间口头语和词组组成，句句洋溢着浓厚的民族色彩和乡土气息，朴实无华，和谐上口，耐人寻味，给人以亲切感。

"打调"的段落长短不等，一般为偶数，四句、六句、八句为多。比较突出的分段方法是中间加"哎哟"一句，即可分段，或转韵。这个"哎哟"的作用与河州三令的"哎哟"近乎相似，是回族民歌一个重

要和突出的特色，并反映出它们之间的密切关系。

众和的曲尾各地都有固定的唱词，名曰《大莲花》。临夏县（市）郊区的回民演唱曲尾时，在场的歌手和小伙子们一起跟着节奏拍手和唱，"调把式"也拍着手跳着踮步舞退出场外。临夏和政回民在演唱曲尾时，唱词可不一样，他们的唱词反映了山区回民特有的生活内容：

三朵莲花开哎，

两驮桦柴，

三驮鞭杆，

卖了几大麻钱，

吃了两个麻花，

油饼子的渣渣。

小曲子有了可续上。

青海回民演唱的曲尾也不一样："山里梅花开，两枝梅花哎，哎哎哟哎。"用《大莲花》调的结尾结束，反映出不同的地方色彩。

押韵方式方面，诗词、歌谣押韵是世界各民族文化中共有的现象。伊斯兰文化中的经典著作《古兰经》就是一种辞章优美、韵散凝结的文体，具有抑扬顿挫、鲜明和谐的节奏和音韵铿锵、顺口悦耳的旋律。《赞圣》就是一篇韵律性很强的颂歌。回族在学习伊斯兰文化和汉文化的过程中，学会并继承了在诗歌中运用韵律的文化传统。这一特点在回族"花儿"、宴席曲、叙事诗、曲艺和历史回族诗人、词人的作品中都有充分的体现，人人皆知。

河州回族"打调"的押韵方式有以下几个特点：

第一，因河州回族"打调"是属于民间文艺范畴的一种艺术形式，它是按照河州回民方言押韵的，因此，存在许多发音不准和押韵不准的问题。如河州回民说话时"杭""黄"不分，"光""广"不分，"七""梯"不分，等等。河州汉民发音没有这种现象。

第二，调把式"根据正文韵脚的需要，以开头的韵脚起韵。如："哎哟——/得儿一个了，啊得了也了，/黑暗的社会里不得了。"又如："哎哟——/了是个了，了么了/我给你们说个懒大嫂。"以 ao 起韵。

再如："哎哟——/七哩哩"押韵。如此等等。

第三，打调"中有一种常用的和比较独特的起韵方式，就是以树叶的颜色变化（青、黄）、形状（尖、圆、

长）、季节的变化（发、落）进行起韵。请看下例：

> 哎哟——
>
> 树叶儿青来树叶儿圆，
>
> 我给你们说个"大刘三尕刘三"。
>
> 哎哟——
>
> 芽芽绿来者叶叶儿青，
>
> 我打个调儿乡亲们听。

这种起韵方法既简练，又好掌握，变化灵活，两三句即可切入正题，可谓回族民间艺人的一大独创。"打调"押韵的方式有三种：一韵到底、两次转韵和多次转韵。转韵的方法也很简便，在段与段之间需要转韵时，如上所述，只要变换一句开头的起韵句就可以了。

第四，曲尾按当地演唱的习惯套式进行，与正文韵脚毫无关系。因此，参与唱和的人都会唱这些套曲。

2. 唱词内容及表现手法

河州回族"打调"的内容丰富多彩，所反映的生活面极其广泛。有反映农民反抗封建剥削阶级残酷压迫的，如《打账主》；有反映在黑暗的旧社会里所遭受的抓兵和统治阶级惨无人道的迫害的，如《韩起功抓兵》；有反映农民在生产劳动中，不怕苦不怕累辛勤耕作的，如《庄稼人》；有用夸张手法讽刺戏谑懒人的，如《懒大嫂捉虼蚤》；有用猜谜式手法反映菜园知识的，如《园子家》；有用嘲笑手法讽刺各啬鬼、大烟鬼、酒鬼、赌博者的，不胜枚举。这些长期流传在回族民间的口头说唱，不仅深深地教育了历代少数民族群众，丰富了少数民族文化生活，并且彰显了真、善、美，鞭挞、讽刺、嘲笑了社会上的丑恶现象，听众从中受到教益，增长了社会知识。

"打调"常见的表现手法多种多样，像诙谐、幽默、滑稽、风趣、讥讽、戏谑、夸张、浪漫、荒诞、平述、俏皮、活泼、生动等。它同相声一样，以"打诨""逗笑"见长，以便达到娱乐和有所教益的目的。从民间流传的整个内容来看，大致有如下几种类型：

（1）讽刺戏谑类

戏谑中含有讽刺，讽刺中含有戏谑，这是"打调"中常见的表现手法。讽刺的对象就是那些人们都

厌恶的人物和社会上的丑恶现象。讽刺戏谑是教育人的手段，从中吸取教训才是真正的目的。民间艺人运用这种传统的手法，从讽刺的角度来反映生活。如《懒大嫂捉虼蚤》[1]，用讥讽的语言刻画出了一个活生生的懒人形象：

> 从前有一个懒大嫂，
>
> 白日晚夕里睡大觉，
>
> 锅不洗来炕不扫，
>
> 铺下的麦草里生虼蚤。
>
> 门前头屙屎窗跟前尿，
>
> 苍蝇们飞来老鼠们跑，
>
> 蚊子们成群者嗡嗡叫。
>
> 晚上一觉者天亮了，
>
> 早上一觉者天黑了，
>
> 打一个懒展又一觉呀，
>
> 睡了几天是没知道。

生活中如此懒惰的人还是很少的，显然是经过几代民间艺人的加工提炼，便成为懒人的典型形象。同时，用拟人、夸张、戏谑的语言描绘虱子、蚊子、壁虱、苍蝇、老鼠、虼蚤们的恶作剧，以及懒大嫂无法招架的丑态：

> 虱子们高兴者蚊子们笑，
>
> 蚊子们叮来壁虱们烤，
>
> 苍蝇骚来老鼠拉咬。
>
> 虱子们钻给者头发里，
>
> 双手啦当耙者忙坏哩。
>
> 蚊子们叮给者臭脚上，
>
> 挖头抓脚者顾不上。
>
> 虼蚤们叮给者腿畔里，
>
> 好像似针扎者要命哩。
>
> 苍蝇们爬给者脸庞上，
>
> 呵风捆子啦打不上。

这些合乎情理的细节描写，既有强烈的讽刺和戏谑意味，又有逗人发笑的艺术效果。

青海东部地区流传的"打揽儿"《烟鬼》[2]，用讥讽的语言渲染勾画了这样一个吸食鸦片的"烟鬼"模特儿：

---

① 见《回族宴席曲》，甘肃省临夏回族自治州群众艺术馆编，1984 年。

② 见《河湟民间文学集》第四集，青海省西宁市文联编，1982 年。

你说烟鬼活着哩，

前头的水灯亮着哩。

你说烟鬼死着哩，

两个眼睛挤着哩。

脚蹬墙，头枕空，

眼前头摆的是鬼龙灯。

将一个不死不活、似鬼非人的烟鬼形象和悲惨结局活灵活现地呈现在大家面前，不得不使人警觉和省悟，从中吸取教训，引以为戒。

（2）滑稽幽默类

"打调"中，滑稽幽默的题材内容也很多。滑稽幽默不仅仅表现在"调把式"的性格特点上，更重要的是在所演唱的内容和表演技巧上。"调把式"同滑稽演员一样，必须兼有敏捷的才思、流利的口才、滑稽幽默的动作表情和惹人发笑的演唱内容，才能收到较好的艺术效果。由于回族语言本身就有比较幽默诙谐、圆滑俏皮的特点，因此，更适于演唱这类曲目。

运用前后矛盾的语言制造笑料，也是滑稽幽默的重要手法。如《白杨树上樱桃黄》①中的唱段：

哎哟——

白杨树上樱桃黄，

打调的阿哥不编谎。

碌碡破了毛线啦绑，

鸡蛋破的抓蚂蟥。

牛蹄的窝窝里盖瓦房，

白杨的树尖上盘大场。

十八个骆驼鸟笼里养，

蚂蚱的腿腿上害蹄癀。

这些滑稽幽默、前后矛盾的唱词，无疑是引人发笑的因素。

流传在民族民间的笑话、笑料是很多的，民间艺人把这些笑话、笑料收集起来，用幽默风趣的语言编串成适于本民族演唱的曲艺形式，来活跃自己的文化生活。可惜的是，后来，随着老艺人的相继去世等原因，有些珍贵的曲目未经挖掘就失传了。

（3）叙事风趣类。

在传统的"打调"中，有一种既不明显地讽刺，也不明显地歌颂的曲子。它只是用诙谐风趣的唱词叙述人物、故事、掌故等，给人以有益的教诲和生活常识。如流传于临夏西川的《丑婆娘》，叙述了丑婆娘不会装会、不懂装懂、不巧装巧，反而弄巧成拙、丑态百出，惹出了许多笑话。

临夏县一带流传的《打账主》②也是一个脍炙人口的曲目。它叙述了农民因连年天旱交不起租子，年年累账，地主的官家逼得他走投无路，一气之下，提起门担打倒了账主。当官家问他什么时候还账时，他风趣地回答说：

我你的账（哈）是得还，

大路上的蒿枝长成山。

长满个山了长成个林，

长成个林了长成个树，

长成个树了解大板，

解成了大板了造成个船，

造成大船了黄河里放三年。

挣下些钱了当脚户，

当了脚户拾马掌，

拾下些马掌了打弯镰，

打下个弯镰割黄刺，

割下些黄刺了堵路边，

堵在路边上挂羊毛，

挂下些羊毛了捻细线，

捻下些细线了织被单，

织下些被单了走四川，

从四川回来再把账还。

这些机智巧妙、俏皮生动、充满浪漫色彩的回答，充分显示了劳动人民的聪明智慧。

（4）知识类

为了增加各类知识，用猜谜式的隐喻和事物特征发问，然后，再以揭谜式的答复介绍知识。虽然，这类"打调"形式短小，但是娱悦性却很强。这是"打调"中的另一种表现形式。如临夏流传的《园子家》③

---

① 见《回族宴席曲》，甘肃省临夏回族自治州群众艺术馆编，1984年。

② 同上。

③ 同上。

就属于这一类曲目：

　　什么吓者土里藏？

　　什么个吓者脸脑黄？

　　什么个吓者眼泪淌？

　　什么个脸脑紫下了？

　　什么个的脸脑绿下了？

　　……

另一个"调把式"答道：

　　芫根们吓者土里藏，

　　黄萝卜吓者脸脑黄，

　　葡萄们吓者眼泪淌。

　　茄子们的脸脑紫下了，

　　黄瓜的脸脑绿下了……

寓知识于趣味之中，使人们在欢笑中获得知识，有所教益。

青海民和回族民间流传的《念韵儿》[①]，不但传播了朴素的押韵常识，而且很有绕口令的韵味：

　　天上看，满天星；

　　地下看，有个坑；

　　坑里看，冻的冰；

　　冰上看，长的葱。

　　房里看，照的灯；

　　墙上看，钉的钉；

　　钉上看，挂的弓；

　　弓上看，蹲的鹰。

　　老天爷，刮怪风，

　　刮落了，天上的星；

　　刮平了，地上的坑；

　　刮消了，坑里冰；

　　刮干了，冰上的葱；

　　刮灭了，房里的灯；

　　刮掉了，墙上的钉；

　　刮跌了，钉上的弓；

　　刮飞了，弓上的鹰。

　　这才是风刮得星落、

　　坑平、冰消、葱干、

　　灯灭、钉掉、弓跌、

　　鹰飞一场空。

这种拗口难以言说的同韵句子，往往使"调把式"造成错误，当众出丑，引人发笑，达到了娱乐目的。"调把式"在说唱中锻炼了智力和口才，听众也学到了押韵知识。

（5）娱乐类

"调把式"们应用民间流传的俏皮话、笑话、玩话、倒话、荒诞话、幽默话等，编串了一些专使人娱乐的曲目。这些曲目虽然没多少深意，但情趣横生，耐人寻味，这也是一种难得的表现形式。在"打调"中，这种类型的曲目多见于"调把式"的即兴创作。如像前面所举的例子：

　　尕家务缠住者来不下，

　　来了是想啃个东家的鸡肋巴。

　　鸡肋巴好像个羊肋巴，

　　东家们抓住者叼不下。

　　东家的大门是拐大肚，

　　拐来拐去的拐糊涂。

　　新媳妇好像个癞蛤蟆，

　　还说是她的阿娜（母亲）的一朵花。

　　新女婿好像个黑蚂蚱，

　　还说是他的阿大的一匹马。

　　新客阿姐的好吃手，

　　骨头（哈）啃给了半背斗。

　　新客阿姐的好肚囊，

　　稀屎拉给了一裤裆。

这些唱词都是以笑话、玩话、倒话、粗话、幽默话组成的，所唱到的人谁也不会去计较生气。恰恰相反，在听众中会引起一阵阵欢笑，叫人捧腹。在河州回族民间还有这样一种讲究，谁的宴席场最热闹，唱把式最多，笑声多，谁就有福气。

东乡族学者赵存禄先生在《民和县穆斯林的文化生活》[②]一文中，论述了民和穆斯林宴场的盛况和风俗，他列举了许多"打搅儿"曲目，如"调把式"睹

① 见《民和县民族民间文学专集》，中国民间文艺研究会青海分会编印，1982年，第60页。

② 见《河湟民间文学集》第十一集，青海省西宁市文联编，1986年。

景生情之作《不扯谎》，也是娱乐性曲目。唱词如下：

　　不扯谎，不扯谎，

　　昨天遇上了大母狼，

　　四个爪子比腿长，

　　兔和的爪爪（啦）一个样，

　　尾巴长在抵角上！

　　嚓啦啦，呛嘟嘟，

　　一斤棉花十六两，

　　丫头长大变婆娘，

　　羊羔的阿大是老骚羊，

　　癞蛤蟆抬着个大油梁，

　　烂泥滩里趆土杠，

　　我说实话你不信，

　　兔儿能把狼撵上。

　　这段即兴创作里的有些唱词是荒诞的，但让人听了并不觉得荒诞，因为"调把式"口头说是不扯谎，实际上他是在扯谎呢！真是歪打正着，恰到好处，达到了娱乐的目的。

　　世界各民族的文化传统中，都共存着有益于人们身心健康的文化娱乐活动，只有多少之别，重视程度之别，创新立异之别，规模大小之别。相比之下，回族的文化娱乐活动实在太少了。

　　3. 曲调特点与渊源关系

　　河州回族曲艺"打调"的曲调是河州穆斯林（包括撒拉、东乡、保安族）通用的调子。这种调子民间都叫作"调儿调"。它与《马五哥和尕豆妹》《苏四十三起事歌》和《尕司令打河州》的叙事调有许多相似之处，具有花儿风味，兼有语言流畅上口、节奏活泼自由、叙事富有情感等特点。但不同的是它比上述叙事调更俏皮、更活泼、更自由一些，表情语气上更滑稽幽默、诙谐风趣一些，这是由它的特性决定的。并且，它还有个总和的尾巴《大莲花》，显得更为别致了。

　　河州（包括青海东部地区）回族的"调儿调"如同花儿一样，有许多变异体，风格虽不一样，但它的曲文结构和基本格调是一致的。

东乡颂曲

　　东乡颂曲，东乡族曲种。起源于古代，具体形成期无记载。主要流布于甘肃南部的东乡族自治县、积石山保安族东乡族撒拉族自治县及广河、临夏等县。

东乡族使用东乡语，属阿尔泰语系蒙古语，没有本民族文字，通用汉文。东乡族信仰伊斯兰教。

　　有关东乡族的历史故事，往往通过"赞颂"的形式世代相传。"赞颂"又称诵颂、唱颂，即由有威望的长者、学者召集民众宣讲族源（本民族的起源）、历史、英雄。颂曲就是在此基础上形成和发展的。

　　颂曲为散韵结构，散文部分是领颂人加以叙述、转诉、评说的部分，一般为口语化的散说体；韵文部分为主要成分，是用来叙述人物、故事情节和人物对话的，韵文部分多为吟诵，无歌唱，无任何乐器伴奏。颂曲的主要曲目有《米拉尕黑》《战黑那姆》《诗司尼比》《和哲阿姑》《葡萄蛾儿》《白羽飞衣》等10余个。《米拉尕黑》是东乡族颂曲中著名的一部曲目。东乡族作家汪玉良将此曲目经过长期收集后，进行了二度创作，已由甘肃人民出版社出版。

　　东乡族颂曲没有专业艺人，长期由德高望重的长者做吟诵者，无任何道具，形式极为简单，有时也出现吟诵者领唱、观众随声附和的情形。

阿克塞哈萨克族的阿肯弹唱

　　在阿克塞哈萨克族自治县的哈萨克族民间，流传着一种又弹又说又唱的民歌形式，叫"阿肯弹唱"。

　　阿肯，是哈萨克族人对本民族民间歌手的通称。传说很早很早以前，新疆阿尔泰草原上，有一位十分漂亮的姑娘，她唱起歌来连天上正在飞的百灵鸟也收住翅膀听。有一天姑娘坐在鲜花丛中弹着她心爱的冬不拉，唱着怀念远方情人的歌，突然有一个牧主骑着大马，带着随从从她身边过，被这娓娓动听的歌声吸引住了，尤其那姑娘如花似玉的容貌更使他动心。于是他决心要霸占这位姑娘，便派人去姑娘家说亲，遭到姑娘的反对，牧主便强迫姑娘家订了婚。婚期逼近，姑娘那悲哀的歌声、凄惨的琴声，使草原上的大人小孩个个心碎。就在姑娘哭声欲断魂的时候，远方飞来了一匹枣红骏马，把姑娘带上飞走了。据说这匹枣红马就是姑娘的情人变的。从此，他们欢乐的歌声常常在草原上空响起。只是姑娘舍不得自己的父母和乡亲，就把心爱的冬不拉从天上扔下来，不料这个冬不拉像天女散花一样，变成了许许多多个冬不拉，——落到了父老乡亲们的手中，乡亲们情不自禁地合唱起来，使整个草原沉浸在一片歌海之中。而那个存心不良的牧主，只得眼巴巴望着这一对恋人远去的身影，活活地被气死了。自那以后，每年夏天，哈萨克族牧民都要聚集在草原上歌唱，表达自己对幸福的向往，对恋人的怀念，年复一年，阿肯弹唱就这样一代传一代地延续下来了。

参加阿肯弹唱的歌手，都是各牧业点推选出来的能编能唱、即兴而歌的优秀歌手，有饱经沧桑、年逾花甲的老艺人，也有初露锋芒的年轻新秀，四方歌手济济一堂，八仙过海，各显神通。当主持人宣布阿肯弹唱开始后，草原顿时被欢乐的歌声覆盖，阿肯们怀抱小巧玲珑的冬不拉，放开歌喉，纵情弹唱。琴声、歌声宛如千匹骏马驰骋在草原上，又像晶莹的露珠洒落在万花丛中，浸透着每一个牧民和观众的胸怀。

歌场上合唱、对唱、独唱此起彼伏，幽默风趣的男女对唱，引起人们一阵阵捧腹大笑，老牧民娴熟高超的弹唱，赢得人们阵阵掌声。按草原的规矩，凡对答如流、势不可当的歌手才是获胜者，最后一天便是为获胜者颁奖。

阿肯弹唱一结束，舞姿优美的哈萨克族姑娘在客人面前不停地舞蹈，邀请客人与她共舞，一片盛情使我们这些硬胳膊硬腿的门外汉不得不跟着牧民们扭起来。哈萨克族有句谚语："歌和马是哈萨克族人的两只翅膀。"在人生旅途上，一刻也离不开歌。哈萨克族伟大的诗人阿拜这样说："诗歌给婴儿打开人生的大门，也陪伴着死者踏入天国的途径。"

第三节　民歌与民间舞蹈

"花儿"与"花儿会"

"花儿"是起源于古河州、洮州、岷州，流传在甘、青、宁、新四省区的一种结构独特·演唱形式别致，多民族共同创造并演唱的地域性民歌。它曲令繁多，具有宝贵的音乐价值和文学价值，它的演唱形式包含着丰富的民俗内涵，在甘肃民歌中占重要地位，引起很多中外学者的青睐。多少年来涌现出很多研究"花儿"的中外专家学者。其中有的人撰写了有关"花儿"研究方面的论文和专著，以研究"花儿"而闻名。现主要就"花儿"与"花儿会"的基本情况加以介绍。

（一）"花儿"的种类及结构

"花儿"就大的方面可分为"河湟花儿"和"洮岷花儿"两大类。这两种分类及名称被绝大多数学者所接受。

1."河湟花儿"

主要流传于古河州和湟水、黄河交汇的甘肃、青海以及宁夏、新疆的部分地区，故称"河湟花儿"，也叫"河州花儿"，前者是按水系，后者是按古州，属同一地区的不同称谓。"河湟花儿"的历史形成，一般认为是我国古羌族、汉族和中亚信仰伊斯兰教的民族这三个系统的文化长期作用的结果。其渊源可上溯至唐宋，而作为一种具有特殊形态的民歌，大约形成于元末明初，距今已有600多年的历史。"河湟花

儿"最初形成于今甘肃、青海交界处的古河州一带，而随着这一地区人们出外谋生和迁徙，以及外地人出入这一地区，"河湟花儿"的流传范围逐步扩大，直到成为今天流行于甘、青、宁、新部分地区的一种民歌。"河湟花儿"的内容大部分是歌唱普通男女之间爱情生活的。这种情歌是传统"花儿"的主要内容，也是"河湟花儿"中的精品，历来为人们所喜爱。它们歌唱的是青年男女纯洁的爱情生活，表达了他们对爱情的欢乐、苦闷以及受到阻碍时的大胆、坚决的反抗，反映了封建社会在爱情、婚姻方面带给人们的痛苦和不幸。也有一部分"花儿"涉及了爱情生活之外的其他生活面，其中主要是揭露地主阶段对劳动农民剥削压榨和军阀马步芳统治西北给当地人民带来的灾难和不幸。1949年后，"河湟花儿"的内容大大拓宽，由过去的爱情题材，扩大到对整个社会生活的抒情。人们用"花儿"来歌颂中国共产党和社会主义，歌唱新的社会生活的巨大变化以及人们的思想、愿望和要求。

"河湟花儿"在结构上非常特殊，它的曲令有一百多个，曲调优美动听，具有很高的音乐价值。它的曲调被很多作曲家作为素材，创作出脍炙人口的优秀作品。它的文学形态很有特点，基本样式是每首四句，前两句比兴，后两句点明主旨。比兴的意义有些对主旨起比喻或衬托作用，有些则与主旨没有多大关

系，只是为了借韵叶律。如：

> 青石头／青来者／蓝石头／蓝，
>
> 白石头／根前的／牡丹；
>
> 生下的／俊来者／长下的／端，
>
> 尕妹是／天仙女／下凡。

"河湟花儿"还有每首六句的，这种形式民间俗称为"两担水"，或叫"折断腰"，即在一、二和三、四句之间各增一个短句。这实际上是四句"花儿"的一种变体，其结构是：

> 烂木头／搭下的／闪闪桥，
>
> 你过时／牢，
>
> 我过时／牢哩嘛／不牢？
>
> 你把我／闪给了／这一遭，
>
> 我把你／饶，
>
> 老天爷／饶哩嘛／不饶？

还有一种"单折腰"是五句式的格律，是"四句"和"折断腰"式的综合，它的格式是：

> 八月里／阿哥（们）／下江南，
>
> 调兵（者）／过了（个）／潼关。
>
> 家里的／尕妹（们）／打一封电，
>
> 头一回，把鬼子／杀给了／几万。

从以上列举的"花儿"格律看，它的歌词在结构上不同于其他民歌，有自己独特的风格和特点。其格律是比较严格的，违反了它的格律，就失去了"花儿"的特点，就不能入令，无法演唱。

"花儿"的曲调称为"令"，"河湟花儿"的令调有一百种左右，在群众中广为流行的有"河州大令""河州二令""河州三令""尕马儿令""白牡丹令""六六儿三令""水红花令""二梅花令""大眼睛令""东乡令""保安令"，等等。"河湟花儿"和令调多为五声音阶微调式或商调式，一般有一个配有"哎哟——"衬词呼唤性的开腔，其他部分由两个乐句为主的单乐段构成；两个乐句中间有一个接连性的衬腔把它们联结起来。由于词的结构是四句，所以在演唱时需要两遍令调才能把一首"花儿"唱完。"河湟花儿"的令调音域宽广，高亢悠长，充分体现出西北高原各族人民特有的粗犷、豪放的性格和精神面貌。

"河湟花儿"以独立成篇的单首"花儿"为主，民间称为"散花儿"或"草花儿"。另外有少量的联章"花儿"，它是一种介于单首和长篇叙事歌之间的

"花儿"形式。主要是对同一主题进行组歌性联唱的作品。如《熬五更》《杏花二月》《十二月牡丹》等，具有代表性的叙事"花儿"当数《尕豆过兰州》，它以清末发生在河州地区的一件情杀案为内容。

2."洮岷花儿"

产生并流传在甘肃古洮州（今临潭）和岷州（今岷县）一带的"花儿"，取两州名，故称"洮岷花儿"。它主要流行在今临潭、卓尼、舟曲、康乐、临洮、渭源、岷县、宕昌、武都的汉、藏地区。"洮岷花儿"又因曲令的不同分南北两路：南路"花儿"以岷县的二郎山"花儿会"为中心，演唱《扎刀令》（也叫《啊欧令》）为主；而北路"花儿"以康乐县的莲花山"花儿会"为中心，演唱《莲花山令》为主。"洮岷花儿"不同于"河湟花儿"，它曲令少，音乐古朴、高亢、悲壮，但文学和民俗内容极其丰富。它主要表现在"花儿会"上以小组对唱或单个对唱为主，即兴创作，见景生情，以歌代言，而且"花儿会"演唱有一套完整的民俗程式，具有很高的文学价值和民俗学价值。

"洮岷花儿"的渊源可上溯至汉唐时期，受吐蕃音乐影响。"洮岷花儿"演唱内容十分广泛，除歌咏爱情之外，还涉及天文地理、历史文化、时事风物、宗教、民俗等社会的方方面面。"洮岷花儿"的艺术特点是它的诉说性极为突出，人们常用"花儿"表达心意，而且往往是即兴编唱，竞赛式的对歌，要求歌手有极强的应变能力和即兴创作的才能。"洮岷花儿"的文学形态，南北路不尽相同。莲花山"花儿"（即北路）有"单套"与"双套"之分："单套"最为普遍，每首三句，第一句比兴，其余句为主旨，句句押韵，如：

> 天边／里的／红／云彩，
>
> 这个／妹妹／好／人才，
>
> 俊的／活像／牡丹／开。

三句都是四个停顿，除末句单字尾，其余双字尾。"双套"一般在四句以上，以六句的最为常见，因为同一首要押两个韵，所以叫"双套"。其句法、停顿都与基本样式相同。如：

> 莲花／山上／盘盘／路，
>
> 日头／出来／火炼／呢，
>
> 一天／想你／不素／顾；

黑了 / 想你 / 肉颤 / 呢，

想你 / 想着 / 睡不 / 住，

钢打 / 心肝 / 想烂 / 呢。

二郎山"花儿"（即南路）没有单双套之分，它的一般样式是每首三句或四句，其节奏与莲花山"花儿"完全相同。如：

二郎 / 山下的 / 城角 / 呢，

怜儿 / 像一树 / 苹果 / 呢，

长的 / 稀不 / 灵落 / 呢，

十里 / 路上 / 闻着 / 呢。

"洮岷花儿"每句中的停顿不像"河湟花儿"那么严格，往往可以适应增加。每增加一个停顿也不过增加两三个字，这种情况一般出现在末句。

"洮岷花儿"的演唱方式十分独特，它很少独唱，而主要采用有领唱、合唱的集体歌唱方式。每组都有一个专管编词的"串把式"，针对对方唱词内容即兴编词迅速传给唱"头腔"（第一句）的歌手，歌手唱第一句时，他再编第二句传给"二腔"歌手，依次类推。三句唱完后大家合唱："花儿哟，两莲叶儿啊！"在唱尾句时正是对方编词的机会。

"洮岷花儿"除了演唱散"花儿"外，还有唱"本子花儿"的，就是长篇叙事歌，像《十二月生产》《九九节》，历史故事《三国演义》《杨家将》等，这种"花儿"的词比较固定，靠歌手口耳相传，歌手主要在唱腔水平上做文章。

（二）"花儿会"

前面就"花儿"的两种体系的源流、艺术特色、文学结构、演唱形式进行了论述。其演唱形式突出的特点是"河湟花儿"可以独唱，也可以两个对唱，没有合唱或小组对唱。而"洮岷花儿"则不同，它从结构上就有一个合唱的尾声，首尾接应。它一般是对唱，有两个人对唱，更多的是小组对唱，而且这个对唱小组组合严密，必然有头腔、二腔、三腔、串把式。既然"花儿"在演唱形式上有赛歌式的对唱，就要有一个集会赛歌的场所，它就是下文将要谈的"花儿会"。

1. "花儿会"的基本概况

"花儿会"的场所主要分布在甘肃和青海的部分地区，宁夏和新疆没有"花儿会"。"花儿会"的演唱内容及"花儿"会场，两种"花儿"各有不同，互不兼容。这里分别论述：

"河湟花儿会"以单独唱和二人对唱为主，不像"洮岷花儿"以小组对歌为主，对唱的内容以情歌为主。"河湟花儿会"主要分布在甘肃省临夏州的和政、永靖、积石山、临夏等县和青海省的乐都、大通、民和、互助、湟中、湟源、贵德等县（详见后文表1）。"河湟花儿会"最大的特点是独唱，唱词比较固定，多是传统的套词，没有即兴创作的要求。青海老爷山等处"花儿会"偶尔也有对唱，主要用于抒发爱情，交流感情，竞赛气氛不浓，歌唱中可以有间隙，比较松散自由，不像莲花山的"洮岷花儿会"那么气氛紧张。

"洮岷花儿会"的分布面不像"河湟花儿会"那么广，它主要分布在甘肃洮河流域的康乐、临潭、卓尼、岷县、临洮、渭源等县（详见后文表2）。"洮岷花儿会"在万人以上，持续在三天以上的大型"花儿会"有康乐县的莲花山"花儿会"和岷县的二郎山"花儿会"。特别是莲花山"花儿会"持续六天，中外驰名。"洮岷花儿会"只唱"洮岷花儿"《莲花山令》和《扎刀令》，它的歌词一般没有固定内容，歌词大多数是见景生情，即兴创作。它的演唱形式主要是对唱，正规的对歌形式是小组间对赛，小组内有严格的分工，这一点和"河湟花儿会"大不相同。"洮岷花儿会"有独特的演唱程式，丰富的歌词内容，极高的文学价值，像莲花山"花儿会"，整个"花儿会"过程有一套完整的民俗程序，一般有拦路对歌、游山结伴、对歌斗智、敬酒歌别等。六月初二、初三，各处歌手沿着莲花山麓的足古川向莲花山进发，当地群众用马莲绳拦路要求对歌，"马莲绳绳拉得宽，英雄就要会好汉，拦住叫你唱三天"。对赢了放行过路，对输了一阵讽刺逗趣的笑声，客人从马莲绳子下钻过去。随着对歌的进行，一道马莲绳过关，另一道马莲绳又拦住了去路，一路歌声，一路欢笑，人们在对歌中结识，在歌声中相伴游山，直至莲花山顶。六月初五，人们带着从山上采集的枇杷叶、松柏枝，作为爬到山顶的标志，唱着"花儿"向三十里外的王家沟门行进。入夜，在附近河湾、草坡停歇，点起篝火，围着火堆唱到天明。

六月六日，人们来到紫松山，当地群众放冲炮迎接客人，又用马莲绳拦路，向歌手敬青稞酒，并进行对歌;最后人们在此歌别,依依不舍,"说了一声去的话,双手忙把手儿拉,眼泪就用袖子擦""待到明年六月六,重包骨朵重开花",约定明年再相会,莲花山"花儿会"方告结束。

2."花儿会"的来历

关于"花儿会"的来历在"花儿会"一节中已经有介绍,这里不再赘述。

3."花儿会"与庙会

"花儿会"与庙会究竟是什么关系?我们在考察分布在甘、青两省大大小小90多个"花儿"会场时发现,绝大部分"花儿会"的场址都在建有寺庙、风景秀美的山区,而且这些寺庙都有庙会,庙会的时间也正是"花儿会"的时间。最大的洮岷"花儿"会址莲花山,从山下到山顶有几个宗教殿堂。据当地人讲,下山处为佛教殿堂,唐坊滩以上为道教殿堂。从残存的一片铁瓦看,建于明嘉靖年间。这里的庙会从农历六月初一开始至六月六,赶"花儿会"的人一是敬神,二是唱"花儿"。岷县二郎山"花儿会"位于县城南,二郎山上有二郎庙,每年农历五月十七日在二郎山举行"诸湫神庙会"。每逢五月十七日,十八位湫神上二郎山,在求雨之前,给城里的街道洒上水,十七日那天,抬十八位湫神在泥水中跳跃欢闹,然后再抬着诸神上山祭祀。先是祭祀活动,后是"花儿会",民间有"十六不唱十七唱"的规矩,祭礼完毕便是群众娱乐的"花儿会"。和政县松鸣岩"花儿会"是农历四月二十八日。松鸣岩寺院始建于明成化年间,每年农历四月二十六、二十七、二十八日,是佛教节日,开龙华会,朝拜者累计万千,香火甚盛。龙华会本来是在四月八日,因当地高寒阴湿,农时较迟,故推迟至二十八,正是春暖花开的好时光,一面敬神,一面赶"花儿会"。炳灵寺"花儿会"是五月五端阳节,民间传说炳灵寺药水泉端阳节取水能治百病,所以方圆几十里的群众这一天祭药王,取药水,唱"花儿",从四日到五日,"花儿会"高潮共两天。青海大通县老爷山"花儿会"是在山顶上的老爷庙庙会期间举行,每年六月初三开始就有道教仪仗队举行开山门的宗教仪式,然后才开始唱"花儿"。再如瞿昙寺"花儿会"、五峰寺"花儿会"、拦家庙"花儿会"、大山庙"花儿会"、寺沟"花儿会"、关坡庙"花儿会"、五山庙"花儿会"等都是在当地庙会

期间举行。既然这么多的"花儿会"都在当地庙会举行,那么"花儿"演唱内容与宗教有什么联系?据调查,最原始的"花儿"并不是唱情歌,而是古时科学不发达,原始蒙昧的人们把对大自然的控制和人们自身的命运寄托于神,很多"花儿会"所在地,干旱少雨、冰雹山洪等自然灾害人类无法控制,甚至连求儿乞女都寄托于神灵,那么人们最早是把自己的心愿唱给神的,祈求神灵的帮助。像康乐一带干旱无雨,人们认为是旱魔作怪,于是组织赤身妇女头披乱发,脸上涂上锅墨,又叫又闹,以此驱赶旱魔。歌词唱道:"旱魔怕的娘们家,裤子脱下鞋脱下,不顾羞丑连一挂(趟)。"也有跪在玉皇像前祈雨的:"城隍庙里木香唵,先给天上玉皇唱,叫把透雨落一场,叫把各处的庄稼长,叫斗价(粮价)塌到三倍上。"也有跪在"送子娘娘"像前求子时唱的:"娘娘庙里跪下说,儿子女子给一个,儿子骑马戴孝呢,女子洗锅抹灶呢。"这些内容都反映早期唱"花儿"是出于功利思想,是唱给神灵,祈求对人生命运及自然的约束力,并不是一种纯娱乐性或求爱需要,证明了人类原始歌舞起源于巫术活动这个道理。

由此可见,"花儿会"起源于庙会,"花儿"演唱与宗教活动起初有着密切的关系,"花儿"最早是唱给神的。随着时代变迁,科学发展,人们逐渐认识了自身,同时也认识了自然界,这种宗教式的演唱逐渐消亡,"花儿会"的娱乐性逐渐增强,人们甚至利用这一盛会进行男女交往,这也就是"花儿会"为什么在庙会所在地,与庙会时间相同,而且与庙会的宗教脱离,变成一种娱乐性极强的活动的演变过程。"花儿会"为什么情歌比重最大,这是因为在这些地方封建礼教严密,人们的感情生活受到压抑,一年一度的"花儿会"正是这种情感的大解放,他们"三辈沓成一辈了",不分男女老少,高低贵贱,纵情狂歌,才使"花儿会"发展成一种群众文化节日,青年男女谈情说爱唱情歌的场所。由于"花儿会"的性质随着时代的发展而变迁,今天,"花儿"演唱的内容以情歌最多也是理所当然的事了。

总之,西北"花儿"是产生于甘、青,流行于甘、青、宁、新的一种独特的民歌,"花儿会"又是一种群体性演唱"花儿"的大型集会,它在民间深入人心,势不可当。特别是甘、青、宁、新的老百姓无

人不晓得"花儿"，老百姓普遍会唱几句"花儿"，而在"花儿"的故乡河州，"花儿"简直成了他们的第二种语言，这样说一点也不夸张。所以说，"花儿"是一种任何文艺形式都不可取代的根深蒂固的民间艺术，"花儿会"则是分布最广、参与人数最多的民间自发的群体歌咏集会。一个文化官员看了"花儿会"，感慨地说："它的号召力是任何政府官员都做不到的。"由此可见"花儿会"在民众文化生活中的地位。

表1　河湟花儿主要演唱会场

花儿会名称	会场地址	会期（农历）天数
郭莽寺花儿会	青海大通	1月5日
罗家洞花儿会	甘肃永靖县城南	3月9日
岗沟寺花儿会	甘肃永靖县城西南	4月2日
凤凰山花儿会	青海西宁市	4月8日
拦家庙花儿会	甘肃临夏县栏家沟	4月21日
松鸣岩花儿会	甘肃和政县吊滩	4月28日四天
炳灵寺花儿会	甘肃永靖县西南	5月5日
寺沟花儿会	甘肃和政县牙塘	5月5日二天
芳沟花儿会	青海海东市乐都区	5月5日
峡门花儿会	青海民和县乱泉滩	5月5日
昂思花儿会	青海化隆县	5月5日
老爷山花儿会	青海大通县元朔山	6月6日三天
五峰寺花儿会	青海互助县五峰寺	6月6日二天
瞿昙寺花儿会	青海互助县五峰寺	6月15日三天
东峡花儿会	青海大通县	6月15日
七里寺花儿会	青海民和县古都	6月15日
丹麻花儿会	青海互助县丹麻乡	6月15日三天
板苍岭花儿会	甘肃和政县罗家集	6月22日二天
关坡庙花儿会	甘肃和政县	
西高庙花儿会	甘肃积石山县	
五山庙花儿会	甘肃积石山县	
乩藏大寺花儿会	甘肃积石山县	
北寺花儿会	甘肃临夏县	
辛付花儿会	甘肃临夏县	
尕庙台花儿会	甘肃临夏县	
马家庙花儿会	甘肃临夏县	
石家庙花儿会	甘肃临夏县	
石佛寺花儿会	甘肃临夏县	
刘家庙花儿会	甘肃临夏县	
大庙山花儿会	甘肃临夏县	

续表1

花儿会名称	会场地址	会期（农历）天数
原洞山花儿会	甘肃临夏县	
桌子山花儿会	甘肃临夏县	
五山池花儿会	甘肃临夏县	
党家庙花儿会	甘肃临夏县	
照壁山花儿会	甘肃临夏县	
百和岘花儿会	甘肃东乡县	
庙儿沟花儿会	甘肃东乡县	
水峡花儿会	青海湟源县　青海西宁市湟中区	

表2　洮岷花儿主要演唱会场

花儿会名称	会场地址	会期（农历）天数
红莲寺花儿会	甘肃岷县维新乡	1月13日一天
大郎庙花儿会	甘肃卓尼县唐尕村	1月15日一天
羊沙花儿会	甘肃临潭县羊沙乡	1月15日一天
扁都庵花儿会	甘肃临潭县扁都庵	2月2日三天
庙川花儿会	甘肃岷县堡子乡	3月8日三天
扎马沟花儿会	甘肃岷县中寨乡	3月15日三天
麻家集花儿会	甘肃渭源县麻家集	3月28日三天
王旗墩花儿会	甘肃临潭县王家坟	3月28日三天
曲子寺花儿会	甘肃临洮三甲乡蔡家窟	4月8日
大山庙花儿会	甘肃岷县堡子乡	4月8日三天
朱家山花儿会	甘肃康乐县五户乡	4月8日
麻尼寺花儿会	甘肃临潭县城关镇麻尼寺	4月18日三天
庄头庙花儿会	甘肃康乐县胭脂乡	5月1日六天
撒路坡花儿会	甘肃康乐县景古乡	5月5日一天
二郎庙花儿会	甘肃康乐草滩	5月5日一天
新城隍庙花儿会	甘肃临潭县新城	5月5日三天
靳家庵花儿会	甘肃临洮苟家滩乡	5月5日
貂儿崖花儿会	甘肃临洮潘家集乡	5月5日
五朝山花儿会	甘肃临洮县潘家集	5月8日一天
地洼梁花儿会	甘肃临洮县西坪	5月10日一天
元山坪高庙花儿会	甘肃岷县维新乡	5月12日三天
泉车山花儿会	甘肃渭源县麻家集	5月14日一天
月泉花儿会	甘肃临洮牙下集乡	5月15日
门楼寺花儿会	甘肃渭源县峡城	5月5日二天
上寨花儿会	甘肃临潭县流顺乡上寨	5月15日三天

续表 2

花儿会名称	会场地址	会期（农历）天数
峡城花儿会	甘肃渭源县峡城	5 月 17 日三天
二郎山花儿会	甘肃岷县城南	5 月 17 日三天
大郎庙花儿会	甘肃渭源县宗丹沟	5 月 18 日
油磨滩花儿会	甘肃临洮县玉井乡姐家河	5 月 19 日三天
梅川高庙花儿会	甘肃岷县梅川镇	5 月 19 日三天
槽眼里花儿会	甘肃渭源县宗丹沟	5 月 22 日
黄刺滩花儿会	甘肃临洮县潘家集乡	5 月 22 日一天
王马家滩花儿会	甘肃临洮县牙下集乡	5 月 23 日三天
牧场滩花儿会	甘肃岷县中寨乡	5 月 23 日三天
八竹湾花儿会	甘肃渭源县宗丹沟	5 月 23 日
郭家泉花儿会	甘肃临洮县三甲乡	5 月 24 日三天
黑窑沟花儿会	甘肃临洮县三甲乡	5 月 25 日一天
三甲滩花儿会	甘肃临洮三甲乡	5 月 25 日一天
马家梁花儿会	甘肃省临洮县三甲乡	5 月 27 日
花麻梁花儿会	甘肃渭源县宗丹沟	5 月 27 日
庙华山花儿会	甘肃临潭县八角乡	5 月 28 日三天
池沟大庙花儿会	甘肃临潭县冶力关	5 月 30 日二天
扎嘎山花儿会	甘肃岷县西江乡	6 月 1 日三天
王家沟门花儿会	甘肃康乐县景古乡	6 月 5 日
紫松山花儿会	甘肃康乐县五户乡	6 月 6 日
邪木梁花儿会	甘肃渭源县宗丹沟	6 月 6 日
莲花山花儿会	甘肃康乐县莲麓乡	6 月 6 日四天
关街花儿会	甘肃临潭县冶力关乡	6 月 6 日三天
甲麻沟花儿会	甘肃卓尼县洮砚乡	6 月 8 日三天
张家寺花儿会	甘肃临洮牙下集乡	6 月 12 日
石大滩花儿会	甘肃卓尼县柏林乡	6 月 12 日三天
冰桥窝寺花儿会	甘肃临洮县牙下集	6 月 12 日一天
蜂窝寺花儿会	甘肃临洮县陈家嘴	6 月 12 日一天
甘沟花儿会	甘肃临潭县羊沙乡	6 月 18 日一天
大车厂花儿会	甘肃漳县殪虎桥乡大车厂	6 月 19 日三天
杨家湾花儿会	甘肃洮县苟家滩	6 月 24 日
雷祖庙花儿会	甘肃临潭县新城乡雷祖山	6 月 24 日三天
红崖湾花儿会	甘肃临洮县苟家滩	6 月 29 日一天
杜家林花儿会	甘肃临洮县牙下集	7 月 1 日一天
骡马沟花儿会	甘肃临洮县潘家集	7 月 7 日一天
红套峪沟花儿会	甘肃临洮县牙下集乡	7 月 7 日
孙家林花儿会	甘肃临洮县牙下集桥下人家	7 月 12 日

续表 2

花儿会名称	会场地址	会期（农历）天数
梁家坡花儿会	甘肃临潭县石门乡	7 月 12 日一天
仙姑滩花儿会	甘肃临洮县潘家集乡	7 月 15 日一天
蛤蟆石花儿会	甘肃临洮县西坪	7 月 22 日一天
鹁鸽崖花儿会	甘肃临洮县牙下集	8 月 1 日一天
百子宫花儿会	甘肃临洮县牙下集乡窑家湾	8 月 1 日
唐家沟花儿会	甘肃临洮县牙下集乡	8 月 15 日
杜家川花儿会	甘肃卓尼县洮砚乡	8 月 15 日三天
小窝沟花儿会	甘肃卓尼县洮砚乡	8 月 15 日三天
香头寺花儿会	甘肃临洮县潘家集乡	8 月 16 日
谢家坪花儿会	甘肃临潭县陈旗乡	9 月 15 日三天

合水太白孝歌

太白乡位于甘肃省合水县东北部的子午岭林区，北有海拔 1682 米的分水梁，西南是海拔 1658 米的子午岭，总面积 1194 平方千米。这里地处偏远，保留着丰厚的民间文化遗存。孝歌便是流行于这个地区的很有特色的一种民歌形式，也是一种奇特的哭丧仪式。

1. 太白孝歌的演唱特点及主要内容

太白孝歌用于白事，在亡人入殓之后，孝子守灵之夜，由歌师围绕灵柩边走边唱。伴唱乐器为鼓、锣、钹。由领唱者执鼓，其余歌者分执锣、钹等，自击自唱。歌词以七字句结构为主，为了调式活泼，中间也间或出现五言双句。曲调优美，行进比较平稳，风格近于说唱，三、四、五、六句一个乐段不等。以长音"哎——"字起唱，每段收句以长音"哎"或随尾字字音拖长下滑收束。中间或句尾加"的"（di）"个"或随字添加"哎""哩""耶""噢嗬"之类衬字，以补充、连接和发展旋律。最动听的是起唱的"哎"字和每段起句中间的"哎"，真是曲折哀婉，一波三折，心里的郁闷沉重的感情都从这"哎"字里流露了出来。如："哎，一更子三娘哎月正起呀，三娘来在磨房（的）里，哭哭啼啼（的）泪唏唏呀……"

孝歌内容有《二十四孝》《游十殿》《小姑贤》《王小哭五更》《梁祝》等传说故事及其他小调长歌。最长的一支歌功颂德就能唱三个多小时。内容的另一个来源是歌师即兴编词说唱，唱孝歌要通宵达旦，为了祛困提神，往往领唱者唱完一段，即由众人合唱吆号子，以活跃气氛，振奋精神。

2. 太白孝歌的仪程

孝歌至少要唱一个整夜，或连续唱三个整夜。程序主要由"开歌路""入唱""还阳"三个部分组成。

开歌路　孝家死了人，就打发人去请歌师。请时不说"死了人"而说请"坐夜"。于是歌师就相邀结伴，来到孝家门口。这时，孝子已在门口焚香跪拜迎接，但不能马上进屋，要等开了歌路，才能进去。所谓"开歌路"，就是请灵，请死者亡灵回来。开歌路由德高望重的歌师手执鼓乐，击鼓念唱，一般都是这样起句："哎，月亮弯弯照九州，孝家请我开歌路哇，歌路不是容易起……"念唱之后，由一道门一直唱到七道门，每道门都有特殊的唱词。这期间，孝子一直跪拜，随着歌门递增把歌师引入灵堂。有时候，歌师较多，孝子要逐个跪拜每一位歌师，几进几出，那繁缛讲究的礼节把有些生疏的歌手都搞糊涂了。

入唱　歌师开歌路之后，入夜就进入正式说唱了。唱孝歌的场面有大有小，或两三人或数十人不等。歌师多时，一个唱完一段，另一个接过鼓续唱。大家争着献歌，热闹非凡。这是歌手们比技献艺的场所，在这个时候能唱歌是非常光彩的，去的人唯恐轮不上自己唱了。有时一个夜晚唱者达三十多人。歌师绕灵柩转边唱，唱时孝子跪在灵前，也有的陪伴歌师一起走动。唱完一折，孝子要哭一阵子，就这样唱唱哭哭，直到天亮。如果孝子不哭，歌师们就编词儿骂得叫哭："唱歌唱到二更天，不见孝子哭一声，亡人好像孤老人。你不会哭来我给你教，鼻子一拧嘴一歪，急急忙忙哭出来……"

还阳　根据孝家的意思，唱完一个夜晚或三个夜晚之后，总之是整个孝歌唱完了，就进入最后一道程序：还阳。这时天已大亮。"还阳"是和"请灵"相对的，开歌路是"请"，还阳是"送"。还阳要唱"还阳曲"："还了哟阳来还了阳，阳儿挂在子柳树上。"然后把鼓搁到门外去。

"还阳"之后，歌师的任务就算完成了，留下来帮孝家把亡人埋葬了，然后才回家。

3. 孝歌的作用及在太白流行的原因

孝歌的作用大体有四个方面。

（1）寄托对亡人的悼念之情

唱孝歌用于老年人的丧事，以歌唱寄托和表达生者的哀思。实际上也是借此形式和歌声告示四邻乡里，宣告死者已走完了他（她）有德行的一生，热热闹闹地有一个完满的终结。俗语道"人过留名，雁过留声"，孝歌，也就是亡人留给这个世界的最后的声音吧。

（2）为老人"免罪"

问起这里的人为什么要唱孝歌，他们毫不犹豫地会给你这样的答复："给老人免罪。"这样，大概老人的灵魂就可以少受苦早托生了。这种心理和基督徒颇有些相似，二者之间的联系尚待考究。

（3）减轻丧葬的压抑气氛

生人乍殁，留给亲人的悲痛是深重的，家庭的气氛是压抑的。尤其是深夜守灵，孤灯清影，更易悲从中来。歌师的通宵歌唱，客观上为孝家分担去了一部分哀痛，减轻了丧葬的压抑气氛。

（4）借唱孝歌的机会教育子女后代，规劝世风

唱孝歌本身就是一种对老人最后尽孝的形式，孝歌的内容又多是扬善惩恶之类，所以唱孝歌的场面也是教育子女后代的一种好时机、好形式，同时可以借此规劝世风。笔者在采访歌师时，就采集到了《劝赌歌》等现实意义很强的内容。

为什么孝歌独在太白一带流行呢？应从太白山区的历史、地理环境和居民构成上去找原因。首先，太白地处深山区，交通不便，受现代文明冲击较少。所以，古朴的民间艺术形式能在这里得以比较完整的保存。其次，太白山区有唱民歌的传统。合水全县有200多名民歌手，太白乡就占了半数之多，这与深山娱乐形式少有关。这是一块民歌的沃野原土，所以孝歌在此落地生根是很自然的。唱孝歌实际上成了山里人聚会娱乐的一种形式。再次，太白历史上遭受过严重的战乱浩劫，人烟极其稀少。这里的农民许多都是近四五十年从外地迁来的，这就造成了太白山区移民大合流的局面。全乡人口加上3个国营林场，总计也不过7000人之数。外地人以川、陕、皖人居多。外地农民流落到这里，把家乡的民间文化形式也带来了，以寄托强烈的思乡情绪。一些民间文化形式，在产生地不一定能继续发展，在偏远的山区却顽强地保留了下来。据说孝歌就是川人带进来的，但经过和本土艺术的融合，便成为一枝民歌奇葩。这里，五十岁以上的人十有八九会唱孝歌。包括孝歌在内的民歌已经成了他们精神生活的一个方面。

如今，青年人中很少有能唱孝歌了，但孝歌这种形式仍在太白山区，包括与太白接壤的陕西和尚塬、张家湾一带流行着。

东乡民歌

东乡民歌的种类较多，大致可分为劳动歌、"花儿"、宴席曲、儿歌等。劳动歌中有夯歌、连枷歌、碾场歌、收麦歌、扬场歌。东乡族劳动歌谣的基本特点是曲调一般固定不变，简单易记，虚词衬词多，节奏舒缓，曲调悠扬，句子短小，多由一人领唱众人随和，歌词多即兴而填。

"哈利"是东乡族的婚礼歌，是专在婚礼仪式上唱的歌，唱时由一民间艺人领唱，前来贺喜的亲友伴和，歌词也都是关于庆贺的即兴之作，可长可短，第一段的第一句必须唱"哈利姆"三个字，并按节奏击掌，拍手臂，带有舞蹈动作。

儿歌较为丰富，其趣味性、知识性、逻辑性较强，对仗工整，押韵谐调，吟唱词语流畅，朗朗上口，易记易懂，上口易唱，唱词多为东乡语。目前流行的儿歌有"真扎诺""胡拉哈胡勒"等。以"真扎诺"为例：

> 房顶上是什么人？
>
> 是真扎诺。
>
> 为什么不下来？
>
> 下来怕狗咬。

"花儿"是东乡族人民最喜闻乐见的一种民歌。东乡语称为"端"，可以说"花儿"是深深扎根于东乡族人民心中的表达自己喜怒哀乐、悲欢离合的精神食粮。正如一首花儿中所唱的：

> 花儿本是心上的话，
>
> 不唱是由不得自家；
>
> 刀刀拿来头割下，
>
> 不死时还是这个唱法。

唱"花儿"时多用汉语演唱，这是由于东乡族地区没有专门演唱花儿的场所——"花儿会"，因此"花儿"歌手不得不去周围汉族、回族地区的"花儿会"上演唱、交流新歌。但在东乡县本地也有数量很少的用东乡语演唱的"花儿"。在1949年以前，东乡族传统"花儿"中以苦歌、悲歌和情歌为多，唱出了对旧社会悲惨生活的控诉，表达了青年男女对封建婚姻制度的反抗及追求纯真爱情的愿望。1949年后，歌唱新生活，歌唱共产党的"花儿"增多。

东乡族"花儿"属于"河湟花儿"，基本上四句一段，前两句为比兴，后两句为本意，主要曲令有东乡一令、东乡二令、东乡三令、东乡四令、河州六令、直令、绕三绕令等。"花儿"的演唱地多在荒郊野外及县外的"花儿会"上，一般禁止在村子里或家中演唱，因而称之为"野曲"。

"宴席曲"是在喜庆（如乔迁）日子演唱的一种民歌。多用汉语演唱，曲调舒缓悠长，歌词内容多为祝贺、庆贺及劝人为善、家庭和睦、尊老爱幼等，因其曲调悠缓，内容健康向上，因而称其为"家曲"（与"野曲"相比较而言），比较流行的词曲有《十劝人》等。"叙事歌"是东乡语演唱或吟诵的民间叙事长诗。至今流行的有《米拉尕黑》《战黑那姆》《和者阿姑》等。其中《米拉尕黑》数百年来口耳相传，妇孺皆知，经久不衰，在东乡族人民中有很深影响。它可唱可吟，形式比较自由，由两段曲调交替不断反复，旋律不甚定型，曲调悠缓、低沉，有较强的伊斯兰教"诵经"调子的特色。

东乡族传统上是一个不善跳舞的民族，除在婚礼上由民间艺人象征性地表演拍掌、甩臂、屈脚等简单轻快的舞蹈动作外，没有什么复杂的传统舞蹈语言。

兰州太平鼓

兰州太平鼓，是发源并流传在兰州地区的皋兰、榆中、永登县和城关、七里河、安宁等区的一种民间鼓舞艺术。它是众多民间艺术中的一朵奇葩，号称"天下第一鼓"。太平鼓源远流长，风格独特，鼓声雄浑有力，震耳欲聋，气势磅礴，充分体现西北汉子粗犷豪放、彪悍雄健的气质。这些年来，太平鼓走南闯北，深受广大人民群众的喜爱，给人们留下深刻的印象。

太平鼓源于何时，众说纷纭，观点不一。

一说起源于宋代。在宋神宗之前，民间鼓队没有文字记载，甘肃省戏剧文学家曹燕柳先生认为太平鼓是讶鼓的衍变，因为兰州是讶鼓的发祥地，迫于官府的禁令而不得不改名为"太平鼓"，"兰州"二字是近代才加上的。讶鼓的"举动鼓按之节"，即鼓舞的套路，从兰州传遍外地。从北宋到明代几百年的历史长河中，我国汉民族民间鼓舞基本上是讶鼓一统天下。在元代，因百戏遭禁，元统治者更害怕汉民族的反抗。由于讶鼓的风格"如雷贯耳",气势雄壮,所以统治者对民间社火颁发了很多禁令:"聚众装扮,鸣锣击鼓,迎神赛社……为首正赛者,笞决五十七下;为从者各减一等。"因此,汉族社火活动,在这一历史时期受到限制。然而,作为土生土长的民间艺术,总要在风雨和严寒中生长发育,开花结果。过了这一历史阶段,民间社火,特别是讶鼓又鼓声如雷贯耳地敲了起来。在我国历史上,从西到东,大江南北,黄河两岸,都有讶鼓的痕迹。如今遍及全国各地的各种汉民族民间鼓队,可以说都源于讶鼓,至少受到讶鼓的影响,以后逐渐形成各种形式的鼓,如今山西和河北的一些地方仍保留讶鼓之名。

二说源于元、明。民国时兰州民俗学者谢国泽先生认为:"元末民族秘密革命行动,借锣鼓以起事,而藏兵器于长腰鼓中,俟各'夥'会齐,一时并发,其偃旗之意,则指挥者观察情势,用以暗示时机之说,似为较近情理之解释矣。"传说明代大将徐达为统一河山奉命西征,久攻兰州王保保城而攻不下来。于是,徐达走访民间,从兰州百姓挑水用的木桶受到启发,令军士造成三尺长鼓,将兵器藏于鼓中,军士扮成社火队,借春节闹社火之机,混入王保保城,里应外合,一举攻下城堡,从此国泰民安,天下太平。为了庆祝这一胜利带来的天下太平,人们便把这三尺长鼓起名为"太平鼓",也表达了人民对太平盛世的向往。由于太平鼓鼓身长大,声音洪亮,震耳欲聋,气氛热烈,以后兰州的社火队里都有太平鼓的表演。从以上有关太平鼓起源的述说,说明了太平鼓这一民间艺术的历史悠久,源远流长。

太平鼓的表演在民间有一套程式和套路。传统的太平鼓队由大旗做向导,后随十余面锣钹,再后是几十乃至上百太平鼓手列队,表演时以旗为指挥,锣钹击节,鼓身飞舞,三者起落有序,配合默契,整齐划一。击鼓动作幅度大,力度强,讲究跳、跃、翻、骑、闪、展、腾、挪,"忽而天,忽而地,骑鼓两头,前打后击"。基本动作有跳打、蹲打、翻身打、举打等。击鼓的方式有单条(即用麻绳或藤条制成的"鞭"击,单鞭为单条)、双条(双鞭)、一槌鼓、高起鼓等。鼓手用左手扣鼓环驾驭鼓身,使其随节奏在翻转中击响,右手持鞭前后左右打击鼓面。打鼓的身法有"白马分鬃""鹞子翻身""弯弓射雕""策马扬

鞭""力劈华山"等。太平鼓传统阵法有"一字长蛇阵""四门兜底阵""六合阵""八卦阵"等。口诀有"二龙戏珠破四门七招九式,三阳开泰迎五福六合八卦",其场面壮观,气势磅礴。

1949年以后,党和政府非常重视民间艺术的挖掘利用,一些文艺工作者和民间艺人一起搜集民间的传统技艺,不断创新,在太平鼓传统打法的基础上,糅进了民间戏剧舞蹈的艺术手法,采取了"响雷惊炸,揉风相吻"的快慢节奏,组成了"二龙戏珠、擂台英姿、麦浪翻卷、高山采宝、玫瑰争艳、高原风采、艺花怒放"等打法,为太平鼓增添了新的风采。同时,这些年来民间还把传统的纯男子鼓队改为男女混合鼓队,为太平鼓舞艺术增添新的色彩,大大丰富了它的艺术表现能力。

兰州太平鼓鼓声雄壮有力,如雷贯耳。其鼓声的律动,舞姿的雄健,世世代代流传在民间,深受人民群众的喜爱,成为人民群众节日喜庆的工具。哪里有喜庆事或商店开业,都要请一支太平鼓队热闹一番,同时也成为兰州人的性格标志,小伙们也可用它抒发豪情壮志,表现西北汉子彪悍强壮的气概。

改革开放以来,兰州太平鼓逐渐走出兰州,打向全国。近几年太平鼓队参加过很多全国性演出比赛,深受省内外人民群众的热烈欢迎,同时也多次获得大奖。1957年兰州太平鼓由甘肃省歌舞团搬上舞台进京在中南海怀仁堂演出;1959年参加国庆10周年演出;1990年参加第11届亚运会开幕式;1991年参加太原《国际锣鼓节》获金奖;1999年参加《中国民间艺术节》获优秀节目奖;2000年参加"全国首届民间广场舞比赛",荣获全国民间文艺最高奖项——"山花奖",为甘肃争得了荣誉。

莲花山旋鼓舞

莲花山旋鼓,俗称"羊皮鼓"。该地区有一句俗语云:"病在五脏六腑呢,干打羊皮受苦呢。"指的就是这种鼓。莲花山地区的群众传说旋鼓本为柳枝圈,后改为铜圈。传说古时有人信手取来一张臭犬皮,蒙在鼓上敲打,鼓声阵阵直冲霄汉,震开了南天门,惊动了天帝。天帝大惊,派人封赵公明为化化教主,封其鼓为神鼓。后来,赵公明将鼓面改为山羊皮,鼓圈直径约1.5尺,鼓把长4寸,四棱形,把子上有三环,叫三皇,鼓角上有大环,为玉帝,大环套九个小环,

为九曜星。敲打时，这九环"呛啷"有声，颇为入耳动听。敲鼓的鼓条长约1.2尺，过去为铜条缠牛皮，现改为橡胶，传说为三霄娘娘的法宝"量天尺"。

河州地方称化化教徒为法师，而莲花山地区则称之为师公。在法事中，师公们对旋鼓有一段专门的颂词，其词曰："摇铃铛，摇铃地，摇了三皇和五帝，三皇五帝下常州，常州城中立庙堂，立起庙堂各分地，大哥释迦牟尼佛，二哥道教李天尊，只有三哥没分地，加冕三皇和五帝……"

莲花山区的人们繁衍生息、日常生产和生活中自始至终都离不开旋鼓。祭祀神佛要打旋鼓，庆祝丰收要打旋鼓，请神求雨要打旋鼓，建庙供神、接待家神要打旋鼓，小到孩子满周岁剃发也要请师公打旋鼓。每年集体以自然村为单位进行法事活动的有两次，莲花山地区称为打醮。一为青醮，顾名思义，在青苗即将透地时举行，意思是说庄稼种在了地里，交给了上天，祈祷上苍保佑风调雨顺，五谷丰登；另一种是黄醮，是在麦子黄了的秋天进行，庄稼的丰收是神灵的保护，设坛打醮，谢神敬礼。青醮、黄醮大同小异，对于师公们来说只是一样的酒席一样的菜，一样的客人一样待，跳神打鼓的形式没有发生多大的变化。

旋鼓的打法是多种多样的，莲花山地区的打法就有十种之多，点式各有不同。在打醮过程中因时因地而定，通常用的有"开钱破纸鼓点""请神安神鼓点""郊愿鼓点""招亡鼓点""催神鼓点"等，有时还用特殊的番鼓点，一种鼓点一种打法，有时鼓声急促如急雨，有时轻缓如细流，真是"大弦嘈嘈如急雨，小弦切切如私语"。在敲鼓的同时，恰到好处地摇响铁环，和谐动听，优美悦耳，令人心情舒畅，精神振奋。旋鼓不仅是单一地敲打，而且是说、唱、跳、舞的有机结合，其动作有"缠头过脑""反耍鼓花""甩胯耸肩"，要领是"握鼓缠人不离手，双肩颤抖胯拧动，跳跃旋转凤飞舞，动中见静棱角吸"。

莲花山地区盛大的打醮活动中，身着法衣头戴法冠的师公们旋转击鼓，"咚咚！咚咚！"的鼓点声里三层外三层地吸引了群众，他们的表演令人拍案叫绝。更让人陶醉的是那形象生动的唱词艺术，通俗易懂、朗朗上口、节奏明快、诙谐幽默的唱词使围观者屏声敛息，时而发出赞许的笑声。如打醮活动中的第一项"开钱破纸"，也称"安神交献"，其唱词为：

香烟请，流利换，改换香烟，
某某地方众姓人等，
从净手、忙礼拜，
大神面前上香来，
一拜天，天门开；
二拜地，地门开；
三拜大神神门开；
不为长不为短，
为的是五谷丰登保平安，
有道是二月初春龙抬头，
提笺下籽苦种苗，
为保太平将各位众神请到盘龙场上，
祈祷青苗醮缘，
众百姓人等一心居念，
面烙蛋盘，全束宝香，
青油明灯，黄蜡宝烛，
端茶敬酒，万物心愿。

唱到此处，鼓点一转，换为交愿鼓点，唱词变为对每一样供品的描绘，教育人们粮食来之不易，理应百倍珍惜，勤俭节约，不可肆意浪费。如对供盘唱道：

正月二月种小麦，
三月五月锄小麦，
五黄六月割小麦，
割下小麦收到场。
连枷打，簸箕扬，
扬得麦子红光光。
运到清水尕磨上，
上扇不转下扇转，
九龙口里吐白面。
粗箩箩，细箩担，
一斗麦子八升面。
温水盆中发白面，
一手蒸了十二个盘。
恭恭敬敬神前献。
大馍馍是馍馍王，
锅馍馍是馍馍娘。
牛油包子好心肠，
芽面馍馍烂心肠。
杂面炕炕一脸疮，
油饼馍馍破衣裳。

胡萝卜包子褶褶黄，

韭菜角（ge）儿眼泪淌。

花卷馍馍云彩样，

麻叶儿馍馍木梳样。

地道的莲花山方言，惟妙惟肖的叙述，入木三分地刻画了生产的艰辛和供品的形象，在忍俊不禁的笑声中给人以启发和教育。

在敬香点蜡时，又唱了蜡烛的来之不易，他们从小蜜蜂的勤劳和悲惨遭遇说起：

锁落木桶管马桩，

蜂桶架在柳树上，

手持杨柳接蜂王，

不管老小一桶将。

今天七，明天八，

小蜜蜂出家去采花。

前山梨花李子花，

后山杏花油菜花，

这花跳到那花上，

口含清蜜瓜带蜡，

打了个盘旋飞回家。

东风卷来西风刮，

奔不到家乡墙头上歇，

毛毛雨湿翅飞不起身。

好容易等到天放晴，

晒干翅膀才飞行，

一飞飞到蜂巢里。

蜂王见了心高兴，

黄蜡放到蜡板上，

蜂蜜吐到蜡桶里装。

正月初一是新年，

二月初二龙抬头，

三月清明四月夏，

五月初五端阳节。

春三月积到夏三月，

夏三月积到秋三月。

七月尾，八月头，

蜂儿大难临了头。

养蜂人家铁心肠，

蜂桶抢到锅台上。

切刀剁，笤帚扫，

将蜂儿赶到滚滚的汤。

可怜忙碌了一世的蜂，

不管老小一齐亡。

领蜜的人儿领蜜来，

榨蜡的人儿榨蜡来，

榨成蜡儿一身黄，

十二根黄蜡为一堂。

三堂蜡烛神前点，

保佑地方得安康。

这一段唱词如泣如诉，娓娓道来，真可催人泪下。

献牲，是打醮活动中的重要内容。神头或老人们将羊、猪或鸡拉到神前，用冷水浇羊身，按着猪秽土，要是羊摆身，猪秽土，鸡打哈欠，就认为神领牲了，否则就要用再浇冷水等办法促使羊摆身、猪秽土为止。神领牲就拉下去宰杀，宰杀时，师公们边击鼓边唱道：

黄里黄，黄里黄，

黄河岸边一群羊，

不怕虎不怕狼，

只怕屠家点神羊。

张屠家李屠家，

七寸钢刀手中拿，

一把搬倒血盆上，

血喷上来乱嚷嚷。

一刀割到羊头上（羊背上、羊心肝脏上），

割到八万四千毛根上，

割到七十二根卯窍上，

割到三百六十骨节上。

割的清汤碗里放，

磨哩磨，半碗清汤四面泼，

各位诸神领吃喝。

除宰杀后的一撮毛和血献于神前外，囫囵煮熟后的牲要献于神前"领气"，热气冒罢后分给各家各户。给神上蜡以后，旋鼓声又变为招亡鼓点，在招亡鼓点的催动下，师公们改唱词为道白。大意是恳求十殿阎君本方山神土地放出各村各户亡魂前来领献受纸。其后，鼓点一改肃穆悲壮为明了欢快，气氛转低沉为热烈，节奏紧凑，开始了以鼓代刀的玩鼓仪仗。师公们融民间武术和杂耍艺术为一体，展、腾、挪、跳，集全身之力于鼓上，鼓点节奏激昂，基本动作有三个：

一是转鼓，分一步一转、三步一转、原地转鼓和单指翻腕转鼓；二是绕鼓，分左绕、右绕、单指绕鼓；三是以鼓作武器，主要是刀术套路，分单人舞、双人舞、群舞、二人对打，因所学的技艺而定，不成定式，有的师公还要耍长拳、刀枪、剑、棍等。

玩鼓之旨，在于向神灵表示他们保佑下的万民身强体壮，勤劳勇敢，精力旺盛，敢于战天斗地，保家卫国，有能力在日常生产生活中流血流汗，不辞辛劳种好庄稼，争取丰收。这种民间舞蹈，以男性的阳刚之气给人以粗犷坚强、奔放豪迈的美感。

莲花山旋鼓是求神、敬神活动的产物，世世代代相传的旋鼓，使盛大的神事活动产生了一种神奇、独具一格的文化艺术，剔除其中封建迷信的部分，便会发现灿烂夺目的民间文化瑰宝。它的产生、发展、壮大，对于研究莲花山地区的历史、文化、民族、宗教、民俗，有着极其重要的价值。

白马人的"池哥昼"

白马人的所有舞蹈中，最具特色的，当数年节时跳的舞蹈"池哥昼"。白马人的年节，就是汉族的过年，与汉族的春节同时进行。整个年节，从农历腊月初八开始，正月二十结束，持续时间一个多月。整个年节庆祝活动中，正月十五是高潮。这一天，大家都要跳"池哥昼"。

"池哥昼"实际是古代氏族的原始祭祀舞蹈。"池哥昼"这一名称，在一定程度上反映了白马人的历史变迁。如今甘、川的白马人，是古代仇池国氏人的后裔。仇池是古地名，位于今甘肃省西和县西汉水北面，因山上有仇池而得名。魏晋南北朝时，氏族大姓杨氏一直居住在这里。白马人把这种舞蹈命名为"池哥昼"，其中的"池"字，即表明他们是仇池来的氏人；"哥"字在藏语中意为兄弟；"昼"字是"咒"字的变用，"咒"与"祝"又相通，带有祈求和祝福的意思。因此，"池哥昼"就是白马兄弟驱邪祝福、企盼幸福的意思。

表演"池哥昼"时，必须戴面具。不同部落的白马人，由于图腾不同，所戴面具也不一样。如黑熊部戴熊头面具，白熊部戴熊猫面具，三眼神部戴三眼神面具。

表演"池哥昼"时戴的面具，是白马人特有的一种艺术品。它外表直露、夸张、粗犷，具有典型的原始风格。面具的制作过程比较简单。制作时，先要选择上好的椴木，然后将其锯成50厘米左右的木块，再从中间劈开，每半块木料雕一副面具。正式雕刻前，艺人先要对所选木料行礼，以示虔诚。雕刻前，先用斧子砍出雏形，然后精雕细刻，最后用油漆等颜料彩绘。白马人的面具，无论是熊头、熊猫头、三眼神头，还是神女和其他动物的头都充满生气，有的怒目圆睁，有的活泼可爱，有的美丽动人。其中一些精品，曾入选中国民间民俗展，在国内和海外展出，引起很大的反响。

文县白马人的"池哥昼"表演，由9人组成，其中4人扮演"超盖"，2人扮演"超母"，3人扮演"慈玛"。"超盖"是白马人崇拜的四位山神，老大是龙王，老二是天王，老三是金刚，老四是门神。传说这"超盖"四兄弟是白马人祖先达玛的4个儿子。"超母"是传说中的两位菩萨，一位是音姿，一位是慈母，都是玉皇大帝的女儿。三位"慈玛"，一位是老头，一位是老妪，一位是小孩。

三位"慈玛"的出现，缘于一段传说：当年，白马人的祖先从蛮坡渡（今四川江油）北迁时，请了一位男子带路。后来，这位四川男子同一名白马女子相好而私奔，并生了一个男孩。这一家三口，受到白马人的蔑视，在"池哥昼"中，被塑造成了丑角。

"池哥昼"表演，一般从农历正月十三开始。表演时，四位"超盖"反穿皮袄，足穿毡靴，身背一串铜铃，头戴满嘴獠牙的面具，身后拖一条羊皮做的长尾巴。他左手拿一件兵器，象征勇气和力量，右手拿一支牛尾拂尘，意味驱除邪恶，舞步粗犷、夸张，铜铃声声震耳。两位"超母"，身穿宽袖对襟长袍，面具慈祥，翩翩起舞。三位"慈玛"，脸涂锅底灰，一身小丑打扮，表演没有固定程式，只求滑稽可笑。

四川阿坝藏族羌族自治州九寨沟县草地乡的白马人，其图腾形象是大熊猫。他们"池哥昼"中的主角，戴的是熊猫面具，因此，有人又把这种舞蹈叫作"熊猫舞"。

当地白马人把熊猫作为"池哥昼"的主角，也缘于一段传说：古时候，白马人有求婚时请动物做媒的习俗。传说一个小伙子和一个姑娘情投意合，以心相许。但是，按照白马人的规矩，结婚之前要发媒，征得女方家长和亲戚们同意，才能喝定亲酒，举行结婚仪式。为了使一对新人早日完婚，让亲朋好友喝上喜酒，男方先后派美丽的金凤凰、能说会道的猴王前去说媒，结果遭到女方家人的谢绝。后来，男方请忠厚老实的熊猫前去说媒。熊猫真诚忠厚，稳重大方，言语恳切，给女方家人留下了很好的印象。女方家人经过慎重考虑后，答应了这门亲事。熊猫成了有功之臣，成了白马人的"月下老人"，自然成了白马人崇拜的对象，也成了"池哥昼"的主角。

其实，草地乡人崇拜熊猫，主要起因是尊崇熊猫固有的憨态，并把这种憨态人格化为忠厚老实、稳重大方这些人类的良好秉性。长期以来，他们生活在熊猫活动区，与熊猫和睦相处，自然把熊猫看成了吉祥之物，看成了人类学习的榜样。

草地乡白马人的熊猫舞，以熊猫为主题，主要表现熊猫的生活规律和体貌特征。具体表演时，有锣鼓声伴奏，最常见的动作是熊猫吃竹、熊猫喝水、熊猫爬树、熊猫打滚、熊猫嬉戏、熊猫睡觉，等等。

白马人表演"池哥昼"，首先是场地表演。场地表演时，本民族的青年男女都要到场助兴。他们和着表演者的舞步，又唱又跳，场面十分热烈。场地表演结束后，按传统习惯要去家家户户登门表演，为寨子的每户白马人祝福。表演队伍进门前，炮手先放进门炮。主人听到炮声，忙把早已准备好的小吃、油条、酒等摆在桌上。表演队伍进门时，主人还要燃放鞭炮，以示欢迎。表演队伍进门表演一圈后，即可享受酒肉款待，助兴的歌手还要同主人对唱酒歌。接着，由"超盖"在院子里跳"金刚捧鬼驱邪舞"。跳罢舞，他们又手持点燃的松枝和咒符，在厅堂、厨房、院子四角大吼，用手中的宝剑四下乱砍，驱赶邪恶，祝福来年。离开时，炮手还要放起身炮。

正月十五晚上，白马人一般要手举火把去寨外表演。他们在寨外山上表演一番后，点燃火把，开始迎请五谷神，然后沿着弯弯曲曲的山路回寨。每当这时，迎神的队伍就组成一条几里甚至十几里长的火龙。他们高唱着，吼叫着，拼命敲打着锣鼓。歌声、喊声、锣鼓声交织在一起，震耳欲聋，响彻云霄。进寨后，大家又燃起篝火，全寨男女老少手拉着手，在熊熊燃烧的篝火旁起舞。等到巨大的篝火快要熄灭时，大家又载歌载舞，去寨边崖下祭祀神灵。全寨人跪倒在地，由主持人点燃香烛，低声呼唤五方神灵，祈求神灵保佑全寨新的一年五谷丰登、六畜兴旺、人人健康。最后，大家高唱追忆氐人祖先、赞美氐人历史的歌谣。

第八章　民间工艺美术

甘肃民间工艺美术，是一个博大精深的民间艺术海洋。在甘肃东起黄土高原，西至敦煌戈壁，南临巴山蜀水，北靠大荒北漠的陇原大地上，不管是生活在黄土高原的农耕民族，还是生活在辽阔草原的游牧民族，无不陶醉在这个艺术大海中。他们世代繁衍，祖辈相传，农牧民的生活离不开它。

民间工艺美术，源远流长，文化悠久。古老的伏羲文化、轩辕文化为这种艺术注入精魂；大地湾原始文化、马家窑的彩陶为这种艺术开拓思路；漫长的古丝绸之路文化和敦煌艺术为它输入新鲜血液；原始崇拜、图腾文化、宗教信仰，无一不在民间工艺上打下烙印；多民族的智慧结晶，多种文化的渗透交融，给甘肃民间工艺美术赋予丰富的文化底蕴。

甘肃民间工艺美术蕴藏量非常丰富，品种繁多，艺术特色五彩缤纷。半个世纪来，民间文艺家和民间工艺美术的艺人以及学术界的专家、学者，在甘肃省民间工艺美术的搜集、收藏、开发、研究等方面做了大量工作，才使民间工艺美术这一中华民族文化遗产得以保护和发展。下面对于甘肃几种主要民间工艺美术，就其分布地区、艺术特色以及挖掘、研究成就和发展历史加以叙述。

甘肃皮影艺术

民间皮影艺术，传说源于北宋初年。南宋末吴自牧《梦粱录》记载："更有弄影戏者，元汴京初以素纸雕簇，自后人巧工精，以羊皮雕形，用以彩色妆饰……"由此可以看出当时的皮影起初以素纸雕簇，后发展为羊皮雕影形，开始着色装饰，皮影形成。甘肃皮影主要流行在陇东、陇中、陇南和河西的汉族地区，以陇东为最早。宋仁宗庆历年间，范仲淹镇守庆阳，当地艺人以演皮影戏犒劳将士。清末大将董福祥曾把环县皮影戏班带往京城为慈禧庆贺寿诞。

陇东皮影主要分布于平凉、庆阳地区各县，集中于陕、甘、宁相接壤的三角地带，如环县、华池、宁县、庆阳、镇原、泾川等县。陇东皮影音乐被称为"道情"，是道教音乐的一部分，也深受陕西西路皮影弦板腔、碗碗腔影响，它与陇东民间说唱音乐融合，形成了早年甘肃皮影流派。清道光、咸丰年间，环县、庆阳、武山、漳县已有道情皮影存在。清末环县的皮影艺人解长春（1843—1916）对以演唱陇东道情的皮影艺术发展做出了突出贡献。

道光、咸丰年间，陇东皮影刻制技术，师宗陕西同、华二州（今大荔、朝邑、华阴、华县）的章法技术。选材以小口齿青草期的黑公牛皮为佳，皮板薄厚适中，质坚而柔，在整个的制作工艺上，无论是选皮、刮皮、拓样、针稿、簇刻、着色、出汗砖熨等各道工序都是极其精细，毫不马虎。刻制要用各种形状的刀具，如刀、刃、凿等，陇东皮影刻制艺人世代相传，常用刀具在二十把以上，有的多达六十余把。雕刻的刀法也多种多样，有"走刀、推皮、打眼、扣碗碗"，先繁后简，以先内后外的顺序雕刻。

陇东皮影造型外轮廓以直线概括，俊俏有神，尤重图案装饰，着色对比强烈。头部造型有千余种，一般采用"五分脸",即侧面表示法:一个眉子,一只眼,一耳垂,半面嘴鼻一个脸,其中不少保留明、清时代脸谱造型。皮影身段也用侧面表示法。早期陇东皮影个头只有20厘米,纹样简单,色彩单调,20世纪40年代后,着色以黑、红、黄、绿为主。其整体造型是头大身小(5:1),身段上窄下宽,手臂过膝。清末,出现了带有复杂图案的大片布景,如"花果山""帅帐""葡萄架",称之"大片",最大尺寸为220厘米,中片亦有100厘米。

80年代,陇东皮影又作为民间工艺品进入专家、收藏家的视线。如平凉地区工作的马德昌、兰州医学院教授刘德山等业余收藏传统皮影数千件,其中刘德山对中国皮影戏艺术的发展、沿革以及刻片进行了数十年的研究,搜集并收藏了早期皮影1000余套,2000余件,发表研究论文多篇,有《中国皮影造型艺术》《中国影戏沿革》《中国早期皮影脸谱》等。平凉马德昌收藏有明清皮影2100多幅。1989年,他的皮影收藏品"水漫金山寺""铡美案""群仙朝元始""猪八戒义激美猴王"参加中国艺术节,并在中国美术馆展出。同年,部分明、清皮影藏品选入《中国美术大全》民间美术分册。

在皮影的收藏和制作上有突出贡献的另一位是庆阳的王光普。王光普出生在山西闻喜县,自幼随当教师的父亲在陇东农村长大。他从童年起就迷上了丰富多彩的陇东民间艺术。他后来当了一名职业中专美术教师,几十年来,利用节假日,骑自行车行程近万里,考查了陇东地区全部皮影戏班子,调查探访了100余名雕刻老艺人,收藏了过万件皮影造型形象和数千张皮影线描图谱。他还先后自费到贵州、广西、浙江、新疆、四川、山东、山西等地收集民间傩面、皮影、剪纸等艺术品,编写出《北豳傩面与神怪皮影》,20多万字,附图500余幅,在台湾出版。

1990年,他将自己收藏的100多件皮影捐献给了中国美术馆;翌年,又将一部分作品捐赠给了中央美术学院。他在挖掘、收藏皮影的同时,拜老艺人为师,学得一手皮影雕刻技能。特别是1997年他设计四部名著,其中《皮影三国》在台湾公布于世后,受到各国友人的极大关注,纷纷来信或登门拜访,还要求他再设计《封神演义》《包公案》等传统皮影巨幅图卷。

1998年,他设计了《红楼梦》《西游记》《水浒》皮影长卷,每个场面高70厘米,约长70厘米,每卷长50米,分别由40或50个场面组合成一部系统表现各名著的皮影总图卷,总长200米,成为目前世界皮影最长卷。王光普在《皮影三国》"三英战吕布"一组作品中,完全采用传统皮影人物骑于马上,俗称马战,采用四个不同的人物造型,组合成富有情节的三英战吕布的历史画卷。作者熟练的镂雕技术与传统的深浅、冷热着色技术的糅合运用,特别是三英夹围吕布的战术构图布局,使作品既是一幅美丽的图画,又是一场富有情趣的皮影戏。所以说,这一组皮影既继承传统皮影戏的表现手法,又有大胆的革新创作。"三顾茅庐"这幅作品再现刘、关、张三人和孔明于茅庐之中共议国事的情景。四位截然不同的人物,除了衣饰不同,头部的雕刻最为讲究。刘备之鼻丰中带弓,眼中祥和宁静,一副大悟睿智之相;关、张两人是花脸,关羽红脸、凤眼,聚精会神地聆听孔明高论,张飞龇牙咧嘴,鲁莽的神态可见。在人物旁还配置布景、桌椅、花木,把茅庐内的环境气氛自然烘托而出,诸葛亮的声音仿佛从中传来。"桃园三结义"中几件道具点明了主题。刘备空脸造型,符合身份,相应之下,关、张两人的花脸,充分展示了艺人在艺术处理上的大胆夸张。关羽红脸蚕眉凤眼,红脸皮为"忠",蚕眉为"勇",凤眼为"仙逸",表其忠勇潇洒之相;张飞凤眼、咧嘴,脸色艳丽,与刘、关形成对比,表现了艺人的浪漫情怀。"千里保皇嫂"中影人造型体现了二位嫂嫂沉重而不同的内心变化,关公骑在赤兔马上,圆脸凤眼,蚕眉直竖,手中倒提青龙偃月刀,护在车仗上方,表现出千里送嫂的艰辛。特别是仗上的缠花纹样雕刻技法、设色特点,更加迷人。镂刻缠花用转刀技术,一丝不苟,前后运气一致,一气呵成,线条流畅,可谓绝技。

王光普的艺术成就受到各级政府的肯定。1990年被庆阳地区评为"拔尖知识分子";1997年又被联合国教科文组织和中国民间文艺家协会授予"一级民间工艺美术家"称号。

皮影是一门综合艺术,它的艺术成就不但表现在影人作品的雕刻方面,而且还表现在皮影戏的挑演、唱念、灯光等方面。甘肃皮影戏从演唱风格上可分为三大派,即陇东、陇中、陇南和河西三块。陇东皮影以演唱陇东道情为主；陇中皮影多以民间小曲小调为演唱音乐；而陇南和河西的皮影戏则以秦腔、眉户为唱腔进行表演。这三个派系在影人造型刻画和挑演、音乐、唱念方面的艺术风格有着明显区别。就是在陇东环县一个县内，也形成了三四个流派，什么史家班子、敬家班子、解家班子等等，各有千秋。他们常年活跃在山村农家，经久不衰，深受群众喜爱，成为我省文化事业的一个不可缺少的组成部分。它为活跃群众文化生活做出了贡献，也为中华民族文化增添了光彩。

近些年来，皮影作为中华民族传统文化的优秀遗产，受到党和国家的重视。地方各级文化艺术部门和单位不断挖掘整理和研究提高，为陇原民间文化的抢救、保护和可持续发展做了大量工作。

甘肃皮影制作技艺

皮影戏是用灯光照射牛皮做成的人物剪影，以表演各种故事的一种艺术形式。已知最早的文字记载见于宋张耒《明道杂志》："京师有富家子，少孤，专财。群无赖百方诱导之。而此子甚好看弄影戏，每弄至斩关羽，辄为之泣下，嘱弄者且缓之。"另据宋周密《武林旧事》记载，宋时京师已有专门以此谋生的影戏团体。元初为军队中的主要娱乐活动。后遍传民间，成为广大群众喜闻乐见的一种艺术形式。

皮影戏具有小型，多样，业余，节约，轻装简行，排练简易，剧目丰富，"舞台"虽小、人物鸟兽尽可表演等许多特点。同时，皮影人物已成为研究古代戏剧和脸谱艺术的珍贵形象资料。

民间皮影通常以牛皮、驴皮为主要材料，其雕刻工艺讲究精巧、细腻。皮影人物头部的表现极具夸张、写意和概括、象征的特色。但由于受到侧面表现的局限，不得不强调面部曲线变化的肌肉形状，以求达到表现性格的目的。如净角脸谱以阴刻为主，旦角以阳刻为主，并注意头饰、发型的变化，以区别人物身份。色彩讲究透光性，达到艳而不俗，丽而不媚，古朴庄重，和谐统一的效果。在传统皮影的制作中，还逐步形成了一套独特的刻绘方法。为了继承民间文化，保留传统皮影原貌，有必要将其制作方法简单介绍如下：

1. 牛皮的选择和炮制

制作皮影的材料较多，陇东和陇西一带的皮影多为牛皮制作。这里谈的，是如何用牛皮制作皮影。

选择牛皮时一般要具备下列几个条件：即黑毛色，青草期，宰杀出血，四六口的牛皮。因为黑毛色的牛皮透光性能好；青草期的牛较为肥壮，皮脂肪充足，润泽而柔软；宰杀出血的牛皮没有血斑、血丝；四六口的牛皮质细、厚度均匀。

牛皮选好后，浸入清水泡软，用弯刀铲掉毛层和肉层。然后在牛皮周围钻上小孔，用绳紧绷在撑架上，将厚的部分用脚踩开，再拉紧绳子。晾干后把表面喷湿，用钥子刀从上到下将表皮刮净，然后再将里面喷湿，把肉质层刮净，这样反复几次，只留真皮看到透明均匀，薄厚适当就可以了。最后将皮取下来，再浸入清水中，等完全泡软后，绷在撑架上，干燥后，即可使用。

2. 样稿设计

皮影人物的造型和道具的设计不同于一般的绘画，它具有强烈的概括性和装饰性。在设计时要充分注意它的特点，研究它在亮幕上"影"的效果。

头部——人物头部设计有自己的独特风格。如人物的眼、眉、鼻、头发等，都是为了凿刻和线条的连接所产生的特异效果。因为皮影中的人物都是侧面的（或大侧面的），所以往往一只眼睛占了半个脸孔，嘴巴要处理得小一些，头的比例要大一些，一般为体高的五分之一或六分之一。除净角面部为阴刻外，其他人物面部大多数是凿空留线的（即阳刻）。

服装——人物的服饰和体型，是和人的出身、劳动方式、生活条件有密切联系的。另外，在年龄、性别方面，也要有明显的区别。除了这些，皮影人物身子要比真实人体细、瘦些。不然，上了亮幕就显得臃肿。另外在设计皮影人物时，尺寸大小是相当重要的。太大操作起来不灵活，投影显得不匀，表演困难。稍小一点可克服上述困难，但不能满足观众较多时的要求。所以，人物尺寸大小，要根据当地具体情况而定，一般以一尺一寸左右长为宜。

设计好样稿后，还有一个相当重要的问题。皮影人物和身体可分为五大部分、十二件，即头、上躯干、大小臂、手、大小腿等。古装历史人体和现代人体基本相同，但大腿需要进行增减。人物分解部位的连接点也十分重要，特别是小腿的连接点，要事先准确地找到重心点。不然，不是两腿重叠，就是分得太开，表演时会受到影响。

道具——对于剧中人物使用的工具、用具，要列出来，以便有目的地设计。尽量使其互相连接，形成一个整体，设计当中要想到表演时既能固定，又能活动，这样就行了。

动物——在设计牛、马、猪等动物时，可以将上颌骨（连颚）、头身、尾和四肢分解开；鸡、鸭等动物颈部分几节分解，尾也分解，方可活动自如。飞禽等动物，主要使两个翅膀活动就行了。

布景——每场戏的景物要力求简练，不宜过繁。设计时，有些地方还要用一点工艺美术上的"变化"来处理。如果景物较大，可用硬一点的白纸制作，先用透明色画好剪下来，然后涂上石蜡或清漆便可使用。也可设计山水花石等自然景物，还可试制各种特种效果，如风、雪、雨、打雷、闪电等。

3.皮影刻制方法

工具——工作台：用梨木、杜梨木、槐木或其他硬木做成竖纹圆盘，厚度约一寸，直径约一尺即可。凿、刻等工作都可在上面进行。

凿刀：具体制法是，先将小号钢锯条截成80毫米左右长，放在炉中烧成白色后，马上取出来炉灰覆盖住，这样就可以退掉锯条上的火，变为一条铁片。再将铁片的一头根据所用凿刀口的宽窄，用剪刀剪去一些，把剪去的一端用磨石磨出刀刃。然后找一个直径为7毫米左右的铁棒，把铁片放到铁棒上，卷成一个圆筒状。再放到火中去烧，刀口呈现白色后，急速投入冷水中淬火，以增加刀口硬度。若刀刃太脆，可将凿把放炉中烧到发红后，取出放水中一蘸，刀刃就不脆了。

凿刀主要用于有规律的纹样刻制，所以凿刀形状样式越多，用起来越方便。在制作凿刀时，可准备直、圆、半圆、三角、方等大中小各一把。

刻制——首先用描线针（即钢针）在已炮制好的牛皮的光面过上样稿。过样的时候，要准确，不要急于求成。过好清样后，分别裁成小块，用湿毛巾包起来，将其渗软。注意牛皮不要过湿，过湿刻中会走样变形；也不要过干，过干太费刀具。

初学刻制时，可从简到繁，先学刻道具、布景等简单的东西。凿刻时，必须拿稳凿刀，不要歪斜，用锤打时应多打几下，直到凿透牛皮为止，但不要用劲

过猛，否则就会把凿刀打进工作台内，不注意就会损坏凿刀。初学者掌握了一段时间的工具，直到得心应手，拿起凿刀，知道要凿什么样的线条时，才可以练习刻制人物。

刻制人物，是件很细致的工作，切不可马马虎虎。凡要去掉的部位，不要刻一点就去一点，待全部刻完后，一次用取线刀通掉，再用锤子轻轻地锤平就可以着色了。

4.皮影着色法及其他

着色——用普通毛笔和幻灯颜料进行着色，也可用石料和木胶水着色。着色时不宜层次过多，一般以平涂为主，色彩对比要强烈。一个部位的颜色一次调够，渲染三四次达到好处。深色更不要一次完成。否则颜色不易均匀，大块色完成后，再描绘细部，如五官及各种装饰纹样等。

出水（即烘干）——找两块大方砖，对起来磨平，用火加热到不烫手为宜，将刻好的薄厚一致的小件用白纱布衬好，放在两砖之间夹起来，等砖头完全冷却后，才可取掉。

上清漆——水出完后，为了防止颜色脱落，受潮变形，可用清胶水或清漆（如清漆较稠，可用松节油调和）刷盖一次。要刷得匀而薄。

装订——可用丝弦或牛皮割成细丝来装订。还有用大头针装订的（如现代剧中的人物大小腿连接处非用大头针不可，只准其向后活动，不许向前弯曲）。装订时，不要装得太紧，使其灵活就可以了。

在装订现代人物时，因为大腿和腰部连接处只有一个订缝眼，装订住，两腿会重叠在一起，影响演出。若要克服这一缺点，装订时必须加上用自行车飞轮钢丝做成的弹簧。这样，两腿才能前后分开。

操作杆——加操作杆的位置多是胸部、两手，共三根，现代剧中有些主要人物，腿部若有动作，还要加上腿棍。腿棍用铁丝做成卡子，用时取掉。腿的动作也可用拉线的办法，统一在胸棍上操作。

甘肃民间剪纸艺术

民间剪纸艺术，是流传在陇原大地广大汉族和部分少数民族地区的很普遍的一种民间艺术。剪纸最早出现在南北朝时期，经唐、宋、元、明、清历代创新，各地自成体系。甘肃民间剪纸艺术由于地域文化和民族文化影响，它的风格可分为四大块，即河西剪

纸、陇中剪纸、洮岷剪纸和陇东剪纸。

河西剪纸　以张掖、山丹、民乐为中心，以剪鹿、剪羊、剪马等西部特有动物和家禽为题材，画面构图多为组合，手法粗犷有力，追求整体气势，给人以浑厚博大凝重之感。河西走廊地域广阔，一望无际，人烟稀少，交通不便。加之由于丝绸之路贯通和历史上贬官流放，受各种文化的影响和多民族文化的渗透，从而形成了一种独特的地域文化圈。民间剪纸《交尾鹿》就是这种文化的产物，画面双鹿喜跃，回头共视，构思新颖，想象丰富，可以说是两鹿嬉戏，体现阴阳交织，象征生息繁衍，艺术手法上线面结合，粗壮有力，不求流畅秀美，只讲刚劲有力，表现出西部人的豁达与彪悍。《征战》表现汉代征西大将军霍去病的英勇气概，采用阴剪手法，使画面壮阔博大，人物概括简略，整体气势雄浑。它的艺术魅力，在其他地区的剪纸中很少见到，充分体现了其地域文化特征。还有一些表现牧业丰收或与大自然搏斗的作品，其寓意和构图都追求磅礴之势，但在构图上又十分简练概括，蕴藏着力量的冲撞感。有人讲河西剪纸像河西大地一样具有广阔的胸怀，令人向往和神怡。

陇中剪纸　以通渭、甘谷、天水为中心。通渭剪纸产生于汉民族的古老祭灶民俗，古人每年腊月把纸剪成各种食物，用于祭祀始祖，以后发展到每逢腊月，姑娘媳妇们都用彩色纸或染成多色的长条方块纸剪成表示吉祥的春天，大年初一贴在门栏沿和屋檐椽头上，以渲染节日气氛，这种剪纸只追求轮廓形体，不讲究内在形象，强调色彩对比。通渭人还常剪成"天官赐福"字样贴在门壁灶墙上，以追求一种精神寄托。并且还把人们熟悉的花鸟虫兽、历史人物故事剪成图案，就连庆诞、婚嫁、丧葬、祝寿都有剪纸作品出现。总之，剪纸伴随着人生整个旅程。通渭、甘谷一带的剪纸最大特点是除用单色纸剪出的作品外，还有在同一幅作品上染成不同彩色的作品，表现力更加丰富。甘谷、天水一带的剪纸除有通渭剪纸的艺术表现方法外，在民间还流传着用各种彩色纸剪成局部，然后拼贴成一个整体作品的。

陇中剪纸的总体风格是剪纸单体小巧而重组合，富有一定的总体观念，善用延续图案连接各个单体，追求一种整体的画面，仔细分析又没有内在的某种寓意，重在装饰。改革开放以后，通渭县文化部门还办

过民间剪纸艺人培训班，不断有新一代艺人和作品出现，近几年有八十多幅作品被甘肃省民间美术博物馆收藏。通渭剪纸曾被定西电视台拍成专题片，介绍到海内外，这个专题片在1995年全国民俗录像评奖中获奖。天水市文联主席陈冠英、张维萍夫妇，长期深入民间，酷爱民间艺术，向民间剪纸学习，把这种民间独特的民间剪纸的艺术风格运用到自己的剪纸创作中去，创作出一百多幅深受群众喜爱，地方风味浓厚的剪纸作品。张维萍的传统作品《三娘教子》、现代题材作品《赤脚医生》、反映丝路文化的系列作品《丝路明珠》等，受到中外民俗学者的好评。他们夫妇二人在甘谷县办起了民间美术收藏馆，从民间搜集到大量宝贵的民间工艺美术遗产，为甘谷人做了一件大好事，引起省内外民俗学者的注目和赞扬。1998年，笔者去天水采风，陈冠英、张维萍夫妇还把他们收藏多年的民间剪纸珍品拿出来，让我们一饱眼福。如今张维萍已是中国剪纸学会的会员。

洮岷剪纸　在洮河、岷县一带的剪纸另有一番天地，它以小花小草、小情小景，小构图单画面为多，着意精刻细琢。所剪的对象往往是小虫小鸟、花朵猫鱼，一物一幅，很少有组合，剪刻清晰、细腻、纤秀，讲究物象轮廓真实准确，多用于窗花、绣枕、鞋花、肚兜等。洮岷一带山清水秀，花草繁茂，山地连绵，人口稠密，交通方便。人们心理承受的生活压力较小，善于借喻花草排遣精神，不着意表达某种积藏很深的情感，所以洮岷剪纸艺术给人以清爽之感。特别是岷州窗花是典型的洮岷剪纸。岷县民间住房建筑均为五檩四椽或四檩三椽的土木结构，前檐带二架柱，形成开放式外廊，内室紧靠廊檐处，开饰大孔面木格窗，整个窗面的下三分之一由三个大孔和对称的小格组成，岷县人称此窗户形式为"虎张口"。每逢年节或婚嫁喜庆活动，人们便糊上新窗纸，将五颜六色的窗花两面相对地贴于窗户上部的大方格内，下部小格则以彩笺贴饰。岷县窗花有两大类型，其一是"版子窗花"；其二是"剪纸窗花"。版子窗花主要流行于农村，其制作是在木刻的窗花版上，用红、绿、黄三色平涂套印，图案多以花鸟和人物为主。剪纸窗花则以城区为主，按剪纸技艺，分堆花、耀花和镂花三种。堆花，是把剪好的形象堆贴于底纸上；耀花，是先把剪好的形象堆贴于底纸，再行镂空，只保留各

种形象的轮廓，然后粘贴在玻璃上，形成各种透明的图形；镂花，是直接在底纸上剪镂图形，其中图案细腻的"烟花"最有代表性。这种烟花贴糊于最上一排窗格，镂空的图案花纹，除具有装饰作用外还有通风透气的作用。从剪纸技术来看，岷州窗花有"剪、镂、旋、毛"等多种手法。堆花图形多用剪工；烟花、角云等多用镂工；开眼时用旋工；人物发饰、鸟禽羽毛及花卉叶脉等用毛工。用毛工技法剪成的花形细致明晰，类似国画中的"工笔"。另外在处理人物面部时，在剪好的图样上可以用毛笔勾勒，群众把这种表现方法叫作"开描"。岷州城乡妇女每逢腊月岁尽，"巧人""花姑娘"便闭门创作，新春伊始，一展各自新作。

对于洮岷剪纸的搜集与研究，岷县李嶙先生长期深入民间，收藏了很多民间艺术方面的作品，特别对岷州剪纸情有独钟，曾撰写过一些颇有水平的研究文章。他的《岷州窗花》一文于1998年10月发表在《人民日报》"海外版"受到民间艺术界好评。他是一位勤奋多产的民俗学者和民间文艺家。

陇东剪纸 陇东即甘肃东北部的简称。陇东主要指庆阳、平凉两地区的16个县市，北接宁夏，东临陕西，地处黄河中游的黄土高原。这里曾是华夏始祖轩辕黄帝和周祖的发祥地，又是戎、狄、羌、薰鬻（匈奴）等古民族的聚居地，古丝绸北路经过这里汇入河西走廊。古代各民族在这里创造了丰富的民间文化遗产，陇东民间剪纸艺术就是这种遗产的一部分。

陇东人民自古以来穴居窑洞，剪纸的传统民间艺术活动历史悠久。据史料记载，早在汉唐时代，民间妇女已有使用金银箔和彩帛剪成方胜、花鸟贴在鬓角作为装饰的风尚。以后逐渐发展，每逢节日喜庆，则用彩色纸剪成各种花鸟、动物和人物故事，贴在窗户门楣上作为装饰，也有作为礼品装饰或刺绣花样用的。

陇东民间剪纸，早期只是一种象形单剪，用来美化窗户，后来，逐渐发展到门饰、灯花、墙花、贴花、图案和人物造型，乃至现在的剪纸画、组画等。剪纸技法上由单剪到剪、刻、凿并用，表现内容上由动物花草到人物故事，以至于成为揭示生活与社会变革、抒发情感、表达理想愿望、开拓文明的工具之一。剪纸在陇东农村非常普及，群众一把剪刀铰到老，生命终止时才是他们的艺术生涯结束时。陇东剪

纸在表现内容上具有丰富的文化内涵，引起很多国内外文化人类学专家学者的关注，成为他们研究的重要课题，古元、靳之林、曹振峰、李寸松、孙建君、李绵璐等知名人士也曾撰写过这方面的专著。这是因为陇东高原在人类历史上有着深厚的文化根基，特别是原始图腾文化随着古老民俗遗传，在世代相传的剪纸艺术中遗存下来。我国氏族社会的图腾崇拜，由母系氏族社会，经历了自然崇拜（主要是动物崇拜，半人半兽的人面兽身）和祖先崇拜（即生殖崇拜）这样一个发展过程。我国古代作为"物候历法"的生命象征的刻鹿图腾的鹿头文化原始形态已如凤毛麟角，而在陇东民间剪纸中，不仅老年人剪纸中存在它的原始形态，而且可以看出它后来的发展过程。陇东庆城县的剪纸艺人魏桂花的遗作中作为洞房喜花的《神鱼瓶》就是鹿头花的原始形态。它虽然以作为生殖崇拜的神鱼作装饰，但仍保留了鹿头的原始形态，作为生命崇拜的鹿图腾和作为生殖崇拜的神鱼瓶，实为同一主题。同时魏桂花作为祝寿的《寿花》，中间上部高悬龙（鹿）头，仍然保留着鹿头文化形态，但这时已向生命之树的植物形态发展。上栖双鸟的生命之树（扶桑树）是两汉时代广为流行的图样，竟在陇东民间剪纸的《寿花》中可以看到。扶桑被原始人视为生命之树，它反映了人类对大自然的树木崇拜。在镇原县老艺人祁秀梅的剪纸中，则是由动物形态完全变成植物形态了，但仍然可以看出鹿头纹样。她的作品有的是上栖双鸟的生命树，树下是猴吃桃（叫"双猴献寿"）；有的是生命之树，树下是鹿鹤同春。而另一类则是双凤、双鹤、双蝶的盆花或瓶花。值得注意的是有些生命之树的树根或盆花下有石头形状，或有的瓶花上边左右卧着两条狗，这是因为历史上镇原一带聚居过古羌族和匈奴、鲜卑等古老民族，是古羌族的白石崇拜和匈奴盘瓠的犬图腾崇拜文化在当地民间剪纸中的遗存，它反映了一段古老的历史。

人类繁衍的生殖崇拜意识，在陇东剪纸中体现得最多，它也是陇东民间剪纸内容的一个重要特点，闪烁着生命之光。在陕北、陇东一带的象征隐语很多，如《鱼戏莲》《鱼钻莲》，以鱼象征男性，以莲象征女性；还有《狮子（男）贯钱（女）》《猴（男）吃桃（女）》《老鼠（男）吃白菜（女）》《鸡（男）戏蟾（女）》《鸡（男）卧牡丹（女）》《猫儿（男）卧

莲（女）》《双猫（男）卧盘（女）》《鸡（男）卧盘（女）》《蝶（男）采莲（女）》等等，都有象征人类繁衍的寓意。

陇东传统把鱼、蛇、蜥蜴、壁虎作为神鱼、神蛇不予伤害，人头鱼、人头龙、人头蛇、人头虎、五爪龙在民间剪纸中大量存在。陇东民间还有一种说法，说四爪龙只能下海，五爪龙又能下海又能腾空，只有五爪龙是神龙，备受人们崇拜。

在陇东五月端午，蛇、蜥蜴、壁虎不仅不列入五毒，还要做一条盘蛇缝在娃娃的背上来保护娃娃平安；还有一种剪纸图案叫《蛇盘兔》，民间认为兔象征着娃娃，蛇不但不会伤害兔（娃娃），而且会抚育兔，同时，还有"蛇盘兔，必定富"的俗语流传。

陇东的中老年妇女都会剪的《抓髻娃娃》《拉手娃娃》《关病娃娃》《燎疳娃娃》《抓钱娃娃》等则表现了民间驱邪镇妖、招魂除病保平安的一种民俗意识。《抓钱娃娃》一手拿古钱，一手拿火，又招财又燎病魔；正月二十三，院里燃堆火全家跳火堆燎疳时，用黄纸剪成一串子《燎疳娃娃》投入火中，为全年消除疳病，保护全家平安。这样的活动在甘肃天水的正月十六伏羲庙会上可以看到，人们用纸剪成人，贴在树上，家人身体的什么部位有病，就用着火的香头燎什么部位，叫送喜神，也是一种用剪纸方式除病的民俗。而头上有两只鸡的《抓髻娃娃》则表现出更深的文化内涵，它可能是我国古代西北父系氏族社会作为生命象征的图腾崇拜，它的形状类似金文的"天"字，因为陇东是轩辕活动的地方，它可能是轩辕黄帝的族徽，同时也反映了人类对繁衍之神的崇拜。在剪纸图形中，抓髻娃娃或头梳双髻，或头顶双鸡，或头戴人胜（男阳），双手举鸡，或一手举鸡一手举兔（虎）等，都属于这一类文化。

陇东人特别讲究吉利，每逢正月初一家家户户门上贴鸡与虎，叫作"户户贴鸡，人人添富""福虎镇宅"的民俗事象。他们剪的牛、马、驴、羊、鸡、狗、猪、兔等动物都是陇东人民生活中不可缺少的，其中以鸡最多。比如陇东家家户户都养鸡，在他们心目中，鸡被视为保护神，可以报晓，镇邪驱鬼，人们受惊、生病用鸡招魂；人死后出殡，要用鸡引魂，让亡人灵魂随尸体一同西去。"鸡"的谐音为"吉"，取吉祥之意，连探亲访友回娘家也有送一只鸡以表吉利

的愿望。在剪纸中反映鸡的作品如《鸡戏蟾》《喂鸡》《骑鸡娃娃》《鸡卧牡丹》等，还有其他很多剪纸图案涉及鸡。它反映了在人类历史上鸡崇拜的原始文化心理。也有的是反映吉祥喜庆的，如《骆驼进宝》《四龙捧珠》《寿花》《吉兽进宝》《添富兽》《喜鹊闹梅》《五福捧寿》《连年吉庆》等，表现了过去劳动人民对于美好生活的向往，对幸福的追求。喜鹊在陇东一带被认为是报喜的吉祥之鸟，民间有一种说法："喜鹊喳喳叫，喜事来得快。"所以喜鹊被反映在剪纸中是理所当然的事了。至于那些《鱼儿钻莲》《鱼儿戏莲》《蝴蝶扑莲瓶》《金鸡探牡丹》《猫儿卧莲》等都是贴在新婚夫妇的新房和窗户上的，它寓示人们对幸福美满爱情的追求和夫妇生活的提示。还有《上山虎》《带铃铛狮子》《抓髻娃娃》《送疳娃娃》《拉手娃娃》等则是老百姓贴在家里，祈求消灾送病保平安的，她们还把《拉手娃娃》的神娃娃头发梳成牛角形，寓示神娃娃非常厉害，能镇邪消灾，威力无边。而且陇东人民把他们祖祖辈辈口耳相传，再熟悉不过的民间传说故事也体现在窗花剪纸艺术之中，像《刘海戏金蟾》《武松打虎》《王祥卧冰》《赃官爱钱》《薛平贵探窑》就属这一类。总之，走进陇东大地，走到门前看到门花，上炕看到炕花，抬头看见窗花，仰首有顶花，举目见箱柜花、粮囤花、低缸花、吊带花、喜花、寿花……简直使人沉浸在剪纸的海洋中，从剪纸中可以看到陇东人民的许多生活民俗文化。

从剪纸艺术中还可以看到陇东人民的生活斗争和革命历程意识。20世纪30年代发生在陕甘宁边区的刘巧儿故事，它打响了妇女解放第一炮，在全国有一定的影响，主人公就是陇东华池县悦乐乡张湾的封芝琴。她不但是反封建的战士，也是一个剪纸能手。当时反映刘巧儿故事的剪纸在陕甘宁边区流传不少；1936年红军到达陇东，当地许多老百姓跟着毛主席领导的工农红军到革命圣地延安参加革命，当时在陇东就出现了《咱们的领袖毛泽东》《延安作风》《送子参军》《回娘家》《硕果累累》等作品，反映了陇东人民拥护党中央、热爱毛主席的态度和积极送子从军参战的革命意识，以及赞扬解放区新面貌的政治热情。

陇东民间剪纸在艺术表现手法上变形夸张，非常大胆，它不受物象真实比例的局限，按照意愿变形夸张，充满幻想色彩，在绘画艺术上是无法理解的，但

是通过剪纸表现出来却是妙趣横生，奇特可爱。如稚童和动物头部的夸大，猪耳朵的变形及臀部装饰花朵，蛇的人格化和身尾图案化，使美的更美丽，丑的也可爱。这一艺术风格还有东部山区、中部高原和西部丘陵之分。东部环县、子午岭一带古老质朴，原始粗犷，民俗风味浓烈；中部高原线条秀丽工整，构图富丽堂皇，气度典雅；西部丘陵一带简略奔放，明快概括，生活现实气息厚重。正是由于上述异彩纷呈的不同风格和流派，陇东民间剪纸艺术才能成为中华民族民间艺术宝库中的珍宝。

1949年后，农民真正翻身做了主人，剪纸艺术也有了新的生命。1958年，西北五省在陇东召开了民间美术现场会议，陇东农民剪纸艺术首次出现了大飞跃，在群众中产生了广泛深刻的影响。粉碎"四人帮"以后，特别是党的十一届三中全会后，陇东农民剪纸艺术经过了十年的沉睡又被唤醒，而今日又娇艳地绽开了鲜艳的剪纸百花。昔日的"花姑娘""花媳妇""花婆婆"兴趣更浓了，队列之外的"花小子""男壮年"也动剪弄刀。尤其是少年儿童把剪纸视为一种课外喜好，在各个小学校的教室里都贴满了剪纸，陇东剪纸这一民间艺术才能登上大雅之堂。现代著名民间剪纸艺术大师祁秀梅，生于1922年，擅长剪动物花树，1988年到中央美术学院讲课，并出版有《祁秀梅剪纸集》，四十多幅剪纸作品被中国美术馆收藏。庆阳县雪秀梅的剪纸融进现实生活，所剪鸟兽、花木体现民间传统的古朴典雅。她的作品被外国专家收藏300多幅，中央美术学院收藏160余幅。1988年，雪秀梅获文化部民间剪纸创作荣誉证书。庆阳县优秀民间艺人张玉珍12岁开始剪纸，雅号"巧姑娘"，她的作品主要反映农村劳动生活场面，生活气息浓郁，作品系列化。她创作的《降龙》《棉花大丰收》《延安作风》《送公粮》等，为陇东剪纸艺术开辟了一条新的广阔道路，促进了陇东农民剪纸创作迅猛向前发展。在毛主席的"百花齐放，百家争鸣"的文艺方针指引下，地方政府对民间艺术及民间艺人极为重视。1959年，张玉珍到兰州学习，通过学习，她的艺术水平有了新的飞跃。她善于创作大幅剪纸，《我爱这一行》是三张一套的养猪劳动场面，《各行各业支援农业》有人物20多个，画面宏大。1981年，她创作的大型剪纸《闹社火》共有3米多长。40多

年来，张玉珍曾在《人民日报》《陕西日报》《甘肃日报》等报刊发表剪纸作品数百幅，选入各种画册作品五十多幅。她还擅长刺绣和皮影制作，曾受到周恩来总理接见。她生在农村，熟悉农民，用剪纸艺术深刻地揭示和回答农民生活中出现的一些问题，颇有积极的教育意义。她培养出自己的女儿，又在全县传艺带徒，影响和促进了全地区甚至全省的许多剪纸作者成长。粉碎"四人帮"，文艺得解放，张玉珍怀着革命热情，连续创作了《万众欢腾庆胜利》《狠批"四人帮"》等作品。

据不完全统计，陇东各县已拥有数千人乃至上万人的农民剪纸队伍，形成一支浩浩荡荡的剪纸艺术大军，为装饰美化新农村的文化生活做出了贡献。庆阳被国家命名为剪纸艺术之乡。在庆祝中华人民共和国成立30周年时，庆阳地区群艺馆和庆阳县文化馆分别汇集编辑了近三年来一部分农民作者的剪纸作品选，选入了环县、华池、庆阳、合水、宁县、镇原县农民的作品共100多幅。从这些作品中我们可以看到陇东农民群众的政治、经济、生产、生活和他们的思想感情。

对于陇东剪纸作品的搜集和收藏工作，庆阳民间艺术收藏家王光普是有功之臣。他不但收藏了大量的陇东刺绣、面具、石雕等民俗实物，还收藏了大量的反映陇东古老民俗文化的陇东民俗剪纸，并编纂成书。《陇东民俗剪纸》一书第一版（1987年由辽宁美术出版社出版），共收集有价值的民俗作品166幅。这166幅作品，是王光普从他收集的3万余件剪纸中精选出来的。靳之林先生两次来甘肃帮助王光普同志从浩瀚的藏品中精心挑选，并为其书写了前言，古元为此书题词。这个集子的出版，为保存民间文化遗产做出了贡献。同时他还撰写了一些介绍和研究民间剪纸的文章。

甘肃省民间剪纸艺术不但流行在上述汉族地区，而且在临夏、东乡、卓尼等少数民族地区也可以看到，东乡就有许多民间剪纸艺人。回族、东乡族信仰伊斯兰教，不崇拜偶像，剪纸内容多是几何图案等，图中无人物出现，这是与汉族剪纸的不同之处。

敦煌剪纸 敦煌剪纸艺术可分两个方面。一是敦煌莫高窟藏经洞发现的剪纸作品；二是当代剪纸艺人利用敦煌莫高窟壁画为题材创作的剪纸艺术作品。

敦煌莫高窟藏经洞保存下来的历史剪纸作品，过去很少有人谈及，因为莫高窟藏经洞出土 5 万余件文物中绝大部分是各种文字的手抄佛经，一小部分是社会文书和绢画、绣画等佛教绘画艺术品，对于剪纸艺术作品很少有人注目过问，后来才有零星资料公布。一是敦煌研究院史苇湘先生同女儿史敦宇编绘的《敦煌图案集》(1995 年由上海书店出版)，其中有一幅唐五代时期的"双鹿佛塔"剪纸(原件现藏印度新德里博物馆)，保存无损。其剪法是将纸对折，剪成对称图案。上为三角形塔顶。顶上有法轮和刹杆，中为塔身，有门户栏柱，塔身两边是前肢向上的对鹿，塔基两边是对鸟，中间是一对小鹿。构图对称，造型生动。尤其是塔身两边的对鹿，形象生动活泼。这幅剪纸的构图和寓意，与莫高窟第七十六窟(宋代)东壁所绘释迦牟尼圣迹故事画《八塔变》中第三塔《鹿野苑佛初转法轮处宝塔》十分相似。由此可以断定这一幅剪纸与佛教内容有关。二是敦煌研究院赵声良先生从日本寄回一篇《丝绸之路美术展巡礼》的报道(刊于 1996 年《敦煌研究》第 3 期)，详细地介绍了 1996 年 4 月在日本东京美术馆展出的、由 9 个国家 15 个单位收藏的 235 件文物的"丝绸之路大美术展"。这次展览文物最多的是敦煌藏经洞出土的绘画艺术作品，在这些作品中还展出了两件镂空剪纸菩萨。一件为水涡纹背光菩萨，一件为持幡菩萨。沿着黑线勾勒地方剪出形象，但又保持一定的黑线，这种剪纸技术很独特。这幅作品估计最迟不晚于藏经洞封闭的宋代。

莫高窟洞藏剪纸艺术说明了剪纸和佛教之间的联系，信仰佛教的平民百姓因剪纸廉价易得，亲自剪刻佛塔、佛像、菩萨、天王献于石窟佛坛，以表示自己的虔诚供养。这类剪纸不断发展，逐渐形成功德剪纸艺术。在唐、宋时期这类功德剪纸可能已十分普及成熟。从洞藏剪纸艺术作品看，那时已有用墨线起稿，以刀镂刻。也可以看出当时剪纸艺人为了刻出多张剪纸作品的技术程度。

敦煌剪纸的另一种作品，就是当代剪纸艺人运用敦煌壁画为题材创作出的敦煌壁画剪纸艺术作品。这种思潮的出现是因为改革开放以后，更多的外国游客接触敦煌，敦煌艺术也扬名中外，成千上万的中外游人不远万里来敦煌参观莫高窟，领略驰名中外的敦煌艺术，从而也促进了旅游工艺纪念品的开发。由于剪纸艺术品轻便易带，又是中国的特种工艺，所以深受国外旅游者的喜爱。

敦煌艺术剪纸，已经不是民间艺人的那种一把剪刀、传统构思的即兴剪纸，而是专业美术家以及业余爱好者以刀刻为主。当然古代的剪纸也包括以刀镂刻的剪纸作品。甘肃工艺美术厂 1975 年曾培训出 9 个刀刻剪纸艺人，主要以敦煌壁画为题材。后来又涌现出较有造诣且获得一定成就的敦煌剪纸能手，如陈宜江、吴娴凤、郑伯萍等。陈宜江，兰州人，1969 年毕业于兰州培黎石油技校，现为甘肃省民间文艺家协会会员，中国民间文艺家协会会员。自幼受父母家传，喜爱绘画和剪纸艺术，已从事剪纸 30 多年，在省级报刊发表作品百余幅，多幅作品被省博物馆和中国美术馆收藏。1995 年三幅作品入选中国艺术界名作展示馆，被中国民间文艺家协会和联合国教科文组织评选为"中国民间工艺美术家"。他的作品主要是大型巨幅剪纸，最大约 20.8 米，一般多为 0.7—1.2 米，场面大，人物多，背景复杂，容量大。人物姿态秀美，衣饰花纹线条流畅。刀法既简练大方，又精细准确，很好地表现出敦煌壁画的艺术风格。吴娴凤，兰州人，1962 年毕业于西北师范大学美术系工艺美术专业，从事工艺美术创作 30 余年，曾任甘肃省工艺美术厂副厂长，高级工艺美术师，甘肃省工艺美术公司副总工艺师。现为中国工艺美术学会理事、甘肃省工艺美术专业委员会副主任。她多次到敦煌莫高窟临摹敦煌壁画和彩塑，临摹、设计、创作了多种敦煌艺术工艺美术作品，其中敦煌剪纸"敦煌舞乐""敦煌装饰画"获甘肃省工艺美术作品百花奖和优秀奖。壁画临品"敦煌菩萨"曾获"国际中华书画临摹展"三等奖。后来和郑伯萍合作，设计制以敦煌壁画为内容的剪纸作品 200 余幅。郑伯萍，祖籍安徽庐江，自幼喜欢剪纸艺术，1974 年进入甘肃省工艺美术厂，专业从事剪纸艺术达 20 余年，在 1997 年迎香港回归甘肃省工艺美术精品展中获一等奖，并由省文联和民间文艺家协会授予"甘肃省民间工艺美术家"称号，曾在《中国旅游报》《甘肃画报》等省内外报刊上发表作品多幅。后来和吴娴凤合作剪刻以敦煌壁画为内容的剪纸 200 余幅。郑伯萍、吴娴凤的作品多为小型剪纸，场面小，人物少，无复杂背景。分类配套，每一类

10—20 幅。她的剪纸风格主要吸收江南那种秀美精细的风格，作品小巧精美，线条圆润流畅，人物设计准确秀美，是一种南北艺术的合璧。尤其是"敦煌飞天""敦煌舞会"，彩带飞旋，衣裙飘曳，手舞足蹈，舞姿传神，几乎和壁画无两样，犹如一幅工笔彩绘的秀美图。

对于敦煌艺术剪纸的收集，敦煌研究院文献研究所副研究员谢生保编辑出版了一个集子叫《敦煌艺术剪纸》。谢生保，生于 1945 年，甘肃酒泉人，1969 年毕业于西北师范大学中文系，中国民间文艺家协会、中国民俗学会会员，甘肃民俗学会理事，敦煌民俗学会副会长，编著的民俗作品主要有《佛经寓言故事选》《佛经童话故事选》《印度古童话选》《敦煌佛教故事选》《酒泉宝卷》《敦煌民俗研究》等书。这本《敦煌艺术剪纸》共 176 幅，是甘肃省第一部有关敦煌艺术的剪纸集子，为甘肃民间工艺美术的发扬光大做出了贡献。

甘肃民间刺绣和布制工艺

民间刺绣和布制工艺被称为是妇女的艺术。在全省广大山区农村，凡是有女人的地方，就有刺绣和布制工艺存在，就是在城市也不乏有刺绣和布制工艺的爱好者。虽然由于地域和民族的差异，表现方式和文化内涵有所不同，但它们的共同之处都是蕴含着广大妇女的智慧，反映了人类生活内容，寄托着女性的情思，包含着人类历史丰富的文化内涵。

甘肃民间刺绣和布制工艺，是民间艺术门类中流行最广泛、内容最丰富的一种民间工艺品。甘肃省汉、藏、回、裕固、东乡、保安、撒拉、哈萨克、蒙古等民族都有刺绣和布制艺术，表现出各民族的审美观念。

刺绣和布制工艺品不是截然分开的，布制品往往作为刺绣的载体予以表现。甘肃的刺绣和布制品根据形态及其文化内涵，大致可分两大块，即汉族刺绣、布制品和少数民族的刺绣、布制品。汉族妇女的表现手法重在造型设计和手工艺的细腻秀美，追求立意、寓意真切自然，不过分讲究外形的华丽，内在的神似才是她们追求的目的。而少数民族的妇女则以花草、几何图形见长，不表现人物造型。色彩上和汉族的红黑为主不同，追求艳丽的色彩和华贵的装饰，讲求在整体上的气氛和效果。比如像哈萨克族、裕固族

和藏族的绣帘、绣毡、绣袋和帐房装饰，粗针大线，色彩布块对拼，有机地把拼花和刺绣结合起来。有的用花边组合图案，以求绚丽多彩。哈萨克族的绣帘、绣毡、绣袋就是用这种手法绣制出来的。走进哈萨克族的帐房，从帐房和艺术布局到帐房内的异彩刺绣和布制工艺，简直是一个五光十色的工艺美术大展室，富丽堂皇，五彩缤纷。藏族和裕固族的服饰中配缀贝壳、玛瑙、玉石、珊瑚、金银铜饰等物，显得高贵华丽。一副头面或身上、头上的装饰品价值成千上万。

流行在汉族地区的刺绣和布制工艺非常复杂，种类繁多，仅荷包一项就有 100 多种。动物图案、植物图案、几何图形和鱼纹、龙纹、兽面纹以及人鬼神像也不计其数。枕顶图样就更多了，长方形、正方形、圆形、菱形、弧形应有尽有。在刺绣手法上有单绣、复绣、绒绣、穿纱绣、布贴绣，根据要表现的内容，随心所欲，大胆构思。全省各地各式各样的肚兜绣制品就有童用肚兜、青壮年肚兜、老年人肚兜、妇女用肚兜、背心肚兜、连裤肚兜、钱袋肚兜、小腹肚兜等。图案内容则有五毒肚兜、富贵肚兜、吉祥肚兜、喜庆肚兜、福禄寿肚兜，内容繁多，不胜枚举。绣制鞋垫、袜垫在甘肃农村非常普遍，庆阳农村尤为突出，有绣花草的、绣几何图形的、绣字的、绣寓意物的。有棉线绣的、丝线绣的、绒线绣的。有单色绣的、多色绣的，还有色块拼绣的。光鞋垫、袜垫就可以组成一个展框。更为讲究的就是绣袋、绣包、绣耳套、绣帽、绣鞋、绣衣边、绣腰带、绣手帕，凡是感到有必要装饰的地方都有刺绣出现。她们感到这都是展现绣艺的好地方。色布块拼对再加上刺绣艺术，这也是甘肃刺绣艺术的一大特点。为保佑孩子用的"百家衣"，就是妇女把从百家讨来的五色碎布，凭自己的审美想象拼对色块，再用刺绣的手法把它们艺术加工，成为一件精美的艺术品。布制品造型上的刺绣更为丰富多彩，但它们都赋予了某种祈盼的意愿，像十二生肖布制作品，还有大螃蟹、大青蛙、狮子、老虎、牛、马、驴以及鹿、猪、羊、鸡等。青蛙耳枕、荷花耳枕、鱼耳枕、鹿耳枕、龙耳枕，不仅有复合形刺绣图样，而且装饰和绣功都十分讲究，蕴含着多种含义。特别是陇东布制刺绣艺术，更富有丰富的文化内涵。

结婚时的绣枕，新娘子的穿戴，从那些桃红色的鱼莲肚兜、黑猫卧莲、娃娃抱鱼、双鸽嗛花、狮子

滚绣球、刘海戏蟾的肚兜、腰上挂的藏针用的小针扎子，到新娘子送给夫家的烟袋、耳套、袜跟片等等，无不绣上多福多寿、夫妻和美、多生贵子的图样。这些稚拙而生动的形象都是民间约定俗成的阴阳符号，它们可以帮助人们探究原始信仰的奥秘。美丽而清香的端午香包艺术，则表达了陇东人民古代已有的护身意识以及远古祖先们利用某种植物以避虫蛇的原始卫生习惯和巫术观念。那些生动而简明的兽形枕及鱼枕、蛙枕是长辈们对小辈表示爱护的赠品，通过它们寄托了避邪纳福的意愿。那些质朴、粗犷的拴娃石，孩子满月送的虎枕、虎帽、虎头鞋、布老虎、儿童兽头帽、布狮子、小动物玩具，深藏着一个祈求——拴住娃娃灵魂，以及以虎威压邪免灾，保佑孩子平安健壮、虎头虎脑的美好意愿。还有那大螃蟹（香包）、大蝎子的形象，元宝式的红狮枕头的配色和云子纹样，则是东西文化融合和北方游牧民族与汉族文化融合的产物。

在平凉，一个七旬老妪把一对狮子滚绣球枕顶用民间奇艳的方块拼凑出来，居然产生出毕加索的气韵和手法，雅俗兼备，令美术界赞叹不已。我们通过民间用于嫁娶馈赠的枕顶绣花所隐喻的男女结合生子纹样，可追溯到远古时代极严肃的生殖崇拜和阴阳合生万物的自然哲学观。甘谷枕顶刺绣，也算是甘肃省民间刺绣艺术的一朵奇葩。甘谷地处北方寒冷地区，多用棉布缝制的布枕或棉枕，睡觉时保护双肩的有肩枕，同时还有空枕、对枕、耳枕、锁枕等。为了装饰这种布枕，一般用深蓝色或黑色布做个口袋，两边的堵头比较讲究，堵头用方块形绸缎料做成，表现出多彩的民间刺绣艺术。它是妇女们表达美好情思和良好祝愿的艺术品。一针一线体现了她们灵巧的双手和美丽的心愿。农闲时，姑娘们常聚在一起切磋技艺，彼此借鉴。因为民间自古有"针线、茶饭"是体现女性能干的重要标志的说法，姑娘们婚前要绣上几对、几十对，甚至上百对作为嫁妆存放。姑娘结婚时，洞房就成了民间刺绣艺术的展览室，红红绿绿的被褥上四个枕头摆起来，枕顶向外，五光十色，满房生辉。参加婚礼的和闹新房的男男女女便成了观赏展品的观众，纷纷评价新媳妇的勤勉和针线手艺，这场初试便是新媳妇在婆家地位的基础。枕顶是用来酬谢媒人、敬献长辈和有威望的亲朋的，有的作为见面礼送

给至亲好友，小小刺绣艺术品便成为沟通人们情感的纽带。剩下的枕顶珍藏起来，作为一生纪念或在自己儿女结婚时作为家藏珍品相传，也有的在自己临终时作为陪葬品入棺，可见枕顶刺绣在女人一生中所占的地位。现代"洋枕头"虽然层出不穷，但在山区、农村，这种古老的民俗作品仍保留，有时在农村甚至可以看到现代化的新房里也分摆一对或两对古老的枕头，展现出这种民俗文化心理积淀之深厚。

枕顶的图案多种多样，鸟兽虫鱼、花卉蔬菜、戏剧人物、山水楼阁、装饰图案等等，以吉祥和喜庆图案为主，也包括对长辈的祝愿、祛邪除恶、纳福招祥、四季安康。姑娘们作为嫁妆的绣花枕要用彩色绸缎绣制，花纹图案以绣牡丹象征幸福；"喜鹊闹梅"喻喜上眉梢；"龙凤合欢"寄托家庭和睦；"寿"字以祝长寿；"吉"字以图吉祥；"正"字暗示丈夫走正路。也有"鱼儿钻莲""彩蝶采蜜"隐藏着姑娘们爱情的秘密。老年人则以戏剧人物为主，表现民间传说故事和历史人物，还有些文人把座右铭绣在枕顶上。

从甘谷枕顶刺绣艺术看，这些作品更多地反映了古代这一地域古老的文化底蕴，从出土的文物和沿袭的枕顶图案来看，无不以图腾崇拜向崇尚幸福转化的这一潜在文化意为主题，乡土气息非常浓厚；色彩对比强烈明快，一般以红、黑为主，红配绿、黄配紫、蓝配橙、黑对白，采用典型的民间色彩造成艳丽、活跃的色彩效果。大自然的陶冶形成民间的审美意识，这种色彩美学就是民间艺人内心世界的表现。从表现手法上，大胆夸张，花样的组合取舍、陪衬、夸张、变形都恰到好处。同样一个图案到了她们手里，风格就大不一样，她们可以任意夸张，添枝加叶，删繁就简，标新立异。针法上也根据图案的需要，采用割花、插花、补花、挑花、纳花、平针、链条绣、长短针绣、绕针绣、打珠绣、斜针绣等，一幅好的花样在妇女手中传来传去，你描我画，集中大家的智慧，一代传一代，成为传统程式，这就是甘谷枕顶刺绣的艺术风格所在。对于甘谷民间刺绣的搜集收藏，甘谷县文化馆在改革开放以来，做了大量的工作。他们把从民间搜集来的民间工艺美术作品1400百多件（民间刺绣为最多），珍藏在收藏馆内，一是供游人参观；二是使民间文化遗产得到保存；同时还开发利用这一产品对外文化交流。甘谷县文化馆收藏

民间工艺美术的事迹，受到中央电视台报道。

刺绣和马尾编织的巧妙结合，是甘肃刺绣艺术的一绝。马尾编织又称马尾绣，流行在天水、秦安、庆城、正宁县部分农村。马尾绣局限性较大，编织技术不易掌握。马尾绣以马尾当线在布制品上编绣，由于马尾系单色，它必须靠布的色彩和丝线的色彩构图，互相配衬，方能完成艺人的美好立意和艺术构思。马尾绣由于是绣、编、挽、结、织等工艺的结合，是一个综合技艺的合成体，绣出的图案画面具有立体感，光滑明亮，质感较强，手感也有别于线绣，同时也增强了刺绣艺术的层次感。马尾绣有两种，一种是直接绣在布制品上；一种是编织好某种图案或画面，再缝制在布制品上，然后用丝线绣达到画龙点睛的效果，作品很别致，是甘肃在民间刺绣艺术上的一个创新。

这些年来，民间刺绣布制工艺不再是农村妇女的专利，同时受到很多城市热爱刺绣布制工艺美术者的青睐，也涌现出很有作为的民间工艺美术家。中国科学院沙漠研究所的退休女职工赵翠仙和甘南藏族自治州的退休女教师丁维桂就是其中的佼佼者。

赵翠仙，1931 年生于山东蓬莱，自幼酷爱民间艺术，擅长刺绣。她在长期的艺术生涯里，潜心钻研，在继承传统布制品刺绣的基础上，创立了一种立体微绣。她绣的小动物只有大拇指那么大，最小的作品只有黄豆那么大。小毛驴憨态可掬，小白兔温顺可爱，还有唱晓黎明的雄鸡，威风凛凛的老虎……一个个栩栩如生，神态自如，动感十足。她的作品取材广泛，尤其喜爱动物，有代表吉祥如意的三羊开泰，古代神话中的玄武，等等。多年来她共创作了 58 种动物，600 多件作品。每一件作品无不凝结着她弘扬民族文化的信心和刻意求新的创作意识。她的作品 1991 年至 1995 年多次被省市电视台专题报道；十二生肖微绣被上海大世界吉尼斯博览馆收藏展出，迎香港回归的《团龙戏珠》获甘肃省工艺美术精品展二等奖。她的作品被带到美国洛杉矶展出，受到好评。1995 年联合国教科文组织和中国民间文艺家协会授予其"民间工艺美术家"称号。

丁维桂是一个长期生活在藏区的女教师，酷爱民间艺术，早年求教于兰州大学历史系的行政干部肖英。肖英以制作绢人著名，她向肖老师虚心求教，从一针一线练起，更多的是自己琢磨，从而创造了棉塑艺术品种。棉塑是在绢人的基础上又一个提高和创新，一个 10 多厘米高的棉塑作品要经过几十道工序，几千针缝制，大到几厘米的衣服，小到几毫米的衣领纽扣，都要一针针缝起来。特别是人物面部的神态是最难做的，全靠手中的针线去实现。有时为做一条几厘米的小辫子要用去一个多月时间。她熟悉藏族人物风俗，她的藏族人物风俗造型惟妙惟肖、栩栩如生。藏族少女"尕娘娘"，在省里展出时受到专家的赞赏和观众的好评。她的敦煌彩塑人物造型，为敦煌艺术增添了新的品种。她的作品在迎香港回归甘肃省工艺美术精品展中获得一等奖，并由省文联和民间文艺家协会授予"省民间文艺家"称号。1998 年，在北京举办的国际民间艺术博览会上，丁维桂的作品获银奖。其作品多次被省内外报刊介绍。

改革开放以来，随着科技的发展、社会的进步、人们文化素质的提高，民间刺绣这种工艺美术原先古朴的民俗意识逐渐淡化，而人们对它的艺术意识大大增强。人们对它的追求不再只停留在民俗用途上，而是作为一件审美的艺术品去收藏、开发以及作为旅游纪念品用于对外文化交流。甘肃群艺馆搜集了很多这方面的工艺品，曾办过几次展览及交流活动。正宁县文化局的曹焕荣曾办过一个陇东民间工艺美术开发公司，收集大量的民间工艺美术作品，走向市场，打进深圳、海南。甘肃省工艺美术研究所试制、试销民间工艺品，传播庆阳古老民间艺术，为老区群众脱贫致富创出新路子。1986 年成立了庆阳县赤城乡民间工艺美术厂，进行批量生产。至 1988 年生产 35000 多件，产值 22 万元，销往日本、美国、德国、法国、加拿大等国家。1987 年，敦煌市妇联组织刺绣能手，借鉴莫高窟敦煌壁画艺术特色，设计"飞天""九色鹿""三耳兔""驼运归来"等刺绣作品，并对城乡妇女进行培训，参加刺绣工艺品生产的妇女 1000 余人，遍及全市 12 个乡镇，1988 年生产了刺绣作品 4899 件。

甘肃民间雕刻艺术

甘肃民间雕刻艺术种类繁多，如夜光杯雕刻、洮砚雕刻、石雕、玉雕、砖雕、刻瓷、黄河卵石雕、漆雕、根雕等，其表现内容非常丰富，深受国内外商家及游客的喜爱。1949 年后，特别是改革开放后，随着科技的发展、生产技术的改进，原来手工生产、家庭小作坊规模的手工艺逐渐转入机械化批量生产。这一类工艺美术不在我们研究的范围，在这里不再涉及。我们主要介绍一些仍然流传在民间的艺人手工生产和家庭小作坊式的、特点突出的民间雕刻艺术。

洮砚，被称为我国四大名砚之一，距今已有上千年历史。唐代著名书法家柳公权在《论砚》中写道："蓄砚以青州为第一，绛州次之，后始重端、歙、临洮。"可见洮砚在唐代就已引起文人墨客的重视。宋代赵希鹄著的《洞天清禄集·古砚辨》中说："除端歙二石外，惟洮河绿石，北方最贵重。绿如蓝，润如玉，发墨不减端溪下岩，然石在临洮大河深水之底，非人力所致，得之为无价之宝。"宋代书法家米芾著《砚史》："通远军漟石砚，石理涩可砺刃，绿色如朝衣，深者亦可爱。……生洮河绿石上，自朝廷开熙河始为中国有。"苏轼、黄庭坚、晁补之、张耒、冯廷登等对洮砚都有论述及赞诗，可见洮砚质地之优良。北京故宫博物院藏有宋代洮河石"蓬莱仙砚"一方，明代椭圆形洮河大砚一方。天津艺术博物馆收藏宋代洮河抄手砚一方，明代"十八罗汉洮河石砚"一方。

洮砚的石料出自今甘肃卓尼县东北50多公里的洮砚乡喇嘛崖。老窟石洞居于喇嘛崖山之腰，洞外峭壁，势极险峻，上至山巅50多丈，下临洮河亦三十丈余，采掘不易。至今悬崖间还残存的宋代二坑在距喇嘛崖约1公里。近处有山名叫水泉湾，亦产绿石，佳者秀嫩，不亚于喇嘛坑石。其次是纳儿石，又名水城右边石，有绿紫色，石性坚粗。还有哈古族石，其石青白。再次是青龙石，石粗糙多斑又疵。石料总的可分三等，上等是喇嘛崖宋代老坑"绿漪石"，古称"鸭头绿"，石色深绿泛蓝，带水波纹理。石边带黄红之色皮者，称之为黄标，为最佳，有"洮砚贵如何，黄标带绿波"的赞语。其质坚而细，莹润如玉，叩之有铿亮玉振之声，呵气可研。此类石刻砚，储水不耗，历寒不冰，涩不留笔，滑不拒墨，具有发墨快、研墨细、不损耗等优点。中等的是水泉湾旧坑的"鹦鹉绿"石，性硬，色绿泛灰，细无纹理，石中有黑点，称之为"漟墨点"石。另有喝仔岩的玫瑰红石，古称"鹇鹇石血"，米芾称之为"洮河赤紫石"。下等料是洮砚乡境内的札甘岩、大谷岩石，石色绿，无条纹，质燥性软，采掘较易。洮砚的雕刻要经过采石、选料、下料、设计、制坯、开膛、合口、雕刻、打磨、上光、配盒等工序。

洮砚的雕刻种类很多，有三边雕花砚、池头雕花砚、杂形雕花砚、自然雕花砚、素砚等。从宋代以来，洮砚的传统雕刻代代相传，而且逐渐发展，不断创新。如宋代有抄手砚、太史砚、兰亭砚、凤字砚、神斧砚、石渠砚等；明代有十八罗汉大砚、金钟砚、古鼎砚、古琴砚等；清代有黄标飞龙砚、清泉砚、石鼓文砚等；民国有麒麟砚、梅花鹿砚、残荷叶砚、湖山砚、葡萄砚、渔樵人物砚、叶公好龙砚、二十四孝图砚等；民国十五年（1926），韩军一著《甘肃洮砚志》记载，清同治年洮州新城药王庙李主持琢石治砚，富有巧思，当时尊为能手，为治砚之宗匠。20世纪30年代刻砚能手有新城东南沟姚万福、党家沟党明正、扁都台子汪同泰与下扁都董家、石家等。洮州新城南后街设右文堂洮砚庄，店主姓傅，除收购经销洮砚外，也刻洮砚，工艺甚精。民国十四年（1925），北京举办"古今名砚展览会"，甘肃洮砚与端、歙砚同展，并受到观赏爱好者的赞誉。

中华人民共和国成立后，在党的关怀下，人民政府组织力量抢救了这一临近失传的雕砚工艺，组织艺人培养接班人，继承洮砚雕刻传统，洮砚生产量大大增加，每年可出4000件左右，销往全国各地。1964年春，在兰州举办全省工艺美术展览，由临潭县手工业联社送展的新制洮砚和民间收藏的旧洮砚，受到省城文艺界的关注和赞赏。同年，省手工业管理局从临潭县招收刻砚艺人集中在兰州进行生产，产品在北京、广州、西安、兰州等地展出，引起国内外书画家和名砚收藏家的重视，部分产品销往日本和东南亚。

1972年，省工艺美术厂选派8名技工赴广东端砚厂学习，大大提高了洮砚的雕刻技术。当年生产洮砚600多件，产值39万元。由郝进贤设计、艺人苗存喜雕刻的"丹凤朝阳砚"，采用透雕和高浮雕手法，雕刻精细，层次清楚，盖合严正。1987年，作品参加全国工艺美术展。随着艺人队伍文化艺术素质的提高，开创了以敦煌、麦积山为题材的新作品。为了适应旅游市场的需要，还创作了小型的袖珍砚、汉简砚和瓦当砚、古钱砚等，大大拓宽了洮砚雕刻艺术的表现力。

1984年，甘肃洮砚获轻工业部工艺美术百花奖创作设计二等奖。

后来，洮砚雕刻不断发展，同时涌现出一批年轻新秀。青年艺人杨云峰，在继承传统雕刻手法的同时，学习、吸收江南木雕精美细腻的表现手法，创作出众多艺术精品。他的作品"花瓶砚"在1997年甘肃省民间文艺家协会举办的迎香港回归民间工艺美术精品展中，荣获一等奖，并被甘肃省文联和民间文艺家协会授予"民间工艺美术家"称号。1998年，他雕刻的作品"刘海戏蟾"在中国民间文艺家协会在京举办的国际民间艺术博览会上获银奖。他的作品继承传统，但不拘泥在那种高浮透雕的手法上，在雕刻上突出细腻、真实、立体感，连细小的花纹也不放过，精雕细刻，清晰可辨，充分体现玉雕的工艺水平，不愧为艺术精品。与会专家内行为此作品赞叹不绝，竞相购买收藏。杨云峰现为甘肃省民间文艺家协会会员。

砖雕，以甘肃临夏最为著名。临夏砖雕源于北宋，成熟于明清。清末民初巧匠辈出，到近代，临夏砖雕吸收绘画、木雕的艺术特色，使这一与建筑紧密结合的民间艺术，更加完善精美。

临夏砖雕的工艺分"捏活"和"刻活"两种。"捏活"是先用加工配制的黏土泥巴，用手工艺模具捏成龙、凤、狮及各种花卉鸟虫等造型图案，然后焙烧而成。"刻活"是在青砖上用刀雕刻各种浮雕图案。砖雕一般用作照壁、嵌墙、圆旋门、围墙、榫头、花脊、兽头等建筑装饰。照壁与嵌墙的题材有松、鹤、鹿、梅、兰、竹、菊、博古等。围墙和圆旋门多用圆形单独纹样二方连续、四方连续几何纹样。博古纹样最流行琴棋书画、金钟玉磬、吉庆如意、道家八宝等花样。除传统纹样外，还以实物为蓝本，如临夏蝴蝶楼的砖雕出现洋绣球、蒲公英等常见花草，更多地突出了伊斯兰文化特征。

临夏的普通人家也讲究在门房庭院用砖雕木雕装饰，这就促进了临夏砖雕艺术的发展。临夏的官廨公寓、民间宅院以及回、藏、汉各族寺院观庵，无不闪烁着砖雕艺术的光彩。

临夏红园和东公馆是砖雕艺术保存最多最完整的地方。红园砖雕艺人周声普20世纪30年代的杰作"泰山日出图"照壁，是一幅气势磅礴的画卷，两峰巍峨对峙，峭拔挺秀。北侧照壁一帧"双榴双喜图"，枝叶繁茂，果实累累，活灵活现，立体真实。"碧清荷花图"，能让人感到盛暑之中透出一丝凉意，清风徐徐，碧波荡漾，凌波仙子，亭亭玉立。东公馆在临夏南关，建于20世纪30年代末，整个庭园亭台楼阁，曲径回廊皆用砖雕图案装饰，艺人运用自己熟练而高超的技艺，雕刻出像"博古图""梅兰竹菊"等佳作。他们采取高浮雕技法，雕出梧桐树、菊花、流云等，枝叶凸出，花瓣纷披，层次分明。花卉、羽毛造型独特，神韵多姿；山水图案，构图严谨，意境高远。天井正面壁画的山水是一帧力作，其上红日高照，山势峥嵘，黄河滚滚，青松郁郁，白帆点点，归鸿阵阵，高阙崇阁，点缀其间，万里山河，尽收一图。山墙上一架葡萄，雕工纯熟，生意盎然，一眼望去，像真的来到葡萄架下一般。

20世纪50年代，回族砖雕艺人有王子天、苗发昌、马玉山等。1982年，临夏市成立古典建筑队，组织老艺人先后在夏河、临洮、兰州、临夏州及青海循化等地，为20多处园林、寺院、民宅创作砖雕作品，该队现有250多人，其中石、木雕刻与彩绘艺人80多人。其中老艺人胥得惠祖传七辈，从事砖雕、木雕40多年。他的作品"流云串幅""三龙抱柱""齐天大圣""二龙戏珠"等形象逼真，雕刻的花卉鸟兽构思巧妙，玲珑别致，恰到好处，是砖雕艺术的佳作珍品，深受游人喜爱。

甘肃民间根雕艺术

根雕艺术虽在全国比较普遍，但各地风格各有所长。甘肃根雕主要分布在陇南、甘南林区周围，因为林区树根遍野，造型奇特，是根雕最丰富的资源，尤以金刚藤最多，形态多姿，质坚性韧，耐磨易削，适合于根雕创作。由于其形态丰富多样，不同于其他树根，用它雕刻很有特色。陇南根雕，有别于江浙一带灵巧复杂的南派根雕，它以造型天然质朴、富有野趣见长。其雕刻内容有实用的台灯、笔架、茶几、花盆架等，也有艺术造型的飞禽走兽、虫鱼花草、楼台亭阁，还有历史人物故事等。在两当、天水、康县、临潭、成县、武都一带的农家小院里，常常可以见到根雕作品的陈列。80年代，两当、成县、武都等县成立工艺美术厂，民间艺人有组织地切磋技艺，展示作品，交流经验。甘肃省民间文艺家协会1989年和天水市文联联合在天水举办了一次民间工艺美术评奖，并授予个别成就突出的民间艺人以"工艺美术家"称号，大大鼓舞和促进了天水地区根雕艺术的发展。临潭县冶力关一位农民叫杨建文，热爱根雕，如痴如醉。他把家里的全部积蓄用于根雕事业，一年大半时间用于采集根材和雕刻造型，老婆孩子都为他的根雕服务。走进他的院子，就是一个根雕艺术大世界，到处可以看到刻成的作品和正在雕琢的根艺。在1997年迎香港回归省工艺美术精品展中，他的大型根雕"二龙戏珠"高达1米多，利用天然造型雕琢而成，受到专家内行的一致赞扬。这件作品被省里专家评委一致评为一等奖，他本人也被省文联和民间文艺家协会授予"工艺美术家"称号，并被吸收为省民间文艺家协会会员。他现在已发展成为临潭县冶力关乡的根雕专业户，兰州有他的代理商和销售点。

近几年，在兰州市及其他地区也有不少根艺爱好者，而且多半是中高级知识分子，有的还是全国根雕学会会员，其作品精良，在省内外和国内外根雕界有一定影响。

1949年前，甘肃省民间工艺美术处于分散落后的生产状态，艺人生活极度贫困，生活没有保障，民间工艺也不受政府重视。1949年后，党和各级政府把民间工艺美术当作中华优秀传统文化的一个组成部分，把民间工艺美术列入国家保护的文化遗产，民间艺人地位也得到提高。他们被国家列入艺术家的行列，艺人生活也有了保障。国家有关部门组织管理艺人，给他们提供学习、生产的条件，其作品由国家统一收购、出售。为了开发、研究民间工艺美术，中国工艺美术委员会1988年在甘肃省陇东庆阳召开第五届年会暨民间工艺美术学术研讨会。甘肃省成立工艺美术公司和轻工业科学研究所，省、市、县都建立了工艺美术厂，甘肃省民间文艺家协会还成立了民间工艺美术专业委员会，专门组织民间工艺美术方面的艺人学习理论、展销作品、对外交流、作品评奖、民间工艺美术家命名、作品评介等活动，同时推荐他们参加全国及国际活动。省民间文艺家协会工艺美术委员会成立后，组织参加全国展评5次，获全国大奖13人次，1人被评为全国工艺美术大师，6人被评为全国工艺美术家。举办全省大型民间工艺美术展3次，并组织召开艺人作品研讨会。后来，甘肃省的很多工艺美术作品打入全国，走向世界，受到各界的好评。改革开放后，我省各类民间工艺美术参加国内外各种活动不下10次，大大提高了艺人和作品的知名度。

特别值得一提的是甘肃民间民俗美术展览得到了1989年第二届中国艺术节的好评，受到全国人民代表大会常务委员会副委员长习仲勋同志的肯定与赞扬，艺术节组委会在总结会上颁发给甘肃省奖杯1个，奖盘1个，组织工作先进单位奖5个，大大提高了甘肃工艺美术在国内外的知名度。1998年，甘肃省民间文艺家协会推荐6名民间艺人参加国际民间艺术博览会，2人获金奖，4人获银奖，省民间文艺家协会获组织奖，大会组委会和评委认为甘肃的作品档次高，质量好，排在全国前列。

甘肃民间走马灯制作技艺

走马灯，亦称转灯，是中国民间彩灯的一种形式，在宋代时已较为盛行，宋范成大《吴中节物诗》将其称为"马骑灯"，内容多以战争故事为主，如"楚汉相争""火烧赤壁"等。明、清以后，走马灯的题材渐多，如"八仙过海""三英战吕布""龙凤呈祥"等。它是群众十分喜爱的一种艺术品。

走马灯用竹篾或苇秆扎成灯架（也有用铁丝焊制的），内装一纸制风轮，轮下作一直杆，使之旋转。将画好的各式人物粘贴在风轮或直杆上，灯座燃以蜡烛（电灯亦可），借热气上升，冲动风轮，风轮或直杆上的人物随之转动，灯屏上便出现了人马追逐的影像。再在灯上加多种装饰的华盖，下加挂各种垂饰彩穗，即可悬挂鉴赏。现将制作方法简单介绍如下：

1. 扎架

先用苇秆或竹篾，扎成一个六角或八角形一尺见方的架子，上面扎一个比架子宽而较低的六角或八角形，固定在架子上端，灯架就算做完。然后在灯架下口扎一根横档，用来定轴。下档绑一根细铁丝，铁丝宜直。上端磨尖，做中心轴用于顶转轮。再绑上根插蜡烛的针或搁小油灯的架子。在灯架四壁的上端、正中各扎一个窗口，四壁用彩色纸糊上。整体灯架结构，宜上大下小。有条件的，可用细铁丝折焊灯架，效果更佳。

2. 做风轮

用一张白纸（或道林纸）画一个直径比灯架内框稍小的圆。在圆圈内再画一个直径一厘米的圆，然后等分内圈。从实线处刻开，沿虚线上折成一致方向。圆心处找一废手电灯泡（或针剂瓶）的顶端，塞入风轮圆心的凿口处，用小纸条粘糊糊贴牢。搁到轴心上试试，如圆轮倾斜，可用糨糊在朝上一方边沿上贴纸条压平。

3. 贴画

贴画的方法有两种。其一，找一张长条透明薄纸，上面画上山水、动物或人物，将画的上沿涂上浆糊，绕风轮边沿贴上，将画的接头处黏合即可。其二，在离开轴顶四寸的地方，穿二根细铁丝，搭成"十"字形。再在铁丝尖端各弯出一个小钩，将剪出来的画贴在钩面上，即成转筒。转筒顶在轴上不能倾斜，若倾斜，可用下沿贴纸条法平衡。转筒做成后，让轴尖对准风轮的中心处，吹口气试试，转动如灵活就行了。然后装饰彩灯。

酒泉夜光杯制作技艺

传说古有卞和，善识玉。一天，偶尔发现绝世美玉，三次献纳楚王，两次受刑断足。这是因为楚王"有眼不识荆山玉"所致。制作夜光杯的第一关就是"识玉"。

玉料由于成分不同，因此，质地的粗细、玉性的韧脆、色泽的艳润也各有不同。白玉、青玉、碧玉、黄玉、墨玉等质地坚硬且富有韧性。青金、孔雀石、松石、兰纹石等则松而性软。另外，玉料由于产地不一，结构不同，颜色也殊异。有的含有多种颜色；有的外表光洁无瑕，内则含有"绺"或"脏"；有的粗看色泽美，可内里藏"棉"，外强中干；有的貌似良玉，却心为"沙心""沙包"。故选料这一关是必不可少的。

选料犹如诊病，必须细致耐心，查看谨慎而周密。"望"，凭借长期积累的经验，根据玉料的色泽，利用太阳的光线；"看"，透玉料的实质，判断玉料的优劣；"听"，用小锤轻轻敲去玉料，凭声音判断有无"绺"或者"沙包"。选料的目的一是为了选出优材优用，因材施光；二是为了扬长避短，充分利用俏色；三是为了减少加工时的无效劳动，提高生产效率。

从大量的面目各异、姿态嶙峋的玉料中选出那些质地坚硬、纹彩秀丽、色泽光艳、结构细腻、脉络清晰、性柔且刚的上品来，若无卞和之慧目，则其难多矣！

俗话说："玉不琢，不成器。"精致美观的夜光杯，乃千磨万磨而成。制杯过程计有"拉棒子""切铊""开杯子""磨杯子""亮光"等几道大工序。

"拉棒子"是制杯的第一道工序，也是最基本的一环，用空心钻从玉块上钻下一个个圆棒就成了。看起来很简单，不需要什么技术，其实做起来也不容易。玉石硬度很高，想轻而易举地钻下一个棒，只能想想而已。以前，用手拉，强手工作十几个小时，一天也顶多拉十个；一般人拉七八个就精疲力尽；生手拉四五个就会累得手发酸，脚发麻，况且还要掌握拉钻要领，用力要均匀、平衡，保持钻杆与玉料平行垂直，还要懂得何时给钻杆降温，在玉料与钻头的缝隙中加入适量的水，否则，钻头与玉料摩擦的热量将会使钻头变软，也会使拉钻者觉得滞涩不堪，无法拉动。钻下的玉棒还必须上下均匀、圆、直，呈柱形。若呈塔状，则不合格。

"切铊"，就是将玉棒按杯子的规格截断，使用切铊机完成作业。注意将"绺""胫""脏"之处切除，留下色泽润艳、料质细腻坚韧的好坯；必须注意切平，绝不允许出现马蹄形。切下的坯料，高度不能超于规定标准 3 毫米，也绝对不能低于规定标准。真是"高一点便嫌太长，低一点乃会太短"。

"开杯子"，又名"开心"。方法跟拉棒子差不多，使用的也是空心钻。不同的是：开杯子先要用较大的空心钻沿边浅钻一圈，再用小钻转一圈，比外圈深，约到杯底。开心要求同一圈深浅合适，上下一致，不偏不倚。最后将坯心用榔头敲掉。敲坯心并不简单，光有力气还不行。敲重了，会连杯壁一块敲掉；轻了，又无济于事，连坯心也敲不下来，有时真急得人冒冷汗。开心后之坯料即可进行琢磨了。

"磨杯子"是整个制作过程中的关键，工艺复杂，技术要求也最高。

首先用钎铊削外心，即将圆心的坯料削成初步的杯心。一般采用削多面体法；先切成四面体，再切成八面体、十六面体，直至趋达于圆心。

其次用冲铊将这些多面体磨圆。磨杯子离不开水和砂。以前使用的砂产于山丹和玉门的花海子，质坚而重，颗粒如小米，与砂石相间杂。砂贩先将混合砂石搬运成堆，俟大风一刮，用铁锨扬起，质轻之砂石随风远飞，较重之砂则沉集近处，装包后驮运酒泉，贩给作坊。现在山丹和玉门花海子之砂已被更纯的金刚砂取代了。磨杯时，先将金刚砂放入水中，然后用手捞着一把又一把粘铊再冲上，另一手扶着杯坯缓缓转动，借着金刚砂的摩擦力将杯坯的棱角磨掉，使之变得光圆。磨杯把则用捻铊，使用方法跟冲铊差不多，不过捻铊更细致精巧，可磨较纤细的物件。应当特别注意的是：磨制时必须集中精力，转动匀速，任何地方磨得过火都会造成难以弥补的损失。

再次是掏膛。这道工序难度最大，也是检验一个玉工技术水平高低的关键所在。掏膛，就是磨去杯子内部参差不齐和粗糙难看的部分。仅仅依靠眼睛观察还不够，需要凭借丰富的经验，娴熟的技巧，依靠手感完成作业。先用大磨铊和粗砂初磨时还比较好把握，只要专心一点就不会出问题。关键在于用小磨铊和细砂精磨时务必十分谨慎。这时的杯壁已很薄，如无越女绣花一样的细心，就有磨穿的危险；但若无关公大刀阔斧样的魄力，杯壁则可能偏厚或厚薄不匀，粗笨难看。要使杯壁薄如蛋壳，美若翡翠，平滑均匀，的确不太容易。一个平庸的琢玉者只能望之却步。

最后一道工序是"亮光"。即通常说的抛光。旧法是将磨好的杯子放入白蜡中煮一段时间，然后取出，冷却后即将浮蜡刮掉，愈净愈好。再用马尾巴毛仔细擦拭，直到晶莹闪亮为止。尔后还要用干净细软的布擦一遍方可包装外售。这种抛光法很原始，太烦琐。既浪费白蜡，又耽误时间，得不偿失。此法现已不用，代之而起的新法就简便多了，只将做好的杯子用蜡毛巾一擦就行，无论光洁度、透明度，还是手感、质感，都比旧法毫不逊色。

如果说"丑小鸭"变成"美天鹅"是自己不畏寒暑努力锻炼的结果，那么，一块粗笨的玉石变成周正、对称、美观、大方、稳重、比例协调、风姿绰约的夜光杯，则是琢玉者巧夺天工的技艺所施，是他们辛勤劳动的结晶。

琢玉者是辛苦的，尤其是手工操作时，"夜不点灯亦琢玉，白日吃饭脚不停"，确系当时的真实写照。现在虽是半机械化操作，劳动强度减轻了许多，但成年累月与砂和水打交道的局面却仍未改变。手被砂磨得粗糙不堪，被水泡得泛白起皱，患关节炎者也为数不少。我们赞美夜光杯的精巧、神奇，我们为琢玉者的技艺倾倒，可是有谁想到去赞美玉工们的吃苦精神？

兰州刻葫芦

兰州葫芦雕刻艺术是一种具有地域性特点、民族风格浓郁的独特民间手工艺品。

兰州青白石生长出来的"小疙疙葫芦""鸡蛋葫芦"和"疙瘩葫芦"等，是艺人雕刻的最理想的材料。兰州艺人用的这种葫芦出产在兰州的"老砂地"里。所谓"老砂地"，兰州人也叫"压砂地"，先将地里原来的土砂铲去一层，收拾平整，然后上足粪，再用古河床下的白砂和石子，经过挑选，把砂子和石头依次铺在肥地上。由于兰州地处西北高原，干旱少雨，这样的"砂地"有很好的保墒、保肥作用，兰州人有"一个石头二两油"的谚语。这样的"老砂地"正是种植葫芦的最好土地；加之当地气候凉爽，葫芦生长期长，质细，底坚，适宜于精雕细刻。"小疙疙葫芦"形似竖"8"字；"鸡蛋葫芦"如枣核、算珠，最小的只有葡萄那么大，一般的都在2—3厘米；"疙瘩葫芦"就是上面长满了小瘤形状的葫芦。这些葫芦生长期长，种植人为了防止其受损伤，不仅要把蔓架起来，还要把与葫芦接近的叶子摘掉，以免风吹摆动，叶子划伤葫芦表皮。葫芦成熟摘下来要立即刮皮晾晒，待干透后再用无刃刀具刮掉表皮，然后用手抓摸抛光，使葫芦表面光滑晶莹，如珠似玉。然后艺人在葫芦上经过设计，运用各种针法、刀法刻出山水、人物、花鸟、走兽等画面和诗文，陈设在案头或悬挂在室内欣赏。

兰州刻葫芦，据《皋兰县志》记载，清光绪十八年（1892）有位王裁缝（佚名），闲暇之余，用针在葫芦上镌刻花草等。另有戏曲艺人王鸿武、来银娃等，在葫芦上刻绘戏剧脸谱、刀马人物与风景名胜。当时只在表皮刻画，不做刮磨加工，也不着色，比较简单原始，作品均以儿童玩物流行于市。在这种原始简单的刻葫芦上有发展的是清末光绪三十一年（1905）的李文斋（别号子元，兰州人）。李文斋是一位穷秀才，曾当过几天"师爷"，能写会画，因其性情孤傲，蛰居家中，很少与他人来往，于是以刻葫芦作为精神生活的寄托。李文斋在刻葫芦方面创造了一种处理葫芦的新工艺：刮去葫芦表皮，用锢水混合颜料在上面涂成红、黄二色，然后在上面仿照古典小说上的绣像或画谱，一半刻画，一半刻字。这样一来，兰州刻葫芦就出现了以来银娃、王鸿武为代表的以刀马人物为内容的粗制品和以李文斋为代表的图文并茂的精制品。这类精制品在民国初年，由于古董商的传播，在京、津一带颇有名气，人称李文斋的刻葫芦为"绝技""妙艺"。

与李文斋同时代的另一位刻葫芦艺人是刘建斌。后来他拜师向李文斋学刻葫芦，由于他有很好的书画功底，加之本人刻苦勤奋，时人评价他的"人物山水雕刻高出文斋"。刘建斌是陕西富平人，曾在甘谷县银行干事，此人多才多艺，擅长书画、金石篆刻。

由此可见，继王裁缝后另一个刻葫芦创始人当是李文斋，因为他不同于王裁缝，而创造了刮去原生表皮，在葫芦上用锡水混合染料，染红、黄二色的精处理新工艺，使雕刻的景物不易脱落，并创立了在葫芦上同时雕刻书画的新手法，也就是图文并茂的精制品。李文斋本人由于有较高的文化修养，加之刀法清新细腻，书法隽秀，不愧为开一代先河的人物。李文斋的这种艺术手法，最早的追随者是刘建斌、徐家湾的马氏和庙滩子的魏氏。但这一民间工艺品的真正大发展，却是1949年之后的事。

中华人民共和国成立后，在政府的关怀下，兰州雕刻葫芦得以迅速发展。1954年，由老艺人王德山、王云山、阮光宇、骆石华等人组成兰州特种工艺社；1955年，王德山参加甘肃省文化局举办的专业创作组，雕刻了"水浒""西厢记""红楼梦""西游记""八仙过海"。此后又以"爱"字为题材创作名人故事，如"朱熹爱竹""陶渊明爱菊""王羲之爱鹅"等作品。20世纪50年代，兰州人陈唯一好刻葫芦，被保送到西北艺术学院学习。他在题材上推陈出新，刻绘素描肖像、古代建筑、十二生肖等。1954—1956年，王德山等人的作品赠送外宾及参加出国展览达500余件。1957年庆祝"八一建军节"30周年，陈唯一与王德山合作，创作了以现代红军长征为题材的刻葫芦，作为礼品，献给中国军事博物馆。1959年，刻葫芦开始由省外贸单位收购出口，年销售1000余个。国庆10周年，艺术家们又精心刻制毛泽东诗词19首，以楷、草、隶、篆四体书法表现，款式严正。另有"西游记""西厢记"雕刻葫芦各一套向人民大会堂献礼。50年代的刻葫芦风格在款式上形成"四圈子""三圈子""扇面子""通刻""锦底开光""满面字""书画联刻"等。1972年，为使兰州雕刻葫芦后继有人，兰州雕刻工艺厂招徒3人，由王德山言传身教；1982年又招10人。1986年前，兰州市工艺美术厂雕刻葫芦主要由省、市外贸部门收购出口，只有少量内销。年产量2000余个。1986年，刻葫芦获"甘肃省优质产品"称号。

临夏的雕刻葫芦，是由临夏艺人马耀良年少时赴兰州向李文斋学艺而传入临夏的。1964年，临夏市工艺美术社成立，1983年，又成立临夏市工艺美术公司。马耀良先后被聘为技师，带徒传艺。临夏刻葫芦取材古典戏剧、神话故事、民间传说以及民族风情。

1988年，临夏市刻葫芦年产5400个，其中3000个供出口，其余的投放旅游市场。

1949年后，党和政府对民间工艺实行支持、保护、促进、发展的方针，为民间艺人成立专门的管理机构和专门的生产部门，使传统的民间手艺得以保存，民间艺人生活有了保证，产品有了出路，使民间艺术成为社会主义精神文明建设的一个不可分割的组成部分。但是，另一方面，民间艺术历来是口手相授，师徒相传，这就是民间艺术至今还保留艺人艺术风格个性的一个重要原因，如果不从每个艺人的传承历史过程分析，就看不清每个艺术流派在这一门艺术发展史上的贡献。在继承传统不断创新的艺术道路上，首先应该提到的是王云山、王德山两位老艺人。

王云山的艺术特点是突破王裁缝、李文斋的技法，在构图上不限于临摹，重点在写意，着力神韵，独具一格。他的《水漫金山寺》在白蛇、青蛇身后，蟹兵虾将，鱼鳖鬼怪，形形色色，各不相同。他运用变形的手法，各类腿短臂长的，头大身小的，没于水中的，飞在空中的，造型奇特，形象丰富，气势壮观，生动异常。为了艺术上创新，他在城隍庙门口坐一个小凳就地刻葫芦，拇指、食指和中指持刻针，无名指和小指间夹一截短铅笔头儿，即兴创作，动作娴熟，技艺精湛，速度很快，常招来很多爱好者围观。王云山先生1961年逝世。

王德山，家境贫寒，小时候没有上过学，当过屠夫、厨子、茶户。他从小非常喜欢刻葫芦，早年跟随李文斋学艺。李文斋去世后，李的女儿把父亲常用的那本"名人画稿"赠给王德山，他如获至宝，更加勤学苦练。"兰亭修禊""桃园问津""三国""西厢"以及"八仙"都是他爱刻的内容。他在艺术手法上除继承李文斋的长处外，还善用"兰叶描"。他的人物刻得精细秀美，繁杂的古典服饰刻得细腻清新，很有特色。王德山还常云游四方，汲取民间文艺营养，在兰州古寺庙——唐庙（原称"庄严寺"）常常可以看到他的身影。唐庙的雕塑、书法、壁画被称为"三绝"。这些寺庙文化对他的艺术构思起着重要的影响作用。他常来到庙里，手拿葫芦、刻针，一针一针临摹壁画中的十八罗汉。经过他的勤学苦练，竟然把十八罗汉熟练地搬上葫芦，表现得活灵活现。到20世纪70年代，唐庙早已荡然无存，而唐庙壁画的神韵仍可见诸王德山的刻葫芦上。他曾被轻工业部授予"老艺人"称号。

民间艺术的家族传承是艺术延续发展，以至于形成风格流派的重要途径。在兰州雕刻葫芦历史上颇有影响、形成流派的有两个家族，这就是人们所熟悉的刻葫芦世家阮氏家族和陈氏家族。这两个家族自成体系，各具特色。

阮氏家族是指阮光宇、阮文辉、阮琦祖孙三代为代表的传承家族。阮光宇是一位能书善画、自学成才的画家。他自幼酷爱民间工艺美术，1938年前在河北老家时就收集过大量的民间剪纸、泥人和皮影。他到兰州后，当时任甘肃《民国日报》校对，工作之余，到隍庙去看古董和民间工艺美术精品，学习民间美术。那时他已开始收藏李文斋的刻葫芦，学习刻葫芦艺术。以后，阮光宇认识了徐家湾刻葫芦艺人马氏，为向马氏学艺，他把自己刻的葫芦与马氏交换，很快掌握了马氏的艺术风格。阮光宇善于学习汲取民间美术营养。兰州商行的标志，如金牛水烟的铜牛雕刻，金鱼招牌，纸扎铺的荷花灯，元宵店的元宵灯以及西关什字等地的各种花；兰州人过年用各色彩纸剪成的窗花里的吉祥图案，民间艺人把图案画在全张窗户纸上，然后着色，贴在窗户上，透明显亮，有"岁岁平安""和合如意""万代长寿""玉堂富贵""天官赐富""五福捧寿""九重春色""万福来朝"等等；每年三月三到十三的白塔山庙会，四月八的五泉庙会，是小手艺荟萃之时，各种泥人、"漫脸子"、铁木儿童玩具，还有一些小木车、竹木刀枪、一推就扇动翅膀的铁蝴蝶；五月端午兰州兴戴荷包，大有碗口小至拇指，粽子、瓜果、蔬菜、动物、人物全上了荷包；五色丝线缠绕成的"五毒""十二生肖"形象逼真，精巧别致。这些凝聚着民间艺人审美情趣的作品，都是阮光宇学习汲取的对象，有些也被搬上他的刻葫芦作品。

阮光宇的刻葫芦手法除学习汲取李文斋、魏氏、马氏等艺人的长处外，还发挥他很好的书画功底。他针对兰州艺人"只有刻法，没有画法"的现状，特意将画法揉进刻葫芦。他的具体手法是：近处粗针深刻，远处细针细刻、稀刻；近景刻实，远景刻虚；树木花草山石近处层层皱点，犹如浓墨画出；远山稀疏点出，如淡墨渲染一般；远树不分株，先刻一片树冠，这样就是山水画的远树画法，用针法刀法来体现画中的笔法、墨法；在人物头发刻法上，一改过去一般交叉混乱的做法，以头发分组，根根交待。在形式上，阮光宇开创了"四圈""三圈""锦底开光"的刻法和"扇面""横披"等，留出画面满布锦、冰纹等。他还创建了"通景"刻法，他刻的《秋山行旅图》《蜀道图》等山峦起伏，头尾相连，转着葫芦看，犹如在看一幅长卷，步步有情，处处有景。总之，阮光宇对刻葫芦的发展在于他学习汲取民间美术手法及内容，融书画手法于刻葫芦之上，使刻葫芦艺术表现力更加丰富多彩。

1960年，艺术家阮光宇去世，其子阮文辉继承父业。他运用丰富的国画知识和功力，创造"水墨写意""仿名人书画""彩刻""微刻"等技法，设计刻制镂金"牙签盒""茶盒"，为刻葫芦走向实用化开辟了途径。1986年，阮文辉在直径4.3厘米的桃形葫芦上刻制"150个儿童游戏图"，神情姿态，各不相同。有玩灯者，演戏者，翻跟头者，捉迷藏者等。另一佳作是在一枚直径5厘米的宫形葫芦上刻120身飞天女乐，有吹笛的，有反弹琵琶的，人物个个弯眉秀目，婀娜多姿，飞的飘带和摆动的纤手，都栩栩如生。另外在三个直径1厘米的葫芦上分别刻有"唐诗桃源行""赤壁夜游图""饮中八仙歌"诗配画。这四套六个微雕葫芦被轻工业部定为国家级珍品，由中国美术馆收藏。1988年，阮文辉被授予"中国工艺美术大师"称号。如今阮文辉的女儿阮琦也成了活跃在艺坛的一代新秀。

对于雕刻葫芦有贡献的另外一个家族就是以陈唯一为代表的"三陈"，即陈唯一和他的两个女儿陈红、陈兵。陈唯一，兰州人，从小受祖父和母亲的影响。祖父是个业余画家，他的父亲陈国璋以医为业，喜爱书画，尤其擅长画螃蟹，当时有"陈螃蟹"之称，可见他在书画上的成就。他母亲是一个有名的民间艺人，据陈唯一讲，他母亲绣出的作品活灵活现，连画家也难以达到这种淋漓尽致的地步。他佩服得五体投地，心想，我能把它搬上刻葫芦该多好啊！他自幼喜爱民间艺术，时常出没在民间艺人集会的隍庙、双城门、兰园、庄严寺，尤其被寺内精美绝伦的十八罗汉壁画所迷，仔细体味，反复描画。

陈唯一从小敬慕清末刻葫芦创始人李文斋的作品，偶尔得到一件，爱不释手，反复观看，仔细琢磨，为李文斋的精美书法雕像而倾倒。他随兰州篆刻大师冷冰学习过金石篆刻，有深厚的篆刻功底；他上过艺术学院美术系，大学毕业后分到景德镇陶瓷厂设计陶瓷图案；也曾被下放农村务农；当过工艺美术厂的技师，等等。丰富的生活经历磨炼了他，也开拓了他的艺术视野，增添了他丰富的想象力。他把学校里学到的素描功底、陶瓷彩绘设计手法和篆刻艺术的刀法融为一体，对传统刻葫芦的艺术表现手法有所突破。

陈唯一继承传统，博采众长。他常常和兰州著名刻葫芦老艺人王德山、王云山切磋技艺，合作创作。他认为王德山的人物雕像是兰州一绝，对人物内在美表现得淋漓尽致，有其独到之处。他注意兼收李文斋的书法雕刻和王德山、王云山的刀马人物及山水花草的长处，不断创新，改传统的针刻为三角刀刻，在传统的线描表现手法上融进彩绘、装饰、烙画、浮雕等其他艺术手法，从而形成了陈氏刻葫芦的风格。他的作品《佛头像》《童子闹罗汉》《花鸟山水》，就是陈氏风格的具体体现。如《佛头像》是集彩绘、装饰为一体；《花鸟山水》则是把烙画的手法融入刻葫芦；而《童子闹罗汉》和《花鸟山水》则利用疙瘩葫芦凸起的疙瘩采用了浮雕的手法，从而增加了作品的立体效果。他的书法雕刻，把篆刻的刀法运用到葫芦的书法雕刻上。所以他的书法雕刻笔法苍劲有力，洒脱奔放，不愧为书画佳作。他创作有梅兰竹菊套色作品和晋代王羲之的《兰亭集序》，获1990年10月深圳"中国旅游购物节"银质金马奖；1991年，他在两个直径4厘米的葫芦上，一气呵成，刻成5800余字的《道德经》，此作品为当时甘肃工艺美术博览会上的新闻；1992年，在北京举办的中日传统工艺品联合展览会上，他以一个直径20厘米，刻有"水泊梁山108将"的作品，受到中外宾朋的赞誉，刀马人物及山水栩栩如生，被称为"巧夺天工，匪夷所思"，后被中国工艺美术馆珍宝馆收藏。他创作的微雕葫芦《红军万里长征图》就是在一个核桃大的葫芦上雕刻了八幅长征画面，这件作品已被中国军事博物馆以精品收藏；1991年，他被授予"甘肃省工艺美术大师"的称号；1995年，他被联合国教科文组织和中国民间文艺家协会评为"民间工艺美术大师"。

陈唯一不但自己在刻葫芦艺术上潜心钻研，创造了陈氏风格，还重视对后代的培养。大女儿陈红还在幼儿园时，父亲就教她素描技能，自幼打下坚实的素描功底，加之她随父在农村劳动，对动物、花木以及人物建立了深厚的感情。她非常敬慕父亲的作品，父亲刻葫芦她就守在身边一步不离开，耳濡目染，深深地爱上了这一行。有时她背着父亲悄悄苦练基本功，有一次她拿起父亲没有刻完的《孙悟空三打白骨精》一口气把它刻完了，父亲对女儿如此进步很吃惊。她勤学苦练，创作了系列作品《西厢记》《西游记》《武松打虎》，以后和她的妹妹陈兵在继承父亲技艺的基础上创作了以敦煌壁画为题材的一系列作品。1995年，陈红被联合国教科文组织和中国民间文艺家协会评为"民间工艺美术家"。陈兵于1997年被甘肃省文联、甘肃省民间文艺家协会评为"省级民间工艺美术家"，她的《伎乐天》被评为省级一等奖。1998年，她的作品参加了中国国际民间艺术博览会，被评为银奖。如今，她姐妹俩的作品受到广泛的青睐，中外游人纷纷收藏她们的精品。

陈氏父女被称为兰州"三陈"，是陈氏刻葫芦的主将。如今陈氏第三代已出现在兰州艺坛上，他的小孙女陈蕊也坐在爷爷的工作台上聚精会神地创作属于自己的作品。

陈唯一对兰州刻葫芦的主要贡献是在继承传统的基础上有所创新，创立了陈氏流派。1998年11月，甘肃省民间文艺家协会工艺美术委员会在兰州举行陈氏刻葫芦理论座谈会，到会30余名省级专家学者和民间工艺美术大师，充分肯定陈氏对兰州刻葫芦这一民间工艺美术在发展上的贡献。这种会议在甘肃省还属首次，它已经把民间工艺美术的发展提升到理论的高度，也是对我省民间艺人从理论上给予提高的一项有意义的工作。

庆阳民间编织工艺

编织工艺遍布庆阳各地，具有广泛的群众性。广大农民利用当地的麦秸、芦苇、高粱茎秆、玉米皮等丰富的地方资源，运用结、辫、捻、搓、拧、串、盘、扎、套等多种编织、装饰技法，编成帽、篮、筐、粮囤、睡席、锅笼、铺垫等日用品。除自用外，还作为一项副业产品出售，既轻便实用，又价廉物美。

庆阳的编织工艺主要有麦秸编、草编、芦苇编、玉米皮编、高粱茎秆编、树枝编等。

1. 麦秸编

麦秸编是庆阳的主要品种，具有悠久的历史。每当小麦丰收在望的时节，群众就开始在麦田里物色麦秆，备料留选。选好麦莛后，用钗头或铁梳将麦叶梳掉，逐一折断麦秸，去掉秸裤，抽出适用的光莛。再按粗细分别存放，然后用淘米水或和面后的刷盆水浸泡，使麦莛柔软、光亮，趁湿、软时即可掐草帽辫或编制各种日用品和其他小玩意。品种有草帽、提篮、坐垫、草地毯、挂帘、粮囤等，还有精心编扎成的蚂蚱笼、小人、小动物，作为摆设、吊挂的玩具和观赏品。

2. 草编

人们充分利用地方资源，用芨芨草、草根、茅草等编织的生活用品。如用芨芨草扎制的尖帽顶，草根盘结的帽框就别具风格，是一种变废为宝的民间技艺。

3. 芦苇编

芦苇，群众通常称之为"苇子"或"聿子"，产品主要以睡席、粮囤为主，它是庆阳的传统编织工艺品。艺人们经过碾砸、破篾、刮削、编织、扭边等工序而成。图案多为"人"字纹、回纹。产品具有做工精细，色泽素雅，不生虫蛀，经久耐用等优点。

4. 玉米皮编

玉米皮编主要品种有提篮、茶垫、靠垫、餐垫等。如编织的手提包，色泽素雅，图案秀丽，精巧适用，便于携带，很受人们欢迎。各种铺垫的构图、色彩变化丰富，体轻质软，富有弹性。

5. 高粱茎秆编

每当秋收完毕，待到高粱茎秆风干后，艺人们便将其秆串结成蒸馍用的"蒸底"，米面缸的"盖"，或绑扎成筷子笼等用品。有的群众还用麦秸、高粱茎秆篾结合的手法编织成锅笼、粮囤等产品，其质感、色度的不同，给人以美感。另外，儿童们用高粱篾和茎秆扎制成的各种玩具，造型朴实粗犷，具有装饰趣味。

6. 树枝编

树枝编采用藤条和柳、榆树等嫩枝，经削剪后编织成物，具有朴实大方而又实用的民间特色。产品有筐、粮囤、簸箕、油篓等。北部山区的农民用树枝编成的扁形粮囤，内用牛粪和泥涂上一层，既不透光，又不漏粮，大者可装十多石粮，很坚固耐用，往往能传几辈人。

合水面塑

在甘肃陇东历史上有做面塑的习俗，特别是春节各家都要做很多面塑造型，合水的面塑尤为出名。

面塑，俗称面花、礼馍、花糕、捏面人，为传统民俗艺术之一。面塑是艺人用特制的彩色面团塑造的，面人的全身包括每一个细小的部位，均是艺人用灵巧的双手捏制而成，其做工的精细，结构的严谨，形象的惟妙惟肖，堪称民间一绝。合水县作为农耕文化发祥地之一，民间面塑艺术历史悠久，异彩纷呈，它的产生与发展与合水民俗历史同步，既保持了原汁原味，多姿多彩，又具有周祖农耕文化的鲜明地域特色。

合水面塑以小麦面粉为主要原料，辅之以黑豆、枣、红豆和各色颜料镶点描画。塑做方法有蒸、烤、炸、烙等。做法有捏、挤、压、挑、剪，构图简洁明快，朴实大方，粗犷雅致，夸张而传神，动态逼真而古朴。一只顶针，一把木梳，一把面刀，便可做成各种花卉、动植物、人物等图案面塑，不仅是美味佳肴，而且是精美的民间艺术，又有民俗文化的深厚内涵。

合水面塑深深扎根于民俗礼仪和节日活动之中。婚丧嫁娶，传统节日，祭祀流动，寿诞满月，人们都要捏制面塑艺术品，或祝贺或怀念或企盼，表达自己美好的祝愿。农历七月七日，为了表达纯贞的爱情或乞巧，妇女要用又白又细的小麦面粉做成一些圆胖胖的童男童女，用黑豆镶嵌眼睛，用大红色描画嘴，蒸熟后再以色染成红脸蛋和花花衣服，就成为巧娘娘了。八月十五日中秋节，合水民间家家都要蒸月饼，月饼边沿纽花素淡且美观，各种花卉虫鱼，飞禽走兽，人物故事，花鸟图案，以色全染，十分好看。而一般多为"嫦娥奔月图案"。

正月十五元宵节午饭后，家家户户都捏制荞面灯，有二十三盏灯是给灶君的，其中十二盏灯代表十二个月，每个灯按照月份在灯边捏有十二个咀咀。蒸熟后，哪个月的灯内水汽多，就意味着当年那个月雨水多。腊月二十八民间塑做的枣山，属于古老的民间面塑艺术品，是一种变形的抓髻娃娃，粗犷中含着神奇，变形中含着憨厚。大年除夕傍晚，待主人在锅台墙壁上贴好灶君像和对联后，将枣山分左右靠于灶君两旁，并用表纸吊帘遮挂于枣山上，以防灰尘。枣山即为敬祀灶君和土地神的祭品。

合水面塑艺术用途广泛且遍及千家万户。有祭祀活动的祭品，家用宗族中祭祀的供品，祝寿中的祝寿礼品，嫁娶中的和气馍、催妆馍、拜天地馍，还有宾客食品。从形式上讲，面塑有飞禽走兽、十二生肖、面虎、蝙蝠、凤、蝶、喜鹊、植物花卉、各种花草、梅花竹菊等；人物形象有八仙、寿星、面娃娃等；果品形象有石榴、桃、佛手、果子等。合水民间面塑艺术是远古文化在劳动人民间的延续，不仅是食用的艺术品，而且是中华民族几千年传统文化的结晶，其中有关生育崇拜的内容也不少。

在合水当地，不少面塑艺人在省内外都有一定的名气，其中赵世州的面塑作品还曾受邀到国内外进行展演。赵世川对面塑有着说不出的痴迷，一只顶针，一把梳子，一把面刀，小小的面团经过他的手，就会变成形态各异、栩栩如生的面塑。凭借着自己对艺术的追求，赵世川还专门跟随工艺美术大师学习面塑技艺，将面塑传统手法与工艺手法相结合，形成了自己的面塑风格。

2009年，赵世川创作的面塑作品《天姿》被北京民族文化宫收藏；2012年，《千手观音》《敦煌飞天》《欢天喜地》等作品被西峰区文化馆收藏；2015年，《荷塘月色》《秋收》《太公钓鱼》被合水县文化馆收藏；2016年，代表甘肃省非遗面塑赴埃及参加中埃文化年展演。合水节日风俗浓郁而久远，为民间饮食文化传承提供了厚实的基础，纯手工制作技艺和口传身授的传承方式一直保留着合水民间面塑的传统技艺和彩绘艺术，使独具乡间特色的合水面塑能集多种文化

元素于一身，在雅俗文化对流中流传至今。异彩纷呈的合水面塑，形成了对民俗活动的依存性、普遍性、地域性、群体性等特征，寄托着人们的美好期盼和祝愿，具有杰出的历史价值、文化价值、实用价值。如今，合水面塑已成为名牌旅游产品被推到了各个景点，走出甘肃，走向全国。

民间瓷刻艺术

瓷刻，也叫瓷盘雕刻，是用金刚钻在瓷盘上用榔头敲打刻出画面。常言道"没有金刚钻，别揽瓷器活"，刻瓷就是用金刚钻在瓷器上做文章，难度很大，工艺复杂，要经过设计、绘画、雕琢、彩绘、装饰等工序。画家用画笔描一条线容易，而刻瓷要在坚硬光滑易碎的瓷盘刻出一个线条却要费很大工夫，一不小心，不是线歪曲不流畅，就是敲碎了瓷盘，一个工序出问题，整个作品也就前功尽弃。刻瓷艺人周汩就是做这艰难文章的人。

周汩出生在美术世家，自幼喜绘画、篆刻，1979年考入甘肃工艺美术厂任美工，从此便与彩笔、刻刀结下了不解之缘。传统瓷刻，大多采用白描技法，难免单调无味，为了使瓷刻突出传统，丰富表现力，周汩苦心钻研，潜心研究，为了练刀法，她不知打碎了多少瓷盘。多少个不眠之夜，她把自己关在设计室里仔细琢磨。她终于成功了，1981年她第一次在瓷盘上刻成我国最早的邮票——龙票图案，参加集邮展览，受到好评。为了开拓瓷刻内容，她经常到大自然素描。1984年一个偶然的机会她去了敦煌，被敦煌莫高窟里的壁画和彩塑迷上了，立志要把敦煌的壁画和彩塑用瓷刻表现出来。瓷盘上刻敦煌壁画和彩塑，绝不是莫高窟艺术的简单临摹。它来自壁画艺术，搬上瓷盘却成了另外一种艺术。她首先根据瓷盘的造型构思自己的艺术，保留了壁画中工笔的表现手法，刻上瓷盘却具有很强的立体感，坚实，和瓷盘的造型融合成为一个艺术整体。她雕刻的壁画菩萨和彩塑菩萨像，经其精雕细刻，彩绘装饰，来源于壁画的艺术却比壁画更有表现力作。1994年，在敦煌研究院庆祝建院50周年的活动中，院方把敦煌艺术瓷刻作为礼品，赠给日本前首相竹下登及平山郁夫等外国友人，受到了外国友人的好评。她的作品先后被省里领导作为特色礼品赠给国家领导人和外国朋友。她的作品《伎乐天》在1997年甘肃省迎香港回归工艺美术精品展中

获一等奖，并由省文联和民间文艺家协会授予民间工艺美术家称号；1998 年，她的一对敦煌壁画《菩萨像》荣获甘肃省委、省政府颁发的第二届敦煌文艺奖三等奖；1998 年，她的作品榆林石窟壁画《菩萨半身像》雕刻在国际民间艺术博览会上获金奖。她的艺术成就，1995 年《兰州晚报》、1996 年《甘肃日报》、1998 年《甘肃画报》都予以报道；甘肃卫视台为她做了专题报道。

周泊的成功，正说明了她对甘肃省瓷刻艺术的新贡献，她的艺术创新使甘肃瓷刻技巧发展到了一个新阶段。

河州回族砖雕

河州砖雕艺术，作为一种建筑艺术，再常见不过。且不说装点着公园、清真寺这些公共建筑设施，即使走进普通百姓家，哪里没有几件令人叹服的砖雕艺术作品，或高筑于屋脊之上，或镶嵌在门庭之间，装点着人们的生活与环境。

人们一般认为，河州的回族砖雕艺术起源于北宋，成熟于明清，能工巧匠辈出，作品多姿多彩，雕镂精细，构图严谨，富有极强的想象力和表现力。

河州回族砖雕从制作工艺上讲，有"捏活""刻活"之分。所谓"捏活"，先是把精心调和配制而成的黏土泥巴，用手和模具捏成各种造型，而后入窑焙烧而成。这种作品大多独立形成，如龙、凤、麒麟等，多用于屋脊之上。所谓"刻活"，即在青砖上用刻刀刻制成各种图案，其工艺要比"捏活"复杂得多。一个图案往往由十几块青砖拼接在一起，这种砖雕艺术作品大多装饰在门庭、照壁之间。多层次雕刻，即"浅浮雕""高浮雕""阴线雕"，是河州回族砖雕的精华之所在，一幅砖雕，往往由三四层图案构成，重重叠叠，里呼外应，浑然一体，宛如一刀刻成，给人以强烈的立体感。看过之后，不得不叹服这些能工巧匠技艺之高超。

遍览河州砖雕，不论是哪一种图案，均不见人物活动的场面，这是河州回族砖雕的重要标志。回族笃信伊斯兰教，真主独一，不崇拜任何偶像，所以，即便走进他们的客厅寝室，也不挂有人物形象的图画。

临夏红园和东公馆是河州回族砖雕艺术保存最完整的地方。红园的砖雕作品多系回族砖雕名家周声普及其族人的杰作。一字亭南侧照壁上的《泰山日出图》采用国画的技法，两峰巍峨对峙，中间石径奇险，更有宝塔耸立，使观者具有身临其境之感；北侧照壁上的一幅《石榴双喜图》更是玲珑别致，惹人喜爱，石榴树枝繁叶茂，果实累累，一双喜鹊似已饱尝了那珍珠似的石榴，正在举起一只爪子，擦去尖喙上的残汁。高明的构思，精湛的雕工，把生动的画面和传神的意趣淋漓尽致地再现在几页青砖之上，令人叫绝。

东公馆修建于 20 世纪 30 年代末，是临夏市的文物保护单位，亭台楼阁，曲径回廊，都有砖雕作品装饰。花卉禽鸟造型独特，神韵多姿。山水图景，构思严谨，意境高超。天井正面墙壁上的大山水是一幅力作，其间红日高照，山势峥嵘，黄河之水，滚滚而来，青松郁郁，白帆点点，归鸿阵阵，高阙崇阁，点缀其中，万里河山，尽收眼底。另一幅葡萄攀援图，形象十分逼真，几枝葡萄歪歪扭扭，搭在用竹子竖起的架上，硕果累累，也许工匠怕那一串串令人馋涎欲滴的琼果太沉，会滑下架来，便用细细的麻绳将其枝干绑在架上，真是妙不可言。

河州回族砖雕作为一种民间艺术，有着久远的发展历史，也有着广阔的发展前景。近些年来，随着建筑业的蓬勃发展，河州的能工巧匠们组织起一支支古典建筑工程队，在祖国的大江南北，留下了他们的足迹，也留下了他们的砖雕作品。河州的砖雕艺术已经走出家门，传播到祖国的山南海北。

拉卜楞寺酥油花

在甘肃甘南藏族自治州的夏河藏族佛教三大寺院之一的拉卜楞寺，每年正月十二到十六的"毛兰姆"节的程序中，正月十五到十六是酥油灯会，进行酥油花展。

每年春节前几个月，酥油花艺人便将纯净的白酥油，揉以各色石质矿物染料，塑造成各种佛像、人物、花卉等，有的还组成宗教故事。每年正月十五日，皓月升起，华灯初放，迎来了一年一度的元宵酥油花灯节，祈求吉祥平安，几百年来从未中止。

一盆冰凉的水，一坨坨颜色各异的酥油，几位艺僧正在滴水成冰的天气里，手指不停浸在水中，然后掐出一块块酥油，捏成各种佛像、人物、飞禽走兽以及花卉草木，栩栩如生。

酥油花是以藏族日常食品酥油为主要原料，艺僧通过捏制各种人物形象和花鸟鱼虫等万物，组合成佛经故事向信众传达佛教义理。由于酥油花色彩艳丽、工艺独特、造型精美，所以被列入中国第一批国家级非物质文化遗产。

1. 酥油花的起源

酥油花最早产生于西藏苯教，是施食供品上的小小贴花。按传统的佛教习俗，供奉佛和菩萨的供品有六色，即花、涂香、圣水、瓦香、果品和佛灯，可当时天寒草枯没有鲜花，只好用酥油塑花献佛，由此形成艺术传统。传说公元641年文成公主进藏，带去一尊释迦牟尼12岁等身像并将其供奉于拉萨的大昭寺。当地群众用酥油做成花供献于佛前，以示崇敬之心，后各藏传佛教寺院相继使用，视为礼佛珍品，献酥油花遂成为正月祈愿大法会的重要内容。在发展过程中，酥油花的塑造方式、花色品种、内容题材和工艺技巧都不断发生着变化。

2. 酥油花的工序

制作酥油花首先是"扎骨架"。根据所表现的内容，用加工的柔软草束、麻绳、竹竿、棍子等物扎成大大小小不同形态的"骨架"，即所塑造的基本模型。其次是"做坯胎"。塑造的第一道原料是用上年拆下来的陈旧酥油花掺上草木灰反复捶打，制成韧性好弹性强的黑色塑造油泥。然后裹在骨架上完成粗糙但准确的一个个大造型，其塑法近似面塑或泥塑。再次是"敷塑"。塑造的第二道原料是在加工成膏状的乳白色酥油中揉进各色矿物质颜料，调和成五颜六色的油塑原料，仔细地涂塑在做好的形体上，有的还要用金、银粉勾勒，完成各色形象的塑造。要是塑造红花绿叶，或是玲珑剔透的玉石宝玩，则直接用彩色油料一次塑成。为了防止塑制中因手的温度而使酥油坯料融化变形，艺僧们在室温控制在0摄氏度的作坊里，身边放一个盛有冰块的水盆，他们要不时将手浸入冰水中。整个制作过程十分艰辛，艺僧们的手上大多会生出冻疮。对佛教的虔诚和对艺术至美的追求，完全超越了肉体上的痛苦，冰冷的手中，艳丽的酥油花不断生成。最后酥油花一道工序是"装盘"，将塑好的酥油花按设计的总图要求，用铁丝一一安装到位，固定在几块大木板上或特制的盆内，高低错落有致，件件立体悬空，观赏者可以从不同的角度观瞻玩味。布局成单一的花卉图案或整幅的故事画面，俗称"酥油花架"。展出时，"酥油花架"会用高杆立起，最高可达十几米，人们在下以仰视角度观看，更觉佛法庄严，宝像生辉。一座大的花架上，往往要塑造几十个，甚至一二百个人物组成的故事画面。其中菩萨金刚端坐安详，飞天仙女身姿绰约，花鸟虫鱼栩栩如生，人物神形兼备，亭台楼阁金碧辉煌，整个画面繁而不乱，绚丽多彩，令人叹为观止。

3. 酥油花的内容

酥油花虽名曰"花"，但其题材多样，内容丰富，主要以佛祖神仙、菩萨金刚、飞禽走兽、花鸟鱼虫、山林树木、花卉盆景组成各种故事情节，形成完整的立体画面。酥油花艺术继承了藏传佛教艺术的精、繁、巧的特点。酥油花由于是食用酥油做成，所以不宜长期保存。

保安腰刀

保安腰刀是保安族人民热爱的独具民族特色、体现民族气派的随身佩刀，是保安族历史上一代代流传下来的传统手工技艺，也是保安族人民历经数百年岁月，用自己的聪明才智和辛勤劳动锻造出来的民族文化瑰宝。它镕铸着保安族人民的智慧和才华，见证着保安族形成发展的历史，真实地反映着保安族的历史传统、民族精神和文化风格，蕴含着保安族人民特有的精神追求、价值观念、思维方式、想象力和创造力，是保安族的文化象征，是中华传统文化的重要组成部分，是中国乃至世界非物质文化遗产的优秀代表作。

保安腰刀是一种由保安族特殊手工艺制成的匕首、短剑。打制一把保安腰刀，要经过选料、熔化、锻打、加钢、焠火、刻膛、起刃、钻眼、整形、钉制花纹、打磨、抛光等40多道工序，有的刀子甚至有80道工序。保安人在长期的生产实践中积累的丰富制刀工艺精工细作，所制出的腰刀坚而不脆，韧而不屈，刀刃锐利，经久耐用，式样美观，独具风格，深受人们的欢迎与喜爱。保安族作为一个农耕民族，以擅长打制腰刀而闻名于世。

保安腰刀的制作技艺，是保安族工匠们的聪明才智和灵巧双手相结合的产物。保安腰刀上铭刻着保安族的兴衰历史，反映着保安族人民的生活方式，包含着保安族人民的情感世界，被保安人视为尚武、英勇、侠气、责任和牺牲的象征。因此，保安族人民对保安腰刀赋予一种灵性，一种心志，一种悠长的生命力和牢固的凝聚力，成为民族的历史记忆和精神寄托。

保安人制作保安腰刀的历史最早可以追溯到元代成吉思汗十四年蒙古军西征，中亚信仰伊斯兰教的色目人东迁中国时期，即公元 1219 年。统一了中国北方各蒙古部落的大汗成吉思汗率领蒙古军队进攻西夏受阻后，发动了旨在消灭西亚花剌子模国的第一次西征。他们将中亚、西亚诸国的大批被俘的青壮年人编入"探马赤军"，将掳掠的大量手工工匠和有技艺之人编成"各色技术营"发往蒙古军中服役。这些人包括撒尔塔在内的回族、哈剌鲁、康里、阿尔浑、汪古等多种部族人，大部分信仰伊斯兰教。因为他们有着不同色的眼睛、胡须等面部特征，所以在中国典籍中通称为"色目人"。

公元 1225 年，即蒙古成吉思汗二十年，成吉思汗率领的蒙古军队携带大量战利品，带着由色目人组成的"探马赤军"和"各色技术营"回师中国北方，再次进攻西夏。公元 1226 年，即蒙古成吉思汗二十一年，蒙古军破洮州（今甘肃临潭一带）、河州（今甘肃临夏、甘南，青海民和、同仁、循化一带）。蒙古人占领这些地方后，分别派遣军队"守边防番"。前来驻防今青海黄南保安地区的一队蒙古军队中有西域撒尔塔地方的色目人组成的"探马赤军"和"各色技术营"，他们是"上马则备战斗，下马则屯聚牧养"，战时为兵、平时为农的负有军事作战和生产双重责任的西域亲军。他们中信仰伊斯兰教的西域色目人便是保安族的先民，他们腰间挎着的匕首、短剑则是保安腰刀的起源。

腰刀是匕首、短剑的别称。从石刀、骨刀、青铜刀，到铁刀、钢刀、合金刀，几千年来腰刀的发展深刻地影响了世界的文明进程，也在人类文化心理结构的演变中留下了不可替代的印记。处于冷兵器时代的色目人多是戍守边防的士兵，腰刀对于作战或是护卫的重要性是不言而喻的。对他们来说，腰刀除了安全防卫的需要之外，还有日常生活的特殊需要。他们信奉的伊斯兰教，有一项规定是不吃自死之物。无论是放牧还是打猎当中，对受伤的动物有"跟刀"的习惯，这需要随身带刀具。

明洪武四年（1371），明廷在当地招募士兵驻守西山（即今铁城山）之巅，建垒成堡，此后保安堡成为一个永久性的防卫据点。保安城的色目人逐渐成为"当兵吃粮"的营伍人。明万历四十七年（1619），明廷在同仁置保安营，原保安堡扩建为保安城，置都指挥，隶属河州卫，负责管理保安十二族。这时期保安营的官吏主要由汉族人担任，原负责保安堡戍守的保安人，除一部分被吸收为保安营的戍守士兵外，大部分保安"营务人"即西域撒尔塔色目人的后裔，流寓于同仁隆务河两岸的农耕区和广大草原之上，从事农耕和畜牧业；一部分有着传统制刀技艺的人，从事冶铁和制刀的手工业生产。由于这些人有着相同的迁徙经历和相同的宗教信仰、生活习俗，以及制刀工匠们在产业方面的联系，由此而形成这些保安"营务人"的聚居区域。

明末清初之时，保安地区已形成保安人居住较为集中的三个地方——尕撒尔、保安（又称妥加，意为城里人）、下庄（也称撒尔塔）。尕撒尔，主要为保安人，少数为土族人，保安城的保安人与回、汉等民族杂居；下庄，纯为保安人居住。当时对保安人聚居的这三个地方称作"保安三庄"。这时候，他们所从事的产业主要是农业、畜牧业和手工业生产，打制保安腰刀成为他们手工业生产的一项重要内容。

行伍出身的保安先民本来就是西域色目工匠，他们的血液中流淌的不仅是军人的豪气，更多的是匠人的灵气。从事冶铁业、从事保安腰刀的制作对于保安人来说，是继承着先人们的传统技艺，更重要的是他们利用自己的特长，成为一种谋生的手段。正是由于他们的这种特殊行业同经济社会的密切联系，保安腰刀的打制，在保安人形成民族的过程中发挥了纽带作用。

打制保安腰刀是保安族人民最重要的经济活动。他们积累七八百年打制保安腰刀的丰富经验，形成了一套独具特色的生产工艺流程。特别从定居于大河家以后，保安人凭着勤勉与智慧，在艰辛的打刀生涯中，在传统打刀技艺的基础上，不断吸纳先进技术，提高锤炼技艺，形成独具民族特色的手工艺品，以工艺精巧、样式美观、刀刃锋利而受到人们的喜爱。

这个时期，保安腰刀的刀型发展为 5 寸、7 寸和 10 寸三种。品种除了"黑膛刀"以外，还有"波日季""雅吾其""什样锦""一道黑""双落刀""双箭刀""尕脚力""折花刀"等 10 多种。不同的品种镌刻着不同的图案，如"一把手""一条龙""七颗星""五朵梅"等，这些图案是制作工匠的标志，以表示保证所制腰刀的质量和品格。这个时期打制的各种保安腰刀主要销售于甘肃、青海、四川、西藏的藏区和内蒙古地区，销量大，且打腰刀花的本钱小，利润大，资金周转速度快，成为保安人迁居大河家后，以手工业劳动换取生活的一个重要途径，极大地弥补了农业和畜牧业生产的不足，帮助保安族人民渡过了从青海被迫迁居甘肃这一阶段的生产生活难关。

制作保安腰刀的保安人，在1949年前曾经遭受统治阶级的高压和盘剥。国民党军阀马步芳统治西北的时期，大河家地区的保安族处在饥寒交迫之中。腰刀匠人为了生存，大部分到藏区做活。当时有一位技术高超的保安腰刀匠人，打的腰刀驰名西北地区，尤其在青海很有名气。地方官僚为了巴结讨好马步芳，想送几百把腰刀，限定这位匠人30天内打出100把腰刀，不然要将他的手砍掉。这位匠人没有理睬地方官僚的命令，连一把刀都没有做。官僚被激怒，便五花大绑将这位匠人捆走，强迫他在地主的庄园里支炉打刀子。匠人坚决不服从，便被他们砍掉了右手，从此这位工匠再也不能做刀子了。保安族的铁匠们为了纪念他，便在最好看的腰刀刀面上凿刻了五指并拢的"一把手"图案，表示他们对反动统治和压迫的不屈。

在旧社会黑暗的岁月中，制作保安腰刀不仅是保安族人民谋生的手段，也是他们用以反抗压迫、侵略的锐利武器。闪亮的保安腰刀陪伴着保安族人民度过漫漫长夜，为民族的解放，为劳苦大众的解放做出了自己的贡献。

1949年后，随着保安民族的解放和新生，保安腰刀的制作迎来了新的发展时期。

1949年8月25日，中国人民解放军第一野战军62军进驻大河家，保安人聚居区得到解放。解放军集结大河家，渡黄河解放青海之时，安民湾的保安族制刀匠人马尕虎把自己制作的腰刀送给解放军战士作护身用。大墩村保安族青年马正云，干河滩保安族青年马如麒、马福元、马如麟、马云山等积极帮助解放军收面粉、找船只、扎羊皮筏、作向导，支援解放军渡过黄河，挺进青海。

党和政府热情帮助保安族人民当家做主，保安腰刀生产发展有了保障。1949年10月1日中华人民共和国成立伊始，党和政府选拔了一批保安族青年加以重点培养，由保安族人民推选本民族的代表参加选举

地方人民政府的领导人。1952年3月25日，当时只有4356口人的保安人，被国家政务院正式认定为一个单一的民族，命名为"保安族"，从此保安族成为祖国大家庭的自豪一员。根据保安族人民的意愿，在保安族聚居地成立了保安族自治乡。在国家帮助下，盛产保安腰刀的大墩、梅坡、甘河滩等村建立了供销社和信用社，政府支持保安人民发展自己的这一传统手工艺生产，帮助解决保安腰刀生产中的困难。

1953年6月，大河家保安族自治乡还专门把甘河滩村保安腰刀名匠冶陕家宝创制的"鱼刀"这一保安腰刀新产品的经验在保安三庄进行推广，有力地促进了保安腰刀的创新发展。

大河家大墩、梅坡、甘河滩及刘集高李家村的保安族群众由于历史传统，现在大部分掌握有保安腰刀制作技术。目前除大部分人仍从事个体生产外，少数积累了资本的人建立厂子，雇人生产，使生产规模达到空前规模，生产的品种也日益丰富。保安腰刀的生产本源于军事防卫和实际生活的需要，随着时代的发展和社会的进步，保安腰刀作为个人防身武器的功能已经消退，而成为生活用具和供人们欣赏的工艺品、收藏品和馈赠亲友的纪念品。这种转变要求保安腰刀更具观赏性和艺术性，这就促使保安腰刀制作从刀型、式样上发生更多变化。

传统的保安腰刀如"什样锦""波日季""雅吾其""满把""细罗"等，刀柄端直，既无护手，也无刃舌。近些年，保安族工匠对这些传统式样进行改造。如对"什样锦"，进一步加强它的观赏性和艺术性，刀柄制作上用银、铜、石、珠在牦牛角上镶、嵌、铆、错出花、星、云纹，水波及抽象图案，显得璀璨夺目又华丽柔美。刀鞘也多以铜板或钢皮卷成筒状，使浑圆的刀鞘藏起方直的利刃，显示外圆内方、外柔内刚的中华文化理念，更受人欢迎。对"波日季"的改造，主要使刀尖后扬，刀柄前倾，形成流畅的S型造型，刀体入力角度和平衡性设计的科学合理，使刀与刃线条流畅，富于动感；鞘和柄的简洁装饰，含蓄低调，冷艳动人，增强了整体审美效果。

保安腰刀的品种，除了传统品种以外，新近创造和增加了"满把""扁鞘""西瓜头""鱼刀""珠算刀""钢笔刀""马头刀""折花刀"等20多个新品种。这些新品种，适应新时代对保安腰刀的要求，既

考虑实用性，又考虑收藏性和艺术性。收藏讲究手工制品，讲究老牌子，讲究历史文化含量。因此他们在保安腰刀新品种的创制中，既保持保安腰刀的传统风格，又大胆引进新技术和新材料，使保安腰刀的制作工艺有了长足的进步，品种不断增加，式样也较从前更加美观，用途更加广泛。

现在，保安腰刀的品种，按柄、鞘、刃的不同类型已经形成"什样锦""满把""扁鞘""鱼刀"4个系列，包括"波日季""雅吾其""细罗""双落""马头""尕脚""子母""三节""拐杖""蒙古""哈萨克""鞭刀""折花""西瓜头"等30多个品种的大家族，而且日益兴旺，推陈出新，不断有新的品种出现。如今的"保安三庄"，制作保安腰刀的各个工匠家里炉火旺盛，大河家街道上，一家家店铺中摆放着各式各样的保安腰刀，琳琅满目，熠熠生辉。很多慕名来积石山观光的旅游者都会购买一把保安腰刀作为纪念。现在"保安三庄"每年生产销售腰刀10万把以上，年均收入200万元以上，使很多农民由此而走上富裕道路。

进入新时期，保安腰刀的生产发展将进一步为保安族的繁荣发展做出新的贡献。

2005年，党和国家做出扶持人口较少民族加快发展的重大决策，保安族有幸作为我国20个人口较少民族中的一员，在加快经济社会发展中，得到国家大力支持。按照国务院批准的《扶持人口较少民族发展规划（2005—2010年）》，根据"国家扶持、省负总责、县抓落实、整村推进"的方针，省上确定以改善人口较少民族聚居村基本生产生活条件和增加农牧民收入为重点，大力加强基础设施建设，充分发挥当地各方面的资源优势，大力发展特色经济和优势产业，大力发展教育、卫生、文化等社会事业，积极培养人口较少民族各类人才，尽快改变人口较少民族发展进步的制约因素，争取用5年左右时间，使甘肃省保安族聚居的行政村的基础设施得到明显改善，群众生产生活存在的突出问题得到有效解决，基本解决贫困人口的温饱问题，经济社会发展基本达到当地中等以上水平。这将使保安族聚居地的政治、经济、文化、社会建设迈入快车道。"保安三庄"的交通、能源、水利、通信等各项基础设施建设将有极大的改善，这都十分有利于保安腰刀的发展。保安腰刀制作也将在"保安三庄"

实现生产发展、生活宽裕、乡风文明、村容整洁、管理民主的奋斗目标中将发挥出更大作用。

保安腰刀凝聚着保安族人民的智慧和勤劳，饱含着保安族人民深厚的民族感情。这种感情渗透在保安族的心灵之歌——保安族民间口头文学之中，由此而形成保安族人民特有的文化品格。

在保安族聚居地，流传着许多与保安腰刀有关的神话故事、民间传说、民歌、谚语，几乎每款腰刀都有与其相关的故事和说法，为保安腰刀注入了许多神秘色彩和传奇性。这是保安腰刀伴随保安族历史演进中，人们在特定时空环境中赋予保安腰刀一定的社会功能和人文意义。保安族青年男女常以保安腰刀的刚坚作爱情信物，以此寄托对爱情的忠贞和婚姻的长久，这有力地证明了保安腰刀在保安族文化中的象征意义。保安族人民对保安腰刀的深厚情感，还深刻地表现在他们所喜爱的民歌——"花儿"之中。

保安族演唱的"花儿"，真实地反映着保安人民的内心情感、民族性格和特有的审美情趣。他们以质朴的语言和悠扬的音乐，传达具有保安族民族特色的社会风貌和人们的思想情感。其中歌唱保安腰刀的"花儿"以保安腰刀作比兴，由衷地反映他们对美好爱情生活的憧憬和期望。如：

> 皮袄的袖子哈斜搭上，
> 十样锦腰刀哈挎上；
> 尕妹的大门上浪三趟，
> 心想者你我哈要上。

又如：

> 什样锦把子的尕刀子，
> 银子拉镶下的鞘子；
> 你我拉说下的一辈子，
> 半路上打个推辞。

从这些美丽的"花儿"篇章中，可以领略到保安腰刀在保安族人民心目中的神圣与权威，可以感受到保安腰刀在保安族人民心灵特有的清灵与持重，也可以体味到保安腰刀给保安人带来生活的乐观与欢娱。

文化，从本质来说，是人类在漫长的历史发展中物质生活和精神生活的经验总结。打制保安腰刀的传统手工技艺对保安族人民来说，无论从物质生活，还是从精神生活，都具有非凡的意义，在他们的经济文化中占据着举足轻重的地位，他们永远珍视着自己民族的这一文化瑰宝。因而脉脉共续，祖祖相传，一代又一代地继承下来，连绵不断，延续至今。

保安腰刀现在与新疆的英吉沙刀、西藏的藏刀、内蒙古的蒙古刀齐名，号称中国少数民族的四大名刀。经过不断地发展，打制保安腰刀的手工技艺已经具备了独特民族手工技艺的各种特征。

保安腰刀制作工艺创立和类型变化，都源于保安族人民的历史变迁、精神血脉、文化基因和情趣喜好。腰刀工艺中种种传统元素承载着保安族独特的价值理念和思维观念，集中地反映着民族的特征，成为民族的文化标志。

保安腰刀使用的制刀工具、材料、制作工序所反映出的技艺特点，不是工业社会和城市环境的，而是表现着一个农耕民族独具特色的生产方式、生活方式。保安腰刀制作中的每个技术环节都环环相扣，形成完整的工艺流程，这是保安腰刀在不断的迁徙环境中逐步形成的，因而具有技艺连贯性。以个体、家庭为单位并相互联系着的生产群体，形成独特的生产体系和社会组合形式，因而具有人类学情境中的独有的手工技艺特色。

因此，保安腰刀被保安族人民看作自己的民族标志和文化象征，保安腰刀承载着保安族人民自强不息的奋斗精神，爱国主义的深厚情怀，和谐统一的博大胸襟，崇德尚义的高尚品性，文化民族的理想追求和勤劳勇敢的质朴秉性。因而它是保安族民族文化的精髓，是保安族借以区别别的民族的身份象征，是保安族人民的精神烙印，是保安族人民创造的集体记忆和精神寄托，是保安族得以延续的精神血脉和文化基因。

当前，人们普遍地认为保安腰刀是保安民族的文化标志，只要提到保安族一定要说到保安腰刀。为庆祝中华人民共和国成立 50 周年，邮电部发行了民族大团结专题纪念邮票，全国 56 个民族，每个民族都有代表图案，反映保安族的邮票图案就是一对保安族青年打制保安腰刀的情景。

党和国家十分重视保安腰刀的传承和保护。2006年 6 月 7 日国务院公布的第一批国家级非物质文化遗产名录中，保安腰刀锻制技艺作为我国著名的传统手工技艺列入其中。这对保安腰刀作为保安族民族传统手工艺品的保护和传承具有重要的现实意义和深远的历史意义。

保护和传承保安腰刀的传统手工技艺，等于保护保安族的精神家园，等于保护保安族经济和社会发展的原动力，有助于增强保安族人民的自豪感、自信心、凝聚力。

保安腰刀传统工艺的保护，实际上存在一些现实的问题，主要面临着四个方面的严峻问题：一是保安腰刀制作工匠后继乏人的问题。保安族的经济政治文化和社会生活各方面都在改革开放中发生着巨大变化，保安腰刀作为传统工艺品的地位和生态环境也在急剧变化。如保安族一些优秀工匠大量减少，后继乏人，传统制刀技艺面临着逐渐消亡的态势。二是保安腰刀生产的立法问题。保安腰刀作为国家刀具管制对象，难以在全国各地销售，有些地方的贩售刀子被查扣没收，市场销售量下降，一些刀匠被迫改行，放弃了制刀工艺。这需要在国家地方的立法中加以解决，使保安腰刀这一国家级非物质文化遗产的生产、传承得到依法保护。三是保安腰刀的文化遗产保护意识问题。保安腰刀是传统的手工制品，它的制作工艺是手工技艺，大部分材料是天然材料，如牛皮、兽骨。现在有些工匠在制刀时，不断引进现代化的机械加工设备，使用碳纤维及塑料材料，虽然提高了产量，但是降低了质量。在这方面要加强工作，提高保安腰刀非物质文化遗产的保护意识，坚持手工制作和使用天然材料，使产品更具手工艺性，更具历史文化含量，更具收藏价值，从而更具市场吸引力。四是完善保安腰刀的保护机制问题。保安腰刀是保安族一代一代传承下来的一项重要传统手工技艺，是他们的天才创作。进入新时期，传统的东西应该并且可以更新，但传统是不能割断的，一旦失去传统这个根基，一切的创造将无从谈起。所以，在保护保安腰刀的传统手工技艺方面，要建立和完善保护机制，开展多学科的合作研究，积极开展保护模式和保护方法的探索，以发挥保安腰刀在现实中的经济作用，使传统手工技艺得以保存而不被失传。

"保安三庄"的腰刀制作工匠们是保安腰刀传统手工技艺的主体，要理解他们的生活方式，尊重历史传统，维护文化生态，要帮助大家增强文化自信，坚定保护会给传统带来生机的信念，并保护他们生产销售的合法权利，这样保安腰刀传统手工技艺的保护才会走上自觉的道路。

第九章　敦煌古俗

旧时敦煌人过大年

（一）祭灶

进入腊月，就有了年味。过了腊月初八，据说日子就长了一杈把，孩子们都盼着过大年。家家都要除旧布新，彻彻底底地进行一次认真的大扫除，房屋内外要彻底清扫，一年不动的垃圾死角也要彻底清除。衣服被褥彻底洗换，窗户也要糊上雪白的新纸，有的还贴上鲜艳的自剪窗花。

这时年货也陆续上市了，到处都悬挂着喜庆财神，手工制染的灶爷灶马，五彩门神，彩色穿孔的纸门帘和各种神祇像；到处都堆放着灶糖、香、烛、纸、表、鞭炮和各种年货。在当时狭窄的敦煌街道上人来人往，熙熙攘攘，川流不息，好一派热闹景色！别具风味的敦煌小吃更使人馋涎欲滴，热气腾腾的热洋芋，诱人的烤羊肉，糯米热粽糕，炒羊肠，爆杂碎，流香四溢，充街填巷，扑鼻生香。还有那呲牙弯爪的油炸鬼，咬一口糖汁四溢的热油糕；小孩最爱吃的芝麻糖、滚滚糖、黄豆糖；还有湖北佬的鸡蛋醪糟；张家肉铺那薄亮亮、颤巍巍、肥嫩嫩的卤猪肉；习家酒店自酿的状元红高粱酒，沁香浓郁，气味醇正；姬大爷特制的罗蜜甜沙枣油炒瓜子儿。满街叫卖声，声声相应，把一座古老的敦煌城硬是装点得如此热闹，如此馨香，如此情趣盎然！

到了腊月二十三就算过小年了，从全县到每一个家庭，年味越来越浓。这一天家家都要祭灶王爷，再困难也要从城里请来新的灶爷灶马，买来香、烛、纸、表、糖等供品。家中都要烙螺旋形小圆饼，叫作"灶干粮"。还要用彩纸裱糊成古代用来驮运物品的纸褡裢，再准备少量喂骡马的草料。下午，打扫干净灶台，揭开去年灶王爷的神幔，点燃一对红烛，焚插上三炷土香，献上十二个馒头，一碟灶干粮，一叠乳色长条灶糖，再张贴上今晚要侍奉灶爷上天的"灶马"，并陈列灶爷饮马的清水，喂马的草料、褡裢等上路远行所用之物品，所有这些都由女主人安排。祭品呈献齐备后，男主人才衣帽整洁一片虔诚地向灶爷画像毕恭毕敬地上香、叩拜、焚化纸钱，向灶爷祷告，甚至许愿求他"上天言好事，回宫降吉祥，保佑合家平安、鸡犬兴旺"。还要让灶爷吃糖，据说意在用糖粘住灶爷的嘴，让他见了玉皇大帝说不出坏话来。三炷香燃完了，大概灶爷也吃饱喝足了，吃了灶糖嘴也变甜了，便要打发灶爷上天。于是撕下灶马上送，褡裢里装满了草料干粮等上天路上要用的东西，再揭下供奉了一年的灶神画像，连同上述物件拿出门外向天焚化，这样就算是送走了灶神。然后就是孩子们抢吃供果的热闹场面，在一家大小的欢声笑语中过了这一小年。

灶神到底是什么样子呢？灶神画像为古老木刻、手工印染、大小约 40 厘米 × 30 厘米见方的图画，以灶爷坐堂的屏风将画面分为上下两段。下段灶王爷头戴朝冠，身穿衮服正面端坐在公案之后，头后一个大圆圈是"元光"。左边站一童子手捧如意；右边立一判官，尖翅圆帽。公案前左右各站一人，是头戴尖顶毡帽，双手向前拄着打屁股板杖的衙役，公案前正中放着聚宝盆光焰耀眼，盆左坐一只狗，盆右站一只鸡，一副威严的家长一言堂！屏风后即上段，大概是内宅了。左上方一妇人，头戴凤冠，身披霞帔，彩带飘舞，雍容华贵，正襟端坐，俨然一位贵妇人，这就是灶火奶奶。右上方画面较为复杂，总体是一幅厨房做饭的图景，其中一个童子挑着两只木桶在担水，一个童子操着斧子在劈柴，一个童子在案板旁双手和面；此外尚有一锅台上正搭着蒸笼，灶膛中炉火熊熊显然在蒸馒头，灶台上还卧着一只猫。整个画面布局合理，人物协调，各执其事，充满生活气息，符合我国古代男主外女主内之封建士大夫家庭的生活规律。画面四周以一粗黑线框边，最上正中有"司命府"三字。

（二）鳌山灯

腊月二十三，灶爷上了天。过了二十三，年关将临，全县一片繁忙热闹景象，大量年货摆满街头，鞭炮声此起彼伏，在寒风凛冽的空气中混杂着叫卖声和硝烟味，远处不时隐隐传来操演社火的锣鼓声。大人们忙着办年货，妇女们忙着制新衣，拆洗被褥、旧衣，孩子们数着指头盼过年。"宁穷一年，不穷一节。"人们再穷也要尽最大努力热热闹闹、红红火火过好一个太平年。腊月三十作为年的开始，政府部门停止办公，出外受苦的人也都要回家团聚，全县城乡到处都沉浸在过年的气氛之中。千家万户打扫门庭，贴上红彤彤的新春联，五彩的门神、门帘、神祇。东稍门内矗起的高高的天平秋，县城中心的鼓楼下严严实实地堵住了往日行人的洞子西口，洞子东口架起能点365盏小油灯的灯架，灯架上布满了代表紫微垣、北斗南斗、二十八宿、五方五帝、九星七曜等用泥或面做的小油灯，灯内注满了清油，一根棉灯芯浸在里面。灯架前悬挂起一幅约8米×15米长顶天立地的巨大神幔。这幅神幔是地地道道敦煌人的杰作，完全由敦煌人设计制作，上面那些精彩细致的工笔彩画也是出自敦煌画师李福（李福乃今日千佛洞装裱师笔李小玉之曾祖）之手。画面内容以历代神话传说为主，以象征中国封建正统思想的构思方法，画面共列三十三层，每层以中心人物居中，然后向两翼伸展，画中人物据说是365位历代敕封的所谓"正神"。记得最上层是西方三圣及有关的神佛，二层是玉皇大帝所统辖的各路神祇，三层是关圣帝君等，最下一层是幽冥教主地藏王菩萨和十殿阎王有关的鬼神。凡历代神话故事中的人物，如《封神演义》《西游记》《潘杨讼》《精忠说岳》等都包罗其中。有些本来是一些历史人物和历史事件，在这里都被笼罩上了"神"的面纱和威严。神幔前横放一张特制大神案，正中摆放着木制大香盘，两旁是烛台、香筒、净瓶、钟磬、木鱼、馒头，还有特制的"茧儿"，其实就是用面做的老鼠。所有这些陈设都是摆放在鼓楼东边券洞外增修的高架拔廊式建筑内，因此不怕风雪侵袭。左右廊柱上有敦煌名流朱永镇先生撰、任子宜先生书之长联云：

> 四郡列严疆，从汉武拓荒以来，都护驻兵，凉王开国，节度建衙，金山称帝，赫耀声名昭史册；
>
> 两关扼要地，自月氏迁徙而后，渥洼天马，佛窟壁画，石室写经，流沙坠简，辉煌文物震全球。

这样犹嫌不足，又在高架建筑前用敦煌土产兰织布搭起一个大布篷，里面悬满各式灯笼争奇斗胜，灯上的书画和工艺极精，堪称佳品。这整个设施就是"鳌山灯"，是由民国二十二年（1933）敦煌县县长杨灿倡导修建的。高架拔廊上悬一竖匾黑底金字"鳌山灯"三字即杨灿所书。离鳌山灯不远处还要临时搭台唱戏。当时生产方式十分简单落后，人们却不甚忙迫，所以在节日期间人们尽情欢乐尽情嬉闹，四街灯火彻夜不熄，鞭炮锣鼓不绝于耳。敦煌是一个多庙宇的古老县城，每逢年头节下各乡各庙都要耍社火，满街满巷到处是社火，有高跷、旱船、铁芯子、竹马、龙灯、舞狮、土著的地蹦子、大头和尚、民间武术，还有全县的全真道士打着旗、罗、伞、扇，敲着法器，吹着海螺，手执信香，在大街小巷行春净街祛逐邪恶。每家社火都要在鳌山灯前争相竞技各显神通，尤其是元宵佳节，不论白天黑夜这里总是锣鼓喧天，灯烛辉煌，香烟缭绕，人声鼎沸，是最热闹的地方。

（三）过年

三十晚上辞岁，敦煌城乡都笼罩在一种既神秘又庄严的欢欣喜庆的迷雾之中。中国人是非常讲究报本的，这天下午都要为祖先焚化纸钱和过年的用品。敦煌人也很宽厚，推己及人除自己的祖先外，还要向客死他乡或祀祚不享的先祖先民烧纸钱，这叫作"打散"。而后，各家各户围坐一起共同饱餐一顿，叫作"装仓"。过年是一个喜庆的日子，所以不论平日有多大积怨，这时大家见面总是一团和气，笑脸相迎，连孩子淘气也能得到宽恕，不能像往日那样打骂呵斥。每当此时，孩子们特别活跃自由、无拘无束，简直是一群"活猴"。大概是受古代传说的影响，过年前一定要准备好足够五天的生活用品和食品，水缸盛满水，柴火要劈好，诸如推磨、碾米、铡草、动土之事，还有其他日常活动的工具、场所等都不能动，只有厨房里的锅灶能使用，但也只能用水火不能动刀斧，是为了防"破"，怕破财破福，招致灾祸。在这期间取东西必须先添后取，如要从井里汲水，必先投入一点熟食油果什么的，才能从井里往外汲水，取其他诸如米面之类亦是如此。

家家门前早已贴好了春联、大"福"字，还有一种随处填空的喜条，内容都是"迎喜接福""抬头见喜"之类的吉祥话。

正房供好神像、先人灵牌，燃起红烛，烧起高香，献满面做的各种枣山、大馒头、枣卷、牛鼻子、油饼、油果等食物，还要摆放全套铜祭器：中间放置一只三足两耳圆腹圆口的大铜鼎，俗称腊炉。两边各放一只喇叭形圆座直杆上下两盏之烛台，俗称腊台。再则是瓢腹喇叭口之铜胆瓶，又称供器，是盛净水用的。供器之外又摆一对须弥座上大下小之香筒。铜鼎之后还有一盏大神灯。这些器具都被揩拭得光亮无比。大凡敦煌的神堂都设在上房，正面供财神，有的是画像，有的是写在整幅梅红纸上的神位。进门右手山墙供祖先，灶神供在厨房，其他神祇则随处安插。主人虔诚虔敬地点燃神座前的一对红烛、一炉香，顷刻间满屋烛彩辉煌，香烟缭绕。而后主人到大门外燃放爆竹迎接诸神的下降。再烧去迎接灶神的那一半灶马，接回灶神。此时全县都进入了异常庄严肃穆的神圣迷幻之中，鞭炮声一时间此起彼伏、噼里啪啦，钟磬木鱼声远近皆闻，一夜之间万家拜佛，小小的敦煌县真的成了善乡佛国！这叫作"接神"。接来神灵全家当然要磕头朝拜。叩拜一毕，孩子们便要向长辈磕头辞岁，长辈则煞有介事地捋着胡须乐呵呵地检视满堂子孙，同时也庆幸自己"天增岁月人增寿"。而后高兴地赏赐给孩子一份压岁钱，满堂喜庆，皆大欢喜。这一夜大家都不睡觉，有的要钱，有的嬉闹，各

人都能做自己喜欢的事，但不能做针线，就这样玩以待旦，这叫作"守岁"。过了这晚便是大年初一，天蒙蒙亮，远近的鞭炮声驱散了人们一夜的倦意，全家大小又振奋起来，穿戴整齐、梳洗一毕，重新点燃起神前的香烛，再去大门外燃放一挂炮仗迎喜接福，然后向神灵恭敬叩拜完毕，全家再进入厨房包饺子，这种活儿长辈只是吩咐一声就是了，从不插手。于是乎厨房便成了年轻人嬉闹的场所，大家互相协作，一面玩笑一面捏饺子，不多时热腾腾的饺子端到了堂屋，大家围坐一起品尝这象征团聚的热饺子。不时有人从饺子中吃出了铜钱，这就算他是幸运者，一年运气好。又有人陆续吃出了用咸盐、辣椒、花椒或其他难吃的东西包成的饺子，就表示他今年不吉利或会遇到麻烦。原来这是在包饺子时有心人做的"机关"，也是为取笑玩乐而已，谁也不会把这种预言当回事。吃完了饺子还得给长辈敬点酒，然后长辈才发话：今天要去给谁家拜年，并吩咐少饮酒，出入言谈要有规矩，在别人家吃饭不要吃太饱，防油腻污染衣服，在外不要要钱赌博，下午早点回家，等等。最后还得带够给孩子们的压岁钱。吃过早饭，拜年活动便开始了，同辈人相逢，互相拱手并说几句客套的吉利话，若遇到长辈要先上前问讯，然后低头一揖让道而行。这一天，舅舅家是一定要去的，进门先向神堂焚香叩拜，然后请长辈坐好，通名道姓，向外爷、外奶、舅舅、舅母等一一叩头拜年，磕头时面向神主毕恭毕敬，长辈们安然领受了。叩完头长辈高兴地给孩子年份钱，再到各屋里走走，看望老人，吃完饭后才能出门走别人家。就这样一直拜到天黑才能回转家门。回家后又是焚香点烛，放鞭炮，叩拜神灵。这时大人已感到了倦意，孩子们却在兴致勃勃地数钱，看今天谁的收获大。

大年初二主拜是丈人家。放过鞭炮之后，小两口商商量量梳洗打扮，尤其要把小宝贝打扮得花枝招展特别漂亮，小媳妇们一年中难得这样体面地回娘家。心情虽然愉快，但不忘恪守妇道，不得多语调笑乱唱乱跳，恭敬地侍候过公婆之后，还得明言请示要回娘家给父母拜年。公婆给小两口足够的盘缠和对亲家的问候。此时小两口才能出门，路远的骑着牲口，路近的徒步而行。总之，小两口抱着娃娃一出门便沐浴在自由的爱河里，说说笑笑，高高

兴兴地去丈人家拜年。到了丈人家自然又是一番人间甜蜜的天伦之乐。

（四）朝斗

初三是过年的尾声，但不是结束，除吃喝玩乐、走访拜年、放炮烧香、迎神磕头之外，还要特地去逛鳌山灯。鳌山灯下真是灯烛放彩，游人如云，神幔后点起的无数小灯盏宛如天上的星星闪闪发光，画面上的三百六十正神仿佛在审视着这翻腾的人流，享受着人间的供养。就连两侧的护法灵官也显得格外神武威严！今晚人们最关心的是看朝斗，人们总相信它能预示今年的庄稼收成。这一盛典活动是不常见到的，因耗费太大，不能每年都举行。在鳌山灯棚前，当街拼九张大方桌，上面铺上三层炕面子，然后在上面用香把子叠起一座宝塔，高可四五米，塔身内藏有用名贵松柏木做成的各式大小不等精致小巧的升、斗，还有五谷杂粮、旗幡幔帐、文书榜文、金银锞子、孤魂面人等什物。总之，看上去俨然一座结结实实端端正正的神塔，四周点着蜡烛，焚着整把临洮香。无数阴阳道士头戴玄冠，身披法衣，手执象简，舞蹈朝拜，鱼鼓钟磬铙钹交响，唢呐高亢悠扬，人声鼎沸，共奏了一曲激昂深沉的祭神曲。到了点火时辰，则由一头戴华冠，身穿三宝法衣的阴阳老高公右手执一点着了火的木杆，左手摇着法铃，口中念念有词，点燃宝塔顶端的表纸，顷刻间塔顶燃起熊熊烈火，并逐渐向下延烧，越烧越旺，火势冲天，火焰冲散了飘落的雪花，火光照亮整个鳌山，把点鳌山的活动推到了高潮。在一片喧闹欢腾之中，燃烧的宝塔微有倾斜，这时喧呼的声浪一浪高过一浪，淹没了所有锣鼓鞭炮声和那些僧道们念的经文。这时的宝塔燃烧到了最底层，简直成了一座红色透亮玲珑剔透的珊瑚珍珠塔。火塔在人们的企望中逐渐倾斜、再倾斜……终于向某一方倾斜倒塌，这预示着宝塔倒向的地方将获大丰收。至此，闹腾了一个腊月的年也就结束了。

敦煌壁画中的服饰

敦煌壁画描绘的是人和神的形象，神的形象也来源于人，出现人或神就必然出现衣冠服饰。因此，敦煌壁画不仅是千余年的人物画宝库，也是从十六国到元代衣冠服饰史珍贵的形象资料。

敦煌壁画中的衣冠服饰，大体可分为两类：一类是宗教人物服饰，如佛、菩萨、天王、力士等，他们是神，是偶像，为了显示神的形象不同于世俗人物，除了头上加圆光，脚下踏莲花，笼罩上一层宗教神秘色彩外，往往在衣冠服饰上混杂中外，甚至加入一些想象成分，因而与现实人物的衣冠有一定的距离。另一类是世俗人物服饰，如故事画中的人物，特别是供养人像，都是真名实姓的现实人物的写照。《历代名画记》里评论宗教画家的作品时说："朝衣野服，古今不失。""丽服靓妆，随时变改。"这说明宗教壁画中人物的衣冠服饰，不仅有现实依据，而且是随时代的改变而变化的。因此，它对于研究我国衣冠服饰发展演变的历史，具有一定价值。

敦煌石窟创建于十六国时代，当时西北居住着汉、氐、羌、匈奴、鲜卑等民族，河西走廊相继出现了五个凉国，直接统治过敦煌的就有前凉（汉族）、后凉（氐族）、西凉（汉族）、北凉（匈奴）。公元439年，北魏灭北凉，北方为鲜卑贵族所统一。由于统治者的变动，民族的迁徙和民族风俗习惯的互相影响，早期壁画中的衣冠服饰也是"胡风国俗，杂相揉乱"[1]，汉装胡服同时并存。

深衣袍　是壁画中出现最早的汉装之一，所谓深衣，就是"蔽体深远"之衣，其形制是大袖长袍。最早的男供养人即着交领长袍，领袖皆有缘，故事画中长者亦着皂袍。领袖饰白缘，腰束络带，长裾曳地，穿笏头履，这就是"襜褕曳长裾"的周秦汉晋以来士庶男女通用的深衣。

裤褶　是胡服，春秋战国时代赵武灵王"胡服骑射"就以裤褶为戎装，其制上褶下裤，"窄袖、短衣、长靿靴、蹀躞带"[2]。最早的男供养人，《尸毗王本生》中掌称的人，戴白毡帽，穿条纹皂褶、白裤、长靿乌靴，这是北方游牧民族的常服。今天新疆维吾尔族所着"袷袢"与此完全相同。

最早的女供养人也有两种服式，一种着交领大袖襦，领袖有缘，长裙，这是中原汉晋传统的衫裙之制；另一种窄袖衫长裙，类似鲜卑族小襦袄子，这是

---

① 《南齐书·魏虏传》。
② 《山堂考索》。

杂以戎夷之制的北方服式。北魏太和年间，孝文帝元宏为了巩固鲜卑贵族的统治，加速推进汉化政策，改革服制是重要措施之一，曾明令禁穿鲜卑服，一律改着汉装，自己首先服衮冕以朝万国，作出了示范，促进了民族融合和南北文化交流，大约在东阳王元荣出任瓜州刺史前后，南朝"褒衣博带"式的衣冠在敦煌壁画中大量出现。帝王官吏形象都穿上了大袖长袍，其主要形式有下列数种：

通天冠 帝王的朝服之一。《五百强盗成佛》故事画中的国王即穿皂色深衣袍，领袖镶白缘，并有曲领，手挥麈尾，头戴通天冠。冠前有博山，后有卷梁，大体与汉晋服制相合。

笼冠 也叫武冠，因其冠文轻细如蝉翼，所以又叫"惠文冠"。285窟《沙弥守戒自杀品》长者向国王交纳金图中，国王、长者均于小冠上加白沙笼冠。国王着绯色深衣袍，曲领，坐皮垫上，手持麈尾，侍者张曲柄盖，持羽扇，以障蔽风尘。288窟供养人也戴笼冠，穿绛纱袍，领袖有皂缘，并有曲领和蔽膝，穿笏头履，衣裙曳地数尺，后有童仆提携，这大约就是汉代曾一度流行过的"狐尾箪衣"或者"偏后衣"。

幅巾 又名缣巾。壁画中的帝王像有的着深衣，披大裘，头裹幅巾。《三国志·魏书·武帝纪》注引《傅子》说："汉末王公，多委王服，以幅巾为雅"。可见幅巾是一种流行的头饰。魏晋南北朝时代仍然承袭前代遗制，庶民百姓也裹幅巾，但不着深衣而穿裤褶。

帝王像也有着深衣大袍，戴卷檐白毡高帽的，这种毡帽又叫"白题"，是少数民族的"首服"。由于西北地区多民族聚居，民族风俗相互影响，往往胡帽汉装，互相混合，这在河西魏晋墓画中是屡见不鲜的。犊鼻裤古代的亵衣（衬裤），一般不外服，而壁画中的农夫、屠户、泥工、篙工都裸体着黑布或白布"犊鼻裤"。这种裤非常简便，以三尺布为之，前后各一幅，中裁两尖，裆交续之，多为农夫所穿着。敦煌遗书中说"被受饥荒，衣穿犊鼻"，可见这是穷困的劳动者的主要服装。

妇女多着大袖裙襦，襦是上衣，裙是下裳，这是古代妇女的基本服制。壁画中的贵族妇女，头梳大首髻或双鬟髻，着对衿襦，裥色裙，"五色素质"，有的裙上加细布裳。285窟一女供养人，腰束蔽膝，蔽膝两侧有旒，走起路来随风飘扬，这叫"袿衣"，是贵族妇女的礼服。《宋书》里说："皇后谒庙服袿襹大衣。"[1] 这些供养人虽不是皇后，但与谒庙之义是相符的。

窄衫小袖 是北周时代出现的新装。壁画中的贵族妇女梳"盘桓髻"，着小袖衫，披长巾，长袖曳地数尺，身后有奴婢提携，与明田艺蘅《留青日札》所记"先见广西妇女衣长裙后曳地四五尺，行则以两婢前携之"完全吻合，大约是受南朝"尚宽衣"的影响。古代"女子十五而笄"，即以簪束发头顶以示成年。早期壁画中妇女的发髻有大首髻、鬟髻、丸髻、双鬟髻、双丫髻等数种，有髻而无饰。北周时代，女供养人开始着"帔帛"，隋唐以后普遍流行。

在描写战争的壁画中，有武士穿着的各种戎装。西魏作战图中的官兵，均为乘铠马的骑士，戴头牟，内穿裤褶，外裲裆甲，持枪执盾，腰挂弓囊箭靫。所谓"裲裆"就是一以护胸，一以护背，是一种比较简单的铁甲，北朝民歌中有"前行看后行，齐着铁裲裆"[2] 的描写。在南北朝的陶俑中，在河南邓州市画像墓中，在麦积山北魏时期的壁画中，都可以看到裲裆甲的铠马骑士，它是南北通用的武装。

壁画中另一种武士，戴兜鍪，着护髆、胸甲、护髀，形制与铁甲相同而没有甲片，这种甲胄，大约就是"犀甲"或者"牛皮铠"。穿这种甲行动轻便，"刀箭不能入"。北周武帝时，白兰献犀甲铁铠，可见这种甲胄各族通用。

裤褶是庶民常服，壁画中的奴婢、猎户、乐工、舞伎、商旅多着此装，但它也是戎装，西魏作战图中之官兵和"强盗"均着裤褶，官兵于裤褶上再裲裆甲，"强盗"则头束绢带，脚穿麻鞋。行刑的武士亦穿裤褶，头裹红巾，叫军容抹额，是秦始皇时代制定的武士首服。

早期的少数民族供养像均着裤褶，257窟男供养人（匈奴人），头戴冠后垂巾，着小袖褶，白裤，这

---

① 《宋书·礼仪志》。

② 《乐府诗集》卷二十五《企喻歌辞》。

种裤褶与汉代"襦裤"有关。河西匈奴族，早已受到中原文化的熏陶。鲜卑族供养像则着圆领小袖褶、白布小口裤、乌靴，头裹幅巾，或戴卷檐毡帽，腰束革带，佩鞢䩞七事[1]，脑后垂小辫，是鲜卑族索头部落的风习，当时人称索头鲜卑。还有驯象、牵马、赶驼、趋驴的胡人，均着裤褶。尽管魏孝文帝严令禁止穿窄领小袖的鲜卑服，甚至以不禁鲜卑服可以丧邦相胁迫，但长期形成的生活习惯是不易废除的，同时还有部分鲜卑贵族反对改革服制，所以，鲜卑族中还是有许多人沿袭旧习，仍穿裤褶。隋代结束了南北分裂的局面，为唐代的大统一奠定了基础。唐王朝在政治上进行了一些改革，促进了经济和文化的繁荣；民族关系也有很大的改善，推进了中西经济文化的交流。反映在衣冠服饰上不仅在继承前代"法服"的基础上形成了新的统一的服制，而且大量地吸收了少数民族和外国的衣冠服饰，出现了许多花样翻新的时妆。唐代的时装，多为"故服"，鲁迅认为唐代有胡气，提倡胡服是一个重要方面。

唐代壁画中主要服式如下：

衮冕　《维摩变》中之帝王，戴冕旒，着深衣，曲领，大带大绶，舄头履。衣上饰日月星辰，大带画升龙，有十二章之饰。帝王昂首阔步张臂前进，左右有侍臣扶持，与阎立本《历代帝王图》中之光武帝刘秀、吴主孙权、晋武帝司马炎等形象所服衮冕相同，基本上与"武德令"规定相符。

通天冠　帝王朝服之一，壁画中之帝王、太子均服通天冠。冠形较前准确，前有金博山，后有卷梁，着深衣袍，或白练裙襦，高头履。

进贤冠　百官服饰之一。帝王图中之侍臣，多戴进贤冠，簪白笔，着白纱中单，领袖有缘，长裙蔽膝。冠侧插"貂尾"。

幞头靴袍　唐代壁画中出现了大量戴幞头，穿窄袖长袍、乌皮靴的人物，这是吸收了西域各族"窄袖长身袍"与幞头结合而成的一种新装，是唐代初期最流行的男式"胡服"，到了盛唐时期逐渐为"襕衫"所代替。中书令马周把窄袖袍与深衣结合在一起"加襕袖褾襈为士人之上服"。此后百官皆服"襕衫"，盘

领褒博，大袖长裙成为士庶通用之服。

幞头是隋唐时代最普通的首服，它是从汉晋幅巾、燕巾演变而来。北周时代已形成定制，隋代幞头多为平顶，二角系额前，二角系脑后。唐初做了一番改进，成为农民、围人、奴婢、官吏、贵族通用之服，唐初叫"软裹"，盛唐以后才施层分级，前低后高，内施漆衬，外裹皂罗。幞头两角形式不一，有垂角、长脚、牛耳、翘脚等形式，随形定名，无一定之规，形式不同，却有时代先后之别。

笠帽半臂　壁画中的舵师、纤夫大半戴笠帽，穿窄袖衫，外套半臂，穿白布裤，脚striped屐。半臂就是短袖衣，隋朝内官多服长袖，"唐高祖减其袖，谓之'半臂'"。其式长不过腰，两袖仅掩肘，是适合劳动人民生产劳动的服装，也是唐代男女通用的时装，这种服式从中原一直流行到西域。

隋唐壁画中妇女的服饰，变化多样，丰富多彩。既有汉式礼服，也有吸收了西域各族和外国的衣冠服式后创造出来的新装，因而唐代妇女的"时世妆"层出不穷，其中主要的有下列几种：

大袖裙襦　从隋代到唐初，壁画中的皇后、命妇、庶民均着交领大袖襦、白练裙、蔽膝、方头履。有的蔽膝两侧有旒，保持汉晋"袿衣"形式而又略有新意。

衫裙　衫是单衣，衫裙之制从大袖裙襦演变而来。130窟都督夫人着碧罗花衫、绛地花半臂、红罗裙、白罗画帔。这是开元、天宝以来普遍流行的一种时装。

窄衫小袖　隋唐妇女又一新装。窄袖长垂，裙腰高束，这就是隋代所谓"半涂"（长袖），贵族庶民上下通用。唐初窄袖与隋代不同，有圆领、交领、袖至腕、长裙曳地，脚穿弓履或高头履，即唐诗中所谓"小头鞋履窄衣裳"[2]，与西安和吐鲁番出土的墓画、绢画中的宫廷仕女装扮完全一样。

唐代还出现过一种特殊的服式叫"羃䍦"。壁画中骑骡的妇女身着大红袍，头戴笠子，下服长裙，头戴帷帽，前拥项下，后披肩臂，仅露面部。《旧唐书》里说："武德、贞观之时，宫人骑马者，依齐、隋旧

---

① 鞢䩞七事：佩刀、刀子、砺石、契苾真、哕厥、针筒、火石袋。

② 唐白居易《上阳白发人》。

制，多着羃䍦。虽发自戎夷，而全身障蔽，不欲途路窥之。"① 这种束缚妇女的封建礼教，到武则天执政以后，受到抵制，羃、帷帽相继废除。这种服制大约是吐谷浑民族风俗，也可能与阿拉伯服饰有关。在新疆出土的绢画和陶俑中都可见到非常完整的形象。敦煌也出土过这样的绢制帷帽。

丈夫靴衫 盛唐壁画中有戴幞头，着窄袖衫，穿长靿靴的侍女，幞头罗纹如纱，透出额头，这种装扮出自宫廷。太平公主曾着紫衫玉带皂罗折上巾，歌舞于高宗和武后筵前。《新唐书》里说，这种衣男子之衣而靴的服装是奚契丹之服，可见这也是吸收了北方少数民族的服制。

从上述几种服装来看，唐代的新装、时装不少是西北少数民族或中亚各国乃至波斯的服式，唐代通称"胡服"。元稹诗中说："女为胡妇学胡装，伎进胡音务胡乐"，"胡音胡骑与胡妆，五十年来竞纷泊。"当时两京士庶男女，竞衣胡服，蔚然成风，而且"出自城中传四方"。敦煌石室出土的衣物单上，就有"半臂""长袖""京褐夹长袖""京褐夹绫裙衫""天九蜀春衫"② 等记载，可见长安洛阳的"时世妆"很快就传到河西走廊与天山南北。

唐代贵族妇女不仅在衣裙上标新立异，而且在发髻和面饰上也争奇斗艳。唐代发髻多式多样，壁画中见到的大致可分为两类，一类是高髻，发髻高耸头顶，如推髻、半翻髻、飞髻、双鬟望仙髻等；另一类为抛家髻，即"两髻包面"，头顶作各式朵子。但多是假髻，唐代店铺里有各式假髻出售，新疆唐墓中出土了用漆纱制成的随葬假髻。贵族妇女的假髻上有的插鲜花，有的饰宝钿，有的簪步摇，也有不着花钗的"素绾乌云髻"。唐代贵族妇女在面饰上也煞费苦心，往往"开额去眉"，然后再施蝉鬓、画蛾眉、抹铅粉、涂胭脂、点口红、晕额黄、贴花钿、画花子，极尽豪华艳丽之能事。

劳动妇女则不着花钗，多作高髻，双鬟髻，双丫髻。中唐《弥勒经变》中，一农妇束高髻，着连衣裳，白布大口裤，麻鞋，卷起袖筒，挥手播种。唐诗中"白练束腰袖半卷，不插玉钗妆梳浅"③ 的句子，就是对劳动妇女服饰的描写。

隋唐壁画中战争场面很多，武士的服装有甲胄、战袍、裲衣等类。有一类武士戴兜鍪，着身甲和髀裤，即所谓"三属之甲"。敦煌出土大业五年（609）武备残卷中有队副贾□，"队头氾翼下，金甲二十五具并光明"④。唐代十三种甲中的第一种光明甲，隋代已经在敦煌流行。唐代河西十军三守护中，瓜州有"墨离军"，沙州有"豆卢军"，玉门关还有五千甲兵，加上土镇兵，有一万八千人的军事人员，都还穿步兵骑兵服装，而且是当地分发的。敦煌出土分发武器残卷中有："张灰子官甲一领并头牟"，"押衙罗贤信，官甲一领并头牟、付膊。"⑤ 这些官兵用的甲胄武器与壁画中甲胄之制完全相符。显然大半是骑士甲，壁画中的骑兵着此甲者甚多。壁画中也有一种无鳞饰的甲胄，大约就是《唐六典》中所说的布甲、皮甲或者绢甲，斯坦因就曾于于阗废墟里发现过唐代屯戍士兵用的"犀甲"，皮甲比铁甲轻巧，便于在沙漠里行军驰射。

帝王图中的仪卫武士则属另一种武装，多半戴进贤冠，穿绯色大袖衫、白练裙、乌靴，在绯衫上罩以裲裆甲，持刀的仪卫武士与作战武士的服制略有不同。战袍各族武士通用的服装，争舍利图中的各族国王，戴各种皮帽、毡帽，穿窄袖袍、革带乌靴，明代刘秩有"缝须缝袖窄窄袖，袖窄弯弓不碍肘"⑥，说明这种窄袖战袍适应作战需要。

裲衣 唐代壁画中的大将军，着幞头靴袍，佩剑，其袍与战袍大体相同，唯袖较大，两侧开楔，故名裲衣，裲衣便于骑马，是武官常着服装之一。

红巾抹额 唐代壁画中的门卫、侍从、刑吏、射手等多着裲衣、大口裤、乌靴或麻鞋，戴交脚幞头，在幞头上加"红巾抹额"，持刀剑弓矢。

---

① 《旧唐书·舆服志》。

② 敦煌遗书 P.3410 等号卷子。

③ 唐张籍《采莲曲》。

④ 《敦煌遗书总目索引》斯劫 31112 号。

⑤ 《敦煌遗书总目索引》斯劫 1898 号。

⑥ 明刘秩《裁衣行》。

唐代大统一以后,形成了四海今一家的新局面,民族关系日益亲密,许多西域民族首领做了唐朝的官吏,在唐王朝的统一事业中立过汗马功劳,使多民族国家空前强大。

由于敦煌地接西域,壁画中西域各族的人物较多。有一类人物穿盘领窄身小袖缘袍,腰束革带,穿乌皮长勒靴。有的剪发,有的戴各式毡帽、绣帽、毡笠、浑脱帽,或头束缯彩。大体上与梁元帝《职贡图》和乾陵墓前石刻外国君长使者形象相似。也可与唐代文献中所说的"俗断发齐项,惟君不剪发……王以锦冒顶,锦袍宝带"[1]的龟兹人;"衣古贝布,着长身小袖袍、小口裤"[2]的汤盘陀国人;"辫发垂之于背,着长身小袖袍,缦裆裤"[3]的高昌国人;"男子通服长裙缯帽"[4]的吐谷浑人相互印证,可以大体肯定,他们是葱岭以东的疏勒、龟兹、吐谷浑、高昌等地的人物,衣冠服饰具有鲜明的民族特点。

还有一类人物,服装与龟兹等国人物大同小异,多着卷领窄袖长袍或披毡裘,穿豹皮靴,戴卷檐毡帽。有的项饰瑟瑟珠,双耳垂环,深目高鼻,浓眉虬髯,大约是昭武九姓诸国使者,这些国家属于唐代昆陵、蒙地二都护府管辖。

壁画中还有高鼻深目,虬髯卷发,赶驼趋驴的胡商,有的穿窄袖袍,有的穿"贯头衫"、乌靴,大约就是来自中亚和西亚的商人。特别是波斯人,长期以来他们把中国的丝绸转运到西方,直达罗马。罗马贵族在汉代时就已经穿上了中国"织成锦绣文绮"的衣服,匈奴贵族也穿上了汉朝赐给的"锦袷袍"。南北朝时代波斯锦又输入中国,畅销西域。北周时代中国皇帝曾以精美的锦袍赠送波斯国王。隋朝时波斯国王又以波斯锦袍赠送给隋文帝。在强大的唐代,中国的锦袍更是珍贵的礼品,西域各族、中亚各国,往往上表请求唐朝赐锦袍、宝带,甚至借紫。同时西域的"窄身小袖袍"也成了唐朝帝王的朝服和百官士庶的

常服。历史事实说明,在长期的友好往来和文化交流中,中原与西域各族,中国与中亚、西亚各国,在衣冠服饰上早已有了相互影响的关系。

壁画中还有南海诸国人物,面部扁平,眼大唇厚,鼻孔朝天,肤色紫黑,卷发,裸体跣行,斜披锦巾,穿短裤,绫锦缠腰,项饰宝珠璎珞,手脚均佩环钏。这就是"昆仑人"。各国王子图中侍者扶持的是昆仑王,驯狮牵象的是劳动人民,当时称为"昆仑奴"。唐代诗人张籍有一首《昆仑儿》:

> 昆仑家住海中州,蛮客将来汉地游。
> 言语解教秦吉了,波涛初过郁林洲。
> 金环欲落曾穿耳,螺髻长卷不裹头。
> 自爱肌肤黑如漆,行时半脱木绵裘。

这首诗形象地描写了昆仑人的风俗习惯和衣冠服饰,是对壁画中昆仑人最好的注释。

各族王子中还有着白练裙襦,或着深衣袍,蔽束膝,戴莲花冠,插鸟羽为饰的人物,史籍中所载"插二鸟羽,及金银为饰"[5]与此大体相符,显然这是属于东邻诸国的衣冠。唐朝与东邻诸国山水相连,交往频繁,衣冠服饰上有相似之处是很自然的。

安史之乱以后,河西为吐蕃奴隶主统治达70年之久。吐蕃奴隶主俘汉人为奴隶,并强令汉人改着吐蕃装,只准每年元旦祭祖先时"衣中国之衣",事毕"号恸而藏之"[6],当时沙州人民"皆胡服臣虏"。由于沙州人民团结抗蕃,维护国家统一,坚守孤城达11年之久,在"无徒他处"的条件下,才以城投降,何况阎朝降蕃亦非真意,沙州人民是暂时把愤怒埋在心里。除了少数为吐蕃奴隶主效劳的官吏以外,老百姓多不愿着蕃装,因此,吐蕃统治时期壁画中的人物衣冠多为汉装。长庆二年(822)唐使过龙支城时,看到唐代戍边将士子孙未忘唐服[7],文宗时使者去西域经过河西,也看到诸州人民语言稍异而衣服犹不改。敦煌出土《张淮深变文》中记载长安使者到敦煌时说

---

① 《新唐书·龟兹传》。

② 《册府元龟》卷九百六十"汤盘陁国"条。

③ 同上书,卷九百六十一"高昌国"条。

④ 《旧唐书·吐谷浑传》。

⑤ 同上书《高丽传》。

⑥ 《新唐书·吐蕃传》。

⑦ 同上。

在各州看到一些人"左衽束身","独有沙州一郡，人物风华一同内地"。可见吐蕃统治时期的壁画中，人物衣冠多为汉装是有其特殊历史原因的。

帝王的衮冕，百官的幞头靴袍，妇女的大袖裙襦、袿衣，均继承盛唐形制，只有贵族妇女的大袖裙襦更为褒博侈丽，襦袖之大足有三四尺，唐王朝虽有禁令，只有李德裕在他的营内明令执行，当时王公贵族并不执行，因而壁画中宽衣大袖照样流行。

壁画中出现了武士长身甲，"衣之周身窍两目"，并有甲靴，所以劲弓利刃不能对其造成大的伤害。大历以后的塑像和壁画中到处可见，是吐蕃军队一种极严密的防御武装。

由于中西文化交流的频繁，天宝以后各族各国衣冠服饰相互影响，各族王子的衣冠也发生了变化，窄身小袖衫有些已变为襕袍、缺胯衫或者大袖裙襦，戴各种"毡帽""绣帽""侧帽""搭耳帽"和"暖耳"，穿履、乌靴。既有唐朝官服的形式，也具有不同的民族特色。

最突出的是出现了以吐蕃赞普为中心的各国王子图，赞普及侍者均着左衽长袖缺胯衫，辫发束髻于耳后，项饰瑟瑟珠，头戴红毡高帽，腰束革带，佩腰刀长剑，穿乌靴，张曲柄盖。与《新唐书·吐蕃传》中所说"身被素褐，结朝霞冒首，佩金镂剑"，"其官之章饰最上瑟瑟"。"男女皆辫发，毡为裘，赭涂面"，大致相符。唯赭面风俗壁画中没有发现。据《旧唐书·吐蕃传》记载，贞观年间文成公主入藏以后，"公主恶其人赭面，弄赞令国中权且罢之，自亦释毡裘，袭纨绮，渐慕华风"。壁画中的吐蕃装已是革除赭面将近百年的风俗，正如唐人陈陶《陇西行》一诗所说："自从贵主和亲后，一半胡风似汉家。"可见已不完全是吐蕃原来衣冠。

赞普身后有戴虎皮帽，着虎皮衣的侍者。虎皮吐蕃叫"大虫皮"。吐蕃制度，"贵人有战功者生衣其皮，死以旌勇"[1]，虎皮衣帽是吐蕃表彰英雄的民族服装。

壁画中还有身着左衽长袍，而头束双童髻的奴婢，这是蕃汉混合装。吐蕃统治时期沙州建立了许多部落，如思董萨部落、阿骨萨部落、行人部落、中元部落等，聚居着各族人民[2]。吐蕃人民与汉族人民在"义同一家"的长期生活过程中，生活风习互相交融，自然形成了一种混合装。

大中二年（848）张议潮顺应各族人民（其中包括吐蕃人民在内）的意愿，率众起义，收复了河西十一州，恢复了农业生产，打通了中西交通，维护了国家的统一，唐王朝封张议潮为归义军节度使，统治河西。在张氏家族统治期间，衣冠服制与中原无异。帝王仍服衮冕，通天冠则犀簪导，大袖襦，缘裙，蔽膝，与"开元礼"规定相符。官吏仍着大袖裙襦或幞头靴袍。幞头略有变化，"其垂二脚或圆或阔，用丝弦为骨，稍翘翘矣"[3]。节度使张议潮、索勋等画像均着赭袍，戴幞头。幞头二脚翘于两侧，已有平直倾向，这是唐代幞头从软裹到硬脚的一个大变化。

农民、船夫、奴婢亦着幞头靴衫，但多为缺胯衫，幞头形式也不一样。

贵族妇女多着衫裙、帔帛、高髻、花钗。宋国夫人着青罗襦、长裙、高髻，饰花钗九树。《通典·开元礼》内外命妇花钗条说："施两博鬓，宝钿饰，一品九树。"被封为古神武统军、万户侯、"官高一品"的张议潮的夫人，头饰花钗九树，合于当时封建品级制度规定。

晚唐时代贵族妇女襦袖越来越宽大，并出现了一种新装——白纱笼袖，即在大袖锦襦内着一层透明的白纱袖。手笼袖内，略见指掌。衣裙帔帛日益豪华艳丽，发髻面饰也更为复杂，满头插花钗，项饰瑟瑟珠，眉间作五出梅花，涂红粉，画蛾眉，点花子，与《簪花仕女图》的服饰多有共同之处。所以敦煌曲子中说："及时衣着，梳头京样。"陆游的诗里也说："凉州女儿满高楼，梳头已学京都样。"可见敦煌的时妆与中原衣冠的变化息息相通。

劳动妇女也着衫裙帔帛，但质料则为粗糙的绢葛，色彩限于黄白。奴婢亦有着幞头靴衫束装似男儿的装扮，"藏获贱伍者皆服襕衫"，可见这是唐代奴婢

① 《新唐书·吐蕃传》。

② 《敦煌资料》第一辑，P.2502、2686，S.1291、1475 等号卷子。

③ 宋赵彦卫《云麓漫钞》卷三。

的时装。壁画中也有穷苦的乞讨者，头无花钗，衣无纹饰，破衫敝裙，衣不遮体，与敦煌民歌中"妻子无裙复，夫体无裤裈"[1]的描写相符，与贵族衣冠形成鲜明的对比。

唐代舞乐是很兴盛的。唐王朝设有内外教场专门训练歌舞百戏艺人，并拥有"音声人"万余人，皇宫里有"宫伎"，官府里有"官伎"，军营里有"营伎"。《张淮深变文》里有"日置歌筵"的记载，可见节度使衙门里是有"官伎"的。《张议潮出行图》中有"营伎"，乐工均戴缬花帽，穿团花袍、褊衣、白裤，与唐代鼓吹乐工服装相同。舞伎分两行，一行戴蹼头，另一行束双髻，缯彩络额，垂于背后，均着缺胯花衫、白裤，挥舞长袖，大概是吐蕃舞。张议潮起义队伍里有大量的吐蕃人民，其中就有能歌善舞的"吐蕃女子"。《宋国夫人出行图》中也有一组歌舞，舞女四人，高髻、衫裙、帔巾、笏头履，四人围成方阵，挥动长袖，翩翩起舞。

壁画中还有许多民间俗舞俗乐。如婚礼中、酒肆里都有小型舞乐，舞工乐工均着蹼头、襕衫、乌靴。舞姿，一手高举，一手叉腰，很像六幺舞。

唐代歌舞与百戏往往混在一起，壁画中有各种"竿木之戏"。《宋国夫人出行图》中的"戴竿"最为惊险，顶竿者着连衣裳，外套半晰，白裤乌靴。头顶长竿，竿上四少年赤裸上体着犊鼻裤，攀缘作戏。有的平衡，有的倒挂，有的攀缘，身轻足捷，非常惊险。

张议潮收复河西以后，政治形势变了，吐蕃千赞普的形象退出了画面，吐蕃装在壁画中几乎绝迹。

唐代末年，在军阀割据中，曹议金继张氏之后为归义军节度使，从五代到宋初百余年间，曹氏家族祖孙五代统治瓜沙等州一百四十多年。他们与中原政权有密切的关系，与北方的辽、西面的于阗、东面的甘州回鹘、西面的西州回鹘和睦相处，友好往来，甚至结成姻亲关系。反映在衣冠服饰上仍然是既有中原汉装，也有西域胡服。少数民族服装也逐渐染上了中原衣冠风采。

壁画中之帝王，服衮冕、通天冠、深衣袍，与唐代无异。于阗国王也戴冕旒，上缀北斗七星，着衮龙深衣袍，方心曲领，白沙中单，长裙蔽膝，大带，分稍履。腰佩长剑，衣裳饰日月星辰十二章，与《宋史》所载"珍异巧缛，前世所未尝有"的"平天冠"完全一致。所以册封使高居诲说："圣天衣冠如中国。"但于阗国王是回鹘人，还有一些特有的民族服饰，如"头后垂二尺生绢，广五寸以为饰"[2]，手上戴镶嵌宝石的指环。近年来发现于阗国王牵狮像，高鼻虬髯，戴绣花搭耳帽，穿朱红袿袍。胡帽与汉装相结合，这些都充分说明于阗与中原亲密而又悠久的历史关系。

五代宋初，官吏着袱头靴衫或进贤冠大袖裙襦，曹议金、曹元忠等节度使形象皆戴展脚蹼头，着绛色襕袍，乌靴，与《宋史》所载，宋朝人"赭黄淡黄袍衫，玉装红束带，皂纹靴，……皆皂纱折上巾"大体相符。皂纱折上巾就是蹼头，五代渐变平直，平施两脚，以铁为之，逐渐变为后来的乌纱帽。

袿衫、袿袍，是五代宋初的"时服"。除了官吏，农夫、圉人、商贩、奴仆、舞伎皆着"四袿衫"、蹼头、乌靴。蹼头则多展脚、交脚、朝天等式。另一种西北特产的毛布做成的短褐，短身窄袖，也是各族劳动人民的常服。

五代宋初，继承了晚唐妇女的大袖裙襦、白纱笼袖之制，但襦袖之大远远超过了唐代，《旧五代史》里说："近年以来，妇女服饰，异常宽博，倍费缣绫，有力之家不计卑贱，悉衣锦绣。"曹氏家族妇女画像中主妇奴婢，"悉衣锦绣"，头饰也更为复杂，"绣面""花颜"，都超过了前代。敦煌曲子词中所谓"犀玉满头花满面"，正好是曹氏家族奢靡之风的写照。

五代宋初流行回鹘装，戴凤钗步摇冠，穿翻领红袍、绣花鞋。节度使曹议金的夫人即着此装，但头戴毡笠。《新五代史》记载回鹘妇人时说："妇人总发为髻，高五六寸，以红绢囊之，既嫁则加毡帽。"回鹘公主戴毡笠合于出嫁后的身份。窄袖翻领长袍则是回鹘妇女的时装和礼服。

五代宋初的甲胄之制，一如唐代。但帝王翊卫武士与唐稍异，均着绯衫，外袝裆，穿战裙、大口裤、

[1] 杨公骥《唐代民歌考释及变文考论》，吉林人民出版社，1962年。

[2] 北魏杨衒之《洛阳伽蓝记》。

麻鞋、红巾抹额，持班剑，与《新唐书·仪卫志》中"服绯绝裲裆，绣野马皆带刀捉仗"的"散手仗"相似。《曹议金出行图》中的仪卫武士则与此不同，皆着缬花帽、四褛衫，乐工、轿夫、奴婢也着此装。

公元十一世纪初，党项族据有河西。在西掠吐蕃健马，北收回鹘锐兵的基础上建立了西夏政权，统治河西一百八十余年。壁画中的服式大体可分为两种：一种是中原汉装，如妇女的窄袖衫裙、团冠，农夫、铁匠、商贩等头裹皂巾，穿襦裤行縢、麻鞋；另一种是西夏装，李元昊一方面"曲延儒士"，"渐行中国之风"，同时又要显示民族特色，因而制小蕃文字，改大汉衣冠，在唐宋袍衫之制的基础上，加上党项民族服饰，就形成了"文资则幞头、鞊笏、紫衣、绯衣，武职则冠金帖起云镂冠、银帖间金镂冠、黑漆冠，衣紫旋襕，金涂银束带，垂蹀躞，佩解结锥、短刀……"[1]的制度。壁画中的武官服饰与此大体相符。奴仆则服缺胯衫、行縢、麻鞋。李元昊还下过"秃发令"，故西夏人多不蓄长发。贵族妇女着交领窄袖衫、百褶裙、弓履，头戴小冠，两侧插步摇。窄袖衫是宋朝妇女时妆，步摇冠又与回鹘装相似。当时西夏境内，从东到西都有回鹘部落，因而壁画中颇多回鹘形象。回鹘王戴白毡高帽，着圆领团龙襕、毡靴。侍从武士着裤衣白裤、束重带，垂蹀躞，戴毡帽，垂红结绶，背圆盾，持铁爪篱。回鹘妇女着翻领红袍，戴"博鬓冠"[2]，上立金凤，四面插花钗，与宋朝凤钗冠类似，其基本服制则与西州回鹘服饰相同。

公元十三世纪，成吉思汗统一了中国，袭用汉族封建制度，在衣冠服饰上，近取金宋，远法汉唐，制定了一套历代相承的"法服"。同时也保留着蒙古族的民族服装——"质孙"（一色衣）。壁画中蒙古王公贵族着黄色"毯衫"（毛缎制成的衣服），戴笠帽。双耳饰环，耳后垂发髻，穿六合靴。其冠制与《元史》天子质孙中"宝顶金凤钹笠"相似。另有男装叫"搭

护"，是蒙古族骑士的服装。

壁画中有蒙古贵族妇女的供养像，头戴"顾姑冠"，身穿"纹绣绞衣"。这种衣服宽长曳地行者，两女奴拽之，这是蒙古贵族妇女的一种礼服。

总而言之，从十六国到元代的敦煌壁画中既有汉式衣冠，也有"胡服"，反映了多民族国家衣冠服饰的丰富多彩的特色，也反映了各民族风俗服饰互相影响的关系，为研究我国衣冠服饰民俗发展史，提供了许多史籍未载的珍贵资料。

衣服是人类必需的御寒蔽体的物质生活条件之一，也是精神文明的表现。在阶级社会中，衣冠服饰也反映着鲜明的阶级意识，孔子在《论语·尧曰》里说过："君子正其衣冠，尊其瞻视，俨然人望而畏之。"并把统治阶级的衣冠视为不可触犯的"法服"，这是奴隶主阶级的服饰观。到了封建社会，不仅封建地主阶级与劳动人民之间存在着所谓"尊卑""贵贱"的阶级差别，在封建统治阶级内部也有复杂的品级制度。隋唐衣冠就有九品制，每品还有正从之分，按法定品级，"非其人不得服其服"。敦煌壁画中的衣冠服饰正反映了这个森严的阶级等级制度。

封建统治者宣扬以"礼"治天下，认为"礼莫明于服，服莫重于冠"。[3]所以服式多以冠为名。服式、质料、色彩、花纹都有鲜明的等级差别。壁画中的冕旒、通天冠、进贤冠、深衣袍都是帝王官吏的"法服"。裤褶、裙襦、犊鼻、巾帻多为劳动人民的服装，统治者称为"虞旅贱服"，而且规定"上得通下，下不得僭上"。有些服式虽然"贵贱通服"，但质料是不同的。汉代就有严格的规定，十六国时代，苻坚造了一种金锦，规定工商皂隶妇女不得衣之，犯者弃市（杀头示众）。唐代的帝王、官吏、后妃、宫嫔，穿绮罗锦绣，而"诸部曲、客女、奴婢服绝绸绢布，色通用黄白，饰以铜铁"[4]。但是"豪家富贵逾常制……从骑爱奴丝布衫"[5]。所以唐代壁画中有许多官家奴婢也穿绫罗锦绣，可见禁令只是限制老百姓的。

---

① 《宋史·夏国传》。

② 博鬓冠：以两博鬓发式制成冠，由假髻发展而来。

③ 《文献通考》卷一百一十二。

④ 《唐会要》卷三十一。

⑤ 唐元稹《阴山道》。

服装色彩的等级制更为严格。服装色彩是随统治者的好恶而变化的。如唐初尚赤黄，"天子袍衫用赤黄"，因而禁止官吏百姓服赤黄。百官服色贞观中始令"三品以上服紫，四品五品以上服绯，六品七品以绿，八品九品以青"。以后又多次改变，唐代前期供养人服色不完全符合制度。开元、天宝以后，唐王朝政治腐败，生活糜烂，"赐紫""借色"风行一时，弄得朝会时"朱紫满庭"，品级不分。唐代后期壁画中的官吏形象，多着赭袍，没有朱紫青绿之分，这与当时服色混乱不无关系。但对庶民百姓"有不依令式"公开着朱紫青绿等色袄子者，就必须命令有司"严加禁断"，否则"贵贱莫辨，有蠹彝伦"，是要治罪的。

封建统治阶级的衣冠，不仅色彩鲜丽，而且有很多装饰花纹。帝王的衣裳饰十二章，日月星辰，山龙华虫，宗彝藻火，粉末黼黻，象征"光照下土""泽沾下人""神武定乱""物之所赖"[1]等政治意义。帝王冕侧悬两个绒球，象征不听谗言。冕前垂十二旒，象征目不斜视。帝王将相衣服多以龙为饰，但帝王之服龙头向上，王公之服龙头必须向下，以示臣服于天子。官吏亦以品级高低，装饰不同的花纹。如果穿错了是要治罪的。封建统治阶级在穿衣戴帽上都极力宣扬封建伦理道德和他们的审美观点，其目的不言而喻是为了巩固他们的封建统治。

但是，通过衣冠服饰的形式、纹样、色彩，也可以看到当时的织绣、印染工艺技术的高度成就，特别是在纹样的设计和创造上，像唐初有名的纹样设计师窦师纶所出的"陵阳公样"，那是具有高度艺术造诣的。

早期壁画比较简略，但已能看到刺绣、织锦和蜡缬花纹。隋唐壁画逐渐精致，等身供养人像衣裙上有绣花、织锦、缬染、绘画等不同手法的装饰。装饰纹样多种多样，从早期的棋局纹小团花到隋代的菱纹、忍冬纹、折线纹、狮纹、凤纹、飞马纹和具有波斯风味的圆环联珠纹、狩猎纹等，到了唐代则有石榴纹、团花纹、宝相花纹、方胜纹、云纹、练雀纹、雁纹、鸳鸯纹、翔凤纹、团龙纹、狻猊纹等。古代的工匠们把自然形态的植物、动物形象，加以概括提炼、变化，组合成各种具有装饰美的纹样，并赋予不同的色调。特别是晚唐时代，缬染普遍流行，往往在衣裙上画出蜡缬、夹缬、绞页缬的不同效果。最引人注目的是朱紫自然交错的撮晕缬，五彩缤纷，鲜艳夺目。唐诗中说："布素豪家定不看，若无文彩入时难。"[2]晚唐女供养人豪华艳丽的衣裙正是当时流行的时妆，也是官僚贵族们穷奢极欲的剥削生活的反映。正所谓"遍身罗绮者，不是养蚕人"。精致的绫罗锦绣，美丽的装饰花纹和大方美观的服装式样，都是当时的技师和劳动人民血汗和智慧的结晶。

敦煌少女发型

敦煌少女在汉魏以前通常穿的是有皱褶的裙子，三国嘉平年间以后，为了省布，改为筒裙。《三国志·魏书》卷十六仓慈传注引《魏略》云："至嘉平中，安定皇甫隆代（赵）基为（敦煌）太守。……又敦煌俗，妇人作裙，挛缩如羊肠，用布一匹，隆又禁改之，所省复不訾。"《齐民要术·序》中同引此段。在唐代，敦煌地处丝路要冲，经济繁荣，文化发达，女孩子们爱梳妆打扮，这体现在民间服饰和化妆方面。

在民间装扮中，少女束发梳髻，表现是最为突出的。《礼记·内则》云："女子……十有五年而笄。"笄，即"及笄""笄年"之意，以簪结发梳髻表示成年。"笄年"一到，民间少女便打扮得殷勤了，这在莫高窟壁画上已有反映，如在中唐的《弥勒经变》中，有一个农妇梳着高髻在劳作。这在敦煌曲子词中也有反映："忆昔笄年，未省离合，生长深闺院。闲凭着绣床，时拈金针，拟貌舞凤飞鸾，对妆台重整娇姿面。"[3]

唐代女子对于梳髻，似乎比任何时代都要重视。唐代菩萨在莫高窟中如宫娃，头上大都有髻，这是菩萨世俗化的重要标志。112窟壁画上的唐代舞乐艺人，头上也有髻。除了髻形外，也十分注意鬓角的修饰。如蝉鬓，所谓"鬓"，是指耳旁连于发际的头发，又称为鬓角，并有"两鬓包面"（《旧唐书·五行志》）

① 唐杨炯《公卿以下冕服议》。
② 唐郑谷《锦二首》其一。
③ 《倾杯乐》。

之说，这样的鬓角长长如蝉的双翼，故称蝉鬓，是与髻配合的重要的修饰。这种"蝉鬓"，据后唐马缟《中华古今注》说是魏文帝时宫女莫琼树所梳，即便如此，也不能排除它来自民间的可能性，因为宫女都是从民间选募来的。由于蝉鬓望之缥缈，如蝉翼然，在唐代很流行，一些中原来的诗人便加以诗化、歌唱。如卢照邻的《长安古意》云："片片行云着蝉鬓，纤纤初月上鸦黄。"刘言史的《乐府杂词》又有"蝉鬓红冠粉黛轻"句，敦煌曲子词也唱它，更能说明它是在民间首先开始流行的。

敦煌曲子词中有许多地方咏髻，壁画上也画髻，髻是多种多样的，反映了唐代民间少女化妆的复杂化。现在选其重要的几类叙述如下：

第一，"宝髻"。如《敦煌曲子词集》中的《抛球乐》："宝髻钗横坠鬓斜，殊容绝胜上阳家。"这种"宝髻"在唐代十分流行。唐诗中就有多处写到，现在试举数例以明之。1. 李白的《宫中行乐词》云："山花插宝髻。" 2. 王勃的《临高台》云："为君安宝髻。" 3. 章孝标的《贻美人》云："宝髻巧梳金翡翠。" 4. 韩偓的《昼寝》云："倦枕徐欹宝髻松。"由此可见，妇女梳宝髻在唐代是何等的著名。这不能不是在民间首传其盛，而从下层传至上层，后来又传到日本去了，如日本的《大宝令》中也提到所谓"宝髻"，就是唐代民间装扮影响到日本民间装扮的反映。何谓"宝髻"呢？根据《令义解注》说："谓以金玉饰髻绪，故云宝髻，盖以金玉之钿、钗、步摇等以饰高髻，亦效唐人也。"这样，宝髻的化妆法更十分清楚了，即在高髻上加上金钿装饰，而在民间，或像李白诗上说的插上一朵山野的鲜花，天然而质朴。在敦煌多是宝髻上间插钿钗，例如，伯二七四八《敦煌廿咏》，就有"为珠悬宝髻，作璞间金钿"。(《瑟瑟咏》)显然是以金钿饰高髻的。而且这种宝髻，是敦煌女子中流行一时的，伯五〇〇七《敦煌》一诗便有"仕女尚〈善〉结天宝髻，水流依旧种桑麻"句，这首诗意在唱"歌谣再复归唐国"，"宝髻"体现了敦煌人民喜爱的民族风格，也表现了他们"归唐国"的自豪感，"宝髻"成为了拥戴大唐的象征。

第二，"云髻"。在《敦煌曲子词集》中也是多次唱到的，兹举例如下：1.《凤归云》："朱含碎玉，云髻婆娑。" 2.《破阵子》："莲脸柳眉羞晕，青丝罢拢云。"(按：《花间集》李珣《南乡子》有"拢云髻，背犀梳"之句，所以这里的"拢云"是"拢云髻"的意思。) 3.《浣溪沙》："髻绾湘云淡淡妆，早春花向脸边芳。" 4.《柳青娘》："青丝髻绾脸边芳，淡红衫子掩酥胸。" 5.《倾杯乐》："玉钗坠素绾乌云髻。"

所谓"云髻"，大约便是曹植《洛神赋》上歌咏的："云髻峨峨，修眉联娟。"可见这种云髻是我国古代女子创造的具有民族特色的一种发型式样。《文选》吕延济注云："云髻，美发如云也。"云髻又叫云鬟，其特征是空心，绕成环形。也就是杜甫《月夜》诗中唱的："香雾云鬟湿，清辉玉臂寒。"五代时花蕊夫人的《宫词》也唱："年初十五最风流，新赐云鬟便上头。"唐五代少女头上浓密卷曲如云的发髻，焕发着青春的美，体现着古朴的美，诗人才有这样的歌唱。最早把曹植《洛神赋》中"云髻峨峨"之发型描绘下来的图是东晋画家顾恺之《洛神赋图》。

第三，"高髻"。如岑参的《敦煌太守后庭歌》中就有"侧垂高髻插金钿"一语，证明妇女梳高髻这种装扮，也曾在唐代敦煌流行。"高髻"一定和"宝髻"有区别。不然诗人们绝不会分别提为"宝髻"与"高髻"。《格致镜原》卷十引《妆台记》上写的各种髻有"堆髻""半翻髻""飞髻""双鬟望仙髻"等，均与"高髻"有区别，它的主要特征便是"高"，一般说它高一尺，在发下衬了假髻自然会高，而"宝髻"则以髻上插"宝"(金玉装饰)为主要特征。宝髻是在特殊的节日装扮的，高髻却是在日常的岁月里装扮的，因而在唐代平常的日子里，这种高髻在仕女中间盛传不衰。逢特殊节日，高髻上插上金玉钗钿，也就变成了宝髻了。高髻中又包括多种样式，如凤髻和乌蛮髻，乌蛮髻也是"髻高一尺"(《苗俗纪闻》)。在宫廷、民间广为流行。例如，王建的《宫词》云："翠髻高丛绿鬓虚。"便歌咏的是宫女的高髻，而唐代诗人赞颂民间少女的高髻就更为普遍了：1. 刘禹锡的《赠李司空妓》云："高髻云鬟宫样妆。" 2. 元稹的《李娃行》云："髻鬟峨峨高一尺。" 3. 寒山《诗三百三首》云："共折路边花，各持插高髻。"从寒山的诗可知，民间少女插高髻往往不插金玉，而是折路边花插高髻，这充分表现了民间装扮的朴素性。

第四，"双髻"。莫高窟17窟藏经洞壁画上一位唐代侍女头上便梳着双髻。一般而言，奴婢头上大都有双髻，如228窟西魏壁画给贵族抱拖地长衣的奴婢，便是梳双髻。而敦煌民间的儿童在七八岁时头上就梳双髻。《左街僧录大师压座文》云："设使身成童子儿，年登七八岁，髻双垂父怜。"所以把"双髻"又叫成"双童髻"，是汉族儿童的标志。段文杰先生在《敦煌壁画中的衣冠服饰》一文中说："壁画中还有身着左衽长袍，而头束双童髻的奴婢，这是蕃汉混合装。"可见即使在吐蕃占领时期改变了民间服装，变成蕃装或蕃汉混合装，但是都未能改变汉族民间装扮的重要标志——头上的双髻形。《唐音癸签》中还有这样的诗句："长安女儿双髻鸦，随风趁蝶学夭邪。"可见唐时长安也盛行双髻，它成了民族性的标志。

第五，"坠髻"，也就是"坠鬟"。也是敦煌曲子词中首先提到它，《倾杯乐》中云："观艳质语软言轻，玉钗坠素绾乌云髻。"这是称云髻中的坠髻。《抛球乐》中有："宝髻钗横坠鬟斜，殊容绝胜上阳家。"这是称宝髻中的坠鬟。其实，它又叫堕马髻、垂髻、堕髻。《新唐书·五行志》上记载了许多髻的名称，其中有一种叫倭堕髻，对此，后唐马缟《中华古今注》说："汉武帝又令梳'堕马髻'。"《后汉书·梁冀传》李贤注引《风俗通》云："堕马髻者，侧在一边。"应当说是一种垂髻。徐陵《玉台新咏序》云："妆鸣蝉之薄鬓，照堕马之垂鬟。"前句指蝉鬓，后句指堕马髻，所以它又叫垂鬟。在唐代这种堕马髻也是风行一时的民间装扮。

堕马髻本汉时髻名，大致在天宝年间又开始出现，到贞元时又重为妇女们梳作而流行。唐代有人将蔷薇花低垂欲拂地时的形态譬作堕马髻的形式。此髻式在各时代也微有变化，但偏侧和倒垂的形态是此髻的特点。唐代许多诗人都歌唱到它，元稹的《恨妆成》云："柔鬟背额垂，丛鬓随钗敛。"白居易的《代书诗一百韵寄微之》云："风流夸堕髻。"李颀的《缓歌行》云："二八蛾眉梳堕马。"孟浩然的《美人分香》云："髻鬟垂欲解。"储光羲的《夜观妓》云："花映垂鬟转。"张昌宗的《太平公主山亭侍宴》云："钗承堕马鬟。"诗人写赞美坠髻的诗句，说明这种民间装扮十分普遍。

总之，由各族妇女共同创造的艺术发髻，以其丰富多彩的形象，点缀了唐代敦煌乃至我国其他地区和平繁荣的岁月，构成了民间装饰的主要特征，焕发着

敦煌民间风俗的异彩。

（选自高国藩《敦煌民俗学》，第372页）

敦煌少女化妆风俗

（一）少女画眉风俗

在敦煌民间妆扮的风俗中，并不仅仅是女子梳髻兴盛，画眉也是十分时兴的，这在敦煌曲子词中反映得颇为明显，例如：

1.《内家娇》中有："轻轻敷粉，深深长画眉绿。"

2.《抛球乐》中有："蛾眉不扫天生绿，莲脸能匀似朝霞。"

3.《倾杯乐》中有："脸如花自然多娇媚，翠柳画蛾眉，横波如同秋水。"

4. 伯三八三六《更漏子》中有："事我夫，忙画眉。"

另一方面，在敦煌曲子词中非常强调描写民间少女的眉毛，这也反映了民间少女画眉的风俗。例如：

1.《凤归云》中有："幸因今日，得睹娇娥，眉如初月，目引横波。"

2.《破阵子》中有："莲脸柳眉羞晕，青丝罢拢云。"

3.《浣溪沙》中有："丽质红颜越众希，素胸莲脸柳眉低。"

民间词中强调描写少女的眉毛，且往往连着描写眼睛，如"眉如初月，目引横波"，这主要是由于俗话说的"眉目传情"的缘故。同时民间画眉所使用的颜料有些用的并不是现在所用的黑色，而是绿色的，如词中说的"深深长画眉绿"，"蛾眉不扫天生绿"，这是唐代民间少女画眉的特征。

在唐诗中描写少女画眉的句子是太多了，如：

1. 孟浩然《美人分香》："眉黛拂能轻。"

2. 沈佺期《李员外秦援宅观妓》："拂黛随时广。"

3. 张籍《倡女词》："轻鬓丛梳阔扫眉。"

4. 张祜《集灵台》："淡扫蛾眉朝至尊。"

5. 白居易《上阳白发人》："青黛点眉眉细长。"

6. 元稹《恨妆成》："凝翠晕蛾眉。"

7. 温庭筠《南歌子》："连娟细扫眉。"

8. 韩偓《忍笑》："宫样衣裳浅画眉。"

以上八例中有三例提到画眉用"黛"，"青黛点眉眉细长"，所谓"黛"，就是一种青黑色的颜料，是古代专门用来供给女子画眉之用的，一般是用青色细柳枝点着稀释的这种青黑色的颜料来画，《倾杯乐》"翠

柳画娥眉"即指此。当然，唐代民间画眉风俗的盛行，标志着唐代经济的繁荣，农业生产力的提高，人民生活相对的稳定和改善，这就使唐代民间妇女在妆扮上有了较高要求的可能，促使了民间画眉风俗的流传。讲究美的仪表、体面的妆扮，这是大唐王朝治理下的中国的文明新风，它随着丝绸之路和海上交通，也传至西域各国和日本、东南亚等国。同时，民间画眉风俗一旦传到宫廷，更是格外隆重了。《海录碎事》云：唐玄宗命画工画《十眉图》，一曰鸳鸯眉，二曰小山眉，三曰五岳眉，四曰三峰眉，五曰垂珠眉，六曰月棱眉（又名却月眉），七曰分梢眉，八曰涵烟眉，九曰拂云眉（又名横烟眉），十曰倒晕眉。唐玄宗如此爱看宫女的眉毛，大约是因为杨贵妃的缘故，《中华古今注》就说杨贵妃擅长于画黑眉，她画眉自然是给唐玄宗看的。《妆台记》上所记的五代宫中的画眉名称，与《海录碎事》所记大致相同。宫廷的宫女和妃子对画眉如此讲究，民间却未必如此。民间妇女一般是画朴素的八字眉，正像白居易的新乐府《时世妆》唱的："双眉画作八字低。"这种朴素的八字眉，随着民间少女选入宫廷而带了去，韦应物《送宫人入道》便有"宝镜休匀八字眉"的记载。

（二）红妆、淡妆与涂口红风俗

在敦煌民间妆扮的风俗中，还有红妆和淡妆。

敦煌曲子词伯三八三六就有"红妆垂泪忆何君""红妆垂泪哭郎君"之句。伯二七四八中有"红妆随洛浦，绿鬓逐浮萍"句。而岑参的《敦煌太守后庭歌》中有"美人红妆色正鲜"之句，敦煌民间女子爱红妆本来不足为奇，尤其在唐代那样繁荣的社会里，更是理所当然了，在古乐府《木兰辞》中的木兰，这样一位替父去从军的民间女孩子，她的姐姐听说她回来尚且能"阿姊闻妹来，当户理红妆"，这说明，古代女子扮红妆，主要是在喜庆的日子。木兰女扮男妆从军十二年终于凯旋回到了故乡，实在是千古奇事，也是一件大喜事，所以她姐姐才"当户理红妆"，来隆重欢迎她。可见古代女子扮红妆是民间长久以来在历史上形成的风俗，不仅限于在敦煌是这样。这在唐代诗人的作品中也有所反映，李白的《子夜吴歌》中就有"素手青条上，红妆白日鲜"的诗句，杜甫的《新婚别》中也有"罗襦不复施，对君洗红妆"的诗句，说明中原地区的民间妆扮风俗依然如此。

这种红妆，和擦红粉有很大的关系。红粉是胭脂和铅粉之类，敦煌曲子词中一再唱到它，《竹枝子》中就有"恨小郎游荡经年，不施红粉镜台前，只是焚香祷祝天"。这说明，唐代敦煌少女在悲伤时或在忧愁的岁月里，多不使用红粉来妆扮，但在恋爱情况下则不然。《破阵子》中有"焚香祷尽灵神，应是潇湘红粉恋"的句子，伯二七四八中有"青蛾随月转，红粉向花开"（《贞女台咏》）便是恋爱、思念情人的表现。这种红粉胭脂是在擦过白粉之后，涂抹在两颊上。

敦煌民间妆扮强调淡妆。敦煌曲子词中也一再唱到。例如，《渔歌子》中有"淡匀妆，周旋妙"。《浣溪沙》中有"髻绾湘云淡淡妆，早春花向脸边芳"。这种"淡淡妆"，是《柳青娘》中唱的"故着胭脂轻轻染"，可见，轻着胭脂，甚至不着胭脂，即谓之淡妆。这种淡妆，不排斥戴玉挂金的宝妆，像《内家娇》中唱的："丝碧罗冠，搔头坠鬓，宝妆玉凤金蝉，轻轻敷粉。"只以"轻轻敷粉"为特征。另外，淡妆还要求穿雅服，不是像扮红妆时那样穿浓丽颜色的服装，正如《梅妃传》说的那样："（妃）自比谢女（指谢道韫），尝淡妆雅服，而姿态明秀，笔不可描画。"这种淡妆，在唐代各地均流行一时：罗虬的《比红儿诗》云"还似红儿淡薄妆"；郑史的《赠妓行云诗》云"最爱铅华薄薄妆"；韩偓的《袅娜》云"袅娜腰肢澹薄妆"，都是这一风俗的体现。

敦煌民间妆扮风俗中的擦口红，敦煌曲子词中也有记载。《内家娇》中"朱含碎玉"是女子擦口红的表现。据《新唐书·五行志》里记载，元和末年，妇女们盛行奇异的妆容，这时已经不擦红粉在脸上了，而只是以朱膏涂唇上，竞相比美。"元和"是唐宪宗李纯的年号，到了唐僖宗、唐昭宗时，京都妇女们擦口红已经形成潮流了，白居易写了"乌膏注唇唇似泥"的诗句，岑参写了"朱唇一点桃花殷"的诗句。据《渊鉴类函》引《妆台记》，这时的唐代少女擦口红已有了各种各样的擦法了，每一种擦法便有一个名称，譬如石榴娇、大红春、小红春、嫩吴香、半边娇、万金红、圣檀心、露珠儿、内家园、天宫巧、洛儿殷、澹红心、猩猩晕、小朱龙格、双唐媚、花奴样子等。这种十分流行的民间妆扮的风俗，不可能不随风吹到当时丝绸之路的关要——敦煌。

从敦煌民间少女妆扮风俗的梳髻、画眉、红妆、淡妆和涂口红这五个方面，将敦煌写本壁画与唐诗、唐史资料进行对比，可以说明，敦煌民间妆扮是唐风典型的体现和集中的代表。若要了解唐代风俗，敦煌的风俗研究是一个很好的切入点。注重妆扮的风俗促进了妆饰品的生产。例如当时西域便加紧对瑟瑟（宝石）的开采。《敦煌廿咏》的《瑟瑟咏》说："瑟瑟焦山下，悠悠采几年。"开采的目的很明确："为珠悬宝髻，作璞间金钿。"是为了供给少女妆扮之用，当时皇帝也派人来新疆于阗求玉和瑟瑟，数量很大。

《新唐书·于阗传》云："德宗即位，遣内给事朱如玉之安西，求玉于于阗，……得瑟瑟百斤。"这就说明浓厚的妆扮风俗是有物质生产基础的。瑟瑟是一种碧色宝石，又叫碧石、碧玉，这种石头主要由隐晶质石英所构成，由于含有铁质，所以常呈现绿色、红色或杂色，十分好看。杜甫在《石笋行》中有"雨多往往得瑟瑟"的诗句，这是由于宝石在清水中格外耀眼。有这种美玉来妆扮唐代少女，难怪个个都显得雍容华贵、艳丽无比。

（选自高国藩《敦煌民俗研究》，第381页）

敦煌唐代建筑

唐代建筑在历史上发展到了顶峰，根据敦煌壁画记载，可以分为宏伟建筑和民宅建筑两类，这里选摘唐代典型的两种叙述：

（一）莫高窟盛唐时期最宏伟的建筑

盛唐时，莫高窟壁画艺术水平达到了顶峰，壁画中的建筑画也发展到了高峰。盛唐81个洞窟，400余壁大型经变画中，几乎壁壁都有高大宏伟的建筑画。但最有代表性的是第217窟、第172窟和第148窟中的建筑画。

第217窟开凿于唐代神龙年间（705—707），是盛唐初期最有代表性的洞窟之一，北壁通壁画巨幅《观无量寿经变》。《观无量寿经变》是大乘佛教净土三经之一。主要宣扬进入西方极乐净土的修行方法，和根据个人善恶造业，在进入西方极乐净土时所得到的等级差别，与《阿弥陀经》中的西方净土描绘完全一样。只是在《西方净土变》的两侧增加了条幅画《未生怨》和《十六观》。此幅经变画分为三大部分，上部是西方净土世界的宫殿楼阁，中部是西方三圣说法图，下部是表现西方极乐景象的歌舞乐队。上部的宫殿楼阁，从左至右，横贯画面，形成了有组织的建筑群。正中是一座高大的殿堂，殿堂两侧各立一座楼阁。在正中殿堂楼阁两边又对称地安置了六座高台。有两座是砖台，四座是竖楼式木台，台上都有方亭或歇山顶的小亭。整个建筑群横向连以通长的折廊，组成了丰富的天际线。建筑的梁枋柱檐方正的直线适成对比，细部构件画得很细致，色彩比初唐绚丽浓重。不足之处是建筑物过于密集，好像把不同地点中的壮丽建筑集中在了一起，是人为的布景安置，使人产生不真实的感觉。

第172窟开凿于天宝年间（742—756），是盛唐中期最有代表性的洞窟之一。南北二壁近壁《观无量寿经变》，都是莫高窟盛唐壁画的杰作，亦是敦煌建筑画高峰时期的代表作。根据专家的研究，南北两壁经变画，出自两位绘画高手。以风格判断，北壁早于南壁，并且比南壁更为宏伟壮丽。此造《观无量寿经变》中央"净土世界"的构图宏伟，透视深邃，使有限的壁画画面变得无限广阔、悠远。其他净土经变画，多是在堂楼阁下面画潺流水池。以表现西方净土中的七宝池、八功德水。此壁净土变却是将一座庞大的楼阁台榭置于荡荡湖泊之中。居于中轴说法的阿弥陀佛、观世音、大势至西方三圣和听法的西方圣众，不是安置在殿内，而是聚于水榭中间。前为舞池，乐池，再前又是一重台水榭，中间画各色妙音水鸟，左右面是九品弥陀中的两品。画面中央上部西方三圣的背后，才是西方世界的重楼复殿。两旁环以参差精致的水阁，用玲珑剔透的回廊通连转角处，高耸的钟楼、鼓楼、佛塔，在接连天光水色的天际线上高低错落，对称变化，极有韵律。宽阔的水湖中波纹荡漾，莲花鲜丽，化身童子和各色水鸟游戏自乐，水榭平台上乐队舞伎，尽情歌舞。天宫楼阁上空有赴会的诸佛圣人，飞天散花，天乐自鸣。整个画面繁丽而不拥挤，深远而不荒疏，人物融于景物之中，是一幅精美的人物景物画。

此幅经变画中的建筑面与盛唐初期第217窟中的建筑画相比，有两大突出特点：一是建筑不是集中横列在最上部，而是从左右两侧和上部环抱，形成一个很大的庭院，佛说法和歌舞场面画在庭院中。二是更忠实地表现了现实中实际存在着的佛寺，它的平面布局是按照真实的佛寺来设计的。建筑不过于密集，建筑与建筑之间的呼应向背、疏密进退，处处符合建筑群的设计逻辑，无生搬硬套的布景之嫌。这两大特点充分体现了建筑的群体美、真实感，使此幅经变画中的建筑画达到了前所未有的高度。

第148窟开凿于盛唐之末的大历十一年（776），此时李唐王朝与吐蕃王朝为争夺河西正在激烈争战，敦煌即将陷蕃。第148窟是战火中留给莫高窟盛唐时期规模最大，艺术水平最高的最后一个洞窟。此窟东壁窟门南北两侧画《观无量寿经变》和《东方药师经变》，面积约为40平方米，是莫高窟规模最大的净土经变画。北壁《东方药师经变》中的建筑画较南壁《观无量寿经变》中的建筑画更宏伟。

《东方药师经》是大乘佛教净土思想的重要经典之一。主要内容是宣扬东方净土主教药师七佛，在修菩萨道时，发"十二大愿"除众生各种困苦危难之病源，救度众生往生东方琉璃光极乐净土世界，以及东方极乐净土的美妙快乐景象。以《药师经》内容绘制的经变画称为《药师经变》，亦称为《东方净土变》。其构图和北壁的《观无量寿经变》完全一样，是三联式，两边条幅画是《十二大愿》和《九横死》，中堂画是《东方净土变》。《东方净土变》的构图和描绘的人物景象和《西方净土变》相似，只是图中的佛陀、菩萨、圣众的名称不一样。

此幅《东方净土变》构图分为三大部分，上部是东方极乐净土世界中的建筑群。中部是以药师佛为主的东方三圣和八大菩萨说法图。下部是宝池平台上规模盛大的乐队舞伎，演奏歌舞，描绘了东方净土佛国中欢乐自由的景象。

此经变画中的建筑和盛唐中期第172窟的建筑相比，又有了新的发展和提高，主要特点是用准确的透视技法，充分地表现了建筑的体积和纵深空间，不仅画出了佛寺的前院，而且画出了佛寺的后院。两院建筑既有分隔，又一目了然。其构图是：画面上部，东方三圣背正中有一座单层前殿，左右有横长的廊。前殿两侧，各有一座单层配殿，与中间平台，以长桥相连。透过前院的前殿和长廊，可以看见后院的建筑。后殿是双层，后殿两侧有二层配殿以虹桥和后殿相连。后殿的后面，还有两座楼阁，可能是钟楼和鼓楼。后院配殿的两侧各有一座楼阁和圆形佛塔。整个建筑群布局紧凑，层次分明，前后有别，高低错落，充分体现了建筑的群体美。

（二）莫高窟晚唐时期最有代表性的民宅建筑

莫高窟晚唐时，净土经变画中的宫殿、寺院式群体建筑画已流于程式化，没有较出色的上乘之作。但一些经变画中的民间住宅却画得十分出色，真实地反映了当时的民间建筑风貌。例如晚唐第85窟、五代第98窟、第61窟《华法经变》里，"穷子喻"故事画中的宅院就画得十分出彩。

"穷子喻"是《华法经》第四《解信品》中的一个比喻故事，大意是：从前，有一人自幼丢失，流落他国，四方漂泊。数十年后游至一城。此时，他父亲已是城中巨富长者，家财万贯，已到年迈，长久忧虑，没有子息继承家业。一次儿子来到父亲庄院，想当佣人出力乞食。父子相见，子不认父，见父威势，惊慌逃走。后来父亲想出好办法，以高价雇用儿子喂马除粪，寻机接近儿子，久而久之，父子相认。长者便把全部家业当众交给了儿子。

第85窟窟顶南坡上画一幅规模较大的《华法经变》。在经变画左下角画《解信品》中的"穷子喻"故事。画面是一座古代豪富的大宅院，以表示故事中巨富长者的庄院和家产。宅院是以廊庑分为前后两院的四合院，前院横长，主院方阔，四周以廊屋围绕。

在前廊和中廊正中分设大门和中门，大门为二层门楼，中门为一层门楼。主院正中是一座二层楼阁，下层为主人居室，上层可供远眺观望，有阙形建筑的作用。楼阁中坐长者，有二人跪拜请示。院中有活动的佣人，前后二门有看守门者。宅院的下侧附建厩院，厩院用夯土墙围成。厩院中间有一开圆券形门洞的夯土隔墙，将厩院分为前后两院。前院住人，后院畜马。画中后院有一人端料，一人肩叉，表示长者同儿子接近，一同饲马除粪。前院有一人睡卧，表示穷子被长者雇用，当马夫，住在马厩，还没有同父亲相认。

这种前后二进的四合院，是我国封建社会最典型的民间住宅建筑。它一方面是我国古代封闭式自给自足的小农经济在建筑上的反映，另一方面也是我国古代尊卑有别，长幼有序，男女有别，内外有别等封建宗法思想在建筑上的反映。在汉代画像砖上，已有这种前后两院，附建别院，中置望楼、井炊的建筑。历经隋、唐、宋，沿至明清时期。至今北京地区还遗存这种四合院，也通常分为前后两院，前院横长，是从宅外进到主院去的过渡空间。前院中多安排次要用房，如厨房、仆人住房或客房等。从前院通过一座垂花门式的中门，到达方阔的主院。主院内设祭祖的堂屋，配厢房、书房、会客厅，置主人及亲眷的住室。壁画中的宅院为故事情节服务，只起示意作用，所以外部轮廓画得十分清楚，而主院内房屋设置做了简略处理，只画了一座二层楼阁，代表主人的主室和宅院中的望楼。唐代真实的二进式四合宅院可能比壁画中布局设置更为合理。

敦煌壁画中的交通工具

（一）陆路交通工具

汉武帝设敦煌郡后，接着设立了玉门关、阳关，敦煌成了中西交通的咽喉之地。东汉应劭解释敦煌二字时说："敦，大也；煌，盛也。"[1] 南朝刘昭注引《耆旧记》说："国当乾位，地列昆墟，水有悬泉之神，山有鸣沙之异，川无蛇虺，泽无兕虎，华戎所交，一都会也。"[2] 隋裴矩在《西域图记序》中说西域交通"……总凑敦煌，是其咽喉之地"。[3]

由于敦煌地处东西交通要冲，是汉唐逐渐发展起来的丝路名城，可以说，是古代中亚各族人民物质文化和精神文化的荟萃之地。因此，不论历代史书、藏经洞遗书及出土文物中都留下了大量的中西交通的历史资料，敦煌石窟历代壁画中也描绘了当时丰富多彩的交通工具。限于篇幅，这里仅就涉及技术性较强的车、船进行讨论，其余则简略提及。

古代甘肃河西走廊开始用车的时代尚难考定，1985年春，甘肃省张掖市龙渠乡发现一批青铜器，铜器出土地点在龙渠乡木龙坝六社南面名为平山的北坡，距木龙坝约3公里。器物发现于山坡中段海拔约1000米处一个小山梁下的洞内，距地表约50厘米，在近1米的范围内出土有铜舟、铜鹿饰、铜车轮、铜饰及车马饰残件等，共数十件。其中，铜车轮2件，有辐条11根，轮直径14.5厘米。经确定这批铜器系墓葬随葬品。时代大致为春秋时期。[4]

据史书记载及古文物的发现证明，古代敦煌及河西走廊车的应用至迟在汉代已很普遍。《汉书·李广利传》载：公元前104年，汉遣贰师将军李广利远征大宛，由于中途受阻，未至大宛，往返两年回到敦煌。一年多以后，六万多大军，带着十万头牛、三万匹马，再从敦煌出发，光是运送粮食的驴、骆驼就有一万头以上。继而又把全国的流放人犯弄来运送干粮，人流车队相接于路，直至敦煌。汉武帝曾以江都王刘建的女儿细君为公主嫁给乌孙王，赠送了非常多的礼物，官员、随从数百人。细君死后，汉又以楚王刘戊的孙女解忧为公主远嫁乌孙。公主出塞路过敦煌，官员迎送，武卫相随，其规模、气势非一般使节过往可比。宣帝元康元年（前65），龟兹王及夫人乌孙公主来朝，汉赐以车骑、旗鼓、歌吹，并赠绮绣杂缯等数千万，也是官员、侍从、车骑浩浩荡荡往返经由敦煌。从出土文物和敦煌壁画中可以看到汉代的车。

据明代王世贞《艺苑卮言》："凡三代、两汉皆用马车，魏、晋至梁、陈用牛车，元魏君臣有乘马及牛车者。唐虽人主妃后非乘马即步辇。自郊祀之外不乘车也。"1969年在武威著名的雷台汉墓出土文物中，有一套铸造精致的武装车马，包括铜马车十四辆。1972年清理发掘的武威磨咀子汉墓第48号墓中就出土了一辆大型彩绘铜饰木质轺车，第48、49、62号墓中各出土一辆木牛车。充分反映出当时铜、木质车的制作工艺。在敦煌石窟不同的画面中，根据乘坐者的身份，画出了等级不同的马车。莫高窟北魏257窟的《鹿王本生》中，王后追捕九色鹿所乘马车与汉石刻画像中皇帝乘坐的"格车"极为相似，说明魏晋南北朝时马车因承汉制。画中车的部件结构描绘得很清楚。北周290窟《佛传故事》中画有两辆一般官吏乘坐的"轺车"，上有伞盖障蔽，挂牙旗。隋代420等窟《法华经变》中出现了一些装饰得非常华丽的车。

[1] 《汉书·地理志》注。
[2] 《后汉书·郡国志》注。
[3] 《隋书·裴矩传》。
[4] 萧云兰《甘肃张掖市龙渠乡出土一批青铜器》，载《考古与文物》1990年第1期。

晚唐 156 窟的历史人物画《宋国河内郡夫人出行图》中，宋氏卫队后面有马车一辆，车顶人字形高棚向前后伸出长檐。车前画榜题："司空夫人宋氏行李车马。"稍后还有马车四辆，画题："坐车。"出行图的最后部分为驮运队与狩猎，骆驼驮着酒瓮等用品，这些场面是唐代敦煌交通运输工具的真实写照。这与敦煌遗书所载官府、军队多用马车相一致。

用马驾驭车辆离不开挽具，我国古代发明的马挽具对整个世界都有重要影响。李约瑟博士在《中国科学技术史》巨著的总论第七章和《中国与西方在科学史上的交往》等论著中，列举了二十六项从中国向西方传播的机械和其他技术，其中第十一项就是牲畜的两种方便挽具，即胸挽具和颈圈挽具。他认为，这项技术，西方晚于中国大致六至八世纪。他在《科学与中国对世界的影响》这篇长论文的第六部分对中国发明的两种挽具进行了详尽的考证和论述，他说："除了脚蹬之外，中国是唯一的解决了给马科动物上挽具问题的古代文明国家。"他对古代欧洲使用的颈前肚带挽具的不合理性和中国挽具的科学性做了令人信服的分析。文中以莫高窟 156 窟马车上的挽具为例论述了中国马挽具的科学性。[1]

盛唐 148 窟《涅槃经变》中还绘制了一辆帝王坐的驷马车。壁画反映的是：释迦牟尼于拘尸那城涅槃火化，摩竭陀国王阿阇世及诸国王往来舍利。拘尸那城内外兵甲戒备森严，阿阇世王头戴通天冠，穿对襟大袖白练裙，卫士裲裆甲，手提长剑，前后护从即将入城的情景。人物与车马造型采取斜侧面俯视角度，构图比较别致。汉代之后的战车在出土文物中很少有，敦煌绢画《降魔变》中绘出了两辆战车，也是用四匹马拉，是探寻这一时期战车的形象资料。以上驷马车均为铜制，造型有别于木制车。

由于牛车具有不同于马车的一些特点，所以东汉以来备受贵族喜爱。河西走廊也是如此，嘉峪关魏晋墓画像砖上大量描绘的长檐高棚牛车就是例证。载人的牛车分通幰牛车、偏幰牛车和敞棚牛车三种，通幰牛车地位最高。敦煌壁画中的牛车以《法华经变》"火宅喻"绘出的最多。莫高窟 61 窟南壁"火宅喻"

中画的就是通幰牛车。这种车车顶自前至后张一顶大幔子。大多"火宅喻"壁画中则是只遮住车前半部的偏幰牛车。北朝、隋、唐等其他洞窟"供养人"行列中的牛车也都属于以上三种类型。壁画中还有一些古代劳动人民用的牛车。例如莫高窟盛唐 148 窟，中唐 202 窟，晚唐 85、156、196 窟的"农作图"中就有卸辕等待、拉运粮食的农用牛车。有的车上还有装运粮捆的木架子。这与敦煌藏经洞社会经济文书中所记载的寺院、农户大多用牛车相同。此外，290 窟《佛传故事》中还绘有一辆丧葬牛车。

由于骆驼比起马、骡、驴等牲畜更具有沙漠生存的特性，被誉为沙漠之舟，所以在古代丝路交通运输中始终起着重要作用。在嘉峪关魏晋墓描绘汉代军屯的壁画中就有牵驼的画面。敦煌北朝至宋代壁画中都有丝绸之路上商旅往来的场面。北周 296 窟和隋代 302 窟的两幅《福田经变》中，生动地描绘了佛经中宣扬的"广施七法"。所谓七法，就是七种施舍，以供奉僧人和便利百姓。两幅壁画中所反映的七法之五、六分别是：安设桥梁，过渡赢弱；近道作井，渴乏得饮。壁画中描绘得非常真切。296 窟在"施医药"旁画有一辆卸辕的骆驼车，人畜都在水井边休息，水井的东面画了饮骡马、骆驼等情节。画面上气氛轻松愉悦，表现出在干旱的西北古道上偶遇水井时的喜悦心情和活跃场面。紧接着在下层画一桥，两支商队相遇于桥头，桥上为中原商贾乘马，赶着满载货物的毛驴，匆匆走上桥头；桥下胡商牵着骆驼等待过桥，一来一往，反映了中西交流十分频繁。北周的统治者为了获得政治上和经济上的利益，推行"结姻于北狄"，"通好于西域"的政策，因而，"卉服毡裘，辐凑于属国，商胡贩客，填委于旗亭"。[2] 呈现出丝绸之路上的一派兴旺景象。

隋代 302 窟也画了一组商队行列：一个高鼻商人策马在前，身后是一个驮夫牵引着满载货物的骆驼，再后是骡队，有驮夫在扬鞭催进。道旁树林里拴着一匹马，一人正提起一只马腿钉掌。前部的桥头上，一辆载人的骆驼车正在过桥。桥南面有一口井，两人正用一架桔槔提水。井的两旁，一旁是马匹埋头在水槽

---

① ［英］李约瑟《科学与中国对世界的影响》，载潘吉星主编《李约瑟文集》，辽宁科学技术出版社，1986 年。

② 《周书·异域传》。

里痛饮，一旁是有人提着水罐递给索水的人。420窟隋代的《法华经变》中一幅胡商遇盗图，是根据《法华经》中《观世音菩萨普门品》"有一商主将诸商人持重宝，经过险路……"画成的。图中画一西域商主率领"行人"和大群骆驼、毛驴，满载货物，跋涉于穷山荒漠中，当翻越一座高山时，骆驼从山上翻滚下来，摔死在山下。"行人"们拾起残余货物，装上另一骆驼，重新赶路。画面中还有给骆驼灌药的场面，充分反映了中外商贾、使者，万里迢迢地传送人民友谊的艰苦生活。

> 边城暮雨雁飞低，
> 芦笋初生渐欲齐。
> 无数铃声遥过碛，
> 应驮白练到安西。

唐朝诗人张籍的这首《凉州词》，使我们好似看到了唐代河西走廊这条漫长的古道上，运载丝绸的骆驼队以及那悠扬动听的驼铃声。唐代是我国封建时代最强盛的统一时期，河西走廊是西域交通的必经之路。唐初西域胡商汇集河西，多先至凉州贸易。据唐《大慈恩寺三藏法师传》记载：贞观初年，玄奘西游，路过凉州时说："凉州为河西都会，襟带西蕃、葱右诸国，商侣往来，无有停绝。"唐代壁画中反映中西交通的画面更多，如323窟有一幅初唐画的《张骞出使西域图》，45窟盛唐时代《观音经变》中的《胡商遇盗图》，217窟盛唐《法华经变》中的《化城喻品》，等等。

（二）海上交通工具

敦煌石窟虽然处在陆路丝绸古道上，但在壁画中为我们保存了非常丰富的海上交通工具船的形象。莫高窟、榆林窟、西千佛洞等石窟的北周、隋、唐、五代、宋、西夏时期的近50个洞窟中，有60余幅画中绘有100多只舟船。此外，敦煌遗书等文物中也有。有的是一至数人划桨摆渡的一叶扁舟，有的是扬帆出海的商船。从造型来看，有舢板、椭圆形船、无帆小船、帆船、楼船、双尾船等数种。

敦煌壁画《观音普门品》变相，以莫高窟盛唐第45窟和西千佛洞晚唐第15窟保存最好，不仅故事场面较多，而且有清晰的榜题。莫高窟盛唐45窟南壁《观音经变》中反映航海的大帆船就绘制得很仔细。

《观音普门品》里显示：有一群人入海求宝，遇黑风，船漂坠罗刹鬼国，有人念观音名号皆得解脱罗刹难。壁画榜题为："若有百千万亿众生，为求金银、琉璃、车渠、玛瑙、珊瑚、琥珀、珍珠等宝，入于大海。假使黑风吹其船舫，漂坠罗刹鬼国。其中若有乃至一人，称观世音菩萨名者，是诸人等，皆得解脱罗刹之难。"西千佛洞第15窟壁画榜题中也有："若有三千大千世界……寻宝入海，假使黑风吹其船舫，漂至罗刹鬼国，其中若有乃至一人，称观世音菩萨名者，是诸人等，皆得解脱罗刹之难。"莫高窟第45窟所绘的巨型航海大船长约1米，高约80厘米，此船桅杆上系着风标，帆绳系在舷板上，遇难的人们在甲板上双手合十祈祷；船首一侧有三位船夫手推长篙顶在肩上撑船离岸，船尾的舷边有一人掌舵。船的造型结构线条清晰，是研究我国唐代船只的珍贵资料。中国历史博物馆曾把它作为唐代的形象陈列展览。唐代以来，《观音经变》中描绘的大都是较大的航海帆船。

《报恩经变》共有九品，是以《大方便佛报恩经》为依据的，画面中部为佛及圣众，各品故事中之主要者，分布于经变四角，这就是孝养品、恶友品、论议品、亲近品。《报恩经变》各品故事，以"恶友品"最为生动。"恶友品"在《贤愚经变》里又叫"善事太子入海品"。所以，两部经变中的两个品故事内容相同，都是讲善友、恶友兄弟俩乘船入海取龙王摩尼宝珠的故事。此外，"善事太子入海品""善求恶求缘品""海神难问船人品"又以佛传故事的形式出现在一些晚唐时期的屏风画上。由于这些画面大都绘在经变的边角和屏风画中，所以画面较小，入海情节多以一只或数只小船来表现。有的船有帆，有的则无。

如果说佛教经变画的故事大都是虚构的，而佛教史迹画则大都是以中外历史事实为根据创作的。敦煌石窟艺术中描绘船的佛教史迹故事画有五六种，其中以莫高窟盛唐323窟南壁佛教史迹画中的船最引人注目。

莫高窟第323窟主室南壁西端画有排列作三角形的一幅故事画。关于此故事，金维诺先生称其为中国佛教故事。马世长先生则称其为感应故事，孙修身先生经过详考，定名为《石佛浮江的故事》。[1] 著名科技史专家胡道静教授也发表过研究这幅描绘古代上海吴

---

① 孙修身《莫高窟佛教史迹故事画介绍》（四），载《敦煌研究》创刊号，1983年。

淞江发现石佛浮江事件的论文。[1] 该故事由三个画面组成，其中，第三个画面为：画一行于碧波绿水中的大船，船前一人，着长袍，戴斗笠，伸两臂，双手把紧篙杆，躬身尽力撑船；船尾一人手把舵掌握航向，舵把半浮水上，半没于水中；船中载有"维卫佛"和"迦叶佛"二石佛像，前后有高僧数人护卫和扶持。岸边有众高僧迎接，远处有男女老幼前趋观看。三幅画面均有榜题。

第 323 窟南壁，前述"石佛浮江故事"和另一"昙延法师故事"之间，还有一组故事画，据孙修身先生考证，定名为《扬都西灵寺瑞像的故事》。该故事由四个画面组成。其一，在绿水碧波中有一立佛像，佛像的西下角，有小船两只，船上有僧俗数人，摇桨鼓棹，作迎接佛像之状；在佛像的东下角又有一船，船上有佛像和僧俗多人，有幡杆四根，杆头挂佛幡，船头一人举篙，躬腰屈腿，作撑船状，其尾部画稳握舵把的舵工。从空中飘起的佛幡看，知此船迎接着佛像后，正在顺水行进于急流之中。第二幅画面与前画相接，前画所见载佛像的船顺流而下，行进于曲折回绕的江河之中。船随着河流的曲折回绕，并且不时地改变航向。先东后西，继而又转向于东方，在其再转而向东时正处画面正中，绘出了一只大船，这只迎佛大船于 1924 年被美国人华尔纳用胶布窃走。这是一条既无帆又无桨篙的大船，只在船尾装着一支橹，在波涛中推船前进。现存画面为：大船前有头戴斗笠，身着长袍，外罩坎肩的纤夫二人，弯腰曲身，用力牵引大船前进，知其在逆水行进。大船之前有小船一只，上有船工和高僧等，高僧合十顶礼，船夫躬身摇桨行进。全船作护引佛船前进的景状。第三个画面位于被粘毁的大船上部西侧，有一扬帆小船，船尾也拖着一条长橹。值得庆幸的是：日本东京艺术大学已于 1993 年将这幅画照原样烧制成陶板，赠送敦煌研究院，陈列于 323 窟。第四个画面是最下方的佛、菩萨像，与交通民俗无关，故而不加叙述。

莫高窟的一些晚唐、五代、宋时开凿或重修洞窟甬道顶部临近窟口的部分，画一船，上竖桅杆，杆

头挂帆，作随风前进之状；船的两侧，有多人提桨击水，作划船前进之态；其后舵手握舵把握航向。船的中部舱位上，画端立的佛像一尊……据孙修身先生考证，将此定名为《释迦牟尼度商主的故事》。在该画的侧旁，另有一幅画面，孙修身先生定名为《迦叶波救如来溺水的故事》[2]，画面中画有一只小船（或舢板），近于长方形。小船上有三人，其中二人为船工，手执桨板或长篙，作划船前趋之态。中间一人，头戴幞头，身穿赭色长袍，双目注视前方，正襟危坐于小船中间。船尾呈燕尾状，此船行进于绿水碧波之中。

最早的一幅船画是绘在北周 296 窟窟顶东坡"善事太子入海品"中的方头尖尾船，船上乘五人，前后各一人划船。在隋代 302 窟《福田经变》"置船桥"的画面上，桥下平静的河面上，两人划着一只椭圆形状的"牢固之船"正在摆渡。隋代 303 窟人字披东坡《观音经变》中也描绘了圆形船。这种圆形船在古代传世的艺术品中是一种少见的特殊形象，其形状和张掖市龙渠乡发现的青铜舟形状很相似，从造型判断应为独木所制。榆林窟五代 36 窟壁画中绘有一只小舟，舟体为长方形，但椭圆头、椭圆艄，首尾无别，底部稍削平，两端由底部向上呈弧形翘起。从内外所绘年轮木纹来看应是独木舟的形象。

史书记载，三国至隋朝，造船业最发达的吴国已制造了高达五层的"楼船"。莫高窟盛唐 31 窟，中唐 236 窟、238 窟，晚唐 12 窟、147 窟，五代 108 窟等壁画中都绘有一些上有二层亭式建筑的"楼船"。古书记载：楼船本身大小不等，层数也不等。有两层的，第二层称"庐"；有三层的，第三层称"飞庐"。有的船上有方形平顶或圆形顶，茅庐状的船舱。中唐 238 窟的航海船的船头上还绘有类似宋代《清明上河图》中船头所绘的虎头图案。研究中国造船和航海的专家指出：尽管中国古代的船型种类和名目繁多，但是大体上说，从船首形状来分，可以分成尖首和方首两大类；从船底式样来分，可分成尖底和平底两大类。在历史的演变中，福船是最著名的尖首、尖底船型的代表；沙船则是最著名的方头、平底船型的

① 胡道静《敦煌壁画中的上海佛教史迹画——西北"圣僧"竺慧达的沪渎缘》，载《上海研究论丛》第一辑，上海社会科学院出版社，1988 年。

② 孙修身《莫高窟佛教史迹故事画考释》（五），载《敦煌研究》第 3 期，1985 年。

代表[①]。壁画中有底尖上阔、首尾高昂、首尖尾方、两侧有护板的福船形象；有方首方尾、平底，俗称"方艄"的沙船；还有方首尖尾、方首双尖尾等形状。壁画中各种船的特点都和史书记载及考古发掘出的唐宋舟船的形象相似。

敦煌发现的图解本西夏文《观音经》中的图四，绘有一幅航海船，船型为尖首方尾，船中间造一正方形高台，台正中竖立桅杆，是西夏时期航海船不可多得的珍贵资料[②]。榆林窟西夏第3窟《千手经变》中对称地绘了两只相同的双尾船，船型的构造描绘得非常清楚：方形首部正中平置大圆盘。前竖一杆板，后有船舱，下部的船板上有几排铆钉。船两尾上翘，尾尖有圆形铁环，可能供拴缆绳之用，船上斜置一桨板。这种形式的船在现有文物中实属罕见。这种船的造型及用途有待造船专家进行研究。

莫高窟宋代454窟甬道顶南侧边角佛教史迹画中，绘有一只载人在云雾中上升飞行的船。犹如现代的"宇宙飞船"。其实，它不过是宋代劳动人民的高度智慧和丰富想象力，以及美好的愿望在敦煌艺术中的生动反映。

在众多的舟船画中，有部分船绘得较仔细，画面也大，从中可考察古代船的一些局部特征，这里仅就船的推进工具做一介绍。在丰富多彩的舟船绘画中，可见撑篙、划桨和摇橹等几种人力推进工具。船舶不仅要浮在水面，而且要能在水中按照人们的意愿航行，比如逆水行舟，或者跟水流的方向成一个角度侧向航行，这是光靠水流的力量所不能达到的。因此，随着船只的诞生，我们的祖先同时发明了驾驭船只的推进工具。最早出现的，也是最简单的推进工具是篙，几乎与篙同时或稍晚问世的还有桨[③]。篙实际上就是一根长竹竿或木棒，用它支撑水底或岸边物体，根据力的作用和反作用原理，使船体朝推力的反方向前进。莫高窟盛唐45窟和323窟的船上就有撑篙和掌舵的情节。这种撑篙的形象在不少洞窟的舟船画面中都能看到，实际上以撑篙作为推进工具根本不适宜于

江宽水深的航海船。莫高窟55窟中的航海船，其外形与盛唐45窟同一题材中船相同，只是桅杆的位置在船身的前段。船中部有草庐式船舱；船首一侧有三名船夫撑篙，船尾一侧有一名船夫摇桨。桨为连接在一起的双桨。宋代454窟甬道顶的迎佛大船也是在船身前段置桅杆挂帆，船尾一侧摇桨。用桨划水使船前进，只在划水的时候做有用功。而在桨离开水面以后的整个过程中都做无用功，动作间歇，浪费了大量的人力。橹是船上一种效率较高的人力推进工具；由于它同时又能操纵船的航向，起到舵的作用，所以在推进工具中颇有特色。它的问世，为船的远程航行开辟了广阔的道路[④]。据考古发现，长沙西汉船模中已经有一把橹，长度是桨的两倍。这说明橹最迟在公元前一世纪的西汉时期就已出现和使用。敦煌唐宋壁画中，也描绘了摇橹的船。其中最典型的就是莫高窟323窟《杨都西灵寺瑞像的故事》中被粘毁的大船，及该大船上部西侧的小船。

敦煌石窟艺术为我们保存了隋至西夏几百年间的各种舟船形象画，为我国古代水运交通史工具的研究提供了珍贵资料。特别是西夏船的绘画弥补了这方面资料的不足。我国黑水城遗址（今属内蒙古自治区额济纳旗）发现的，今藏列宁格勒东方学研究所的西夏文《天盛律令》第十一卷第四门为"渡船"，第十八卷第二门为"渡船与舟"，说明西夏有一定的造船业。敦煌文物中的西夏船与西夏文献可以互为补证。

汉魏敦煌民间生产风俗

汉魏间敦煌民间生产风俗走过一段曲折的道路。在公元前的西汉时，敦煌民间养马成风，这在史书上有着详细的记载。《汉书》卷二十八《地理志》下云：

> 自武威以西本匈奴昆邪王、休屠王地，武帝时攘之，初置四郡，以通西域，隔绝南羌、匈奴。其民或以关东下贫，或以报怨过当，或以悖逆亡道，家属徙焉。习俗颇殊，地广民稀，水草宜畜牧，故凉州之畜为天下饶。保边塞，二千石

---

① 金秋鹏《中国古代的造船和航海》，中国青年出版社，1985年。

② 刘玉权《本所藏图解本西夏文〈观音经〉版画初探》，载《敦煌研究》第3期，1985年。

③ 上海交通大学、上海市造船工业局编写组《造船史话》，上海科学技术出版社，1979年。

④ 同上。

治之，咸以兵马为务；酒礼之会，上下通焉，吏民相亲。是以其俗风雨时节，谷籴常贱，少盗贼，有和气之应，贤于内郡。此政宽厚，吏不苛刻之所致也。

可见汉代的敦煌农业原本是较发达的。"其俗风雨时节，谷籴常贱。"风气也很好，上下和气，官民相亲，河西之马供应全国之需。如此盛景系生产风俗繁荣的标志。

敦煌生产的破坏是汉末魏晋间的战争与动乱造成的。《三国志》魏书卷十六《仓慈传》云：

> 仓慈，字孝仁。淮南人也。……太和中，迁敦煌太守。郡在西陲，以丧乱隔绝，旷无太守二十岁，大姓雄张，遂以为俗。前太守尹奉等，循故而已，无所匡革。慈到抑挫权右，抚恤贫羸，甚得其理。旧大族田地有余，而小民无立锥之土，慈皆随口割赋。稍稍使毕其本直。……又常日西域杂胡欲来贡献，而诸豪族多逆断绝；既与贸迁，欺诈侮易，多不得分明。胡常怨望，慈皆劳之。欲诣洛者，为封过所，欲从郡还者，官为平取，辄以府见物与共交市，使吏民护送道路，由是民夷翕然称其德惠。

太和中（227—254）敦煌有二十年无太守，造成大姓横行乡里，"遂以为俗"，结果对生产与商业均有破坏作用，广大农民身无立锥之地，结果连使用牛耧犁都不会了。《三国志》魏书卷十六《仓慈传》注引《魏略》云：

> 嘉平中（249—254），安定皇甫隆代基为太守。初，敦煌不甚晓田，常灌溉滀水，使极濡洽，然后乃耕。又不晓作耧犁，用水，及种，人牛功力既费，而收谷更少。隆到，教作耧犁，又教衍溉，岁终率计，其所省庸力过半，得谷加五。又敦煌俗，妇人作裙，孪缩如羊肠，用布一匹，隆又禁改之，所省复不訾。

生产习俗的被破坏，造成生活水平的下降，既影响到人们对农业技术的钻研，又带来服饰习俗规格的降低，连妇女都穿起难看的羊肠布裙了。一直到仓慈、皇甫隆等魏时敦煌好太守们对生产加以改革，才恢复了良好的生产风尚。

唐代敦煌民间生产风俗

唐代敦煌农业和手工业均较发达。莫高窟25窟

（唐）《耕获图》，描写了从耕种到收割的生产过程，反映了敦煌唐人的农业生产方式和农民劳动的场景。莫高窟第三窟（西夏）的打铁、酿酒、耕种、舂米等画面，反映了敦煌民间手工业与农业的情景。西夏占领敦煌期间，因士兵甲胄系铁制品，故打铁作坊兴盛，《西夏纪》卷七云："夏众甲胄皆冷锻而成，坚滑光莹，非劲弩可入。"

打铁、酿酒、耕种　唐代敦煌民间生产方面的习俗，有下列几方面：

其一，敦煌民间如果要找铁匠的话，通常采取的方式是出榜招聘，这种习俗颇为流行。寺庙中要用铁匠，特别是优秀的工匠，必须以重金榜召。例如，《降魔变文》云："布金既了情瞻仰，火急需造伽蓝样。不惜珍宝及金银，榜召国中诸巧匠。"重金榜召的目的，是要求工匠们贡献出他们那"尖新"的技艺。《无常经讲经文》里曾说："或经营，或工巧，闻样尖新呈妙好。"正由于"重金榜召"工匠，敦煌民间遂有极为看重技艺的风俗。敦煌本《太公家教》中便有这样的谚语："积财千万，不如明解一经；良田千顷，不如薄艺随躯。"这里的"薄艺"即指技艺而言。伯三二六六的王梵志诗说明，敦煌民间把技艺看得比黄金更贵重。诗云："黄金未是宝，学问胜珍珠。丈夫无伎（技）艺，虚沾一世人。"取得技艺需读书学习，《秋胡》云："今在家习字，何愁伎（技）艺不成？"

其二，敦煌桑蚕业较发达，嘉峪关西晋五号墓砖画，还留有采桑图。敦煌吐鲁番地区，在南北朝时代已见有自产丝织品的记载。《吐鲁番出土文书》第一册中载有哈拉和卓八八号墓文书《北凉承平五年（447）道人法安弟阿奴举锦券》，全文如下：

- 承平五年，岁次丙戌，正月八日，道人法安弟阿奴。
- 从翟绍远举高昌所作黄地丘慈中。
- 锦一张，锦经锦纬，长九五寸，广四尺五寸。
- 要到前年二月卅日偿锦一张半。
- 若过期不偿，月生行布三张。民有私。
- 要，要行二主，各自署名为信。故各半。
- 共负马一匹，各□了。倩书道人知骏。
- 时见、道智（惠）、承安。

据券所示，道人法安及弟阿奴举的锦为"高昌所作黄地丘慈中锦"，丘慈（龟兹），即今库车，可见当

时龟兹锦甚为著名，故西域高昌民间遂有造仿制品的习俗。

由于古代西域、敦煌一带盛产丝绸，直到现代，敦煌民间还流传着一个古老的传说，说中原丝绸是通过敦煌阳关、玉门关而运往西域各地去的。传说认为丝绸是通过敦煌向外输出，无疑是古敦煌盛产丝绸习俗的反映。所述乌孙王娶汉公主带去蚕桑之说，亦有因可循。《资治通鉴》汉武帝元封六年（前105）条云："乌孙以千匹马聘汉女，汉以江都王建女细君为公主，往妻乌孙，赠送甚盛。"又："（汉）天子闻而怜之，间岁遣使者以帷帐锦绣给遗焉。"《史记·大宛列传》也有相应的记载。可见蚕桑丝绸在公元前105年传入西域是可能的。

其三，晚唐五代时候的农业已与初唐和中唐不同了，土地买卖的自由，带来富豪对地产、房产的兼并，造成农村两极分化。《庐山远公话》云："底（邸）店庄园，不能将去。"《太子成道经》云："南州北郡制庄田。"《无常经讲经文》云："买庄田，修舍屋，买尽人家好林木……心中也是无餍足。"揭露富豪兼并"无餍足"。以下揭露农民破产，《搜神记》云："家贫困苦，至于农月，与辘车推父于树阴下，与人客作，供养无阙。其父亡殁，无物葬送，遂从主人家典田，贷钱十万文，语主人曰：'后天钱还主人时，求与殁身主人为奴一世债力。'"这里写的是农民土地财物荡尽，卖身为奴的情景。

其四，中唐至宋初，买卖土地成风，敦煌出现大量卖地契，这是贫苦农民悲惨生活的写照。斯一四七五《未年安还清卖地契》，十亩地卖麦粟十六硕（石）。斯三八七七《后唐天夏九年（909）安力子卖地契》，十四亩地只卖得生绢四丈。斯一三九八《宋太平兴国七年（982）住盈阿鸾卖地契》，宋初时局安定，地价回升，阿鸾卖四亩地得粮四十八硕（石）。农民失去土地后，典儿卖女的情况便出现了。伯三九六四《乙未年赵僧子典儿契》，时限六年，一个壮劳力，只典四十石粮食。

其五，古敦煌民间常见的农作物有：1.粳稻。《晏子赋》云："粳粮稻米，出于粪土。"《前汉刘家太子传》云："口中衍七粒粳米。"《舜子变》云："其岁天下不熟，舜自独丰，得数百万谷来。"2.粟麦。《搜神记》云："经九十余日，粟麦收了。"《庐山远公话》

云："锄禾刈麦，薄会些些。"3.豆类。《韩朋赋》云："冬夏有时，失时不种，禾豆不滋。"4.黑芝麻。《佛说阿弥陀讲经文》云："子小如似黑由（油）麻。"黑油麻即黑芝麻。

其六，古时在敦煌吐鲁番地区对于农田的称呼，有着特殊的习俗。朱雷在《吐鲁番出土北凉赀簿考释》文后，公布了《北凉承平年间（443—460）高昌郡高昌县债赀簿》之吐鲁番出土文书，这些十六国时期的出土文书把民间的田地分为"常田""潢田""石田""卤田""无他田""沙车田"等，朱雷认为这些田地的名称"必然是依据当时当地生产特点与民间习俗而定的"，所述极是。日本学者池田温氏认为这些是不同产量等级的田地。朱雷补充说："这种划分必以土质、水源诸条件，以及由此所决定的产量为依据。"二氏之说法均极精辟。现据池田温与朱雷之考证，对上述各种田地俗名做如下解释。

常田，即高产田。文书中有"常田七亩赀廿一斛"之说。可见"常田"的计赀为一亩三斛，据《北史·高昌传》云："厥土良沃，谷麦一岁再熟。"故常田有此高产之数，实不为过，因为它一年两熟，可见"常田"之"常"，即恒常可耕，无须轮休之土地。"常"作"恒常"为敦煌民间俗语习见，如伯三二一一"常住无贮积，家人受寒饥"。还有"愚人痴腔腔，常守无明冢"。

潢田，《说文》云："潢，积水池也。"故潢田实际是低洼的易涝田。潢田之近水源，吐鲁番出土文书中已有记载，如72TAM189：14："壹段叁亩潢田，城东卅里柳中县魏略渠，东废寺，西至渠南至荒，北至渠。壹段壹亩潢田，城东卅里柳中县东至渠，西康义才，南至渠，北曹龙达。壹段壹亩半潢田，城东卅里柳中县杜渠，东安君善，西安善南至荒，北康海龙。"明说三段共五亩半潢田均靠近渠水，敦煌吐鲁番沙漠旱灾严重，靠近渠水可以灌溉，但潢田由于近水池，稍许多下一点雨，便致涝灾。又因潢田是低洼地，故《夏小正》云："湟下处也。"产量较低，赀簿记载，潢田每亩计赀二斛。

石田，即石碛地。《魏书·高昌传》云："（高昌）地多石碛。"敦煌处于戈壁滩，也一样多石碛地。《魏书》卷三十七《张赛附子骏传》云："今欲徙石为田，运土殖谷，计所损用，亩盈百石，所收不过三石而已。"徙石和运土是古人改造石田的基本方法，既费工，收益也不高，吐鲁番出土文书记载："石田亩（产）二斛。"所以石田也是低产田。

卤田，即盐碱地。敦煌吐鲁番地区多盐碱滩，《沙州图经》记述敦煌的卤田云："碱卤，右州界辽阔沙碛至多，碱卤盐泽约余大半。"所以卤田可称为沙碛卤田，这种田常靠近碱卤盐泽。当然，这种田也是低产田，池田温考证卤田每亩计偿二斛。

其七，唐代敦煌地区的求雨活动很活跃。伯二七四八《敦煌廿咏》中有一首《安城祆咏》诗，记录了唐代敦煌民间祭祆神的求雨活动。诗云："更看云祭处，朝夕酒如绳。"可见当时求雨是以酒来祭祀，并且大量用酒，从早到晚如绳索一样的流，此"绳"字未必错，代表时间长。[①] 伯二六二九写卷也记录祭祆神大量用酒："十日城东祆赛神酒两瓮。"求雨的迷信活动助长了对酒的大量消耗。当时，为了配合生产迷信活动，还祭祀过各种神祇，除了祆神以外，《沙州图经》上还记载有"土地神""风伯神""雨师神"，这些有关农业生产的神，《沙州图经》上称之为"四方杂神"，奇怪的是画工们竟将风伯雨师这些本乡本土的杂神也画进佛教莫高窟壁画中。

祭水神求水，甚至每岁均用童男童女充祭，即每年都要把小孩丢进玉女泉。民间传说曾说到关于张孝嵩（张嵩）刺史治恶龙的故事，从侧面反映了当时生产风俗的迷信特征。斯五四四八《敦煌录一本》云：

> 城西八十五里有玉女泉，人传颇有虚，每岁此郡率童男女各一人充祭湫神，年则顺成，不尔损苗，父母虽苦生离，儿女为神所录，欢然携手而没。神龙中（705—707）刺史张孝嵩下车求□，郡人告之，太守怒曰："岂有川源祆（妖）怪，害我生灵？"遂设坛备牲泉侧，曰："愿见本身，欲亲享。"神乃化为一龙，从水而出，太守应弦中喉，拔剑斩首，亲诣阙进上，玄宗嘉称再三，遂赐龙舌，敕号龙舌张氏，编在简书。

伯三七二一《瓜沙古事系年并序》对张嵩事迹有更为详尽的记载：

> 乙卯开元三年，张嵩刺史赴任敦煌。到郡日，问郡人曰："此州有何利害？"郡人悲泣言："州西八十五里，沙瓜二州水尾下，有一玉女泉。每年冬，索童男童女祭享。如若不依，即降霜雹，损害田苗。其童男童女，初闻惊惧，哀恋父母；既出城外，被神收慑魂魄，全无顾恋之情，第相把手，自入泉中。"太守怒曰："岂有妖怪，害我生灵？"乃密设坛场，兼税铜铁百万余金，统领军兵，诣其泉侧，告神曰："从我者福，逆我者殃。请神出现就坛，我欲面自祭享。"其神良久不现，太守怒曰："神若不现，我即将污秽之物，施入泉中，兼遣三军推沙石，填却此泉。其神怕惧，乃现一龙，身长数丈，出现就坛，嗜于牲酒，久而不去；或则傍瞻人物，或则仰望云霞，摆头摇尾，都不检身。刺史遂乃密索弓箭，射着龙喉，便即拔剑，砍下龙头。其尸犹有神通，却入泉内，将军遂置炉冶穴，将所销铜铁汁，灌入泉中。其龙尸发声腾空而走，至州西二里，遣却二茎憔肋。恐为后患，便于龙肋上置佛图两所，茨其铺之；遣下小肋一条，又置佛图一所，至今号为龙肋佛图。自此以后，一郡黎人并无生离之苦。遂差衔前总管李思敬赍表进其龙舌，皇帝大悦，敕命所司断其龙舌，却赐张嵩，永为勋荫，仍赐号曰龙舌张氏，并赐明珠七颗及锦彩、器皿、敕书等，优奖仍轻，不烦申谢。遂差中使，就敦煌送其龙舌也。

即使是这种敦煌唐人生产风俗中的反迷信传说故事，也充满了迷信观念。虽然从此救了小孩，但是也从此毁灭了敦煌著名的风景点——玉女泉，"兼税铜铁百万余金"，并将"铜铁汁，灌入泉中"，这说明当时敦煌百姓是富裕的，情愿拿出大量的税金倾入泉中，也可说明，当时生产迷信风俗给生态环境带来人为的破坏。

张嵩是玄宗时敦煌著名的安西都护。《旧唐书·郭虔瓘传》云："嵩身长七尺，伟姿仪。初进士举，常以边任自许。及在安西，务农重战，安西府库遂为充实。"《新唐书·吐蕃传上》云："（开元十年）孝嵩听许，遣疏勒副使张思礼以步骑四千昼夜驰，与

---

① 本条目撰写者高国藩先生认为写本中为"绳"字可解，另还有一些学者认为，根据同时期的其他文献，"绳"在此处本字应为"渑"，用典为《左传》中的"有酒如渑"，言酒之多。

谨忙兵夹击吐蕃，死者数万，多取铠仗、马羊，复九城故地。"《资治通鉴》卷二——"开元三年"云："孝嵩传檄诸国，威振西域，大食、康居、大宛、罽宾等八国皆遣使请降。"（《通鉴》胡三省注：张嵩即张孝嵩。）张嵩不仅是当时敦煌著名的文臣武将，也是一位诗人。《新唐书·艺文志》注录有《张孝嵩集十卷》，注云："开元中，张孝嵩出塞，张九龄、韩休、崔沔、王翰、胡皓、贺知章所撰送行歌诗。"[①]由此可见，正由于张嵩著名，并对敦煌农业生产做出过贡献，也立有战功，"务农重战"，才被敦煌百姓神化，传说中将他作为生产风俗中反迷信的代表加以歌颂，但由于故事以迷信反迷信，效果适得其反。

（选自高国藩《敦煌民俗研究》，第 51 页）

敦煌民间结社风俗

古敦煌民间有一种结社风俗，一般是：十几人至四十几人不等，自愿组成一个互助形式的团体，叫作"社"。五二七显德六年（959）组成一个"女人社"，这是以性别为特征的结社。斯二〇四一《大中年间（847—859）□风坊西巷村邻等社约》，这是以邻居为特征的结社。斯六四一七说："合邑人等，并是乡间贤声胜，四海豪族，衣缨子孙。"这是以乡间豪绅为特征的结社。伯四六五一《投社人张愿兴五祐通牒》，他投的这个社叫"龙沙社"，这是以龙沙地方人为特征的结社。"兄弟社""亲情社"等，是以同姓宗族为特征的结社。还有"行人社""渠人社"等，是以职业为特征的结社，敦煌许许多多人都参加这种"社"。"社"设有一个三人办事组，叫"三官"，分别为社长、社官和录事（文书），还设有一个送通知（转帖）的人，叫"月直"。结社叫"邑义"。"义"者，伸张正义，义气相投之谓。其目的非常明确，请看下例：

1. 斯六五三七《十五人结社文》："恐时侥伐之薄，人情以往日不同，平生以八然，复怕各生己见，以厶乙等壹拾五人从前结契，心意一般。大者同父母之情……难保终身……俭世济凶……割己从他，不生怀惜……乃立文案，接为邑义。""凡论邑义，济苦救贫。"

2. 斯〇五二七《显德六年（595）女人社社约》："盖闻至诚立社，有条有格。夫邑义者，父母生其身，□友长其值，遇厄则相扶，难则相救。"

3. 斯二〇四一《大中年间（847—859）□风坊西巷村邻等社约》："所置义聚，备凝凶祸，相共助诚，盖期赈急难。"

上列各例表明，结社的目的主要是割己从他，济苦救贫，遇厄相扶，备凝凶祸。这是对封建小农经济养成的自私性的一个突破。

参与民间结社的同仁人格一律平等。他们提出的重要的口号是："贵贱一般"，"总是兄弟"。斯五六二九《敦煌郡等厶乙社条壹道》有着明确的记载："敦煌郡等厶乙社徐志道，窃以人居在世，须凭朋友立身，贵贱一般，亦资社邑训悔乞等，宿因叶实方，乃不得自由，众意商量，然可书条况，家家内各各总是兄弟，便合职大敬，少牙相。"由此可见，凡入社者不分贵贱。民间社在异族奴隶主的斗争中产生，激烈的种族斗争暂时调和了阶级间的矛盾，一致将矛头指向外族的侵扰，而"贵贱一般"和各人"总是兄弟"的平等观念，就成为结社的思想基础。

如有违反互助原则，就要视情况给予处分。下列三件敦煌写本记载：

1. 八九四《亲情社转帖》："右缘裴单奴为女亡，合有赠送人，各面一升，油壹合，粟壹斗，柴壹束，辨净绫绢色屋叁丈，幸请诸公等，帖至限今日廿二日卯时，在官楼门前取齐。捉二人后到，罚酒壹角，全不来，罚酒瓮。其帖速第（递）相分付，并不得停滞。"

2. 周字六十六号《社司转帖》："右缘安丑定妻亡，准条令有赠送，人各麦一斗，系于廿褐布色勾两匹，幸请诸公等，帖至限今月廿五日卯时，并身及，勿于显德亏门前取赏，投文后到者罚酒有角，全不来者，罚酒一瓮。帖立第（递）相分付，不得停滞。如滞者，准条科罚，帖周，却付本司，用凭告罚。"

3. 斯一四七五《申年五月赵庭琳牒》："五月廿三日，与武光晖起病奘脚，人各粟贰斗，并明日辰时，于赵庭琳家纳。如违不纳，罚酒半瓮。"

一方有难，八方相助，这是社约规定的，谁不执行这个规定，就要受到处罚。最普通的处罚是以上三件敦煌写本提到的"罚酒半瓮"，此外还有以下四级处罚：

---

① 《新唐书·艺文志》"丁部集录"。

重的是罚羊一只，另外加酒，如伯三四八九《戊辰年旌坊巷女人结社文约》提到的："小人不听上人，罚羯羊壹，酒壹瓦。"

更重的要罚酒一席，如斯五九三九《社司转帖》提到的："右缘张都头先发局席造出，幸请诸公等，如至限今月十日午时于主人家看同，捉二人后到，罚麦酒一角，全不来罚席同前。"

再重的要"开条"打屁股。如斯六〇〇五《社司转帖》提到的："若社人忽有无端是非行事者，众断不得，即须开条，若小段事，又（疑为"不"）在开条之限。"又如斯六五三七《十五人结社文》提到的："席上喧拳，不听上下，众社各决卅棒。"

最重的是开除出社。如斯六五三七《十五人社文》提到的："忽有构椽无端，便任逐出社内。立其条项，世代不移。"

……

唐代对民间结社一向是禁止的，斯一三四四《唐令》和《唐会要 · 唐高宗咸亨五年禁断社诏》都提到了这一点。那么，敦煌民间大量结社的时间是在九世纪至十世纪之间，那时正是张义潮起义推翻吐蕃奴隶主在敦煌的统治前后，从现存的约一百件有关社的敦煌写本来看，最早的敦煌结社的文献是斯五八二三吐蕃统治时的写本。这就说明它是吐蕃奴隶主统治时产生的，这本身便是一种民族反抗性的表现，而这种民族反抗性表现的另一面，便是对大唐的具有进步性的封建王朝的拥护。但是，敦煌距唐代京城真是天高皇帝远，于是敦煌各社把唐王朝与归义军的事情，看成是自己的事，他们的目标是一致的。如斯二〇四一社的规定："科税之艰，并须齐起。"这就说明百姓忍受艰难也要自觉支持大唐政权的事实存在。殷字四十一号《行人转帖》云："已上行人，官有处分，今缘上音，并弓箭、枪排、白棒，不得欠少一包（色），帖至限今廿六日卯时，于西门取齐，如有后到，□丈七下，□□未录名。"这是某一个"行人社"的社长发转帖，组织社员坚决执行官府委派的征集武器任务。

斯三九七八《丙子年七月一日司空迁化纳赠历》，是开宝九年归义军的节度使曹延恭死时敦煌某社纳赠记录本，纳赠人有社官张某至押牙孔某共四十一人，每人名下都写了"并粟"二字。可见每人都出了粮食份子，表示对归义军的拥护。

敦煌婚俗

在我国婚姻发展史上，由于嫁娶方法、嫁娶对象和嫁娶目的的不同，形成了不同的婚姻类型。因方法的不同产生了聘娶婚、抢掠婚、服役婚、交换婚、指腹婚、主赘婚等。因对象的不同产生了重亲婚、收继婚、族际婚、教内婚、姊妹共夫婚、兄弟共妻婚、冥婚等。因目的不同出现了和亲婚、买卖婚等。下面就敦煌出现过的婚姻类型做一略述。

（一）聘娶婚

何谓聘娶婚？在《礼记》中对聘娶婚的内容概述如下："男女非有行媒，不相知名；非受币，不交不亲，故日月以告君，斋戒以告鬼神，为酒食以召乡党僚友，以厚其别也。"[1]这种婚姻包含行媒妁、受财礼、告家长、祭祖先及宴宾客等过程。聘娶婚亦称媒妁婚，或说："聘娶婚者，男子以聘之程序而娶，女子因聘之方式而嫁之谓也。"[2]上述定义只在不同角度反映了聘娶婚的部分内容，或只强调婚聘，或只强调程序之仪。

聘和娶是聘娶婚主要的两个方面：通过媒人和纳礼行定亲之聘；按一定的礼俗方式行结婚之娶。概言之：聘娶婚是一种具备媒妁之言、父母之命、财礼之聘、礼俗之序的婚姻方式。

聘娶婚的历史演变太皓庖（伏）羲氏制嫁娶，以俪皮为礼，这是聘娶婚的萌芽；帝乙制帝女下嫁礼，文王行造舟亲迎之礼，"亲迎于渭，造舟为梁"。[3]直至夏周制定六礼，"六礼备而成婚"，从而奠定了聘娶婚的基础。

从汉以来，历代相沿，均以六礼为指归，虽然在一些具体细节上，各朝代有所变通，但六礼之原则不变。至宋，士庶婚礼才明文改作四礼："并问名于纳采，并请期于纳成（征）。"[4]这是在正史记载上，第一

---

① 《礼记 · 曲礼上》。

② 《中国婚姻史》第三章之二。

③ 《诗经 · 大雅 · 大明》。

④ 《宋史 · 礼志》。

次出现对六礼的简化。至清，皇宫婚礼行诹吉纳采、纳征、奉迎之式，品官士庶是媒妁通书、诹吉纳采、亲迎。可见从三代以降，直至清末，我国的婚姻始终未离六礼之窠臼。这说明聘婚使用的面最广，从宫廷到士庶；使用的时间最长，从西周直至晚清。可以说聘娶婚是我国婚姻的主要类型。

聘娶婚中有财礼之说，尤其魏晋之世，俗尚奢丽，北魏文成帝和平四年（463）诏曰："今丧葬嫁娶，大礼未备，贵势豪富，越度奢靡"，"中代以来贵族之门……或贪利财贿，或因缘私好"。[①]合卺用真银杯，牢烛华侈。那么聘娶婚和买卖婚有无区别呢？买卖婚的出现早于聘娶婚，在六礼未备之前，就已有以俪皮为身价的婚姻，聘娶婚中的财礼在一定程度上含有买卖婚的遗迹，但这些财物可多可少，并非代表女方身价，而是聘礼。对方接受财物，表示婚约的形成，"婚礼先以聘财为信……聘财无多少之限，即受一尺以上，并不得悔"。[②]其次聘娶婚必需有父母之命，媒妁之言，买卖婚则可无。另外聘娶婚需按一定的礼仪程序进行，而买卖婚则是一种交易。所以聘娶婚是异于买卖婚的一种婚姻。

敦煌的聘娶婚　敦煌人在举行婚礼时，要对新婚夫妇祝福，《咒愿文》说道："敦煌播礼乐之风，墨沼捐清真之志。室聘吴姬，同荣桃李。"（P.2976卷）"女聘高门上姓，男为六州参军。"（S.5546卷）这说明敦煌婚姻是以聘娶婚为主的。

敦煌的聘娶婚主要反映在《张敖书仪》中。首先是"通婚书"，男方家长向女方家长问候致意，并直接提出婚事："第几男年已成立，未有婚媾，承贤第厶女，令淑有闻，四德兼备，愿结高援。"这就代表了父母之命。婚书的往来均通过函使和媒人进行，"谨因媒人厶氏厶乙，敢以礼请"，这就是媒妁之言。从开始通婚就有相应的财礼，包括绫罗布帛、裙袍被褥、钱、猪羊牲畜及各色生活用品，女方报以"答婚书"，婚事即确立，这就是纳采、纳征之礼。接下来

是"成礼"，男方前往女家亲迎，整个婚事均按一定的礼仪程序进行。

《张敖书仪》作为归义军衙府的官方文书，具有一定的权威性。从晚唐至北宋均有抄本流传，抄本最早的纪年是"大中十年（856）"（S.2200卷），最晚是"大周显德七年（960）"（P.3886卷）可知聘娶婚是唐宋时期敦煌婚姻的一种主要的正统方式。

（二）和亲婚

何谓和亲婚？通过民族、部落及诸侯国间的联姻来缓和彼此间的矛盾和争端，合二族之好，使婚姻服从于政治或军事的需要，这就是和亲婚。和亲婚和族际婚是不同的，前者多在宫廷或首领中进行，其实质是一种政治交易；后者是打破民族界限，相互联姻，是一种自然的结合，是民族融合的表现。

和亲婚的历史演变　和亲婚始于西汉。刘邦初得天下，时冒顿单于兵力强盛，"控弦四十万骑"，屡次侵犯北疆。汉高祖七年（前200）初，高祖亲征匈奴，被困于平城（今山西大同市东），几为匈奴所俘，厚赂冒顿阏氏才得脱险。高祖患之，娄敬献策曰："陛下诚能以适长公主妻单于……冒顿在，固为子婿；死，外孙为单于。岂曾闻外孙敢与大父亢礼哉？可毋战以渐臣也！"[③]不贵兵卒，通过联姻使单于臣服于汉，最后高祖于外庶人之家取女而名之为公主出嫁，首开"和亲"之局。

接踵而来的是：

（惠帝）三年（前192）以宗室女为公主嫁匈奴单于。[④]

文帝后元二年（前162）下"匈奴和亲诏"："今单于反古之道……朕与匈俱弃细过，偕之大道……和亲以定，始于今年。"[⑤]

景帝前元二年（前155）"秋，与匈奴和亲"。[⑥]

历代均有和亲之举，至唐代，和亲婚盛极：

对吐谷浑：太宗时以弘化公主妻之，高宗时以金城县主妻其世子。

---

① 《魏书·高宗纪》。

② 《唐律疏议》卷十三。

③ 《汉书·娄敬传》。

④ 同上书《惠帝纪》。

⑤ 同上书《文帝纪》。

⑥ 同上书《景帝纪》。

对奚：玄宗时降固安公主于其主大酺，降东光公主于鲁苏。

对契丹：开元间降永乐公主于失活，降燕郡公主于李郁，降东华公主于邵田。天宝间，以静乐公主为契丹降酋李怀秀妻。

对吐蕃：太宗时有名的文成公主和蕃；中宗时又以金城公主下嫁。

对突厥：玄宗时以金山公主下嫁。

对回鹘：肃宗时以幼女宁国公主下嫁，且以荣王女为媵；德宗以亲女咸安公主下降；穆宗时，以宪宗女太和公主下降。[1]

唐代的和亲有的是奖励其靖难有功，如回鹘正因平定黄巢之乱，收复京城有功，肃宗亲以幼女许之。更主要的是作为一种羁縻手段，是制夷之策。如初唐文成公主和蕃，当时弄赞扬言："若大国不嫁公主与我，即当入寇。"[2] 和亲不但可以消弭干戈，促进和平，还可达到文化交流之效，文成公主入藏后，吐蕃"渐慕华风，仍遣酋豪子弟，请入国学以习《诗》《书》，又请中国识文之人典其表疏。"[3] 于阗也因娶"东国君"之女，王女"以桑蚕之子置帽絮中"，从而把桑蚕业传到该国。[4]

宋代在程朱理学的影响下，从狭隘的民族观念出发，对和亲政策力加排斥，如宋祁在编撰《新唐书·突厥传》中说道："婉冶之姿，毁节异类，垢辱甚矣。"从宋以来，禁止和亲。

敦煌的和亲婚　晚唐之际，甘州回鹘崛起，向西不断侵扰，曾一度直抵沙州城下，如 P.3633 卷《辛未年（911）七月沙州百姓万人书》中所说："近三五年来，两地被人斗合，彼此各起仇心，遂令百姓不安"，"兵戈抄劫，相续不断。□□廿六日狄银领兵，又到管内，两刃交锋，各有伤损。"说明在 900 年前后，甘州与沙州不断发生争战，当时沙州已是张承奉执政初期，回鹘发起强大攻势，不只一次地直打到沙州，应该说沙州的伤亡是很大的："沿路州镇，迤逦破散。死者骨埋□□，生者分离异土。号哭之声不绝，怨恨之气冲天。"战争给人民带来了深重的灾难，以致最后屈辱降顺，称甘州可汗为"父"，结为"父子之国"。

五代初，曹议金出任沙州节度使，亲自率兵东征，直抵张掖城下，把"父子之国"改变为"兄弟之国"。同时为了赢得和平与安定，为了保持与中原王朝联系的要道之畅通，他又采取了和亲之策，娶甘州回鹘可汗的女儿为妻，如曹元忠创建的 55 窟供养人题记："故北方大回鹘国圣天的子敕受秦国天公主陇西李氏一心□（供）□（养）。"第 61 窟的题记："故母北方大回鹘国圣天的子敕受秦国天公主陇西李。"又如 P.2058 卷背面是五代天成年间的佛事斋文，内云："次为我河西节度使令公宝位延长，公主夫人长承大荫之所建也"，"令公已躬延寿……天公主夫人保贞祥而吉庆"。洞窟题记和文献记载都证实曹议金确有一位夫人是天公主，即回鹘可汗的女儿。"天公主"既是回鹘可汗的妻号，《新五代史》记载"其（回鹘）可汗常楼居，妻号天公主"[5]，又是可汗女儿的称呼，"大回鹘国圣天的子"，当指其女儿。回鹘国是指约于894—899 年间建立的甘州回鹘政权。[6]

曹议金又把自己的两个女儿分别嫁给甘州回鹘可汗和于阗国王，61 窟的供养人题名："姊甘州圣天可汗天公主一心供养"，"姊大朝大于阗国大政大明天册全封至孝皇帝天皇后一心供养"。这是以曹元忠的身份来称呼的，而在曹议金夫人天公主开凿的 100 窟中就称作"女甘州回鹘国可汗天公主一心供养"。后来于阗国王又把三女天公主嫁与曹延禄为姬。

敦煌和亲婚的目的仍然服从于政治、军事的需要，但敦煌和亲婚不是单纯的"羁縻""制夷"之策，而是民族间双方的相互联姻，从而达到和睦相处。共同的利害关系使他们联结起来，一是赢得和平进行建设，另一是保证从西往东贡奉中原的交通大道的畅通无阻。

"和亲"之后，沙州与周边民族关系进入了一个新的阶段：

---

① 《唐会要》卷六《和蕃公主》。

② 《旧唐书》卷一百九十六《吐蕃传上》。

③ 同上。

④ 《大唐西域记》卷十二"瞿萨旦那国"条。

⑤ 《新五代史·四夷附录第三》。

⑥ 荣新江《归义军及其与周边民族的关系初探》，载《敦煌学辑刊》1986 年第 2 期。

沙州与东西方结为"兄弟之国""舅甥之国"，甘州人便频繁往来，于阗在沙州还设立"太子宅"，正如 P.3500 卷歌谣所唱颂的："甘州可汗亲降使，情愿与作阿耶儿。汉路当日无停滞，这回来往亦无虞。"

（三）重亲婚

何谓重亲婚？近亲联姻即重亲婚，俗说"亲上加亲"。近亲指丧礼中的缌麻之服者，如高祖父母、曾伯叔祖父母、族伯叔父母、外祖父母、岳父母、中表兄弟、婿、外孙等。重亲婚有两种情况，一是顺缘婚，从辈行来说，男女双方为同辈，如姑舅表婚；另一是逆缘婚，长辈与晚辈之间的通婚，如舅甥婚。

重亲婚的历史演变　从整体来说，人类社会经历三个婚姻阶段，即群婚、对偶婚和个体婚。群婚阶段包括了前期的杂婚和后期的血亲群婚，这时，一群婚体内部有血亲关系的人互相通婚，借以巩固群体内部的社会关系。随着父系社会的确立和人类社会的不断前进，血亲群婚予以禁止，周制则不娶宗族，《礼记》曰："娶妻不娶同姓。"[1]但在实际生活中，仍不断出现重亲婚，其原因有三：

第一，是古代血亲群婚的遗风，这是重亲婚出现的历史根源。

第二，是门第观念的渐兴，高门或皇族通过联姻来巩固私人的联合，加强自己的势力。特别是宫廷内闱，更以联姻安插心腹，作为政治斗争的一种手段。

如汉惠帝的皇后就是自己姊妹的女儿，舅舅和外甥女婚配，"惠帝即位，吕太后欲为重亲，以公主女配帝为皇后"。即鲁元公主的女儿。惠帝死后，接着吕后又"更立恒山王弘为皇帝，而以吕禄女为皇后，欲连根固本牢甚"。[2]这就是表兄妹联姻。还有厉王次昌，纪太后以自己弟弟的女儿为皇后，这又是一对表兄妹。但是王不爱，最后导致厉王与妻姊通奸。

所谓上行下效，宫廷的风尚必涉及官民，于是重

亲婚得以流行。

第三，是客观环境所造成，有些穷乡僻壤处于一种"部落"或"孤岛"状态，除重亲婚外，别无选择。如白乐天的《朱陈村》一诗："一村唯两姓，世世为婚姻。（自注："其村唯朱陈二姓而已"）……生者不远别，嫁娶先近邻。"[3]

重亲婚在唐代是明文禁止的，唐律中的有关规定是：

1."诸同姓为婚者，各徒二年。"同姓不得通婚，避免了同宗之嫌。[4]

2."缌麻以上，以奸论。"凡前面提到的有缌麻之服并同姓而通婚者，则按《杂律》奸条科罪。[5]

3."若外姻有服属而尊卑共为婚姻，及娶同母异父姊妹；若妻前夫之女者，亦各以奸论。"[6]指外祖父母、舅、姨、妻之父母及凡与母系有血缘关系而又尊卑不分，即逆缘婚者则以奸罪论处。

4.姑表、姨表等亲属，"并不得为婚姻，违者各杖一百，并离之"。[7]

但重亲婚仍层出不穷，就拿唐代宫中而论，长乐公主就嫁给母侄长孙冲，宋苏洵以女嫁内侄程之才。直至现代，在我国少数民族中还有重亲婚，如广西天峨县白定乡的壮族，舅父之子有娶外甥女的优先权；云南的佤族，舅家有儿子，外甥女就不能外嫁，姑家娶舅家一女，照例要还嫁给舅家一个姑娘。[8]

重亲婚在外国也不乏其例，如著名的生物学家达尔文的家庭，从祖父至儿子都是重亲婚，达尔文的妻子是舅舅的女儿，达尔文的外祖父也就是妻子的祖父，他还是一位英国皇家学会会员。看来重亲婚古今中外皆有。

敦煌的重亲婚　五代时，曹议金娶甘州回鹘可汗的女儿为妻，并为了进一步巩固和亲，又将女儿嫁给后来继位的可汗，虽然此女非甘州天公主亲生，但从

①　《礼记·曲礼上》。
②　《汉书·外戚传》。
③　唐白居易《朱陈村诗》。
④　《唐律疏议》卷十四。
⑤　同上。
⑥　同上。
⑦　同上。
⑧　周朱流《就世界民族群婚实例谈婚姻家庭演变史上的某些中间环节》，载《西北民族研究》1990 年第 2 期。

名分来讲，与甘州可汗有外姻之亲，可说是重亲婚。曹议金又将自己的女儿嫁给于阗国王李圣天，98 窟的题名："大朝大于阗国大政大明天册全封至孝皇帝天皇后曹氏一心供养。"后来李圣天又将其三女儿嫁与曹议金的孙子曹延禄，见 61 窟的题名："大朝大于阗国天册皇帝弟（第）三女天公主李氏为新受太傅曹延禄姬供养。"

还有曹氏家族与索氏家族的联姻：

曹议金有一位夫人索氏（61 窟供养人题名："故母钜鹿郡君夫人索氏一心供养。"曹元忠称母者，当为议金夫人无疑），另据 98 窟供养人题名把张议潮称作"外王父"，可知此为索勋的女儿，因索勋是张议潮之婿。

曹家的女儿又与索氏联姻：55 窟供养人题名"外甥小娘子索氏一心……"，说明曹元忠的姊妹有嫁给索家者。

曹家又娶媳妇索氏，61 窟供养人题名："□小娘子索氏一心供养"，"嫂小娘子索氏一心供养"，曹元忠呼嫂者，应是元德、元深之辈的夫人。

可见曹、索二家世代联姻。

（四）收继婚

何谓收继婚？收继婚是指一个妇女在丈夫死后，必须转嫁给丈夫的同胞兄弟及其他近亲，包括长辈、平辈或晚辈。因收继者的不同而有各种异名，如叔接嫂、转房婚、升房婚等，转房婚是指平辈，升房婚则是嫁给长辈。俗话说这种婚姻是"肥水不流别人田"，通过收继，保全了本家族的势力、人口和财产，还可免去聘娶财礼的消耗。不过从礼法观念来说是应该绝对禁止的。

收继婚的流变 春秋伊始，即有"烝报"之事，以下淫上曰烝，长幼不分，男女淫乱，如"卫宣公烝于夷姜，生急子"，夷姜本是宣公的庶母，"淫母而谓之烝"，[1] 这就是《周礼》所说的"卫宣公上烝父妾"。[2]

还有晋献公烝庶母齐姜、晋惠公烝其庶母贾君等。娶伯父、叔父妻为报："文公报郑子之妃，曰陈妫。"郑子即文公叔父子仪。汉律："淫季父之妻曰报。"[3] 另外收继兄弟之妻亦称报，如《后汉书·乌桓传》："其俗妻后母，报寡嫂。"直至隋唐，朝廷仍有收继婚者，如文帝尚未发荣，炀帝即烝庶母宣华夫人，另一庶母容华夫人亦为炀帝所烝。唐代安乐公主在其夫武崇训死后，复嫁夫之从弟武延秀，这是叔嫂婚。

收继婚应是古代血亲群婚的遗风，在客观上起到深化种姓的效果。汉文帝时宦者燕人中行说曾对这种婚俗作过阐述："父兄死则妻其妻，恶种姓之失也；故匈奴虽乱，必立宗种。"[4] 所以收继婚在少数民族中比较盛行，《史记·匈奴列传》："父死妻其后母；兄弟死，皆取其妻妻之。"《后汉书·西羌传》："父没则妻后母，兄亡则纳鳌嫂。"鳌嫂即寡嫂。《周书·突厥传》："父伯叔死者，子弟及姪等妻其后母、世叔母及嫂，唯尊者不得下淫。"《周书·吐谷浑传》："父兄亡后，妻后母及嫂等，与突厥俗同。"

以致和亲婚中一些汉族公主也被其后代收继，如西汉元封时，把江都王建的女儿细君，嫁与乌孙王昆莫，后来"昆莫年老，欲使其孙岑陬尚公主，公主不听，上书言状，天子报曰：从其国俗"。于是岑陬遂以公主为妻，这是收继庶祖母。又如昭君出塞，呼韩邪死，"其前阏氏（单于嫡统称曰："阏氏"）子代立，欲妻之。昭君上书求归，成帝敕令从胡俗，遂复为后单于阏氏焉"。[5] 这是收继庶母。直到近代，西藏的珞巴族，哥哥死后寡嫂和孤儿即归弟弟所有。西藏察隅县的僜人，已婚妇女中有近四分之一为收继婚。[6]

外国的一些少数民族中也有收继婚的习俗，如澳洲中部的阿兰达人、中亚的哈萨克人、西南非洲的霍屯督人、日本北部的虾夷人、美国西部草原的喀罗人等均实行转房婚，也就是兄弟之间行收继之俗。[7]

敦煌的收继婚 敦煌历来是汉族少数民族杂处，

---

① 《左传·桓公十六年》孔颖达疏。

② 《周礼·夏官·司马》。

③ 《左传·宣公三年》杜预注。

④ 《汉书·匈奴传》。

⑤ 《后汉书·南匈奴传》。

⑥ 周朱流《就世界民族群婚实例谈婚姻家庭演变史上的某些中间环节》，载《西北民族研究》1990 年第 2 期。

⑦ 同上。

中唐时吐蕃政权统治达近百年之久，收继婚的习俗必然融入，这可从户籍的记载中探求：

《武则天大足元年（701）沙州敦煌县效谷乡受田籍》（P.3557卷）

户主邯寿寿	年56岁	白丁
女娘子	年13岁	小女
亡弟妻孙	年36岁	寡

此家庭共三人，户主无妻，亡弟妻亦不再嫁，是不是夫死丧服未除呢？按唐制：三年一造户籍，凡三年内死亡者，即上次造籍账后逝世者，均在本账中列出姓名，附注说明死亡时间，三年以上者，因上次账中已交代，则不再登记。据此可知其弟死亡已超过三年，完全可以自由再嫁，而现在与夫兄共同生活在一起，从官府的课税到田产的授予，均作为一个家庭整体对待，这是收继弟媳。

户主索巩	才年50岁	卫士
母白	年56岁	寡（P.3669卷）

很明显白氏非亲生母，她只比儿子大六岁，家中就此二人共同生活，这是收继庶母。

《天宝六载（747）敦煌郡敦煌县龙勒乡都乡里受田籍》（P.3354卷）

户主杜怀奉	载45岁	上柱国
亡兄男崇真	载37岁	卫士武骑尉
…………		
亡兄妻氾	载46岁	寡
亡兄男崇宾	载23岁	白丁
亡兄妻张	载36岁	寡
……		

这是一个原为十五口人的大家庭，其中崇真的八岁儿子，怀奉的七岁儿子、二十岁的弟弟在天宝三载后死亡，现有十二人，三位成年男子均无妻子的记载。户主最小的儿子七岁（夭折），他妻子逝世已达4—7年之久（因本次账中无名，最少是在上次账时限内死亡）为什么不娶？两位寡嫂都在壮年，又无丧服之限，而均不出嫁。佃儿崇真，可以肯定这两位寡嫂都不是亲生母，氾氏比他大九岁，而张氏比他还小一岁。崇真的小儿八岁已死亡，说明其妻子离开人

世已4—8年之久，一位三十多岁的从七品散官，又为什么不续弦？这个家庭可能包含着收继寡嫂及收继庶母两种婚姻形式。

《大历四年（769）沙州敦煌县悬泉乡宜禾里手实》（S.514卷）

户主索仁亮	年38岁	守左领军卫宕州常吉府别将……代兄承户
兄思楚	年69岁	老男翊卫 宝应二年（763）账后死
亡兄妻宋	年70岁	寡

（亡兄有三男二女，三人夭亡，二男见存）

索仁亮无妻无儿女，注明"代兄承户"，无疑其兄的一切统归他所有，当然包括寡嫂在内，其兄逝世已六年，这是收继婚中的"叔接嫂"，不过二人年龄差距很大，其寡嫂都可以当他的母亲了。

户主唐元钦	年57岁	老男
亡兄妻孙	年68岁	寡
亡兄男游玉	年27岁	白丁

（元钦有一女，20岁；亡兄女一人19岁，二人均逃走在外）

此户实际生活者三人，元钦女已20岁，说明妻子早已死亡，长期以来和寡嫂共同生活。

从敦煌收继婚的事例来看，此类婚姻有如下特点：

第一，二人无须重新履行结婚的有关手续和仪式，寡妇仍保持原来的身份，只彼此在一起共同生活。凡流行收继婚的地区，丈夫死亡，妻被有关族人收继，似乎已成为默认的公例。如金太祖萧妃，后被太祖弟斜也收继，生子隈喝，但正史讳而不宣，直至熙宗（太祖孙）朝及海陵即位之初，仍以及祖妃的名义而进封为贵妃、元妃，于天德二年（1150）尊封为太妃。又如太祖嫡子宗峻妻为其大伯宗干收继，而在宗干弥留之际，"上及后同往视，后亲与宗干馈食"。[1] "上"指熙宗（宗峻子）"后"指宗峻妻，说明收继后仍按原来的身份、名号。这种现象引起了当政者的注意，以致大定九年（1169）明文强调："以礼续婚者，听。"[2] 要求收继婚也必须举行一定的礼仪手续，才能名

① 《金史·完颜宗干传》。
② 《金史·世宗纪上》。

正言顺。由此可知收继婚中存在不按礼制的苟合现象。

第二，男方有的是亡妻或无妻者，其身份有普通百姓如白丁、老男等，亦有散勋品官，如上柱国、别将等。这说明尽管收继婚是一种现成的廉价的婚姻，但经济利益不是其主要目的，因为像上柱国、别将等绝不是讨不起老婆之辈。至于宫廷中的收继婚就更不是经济条件所限。

第三，大多数女方有较多的孩子，上述五户中三户是"叔接嫂"，都有侄儿侄女，在这种状态下，如不收继，就牵涉到这些孩子的安置问题，所以收继婚多为"叔接嫂"，其目的从维护家庭宗族利益出发。

第四，收继婚还可以用"代兄承户"的名义，如上述索仁亮户。

（五）族际婚

何谓族际婚？不同民族之间相互通婚，谓之族际婚，也称外婚制、族外婚等。这种婚姻是历史进程中民族交融的自然产物，无悖于礼法，还可促进民族团结和文化技术的交流。

族际婚的历史演变 我国古代流传着"槃瓠"的神话：帝喾以女许配槃瓠（神犬名），从而繁衍出"蛮夷"之族。这就是我国原始的族际婚的反映，帝女为汉族之代表，槃瓠者当是以犬为图腾的一部族。至春秋时，晋献公娶二女于戎，允姓戎女生夷吾。这是正史记载的早期的族际婚。

汉代以来，随着和亲婚的开创，与周边少数民族的往来越发频繁，民间的胡汉通婚亦相应流行，《后汉书·邓训传》：章和二年（88）邓训代张纡为护羌校尉，诸羌"遂相与解仇结婚，交质盟诅。"[1] 而在敦煌遗书的《良吏传》中，记邓训任凉州太守时，善能抚导羌胡，"又令胡汉递相嫁娶，蕃汉和睦，绝无斗竞。"（P.3636 卷）通过推行族际婚，改善了民族关系。

魏晋以来，五胡入主，胡汉通婚更是普遍，从皇族来看，北魏拓跋氏先后共有后25人，其中11人为汉族，迨至隋唐，隋文帝的独孤皇后，唐太宗的长孙皇后，代宗的独孤皇后，都是鲜卑人，邠王男承案纳回纥公主为妃。至宋，不但反对和亲，且亦禁止族际

婚，太宗至道元年（995）颁布诏令，禁止西北缘边诸州民与内属戎人婚娶。这从一个侧面反映了当时河西诸州族际婚的普遍。金元以来，随着少数民族势力的崛起，胡汉通婚之禁自然无效。

敦煌的族际婚 敦煌素有"华戎一都会"之称，为多民族杂居之地。东汉时，在邓训太守的倡导下，河西就形成了胡汉通婚的优良传统。其后又有仓慈的继任，P.3636 卷中有《仓慈传》："仓慈字孝仁，淮南人也，为敦煌太守。先时强族欺夺诸胡，为慈到郡，处平割中，无有阿党。胡女嫁汉，汉女嫁胡，两家为亲，更不相夺。"据《三国志》（卷十六）《仓慈传》可知：仓慈是在太和中（227—233）出任敦煌太守的，在此之前，敦煌"以丧乱隔绝，旷无太守二十岁"，以致大姓豪族，胡作非为，仓慈到任，革除旧弊，移风易俗，从而出现了一个民族和睦的新局面。

从敦煌的有关籍账中亦可得到证实：

《西魏大统十三年（547）瓜州劾谷郡计账》（S.0613 卷）：

户主侯老生	水（癸）酉生	年 55
妻叩延腊腊	丙子生	年 52
息男阿显	丁未生	年 21
息男显祖	辛亥生	年 17
息女显亲	乙卯生	年 13
息女胡女	戊午生	年 10
息男恩恩	甲子生	年 4

这是胡汉通婚的家庭，其一从老夫妻的姓名可悉，男方为汉，女方为胡。其二从孩子的命名亦可反映，"显祖""显亲"，这是儒家"荣宗耀祖"思想的反映，而"胡女"则说明了其母的族性。

户主其天婆罗门	戊辰［生］	［年］60 妻
白丑女	辛巳生	年 47
息男归安	水（癸）丑生	年 15
息女愿英	戊午生	年 10
息男回安	己未生	年穷（玖）

男方为婆罗门，此人应为印度侨民，从儿子命名"归安""回安"来分析，应是西域东徙之民。

户主叩延天富	壬辰生	年 36

---

① 《后汉书·邓寇传》。

| 母白乙升 | 水（癸）亥生 | 年65 | |
| 妻刘吐归 | 丁酉生 | 年31 | |

父子两代均为族际婚。

户主王皮乱	己巳生	年59	
妻那雷处姬	辛卯生	年37	
息女女亲	辛丑生	年27	中女，

出嫁受（寿）昌郡民泣陵申安

| 息女丑婢 | 丙辰生 | 年12 | 中女， |

出嫁劾谷县斛斯已奴党王奴子

这位妻子是续弦，37岁不可能生27岁的女儿，妻子是少数民族，两个女儿又分别与异族婚配。

在本籍账中共出现七户，其中一户户主及妻子姓名残缺，就完整的六户看来，四户是族际婚，约占67%；四户中男方为少数民族者（包括出嫁者）四人，女方为少数民族者二人。不过因资料所限，只能从姓名去判断，而有些少数民族的姓名与汉族是近似的，如白氏在回民中也有。就初步情况可知当年敦煌的族际婚是比较普遍的。

直至五代，归义军曹氏执政时，节度使家庭的族际婚就是一个典型，对外与甘州回鹘及于阗王国通婚；在敦煌境内与五代时崛起的鲜卑人慕容氏家庭通婚。莫高窟第98窟供养人题名："女第十六小娘子一心供养出适慕容氏"；"故姊第十一小娘子一心供养出适慕容氏"。第108窟供养人题名："故姊第十一娘子一心供养出适慕容氏"；"侄女第十六小娘子一心供养出适慕容氏"。"第十一小娘子"是曹议金的女儿，"第十六小娘子"是曹元忠的女儿。慕容氏在五代时为瓜州刺史，在敦煌可谓是"一方之雄"。

（六）教内婚

何谓教内婚？又称宗教婚，以宗教信仰为界限，只在本教内部联姻的一种婚姻形式。形成教内婚的原因，有的出于宗教偏见，歧视异教徒，有的是彼此生活习俗不同，所以互为泾渭。如伊斯兰教明确宣称："不信道者，确是你们的明显的仇敌。"强调教内通婚："你们当中在能力方面谁不能娶信道的自由女，谁可以娶教友所管辖的信道奴婢。真主是知道你们的信仰的，你们彼此是同教的。"（马坚译《古兰经》第四章《妇女》）信奉伊斯兰教的男性，当他因条件所限没有能力娶同教的自由女时，他可以娶同教的奴婢，也就是说教内婚可超越良贱不通婚的界限。

在印度的巴特那和阿拉哈巴德等地，印度教和伊斯兰教徒彼此不能接触，不能一起生活，以保持各自的"圣洁"，彼此通婚更是绝不可能。[1]

敦煌的教内婚　主要表现在教团内对寺院中常住百姓的婚姻规定。中唐吐蕃时期，敦煌实行"寺户"制度，其性质相当于寺院的奴隶，也称"人户"。晚唐归义军时期，"寺户"制度改变为"常住百姓"，姜伯勤先生说："人户"即"当寺人户"，亦即"常住百姓"。[2]常住百姓比寺户享有较多的人身自由，"他们在国家法律中是良人身份，但在私人地产的习惯法中是一种隶属性的依附人口"。[3]这些常住百姓都是佛教信徒，具有一定程度的家庭经济的独立性，但在政治和经济上对寺院又有其依附性，需向寺院交纳租课，并承担一定的劳役。

P.2187卷对其婚姻的规定如下：

> 其常住百姓亲五礼则，便任当部落结媾为婚，不许共乡司百姓相合。若也有违此格，常住丈夫私情共乡司女人通流，所生男女，收入常住，永为人户驱驰，世代出客出限。

这是一份《敦煌诸寺奉使衙帖处分常住文书》，即约在晚唐时期由归义军衙府制定，并由僧团发布的一份榜文。对常住百姓婚姻的规定有三方面的内容：

第一，只许在本部落内联姻，"当部落"是指"常住百姓聚居的等级集团"[4]在吐蕃时实行"部落—将"的基层管理机构，在归义军前期仍沿用，有"僧尼部落"之设，当部落是指常住百姓聚居点的区域范围之内。

第二，常住百姓不能和乡司百姓的女人结婚，也就是禁止和非常住百姓的女人联姻，强调以男方为

① 王树英《印度文化与民俗》第七章，中国社会科学出版社，2018年。
② 姜伯勤《唐五代敦煌寺户制度》第三章第五节，中国人民大学出版社，2011年。
③ 同上书第三章第六节。
④ 同上书第三章第四节。

主，其目的是保持常住百姓基本队伍的不断巩固与扩大。因为张议潮收复河西后，曾经放免了部分寺户。上述文书中提到"除先故太保诸使等世上给状放出外"，常住百姓成员面临日益减少的状态，所以才明文禁止其外流。文中对常住百姓的女儿能否出嫁乡司百姓无具体规定，恐怕是满足了男常住百姓的婚配后，其子遗者也就听之任之了。

第三，对违反规定者做出严肃处理，其所生育的后代，一律收进寺院充为人户，一辈子做寺院的奴隶，其后果是相当可怕的。

常住百姓不能和乡司女人结婚，其性质是良贱不通婚还是教内婚？吐蕃时期的寺户不与乡司女人通婚，可以说是良贱不通婚，因为这时的寺户"其地位又相当于《唐律疏议》中的'观寺部曲'或'部曲'"。[1]部曲即较高级的奴婢，相当于家仆。据唐律，这些人只能"当色为婚"，如违律结婚则判刑："诸与奴娶良人女为妻者，徒一年半""娶客女减一等，合徒一年"而"称部曲者，客女同"。[2]良人、部曲（客女）、奴婢三者之间是互不通婚的。

但到了归义军时期，常住百姓的身份与寺户不相同，最主要的是国家法律承认是良人，"百姓"一词即良人的称谓，他们与乡司女人通婚是不违犯律令的。但是常住百姓又是"一种依附人口"，"限制常住百姓与良人以上等级的结合，是为了以婚姻限制，来阻止常住百姓利用婚嫁离开寺院地产，从而反映了常住百姓对寺院的人身依附和土地依附"。[3]这样一来，问题的症结就不是良贱，而是为了维护寺院的利益，是为了使常住百姓束缚在寺院地产上提供劳役地租，所以是教内婚。

这样一来，常住百姓的通婚范围就比较狭窄，再加上经济条件也较差，所以基本上以一夫一妻制为主，如《丙申年十月十一日报恩寺常住百姓老小孙息名目》（P.3859）：

户张保山　男义成　妻阿扬　男丑子　妻阿石（另有孙子三男二女）

户张愿通　妻定女　弟再昌　妻胜子（有三男一女）

户阎海全弟海润、海定、海昌……妻乙子、妻胜端、阿张、妻长太女……户阎存遂……女长太

户赵愿昌弟愿山……妻连子妻长友……前妻员婢

由于记载的简单，无法了解赵愿昌户中的"前妻"，是离婚、逃走还是死亡，其他均为一夫一妻。另外阎海全户中有"妻长太女"，阎存遂户中有"女长太"，是两人同名还是同为一人，如是后者，则有"同姓通婚"或"近亲通婚"之嫌。

敦煌的教内婚是佛教寺院对常住百姓采取的一种强制性措施，从保护本教利益出发，以确保寺院劳动力队伍的持续发展。

（七）冥婚

冥婚又称冥契、冥配、幽婚、鬼婚、配骨等，俗称"嫁死人"。有两种情况：一是男女双方夭折，未婚而亡，在世的双方家长按一定的礼仪程序使二人在名义上结为夫妻，迁葬共穴；另一是生前已有聘约，或已为成年者，未及完婚而亡，仍通过一定仪式，迎柩合葬。冥婚就是为死人议亲，主要是在世亲人骨肉情深，以求得痛苦的心灵有所寄托。

冥婚的历史演变　远在周秦就有记载，《周礼·地官·媒氏》："禁迁葬者与嫁殇者。"郑玄注："迁葬，谓生时非夫妇，死既葬，迁之使相从也。殇，十九以下，未嫁而死者，生不以礼相接，死而合之，是亦乱人伦者也。"孔疏说："迁葬，谓成人鳏寡，生时非夫妇，死乃嫁之。嫁殇者，生年十九已下而死，死乃嫁之，不言殇娶者，举女殇，男可知也。"

从上述记载可知：第一，冥婚之俗在战国时已盛行，所以《周礼》才有必要明文立戒。第二，迁葬与嫁殇是冥婚的两种不同形式，迁葬是对已成年的男女而言，生前非夫妇，死后迁尸共穴，使在冥府结为夫妻。嫁殇是指十九岁以下男女，夭亡后合葬完婚。后代无此界限，以冥婚统称之。

虽然礼制禁止，但历代均有冥婚之史实：

曹操幼子仓舒卒，司空掾邴原有女早亡，操欲求

① 姜伯勤《唐五代敦煌寺户制度》第二章第五节，中国人民大学出版社，2011年。
② 《唐律疏议》卷十四。
③ 姜伯勤《唐五代敦煌寺户制度》第三章第四节，中国人民大学出版社，2011年。

与仓舒合葬，邴原辞曰："合葬，非礼也。"最后仍然聘甄氏亡女与之合葬。

魏明帝幼女淑卒。陈群谏曰："八岁下殇，礼所不备。"

北魏穆崇玄孙平城早卒，孝文帝时，始平公主薨于宫，追赠平城驸马都尉，与公主冥婚。

初唐，懿德太子重润被武则天令杖杀，死于非命，中宗为聘国子监丞裴粹亡女为冥婚，与之合葬。

可见历代宫廷，尤其是皇帝带头行冥婚，到了宋代，冥婚之俗有增无已，并形成一整套程序、仪式：北俗，男女当嫁娶，未婚而死者，两家命媒互求之，谓之"鬼媒人"。"通家状细帖，各以父母命，祷而卜之。得卜即制冥衣，男冠带、女裙帔等毕备。媒者就男墓备酒果，祭以合婚，设二座相并，各立小幡，长尺余者于座后，……奠毕，祝请男女相就，若合卺焉。"①

直到清代、民国，冥婚之俗仍在流传，甚至发展到一方为死人、另一方可为活人的"抱主成亲"和"冥婚夫"之恶习。②

敦煌的冥婚　在 S.1725 卷的初唐书仪中对冥婚的含义做了如下阐述：

> 问曰：何名嬒婚者？男女早逝，未有躬娶，男则单栖地室，女则独寝泉宫。生人为立良媒，遣通二姓，两家和许，以骨同棺，共就坟陵，是为婚嬒也，一名冥婚也。

这里提出了一个新的概念：冥婚又称嬒婚。"嬒"的本义据《说文》解释是："女黑色也。"或通"苍"，兴起貌。这与冥婚之义真是"风马牛不相及"。而据《周礼》，古时有禬礼之说，女祝"掌以时招、梗、禬、禳之事，以除疾殃"，注曰："除灾害曰禬，禬犹刮去也。"疏曰："禬者，除去见在之灾。"③民俗传说，未婚而死之男女，如不举行冥婚，"则男女或作祟，见秽恶之迹，谓之男祥、女祥鬼"。④冥婚正可以禳除上述灾殃，而且儿女死亡本来是一大悲剧，以冥婚之举来减轻在世家人的痛苦，达到逢凶化吉的目的，所以

"嬒"通"禬"，冥婚亦称嬒（禬）婚。

整个冥婚过程分三步：（S.1725、P.3637）

第一步通婚　冥婚也必须通过媒人，谓之"鬼媒人"，此等人专门"察乡里男女之死者而议，资以养生焉"。⑤看来有以此为职业者，还需付给一定的报酬。在媒人说合的基础上，先由男方家长发出"冥婚书"（见《冥婚》部分录文），措辞含蓄委婉，先是客套，略叙两家之彼此敬仰，然后提出正事，议婚对象双方明明是死人，但通篇不出现一个死亡之字，男方自称"积善无征，苗而不秀"，提女方是"春花未发，秋叶已凋"，盛赞女子"淑范夙芳，金声早振"。因是婚姻之书，也如正常的通婚书，名之曰"白书"。

女方如同意，则回以"答冥婚书"，自称："积德不弘，矗垂已女"，盛赞男子"含章挺秀，以劲松贞"，遗憾的是"朱展九能，先悲百赎"。

交换冥婚书后，就算是双方一致协定。

第二步设祭　男女方各自在墓前祭奠，设供焚香，并需念祭文，其内容主要是通告亡灵，与某氏（或某子）修聘，"二姓和好，以结冥婚"。女方父母还叮咛："好修妇礼，谨事他们。""择卜良时，就今合指"，在阴阳家推算卜问的日子和时辰进行开棺。

第三步合灵　另迁新坟，男女合葬，"吉在今辰，迁就高圹"，举行一次比较隆重的"合灵祭"，由男家主持，"告汝甲乙及姓新妇"，这时称谓改变为"新妇"，说明已迎娶到家，成为男家的成员。"白骨同棺，魂魄共合，神识相配，何异生存"！在祭奠时，把二人的灵位合在一起，"礼制难越，二灵合筵"，最后祝愿他们"善自和邕，以保终始"。

冥婚的进行可以说慎重其事，类似生者的婚姻，包含着通婚和成礼两个关键。从冥婚仪式的完备可知敦煌行此俗。

中古时期敦煌的婚俗在以聘娶为主的前提下，还流行各类婚姻，包括和亲婚、重亲婚、收继婚、族际婚、教内婚和冥婚。既保留了汉民族的传统，又融

---

① 《说郛》卷二十一《昨梦录》。
② 彭利芸《宋代婚俗研究》第二章第十节，新文丰出版公司，1988 年。
③ 《周礼注疏》卷八《女祝》。
④ 《说郛》卷二十一《昨梦录》。
⑤ 同上。

合了当地民族的习俗；反映了敦煌为佛教东渐桥头堡的宗教特色，又显示出晚唐以后藩镇跋扈，俨然独据一方，和亲婚的出现正是古诸侯王国的缩影。

敦煌婚姻仪式

婚姻为万世之始，"一事宗庙，下继后世"，对家庭、家族乃至社会都有着深远的影响。所以自古以来，不得苟且，而必须通过一定的程序，使婚姻得以成立，以示其严肃、庄重之义，这一系列程序就是婚姻仪式，简称婚仪。婚姻仪式的产生来自两方面，一是出于礼法，从周朝以来的六礼，是我国数千年来婚姻仪式的典范，直至明清宫廷的婚姻仪式，莫不皆宗于此，这是我国传统的正规婚仪。二是成于习俗，为民间所衍生，因时、因地、因人自然演变，不受礼法的拘约，情之所至，随需而生，丰富多彩。所以各朝、各地的婚仪，往往有共性和个性之分，同时虽有多种类型的婚姻，但其婚仪则多依聘娶婚，本章探讨的就是敦煌聘娶婚之仪式。

敦煌遗书中系统记述婚仪者有两种卷子，一种以S.1725卷为代表，另一种以张敖书仪为准绳。S.1725卷为《初唐旧礼》，它基本上遵循六礼，以纳征和亲迎为主。首先是大昕之时，亦即上午，给女家送去六礼，此六礼是指"雁、羊、酒、黄白米、玄纁、束帛"六种财礼，由媒氏及"谨遣某官姓某乙再拜"；系以"纳征"版，上书："某官人门下合姓顿首叩头"。此即代表"白书"，女家收纳，则婚姻成矣！

接着就是亲迎，附有财礼及亲迎版，家庭设祭、禀告先灵，然后前往女家，女婿可前去，也可不去，"遣迎大夫某官姓名再拜"；在女家升堂奠雁（或鹅），新妇与父母告别后即登车至男家，同牢合卺毕，相互对拜，即入青庐。第二天拜见翁姑，招待宾客，婚礼即告结束。

张敖书仪中的婚仪分两大阶段，即通婚和成礼，通婚相当于六礼的纳采、问名、纳征，成礼相当于亲迎。张敖书仪更趋向习俗，在婚仪的名称上已不用古六礼的程式。张敖书仪是敦煌婚仪的范本，是代表官方的、具有权威性的婚仪，此处以张敖书仪为依据，在此基础上对敦煌婚仪做具体探讨。

---

① 《唐会要》卷八十三《嫁娶》。

（一）通婚阶段

通婚阶段从议婚开始，经过一定的程序，最后达到订婚的目的。在古六礼中要经过纳采、问名、纳吉、纳征，征者成也，说明婚事已定，不得反悔；而敦煌只需通过函书和纳礼即可。

通婚书　首先由男方向女方发出通婚书，从而揭开了婚事的序幕。恐怕在此之前，媒氏做过一定的疏通和酝酿，然后才正式发书，通婚书包括两封信，第一封信是对家长的问候致意，纯是客套，如"倾瞩良深""倾慕之至"，祝愿对方"动止万福""馆舍清休"等，可以说是开场白。第二封信才是正题，其内容有三：1. 介绍男孩的姓名、年龄。2. 点明拟求婚的对象，并盛赞姑娘之美德。3. 介绍媒人的姓氏。最后表示："愿结高援""伫所嘉命"，这实质上是一封求婚信。

为了表示郑重和诚意，此信的用料及书写格式均有严格要求，"切须好纸，谨楷书"，写好后，"紧卷于函中"，装信的木匣应用梓木、黄杨木、楠木等制成。对紧木匣的大小尺寸亦有具体规定：长一尺二寸、宽一寸二分，板厚二分，盖厚三分，内宽八分，分别象征着天时季节、阴阳二仪及天地人三才。外面用五色线分三道着缚之，中间写上封题："谨谨上丨厶（某）官阁下丨全丨厶（某）官衔、厶（某）郡、姓名封白。"敦煌书仪的封题有五个等级之分："绝重云：谨上厶（某）官阁下"，"次重云：谨通上厶（某）官阁下"，"次云：谨上厶（某）官记室"，"次云：通上厶（某）官"，"次云：通送执事"。（P.3502卷）可知通婚书的封题在敦煌书仪中是最尊贵的格式。这些细节表面看似烦琐，其实反映了对婚姻的诚意和严肃态度。

"通婚书"又名"白书"，如《今时礼书本》（P.3909卷）"论通婚书法第一"的第一封信："厶（某）乙蒙免，谨专白书"，第二封信开首言道："厶（某）乙白"，末署："厶（某）乙谨状，白书不具"。《通婚函书》（P.2619卷背）末云："愿敬德遣白书"，《答函书》亦云："愿敬勖还白书"。婚书之俗盛行于唐，建中元年（780）十一月，颜真卿等在关于婚嫁问题的奏议中说道："又其函书，出自近代，事无经据，请罢勿用，从之。"① 婚书的使用并不因颜氏的一纸奏折而停止，在唐律中就明文规定以婚书及聘财作为婚姻成立的主要标志："诸许嫁女，已报婚书及有私约而辄悔者，杖六十。"疏议曰："许嫁女已报婚书者，谓男家致书礼请，女氏答书许讫。""虽无许婚之书，但受聘财亦是。"[1] 说明"通婚书"和"答婚书"的一来一往表明婚约已立，并具有法律的效力，相当于古代的下聘。白居易在一次判文中批曰："婚书未立，徒引以为辞；聘财已交，亦悔而无及。"[2] 只要一立婚书，婚姻关系就确立无疑。

"婚书"之所以又名"白书"，可能含着这样的双重意义：其一是"白事"，以书信向对方禀告、陈述事情；其二是表示此书具有"白契"的作用，据宋郑刚中《北山文集·论白契疏》可知：无官印的文契、私人收藏的契据称之曰"白契"，而婚书正是婚嫁的私约。"白书"一词在初唐的 S.1725 卷中已有，纳征版的题字可说"某官人门下合姓顿首叩头"，或说："白书""任意一法全无咎"。

送函仪　男方的婚书由函使押送至女家，函使二人，一为正使，一为副使。充任函使的条件是：1. 本亲族中的年轻人，"于亲族中拣两儿郎"。2. "有官及有才貌者"。乘马前往，该马不配鞍辔，用青丝或青麻做笼头，用红绿线装饰马尾，使其飘扬摆动，并"令人两边拢行，至女家门前"，颇有点儿招摇过市的气派。

另外还出动"函舆"，函舆即专送婚书的车子，有两位较高等级的婢女随行，车内放装婚书的匣子，并陪送下列财礼：

次五色彩、次束帛、次钱舆（随多少，并须染青麻为贯索）、次猪羊、次须面、次野味、次果子、次苏（酥）油盐、次酱醋、次椒姜葱蒜。

上述财礼除绫罗匹帛用箱盛或襆裹外，其余物品均以盘盛之，上盖花单。

敦煌通婚的财礼依其性质的不同，可分作三部分：

第一是沿袭古六礼之俗者。如玄纁、束帛和钱，这是婚礼传统的必备礼品。玄纁象征阴阳之完备。束帛者，五匹绢也，玄三匹，纁二匹，每匹两头对卷，合为十端，"以放（做）夫妇片合之义，展之则离，卷之则合"。（S.1725 卷）至于敦煌婚礼的钱习用麻绳贯之，当是铜钱，在春秋之时，尚无此物，俪皮（成对的鹿皮）就是古代的货币，所以财礼用钱正是古俪皮之礼的遗风。

第二是后代婚嫁财礼的变异。婚礼用羊，西汉以前无此礼。S.1725 卷阐述："汉末之后，始用羊，并在母腹下，胡跪饮乳之志。妇人产子，彼有恭敬之心，是故婚礼用羊。"羊、祥是取其谐音，以示吉祥；后者则指羊羔，以祈后代子孙。北齐宫廷婚礼是羊及羔羊均用。至于婚礼送猪，史籍少见，只在祭祖、告庙时作献牲之用，而敦煌婚礼则猪羊并用。

婚礼送面应来自"谷圭七寸，天子以聘女"之礼，谷圭是上有谷粟图形的圭。在后汉便出现"粳米、稷米"的财礼，北齐聘礼，黍稷稻米面并用。

婚礼用稻谷之物，其义有三：一是和善之意，"谷者，善也"。谷圭又名善圭，婚聘是和好之事，故名。[3] 二是谷粟之为物，充实而能养人，"粳米养食，稷米粢盛"。[4] 三是代表旺盛的繁殖能力，"以谷不失性，生生而不穷也"。[5] 敦煌在中唐吐蕃时期有生产大米的记载（见 S.0542 卷背面），归义军时期则无，故张敖书仪只能以面代之。

婚礼用野味，这可能有两重含意：一是和古俪皮之礼有关，后代作为礼制沿用，魏晋以降更有用虎皮、豹皮者，敦煌的野味与野兽之皮有联系。二是和奠雁有关，在无雁时，野雉、野鹜等亦可代之。

第三是具有地方民俗特色的物品。或者是本地的特产，如苏（酥）油等；或者是本地所缺之物，敦煌乃至河西均不产姜，时至今日，敦煌吃姜由四川或南方运来，蒜也靠酒泉输入；或者是当地人民生活所需，如酱醋和椒姜葱蒜，河西地区的饮食，每顿不离酸、辣之味。

①　《唐律疏议》卷十三。

②　唐白居易《得乙女将嫁于丁既纳币而乙悔丁诉之云未立婚书》。

③　《周礼注疏》卷二十。

④　《通典》卷五十八《公侯大夫士婚礼》。

⑤　《周礼订义》卷七十六《冬官考工记下》王与之注。

女家受函仪 可分作四步：第一步是准备工作。获悉男方将要来临，即在堂屋前摆一床（此非卧床，详见后文"下女夫"的有关论述），床上放一案，床、案均需挂裙帷。案上置香炉、刀子及水碗各一，焚香设拜，以告天地祖先，刀子用来开函箱，水碗的用途未做交代，不详。上述物品齐备后，令两名婢女立于案两头，婚主立于东阶侧，等候函使驾到。

第二步是交函。送函队列进入女家门后，即把礼品列于中庭，由车中的婢女将函箱交与函使，函使跪交主人，并说："某氏礼函"，然后立于西阶。

第三步是受函。主人跪接，两名婢女抬案下阶接函，然后抬回床上安放，用刀子开函箱。主人升堂读通婚书，如父母双亡者，这时应跪拜微泣三声，如对婚事无异议，然后收受男方送来的礼品。

第四步是善后处理。婚主与函使相见寒暄，"参慰驾之礼"，并以酒饭相待。在函使离去时，女家应以布匹或衣服之类的礼物犒劳，"随丰俭与之"，以示感谢。

答婚书 女家在收到男方通婚书后，如同意则回以"答婚书"，也相应地有两封信，一为家长的彼此问安；另一为白书，主要内容有两点，其一是报自己女儿的名字、年龄；其二是表明态度，与第几男"愿存姻好，愿托高援"。而且在白书中说明姑娘"未闲礼则"、男方"未有伉俪"，这绝不是客套，因婚书具有法律效力，这表明男女双方均为未婚，日后如生意外，则可以此为凭。答婚书何时送与男方，无明确交代，按情理很可能交函使带回。

通婚阶段至此结束，婚姻正式成立，不得随意反悔。婚书的范本分两类，一类是"公侯卿大夫已（以）上男女用之"，另一类是"令长以下及庶人同用"（P.3909卷《今时礼书本》）。二者的内容、格式相同，只在称谓上有所区别而已。前者称"厶官阁下"；后者称"厶儒尊体"。女家答婚书对前者有"受宠若惊"之语气："跪捧告白，无任战越：伏丞贤弟□□未有婚媾，卑末小娘子……既奉诲示，敢不依命"；后者就处于正常的平等状态。

（二）成礼阶段

成礼相当于六礼的亲迎，亦即后代的结婚。这是婚礼中最为隆重而又繁缛的阶段，特别在民俗中更是绚丽多彩的一节。成礼的一切活动必须在黄昏后进行，"婿则昏时而迎"。张敖书仪中的具体仪式如下：

告庙 在成礼日，男女双方分别要祭祀先灵，有正规的祭文，还荐以少牢之奠。（见 P.2619 卷背面）祭文的内容包括：禀告祖先厶男与厶女或厶女与厶男互为婚媾，媒人厶乙，用今日吉辰（年、月、日）成礼。祭拜后，辞别先灵。按周代六礼，只有女子离家前有告庙之说，《仪礼·士昏礼》疏曰："以先祖遗体许人，以适他族，妇人外成，故重之而用醴，复在庙告先祖也。"男子是在亲迎娶妇归后，才一同行庙见之礼。

亲迎 告庙后，新郎即向父母告辞，微哭数声示意。这和一般婚礼的常规有异。一般只有女子哭别父母之说，而敦煌却是"儿郎于堂前北面辞父母，如遍露微哭三五声"，这一细节正反映了敦煌婚俗的一个很重要的特点：在女家成亲。P.3502 卷背面是张敖所撰的《新集诸亲九族尊卑书仪》，在"嫁娶祭文"中说道："今因吉辰之日，遵礼仰之仪，□（离）父别亲，克就嘉筵之户。"本来常规的亲迎是男方到女家把新妇接回来，举行婚礼，而敦煌则是男方离别本家到女方家中。

告别父母的地点在家中堂前北面，接着由傧相（亦称相郎）陪同，骑马向女家进发。莫高窟85窟窟顶西坡的婚嫁图左下角一人高擎火炬，前导引路，后面是新郎与傧相的亲迎行列，均乘马而来。因画面损坏，无法辨认马匹数目，在《咒愿文》中有"五马绊于门外"之说。（P.3252 卷背、P.3893 卷）85 窟的画面再现了古代"执烛前马"之仪，使从役持炬火居前照道。

下女夫 敦煌遗书中有《下女夫词》八件，记载了当地婚仪的"下女夫"之俗。"女夫"即"女之夫"，通称女婿。P.3126 卷记载："索中丞以下三女夫，作设于西牙（衙）碑毕之会。"这三人乃指索勋："公则河西节度张太保之子婿也"，（《索勋纪德碑》）李明振："妻父河西十一州节度使张公"，（P.4640《李氏再修功德记》）阴文通"司空半子"，（P.4660—27卷）他们都是张议潮的女婿。为什么有的称婿而有的称女夫呢？"女夫"一词还包含着以女方为主的特定意义。上述三人当他们在张议潮的衙府中则以"婿"称之。

又如 P.2641 卷丁未年（947）《宴设司账目》：

"南宅女夫郎君屈客油二升",南宅是归义军衙府邸宅,曹家女婿在曹府请客,亦以"女夫"称之。还有P.3410卷僧人崇恩的遗嘱中,分配遗物时包括"侄女夫张忠信""侄女夫张忠均",这仍然是从女方的角度而言。

《史记·滑稽列传》云:"淳于髡者,齐之赘婿也。"司马贞注曰:"女之夫也。"这也含有以女方为主之意。

对"下"字的含义,学术界有以下诸见:

1."有戏弄之意":上古韵"下"(hao)、"戏"(xia)同属鱼部,可以相通;并以《下兵词》佐证,亦有戏弄调侃之意。① 这是张鸿勋先生之见。

2."下"和"女夫"结合在一起,成为一个谓宾结构,使动用法,它的意思是"使女夫下",设法让女夫从马上下来。这是白化文先生之见。②

3."下女"是指敦煌民间普通女子,这是高国藩先生的意见。③

此"下"字作为动词比较合适,这在唐代不乏其例:颜真卿的奏议及《封氏闻见记》都明确提出"下婿",《隋唐嘉话》的"下兵",这种场合又都带有喜剧性的嬉闹气氛,并为正统礼教所不容,致有"停下婿之俗"的非议,"下兵词"也是歌舞齐作,致有"喧哗窃恐非宜"之说。而在亲迎开始的"下女夫"之俗中,也同样反映了故作刁难、戏耍新女婿的内容。

当新郎一行抵达女家门时,女方姑嫂闭门相拦,开始了"下女夫"之仪(见"汇录"三之〈一〉、〈二〉),其内容包括:

第一,盘诘戏谑。男女傧相各为一方,先由男方发言:"贼来须打,客来须看,报道姑嫂,出来相看。"然后围绕着因何到来、有何所求、何方君子、何处英才、何方所管、谁人伴换、何州、何乡、何里、望

在何川及相互问安等一系列问题,通过彼此对答,掀起了婚礼的热烈、欢乐气氛,所谓唇枪舌剑,短兵相接。

第二,刁难下马。女方以"立客难发遣"一转主题,"请君下马来,缓缓便商量"。这时男方故作姿态,"直为多娇不下来"。

第三,故上药酒。女方姑嫂边吟边上酒:"酒是葡萄酒,将来上使君。"男方傧相随手接过"其酒洒南墙","即问二姑嫂,因何行药酒"。

第四,请下马。男方要求"地下不铺锦,下则实不肯",妇方只好彬彬有礼地请新郎下马。

第五,论女婿。相当于后世的"难新郎",女婿入门后,要行拜门礼,对女家的大门、中门、堂基、堂门、门锁及堆都要分别吟五言绝句一首。(见"汇录"三之〈三〉)云南龙家土司的婚俗世世代代仍保持三代的一妻八媵之制,亲迎时,女婿进女家门,"凡门,相者必唱礼再拜,谓之拜门。将见其女,故重其门而劳婿也"。④ 可知拜见门之俗乃是古婚俗之遗风。

"堆"是何物?原卷《至堆诗》曰:"彼处无瓦砾,何故生此堆?不假用锹钁,且借玉琵推。"可知是为婚礼专设的土堆。我国从西周以来,在宴饮宾客时,就有反坫之设:"邦君为两君之好,有反坫。"疏曰:"宾主饮毕,反爵于坫上也。"⑤ 此时只限于国君宴宾,最后把酒器覆于坫上。"宾礼甚重,两楹间有反爵之坫,筑土为之"。⑥ 可知坫是用土做成,在唐代的宾礼中也设坫,宴蕃国主及其使"尚食奉御受爵醯,奠于坫"。⑦ 在国宴中,循例进酒,但并不都喝,最后把酒奠于坫上。在婚礼的同牢合卺中,则必须设坫。

纳后礼 同牢"又樽于房户外之东,无玄酒,坫在南,加四爵、合卺",酉胉、三酉胉可为虚爵,由赞者奠于坫。敦煌婚礼的"堆"应是"坫"之俗称。

① 张鸿勋《敦煌写本〈下女夫词〉新探》,载《1983年全国敦煌学术讨论会文集·文史·遗书编》下,甘肃人民出版社,1987年。

② 转引自杨宝玉《〈敦煌变文集〉未入校的两个〈下女夫词〉残卷校录》,载《敦煌语言文学研究》,北京大学出版社,1988年,第278页。

③ 高国藩《敦煌民俗学》第九章第二节,上海文艺出版社,1989年。

④ 陈鼎《滇黔土司婚礼记》。

⑤ 《论语注疏》卷三《八佾》。

⑥ 《通典》卷五十八《公侯大夫士婚礼》。

⑦ 《新唐书·礼乐志》。

第六,请婿下床。女傧相请曰:"漏促更声急,星流月色藏。良辰不可失,终须早下床。"① 首先对"床"的理解应放到当时的历史环境中,那时"床"的含义比较广泛,踏脚的小木架曰踏床,放在炕上做吃饭用的、约七八寸高的小方桌曰食床,放琴的架子曰琴床、长条形的几案曰条床,还有汉灵帝以来的胡床,等等。就以睡床而言,亦可坐卧兼用,王建《新嫁娘词》:"邻家人不识,床上坐堆堆。"反映了客人坐床之俗。直至今天,河西偏僻的山区,客人进家,一律请上炕,盘腿而坐。如客人在炕下,便有怠慢之嫌。所以对《下女夫词》的"请下床",不能片面理解为卧床,下床的目的是请新郎按时前往堂中行礼。

在《下女夫词》中提到有关新郎身份者:"长安君子,进士出身""长安君子,赤县名家""敦煌县摄,公子伴涉;三史明闲,九经为业""马上刺史,本是沙州""马上刺史,本是敦煌""马上刺史,望在秦川""本是三州游奕,八水英贤"。从职业看既是刺史,又是游奕,也是儒师;从郡望看"赤县名家",当指长安万年县,即京兆郡,可"望在秦川"又成了含糊其词的泛指。新郎的身份并非确指,只反映了当时人们所羡慕的郡望、所崇尚的官职,这在婚俗中谓之"摄盛"。

何谓"摄盛"?即新郎在举行婚礼时,可以夸大自己的身份,可以按超越自己实际级别的礼仪行事。《仪礼·士昏礼》:亲迎时,婿可以"爵弁……乘墨车",爵弁为次于冕之冠,本是卿大夫助祭用的朝服,士庶之辈"用助祭之服亲迎,一为摄盛"。按《周礼·巾车》:"大夫乘墨车,士乘栈车,庶人乘役车",婚礼中"士乘墨车,摄盛也"。亲迎时还可以"从车二乘,执烛前马",从车指从行者之车,按礼制:"士无二车,此有者,亦是摄也。"②

敦煌婚礼的"摄盛"之风,还反映在《障车词》中,本来是一群年轻人在街巷阻拦婚车的通过,可偏要吹嘘一番:"吾是三台之位,卿相子孙。"三台之位即三公,乃位极人臣的最高官员,卿相子孙也是虚夸,最多也不过是敦煌当地官宦的儿郎罢了。《下女夫词》中的新郎身份是古代"摄盛"之遗风。这种婚俗流变到后代,则有"新郎三日大"之说,在婚礼的三天之内,哪怕是目不识丁者,亦可红顶花翎,他人不得干涉。③

戏舞、催妆 男方在女家等待举行婚礼之时,"向女家戏舞,如夜深即作催妆诗",既表示欢乐和喜庆的气氛,也是打发时光、等待新娘盛妆的最佳方法。莫高窟壁画的婚嫁图真实地再现了戏舞的场面,有独舞和对舞两种。445窟北壁的婚嫁图,乃盛唐之作,画面的中央为一红衣鬌鬌儿童正翩翩起舞,旁有六人乐队伴奏。榆林窟第38窟的五代、北宋的婚嫁图,中央为男女偶舞,裙裾婀娜,飘飘欲动。婚礼的戏舞还见之于宫廷之中,安乐公主后嫁武廷秀,婚礼翌日,"武攸暨与太平公主偶舞为帝寿"。④ 婚礼中的戏舞者是傧相或请来的音声伎人。

一般婚礼催妆的方式有以下诸种:

以物催妆 "先三日,男家送催妆花髻。"⑤ 此方式继承了古代请期的礼仪,其用意并非催促新娘理妆,而是佳期将届,通知女方备办一切,这种"催妆,告亲迎也,也可代请期之礼"。⑥

以乐催妆 "作乐催妆,上车檐。"⑦

以喊催妆 北朝婚礼,"迎妇,夫家领百余人或十数人,随其奢俭挟车,俱呼'新妇子,催出来',至新妇登车乃止"。⑧ 这种婚俗显得粗暴,类似古代抢劫婚之阵势。

以诗催妆 盛行于唐,如陆畅在顺宗女的婚礼中

---

① 《下女夫词》。
② 《仪礼注疏》卷四《士昏礼》第二。
③ 胡朴安《中华全国风俗志》下编《江苏宜兴之恶俗》。
④ 《新唐书·中宗八女传》。
⑤ 《梦粱录》卷二十《嫁娶》。
⑥ 《四礼疑》卷三。
⑦ 《东京梦华录》卷五《娶妇》。
⑧ 《酉阳杂俎·礼异》。

作《催妆诗》：①

云安公主贵，出嫁五侯家。

天母亲调粉，日兄怜赐花。

催铺百子帐，待障七香车。

借问妆成未？东方欲晓霞。

又如卢储为自己婚礼所作的《催妆》：

昔年将去玉京游，第一仙人许状头。

今日幸为秦晋会，早教鸾凤下妆楼。

这才是真正的催促新娘，理妆登程，早完大礼。

敦煌的两首七言《催妆诗》，显得情真意切。（见《真迹汇录·婚嫁诗》）第一首把新娘比作天上织女，漂亮的天仙无须打扮，本身就是俊美的，"自有夭桃花菡萏，不须脂粉污容颜"。第二首突出以感情为主，这就是"情人眼里出西施"，也无须浓妆艳抹，"两心他自早相知"，"情来不要画蛾眉"，这比起正在催促理妆，更含蓄、更富有诗意，在表现手法上又胜一筹。一般婚礼的催妆是让新娘早登婚车启程，敦煌的催妆是促使新娘到堂前举行婚礼。

铺设帐、撒帐　《张敖书仪》明确规定婚礼在女家设帐，"女家铺设帐仪：凡成礼须在宅上西南角吉地安帐"。帐的用途是"同牢盘，合卺杯，帐中夫妻左右坐"。帐为何物？据建中元年（780）十一月颜真卿在专论婚仪的奏议中说道："相见行礼，近代设以毡帐，择地而置，此乃元魏穹庐之制。合于堂室中置帐，请准礼施行。"②可知婚礼中的帐有两种，一种是室外择地而置，这就是穹庐。穹庐在婚礼中称曰"青庐"，"北方婚礼，必用青布幔为屋，谓之青庐"。③另一种是室内悬挂，这就是帷帐。如《东京梦华录》卷五："前一日，女家先来挂帐，铺设房卧，谓之铺房。"《梦粱录》卷二十："前一日，女家先往男家铺房、挂帐幔。"敦煌婚俗的设帐，显然是前一种的室外毡帐，即青庐。

青庐之俗早在东汉时已见记载，《世说新语·假谲篇》："魏武少时，尝与袁绍好为游侠。观人新婚，因潜入主人园中，夜叫呼云：'有偷儿贼。'青庐中人皆出观。"二人趁机入青庐将新娘劫走。曹操出生于公元155年，二十岁举孝廉为郎，迁顿丘令。上述恶作剧应是此之前所为，时约汉灵帝初年。又《孔雀东南飞》有如下诗句："其日牛马嘶，新妇入青庐。"可知东汉婚礼已流行青庐之俗。

为什么婚礼设青庐？"青庐"又称"百子帐"，是一种微型穹庐，覆以青缯、青幔者谓之青庐。以柳枝卷作圈，用绳相互交络、连锁而成，可自由搬迁移动。因为需用大量的柳枝，所以又称百枝帐，口头传讹为百子帐，婚礼取其吉祥之义而用之。

在莫高窟壁画中，盛唐以来的《弥勒经变》有婚嫁图，其中就有青庐的画面，如148窟、360窟及榆林窟38窟等，圆顶穹庐内，新婚夫妇相向而坐，在此同牢合卺，庐内壁枝木交错之图纹清晰可见。可知敦煌婚礼中的帐即在室外设置的青庐，敦煌的青庐明文规定"女家铺设"，而在中原则设在男家，"于此交拜，迎新妇"。④

青庐铺设后，还须行撒帐之仪："铺设了，儿郎索果子、金钱撒帐。"撒帐的目的一是禳邪、二是祝福，其俗在汉代已有，《事物纪原》说：

汉世京房之女，适翼奉子，奉择日迎之。房以其日不吉，以三煞在门故也。三煞者，谓青羊、乌鸡、青牛之神也，凡是三者在门，新人不得入，犯之，损尊长及无子。奉以谓不然，妇将至门，但以谷豆与草禳之，则三煞自避，新人可入也。⑤

京房、翼奉当汉元帝之世，精律历阴阳之学，这时的婚礼已有三煞、撒禳之俗。一说撒帐始于汉武帝，"李夫人初至，帝迎入帐中，预戒宫人遥撒五色同心花果，帝与夫人以衣裾盛之，云多得子多也"。⑥上述二说均出于西汉，撒帐之俗亦可谓源远流长了。

敦煌的撒帐突出祝福的成分，"儿郎索果子、金钱"，寓托多子、富贵之意，女家傧相持装满果子、

---

① 《唐诗纪事》卷三十五。
② 同上书卷五十二。
③ 《酉阳杂俎续集·贬误》。
④ 同上。
⑤ 《事物纪原》卷九。
⑥ 《陔余丛考》卷三十一《撒帐》。

金钱的盒子，男傧相手捧一对青白鸽，巡绕青庐三圈，并咏唱《论开撒帐合（盒）诗》(见录文《婚嫁诗》)，接着边以果子、金钱撒帐，边咒愿：

> 今夜吉辰，厶氏女与厶氏儿结亲，伏愿成纳之后，千秋万岁，保守吉昌。五男二女，奴婢成行。男愿总为卿相，女即尽聘公王。

然后儿郎们蜂拥而上，争拾果子、金钱。到了宋代则演变为以撒谷豆避三煞，这是在新娘刚抵男家门前，望门而撒；然后当新婚夫妇进入新房后，望床而撒。尽管无青庐之设，仍是撒帐之遗风。

中古敦煌婚礼中的青庐、撒帐之俗，至今仍可在甘肃河西裕固族中寻觅其遗踪。裕固族是当年回鹘之后裔，在新郎举行婚礼的当天早晨，婆家在自己的院外东南方为新娘另立一顶帐房。在帐房前再生一堆大火。当新娘到来之前，娘家客人分四五批，一个个骑马奔来践踏这顶帐房的四周，原因是怕鬼魂钻到帐房里，对新娘不吉利。而帐房内早由男家安置三四个妇女，每人手持木棍用力敲击帐房四周，对冲来的马匹进行惊吓，这种象征性的进攻和防御都表示驱逐鬼魂的意思。[1]"另立一顶帐房"，则与青庐之设相类，撒帐则采用体现游牧民族特殊风格的"马踏"来表示。

奠雁行礼是春秋以来的传统礼仪，但敦煌在奠雁的时间、地点和具体方法上都有其地方特色：

第一，成礼用雁。按古六礼之仪是五礼用雁，只有纳征不用，"此纳征无雁者，以有束帛为贽故也"。[2]为什么婚礼中要五次以雁为贽呢？最主要的一条是大雁在感情上的忠贞不贰。而敦煌婚礼只在成礼时一次用雁即可，既保留了六礼的传统，又对六礼做了简化。

第二，行礼后奠雁。古六礼亲迎时，婿执雁入，"升北面奠雁，再拜稽首，降出，妇从降自西阶"。[3]新郎入门奠雁后，即与新娘同回男家，然后举行婚礼。而敦煌则是"撒帐了，即以扇及行障遮女家堂中，令女婿傧相行礼"。"礼毕升堂奠雁"，是在女家举行婚礼后再奠雁。

第三，奠雁的具体方法。古代对奠雁的具体办

法叙述得非常简略，在《仪礼·士相见礼》中只说："饰之以布，维之以索。"敦煌婚仪则做了比较详细的记载：

> 令女坐马鞍上，以坐障隔之，女婿取雁，隔障掷入堂中，女家人承将，其雁以红罗裹，五色锦缚口，勿令作声。

障即屏风，婚礼之雁亦须经过一番装扮，隔着屏风把红雁抛给女家人，这与宋代的跪奠是不相同的，"婿升自西阶，北向，跪，置雁于地，主人侍者受之，婿俯伏，兴，再拜。……凡贽用生雁，左首以生色缯交络之"。[4]朱子的奠雁礼保持了古代的风尚，敦煌的奠雁礼生活气息比较浓厚。在莫高窟壁画的婚嫁图中，如148窟、85窟，在新婚夫妇行礼的前面空地上有一对类似雁或鹜的小动物，再现了奠雁之仪。又如第9窟的婚礼奠雁，裹以红绸，仍清晰可见。

第四，奠雁的善后处理。所奠之雁事后做何处理缺乏具体记载，敦煌卷文则明确规定"儿家将物赎取放生"，仍由儿家处理，以物将雁换回，"放生"之举明显受佛教思想的影响。

第五，奠雁之变异。古婚礼之用，雁本指大雁，取其随时南北、不失其节，飞行成列、长幼有序，忠贞不再偶之特点，所谓"六礼五礼用雁"。而据《说文》："鴈，鹅也。"如用鹅则失去本义矣。不过《说文》又解注："雁，知时鸟，大夫以为挚，昏礼用之，故从人"。可知"鴈""雁"互通，而实际上活的大雁不可多得，在举行婚礼时便出现许多变通之法，首先以鹅代之，还可以用鸡、鸭代替，亦可刻木图形，而敦煌的变通之法更为简便，无雁时"结彩代之亦得"。这恐怕与唐代抛彩招婿之俗有关。

男稽首女肃拜　一般婚礼是亲迎把新娘接回男家，然后行拜堂之礼，但敦煌却在女家行礼："以扇及行障遮女家堂中，令女婿傧相行礼。"行礼的要点是在女婿身上，至于行礼的具体仪式则无文字记载，但在壁画中留下了明确的形象：在屏风环绕之中，新郎双手着地，匍匐拜头；新娘在其旁站立，双手敛于

---

① 武文《裕固族民间习俗中的宗教主体》，载《西北民族研究》1990年第2期。

② 《仪礼疏》卷四《士昏礼》。

③ 同上书卷二《士昏礼》。

④ 《家礼》卷三《昏礼》。

胸前。有人称曰：男拜女不拜，此说不够确切，"拜"是一种礼仪："拜礼，夫拜者礼之特，所以申敬恭之仪。"[1] 由于具体对象、具体场合、具体目的的不同，从《周礼》就把拜分作九等，即稽首、顿首、空首、振动、吉拜、凶拜、奇拜、褒拜、肃拜。[2] 稽首为拜中之最重者，拜头至地多时，这正是婚嫁图中新郎的形象。"妇人以肃拜为正"，[3] 这是拜中之最轻者，郑注曰："肃拜但俯下手，今时擅（揖）是也。"《说文》："手着胸曰揖。"可知婚嫁图中的新娘不是不拜，只是拜的等级和方式不同。出现这种差异的原因有人归咎于武则天，"唐武后欲尊妇人，始易今拜"。[4] 其实妇人的肃拜并不始于武氏，三代以来已有之，敦煌婚礼中的男稽首、女肃拜应和行礼的具体环境有关，因为是在女家进行，所以新郎行重礼，而新娘在自己家中对自己的父母则从轻。

女坐马鞍 当新郎隔障掷雁时，"令女坐马鞍上"，对这种风俗的解释，《苏氏演义》唐历云："婚姻之礼，坐女于马鞍之侧，或谓此北人尚乘鞍马之义。"[5]《酉阳杂俎》说："今士大夫家婚礼……新妇乘鞍，悉北朝余风也。"[6] 这说明坐马鞍之风尚受到少数民族习俗的直接影响。为什么汉族会吸收呢？正如《苏氏演义》所说："夫鞍者，安也；欲其安稳同载者也。"[7] 通过谐音取其吉祥之意，正符婚礼之需，所以被采用。此俗发展至宋代，其含义更为明显，"引新人跨鞍蓦草及秤上过"，[8] "先跨马鞍，蓦背平秤过"，[9] 甚至连皇帝纳后亦需"置鞍于道，后过其上"。[10] "秤"与"鞍"的半边正是"平安"二字。

同牢合卺 同牢即"共牢而食"，新婚夫妇共一牲牢而同食；合卺俗称交杯酒，"以一瓠分为两瓢，谓之卺。婿之与妇各执一片以酳"。[11] 同牢合卺是三代以来传统的婚仪，在拜堂后于新房内进行，它标志着新婚夫妇共同生活的开始。敦煌的婚俗是在奠雁结束后，新婚夫妇即辞别父母抵青庐行同牢合卺之礼，"帐中夫妻左右坐，主馔设同牢盘，夫妻各饭三口"，按男左女右的规矩，同盘而食，当然是象征性地略食数口而已，这就是《仪礼·士昏礼》的"三饭卒食"，注曰："同牢示亲，不主为食，起三饭而成礼也。"

合卺杯是"以小瓠作两片，安置拓（托）子里"。所谓"合卺，破匏也"，[12] 匏即瓠，俗名葫芦，把干葫芦中剖为二，即成两小瓢，以此盛酒，新婚夫妇饮之。为什么要以小瓢作酒器呢？《周礼·春官·鬯人》记载："禜门用瓢赍。"注曰："瓢谓瓠蠡也，粢盛也。"瓠蠡就是瓠瓢，三代以来即以此为酒器进行祭祀，合卺用之，以示敬重之意，并象征着二人同为一体，今后在人生道路上同甘共苦："用瓠有二义，瓠苦不可食，用之以饮，喻夫妇当同辛苦。瓠，八音之一，笙竽用之，喻音韵调和，即如琴瑟之好合也。"[13]

把两片瓠瓢放在托子里，"令童子对坐云：一盏奉上女婿，一盏奉上新妇"。这就是合卺之仪。"托子"即茶盘，古称茶舟、茶船、茶托子，据《资暇集》谓托之用始于唐德宗建中年间。捧茶的童子在婚俗中名之曰"卺童"。

但干葫芦不是随时可得，"如无，即以小金银东西盏子充，以五色锦系足连之"。这就是说瓠瓢可用金银酒杯代之，反映了婚俗的趋向奢靡，此风在南齐时已有记载，永泰元年（498），尚书令徐孝嗣议：

① 《中华古今注》卷中。
② 《周礼》卷六《大祝》。
③ 《周礼正义》卷四十九《大祝》。
④ 《事物纪原》卷九。
⑤ 同上。
⑥ 《酉阳杂俎续集·贬误》。
⑦ 《苏氏演义》卷上。
⑧ 《东京梦华录》卷五《娶妇》。
⑨ 《梦粱录》卷二十。
⑩ 《辽史·礼志》。
⑪ 《礼记集解》卷五十八《昏礼》。
⑫ 《周礼正义》卷三十七《鬯人》。
⑬ 《原起汇抄》卷十五。

"王侯贵人昏，连卺以真银杯，盖出近俗。"①

青庐内的婚俗　同牢合卺之后，在青庐内要进行一系列的婚俗活动，傧相们赞唱着有关诗词（见《婚嫁诗》录文，此处不另注），新婚夫妇则依次进行，类似后世的"闹洞房""闹新房"之俗：

第一，去扇。饮完合卺酒，新郎起来走到一旁轻装，脱去礼服冠履等，然后手拿笏板与新娘东西对坐，"脱礼衣冠，清剑履等具，揽笏入"。新郎持笏的婚俗还见之于《东京梦华录》，行交拜礼时，"男挂于笏，女搭于手"。笏板俗称手板，本为朝会时所用，起备忘录的作用，将君之教命及应启奏之事书其上。古者贵贱皆可执笏，"士但执手板，主于敬"②。笏的作用与使用范围不断扩大，在《世说新语》中记载有《相手板经》，通过所持手板的气色以观吉凶，"净板凶少吉多者可用，吉少凶多者不可用服也"，并把板分作四分，"上一分为二亲，左为父、右为母；第二分都为妇；第三分左为男、右为女；第四分左为奴、右为婢，婢之不辟，方留为田宅财物牛马猪羊鸡犬之属"，如某一部分出现崩坏破裂，其所属必损失死亡。婚礼用笏可能包含上述双重意义：一是主于敬，二是以示吉凶。

当新郎持笏板与新娘对坐时，"女以花扇遮面"，这时《去扇诗》的唱赞声随之而起："分明宝树从人看，何劳玉扇更来遮。"要求"侍娘不用相腰（要）勒"，"不须罗扇百重遮"，直至侍娘去扇为止。

婚俗中的遮扇、去扇之俗在南北朝已有记载："何如花烛夜，轻扇掩红妆？"③"暂却轻纨扇，倾城判不赊。"④唐代盛行，初唐景龙二年（708）十二月守岁之际，酒酣，中宗作主为御史大夫窦从一成亲，"俄而内侍引烛笼步障、金缕罗扇自西廊而上。扇后有人衣

礼衣、花钗，令与从一对坐。上命从一诵《却扇诗》数首。扇却，去花易服而出，徐视之，乃皇后老乳母王氏，本蛮婢也。"⑤可知"去扇诗"也可由新郎自诵，去扇是新娘将要露出真容的第一步。中唐建中元年（780）颜真卿曾奏请停却扇之俗，但晚唐至北宋初，敦煌婚俗仍行之。

第二，去幞头。幞头应作"幞头"，通指男性包头之软巾，但婚礼中的幞头乃是指新娘的盖头。《梦粱录》记载："请男家双全女亲，以秤或用机杼挑盖头，方露花容。"⑥所谓双全是指该女亲有儿有女。盖头在初唐又称羃离，宫人外出用之障蔽，"方五尺，亦谓之幞头，今曰盖头"。⑦婚俗中的盖头据《通典》所记乃起于魏晋之际，在乱世之中，急于嫁娶，"以纱穀幪女氏之首，而夫氏发之。因拜舅姑，便成妇道"。⑧后世则沿用而成盖头，敦煌的《去幞头诗》为："擎却数枚花，他心早一家。何须作形迹，更用幞头遮。"

第三，去帽惑。何谓"帽惑"？据《仪礼·士昏礼》，当新郎到女家亲迎时，"女次，纯衣纁袡，立于房中，南面"。郑玄注："次，首饰也，今时髲也。"⑨另外郑玄在《周礼·天官·追师》中注曰："次，次第发长短为之，所谓髲髢。"⑩可知古代婚礼中，新娘的发饰应有"次"，"次"即后来所称"髲髢"者，髲髢就是装饰用的假发，《庄子·天地》曰："秃而施髢。"当然新娘用髢是为了装扮得更加美丽，《诗经·鄘风·君子偕老》中吟道："鬒发如云，不屑髢也。"这与敦煌的《去帽惑诗》的记载是相一致的："瑛瑛一头花，蒙蒙两鬓渣；少业鬓发好，不用帽惑遮。"帽惑的作用正是为了弥补、掩盖新娘头发的不足，这种发饰就是古代的次，也就是髲髢。"帽惑"二字实为

---

① 《南史·齐本纪下》。

② 《太平御览》卷六百九十二《笏》。

③ 南朝梁何逊《看伏郎新婚》。

④ 南朝陈周弘正《看新妇》。

⑤ 《资治通鉴》卷二百零九。

⑥ 《梦粱录》卷二十《嫁娶》。

⑦ 《事物纪原》卷三。

⑧ 《通典》卷五十九《拜时妇三日妇轻重议》。

⑨ 《仪礼》卷二。

⑩ 《周礼注疏》卷八。

"髦髻"之讹，即髻发，挽束头发结成的发饰，新娘则用髲髢装扮，覆在真发之上，当新娘开始易装，髦髻自然亦应卸除。

第四，除花。傧相边咏《去花诗》，"女婿即以笏约女花钗"，"约"在此当"掠"，即掠开新娘的花钗。

据《新唐书·车服志》：六品以下妻、九品以上女的嫁服："花钗、覆笄、两博鬓，以金银杂宝饰之；庶人女嫁有花钗，以金银琉璃涂饰之。"新娘头上的花即花钗，以金银制作，从敦煌《去花诗》反映花钗的做工已相当精致，"假花上有衔花鸟"。并以真假二花做比拟，假花指花钗，真花指新娘的花容，"一花去却一花新，前花是价（假）后花真"。这时新娘的庐山真面目才完全显现出来。后一首《去花诗》同样富有遐想的浪漫色彩："神仙本自好容华，多事傍人更插花。天汉坐看星月晓，纷纷只恐入云霞。"把人貌与仙容、俗装与天景和谐地融为一体，从而衬托出新娘的美。

第五，脱衣。指脱去新娘外面的礼服，由侍娘帮助完成。《脱衣诗》反映了当年婚礼的风貌："既见如花面，何须着绣衣。"刺绣的图案是："衫子背后双凤凰，褾裆两袖双䴔鸟。"凤凰为百禽之长，是灵鸟，婚礼用之乃取其"凤凰于飞"之典故，《诗经·大雅·卷阿》："凤凰于飞，翙翙其羽。"《左传·庄公二十二年》："懿氏卜妻敬仲，其妻占之曰吉，是谓凤皇于飞，和鸣锵锵。"以凤凰雌雄俱飞，相和而鸣，比喻夫妻的和谐，正如《脱衣诗》所言："终为比翼鸟，他日会双飞。"

绣双䴔之意则寄托着对胤嗣的期望，"䴔"同"鸦"。《说文》曰："乌，孝鸟也。"以其反哺识养，故为吉鸟，新娘礼服的双䴔正寓意于儿孙孝顺、家庭幸福。

第六，梳头合髻。合髻又称结发，东汉的《国三老袁良碑》中就有"夫人结发"之语；曹植的《种葛篇》："与君初婚时，结发恩义深。"结发合髻的婚

俗古已有之，段成式在《酉阳杂俎》中说："税缨曰合髻。"[1]此处的"税"与"挩""脱"相通，据《仪礼·士昏礼》，新婚夫妇同牢合卺后则脱服最后"主人入，亲说（脱）妇之缨"。郑玄注："妇人十五许嫁，笄而礼之，因着缨，明有系也；盖以五采为之，其制未闻。"[2]女子到许嫁年龄，则在发上系以五彩之缨，在初婚之夜由新郎亲自脱去，后代沿袭而成结发合髻。[1]

宋代对合髻的记载比较具体：

《东京梦华录》：新婚夫妇入房，相互对拜，就床坐，行撒帐之俗，然后"男左女右，留少头发，二家出匹段、钗子、木梳、头须之类，谓之'合髻'"。接着才饮交杯酒。[3]

《梦粱录》则是在同牢合卺之后，"次男左女右结发，名曰'合髻'"。[4]

敦煌有三首五言《合髻诗》："头上盘龙结，面上贴花红"，"盘龙今夜合"，"结发赴佳期"，敦煌的合髻也是在同牢合卺之后，与中原不同的是：中原在男家新房内，敦煌在女家青庐中，新娘头梳盘龙髻，新郎则束发结于顶。盘龙亦作"盘桓"，《中华古今注》说："盘桓钗，梁冀妇之所制也；……长安妇女好为盘桓髻，到于今其法不绝。"[5]梁冀即顺帝皇后之兄，桓帝时，梁氏把持朝政，其妻孙寿，制盘桓钗，又作盘桓髻，为贵族妇女所效用，从东汉直至宋代仍流行。

第七，系指头。此婚俗应来源于"赤绳系足"。《西墅记谭》中说："韦固未娶，道遇异叟，持婚牍，令固以赤绳系之。乃曰：'此店北卖菜媪女乃公妻，后为贵人取去。'果然。"后有李复言于宪宗之际依此事演绎而为小说：韦固少未娶，于元和二年（807），旅次宋城南店，夜见老人倚布囊坐于阶上，向月检书，因问之："何书？"答曰："幽冥之书。"曰："然则君又何掌？"曰："天下之婚牍耳。"因问："囊中何物？"曰："赤绳子耳，以系夫妻之足。及其生则潜用相系，此绳一系，终不可逭也。"[6]

① 《酉阳杂俎续集·贬误》。
② 《仪礼》卷二。
③ 《东京梦华录》卷五《娶妇》。
④ 《梦粱录》卷二十《嫁娶》。
⑤ 《中华古今注》卷中《梁冀盘桓钗》。
⑥ 《续幽怪录》卷四《定婚店》。

这就是"月下老人""千里姻缘一线牵"等典故的缘起。

敦煌婚俗中的"系指头"虽然与系足有异，但其实质含义是相一致的，早期的《西墅记谭》也只是令韦固用赤绳系其婚牍而已，通过赤绳相系表示婚姻的注定，不可更易，《系指头诗》每句都含有"系"字，通过人为的、形式的"系"，过渡到真情的、内心的"系"：

系本从心系，心真系亦真。

巧将心上系，付以系心人。

青庐内的一系列婚俗，看似繁缛，实际上为婚礼增色生辉，散发着浓郁的乡土气息，也可说是一种比较文雅的"闹洞房"。

去人情 这时婚礼已接近尾声，该是新婚夫妇卧息的时候了，但四周仍围着许多婚礼的亲友，于是候相们咏《去人情诗》："四畔傍人总远去，从他夫妇一团新。"其实是请客人们离去，可以说是清场。

去烛成礼 最后"候相夹侍［者］俱出"，这时咏《下帘诗》，"娘子姮娥众里潜"，新娘不再露面了，尽管人们"征（诚）心欲拟观容貌"，只好"暂请傍人与下帘"，于是去烛成礼。

婚仪中的《下女夫词》及《婚嫁诗》是歌唱的还是吟诵的？《下女夫词》（至"请下床"）原文标出："儿家初发言""女答""儿答"……这看似不是歌唱而是礼赞之词。从《论女婿》以下的《婚嫁诗》，原文多处标有"咏"字，如《下至大门咏诗》《至中门咏》等，最后是《咏下帘诗》。据《释名》："以声吟咏，有上下。"这说明咏是有一定韵律的。《说文》曰："歌，咏也。"咏者是歌唱之意。《尚书》："搏拊琴瑟以咏。"[1] 即以琴瑟伴奏而歌唱。《国语》："歌以咏之。"[2] 后代甚至把歌咏结合为一词。照此看来，《下女夫词》似为礼赞词，而《论女婿》以下的《婚嫁诗》则为婚嫁仪式歌，不应与《下女夫词》统论之。

家长互贺 成礼后，双方家长相互贺慰，先由女家向男方家长贺慰，在《张敖书仪》中有专用的贺词，如"伏承贤郎，已过礼席，深助感慰"等，男家除答谢外，亦向女家贺慰。

整个婚礼过程至此结束，什么时候新婚夫妇返回夫家，无明确记载，据 S.1725 卷，是可长可短："近代之人，多不亲迎入室，即是遂就妇家成礼，累积寒暑，不向夫家。"有的生下儿女，仍在女家居住。

（三）障车之俗

障车之俗的流变 障车起于何时无明确记载，据敦煌《障车文》说："（吾）等今来障车，自依古人法式。"（S.6207 卷）"障车之法，今故（古）流传。"（P.3909 卷）可知是古代流传。而《封氏闻见记》说："近代婚嫁有障车……之礼。"[3] 封演是天宝时的进士，据"近代"一词，加以史料佐证，大约从初唐以来，盛行障车。

中宗景龙二年（708）驸马武崇训卒，安乐公主复嫁武廷秀，成礼之时，"假皇后仗，分禁兵以盛其仪卫，命安国相王障车"。[4]

太极元年（712）唐绍上表曰："往者下里庸鄙，时有障车，邀其酒食，以为戏乐。近日此风转盛，上及王公，乃广奏音乐，多集徒侣，遮拥道路，留滞淹时，邀致财物，动逾万计，遂使障车礼觊，过于聘财，歌舞喧哗，殊非助感。"当年十一月十二日敕曰："王公已下嫁娶，比来时有障车，既亏风教，特宜禁断。"[5]

开元之际，"安南都护崔玄信命女婿裴惟岳摄受州刺史，贪暴，取金银财物向万贯。有首领取妇，裴即要障车绫，索一千匹，得八百匹，仍不肯放，捉新妇归，戏之，三日乃放还"。[6]

晚唐，司空图亲撰《障车文》一篇，内云："我使主炳灵标彦。"可知是为当地节度使儿郎的婚事而作。[7]

---

① 《尚书·益稷》。

② 《国语·周语下》。

③ 《封氏闻见记》卷五《花烛》。

④ 《资治通鉴》卷二百零九。

⑤ 《唐会要》卷八十三《嫁娶》。

⑥ 《太平广记》卷二百四十三《治生》。

⑦ 司空图《司空表圣文集》卷十。

唐末"天祐中，南平王钟传女适江夏杜洪子，时及昏暝，令人走乞障车文于汤篑。篑命小吏四人，各执纸笔，倚马而成"。[1]

敦煌的《障车文》有题记者为"长兴三年"（932）。（S.6207卷）

障车之俗盛行于唐、五代，至宋则演变为"栏门"："迎客先回至儿家门，从人及儿家人，乞觅利市钱物花红等，谓之栏门。"[2]"迎至男家门首，时辰将正，乐官、妓女及茶酒等人，互念诗词，栏门求利市钱红。"[3] 直到近代，栏门讨利市钱之风仍在一些地区流行。

障车文 在障车时需咏唱有关诗词，这就是障车文，历史上保存下来的有晚唐司空图所撰的《障车文》一篇，调寄"儿郎伟"，全文共分五段：第一段是标榜两家的门阀："江左雄张，山东阔视。王则七世侍中，杨则四人太尉。"第二段颂扬双方家长，祝愿"两家好合，千载辉光"。第三段是祝愿新婚夫妇："某甲郎不夸才韵，小娘子何暇调妆，也甚福德，也甚康强。二女则牙牙学语，五男则雁雁成行。"第四段是要求赏赐。第五段以吉语收场。[4]司空图的《障车文》并无"遮拥道路，留滞淹时"的特色，而是在屋内"显庆高堂"，从严格意义来讲，此《障车文》更类似敦煌的《咒愿文》（详见《咒愿文》）。

敦煌遗书中有两篇《障车词》，P.3909卷题曰《论障车词法》，卷末残缺。据同卷《咒愿文》内云："尚书早受旌节，威名海内咸知。"节度使中有"尚书"之衔者有张议潮、张淮深、张承奉、曹仁贵等，这四位中声名大振、海内咸知者恐怕首推张议潮了，据此推论，此《障车词》应为晚唐的写本。另一篇S.6207卷末题："长兴三年（932）壬辰岁三月廿六日昼宝员记。"

昼宝员其人还见之于P.2098《佛说八阳神咒经》，末题："于时同光四年（926）丙戌之岁四月四日，弟

子昼宝员一为亡过父母作福，二为合家大小，无诸灾障，城皇（隍）役令，教多与合家作福。写此经者，于教奉行。"可知昼宝员是一位虔诚的佛教徒，此经写于《障车文》的六年之前，他可以直接参与障车的具体活动，反映出寺院虽无组织障车活动的记载，但佛教并不反对此类民俗活动。

敦煌的两篇《障车词》均调寄"儿郎伟"，其主要内容是反映一群儿郎于夜晚"栏街兴酒，枕巷开筵"，故来遮障，其目的有二：一是"图君且作荣华"，另一是"觅君财钱""故来遮障，须得牛羊"。从全文观之，后者是主要的，"君须化道，能罢万端"，否则无法通行。敦煌障车之俗与前述唐代障车的事例是一致的。敦煌《障车词》与司空图《障车文》的异同：

第一，相同者。

1. 均是调寄"儿郎伟"。二者在分段处都标有"儿郎伟"。"儿郎伟"是一种民间歌谣的曲调名，除了用于障车，在敦煌还可用于岁末驱傩和上梁，并以驱傩出现得较早。在这种场合，一群经过训练的儿郎，歌唱喜乐以助庆，"随头使�9傩，个个教曲律"。（P.3552卷）"儿郎伟"就是该曲律之名。关于"儿郎伟"的含义有以下解释：

据宋代《攻媿集》记载："所谓'儿郎伟'者，犹言儿郎懑，盖呼而告之，此关中方言也。"[5]另据《弇州四部稿》："宋时上梁文有'儿郎伟'，伟者，关中方言'们'也，其语极俗。"[6]

清代卢文弨认为："《上梁诗》有'儿郎伟'，用之以齐众力，如邪、许之类耳；今凡拽重、打桩劳力之事，俗亦成口号，而于句末齐声和之，犹此意也。……有其声固不必定求其义，以为吉语亦可。"[7]

上述二说从不同的角度探求"儿郎伟"之义，前者以关中方言作例证，伟者，们也，充当呼语；后者将"伟"字作为语气词，同样起着协调和指挥的作

① 张萱《疑耀》卷三。
② 《东京梦华录》卷五《娶妇》。
③ 《梦粱录》卷二十《嫁娶》。
④ 司空图《司空表圣文集》卷十。
⑤ 《攻媿集》卷七十二《跋姜氏上梁文稿》。
⑥ 《弇州四部稿》卷一百六十。
⑦ 《钟山札记》卷三《儿郎伟》。

用。此二说可启发我们了解"儿郎伟"调名之成因，在驱傩时，方相氏或唱师领唱，然后以"儿郎伟"之语呼而众起，孩子们齐声和唱，遂因此以之作为该类曲调之命名。

"儿郎伟"每段唱词可多可少，最少者四句，如S.6207卷《障车词》："儿郎伟：无篇（偏）无当（党），王道荡荡。春符分明，凭何辄障？"最多者达五十二句（P.4011卷），但必须是二的倍数。不论障车文还是障车词均以四言、六言为主，杂以五言、七言。"儿郎伟"在民间广泛流传，从中原内地直至西北边陲，所以文人亦受其影响而撰写歌词，如司空图于黄巢起义后隐居中条山，"每岁时祠祷、鼓舞，图与闾里耆老相乐"。[①]这就是他撰写《障车文》的生活基础。敦煌的《障车词》则是流传于民间的写本。

2. 都需要有财物赏赐。司空图的《障车文》内云："重重祝愿，一一夸张。且看抛赏，必不寻常。……金银器撒来雨点，钱绢堆高并坊墙。"敦煌的《障车词》更明确说出是"觅君财钱，君须化道，能罢万端"。言下之意如不给钱财就无法通行。

第二，相异者。

1. 地点不同。司空图的《障车文》是在户内进行："庭列鼎钟，家传践履。""见却你儿女婚嫁，特地显庆高堂。""音乐嘈赞，灯烛莹煌。"而敦煌的《障车词》反映的是户外进行："急手避路，废我车行。""栏街兴酒，枕巷开筵。"（P.3909卷）"是何徒众，夜入村坊？""鸡飞鸟宿，风尘荒荒。"从"障车"一词的含义，以及历史记载的事例来看，应是户外进行，正如唐绍的表奏所说："遮拥道路，留滞淹时。"

2. 安排不同。司空图的《障车文》是男家举行婚礼时使用，从中原的障车事例观之，是在亲迎时由女家返男家途中进行，因婚礼是按规定的时刻在男家进行，不得延误，也只有在这种关键时刻，障车才会发生效果，婚主为了保证按时行礼，才会抛出钱财以求通行。

但敦煌的障车却是在新郎前往女家亲迎途中进行，P.3909卷记载："《论障车词法》第八：凡儿家将

烛到女家门，烛出儿家灭。障车之法……"这里交代了新郎前往亲迎时应持烛炬照明，出门后，路上烛灭，然后开始障车。照此看来，烛灭应是障车者有意而作。因为敦煌的婚礼是在女家进行，新郎必须按时赶到，也只有在这时障车才有作用，如婚礼完毕之后，在回夫家的路上障车，无异于"鼓洪炉以燎毛发"，毫无意义可言。

3. 目的不同。司空图的《障车文》以赞颂和祝愿为主，敦煌《障车词》无祝福之词，而以邀取财物为主要目的，包括"金钱万贯、绫罗数千""有酒如江，有肉如山，百味饮食，罗列斑斑"，难怪唐绍的表奏说："障车礼觊，过于聘财。"动辄万计之多，上述具体数字可能有夸大之词，但障车之俗婚主需破费一笔相当可观的钱财是不容置疑的，正是这一弊端导致其在历史进程中被淘汰，宋以后的栏门虽是其遗风，但已无须耗费大量财物了。

尽管司空图的《障车文》与敦煌的《障车词》在命名和使用的曲调名是一致的，但其实质不完全相同，《障车词》与历史所载的障车之俗是相符的，而《障车文》却无障车之俗的反映，只是一种咒愿祝福。

（四）咒愿之俗

咒愿之缘起 "咒"通常作诅咒、符咒讲，向天或神在祭祀时祈祷，表白心愿亦称"咒愿"。敦煌的《咒愿文》之内容却是对主人的祝福、赞颂为主，这种特殊的方式来源于佛教："咒愿即为施主求愿也。"[②]"唱法语愿求施主福利名为咒愿。"佛教为施主作种种赞叹亦称"咒愿"。这种咒愿实际上是祝愿之意，以唱颂的方式进行，本是寺院佛事活动的方式之一，而敦煌的《咒愿文》是在婚礼进行的过程中使用，其唱诵者亦非僧人，所以不能作佛事看待；不过，其名称与基本内容又与佛教类同，这正说明了敦煌佛教对社会生活的影响，正反映了敦煌婚俗中的佛教色彩。

敦煌文献保存着超过20篇《咒愿文》，以四、六言为主，杂以五、七言，音节铿锵，语言通俗，读来朗朗上口。

《咒愿文》的作者与诵唱者 《咒愿文》按其不同

---

① 《新唐书·司空图传》。
② 《资持记》下。

风格可分为三类：

第一类是献酬之作。多是社会的上层人物所为，对方儿女婚嫁，作《咒愿文》以赠之，作者具有较高的文化修养，所以文词比较典雅。最有代表性的是中唐时期 P.3608 卷背面的《咒愿文》，开首即说："冬穴夏巢之时，不分礼乐；绳文鸟迹之后，渐制婚姻。"婚主一方为"陇西令族"，这是李姓，攀附皇族作"唐宗子"。《陇西李家先代碑记》中说道："因本根而枝叶遂繁，承皇族而图籍縻广。"（P.4640 卷）而且就在《咒愿文》的后面有大历十一年（776）《陇西李氏莫高窟修功德记》之抄本。另一方为"吴郡高门"，据悟真所记的《天下姓望氏族谱》："吴郡四姓：朱、张、顾、陆。"（北图位字 79 号）另有《新集天下姓望氏族谱》则是："苏州吴郡出五姓：朱、张、顾、陆、暨。"（S.2052 卷）上述诸姓在敦煌能称得上高门者当为张氏。可知此《咒愿文》是为李、张两家联姻而作，作者自言"皇华奉使，同受咨询……献酬觊祝，以酢主人"。他是一位来自中原的使者。从全篇语气看来，是在筵席上的面陈之作，可能由作者自诵。

第二类是文郎之作。P.3350 卷《咒愿新郎文》的末尾提出："贵言千秋永固，重赏莫辱文郎。"文郎亦即学郎，如 P.4055 卷《儿郎伟》（驱傩）："从兹学童咒愿，社稷劫石同阶。"P.2058 卷背《儿郎伟》（驱傩）："如此赏设学士，万代当书碑铭。"可见敦煌的学郎或学郎出身的青年人，是参与当地的咒愿活动的，从撰写到诵唱，都是主要力量。

第三类是民间里手之作。如 P.4525—2 卷的海兴押衙就是一位能写、能歌、能舞的里手，"海兴押衙，文笔堪夸，出到街头，万民谈话。若说行解，世上莫过。不论水食，绫罗装裹；非（绯）红头绳，亦嫌古破。好毡上被，不睡不卧，一夜先□，总彼（被）踏破"。《咒愿文》之取名来自佛教，其形式亦应是可以诵唱的，像海兴押衙既懂曲律，又能写作者，当是《咒愿文》《儿郎伟》等的最理想之撰稿人，他们不但是作者，还是教授者，一批批学郎就是这些里手带出来的，所以他们本人不一定亲自临场诵唱。

咒愿的时间 《咒愿文》既是祝福性质，带喜庆气氛，在婚礼过程中可多处进行：

第一，在撒帐时。《张敖书仪》的程序是：当新郎到女家来成礼时，女方需铺设青庐，"铺设了，儿郎索果子、金钱撒帐，咒愿云：……"，这次咒愿是在青庐刚铺设完毕，边撒帐，边咒愿，由儿郎们诵唱《咒愿文》。此《咒愿文》是张敖所撰的基本格式，可在此基础上任意增删，原注云："此略言其意，但临时雕饰，裁而行之。"

第二，在新婚夫妇行礼拜堂时。如 S.0329 卷背《咒愿文》说："今择吉日，又会时辰，双花掩面，对拜高堂。"P.3893 卷《咒愿女婿文》："双凤立于庭中，五马绊于门外。百拜既毕，九族咸忻。从兹已后，景福唯新。"

第三，在婚礼的筵席上。这时新婚夫妇出来与客人见面行礼，咒愿祝福之声随之而起："今择良辰吉日，会合诸亲。"（P.3350 卷）"宾客遍座，行觞数巡，二仪悦怪，九族欢忻。""伉俪并退，门外送宾。"（P.3608 卷背）"咒愿已毕，离席归房。"（S.2049 卷背）"咒愿已毕，谢席归房。"（P.3608 卷）咒愿结束之后，新婚夫妇才可退席回到新房中。

第四，当新娘进入男家时。"新妇入宅之后，万善百福相宜。"（P.3893 卷）"入门已后，大富吉昌；孝敬父母，宜姑宜嫜。"（S.2049 卷背）"愿新妇入宅已后，大富吉昌。"（S.5546 卷）

《咒愿文》的主要内容 《咒愿文》有《咒愿新女婿》《咒愿新郎》和《咒愿新妇》之称，统曰《咒愿文》，其涉的主要内容有以下几个方面：

第一是盛赞新郎、新娘的德才品貌。

"萧史降于凤台，姮娥下于兔月。邯郸缓步，官立锦筌；桃灼仙容，隔于罗扇。"（P.3608 卷背）"新妇门前，四德六礼亲迎。宜（仪）容窈窕，素只（质）轻盈，似恒（姮）娥之下月，如织女之离星。点新妆于罗帐，进玉步出闺庭，展舞延引，设拜趋奉，即亦须行人间，无比采（彩）画难成。"（P.3350 卷）"频（颜）如桃李，玉面胜妆；仙人为伴，玉女同床。紫袍金带，曜日辉光。"（P.3350 卷）其中心论点是"郎才女貌"。

第二是对今后新的家庭生活的美好展望。

1. 夫妻恩爱。"夫妻相对，二若鸳鸯。"（S.5546 卷）"伏愿母（某）郎，求夫妻和睦。""恒愿鸾凤同鸣。"（P.2976 卷）"盖闻夫妇之道，禀二仪以为姻，情重移天；结三世而作亲，恩深［似海］。伉俪族贵，宠荫长新，和如琴瑟。"（P.4638 卷背）"怀贞抱洁，事好良人，浣濯匪懈，箕帚习勤。夫为国宝，妇为家珍。"（P.3893卷、P.3252卷背）夫妇相和还需各尽其责：夫治外、妇主内。

2. 家庭和睦。"保宜上下，敬重亲情。"（P.2976卷）"孝养父母，宜姑宜嫜；九族和目（睦），宜娵（叔）宜郎。"（S.5546卷）所反映的是儒家的孝悌思想。

3. 富贵临门。正如孔子所说："富与贵是人之所欲。"而其内涵又往往带有时代和地方特色。唐宋时期敦煌人对富贵的观念是："荣盛与王凤并贵，富饶等石崇齐名。"（P.2976卷）王凤，西汉成帝时任大司马、大将军、领尚书事，王氏子弟分据势官，朝廷公卿为之侧目，凤用事，帝遂谦让无所专，真可谓"一人之下，万人之上"。石崇，西晋人，以劫远使商客，致富不赀，财产丰积，室宇宏丽，河阳之金谷园更是名载史册。

《咒愿文》对"贵"的要求是："纡青拖紫，曳组腰银。"（P.3608卷背）"男则乘龙马，女则乘钿车，身登三品位，每日在朝衙。"（S.5546卷）"进士明经，衣朱拖紫，三公九卿。"（S.2976卷）"紫袍金带，曜日辉光。"（P.3350卷）直言之，贵就是当官，位极人臣者乃其宿愿。

当官者终归是少数，所以在《咒愿文》中更多的是对富的祝愿，内容更为具体、实际。

S.5546卷："钱财如五岳，五谷似恒沙。""细马千余疋（匹），仆从万余强。白象驮金入库，青牛载麦入仓。绫罗满逍（箱），金玉盈堂。""驼骡永万匹，鸡鸭永千行。""白银造南衙，黄金造北堂；琉璃□（作）东屋，玛瑙作西行（房）。锦被绣褥，纬纬行行。"

P.2976卷："仓储山积，金帛丰盈；奴仆罗列，申（车）马纵横。"

P.3350卷："千奴万婢，果报自随；锦彩罗千重，饮食常餐百味。""奴婢双双驱走，并有只库园荐；金银年年满库，麦粟岁岁盈仓。""每日音声娱乐。"

P.4638卷背："牛羊都无计算，遍野满草成群；驼马往来影日，队队恰似遮云。廪积百钟之谷，库贮千宝珠珍。庭舍（装）饰瑠璃，户牖总是金银。"概括

以上所说，富的内涵是：金银珠宝，绫罗锦绣；粮满囤，谷满仓，驼马成群，牛羊遍野；琉璃、玛瑙作房，奴婢仆从无数；音乐歌舞，常餐百味。这就是人们追求的生活模式，这就是人生的极乐世界。反映了小农经济的特点，又具有游牧生活的乡土气息，更有着封建庄园主的享乐要求。

尤其在P.3350卷的《咒愿新郎文》中，比较详细地对各种奴婢的不同特点及其分工做了记述：汉奴专知仓库，胡奴检校牛羊；斤脚奴佩鞍接镫，强壮奴使力耕荒；孝顺奴盘鸡炙牸，馋嘴奴点醋行姜；端正奴拍箜篌送酒，丑倔婢添酥酪浆；细腰婢唱歌作舞，矬短婢擎炬子食床。

此《咒愿文》给我们描绘了一幅中古庄园主的生活行乐图。

第三是对继嗣的殷切期望。

在《仪礼》中记载，当儿子前往亲迎时，其父命之曰："往迎尔相，承我宗事，勖帅以敬先妣之嗣。"[1]可见婚姻的主要目的是传宗接代，所以在《咒愿文》中对继嗣的祝福是相当重要的：

"生男尚主，育女荣嫔。……功业继世，刀笔绝伦。"（P.3608卷背）

"五男二女，像似凤凰文王。女聘高门上姓，男为六州参君。富贵英雄如水，世世不乏长为。""生男满十七，涉［步］成章；生女四五，聘与公王，回刀裁割，善能戚（刺）绣。"（S.5546卷）

"生儿则公侯伯子，育女则皇后妃嫔。"（P.3893卷）

"男为卿相刺史，女拜本州郡君。"（P.3909卷）"生男聪敏，六艺晓览能仁；产女柔懿（仪）婉顺，四德明务功勤。"（P.4638卷背）子嗣的数目是"五男二女"为最理想。儿子要求有才学，熟知经史、通晓六艺，出口成章，其前途寄托在功名富贵。对女儿要求精工女红，明备四德，即以顺从为主，她们的幸福就是找个高门上姓的大户人家，或聘与公卿侯相。

第四是对宗教信仰的要求。

由于共同的生活要求有共同的信仰，在敦煌当然以佛教为皈依："并愿同修十善，不善波斯匿王。""内外贤良，善神齐心加备，日胜日昌；师（狮）子门前吼唤，百兽率舞。"（P.3350卷）据《毗奈耶杂事》所

---

① 《仪礼》卷二《士昏礼》。

记：波斯匿王是舍卫国王，有子名恶生，长大后篡立，波斯匿王只得在王舍城外一园林停留，饿极，向园主乞食萝卜五个，至水边过量饮水，因成霍乱，遂仆死。敦煌《咒愿文》很可能以他作为灾疫的象征。狮子吼与百兽率舞是比喻佛教的神威，狮为百兽之王，发大声音，震动世界，所谓"演法无畏，犹狮子吼"。①

《咒愿文》不但是一种婚俗，也是剖析当时敦煌社会思想文化的珍贵资料。

咒愿后的赏赐　咒愿结束后，给咒愿者以一定的赏物。"咒愿礼毕，合得黄二服、绵羊一口。"（S.5546卷）"须得绫罗一束，然后咒愿诸亲。"（P.3893等卷）"未知赏何匹帛，亲家翁母早来为将，贵言千秋永固，重赏莫辱文郎。"（P.3350卷）赏物以匹帛居多，因为归义军时期绢帛、粮食可以物易物。赏绵羊一口，说明咒愿者绝非一人，而是一队。据P.3272卷记载，在正月初一"定兴郎君踏舞来，白羊羯一口"，年初一定兴率领一个舞队给归义军衙府拜年，赏给白羯羊一只。这与咒愿的情况是相同的，如是一人，则往往是"赏绢一匹"或"赏布一匹"（P.3730—9卷）咒愿后赏绫罗一束，一束为五匹，咒愿者五人左右。从赏赐物可知咒愿者或四五人、或一队，其数不等。

敦煌生育民俗

（一）生育民俗

求子　正由于继嗣的重要意义，于是人们急切盼望生儿育女，与此相适应的是产生了子嗣之神。早期的要算禖神了，《礼记·月令》：仲夏之月"玄鸟至，至之日，以太牢祠于高禖，天子亲往"。玄鸟即燕子，此事来源于古代传说：娀简吞燕卵而生契，女脩吞燕卵而生大业，后代相沿便以仲春之月，燕子来时，祭祀高禖神而求子。汉武二十九岁得太子，认为晚矣，喜之不胜，特立禖神而祀。敦煌唐代的桃符题辞，立春日仍有"瑞燕解呈祥"之语。（S.0610卷背）

随着佛教的传入及其中国化，佛教的子嗣之神也就相继出现，观音菩萨便是典型的圣母。远在东晋，便有益州居士孙道德，年过五十，未有子息，后诚心礼诵《观世音经》，果然求子如愿的灵验记。

敦煌莫高窟壁画《观音普门品变》，自隋代以来，便有"观音能应众生求：福德智慧之男，端正有相之女"的情节，如303、420等窟，画面上呈现的是一群信男信女跪拜观音菩萨之前，或双手合十，做祈求状。

唐代以后，更为兴盛，把求子的情节进一步具体化，如盛唐45窟南壁的《观音经变》中，绘一位着襦裆、披帔子的孕妇，后立一女童，榜题云："设欲求女，便生端正有相之女，宿殖（植）德本，众人爱敬。"与此相对称的是一位着窄袖袍服的男子，双手合十，虔诚祈祷，后立一男童，榜题云："若有女人，设欲求男，礼拜恭敬（供养）观世音菩萨，便生福德智慧之男。"② 上述壁画逼真地再现了对继嗣的迫切心情，生动地反映了当时求子的民俗。五代时三界寺还修建了"观音院"。（P.2641卷）这一切恐怕与群众对嗣胤的心理要求有关。

沿至明清，在佛窟中又添塑了"送子娘娘"的形象，这就是俗称的"娘娘殿"，454窟甬道南壁留下了求子的题词：四月初八佛圣诞，善男信女求儿男。人有成（诚）心佛有感，好儿好女在跟（眼）前。还有在138窟主室中心佛坛上，塑了送子娘娘等十二身，甬道北壁有横批曰"有求必应"，其下有许多求子及得子还愿的题词，其中有一段：

光绪十一年（1885）七月初七日，弟子刘天济诚心还愿，灵应男童千佛保，长命百岁，万事亨通。原籍系凉州府武威县大渠东北乡板槽下沟，居住刘家庄子巽山乾的住宅，诚心还愿一日。十年四月初六日求男，十一年四月初旬天赐一男童，乳名千佛宝（保），大吉大利。

除了亲到寺庙求子，还可供养佛像求子，如S.4279卷为《罗睺罗供养像》，下有残文："□未生男，年可卅七，愚至罗睺罗，请来降下，烧香□□，□足如此身。"罗睺罗是佛之嫡子，在胎六年才出生。这位求子的信士已三十七岁了，尚无儿男，于是虔诚祈祷，希望能生奇异之神童。

在民间还有各种各样的求子习俗，如P.2661卷背载曰："以狗肝涂宅，令妇人生富贵子。"不知此俗之缘起。另外，时至今日，在454窟仍可见到以绳子串

① 《维摩诘所说经·佛国品》。
② 《妙法莲华经》卷七《观世音菩萨普门品》第二十五；《添品妙法莲华经》卷七《观世音菩萨普门品》第二十四。

上一粒纽扣，然后挂在佛像上，以"扣子"象征扣住儿子。

求子之俗，不论采取何种方式，只不过反映了一种心理状态：越是希望获得的东西，越要千方百计去追求，以得到心灵上的慰藉。求子之俗的演变，从一个侧面反映了佛教中国化的过程。

难月　分娩的那个月称之为"难月"。由于缺乏卫生常识，加以医疗条件的落后，把正常的分娩看得异常恐怖，认为是一场灾难，对妇女来说是一大难关，再加上对子嗣的殷切希望，人们带着诚惶诚恐的心情，拜倒在佛的面前，祈求神佛的护佑，具体的活动方式有：

写经绘像　如《沙州文录补》中的《绘观音菩萨功德记》，其发愿文说："即有我娘子以与男司空为新妇小娘子难月之谓也。""于时乾德六年（968）岁次戊辰五月癸未朔十五日丁酉题记。"这是婆婆与丈夫为媳妇的难月而作的功德，残文中的题名有"曹延□"，乃是曹义金的孙子辈。

道场发愿　在预产期即将临近之际，由家长亲赴寺院，施舍一定的财物，僧人设道场，念诵难月文，施主在佛前持炉焚香，虔心跪拜。难月斋文的主要内容是两个方面：

首先是颂佛。"伏闻三宝是济厄拔苦之能人，大士弘悲，无愿不从而惠化。""权机妙用，拔朽宅之迷徒；感应遐（迩），通昏城之惑侣。皈依者苦原必尽，回向者乐果斯深。"（P.3765 等卷）正由于佛具无限神威，于是"仗众圣以延龄，祺万灵而佑护"。（P.2587卷背）

其次是求愿。禀告产妇姓名"奉为厶人难患之所建也"，"惟愿日临月满，果生奇异之神童；母子平安，定无忧嗟之苦厄"。中心目的是祈求保佑婴儿及其母之平安，旁及"合门长幼等，惟愿身如松（嵩）岳，命等苍冥"。（P.3765 卷）

这次佛事活动需"割舍珍财"，作为一种"舍施功德"，在此关键时刻，其舍施当非区区小数，一般穷苦百姓恐怕是无力问津。

满月　在孩子安全生下，满月之时，首先是设檀会答谢神恩，难月时是求愿，满月时则是还愿，如P.3491 卷《孩子满月文》："母子平安，感荷先心，赛酬前愿。于是严院宇，设道场，备珍羞，广营檀会。"檀会即布施大会，"言檀者是外国语，此名布施。以己财事分布与他，名之为布；惬己惠人目之为施"。[1]也就是将自己的财物施与别人，从"备珍羞"之语，可知满月的檀会以食物布施为主。

难月与满月，二者的佛事活动不尽相同，从地点看：

难月：在寺院进行，"座前施主"，"仰慈门而启颡"。（P.3765 等卷）

满月：可在寺院进行，"座前斋主，故能持花奉佛"（P.2587 卷背）；还可在家中举办，"即席焚香"，"于是严院宇，设道场"。（P.3491 卷）

从佛事的方式来看：

难月：只设道场，也就是在寺院举行一次祭祀活动，"严道场者，俗语亦以为祭神处也，今以供佛之处名为道场"。[2]

满月：既设道场，又设檀会，通过道场来"赛酬前愿"，然后设斋供僧，"满月设斋，弘扬大寿"（P.2587 卷背），"广营檀会"（P.3491 卷），满月檀会是施斋食。

另外孩子满月时，民间还有彼此庆贺的习俗，如P.2638 卷记载："绵绫壹匹，甘州天公主满月人事用。"这是清泰三年（936）的寺院账目，"甘州天公主"是指嫁给甘州可汗的曹义金之女儿，可汗妻称"天公主"，上述礼物是沙州僧团所送，僧人尚且如此，至其亲友更不待言，时至今日，孩子满月摆酒设宴、上门祝贺之俗仍流传不衰。

生日报愿　此后，每年生日，均需至寺院报谢，P.2497 卷共有简短的六则愿文，前题曰："严满月、生日报愿同用也。"其中四则是对男孩而言，祝愿健康成长："体同芳桂，日向增荣；命比寒松，凌霜转秀。"并且德才兼备："形随日长，智与月圆，学富器远，业融道胜。资父以孝，诗礼克彰。羽翮早成，跃鳞仙客。光尔家国，固护我法门。"既反映了儒家"忠孝立本"的观念，又希望他成为佛教的后继者。

---

① 《大乘义章》卷十二。

② 《佛学大辞典》，第 1186 页。

对女孩而言有两则，祝愿她"珠颜日丽，素质霜明"，更希望她"名流女史，荣满家族"，也盼望她"道心泉涌"。

（二）收养民俗

对无子女的人来说，为了使"老有所终"，自古以来便有"过继"和"收养"之俗。《诗经·小雅·小宛》："螟蛉有子，蜾蠃负之。"笺云："蒲卢（细腰蜂）取桑虫之子，负持而去，煦妪养之以成其子。"[①] 后代即以螟蛉为养子的代称，如晚唐昭宗时，在讨论王重荣之子珂是否应承袭父爵问题上，有人"言珂螟蛉，不宜缵袭"。[②] 敦煌统称之曰收养，并有财产继承权。

收养的条件　唐律对养子有明确规定："依《户令》：'无子者，听养同宗于昭穆相当者。'"养子的对象必须符合两个基本条件：一个是同姓，另一个是辈分相当。"即养异姓男者，徒一年；与者，答五十。"议曰："异姓之男，本非族类，违法收养，故徒一年。"[③] 正因为养子是为了传宗接代，所以特别强调其姓族之所出。

敦煌民间在实际执行中不完全按唐律之制，敦煌遗书中养子者有三例：

1. 油梁户史汜三收养亲侄儿："欲议养兄只粉追亲男愿寿，便作汜三覆（腹）生亲子。"时"乾德二年（964）甲子岁九月廿七日"。（《沙州文录》）

2. 胡再成收养同母异父弟之子："龙勒乡百姓胡再成，今则遂养同母弟王保住男清朵作为腹子。"（P.3443 卷）时为"壬戌年三月三日"，此壬戌年可能是天复二年（902）。

3. 吴再昌收养外甥："百姓吴再昌……今生孤独一身，更无子息，……所以五亲商量，养外甥某专甲男姓名。"（S.5647 等卷）

上述三例只有一例是同宗者，其他两例均为外姓，但其辈分都是相当的。

养成女不限于同姓，如养子异姓女，唐律规定"养女者不坐"。[④]

养女者亦有一例："僧正崇会……今得宅僮康愿昌有不属官女厶……其女作为养子。"时为"太平兴国八年（983）"。（P.4525—12 卷）宅僮即家奴，按唐律："若养部曲及奴为子孙者，杖一百。各还正之。无主及主自养者，听从良。"[⑤] 崇会的养女是"主自养"者，而且契约中说明是"不属官女厶（某），亦觅活处，二情和会"。崇会的养女是符合官方的规定的，但作为僧正，乃出家之人，尤其作为僧官的僧正是自正正人者，可见当时僧人蓄奴养女，是一种正常、合法的现象。僧人养女还见之于 P.3410 卷，僧人崇恩（晚唐大中年间）在遗嘱中说道："娲柴小女，在乳哺来，作女养育，不曾违逆远心，今出嫁事人，已经数载。老僧买将小女子一口，待老师终毕，一任与娲柴驱使，莫令为贱。"娲柴是崇恩的养女，而后一小女子，则成为仆人了，她和奴婢的区别是并非贱民，崇恩死后又把她转让给养女。

这四例收养者有两种情况，一种是无儿无女者，如吴再昌和崇会，都是孤独一人；另一种是有女无儿者，如史汜三有女阿朵，胡再成有女长会。他们养子的目的是：

第一，传宗接代。如史汜三因无亲生之子，收养侄儿作为亲子，希冀今后"世世代代，子孙男女，同为一活。"

第二，需人侍候。如僧正崇会"往来举动，随从借人，方便招呼，所求称愿"，吴再昌是"忽至老头，无人侍养。所以五亲商量，养外甥某"。

第三，养老送终。如胡再成要求"自养已后，便须孝养六亲，尽终之日，不发逆心"，僧正崇会则要求"尽终事（侍）奉，如或孝顺到头，亦有留念衣物"。

收养的手续　首先是当事人双方洽谈，"二情和会"后，召集一次亲属的聚会，"五亲商量"（S.5647卷），"请屈叔侄亲枝、姊妹兄弟，团座商量停腾"（《史汜三立嗣约》），把养子公之于众，取得合法

---

① 《毛诗》卷十二。
② 《旧唐书·昭宗纪》。
③ 《唐律疏议》卷十二。
④ 同上。
⑤ 同上。

身份，并为家族所承认。更主要的是在这次家族聚会中，当众写下立嗣契约，"两共对面，平章为定"（S.5647卷），"恐后无信，遂对诸亲勒字，用留后凭"（P.4525—12卷）。此契约非一纸空文，不但对双方的具体问题需作出明确规定，还可以此告官，具有法律效力。

契约直接命名为"养男契""养女契"，其主要内容如下：

第一，对养子的待遇。首先是视同己出，"作为腹子"（P.3443卷），"便作氾三腹生亲子"，长大后成家立业，"收新妇荣聘"（史氾三）。其次是不得虐待，"切不得二意三心，好须勾当"，不得"非理打捧，押良为贱"，等等，特别是原有女儿或将来可能又生下孩子者，对养子不得欺屈，不得"倚大猥情"，"作私别荣"（史氾三）。再次是养子享有财产继承权，"所有城内屋舍，城外地水"等，"并共承长会子停之，亭支一般，各取一分"（P.3443卷），"所有口资、地水、活业什物等，便供氾三子息、并及阿朵准亭，愿寿各取一分，不令偏并"（史氾三）。这两人因原有女儿，所以对财产的分配做了明确规定，所谓"停之""亭支""准停"的"停""亭"，是平分之意，至今酒泉方言仍把"平分"说成"停分"。把家产一分为二，女儿与养子各取一份，公平对待。

第二，对养子的要求。首先是孝顺为先，"孝顺父母，恭敬诸亲"（S.5647卷），"孝养六亲，尽终之日，不发逆心"（P.3443卷）。其次是勤恳劳动，"恳苦力作，待奉六亲"（S.5647卷），"尽终侍奉"（P.4525—12卷）。还有是品行端正，史氾三在立嗣约中提出"或不孝顺父母并及姊妹兄弟""不肯作于活之计""贪酒看肉，结伴盗贼"等，便可驱逐之。

第三，对违约的处理。如养子不能达到上述要求时，可以脱离关系，赶出家门，并退还原付给的身价财物："空身趁出。家中针草，一无口（其）数，其口（得）债麦粟五十硕，升合不得欠少，当便口（还）付氾三。"（史氾三）"若或半路不听，便还当本所将乳哺恩物厶（某），便仰别去，不许论讼养父家具。"（P.4525—12卷）严重者还可告官治罪："呈告官中，倍加五逆之罪。"（史氾三）"忽生翻悔者，便招五逆

之罪。"（S.5647卷）按唐律的处理可判刑两年："诸养子，所养父母无子而舍去者，徒二年。"[1]

收养的代价 理所当然应付给原亲生父母以一定的报酬："现与生女父母乳哺恩物厶（某）。"（P.4525—12卷）在该契约没反映具体内容及数字，史氾三的契约中是"麦粟债五十硕"。当时敦煌社会上的行情是：寡妇阿吴以三十硕的代价就卖掉七岁的儿子（S.3877卷），塑匠都料赵僧子以四十硕（麦粟各二十硕）的代价把自己的儿子典与亲家翁，期限六年（P.3964卷）。五十硕的代价基本上属正常现象。

收养的实际后果 在实际生活中，收养子女确有如亲生儿女一般，孝顺到头、善始善终者，如僧人崇恩的养女娲柴，就"不曾违逆远心"，乳哺之时抱来抚养，长大成人，后来以女出嫁。但也有带来恶果者，如P2207残卷背面，是一位寡妇被养子欺逼，在走投无路的情况下告官之状纸：这位养子名通信，已有妻儿，其养母可能后来生下一子，"年可十三"，养子为了达到霸占产业的目的，"返（反）逐弟娘，此世未闻"，"春则封门庄上"，秋天收割时，"城外城内，通信并全收将"，以致造成"被养男劫将继粮"，无法生活，只得"伏望司空鸿恩照察"。

在收养民俗中，儒家的宗族观念和孝道思想起着主宰作用，养男传宗接代，并成为家庭的劳动力；养女是供人役使，类似婢女的作用。二者都寄托着养老送终的用意。

敦煌丧俗

（一）七七斋丧俗

1. 七七斋丧俗的概说与由来

在敦煌民间丧葬活动中，有一种佛教化丧俗，即在人死以后，要由其亲人做七七斋，为死者追福，它是敦煌民俗学中重要的一章。所谓"七七斋"，也就是在人死去以后，每隔七天为一忌日，祭奠一次，到七七四十九天之时为止。为什么要规定七日为忌日？因为佛教认为人生有六道流转，在一个人的死与生之间，另有一个"中阴身"之阶段，如童子之形，在阴间正寻求生缘，以七天为一期，如果七天完了，仍然没有寻求到生缘，则可以更续七天，到第七个七天为止，必生一处。所以，在这七七四十九天之间，逢七

① 《唐律疏议》卷十二。

必须举行超度、祭奠。

这种做七七斋的丧俗，在敦煌写本中有着确凿的记载。例如，P.3211《五言白话诗》（见《敦煌掇琐》）就说："承闻七七斋，暂施鬼来吃。永别生时盘，酒食无踪迹。"由此可见，敦煌在唐代存在着这种丧俗。每供七七斋时，都要有食盘来装食品，还要供酒，当然是给新鬼来吃。在当时人看来，人死后下地狱，变成鬼，死后也和生前一样，每天都要吃饭，不然要挨饿。因此，逢七必须斋供，叫作灵供，以免新亡人在阴间挨饿。

这种丧俗来自佛教。敦煌写本咸七十五《佛说阎罗王受记劝修生七斋功德经》云："如至斋日到，无财物及有事忙，不得作斋请佛延僧建福，应其斋日下食两盘、纸钱，喂饲新亡之人并随归在一王，得免冥间业报、饥饿之苦。"这里提到"下食两盘"，可见不是一盘，同时还要烧纸钱，这是做斋时必须履行之习俗。做斋时烧纸钱，在敦煌唐人本中，自然也是必须要做的事，这在敦煌写本中也有着确凿的记载。例如，P.3211《五言白话诗》又记述道：

（1）"一日厌摩师，空得纸钱送。"

（2）"贮积留妻儿，死得纸钱送。"

（3）"只得纸钱送，欠少元万知。"

"厌摩师"是指人死，谓人死就要烧纸钱。在敦煌唐人中，人死后烧纸钱既如此常见，做七七斋时是绝不会不烧纸钱的，这是敦煌唐人丧俗典型的标志。

敦煌唐人做七七斋的丧俗，不是自唐代才开始的，它产生于南北朝之时封建统治阶级丧俗中间，然后才流传到唐代敦煌民间去的。如敦煌有一种做"百人斋"的七七斋形式，P.3211《五言白话诗》云："向前任料理，难见却回来。有意造一佛，为设百人斋。"这就是南北朝时统治阶级七七斋丧俗中，做"四百人斋""千僧斋"，乃至"万人斋"的变异形态。《北史·胡国珍传》云："又诏自始薨至七七，皆为设千僧斋，斋令七人出家；百日设万人斋，二七人出家。"（此条并见《魏书》卷八十三下《胡国珍传》）《北史·王玄威传》云："及至百日，乃自竭家财，设四百人斋会。"《北齐书·孙灵晖传》云："从（南阳王）绰死后，每至七日及百日终，灵晖恒为绰请僧设斋，转经行道。"可见敦煌唐人"百人斋"乃是七七斋中对念佛和尚多少的丧俗规定，念佛的和尚越多

就越表示富有，越表示对死者的尊敬，越表示主人社会地位高。它是从南北朝封建统治阶级七七斋丧俗的"百人斋""千僧斋""万人斋"衍化而来的。敦煌民间的老百姓，自然没有南北朝封建大官僚那么富有和有权势，也根本没有那种经济能力供做七七斋的一百人、一千人甚至一万人来吃喝，做"百人斋"恐怕都要依靠集体"社"的力量帮助，至于做"千人斋""万人斋"，老百姓是根本做不到的。所以P.3211《五言白话诗》，在"有意造一佛，为设百人斋"以后又说：

> 无情任改嫁，
> 资产听将陪。
> 吾在惜不用，
> 死后他人财。

请看敦煌民间做"百人斋"的主人，准备把"资产听将陪"，老婆也可以任其"改嫁"，反正是自己的资产"死后他人财"，故在"百人斋"中花得精光也在所不惜。这透露了敦煌民间为办七七斋中的"百人斋"而倾家荡产的事实。

尽管做七七斋之"百人斋"等，要花费大量的人力物力财力，民间也不堪重负，但是，从南北朝至唐代，再到五代以后，仍然盛行不衰。这种丧俗由于和民间对佛教的笃信而千丝万缕地交织在一起，也显示着它强大风习的传承力量。

南北朝时的七七斋丧俗，虽来源于佛教，然其前阶段，最初似脱胎于汉代宫廷的百日设奠祭祀的风习。清代史学家万斯同《群经杂说》云："汉明帝营寿陵之诏有云：过百日惟四时设奠。百日之说，始见于史。意者尔时佛法初入，明帝即用其教耶？《开元礼·卒哭篇》注有'古之禫在卒哭，今之百日也'二语，此可为唐用百日之据。及考李习之《去佛斋说》，深诋佛家七七之说，则知唐人固多用七七、百日以为治丧之节矣。"万斯同之说有一定道理，七七斋丧俗来自汉代宫廷百日设奠之祭，但其转变却不是在唐代，而是在南北朝之时就已经演变成百日的七七斋丧俗了。《北齐书》卷四十四《孙灵晖传》即云高王南阳王绰死后，"每至七日及百日终"，晖为其设斋；再从《北史·胡国珍传》《北史·王玄威传》《魏书·胡国珍传》等记载可见，南北朝时之百日斋，已变为百人斋、千人斋、万人斋等档次了，越来越奢侈豪华，

铺张浪费，为其主要特征。连《北史》记载的贵族王玄威设四百人斋，都"自竭家财"，何况于平民百姓？万斯同指出李习之深诋佛家七七之说。李习之即李翱，唐宪宗李纯时代之人，元和初曾为国子博士、史馆修撰。李翱《去佛斋说序》云："故温县令杨垂撰集丧仪。其一篇云：七七斋，以其日送卒者衣服于佛寺，以申追福。翱以此事伤礼，故论而去之。"这可以说是当时主张移风易俗的唯物主义思潮之反映。唐代敦煌民间否定这种奢侈的百人斋，自不必说，以上征引的P.3211《五言白话诗》之"为设百人斋"，就有否定七七斋的意味。所以说，唐代有人反对七七斋是一种可以称之为"思潮"的情况，因为它是代表了一部分人的意见，不是个别人的意见，主要是反对富人进天堂，穷人下地狱。南宋时俞文豹撰之《吹剑录外集》云："温公曰：世俗信浮屠，以初死七日至七七日、百日、小祥、大祥，必作道场功德，则灭罪生天，否则入地狱，受剉烧舂磨之苦。夫死则形朽腐而神飘散，虽剉烧舂磨又安得知？李舟曰：天堂无则已，有则贤人生；地狱无则已，有则小人入。今以父母死而祷佛，是以其亲为小人，为罪人也。"小人是指穷人，贤人则指富人，贤人入天堂，小人入地狱。以上所述，代表了平民百姓对入地狱之不满。所以，不仅李翱，就是唐时陇西人李舟等，都深诋佛家七七之说。

2. 十王斋、生七斋与亡人斋

自清初万斯同考证"七七百日"以来，这一说法遂成为七七斋丧俗之专有名词。明代田艺蘅的《春雨逸响》还有如下说："人之初生，以七日为腊；人之初死，以七日为忌。一腊而一魄成，故七七四十九日而七魄具矣。一忌而一魄散，故七七四十九日而七魄泯矣。《易》曰：精气为物，游魂为变，故知鬼神之情状，原始要终，故知死生之说。"田氏此说与"七七百日"在明代盛行有关。这说明"七七百日"虽然属于佛教之范畴，但是到明代，佛教的"七七斋"竟然与我国传统的人本魂魄说加以结合，而有所谓"七魄"新说。古人认为，人魂是可以离体的，所以《易·系辞上》云："精气为物，游魂为变。"而魄却是不可以离体的，所以《左传·昭公七年》云："人生始化曰魄。"杜预注曰："魄，形也。"《白虎通义》说："魂者，沄也，沄沄行不休也；魄者，迫

也，犹迫迫着于人体也。"可见七七斋丧俗一经与我国传统的人体魂魄说结合，便创新出一种中国化的"七魄"观，所以难怪明代宫廷大力推进"七七百日"了。《明会典》卷九十《大丧礼》记载，皇太子亡，"祭祀止停百日"；丧日"音乐并停百日"；皇太后丧，"一周年祭如百日"；皇妃丧，"七七百日、周年、二周年，每次祭祀坛数与初丧同"；亲王丧，"七七百日迁柩"；公主丧，"七七百日除服御祭"；郡王丧，"七七百日下葬"……明代宫廷如此推崇"七七百日"，正是基于人死后魂离魄存的传统观念。"七七百日"，在明代竟正式著于典籍了，清初万斯同才来加以探讨。所以，"七七百日"是明代形成的对"七七斋"丧俗的别称，唐代并无"七七百日"之说；而且，"七七百日"此时已成为概括"七七斋"丧俗全过程的专有名词，并不意味着"七七斋"只做到一百天为止。

唐五代对"七七斋"丧俗全过程不称为"七七百日"，而别称为"十王斋"或"十斋"。字四十五《阎罗王经一卷》（残卷尾题）中有一段话："若有善男子、善女人、比丘、比丘尼、优婆塞、优婆姨、预修生斋者，每月二时十五日，（供养）二宝，祈设十王斋，修名进状。"字四十五写卷又说，此"十王斋"，简称"十斋"，就是说所谓"七七斋"，实际要做十个斋。这十个斋是如何划分呢？咸七十五《佛说阎罗王受记劝修生七斋功德经》云："若是新死，依从一七计，乃至七七、百日、一年、三年，并须请此十王名字，每七有一王下检察，必须作斋。"服三十七残卷所写此段，亦如是说。这就说明，在这三年做斋时，不仅要在四十九天做完七个斋，即从一七斋到七七斋，而且还要做满另外三个斋，即百日斋、一年斋、三年斋，实际是十斋。所以这种习俗应当首先理解为敦煌十斋丧俗，方才合乎道理。孚四十五《阎罗王经一卷》云：十斋具足免十恶罪，放其生（升）天，我当令四十夜叉王守护此经，不令陷没。可见十斋具足才能往净土，所以《阎罗王经一卷》，又有经名为《阎罗王授记四众逆修生七往净土经》，强调"往净土"，并云："汝当奉王侍，流传国界，依教奉行。"

但是，明明是十斋（十王斋），为什么一定要标名为"七斋"（七七斋）呢？原来"十"字，在佛理中是一个圆满的概念，《演密钞》卷五云："十数表圆，

以彰无王尽。"《探玄记》卷三云:"但此经所明皆应十种,以显无尽故。设有七、八、十二等数,皆是增减云十。"所以实际虽然是十,也拿它认作七,因这个七最终还要"皆是增减云十","七"当作"十"来理解。

另外,十斋为什么又称为"十王斋"呢?列二十六《阎罗王受记令四众预修生七斋功德往生净土经》云:"修此十王斋具足,免十恶五逆之罪,并得天王当令四大野(夜)叉王守护此经,不令陷没。"冈四十四《阎罗王经残卷》(拟题)亦云:"努力修此十王斋具足,免十恶五逆之罪。"因为有十个天王管这十个斋,这就是列二十六《阎罗王受记令四众预修生七斋功德往生净土经》所说:

> 第一七斋,秦广王下,
>
> 第二七斋,宋帝王下,
>
> 第三七斋,初江王下,
>
> 第四七斋,五官王下,
>
> 第五七斋,阎罗王下,
>
> 第六七斋,变成王下,
>
> 第七七斋,太山王下,
>
> 百日斋,平正王下,
>
> 一年斋,都市王下,
>
> 三年斋,五道转轮王下。

北图字四十五写卷所述之十王,只有两处之差,平正王作"平等王",都市王作"都述是王"。P.2870《佛说十王经一卷》所述之十王,也有不同。第二七日是初江王,第三七日是宋帝王。最有趣的是 P.2870《佛说十王经一卷》所述十王所辖之日,都记有亡人在地狱所受之苦,其苦情皆用七言句诗体表现,并附有生动的图画。其诗前均有"赞曰"两字,列举如下:

第一七日过秦广王,赞曰:

> 一七亡人中荫身,驱羊队队数如尘。
>
> 且向初王斋点检,由来未渡奈何津。

第二七日过初江王,赞曰:

> 二七亡人渡奈河,千群万队涉江渡。
>
> 引路牛头肩挟棒,催行鬼卒手擎叉。

第三七日过宋帝王,赞曰:

> 亡人三七转恓惶,始觉冥途险路长。
>
> 各各点名知所在,群群驱送五官王。

第四七日过五官王,赞曰:

> 五官业秤向空悬,左右双童业薄全。

> 轻重岂由情所愿,任昂白任昔因缘。

第五七日过阎罗王,赞曰:

> 五七阎罗息诤声,罪人心恨未甘情。
>
> 崇发仰头看业镜,始诸先世事分明。

第六七日过变成王,赞曰:

> 亡人六七滞冥途,切怕生人执意愚。
>
> 日日只看功德力,天堂地狱在须史。

第七七日过太山王,赞曰:

> 七七冥途中阴身,专求父母会亲情。
>
> 福业此时仍未定,更看男女造何因。

第八百日过平正王,赞曰:

> 百日亡人更恓惶,身遭枷栲被鞭伤。
>
> 男女努力修功德,免落地狱苦处长。

第九一年过都市王,赞曰:

> 一年过此转苦辛,男女修停功德日。
>
> 六道轮回仍未定,造经造像出迷津。

第十三年过五道转轮王,赞曰:

> 所后三历是开津,好恶唯凭福业田。
>
> 不善尚忧千日内,胎生产死拔亡人。

由上可见,修十斋正是为了避免上诗中所述之苦。从诗中以及所配插图中画的人,他们在所谓"地狱"中受的上木枷、下油锅、渡奈河、受棒打、被绳子捆缚等虐待,实际都是现实生活中狱中犯人所受的罪之反映。修十王斋目的是"免十恶五逆之罪",P.2870《佛说十王经一卷》也说:"十斋具足免十恶罪,放其生(升)天。"赞曰:"一身六道苦忙忙,十恶三涂不易当。努力修斋功德具,惶沙诸罪自消亡。"这是敦煌民间风习注意的中心点。所谓"十恶",据《法苑珠林》卷二十三"受戒"和卷一〇六"忏悔",佛教把身业杀盗、邪淫、口业妄言、两舌、恶口、绮语、意业嫉妒、瞋恚、骄慢、邪见作为十恶。所谓"五逆",据佛典所载,指五种极为深重之罪恶:杀父、杀母、杀阿罗汉、由佛身出血、破和合僧。如此看来,十恶偏重堕落的意识,而五逆则偏重堕落的行为本身,因此可以说五逆是十恶的具体表现,所以敦煌民间实际只提五逆,用来概括十恶。S.2073《庐山远公话》云:"既乃长大成人,不孝父母,五逆弥天,不近智者,伴涉恶人。"P.2418《诱俗第六》(尾题)云:"佛言:阿难,若行五逆之人,命终必堕恶道。""重重地狱有何因,只为阎浮五逆人。"北图河孚十二号《父母恩重经讲经文》（拟题）云："常行五逆，死后当堕大坑地狱。"P.3211《五言白话诗》云："日月甚宽恩，不照五逆鬼。"P.3418《五言白话诗》云："心毒无忠孝，不过浮浪汉。此是五逆贼，打煞何须案。"从以上众多例证可见，敦煌民间风习十分重视谴责五逆之罪，这种风习反过来也就促使民间对十王斋热烈地供奉。

就"七七斋"本身而言，又包括以人的生与死为类别举办的斋。一类是活着的人给自己修"七七斋"，叫作"生七斋"，又称为"预修生七斋"。修了"生七斋"，人死后就不会下地狱，而进入西方净土，所以《阎罗王经》也称为《逆修生七往净土经》，"生七"则是"生七斋"的简称。一类是活着的人给死去的人修"七七斋"，叫作"亡人斋"，修了以后，"新亡之人并随归在一王，得免冥间业报饥饿之苦"（列二十六）。

"生七斋"与"亡人斋"，在北图所藏的敦煌本《阎罗王经》中已有定论，如列二十六写本云："若善男子善女人等能修此十王（斋），逆修生七及亡人斋，得善神下来敬礼凡夫，凡夫云：'何得贤圣善神，礼我凡夫。'一切善神并阎罗天子及诸菩萨钦敬，皆生欢喜。"（咸七十五、服三十七等卷此段相同，均甚为清楚）可见，活人与死人，凡修"七七斋"，都能够得到一切善神，包括阎罗王、众菩萨的钦佩与敬重。

必须指出，对以上两类斋，佛教的着重点是在"生七斋"上，因为在信奉佛教的人中，毕竟是活着的人多于死去的人。所以，佛教便造出来一种"生七斋"优于"亡人斋"的理论。列二十六写卷云："若是生在之日作此斋，名为'预修生七斋'，七分功德尽皆得之，若亡没已后，男女六亲眷属为作斋者，七分功德亡人唯获一分，（六分）生人将去自种自得，非关他人与之。"

由此可见，不是一切修十王斋的人都能进入西方净土世界的，唯有那些活着预修生七斋的人，才能有圆满的七分功德入于净土，而那些死了的人，活着的时候没有预修生七斋，死后只能由"六亲"代为修"亡人斋"者，只有一分功德，不能入净土，"勿落三途之灾"就够了。所以按 S.0778《王梵志诗》云："急手卖资产，与设逆修斋。"即情愿把全部家产卖掉，也要修斋。

佛教如此制定其设斋理论的目的，是为了笼络更广大的人民群众来信奉佛教，并设斋供。这样便更加促进了敦煌民间七七斋丧俗的形成，并进而衍化成为敦煌民间广泛的信仰风俗。由佛教推广十斋中的预修生七斋而形成的这种信仰风俗，带有对善男信女的恐吓性与威胁性，活着的人如果不预修生七斋，死后便不能入净土，死了的人如果亲人不为其修"亡人斋"，或修七七斋时缺一斋未修，《阎罗王经》便威胁道："若缺一斋，乖在一王，并新死亡人留连受苦，不得出生，迟滞一劫，是故劝汝作此斋事。"（列二十六）如此恐吓，逼善男信女们就范，人们为了死后能够得到超生，结果正如 P.3221《五言白话诗》所说的那样，宁愿倾家荡产，老婆改嫁，也要修满十个斋。

敦煌民间修十王斋的风俗在唐代已相当流行。S.0778《王梵志诗》说的"与设逆修斋"就是一例，此卷又云："设却百日斋，浑家忘却你。钱财他人用，古来寻常事。"设百日斋就是奉十王斋的明显表现。由于设百日斋经济负担很重，所以有"钱财他人用"的不满之词。敦煌唐人写本也径直称为"十斋"。

P.2718《王梵志诗》云："六时常礼忏，日暮广烧香。十斋莫使阙，有力杀三长。"P.2133《妙法莲华经讲经文》云："三八镇游诸寺舍，十斋长具断荤辛。如斯净行清高众，经内呼为善女人。"P.3375《欢喜国王缘》云："三八士须断酒肉，十斋真要剩烧香。更能长念如来号，一切时中得吉祥。"可见敦煌唐人又习惯于将"十王斋"（七七斋）称为"十斋"。这样，事实已充分说明风俗绝不可能是在唐代以后才在敦煌流行的，而五代翟奉达式的"七七斋"，正是唐代敦煌"十王斋"（十斋）风俗典型的反映。

3. 十斋风俗内容

《敦煌研究》1987年第2期载有施萍亭《一件完整的社会风俗史资料——敦煌随笔之三》，该文披露了天津艺术博物馆藏古写本4532号之内容。施文发现：（1）"北图冈字44号应是上件天津藏卷的后半部分，从写经题记可得知。"据许国琳《敦煌石室写经题记》上辑第十一页所记冈字44号的题记，已知有五七斋、六七斋、七七斋。天津藏卷恰好是：开七斋、二七斋、三七斋、四七斋，互相衔接。施文的发现，使我们看清了"七七斋"丧俗中七种斋的风俗内容，尽管它还缺少三个斋的风俗内容。（2）从天津藏卷，施文搞清，这两半写卷之时代、人物、设斋目的。天津藏卷尾部有翟奉达亲笔题记:"显德五年岁次戊午（958）三月一日夜,家母阿婆马氏身故,至七日是开七斋。夫检校尚书、工部员外郎翟奉达忆念,敬写《无常经》一卷,敬画宝髻如来佛一铺。每七至三周年,每斋写经一卷追福。"这是五代时期历学家翟奉达为亡母马氏追福的设斋功德经题记。开七斋至四七斋题记内容,均为今日流传的敦煌写本微缩胶卷中所无,它对研究七七斋丧俗有一定价值。这合而为一的五代写卷之题记,反映的是五代时期"七七斋"丧俗内容,但是,它与唐代"七七斋"丧俗是相互一体的,并有传承的。

现在,将它包含的细致风俗内容先列表如下,然后再做剖析。

卷名 ‖ 斋名 ‖ 所写之经 ‖ 祝愿的内容

天津艺术博物馆藏古写本 4532 号 ‖ 开七斋佛说无常经 ‖ 愿阿托影神游,往生好处,勿落三途之灾,永充公养。二七斋佛说水月光观音菩萨经愿神生、净土、莫落三途之难,马氏承受福田。‖ 三七斋 ‖ 佛说咒魅经写经功德,一一领受福田,求充供养。四七斋愿说天请问经愿以家婆马氏作福,一一见到,目前灾障消灭,领受福田,一一供养。

北图冈字 44 号 ‖ 五七斋 ‖ 佛说阎罗王受记逆修生七斋功德经 ‖ 以阿娘马氏追福,阎罗天子以作证明,领受写经功德,生于乐处者也。‖ 六七斋 ‖ 佛说护诸童子陀罗尼咒经,马氏一一领受写经功德,愿生于善处,一心供养。‖ 收七斋 ‖ 般若波罗蜜多心经,生于好处,遇善知识,长逢善和眷属,永充供养。

如前所论,敦煌民间的七七斋应当是做十个斋,而这合二为一的写卷,只记有七个斋,所以,首先它在风俗内容上是完整的。敦煌民间七七斋丧俗是否到翟奉达生活的五代时期已从十斋减为七斋呢? 当然不是的。翟奉达还有三篇题记十分清楚地记载了其余三斋所写的经名。P.2055 写卷,是《佛说盂兰盆经》、《大般涅槃摩耶夫人品经》(后题为《佛母经》)、《佛说善恶因果经》之写卷,背有翟奉达署名的题记,现将题记全文征引如下:

(1)P.2055《佛说盂兰盆经》后是为百日斋写的题记:

"六月十一日是百日斋,写此经一卷,为亡家母马氏追福,愿神游净土,莫落三涂。"

(2)P.2055《大般涅槃摩耶夫人品经》后是为一年斋写的题记:

"为亡过家母写此经一卷,年周追福,愿托影好处,勿落三途之灾,佛弟子马氏一心供养。"

(3)P.2055《佛说善恶因果经》后是为三年斋写的题记。由于是十个斋最后一斋,所以全写了十斋需要抄写的经名,并带有总结性的意思,将七七斋最后必须动员的天地间各种神灵,都一一地加以叙述,场面壮观,异常热闹:

弟子朝议郎、检校尚书工部员外郎翟奉达为亡过妻马氏追福,每斋写经一卷,标题如下:

第一七斋写《无常经》一卷
第二七斋写《水月观音经》一卷
第三七斋写《咒魅经》一卷
第四七斋写《天请问经》一卷
第五七斋写《阎罗经》一卷
第六七斋写《护诸童子经》一卷
第七斋写《多心经》一卷
百日斋写《盂兰盆经》一卷
一年斋写《佛母经》一卷
三年斋写《善恶因果经》一卷

右件写经功德为过往马氏追福。奉请天龙八部、救苦观世音菩萨、地藏菩萨、四大天王、八大金刚以作证盟,一一领受福田,往生乐处,遇善知识,一心供养。

P.2055 翟奉达的题记说明五代时期的七七斋,仍然供养十个斋,而绝不是七个斋。天津藏卷与冈字 44 号合并之卷,少了百日斋、一年斋、三年斋所应写之经,故内容并不全面。就这点看来,五代时期供养的十斋风习和唐代是同样的。令人奇怪的是,翟奉达在天津藏卷题记中对马氏用家母、阿婆、阿娘几种称呼,而在 P.2055 题记中竟称马氏为"亡过妻",从母亲一变而为妻子。这似由于身份转变所致,前者由于翟氏是以儿子身份,故将马氏当作社会上的良母看待;后者由于翟氏是以佛教弟子身份,故将马氏当作社会上的贤妻看待,称"亡过妻马氏",或"过往马氏"。贤妻良母,表达了一种完全的传统伦理观念,借此表达对母亲作为崇高女性的尊重之情。

以敦煌本《阎罗王经》与 P.2055 题记对比。供养十斋,并不止牵涉到十王,还要动员更多的神。

龙天，就包括八部中的龙众与天众，《法苑珠林》卷四五"兴福"云："次请三界天众，四海龙王，八部鬼神，一切含识有形之类。"四大天王，帝释的外将，包括东方天王多罗咤、南方天王毗瑠璃、西方天王毗留博叉、北方天王毗沙门；还有手执金刚杵的八大护法神；普救众生苦难的地藏菩萨；还有那只要观其音声、皆能解其苦难的观世音菩萨。动员如此众多的神来对供奉十斋的人效劳，这就将十斋提到崇高的地位上，愈加推动了敦煌民间供养七七斋风俗之热潮。

下面再来重点探讨十斋的风俗内容。人死后七天开始做的第一个斋，叫一七斋。五代民俗称开七斋。初唐诗人王梵志诗中就称一七。王梵志认为"死经一七日"就有"沉沦三恶道"之危险，那时就会被牛头铁叉抓住：

反缚棒打走，先渡奈何水。

倒拽至厅前，枷棒遍身起。

死经一七日，刑名受罪鬼。

牛头铁叉权，□□把刀揭。

（S.0778《王梵志诗》）

所谓"牛头铁叉"，是民间传说中的鬼，又叫"牛头阿旁"。据《冥祥记》云："宋何澹之得病，见鬼，形甚长壮，牛头人身，手执铁叉。沙门慧义曰：此牛头阿旁也。"（见《通俗编》）为了避免死者在一七日落入牛头铁叉手中、遭受"受罪鬼"刑名的可怕境地，因此必须做"开七斋"。

从天津藏卷题记，还知道做开七斋、二七斋，其目的是超度亡灵"勿落三途之灾"，此"三途之灾"，即王梵志诗中提到的"三恶道"的灾难。如 S.0778《王梵志诗集并序》上云：

（1）沉沦三恶道，家内无人知。

有衣不能着，有马不能骑。

（2）沉沦三恶道，负时愚痴鬼。

荒忙身猝死，即追司命使。

因为"三途"与"三涂"通，《四解脱经》云："涂者，途之义。一火途，地狱趋猛火所烧之处。二血途，畜生趋互相食之处。三刀途，饿鬼趋以刀剑杖逼迫之处。"这就是 P.3211《五言白话诗》说的："死入三恶道，量由罪根重。埋问黄泉下，妻嫁别人用。"这三途实指地狱、畜生、饿鬼。"三恶道""恶道"亦

如此。《法华经·方便品》云："以诸欲因缘坠堕三恶道。"《无量寿经》（上）曰："人天寿终之后，复更三恶道。""三恶道"也是指地狱、饿鬼、畜生。故《辅行》（一）曰：《四解脱经》以三途名火血刀也。途，道也。"《玄应音义》卷四云："三涂，又作途……涂犹道也。"由此可见，三途之灾即三恶道，问题已是十分明确了。五代开七斋中的"勿落三途之灾"，正是与初唐诗人王梵志诗中描述的一七斋中的避免"沉沦三恶道"是一致的。所以施萍亭认定"翟奉达式的'七七斋'，唐以后才流行"，此论是值得商榷的。"七七斋"丧俗自南北朝产生以来，其主要风俗模式不会有骤然改变，前后传承与其他过程一样，均取渐变方式。施文之所以把翟奉达这种方式的"七七斋"认定为唐以后的民间习俗，主要是因为"每斋一卷"写经中，《佛说水月光观音菩萨经》和《佛说阎罗王受记逆修生七斋功德经》，不仅唐以前各种经目中不见著录，而且连《开元释教录》也不见著录。

《贞元释教录》中有"《阎王经》一卷"的记载，而《阎王经》正好是《佛说阎罗王受记逆修生七斋功德经》的略称，这已经从北图字 45 号《安国寺尼妙福敬写阎罗王经》得到证明。从此经的内容看，它是后代"七七斋""百日斋""周年斋""三周年""烧纸钱""摆食盘""过十王厅"的依据。而此经仅见于《贞元释教录》，说明上述翟奉达式的"七七斋"，唐以后才流行。

施文实际指出两点理由，一是五代七七斋中所写之经，唐以前各种经目中不见著录；二是《阎罗王经》中"七七斋""百日斋""周年斋""烧纸钱""摆食盘"等风俗是"后代"此俗的"依据"。但是，写经并非七七斋风俗内容的主体，各时代可以有所不同，故仅据写经，不能说明翟式七七斋俗唐以后才流行。七七斋风俗主体前后各代都有传承性，只有详略之不同，并无南北朝式、唐代式、五代式之区别。《阎罗王经》虽为后世七七斋丧俗之依据，但唐代已有，并非只在五代才有记录。即使是"摆食盘""烧纸钱""七七斋""百日斋""周年斋"，也已在唐代发现，并非在唐以后才流行。五代翟式开七斋、二七斋祝愿风习的"勿落三途之灾"，即敦煌本王梵志诗中的避免"沉沦三恶道"。凡此种种，都说明敦煌七七斋风俗，不可能是唐以后的五代习俗，至少在初唐王

梵志生活的时代就已盛行于敦煌了。

此外，北宋时期在供一七斋时，还要疏文、设供一七会。S.0086《淳化二年（991）马丑女回施疏》便详细记载了这种风俗，其中有"设供一七会、共斋僧二百三十人"等语，可见是百日斋规格的一七斋。

百日斋、周年斋、三年周，在请和尚祭奠时，都要念"追念疏"。

（1）属于百日斋的疏文有闰字58号背面《建元年哀子某延僧为亡母追念疏》：

乾元寺何僧正和尚、氾判官、庆通。右同月十五日就弊居奉为故慈母娘子百辰追念，依时早赴。谨疏。

建元年四月十三日哀子弟子从都头寿昌县会。（许国霖《敦煌杂录》第103页，并据原卷校改）所谓"百辰追念"，也就是百日追念。辰通晨，《诗·齐风·东方未明》云："不能辰夜，不夙则莫。"故"百辰"是百日斋之别称。疏文提到"判官"，据《文献通考》卷六十二"职官"载，唐代开始在节度、观察、防御诸使间设判官。疏文又提到"都头"，据《新唐书·兵志》载，唐僖宗入蜀募神策新军，分五十四都，开始设都头。故此写本似唐写本，反映的是唐代百日斋须写追念疏之习俗。

（2）属于三年斋的疏文有菜字66号《乾德六年某子某延僧为亡母追福疏》：

张僧正和尚、董僧正和尚、杨禅、米禅，右月二十九日就弊居奉为故慈母小娘子三年（斋）追念，伏乞□，依时早赴。谨疏。乾德六年九月□子阴存□□。（许国霖《敦煌杂录》第105页）乾德为五代前蜀王衍年号，元年为公元919年，没有乾德六年，应是咸康元年（925），敦煌偏远消息不灵，致有此误。五代时三年斋承唐众。

由以上百日斋、三年斋之丧俗可见，从唐代，经五代，至北宋初，敦煌民间设"十斋"之习俗均延续不断。这种疏文给十斋丧俗增加了典雅与庄重，念疏文形式，似从儒家写悼文以追念逝者的丧俗之传统形态衍化而来。从S.0086写本看来，从一七斋至收七斋，可能都有写追疏文的习俗，这又是敦煌民间七七斋丧俗之特征。

三教融合的敦煌丧俗

敦煌的丧俗既保存了儒、道和民间信仰的传统，又受着佛教东渐的直接影响，所以与中原丧俗有相同的一面，亦有迥异之处。

（一）葬式

土葬 土葬为我国传统的葬法。敦煌的土葬经历过从郡内到郊外的变迁。S.1889《氾氏家传残卷》记载："氾瑗字彦玉，晋永平令宗之孙也。父族有经学，郡旧时俗皆葬于邑中，坟葬卑湿。叹曰：'陵之为言终也，终当山陵，胡为邑泽哉！'遂葬父于东石。为时所非，禁固十年。县令李充到官，称志孝合礼，父众心乃化，遂皆出葬东西石。""石"通"碛"（二字同为昔韵），指敦煌东西面的沙碛，今谓戈壁滩者。时至今日，敦煌城周围的沙碛中古墓垒垒，形象地印证了敦煌土葬区域变迁的历史。

敦煌土葬采用长斜坡墓道的洞室墓，如佛爷庙西区的101号唐墓，墓道长为14米，最深处达5.7米的斜坡。据敦煌《冢书》（P.2550VB）之制，墓坑入地深浅均按本人品位区分，帝王之墓最深者达145尺，三场（长）以下从35尺至63尺，令长以下从3尺至17尺。坟的高度也有定制："三品已上坟高一丈二尺，五品已上坟［高］九尺，七品已上坟高七尺，九品已上坟高六尺，庶人坟三尺。"值得注意的是，墓的深浅尺数隐含着古代敦煌人的吉凶观念："入地一尺为建，二尺为除，三尺为满……一丈二尺为闭，周而复始。满平定成收开吉，余并凶。"（P.4930卷）再结合上述二则材料来看，敦煌人以三尺、四尺、五尺、九尺、十尺、十一尺为吉。

火葬 僧人行火葬，梵言"茶毗""阇维"，译为焚烧。莫高窟在20世纪50、60年代进行基建时，出土了很多骨灰陶罐和棺材形制的小木匣，有的直接埋在土中，有的用砖修拱形墓道，集体安放，这是一般僧人所用。对僧官和高僧则设塔供养，莫高窟附近及对面山坡上，至今仍耸立着一座座塔墓。除僧人外，佛教弟子也行火葬，S.0086《淳化二年（991）马丑女回施疏》："葬日临圹梵尺。"马丑女为佛教弟子，故行火葬。

还有一儒佛结合之葬例，P.4974《神力状》："回鹘贼来之时，不幸家兄阵上身亡，缘是血腥之丧，其灰骨将入积代坟墓不得……出价买得地半亩，安置亡兄灰骨。"其兄行火葬，但为什么不能埋入祖坟？按《周礼》："凡死于兵者，不入兆域。"注："战败无勇，投诸茔外以罚之。"① 可见儒家观念在敦煌仍据重要地位。

（二）入殓

儒家礼仪 据晚唐敦煌本土的《张敖书仪·凶仪》所记，② 人亡后即在家庭设祭，如《父母初终祭文》："唯厶年岁次厶月朔厶日辰，孤哀子厶等，谨上清酌之奠，敢昭告于考妣之灵：不孝深重，上延考妣，攀慕慈颜，不敢独违礼教，谨上清酌之奠，伏惟尚飨！"接下来就是小殓、大殓，小殓是给亡者洗浴、穿衣、整容，以小衾覆盖，停尸中堂；大殓即添加被褥入棺。

释教之规 据佛经记载：僧死先为浴亡，使浴亡者。次着衣，据寝室，行入龛佛事，其第二夜通夜诵经。次入龛第三日，于寝室先行移龛佛事，移之于法堂。移于法堂后，行锁龛佛事，而锁龛盖。于是有举哀之式、奠茶汤之佛事。③ 下面就儒、佛入殓之仪做一比较：

儒家礼仪	释教之规
洗浴、穿衣、整容	入殓
家庭祭奠	
停尸中堂	
大殓入棺	
孝子朝夕哭拜	入龛
浴亡、着衣	
诵经、行佛事	
移于法堂	
锁龛	
举哀、奠茶汤之佛事	

亡人衣服 亡人的具体穿戴可从大中年间崇恩（僧人）的遗嘱中窥其斑："崇恩亡后衣服：白绫袜壹双、浴衣一、长绢裈壹、赤黄绵壮裤壹腰、京褐夹长袖壹、独纽紫壮袄子壹领、紫绫裙衫壹对、紫绫七条、架裟壹条、紫罗庐山冒（帽）壹顶、覆面绵壹长（张）覆面青沙（纱）壹段。"（P.3410卷）崇恩在敦煌

是比较富裕的人家，其亡衣均用绫罗绢绵褐制成，文中的"壮"字为方言，即絮棉花，酒泉、敦煌一带民间至今仍沿用之。

覆面是丧俗所特有的，古称幎目，亦名面帛、面衣等。《仪礼·士丧礼》："幎目用缁，方尺二寸，赪里，著组系。"郑注："幎目，覆面者也。赪，赤也；著，充之以絮也；组系，为可结也。"贾疏还补充说明幎目即面衣，四角有系，于后结之。④ 关于覆面的起源见《吕氏春秋》："吾何面目以见子胥于地下！乃为幎以冒面而死。"⑤ 此即覆面之始也。据新疆出土的《衣物疏》，或称覆面，或称面衣，单位量词曰枚、曰具，个别为颁，制作质料绖、帛练、锦，高级者用进口波斯锦为之。阿斯那墓出土的覆面实物为帽套状，四角有系，眼睛部位有眼罩，为双层。⑥ 敦煌无覆面的实物，依崇恩的记载亦为两层，下为绵绸，上盖青纱，这恐怕与当地的风沙有关。

（三）出殡

出殡日期 按《礼记·王制》："天子七日而殡，七月而葬；诸侯五日而殡，五月而葬；大夫、士、庶人三日而殡，三月而葬。"此处的"殡"乃指大殓，"葬"才是出殡。但敦煌的出殡日期却以七日为极限，可少于而绝不能超越，如《阴善雄墓志铭》（P.2482卷）："清泰四年丁酉岁八月十四日寿卒……以期二十日权葬于州东南莫高里之原也！"李存惠卒于太平兴国五年正月廿六日，二月三日权殡莫高里阳开河北原（S.0289、1156卷）。穷人百姓亦有第二天出葬者，P.5003《社司转帖》："社户王张六于今月（九月）四日申时身亡，葬宜五日殡送。"

出殡的七日之期限来自《十王经》的七七斋，地狱有十王掌管，"身死已后……过十王，若阙一斋，乖在一王，并新死亡人，留连受苦，不得出生，迟滞一劫。"（S.3147等卷）人死后在七天之内，必须到一殿秦广王处接受考察、审定功过。敦煌遗书中有一首诗形象地描绘了这一过程："一七亡人中阴身，驱

---

① 《周礼注疏》卷二十二。
② 载 P.2622、P.3886 等卷。
③ 《佛学大辞典》"葬式"条，第 1158 页。
④ 《仪礼注疏》卷三十五《士丧礼》。
⑤ 《事物纪原》卷九 "面帛" 条。
⑥ 《吐鲁番出土文物》1—3 册。

羊队队数如尘。且向初王斋点检，由来未渡奈河津。"（P.2003、2870 卷）

《十王经》的全名是《佛说阎罗王授记令四众逆修生七斋功德往生净土经》，简称《佛说十王经》《阎罗王授记经》《阎罗王预修生七往净土经》等，它是初唐时成都府大圣慈寺沙门藏川所编撰的一部伪经，用佛教经典的形式和语言，突出了轮回报应的思想，吸收了佛经的有关内容。但又掺杂了许多儒、道的成分，鼓励人们诵经修斋可以荣华富贵；宣传孝道，要"报义生养之恩"；更荒诞的是在鸠尸那城听佛说法的行列中居然出现泰山府君、司命司录等道教神祇；十王的名字如秦广王、宋帝王、太山王等，也显然是中国化的产物。在敦煌丧俗中起着重要影响的《十王经》，其本身就是三教混合的产物。

出殡仪式 《张敖书仪》（P.2622 卷）记载："辒车入门东，盟（明）器陈于南墙，魂车于门外左右。北庭祭讫，枢出升车，少顷以薄帛□（悬？）魂车里。则掌事升枢上车，以刍灵克助之勿摇动。则以帛两匹，属辒车两边，以挽郎引之，持羽妻振铎，唱《薤露》之歌。"出殡时辒车、魂车各一。《释名》"舆棺之车曰辒"，即枢车；魂车是模拟死者生前外出之状所备的车，《仪礼·既夕礼》郑注："象生时将行陈驾也，今时谓之魂车。"上设魂帐。刍灵为明器，《礼记·檀弓》："涂车刍灵，自古有之，明器之道也。"郑注："刍灵，束茅为人马。"[1]"束草为人马，以神灵名之也。"[2]敦煌殡仪中的刍灵还可填充于辒车之内，使行进途中棺樟不摇晃。两匹帛用作车索，出殡时挽郎牵引前进。挽郎亦称挽僮，可临时聘请，亦有职业挽郎，如《宋书·礼志二》："有司又奏依旧选公卿以下六品子弟六十人为挽郎。"执引者除挽郎外还有孝子及送葬亲友，"吊于葬者必执引"[3]。挽郎持羽妻振铎，"周人墙置羽妻"[4]。一说"周公作羽妻"，一说"武王

作羽妻"，羽妻即羽妻扇，其作用如墙之障枢，"羽妻似屏风，人持随丧车前后左右也"[5]。据《礼记》郑注："汉礼，羽妻以木为筐（框），广三尺，高二尺四寸，方两角高，衣以白布，画云气，柄长五尺。"[6]铎是一种有舌的大铃，出殡时，挽郎持羽妻摇铃，相和而歌《薤露》。《薤露》是古挽歌名，相传"（田）横自杀，门人伤之，为之悲歌，言人命如薤上之露，易晞灭也"[7]。上述出殡仪式基本上是遵循古代儒教的礼制。

另外在出殡途中凡经过桥梁或摆渡过河时均需祭奠，《葬行至桥梁津济祭文》："谨上清酌之奠，敬祭于桥梁津济之神：厶等不孝，上延考妣，令启行往厶方，经过至此，谨上清酌之奠，伏惟尚飨！"（P.2622、3886 卷）据《五经要义》："祖道行祭，为道路祈祀！"为什么在桥梁津济处行祭呢？因为这些地方有神看守，恐怕亡灵受阻。如《吴越春秋·阖闾内传》："（椒丘诉）过淮津，欲饮马于津，津吏曰：水中有神。"河公、河伯、河冯、河宗等是我国民间传说之河神，远在战国时便流传河伯娶妇的故事，丧俗中这种祭奠是民间信仰的反映。

佛教的殡仪 在第三日行锁龛之后，"次和起龛佛事，由法堂起龛至山门首，在此转龛，即转龛向里也。斯时供香华茶汤为转龛佛事，鸣钹于葬处"[8]。这是对一般僧人而言，僧官的殡仪是比较隆重的，如晚唐悟真和尚的《营葬榜》（P.2856 背）："僧统和尚迁化，今月十四葬，准例排合葬仪，分配如后：灵车……香舆车……邈舆车……钟车……钹车……九品往生舆车，诸僧尼寺各一，生仪舆车……纸幡……大幡两口……净土、开元各幢一对。右件所请诸色勾当者，缘葬日近促，不得疏慢，切须如法，不得乖恪者！乾宁二年（895）三月十一日。"灵车，相当于辒车；"舆车"，即小车也；邈舆车，邈者即邈真，图

---

① 《礼记正义》卷九《檀弓下》。
② 《释名》。
③ 《礼记正义》卷九《檀弓下》。
④ 《礼记正义》卷三《檀弓上》。
⑤ 《太平御览》卷五百五十二《礼仪部》。
⑥ 《礼记正义》卷七《檀弓上》。
⑦ 《太平御览》卷五百五十二《礼仪部》。
⑧ 《仪礼注疏》卷三十五《士丧礼》。

画亡者之真容安置兴车中；九品往生兴车可能是纸做的，属明器之类，"九品往生"为释教术语，"行业有差别，故往生弥陀之净土有九品"。《观无量寿经》云："愿往生之人，有九品之别，故所生之极乐净土，亦有九品之殊。"[①]九品往生兴车是象征亡灵乘车往生极乐净土，生仪兴车之内容无具记载，从字面意义看和上述的魂车有类似之处。僧统出殡时钟鼓齐鸣，香烟缭绕，幡幢飘拂。在僧统的殡仪中吸收了儒礼的辒车、邀真及明器之俗。

壁画中的殡仪　莫高窟壁画亦有殡仪片段，如北周290窟人字坡的佛传画，太子出西门见出殡者，主体是一辒车，车顶为白幔，幔之顶端及四角均垂流苏，灵柩上有一人（或仙、道）乘鹤，前有龙导引，车前有一人顶牲供之品。

对灵柩上的画面有不同之解释，一说为"乘龙持节的方士"。画中实无持节之事，所谓节者是白幔顶部下垂之流苏，其垂线清晰可辨。方士作为一个人无高踞灵柩之上的情理，所谓乘龙似亦有误，其人跨乘的是一鸟形物。丧仪中的鸟应为鹤，因为鹤乃"羽族之宗长，仙人之骑骥也"。得道成仙之人往往乘鹤而去，如王子乔之故事，荀环亦目睹驾鹤之宾降自霄汉，后"跨鹤腾空，眇然烟灭"（《太平御览·羽族部》）。故称吊丧为鹤吊，人亡为鹤驾。鹤前画有一龙，龙为鳞虫之长，神异之动物。晋陶安公亡，有"迎汝以赤龙"之事（《搜神记》卷一）。堪舆术有"龙穴"之说，宜为墓穴，鬼神的忌日称龙忌（《淮南子·要略》）。帝王的枢车称龙辒（《礼记·檀弓上》），龙与跨鹤的画面均喻亡灵仙逝、升天。

另一说谓灵柩上的人为方相。殡仪用方相："大丧先枢，及墓之圹，以戈击四隅，驱方（魌）良（魍）。"[②]早期的方相乃真人所扮，出殡时在灵车前开路，不可能跨鹤在灵柩之上。灵柩上放的应是明器，送死之器，名曰"象人"。《周礼·冢人》："及葬，言鸾车、象人。"象人，谓以刍为人者，后代演变为纸人、纸马。

另外在众多的《涅槃经变》中，描绘了佛出殡时的场面，灵柩或车载、或人舁，僧人、弟子及皇族送葬。

（四）临圹

临圹设斋　抵达墓地后，要举行一次相当隆重的斋会。"枢车到墓，亦设墓屋，铺毡席上，安枢北首。孝子居枢东北首而哭，临［圹］设祭……三献讫，孝子再拜号踊，抚棺号殒，内外俱哭。则令僧道四部众十念讫，升枢入圹。"（P.2622卷）按儒家之仪有临圹设祭之举，而斋会则为佛事活动。此斋会的前半段保留了儒教之仪，孝子哭拜、祭奠，《临圹祭文》如下："不能自没，奄及临圹，幽明道殊，慈颜日远，以今日吉辰，迁仪宅兆，欲就玄宫，不胜号绝！"（P.2622、3886卷）此斋会的后半截则为释教之仪，首先是念诵斋文，如晚唐张承奉时期的《临圹文》（P.3765卷）："卜善地以安坟，选吉祥而置墓，于是降延清众，就此荒郊，奉为亡灵临圹追福！惟愿以斯舍施功德，焚［香］念诵胜［因］，资用亡灵所生魂路。"又如五代曹元深逝世时的《临圹文》："厥今车敷五色之盖，路有种凶仪，乐音兑奏于城傍，万民泣血于郊外，兼舍净财启嘉愿者，有谁施作？时则有持炉至者，奉为故太傅临圹追福诸所建也！"儒教的祭文突出了人子之情，反映了孝道思想；释教的斋文却是功德之举，通过舍施和念诵为亡灵追福。

丧见亲　僧人为俗人送葬，在经律中是承认的："檀越来为死者请诵经咒愿，可至葬所者，此固为比丘化方之一端。可如出家众之葬法，于在家者之葬处，诵《无常经》为死者咒愿，为生者澍法雨也。"[③]僧人为非佛教徒送葬既可弘扬佛法，又是化缘的方式之一，所以丧家必须舍施财物，这就是"丧见亲"，即送丧于野外，颁僧之布施物，俗谓之"野布施"，多为亡者的衣物，僧人再通过唱卖，换成粮食或布匹。如P.2638卷："乙未年（935）曹仆射临圹衣物唱得布叁千伍佰肆拾尺，大王临圹衣物唱得布捌千叁百贰拾尺，梁马步临圹衣物唱得布伍百壹拾尺。"曹仆射其人不明，大王即曹议金，梁马步是梁幸德。此俗在中原亦行之，韦庄的《虚席》诗："一闭香闺后，罗衣尽施僧。"

---

① 《佛学大辞典》，第81页。

② 《周礼注疏》卷三十一《夏官司马下》。

③ 《佛学大辞典》，第1159页。

十念 临圹斋会结束时要令僧道四部众进行十念。四部众指比丘、比丘尼、优婆塞、优婆夷，即僧尼及男女信徒。何谓十念？即一遍称诵佛号。敦煌遗书中有《十念文》一件（S.4474卷）："是日辒辌辌辌辌，送玉质于荒郊；素盖翩翩，钱凶仪而亘道。至者等对孤坟而足辟踊，泪下数行；和棺椁以号咷，心摧一寸。泉门永闭，再睹无期；地户长关，更开何日。无以奉酬罔极，仗诸佛之威光，孝等止哀停悲，大众为称十念：南无大慈大悲西方极乐世界阿弥陀佛（三遍）；南无大慈大悲西方极乐世界观世音菩萨（三遍）；南无大慈大悲西方极乐世界大势至菩萨（三遍）；南无大慈大悲地藏菩萨（一遍）。"此文完整地反映了十念的具体内容。

后土之祭 斋会结束后即"升棺入圹，安置讫，即闭仪门，圹掩讫，于坛上设馔祭后土，其文曰'以今吉辰，于此安厝，伏愿保无后艰'"（P.2622卷）。敦煌丧俗中对后土是很尊崇的，选定墓地后，孝子就"自将酒脯、五方彩、铺座钱财"等物，在"墓西南上立坛，设□（祭）后土……三献吉讫，其坛撤除，于四隅立纂□之，其坛不得裁（栽）种，留之"（P.2622卷）。后土在上古是五行之官，"土正曰后土"，并演变为神祇："共工氏有子曰句龙，为后土。"①正因为后土是管理土地的神，所以开辟坟墓应予禀告。

镇墓物 敦煌丧俗中的道教色彩还表现在镇墓器物上，如新店台82D×Mb5号墓镇墓瓶上的墨书文："（前凉张骏）建兴廿七年（339）三月丙子朔三日戊寅，傅长然身死，今下斗并五谷金公人用，当复地上地下。青乌子北辰诏：令死者自受其央（殃），罚不（满）加，移央（殃）转咎，远置他乡，各如律令；傅长然，汝死适值八魁、九坎当星，四时厌解，天注地[注]岁注月注，日注时注，千秋万岁，不相注仵，各[如]律令！"②青乌子乃汉代堪舆术士，"汉

有青乌子，善数术"，③相传著有《葬经》。"八魁、九坎"乃阴阳家之说，"有九梁星煞之禁，谓当其所值，不可触犯"。④"如律令"乃道教符箓之惯用语。

至唐代，镇墓瓶演变为一对镇墓怪兽俑，一为龙首兽身，一为人面兽身，是在老爷庙唐墓中出土，据考为"当圹、当野、祖明"之类。⑤笔者认为可能是"强梁、祖明"，因为"当圹"应是"当康"，《山海经·东次四经》记载："其状如豚而有牙……其鸣自叫，见则天下大穰。"其形状和用途均与镇墓无关，而强梁、祖明是驱傩之神兽，《后汉书·礼仪志》曰："强梁、祖明共食磔死寄生。"⑥磔死是分裂尸首之意，《风俗通义·佚书》说："魍象（魑）好食亡者肝脑。"又说秦穆公时，陈仓人掘地，得物若羊，将献之，道逢二童子谓曰："此名为蝹，常在地中食人脑。"正是为了抵御这种专吃死人肝脑的怪物，故设强梁、祖明以镇之。

丧俗中的阴阳五行等民间信仰，从广义来说是属于道教系统的。

（五）真堂之设

埋葬完毕，接着就是虞祭，"虞者，葬日还殡宫安神之祭名"。⑦虞者安也，殡葬是送形而往，然后迎魂而返，恐魂神不安，故设虞祭以安之，并迎亡灵返舍。有《葬毕迎神祭文》（并虞祭同）："不自死灭，安厝神柩，已奄玄宫，恋慕慈颜，不能暂止，谨启明灵，还归私第。（虞祭云：谨启神魂，俯从灵帐。）谨以少牢之奠云云。"（P.2622、3886卷）家中设真堂、敷灵帐，日夜祭奠。

敦煌遗书中保存了唐宋时期的《邈真赞》数十件。"邈"即描绘彩画之意；"真"即真容，指肖像。敦煌当时能画像的人，大约都是上层人物，在晚年或病危时请人画像，"偶因凋瘵，预写生前之容；故命良工，爰缋丹青之貌"。⑧逝世后请人题赞。上述悟真和尚出葬时的"邈兴车"中所放置的正是邈真之图。

① 《春秋左传正义》卷五十三"昭公二十九年"。
② 《记敦煌发现的西晋、十六国墓葬》，载《敦煌吐鲁番文献研究论集》四，北京大学出版社，1987年。
③ 《风俗通义·佚文·姓氏》。
④ 《玉壶清话》卷十。
⑤ 夏鼐《敦煌考古漫记》，载《考古通讯》1955年第3期。
⑥ 《后汉书·礼仪志》。
⑦ 《礼记正义》卷九《檀弓下》。
⑧ P.3718《张良真赞并序》。

虞祭结束后，迎神返舍，专设一室，置邈真像赞而供奉之，此即真堂。

丧俗中"邈真赞"之名是敦煌所特有的，本属儒教礼仪，敦煌僧俗均用。

（六）忌辰

按儒家之制，迎神返舍后，日常在真堂祭奠则可，至"期而小祥""又期而大祥""中月而禫"。[①]此处的"期"乃"期年"，即一周年。《通典·开元礼》载："十三月小祥，除首绖……廿五月大祥，除灵座、除缞裳……廿七月禫祭。"可知小祥为一周年，大祥为两周年，各含闰月一月。大祥时则可拆除真堂；大祥后间隔一月行禫祭，"禫之言澹澹然，平安意也"。丧事至此宣告结束。

十斋忌 敦煌的亡忌盛行十斋之俗，十斋就是七七斋、百日斋、一年斋、三年斋。P.2055卷记载了翟奉达为亡过妻马氏追福的经卷。（见前文高国藩所引）

翟奉达是五代北宋初敦煌著名的历学家，上述十斋写经之事发生在五代末期。在北宋时亦有此类事例，S.6886背《太平兴国六年（981）辛巳岁具注历日并序》记载了马平水的斋忌：六月廿六日马平水身亡；（六月小）七月三日开七了；十日二七；十七日三七；廿四日四七；（七月大）八月一日五七；八日六七；十五日七七；（八月大、九月小）十月七日百日。这是家庭自用的一份备忘录。

"七七斋"之说来自释典，"人亡每至七日，必营斋追荐，谓之累七，又云斋七"。[②]为什么以七日为限？《瑜伽师地论》（卷一）说："人死中有身，若未得生缘，极七日住，若有生缘则不定。若极七日，必死而复生，如是展转生死，乃至七七日住，自此已后，决定得生。"人死后在冥间化起一相，这就是中有身，似身传识，七日是一个阶段，根据其人生前善恶及作七斋的功德，然后决定其中有身的投生。七七斋能减免生前之恶过，使亡灵得升天堂，"七七修斋造像，以报父母恩，令得生天"（《十王经》）。

我国从北魏以来，即有七七斋及百日斋的活动，《北史·胡国珍传》载胡氏卒于神龟元年（518），明帝下诏设斋："自始薨至七七，皆为设千僧斋，斋令

七人出家，百日设万人斋，二七八出家。"至于与周年、三年而构成的十斋，则以初唐的《十王经》为完备的范本，十斋与十王是一致的：

一七秦广王，二七宋帝王，

三七初江王，四七五官王，

五七阎罗王，六七变成王，

七七太山王，百日平等（正）王，

一年都市王，三年五道转轮王。

十斋具足，免十恶罪，放其生天。（S.2489卷、北8257卷）十斋是儒释道的混合体，是我国地狱观念趋于系统化、制度化的产物。

敦煌的丧俗在实行十斋的同时，又把传统的儒教礼仪融汇其中，将周年斋名之曰"小祥"，《张敖书仪》（P.2622卷）："来年死日谓之小祥。"P.3367卷是小祥设供的疏文："右今月廿五日就弊居奉为故男押衙小祥，追念设供，伏愿慈悲依时降驾，谨疏。己巳年（969）八月廿三日弟子都押衙宋慈顺疏。"请三界寺的僧政和尚、大师、判官阇梨等赴家中作斋会。

将三年斋名之曰"大祥"，P.2642卷："奉为故△大祥追念之福会也……今则礼周千日，罢悲泣于素幄；服满三年，备斋修于私第。"S.2832卷："大祥俄届，公乃奉为先贤之则，终服三年。"2139卷："奉为故和尚大祥追念之福会也……悲缠三载……"大祥斋文又称《脱服文》："夫日月亦流，奄经三载；哀哀父母，生我劬劳。"（P.2237卷背）大祥按儒礼为廿五月，也即两周年，而敦煌却是三周年，僧俗并用。儒典的大、小祥行祭奠之礼，而敦煌却是斋会，可见敦煌丧俗中的大、小祥是冠儒礼之名，而行释教之实。

敦煌丧俗还有中祥之说。P.2757卷背是一位僧人"奉为殁故姨师中祥追荐"，S.6178卷是太平兴国四年（979）皇太子广济大师"就宅奉为男太子中祥追念"之疏文。中祥虽未明确具体时限，但据大、小祥可知中祥应为两周年。

预修生七斋 七七斋本是丧俗，但在敦煌活人也可预修生七斋："若有善男子、善女人、比丘、比丘尼、优婆塞、优婆夷，预修生七斋者，每月二时，供养三宝。"死后"便得配生快乐之处，不住中阴

---

① 《仪礼注疏》卷四十三《士虞礼》。

② 《释氏要览》卷下，载《大藏经》第五十四卷。

四十九日"。预修生七斋的好处是自种自得，"七分功德，尽皆得之"。如死后亲眷作斋，"亡人唯得一分，六分生人将去"。预修生七斋的具体做法：每月十五日、三十日"供养三宝，祈设十王，唱名纳状"，隆重者"延僧建福"，简单者"下食两盘，纸钱喂饲"。（《十王经》）预修生七斋又名逆修斋。

敦煌从元鼎六年（前111）建郡以来，汉族人口日益增多，至盛唐敦煌人口已达一万六千多人，[①] 敦煌成为西部汉族的聚居区。汉文化的传入和发展，是敦煌丧俗中儒、道成分的基因。敦煌地接西域，佛教东来时首当冲要。因此从魏晋之世起，敦煌"多有塔寺"，并且"道俗交得"。[②] 这种儒、道、释三教并举的文化背景，构成了具有敦煌地方特色的、三教融合的丧俗。

敦煌禁忌

（一）敦煌民间关于裁衣、妇女及灶神的禁忌

中古时代敦煌唐人的禁忌，也有诸多方面的表现。我们虽然依据"禁忌"这一学术概念的准则来加以分辨，但更重要的是依据敦煌写本实际所反映的禁忌加以探讨，对原有禁忌的学术概念不能不做必要的修正与发展。

敦煌民间对某些具体物品与人有奇异的禁忌。据P.2661伯二六六一背《诸杂略得要抄子》，可见到这些特殊的民俗事象所表现的禁忌形态。下面先分门别类列出具体的禁忌条款，并按类进行民俗背景的简要分析；民俗背景不清楚的条款，存而不论。

1. 裁衣禁忌

春三月申不裁衣。

夏三月酉裁衣凶。

秋三月未不裁衣。

冬三月酉（裁衣）凶。

丁巳日裁衣煞人，大凶。

秋裁衣大忌，申日大吉。

血忌日不裁衣。

申日不裁衣，不死已凶。

凡八月六日、十六日、廿二日不裁衣，凶。

以十月十日裁衣□死。

晦朔日裁衣，被虎食大凶。

在中古时期，裁衣是民间头等大事，因此"裁衣求吉"的民俗观颇为牢固。汉王充《论衡·讥日》云："九锡之礼，一曰车马，二曰裁衣，作车不求良辰，裁衣独求吉日。"这"九锡之礼"大有研究之处。所谓"九锡之礼"，是指古代帝王尊礼大臣所给的九种器物。王充说的"裁衣独求吉日"的风俗，正是来自皇帝"九锡"臣子的首要的加服一项。但他说的礼品中的次序，"一曰车马，二曰裁衣"，但在先秦与东汉，也有"一曰裁衣，二曰车马"者，请看表3：

"加服"是放在第一、二位的。据《公羊传·庄元年》云："王使荣叔来锡桓公命，锡者何？赐也。命者何？加我服也。"这就是中古民间"裁衣独求吉日"的风俗来源，民间因"随君上之情好"故有此俗之产生。

表3　九锡目名对照表

《礼·曲礼上》疏引公羊家说	《公羊传·庄元年》汉何休传据《礼纬·含文嘉》	汉韩婴《韩诗外传》卷八	汉班固《汉书·王莽传上》
1. 加服	1. 车马	1. 车马	1. 衣服
2. 朱户	2. 衣服	2. 衣服	2. 车马
3. 纳陛	3. 乐则	3. 虎贲	3. 弓矢
4. 舆马	4. 朱户	4. 乐器	4. 斧钺
5. 乐则	5. 纳陛	5. 纳陛	5. 秬鬯
6. 虎贲	6. 虎贲	6. 朱户	6. 命挂
7. 斧钺	7. 弓矢	7. 弓矢	7. 朱户
8. 弓矢	8. 斧钺	8. 斧钺	8. 纳陛
9. 秬鬯	9. 秬鬯	9. 秬鬯	9. 虎贲

---

① 《旧唐书·地理志三》。

② 《魏书·释老志》。

敦煌也有"血忌日不裁衣"的禁忌。汉代早有"血忌"的日子,汉王充《论衡·讥日》云:"假令血忌月杀之日固凶,以杀牲设祭,必有患祸。"古代认为不宜见血的日子为血忌日,凡逢血忌日都不杀牲畜。直至宋代仍有"血忌"之说,宋范成大《石湖集·灼艾诗》云:"血忌详涓日,尻神谨避方。"敦煌唐人因有"血忌日不裁衣"之禁忌。要问究竟哪些日子为血忌日,为何不准裁衣,条款中虽未注明,但血忌日似与下条有关。

"以十月十日裁衣□死。"为何十月十日不准裁衣呢?大约与皇帝的生日有关。《旧唐书》曾言及唐文宗的生日,说:"大和七年(833)十月壬辰上降诞日,僧德道士讲论于麟德殿。翼日,宰相路隋等奏诞日斋会,诚资景福臣伏见:开元十七年张说、源乾曜请以诞日为千秋节,内外宴乐,以庆昌期,颇为得礼,上深然之,宰臣因请十月十日为庆成节,上诞日也。从之。开成二年(837)又敕庆成节宜令,京兆尹准上巳、重阳例,于曲江会文武大僚。"十月十日既为皇帝出生日,动剪刀裁衣便被认为是不忠之举动,此日动剪刀便象征着"动刀"谋反,故裁衣便列入禁忌。其次,皇帝生日这天也必为"血忌"日,这天动刀杀牲畜,便象征开杀戒,也是对王朝不忠之举,故血忌日也不得裁衣。此条也透露了 P.2661 敦煌卷子,写成于唐文宗时期。

"凡八月六日、十六日、廿二日不裁衣,凶。"八月六日不动剪刀裁衣,是因为这天为皇帝的生日。

《南史·梁元帝萧绎纪》云:"世祖孝元皇帝讳绎,字世诚,小字七符,武帝第七子也。初武帝梦眇目僧执香炉,称托生王宫。既而帝母在采女次待,始褰户幔,有风回裙,武帝意感幸之。采女梦月堕怀中,遂孕。天监七年(508)八月丁巳生帝,举室中非常香,有紫袍之异。武帝奇之,因赐采女姓阮,进为修容。"因梁武帝极崇佛,遂亦尊梁元帝。八月十六日由于观音显圣,故不得动剪刀裁衣。佛经云:八月十六日南无清净宝扬惠德观世音菩萨示现。八月二十二日由于神仙下凡亦不得动剪刀裁衣。道书云:八月二十二日昭灵李真人降于方丈台。可见帝诞、佛降、仙人下凡之日均忌裁衣。

2. 妇女禁忌

妇着夫衣不得。

妇人产不满百日,不得为夫裁衣洗衣,大凶。

妇人灶前不哭。

妇人月水下,裁衣煞夫。

妇姑不同食,令不孝,又生不孝子。

姑□同床卧,生足躄,凶。

在妇女禁忌里,月经以及产子出血均被古人认为是"不洁"之物。敦煌禁忌也有这方面内容。"妇女月水下,裁衣煞夫。"这是为什么?因为古人对月经不理解,故以为月经是危险而不吉利的。就连西方的《圣经》也是这么说的。《旧约圣经·利未记》第十五章说:"妇人行经,当七日不洁,凡摸着她的必不洁到晚,妇人不洁的日子,凡她所睡的物认为不洁,凡她所坐的物也认为不洁。"由于认为女人月经不洁,非洲刚果(Congo)、加蓬(Gabon)的本地人,规定妇女来月经时必须与家人隔离,另居到小屋去,暂不同亲人见面。布西曼(Bushmen)人相信,如果一个男人被来月经的女人看见,他必会当场硬直,变为"说话的树木"。特拉华(Delaware)人将初来月经的少女,送进村外小屋,蒙住她的头十二天。昆士兰(Queensland)人则把初来月经的姑娘带到僻静处,把她的下部埋在沙中。柬埔寨(Cambodia)人在女儿初来月经时,父母当天便用棉絮包住女儿腕节,在祖宗前祭拜、祈告说:"女儿已成年,她不能不住暗处了,请祖灵保佑。"父母就把女儿关起来,吩咐说:"不许看男子,也不许让男子看见。饮食在日出至正午之间完毕,可吃米盐、椰子、豆、芝麻、水果,不许吃鱼肉、兽肉,洗澡非等到夜深人静不可。"由此可见,世界各地都流行过月经禁忌,故敦煌民间有女人来月经不准裁衣的禁忌,实际也是由于将月经视为"不洁"之物所引起的。

"妇人产不满百日,不得为夫裁衣洗衣,大凶。"在古人看来,产妇是不洁的,因此首先产妇禁忌在家中产子。敦煌民间流传着产妇在室外分娩的风俗。

P.2705 尾题上,便有"日游在内,产妇不直屋内安产帐"之明确记载。所谓"日游",为敦煌历书中主要项目之一,"日游在内"即为凶日,也就是说,产妇在历书所标明的凶日内,是不许在屋内分娩的。我国独龙族忌在家中产子,今这种风俗仍有残留,该族以为女人分娩"不洁",而室内有弓、弩等狩猎之具,如被"不洁"之气冲犯,狩猎便会没有收获，所以女子只有在室外产子，生下婴儿洗净后方可抱回室内。从世界范围来看，古时女子不能在家中分娩，乃是普遍风俗。吉利亚克人（Gilyaks）不论天晴下雨，产妇都在室外分娩。的摩尔劳特（Timorlaut）岛，产妇在海水中分娩。菲律宾尼格利托人（Negritos）产妇在开始腹痛的时候，便离开家来到森林间的溪边，在地上先燃起篝火取暖，然后用竹筒压腹，使婴儿降生在暖火的旁边，接着亲手切断婴儿的脐带。亚美利加印第安人，产妇也不许在屋内分娩，几乎和我国独龙族一样，恐怕女人在屋内分娩，"不洁"的胎气会使屋内的弓箭腐朽。非洲马拉维人（Malawi），美洲的波洛洛人、印第安人等民族都流行此俗。美国诗人朗费罗（Henry Wadsworth Longfellow，1807—1882）曾有诗描写印第安女人在野外产子的民俗：

> 藓苔之上，
> 野百合之旁，
> 星和月放着光，
> 混在壮牛群里，
> 娜科媚喜气洋洋，
> 生了可爱的小姑娘。

引自《Hiavatha》

古代犹太法典也视产妇如死人一样不洁。古雅典人也认为产妇不洁，严禁在提洛（Delos）岛分娩。新波美拉尼亚（New Pomerania）人也认为产妇不洁，要进行消灾仪式，烧香树枝，嚼姜。世界各族都有产妇不洁风俗。既认为不洁，便禁忌产妇做事，在敦煌便衍化为禁止产妇在室内产子和禁止为丈夫裁衣洗衣的风俗了。

3. 灶的禁忌

灶当户舍，令人失火，凶。
故灶处安床，令人子孙不利。
井灶相当，令人数有口舌，不利。
灶与天牢并，令人烧死不利。
灶前浴小儿，令隆残不利。
凡作灶砖土，勿著人旁，令人家衰耗；
宜著宅外丙丁地，如离宅，分灰。
凡作灶余泥，凡灶中灰，随多少去之，
勿出著前，令人家不利。
立春日取富家地中土涂灶，令人富贵。

灶王爷是我国民间普遍信仰之神。由于灶对人们实际生活有重要作用，而产生了这样普遍的信仰。在先秦它被列为国家祀典的七祀之一，受到国君与庶人共同供奉，《礼记·祭法》云："（王）立七祀，曰司命，曰中雷，曰国门，曰国行，曰泰厉，曰户，曰灶。庶士庶人立一祀，或立户，或立灶。"（汉郑玄注云："小神居人之间，司察小过，作谴告者尔。灶，主饮食之事。"）据郑玄注可见，先秦两汉，灶神变为居人之间专门"司察小过"之人，也就是说，发现人有了什么错误，灶神便来转告上天的神给人以惩罚，故而决定人们的寿夭祸福。

灶神加祸于人的民俗观，确是从先秦开始的。《论语·八佾篇》云："王孙贾问曰：'与其媚于奥，宁媚于灶，何谓也？'子曰：'不然，获罪于天，无所祷也。'"意思是说："卫国大夫王孙贾问孔子说：'求福之人与其奉承屋西南角的奥神，不如奉承灶神，这是什么意思呢？'孔子说：'不能照这两句话的意思讲，如果做事背理，得罪了天，无论向位尊无权的奥神或位卑有权的灶神祷告都没有用哩。'"孔子时代"奉承灶神"的民俗观，正是灶神决定人的祸福之象征。至汉代从上到下尊奉灶神成风。

《史记·孝武本纪》云："少君言于上曰：'祠灶则致物，致物而丹沙可化为黄金。'……于是天子始亲祠灶。"

《汉书·孙宝传》云："后署宝主簿，宝徙入舍，祭灶请比邻。"

《风俗通义·祀典》云："《礼器记》曰：臧文仲安知礼？燔柴于灶。灶者，老妇之祭也。故盛于盆，尊于瓶。"

《后汉书·礼仪志中》云："立夏之日，……京都百官皆衣赤，至季夏衣黄，郊。其礼：祠特，祭灶。"

魏晋以后至唐宋更盛传灶神夜间或选日上天白人罪状，还演变出诸多民间灶神传说：

《抱朴子·微旨》云："又月晦之夜，灶神亦上天白人罪状。大者夺纪。纪者，三百日也。小者夺算。算者，三日也。吾亦未能审此事之有无也。"

《酉阳杂俎》前集卷十四云："灶神名隗，状如美女。又姓张名单，字子郭。夫人字卿忌，有六女皆名察（一作祭）洽。常以月晦日上天白人罪状，大者夺纪，纪三百日，小者夺算，算一百日。故为天帝督使，下为地精。己丑日，日出卯时上天，禹中下行署，此日祭得福。其属神有天帝娇孙、天帝大夫、天帝都尉、天帝长兄、硎上童子、突上紫宫君、太和君、玉池夫人等。一曰灶神，名壤子也。"

《通幽录》云："(唐)永泰中，牛爽授庐州别驾。将之任，有乳母乘驴，为蹬研破股，岁余疮不瘥。一旦苦疮痒，抑搔之，苦虫行状，忽有数虫从疮中飞出，集庭树，悲鸣竟夕。家人命巫卜之，有女巫颇通神鬼，答见一鬼黑衣冠据枝间，以手指蟮，以导其词。黑衣者，灶神也。"

陆龟蒙《祀灶解》云："灶坏炀者，请新之。既成，又请择吉日以祀告之，曰灶在祀典，闻之旧矣。先是火化以来，生民赖之，祀之可也。说者曰其神居人间伺察小过作谴告者，又曰灶鬼以时录功过，上白于天，当祀之以祈福祥，此近出汉武帝时方士之言耳。"

范成大《祭灶词》云："古传腊月二十四，灶君朝天欲言事。云车风马小留连，家有杯盘丰典祀。猪头烂熟双鱼鲜，豆沙甘松粉饵圆。男儿酌献女儿避，酹酒烧钱灶君喜。婢子斗争君莫闻，猫犬触秽君莫嗔。送君醉饱登天门，杓长杓短勿复云，乞取利市归来分。"

洪迈《夷坚志》丁志卷二十云："南城杨氏，家颇富。长子不肖，父逐之。天寒无所向，入所贮牛蒌屋中，借草而寝。忽一虎跃而来，翼从数鬼，皆伥也，直趋屋所，取草鼓舞而戏，子不敢喘。俄黑云劲风，咫尺翳螟，虎若被物逐，仓黄走，众伥亦散。既，神人传呼而至，命唤土地神。老叟出拜，神人责之曰：'汝受杨氏祭祀有年矣，今纵虎为暴，郎君几为所食，致烦吾出神兵驱之，汝可谓不职矣！吾乃其家灶君司命也，汝识乎？'土地谢罪而退。后其父怒解，子得归，具言之，由是事灶益谨。"

在以上的民俗背景之下，终于演变出了敦煌诸多关于灶的禁忌，一不能将灶挡着门，二不能在灶的地方放床，三不能在灶前浴小儿，四做灶的砖和泥都不能放在别人的地方，五不能灶井置于一处，这些都是怕得罪灶神的表现。

由以上种种禁忌还可见敦煌民间禁忌特点，即

在它的条款当中，不仅指明忌凶，有的更标明求吉之路，或相反，只言求吉，其反面也就是禁忌，这样便拓宽了敦煌民间禁忌的领域，形成了诸多敦煌禁忌的特殊内容。

（二）敦煌民间关于门户、借债及神人的禁忌

P.2661背《诸杂略得要抄子》，也记载有门户、借债、神人的敦煌民间禁忌，现继列举如下：

1. 门户禁忌

三月三日作九索十寻[①]，连门户上，去温（瘟）气吉。

八月社日，取舍西四十步，取土一升作泥，（泥）屋四角、门户上，令人不失火，无贼。

埋鹿角[②]门中，厕中得才（财）吉。

建日悬析车草，户壁悬，官，口舌；悬虎头骨门户上；令子孙长寿吉。

常五月上卯日，取东南桃枝，悬户上，鬼不敢入舍，利。

门在青龙上，令人不吉利。

门在玄武上，令人数被贼盗。

屋梁当户，令人出兵死。

入门□□，令人生颠狂，人不利。

水流从大门出，令人贫不利。

门户禁忌反映了敦煌民间对门的重视，因为门有关出瘟气、防贼盗、聚财、子孙长寿等，故古人认为门有门神。以上禁忌采用了不同的寓意手法。有推理法：三月三为吉日，推理吉日可去瘟气。有联想法：悬虎头骨门户上，联想虎头虎脑，子孙长寿。有象征法：桃枝悬门上，象征鬼不敢入舍。有假借法：东，假借为"青龙"；北，假借为"玄武"。可见敦煌民间禁忌经常利用汉字的字音字义，汉语的典故，以及当地的民间风俗。

2. 借债禁忌

癸丑日偿债，使人终身不负人债，吉。

常如壬戌日还债，终身大吉，不负他人债，利。

癸亥日还债，令人终身负他人债，凶。

常己巳日、癸酉，此云偿债，终身不负人财利。

午卯日内，财大吉利。

① 寻：古长度单位，八尺为一寻。
② 鹿角：谐音"禄爵"为象征。

丙子日不得与人钱及出粟与人，令人家贫，不利。

这一组借债禁忌，最特殊之处在于禁忌中配合了我国特有的干支纪日。在禁忌中使用了干支，又是敦煌民间禁忌之特点。民间在使用这种禁忌时，就必须翻检敦煌历书。敦煌历书中便有禁忌的因素。禁忌与历书应配合运用。

3. 神人忌日

杜康以丁酉日死，不得此日会客。

神农辛未日死，不得此日服药。

田公丁亥日死，此日种五谷，凶。

仓颉以丙寅日死，勿此日入学。

师旷以辛卯日死，勿此日作药（乐）。

河伯庚申日死，勿此日乘舟远行。

皋陶以壬辰日死，不得此日効罪人。

神人忌日也配合了干支纪日，故使用这组禁忌时，也必须翻检历书，两者配合运用。

（三）敦煌民间关于干支日与建除日禁忌

P.2661背《诸杂略得要抄子》所见，也有用干支纪日与建除纪日的禁忌，这又一次说明，此种禁忌必须要配合敦煌历书才能加以使用。

1. 天干禁忌

甲不开藏，

乙不纳财，

丙不指灰，

丁不剃头，

戊不度□，

己不伐树，

庚、辛不作酱，

壬不书家，

癸不买履。

2. 地支禁忌

子不卜问，

丑不冠带，又不买牛，

寅不召客，

卯不穿井，

辰不哭泣，不远行，

巳不取仆，

午不盖屋，

未不服药，

申不裁衣，不远行，

酉不会客，

戌不祠祀，

亥不呼妇。

3. 建除禁忌

建不治头，

除不治眼，

满不治腹，

平不治背，

定不治脚，

执不治手，

破不治口，

危不治鼻，

成不治胃，

收不治眉[①]，

开不治耳，

闭不治目。

以上三类型的禁忌很特殊，上节论及借债禁忌和神人禁忌，那还是天干与地支结合着的形态，而这一节"天干禁忌"与"地支禁忌"是完全分开的。这就很罕见。另外，在 P.2661 伯二六六一背写卷上，还有一段未全的干支禁忌，云："推诸忌讳，丑不种□，丁亥不治田、下种，戊不种树，未不与人钱，望不受奇，夏至不呼女。"这段禁忌很特别，丑、未为地支，戊为天干，丁亥为干支，夏至则为二十四节气，望则为月相。这说明敦煌民间禁忌将我国古代天文学中天干、地支、建除、节气、月相共五种理论作为它的基础，使得禁忌的内容复杂化。从其内容来看，以上三种内容都有分工：天干禁忌则主要是人的个人生活，指灰、剃头、伐树、作酱、书家、买履，都是个人之事，不涉及他人。地支禁忌主要是人的社会生活。卜问、召客、取仆、盖屋、服药、裁衣、会客、祠祀、呼妇，都要涉及他人，牵涉众多的人和事。建除禁忌主要是人的治病的禁忌。三种禁忌，内容分工清清楚楚。

敦煌唐人的交感巫术

敦煌煮石巫术与埋石巫术　唐代敦煌时兴一类石头巫术，其施术的方式，以埋与煮两种方法为主。敦

---

① 原卷为"收不治眼眉"，"眼"因与除重，故删。

煌民间显然认为，巫师身上充满了魔力，他只要接触了坚硬的石头，石头也立刻产生魔力，听从巫师之调遣，叫它做什么它就做什么。于是石头成为人们长寿的法宝，能驱病、驱邪、聚财，给人福禄，使家庭兴旺。人们念石头咒语，洒酒于地，天下便太平无事，建房便顺利。人们为石头灵验而口不出恶语、行不做淫事，手不杀生。石头成为人们平安的基石，成为和平幸福的象征。关于石头有三种巫术形态：煮石头，埋石头，埋石粉。那是接触巫法与石头崇拜结合后的巫术产物。这类石头巫术在敦煌民间之详情如下：

第一种，煮石巫术。伯三八八五背面《疗病方》云："煮石法，取鸽包青石，似烧灰者，于清净处，铁锡（锅）中，以叶柴灰汁煮，亦以叶柴煎之，经一复时即烂，取食之，经七日后，即不要饮食。久服力敌千人，身轻如风，日行数百里，能断房入山，隐受（寿）数千岁。"人们认为青石和东方青帝伏羲是同一种颜色，具有魔力，于是相信取鸽包青石，在锅中煮熟而食之，便能身轻如风，日行数百里，成仙、长寿。此术记载在《疗病方》中，是从巫医中衍化出来的。

第二种，埋石巫术。伯四七九三《符咒》云："瘀（魇）口舌以青文（石），疾病用斑文石九十斤，于鬼门（埋），又妨六畜，用黑石十斤埋子地五尺五（寸），百斤埋大门中方二尺三寸（深）吉。"

敦煌民间认定接触过的青石和黑石等有魔力，因为它们与东方青帝伏羲、北方黑帝颛顼是同一种颜色，所以能够镇住生活中一切邪恶，防止口舌、病毒。引文中的"鬼门"何解？它指东北。《论衡·订鬼》云："（大桃木）其枝间东北曰鬼门，万鬼所出入也。"再加上引文中已用青、黑两色，暗示了东、北两方。故用有魔力的石头镇住鬼门和大门，万鬼就不能出入自如了，而人便也获福了。

伯四七九三《符咒》又云："妨伤作人形（石），又妨子孙以黄石百斤（埋）：又一以压埋之处各杵一千下。令妇人分□一斗，随方色鸡又集，绢七尺，席一领，丹□净击，主人甲乙祭之。家中造作百事时，不便妇人秽恶犯触大神，今日□门。急急如律令。"

敦煌民间认定接触黄石有魔力，因为它与中央天帝黄帝是同一种颜色，所以它也能够镇住伤害人、妨碍子孙等事。埋黄石镇邪，必须在埋石处，用棍杵一千下，这种巫术动作大约是象征增加镇邪的力量。

祭品中有重要的"方色鸡"，因为是黄石主镇，故即"黄色鸡"。鸡辟鬼为中古重要民俗观及其风习。

1. 王嘉《拾遗记》卷一："重明之鸟，……状如鸡，使妖灾群恶不能为害。今人每岁元日或刻木铸金，或图书为鸡于牖上，此之遗像也。"

2.《神异经》云："正月一日三元之日也，鸡鸣而起，案《周书纬通卦》云：鸡，阳鸟也，以为人候四时，人得以翘首结带正衣裳也。先于庭前爆竹、帖画鸡及断镂五采及土鸡于户上。"

3. 宗懔《荆楚岁时记》云："正月一日，是三元之日，帖画鸡户上，悬苇索于其上，插符其傍，百鬼畏之。"

4. 沈约《宋书》云："旧时岁朔，常设苇茭桃梗，磔鸡于宫及百寺之门，以禳恶气。"

5. 裴玄《新语》云："正朝，县官杀羊，悬其头于门，又磔鸡以副之。"

6.《太平御览》卷二十九引庄周云："有挂鸡于户，悬苇炭于其上，树桃其旁而鬼畏之。"

7.《太平御览》卷二十九引《易纬通卦验》云："正月五更人整衣冠于家庭中，爆竹、帖画鸡子，或镂五色土于户上，厌不祥也。"

8.《岁华纪丽》引《岁时记》云："元日贴画鸡于户上，插符于其中，而百鬼畏之。"

9. 斯○六一○背有"宝鸡能辟恶"，伯四○九二亦有"伏以磔鸡令序献"句，故敦煌亦有此俗。

此卷言进行石头巫术百事时，妇女必须回避，因"妇女秽恶"。此项禁忌有伤害妇女因素。（说见后）由于伯四七九三卷中之石头巫术，是夹在符咒当中，观其符咒又是道教符咒之性质，故它是从信仰风俗中衍化出来的，并具有道教性。

伯三五九四《阴阳书·用石镇宅法》中记述的也是埋石巫术。看来较为简单，在建造房屋时，在地上或门下埋石，无须施术与念咒，就能镇住魔鬼了。原文云：

1."凡人居宅处不利，有疾病、逃亡、耗财，以石九十斤镇鬼门上，大吉利。"为何用石九十斤？因为"九"谐音为"久"也，疾病与逃亡、耗财，都内含不久意，故用石九十斤镇之。

2. "人家居宅以来，数亡遗失钱不聚，市买（贾）不利，以石八十斤镇辰地，大吉。"为何用石八十斤？因为"八"谐音为"发"，钱财既不聚，市贾又不利，当然就要"发"，故用石八十斤镇之。

3. "居宅以来，数遭□□（灾祸）、口舌、年年不鲍（饱），以石六十斤镇大门下，大吉利。"为何用石六十斤？因为"六"谐音为"禄"，累犯口舌与年年不饱，当然是福禄不进，故用石六十斤镇之。

这样看来，这种交感巫术只是在用石多少斤上有风俗上的讲究，说法简单，百姓容易接受。

从伯三五九四卷中"求九方色从开元十二年（724）"字样可见，这是盛唐时代流行的石头巫术，融合于建筑风俗中。为何盛唐时代流求九方色呢？所谓九方，即中央加上八方（四方和四隅），而这八方实际是东南西北四方，再加中央是五方，故九方色与五方色是一致的，但为何非说成九方色？这似是为了德贯家族与子孙，按梁萧纲《七励》说法，是为："情苞六合，德贯九方。"来源于此民俗观。

必须指出埋石巫术的目的是驱鬼保平安。这种埋石巫术是从汉代传下来的。《太平御览》卷五十一"石上"引《淮南万毕术》云：

埋石四隅家无鬼。取苍石四枚，及桃七枚，以桃弧射之。乃取并埋弓矢四隅，故无鬼殃。

这是较早见的汉代埋石巫术。这以后便衍化为埋"泰山石敢当"的形态了。

敦煌民间治疗疾病习俗

敦煌民间对于疾病，采取两种不同的做法，即重迷信与重治疗两者并存，以治疗为主。先说重迷信的做法：

1. 敦煌民间有一种叫"断送"的习俗。斯四三二七《师师谩语话》残卷中有较详细的记载。所谓"断送"，就是请巫师或巫婆装神弄鬼，并烧纸钱给鬼神，以求免病的习俗。当时把巫师叫作"师师"，如残卷开头便说："得今朝便差，更有师师谩语一段"，就是说请巫师来说词驱邪；把巫婆叫作"师婆"，如残卷说："更说师婆谩语话。"漫、谩同，师师与师婆相对。

他们首先装神弄鬼驱病。有特殊的方式："得今朝便差，更有师师谩语一段，脱空下□烧香呵，来出顷去，逡巡呼乱说词。弟（第）一？（旦）道上头床

（底）。第二东头床。第三更道西头床。华北太山天地释、北君神、白华树神、可暹回镇灵公、何怕（河伯）将军、猎射王子、利市将军、水草道路、金头龙王、可汗大王，如此配当，终不道著老师阇黎。"这段话大意是说，巫师弄虚作假（脱空）地烧香，出来进去，徘徊迟疑，欲行不止（逡巡），胡说了一通，第一上头怎么样，第二东头、第三西头怎么样，又喊了一串神的名字，如华北太山天地释等。

其次，巫师还要做些烧纸钱之类的事。"倾克（顷刻）中间，烧钱断送。"指巫师为病人烧纸钱送鬼神，为之乞求免病去灾，这叫"断送"。

再次，巫师还要说一些推脱责任的话。如："若是浮灾横疾，渐次减除。倘或大限到来，如何免脱？死王强壮。夺人命根。一息不来便归后。假使千人防挨（扑），直饶你百种医术。自从浑（沌）以来，到而（今）留得几个，总为灰烬，何处坚守？大地山河，尚犹朽坏，况乎泡电之质，那得久停？故老子曰：'吾有大患，为吾有身，及其无身，患将何有？'身是病本，生是死源。若乃无病，死何有？若要不生、不老、不病、不死，除佛世尊，自余小圣，宁得免矣。"巫师的意思是说，若系"浮灾横疾"，烧纸钱后自然而然病就会好了，倘若"大限到来"（即寿数已尽），便如俗话说的"阎王叫你三更死，不会留人到五更"，纵使你有百种医术，也毫无用处，终于免不了一死。由上可见，断送的习俗，其形态颇完整，与现代巫婆跳神相似。而且与当时的风水先生（术士）说《阴阳书》《驱鬼书》也有相似之处，不过当时敦煌民间把风水先生称为"阴阳人"，如写卷中有"以下说阴阳人慢（谩）语话"等语。

2. 与"断送"习俗相似的，还有生病后去拜佛求神的习俗。例如，三一三五《四分戒一卷》，说的是敦煌有一个信佛的弟子叫索清儿生病拜佛的事，戒文云："乙卯年四月十五日，弟子索清儿为己身忽染热疾，非常困重，遂发愿写此《四分戒一卷》。上为一切诸佛、诸大菩萨、摩阿萨及太山府君、平等大王、五道大神、天曹地府、司命司录、上府水官、行病鬼王疫使、知文籍官院长、押门官、专使可嚙官，并一切幽冥官典等，伏愿慈悲救护，愿疾苦早得愈平，增益寿命，所造前件功德，唯愿过去未来见在，数生已（以）来，所有冤家债主，负财负命者，各领受功德，

速得生夭。"生病后去拜佛求神的习俗与断送的习俗本质完全一样，全是迷信的，要人们屈服于疾病与命运的摆布。

3. 还有点长明灯疗病的习俗，虽为迷信，亦值得一提。伯二七一八王梵志诗云："欲得身长命，无过点续明。""续明"指长明灯。点长明灯疗病原为古印度民俗，《药师玻璃光本愿经》云："阿难，若帝后妃主、储君王子、大臣辅相、中官采女、百姓黎庶，为病所苦，及余厄难，亦应造立五色神幡，然灯续明，放诸生命，散杂色花，烧众名香，病得除愈，众难解脱。"这种"燃灯续明"使病"除愈"的风俗，在南北朝时传入我国。《周书·张元传》中即有点灯疗病的记载，云："元年十六，其祖丧明三年。元恒忧泣，昼夜读佛经，礼拜以祈福佑。"

4. 敦煌民间还流行一种试病的习俗，就是说，在治病以前要用一种迷信的方法实验一下，你的病到底能不能好，能好就治疗，不能好就是治疗也无效。这种方法就是以五色丝做成一段绳子，先将这段绳子烧成灰，然后把灰投入水中，灰如果出水还是一段绳子的形状，病就不可能好了。据梁代释慧皎《高僧传》卷二《鸠摩罗什传》记载，五凉时敦煌有一个张资，就是试病未成，终于治疗无效死去，原文云：

（吕）光中书监张资，文翰温雅，光甚器之。资病，光博营救疗。有外国道人罗叉，云能差资疾，光喜，给赐甚重。什知叉诳诈，告资曰："叉不能为，盖徒烦费耳。冥运虽隐，可以事试也。"乃以五色丝作绳，结之，烧为灰末投水中，灰若出水还成绳者，病不可愈。须臾，灰聚浮出，复绳本形。既而叉治无效，少日资亡。

此文又见《太平广记》卷八十九《鸠摩罗什》引《高僧传》。文中"什"，就是指龟兹和尚鸠摩罗什。《世说新语》注引张资《凉州记》又叫《凉州》。《隋书·经籍志》云："《凉记》八卷。记张轨事。伪燕右仆射张谘撰。"《旧唐书·经籍志》亦云："《凉记》十卷，张谘撰。"故张谘即张资，《十六国春秋》卷七十五《前凉录》云："张谘，敦煌人也。"鸠摩罗什住凉州（今甘肃武威）很久，从公元 384—401 年。他这种试病习俗从龟兹带入，传入敦煌及其临近地区，恐系从印度习俗那里传来，随佛教传入我国。

综上所述，重迷信的治病习俗，拜佛求神、点长

明灯、试病，都受了佛教很明显的影响，反映了古敦煌治病习俗中的消极的一面。

关于治病医疗，在莫高窟盛唐第 217 窟中就有它的风俗画（《得医图》），可见民间对治病医疗的重视。

敦煌的《食疗本草》疗病

敦煌民间自古以来便是十分重视饮食疗法的。至今在敦煌的乡间，还能听到一些食疗的民间传说，铁背鱼的故事便是其中之一。铁背鱼的传说，在《敦煌县志》上已有记载，说"铁背鱼服之可以长生"，产于月牙泉中。乡间农民则认为它是药泉三宝之一，能治疑难杂病。

这则铁背鱼治病的传说，反映了敦煌民间在古代存在过的食疗习俗，而注重食疗的习俗便集中表现在敦煌流行过的手抄本《食疗本草》一书中。

以下对斯七一六号《食疗本草》残卷的内容做简单介绍。

首先是使将衰老者毛发变黑的方法。

"（石榴）其花菜（叶）阴干，和铁丹服之一年，白发尽黑，益面红色，仙家重此，不尽书其方。"

按，《本草纲目》果部第三十卷亦云："榴花，阴干为末，和铁丹服一年，变白发如漆。藏器：'铁丹，飞铁为丹也，亦铁粉之属。'"凡铁质均有黑发作用，如《本草纲目》金石部第八卷云："生铁……［主治］黑鬓发。""铁粉……［主治］（发）变黑，令人不老。""针砂……［主治］和没食之染须，至黑。""铁热，［主治］染髭发，令永黑，及热未凝时涂之，少顷当干硬。"由此可见，敦煌本所述不虚。

斯七十六号《食疗本草》又云："（莲子）诸飞鸟及猿猴藏之于石屋之内，其猨鸟死后经数百年者，取得之，服，永不老也。""（莲子）若鹰（雁）腹中者，空腹服之七枚，身轻能登高涉远。"

按，《本草纲目》果部第三十三卷引孟诜《食疗本草》原文云："（莲实）［诜曰］诸鸟、猿猴取得不食，藏之石室内，人得三百年者，食之永不老也。又雁食之，粪于田野山崖之中，不逢阴雨，经久不坏。人得之，每旦空腹食十枚，身轻能登高涉远也。"陈藏器也有类似说法："（莲实）此物居山海间，经百年不坏，人得食之，令发黑不老。"

另敦煌本《食疗本草》又云："生瓜菜捣取汁，治

人头不生毛发者，涂之即生。"

按，生瓜菜，《本草纲目》菜部第二十七卷云："生瓜菜，其味作生瓜气，故以为名。[颂曰]生瓜菜生资州平田阴洼间。春生苗，长三四寸，作丛生。叶青而圆，似白苋菜。夏开紫白花，结细实，黑色。""甘，微寒，无毒，[主治]捣贴肿。"由此可知敦煌所出为早已失传的古代秘方，弥足珍贵。

其次，强调使将要衰老者明目轻身、延年不老的。

1. 强调莲子的功效。敦煌本《食疗本草》云："（莲子）按经多食三升、二升佳，不发病，令人消食，助筋骨，安荣卫补中益气，明目轻身。"

按，《本草纲目》果部第三十三卷有类似意见，云："（莲子）[主治]补中养神，益气力，除百疾。久服，轻身耐老，不饥延年。"

2. 强调食冬瓜子有明目延年作用。敦煌本《食疗本草》云："冬瓜子七升，绢袋盛，投三沸汤中，须臾曝干。内汤中如此三度乃止，曝干于清苦酒浸之一宿，曝干为末服之，方寸七日二服，令人明目，延年不老。"

按，《本草纲目》菜部第二十八卷亦云："取冬瓜仁七升，以绢袋盛，投三沸汤中，须臾取曝干，如此三度，又与清苦酒浸之一宿，曝干为末，日服方寸匕。令人悦明目，延年不老。"两者所述一致。

指出冬瓜子有悦泽面容的作用。敦煌本《食疗本草》云："冬瓜人（仁）三升，退去皮壳，捣为丸，空腹及食后，各服廿丸，令人面滑静如玉。可入面脂中用。冷，右主治消渴。患恶疮、患脚气、虚肿者，不得食之，加甚。"

按，《本草纲目》菜部第二十八卷亦引孟诜《食疗本草》云："又法：取子三五升，去皮为丸，空心日服三十丸，令人白净如玉。"并言冬瓜子有消渴作用。它指出冬瓜有减肥、健人、抗衰老等作用。敦煌本《食疗本草》云："取冬瓜一棵和桐叶，与猪食之，一冬更不食诸物，其猪肥长三四倍矣。煮食之，能炼五脏精细。欲得肥者，勿食之，为下气。欲瘦小轻健者，食之甚健人。"这是养猪妙法、人减肥妙方。

按，《本草纲目》木部第三十五卷引《本经》云："桐花，饲猪，肥大三倍。"故知原写本"桐叶"为桐花之误。另《本草纲目》菜部第二十八卷"冬瓜"引

文云："热者食之佳，冷者食之瘦人。煮食练五脏，为其下气故也。欲得体瘦轻健者，则可常食之；若要肥，则勿食也。"又云："[诜曰]取瓜一颗和桐叶与猪食之，一冬更不要与诸物食，自然不饥，长三四倍也。"所述与敦煌本一致。

指出莲子和腊蜜，制丸服之，有减肥功效。敦煌本《食疗本草》云："（莲子）去心曝干为末，著腊及蜜等分为丸服，另不肥，学仙人冣（取）为暵。"

按，《本草纲目》果部第三十三卷"莲藕"引文云："石莲肉蒸熟去心，为末，炼蜜丸梧子大。日服三十丸。此仙家方也。"引文未提有"令不肥"功效，敦煌本可补其不足。石莲是莲子的俗名。从以上强调食冬瓜和莲子腊蜜看来，实则强调的是减肥健身。

更指出藕可以代粮，有和血、抗衰老、令人身轻等功效。例如："凡产后诸忌生冷物不食，唯藕不同生类也，为能散血之故，但美即而已，可以代粮。"

又云："（藕）蒸食甚补，益下焦，令肠胃肥厚，益气力，与蜜相宜，令腹中不生虫。"

又云："仙家有贮石莲子及干藕，经千年者食之不饥，轻身能飞，至妙，世人何可得之。凡男子食，须蒸熟服之，生吃损血。"

又云："（藕）寒，主温，治风痹腰脊强直，膝痛，补中焦，益精强志意，耳目聪明，作粉食之甚好，此是长生之药，与莲实同食，令小儿不长大，故知长服当亦驻年。生食动少气，可取蒸于烈日中，曝之，其皮壳自开，接却皮取人（仁）食甚美，可缭皮开于曰中春取末。"所谓"驻年"，犹云留止年岁不令老也，又称"驻颜"。《神仙传》："草木诸药，能治百病，补虚驻颜，断谷益气。"

按，《本草纲目》果部第三十三卷亦引孟诜《食疗本草》的原文，但已大为简化，只有两条：1. "生食，治霍乱后虚渴。蒸食，甚补五脏，实下焦。同蜜食，令人腹脏肥，不生诸虫，亦可休粮。" 2. "[诜曰]产后忌生冷物，独藕不同生冷者，为能破血也。"敦煌本则反映了《食疗本草》的原貌。

敦煌傩

敦煌傩是指唐与五代时期敦煌官府和民间在每年岁末举办的驱鬼逐疫的大型民俗活动。敦煌傩比起同时期其他地区驱傩活动颇多同异。考其所同，足见与中原古老的驱傩传统同出一源；辨其所异，可见敦煌

傩所独有的地方特点。敦煌傩既是我国傩文化传统的流续，又是我国傩文化中一个独具特点的地方品种。这就是敦煌傩之所以成立以及我们提出"敦煌傩"这一命题的依据。

（一）敦煌傩属于唐代文化体系

《周礼·夏官·方相氏》云："方相氏掌蒙熊皮，黄金四目，玄衣朱裳，执戈扬盾，帅百隶而时傩，以索室驱疫。"贾公彦据《月令》所载指出，这里所说的"时傩"是指季春、仲秋和季冬三时举行的驱傩活动。先秦传来的三时驱傩，到了唐代则精简为每年举行一次驱傩，时在季冬晦日，称为"大傩"。《唐六典》卷十四"太卜署"条载："凡岁季冬之晦[1]，帅侲子入于宫中，堂赠大傩。"原注引郑玄云："赠，送也，岁终以礼送不祥，其行必由堂始。"州县也同样只在年终举行一次，著为定制，载入《唐六典》和《开元礼》中，所以《通典·礼三十八》说："大唐制，季冬大傩，及州县傩礼，并如《开元礼》。"

敦煌傩一遵唐制，驱傩亦于岁晦举行。敦煌遗书有几首驱傩歌词都透露了这个特定时限。例如：

除夜驱傩之法，出自轩辕。[2]

今夜旧岁未尽，明朝便是新年。[3]

玄英斯夜将来，孟春来旦初开。[4]

今夜新受节岁，九天龙奉（凤）俱飞。[5]

敦煌的岁末驱傩，反映了唐代改革三时驱傩为岁末大傩的举措，在遥远的西部同样得到认真贯彻。

北宋人记载，自入十二月，即有贫人装神扮鬼，敲锣击鼓，沿门讨赏，谓之"打夜胡"。《东京梦华录》卷十"十二月"条载：

自入此月，即有贫者三数人为一火，装妇人神鬼，敲锣击鼓，巡门乞钱，俗呼为"打夜胡"。亦驱祟之道也。

此处所谓"装妇人神鬼"，以及"驱祟之道"，在《梦粱录》中有较具体的表述。该书卷六"十二月"条云：

月入此月，街市有贫丐者三五人为一队，装鬼神、判官、钟馗、小妹等形，敲锣击鼓，沿门乞钱，俗呼为"打夜胡"。亦驱傩之意也。

《东京梦华录》笼统所谓"装妇人鬼神"，具体地说就是"装鬼神、判官、钟馗、小妹等形"；所谓"驱祟之道"，也就是"驱傩之意"。

有必要指出，"驱傩之意"的"打夜胡"，并不完全等同于驱傩。驱傩，是自古以来历代相沿的一种驱除旧年鬼魅疫疾、迎接新年福佑吉祥的制度化的礼仪大事，而"打夜胡"则是贫民借取驱傩形式、娱人求赏的吉利戏要。二者的性质有很大的不同：驱傩在除夕之夜举行，而"打夜胡"则一入腊月，即可夜夜进行。后者打破了驱傩时限的严格规定。可以认为，"打夜胡"是对除夕驱傩及其礼法仪式的一大突破，把驱傩这种仪式化的正规活动变成了娱乐化的非正规戏要。可以说是在传统驱傩活动基础上的一种推陈出新。

（二）敦煌傩队的不同性质和多种组合

唐代州县官办傩队的组成，《通典》卷一三三"大傩"条内有较具体的记载，综述于下：

方相 节度府及州、县各4人，"著假面，黄金四目，[头]蒙熊皮，[身着]玄衣朱裳，左[手]执戈，右[手]执楯"，为傩队开路前导。

唱率 府、州各4人，县2人，"著假面，皮衣，执棒"，充任侲子（合唱队）的领唱。

侲子 府及上州60人，中、下州40人，县20人。"皆著假面，衣赤布裤褶"，为唱率作和声。侲音振，义为善童幼子，唐用十三岁以上、十五岁以下儿郎充之。

杂职 府、州、县各8人。其中，"四人执鼓鞁，四人执鞭戈（或小戟）"，傩队行进及歌唱时，杂职击鼓舞戈以助威，兼为歌唱者齐一节奏。

根据上述记载，可以推断唐宋时期敦煌官办傩队有三队，即都督府（节度府）队、州队、县队，各队

---

[1] 冬季最后一月最末一天的夜晚。

[2] P.3552《驱傩儿郎伟》。

[3] P.3270《驱傩儿郎伟》。

[4] P.4055《驱傩儿郎伟》。

[5] S.2055《驱傩儿郎伟》。

之组成及分工如下：

1. 都督府（节度府）队。敦煌在盛唐时设沙州都督府，晚唐、五代及北宋设沙州节度府。都督府或节度府傩队，有方相4人，唱率（领唱者）4人，侲子60人，杂职8人，计76人。

2. 州队。敦煌在初盛唐时设郡，中晚唐、五代及宋设州，属下郡下州。有方相4人，唱率4人，侲子40人，杂职8人，计56人。

3. 县队。方相2人，唱率2人，侲子20人，杂职8人，计32人。

以上三队，合计164人。三支共一百多人的驱傩队在年三十之夜同时出动，化妆歌舞，叫呼击鼓，穿街过巷，群众聚观，全城沸腾，声势浩大。

除都督府（节度府）及州、县官办的三支傩队之外，据敦煌遗书资料透露，还另有民间的几支驱傩队，按其所属加以分类，有坊巷队、佛教队、祆教队。

1. 坊巷队。或许可以叫作乡傩队，前文介绍的《驱傩儿郎伟》"咒（祝）愿太夫人"一首，除祝愿太夫人之外，还祝颂"郎君""小娘子"，而且说到"百姓皆来集，同坐大新春"，显然是坊巷百姓的口气。这支唱驱傩歌的傩队，推测应是坊巷队。上文介绍的《驱傩儿郎伟》"今夜旧岁未尽"一首，祝愿"家兴人富""官职高迁""牛羊遍满""谷麦如山""兄恭弟顺""姑嫂相怜""父子团圆"，而且说到"家长持钥开锁"，掌管财权，"新妇驰骤厨舍，娘娘钉饷牙盘""家人急总做作，秋时广运麦圆"，显然也是坊巷傩队深入民户驱傩时的唱词。

从敦煌存下来的资料看，敦煌官办和坊巷办的几支驱傩队中，皆不见"方相氏"出现，而是由钟馗取代"方相氏"统率着驱傩队伍。《驱傩儿郎伟》多次透露了这一变化。例如：

"中（钟）馗白泽，统领居仙（先）。怪禽异兽，九尾通天。总向我皇境内，呈祥并在新年。"（P.2569号第三首）

"唤中（钟）馗，兰（拦）着门；弃（弄）头上，放气薰；慑肋折，抽却筋；拔出舌，割却唇……"

（同上号第四首）

"中（钟）馗并白宅（泽），扫障（瘴）尽（靖）妖纷（氛）。"（同上号第六首）

"应是浮游浪鬼，付与钟馗大郎。"（P.4976）

除钟馗之外，还有怪禽异兽，例如"白泽""九尾兽"之类。《开元占经》卷一百一十六引《瑞应图》云："黄帝巡游于东海，白泽出，达知万物之情，以戒于民，为除灾害。"

《山海经·南山经》云："基山……有兽焉，其状如羊，九尾四耳，其目在背，其名曰猼訑，佩之不畏。"

怪禽异兽加入驱傩队，取代了后汉驱傩歌中的"十二神"。这是敦煌官办和坊巷驱傩的又一特色。关于驱傩合唱队的侲子，敦煌则是由当地学生们担任的。除上引S.2055号"学郎不才之（致）庆，敢请宫（供）奉音声"之外，还可以举出如下例证：

从兹学郎呪愿，社稷劫石同阶。[1]

若说驱傩子弟，国内最是英灵。今夜珍除灾草，合得金盏银瓶。诸人总莫悭惜，子孙总得高荣。阿娘拟与足帛，阿耶（爷）和柜便提，如此赏设学士，万代富寿利（勒）铭。[2]

上文"学郎""子弟""学士"，都是唐宋时期敦煌人对学生的称谓。既可用以称呼官学学生，也可同样称呼乡学和私塾学生以及寺学学生。笔者推测，官办傩队中的侲子，当由官学生充任；坊巷傩队的侲子则由乡学或私塾学生充任。此外，还有佛教团体组织的驱傩队，其侲子当由寺学学生充任。但不论什么单位组织的驱傩队，其中的"侲子"一概都不叫作"侲子"，而叫作"儿郎"。《儿郎伟》便是傩队唱歌儿郎们的唱词。

2. 佛教队。是由佛教团体组织的傩队。这在敦煌遗书中虽没有直接的说明，却有间接的透露。例如：

驱傩岁暮，送故迎新。

若说旧年灾难，直递走出川元（原）。

总缘尚书敬信，九处结会金坛。

与镇旧岁恶鬼，诸天降下王前。[3]

---

[1] P.4005《驱傩儿郎伟》。

[2] P.2058《驱傩儿郎伟》。

[3] P.3270《驱傩儿郎伟》。

此云"敬信""结金坛""诸天"等，皆佛教用语，同世俗社会的思路和观念显然不同，笔者推测当为佛教驱傩队的唱词。再如：

儿郎伟，

若说开天辟地，自有皇（黄）帝轩辕。

押伏名（冥）司六道，并交（教）守分贴照。五道大神执杵，驱见太山府君。

寻勘浮游浪鬼，如何恼害人天？

……

马前都为一队，领过阎罗王边。

牛头钻心拔舌，狱卒铁叉来剁。

驱入阿鼻地狱，总留传到人间。

不是驱傩虚妄，不信者问取明贤。

自从今年之后，长幼安居安眠。[①]

这首驱傩歌基本上是基于敦煌地区流行的《佛说十王经》（又名《佛说阎罗王授记四众预修生七往生净土经》）编写的，是《佛说十王经》在驱傩活动上的翻版。歌词中的"五道大神""太山府君""阎罗王"等都是《佛说十王经》中的冥府诸神。五道大神，又叫"五道转轮王"，检典地狱第十殿，掌管亡灵轮回转生。太山府君又叫太山王，检典地狱第七殿，《六度集经》卷一云："命终魂灵入于太山地狱，烧煮万毒。"同书卷八又云："死入太山，烧煮脯割，诸毒备毕，出或作畜生，死辄更刃。"阎罗王检典地狱第五殿，勘察鬼犯生时业因，相应量处。五道大神、太山府君和阎罗王是十殿阎君中最著名的三位，一切鬼犯最为敬畏。所以佛教徒把他们抬出来镇伏邪鬼。在 S.2055《驱傩儿郎伟》中，佛教之神成为领队将军，而世俗之神钟馗反而降低身份成为五道大神的"敕使"。请看：

五道将军亲至，（辖）领十万熊罴。

又领铜头铁额，魂（浑）身总着豹皮。

敕使朱砂染赤，咸（喊）称"我是钟馗"。

捉取浮游浪鬼，稍即将出三危。

世俗之神钟馗在驱傩队中退居从属地位，应是佛教傩队特有的标志。

3. 祆教队。祆教是西域粟特胡人信奉的宗教。敦煌地区很早就有粟特居民。公元 7 世纪又有原住罗布地区的粟特部落集体迁入敦煌，并且建起粟特城堡。敦煌境内有一座安城[②]，就是粟特城堡。城内建有祆教祠，祀奉祆神。敦煌遇到旱灾，不少人前往求告。晚唐作品《敦煌廿咏》中有一首《安城祆咏》，反映了这个事实：

版筑安城日，神祠与此兴。

一州祈景祚，万类仰休征。

蘋藻采无乏，精灵若有凭。

更看雩祭处，朝夕酒如渑。

敦煌岁暮驱傩的风习，也影响了祆教信徒，他们同样组织了驱傩队加入当地驱傩活动。P.2569《驱傩儿郎伟》第二首大约就是祆教傩队唱的驱傩歌，其中有这样的句子：

今夜驱傩队仗，部领安城大祆。

以次三危圣者，搜罗内外戈矛。

趁却旧年精魅，迎取蓬莱七贤。

屏（并）及南山四皓，金秋五色红莲。

从此敦煌无事，城煌（隍）千年万年。

这支傩队的"部领"者是"安城大祆"；地位次于"安城大祆"的是"三危圣者"。这"一神一圣"领导的傩队，显然既区别于世俗的钟馗白泽队，也区别于佛教的五道大神、太山府君、阎罗王队，成为敦煌傩队中又一支奇特的驱傩队。

坊巷队、佛教队和祆教队，是除官办的都督府（节度府）队、州队和县队之外的民办驱傩队。民间各支傩队人数无考，规模可能小于官队，但估计总人数不下于百人。

这些驱傩队，不仅寄托着敦煌人强烈的驱鬼逐疫的愿望，而且把送故迎新的岁末娱乐活动推向高潮。值得一提的是，傩队每年皆有自编自唱的新词，因而驱傩活动同时又成为一年一度的赛诗赛歌会。由于傩队化了妆，扮演不同人物角色，而且边歌边舞，穿街过巷，现场表演，所以驱傩活动实际上又是带有显著戏剧因素的文艺表演，在我国戏曲发展史上具有不可忽视的意义。

总而言之，敦煌的岁末驱傩，既是一种传习相沿

---

① P.2058《驱傩儿郎伟》之二。

② 安城：粟特人多安姓，故名其城曰安城。

的古老礼仪，又是民间风俗和宗教信仰的一种表现形式，同时，也是全民性文化娱乐活动。

（三）近代敦煌傩

元明两代，敦煌居民多次内迁。祖居此地的汉唐子孙陆续离开，又有蒙古族、维吾尔族和藏族先后迁入迁出。居民屡经更换，当地唐宋旧俗逐渐失传。清代重治此地，从雍正四年（1726）到雍正七年（1729），从西北56州县陆续迁来移民2400多户。这些移民带来了西北地区汉族风俗，于是敦煌这块土地上开始了汉族风俗文化的重建活动。清代敦煌的驱傩活动就是移民带来的西北民族风俗之一。

吕钟《重修敦煌县志·艺文志》载有蔺元泽《观傩》诗一首云：

> 节届元宵铙鼓喧，高跷（寒）巧舞白云边。
>
> 门开阊阖娇如滴，人似嫦娥欲上天。
>
> 袅袅临风来帝子，飘飘戏彩舞灵仙。
>
> 几回把袂思相问，不翼难飞望空还。

作者蔺元泽系敦煌文士，清嘉庆六年（1801）拔贡。他所见的敦煌傩，已是身穿漂亮女装的化妆舞蹈，时间则在正月十五。彼时的傩同唐宋时期的敦煌傩比较，性质上已失去古代敦煌傩的淳朴天真，形式上远不如古代敦煌傩的粗犷壮观。

蔺元泽所咏，即清代以来敦煌所谓"灵善婆"者。又有与"灵善婆"操同一职业之男性巫师，称为"师翁子"（又作"师公子"）。根据"女巫谓巫，男巫谓觋"的说法，吕钟把上述两性职业者载入《重修敦煌县志》卷三《宗教·巫觋》条中云：

> 巫觋之事最古，在敦煌不知兴自何年。以余所知，现时不及往时之盛。尝以一人或二三人，手持单面羊皮鼓。婆婆跳舞以娱鬼神：或持麻鞭作法，或持刀劈额，或假寐过阴，口传鬼神语以欺世，妄诞不经，呈诸怪象。稍具常识者不信也。俗称觋曰师翁子，巫曰灵善婆。今此人甚少矣。[①]

敦煌近代巫觋，仅有微乎其微的古傩的影子，至于唐宋时期的敦煌傩已经不复存在。

唐代敦煌围棋

围棋在我国有着悠久的历史。早在春秋战国时期，就作为棋戏流行于宫廷士大夫阶层。那时把围棋叫"弈"。经过秦、汉、两晋、南北朝的不断发展，到隋、唐广泛传播于群众之中。围棋作为养身，陶冶情操，开发智力，培养综合、分析和逻辑思维能力的一种体育活动被人们所喜爱。唐初从长安经东海传入日本，后来在"丝绸之路"上广泛流传。

古玉门关以南、阳关以东的唐代敦煌郡寿昌县古城址中，曾陆续挖掘出围棋子六十六枚，其中黑色四十一枚，白色二十五枚，多为花岗岩石制成品。其中有少量为玉石质地。棋子美观、精致，分大、小两种型号。其中大号与现在流行的围棋子相似，圆饼形，中间两面凸起。直径为1.2厘米，中厚0.75厘米，重量12克左右。1985年9月，国家体委在甘肃敦煌市召开"西南、西北体育文史工作会议"期间，体育文史工作委员会副主任谷丙夫及与会同志们前往寿昌古城遗址参观时，又拾到了围棋子二枚。1985年围棋子在日本展出，受到了国际围棋爱好者的好评。

唐代寿昌城坐落在今敦煌县城西南七十五公里的戈壁滩上。汉代叫龙勒县，北魏正光六年（525）改为寿昌县。那里飞鸟不停，人迹罕至，沙漠茫茫，沙丘间暴露着残垣断壁（古城遗址面积为八万三千五百平方米）。城墙内外碛有很多大小不等的黑白两色石堆，通常情况下，石堆隐于沙漠之下，每当风沙过后，石堆露出。石之形状各异，有扁圆的，也有表面凸而中厚周薄的。看来这是人们从南边龙勒山运来的围棋子粗样和半成品。敦煌市博物馆展出的围棋子，就是在这座历史古城中发现的。这座古城在宋代被洪水冲毁，因而以后的历史文献中没有了寿昌的记载，围棋子制造也随之消失。

根据《通典》卷六《食货下·赋税下》记载：大唐武德元年（618），敦煌郡贡棋子二十具。这说明早在唐初，敦煌寿昌县就已制造围棋子。

又据《唐地志》记载："都四千六百九十，贡围棋子。"《唐地志》是天宝元年（742）的写本，为敦煌莫高窟藏经洞贮藏的唐代真品，现保存在敦煌市博物馆中。前者是记敦煌郡到长安的距离。贡围棋子是每年向唐王朝献上制作精美的棋子。这说明从武德元年到天宝元年的一百多年中，敦煌郡每年向朝廷贡

送棋子二十具。每具按当时流行使用的 19×19 道围棋格局布子，需黑、白子三百六十一枚，二十具就是七千二百二十枚了。这在无机械化生产情况下的古代，用手工磨制，确实是一项沉重的负担。再加上"丝绸"古道各地的社会需求数，每年最少也得有三五百具的生产量。

另据九百年前的欧阳修、宋祁修的《新唐书·地理志四》"沙州"条记载："土贡：棋子、黄矾、石膏。"这又一次证明唐代敦煌郡寿昌县制造的围棋子，被列为土特产而年年向唐王朝进贡。

从寿昌城址现存实物的发现，又据《通典》《唐地志》《新唐书》的文献记载，我们可以断定，唐代寿昌城中有一个具有传统精湛工艺水平的围棋子制作基地。制造出的棋子精巧细致，美观大方，而且手感很好，别具一格。在丝绸古道和京城长安享有盛名。

《通典》和《寿昌县地境》同时记载，当时寿昌县有户三百五十九，约两千人。《寿昌县地境》是敦煌莫高窟藏经洞的写本，是五代后晋天福十年（945）的真品。推想城中居民中有部分人参加围棋子制造。其中还得有人从寿昌城西南几十公里外的龙勒山北面的博格多山脉运输石料。工厂每天的生产也就是二三具，全年生产量不足千具。这在古代的西北边陲也算是较大的手工业工场了。因为寿昌城南靠龙勒山属当金山系，盛产白玉石和水晶石。北面博格多山脉属天山系余脉，多产红、黑玉石和冰洲石。其中玉石质地的棋子，无疑是用两山中的白、黑玉制造而成，才做贡品。

汉武帝开通西域，于元鼎六年（前111）设敦煌郡，从内地徙民实边，敦煌就变成了"丝绸之路"上的重镇，通往西域的要塞，对繁荣中外文化交流，加强西域各国的政治、经济、军事等起着重要作用。汉晋时期，中原封建文化西传，特别是两晋南北朝时期，中原地区战乱频繁，在汉族文化最发达的黄河中下游，战争尤为激烈，经济、文化遭到惨重破坏，而河西走廊相对安定。因此，在十六国时期的一百多年中，凉州（今武威）、敦煌成为我国西北方汉族文化发展的中心，又有大片良田提供丰富食物，内地很多士宦、文儒、僧侣、豪门贵族大批迁徙河西敦煌避

乱，进一步促进了文化的发展。作为文体活动的一种，围棋也蓬勃发展了起来。下棋就得有棋子，因而寿昌城开始了围棋子的制造业，这一制作又促进了围棋的进一步普及，在此基础上，又产生了理论性的著作《棋经》。1899 年在敦煌莫高窟藏经洞中，发现了我国最古老的《棋经》一卷。它是北周人手写卷，全卷共七篇。现残留六篇半（首缺），共一百五十九行，约二千五百字[1]。《棋经》分为诱证一、二，势用，释图势，棋制，部襄和梁武帝棋评要略七篇。内容丰富，文字秀丽，语言精练。作者用辩证的观点，把部分《孙吴兵法》战略战术思想巧妙地用在下围棋上。如《诱证篇》中记有："不以实心为善，还须巧诈为能。或意在东南，或诈行西北……棋有万从事项详审。勿使败军反怒入围。"再如《部襄篇》中："凡下子，使内外相应，于相得力，若触处断绝，难以相救……再法奋人心思虑，须精计算，须审所下子。"等等。全文精辟地论证了下棋之道在于斗智，灵活应变，详审方能不败。《棋经》的存留，说明十六国时期敦煌地区围棋已很盛行。

隋、唐时代的敦煌郡，围棋对弈活动高手云集，经常进行棋艺交流。敦煌壁画有一些古代下棋的场面和内容。莫高窟四五四洞，屏风画之五就有下围棋图一幅。六十一窟屏风二十一幅下方也有对弈图，长约四十厘米，宽三十厘米，对弈者在柳树下石桌旁，聚精会神地较量，这是五代时期的作品。安西榆林三十窟，为五代时期开凿，洞窟南壁上方，有一幅下围棋图，画面长三十五厘米，宽二十七厘米。图内有三人，两人对坐桌旁，一人在桌的横头安坐。桌上摆有围棋盘一个。棋格直十九道，很清楚，横格只能看清九道，上下格宽窄不等。说明有的线条脱落。棋盘上落有十多个棋子。桌横头一人很像裁判，桌两边端坐对弈者，头戴布巾，身穿蓝袍，腰束丝绳。一人低头静观棋局变化，右手拈子，准备下着。另一人安详端坐，观察对方落子何处，棋局有无突然变化。从对弈双方专心致志的神态来看，一场紧张激烈的搏斗正在进行，有险着迭出之妙。榆林三十二窟北壁上方也画有下棋图，画面较小，为二人对坐弈棋。这是唐亡后五代时期的几幅反映社会现实的生活图，真实地记

① 原卷被斯坦因劫往英国，敦煌研究院存有《棋经》缩微胶卷，编号：S.5574。

录下了当时敦煌地区群众下围棋的场面。这些历史画面，是隋、唐时代围棋在"丝绸之路"上广泛流行的铁证。

隋、唐河西敦煌、吐鲁番这条"丝绸"大道上，人欢马嘶，驼铃叮当，使者往来，交易繁忙，商队络绎不绝。作为高度发展中的汉族文化——围棋，随着使者、商队、僧侣、文儒的往来也广泛流传。

1972 年在新疆吐鲁番阿斯塔那唐墓中出土了一幅绢画，叫《弈棋仕女图》（唐墓编号 187 号）。画的是一位贵妇人，身着红缎团花斜领长裙、宽袖，腰束黄底绿花彩带，头梳天宝髻，扎一朵红色小花，端坐棋盘一边。面前摆一小桌，桌上放有木质围棋盘一个，为 19×18 道围棋盘，漏画一格（因隋、唐也流行过 17×17 道棋盘）。旁边有两个小儿游戏。这位贵妇人在宁静沉思，观察棋局，右手食、中二指夹子，准备落格。从她那炯炯有神的目光中，可以看出她正在紧张激烈地思考，综合分析棋局的变化。孟子说："弈之为数，小数也；不专心致志，则不得也。"贵妇人的一双传神的眼睛，给人以专心致志的精神美感。这幅画不仅有形，而且有味，她的眼神和手势使人感到是内心细腻体味的外部再现。神现之于形，形出之于神，真是神形相济。绢画图像清晰，线条流畅，色彩鲜艳，构图合理。这幅画曾刊登在 1976 年《人民画报》第 4 期上。同时在这墓中还出土一个木质围棋盘，为 19×19 格，现存国家体育博物馆。棋盘和绢画随葬说明墓中人生前是一个围棋爱好者，死后家人为满足她生前的爱好，才画绢入墓。这一唐代墓葬品充分证明，在"丝绸之路"上的吐鲁番地区围棋兴盛情况，更说明唐代敦煌围棋沿"丝绸之路"在广泛传播。随着文化、宗教、艺术的交流，围棋这一瑰宝，可能也由这条"丝绸"大道逐渐传入亚欧各国。

第十章　甘肃民间文艺研究

第一节　甘肃民间文艺采录研究史

民间说唱艺术

甘肃境内的民间说唱艺术，源远流长，曲种丰富多彩，题材广泛，特色鲜明。它的滥觞、形成、衍变、发展，与陇原的地域特征、民族变迁、社会政治、经济发展、中原汉族西迁、古西域各民族文化交流、古丝绸之路经贸盛衰，均有极为密切的联系。它的音乐具有西音（秦音）音乐风格及陇原地方特色，流传至今，仍散发着丝绸之路绚丽多彩的曲子音乐的芬芳。

（一）当代民间说唱艺术的历史渊源

在甘肃悠久的历史长河中，封国林立，民族杂居。殷商时代，从成汤到盘庚，殷人五次迁徙，徙于西河渭水、洮河流域，居陇上秦地的殷人后裔，常常吟唱一些发泄内心愤懑不平、想念故处的民间曲子，始为"西音"。秦时，甘肃大部分地域由秦统辖。唐代敦煌遗书《孟姜女变文》中有古诗曰："陇上悲云起，旷野哭声哀。若道人无感，长城何为颓？"为修筑长城居于陇上秦地的人民，备受苦痛，编唱曲子倾诉当时的悲惨状况。至20世纪40年代，甘肃民间说唱艺术中的兰州鼓子词、秦安老调、陇中曲子、陇东老曲子等曲种，仍然流传着哀怨凄凉的古曲子《孟姜女》（哭长城）。秦筑长城时，劳苦人民为说唱哀怨悲苦之情，还创造发明了一种方圆形、两面蒙皮的类似鼗鼓的弹弦乐器"弦鼗"，俗称"秦汉子"，又称"三弦琵琶"。至今，甘肃民间说唱艺术的大多数曲种的主乐器均为三弦。

自西汉霍去病打通通往西域的通道后，丝绸茶马贸易畅通，汉王朝为保卫这条走廊通道，加强对西域的统治，延筑秦代长城，建玉门关，由内地向河西四郡移民屯垦，置屯田军，内地移民也带来中原丰富多彩的民间说唱艺术曲调。当时，"西凉州俗好音乐"，西凉区域少数民族音乐与汉族民间音乐，以陇上秦地之西音（秦声）杂曲，相互吸引、融合，又衍变为以边地州名为曲名的大曲、杂曲。唐代极为盛行，如［甘州子］［伊州令］等，通称为"西凉乐杂曲子"，流传至今，应用于兰州鼓子词、秦安老调、陇中曲子、河西曲子、河州平弦等民间说唱艺术曲种者颇多。

甘肃自古就是我国东部通往西部以及中亚地区的交通要道，名震世界的古丝绸之路，在甘肃境内绵延一千九百多公里，称为枢纽路段，自古就是一条"经贸之路""文化之路"。古丝绸之路曾经融汇着中外优秀的音乐文化和西北各民族纷繁异彩的曲子音韵乐律，对民间说唱艺术的滥觞、形成、发展、衍变、说唱形式和乐律风格，均起着决定性作用。而由于地理环境、民族迁徙、人文风化、宗教传布、丝路贸易等客观因素，对人们的思想感情、风俗习惯、审美情趣等，均产生了一定的影响。各地各民族民间说唱艺术的相互交流，相互融合，也促进了陇原民间说唱艺术的衍化与发展。

宋真宗时，明令禁止寺院"俗讲"。丝绸之路沿线各大窟寺僧人和陇上民间说唱"变文"的活动渐渐衰落停止了。但由于人民对文化生活的需要，在"变文"和"曲子词"音乐的影响下，丝绸之路上出现并流行了一种称为"鼓子词"的说唱艺术，引起了安定郡（今甘肃泾川县一带）王赵令畤（德麟）的兴趣，他利用鼓子词的形式，"始作商调鼓子词谱《西厢》传奇"。又用［商调蝶恋花］一支曲子说唱，反复唱12次。每次（段）散文末尾，歌唱前有"奉劳歌伴，再和前声"。这种说唱形式至今在兰州鼓子词、陇东道情中，仍有应用。另外，在1907—1908年，俄国柯兹洛夫探险队在张掖附近黑水国故城遗址，还发掘出《刘知远诸宫调》残缺刻本，作者为无名氏。现珍藏于北京国家图书馆。该说唱艺术文体是以七言为主的长短句式，韵散相间。词段用"缠令"连缀，一韵到底。

上述历史上的西音音乐文化传统和说唱艺术，对陇上民族民间的说唱曲种的形成、衍变、发展有着重大的影响作用，如兰州鼓子词、陇东道情、各地小曲子、贤孝、宝卷等，仍存有古朴缠绵、肃穆深沉的遗风和韵味。

（二）《敦煌遗书》的整理与研究

中华人民共和国成立后的1950年冬，中华人民共和国文化部决定将敦煌壁画摹本、实物、图表、摄影等资料1120余件在北京故宫午门城楼上进行展览。1951年4月下旬开展后，周恩来总理亲临展览会并指出："这就是我们的文化工作，'古为今用'，为革命的政治服务的一个重要方面。"党和政府于1984年将敦煌文物研究所改为敦煌研究院，在罗振玉、王重民、常书鸿、段文杰等收集、整理、研究《敦煌遗书》的基础上，进一步加强了对这批珍贵历史文化资料的研究，先后相继出版了王重民编著的《敦煌变文集》《敦煌曲子词集》，任半塘编著的《敦煌曲初探》《敦煌曲校录》《敦煌歌辞总编》等数百部论著。敦煌研究院还出版了季刊《敦煌研究》与世界各国敦煌学者进行学术探讨与交流，从而把对《敦煌遗书》特别是对其中说唱文艺作品的研究提高到了新水平。

《敦煌遗书》写本是1900年的初夏在敦煌莫高窟的藏经洞发掘出来的，写本中不但有唐、五代时期的诗、词（曲子词），还有赋体作品，如《韩明赋》《燕子赋》等。都是叙事代言的杂赋（俗赋），以汉赋体四言韵文写成。而这些"俗赋"从内容、语言上看，可能是陇上民间艺人利用"赋"这种文体和形式，演

述故事的作品传了下来。至今，在民间说唱艺术兰州鼓子词的［赋唱］词中，还留有"俗赋"的痕迹。《敦煌遗书》写本中最多的是有说有唱的说唱体作品，即佛教"俗讲"。写本都是题作"变文"或"变"，它是陇上民间遗留下来的最早的说唱体写本，多为七言韵文。当时，七言叙事韵文已成为陇上民间说唱曲种中歌唱部分的基础；而民间流行的讲故事、说史、四六文体，又形成说唱曲种中说话部分的基础。根据图画讲唱的叫"变文"，按体裁可分为：一是有说有唱。如《维摩诘经讲经文》，韵散相间，七言、五言结合。二是有唱无说。如《捉季布传文》全部为七言韵文，一韵到底。三是只说无唱。全部用散文写成，如《秋胡变文》。这三种体裁中，韵散相间，诗文结合，逐段铺叙，有说有唱，以唱为主，呈现了"变文"的特点。《敦煌遗书》写本中还有"曲子词"，乃唐、五代时民间歌词。曲子源于陇上乡间民歌。曲子编入乐府者，称"杂曲歌词"或"近代歌词"（宋）。五、七言乐府原称词或曲，而长短句则称曲子。《敦煌遗书》中的民间杂曲子形式，有齐言的五言、七言句式，杂言的长短句式。其说唱曲体结构，有单个的只曲，只曲又有单遍、双遍与多遍的；有同一曲调配上多节歌词反复唱的，如［十二月］［五更转］；也有两个曲调联唱的定格联章体，如［五更转兼十二时］；有用衬词句"和声"（帮唱）的；还有多节词重复头句和尾句，或重复头句和二句反复歌唱的，如［易易歌］。而这些杂曲子名称很多与《教坊记》《唐音癸签》中的曲名相同。

（三）当代民间说唱艺术的种类、发展与研究

历史上的说唱艺术作为一种社会文化现象，必然有其延续性、稳定性与传播性。陇上各族人民自古就有唱曲子的传统，当新的曲种萌芽、劣汰优存的局面出现时，其只会相互吸收、相互融合、相互渗透，经过竞争、衍变而促进优者发展，不会因一时的战乱、民族的变迁而消亡。现代甘肃境内流传的说唱艺术诸曲种，都是在敦煌变文、西凉乐杂曲子、《刘知远诸宫调》、鼓子词的重大影响下，在各地民间的说唱杂曲子、十二月、五更转（调）、讲唱经文与吸收、融合流传于丝绸之路上的元、明代俗曲等的基础上衍变、发展而成。现将其分类名列如下：

弹唱类 兰州鼓子词、兰州小曲、秦安老调、天

水小曲、天水弹唱、陇中曲子、定西小曲、定西杂曲、渭源段撒拉、景泰三弦弹唱、河州平弦、河州下弦、河州段撒拉、平凉小曲、泾川曲子、陇东老曲子、合水说书、敦煌曲子、嘉峪关小曲、酒泉小曲、张掖小曲、金昌小曲、武威小曲、民勤小曲、文县琵琶弹唱、宕昌摘葡萄、成县兰桥担水、西河春官、陇南小曲等。

贤孝类 凉州贤孝、河州贤孝、金昌贤孝等。

板腔类 陇东（环县）道情、宁州渔鼓、平凉渔鼓道情、灵台灯盏头、平凉麻糖谣、甘谷道情、陇西道情、兰州快板、永登下二调、陇南羊皮鼓、康县锣鼓草等。

宝卷类 酒泉宝卷、张掖宝卷、金昌宝卷、武威宝卷、景泰宝卷、岷州宝卷、永登经歌调、永登乱刨柴、临夏财宝神等。

民族说唱类 河州回族打调、保安族打调、东乡族打调、撒拉族打调，甘南藏族格萨尔说唱、诗赞系说唱、龙头琴弹唱、八弦琴弹唱、白格尔、嘛呢等。

上述六十多个说唱曲种，基本上继承了"变文""鼓子词""诸宫调"的说唱形式。弹唱类音乐性很强的曲种只唱不说或以唱为主者颇多，如兰州鼓子词、秦安老调、河州平弦等。贤孝类与板腔类曲种多为有说有唱或似说似唱，说唱相间，如凉州贤孝、陇东道情等；该类还有的只说无唱或以说为主，如兰州快板等。宝卷类的曲种为有说有唱而以说为主，各地宝卷说唱形式均如此。民族说唱类曲种，河州各少数民族打调均为以唱为主。甘南藏族的弹唱曲种以唱为主；说唱曲种多为以说为主。各民族各类曲种在说唱时站坐各异。

中华人民共和国成立后，甘肃省在贯彻执行党的文艺方针中，为了继承、保存、发扬民族的优秀文化遗产，积极组织音乐工作者对各地的民族民间说唱艺术进行了广泛而卓有成效的搜集、记谱、录音、录像、出版工作。有些曲种还参加全国和省的民族民间音乐舞蹈会演、调演、比赛等。现将流传范围较广、演唱活动较多、衍变发展明显、深受群众喜爱、具有代表性的几个民间说唱曲种分述于下。

1. 兰州鼓子词

兰州鼓子词名称繁异，清代和民国民间艺人抄本称"兰州鼓子"或"兰州曲子"，又称"兰州鼓词"。

1962 年，甘肃人民出版社出版的兰州鼓子词曲目和音乐唱腔专集的书名为《兰州鼓子》。兰州鼓子词源远流长，自宋代形成后，经过几百年的流传、衍变、发展，以兰州为中心，沿丝绸之路和毗邻的皋兰、榆中、永登、临洮、定西、临夏、武威和青海省民和县部分农村，逢节假日、婚宴寿诞、春季花会，艺人和好家们（爱好者）在公园、茶社、酒楼、庭院等地，欢聚一堂，乘兴演唱。

（1）演唱形式

坐唱 兰州鼓子词为坐唱形式，可一人自弹三弦自唱，亦可多人弹唱，弹（奏）唱者应分工，互相配合。演唱者无身段动作，不化装，不穿演出服装，不拿任何道具，不拘场合地点，弹起三弦即可演唱。

帮唱 俗称"帮腔""接声"或"拉哨子"。皋兰县艺人称"拉坡"。有由衬字起腔的帮唱，有帮唱衬字句，还有重复帮唱尾句。

（2）曲目内容与艺术特色

兰州鼓子词传统曲目反映的内容，多为明代以前的历史事件、传奇故事、才子佳人、风花雪月、赞颂祝贺等，精华与糟粕共存。它的唱词具有雅俗共赏的特点，既有我国古典诗词的典雅自然、委婉清幽、直率奔放、幽默风趣的艺术特色，又有古朴粗俗、游戏笔墨、口语白描的民间乡土风格。经历代艺人、文人创作积累了过千个传统曲目和数十个现代曲目。它的词句，继承和保持了我国诗词和敦煌变文的三、四、五、七、十杂言等长短句式的特点，还继承了依谱填词的传统。它的韵文，讲究平仄韵辙，通用我国北方的十三辙。语言以关陇语区的兰州方言为规范。但韵辙运用既无严格限制，也未遵循一定章法。运用自由，灵活多变。每个词段，多为一韵到底。但因兰州方言字音和发声的关系，也有几个韵辙间混押现象。

它的音乐唱腔在漫长的衍变、发展过程中，经过历代艺术演唱实践，形成了牌调、越调、悲宫调、平调、令儿调、百合调、海调、荡调、官调、勾调（已失传）十大调的声腔系列。它的音乐曲牌结构，一是单曲迭唱体式，是由"十二月、五更转（调）"等衍变、发展而来。二是曲牌连缀体式，是在宋代"诸宫调"中的"缠令"的基础上衍变、发展而构成由头至尾可连缀十几支曲牌的大型连缀体式。它为了充分发挥唱和唱腔的表现力，突出地方说唱音乐的特色，在唱词固定格式以外，又添加衬字、衬词句。衬字如"哎、嗨、哟、咿、呀、哪、哈、安"等。衬句如"三花开，一呀朵莲花，咿呀嗨，花儿莲花，花儿梅花落""杨柳叶儿青""太平年，年太平""一二月，月儿圆"等。它的音乐唱腔艺术特色既表现古朴典雅、委婉华丽、缠绵悠久、凄怆悒郁，又表现高亢奔放、激越明朗、欢快流畅等色彩和音乐风格。

清代至民国间，演唱兰州鼓子词蔚然成风，培养了一大批像苏韶琴、张式儒、王寿山等名家。20世纪三四十年代，后起之秀魁世荣、邓性奄、张国良、卢应魁、米永庆、梁海龙、朱延明、李海舟等人，经常在兰州"青年馆""兰山学会"演唱，并设有兰州鼓子词演唱研究组。《西北日报》之"陇谈"栏目围绕兰州鼓子词的渊源、文体风格、伴奏乐器等发表论文，如《论兰州鼓子》《扬琴出自扬州说》等进行争鸣。兰州大学教授李孔炤在其所著《兰州简史》和《兰州流传民间文学考》文中，对兰州鼓子词的渊源和形成，进行了充分论述。

中华人民共和国成立后，党和政府非常重视和支持挖掘、搜集、整理兰州鼓子词。1952年8月，省文联曾对鼓子进行过一次较为认真的搜集工作，地点在兰州水北门邓家茶馆，参加者有邸作人、呼延以及西北艺术学院教师许培元等人，当时中华全国音乐工作者协会西北分会准备为他们出版，后来半途"流产"了。省文联曾出了一本鼓子"内部资料书"。1953年，西北五省（区）和全国举行"中国首届民族民间音乐舞蹈会演大会"，选拔兰州鼓子词名艺人邓性奄、卢应魁等演唱传统曲目《张松献川》与《燕青打擂》参加了会演，受到好评。

1958年，中共兰州市委员会、兰州市人民政府决定将兰州鼓子词改革、发展成"兰州鼓子戏"，在兰州市戏曲学校增设兰州鼓子班，招收了50名学员进行培训。同时，还抽调音乐工作者李耀先、罗延龄与兰州鼓子词名艺人卢应魁、张国良、梁海龙、王满堂等相结合，组成兰州鼓子戏音乐研究组。为适应表达剧目内容、戏剧情节、人物性格的需要，在原音乐曲牌的基础上，对曲牌唱腔进行了革新。为实现男、女声腔的谐调统一，进行了转调实验。于1960年排演了兰州鼓子戏《拷红》《三难新郎》《一文钱》等剧目，在兰州公演20余场，并由甘肃省人民广播电台录音播放，受到省市领导、文艺界和广大观众、听众的赞赏与好评。由于种种原因，随着兰州市戏曲学校的撤销，1963年，兰州鼓子班也撤销了。兰州鼓子戏的音乐研究工作也中断了。

在兰州鼓子的发展史上，值得一提的是老艺人李海舟，他在鼓子的搜集、整理、创作演唱方面，做出了突出的贡献。他一生酷爱鼓子，从1949年以前就开始从事鼓子的搜集、演唱和创作。1951年，李海舟被兰州市文艺工作者协会推选为兰州鼓子代表参加西北文学艺术工作者代表大会。会上，江天和易每二位同志写了《鼓子词和李海舟》的专题文章，对李海舟在兰州鼓子发展史上的作用做了正确评价。省文联成立后，李海舟被吸收到《甘肃农民报》工作，为他的搜集、创作创造了更好的条件。李海舟几十年如一日，苦心钻研，辛勤记录整理，搜集近千万字的原始资料，受到国内曲艺、音乐界专家学者的赞扬，至20世纪80年代，他病重时，还将三麻袋资料放在病床下，等待交给当时省文联副主席、民研会主席曲子贞。李海舟去世后，曲忙于办李海舟丧事，忙乱中将李海舟一生辛勤搜集整理的资料丢失了。1962年由李耀先等人搜集、记谱、整理的兰州鼓子词音乐唱腔的牌调、越调、悲宫调、官调、海调、平调（大、小、正平调）、令儿调、百合调、荡调、勾调（已失传）所谓十大调曲牌81支与27个曲目词段，由李海舟作序，并由兰州市文化局、兰州市文艺工作者协会编辑成《兰州鼓子》一书，于同年8月由甘肃人民出版社出版，向全国发行。

把鼓子作为一门学问去研究，过去也有过，但比较零散，或限于某一个方面；或浅尝辄止，不够系统深入。甘肃民间文艺家协会会员王正强，多年来潜心于"兰州鼓子"研究。他的专著《兰州鼓子研究》1987年由甘肃人民出版社出版，全书33万字，用新的思想、新的观点、新的理论，通过踏踏实实地调查研究，对兰州鼓子的起源、传承历史以及艺术特点进行了全面的论述。这一部专著，是甘肃省第一部比较系统深入的有关兰州鼓子的理论专著，在省内外有一定影响。

1984年，甘肃人民广播电台在兰州组织对兰州鼓子词唱腔及吐字有较大革新的名艺人段树堂、王雅禄、魏世发等演唱《拷红》《白访黑》《草船借箭》

《蒙古辨踪》等传统曲目进行了录音并播放。同年，中国民间文艺研究会甘肃分会还举办兰州鼓子词名艺人演唱会，交流唱腔创新的经验，并将兰州、皋兰等地名艺人演唱的牌调、越调、悲宫调、平调等优秀传统曲目进行录音保存。

1984 年 10 月，兰州电视台摄制播放的电视艺术片《新兰州的脚步》，由田德芳作词、李耀先采用兰州鼓子词的曲牌唱腔为基调编曲，由李玉文演唱的插曲，经兰州电视台、甘肃电视台、甘肃人民广播电台播放后，引起强烈反响。听众给电台的信中反映："革新的兰州鼓子不但好听，而且能听懂。"

1985 年，中国民间文艺研究会甘肃分会、中国曲艺家协会甘肃分会、兰州市文化局、兰州市文联等单位联合召开的"振兴兰州鼓子座谈会"上，与会者反映：兰州地区能唱兰州鼓子词者，有 300 多人，出现了青年、妇女学唱的可喜景象。反映现实的曲目日渐增多，如《韩英见娘》《智取威虎山》《焦裕禄》《学雷锋》等。还引起了来兰州访问的外国学者的兴趣，美国哈佛大学音乐系教授、美籍华人赵如兰女士，听了兰州鼓子词的演唱后说："这是中国艺术的瑰宝之一。"并在兰州大学进行了录像、录音。美国史学博士伊丽莎白·布里尔、日本研究生大泽晶子等，听了兰州鼓子词演唱后说："这是古朴典雅的东方音乐。"

1985 年，兰州市七里河区为继承、研究、发展兰州鼓子词说唱艺术，成立了兰州鼓子协会，其他县、区也相应建立了协会组织。

1986 年 10 月，中华人民共和国文化部、中国曲艺家协会联合举办"1986 年全国曲艺新曲（书）目比赛"。甘肃省文化厅、中国曲艺家协会甘肃分会联合组织创作、排演，由徐枫、李耀先作词，李耀先、肖振东编曲，甘肃省曲艺团尹丽雅演唱，甘肃省秦剧团小乐队伴奏的兰州鼓子《送女出征》，荣获音乐设计三等奖，演员表演三等奖，创作、伴奏鼓励奖。

1994 年 9 月，日本秋田市音乐研究生芳贺友子、松宫荣典，应邀来兰州访问，兰州市外事办公室、兰州市文化局、兰州市音乐家协会共同组织，并邀请《中国曲艺音乐集成·甘肃卷》编辑部陪同，访问了兰州市七里河区王家堡村兰州鼓子名艺人、中国曲艺家协会会员、甘肃省曲艺家协会名誉理事王雅禄。由王雅禄、王子恭、彭维海等演唱了兰州鼓子《拷红》

《雅仙刺目》等传统曲目，兰州电视台进行了录音、录像，并做了报道。在演唱中，由翻译将唱词内容逐段进行了介绍。日本客人听后，在座谈时说："从未听过这样典雅的、优美动听的东方音乐。请允许将录音带回去学习、研究。"

1998 年 11 月，甘肃省民间文艺家协会、甘肃省曲艺家协会，为抢救地方曲艺曲种，在兰州市安宁区桃海茶社举办兰州鼓子演唱会，参加者有兰州市七里河区王家堡村的艺人和皋兰县水阜乡青年演员，艺人朱宗黎、崔宝山演唱了新编曲目《仁寿山》《海峡情》；年轻艺人崔育德、牛小玲演唱了兰州鼓子传统曲目《望江楼》《草船借箭》等，均受到听众欢迎，掌声不断。为了用现代科技手法保存民间文化遗产，对老艺人的演唱录制了全部演唱实况录像，有效地记录了演唱的原始形式。

然而，由于兰州鼓子词的内容、音乐唱腔与演唱形式改革创新发展缓慢，不能适应人们对说唱艺术审美情趣的需要，跟不上改革开放的步伐，正面临衰落和后继乏人的境况。而兰州市七里河区王家堡村、安宁区桃海茶社、皋兰县水阜乡等地的兰州鼓子艺人，仍然坚持开展兰州鼓子演唱活动，并有不少青年人学唱兰州鼓子词，皋兰县文化馆每年组织一两次兰州鼓子演唱活动。但是，在改革创新方面仍需加强研究指导，以便促其发展。

2. 陇东道情

最早的道情是以道家故事为题材，在道观、庙宇进行演唱。当时道情与鼓子词的形式基本相同。据《四库全书总目提要》载："宋安定郡王赵德麟始创商调鼓子词。"而历史上陇东地区的环县、镇原、泾川、平凉一带，曾隶属安定郡，所以，流传至今的陇东道情与鼓子词有一定的渊源关系。道情音乐的唱腔形式，仍存留有鼓子词艺术形式的痕迹。如陇东道情演唱开首和每个乐段唱调的尾字和衬字腔句，有数人帮唱（嘛簧）的形式，即宋代鼓子词的"奉劳歌伴，再和前声"。

陇东道情的传统艺术形式，多为一人说唱，众人帮唱，说唱相间，以唱为主。艺人怀抱渔鼓筒，左手执简板，说唱环境不受任何场地限制，田间地头、庭舍院落均可说唱。该曲种在清末与民国初期，其伴奏乐器由渔鼓、简板衍变、发展，增加有二股弦、唢呐、笛子等。清同治年间，环县名道情艺人解长春将主奏乐器二股弦改革为四股弦，对唱腔也做了大胆革新，创造了一些新板路和唱法，使其音乐腔调突出了地方色彩。他组织的解家班，还经常赴宁夏、陕北、内蒙古一带进行演唱活动。

民国初期，陇东道情民间班社繁多，著名的有解家班、史家班、耿家班、梁家班、敬家班、魏家班等。演唱曲目不断增多，逐步吸收了一些民间曲子，如《九连环》《转莲台》《汉台山》等，丰富唱腔曲牌。20世纪三四十年代，陕甘宁边区时期，文化工作者与民间艺人相结合，运用道情曲调，编创了许多富有时代感的小型曲目，使陇东道情得到一定发展。尤其是1942年毛泽东的《在延安文艺座谈会上的讲话》发表后，当时驻防庆阳地区的八路军三八五旅宣传队、陇东剧团的文艺工作者纷纷深入民间，搜集、学唱道情，并编创了一批为工农兵服务的新曲目，如《翻身道情》等，广为传播演唱。

中华人民共和国成立后，陇东道情受到党和政府的高度重视。甘肃省文化局曾派高士杰、邸作人、陈明山等音乐工作者多次赴陇东搜集、记谱、整理道情音乐资料。1953年，甘肃省文化局首次编印出版了《陇东道情》一书。随后，环县道情艺人史学杰、徐元璋、敬庭玺、赵连孝、赵建吉、马占川、冯献云、韩百荣等，随甘肃省代表团赴北京参加全国第一、二届民族民间音乐舞蹈会演大会，演唱了《反天宫》和《二姐娃做梦》等传统曲目，并应邀去中南海为毛泽东、刘少奇、周恩来等中央领导人进行演唱。中央人民广播电台制成唱片播放，受到广大听众、观众的称赞。

1958年，庆阳县委决定由县剧团派员深入民间，拜道情老艺人为师，学曲目、唱腔，并排演了传统曲目《东庙》《白玉楼挂画》，首次将陇东道情搬上舞台。同年，县剧团又排演了《新媳妇不见了》《最后的钟声》等现代剧目，并参加了西北五省（区）戏剧会演，引起文艺界的关注与好评，也为后来陇剧的诞生奠定了基础。同年，甘肃省秦剧团将陇东道情搬上舞台，改革创新为陇剧。

1980年以来，陇东道情在民间的演唱活动，仍然很兴盛。据1985年统计，当时环县仍有30多个道情班社进行演唱活动，还创作了一些新曲目，如《三中

全会里程碑》《植树种草百年计》《鸡飞蛋打》等，讴歌改革开放的火热生活。1987年8月，环县6名道情艺人，即史呈林（主唱）、恭建荣（唢呐）、梁维军（笛子）、郑九荣（二胡）、耿怀玉（司鼓）、谢正礼（打击乐）组成中国甘肃民间艺术代表团，赴意大利参加庆祝中意建交25周年的演唱活动。在意大利访问演出，到过13个城市，演唱24场，引起外国朋友的强烈反响。意大利音乐界、艺术界人士得知演唱成员来自中国农民时，惊讶不已。

1989年，中央电视台派员来环县专访摄录了史呈林等名艺人的道情演唱，在"望长城"栏目中向全国播放。1992年11月，环县道情艺人发起成立了陇东道情研究会，史呈林任会长，耿怀玉任副会长。研究会以"挖掘、整理道情遗产，继承、巩固、改革、提高"为宗旨。

3. 河州平弦

1949年以后也称临夏平弦。主要流传于临夏市、积石山县、和政县、永靖县等地的汉族群众中，有些回族群众也喜欢演唱，常在婚宴寿诞、逢年过节及公园茶座进行演唱。

清道光年间，临夏盲艺人费宝家用〔岔曲〕〔述腔〕演唱《宋江投朋》《酒父劝朋》《十里亭》等曲目。清光绪年间，河州东乡唐汪川唐星垣（俗称唐江湖）用平弦演唱《莺莺饯行》及下弦《林冲夜奔》等曲目。随后有罗良德、李玉和（李缸缸）等在花园街办起了自乐班茶园，演唱平弦、越弦，很受人们欢迎。1928年，魁世荣、马九娃等人化装演唱《十里亭》，颇为群众赞赏。1940年，艺人耿治天在城内开设了"凤林茶园"，他与李苏生、石玉德、高正伟、祁静庵、卜海舟、石德安、唐海安、冯进、赵森、朴正、朱宾孺、李永滋、雷平安等人联合演唱平弦，吸引了众多听众。

1953年，举行"中国民族民间音乐舞蹈会演大会"，艺人耿治天等赴京演唱了《西厢初会》，载誉而归。1957年，在兰州举行"甘肃省木偶皮影曲艺会演"，耿治天、李苏生演唱了《莺莺饯行》《林冲夜奔》，朴正用三弦、笛子伴奏，受到好评。1960年以来，临夏州文艺工作者康尚义、胡继先、鲁拓、王沛、丁少汤等先后创编了反映现实生活的许多曲目，如《水上锁南坝》《水上北塬》《大夏河水上北塬》

《故事会》等。还将河州平弦用女声演唱的形式搬上舞台，参加省里会演。

4. 凉州贤孝、河州贤孝

该说唱曲种被称为"贤孝"，是依据曲目反映的扬善戒恶、为贤行孝的二十四孝为中心内容而得名。该曲种源远流长，唐代岑参诗云："凉州七里十万家，胡人半解弹琵琶（三弦琵琶）。"是对当时凉州盛行弹唱贤孝的写照。它一直用三弦伴奏进行说唱。贤孝从产生、衍变、发展，至今数百年间，多为"世之瞽者，或男或女，有学弹琵琶（三弦），演说古今小说，以觅衣食"。盲艺人为了乞食求生，身背褡裢，怀抱三弦，走村串户，赶集赴会，四处漂泊演唱贤孝的境况，一直沿袭到 20 世纪 50 年代初。

中华人民共和国成立后，贤孝的说唱形式仍然继承了艺人自弹三弦自唱的演唱形式。由于党和人民政府对贤孝艺人极为关心，贤孝艺术也如枯木逢春，得到了重视和发展。50 年代以来，文化部门数次对贤孝艺人进行登记、培训，审定曲目，提倡和鼓励艺人从曲目内容和音乐唱腔进行改革创新，宣传党的方针政策。如河州贤孝艺人金万鑫创编出《解放兰州》、祁三官创编出《韩起功抓兵》等。1956 年，艺人方正清创编自弹自唱《老财迷》《长工恨》；和政县河州贤孝艺人高明永编唱了《婚姻法》《农协会》等新曲目，深受听众欢迎，广为流传。

由于河州贤孝发展较快，1957 年 6 月，甘肃省举行"木偶、皮影、曲艺会演"，河州贤孝艺人章文礼演唱的《李世明探宫》获得演唱奖。60 年代初期，临夏市文化馆与艺人结合创编了《学雷锋》《苦菜花》等曲目，由艺人张尕祥等在茶园、俱乐部演唱，很受听众欢迎。1976 年 6 月，在北京举行"全国曲艺调演"，临夏州民族歌舞团的杨维平，对河州贤孝进行大胆改革创新，自拉四胡，并增加琵琶，还有三弦进行伴奏，演唱了新编河州贤孝《赤脚医生》，受到好评，中央人民广播电台播放了演唱实况。

1981 年，临夏州政府召开"民间艺人座谈会"，有五六位艺人演唱了河州贤孝小折。临夏州文化馆还编印了以贤孝、平弦为主的《河州传统演唱》小册子，使一些优秀曲目得以抢救、流传。文艺工作者还创编了一批新河州贤孝作品，发表在一些文艺刊物上，较有影响的有谈笑的《千金姑娘》、胡继贤

的《周总理三访邢台城》、刘瑞的《三相女婿》、鲁拓的《明白的糊涂人》等。1990 年，由王沛改编词曲、王维学演唱、蒲莉华伴奏，青海昆仑音像出版社发行的河州贤孝《韩起功抓兵》，受到各族群众欢迎，录音带发行十万多盒，扩大了河州贤孝这一说唱艺术的影响。

5. 甘肃宝卷

宝卷主要流传于敦煌、酒泉、张掖、武威、景泰、岷县一带，这些地区由宋代至今，一直保留着"念卷""听卷"这个古老的民间习俗。自宋真宗明令禁止寺院"俗讲""变文"的讲唱，在北宋时代，曾和异教的说道，同时被禁止。随后便逐渐出现了代替"变文"讲经、劝善的宝卷。它历经宋代的谈经、说浑话、诸宫调的影响，而盛行于明、清两代，形成民间古老的通俗文艺说唱形式。经过数百年风云变化，河西民间仍然保存了大量宝卷。宝卷的内容和题材分为两大类：一是宗教类，是写佛和神的宝卷；二是非宗教类，是写人和事的宝卷。宝卷的体制结构为开经偈、焚香赞、收场偈，约同于"变文"的押座文、开题、表白。念卷者多为男性僧人、道士、居士和民间艺人。念卷时往往悬挂佛像或《地狱变相图》，这与"变文"一脉相承，基本上承袭了"变文"的旧仪式。宝卷的文体结构为韵念（白）相间，说一段，唱一阵，韵词为七、十言句式，也有四、五言句式。宝卷的语言流畅，通俗易懂。宝卷的念卷以一人为主，称念卷人，还有一人，称陪佛者，当唱词或唱腔的尾乐句出现"佛音"，即"阿弥陀佛、阿弥陀佛"，则由陪佛者或听卷者接唱。念唱宝卷不用任何乐器，干唱曲调。

中华人民共和国成立后，河西一带民间念唱宝卷仍很盛行，20 世纪 50 年代几乎达到家喻户晓，妇孺皆知。由于它说经念佛宣扬封建迷信，曾一度被禁止。党的十一届三中全会以后，随着改革开放政策，"念卷""听卷"这一群众娱乐活动又逐渐复兴起来。通过"念卷"活动，使群众吸收有益的艺术营养，宣扬正直、善良的乡土民情，颂扬英雄事迹，鞭挞坏人坏事。

民族说唱类，系各少数民族的说唱艺术，有临夏回族自治州流行的回、东乡、保安、撒拉等民族的打调；有陇南文县一带藏、汉民族中流行的琵琶弹

唱；还有甘南藏族（包括天祝藏族）中流行的龙头琴弹唱、八弦琴弹唱、格萨尔说唱、诗赞系说唱等。这些曲种历史悠久，内容丰富，曲调多样，形式各异，是各少数民族在长期的游牧、劳动、斗争中创造、继承、发展起来的，至今仍演唱于草原、乡间。它们主要有两种说唱形式：打调与诗赞系说唱，一般无乐器伴奏，站或坐唱；用龙头琴、八弦琴弹唱，一般为自弹自唱。文县白马藏族琵琶弹唱，多为唱奏分开。曲目内容有歌唱党的民族政策、本民族历史英雄事迹、爱情生活、打趣逗乐、现代生活的美好等。它们音乐形态的共同特征是二、三、四句词的叠唱体，一个四句词的曲调可反复演唱一段故事，甚至可唱数小时之久。

前述诸多说唱曲种中，有些曲种已失传或消亡，如永登下二调、宁州渔鼓、成县毛红等。其他说唱曲种，如各地区的小曲、陇中曲子、秦安老调等，在说唱形式、文体结构、曲式构成、句式音韵等方面与前述代表性说唱曲种大同小异。

（四）民间说唱艺术的新变化

在党的文艺方针政策指引下，随着社会主义政治、经济、文化的发展，50多年来，甘肃省为了继承、发扬、保存民族民间的优秀文化遗产，积极组织音乐工作者对各地各民族的民间说唱艺术曲种，进行广泛而卓有成效的搜集、记谱、整理、出版工作。有些说唱艺人参加了全国的会演、调演、比赛，乃至出国演唱；有的曲种经音乐家、剧作家、艺术家与艺人精心研究、实践，发展为戏剧艺术，使甘肃的民族民间说唱艺术发生了崭新的变化，新题材、新内容、新唱腔层出不穷，与其他姊妹艺术一样，呈现出万紫千红的新局面。其变化主要为：

1. 民间说唱曲种艺人的政治、社会地位有所提高，生活有了保障，不再是单纯为乞食求生而走村串户进行演唱。由于演唱环境大为改善，艺人也逐步走进了城镇的茶棚、公园、集会，甚至登上舞台进行演唱。随着环境与服务对象的变化，人民政府对艺人经常教育，艺人政治觉悟与为人民群众服务思想认识也得到了提高。

2. 艺人由身背褡裢、怀抱三弦，街头庭院自弹自唱而走进城镇后，为了适应环境和服务对象的变化以及听众审美情趣的需要，多数曲种由单一伴奏乐器——三弦，发展增添了各种不同的管弦、打击乐器，使演唱增强了渲染的气氛和音乐唱腔的表现功能，大大提高了说唱曲种的艺术水平。有的曲种衍变、发展为舞台上的小型数人演唱，颇受群众欢迎。

3. 为了繁荣发展民间说唱艺术，有些曲种如兰州鼓子词、陇东道情等建立了"协会""研究会"和班社组织，经常开展活动。全国、省、地、市政府经常组织会演、调演、比赛、上广播电视演唱，让一部分文学家、音乐家、演唱家参加到民间说唱艺术中来，促使新题材、新内容、新唱腔不断涌现，演唱水平、艺术质量大为提高。陈旧的内容与形式逐步被改革创新，新艺人、新演唱形式逐步发展壮大起来，以适应新的形势和听众观赏水平的需要。

4. 随着社会主义经济建设的发展，人民生活水平的改善，人们审美情趣的变化，欣赏水平与艺术需求的提高，甘肃民间说唱曲种也出现了优胜劣汰的境况，有的说唱曲种已失传，如敦煌曲子、景泰三弦弹唱等。有的说唱曲种，在党和政府的重视、关怀下，随着社会的发展而发展了，如陇东道情。而有的曲种濒临衰亡的境况，就连兰州鼓子词、河州贤孝等说唱曲种，也后继乏人，需引起重视。

5. 甘肃各民族民间说唱艺术中，具有代表性的诸曲种，已编入十部"中国民族民间文艺集成志书"之一的《中国曲艺音乐集成·甘肃卷》（李耀先主编），已由中国音乐出版社出版。

1986年10月，"全国文艺集成志书编纂工作兰州会议"后，成立了《中国曲艺音乐集成·甘肃卷》编辑部，各地、州、市也相应成立了"外卷"编辑部。随后，各级文化部门先后抽调六十余人，对甘肃境内各民族流传的民间说唱曲种进行了普查、采录、记谱、拍照，搜集有关资料，兰州鼓子词还进行了录像。搜集各说唱曲种的文字、曲谱、音像、文物资料之丰富是前所未有的。依据编辑体例，将普查出的60多个说唱曲种，经过多次筛选后，按曲种音乐形态和属性进行了分类，分为弹唱、道情、贤孝、宝卷、民族说唱五个类别。收入该卷内具有代表性的说唱曲种有兰州鼓子词、秦安老调、甘肃小曲子、河州平弦、陇东道情、陇西道情、河州贤孝、凉州贤孝、甘肃宝卷、河州财宝神、河州打调、文县琵琶弹唱、甘南藏族说唱13个；收入各说唱曲种音乐基本唱腔曲牌372

种，各曲种音乐唱腔选段 22 个；收入《甘肃曲艺音乐综述》等文字稿 16 篇；收入甘肃各民族民间 13 年说唱曲种的演唱与文物的照片 58 幅；收入说唱曲种的音像资料有兰州鼓子词演唱录像带 1 盒，精选各说唱曲种的音乐唱腔录音带 20 余盒。

在普查中，挖掘出清乾隆至光绪年间艺人手抄兰州鼓子词曲录 12 本，曲录本封皮上标记最早者为清道光十五年（1835），此本中的曲目《拷打红娘》词段和所用音乐曲牌与现在艺人演唱的《拷红》所用曲牌差别甚微。所以，这些清代手抄曲录本对研究、考证兰州鼓子词的渊源与形成，有较高的参考价值。

民间音乐

甘肃各族人民群众通过长期的生产和生活实践，创造了品种繁多的富有浓郁地方特色的民间音乐。它是陇原人民聪颖智慧的结晶，也是我国民间音乐艺术宝库中的一个重要组成部分。

1949 年以来，党和政府为做好民族民间音乐艺术的继承和发扬工作，使其为社会主义现代化建设和精神文明建设服务，不断组织人力、财力对其进行了搜集、整理及出版、演出、研究等，将全省各地所蕴藏的民间音乐艺术向广大人民群众介绍、宣传，向全国及国外推广，成绩十分显著，受到人民群众和国内外人士的欢迎和好评。

（一）民间歌曲

流传在甘肃各族人民群众中的民间歌曲，品种繁多，数量惊人。据《甘肃民歌集成》普查工作统计，全省各类民歌多达 14 000 首。甘肃民间歌曲不仅数量多，在其风格特点、表现内容及演唱形式等方面也都丰富多彩。仅以汉族民歌论，其风格特色方面，就可以分为四个风格色彩区。陇东高原可算一个色彩区，此地区因其地理位置和陕北、宁夏、陕西西部地区接壤，它的民歌在音调、韵味及演唱风格等方面都具有一种悠长、动听、质朴、优美的艺术特点。

而陇南山区所流传的"两当号子""洋塘号子""筑城号子"，以及山歌、小调等，又都因当地与四川、陕南等地接壤，当地群众生活在山大沟深、森林茂密的山区，其语言、生活、风俗、习惯等方面有所不同，从而又形成了与我省其他地区截然不同的民歌风格色彩。特别突出的是当地那些"号子"歌、山歌、劳动歌等，都共同具有一种高亢、嘹亮、粗犷的

艺术特色。再如中部地区群众每年都于 4 月至 6 月期间在康乐县的莲花山、岷县的二郎山等地自发地举行一年一度的"花儿"演唱会，这样大型的"游山、漫花儿"的群众性演唱活动，几十年来早已在省内外具有了很大影响，可以说它是甘肃省每年的群众民歌演唱"重头戏"，令国内外民间文艺学家及民歌爱好者们惊叹不已。这当然应该算作又是一个多民族民歌的风格色彩区。还有像河西地区和部分市、县地区汉族群众的民歌演唱，也具有不同本省其他地区和外省汉族民歌的特点与风格。特别是河西地区各地流传的大量民间小调、社火秧歌曲、叙事歌、民间说唱等，曲调优美动听、委婉深情，有的歌曲又诙谐风趣，朗朗上口，备受当地群众喜爱。甘肃省境内生活着 10 余个少数民族，其中东乡族、保安族、裕固族是甘肃的独有民族。所有这些少数民族人民群众也和汉族一样，在长期生产和生活中都创造了丰富多彩的民族文化。在民间歌曲方面，更是有着鲜明的民族特色，像居住在甘南草原的藏族同胞的歌舞曲、酒歌、情歌、牧歌等，曲调奇特动听，别有一番风味，令人百听不厌。而居住在临夏（古称河州）一带的回、东乡、保安、撒拉等民族群众中的"花儿"、宴席曲、贤孝等，其特色更是十分鲜明。那悠扬嘹亮、热情奔放的难以计数的"花儿令"，让听者痴迷陶醉。另外，生活在河西走廊祁连山脚下的裕固族、哈萨克族、蒙古族等少数民族群众，更是有着自己的传统民歌，它们的歌曲各有特色，风格鲜明，听者十分喜爱。所以根据以上情况看，可以说甘肃是一个名副其实的民歌的海洋。

中华人民共和国成立以来，在党的民间文艺方针政策指引下，在各级政府文化领导部门的具体部署实施下，于 20 世纪五六十年代就曾多次组织了人力，对各地蕴藏的民歌进行了调查和搜集。省文化厅、省文联及一些地、县文化部门，先后都派过专业音乐工作者深入甘肃省各地农村、城镇、山区、牧区，进行了一系列的调查研究和搜集挖掘。后经过一些专业音乐工作者的整理、加工，不少民间歌曲被搬上舞台演出，或参加省里及全国的民间文艺调演，或被电台、电视台播放，使其在全省、全国得到传播。这方面最有影响的是 50 年代以甘肃省陇东民歌为原型加工创作的《荷花舞》音乐，十分优美动听。此节目当时在

莫斯科举行的青年联欢节上获得了金奖。60 年代在全国几乎家喻户晓的革命歌曲《大生产》，就是以甘肃省陇东地区农村流传的传统民歌填词改编而成。此歌音调欢快活泼，短小精悍，易学易唱，至今还在全国各地流传不衰。

从 20 世纪 50 年代后期开始，党和政府为了繁荣社会主义文艺，继承和发扬民间艺术，数十年来曾多次举行过全国性的和省、市、地、县地区性的民间音乐舞蹈会（调）演或比赛活动，这对民间歌曲的宣传、传播、交流都起到了很大的作用。影响大的有：

1957 年，中央人民政府在北京举行了全国民间音乐舞蹈会演大会。在这次中华人民共和国成立后首次民间文艺盛会上，甘肃省陇南地区的"两当号子"，作为甘肃的"土特产"而参加了会演。当时在北京天桥剧场演出时，高亢、粗犷的号子歌声在舞台上"喝"起时（两当县人俗称"唱"为"喝"），曾赢得了全剧场观众雷鸣般的掌声。1975 年，两当县业余演出队以号子为基调创作的男声小合唱《丰收号子飞满山》参加了天水地区的文艺调演，又得到了高度评价，省电台、电视台曾录制成广播和电视节目多次播放。1977 年在两当县举行的文艺调演大会上，云坪公社演出队演出的"两当号子"齐唱，更加受到当地群众的极力赞扬。在"两当号子"的搜集工作方面，甘肃省音乐家邸作人、周健二同志早在 60 年代就曾到两当地区进行过调查研究和采集工作。还应当特别提到的是当地的音乐工作者索向武同志，他在两当县工作了数十年，先后担任县文化馆馆员、馆长，后调任文化局局长，多次同罗天鸶等同志深入两当号子流行的山区各地，进行了艰苦而细致的搜集工作。后来，他们将所搜集的民歌于 90 年代初编印了一本《两当民歌集成》，对两当号子这一具有浓厚地方特色的民间歌曲的挖掘及传播做出了突出贡献。

每年 4 月至 6 月期间，群众自发地成群结队前往莲花山、二郎山等地参加"花儿会"和游山玩耍。这一群众文化活动有着极广泛而浓厚的群众性、地域性、民俗性、文化性，因此中华人民共和国成立后一直受到宣传部门和各级政府的重视。多年来，为引导好这一群众性的文化活动健康发展，当地及省、地有关领导部门多次组织"花儿"演唱会。每次活动总是由各县、乡选拔或邀请远近闻名的"花儿"歌手组成

代表队参加，大家在一起演唱并进行比赛、评奖等活动。通过此种有组织的演唱会，提倡、鼓励歌手们多编唱新词新曲。这时候歌手们都特别认真地发挥自己的聪明才智，编好新词或即兴创作，这样常有很多歌颂社会主义建设、歌颂新生活或宣传党的农村各项方针政策等方面的新歌词产生出来。"两山"花儿演唱会在"文革"期间，曾被批判为"四旧"，被取缔了10 年。党的十一届三中全会后，在党和政府的支持、领导、组织下，这一别具特色的大型群众性民歌演唱会开展得越来越红火了。省文化厅、省文联和临夏州曾多次在莲花山举办"花儿"歌手大奖赛，对新歌手的发现与成长起到了积极的推进作用。

甘肃几个少数民族的民歌都具有各自独特的风格和特点。1949 年以来在本省所举行的多次民间音乐舞蹈文艺会（调）演会上，临夏回族自治州代表队的"花儿"演唱、甘南藏族自治州代表队的藏族民歌演唱、肃南裕固族代表队的裕固族民歌演唱等，都出现过不少优秀的民间歌曲及歌手。60 年代—80 年代，甘南草原参加省里会演演出的夏河县优秀民间歌手东宝吉、久西草所演唱的藏族酒曲、情歌，被评为优秀节目。裕固族优秀民间歌手银杏吉斯所演唱的《裕固族姑娘就是我》《奶羔歌》等，荣获优秀演唱奖，受到观众热烈欢迎。后来此歌手被调进中央民族歌舞团，担任专业歌唱演员。

少数民族民歌演唱家在多次代表甘肃参加全国性民间文艺比赛活动中，都为甘肃赢得了荣誉。1986 年，中华人民共和国文化部举行了全国民间音乐舞蹈比赛，甘肃省甘南藏族民间歌手勒格加所演唱的改编藏族民歌《阿香姥姥》，因演唱高亢嘹亮，华丽悠扬，具有浓烈的草原粗犷、辽阔的风格，荣获了比赛一等奖。

临夏一带流传的"河州花儿"，是省内外远近闻名的一个民间歌唱品种，当地每年农历四五月间，不少地方群众举行"浪山会"，实际上是群众自发参与的"花儿"演唱会，最有名的是位于和政县的"松鸣岩花儿会"。"花儿"是此会主要演唱的曲调。这一民俗 1949 年以后仍然年年都有演唱活动。"文革"后，省里有关部门曾多次组织"花儿"演唱会。临夏州政府也更是多次举行"花儿"演唱会，在临夏、东乡及积石山县一带，民间演唱"花儿"的好歌手很多。而

农民出身的王绍明就是其中最有影响的一位名歌手。从 20 世纪 50 年代起，甘肃省多次举行的"花儿"演唱会或民间文艺调演，王绍明几乎是每次必被邀请参加的代表。他的"花儿"演唱嗓音明亮动听，吐字清晰，曲调充满令人迷醉的韵味，极富"花儿"风格的艺术魅力；他所演唱的"花儿"特别是歌中那些方言土语的恰当而巧妙的艺术处理，使他的"花儿"歌唱极受群众欢迎。早在 1957 年和后来的全国性民间音乐舞蹈调演中，王绍明把甘肃省的"河州花儿"带到了北京舞台。特别是 60 年代，甘肃省兰州电影制片厂和长春电影制片厂联合摄制故事片《黄河飞渡》中的"花儿"歌曲，也是由王绍明演唱的，通过电影放映，甘肃省"河州花儿"传遍了神州大地。1962 年，王绍明被邀请在北京人民大会堂为国家领导人及北京观众演唱了"花儿"，受到热烈欢迎和赞扬，当时并受到了周总理的接见。后来随着时间推移，"河州花儿"演唱的新歌手又一个一个崭露头角，如有"花儿皇后"之称的撒拉族"花儿"演唱家苏平等。80 年代初期，广河县宣传队吸收进了一名"花儿"演唱年轻女歌手杨佩兰。由于她嗓音清纯动听，演唱风格乡土气息浓，在临夏地区渐渐有了名气，后被调到临夏州文工团演唱"花儿"，为团里所创新编的"花儿剧"《花海雪冤》担任歌队独唱、领唱。当在临夏州及兰州演出时，每次只要她的"花儿"歌声一响起，剧场观众即热烈鼓掌，可见其受欢迎的程度。

90 年代以来，临夏地区的一批青年歌手相继脱颖而出，其中较出色的有青年男歌手李贵洲和姬政珠，他们因嗓音清爽、嘹亮，演唱富有韵味，1997 年被新西兰国家艺术剧院邀请，在当地演出的反映国际友人艾黎在中国工作、生活事迹的一部歌剧中担任了中国回族"花儿"的独唱、领唱。由于他们的优美演唱，使甘肃省回族"花儿"走出了国门，向世界人民做了展示，宣扬了中华民族的民间音乐艺术，他们为甘肃人民、为祖国争了光。

在五六十年代，省里有关部门就曾多次组织专业音乐工作者，深入各地基层农村、城镇、山区、牧区，对当地所蕴藏的民间歌曲进行了搜集整理，先后编印了一些甘肃民族民间歌曲资料，以供文化部门及音乐工作者、爱好者参阅学习。在"花儿"方面，甘肃省早在 1959 年就由省歌剧团作曲家刘尚仁同志将搜集记谱的"花儿"编印了一本《临夏民歌》。1960 年，又以刘尚仁、庄壮、包学良等搜集的"花儿"及临夏小调编印了一本容量较多的《临夏民歌集》。1984 年，由临夏州群艺馆、州"花儿"研究会编印出版了一本《花儿新苑》。1985 年，由省群众艺术馆民间文艺工作者黄金钰、华杰编辑出版了一本《甘肃民间小调》。对全省民间歌曲进行全面普查及搜集整理的大型民间歌曲资料《中国民间歌曲集成·甘肃卷》，是在 80 年代初开始进行的。当时，国家已将全国民歌集成工作作为国家艺术科学的重点科研项目。甘肃的"民间歌曲集成"工作开始于 1980 年，当时由省文联音协及省文化厅选派成员联合组成"甘肃省民间歌曲集成"办公室，由省音乐家协会副主席庄壮担任办公室主任，全省各地、县也相应组成了当地民歌搜集整理和编辑地、县卷的工作班子。为了完成这一中华人民共和国成立以来民间音乐方面的巨大工程，全省各地的音乐工作者顶风冒雪、走乡串户，到处采访民间歌手，认真进行挖掘、搜集工作，先后编出了各县卷、地区卷。这样层层编卷，在全国来说是不多见的，后受到国家《中国民间歌曲集成》总编辑部的肯定和表扬。甘肃省组成的《中国民间歌曲集成》省卷编辑部，由庄壮任主编，杨鸣键、王继祖任副主编，经过十余年的辛勤工作，终于在 1992 年完成了《中国民间歌曲集成·甘肃卷》的编选工作，并经北京国家总编辑部一次终审通过，后于 1994 年正式出版发行。甘肃《中国民间歌曲集成·甘肃卷》一书，受到全国《中国民间歌曲集成》总编辑部的表彰、奖励，杨鸣键被评为"先进个人"，甘肃省《中国民间歌曲集成》编辑部被授予"先进集体"光荣称号。这一具有重大历史意义和现实意义的民间音乐集成工程，将永载甘肃民间文艺工作的史册。

（二）民间戏曲音乐

甘肃的民间歌曲浩如烟海，民间戏曲音乐亦十分丰富。在甘肃这块狭长地带的东、南、西、北、中部，几乎都有各自富有地方特色的民间戏曲。它们的唱腔特点鲜明，自成一体，很受当地群众的喜爱。逢年过节和农闲期间，民间戏曲的演出极大地活跃了农村特别是偏远山区的农民群众的文化生活，传播了历史、文化、伦理、道德及生产、生活等方面的知识，对弘扬中华民族传统美德、提高农民文化水平起到了很好的作用。

中华人民共和国成立后，党和政府对流传在各地的民间戏曲给予了极大的关怀和扶持，进行了搜集整理并予以发扬光大，取得了显著成绩。

在陇东地区的庆阳、合水、镇原、环县、华池等市、县农村和山区，以陇东道情为唱腔的皮影戏民间演出活动，在中华人民共和国成立前后都一直十分活跃。此种皮影戏班，其特点是人员少（一般5—7人左右），演出用具少（两三个箱子即可装完），演出条件不受限制（麦场、家庭院落，甚至农民房中土炕上都可演出），因其所到之处群众接待方便，付费低廉，所以深受偏远农村、山区群众欢迎。

皮影戏演映的各类戏剧人物，是以加工过的牛皮雕刻并染以色彩制作而成，所编演的剧目十分丰富，有传统的帝王将相忠奸斗争、才子佳人爱情故事以及反映善恶报应的民间传统故事等。它的演唱在庆阳地区一带是以当地流传的陇东道情为唱腔，其音调委婉优美，热情质朴，大部分唱腔在数句演唱后的结尾处都有"麻簧"腔调伴唱，多以"唉、呀、咦"等虚词做悠长曲折的伴唱尾句，十分动听、感人。

民间皮影戏在甘肃其他地区也有流行。甘肃中部地区的皮影戏多以民间小曲、小调或秦腔、眉户演唱，在天水、西和、礼县一带，皮影戏唱腔被称为"影子腔"来演唱，这一唱腔曲调较曲折华丽，特别是尾句的伴唱腔调十分热烈活泼，极富有艺术感染力。

皮影戏规模虽小，但在全省各地农村中影响却很大，农民们十分欢迎皮影班到自己村中演出。1949年以后，一些民间艺人曾多次参加了政府文化部门的学习、培训，不断提高了思想水平和技艺水平，常常为宣传党在农村的各项方针政策，编演了一些新戏文、新故事进行演出，曾受到文化领导部门的表彰和鼓励。为了与世界各国人民进行民间文化交流活动，1988年，由中国人民对外友好协会组织，应意大利国家邀请，庆阳地区的民间皮影班经选拔和短期排练后，组织中国皮影艺术团，前往罗马、米兰等四十多个城市进行了访问巡回演出，深受意大利人民群众的欢迎和赞誉。

甘肃陇东民间皮影戏的音乐"陇东道情"，富有浓郁的地方特色，音调委婉动听，板式曲牌丰富，可表现多种不同的人物情感。20世纪50年代，省有关部门就决定以陇东皮影戏所演唱的陇东道情唱腔为基础，以"陇剧"命名搬上了舞台，并成立了"甘肃省陇剧团"。后在专业音乐工作者们的加工下，精心排练出了《枫洛池》《旌表记》《李贡医生》等多部历史和现代的戏剧。60年代《枫洛池》进京演出时，受到周总理等党和国家领导人的接见，总理对此剧种给予了极大的肯定，它为我省戏剧艺术争得了荣誉。另外，1965年在兰州举办的"西北五省（区）文艺会演"中，甘肃省武威地区歌舞剧团以西和、礼县一带流传的皮影戏"影子腔"所改编加工的小歌剧《新媳妇来了》，因其唱腔优美动听、热情奔放、风格浓郁，被大会评为优秀剧目，并代表"大会"赴京进行了汇报演出，后该歌剧被西安电影制片厂摄制成"歌剧艺术片"。

陇南地区的文县玉垒乡一带，流行着一个民间戏曲剧种，当地群众称它为"花灯戏"，据传此剧种百年前是四川一个地方的移民们带过来的。它的唱腔不是板腔体，而是由一些角色专用唱腔及一部分民间小调组成的。唱腔音调明快舒展、热情火辣，一般每段唱腔四至六句，且都是较严格的上、下句对称结构，最后一句由幕后男女声伴唱尾句以作结束。此民间剧种是由当地农民业余演员表演，主要是在每年春节期间才组团排练演出，乐器有筒子胡（近似二胡，但又大些）、笛子、扬琴等，以锣、鼓、镲打击乐伴奏，演出形式虽较原始简陋，但因音调高亢、动听，剧目是历史传说及民间故事，好看有趣，颇受当地群众喜爱。另外，陇南市武都区的鱼龙乡一带也流传着一种当地群众俗称为"哟嗬畸"的民间戏曲，后来定名为"高山戏"。此民间剧种唱腔音调有着粗犷昂扬的山野味，听来高亢、奔放，它是由居住在山区里的农民群众业余表演的。演出时间也多在每年春节及一些农村重大欢庆活动之时。

以上是在陇南山区较有群众影响的两种民间戏曲。由于这两种戏曲有着突出的地方特色，受到群众欢迎。在60—70年代，这两个剧种在地区文工团的专业音乐工作者的加工下，都以"花灯戏""高山戏"为名，学习排演了几出现代小戏，参加了地区及省里的会（调）演，均受到好评。在70年代，"高山戏"的唱腔曲谱由省群艺馆杨鸣键同志搜集整理出来，收进了由省文化厅编印的资料本，"玉垒花灯戏"由省群艺馆华杰同志赴玉垒坪半月余，在农民艺人的协助下，将全部唱腔音乐及部分剧本搜集整理出来，也由甘肃省文化厅组织的省戏剧志编辑部编印成甘肃民间戏剧资料本，以上两种民间戏曲音乐作品于1998年由省戏曲音乐集成编辑部王正强等同志统一编入《中国戏曲音乐集成·甘肃卷》。这些宝贵的民间戏曲音乐将永留后世。

在民间戏曲方面，应特别提到的是流行于甘南草原的藏戏。藏族同胞不但喜歌善舞，他们还创造了自己民族的戏剧。据传，藏戏已在甘南夏河一带地区流传了数百年，所谓八大藏戏，主要反映一些藏族历史传说故事及宗教神话故事。藏戏的唱腔，是以藏族民歌的曲调为基础，所以民族风格很浓。1949年以前及初期，藏戏主要是在春节期间及一些宗教节日中演出。在"文革"前，藏戏的演出主要是由拉卜楞寺院的僧人们进行表演。"文革"后，甘南州政府为更好地发展民族民间艺术，于80年代初成立了甘南州藏剧团，对传统剧目进行了一定的整理、加工。在唱腔及音乐伴奏等方面，也进行了不少的改革，为寺院与群众的业余藏戏演出，提供了仿效的样板，以此推动了藏戏的发展。现在的藏戏演出，更加受到广大藏族人民群众的欢迎。

在中部地区及河西走廊地区，民间还有一些地方小戏流行，如民勤县的"白亭戏"，秦安县及定西市的"曲子戏"等。这些民间小戏剧种，多以当地民间小调构成戏剧人物的唱腔，至今未形成板腔体唱腔。此类戏是一种较原始的民间小戏形式，它的演出多是在春节期间，并多穿插在节日社火表演中间进行。

1949年以来，各地政府文化部门曾多次组织此类民间小戏进行会（调）演，一些民间小戏得到地、县艺术馆、文化馆专业文艺干部的帮助辅导，进行了"推陈出新"；有的地、县采用了"旧瓶装新酒"的办法，利用旧的小戏格式改编加工，宣传党的农村政策，如计划生育、好人好事等，对广大农民进行了有效的宣传、教育工作，使民间戏剧发挥了它应有的作用。

长期以来，全省各地汉族群众习惯欣赏的还是西北地区普遍流行的秦腔和眉户戏。这也是因其有着板腔体的成套唱段，较能深刻细腻地表达各类戏剧人物的感情。所以在民间，不论是唱秦腔的皮影戏，还是由成人扮演的大戏，都受到甘肃人民群众普遍欢迎与喜爱。

（三）民间器乐曲

全省各地所蕴藏的民间乐曲，同民歌相比，应该说是较少的。但因甘肃是个多民族省份，器乐曲在数量上虽少，但在品种及所演奏的曲目、风格、特点等方面，仍然是丰富多彩的。在全省汉族地区，民间乐器有唢呐、笛子、管子、二胡、板胡、筒子胡、琵琶、古琴、古筝和扬琴等，打击乐器有锣、鼓、镲、板鼓、梆子等，历来有较多民间小乐队组织（主要是"吹打乐队"），庆阳、平凉一带及甘肃省东部一些县份，如天水、西和、礼县、秦安等，河西地区的一些农村过去也存在较多。在"文革"10年中，民间乐队几乎全部停止活动，"文革"后，又逐渐恢复了起来。农村民间乐队，多是以唢呐为主奏乐器，这些民间音乐演奏团体主要服务于农村中的婚丧嫁娶（俗称为"红、白喜事"）。民间乐队演奏的曲目多是世代相传下来的传统曲目，这些乐曲一般都具有欢快热烈的特点，当然其中也有一些乐曲比较抒情、悲伤。举办"红、白喜事"，乐队演奏哪类乐曲，主要根据雇主家的情况来进行选奏。在1949年后，这些民间音乐演奏家们也随着时代的发展进步，在演奏曲目上又增加了许多新时代流行歌曲，如《东方红》《高楼万丈平地起》《绣金匾》《社员都是向阳花》《北京有个金太阳》等。近年来，他们除演奏一些革命历史歌曲外，还学会演奏了不少通俗流行歌曲，受到农民群众的喜爱。

在汉族地区和藏族地区，寺庙宗教音乐，可以说是民间器乐曲中同样值得重视的一个方面。过去和现在，汉族地区一些寺庙中的僧人，他们喜爱音乐演奏。以唢呐、二胡、扬琴、琵琶、竹笛等为主奏乐器，并加以木鱼、碰铃、锣、鼓、镲等伴奏。乐曲一般节奏徐缓、呆板，曲调平和动听，抒发僧人演奏家们虔诚的宗教感情，并以音乐演奏为修身养性之方法，音乐的美感使他们陶醉其中，如痴如醉，满足了宗教信徒们及其他听众的音乐审美要求。他们所演奏的，一般都是较严格的宗教传统乐曲，曲目也比较丰富。这些宗教器乐演奏曲，在甘肃省武威地区及定西、天水地区，进行民间器乐集成工作及普查中，被搜集整理起来，这项工作的成绩比较显著。

在宗教音乐方面，应当特别提到的是甘南夏河县的拉卜楞寺院的宗教音乐演奏队。该寺是全国藏传佛教四大寺院之一，有近3000僧人。1949年前就存在由喇嘛组成的专业乐队。他们使用的乐器是富有民族风格的龙头琴、八音锣、根卡（拉弦乐器）、四胡、扬琴、笛子、唢呐、鼓、镲等，1949年后一直保留至现在。该乐队主要是为寺院的藏戏演出伴奏及宗教节日、迎送大活佛礼仪等活动时进行演奏的。此乐队演奏的乐曲富有浓厚的民族风格，大部分乐曲节奏较单调、缓慢，曲调优雅动听。有些曲目也还有着欢快的舞蹈风格及悠扬的歌唱风格，虔诚信教的藏族群众很喜爱他们的音乐，把聆听寺院乐队演奏当作一种至高至美的精神享受。拉卜楞寺院乐队所演奏的曲目已由甘南文化局业务干部搜集记谱，并已编进《中国民族民间器乐曲集成·甘肃卷》一书中。

在甘南草原牧区、山区，藏族牧民还有三种自娱自乐的民间乐器——鹰笛、牛角琴和龙头琴。鹰笛是用巨大的雕鹰的翅骨钻开四个或六个音孔而制成的吹奏乐器，爱好者多吹奏一些牧歌风格或舞曲风格的乐曲，其音调或流畅华丽，或悠扬自由。1986年，甘肃省甘南夏河县的藏族鹰笛演奏者才让当州因其鹰笛演奏动听，曾被选拔参加了全国民间音乐舞蹈比赛，并荣获演奏二等奖。此外，牧民运用较大牛角制作的牛角琴，以弓弦拉奏，其音色明亮、别致。还有藏族较古老的龙头琴，也称六弦琴，属于弹拨演奏乐器。以上三种民族民间乐器所演奏曲目也较多。甘南州文化领导部门及州歌舞团、藏戏团等专业文艺单位，对这类民族民间乐器及所演奏曲目，都曾做过搜集、研究和改编、加工工作，也曾多次将其搬上专业文艺演出舞台，受到藏族群众欢迎。

在少数民族乐器方面，不仅甘南藏区蕴藏丰富，河西走廊肃北县蒙古族中的马头琴演奏以及阿克塞县的哈萨克族、肃南裕固族中，也都有其自己民族乐器演奏活动。

综上所述，甘肃在民族民间器乐方面的确是品种较多，乐曲蕴藏丰富。党和政府的宣传、文化艺术部门自1949年以来，曾多次组织了挖掘和搜集，但在这方面所进行的最大规模的普查和采集记录、录音，却是20世纪90年代初开始的《中国民族民间器乐曲集成·甘肃卷》编纂工作。《中国民族民间器乐曲集成·甘肃卷》主编为郝毅同志，他同各地区的专业音乐工作者经过数年艰辛努力地工作，终于完成了这一有意义的巨大工程。此举实应永载入甘肃文艺史册。

民间叙事诗

民间叙事诗是甘肃民间韵文体作品的重要组成部分，它内容丰富，形式多样，有着极高的艺术审美价值和认识价值。对它们的搜集、整理、翻译、出版和研究，50年来取得了重要成绩。这又可以划分为两大部分。一部分是对著名藏族史诗《格萨尔王传》的搜集、整理、翻译、出版和研究；另一部分是关于其他民间叙事诗的搜集、整理、翻译、出版和研究。

（一）《格萨尔王传》的搜集、整理、翻译与出版

《格萨尔王传》藏族称为《格萨尔吉钟》，即《格萨尔的故事》。它是我国著名的三大少数民族史诗之一，是藏族人民长期以来集体创作并流传于民间的英雄史诗。在藏族地区都有专门说唱《格萨尔王传》的民间艺人，藏族称其为"钟垦"，即"说格萨尔故事者"。他们有的会说几部，有的能说几十部，一说便是几天、十几天、几十天，这是格萨尔流传的主要形式。

《格萨尔王传》不仅流传在藏族地区，而且还流传于国内的蒙古族地区、土族地区、裕固族地区等，以及蒙古国、俄罗斯的布里亚特共和国等地区。《格萨尔王传》大约产生于11—13世纪，当时藏族社会分裂割据，互相征战，统治者对广大的奴隶和农奴进行残酷的剥削和压迫；统治者之间争权夺利，征战不息，老百姓处于水深火热之中。而作为藏族远古传统宗教的本教和外来的佛教之间也正在进行着你死我活的拼搏，佛教正在通过各种不同的方式同化、改造苯教，而苯教则进行着顽强的反抗。这种经济、政治、社会、宗教上的巨大矛盾冲突使人民群众承受着前所未有的物质的、精神的痛苦。藏族人民将自己全部的希望寄托在了一个代表老百姓利益和愿望而又具有非凡能力的"超人"英雄身上。这样，格萨尔这一理想人物便诞生了。《格萨尔王传》结构宏伟，篇幅浩大。根据有关地区、部门和个人了解的情况，估计有60余部，150多万诗行，近1000万言。一般常见的有30余部。它是目前世界上少有的长篇巨幅英雄史诗，

被人们称为"藏族的百科全书"。史诗以远古藏族地区一个号称岭国的格萨尔王征战的一生为中心情节，塑造了一个骁勇善战、正义勇敢的英雄巨人的形象。格萨尔本是白梵天王的幼子顿珠尕尔保，因为当时妖魔鬼怪横行人间，白梵天王为"拯救人间灾难""降妖伏魔""抑强扶弱，救护生灵，作黑头人的君长"，便让具有善心的顿珠尕尔保降世投生到一个普通的家庭。出生之后，格萨尔经历了种种磨难和苦斗。他受到他的叔父超同的迫害，被放逐到了鼠魔、强盗横行的玛域地区，经历了无数苦难与磨炼，最终战胜了鼠魔与强盗，使玛域成了和平安宁的理想之所。他也因此为岭国人民所认同、拥戴，成为岭国的雄狮宝珠制敌大王——格萨尔。格萨尔是一个半神半人，具有非凡本领，能征善战，法力无边，神变无穷，既能以雷霆万钧之势闯入敌营，如入无人之境；又能以天兵天将般的神威斩妖除魔，让那些妖魔鬼怪望风披靡，落荒而逃。他既是天神之子，又是民族英雄。他先后率领岭国人民征服了魔国、霍尔国、姜国、卡契国、象雄国、蒙古马国、朱孤兵器国、松巴国、珊瑚聚国、贡日水晶国等几十个凶恶的敌人，最终使岭国人民过上安定幸福的生活。格萨尔也完成了自己的历史使命回到了天国。全部史诗集中体现了藏族人民对平等、公正、幸福、和平、安定、统一的愿望与追求，体现出藏族人民追求善的价值观。当然，在长期的流传过程中，由于历史和民族的局限，史诗难免打上时代的阶级的烙印，甚至掺杂了某些消极因素。如史诗中对妇女的轻视、因果报应、人生无常、六道轮回等。史诗在艺术上也有极为鲜明的特色，它说唱并存，叙事与抒情结合，写实与夸张统一；结构宏伟，气势磅礴，奇异的幻想和对人世生活的准确描写浑然一体，形成了一幅极为广阔雄浑的民族历史画卷。因此，受到国内外广泛的重视，不少人对其进行搜集、整理、翻译和研究。

中华人民共和国成立前，关于《格萨尔王传》的搜集、整理在甘肃未见记载。中华人民共和国成立后，对《格萨尔王传》在甘肃省少数民族民间的蕴藏、传播情况，在"文革"前虽然没有做过有组织的普查、搜集和研究工作，但就全国关于英雄史诗的搜集、整理、翻译、研究工作情况而言，甘肃省实际上开展对《格萨尔王传》的搜集、整理、翻译、出版和

研究工作还是比较早的。而这一工作的重点力量始终都集中在共和国第一所民族高等院校——西北民族学院。早在1954年，西北民族学院就在时任学院翻译科科长的尼牙才·索南才让（汉名余希贤）倡导下，派专人深入到甘肃、青海、四川等有关藏区，搜集到《格萨尔王传》藏文手抄本、木刻本20余部。1957年开始，参加全国组织的《格萨尔》翻译工作。1958年，著名藏学专家、西北民族学院教授王沂暖率先与青海民研会介绍的藏族民间艺人华甲合译了以后被命名为《格萨尔王传·贵德分章本》的部分章节，连载于当时的《青海湖》文艺月刊上。民间说唱艺人贡却才旦也在当时被邀请到西北民族学院担任讲师。史诗《格萨尔王传》翻译工作的势头很好。可惜的是，"文革"开始后，这一工作不得不中断。

甘肃有组织、有领导、有计划地开展《格萨尔王传》的搜集、整理、翻译、研究工作，是在党的十一届三中全会之后开始的。1980年，甘肃人民出版社出版了王沂暖教授翻译的《格萨尔王传·降妖伏魔之部》，这是甘肃出版的第一部完整的《格萨尔王传》分部本，在全国来说这也是较早出现的《格萨尔王传》译本。1981年，西北民族学院在西北民族研究所内率先成立以王沂暖教授为首的《格萨尔》研究室，开始系统全面地开展搜集、整理、翻译和出版工作，同年甘肃人民出版社出版了由王沂暖、华甲合译的《格萨尔王传·贵德分章本》，这是《格萨尔》史诗中最为著名的本子之一，它在一本当中集中表现了格萨尔王的主要经历和事迹，为人们较为全面地了解《格萨尔王传》的面貌提供了一个完整的本子。1983年，甘肃省甘南藏族自治州成立《格萨尔王传》业余研究小组；6月，西北民族学院民族研究所与州文联联合组织对《格萨尔王传》的普查工作，先后普查了玛曲、夏河、迭部、舟曲等县20多个乡《格萨尔》流传、分布和艺人的情况，搜集到了一批异本，并铅印了内部资料本《姜国王子》。后来，又搜集、录音、整理出《姜国王子》《姜国老王》和《英雄诞生》三部具有甘南地方特色的分部本，并通过专家鉴定，分别出版了藏文本、汉译本。1984年甘肃人民出版社出版了王沂暖和上官剑璧合译的《格萨尔王传卡切玉宗之部》。1985年6月17日，中共甘肃省委宣传部下发了《关于加强甘肃省民族民间文学搜集整理和研究

工作的意见》，并正式宣布成立甘肃省《格萨尔》工作领导小组及其办公室。领导小组由省委宣传部、省民委、省人民出版社、省社科院文学所、省民间文艺研究会（省民间文艺家协会前身）、西北民族学院民族研究所、省群众艺术馆、甘南州的有关负责同志组成。省委宣传部部长宋静存任组长，邢树义、曲子贞、郝苏民任副组长，办公室设在西北民族学院民族研究所，郝苏民兼任办公室主任（后改由夏日库任主任）。领导小组专门负责领导和协调史诗的搜集、整理、翻译、出版与研究工作。1985 年 9 月 4 日，甘肃省召开了《格萨尔》第一次工作会议。会议回顾了 50 年代以来甘肃省《格萨尔》工作的进展情况及存在的问题，确定了《格萨尔》工作的范围、任务、步骤、要求等。会议强调各级党委、文化部门都要重视和支持这项工作，特别是《格萨尔》流传重要地区之一的甘南藏族自治州，更要把它的搜集、整理、研究三位一体的工程当作该地区的一项重要任务来抓。领导小组的成立和会议的召开有力地推动了全省的《格萨尔》抢救、搜集、整理、翻译、出版与研究工作。之后，甘肃人民出版社、甘肃民族出版社、敦煌文艺出版社等又连续出版了王沂暖教授分别与何天慧、王兴先、余希贤、唐景福、马学仁、贺文宣等人合译的《格萨尔王传·花岭诞生之部》《格萨尔王传·分大食牛之部》《格萨尔王传·安定三界之部》《格萨尔王传·门岭大战之部》《格萨尔王传·木古骡宗之部》《格萨尔王传·赛马七宝之部》《格萨尔王传·香香药物宗之部》《格萨尔王传·松岭大战之部》《格萨尔王传·辛丹相争之部、丹玛抢马之部》等。1986 年，在全国《格萨尔》工作总结、表彰、落实任务大会上，甘肃省西北民族学院民族研究所《格萨尔》史诗研究室、甘肃人民出版社、中共甘南州委宣传部被评为先进集体，西北民族学院教授才旦夏茸获荣誉奖，王沂暖、曲子贞、余希贤、罗智坚措、孕藏桑吉等人受到表彰，郝苏民、王兴先、丹正才让、交加、何天慧、贡却才旦、孕藏才旦、丁克尔加、才老、周华卡、孕藏智华、索代、道布钦、诺吾更智、赵邦楠、赵方中、夏日库、魏宏泽等人受到表扬。这次会议极大地鼓舞了《格萨尔》工作者的热情，会议之后，《格萨尔》工作有了进一步的发展。

1988 年 8 月，省《格萨尔》工作领导小组办公室根据规划，在甘南州举办了 "《格萨尔王传》两部书（《英雄诞生》《姜国王子》）座谈演唱会"。除部分领导成员参加外，州人大常委会副主任丹真贡布及艺人、省人民出版社、民族出版社负责人也参加了会议。大家一致肯定了这两部作品的地方特色。随即由甘肃人民出版社公开出版发行。1992 年 10 月，全国《格萨尔》"八五"规划工作会议在兰州西北民族学院召开。会上，甘肃省《格萨尔》工作领导小组和西北民族学院共同合作提出了关于编纂《格萨尔文库》系列丛书的计划，之后列入了省级科研项目。这一课题的提出具有明确的针对性。长期以来，"《格萨尔》潜在的巨大的多学科优势和丰富的文化内涵，以及它所独具特色的民族风韵，还远远没有充分发挥和显示出来"。已经出版的《格萨尔》原文本或者少量的汉译本都比较零乱，难成系统，对流传在土族、裕固族、普米族、纳西族、白族等兄弟民族当中的《格萨尔》还搜集、整理得很少，《格萨尔》的研究还迫切需要有一套系统完整的《格萨尔》汉译本。同时，国外学术界也希望中国 "格萨尔学" 能够提供一套内容丰富、资料翔实、结构系统的《格萨尔》。正是针对这一现实需要，甘肃省《格萨尔》工作领导小组、西北民族学院提出这一课题，并成立了由省人大常委会主任卢克俭等人任顾问，省委宣传部副部长、省《格萨尔》工作领导小组组长杨作林和西北民族学院院长马麒麟任领导小组组长，西北民族学院《格萨尔》研究所所长王兴先研究员任主编的课题组。认真规划设计了这一课题的基本内容，包括第一卷：藏族《格萨尔》；第二卷：蒙古族《格萨尔》；第三卷：流传在土族、裕固族等各族地区的《格萨尔》；第四卷：《格萨尔》说唱曲调、《格萨尔》绘画和《格萨尔》风物传说；第五卷：《格萨尔》工作组织领导者、说唱艺人以及搜集、整理、翻译和研究者小传。1994 年 9 月，中华人民共和国国务院召开第二次全国民族团结进步表彰大会，甘肃省《格萨尔》工作领导小组及其办公室被评为先进集体，受到国务院表彰。经过几年的努力，1996 年 6 月，《格萨尔文库》第一卷第一册、第三卷第一册即藏族《格萨尔》中的《英雄成长》和土族《格萨尔》（上）由甘肃民族出版社正式出版发行。在整理、翻译中，整理、翻译者对藏族《格萨尔》先从多种异本中选出一部校好的本子做蓝本，再参照其他异本,由一位本民族语文造诣高且长期从事《格萨尔》工作的藏学专家主笔,多方听取其他《格萨尔》史诗专家的意见,对藏文《格萨尔》原本进行初步规范,删去背离《格萨尔》时代背景以及损伤《格萨尔》艺术水平的故事情节、场面铺陈、宗教说教和重复唱段等。对文中出现的氏族部落名、人名、神名、佛名、经典名、战马及其他动物名称等,都一一做了规范。对土族《格萨尔》,文库的编译者将其分为三部分:记音对译、整理翻译、解题研究。在翻译中译者力求做到"信、达、雅",使《格萨尔》史诗版本趋于规范化,为进一步开展研究工作提供了有利条件。

1994 年,西北民族学院在原西北民族研究所《格萨尔》研究室的基础上成立了《格萨尔》研究所,标志着西北民族学院和甘肃省的《格萨尔》搜集、整理、翻译工作走向了新的阶段。这一时期由王沂暖教授和其他助手翻译的《格萨尔王传》继续出版,而且对流传在土族、裕固族、普米族、纳西族、白族等兄弟民族当中的《格萨尔》也进行了搜集、整理和翻译。形成了一支老中青结合的"格萨尔学"队伍,引起了学界的关注和重视。1996 年 7 月,西北民族学院又主办了第四届国际《格萨尔》学术讨论会。这次会议宣传了甘肃,扩大了影响,增进了交流,让世界了解了甘肃的《格萨尔王传》研究工作,对甘肃省《格萨尔王传》的搜集、整理、翻译与出版都起到了积极的推动作用,确立了甘肃省和西北民族学院在《格萨尔》工作中的国际地位。

在 1997 年 9 月召开的第二次全国《格萨(斯)尔》工作总结表彰大会上,甘肃王沂暖、赵志宏、杨作林、马麒麟四人获得"荣誉奖";西北民族学院《格萨尔》研究所获得"先进集体";王兴先、何天慧、马进武、王永福、索代、赵兰泉六人获得"有突出贡献的先进个人";米力克·阿吉、多识、钟福祖、尕藏才旦、王振华、兰却加、坚赞才让、王国明、贾东风、智华、韩德明、张瑞明、徐亚荣、杨文炯、贡却才旦、玛·乌尼乌兰十六人受到表彰。

从党的十一届三中全会至今,甘肃人民出版社、甘肃民族出版社先后出版了贡却才旦搜集、整理的藏文《格萨尔王传》的分部本《征服大食》《降服妖魔》《世界公桑》《赛马称王》《诞生》《天岭九卜》《突厥兵器国》(上、中、下);余希贤搜集、整理的《门岭大战》;第一届甘肃《格萨尔》办公室搜集、余希贤整理的《格萨尔王传·姜国王子》《诞生》;更登搜集、整理的《象雄珍珠国》;仲却搜集、整理的《香乡药物城》;尕藏桑杰的《格萨尔诞生史》等十多部藏文本。出版汉文译本 20 多部,产生了广泛的影响。出现了一批在国内外具有较大影响的《格萨尔》搜集、整理、翻译与研究工作者。在《格萨尔》研究与翻译方面取得重大成就并享有极高声誉的首推西北民族学院的王沂暖教授,他被誉为"格学泰斗"。

王沂暖教授(1907—1997)从 50 年代末即开始致力于《格萨尔王传》的搜集、整理,1957 年,他又首先着手《格萨尔王传》的汉文翻译,并于 1958 年在《青海湖》杂志上陆续发表了由他和青海艺人华甲翻译的《格萨尔王传·贵德分章本》的部分章节。80 年代以来先后出版了经他个人或助手共同合作翻译的汉译本共计 20 多部。在全国出版的汉译《格萨尔》中,王沂暖教授独占鳌头,仅个人就占了近 50%,他的翻译,力求"信、达、雅",能够把握原著的精神实质,恰到好处地表达原作的风格,将原文的内容和形式完美地再现出来,给读者以美的感受和启发。

《格萨尔王传》是说唱文体,但唱词却是无韵之诗,而且是七字句、八字句间杂成文。为了符合汉文诗的特点,他押上了韵脚,以七字句为基础,间以长短句,平顺畅达,通俗易懂,既能体现原作的风格,又易为汉文读者接受。1997 年 6 月 20 日,中国社会科学院文学研究所所长、全国《格萨尔》工作领导小组组长张炯在《第五次全国〈格萨(斯)尔〉工作会议的工作报告》中说:"这里特别应该提到的是,年逾 90 高龄的王沂暖,带领一些中青年学者,专心致志地从事《格萨尔》的翻译和研究工作,取得了突出成绩,为促进汉藏文化教育交流,做出了重大贡献。他严谨的治学态度、勤奋敬业的精神永远是我们学习的榜样。"

(二)《格萨尔王传》的研究

在甘肃乃至全国《格萨尔王传》的研究方面,王沂暖教授具有开山之功。他从 1978 年开始先后发表了《藏族长篇史诗〈格萨尔王传〉》(《民间文学工作通讯》1978 年第 5 期)等研究论文 30 多篇,30 多万字,对《格萨尔王传》的思想内容、艺术特色及《格萨尔王传》产生的时代、版本、部数以及格萨尔形象等一系列问题进行了研究，提出了自己的见解，为这一研究的深入奠定了基础。王沂暖教授的翻译、研究工作，被学术界誉为"为打开我国《格萨尔》工作的新局面，做出了不可磨灭的贡献"。

《格萨尔王传》的研究工作，在甘肃近20年来总计发表论文上百篇，并有两部专著、一部综合性著作出版。

1986年10月，甘肃民族出版社出版了贡却才旦编写的《格萨尔王传词汇注解》，该书是一部专门翻译、研究藏文《格萨尔王传》的工具书，也是作者多年来研究《格萨尔王传》的有益收获。作者经过多年的搜集、整理、注释，将藏文《格萨尔王传》中的一些疑难字、词、俗语一一作了注解，是翻译、研究《格萨尔王传》的必备工具书。

1991年3月，甘肃民族出版社出版了索代的《藏文〈格萨尔王传〉论略》。全书分五个部分，论述了史诗的性质、总体结构、人物特色、艺术特色及《格萨尔王传》在藏族文学史上的地位。这是一部带有普及性的评介著作，对读者较全面地了解和认识英雄史诗《格萨尔王传》有一定的意义。

1991年10月，甘肃民族出版社出版了西北民族学院王兴先研究员的《〈格萨尔〉论要》。这部著作共分六章：第一章论述了《格萨尔》史诗的思想内涵，作者提出"抑强扶弱、为民除害"是《格萨尔》全部思想内涵的基础；崛起奋发的民族精神是《格萨尔》史诗的思想灵魂；爱国统一的思想是《格萨尔》史诗的主旋律。第二章论述了史诗的宗教文化，集中地阐述了《格萨尔》与本波文化、藏密文化的关系，分析了史诗"抑本扬佛"的宗教思想倾向。第三章研究了藏族《格萨尔》史诗中的岭国英雄、王室和部落等问题，考察了岭国的历史演变。第四章探讨了藏族史诗中的民俗文化。作者将史诗中的民俗分为生产习俗、消费习俗、婚葬习俗、信仰习俗、游艺竞技等其他习俗，并分别进行了分析研究。他认为，《格萨尔》史诗民俗具有原始性、神秘性、宗教性、民族性、阶级性、历史性等特征。第五章介绍了藏族《格萨尔》史诗的体裁组织，分析了《格萨尔》谚语的分类、思想内容、艺术特色；《格萨尔》歌诗的分类及其作用、语言艺术、音乐性等；《格萨尔》散文的说唱样式与铅印

样式的区别，也指出了散文在史诗中的作用。第六章考察了藏族《格萨尔》史诗的横向流传，分别介绍了土族、裕固族、蒙古族《格萨尔》的基本情况及与藏族《格萨尔》之间的关系，涉及内容广泛，是作者多年来翻译、研究、调查《格萨尔王传》横向流布的成果积累。作者还首先提出了"裕固族《格萨尔》"的命题，并由此引发了关于这一问题的讨论。王著被有关专家评价为《格萨尔》研究史上的一部力作。

党的十一届三中全会以来，甘肃发表的关于《格萨尔王传》的研究论文逾百篇。其论点和内容大致涉及以下几个方面：

1. 关于《格萨尔王传》的版本分类问题的讨论

1981年王沂暖教授发表在《西藏文艺》第3期上的《关于〈格萨尔王传〉的几个问题》，最早将《格萨尔王传》的版本分为"分章本"和"分部本"。"分章本"是整个《格萨尔王传》只有一部，包括若干章，它全面反映了格萨尔王一生的主要事迹。王沂暖认为这可能是较原始的本子，或者是最初的本子。

"分部本"是指整个《格萨尔王传》由许多部构成，每一部都独立完整地叙述格萨尔王的一个事迹，有头有尾，情节完整。而各分部本之间又有一定的顺序和内在的联系，是全部《格萨尔王传》的一个组成部分。这一分法，解决了《格萨尔》研究中的一个实际问题，为学术界所普遍认可。另外，何天慧的《〈格萨尔王传〉分部本内容简介》（《西北民族研究论文辑》1984年）、余希贤的《〈格萨尔〉版本初析》（《民族文学研究》1987年第4期）、何天慧的《藏文〈格萨尔〉分部本浅论》（《兰州大学学报》1990年第4期）、《试论〈格萨尔〉诸多分部本产生的原因》（《西北民族学院学报》1990年第4期）和唐景福的《读贵德分章本〈格萨尔王传〉》（《青海民族学院学报》1983年第2期）等介绍、研究文章，都从不同角度，对《格萨尔王传》的版本分类问题进行了具体细致的比较研究和分析，取得了显著的成果。

2. 关于格萨尔是历史人物还是虚构人物的讨论

王沂暖教授在《西北民族学院学报》1979年创刊号发表了《〈格萨尔王传〉中的格萨尔》一文，他认为格萨尔可能是一个历史人物，并进而推断其原型是角厮罗，但他强调这只是一种推测。他还进一步指出："即使格萨尔是指某一个历史人物，也只是作者的

一个素材。"《格萨尔王传》是一个"神话故事"，是虚构的。这一观点提出后引起了国内《格萨尔》学界的关注，许多人进行了讨论，提出了许多新的看法。仅就甘肃省来说，尕藏才旦不同意这一观点，他在《格萨尔研究》第 2 辑上发表了《时代的画轴，历史的写照——史诗〈格萨尔王传〉内涵之历史真实性及其他》的长文，认为"神话和史诗是不同的两个概念。两者虽在艺术结构、人物塑造、语言运用、情节编排等方面有相同之处，但反映的内容却有着根本的区别"。"神话是人类还未形成阶级，处在蒙昧时期和野蛮时期的低级阶段，以自然崇拜和人格化的神灵为标志的原始宗教已形成，在原始宗教和关于大主宰的模糊观点指导下产生出来的故事、传说等等口头文学。确切地说，如马克思在《政治经济学批判·导言》中所概括的：'任何神话都是用想象和借助想象以征服自然力、支配自然力，把自然力加以形象化。因而，随着这些自然力的实际上被支配，神话也就消失了。'""至于史诗，它所反映的事物、所概括的思想、所塑造的人物、所虚构的故事，基本记述的是一个民族在某个历史阶段的重大变迁，以及在这一重大变迁中的活跃分子——即某个重要的、伟大的历史人物或时代领袖群的业绩，就如恩格斯在评论爱尔兰英雄史诗《尼亚尔史诗》中所指出的那样：'是有某些历史事实作为基础的。'"他认为，说《格萨尔》是神话的同志，除对史诗反映的历史局限性、阶级局限性、作者的认识局限性未能深入正确地了解之外，对藏族社会历史，特别是对吐蕃王朝由统一青藏高原到帝国征讨开疆这一历史时期的特殊状况和历史面貌缺乏全面的、深入的、历史的了解和探讨。《格萨尔》正是那个特定历史阶段的产物，是有历史真实性的，"是英雄史诗，不是英雄神话""不是杜撰的奇特故事，而是历史的真实鉴印""是时代的文学典型，不是个别历史人物"。他引用大量历史事实进行了较为详尽细密的论证，具有较强的说服力。另外，健白平措、何天慧的《关于〈格萨尔王传〉的几个问题》(《西北民族大学学报》1982 年第 4 期)认为格萨尔所反映的原型是藏王赤松德赞。1992 年，兰州大学武文先生在《民间文学研究》第 3 期上发表了《格萨尔原型断想——从裕固族〈格萨尔故事〉看格萨尔其人》一文，从文化学的角度对格萨尔的原型进行了大胆的推

论。他提出"格萨尔王之原型亦非一人一事。从《王传》宏大的篇幅、浩繁的内容、娴熟的艺术手法以及部头的分布等情况分析，格萨尔确系一个跨时空，贯穿于吐蕃由分散到统一整个历史中几代英雄伟大的综合"。在分析大量历史资料的基础上，他分析认为"格萨尔的原型是松赞干布、赤松德赞、赤祖德赞以及三代法王后代英雄格萨尔的组合造形"。

3. 关于《格萨尔王传》产生年代的讨论

认为格萨尔是角厮罗者，产生于 11 世纪说；认为是影指藏王赤松德赞者，产生于 8 世纪说。王沂暖教授就目前发现的最早版本《贵德分章本》中，多处提到藏传佛教格鲁派的问题，推断可能产生于 15 世纪或稍后的时间。此外还有别的提法，如索代的《试论〈格萨尔王传〉产生的背景及倾向》(《西藏研究》1989 年第 1 期)认为史诗《格萨尔》在异常广阔的生活背景上，表现了古代藏族走过的生活道路——从奴隶制向封建制的过渡。何天慧发表了《〈格萨尔〉史诗产生和形成时代之我见》(《甘肃社会科学》1991 年第 4 期)、《格萨尔历史溯源》(《西北民族研究》1991 年第 1 期)、《〈格萨尔〉产生历史年代考》(《西北民族研究》1993 年第 1 期)等一组论文。何文指出历代藏文中有关北方、冲木、朱孤等格萨尔的记载，究其根源，都是出自《柱下遗教》与《五部遗教》两部书。在说到格萨尔时，他所代表的国家的地理位置，总是在吐蕃的北方，从历史年代的跨度上讲，时间也拉得很长，从西藏还没有国王以前，一直说到赤松德赞时代。何文还认为"藏族历史上的格萨尔，应该说只有两个，一个是朱孤格萨尔，一个是岭格萨尔，在两个格萨尔中，与《格萨尔》史诗有关者，要属岭格萨尔"。描写岭格萨尔的事迹，多发生于青海、康区交界地方，是在吐蕃王朝分崩离析之后。马学仁的《古代婚姻与〈格萨尔〉的产生时代》(在第四届《格萨尔》国际学术讨论会上宣读)通过对《贵德分章本》中所描写的婚姻形态的分析，提出"藏族英雄史诗《格萨尔王传》是在藏族社会从氏族社会向奴隶社会过渡时期产生的"观点。这一问题至今仍未取得统一的看法，还有待进一步深入研究。

4. 关于藏文《格萨尔》和蒙古文《格萨(斯)尔》的关系问题及其在其他民族间的流传问题的讨论

有一部分同志认为，蒙古族、藏族《格萨(斯)

尔》是"同源分流"的关系。1982 年王沂暖教授发表了《蒙文北京本〈格斯尔传〉读后记》(《民间文学论坛》1982 年第 2 期)一文,他在比较了北京本的蒙古文《格斯尔传》与藏文《格萨尔王传》的异同之后,认为蒙古文本出现的人名、情节都不是蒙古族的,而是藏族的;反映的名词和风俗习惯,也都是藏族的。因此,他认为,《格萨尔王传》藏族是源,藏族本身又在流,而且越流越多,流出了两百多部。而蒙古文的北京本《格斯尔传》不像是蒙古族创作的,而是来源于藏族,有不同的地方,可能是流传过程中加工、发展的结果。他还指出"同源分流"的定义,不够妥帖。如果是"同源分流",那就是《格萨尔王传》既不是来源于藏族,又不是来源于蒙古族,而是来源于蒙古族和藏族以外的一个源头。由那个源头发展为两条支流,一条在蒙古族中流,一条在藏族中流,好比长江、黄河都发源于巴彦喀拉山,那儿就是它们共同的源头。他也说,如果能找到藏族以外的源头,蒙、藏《格萨尔王传》都来源于那个源头,那是可以的,可是要说明那个源头在哪儿,然后才能下"同源分流"的定义。否则,用"同源分流"来解释蒙、藏《格萨尔王传》的关系不妥帖,特别是把它写在作为范本的《民间文学概论》中,影响就大了。1986 年,王沂暖教授在另一篇文章《蒙文〈岭格斯尔〉的翻译与藏文原本》(《西北民族研究》1986 年)中更为详尽地比较分析了蒙、藏《格萨尔》的相同之处。他将三部藏文《格萨尔王传》——北京本、贵德本、《安定三界》本与蒙文译本《岭格斯尔》进行了对勘,最后他得出的结论是:"总的说一句话,蒙文译本《岭格斯尔》所根据翻译的原本,当即是北京本、贵德本和《安定三界》之部。"据此他还推论说:"藏文原先有这样连在一起的本子,以后却散开不连结在一起了。但由于保存了蒙文译本《岭格斯尔》,使我们反过来看到一部比较完整的藏文分章本,主要的是《安定三界》之部,应恢复到贵德本一类本子中去,使分章本有一部完整的本子。"王兴先的《藏族、蒙古族〈格萨尔王传〉的关系及所谓"同源分流"问题》(《格萨尔研究》第 2 辑)也认为,蒙文《格斯尔》和藏文《格萨尔》有着极为密切的关系,蒙文《格斯尔》来源于藏文《格萨尔》,其中有的是直接译自藏文《格萨尔》;有的是有所加工和改编;有的是有所发展和创作,但无论是加工改编,或

者是发展创作,都是以藏文《格萨尔》为蓝本的。嘎尔迪在《蒙藏文化交流研究》(甘肃民族出版社,1996 年 12 月)一书中,介绍了国内外学者对蒙古族、藏族《格萨(斯)尔》的相互交流与影响情况的研究,并提出了自己的看法。他既同意蒙古族《格斯尔》来源于藏族《格萨尔王传》的基本观点,但同时他又认为蒙古族《格斯尔》既有从藏族《格萨尔》直接翻译引进的情况,还有一条重要的途径则是通过民间的广泛接触,"故事的一些片断很有可能在整个整体的蒙古民族形成以前,由古代的一些蒙古语族部落与一些古代的藏语族部落之间的交往中相互传入到彼此的部落中"。在《格萨尔》史诗的横向流传的调查研究方面也取得了可喜的成就。

1988 年,王兴先发表的《〈格萨尔〉在裕固族地区》(《民族文学研究》第 4 期)一文,比较详细地介绍了作者所了解的《格萨尔》在裕固族地区的流布等情况。1989 年,他发表了《裕固族〈格萨尔〉初探》(《格萨尔研究》第 4 辑),文章比较了流传在裕固族当中的两种《格萨尔》在内容、形式等方面的同异,指出:"东部裕固语说唱的《格萨尔》内容上直接受藏族《格萨尔》的影响,形式上又和土族《格萨尔》基本相同;西部裕固语讲说的《盖赛尔》内容上既受藏族《格萨尔》的影响,也受蒙古族《格斯尔》的影响,形式上又近于卫拉特《格斯尔传》。"1990 年,他又发表了《藏、土、裕固族〈格萨尔〉比较研究》(《西北民族研究》1990 年第 1 期),提出"我们谈藏族、土族、裕固族《格萨尔》比较研究,除注重其在题材方面的关系之外,还须兼顾作品具体描写的种种宗教色彩和民俗事象,甚至人名、氏族名、部落名,只要有比较价值也应纳入,对艺人及其说唱的作品的结构形态更不能置之不顾,即使从题材上检查作品之间是否有渊源关系时,也不能局限于主要故事情节和主要艺术形象,史诗描述的内容有时则往往与一个民族由氏族、部落、部族、民族形成过程中重大历史事件紧密相关,哪怕它是对这个民族的社会历史、现实生活的概括和虚构"。据此他从"题材渊源""结构、文体""宗教影响""说唱艺人""源与流"等方面较为详细地分析比较了藏、土、裕固族《格萨尔》的异同。他得出的结论是:"蒙古族《格萨尔》、土族《格萨尔》、裕固族《格萨尔》三者的关系真正的是'同

源分流'的关系。藏族《格萨尔》是源，蒙古族、土族、裕固族《格萨尔》是流。"这些比较研究对于我们全面认识《格萨尔王传》在其他民族地区的流传情况和内容形式上的变异，具有重要意义。它拓宽了《格萨尔》研究的领域，展现了《格萨尔》研究的新前景。

5. 关于《格萨尔》思想艺术特色的研究

前述王沂暖教授等人关于《格萨尔》综合研究的许多论文都涉及了其思想内容和艺术特色。而专门探讨其思想艺术特色的则有：1984 年《西北民族研究论文辑》发表的王兴先的《简析〈格萨尔王传·卡切玉宗之部〉'抑本扬佛'的思想倾向》，作者指出《卡切玉宗之部》从头至尾贯穿着一个"抑本扬佛"的思想倾向。王文从五个方面进行了具体分析，认为主要表现在：一是《卡》所描写的格萨尔大王、王妃、大臣和英雄们是信奉佛教的；二是《卡》从简述格萨尔大王出身入手，说明格萨尔压抑本教、弘扬佛教的来历；三是《卡》的作者从安排《卡切玉宗之部》故事情节的发展入手，道明格萨尔的重大行动都是由莲花生大师或白天母授计指引的；四是《卡》除在史诗中夹叙夹议地进行陈述外，还紧紧抓住两军对峙的过程，通过对一些带有宗教色彩的细节的穿插描写，来披露佛本两教较量的得失，一褒一贬，抑扬分明；五是《卡》从描写卡切国尺丹王妄图毁掉岭国、毁掉佛教的侵略野心入手，从反面衬托了格萨尔大王"抑本扬佛"的思想倾向。王文还进一步分析了产生这种思想倾向的社会背景。这一观点是符合《格萨尔王传》的实际的。1985 年出版的《格萨尔研究集刊》第一辑发表了索代的《试谈〈格萨尔王传〉的社会内容》。文章针对《格萨尔王传》评论研究中关于其思想内容的两种基本看法：认为《格》是一部神魔文学作品和认为《格》基本上是吐蕃人按照吐蕃时期的基本史实创造出来的长篇诗体作品，作者提出了不同的意见。他认为前一观点是只抓住《格》表面的枝节的东西，而没有对《格》表现的倾向性做具体分析，没有弄清《格》中的神话色彩与它的倾向性之间的关系。这种看法忽视了《格》作为史诗所反映的社会内容，把《格》同它反映的社会生活、产生的时代割裂开来，这种看法也混淆了作为史诗的文学和作为神魔小说的文学反映生活的不同手法。后一种看法则把历史史实

与艺术形象混为一谈，没有看出艺术反映生活的特殊手段。这种看法没有指出吐蕃历史上发生的那些战争的社会含义，也没有指出这种战争与《格》所描写的战争之间的联系、区别。作者认为《格萨尔王传》正是以上述吐蕃历史史实为基础，表现了藏族社会从奴隶制向封建制过渡这一时期人们的心理、社会风俗、政治经济，《格萨尔王传》中的两种倾向性——格萨尔为统一四方进行的战争，佛教战胜本教，就是这种历史进程的表现。但《格萨尔王传》既非神魔小说，也非历史事实的忠实记录。它是以历史事实为基础的一种独特创作，是一部伟大的史诗。1993 年第 2 期《中国藏学》发表了郭海云的《〈格萨尔〉史诗哲学思想浅析》，文章分析了史诗中的自然观、认识论思想、社会历史观，探究了其世界观上的合理因素。1984 年《西北民族大学学报》第 2 期发表了王兴先的《〈格萨尔〉谚语试评》。作者细致分析了《格萨尔》中谚语的形式、结构，以及它们所呈现的人民性（具体表现为民族性）、战争特色、斗争性、人生道理等思想内容，另外也对这些谚语的艺术特色如音律和谐、形式多变、形象丰富等进行了分析。1985 年，《民族文学研究》第 2 期发表了索代的《谈〈霍岭大战〉的情节艺术》，作者认为《霍岭大战》在情节处理上具有突出的特色。主要表现为统一性和丰富性的结合；情节安排上粗犷与细致结合；奇警与平淡结合。全书表现出一种整体美、流动美、节奏美。而正是在这种高超的情节艺术中，作者出色完成了史诗表现广阔的社会生活和塑造人物的目的。1985 年，《西北民族研究论文辑》发表了王兴先的《谈〈格萨尔〉战争描写的几个特点》一文，文章指出《格萨尔王传》其主要内容是描写战争的，写主人公格萨尔登上王位后统帅岭国将领、英雄和人民，战南征北，与一个个来犯的部落或国家做殊死浴血的奋战，直至对方归顺称臣于岭国的整个过程。在描写战争时，作品集中体现出逞勇、施智、神变三个突出的特点，是史诗艺术巨大成就的一个方面。1987 年，《西北民族大学学报》第 3 期发表了马学仁的《一部别开生面的英雄史话——试述〈格萨尔王传·天岭九藏之部〉的艺术特色》，作者分析指出《天岭之部》主要的艺术特色是：情节复杂曲折，给我们描绘了一幅优美动人的神奇图景；人物描写深刻细腻，给我们塑造了一个生动逼真的形象；写

作手法别具一格，给我们创作了一部别开生面的英雄史诗。《西北民族大学学报》1987年第4期、1988年第2期分别发表了何天慧的《平易·细腻·深刻——〈格萨尔王传〉语言艺术之一》和《豪放·生动·传神——〈格萨尔王传〉的语言艺术之二》的系列论文，作者较为深入细致地分析了《格萨尔王传》的语言艺术，认为《格萨尔王传》具有语言风格上的平易、细腻、深刻与豪放、生动、传神的多样性。1988年，索代在《格萨尔研究》第三辑上发表了综合论述《格萨尔王传》艺术特色的《谈〈格萨尔〉艺术特色》一文，文章比较细致地分析探讨了《格萨尔王传》在人物心理、语言描写两个方面的艺术特色。指出在心理描写上作品主要是用直接心理描写、内心独白，通过唱词表现人物心理感情等几种形式；在语言运用上作者认为主要具有个性美、绘画美以及表现在语言的形象性、色彩感结合丰富奇特的想象，由此形成的雄奇瑰丽美，这才是它的语言的真正美学价值。这些文章比较集中地探讨了《格萨尔王传》的思想内容和艺术特色，为人们正确认识史诗和进一步深入研究史诗提供了基础。

6. 关于《格萨尔王传》的微观、多学科交叉研究

《格萨尔王传》被誉为藏族的百科全书，它包含着极其丰富的社会、政治、经济、文化、军事、哲学、伦理、宗教、艺术、美学的思想内容。过去对它的研究基本局限在文学的范畴内，没有也不可能全面认识它的价值。近20年特别是近几年来，我省关于《格萨尔王传》的研究，出现了微观研究和多学科交叉研究的新趋势，弥补了传统研究方法、观念的不足。尕藏才旦的《远古东部藏族的军事艺术——"霍岭大战"管窥》（《甘肃民族研究》1985年第3期）对《霍岭大战》中反映的远古东部藏族的军事艺术做了详尽的剖析。王兴先《〈格萨尔王传〉岭国三十英雄辨》（《西北民族大学学报》1986年第2期）、《〈格萨尔〉部分民俗的比较研究——〈格萨尔王传·分大食牛之部〉、敦煌古藏文残卷〈没落的时代，机王国和它的宗教〉与舟曲〈寻运曲〉之比较》（《西北民族大学学报》1987年第1期）、《〈格萨尔〉民俗特征浅析》（《西北民族大学学报》1988年第4期）、《〈格萨尔〉中的藏密功象》（《藏密气功》，求实出版社，1989年）等文章则多侧面、多角度地研究探讨了《格萨尔》的

具体内容，解决了一些长期存在疑虑的问题。何天慧的《〈格萨尔王传〉中藏汉关系的艺术再现》（《西北民族研究》1988年第1期），马学仁的《珠毛情爱论》（《西北民族学院学报》1990年校庆专辑），王沂暖的《〈格萨尔〉与敦煌》（《甘肃文史》1991年第7期），何天慧的《〈格萨尔〉史诗中的藏族婚姻浅析》（《西北民族大学学报》1992年第3期）、《格萨尔与藏族神话》（《西北民族大学学报》1993年第4期）、《〈格萨尔〉原始文化特征——征兆预测》（《西北民族学院学报》2000年第4期）、《试谈〈格萨尔〉中的藏密文化特征》（《西北民族学院学报》1995年第2期），也是从多学科、多角度研究《格萨尔》的重要论文。1995年《民族论丛》第14辑、1997年《西北民族学院学报》第4期分别发表了王兴先的《当代说唱的藏语口传本语言的科学价值》《再论当代艺人说唱的藏语口传本〈格萨尔〉语言研究的科学价值》。华侃在第四届《格萨尔》国际学术讨论会上宣读了《从语言学角度看史诗〈格萨尔〉》，上述文章从一个全新角度，运用语言学的原则和方法论述了《格萨尔》的价值。王文集中论述的是当代口传《格萨尔》在语言研究方面的价值，华侃是西北民族学院藏语系语言学教授，他从语言学角度论述了三个问题：一是用语言理论和方法，分析《格萨尔》的语言风格，解释怎样运用语言产生艺术效果；二是《格萨尔》的说唱艺人多出自康方言区或长期居住在康区，从而为他们运用康方言说唱提供了方便。为了吸引外地听众，使其听懂所演唱的《格萨尔》，民间艺人除了在内容、曲词、旋律上讲究外，还注意吸收卫藏和安多方言成分；三是将流传在藏族、蒙古族、土族、裕固族等民族地区的《格萨（斯）尔》做全方位比较研究，从文化语言学上考察这些民族语言的相互影响。岗·坚赞才让《〈格萨尔〉巫术文化研究》（第四届《格萨尔》国际学术讨论会宣读）、伦珠旺姆的《史诗〈格萨尔王传〉的禁忌民俗》（《西藏研究》1996年第3期）、郭海云的《〈格萨尔〉史诗中的朴素辩证法思想》（《西北民族学院学报》1997年第1期）、丹曲《〈格萨尔〉与藏族绘画》（《西藏研究》1997年第1期）、岗·坚赞才让的《试论〈格萨尔〉的翻译（一）》（《西北民族学院学报》1997年第2期）、何天慧的《〈格萨尔〉与藏族龙文化》（《西北民族学院学报》1997年第4期）、

兰却加的《论〈格萨尔〉所表现的男女地位平等观》（《西北民族学院学报》1997年第4期）、王国明的《土族〈格萨尔〉中的亲属称谓》（《西北民族学院学报》1997年第4期）、岗·坚赞才让的《浅析〈诞生篇〉中的民俗文化》（《西北民族学院学报》1997年第4期）、郭郁烈的《从〈格萨尔〉看藏族社会美思想》（《西藏研究》1998年第3期）等，则从哲学、宗教学、民俗学、艺术学、美学等不同学科角度研究了《格萨尔》的价值。总之，这些研究正在由过去的单一的文学研究走向文化学、历史学、人类学、民俗学、哲学、美学的多学科、多角度的探讨，开拓了研究的思路和视野，极大地推进了《格萨尔王传》的研究工作。而且特别值得指出的是，上述研究成果中许多论文是一批年轻作者的科研成果。近年我省一批年轻的《格萨尔》研究工作者已脱颖而出，他们思想敏锐，方法灵活，基础扎实，热爱《格萨尔》事业，展示出甘肃《格萨尔》学研究事业的美好未来。

另外，丹曲的《安多地区藏族文化艺术》（甘肃民族出版社，1997年8月）对《格萨尔王传》在安多藏区的流传情况做了概括介绍。

1990—1998年间，甘肃民族出版社还出版了五卷本的《格萨尔学集成》（赵秉理编），汇集了20世纪初至1997年以来有关《格萨尔王传》研究的几乎所有较有代表性的研究论文，为《格萨尔王传》的研究提供了全面系统实用的参考资料。这是甘肃出版界为《格萨尔》学所做的又一突出贡献，受到了国内外学者的高度评价。

1998年，甘肃民族出版社还出版了由甘肃省《格萨尔》工作领导小组办公室、西北民族学院《格萨尔》研究所编辑的《格萨尔学刊》，包括领导讲话、格学研究、《格萨尔》在裕固族和土族地区、《格萨尔》翻译、格学书窗、格学动态、研究生调查报告等栏目。学刊收录了1996年在甘肃召开的第四届《格萨（斯）尔》国际学术讨论会的有关论文、文章、讲话、文件共21篇。其中包括马进武的《略论〈格萨尔王传〉语言艺术的一个侧面》、何天慧的《论佛教文化对格萨尔形象塑造的影响》、兰却加的《简论〈格萨尔〉反映的古代军事思想和策略》、岗·坚赞才让与杨艳丽的《〈格萨尔〉巫术文化研究》、岗·坚赞才让的《简谈史诗形式》、钟福祖与王兴先的《裕固族

〈格萨尔〉片断》、王国明的《土族〈格萨尔〉中的降魔故事梗概》、何天慧的《论〈格萨尔〉的翻译》等。这是甘肃出版的第一部有关《格萨尔》研究的丛刊，它对今后全省《格萨尔》学事业的发展必将发挥积极作用。

（三）其他民间叙事诗的搜集、整理、翻译与出版

甘肃民间叙事诗除《格萨尔王传》以外，更为大量的则流传在全省各地、各个民族当中。对它们的搜集、整理、翻译与出版，也受到了普遍的关注，有一大批民间叙事诗爱好者参与了这一工作，取得了一系列丰硕的成果。

1. 关于蒙古族英雄史诗的搜集、整理与出版

蒙古族《格斯尔王传》在我省肃北蒙古族自治县亦有流传。对这一著名英雄史诗的搜集整理，"文革"前就已开始，只是由于"文革"中停顿，原先搜集整理的许多资料均散佚。党的十一届三中全会以后，抢救和整理这一史诗的工作有了较大的发展。从1978年开始，县上组织人力，投入财力进行抢救、搜集、整理工作。当地蒙古族教师窦步青利用业余时间先后走访了民间歌手苏日亚等老艺人，搜集整理了30多万字的民间文学素材。1981年西北民族学院蒙古语言专业的应届毕业生去肃北实习，协助当地进行民间文学的搜集整理工作，并将搜集到的民间文学作品，整理油印成了一本《肃北蒙古族民间文学选》（蒙文），其中包括流传在肃北地区的蒙古族英雄史诗片断。1979年，西北民族学院语文系教师郝苏民、赵正新及索特那木一行率76级学员赴青海海西搜集了艺人旦巴、胡依格图演唱的蒙语《格萨尔可汗传》。1983年，西北民族学院的伦图将《汗青格勒传》整理发表在新疆的《汗腾格里》杂志上。与此同时，肃北蒙古族自治县对当地世代相传的长篇英雄史诗《汗青格勒》《格斯尔王传》《英雄陶里景海》等的搜集整理工作还在进一步深入展开。1987年，郝苏民在上海文艺出版社出版了《东乡族保安族裕固族民间故事选》，该书属于"中国少数民族民间文学丛书·故事大系"的一种，在其中的裕固族民间故事中，刊布了由杨发源口述、武文搜集整理的《格萨尔的故事》和由蓝廷秀口述、特木尔巴根录音、巴依尔记录、夏日库翻译、苏民整理的《格萨尔的出世和智娶公主》两篇作品。后者是我省最早以科学方法采集到的裕固族中流

传的格萨尔故事之一。1998 年 6 月民族出版社出版
了由斯·窦步青搜集整理的《肃北蒙古族英雄史诗》
（蒙古文），其中收集了《汗青格勒传》《格斯尔王传》
《英雄陶里景海》三部著名长诗。据介绍，《汗青格勒
传》是我省蒙古族地区流传的独有的史诗作品，全
诗共计 1700 多行。诗歌讲述的是：青年汗青格勒到
很遥远的地方去娶亲，路上又碰到了两个朋友，三人
便结伴同行。到姑娘家后，另一伙人也来娶亲，互相
争执不下，姑娘的父亲提出用摔跤、射箭、骑马三种
那达慕（比赛）来决定由谁娶走这个姑娘。经过一番
激烈的竞赛，汗青格勒战胜了对手，高兴地娶回了美
丽的姑娘。后来，汗青格勒到外地去了，结果蟒古斯
（魔鬼）掠走了汗青格勒的父母、妻子和家中的财产，
家乡成一片废墟。汗青格勒返回家乡后，与蟒古斯进
行了搏斗，终于战胜了魔鬼，保卫了家乡，救回了亲
人。诗歌体现了汗青格勒热爱家乡，热爱祖国，热爱
人民的高尚品德。《格斯尔王传》描写的是格斯尔王
降妖伏魔的故事。它与藏族《格萨尔王传》有许多相
同的内容，但也有鲜明的个性特点，学术界将其称为
甘肃本。《英雄陶里景海》所描写的内容与《汗青格
勒传》基本相似。同样表现了英雄陶里景海征服战胜
邪恶、保家卫国的故事。这部肃北蒙古族英雄史诗的
出版，为甘肃乃至全国民族史诗的研究提供了一个富
有地方独特风采的宝贵资料，标志着我省少数民族英
雄史诗的搜集整理取得了又一个新的成果。

2. 关于藏族其他民间叙事诗的搜集、整理、翻译
与出版

除了《格萨尔王传》以外，藏区，主要是安多藏
区还有许多民间叙事长诗。按照藏族传统的称谓，这
些叙事诗被分为"竭巴""若吞"和"兑巴"三类。
"竭巴"的主要内容是反抗、控诉反动统治阶级的残
酷剥削和压迫，揭露批判旧社会的黑暗现实；"若吞"
则以表现爱情婚姻为主要内容，反映青年男女真挚爱
情和封建买卖婚姻对他们的迫害，男女青年的奋起反
抗；"兑巴"以歌颂英雄人物的主题较多，也有赞美
草原及大自然景物的，前者有故事情节，后者则没有
故事情节。这在我国有文字民族的诗歌中是比较突出
和独具一格的，具有浓郁的地方特色和民族特色，有
较高的认识价值和艺术价值。对它们的搜集、整理与
翻译工作，50 年来特别是近 20 年中也取得了长足的

进步。1988 年甘肃人民出版社出版了尕藏才旦收集整
理并翻译的藏族民间叙事长诗《益希卓玛》。这本诗
集共收入了流传在藏族地区的民间叙事长诗三首：《益
希卓玛》《不幸的姑娘》《娜尔杰才罗的遗言》。《益
希卓玛》《不幸的姑娘》从不同的角度叙述了藏族青
年男女在封建礼教统治下爱情、婚姻遭受不幸的悲惨
故事，歌颂他们忠贞不渝的真挚爱情和为争取自由宁
死不屈的反抗精神。《娜尔杰才罗的遗言》通过娜尔
杰才罗坎坷不平的一生，控诉和鞭挞了封建农奴制的
黑暗统治和宗教的伪善面目，揭示了如何做一个高尚
的人、纯洁的人以及如何战胜邪恶，成为生活强者的
人生哲理。总之三首诗从不同的角度反映了藏族的生
活、风俗、道德，有较高的思想价值和艺术价值。

1994 年 3 月，天津古籍出版社出版了由尕藏才旦
译著的另一部藏族叙事诗集《拉萨怨》。这部诗集共
收入藏族民间叙事诗 9 首：《上达奈沟与下豪仓川》《拉
萨怨》《在康四堪道》《奔仓姑娘》《雅锐阿尔索忠告》
《伊德尔盖腊的自白》《昂拉桑吉》《婚别歌》《婚礼祝
福歌》。《昂拉桑吉》描写了昂拉部落和军阀之间的斗
争，通过斗争的主线反映了藏族人民的反抗精神；《雅
锐阿尔索忠告》抒发了诗人对时政的看法，从哲理的
角度启迪人们追求文明、洁身自爱，为大家谋利；《上
达奈沟与下豪仓川》《拉萨怨》《在康四堪道》《奔仓姑
娘》等诗则歌颂了忠贞的爱情，鞭挞了封建婚姻制度；
《婚礼祝福歌》运用民歌的形式，展示了草原的生活风
貌和藏族的婚礼习俗，烘托出藏族婚礼的特殊氛围。
通过这些诗歌，我们可以比较完整全面地认识和感受
藏族的生活观、幸福观、道德观、审美观。

《益希卓玛》《拉萨怨》两本诗集，基本上将流
传在甘肃藏族地区（实际上是整个东部藏族地区）民
间叙事诗的基本风貌再现了出来。尕藏才旦的译诗被
评论者认为是既忠实原诗的内容，又力求保持原诗的
语言风格，表现得比较自然，突出了整体感。而诗
集《拉萨怨》则被评论者认为更多地表现出译著者的
"创作精神"，"走出了民间叙事诗概念化移植的粗糙
模式""继承了藏族古典诗歌的富丽堂皇气派和民间
叙事诗格调纯朴的风格，表现出了质朴、洒脱、独特
的风采"。

据华锐·东智在《天祝藏族民间艺术概述》（《甘
肃民族研究》1995 年第 3 期）一文中介绍，天祝藏区

流行的叙事诗除《格萨尔王传》以外，还有《拉央与英措》，内容主要是反映拉央与英措的爱情悲剧。

3. 关于其他民族民间叙事诗的搜集、整理、翻译与出版

对流传在其他各民族当中的民间叙事诗的搜集、整理与翻译、出版工作，也取得了显著的成就。早在 1953 年 11 月，甘肃省文联就编印了《甘肃民歌选》第一辑。1954 年 12 月，甘肃省文化局、甘肃省文联合编了《甘肃民歌选》第二辑。1955 年 4 月再合编了《甘肃民歌选》第三辑。主要的搜集、整理者是唐剑虹、周健、邸作人、包志清等人。这是 1949 年以后甘肃省第一次系统搜集、整理、选编民间歌谣。其中第一辑、第三辑都有大量的民间叙事诗，如第一辑中选编的《高大人上口外》《马五哥和尕豆》《四姐娃和王哥》《四贝姐》《灵英哭湘子》《路工苦》《拔新兵》，第三辑选编的《方四娘》《织手巾》《宋海英修书》《王祥卧冰》《蓝桥担水》《孟姜女》《秦雪梅》《放黄鹰》等。1978 年 10 月 22 日的《甘肃日报》和同年第 12 期《甘肃文艺》杂志分别发表了郝苏民翻译的《嘎达梅林之歌》叙事诗的片断。1981 年《甘肃民间文学论丛》创刊号发表了由包玉林搜集、郝苏民翻译的蒙古族著名叙事诗《嘎达梅林》全文，并附有"译后记"。这是国内最早按照蒙古文记录稿翻译的《嘎达梅林》汉文本。译者在释译中完全遵照 1978 年第 3 期《内蒙古文艺》发表的包玉林的记录稿进行翻译。译文保持了原文四行一节的形式，又根据汉语诗歌押韵的特点，将蒙古文的押头韵改为汉文的押脚韵；在传情达意上，译诗力求忠实原作在语言的选择上，注意了不同人物的身份，努力照顾到了民间文学作品的朴实风格。1982 年第 1 期《甘肃民间文学论丛》发表了土族民间叙事诗《祁家颜希》（王殿、关瞳搜集整理）、东乡族叙事长诗《米拉尕黑》（马自祥搜集整理）。1983 年 7 月，中国民间文艺研究会甘肃分会、甘肃省群众艺术馆编辑了《民间叙事诗集》，共选编了甘肃省有代表性的民间叙事诗 9 首：《肖家女子》《满拉哥》（回族）、《米拉尕黑》（东乡族）、《苦媳妇》《方四娘》《索菲娅诉苦》《野马河的故事》《十八姐担水》《尧熬尔来自西州哈卓》（裕固族），这是我省第一部民间叙事诗的专集。1984 年 6 月，临夏回族自治州群众艺术馆选编了《回族宴席曲》资料本。该

书按照"散曲""叙事曲""五更曲""酒曲""打调"5 部分编辑。其中"叙事曲"共选编了《拉马令》《武总爷挑兵》《吃粮人》《当兵苦》《杨老爷领兵》《高大人领兵上口外》《韩起功抓兵》《满拉哥》《索菲娅诉苦》《方四娘》《孟姜女》《曹姐》《杨家将》《韩大郎放鹰》《可怜的四贝姐》《王哥》《十里亭》《蓝桥担水》《女想娘》《薛平贵出征》《绣荷包》《书生哥》《脚户哥下四川》《姣姣女》24 首，占全书 63 首的近 40%。其内容大部分歌唱爱情故事和历史故事等。形式则以两句式和四句式为主，兼以多句式。搜集整理者有雪犁、王沛、周梦诗、鲁拓、董国义、徐志河等人。另外，人民文学出版社编辑出版的《甘肃歌谣》（1960 年），雪犁、柯杨选编的《花儿选集》（1980 年），雪犁编选的《莲花山情歌》（1984 年），20 世纪 40 年代出版、1986 年修订再版的张亚雄的《花儿集》（中国文联出版公司），雪犁、柯杨编选的《西北花儿精选》（青海人民出版社，1987 年 8 月），雪犁编选的《西北民歌精粹》（新疆人民出版社，1989 年 6 月），其中也都选编了一些各种不同形式的民间叙事诗歌。

在国家级、省级出版社正式出版了一批民间文学作品（集）的同时，甘肃省地县各级文化部门还编印过一大批资料本，保存了民间叙事诗的第一手珍贵资料。甘肃民间叙事长诗内容比较广泛，从地域上讲包括了全省各地；从民族上讲，既包括了汉族的民间叙事诗，更多的则是回族、东乡族、裕固族等的民间叙事诗；从题材主题上讲包括了生活的各个方面，既有现实题材也有历史题材，既有反封建压迫的也有反封建婚姻的，既有追求自由恋爱的也有追求生活幸福的；在艺术上则集中体现了甘肃民间歌谣的独特性，具有浓厚的西北地域特点。

如产生于临夏回族中的叙事诗《马五哥与尕豆妹》（又名《尕豆妹与马五子哥》《尕豆妹》等）就是其中的杰作之一。它不仅存在于临夏，还广泛流传于甘肃、青海、宁夏等其他地区的回民当中，可以说是家喻户晓。作品叙唱的是发生在清光绪七年（1881）甘肃临夏莫泥沟的一件真实故事。穷苦长工马五和年轻姑娘尕豆自由恋爱，私定终身，但在"父母之命，媒妁之言"的迫使下，尕豆嫁给了有钱有势的马七五之子——一个比尕豆小十几岁的不懂事的小孩尕西木。他们两人始终保持着真诚的爱情，

经常利用尕西木睡觉时幽会。后来，在一次马五与尕豆偷情的过程中惊醒了尕女婿。他要喊叫，马五与尕豆慌了手脚，急忙用被子捂住了他的头，小女婿被窒息致死，一场人命官司由此爆发。马七五以"奸夫淫妇"和"行奸害命"等罪名状告马五与尕豆于官府，最后，马五与尕豆被判为死刑，双双被杀害于兰州城外。长诗的具体内容在流传中有各种不同的版本，这里采用的是雪犁、柯杨的整理本[①]。这首诗早在20世纪40年代，张亚雄编辑的《花儿》中就已经收录。中华人民共和国成立后，甘肃人民出版社1957年编辑出版的《甘肃民歌选》第一辑也收录了它。1978年9月，雪犁、柯杨又重新整理了这首著名的叙事长诗，1981年被选入马学良主编的"高等学校文科教材"《中国少数民族文学作品选》，后又收入了由雪犁、柯杨编选，青海人民出版社出版的《西北花儿精选》（1987年）。据统计，关于这首著名长诗的版本有十余种之多。

《四贝姐》（又名《可怜的四贝姐》）也是一首流传在甘肃各地的叙事诗。全诗以一年十二个月为线索，叙述了四贝姐不幸的婚姻生活：她受封建主义的父母之命、媒妁之言的毒害，被许给了"人屠家"——疯狂虐待妇女的人家。她起早贪黑地劳作，受尽了丈夫、公婆的欺凌，过着吃不饱、穿不暖的日子，最后她下定决心逃跑，却被女婿抓了回来，受尽打骂，最后她终于忍无可忍，含冤自杀。这首诗早在1953年就被选入由唐剑虹整理、甘肃省文联编印的《甘肃民歌选》第一辑。1960年又被选入由人民文学出版社出版的《甘肃歌谣》。

《索菲娅诉苦》是一首表现年轻妇女苦难生活的回族叙事诗。18岁的索菲娅凌晨起来挑水，遇到了娘家哥哥，她悲痛地诉说自己在婆婆家吃不饱，穿不暖，受到婆婆、小姑子、丈夫的打骂和欺凌，不给吃，不给穿，逼迫要让跳黄河，自己也丧失了生活的信心，想寻短见。但她又叫哥哥不要告诉爹妈，不要告诉嫂子，怕爹妈心疼，怕嫂子牵挂。哥哥则劝说索菲娅暂时忍耐："劝妹妹你不要太难过，娘家人穷着没奈何；听说是共产党快来了呀，受苦的日子再不会太多。"这首诗广泛流传于临夏一带，深受回、汉各族

群众的喜爱。周梦诗搜集、整理了它，发表在《甘肃民间文学丛刊》1982年第1期。以后，1984年6月，由临夏回族自治州群众艺术馆选编的《回族宴席曲》中也都选编了这首回族著名叙事诗。

《孟姜女》（又名《孟姜女哭长城》）是一首流行在我省大部分地区的历史叙事诗。它叙述的是孟姜女的丈夫范郎被强行征兵去修长城，结果一去不返，孟姜女在家思念丈夫的各种情状。最后，她毅然出门寻找丈夫，在长城前哭了三天三夜，哭倒了长城，也见到了丈夫的尸首。这首诗由雪犁搜集、整理，收入临夏回族自治州群众艺术馆选编的《回族宴席曲》当中。全诗句式整齐，以十二个月为经，以各个传统节日为纬，充分展示了孟姜女对丈夫的忠贞不贰和深情思念，也揭露了秦始皇的封建统治的残暴无道。

1984年5月，民族出版社出版了由安建均、安清萍等选编的《裕固族民间文学作品选》，其中收录了由才旦珍搜集整理并翻译的两首裕固族著名叙事长诗《尧熬尔来自西州哈卓》和《黄黛琛》。后者于1981年还被节选（第一部分）收入了马学良主编的"高等学校文科教材"《中国少数民族文学作品选》。

《尧熬尔来自西州哈卓》是一部反映民族战争和民族迁徙的英雄史诗。全诗共9节90段、360行。它叙唱了尧熬尔（裕固族）部落头领因欺辱异族、任意屠杀异族的奴隶和牛羊而激怒了邻邦，导致异族的复仇和裕固族被迫在明洪武年间从西州哈卓（今新疆吐鲁番一带）举族迁往甘肃肃州（今酒泉）、甘州（今张掖），一路上与追兵、风沙、严寒、饥渴做斗争的艰苦历程及英雄壮举。史诗特别强调了部落首领不得不让部落老百姓离乡转移时，下令杀死全部老人和孩子的残酷局面。而一位姑娘冒险在骆驼羔皮上捅开无数小洞隐藏了她的父亲。正是这位老人在追兵将至，裕固族面临灭顶之灾的危急时刻，用智慧摆脱了敌人追击，挽救了全民族。此后在迁徙途中，当大队人马遇到沙漠、干渴、暴风等困扰时，都是聪慧的老人使他们摆脱了苦难，终于走出了大沙漠，来到了祁连山下，开始了民族的新生活。这是一首悲壮的民族历史之歌。

《黄黛琛》是一首反映男女青年反抗封建婚姻、

---

① 雪犁、柯杨编《花儿选集》，甘肃人民出版社，1980年，第186—208页。

追求爱情幸福的裕固族著名叙事长诗。全诗以讲唱相间、相互对唱的方式结构而成，前有序曲，后有"尾声"。中间主体为四大部分：爱情、逼婚、冤仇、屈死。总计130余段，650余行。诗歌从黄黛琛与贫苦牧民的儿子苏尔丹的真挚爱情入手，进而写到父母、兄嫂将黄黛琛许婚给了部落长，部落长千方百计地逼婚，并暗害苏尔丹，黄黛琛与部落长结下不解的冤仇，她誓死不屈，直到最后被部落长处死。这是一首感天动地的爱情悲歌。诗歌曲调朴实无华，感情真挚动人，通过曲折的生活故事反映了人物性格的各个不同方面，在表现手法上，创作者大量地使用了排比、夸张、比喻、拟人及映衬等，营造了浓厚的悲剧氛围。

《沙娜玛珂》也是一首裕固族民间叙事长诗。美丽漂亮的姑娘沙娜玛珂被卖到一户凶恶专横的人家。她虽然痛苦，但仍然抱着"嫁鸡随鸡，嫁狗随狗"的悲观思想，在男方家长的折磨蹂躏下也常常忍气吞声，她每日起早贪黑地干活，希望能够通过自己牛马般的劳动讨得丈夫和家长的欢心。但这一切并没有改变封建家长和丈夫对她的欺凌与摧残。她绝望了，也觉悟了。她开始反抗，一把火烧了仇家，"火光中牛马狂奔乱跑，无数的羊只只剩白骨"。沙娜玛珂重新落入了魔掌，仇人残忍地将毒刀刺进了沙娜玛珂的胸膛。沙娜玛珂勇敢不屈，视死如归。她高声地歌唱：

> 我的头发变湖草，
> 让大群的牲口吃个饱；
> 我的眼睛变灯笼，
> 千人万人走路明；
> 我的鲜血变清泉，
> 千百匹马驹子饮不完；
> 我的骨头变鄂博，
> 从此成仙登云端。

然后安详地死去了。她的灵魂则被神引领着去了"天间"。这首诗通过一个弱女子的婚姻悲剧深刻地揭露了封建农奴制的罪恶，塑造了一个不畏强暴、誓死反抗的坚强女性的形象。诗歌叙事曲折而又简括，语言朴素凝练，富有感染力。

裕固族是甘肃特有的少数民族，有着丰富的民间叙事诗歌。对裕固族民间文学特别是裕固族叙事长诗的搜集整理，由于在裕固族地区搜集工作无法全面展开，个别叙事长诗（如《尧熬尔来自西州哈卓》）的整理中存在整理者的主观因素较多，与民间传唱的原型有一定的差距。但从总体上说，这些民间叙事诗的搜集整理从欣赏的角度上不仅有助于人们了解裕固族民间文学的全貌，同时它还为研究裕固族文化、风俗等提供了直接的信息。

（四）其他民间叙事诗的研究

1. 关于蒙古族英雄史诗的研究

对蒙古族著名史诗《江格尔》《格斯尔》以及《汗青格勒》，甘肃蒙古学研究者先后发表了30多篇论文，涉及史诗的主题、背景、时代、艺术特色等，在国内产生了一定的影响。

《江格尔》是蒙古族著名史诗，与《格萨尔》《玛纳斯》并称三大史诗。对《江格尔》的研究，我省主要是西北民族学院的一些研究者做出了自己的努力，先后发表了多篇研究论文。1986年，《内蒙古社会科学》第1期发表了才布扎西的《〈江格尔传〉民族特征初探》，同年，《西北民族大学学报》第3期也发表了赵正新的《试论〈江格尔传〉的民族特征》。1986年第6期《论江格尔》发表了萨仁格日勒的《论史诗〈江格尔〉中的少年英雄形象》。1988年，《西北民族大学学报》第1期发表了郝苏民的《卫拉特蒙古人民贡献于世界文化的瑰宝——读〈江格尔〉史诗选译本》。《内蒙古日报》1988年8月9日发表了玛·乌尼乌兰的《〈江格尔〉有争议问题之探》，1990年《内蒙古社会科学》第5期发表了他的《新版六十四回〈江格尔〉初探》，1991年第2期《语言与翻译》发表了他的《从〈江格尔〉人名观其创作年代》。1992年第3期《西域研究》发表了郝苏民的《中国〈江格尔〉学的建立：认识与实践》。1993年第1期《西北民族学院学报》发表了萨仁格日勒的《论〈江格尔〉的神话意识》。这些文章对史诗《江格尔》的思想内容、艺术表现手法、时代背景、人物形象、民族特色以及产生历史、流传情况、艺术独创等诸方面的问题进行了较为详尽深入的探讨，进而提出了创立中国《江格尔》学的设想，为我国《江格尔》研究的深入与发展增添了力量，做出了自己的贡献。

1994年，青海人民出版社出版的西北民族学院郝苏民教授的专著《文化透视：蒙古口承语言民俗》一书中，作者进一步阐述了他对《江格尔》的思考与研究。他指出，《江格尔》被中外学者们公认为是西蒙古人足以自豪的、根植于本民族历史文化土壤里的一枝奇葩。作者着重研究了以下几个问题：第一，逐一评述了国内外关于史诗《江格尔》搜集、整理、翻译与研究的基本情况及其问题，并提出了自己的一系列看法，为人们了解《江格尔》的基本情况，提供了便利。第二，通过比较统计卫拉特后裔在俄罗斯及中亚地区、蒙古国、中国的分布情况以及《江格尔》在这三个国家的流传分布、整理等情况，得出结论：《江格尔》最初产生于卫拉特蒙古人民的本土故乡；卫拉特人的后裔当今以不同名称主要居住于三国之内，但其主体现仍在中国。《江格尔》的闻名于世已经有两百年的历史，其之所以能飞向世界不在其故乡，源于卫拉特人的另一群后裔——卡尔梅克人，在其新的故乡使《江格尔》迈向世界。然而显而易见，中国卫拉特后裔在本土所挖掘的《江格尔》是源，其他为流。所以，中国人民，中国卫拉特蒙古人民是《江格尔》产生的真正故乡。我们必须这样来认识与《江格尔》的关系，必须以《江格尔》的主人、故乡人的责任感来对待《江格尔》。第三，分析总结了"江格尔学"在中国的兴起及其目前取得的成就，认为就规模、水平来讲，是突飞猛进的；用"成绩很大""成绩显著"来概括可以说是准确的。但在发现、搜集、整理、翻译和出版方面，在研究队伍的素养方面，国外的研究者都走在我们的前面。同时，我们也有优势，主要是有得天独厚的环境条件、有各级组织的关心与支持、有一支热爱"江格尔学"的新老研究队伍。第四，据此，作者提出了进一步繁荣和发展"江格尔学"的构想。作者从"江学"的资料、文献学建设；"江学"的翻译理论与实践活动；"江学"的应用研究；一切的关键在于人才，除有能力的组织工作者外，要具有一定学养的专业人才；刊物等八个方面，对构建中国"江格尔学"的相关问题进行了系统全面的论述。这些论述具有一定的指导价值和现实的可操作性。这一时期萨仁格日勒还出版了蒙古文本的史诗研究专著《史诗〈江格尔〉与蒙古文化》（内蒙古人民出版社，1998年7月），该论著共六章，介绍了国外和我国学术界对《江格尔》史诗的研究概况，对该史诗传承发展的文化根源等做了具体的分析，比较分析了《江格尔》与《格斯尔传》《玛纳斯》等史诗的联系、区别与文化背景，概括分析了史诗产生的文化根源及其与各民族史诗相互影响的内在规律。这是《江格尔》研究的一个重要成果。

关于蒙古族《格萨尔》（《格斯尔》）的研究，除王沂暖、王兴先等人的发掘与比较研究以外，这一时期，一些蒙古族学者还专门进行了探讨，发表了一系列论文。其中西北民族学院的玛·乌尼乌兰先后发表了《论格斯尔是否历史真实人物》[《蒙古语文学》（内蒙古自治区）1983年第2期]、《蒙古语〈格斯尔传〉的形成与发展》（《内蒙古师范大学学报》1987年第2期）、《论蒙古文〈格斯尔传〉与甘肃青海民间故事的关系》[《西北民族学院学报》（蒙古文版）1993年第2期]、《论蒙古文〈格斯尔传〉的充实提高过程》[《西北民族学院学报》（蒙古文版）1995年第2期]、《蒙古文〈格斯尔传〉的产生地点、时间及记录出版者探》（《民族文学研究》1997年第1期）、《蒙古文〈格斯尔传〉所反映的畜牧业经济》[《西北民族学院学报》（蒙古文版）1998年第2期]等。另外，1994年第2期《西北民族学院学报》发表了萨仁格日勒的《史诗〈格斯尔〉与〈江格尔〉中的翻译官形象的比较研究》。珠格德尔玛发表了《布利亚特阿拜格斯尔的三个特征》（《西北民族学院学报》1993年第1期）、《对比研究土族格斯尔与蒙藏族格斯尔》（《蒙古语文》1996年第9期）。这些文章比较全面系统地论述了《格斯尔传》的各个方面，对全面准确地认识史诗和今后的研究都有重要价值。同时，关于蒙古族其他叙事诗的研究在甘肃也有一些论文发表。如1981年《甘肃民间文学论丛》创刊号在发表西北民族学院民族研究所郝苏民教授翻译的蒙古族著名叙事长诗《嘎达梅林》全诗的同时，发表了其《〈嘎达梅林〉译后记》一文。文章从"壮烈的斗争""人民的歌声""搜集·翻译·整理·研究"等方面比较全面细致地介绍分析了诗歌产生的历史背景，思想、艺术价值，搜集、翻译、整理、研究的情况等。郝文认为，《嘎达梅林》是在深广的历史舞台上所展开的一场反抗封建王公、日本帝国主义走狗——奉系军阀统治的人民武装起义的背景下产生的一部现实主义作品。而作品所反映的这一场真实、悲壮的历史斗争，又不是某地、某时、某民族的一个偶然、孤立的个别现象，而是我国近代人民革命斗争的一个侧面的反映。《嘎达梅林》具有强烈的爱国主义精神，是蒙古族人民的心声。嘎达梅林是蒙古族人民的理想的寄托者，思想内容非常健康。在艺术结构上不仅比较完整，而且又灵活自如地运用了多种传统的艺术手法：有历史真实的依据，又有浪漫主义的想象；有粗犷的勾勒，又有细腻的描绘；有简练的叙事交代，又有一吟三叹的娓娓抒情；有心理的挖掘，又有风景的描绘；有大场面的烘托，又有小角落的照应等，有许多发人深思的地方。文章还对《嘎达梅林》的搜集、整理、翻译与研究情况做了分析和评介。作者认为，民间文学作品不仅具有艺术欣赏的作用，同时，还具有科学研究上的价值，如：民族历史、社会制度、风俗习惯、人民的世界观、各民族之间的关系史、文化交流以及语言等多方面的研究价值。因此，译文的忠实，是个严肃的问题，否则，以讹传讹，贻害无穷。作者具体分析了《嘎达梅林》一诗最早的整理本——陈清漳本"从南边飞来的小鸿雁，不落长江不起飞"之句给读者带来的困惑不解："'长江'本不在科尔沁草原，这里为什么会自然地要想到'长江'呢？除此，还有其他方面的一些疑问。"作者指出这些就需要蒙文原文，需要多种变异的原始记录来加以考辨。作者正是根据包玉林后来发表的原始记录本比照分析，得出了"不落长江不起飞"句中的"长江"，原文并非"长江"，而是"长长的锡拉木仑河"，即"辽河"；"不落"的意思也非原意，而本意是"居住"，即"停留""栖息"的意思，这一令人信服的结论不仅解决了《嘎达梅林》翻译中存在的一个重要问题，同时更重要的是从方法与观念上给从事民间文学翻译研究工作的人们一个重要的启示。总之，郝文对《嘎达梅林》搜集、翻译、整理、研究情况的分析、评介，对我们全面了解《嘎达梅林》这首著名诗歌具有重要意义，而作者关于民间文学翻译中忠实于原作的观点，不仅在当时乃至今天仍然具有重要的现实针对性。此外，还有玛·乌尼乌兰的《论西北蒙古族英雄史诗的特色》（《昭乌达蒙古族师专学报》1993年第1期）、《论英雄史诗〈互其尔汗〉的独立特色》（《巴音森布尔》1994年第1期）、《〈汗青格勒传〉研究》（《卫拉特研究》1992年第2期）、《再论英雄史诗〈互其尔汗〉的独立特色》（《呼伦贝尔大学学报》1996年第1期）。这些论文从不同的角度论述了另一些蒙古族英雄史诗的特色，为我们

全面理解蒙古族英雄史诗提供了条件。

2. 关于藏族其他民间叙事诗的研究

尕藏才旦在《益西卓玛》"后记"中对藏族民间叙事诗谈了自己的看法。认为："由于各方面的原因，除《格萨尔王传》以外，搜集、整理、翻译出来的藏族民间叙事诗却很少，……根据我的调查了解，在安多藏区（青、甘、川交界一带），民间流传的就有二十多部。……读起藏族叙事诗来，我觉得其形式是多种多样的，反映生活的面也是深刻广泛的，充分体现了这个民族较高的思想文化素养。"

丹曲在《安多地区藏族文化艺术》（甘肃民族出版社，1997年8月）一书中对藏族叙事诗做了概括介绍。他认为，藏族叙事长诗语言优美，感情真挚，情节曲折，具有浓郁的地方色彩和民族特色，有着深刻的思想内容和较高的艺术价值。其特色是以韵文诗的形式叙述完整的故事，故也有人将它叫故事歌。以诗的形式唱出一个完整的故事。在结构上有头有尾，开头是序歌和引子，结尾中动人地表达了藏族人民的理想，中间也有抒情的气氛和段落。反映爱情的叙事诗尤为一绝，大都以悲壮的气氛，沉痛的心情，揭露婚姻制度的罪恶，借以反抗封建制度，又以积极浪漫主义的精神歌颂了人民的意志和愿望。尽管有时他们成为封建婚姻制度的牺牲品，但作品的结尾还是以夸张的手法，变成"仙鹤"或是"双飞鸟"，获得了自由，"世上有情人终成眷属"的愿望得以实现。这些鲜明美好的想象，充分表达了藏族青年男女在爱情生活中对未来的憧憬。从中可看出，现实主义和浪漫主义相结合，乃是安多藏区民间叙事诗鲜明的特点，其丰富的表现手法和世代锤炼的语言，更具有取之不尽、用之不竭的艺术力量。但从总体上说，对藏族其他叙事诗的研究还处在评介水平，缺乏更为深入全面的理论研究。

3. 关于其他民族民间叙事诗的评介与研究

过去50年中特别是近20年中出现了一批关于甘肃其他民族民间叙事诗的研究论著。其中涉及对一些著名叙事诗的讨论和探索。较为重要的有：

关于《马五哥与尕豆妹》的讨论。1980年，临夏自治州文化馆的周梦诗发表了《关于〈马五哥与尕豆妹〉》（见宁夏大学编《回族文学丛刊》1980年第1期），周文第一次将马五哥与尕豆妹情杀案同临夏马

占鳌、马海宴两个家族的斗争联系起来，并依据《马麟发家史》推断《马五哥与尕豆妹》情杀案发生在满清咸丰时期（1851—1861），否定了普遍流传的情杀案发生于清光绪七年（1881）的说法。同时，周文还认为这首诗与新老教派之间的斗争有关。"这两个家族产生矛盾的另一个萌芽，表现在教派斗争方面。因为临夏地区在清代是政教合一的形式，而他们两家教派不同，马海宴家族是新教派，马占鳌家族是老教派。"周文认为长诗正是两家矛盾斗争的产物。这些观点为全面认识《马五哥与尕豆妹》提供了新的视角，具有一定的启发意义。但其论述明显不够严密。周文发表后，立即引起我省一些民间文艺工作者的重视。西北民族学院的魏泉鸣针对周文发表了《论马五与尕豆情杀案在文学上的流变及其他》（《临夏文艺》1981年第1期，后收入1991年由敦煌文艺出版社出版的作者论文集《花儿新论》一书当中）。魏文共分为三个部分：第一部分较为详细地介绍了"马五与尕豆情杀案本事"，作者坚持普遍流传的马五与尕豆情杀案是清光绪七年发生在临夏莫泥沟的一件真人真事的说法，认为诗歌的主题是反对封建婚姻，争取爱情自由。第二部分《马五哥曲》流变史略"对《马五哥与尕豆妹》在文学史上的流变情况逐一做了介绍。文中共提及介绍了15种版本，较为清晰地勾勒出了诗歌的搜集整理和发展演变简史，为进一步的研究提供了十分重要的资料线索。第三部分"几点质疑"针对前述周梦诗的文章中提出的一些问题展开讨论。关于故事产生的时代背景，魏文不同意周文的观点，他在具体分析了清王朝及马占鳌、马海宴的关系后说，"据我的意见，情杀案同两大家族的发迹没有直接联系，它充其量也是他们发迹后反目的导火线。所以，它的时间，必然在清光绪年间"，并提供了一些其他资料作为辅证。关于马五哥与尕豆案同新老教派的斗争的关系，魏文也不同意周文的说法。他指出"临夏回族地区在清代并不是政教合一制度，虽然宗教势力很大，但始终没有政教合一制的历史潮流。……关于教派斗争，也似乎和本案无关"。关于作品产生的时间，魏文谈了自己的推测。他认为，早在情杀案发生的当时，它就是轰动河湟三陇的一件引人注目的带有传奇色彩的事件。这就为日后作品的产生奠定了基础。后来经过同治事变，二马发迹，引起人们的不

满，这个情杀案便以传说形式在群众中流传，一方面寄寓人们对这一对情人也包括尕女婿的同情，形成了它的反封建色彩；另一方面，由于这两个情人又同二马家族的直接的亲缘关系，所以人们就把对二马家族的不满，通过艺术形式巧妙地发泄出来。这种情况到清末民初，大概已初具雏形。真正形成《马五哥曲》，既有完整的故事，又有鲜明的人物，诗句较多，是在民国十七年，即1928年。作者申述理由说，因为，这时二马家族成了西北的土皇帝，马步芳兄弟先后登上高位，又适逢陕甘大旱，人民群众把满肚子的愤怒全部发泄在这部作品之中，借以揭露马家的阴私，揶揄这些丑类。作者还用《马五哥曲》中所运用的"民国桥""洋腊""月蓝索"等语词来佐证自己的推论。今天看来，魏文关于本诗产生时间的推论可能有某种主观的因素，但其对诗歌产生经过的分析则是比较有说服力的。此外，魏文还分析讨论了诗歌的主题，尕西木到底是谁杀的，河州府第一次判马五无罪的法律依据，几个虚构情节的处理意见，诗中、剧中地点、人物的虚构等问题。总之，魏泉鸣这篇文章是一篇较有分量的关于《马五哥与尕豆妹》的研究文章，为进一步深入研究本诗提供了资料，廓清了一些认识问题。

1982年，第3期《临夏文艺》发表了兰州大学中文系武文先生的《一部反封建婚姻的爱情悲剧——马五哥与尕豆妹》，对《马五哥与尕豆妹》的思想内容与社会意义和价值做了较为全面的分析和介绍。作者认为，这首长诗是以发生在清光绪七年的真实事件为蓝本，加以艺术创作而成的。长诗通过马五和尕豆的爱情悲剧，揭示了封建礼教、封建婚姻制度吃人的本质。包括尕女婿在内，他们都是罪恶制度的牺牲品。

他们的死，从不同的侧面对封建社会提出了控诉。这首长诗前后风格一致，有叙有唱，以唱为主；写人叙事，缠绵悱恻。特别在人物心理描摹上，显得细致生动，有不少出神入化之笔。武文的分析更侧重于诗歌本身的思想艺术价值，对人们认识这首诗是有帮助的。西北民族学院汉语系教授郗慧民在其专著《西北花儿学》（兰州大学出版社，1989年）一书中对"河州型花儿"范畴中的所谓"本子"花儿、"分时联章"花儿、叙事花儿《尕豆过兰州》和"洮岷型花儿"中的所谓"整花"中包含的叙事性诗歌进

行了辨析。他把河州型花儿中的"本子花儿"的内容具体分为四大类：古典文学名著类；通俗小说类；神话传说与民间故事类；传说戏曲类。在具体分析了这些作品的内容之后指出：所谓"本子花儿"，其实是名不符实的，因为它们绝大部分只是利用上述故事做比、兴，而主体部分仍是关于爱情的内容，实际上是一种特殊样式的情歌。关于河州型花儿中的"分时联章"花儿，他认为常见的主要有两种样式：一种是按一夜分五更联章式，另一种是按一年分十二个月联章式。这类联章"花儿"在反映社会生活上，一般地说比"散花儿"有更大的容量，反映生活广度和深度也都大大超过了"散花儿"。这是一种介于单首成篇和长篇叙事之间的民间诗歌样式。作者指出在河州型花儿中，真正属于长篇叙事"花儿"的要算《尕豆过兰州》（片断）。它由十几首散"花儿"构成，开始把长于抒情的河州"花儿"连缀在一起，去表现一定的故事情节，从而大大增强了"花儿"反映社会生活内容的容量。它有事件，有景象，有人物，有感情，十分精炼。同时他也指出，这首花儿在塑造人物形象方面存在着某些不足。主要表现为缺乏对人物性格特点的自觉把握。郗慧民还具体分析了洮岷型花儿中"整花儿"范畴的"分时联章"花儿的代表性作品：《十二月牡丹》《十二月生产》《九九节》《十二贤孝》《骆驼十二相》等的内容和形式特点，提出它们都有"组歌性质"，而其思想内容与艺术水平参差不齐，有些反映了现实生活，思想深刻，感情真挚，结构紧凑完整；有些则中心不够明确，艺术表现一般化，结构松散，难以构成一篇完整的"整花"。至于其中歌唱某些历史人物和传说故事的叙事性花儿，如《三国》《西游记》《杨家将》等，这类花儿一般都有固定的歌词，靠歌手一代一代通过口头流传下来。大多仅仅满足于原历史人物、传说故事梗概的粗略复述，既没有生动的描写，也缺少对故事的独特认识和评价，其内容和形式两方面均无甚可取之处。这些结论由于是建立在对具体作品的深入细致的分析基础之上的，因此，显得论据充足，真实可信，解决了民间叙事诗与"花儿"研究中长期模糊不清的一个重要问题，具有较强的说服力。

关于裕固族民间叙事诗的研究。1985 年，武文在《西北民族大学学报》第 3 期上发表了《浅论裕固族民间叙事体长诗》一文，这是较早见诸报端的关于裕固族叙事诗的研究文章。1993 年，武文在《民间文学研究》第 2 期上发表了《裕固族民间叙事诗中的自我意识——再评〈尧熬尔来自西州哈卓〉》，1997 年第 4 期《民间文学研究》发表了武文的《尧乎尔文学对裕固族历史的口承与纠正》。1996 年 10 月，杨进智主编的《裕固族研究论文集》由兰州大学出版社出版。其中钟进文先生的《萨满教信仰与裕固族民间文学》和李德辉的《裕固族民歌的体裁分类及艺术特色》两文都对我省特有民族裕固族的民间叙事诗《尧熬尔来自西州哈卓》和《黄黛琛》的思想内容和艺术特点，做了简要的分析和介绍。比较全面系统分析介绍裕固族叙事诗的则是兰州大学武文出版的专著《裕固族文学研究》（甘肃人民出版社，1998 年 12 月）。在这一著作中，作者专章论述了裕固族叙事长诗《沙娜玛珂》《黄黛琛》《尧熬尔来自西州哈卓》。作者认为"《沙娜玛珂》反映了裕固族人民进入封建农奴制社会后的买卖包办婚姻及在这种社会制度下妇女的不幸遭遇，深刻地揭露了封建农奴主贵族的罪恶本质及造成裕固族妇女婚姻悲剧的社会根源。同时也歌颂了勤劳勇敢的裕固族妇女宁死不屈的反抗精神和对自由婚姻理想的追求与向往"。作者指出，裕固族青年男女在婚姻问题上的痛苦是当时"道德专横"造成的。

"《沙娜玛珂》全部的社会意义和思想在于它彻底地揭露了在封建农奴制度下吃人的婚姻现实，歌颂了劳动人民对这种罪恶制度的不满和反抗。她通过自己的觉醒意识与叛逆精神，向黑暗的封建农奴制发出了一个誓死不悔的宣言。"作者认为《沙娜玛珂》在沙娜玛珂身上，既表现着一个现实人物的真实思想，也表现着一种超现实生活的精神情态。在艺术形象的塑造上，作者认为这首长诗也是成功的，其特点是：诗能够围绕反封建农奴制婚姻的主题，来刻画沙娜玛珂为民族利益而献身的伟大精神。在语言上，作品也极富民族特色，全诗质朴无华，鲜明生动。

武文认为《黄黛琛》是裕固族人民的一部最优美动人的爱情叙事长诗。黄黛琛是裕固族人民反抗封建婚姻的杰出女性，在她身上集中了裕固族妇女"不贪富贵，不畏强暴，不弃贫贱"的高贵品质，表现了裕固族妇女对爱情忠贞不渝的优秀品德。叙事诗从裕固族妇女共同的不幸命运和遭遇、共同的愿望和理想这一主题出发，塑造了一个有理想，有道德，有信念，不怕天地鬼神，为争取自由婚姻而不屈不挠地同封建势力展开顽强斗争的典型形象。武文分析认为，《黄黛琛》一诗在艺术上有三个特点：一是以富于咏叹的格调加强感情色彩和悲剧气氛；二是在人物刻画上，主要是通过生动的故事情节表现各种人物的不同性格和不同遭遇；三是在表现手法上，创作者大量运用了排比、夸张、比喻、映衬和拟人等手法，显示了作者较为全面的艺术才能。特别是拟人化手法的运用使作品放射出浪漫主义色彩，对于表现作品的思想感情起到了非同凡响的效果。

武文对《尧熬尔来自西州哈卓》一诗做了全面系统的分析。他认为这"是一部反映民族战争和民族迁徙的英雄史诗"。它表现了裕固族强烈的民族自我意识，是民族意识一体化的咏怀。它通过对尧熬尔东迁的艰苦历程及英雄业绩的描述，讴歌了裕固族人民的伟大思想和精神。史诗的主人公不是一个统兵征战的可汗、王子或部落长，而是一个死里逃生的奴隶；他不是一个被神化了的史诗英雄，而是一个典型化了的尧熬尔牧民。史诗紧紧围绕尧熬尔先民在血雨腥风中一路转战迁徙，排除艰难险阻的斗争历程，塑造了一位不断指引着尧熬尔先民从黑暗走向光明，从死亡走向生存的智慧老人。史诗的感情色彩除个别部分显得明快欢畅外，绝大部分显得低沉忧愤、眷恋哀婉、悲壮苍凉。这构成了史诗与其他民族史诗的不同特色。史诗还大量使用了具有独创的比喻性形容词、裕固谚语和格言，歌词真挚感人，观之闻之，使人回肠荡气，悲愤万端，具有强烈而鲜明的民族色彩。武文还对史诗的历史学价值、文化学价值做了较为细致的分析。

东乡族也是甘肃特有的少数民族，东乡族没有文字和历史典籍，却有丰富的民间叙事诗，这些叙事诗大部分是用本民族的母语演唱吟诵的。1994年，甘肃人民出版社出版了马自祥的专著《东乡族文学史》，该书系国家哲学社会科学七五、八五规划重点项目"中国少数民族文学史丛书"之一。该书专门辟了一章评介了"英雄史诗和民间叙事诗"。作者指出，东乡族民间叙事长诗早在明清两代流传的就有《米拉尕黑》《诗司乃比》《姣姣女》。关于《米拉尕黑》，作者着重谈了两个方面的内容：一是诗的性质及其思想

艺术特点。作者通过分析认为《米拉尕黑》是一首爱情政治长诗。其政治一面，诚如在它的前半部所描绘的，米拉尕黑为保卫民族生存而深明大义，毅然离别亲人奔赴前线，并参加了无数英勇卓绝的战斗，立下了汗马功劳。诗歌通过东乡族保卫边境的战争，强烈地谴责了掠夺性的不义战争，反对民族压迫和封建统治也就成为这部长诗的鲜明的主题之一，表现了一定的爱国主义思想。同时也暴露了以"歹人"为代表的民族内部的统治阶级的残暴和贪婪，他们倚强凌弱，乘机抢妻霸女的恶劣行径，反映了广大东乡族劳动人民的痛苦和不幸，歌颂了不屈不挠的斗争精神。长诗用绮丽的夸张色彩，刻画了一个追求爱情不怕困难的人物形象，歌颂了他对爱情的忠贞，对理想追求的执着。这些分析基本是符合作品实际的。作者还讨论了《米拉尕黑》产生的时代等问题。作者通过诗歌中描写的米拉尕黑在康图巴札征战的诗句推断认为，诗的时代背景可能与13世纪初成吉思汗征服中西亚的那场恢宏磅礴的历史纠纷有关，这与东乡族族源说比较肯定的撒尔塔先民西来说有一致的地方。马著还对一些零星材料进行了分析确认。他指出东乡族古往今来在迁徙时，有把自己最古老的故乡地名也原样移到新居地的习惯。据有志于东乡族族源研究的学者研究考证，现在东乡地区的许多地名，如洒勒、卜隆固、阿里麻图等地，最早源自中西亚古花剌子模一带，而民间长诗《米拉尕黑》中所出现的某些地方名如康图巴札、夷朗姆山等地名，曾经是中亚撒玛尔汗一带的某些地方名。14世纪波斯大诗人莪默·伽亚谟的鲁拜集的四行诗中，确有过对夷朗姆山的生动描绘，东乡族民间的口碑材料说，米拉尕黑已流传了五六百年了。由此，作者初步认为，这部民间叙事长诗大概产生于明代。作者的这一说法，尽管还有待进一步的研究证实，但从不同的角度对其进行研究的方法及其得出的初步结论无疑是有一定的说服力的。

马著还介绍了另一首东乡族叙事长诗《诗司乃比》。这是一首以叙事主人公命名的东乡族古代民间长诗，它以东乡族母语形式念诵说唱，集诗歌、故事、警句于一体，用确切的比拟、夸张、排比手法，搭配和谐，水乳交融，数百年来为东乡族人民所珍爱。长诗讲述了一个以"善"为本，渐而感化和改造了"邪"的孤儿与后娘的故事，赞颂了"真、善、

美"中所表现的滴水穿石的道德力量。

马著还介绍了在东乡地区流传的一首叙事长诗《姣姣女》。《姣姣女》在甘、宁、青地区各民族中都有流传,其变异很大。流传在东乡族的是一个有说有唱的本子,比较完整,有浓厚的东乡族民族特色。它表现了古代东乡族妇女在神、政、族、夫权四条绳索的捆绑下所受的欺凌与迫害,封建礼教和宗法制度给妇女带来了巨大的灾难。诗歌取材于爱情悲剧故事,通过爱情婚姻悲剧的揭示,来反映社会阶级矛盾和阶级斗争。长诗全长四百五十多行,用韵散相间的说唱体,深厚细腻,淋漓反复,哀婉动人。通过对人物个性成功的刻画,深刻地揭露了封建礼教的罪恶和封建家长制吃人的本质,歌颂了姣姣女与丈夫忠于爱情、反抗压迫的斗争精神。全诗结构严谨,情节起伏有致,语言清新明朗,节奏明快富有乐感,并采用许多东乡语语言,使得长歌呈现出一种别具一格的地域色彩和情调。著者对上述两首诗歌内容与艺术特点的简要介绍,对我们了解东乡族叙事诗的基本情况有一定的作用。

此外,1996 年 5 月,甘肃人民出版社出版了武文的《甘肃民间文学概论》一书。该书比较系统全面地论述、介绍了甘肃地区的民间叙事诗。他将民间叙事诗分别放在"民间歌谣""少数民族民间文学"当中加以介绍和论述。"民间歌谣"集中论述介绍的是陇东、陇南、陇中、河西走廊各地的民间叙事长诗。"少数民族民间文学"则分别介绍和分析了蒙古族、藏族、回族、东乡族、保安族、裕固族的民间文学,其中包括各个少数民族的民间叙事诗。如藏族的《格萨尔王传》;蒙古族的《格斯尔》《江格尔》;回族的《马五哥与尕豆妹》;裕固族的《尧熬尔来自西州哈卓》《黄黛琛》等。书中对叙事歌的代表性作品的思想内容与艺术特点做了较全面的介绍和分析。对人们系统全面地了解甘肃民间叙事诗的全貌十分有益。

关于其他民间叙事诗的研究,在我省相对来说是个薄弱环节,较少对民间叙事诗的专门、系统、深入地讨论和分析,绝大部分还处在一般性的介绍、阐述上。这些有待于今后进一步加强和提高。

总之,民间叙事诗特别是少数民族民间叙事诗是我省的宝贵文化财富,有着十分丰富的矿藏资源。50 年来,特别是党的十一届三中全会以来,在搜集、整理、翻译、出版和研究等方面,甘肃都取得了突出成就,为精神文明建设和少数民族文化艺术事业的发展贡献了力量。

民间歌谣与谚语

(一)"花儿"的搜集、整理与出版

甘肃是一个民间歌谣极其丰富的省份,各个民族的多方面内容和不同形式的作品种类繁多,但由于"花儿"流行范围的广泛和流行程度的普遍,更多地吸引着文化人的注意,因而搜集、整理和出版的成绩也最大;而其他歌谣则除在某些报刊或少数几本综合性歌谣选集中稍露头角外,单独的出版物是不多见的。

"花儿"是流行于甘、青、宁、新 4 个省区,由汉、回、撒拉、东乡、保安、土和部分藏、裕固 8 个民族用汉语唱的一种格调和形态都十分独特的民歌,它按流行地区、音乐特色、演唱方式以及文学形态等的不同可分为两大类型,一种叫河州"花儿",另一种叫洮岷"花儿"。河州"花儿"又叫临夏"花儿"或河湟"花儿",它的流行面很广,主要包括我省临夏、和政、广河、东乡、积石山、临洮、永靖、永登和天祝等县,以及青海、宁夏和新疆地区的所有"花儿"流行地区。这种类型"花儿"的音调高亢、悠长,有着很强的抒情性;其文学形态的基本样式是每首四句,前两句比兴,后两句本题。比兴的意义有些对本题起比喻或衬托的作用,有的则同本题毫不相干,只是为了借韵叶律。其中一、三两上句的结构一致,每句四个音组,押一个韵;二、四两个下句的结构一致,每句三个音组,一般押另一个韵。各句除末音组外的各音组每音组三字;两个上句的末音组必须是一个字,即单字句尾,两个下句的末音组必须是两个字,即双字句尾。这种四、三音组和单、双字句尾以及押韵的交替结构方式在全国各地的民歌中都是极为少见的。洮岷"花儿"则主要在我省境内流行,包括临潭、岷县、康乐、临洮、渭源、宕昌和卓尼等地。这种类型"花儿"的音调高昂,旋律平直,诉说性十分鲜明,其基本样式是每首三句,第一句比兴,其余句本题。三句的结构相同,都是每句四个音组,只是它的每句中的音组不像河州"花儿"那么严格,有时可以适当增加;各句中除末音组必须是一个字,即单字句尾外,其余音组一般是两个字,押韵格式一般是一韵到底。洮岷"花儿"的歌唱方式十分独特，一般采用两个歌组对唱方式，每个歌组由三个歌手分别各唱一句，共同把一首歌唱完；歌词是由歌组中一个被称为"串把式"的歌手现场即兴编出的，快捷到一首歌仅用一分钟左右时间。这种特别的歌唱方式在全国各地的民歌演唱中也是极为少见的。

甘肃"花儿"的搜集、整理始于20世纪20年代。1925年3月15日，在由北京大学"歌谣研究会"出版的《歌谣周刊》82号上刊出了30首河州"花儿"，它们是我国老一辈地质学家袁复礼在甘肃进行地质勘探时搜集整理的。这是文化人第一次把我省"花儿"向全国介绍，也是我省民间文学搜集整理工作的开始。30年代在《甘肃民国日报》工作的张亚雄对"花儿"给予了注意。张亚雄是甘肃榆中人，1931年毕业于北平平民大学新闻系，他既在甘肃最早的共产党员张一悟的影响下了解了五四运动以来我国文化界兴起的歌谣学运动，又熟悉自己家乡的民歌"花儿"，于是就利用编报之便，在报上公开征集"花儿"，并将征集的作品予以刊登，同时发表自己关于介绍和研究"花儿"的文章。经过几年的积累，1940年，他在重庆青年书店出版了一部关于"花儿"的专著《花儿集》。这部书的出版是"花儿"搜集、整理与研究史上的一件大事。它曾于1948年10月在兰州印过第二版。《花儿集》重庆本全书共342页，分为上、下两编，上编题为《西北山歌"花儿"集叙论》，是张亚雄关于"花儿"的介绍研究，共八万余字；下编为《"花儿"选》，是作者编选的"花儿"作品。上编选引"花儿"170首；下编选编"花儿"483首，全书共汇集"花儿"作品653首。书中所选作品绝大多数为爱情"花儿"，而且几乎每首都有注释或具体说明，保存了大量西北地区社会、民俗、语言等方面的珍贵资料。这是一部为人们提供了大量民间原汁原味"花儿"作品和有关资料的内容丰富的著作，对后来的人们搜集整理和研究"花儿"都有着重要的影响。到了40年代，搜集、整理"花儿"的文化人逐渐多了起来，他们的搜集整理成果主要刊登在《新西北月刊》《西北通讯》《西北论衡》《甘肃和平日报》等报刊上。可以说，他们对"花儿"的搜集、整理和研究工作是在张亚雄的影响下做起来的，他们作为文化圈里的"花儿"搜集者，人数自然要比张亚雄时多多了，但

搜集整理成果的数量却很有限，每次刊登不过一二十首，或稍少一点，刊发"花儿"的数量总和比张亚雄要少得多。总观我省1949年之前的"花儿"搜集整理与出版工作，由于仅仅是在少数出于个人爱好的文化人中进行，其成果从总体上说是很有限的，而真正取得越来越多成果的是在中华人民共和国成立之后。

1949年之后，由于政府部门对文化工作的重视，搜集整理与出版"花儿"的文化人队伍越来越壮大，刊登与出版的"花儿"作品越来越多，无论其人力或成果均大大超过20世纪20—40年代，但因不同时期政治环境的差异，这种成果又是不平衡的。

20世纪50年代前期，我省有关文化、文艺部门遵循《在延安文艺座谈会上的讲话》的精神，组织广大文艺工作者深入民间，积极搜集整理"花儿"等民间歌谣，报刊上也开始不断刊登一些经过整理的"花儿"等歌谣作品。几年之内陆续编印出了不少民间歌谣资料本，主要有《甘肃民歌选》第一、第二辑等，其第一辑系唐剑虹整理，1953年由甘肃省文联编印；第二辑唐剑虹、周健整理，1954年由省文联、省文化局编印。两辑所录作品以河州"花儿"为主，还收有邸作人、周健等记谱的《河州大令》《河州二令》《河州三令》《金盏花令》等数十首"花儿"曲令。这些资料本使许多流传于民间的优秀"花儿"等歌谣作品得以保留。在这些资料本的基础上，甘肃人民出版社在这个时期出版了《西北回族民歌选》《甘肃民歌选》（第一辑）等几本歌谣集。

《西北回族民歌选》是一本关于"花儿"的专集，由唐剑虹编，出版于1950年。这是中华人民共和国成立后出版的第一部"花儿"集，收入了大量"花儿"作品。编者唐剑虹是我省东乡县唐汪川人，掌握着满肚子的"花儿"，他选编的"花儿"大多较好地保留着民间面貌，其对方言俗语的解释也比较准确。

《甘肃民歌选》（第一辑）由唐剑虹、周健编，1956年出版，系上述《甘肃民歌选》一、二辑的选编本。

这一时期，兰州大学中文系1955级民间文学小组的大学生在学过"民间文学"课以后也下乡采集民歌，甘肃人民出版社1958年出版了他们的《青海山歌》。这是一本关于"花儿"的选集，由季成家、辛存文、王进仓、谢呼晨等五位同学搜集整理，这是

他们深入青海农村 38 天，从所记录的 8500 多首"花儿"中精选出来的，多数是爱情"花儿"，都是比较接近原生形态的作品，保存了大量真正流行于民间的歌谣。

20 世纪 50 年代后期，在毛泽东关于"要搜集民歌"谈话的影响下，中华大地掀起了轰轰烈烈的新民歌运动，甘肃民歌的搜集整理活动也被推到了一个前所未有的高峰。采集"花儿"和民歌的人遍及全国各个阶层和部门：从城市到乡村，从文化部门到科技单位，从省级领导到基层干部，到处都有"花儿"与歌谣的爱好者和搜集整理者。而印制和出版"花儿"与歌谣选集的数量大大增加，可以说凡是有出版权或印制能力的单位，几乎都有自己出版或印制的"花儿"与歌谣选集。以省级单位所编印或出版的重要"花儿"与歌谣选集来说，就有：中共甘肃省委宣传部组织大量人力编印的四集《甘肃民歌选》，约 80 万字；诗人李季与闻捷主编的《花儿万朵》；甘肃省文化局编的《甘肃歌谣》等。全省搜集编印与出版的"花儿"作品总数可以万计。这类"花儿"与歌谣作品的大多数是颂扬瞎指挥、共产风和浮夸风的应时之作，艺术质量不高，没有多大艺术价值；只有少数作品在一定程度上反映了人民群众建设社会主义的热情和斗志昂扬的精神风貌，应当予以汇集和重视。在这方面《甘肃歌谣》具有一定代表性。

《甘肃歌谣》是国家一级的歌谣选集，全国每省各编一集，我省由文化局组织人力编选，1960 年 6 月由人民文学出版社出版。此书为中国民间文艺研究会主编的《中国各地歌谣集》之一，全书共选入歌谣作品 200 多首，以新民歌为主，按"大跃进歌谣""传统歌谣"和"红色歌谣"三辑编排。书中选有"花儿"69 首，对向全国介绍"花儿"有一定意义。

进入 60 年代，我国文化界经历了一段在政治思想方面忽左忽右的不平稳时期，一阵子要进行"调整"，一阵子又要搞"整顿"，让人感到困惑。"花儿"的搜集整理与出版工作，一般仍在新民歌运动的消极影响下进行，但由于"左"的思想毕竟在"调整"中得到部分的纠正，还是出版了一些反映生活面较广，并兼顾各种风格样式的"花儿"选集，其中最有代表性的是 1963 年 9 月甘肃人民出版社出版的《花儿》。

《花儿》一书由当时在甘肃人民出版社当编辑的郗慧民编选。这是一部能够代表甘肃"花儿"基本面貌的"花儿"选集，是编选者从 1949 年前后出版的各种有关甘肃"花儿"选集、编印的有关甘肃"花儿"资料，发表在西北各报刊上的甘肃"花儿"以及民间文学爱好者所保存的"花儿"资料中挑选出来的，共七百多首。全书分为临夏"花儿"和洮岷"花儿"两大部分，共 6 辑，其中既包括反映 1949 年前劳动人民遭受地主阶级和西北军阀马步芳剥削压迫的"花儿"，也包括展现 1949 年后各个不同历史时期社会生活变迁的"花儿"，还包括了传统的为广大群众所喜爱的爱情"花儿"，同时，又对不同样式和不同风格的"花儿"做了适当的照顾，书末并附有"花儿"曲谱 15 首。由于这个选集是从大量"花儿"资料中精选出来的，因此它们大都属于"花儿"中的精品。另外，集中还写有一篇前言，对有关"花儿"的性质、特点、历史、类型以及流行地区等做了比较符合实际的介绍，这对读者正确认识"花儿"是很有帮助的，因此本书一出版，即受到"花儿"研究者和广大读者的热烈欢迎。当这本书发行到北京后，曾得到胡乔木同志的欣赏和赞扬，并建议中国民间文艺研究会的负责人贾芝同志选入他们的丛书，再版一下。令人遗憾的是，本书又曾受到"极左"思潮的非难，被加上"鼓吹爱情至上"，"低级、下流"等罪名而停止发行，从而绝版。

在史无前例的"文革"风暴中"花儿"备受摧残，文化部门十年无法正常开展"花儿"的搜集整理和出版工作。

70 年代中期"四人帮"被粉碎后，新时期的歌谣搜集整理工作出现了新局面，而"花儿"的出版成绩尤为突出，产生了一些质量较高的选本。甘肃人民出版社的雪犁取得的成果比较显著，他个人单独或与他人合作先后编辑出版了《花儿选集》《莲花山情歌》《西北花儿精选》和《西北民歌精粹》等多种"花儿"选集，其中《花儿选集》和《西北花儿精选》具有代表意义。

《花儿选集》，雪犁、柯杨选编，甘肃人民出版社 1980 年 6 月出版。全书分为两辑：第一辑新"花儿"，收编歌颂中国共产党、领袖、解放军和新生活以及粉碎"四人帮"的伟大胜利等内容的"花儿"；第二辑传统"花儿"，包括控诉"花儿"、抗日"少年"、爱情"花儿"和回族民间叙事诗《马五哥与尕豆妹》及其他四方面内容的作品，共收录"花儿"约750首，并附"花儿"曲谱15首。这是"文革"后第一本公开出版的"花儿"选集，编辑者态度谨慎，除从旧版"花儿"集中精选外，还补充了部分编选者搜集的作品，内容健康，出版后受到了读者的欢迎。

《莲花山情歌》，雪犁编，中国民间文艺出版社1984年12月出版。全书分为三辑，共收入作品158首。全是编者1966年以前和1978至1981年期间在我省莲花山、二郎山等地搜集整理的洮岷"花儿"。本集中的主要作品后来都被选进《西北花儿精选》一书。

《西北花儿精选》，雪犁、柯杨编，青海人民出版社1987年8月出版。全书分为上、下两部：洮岷"花儿"和河湟"花儿"，内容以传统情歌为主，共精选出"花儿"作品700首，并附录回族民间叙事长诗《马五哥与尕豆妹》及"花儿"曲谱50首。书前有著名民间文学理论家贾芝为本书写的序言《再赞花儿》。这是一个较为完善的"花儿"选本，贾芝在序言中称赞为"不乏引人陶醉的撷精汇萃之作"。

《西北民歌精粹》，雪犁编选，新疆人民出版社1989年出版。它选入的作品已不仅仅是"花儿"，也不局限于我省范围，内容丰富，是1949年以来国内出版的第一本西北民歌选集，有较高文学价值。

张亚雄的《花儿集》也于1986年8月在北京由中国文联出版公司出版了新三版。

值得提到的是，"花儿"内部资料的搜集整理与编印工作也十分活跃。临夏回族自治州文联的内部刊物《临夏文艺》(后更名《河州》)和康乐县文化馆的内部刊物《莲花山》等，都把搜集整理"花儿"作为自己的主要任务，期期都刊登有"花儿"作品。一些"花儿"流行地区的文化单位，也编印出了不少关于"花儿"的内部资料。主要有《临夏花儿选》《临夏民歌集》《莲花山花儿选》和《甘肃和政民间歌曲选》等。

《临夏花儿选》共两集，由临夏州文化局和州文联于1982年12月和1986年6月编印。第一集分为"新编花儿""传统花儿"和"叙事花儿"3部分，共收入"花儿"作品一千余首，并附"花儿"研究资料5篇；第二集也分为上述3部分，共收入"花儿"作品600首，附"花儿"赏析文章5篇、歌手传5篇。

《临夏民歌集》，临夏州文化局1982年10月编印。这是一本流行于临夏州境内的民歌曲谱集，内容以传统民歌为主，分为"花儿"、宴席曲、小调、劳动号子和儿歌5部分，共收入民歌曲谱312首，其中"花儿"曲谱102首。

《莲花山花儿选》共两册，其一由康乐县文化馆1979年6月编印，共选编"花儿"100首，内容大部为新"花儿"，传统"花儿"占不到百分之二十；其二主要为雍诚搜集整理，由中共康乐县委宣传部1986年编印，共收编"花儿"16组，绝大部分为新"花儿"，传统"花儿"占3组。

《甘肃和政民间歌曲选》，和政县文教局1983年5月编印。这是该县为编民歌集成而从采集资料中选辑的一个民歌内谱集，分为劳动歌、"花儿"、小调、宴席曲、秧歌和唢呐曲6部分，共录入民歌曲谱208首，其中"花儿"曲谱33首。

这些"花儿"内部资料本的印行使大量流行于民间的"花儿"作品得以保存。

另外，这时在西北民族学院任教的郗慧民对60年代已绝版的《花儿》进行重编，在原书的基础上经过删削、补充、调整，改名《西北花儿》，于1984年1月由西北民族学院研究所作为资料本印出，在"花儿"研究者与爱好者中交流。这个资料本保留了60年代本的优点，在读者中颇为流行。

（二）"花儿"的研究

甘肃对"花儿"的研究也同对它的搜集整理一样始于20世纪20年代。1925年3月，在刊登有30首"花儿"歌词的北大《歌谣周刊》82号第一版上，同时刊有一篇袁复礼写的关于"花儿"的介绍文章《甘肃的歌谣——"话儿"》(按："话儿"为"花儿"之误)。这篇文章总共只有1300多字，但却对"花儿"的多方面情况做了简要的介绍，涉及其歌调的高亢，音程音阶变换的奇特，歌辞内容的怨郁，流布的大致范围和歌唱者的身份，以及文学形态的基本特点等，甚至连河州"花儿"与洮岷"花儿"的某些重要差别也都发觉到了。这些概括大都比较符合"花儿"的实际。这是我省关于"花儿"研究的开端，也是我省整个民间文学研究工作的开始。

30年代，张亚雄对"花儿"进行了较为深入的研究，他的《花儿集》中的上编《西北山歌"花儿"集叙论》即是他关于"花儿"研究的成果。《叙论》全文八万多字，共 12 章，除第 1 章"引言"外，从第 2 章至第 12 章可分为 3 部分：第一部分包括第 2 章"从风俗习惯说起"、第 3 章"空前的人口大交流与语言的混合"、第 4 章"旧瓶装新酒及宣传"、第 6 章"歌唱新闻之一例"和第 8 章"音乐民间化与民歌"这 5 章，对民歌进行综合性讨论；第二部分包括第 5 章"什么叫作花儿？"、第 7 章"花儿的文学意味"、第 9 章"花儿的派别及结构"和第 10 章"花儿的作风"这 4 章，属于"花儿"的本体研究，对这种民歌的某些重要特征做出了概括；其余为第三部分，包括第 11 章"采风录"和第 12 章"杂话花儿"两章，是搜集"花儿"过程中的记录和札记。这些研究文字细致地描述了"花儿"与民俗的关系以及民间演唱"花儿"的情景，准确地实录了"花儿"流行地区的特殊方言，并对"花儿"的性质、特点、类型、流布、内容与形式等，进行了多方面的概括和论述，其中有不少见解都为后来的"花儿"研究者所接受，它对甘肃"花儿"的研究工作有着开创的意义。

到了 40 年代，关心和研究"花儿"的人逐渐多了起来，但他们大多是在搜集整理的同时针对搜集对象发表有关意见的，其研究所涉及的范围和达到的水平一般来说均未超过张亚雄的《花儿集》，而真正取得更大成果的则是在 1949 年之后，特别是改革开放之后。

50 年代，省文联和省文化局相继成立。出于文化宣传工作的需要，各个文化宣传部门和文艺团体纷纷组织人力深入基层，搜集整理和出版"花儿"。这一时期甘肃省的"花儿"研究也像 40 年代一样，主要是附属于"花儿"的搜集，即作为对搜集对象的评述而进行的。剑虹的《试谈"花儿"》一文就是这类研究的代表。《试谈"花儿"》一文发表于《民间文学》1955 年 7 月号，与之同时刊登的还有作者搜集的 30 首"花儿"作品。这是甘肃省 1949 年后向全国推出的第一篇"花儿"研究文章。该文共 7000 多字，分别从内容与形式两个方面对"花儿"进行了论述。作者认为，"花儿"是流行于甘肃（包括前宁夏）、青海两省的一种山歌，盛行这种民歌的地区绝大部分是回、东乡、撒拉和保安等少数民族的聚居区。"花儿"的内容就目前掌握的资料看，可分为生活和爱情两大类。

生活"花儿"反映的既有"花儿"流行地区的人民在清王朝和国民党反动派统治下的非人生活，及其对旧社会的抗议；又有他们在推倒了几千年来压在头上的大山后，对缔造人民幸福生活的毛主席、共产党的感激与热爱之情。爱情"花儿"展现的则是人们对自由爱情的向往和对阻碍自由爱情的封建势力的抗议与反抗。

"花儿"的艺术形式以其格式、风格和流行地区可分为两大系统，二者是迥然不同的。其一是流行于临夏等地的"花儿"，本系统"花儿"结构上比较规格化，每首一律 4 句，每句字数也有一定限制，最多不能超过 10 字，最少不可少于 7 字。除极个别"花儿"外，一般每首可分为两段，一、二句为第一段，三、四句为第二段，两段字句数必须相等，且字句组织也应绝对一致。每首"花儿"的句子虽可在 7—10 字范围中自由活动，但其字数的组成却受严格规格的约束，其规格可分为三种：1. 全为 7 字句的是四三，三四，四三，三四。2. 全为八字句的是二三三，三三二，二三三，三三二。3. 有长短句的一般是：10 字句为三三四；9 字句为三三三；8 字句若是一三两句为二三三，若是二四两句则为三三二；7 字句为三四；如果不符合这些规格就不能入曲上口，也就不能称其为"花儿"了。本系统"花儿"的曲子繁多，富有草原气息和民族特色，其音调清脆、悠长，情感激昂、慷慨，并掺杂着一种苍凉与怀念的情调。其二是流行于临潭与岷县等地的"花儿"，本系统"花儿"结构较活泼，基本上为每句 7 字，每首一般三句，曲调不如上一系统丰富，旋律平直而柔和，述说味浓厚。"花儿"除随时随地自由演唱外，还有规模宏大的"花儿会"：它是利用庙会进行的，大则数万人，小则数千人。该文是在熟悉"花儿"具体情况的基础上概括出来的，比较切合这种民歌的实际，加之作者具有一定文学理论修养，使该文带上了较明显的理论色彩，这对人们正确认识"花儿"是有着积极影响的。

党的十一届三中全会之后，随着思想解放运动的深入，甘肃的"花儿"研究工作在新时期呈现出前所未有的新繁荣景象，研究水平也有了明显的质的飞跃。这一时期的"花儿"研究具有以下特点：一是研究人员力量壮大，包括一大批专家、学者和基层群众文化工作者共数十人；二是研究摆脱了附属于搜集整理的地位，形成了独立的文化领域；三是研究工作从个人的单独行为转化为群体性的有组织活动；四是研究成果显著，不少研究领域均有所突破。1981年，我省民间文艺家协会成立了"花儿"研究会，在它的领导和组织下，于1981、1982和1985年召开过三次全国性的、有国外民间文艺研究家参加的"花儿"讨论会，前后写出了120多篇有价值的学术论文，就"花儿"的各种理论问题进行了多方面、多角度的研究。这些论文除在讨论会上宣读外，部分曾先后在全国各学术刊物上发表，还选编出了两本论文集。这两本论文集均由中国民间文艺研究会甘肃分会编，其中《花儿论集》1983年4月由甘肃人民出版社出版；《花儿论集》2集1983年6月由省民研会印行。这些论文之中，关于"花儿"的格律、体系、源流、族属、社会内容、艺术形式、音乐特色以及"花儿"歌手、"花儿会"等方面的研究成绩尤为突出。

新时期的"花儿"研究是以"花儿"的格律和流派问题的讨论拉开序幕的。1979年6月，复刊后的北京《民间文学》第六期上刊登了汪曾祺的《花儿的格律》一文，从而引起了一场关于"花儿"的格律与流派的讨论。甘、青两省的"花儿"研究者纷纷著文发表意见。1980年，郗慧民在《西北民族学院学报》（1980年第1期）上刊出《"花儿"的格律与民间文学工作的科学性》一文，对汪文的成就与不足进行辨析。郗慧民认为：汪文是他所见到几乎最早的不是单纯从字数，而是主要从节奏出发研究"花儿"格律的文章。正因为如此，它触及了"花儿"具有双字尾这类形态上的本质特征。但由于他不了解"花儿"存在两大流派这一事实，最后得出"花儿"是一种六言诗的不正确结论，而这同"花儿"流行地区的文化工作者非科学地介绍"花儿"的基本情况是密切相关的。该文具有一定理论深度和开拓意义。其后，李林的《花儿源流两题》（刊《花儿论集》2集，1983年6月）、卜锡文的《河湟花儿传统词式析》（刊《花儿论集》2集，1983年6月）等文也都涉及了对"花儿"格律的认识。这些文章关于"花儿"格律的论述大都是对50年代剑虹《试谈"花儿"》一文基本观点的发挥，但却比剑文更为理论化。值得一提的是，张文轩的《河州"花儿"的押韵特点》（刊《花儿论集》2集，

1983年6月）一文关于河州"花儿"格律中押韵问题的论述。张是兰州大学中文系语言学教授，他以语言学理论为指导，通过对249首河州"花儿"的韵辙、声调和押韵形式等方面的详细考察，最后归纳出这种民歌押韵上的如下特点：它共有11个韵辙（普通话是13个），其中"言前"辙字用韵最多，其次"中辰""发花""江阳"三辙，再次"梭斜""一七""遥条"三辙，而"灰堆""怀来""姑苏"三辙字最少，这说明歌手喜欢选用声音响亮宏大的字作韵脚；临夏方言共有平、上、去三个声调，据考察这种民歌仄声韵占56%，这其实并不难理解，因为临夏方言的仄字其调值接近平声，适于曼声歌唱。临夏"花儿"的独特押韵形式有二：一是每首基本上不是上、下句之间押韵，而是段与段对应句之间押韵；二是押韵字数多数诗篇为复字韵。由于这些结论均来自对这种民歌的具体考察，符合其实际，其说服力也是比较强的。

关于"花儿"流派的讨论是同格律的讨论密切相关的（流派，有的研究者将这种现象表述为派别、体系、系统或类型等），甘肃这一论争由卜锡文的《试论花儿的体系与流派》一文的发表为开端。卜锡文是西北师范大学音乐系教授，1980年5月在《民间文学》上发表该文，向"花儿"分为两大流派的传统观点提出疑问，并就此提出了自己的新见解。他认为，凡是被当地人称作"花儿"的就应当被划入"花儿"范围。他先提出，临夏"花儿"与洮岷"花儿"是两种完全不同类型的山歌，应当作"体系"来代替"流派"的表述，而"流派"则可以作为"体系"的下一级概念使用；然后在此基础上推出自己关于"花儿"的体系与流派的系统观点。卜锡文认为："花儿"应当分为三大体系，即河湟"花儿"、洮岷"花儿"和陇中"花儿"，而河湟"花儿"又包括临夏"花儿"、循化"花儿"、互助"花儿"和西海固"花儿"等四大流派，洮岷"花儿"则又分为南路与北路两大流派。这样，就多出了个陇中"花儿"。卜锡文指出，这就是流行在甘肃省庄浪、静宁、武山、甘谷、清水、秦安、陇西、定西、通渭、会宁等地的一种山歌，其唱词格式是每首四句，分为两段。每段两句，每段的上句是比兴，下句是本意。该文对"花儿"的分类问题进行了有益的探讨，其见解引起了我省"花儿"研究者的浓厚兴趣，纷纷撰文参加讨论。周梦诗的《花儿

的体系浅说》(见《花儿论集》,1983 年 4 月)是讨论中的重要论文之一。周文没有对卜文的陇中"花儿"问题表示赞同,只是建议有关部门先进行实地调查,待加以甄别后再列入"花儿"体系,否则会显得仓促和轻率。他着重发表了自己的"花儿"体系观。周文认为,"花儿"的分类可概括为两大体系、五个分支和十四种类。两大体系是河州"花儿"和洮岷"花儿"。五个分支是甘肃分支、青海分支、宁夏分支、北路分支和南路分支。十四种类是甘肃分支六种类,即临夏的南乡类、东乡类、北乡类、西乡类、保安类和肃南的裕固类;青海分支四种类,即马营类、撒拉类、土族类和乐都类;宁夏分支两种类,即同心类和固原类;洮岷"花儿"两个分支两个类,即莲花山类和二郎山类。把"花儿"分为若干体系和若干流派或若干类的做法,对于认识不同地区和不同民族的"花儿"的共同性和个别性,从而进一步深入地了解"花儿"无疑是有益的。刘尚仁的《临夏花儿"河州令"的源和流》(见《花儿论集》2 集,1983 年 6 月)一文对卜文的观点提出商榷,它不能同意卜文关于河湟"花儿"的提法,认为把临夏"花儿"《河州令》说成是河湟"花儿"是源流不分,会对人们认识"花儿"造成混乱。郗慧民的《关于"花儿"的类型》(刊《民族文学研究》1984 年第 2 期)是讨论中的另一重要论文。这篇论文不赞同卜文把"花儿"分为三种流派的观点,并对此新见解进行辨析。他对卜的几篇论文中关于"花儿"与"山歌"的不同提法进行研究后认为:陇中山歌应当原本被叫作"山歌",只是由于受了"花儿"这个名称的影响,才有少数人称为"花儿"的。郗文还对所谓"陇中花儿"的文学形态,即它是每首四句还是每首两句进行了讨论。卜文在讨论这种民歌的文学形态时仅举出过两首作品,郗说他查阅了陇中 9 个县的民歌资料,共发现卜文所说的"陇中花儿"式的山歌曲谱 31 首,配附歌词 97 段。经过研究,认为它们的文学形态并非四句一首,而是像"信天游"一样两句一首。这类格式的山歌在甘肃许多县都有流传,为什么单要把流传于陇中 10 县的划入"花儿"范围呢?这次讨论,卜锡文提出的陇中"花儿"问题没有在更多的研究者处取得共识,这一问题有待于进一步研究。

"花儿"的渊源是新时期我省"花儿"研究的一个热门论题,许多研究者都为它撰文参加讨论,因之这个问题讨论得较为深入。1980 年,张亚雄在《花儿往事及花儿探源》(刊西宁市《雪莲》文学季刊,1980 年 3—4 期)一文中提出了"花儿"产生于隋唐时代的观点;1981 年,柯杨在《兰州大学学报》第 2 期上发表《"花儿"溯源》一文提出"花儿"产生于明代的观点;1982 年,黄金钰在《甘肃民间文艺丛刊》第 2 期上发表《试谈洮岷"花儿"的起源》一文,认为洮岷"花儿"产生于唐代;1983 年,马珑在《花儿源流试探》(见甘肃人民出版社《花儿论集》)中提出,洮岷"花儿"与北朝民歌有关,可能产生于南北朝时期,河州"花儿"与词有关,可能产生于唐初。1985 年,我省举行"花儿"学术讨论会,会上宣读了关于探讨"花儿"渊源问题的论文多篇,主要有:李璘的《"花儿"源流初探》,提出了关于不同类型"花儿"的流变程序的看法;宋志贤的《洮岷花儿源流初探》、陈明的《洮岷花儿产生的社会基础及民俗价值》以及邢永臣的《洮岷汉族移民小考》分别从不同角度提供论据,论证洮岷"花儿"产生于明代初期的观点。值得特别一提的是郝毅的《论〈西凉乐〉"羌胡之声"与"花儿"的关系》和杨鸣健的《"花儿"特型终止式研究》一文,开创了专门从音乐角度具体研究"花儿"渊源的先例。后者对"花儿"独特终止进行研究,认为它是我国古代音乐通过氏族的继承而在"花儿"中的显现;前者通过"花儿"音乐和四川羌族民歌对比,提出"花儿"和羌族民歌的音调同出一辙。1988 年,郗慧民在《西北民族研究》第 2 期上发表《多系统文化融合的结晶——"花儿"渊源探寻》一文,提出"花儿"是多民族文化相互碰撞的产物。

这一阶段的讨论研究前后共发表论文十多篇,大多比较注重切实的论证,使关于"花儿"渊源问题的研究趋于深入,因而取得的成果也是很显著的。下面,我们把一些具有代表意义的重要论文的观点加以介绍。张亚雄的《花儿往事及花儿探源》一文是在忆及 1930 年研究"花儿"旧事时谈到它的起源问题的。张文就慕少堂简略的"来源远矣伊凉调"一语进行发挥,认为:"花儿"的音乐形式是隋唐以来新疆、青海、甘肃地区少数民族歌唱的曲调,也即是伊凉诸曲中最短小的一种,而这种曲调当初并非用汉语演唱。至于其汉语部分,则是在明代大量向边疆移民,汉语普及甘、青、宁边界以后才能出现的。张文为探讨"花儿"渊源问题提出的这一设想，尽管没有加以论证，但无疑为探索这一问题提出了一条思路。柯杨的《"花儿"溯源》是我省最早探讨这一论题的重要论文之一。柯杨是兰州大学中文系教授、硕士生导师，长期从事民间文学的教学和研究，对于民间文学理论和我省的有关民间文学实际都比较熟悉。柯杨在掌握大量历史文献资料和对"花儿"歌词进行深入研究的基础上，经过充分论证，得出"花儿"产生于明代的结论。柯杨认为，如今洮、岷、河、湟一带的汉民是元代以后，特别是明代初年经过军屯、罪戍等途径从江苏南京等地迁来的，而这一带的除藏族以外的其他少数民族如回、撒拉、东乡、保安等，大体也形成于元末明初。既然，创造和传唱"花儿"的人元末明初才迁徙到"花儿"流行区，而清乾隆时期"花儿"已相当流行，那么，这种民歌只能产生于明代。从"花儿"本体的根源说，柯杨认为，最初定居于洮、岷、河、湟一带汉民所唱的一种以花卉为比兴的民歌，是"花儿"的母体，因此，"花儿"实由南京一带的民歌在新的社会、文化与民族环境中演化而来。柯杨的"花儿"产生于"明代说"，从产生的时限方面说，资料丰富，论据可靠，论证合理，具有较大影响，已为多数"花儿"研究者所接受。但是，一些研究者对柯杨关于"花儿"是南京民歌演化而来这一观点还引起过一些讨论。李璘的《"花儿"源流初探》是一篇让人感兴趣的论文。它从洮岷南、北路两派"花儿"与河州"花儿"的比较分析入手，认为这三种"花儿"之间存在着过渡、衔接和发展的传承关系，并就此提出自己关于"花儿"渊源的观点。该文通过三种"花儿"曲调特点、歌唱时所用感叹词、歌词词体结构进行比较研究，认为二郎山"花儿"是最古老的"花儿"形态；莲花山"花儿"由二郎山"花儿"发展演化而来；而河州"花儿"与洮岷"花儿"之间存在着启承关系。因此，二郎山"花儿"是整个"花儿"的发祥地；而整个"花儿"是按照二郎山"花儿"→莲花山"花儿"→河州"花儿"的顺序发展演化的。该文的结论是在对几种"花儿"具体实际分析的基础上得出的，显得合理而自然，它从一个新的角度对"花儿"的渊源提出了自己的探索，这对开拓人们的研究思路是很有启发的。郝毅的《〈西凉乐〉"羌胡之声"

与"花儿"之关系》是从音乐角度探讨"花儿"渊源的一篇较为突出的论文，它是以现代有关民族音乐的比较来完成自己的论题的。该文首先对甘、青等"花儿"流行地区的民族变迁进行了历史考察，结论说这个地区自古以来就是古羌族生活活动的地区。其次，把古羌族后裔即今四川羌族的民歌与"花儿"音乐进行多方对比，发现二者在音节（五声）、调式（徵调）、旋法、骨干音、首部上行、尾部下行（音相同）和由四个乐句构成的单乐段的曲体结构，以及歌头、歌尾音调上相近或相似；认为这种音乐方面的共同点是有其历史根源的，它正是古河湟地区民族变迁带来的结果。再次，既然古羌人后来从他们的原住地迁至其他地区，他们必然也会把自己的音乐带往这些地区，而这些地区的民族的民歌也会有羌人音乐的特色——古代吐蕃人中融合有羌人的成分。最后，再把羌族音乐和今甘肃南部藏族民歌进行比较，发现许多方面相似或相同，显示出古羌人音乐历史变迁的痕迹。于是，该文结论说"花儿"起源于古河湟地区的古羌民歌，这种最初的"花儿"音乐雏形，随着历史发展与民族变迁，同不断迁入的汉、回、东乡、撒拉、保安等民族的音乐相融合，终于发展演化成了今天的"花儿"。从音乐角度探讨"花儿"是新时期"花儿"研究中出现的可喜的新现象，它扩大了人们认识"花儿"的视野，对于深入研究"花儿"无疑有着不可忽视的促进作用。郗慧民的《多系统文化融合的结晶——"花儿"渊源探寻》是发表得较晚的一篇讨论"花儿"渊源问题的重要论文。它在吸收上述各方研究成果的基础上，扬长避短，参照当今"花儿"的本质特征，通过对"花儿"的社会文化历史环境的多方面考察研究，最后得出了自己的结论。该文对河州"花儿"与洮岷"花儿"渊源问题的探寻是分头进行的，在讨论河州"花儿"的渊源时，通过对河州地区民族历史变迁、历代经济以及音乐与文学等方面因素影响的考察，最后得出河州"花儿"是古羌族、汉族和中亚信奉伊斯兰教民族三个系统文化相碰撞的产物的结论。关于洮岷"花儿"的渊源，该文作了与河州"花儿"类似的考察，最后结论是：洮岷"花儿"是古羌族和汉族两个系统文化相融合的结果。该文在探讨"花儿"时，考虑了社会的、经济的、民族的、音乐的和文学的等多方面因素对"花儿"形成的影响，又在参照当前"花儿"特点的情况下考察研究"花儿"的历史演化，其结论比较符合"花儿"的具体实际，在读者中有一定影响。

关于"花儿"的族属也是引起人们关注的问题之一，不少研究者就此发表了自己的意见。柯杨的《关于临夏花儿——"出门人的歌"的族属问题》（见《宁夏大学学报》1985年第1期）是这方面的一篇重要论文。它不满足于以往人们关于临夏"花儿"是"多民族共同创造"的这一泛泛而含糊的提法，希望能在这方面打开一个新的突破口。该文首先从"出门人的歌"谈起，传统的临夏"花儿"中大量存在反映"出门人"生活和离情别绪的歌，这是值得特别注意的一个文化现象。这一现象乃是这个地区回族人民（也包括部分东乡族人民）在旧社会里经济生活特点的集中反映。接着，该文对回族人出外谋生的原因进行探讨，认为：一方面，临夏地区地少天旱，生活贫困，只有出外谋生，才能补家庭收入之不足；再一方面，阶级压迫沉重；另外，回族人又有经营商业的历史传统。这些综合在一起，说明了临夏"花儿"的一部分——"出门人之歌"的回族属性。最后，该文又从"花儿"的令名、衬句和作品中的地名进行了探讨，临夏"花儿"有《尕马儿令》《脚户令》《下四川令》等，明显地表现出"出门人之歌"的性质；另外，临夏"花儿"中涉及的地名之多、地名范围之广，都是洮岷"花儿"无法相比的，这也显示出了它的"出门人"的特征。综上所述，该文的结论是：临夏"花儿"中反映"出门人"离情别绪的歌，最早是由回族人民创作、演唱的，后来才逐渐被各族人民所传唱，并长期流传下来。该文的这一结论，就作为两大类"花儿"之一的临夏"花儿"中的反映"出门人"生活部分的作品来说，无疑是有道理的。但是，正像该文末尾所说：如果这些看法大体妥当，也只是从一个有限的角度说明了很少一部分问题，它距离临夏"花儿"族属问题的彻底解决还有相当遥远的距离。这需要"花儿"爱好者与研究者一道，经过长期努力，共同来攻克这一学术堡垒。周梦诗的《试谈河州"花儿"的族属问题》（刊《甘肃民族研究》1984年1、2期合刊）是关于"花儿"族属问题讨论的另一篇重要文章。该文从五个方面阐明自己的观点。第一，河州回族于元明时期聚居此地，在经济、文化、

宗教、语言和民族风俗习惯等方面都对当地有颇多影响，而元明时期正是我国民歌兴盛时期，因此，"花儿"与"宴席曲"产于此地绝不是偶然的。第二，从河州回民的心理素质看，他们顽强不屈、好胜进取、处世慨然、直爽豪放、粗犷浪漫，这些心理特征在河州"花儿"中都有所表现。第三，从河州回族的语言看，它是"汉语言中具有少数民族语言特色的语言"，而在河州"花儿"中随处可以看到它与河州回族语言有着密切的关系。第四，宴席曲在回族中流行比其他民族普遍，是回族的文艺，从河州"花儿"与回族宴席曲的关系看，二者在语言结构、曲调和艺术风格方面存在着许多内在的联系和相似之处，也说明河州"花儿"是回族创造的。该文认为，研究河州"花儿"的族属首先要分清"源"与"流"，回族创造了"花儿"，这是"源"，其他许多民族也唱"花儿"，那是"流"。该文最后结论说：河州"花儿"是由回族创造而经各民族共同发展的一种民歌。周文的观点虽然不像柯杨上文那样谨慎，但对进一步认识河州"花儿"的族属问题，无疑也同样是有益的。鲁拓的《试论"花儿"的族属问题》（刊《河州》杂志1985年第2期）是研究"花儿"族属问题的又一篇重要文章。该文是把"花儿"的族属与分类问题放在一起来讨论的。作者不赞成卜锡文关于"花儿"三大类型的分法，认为"花儿"按其流行地域、词式格律、曲调旋法等诸方面的因素，可分为河州"花儿"和洮岷"花儿"两大类，这是为当前学术界和广大群众所认可的。在这一基础上，作者展开了"花儿"族属问题的讨论。该文认为，两大类"花儿"中的河州"花儿"，按其族属可分为"回汉花儿""撒拉花儿""保安花儿""东乡花儿"和"土族花儿"；而另一类洮岷"花儿"，按其族属应属于"藏汉花儿"；同时，对不同族别"花儿"的音乐特征进行了具体论述。该文还指出，河州"花儿"中的五种族别的"花儿"，其调式结构完全一样，歌词内容及演唱形式也基本相同，只是在演唱过程中，部分曲令的衬词衬句有时各民族喜欢用自己本民族的语言，而正词均用他们通用的汉语——河州话。该文关于两大类"花儿"族属的分法思路清晰而稳妥，对各民族"花儿"音乐特征的论述也较为具体，这些对于"花儿"族属的进一步研究都是有价值的。

"花儿"的流行与传播是"花儿"的基本问题之一，绝大多数研究"花儿"的文章都少不了要涉及它，但却很少有人对它进行专门性的深入研究。周梦诗的《试谈"河州花儿"的族属问题》（见《甘肃民族研究》1984 年 1、2 期合刊）一文对"花儿"的传播问题有较多的涉及，该文的第五节"河州回民的流动与'河州花儿'的传播关系"对此进行了较专门的讨论。作者认为，河州"花儿"的传播有三方面的原因和方式，其一是民族的迁徙；其二是回族脚户、商人、工匠、筏子客、贩夫及歌手的社会活动；其三是历代回民起义和回族军队的传播。另外，该文作者还根据自己初步调查提供了回族脚户、贩夫、买卖人、筏子客外出贸易的具体路线 13 条。这些，都为深入研究"花儿"的流行与传播问题提供了有用的思路和可贵的资料。郗慧民的《"花儿"的流布》（刊《民间文学季刊》1987 年第 1 期）是为数很少的专门研究"花儿"流行与传播规律的论文之一。该文是按照这样的思路和步骤来完成自己的论题的：首先，为河州"花儿"分布划出了大、小两个"圈子"。所谓"大圈子"即"花儿"流行的最大范围，这通过归纳 1949 年后各地所做的"花儿"分布调查即可得到，主要包括甘、宁、青的一些地县和新疆昌吉回族自治州等地；"小圈子"则指"花儿"的最盛行区，它应当是"花儿"最早的发源地，这从上述调查材料中也可找到，即是甘、青毗连的古河州及其周围地区。这两个"圈子"之间的差异，就是河州"花儿"历史传播的运动趋向。接着，该文通过资料的引用对上述传播趋向进行了论述。河州"花儿"由"小"到"大"地向外传播，无非通过"进来拿"和"送出去"两条途径。所谓"进来拿"是指河州之外的人到河州来学得"花儿"带出去；这主要得力于明以来的茶马贸易。所谓"送出去"则指古河州地区的"花儿"创造者——回、东乡、撒拉、汉族人通过外出的流动，把"花儿"带往其他地区；这主要借助于外出经商与搞运输的活动。关于新疆昌吉"花儿飞地"的形成，则又是由于"花儿"流行区的民族迁徙。至于洮岷"花儿"的传播，由于这种歌是以集体对唱为唱歌方式，又主要在固定的"花儿会"上进行，传播受其影响，长期局限于洮河流域，而没有扩展到更大的范围里去。该文完成论题的思路和具体论述，对人们研究"花儿"具有

一定的启发。该文曾获 1986 年我国 8 省区黄河歌会荣誉奖。

"花儿"的内容是"花儿"的基本问题，它为多数文章频频涉及，然而专门对它进行研究的不是很多。马文惠的《花儿是反映生活的画卷》（见《花儿论集》，1983 年 4 月）是新时期以来我省较早专门研究"花儿"内容的论文之一。马文以唯物主义反映论为指导，主要从以下三个方面来论述"花儿"的思想内容和它反映生活的特点，即反映生活的广阔性、迅速性和尖锐性。该文具有一定的内容和质量。郗慧民的《"花儿"的内容与文学观念——两种类型"花儿"对比研究之一》（刊《民族文学研究》1987 年第 1 期）和《感情浓烈、撼人心肺的心灵之歌——河州型爱情花儿的内容及其特点》（刊《西北民族学院学报》1989 年第 1 期）是两篇专门研究"花儿"内容的论文。前文通过两种类型"花儿"内容的对比，去研究两种"花儿"歌唱者文学观念上的差异。该文将临夏"花儿"与洮岷"花儿"的内容进行不同角度的对比，发现洮岷"花儿"内容宽泛，情歌中女性歌者恋爱积极主动，且歌辞夸张过分以至情感失之于虚假。经过研究，认为这类"花儿"其实是男歌手打着女人的旗号唱出来的；而且，从这种"花儿"的独特歌唱方式的考察中得到了证实。通过上述对比研究，该文认为：这说明两种类型"花儿"的创造与传唱者关于"花儿"的文学观念是不同的，临夏"花儿"侧重于抒情，而洮岷"花儿"则更侧重于娱乐。后文主要对河州爱情"花儿"的直接对象——爱情进程的八个层次及其感受进行论述，值得注意的是，论文触及了"花儿"创造者精神特点的形成问题，该文在具体论述了河州爱情"花儿"八个层次的内容之后，认为各种感情的共同特点是抒情的强烈性，具体表现为感情的真挚、方式的直露、态度的执拗、格调的粗犷、气势的宏大和色彩的浓烈，充分体现出河州"花儿"流行地区各族人民共同的精神面貌和性格特点，它是一种雄奇、剽悍、粗犷和带有悲壮气氛的精神，而这种精神是在西北高原的特殊的自然环境、经济生活、政治情势和文化传统的汤水里浸泡出来的。二文都是以"花儿"的内容为讨论对象的，但又都进入了"花儿"创造者精神领域的研究，因而具有开拓的意义。李雄飞的《河州"花儿"与陕北"信天游"文化内涵的比

较研究》（刊《西北民族大学学报》2004年第4期）一文也是一篇涉及"花儿"内容的研究文章，该文通过对两种歌谣情歌部分文化内涵的比较研究，指出二者之间既存在着共同处，又存在着相异处，而其共同或相异处，又都各有其环境与经济、政治、文化、民族和信仰等方面的根源。作者认为，这些向人们揭示了关于歌谣发展演变的如下规律：环境与经济等决定着歌谣的内容，民族与文化赋予了歌谣一定特点，政治统治则影响着歌谣的盛衰；而这一切又都是通过歌谣传唱者来显现的。因此，歌谣的研究最终必然要落实在对歌谣创造者的研究上。该文从歌谣的内容研究入手，进而涉及对歌谣与其自然、社会、文化等环境关系的研究，并提出最终归结为对歌谣创造者的研究上。其见解新颖，具有理论性，是一篇有内容有质量的论文。

"花儿"的艺术表现是一个比较宽泛的研究领域。它包含的因素多、涉及的方面广，"花儿"研究者们分别从自己感兴趣的方面开展各自的研究，先后发表的论文主要有以下一些：鲁晋的《形象思维在民间文学中的独特表现——漫谈临夏花儿的比兴手法》（刊《甘肃日报》1979年7月12日）、郗慧民的《临夏"花儿"艺术性的考察研究》（刊《西北民族学院学报》1982年第2期）、王殿和雪犁的《论洮岷花儿的艺术性》（见《花儿论集》，1983年4月）、马文惠的《洮岷"花儿"章法初探》（见《花儿论集》2集，1983年6月）、汪鸿明的《试谈莲花山"花儿"的艺术特色》（见临夏回族自治州群众艺术馆编印的《花儿论谭》，1986年3月）和朱光明的《河州花儿修辞手法点滴》（见《花儿论谭》）等。这些文章都结合"花儿"作品实际进行具体分析，具有一定内容和水平。现将其中重要论文的观点介绍于后：郗文认为，所谓艺术性是指文艺作品中艺术形象的生动、深刻、独创的程度和艺术感染力的强弱；按对艺术性的这种理解，通过对522首临夏"花儿"艺术表现得失的考察研究，探讨了这种类型"花儿"艺术方面的某些规律。该文内容扎实，有较强的理论性。王、雪二人把艺术性理解为艺术风格和特色，认为洮岷"花儿"的艺术性表现为：一、胸臆；二、明快、高昂的情调；三、活脱的表现手法；四、自由灵活的结构。该文对洮岷"花儿"艺术风格和特点的论述，大体符

合这种类型"花儿"的实际。马文中的"章法"主要是指民歌描写、叙事、抒情的方式。它有别于艺术手法，有别于句法，概念要大一些，但和这些又有一定的关系。马文认为，洮岷"花儿"的章法主要有顺接式、倒反式（或回旋式）、并列式、补充式、递进式、两段式与问答式七种方式。该文对"章法"理论的理解与一般解释不尽一致，但对洮岷"花儿"章法的具体论述大体清晰合理，给人以启发。另外，还有些论文从美学的角度对"花儿"进行研究，如李林的《试谈"花儿"的美学》（见《花儿论集》2集）、武文的《真——花儿的特质》（见《花儿论集》2集）和段平的《"花儿"为什么这么美》（见《花儿论集》2集）等也各具内容，并达到了一定的水平。

"花儿"的歌词属于民间文学，而语言是文学的第一要素，它对于"花儿"应当是十分重要的。然而，专门对"花儿"语言进行研究的并不是很多。在这方面主要的研究论文有鲁拓的《河州"花儿"与河州话》（见《花儿论集》2集，1983年6月和《花儿论谭》）、鲁晋的《"花儿"语言结构再探》（见《花儿论集》2集）、郝苏民的《临夏"花儿"的语言——河州话与"花儿"的研究》（1985年甘肃省"花儿"讨论会论文），它们全是讨论河州"花儿"的语言的。鲁拓的两篇论文内容基本一致，都是讨论河州方言与河州"花儿"之间的密切关系的，认为：河州"花儿"与河州话唇齿相依，不可分割，河州话是"花儿"的母体，没有河州话的结构，就没有"花儿"的格律；没有河州话的声调，就没有"花儿"的主旋律。鲁拓文从两个方面展开自己的论述：第一，河州"花儿"的格律的由来。文章指出河州话的几个特点，如把"吃饭来"说成"饭吃来"，这是对古汉语前置的倒装现象，却使这句话的语句节奏发生了变化。又如，有些"花儿"用普通话念不押韵，用河州话却是押韵的，因为有音变。这说明河州"花儿"格律的某些特点来自河州话。第二，河州"花儿"音调的产生。河州话在节奏、声调和语气等方面有着自己的特点，它们对于"花儿"音调的产生有极大的影响。因为，根据河州话的上述特点，就能勾勒出一条河州"花儿"的旋律线来，它是由起音→上句→连接衬句→下句→落音五部分组成的结构。鲁拓文由于结合河州话与河州"花儿"的实际进行论述，其观点具有一

定的说服力。黄金钰的《花儿的衬词衬句浅析》(《花儿论集》2 集)从音乐和文学的角度进行分析,认为花儿的衬词衬句对于花儿格式的完整以及音乐乐句完成和发展起着重要的作用。鲁晋文试图通过对临夏"花儿"语言结构方面的探讨来解释其原因等问题。鲁晋发现,临夏"花儿"语言上有不少奇特结构,其文中罗列出了 8 种:倒装句、紧缩句、省略句、"个"字句、"是"字句、"了"字句、"啦"字句、"哈"字句。这些奇特的语言结构现象与临夏方言的结构句式完全相同,它们是如何造成的?鲁晋认为,是临夏毗邻地区的少数民族的语言对临夏汉话施加的影响所造成的。该文尽管没有对自己的观点具体地进行论证,但文中提供的奇特语言结构现象,对人们认识临夏方言的特点无疑是有益的。需要特别提到的,是郝苏民的《临夏"花儿"的语言——河州话与"花儿"的研究》一文。郝苏民是西北民族学院教授、民俗学(含民间文学)研究生导师,著名的蒙古学家、民族语言学家和民间文艺学家。作为语言学家参与民间歌谣表达工具——语言方面的讨论,是我省新时期"花儿"研究中可喜的新现象。郝文指出,本文的目的在于通过研究取得某些"数据",为临夏"花儿"研究者们所关注的一些问题:如族属问题、源流问题、流派问题、特色与风格问题,以及"花儿"的研究方法等方面,提供某些信息和线索。郝文首先从河州话和临夏"花儿"的实际考察中,发现河州话有一些不同于汉语语法结构的"特异"现象。那么,这种河州话的形成同临夏"花儿"的形成有没有一点微妙的关系?临夏"花儿"流行区正好是河州话的方言区,而这个方言区内的少数民族的母语是不同的。接着,郝文对其母语的情况进行了考察。东乡语、保安语和土族语属蒙古语族中古西支,撒拉语属突厥语族西匈语支,四者均同属阿尔泰语系。而藏语则属于汉藏语系藏缅语族藏语支。现代汉语,通常认为从先秦到现在其语序都属于 SVO 型(即主—动—宾),将上述同属阿尔泰语系的四种少数民族语言同作为汉语的河州话进行对比,它们的语序全属 SOV 型(即主—宾—动)。那么,河州话的这种异于汉语语序的现象,不来自上述少数民族语言的影响又来自何处呢?其后,郝文又将河州话、汉语普通话和东乡语、保安语、土族语以及撒拉语之间,进行了多方面的对比,最后证实,河州

话中的"特异"现象全与上述少数民族语言中的表现等同,这就说明上面的推论是正确的。郝文通过对大量语言材料的分析与综合,自然得出自己的结论,有较高理论水平,对于"花儿"其他问题的研究也有一定的启发。

民间文学与民俗密切相关。关于"花儿"同民俗之间的关系,也有一些研究者进行了研究,在这方面,如黄金钰的《花儿与民俗》(见《民间文学论坛》和《西安音乐学院学报》)着重对花儿演唱活动的民俗事象加以论述。康乐县的雍诚,曾在 1981 年 7 月举行的甘肃省第一次"花儿"讨论会上,为大会提供出《"吃出月"与"花儿"》《"赶旱魔"与"花儿"》《"吃拉扎"与"花儿"》和《"打麻鞭"与"花儿"》四篇文章,详细描述了康乐县一带的有关民俗活动与"花儿"之间的关系。"吃出月"介绍的是莲花山一带庆贺生子的民俗活动,"赶旱魔"展现的是当地驱逐所谓"旱魔"的带迷信色彩的民俗活动,"吃拉扎"讲述的是汉藏杂居地区的一种庆丰收的节日民俗活动,而"打麻鞭"则描绘了当地农历八月十五举行的一种驱邪避魔的民俗活动,四者都贯穿着唱"花儿"的活动,情景十分独特。它们为进一步研究当地民俗同"花儿"的关系提供了可贵的原始资料。另外,鲁晋和段平的《花儿与民俗》(见《花儿论集》,1983 年 4 月)一文,则从"花儿"有关民俗事象的角度论述了二者之间的关系。鲁、段文认为,民俗学主要是指民间风俗,风俗研究的范围一般是指岁时风俗、婚丧礼仪风俗、日常生活风俗以及方言和气象(多指农家谚语)等。基于这一认识,鲁、段文对"花儿"中所反映的属于上述范围的民俗事象进行了归纳,如岁时风俗的元宵节、清明节、端阳节的有关活动;礼仪风俗的"贴钱麻"、包办婚、祈雨求子等活动;日常生活风俗的职业、饮食、服饰等方面的情况;方言气象方面的有关农谚。该文虽从"花儿"中反映有关民俗事象这一角度来论述"花儿"与民俗的关系问题,但文中所作的归纳,对于深入研究二者之间的关系显然是十分有益的。还有安永国的《既爱又恨的心灵之歌——试谈河州型花儿中的"忌讳"》(刊《西北民族学院学报》1994 年第 1 期)一文,从民俗角度对河州型"花儿"中的忌讳问题进行论述。作者首先对有关"花儿"忌讳的资料作了全面集中归纳,并有所补充,

然后在此基础上提出自己的认识。安文认为，"花儿"的忌讳源于其本身的内容，传统"花儿"主要是情歌，而情歌中常常表现出的"色情"成分是惊人的，占的比例也是极大的。作者主张，研究"花儿"的这种让人既爱又恨的性质，就要弄清它的忌讳的场合和人物间的关系，并作为民俗常识让人们了解，以免引起不应有的麻烦，这是有现实意义的。该文选择了一个较少为人们专门深入讨论的问题进行研究，并提出一己之见，对于拓宽"花儿"研究领域也是有积极意义的。

"花儿"的衬词是"花儿"演唱中的一大显著特色，这一特色引起了"花儿"研究者的注意，一些研究者对此进行了研究。在这方面产生的主要论文有周健的《谈"花儿"的衬词》（1981 年 7 月甘肃省第一次"花儿"讨论会论文）、黄金钰的《花儿衬词衬句浅谈》（见《花儿论集》2 集，1983 年 6 月）和郗慧民的《"花儿"的衬词》（刊《西北民族学院学报》1987 年第 4 期）等。周健是我省的老音乐工作者，中华人民共和国成立伊始即从事"花儿"的搜集整理、编辑与研究，曾参与甘肃许多重要"花儿"与歌谣集的编选与出版工作，对于"花儿"的有关情况相当熟悉。周文指出：衬词对"花儿"至关重要，简直达到"无'花'不有衬，无衬不成'花'"的地步。周文认为：衬词包括衬字、衬词和衬句三类。衬词可分为语气词、代名词和形容词；大部分衬词与正词都有关联，甚至于是正词派生出来的。周文归纳出衬词在"花儿"中的作用有四种，即画龙点睛，以标题、开腔定音，引入主题；实中藏虚，承上启下；扩大曲体，重彩渲染；锦上添花，加深乐意。周文对"花儿"衬词认识深刻，归纳得当，符合"花儿"实际，有较强的理论性。黄文认为："花儿"的衬词从结构上讲，可以是字，也可以是词，还有的是完整的句子；"花儿"衬词衬句的类别可分为曲首衬词、曲尾衬词、插入衬句、接续性衬词和字尾衬词等五种。黄文把"花儿"衬词衬句的艺术功能和手法归纳为以下几种情况：起点题作用、用比兴手法加强内容的表达、发展音乐主题、突出曲调特色。黄文对"花儿"衬词的归纳，似不如周文条理，但也有自己的体系。同周、黄二文相比较而言，郗文对"花儿"衬词的论述，内容更丰富，归纳得也更有条理一些。

"花儿"歌词属于民间文学，经歌手一唱就成为民间艺术了。以往甘肃的"花儿"研究侧重于民间文学，新时期以来，随着音乐工作者的介入，研究对象扩展到了其音乐部分，这标志着我省"花儿"研究工作的深入发展。关于"花儿"音乐的研究，首先引起研究者注意的是"花儿"音乐的特色问题，这方面出现了不少研究论文，最早触及这一问题的论文之一，是冯锐翔的《"花儿"音乐调式初探》（刊《西北民族学院学报》1980 年第 1 期）。民间音乐艺术的特色集中地表现在其乐曲的旋律上，而乐曲曲调是由一定的音列构成的，一首乐曲的主音的基本音音列，就是该乐曲的调式。因此，对"花儿"音乐调式的探讨，就意味着研究"花儿"音乐的特色。冯文指出："花儿"的调式，属于我国民族五声调式系，从现已整理出来的曲谱分析，宫、商、角、徵、羽五种调式都是存在的。在这一基础之上，冯文首先对"花儿"的调式体系进行了论述，认为虽然五种调式都有，却并非等量齐观。其中以徵调式最为普遍，可以说所有的"花儿"流行地区或民族，几乎都以徵调式为主；其次为商调式和羽调式较少；角调式更少。这种状况可能与高原地区人民生活有着一定关系。接着，冯文又分别就调式特性、调式中的三音组和关于调式偏音等方面对"花儿"的调式进行了论述。该文写得较专业，通过对大量"花儿"乐曲具体分析来论述自己的观点，有着较强的理论性。李恩春的《试论花儿的音调特点》（见《花儿论集》，1983 年 4 月）和《论花儿流行中的曲调演变及意义》（刊《音乐研究》季刊 1995 年第 2 期）二文，分别就"花儿"的音乐特点和曲调演变进行了论述。前文认为："花儿"曲调约有 100 种，它们大致可分为回族"花儿"、汉族"花儿"、撒拉族"花儿"、土族"花儿"、保安族"花儿"和东乡族"花儿"等几类。其音调方面特点，回、汉族"花儿"最常见的是四声徵调式；撒拉族"花儿"和土族"花儿"以五声音阶为基础；土族"花儿"的曲调常见的也是徵调式。"花儿"曲调的中结音，最常见的是属音、下属音和主音。"花儿"旋律的跳进是表现其特殊艺术魅力的主要手段，三度跳进在土族和撒拉族"花儿"中用得较多；四度跳进在"花儿"特别是回汉"花儿"中用得最为普遍；五度跳进在"花儿"中也是常见的；六度跳进多用于下行进行，而不用或少用于上行跳进；七度跳进"花儿"中只是有时出现；八度跳进常见的也大多是下行进行；超过八度的，如九度、十度甚至十一度的跳进，在"花儿"中也能看到，只是十一度的跳进常见的是在前音句结束和后乐句开始之间出现。"花儿"的开腔和结尾也很有特点，起唱时往往有一个呼唤性的衬词或衬句开腔；结尾以下行跳进最为常见，特别在徵调式中更是这样。该文还论述了"花儿"曲调的相互影响和渗透问题，认为"花儿"在发展过程中，既给其他民间音乐以影响，又在其他民间音乐的影响下得到不断的丰富和发展。该文密切结合"花儿"曲调实际进行论述，内容丰富，分析具体细致，理论性较强。后文对"花儿"曲调在演变中不断丰富、创新、发展的规律进行探索。该文认为：地域不同、民族不同、歌手不同、时代不同，"花儿"的曲调也不同，这是因为不同地域、民族、时代的人们在生活环境、习俗、语言、文化接触面和审美心理等方面的不同而造成的。

"花儿"曲调在流行中由简到繁、由粗糙到精美、由少到多、由单一到纷杂的演变，是一种必然现象，它丰富了"花儿"曲调，发展了民歌演唱技巧，拓宽了"花儿"的表现能力，促进了民族文化交流，又为专业音乐工作者提供了灵活多样的作曲手法。该文写得比较专业，结论建立在对"花儿"演变实际的考察之上，有较浓的理论色彩，对于人们认识"花儿"的音乐特征和发展有着积极的帮助。鲁拓的《花儿漫谈》（见《花儿论集》）和宋志贤的《试谈洮岷"花儿"的音乐特色》（见《花儿论集》2集）二文，也分别就河州"花儿"和洮岷"花儿"的音乐特点进行了论述。鲁文认为，河州"花儿"的曲调可分为"长令"和"短令"两类，前者拖腔长、速度慢，后者拖腔短；"花儿"的调式大部分是商调式和徵调式，其曲调基本上由起音、上句、连接衬句、下句和浇音等五部分组成。"花儿"在演唱中，词曲紧密结合，不可分割，虚词不虚，虚实结合；滑音和大跳是"花儿"争奇出秀的绝招，它们不仅往往能准确地表达"花儿"的曲调特点，而且也显示出了西北高原人民的粗犷、豪放的民族气质。宋文指出，洮岷"花儿"只有"扎刀令"和"莲花令"两个曲调，二者都属二乐句单段式，前者节奏自由、旋律舒展辽阔、高亢粗犷、悠扬豪放，商调式的明亮调性非常清楚；后者节奏较

规律，结构较严谨，婉转缠绵，行腔徐缓悠长，明快秀丽，其商调式的调性也是不难肯定的。上述二文都有一定的内容和质量。

关于"花儿"曲令的研究，是对"花儿"音乐研究的具体化，在这方面也有不少论文出现。主要有：周梦诗的《初谈"子母令"》（见《花儿论集》2集，1983年6月）、刘尚仁的《"花儿"曲调的个性、共性及其他》（见《花儿论谭》，1986年3月）、王沛的《试谈"河州大令"的艺术特色》（刊《河州》杂志1985年第2期）和《"河州三令"初探》（见《花儿论谭》）以及毛廷德的《浅谈"莲花山令"》（见《莲花山》杂志1985年第5期）、刘志厚的《花儿饶比兴——花儿"两叶儿"初探》等。周文所说的"子母令"是作者自己创造的一个名词，作者在研究"花儿"中发现有许多"同令不同调"的曲子，其数量很大，约占"花儿"曲令总数的一半以上，于是设想在这许多"同令不同调"的曲子当中，一定有一个是原生令，而其他令则是在原生令的基础上派生出来的，它们之间的关系是"母与子"的关系，就创造了这个名词。周文认为："花儿"的曲令就是按"子母令"的规律发展起来的。原因是，其一，"花儿"本身的结构具备有派生的条件；其二，随着"令"的发展与民族化，大量出现的"花儿"变格现象也是产生新"令"的主要原因；其三，其他民族民歌对"花儿"的影响。如何在众多的曲令中区别出原生令？最科学的办法当然是运用乐理分析的方法，进行比较研究，但作者不懂乐理，只好用民歌发展的一般规律去推理。这就是：原生令大都调子比较简单，接近口语；好学好唱，普及性强；衬词简单原始，没有意义。周文思路合理，有一定创见，可能会是一把打开"花儿"曲令演化规律的钥匙。刘文关于"花儿"曲调的有关特性进行了论述，具有一定内容和质量。王沛的二文分别就河州"花儿"的《花儿大令》和《河州三令》进行论述。《试谈河州"大令"的艺术特色》一文指出，《河州大令》是河州"花儿"最富特色的曲调之一，被誉为"花儿曲令之王"，随即对它从以下四个方面进行了论述，认为：第一，此令音乐形象鲜明，生活气息浓郁；第二，其曲调由加扩充的上下两乐句构成，包含宫、商、徵、羽四个构成音阶，是近似徵调式，具有古朴、淳厚的特性；第三，其旋律

的最基本特征是，徵音作为调式主音，中结音和结束音都落在徵音上，商音以属音地位给予支持，它们之间的音程是完全四度，再者，同音反复也是其重要旋法之一，另外，上句和扩充句相接处的十一度大跳，以大起大落的方式表现了临夏各族人民粗犷豪放的性格和勇敢不屈的气魄；第四，旋律中有时音节规整，有板有眼，有时却快慢相间，且在唱词中和结尾处镶嵌了大量衬词，即使乐句结构扩大，乐段拉长，也使下词得到了很好的铺垫、渲染和衬托。《"河州三令"初探》一文，似乎是在周梦诗"子母令"思路的影响下，来进行自己的探索的。该文由以下几个方面展开论述：首先，从多种"三令"中找到一首较古老的曲子，它质朴无华，接近口语，音域不宽，由商徵羽宫四个音阶组成，是一种近徵调调式，可认定是"三令"的原型。接着，从"三令"旋律的三拍子节奏形式出发，在河州方言三字一顿的说话习惯处找到了"三令"产生的语言基础。随后，又通过对河州地区一些民族音乐的考察研究，在哭腔方面发现了"三令"的音调来源。同时，还指出"三令"的衬句是"阿哥的肉"，也正说明这一曲令的原始与直露性。最后，再将多种有影响的"花儿"曲令同"三令"进行比较研究，得出它们都是由"三令"派生和演变而来的结论。《河州大令》和《河州三令》是河州"花儿"中的两个具有代表性的曲令，一个代表发展到高级完美阶段的曲调，一个代表最原始最基础的曲调，选择这两个对象进行深入细致研究，以期使自己的研究取得更丰富的成果，应当说作者是有研究头脑的。两文都较好地结合曲调实际开展研究，其结论都颇具说服力。毛文虽题为谈"莲花山令"，实则对莲花山及其姊妹令——"羊沙令""糖地令""烟雾拉令"的音乐特点和有关问题，作了多方面的论述。毛文认为：莲花山"花儿"歌词内容广泛；曲式属于双歌句单段体结构；调式为五声音阶的商调式；其旋律特点是，开始用语气词"哎"（或"啊"）开腔起调，再以八度大跳进入主曲调，于是婉转自如，缠绵徐缓，高昂明快，悠扬舒畅的旋律特点就全面发挥出来了。该"花儿"调子高，音域广，男用假嗓，女用真嗓。接着，毛文又对"羊沙令""糖地令""烟雾拉令"等曲调的流行地区、乐曲及唱法特点和民俗活动之间的关系等，作了过去很少被人触及的论述。毛文最后提出：

以往关于洮岷"花儿"只有两个曲令的提法能否有所变通？该文为洮岷"花儿"提供了有关新情况，并在此基础上对学界的传统观点提出疑问，理应受到欢迎，这对进一步科学地认识洮岷"花儿"无疑有着积极意义。刘文实为对莲花山"花儿"的论述，涉及文人笔下的"花儿"、莲花山"花儿"的流行地区、演唱方式、内容和艺术表现等。其中关于流行地区部分，有对莲花山"花儿"流行面的较为具体的归纳，有一定资料价值。

关于"花儿"演唱研究的论文不多，主要有苏平的《"花儿"的艺术特征及演唱风格》（刊《民间文学论坛》1983年第4期）。苏平是我省著名"花儿"歌唱家，本文是她根据自己多年演唱"花儿"的体会写出来的，主要论述了"花儿"的流派、格律、音乐特点以及演唱风格等方面的问题。在结合自己的演唱实践，探讨"花儿"的音乐风格时，论述尤为具体、细致，能给人以启发。本文1983年曾在中国民间文艺研究会第二届年会上，以边讲边唱方式发表，赢得了与会代表们的一致赞赏。她受北大民俗学会邀请，曾到北大作了一次讲座，受到热烈欢迎。但在对"花儿"有些基本问题的认识与表述上，甘、青一些"花儿"研究家对苏文的某些观点持有异议，如"花儿"是否用于婚丧嫁娶礼仪，"风搅雪花儿"可否划为一个流派，《马五哥调》是否为"花儿"以及"两担水"唱法和用普通话演唱"花儿"问题等。这些问题有待于进一步深入研究。

关于"花儿会"的研究，是新时期以来甘肃"花儿"研究走向深化的另一标志。这方面的研究主力是一些基层的"花儿"研究者与爱好者，他们利用自身临近"花儿"流行地区的良好条件，深入群众，调查研究，做了大量工作，取得了显著的成绩。在这方面，出现的主要文章有：魏泉鸣的《别开生面的民歌演唱会——甘肃省莲花山花儿会调查报告》（刊《民间文学》1979年第10期）、芦仲和的《松鸣岩"花儿会"初探》（见《花儿论集》2集，1983年6月）、鲁拓的《河州花儿会的调查报告》（见《花儿论集》2集）、柳华麓的《寺沟花儿会调查》（见《花儿论谭》）、鲁拓的《试论"花儿会"的传说》（见《花儿论集》2集）、丁作枢的《莲花山花儿会初探》（见《花儿论谭》）、石磊的《黄河两岸"花儿"红——

永靖县花儿会场调查》(见《花儿论谭》)、马晓军的《接天莲叶无穷碧——莲花山花儿会及歌手调查》(见《花儿论谭》)以及陈明的《洮岷花儿产生的社会基础及民俗价值》(1985年甘肃省"花儿"讨论会交流材料)等。这些文章之中,魏泉鸣和丁作枢二文是专门介绍莲花山"花儿会"的,介绍了莲花山的有关历史、莲花山"花儿"及"花儿会"的传说与由来、"花儿"的演唱情景与内容,以及莲花山"花儿"的艺术特点等,使人们对莲花山"花儿会"的了解,比过去有了更加丰富、具体和细致的新材料。芦仲和、柳华麓二文,对过去人们了解较少的和政县松鸣岩和寺沟两个"花儿会"进行了介绍。鲁拓文则对有关"花儿会"的某些传说进行了初步探索。值得一提的是,石磊、马晓军、陈明以及鲁拓文等,或从一个县的角度,或从一个地区的角度,或从全省角度对"花儿会"的有关情况做了调查,使我们对"花儿会"的资料有了更多的掌握。如今,我们不仅对我省的"花儿会"有"点"的认识,还有"面"的了解了。以上诸文对"花儿会"的研究多属于描写性研究,它为进一步科学、深入的研究提供了可贵的资料。

关于"花儿"歌手的研究,是将歌谣研究引向对歌谣创造者意识领域研究的重要途径之一,在这方面,我省新时期以来也取得了显著成绩,产生了不少研究文章。主要有:刘尚仁的《花儿艺术家朱仲禄的演唱风格》(刊《甘肃日报》1981年10月4日)、梁胜明的《"花儿皇后"——苏平》(刊《甘肃日报》1984年7月20日)、王沛的《太子山下的"金唢呐"》(见《花儿论集》2集,1983年6月)、马晓军的《"花儿"歌手穷尕》(见《花儿论集》2集)和《莲花山花儿会及歌手调查》(见《花儿论谭》)、刘月莲的《试论花儿歌手张佩兰的成才之路及其演唱风格》(1985年甘肃省"花儿"学术讨论会论文)等。这些文章,或对歌手的演唱风格进行研究,或对其经历与成就进行报道,或对其生活经历与歌唱特色进行介绍,都为我们研究"花儿"流行地区人民的意识领域积累了不可缺少的资料。特别值得一提的,是李恩春为"花儿"歌手研究所做的贡献。李恩春是甘肃人民广播电台的主任编辑,他除进行关于"花儿"音乐方面的研究外,还组织"花儿"歌手在广播电台演唱"花儿",并采访歌手有关情况写成短文,以《"花儿"歌手系列介绍》的专栏在《甘肃广播电视报》上定期刊载。这项工作从1991年2月开始,坚持了数年,前后共介绍"花儿"歌手数十人,为我省"花儿"歌手的研究积累了大量资料。

从单项研究走向系列、系统、全面研究,并试图建立"花儿学"新学科,是新时期以来我省"花儿"研究工作步入新的历史阶段的鲜明标志。在1981年甘肃省"花儿"学术讨论会上,柯杨提出"花儿学"这一概念,即引起一些研究者的注意。7年之后,我省在这方面有相当突出的成果出现,先后共出版关于"花儿"研究的专著四部,这就是郗慧民的《西北花儿学》、宁文焕的《洮州花儿散论》、王沛的《河州花儿研究》和魏泉鸣的《花儿新论》。

《西北花儿学》是我国最早的一部"花儿学"专著,1989年8月由兰州大学出版社出版。著者郗慧民是西北民族学院教授、民俗学(含中国民间文学)硕士研究生导师,他从50年代末起开始接触"花儿",曾参与过我省许多"花儿"选本的编辑工作。在新时期我省的"花儿"研究热潮中,他表现突出,不仅从80年代起开始在西北民族学院汉语系开设花儿概论课程,把民间山歌引进大学讲堂,又编印出一本《西北花儿》,还连续不断地发表有关"花儿"重要问题的研究论文。当"花儿学"这个概念被提出后,他即潜心系统地研究"花儿"并着手于"花儿学"专著的撰写,经过七年的努力,终于完成了《西北花儿学》。全书计32万字,它在概括"花儿"研究历史成果的基础上,全面系统地对"花儿"的种种理论问题进行探讨;既有关于"花儿"实际情况的具体介绍,又有对"花儿"研究情况的评述;对不同意见往往有具体而细致的理论性辨析,而且不时表露出著者的独到见解。它既是一部全面系统讨论"花儿"的学术论著,又是一部学习"花儿"的入门书。它在研究方法及取得成果方面具有几个特点:第一,系统性。新时期以来,我省"花儿"研究掀起了热潮,成绩相当突出,不少方面都有新的突破,但全面系统地研究"花儿"的专著,本著作还是第一部。著者在"花儿学"提法的启发下,决心通过自己的努力,构筑一个关于"花儿"研究的理论体系,以便使人们对"花儿"的认识系统化和科学化。本著作共分为16章,1—3章属综合性论述,从不同角度对"花儿"进行总体认识;4—

5 章属内容论，对"花儿"的主、客观内容进行评述；6—9 章属形式论，对"花儿"的一些重要艺术表现方面进行论述；10—12 章属"花儿"的历史研究，从纵的方面探讨"花儿"的产生与变化规律。由于"花儿"是一种民间歌唱艺术，其文学形态受音乐等因素的影响很大，本著作在 13—16 章，又分别从其曲调、衬词及歌唱地点、方式和歌手等方面进行了概括。这一理论体系同国内目前通行的艺术理论大体一致。这种总体安排，为"花儿学"新学科设计了一个初步的理论框架。第二，科学性。著者运用科学的观点和方法对"花儿"进行研究：首先，对"花儿"实际和与有关事物的联系进行考察，详细地收集材料；然后，经过科学分析去把握"花儿"的真相，从而探求出符合其规律的结论。例如对河州"花儿"艺术构思的研究，就是通过对 522 首"花儿"作品进行逐首分析，在获得精确数据的基础上，自然引出自己的如下结论的："兴"是这种类型"花儿"最主要和最基本的构思方式，它是以主从体割裂为特点的，而随着这种割裂状态的消除，比体和赋体构思方式就产生了。又如对"花儿"渊源的探索，由于两种类型"花儿"的具体情况不同，按实际分别进行。著者认为，"花儿"是一种社会历史现象，关于它的产生和演化的研究，应放在社会诸多因素的影响下进行。于是，分别考察研究了"花儿"流行地区的民族变迁、政治经济生活、自然地理条件以及音乐、文学对"花儿"的影响，然后得出这样的结论：河州"花儿"是古羌族文化、汉族文化和中亚信仰伊斯兰教民族文化这三种文化系统相互碰撞的结果；而洮岷"花儿"则是古羌族文化和汉族文化两种文化系统相融合的产物。这些结论比较符合"花儿"的实际，有着较强的说服力。第三，理论性。著者是在总结"花儿"研究成果的基础上来完成"花儿学"新学科的构建工作的，因此，不仅从宏观上考虑到了理论体系的周密构筑，还在具体理论问题的论述上，注意到对其理论关系层面的合理安排，使之条理清晰，深宽度兼顾，让人们能够正确接受。例如关于"花儿"格律问题的论述，本著作首先对格律的有关规律进行探讨，指出广义格律包括章句、节奏和押韵三方面的内容，然后以此理论为指导，对"花儿"格律的不同层面进行考察研究，总结出其规律。在具体讨论河州"花儿"押韵格式时，先通过实际考察归纳出其共有四式，再对四式作量的研究，最后得出河州"花儿"的押韵特点是"上下章押对应的韵"的结论，并指出这是由于受其音乐的影响而形成的。另外，还讨论了押韵与强调作品内容之间的关系。这些论述，使人们对"花儿"格律有一个较全面和正确的理解，在涉及押韵特点时，也比仅仅停留在押韵格式的单纯归纳上要更深入和更理论化一些。第四，资料的丰富性。新学科的建立是在总结历史研究成果的基础上完成的。本著作以述评方式对"花儿"的研究成果进行了评介，既介绍了各个时期重要论文的基本观点及其出处，又对它进行了辨析性的评论。理论总是伴随着实际产生的，为了说明理论，本著作还引证了大量关于"花儿"的实际活动资料和"花儿"词曲作品。活动资料是经过提炼的，作品大都是精品，集中了了解和研究"花儿"的最基本和最完备的情况，因而有很高的资料价值。《西北花儿学》的出版是 1949 年以来我国"花儿"研究方面的一个新的收获，它为"花儿学"新学科的建立打下了良好的基础，填补了"花儿"研究方面的空缺。它出版后即受到学术界的好评，被有关专家誉为集"花儿"研究之大成，对"花儿"研究有重要理论建树的著作。该著作于 1990 年被评为甘肃省高等学校 1979—1989 年度哲学社会科学优秀成果一等奖，1993 年又被评为甘肃省社会科学优秀成果二等奖。

《洮州花儿散论》是我国第一部关于洮州"花儿"的专著，1992 年 2 月由甘肃民族出版社出版。著者宁文焕是甘肃省临潭县二中从教 30 余年的老教师，他生于洮州，长于洮州，工作仍在洮州。对"花儿"既热爱又熟悉，60 年代初曾写过一份关于洮州"花儿"的调查报告，并搜集"花儿"1000 首，可惜在十年浩劫中化为灰烬。新时期我省的"花儿"研究热激励了他，遂经六年奋战，完成了这部专著。《洮州花儿散论》全书计 21 万字，共分为三部分："洮州'花儿'面面观"，9 万多字，是他的研究成果；"洮州'花儿'新编"，是由他搜集整理和编选的"花儿"作品，共 750 多首；"洮州'花儿'资料辑录"，包括曲谱 10 首、主要歌手一览表、"花儿会"时序表和会场分布图等。其"'花儿'新编"按"整花儿""散花儿"和"新花儿"三辑分辑编排，各辑又分为若干主题；作品内容广泛，许多情况第一次见诸文字，很有资料价值。其"面面观"共分为 15 章，分别就洮州"花儿"的渊源、特点、内容、形式、曲令、衬词、"花儿会"、"花儿"把式、"花儿"演唱以及审美情趣、搜集整理与研究等问题进行了论述。这些论述中的相当一部分，或以材料的新鲜，或为角度的奇特，或因见解的独到，都可以给人一定的启发。兹将其主要成绩观点介绍如下：第一，关于洮州"花儿"的渊源，该书认为，它不是凭空产生的，也不可能在某个时期突然出现，它的形成是一个长期演变的过程。自秦汉、三国至西晋，大批汉人通过移民来洮州居住，汉族民歌在这里传唱并与当地的古羌族民歌逐渐融合，这是洮州"花儿"的孕育期。自西晋永嘉之乱，洮州为吐谷浑所据，直至南北朝七言诗产生与兴起，对洮州"花儿"唱词的形成有积极作用，而南北朝开始流行的杂有"羌胡之声"的《西凉乐》之类音乐，对洮州"花儿"的单调也有一定的影响；唐安史之乱后直至元代，吐谷浑、吐蕃、党项与汉等民族都曾在这块土地上活动，相互影响，这是洮州"花儿"所经历的漫长的演变期。明代回族开始进入洮州地区，同时又有南京、安徽、江苏等地的移民迁入，南、北方人进一步融合，共同发展生产，使当地出现了繁荣升平景象，明王朝又广建寺庙，为群众唱"花儿"提供了场所，因此，明清两代洮州"花儿"已达到了成熟期。该书对此问题的论述颇具辩证意味。第二，洮州"花儿"是独树一帜的"花儿"。该书认为，以往的研究者只看到洮州、岷州"花儿"的某些相似之处，误以为洮岷"花儿"是一回事，其实它们在音乐方面有许多相异之处，如曲令不同、格律不同、演唱不同等。最后归结说：洮州"花儿"既不同于河州"花儿"，也不同于岷州"花儿"，而是独树一帜、自成一格的古老"花儿"品种。此论为人们进一步认识洮岷"花儿"提供了新的思路。第三，洮州"花儿"曲令丰富。该书在调查研究的基础上认为，洮州"花儿"并不是只有一个《莲花山令》，而是由于地区的不同、方言的差异，在演唱中发生了诸多变化，形成了许多具有乡土气息的曲令，如东路的《两叶儿令》《三闪令》，南路的《折麻杆儿令》和《尕缘花儿令》，西路的《尕莲儿令》，北路的《莲花山令》《羊沙令》，此外还有《糖地令》《阿花令》等。此论可以帮助研究者对过去关于洮州"花儿"只有一种曲令的观点重新

审视。第四，关于识别单、双套"花儿"的标准，宁著认为，不能一看到六句一首的"花儿"就认为是双套"花儿"，双套不是单套在句数上简单的增加，而要看前后两句之间有无一定的关联，否则便不是双套"花儿"。所谓前后两句的关联指二者是主谓关系、动宾关系、并列关系、重叠关系、递进关系、因果关系等。此论对于人们正确认识洮州"花儿"单、双套问题有一定的帮助。第五，关于洮州"花儿会"的论述。该书在深入实际、调查研究的基础上指出：临潭县每年从农历正月开始到九月中旬，1000 人以上的"花儿"会场有 63 处，500 人以上的小会场全县 19 个乡镇，多达 130 多处。并认为临潭"花儿会"可分为庙会型、节日型、春游型、赛马型、沐浴型、贸易型和综合型等几种类型。这些论述也为人们深入研究"花儿会"问题提供了新的情况和资料。纵观宁著，从总体上看它具有如下显著特点：第一，全面性与系统性。该书内容丰富，涉及面广，凡属于洮州"花儿"的重要理论问题都触及了，而且又把它们按一定的理论关系加以组织，这就给人较强整体感，对人们全面、系统、科学地认识洮州"花儿"有较大的帮助。第二，重视个别性的把握。在研究方法上，宁著注意对事物共性中差异部分的挖掘，把握事物的个性特点，并在考察研究中追寻其原因，从而实现对事物特质的理论发现。可以说，该书中对许多问题的独特发现和认识，都是在这一研究方法的指导下完成的。第三，资料丰富、可靠。作者充分把握身在"花乡"这一有利条件，利用教学之余，东奔西走，赶庙会，访歌手，获取了大量第一手材料，同时，又从宏观角度将所有有价值的材料按一定原则有条理地组织在一起，说目前有价值的洮州"花儿"材料尽在此著，是并不过分的。

《河州花儿研究》是我国第一部系统研究河州"花儿"的专著，1992 年 7 月由兰州大学出版社出版。著者王沛是我省临夏回族自治州的专业音乐工作者，土生土长的临夏人，对河州"花儿"，特别是有关音乐方面的情况较为熟悉。新时期以来，积极投入"花儿"研究工作，曾有有关河州"花儿"音乐和演唱方面的多篇文章问世。1986 年又曾发表 9 万字的《河州花儿》一文（刊《陇苗》7—12 期），从 10 个方面对河州"花儿"进行专题探讨，本专著即在此文基础

上补充、扩展而成。《河州花儿研究》全书计 34 万多字，共分 10 章，分别就河州"花儿"的渊源和流布、内容、艺术表现、语言特色、唱词格律、曲令、曲调特点、演唱、会场与歌手以及搜集整理和研究等 10 个论题进行论述。这些论述，许多方面显露出著者本人的独立见解，而在"花儿"音乐及演唱方面所取得的成绩尤为突出，受到了"花儿"研究者和爱好者的好评。现将其主要成绩及观点介绍于后。第一，关于河州"花儿"的渊源，该文认为，"花儿"的形成是一个历史的演化过程，并在吸收省第三次"花儿"讨论会关于"花儿"源于古羌族民歌观点的基础上，通过历史记载、出土文物、民族变迁、祖传家谱及文字、音乐、民俗、方言等方面的比较研究去进行自己的探索。最后，得出这样的结论：河州"花儿"于秦汉、南北朝时期，由羌汉民歌融合而具雏形；经过隋、元时期汉族及汉化羌族、藏族的演唱而趋于形成和完善；明至民国时期，再经回、汉、东乡、保安、撒拉、土等民族的演唱和传播，而使其完全成熟。这个结论比讨论会时的观点有所前进。第二，关于"纯本子花儿"。"本子花"最早由张亚雄 1940 年在《花儿集》中提出，但由于长期以来没有人搜集到纯粹歌唱故事的长篇"本子花"作品，致使这一问题一直无法究其真相。作者近些年经过走访探疑，搜集到部分有关《三国演义》和《薛仁贵征东》内容的"本子花"片断，为进一步认识"本子花"问题积累了一定的作品对象。第三，关于"河州话"的构成。河州方言的特点与河州"花儿"的关系问题，已有不少研究者作过论述，作者在进行全面概括时，根据自己的调查有所增补，主要有汉语的遗存、羌藏语言的运用以及回、东乡、保安、撒拉和土族语言的影响等部分，其中有不少例句是第一次见诸文字，无疑是可贵的材料。第四，关于"花儿"曲令的归纳。作者在调查研究的基础上，对现有"花儿"曲令进行全面归纳，归纳得很有条理性和系统性，如在常见曲令的简介中，对于 125 个常见曲令的令名、别名、流行地区和传唱民族，都有精细的划分。这对"花儿"研究者、爱好者认识河州"花儿"曲令有着理论价值。第五，关于"花儿"曲调的特点。作者分别从音节调式、旋律手法、节拍节奏和曲式结构等方面，对河州"花儿"曲调的特点进行了论述，有理论又有具体分析，对人们

了解这种民歌曲调方面的特色很有帮助。此外，该书还对河州"花儿"演唱方面的情况、方法和有关规律作了有益的概括。总之，这部著作是河州"花儿"研究方面的一个重要的收获。

《花儿新论》是一部"花儿"及民歌的研究专集，1991 年 8 月由敦煌文艺出版社出版。作者魏泉鸣是西北民族学院的副教授，多年从事民族民间文学的翻译、介绍与教学工作，新时期以来开始注意并研究"花儿"，同时，在报刊上发表有关"花儿"的研究文章，本专集就是从他十多年来发表的论文中选出来的。全书计 14 多万字，选入论文 14 篇，其中除有两篇是关于回族长篇民间叙事诗《马五哥与尕豆妹》的论述外，其余 12 篇均与"花儿"研究有关。这 12 篇主要集中于两方面的议题：关于"花儿会"与关于"花儿学"史。关于"花儿会"，包括《别开生面的民歌演唱会——甘肃省莲花山花儿会调查报告》《博峪藏族采花节是花儿会的滥觞——两类节会的考察印象》《谈现成思路在"花儿"构思中的作用》和《花儿会的接受美学因素初识》4 文，前二文是关于两类节会的考察及比较研究，既记录、保存了有关节会的具体活动材料，又在比较中引出了二者存在渊源关系的新颖结论。后二文着重介绍了西方的有关研究理论与方法，并尝试用它们对"花儿"进行研究。"现成词组"是西方学者帕利和劳德提出的研究口头文学的一种理论，认为"现成词组"的大量运用是口头文学的重要特点，遂按此理论对口头文学的创作现象进行研究；接受美学是德国罗伯特·尧斯提出的一种文学研究理论和方法，认为读者在文学作品传播中有十分重要的作用，关乎作品社会作用的发挥。西方研究理论的介绍，对"花儿"研究有一定借鉴作用。关于"花儿学"史，包括《抗战前后的花儿研究及其特征》《〈花儿学史纲〉论要》《朱仲禄对"花儿"学研究的重要贡献》《新崛起的宁夏花儿学界》《1961 年青海关于花儿的提高和发展问题的一场争辩》《青海对花儿来龙去脉的探讨》6 文。所谓"花儿学"史，是指为"花儿"这一歌种的研究写历史，这是一个带创举性的行动。此 6 文中所提供的资料比较丰富、详细，对于"花儿"研究情况的认识有一定价值和作用。总起来说，本专集有一定内容和水平，是我省"花儿"研究方面的一个新的收获。甘肃省民间文艺家协会先后

编辑出版过两本《花儿论集》，集中全省花儿爱好者的研究成果。

（三）其他歌谣和谚语的搜集、整理与出版

关于"花儿"之外的其他民间歌谣的搜集整理和出版，成果较为逊色。这类歌谣作品多数是被收入综合性歌谣选集而得到保存的，如50年代初期编印的内部资料本《甘肃民歌选》第3集，就收有部分其他民间歌谣；50年代后期中共甘肃省委宣传部编印的《甘肃民歌选》、当时的《甘肃文艺》中，也选有部分藏族情歌与酒曲。蒙古族、裕固族和土族等民族的情歌，单独分门别类编辑与出版的只有很少几种，主要有《玉树藏族民歌选》《西藏短诗集》《仓央嘉措情歌》《藏族民歌选》《藏族情歌》和《回族宴席曲》等。

《玉树藏族民歌选》，1953年编印，本书系甘肃省文联组织有关人员在青海玉树地区搜集整理藏族民歌取得的成果。

《西藏短诗集》和《仓央嘉措情歌》均为西北民族学院教授、我国著名老藏学家王沂暖先生所编译，前者出版于1985年，后者于1980年出版。

《藏族民歌选》，藏文版，尕藏才旦搜集整理，1982年11月由甘肃民族出版社出版。全书共收入流传于安木多藏区的民歌127首，分为开头篇、祝福吉祥生活篇、问答篇、对答篇和祝福篇等5部分，保存着流行地区藏族民歌的较原始面貌。同时，甘肃民族出版社还出版了藏文版的《心中的歌儿》酒曲集，收藏族民歌数百首。

《藏族情歌》，藏文版，才让扎西和尕藏才旦搜集整理，1982年11月由甘肃民族出版社出版。全书分为开头篇、选择篇、考问篇、相好篇、怀念篇、矛盾篇和别离篇等7部分，计收录情歌290首，是流行于甘、青、川一带安木多藏区较原始状态的民间情歌集。

《回族宴席曲》，内部资料本，临夏回族自治州群众艺术馆1984年编印。全书分为"散曲""叙事曲""五更曲""酒曲"和"打调"等5部分，共收入作品63篇，它们全是流行于临夏州范围内的曲目。书前收有《简谈回族宴席曲》等3篇文章，对回族宴席曲的有关情况作了较为具体的介绍。

此外，蒙古族民间文学体裁中有一种很流行的韵文样式，被称为祝词、赞词。已出版的系统作品集，有西北民族学院青年教师斯琴孟和、格尔勒其其格整理编写的西蒙古作品《卫拉特祝词颂词》（蒙古文版，内蒙古教育出版社，1993年）一书。

纵观甘肃民间歌谣的搜集整理与出版工作，虽然取得的成绩是巨大的，但从这项工作的总体情况看它又是不平衡的，因为这种成绩无法准确反映全省民间歌谣的存在实际。这不能不说是一种缺憾，而这种缺憾正好由《中国歌谣集成·甘肃卷》的编纂来补足了。

《中国歌谣集成》是"中国民间文学三套集成"之一，属于国家"八五"艺术学科重点科研项目，它是在政府有关部门直接领导和组织下进行编纂工作的。1984年5月，中央文化部、国家民委和中国民间文艺研究会（今中国民间文艺家协会）联合向全国各省发出关于编辑出版"中国民间文学三套集成"的通知，接此通知后，我省即设立"三套集成"办公室，组建《中国歌谣集成·甘肃卷》编委会，并在全省各地、县成立相应组织，通过它们发动全省数万人次先后投入歌谣普查工作，编印出各地、县的歌谣卷资料本，然后，在此基础上编纂出省卷。

《中国歌谣集成·甘肃卷》由郗慧民主编，黄金钰任常务副主编，郭郁烈担任编辑。这是一部能够代表甘肃歌谣基本面貌的国家级歌谣选集，它选编了自清末至当前产生和流传在我省境内的民间歌谣，计120万字。全书共分为汉民族创造的"陇上歌谣"、多民族共同创造的"花儿"和少数民族创造的"草原歌谣"等三大部分，各部分之前置有该部分歌谣类序。各部分歌谣按内容分辑编排，一般分为序歌、劳动歌、时政歌、仪式歌、情歌、生活歌、历史传说故事歌、儿歌和杂歌等各辑，每首歌谣一般包括：歌题、族属、曲调、流传地区、正文、演唱者、采录者及搜集翻译者姓名、采录时间及地点、附记、注释等项目。书中附有甘肃省行政区图、甘肃省民族分布图、甘肃省歌谣分布图以及有关歌谣活动的照片、歌手简介、主要曲谱和主要演唱者、主要搜集翻译者简况等。全书所选作品，其内容展现了我省各地的自然风貌和社会生活，表达了各族人民的思想感情和精神世界，又包括了活跃在我省人民口头上的种种短小韵文体文艺样式。它们主要来自近几年发动群众普查民间歌谣所得，较好地保存着歌谣的民间面貌。本书在编纂上，选篇工作坚持既要有文艺性，又要有科学价值的原则，编辑框架基本遵循国家规定的共同原则，又根据我省实际作了必要调整。因此，它从总体上突出了甘肃歌谣的特色，体现了我省歌谣的基本面貌，是一部内容十分丰富、有着极高科学价值的大书。

《中国歌谣集成·甘肃卷》于1993年7月完成，1995年11月在北京通过初审，并直接进入终审，于1997年2月通过终审。《中国歌谣集成》总编委会的专家评审小组对这部书的编纂给予了很高的评价，认为：书中所选作品较好地保存了歌谣的民间面貌，很有质量；编辑框架富有创造性，较充分地体现出了甘肃歌谣总特点，符合该省歌谣实际，它的编辑为多民族省区歌谣的编纂提供了有益的经验。正因为如此，《中国歌谣集成·甘肃卷》在1997年11月由文化部召开的表彰大会上，获文化部颁发的文艺集成志书编纂成果集体奖。本书已于2000年6月在北京出版。

谚语是一种短小精悍而富于哲理性和科学性的民间韵文样式，是劳动人民用精练的语句总结生活经验的语言艺术结晶。我省的民间谚语的搜集整理工作也取得了一定的成果。兰州大学中文系1955年民间文学小组的同学季成家、高天星、谢呼晨、尚延令等，在1961年受中国民间文艺研究会委托，编选出版了《中国谚语资料》（上海文艺出版社出版）一书，本书分上、中、下三册，共计100多万字，这是当时全国规模最大、资料最丰富的一部谚语集。1981年，季成家、高天星、尚延令、张祚羌在《中国谚语资料》三卷本的基础上，经过精选又出版了《中国谚语选》上、下册，本书分社会篇、哲理篇、修养篇、学习篇、生活篇、农事篇、林牧副渔篇、气象篇等八类，共收谚语15000余条，还有歇后语近2000条。

1990年，周江还选编出版了《中国少数民族谚语全编》（甘肃人民出版社出版）一书，全书分时政、事理、修养、社交、生活、自然、生产和其他八类，共收录少数民族谚语10000余条，本书着眼于少数民族谚语的编选，具有一定特色。上述选本都是有价值的民间文学资料。

歇后语是一种民间俗语，它本身只是一种语言材料，而算不上文学作品，但由于多数歇后语有一定文学性，具有修辞价值，有人也把它们列入民间文学研究范围。我省关于歇后语的搜集整理与出版工作，也

有一定成绩，1984年，李兴望、闵彦文编选出版了《歇后语大全》一书，全书共收入大量古今条目中精选出的歇后语12000多条，有一些资料价值。

（四）其他民间歌谣和谚语的研究

对其他歌谣和谚语的研究，虽涉及得较少，不系统，也不如"花儿"的研究成果显著，但也取得了一定成绩。下面分类加以介绍。

对各类歌谣的综合性研究。主要论文有庄壮的《甘肃民歌概述》（刊《甘肃民族研究》1993年第4期）、郗慧民的《甘肃歌谣概观》（刊《西北民族学院学报》1994年第3期）和《甘肃草原歌谣》（刊《丝绸之路》1994年第1期）、郭郁烈的《陇上非草原区歌谣论略》（刊《西北民族学院学报》1994年第3期）等文。庄壮的文章对甘肃民歌从三个方面进行论述：第一，题材，可分为劳动生产歌、反抗精神歌、情歌、风俗乡情歌和革命建设与民族团结歌等；第二，体裁，分别介绍了甘肃10个民族民歌的各自样式；第三，艺术特点，论述了甘肃民歌的旋律、调式和节奏以及曲式结构方面的特色。该文是从音乐角度来论述民歌的，对于文学工作者从另一角度认识甘肃歌谣有一定的帮助。郗慧民的前文对我省歌谣的总体情况进行概括论述，在我省具体地理、自然、历史及文化背景下，论述了产生于其中的歌谣的种类、内容和艺术表现形态，同时，对有关歌谣的搜集、整理与出版状况也作了简要的概括，该文对于认识我省歌谣的总体情况有一定帮助。后文是关于我省藏、裕固、蒙古和哈萨克等草原民族民歌的概述，着重从歌谣同民族文化习俗关系的角度，展示了我省不同民族歌谣的内容、形式和情调等方面的独特面貌，在了解我省草原民族歌谣民族特色方面有一定意义。郭郁烈所论的陇上非草原地区歌谣，是指我省汉族或汉文化影响下创造的歌谣。郭郁烈认为，它们按我省地形地貌和经济文化的不同，可分为陇东、陇南、陇中和河西走廊四个地方色彩区，不同色彩区的歌谣其特色不同。郭郁烈按其地区特点并结合歌谣内容，对各色彩区歌谣特色作了论述，认为：陇东色彩区因与陕西相连，歌谣风格接近陕西，表现为高亢、雄浑、稳健有力、节奏明快强烈；陇南色彩区自然条件较复杂，民歌形式较多，其风格柔婉优美，善抒个人情怀，心理刻画较细腻；陇中色彩区是黄土沟壑与丘陵地貌，干旱苦焦，

歌谣形式多、数量丰、反映生活面广,其风格时政歌慷慨激愤、情歌细腻委婉;河西走廊南北高山相夹,中部沙漠与戈壁间绿洲断续分布,民歌以小调为主,其风格粗犷、豪放、旷远、悠长。郭郁烈还对陇上歌谣的艺术形式、表现手法和传唱方式作了论述。郭文对我省汉族歌谣的风格色彩分类和论述比较符合这类歌谣实际,对于了解我省汉族歌谣状况有一定帮助。该文曾获 1995 年中国北方 15 省区民间文学优秀成果二等奖。杨忠的论文《民国时期甘肃民歌述论》(刊《驼铃》1996 年第 3 期)对辛亥革命后的民国时期 30 年间我省的民歌状况进行概括论述,指出:这一时期我省歌谣异常兴旺活跃,其主要原因是民族的繁杂、文学观念的变革、教育的落后和社会的闭塞;而由于抗战宣传的需要,曾一度形成搜集研究民歌高潮,并组织民间艺人参与编唱抗战民歌活动,则是抗战民歌兴盛的原因。杨忠的论文还对这一时期各类民歌的品种及其特点,以及不同民歌的内容和意义作了论述。另外,杨忠还对当时出现的三次较大的关于民歌评价问题的争论进行述评,这三次争论虽然重点不同,但都涉及如何正确评价民歌问题。杨忠的论文认为,民歌是一种复杂的社会存在,既不可盲目推崇,也不能简单否定,而应具体作品具体对待。杨文结合具体作品分析,对许多有重要社会价值的作品进行了赞扬,也对民歌中某些明显糟粕提出了批评。杨文是一篇内容较丰厚的研究论文,既有扎实可靠的资料介绍,又有着实事求是的分析评价,而且还往往显露出作者本人的独到见解。它不仅能使人们了解到民国时期甘肃民歌的有关情况,还在民歌研究方面给人以一定的思想启发。

关于汉族歌谣的研究,发表的文章不多,彭金山的《太白孝歌再考》(刊《西北民族研究》1998 年第 1 期)是一篇很值得注意的论文。该文论述的是一种很少为人们触及的奇特风俗歌曲——孝歌,它是流传在陕、甘交界的太白山区的一种哭丧仪式歌,用于亡人初丧,由专门的歌师说唱。作者曾三下太白,对孝歌的仪程、曲目、内容及渊源进行过专门调查,本文即为调查研究所取得的成果。它以实地调查的资料为基础,对孝歌的有关民俗事象作了详细的描述,并简要分析了太白孝歌产生的各种条件。彭文认为:太白孝歌的主要作用是寄托对亡人的哀思、娱乐神鬼为亲

人"免罪"、减轻丧事的压抑气氛、教育后代和规劝世风。它所以能孤立地在黄土高原深处的太白山区流传,是由于:第一,地处偏僻,古朴文艺少受现代文明冲击;第二,居民具移民色彩,成分繁杂;第三,自然面貌与流行丧鼓的荆湘地区相像;第四,过去佛教气氛浓厚。作者调查工作较扎实细致,本文内容较丰富,对于研究这一独特民俗文化现象有重要资料价值。宋志贤的《岷县苦难儿歌的特色浅析》(见《甘肃民间文化论文集》,甘肃省民间文艺家协会 1993 年编印)一文论述的是几首流行于岷县的儿歌,作者搜集到《扬扬板》《花豹》《圆蛋蛋儿》和《黄老爸》四首儿歌,认为它们从题材内容到创作艺术在许多方面都具有自己的风格和特色,遂对它们作了较为具体的介绍。文章所提供的几首儿歌具有儿歌特点和甘肃地方特色,又较为少见,有一定资料价值。

关于回族歌谣的研究,宴席曲在其中占有比较重要的位置。宴席曲属于"家歌",即主要在家庭院落和村子里唱的歌。研究宴席曲的主要论文有周梦诗的《简谈回族宴席曲》、鲁拓的《古老的回族歌舞——宴席曲》和王沛的《酒曲浅谈》(三文均见甘肃省临夏回族自治州群众艺术馆 1984 年 6 月编印的《回族宴席曲》一书;王沛文又刊于《驼铃》1998 年第 2 期)等文。周文是对宴席曲的综合性论述,说宴席曲是西北回族人结婚时演唱的一种民间传统仪式歌,大致可分为散曲、叙事曲、五更曲、说唱曲(也称"打调")和酒曲等五类,其内容丰富多彩,演唱形式多样,除"打调"外,一般都有原始的舞蹈动作。认为回族宴席曲源于元代的民间"散曲";还从叫法、歌词结构和曲调、内容等方面对宴席曲与"花儿"之间的区别进行了论述。鲁文却认为宴席曲是回族等少数民族的一种婚礼歌舞,属于"家曲"。该文结合回族婚俗,介绍了宴席曲的表演形式,还从音乐、舞蹈角度对宴席曲的艺术特色作了论述。王文则从演唱形式与规矩、艺术特色等方面,对宴席曲之中的"酒曲"部分进行了论述。以上三文分别从不同角度与方面对这种民间艺术进行描写性论述,有助于人们对这一艺术品种的了解。

关于藏族歌谣的研究文章相对稍多。乔高才让对藏族歌谣进行系列研究,有《藏族民歌初探》(见《民间文学论文集》1 集,中国民间文艺研究会甘肃分

会 1982 年编印）和《藏族"哭嫁歌"简析》（见《甘肃民间文化论文集》，甘肃民间文艺家协会 1993 年编印）等文发表。前文对藏族民歌的基本情况进行论述，着重论述了藏族民歌的分类、内容和艺术特点。作者认为，藏族民歌按其流行地区的不同而有不同的品种和分类，包括我省藏区在内的安木多藏区，其民歌主要有鲁（酒曲）、拉夜（情歌）、舞蹈歌（表演歌和圆圈舞）和描鲁（生活歌）等几类。在此基础上，对不同类别民歌的内容和艺术特点做了介绍。该文是在考虑到舞蹈因素的情况下对藏族民歌进行分类的，对人们关于歌谣的分类有一定的启发。后文对流行于甘、青藏区的藏族"哭嫁歌"进行探讨，认为它是封建社会的产物，反映了藏族买卖婚姻和藏族婚俗。该文有一定质量和水平。格桑卓玛的《舟曲藏族民歌初探》（刊《西北民族研究》1995 年第 1 期）一文对产生和流行在我省舟曲县境内的藏族民歌进行论述。由于民歌的特色与当地的自然和社会背景密切相关，格文是在对舟曲县的自然环境、社会历史概况的具体描绘之下，介绍该县的民歌情况的。该文按演唱场所及与舞蹈的关系，把舟曲藏族民歌分为野曲、家曲和舞曲三大类，然后分类介绍它们各自的内容、演唱与表演情景和方式。另外，格文还按流行地区介绍了舟曲藏族民歌曲调方面的特色。该文是从音乐、舞蹈角度来介绍舟曲藏族民歌的，被介绍对象的地区性又十分具体，这对于科学认识、深入研究藏族民歌有着可贵的资料价值。李雄飞的《藏族"拉伊"与藏传佛教》（刊《西北民族研究》1998 年第 1 期）一文对藏族情歌与藏传佛教之间的关系进行研究，作者通过对 268 首旧情歌的考察，发现它们与藏传佛教不仅有着表层的联系，而且在深层也多方面受其影响，如表现在情歌的歌词结构、局部特色和创作过程等方面，甚至影响到情歌创造者的世俗行为和心理活动。于是作者认为：藏族人民对宗教的尊奉和对爱情的追求二者并不矛盾，当代藏族歌曲的创作应当从藏传佛教入手，探究藏族人民的真正内心世界。该文从最富藏族文化特色的宗教入手对藏族歌谣进行讨论，触及其民族精神领域的研究，有其独特的价值。

东乡族是甘肃特有的少数民族，关于该族歌谣研究的论文不多，主要有马自祥对该族歌谣的研究，他在专著《东乡族文学史》（甘肃人民出版社出版，1994 年）一书中对东乡族歌谣有专章论述。他把该族歌谣分为古代、近代和现当代三个时期。古代指 13 世纪至 1840 年，这一时期的东乡歌谣主要有劳动歌、"哈利歌"和儿歌等。劳动歌有收庄稼的"了略"、碾场的"洛洛"，以及"连枷歌""扬场歌"，还有打夯时的"当奴杜调"等多种。这些歌风格多样，语言朴素，有着固定的形式，生动地反映着东乡族人民生产劳动生活的各个方面。"哈利歌"是东乡族婚礼上唱的仪式歌，由民间艺人领唱，前来贺喜的亲友们相和，其歌词均为祝贺内容的即兴之作，演唱时按节拍做出击手掌和手臂的动作，载歌载舞。儿歌也很丰富，流传下来的主要有"真扎诺""胡拉哈胡勒"和"枯拉枯拉"等，内容多为日常生活中的事物和有关植物或农活的情况，带有知识性，充满生活情趣又朗朗上口，易于记诵。东乡族古代歌谣大都用东乡语吟诵，其词对仗工整，押韵押调也十分严格，甚至连上下句的音节也要求一致，头韵脚韵均有，音调和谐。近代指 1840—1919 年"五四"时期，这一时期的东乡歌谣主要有"花儿"和宴席曲，它们一般用汉语歌唱。"花儿"主要内容有倾诉苦情"花儿"和爱情"花儿"，前者反映近代统治阶级残酷剥削压迫下劳动人民悲惨的生活；后者表现人们对艳丽青春和自由爱情、婚姻的追求。宴席曲属于"家曲"，多反映家庭生活，如祝贺、规劝和训导方面的内容。宴席曲曲调婉转柔和，潇洒抒情，节奏性强，适宜舞蹈；歌词结构不像"花儿"格律那么严谨，而是自由舒散，全用单字尾。现当代指 1919—1989 年，主要有诉苦和反抗"花儿"、歌颂新社会以及反映社会主义建设的"花儿"。马自祥是东乡族诗人和学者，对本民族文化十分熟悉，他全面系统论述东乡族歌谣，符合本族歌谣实际，对于人们正确认识东乡歌谣基本面貌有较多帮助。

裕固族也是甘肃特有的一个少数民族，其历史较悠久，关于该族歌谣研究有一定成绩，其研究论文主要有下面几篇。钟福祖的《谈谈裕固族民歌》（刊《民族文学研究》1984 年第 2 期）一文是一篇概括介绍该族民歌的描写性研究论文，主要从内容与形式等方面对该族民歌进行介绍。裕固族民歌大致可分为传统民歌、情歌、民间小调和新民歌等四类，而其中的传统民歌又包括叙事民歌、劳动民歌和习俗民歌等。

钟文联系民歌实际，对分属不同类别的不同内容的民歌作了较为具体的介绍。同时，对它们的艺术形式和演唱方式也进行了简要说明。这是我省学者较早公开向全国介绍裕固族民歌的一篇论文，它对人们了解裕固族民歌有一定意义。杜亚雄的《裕固族西部民歌研究》（见《甘肃民族研究》1981 年创刊号和 1982 年第 1—2 期合刊）是一篇着重从音乐角度对裕固族西部民歌进行研究的论文。杜文联系该族社会、历史、生活和民歌实际，分别从民歌在裕固族社会生活中的价值、歌词的特点、源流与发展以及音乐特色等四个方面对该族民歌作了论述。该文内容丰富，材料扎实，分析较细致，通过多种社会、文化因素的比较研究，最后得出裕固族民歌保存了古代突厥诗歌较多特点的结论。音乐专家认为："研究一个古老少数民族民歌，确是对于研究、开拓中国音乐史研究的一个重大课题，在这一方面，这篇论文具有开拓性的意义，值得充分肯定。"武文对裕固族歌谣的研究成绩也较为突出，他在他的专著《裕固族文学研究》（甘肃人民出版社出版，1998 年）一书中专章对其民间歌谣进行论述。他将裕固族传统歌谣分为生活歌、情歌和婚礼歌三类来论述，生活歌主要包括劳动歌和苦难歌，反映了裕固族人民的社会生活及与其独特历史密切相关的遭遇；情歌数量最多，展现着该族青年男女爱情生活中的感情经历；婚礼歌是在其族极其隆重和非常繁缛的各种程序中唱的歌，包括哭嫁歌、送亲歌、梳头歌、戴头面歌、告别歌和送亲歌等，但最著名的是讲唱他们婚俗起源的《阿斯卡恩地》和以羊腿骨作结婚凭证来历的《尧达曲珠儿》。作者认为：裕固族的生活歌以现实主义为创作基调，其内容来自现实生活，艺术表现上比较注重意境刻画，风格质朴、真实、自然，结构形式灵活多变，韵律节奏非常自由。情歌很少涉及社会内容及阶级背景，而是专一地表现青年男女相亲相爱之事，风格上类似喜剧，其最突出的艺术特色是比兴手法的运用。结婚歌中的《阿斯卡恩地》和《尧达曲珠儿》，二者反映了裕固族人民热爱生活、团结友爱、注重感情、追求美好未来的民族精神，通过婚俗活动展现了裕固族的社会史和文化史，其思想价值和历史价值都是很高的。武文对裕固族歌谣的论述，比较全面、系统、细致，并具有理论性，因而也较为深入。

关于蒙古族歌谣的研究，主要论文有郝慧民的《西蒙古族的独特社会历史及其民族特性——西蒙古歌谣内容的考察研究》（刊《西北民族学院学报》1996 年第 2 期）、夏日库的《论蒙古民间劳动歌的基本特征》（刊《西北民族研究》1990 年第 2 期）、林春峰的《西蒙古"划拳歌"》（刊《西北民族研究》1996 年第 1 期）、傲东白力格的《谈谈西蒙古歌谣的兴体构思及其特点》（刊《青海民族研究》季刊载 1998 年第 1 期）、哈斯朝鲁的《蒙古族民歌审美谈》（刊《西北民族学院学报》1994 年第 1 期）、大可的《西部蒙古族婚俗及其祝词》（见《民间文学论文集》1 集，中国民间文艺研究会甘肃分会 1982 年编印）等。郝文通过对西蒙古族歌谣内容的考察，来探讨该民族的社会生活、历史及其民族特性问题。该文全面考察了所选歌谣选本的具体内容后，发现其内容表现上有一些明显突出的特点，而它们正是西蒙古族社会历史及民族特点在民歌上的反映。例如，该族民歌反映的社会内容题材十分狭窄，主要是家族问题、两性问题和日常生活问题，即仅仅是以家族为中心的一个小圈子。作者认为，这既有该族血族部落时期的历史渊源，又是游牧生活痕迹在意识领域的反映。又例如，西蒙古婚礼歌在其族仪式歌中所占比例较大，且保存完整，同时，婚礼民俗繁杂，歌谣种类多样。这则显示出游牧民族对婚姻的独特重视，也曲折地反映了他们人口繁衍的艰辛。另外，郝文还对该族歌谣中情歌的感情特点，歌谣与整个社会的关系，思维特征以及认识周围世界的总特点等问题，也都联系西蒙古族的社会历史生活作出自己的解释。该文不仅以民歌为研究对象，更把研究目的引向整个民族，这种研究染上了民族学色彩，具有开拓的意义。夏文通过对蒙古族劳动歌特征的论述，对学界关于劳动歌的定义提出疑问。

学界一般认为，劳动歌是由体力劳动激发出来，伴随着劳动歌唱，并具有协调动作、指挥劳动、鼓舞情绪等特殊功能的民歌。根据这一定义，有人得出蒙古族没有劳动歌的结论。夏文认为，上述劳动歌定义是从农业生产或集体生产劳动的特征归纳出来的，对于牧业劳动并不适用。蒙古牧业劳动的"劝羊歌"是运用语言的力量去调整劳动对象的情绪，从而达到提高劳动生产率的目的的。这种对语言魔力的信仰乃是一种原始意识的残留，是有其久远的历史根源的。夏文指出，农业生产的劳动歌可归纳为"节奏类型"的劳动歌，而牧业生产的劳动歌则应属于"旋律类型"的劳动歌。夏文联系蒙古族的生产特点和"劝羊歌"的歌唱实际来阐明自己的观点，具有一定的理论性和说服力。林文对西蒙古的"划拳歌"做了多方面的细致论述。"划拳歌"是西蒙古人在饮酒划拳时辅之以音乐和唱词的一种歌谣形式，属于"游戏歌"类。林文通过对西蒙古地区关于"划拳歌"流行资料的具体考察，论述了这种歌谣的流行范围、内容、形式、音乐特色、演唱方式以及演变与形成等。林文认为：西蒙古"划拳歌"主要流行于内蒙古的阿拉善盟和青海省的海西地区，在甘肃和新疆的蒙古族地区也有流行，这种歌谣内容比较丰富，它以游戏娱乐为主，也有赞美家乡、描写生活和歌颂友情甚至表达爱情方面的内容。"划拳歌"演唱时每首都有衬词，衬词可以是人名、无实意虚词和包含数字的猜拳唱词。西蒙古"划拳歌"并非源于西蒙古本土，而是由其他歌谣在流行中经西蒙古人改造而成的，但它们却明显呈现纯牧业特点。"划拳歌"是在音乐配合下演唱的，其音乐有自己的特点。林文重视对研究对象的考察研究与具体分析，有些问题论述较深入，对于人们认识这种很少有人具体涉及的歌谣品种，有着积极的帮助。傲东文对西蒙古族歌谣的兴体艺术构思进行论述，认为这种构思方式大体经历了三个发展阶段：最初，是主体与从体还没有分离的巫术式兴体构思，劳动歌与诀术歌是这一段的遗留物；其次，是主体与从体刚开始分离的祈祷式兴体构思，祝词与赞词是这一阶段的遗留物；最后，是主体与从体分离后建立象征关系的叙述式兴体构思，思念父母的生活歌是这一阶段的产物。傲东文通过对具体作品的分析来论证上述观点，具有一定的内容和水平。哈斯文从审美角度对蒙古族民歌做了概括的论述，指出：在蒙古族早期文化中，歌谣、音乐、舞蹈是三位一体的。蒙古族民歌的主要体裁有狩猎歌、牧歌、思乡曲、赞歌、婚礼歌、宴歌、情歌、儿歌和长篇叙事歌等。该文在对不同体裁民歌内容和音乐特色进行概括介绍的基础上认为：蒙古族民歌有独特的审美特征，具体表现在优雅、雄壮、悲怆、诙谐等几个方面；既表现在音乐形象上，也表现在风格上，但主要表现在优美的意境中。该文有一定内容和质量。大可文在介绍西蒙古族婚俗的过程中介绍了贯穿于其中的婚礼祝词，对人们了解和研究西蒙古族人的习俗及其与歌谣的关系有一定意义。

关于在民间谚语的研究方面做出显著成绩的是郝苏民对蒙古族谚语的深入研究。郝苏民早在50年代初就曾经为《人民日报》副刊、《民间文学》、《中国少年报》等翻译过蒙古族谚语，后来由翻译转向研究，发表了一系列论文。他的《蒙古族谚语概说》（见《民间文学论丛》，中国民间文艺出版社，1981年出版）一文总结了蒙古族谚语的思想内容，它的产生、形成及艺术特点。《蒙古族谚语散论》（刊《西北民族学院学报》1980年第1期）一文对蒙古族谚语源流范围以及民族特性等问题进行讨论。作者认为，谚语其所以是各民族共有的源远流长的文学形式，由于它不仅是一种共有的体裁，而且富有特点并在实际生活中发挥着独特作用。作者针对国内外学人对蒙古族谚语的范围与界限的种种不同见解进行了细致的理论辨析，并提出了自己的观点。关于蒙古族谚语的民族特点，作者认为主要表现在材料的选择和艺术手法的运用等方面。例如蒙古人是"马背民族"，他们所创造的以马喻理和以马总结经验与规律的谚语如夏夜繁星，璀璨夺目，令人叹为观止，这就显示出它们独有的色彩浓郁的民族特点。这些问题的论述具有一定理论性，能给人以启发。与上述二文相比，《蒙古族谚语格律的考察研究》（见《民间文学论文集》1，中国民间文艺研究会甘肃分会1982年编印）是郝苏民关于蒙古族谚语系列论文中最有分量和最值得注意的一篇。这是对蒙古族谚语的艺术形态进行较为深入研究的论文，作者在对数千则蒙古族谚语资料具体考察的基础上，对其行、音节结构、重音和节奏以及押韵等方面的规律进行了探索。作者认为：蒙古族谚语每则的行数共有1行、2行、3行、4行、6行、8行六种形式，其中最多的是2行和4行，而以2行为最盛，并成为蒙古族谚语每则形体行数的基本形式。这种"双段式"的谚语结构，表现出一种均衡思想，这与这个民族先民们最早的审美意识——表现出与方正、对称、稳定和井井有序密切相关。蒙古族谚语每行的词语，最短的从"二言"一行（这里的"言"指实词，二言即两个实词）直至最长的"七言""八言"组成。蒙古族谚语作为韵文形式，既讲求词语的等量与匀称，又注意每行音节的大致相等，它们是构成蒙古族谚语的两种主要手段。关于蒙古族谚语的押韵形式，在两行结构的谚语中，有押头、尾韵的，有只押腰韵而不押头、尾韵的，又有只押头、腰韵而不押尾韵的，再有只押腰、尾韵而不押头韵的，还有押交叉韵的。在4行结构的谚语中，其押韵形式有头、腰、尾全押的，有1、2、3行押韵的，又有1、3行押一韵，2、4行押另一韵的多种。除此之外，蒙古族谚语也讲究对仗。我国著名民间文学专家钟敬文教授曾严肃指出，"过去相当长的时期里，我们只把着眼点放在作品的内容方面（主要是所谓思想性），对与之紧密相连的艺术形体（韵律、格式等）却很少注意。这是一种不折不扣的偏向"。郝文正是为克服此偏向作的实践，因而具有研究上的导向意义。本文有一定理论深度，其研究方法也给人以启发。段平的《谚语及其艺术特色》（刊《兰州大学学报》1980年第2期）是一篇主要对汉族谚语进行研究的论文，着重论述了汉族谚语的艺术特征问题，该文具有一定内容和影响。

关于歇后语的研究论文不多，主要有徐殿武的《陇东歇后语论述》（见《民间文学论文集》1，1982年）一文，该文对我省陇东地区的歇后语进行论述，具体论述了其内容倾向、特点以及使用方法等，该文有较丰富的内容和较高的质量。

民间口头散文叙事文学作品

（一）初创期（1949—1965）

1949年12月《甘肃日报》创办了文艺副刊《大众文艺》（1957年改名《百花》）；1950年2月，《新民主报》副刊《新文艺》问世（1952年6月该报停办）；1950年8月，甘肃省文联（筹）创办了文学刊物《甘肃文学》（此刊到1966年6月为止，曾先后改名《甘肃文艺》《陇花》《红旗手》，后又恢复《甘肃文艺》之名，中间曾有几次停刊，总计出版141期）。起初，这些文艺园地为了配合当时社会巨大变革的形势和政治运动的需要，大都以刊登群众性的演唱材料和宣传政策的短小作品为主，很少发表传统的民间故事。比如，从《甘肃文学》到《甘肃文艺》第一次停刊的十七期中，仅仅出现了赵怀玺的《地主和长工》（1951.7）、杨健的《谁的眼睛瞎了》（1951.9）、张希平的《驴不吃》和《作揖》（1957.7）等屈指可数的几篇民间故事。这一方面是由于1950年6月建立的

甘肃省文联（筹）的组织机构尚不健全，只设有秘书处和文学、戏剧、音乐、美术四个工作委员会，还没有专门机构和人员来抓民间文学队伍的组织和民间作品的搜集、整理工作，难以改变其"散兵游勇"的状态；另一方面，也是由于当时政治形势的需要，各报刊不得不把发表宣传政策的通俗文学作品作为中心任务来抓，传统民间故事的搜集、整理还来不及提上日程。

1954年底甘肃省文艺工作者第一次代表大会的召开和1955年5月《甘肃文艺》（后改名《陇花》）的复刊，标志着我省文艺工作者队伍的初步形成和社会主义文艺事业新局面的真正开拓。民间故事的搜集、整理、翻译、发表和出版也因此掀起了第一次高潮。从1955年5月《甘肃文艺》新的创刊号发表赵星的《黑黑和白白》开始，改称《陇花》（1957年1月）之后的相当长的一段时间，开始涌现出了一批积极参与搜集、整理民间故事的爱好者和专家。其中主要的搜集、整理者和他们所发表的民间故事有：悦希卓玛和益希朋措的《藏族民间寓言四则》（1955）、郝苏民的《蒙族民间寓言》（1955）、洋舟的《野狐精》（1955）、李云鹏的《牧童宝笛》（1955）、王福满和庞应春的《金豆子》（1955）、张平的《史黑心》（1955）、朝蕙的《羊娃和牡丹》（1956）、张步武的《喜鹊传信》（1956）、杨永忠的《宝棒》（1956）、王沂暖译的《藏族寓言三则》（1956）、赵子明口述的革命故事《越狱记》（1956）、宝满的《黄羊和红娥》（1956）、寇安祥的《两个木匠》（1956）、苏民译的蒙古族故事《大鹏、大蟒和大树》（1956）、马明星的《巧长工》（1956）、张少青的《八哥鸟的故事》（1956）、伊丹才让和克昌的藏族故事《猎人和国王》（1956）、张得祥的《皇帝和老鼠》（1956）及《宝珠》（1957）、杨发第的《猴子的下场》（1957）、索南仁钦和赵远文的藏族故事《马夫和三公主》（1957）、何金疆的《人长人短的故事》（1957）、李如珉的《爱宝的县官》（1957）、冬青的《金羊和金鸟》（1958）、河漫的藏族故事《三件宝》（1958）、赵金群和郑佐文的《银猫和金瓢》（1958）、李效芳的《林计多和黄鼠狼》（1958）、郝苏民的《牧童与蜜蜂》（1958）等。这一阶段，在《甘肃日报》的《百花》副刊和《民族团结》专刊上，偶尔也有民间故事发表，搜集整理者主

要有张永福、黄莺、吴正中、马自祥、朱家声、才让丹珍、乔维森、野枫、魏泉鸣等。

从1949年到1965年这一时期，在全国性《民间文学》刊物上发表的甘肃民间故事作品共有十多篇，如王沂暖译的《西藏寓言四则》（1955），郝苏民译的蒙古族故事《青年猎人乌能》（1956），赵燕翼的东乡族故事《白羽飞衣》（1959），关睢、王殿的《兔儿和羊羔》（1962），王殿的土族故事《红水沟》（1962），柯杨的东乡族故事《挡羊娃与牡丹花》（1963），李云鹏的新故事《卖马记》（1965）和蔚家麟的《荞麦的传说》（1965）。

除以上散见于各报刊的民间故事外，这一时期甘肃还有5种民间故事专集出版，它们是曹觉民的《避风珠》（1957），郝苏民的布里亚特蒙古族民间故事集《金蛋》（1957），赵燕翼的《金瓜和银豆》（1961）及藏族故事集《顿珠和卓玛》（1962），还有甘肃人民出版社编辑出版的《甘肃民间故事选》（1962）。以上这些搜集、整理、翻译、发表、编辑、出版者当中，有的是在我省各高校里专门从事民族民间文学教学与研究的教师，如王沂暖、曹觉民、郝苏民、柯杨和蔚家麟；有的是自幼热爱民间文学，善于从民间文学作品中汲取营养的儿童文学作家，如赵燕翼；有的是基层的文艺工作者和民间文学爱好者，如李云鹏和刘瑞；有的是刚刚毕业的大学中文系学生，如关睢和王殿。他们所搜集的单篇故事或故事专集的发表、出版，当时在全国民间文学界都产生了一定影响。这说明甘肃省民间故事的搜集整理工作不但已从无到有，取得了初步成果，而且还显示出甘肃省民间文学工作者队伍的初步形成。尤其值得多说几句的是甘肃人民出版社编辑的《甘肃民间故事选》（1962）的问世。这部民间故事集是从1949年后见诸省内外报刊的约400篇甘肃民间故事中，精选出了11个民族的54篇作品编辑而成的，印数达15000多册。该书后记中说："编选的目的，主要是想初步汇总一下我省解放以来在这一方面所取得的成果，供给广大读者更多更好的民族民间文学读物。"该书的长篇序言，不但中肯地阐明了民间传说故事的价值和进一步搜集整理的必要性，而且有重点地分析了书中部分传说故事的思想意义和艺术特色，发挥了良好的导读作用，并对推进全省民间故事的搜集整理工作产生了积极影响。总之，《甘肃民间故事选》一书的出版可说是"文革"前17年甘肃民间故事搜集整理工作的一个阶段性小结，在甘肃民间文学作品的出版史上占有重要的地位。

（二）繁荣期（1977—1999）

1978年12月党的十一届三中全会召开，1980年9月甘肃省文艺工作者第二次代表大会和中国民间文艺研究会甘肃分会（后更名甘肃省民间文艺家协会）的成立标志着我省民间文艺工作新的腾飞的开始。在这次大会上，曲子贞被选为中国民研会甘肃分会的首届主席。他在成立大会上的中心发言，充分肯定了"文革"前17年我省民间文学工作的成绩，总结了经验和教训，阐明了大力搜集整理民间文学作品的重要意义，指出了继续肃清"左"的思想干扰的必要性，并对下一步的工作进行了具体安排和部署。对甘肃民间文学工作者来说，这是一次建立机构、明确任务、进行动员、团结奋进的大会。以这次会议为契机，我省民间故事的搜集、整理、翻译、研究和出版工作开始大步前进，出现了前所未有的繁荣局面。

1979年1月，全国性的《民间文学》杂志复刊。1980年7月，由甘肃省群众艺术馆主办，秦川牛主编的综合性、通俗性文艺刊物《群众文化》改名《陇苗》，专门开辟了"民间传说故事"专栏。这两个刊物成为我省民间文学工作者在省内外发表他们所搜集整理的民间故事的主要园地。从1980年起，在这两个刊物上共发表我省各民族民间故事和传说80多篇，涌现出了一批新的搜集整理人才。其中马自祥、江作任的《巧蛤蟆》（1980），马少青的《妥勒尕尕》（1982），刘瑞的《娇娇女》（1982），杨澄远的《苏武山的传说》（1982），田恒江的《麦积山的传说》（1983），周梦诗的《回族民间传说》（1983），郭仪的《樵哥和石花》（1983），才让丹珍的《天鹅琴的故乡》（1987）等，故事情节动人，语言生动形象，民族和地域特点突出，可说是这两个刊物所发表的我省民间故事中的精品。这些故事后来被多次选入各民族民间故事专集和民间传说专集之中。还应当特别提到的是《陇苗》1983年11月号推出了一个"全省首届故事调讲专辑"，选登了7篇优秀的新故事，这对推进我省广大农村和基层单位新故事的创作和宣讲活动无疑有着积极的意义。

1980年9月，民研会甘肃分会成立之初，就决定办一个自己的刊物，为全省民间文学工作者提供一个发表作品的园地。经过一段时间的准备，不定期的内部刊物《甘肃民间文学丛书》于 1981 年 7 月创刊，可惜由于种种原因，只出了 3 期就于 1982 年夭折了。尽管如此，这个刊物仍然像一颗流星划过夜空，闪耀出了自己的光辉。3 期刊物历时 1 年，共发表民间故事 70 篇。其中，张尔进的红军传说《大胡子老哥》（1981）、王博义的《金马山》（1981）、杨澄远的《三个女婿行酒令》（1981）、任彦辉的《九龙川》（1981）、徐殿武的《百花池与牡丹仙子》（1981）、刘大有的《石门开》（1982）、路笛的《黄鼠狼拜年》（1982）、仇非的《胭脂川》（1982）等作品，充分显示了基层民间文学工作者眼睛向下、深入挖掘、慎重整理、保存特色的科学态度。

在这一阶段，甘肃广大民间文学工作者还以前所未有的巨大热情和充沛的精力，投入民间故事专集的编纂和出版工作，取得了突出的成果，尤其在各民族民间故事专集和地域性民间传说专集的出版方面，成绩特别显著。其中主要的有赵燕翼的《花木碗的故事》（1979），魏泉鸣的《乌孜别克族寓言故事集》（1979），黄英的《九眼泉》（1981），赵邦楠的《东乡族民间故事集》（1981，中国民间文学出版社，获中国民研会 1979—1982 年全国优秀民间文学作品二等奖），曹觉民的《火龙潭传奇》（1981），王殿的《土族民间故事选》（1982），汪玉良的《东乡族民间故事选》（1982），临夏回族自治州群众艺术馆的《临夏民间故事集》（内部，1983），高凤山、张军武、焦炳琨的《嘉峪关传奇》（1983），郝苏民、薛守邦的《布里亚特蒙古民间故事集》（1984，中国民间文艺出版社），赵方中的《甘肃风物传说》（内部，1984），拉喜、道布钦的《肃北蒙古民间故事》（蒙文版，1984），赵方中的《黄河的传说》（内部，1985），甘肃省群众艺术馆《月牙泉边的故事》（内部，1985），甘肃人民出版社的《丝路传说》（1985），陈钰的《敦煌的传说》（1986），唐光玉的《丝路的传说》（1986），郝苏民的《卫拉特蒙古民间故事选》（蒙古文版，1986）和《东乡族、保安族、裕固族民间故事选》（1987，上海文艺出版社，列入"中国少数民族民间文学丛书·故事大系"），潘竟万的《凉州传奇》（1988），郝苏民的《西蒙古——卫拉特传说

故事集》（1989），潘竟万的《祁连山传说》（1989），石磊的《炳灵寺与刘家峡的传说》（1991），罗培模的《麦积山的传说》（1991）等。这 24 部传说、故事专集中，有的是个人搜集、整理、翻译成果的汇总，有的则是按民族、地域等不同类别，将散见于各报刊的有关民间故事或传说加以搜罗筛选，然后编辑成专集出版，其中有不少是属于整理慎重、选择精当、特色突出、填补空白的集子。这批作品集既为优秀民间故事和传说的推广做出了贡献，也为各民族、各地区传统文化的研究提供了丰富的资料，受到了民间文学界和其他学术界专家、学者的好评。比如，民族文学评论家梁一儒教授曾撰写专文，评介郝苏民的《西蒙古——卫拉特传说故事集》，指出这部书是建立在真正田野作业基础上的整体西蒙古第一部最全面的传统故事集，是对蒙古族民间文学的一项填空补白之力作。评论写道："（这部书）不仅提供了弘扬民族优秀文化的可读性作品，而且为历史学、民族学、语言学、民俗学的研究提供了可参考的第一手资料。"内蒙古社会科学院文学研究所研究员赵永铣先生也指出："这是一部辑纳较为丰富、基本反映了西蒙古民间故事概貌及其特点的集子。"我省独有的东乡、保安、裕固 3 个少数民族的故事合集或专集的出版，同样具有挖掘宝藏、填补空白的重要意义。就拿其中的东乡族民间故事选集来说，短短 7 年间就出版了 4 种，内容虽不无重复，但大多数作品质量上乘，引人注目。东乡族民间故事《米拉尕黑与海迪亚》《三姐妹除妖》和《玉斯哈的故事》等被有的专家评价为："理想的追索、未来的憧憬和现实的搏击交织在一起，弹奏着这个只有语言而无文字的民族在其历史进程中发自心底的乐声。"保安族民间故事《保安腰刀的传说》《神马》和《砍柴老人的故事》等被誉为"勤劳朴实的民族性格、注重友情的高尚品德和不畏强暴的英勇精神熔铸为一体，显露出保安人民刚毅豪迈、乐观向上的民族风范"。裕固族民间故事《女英雄萨尔玛珂》《珍珠鹿》和《黄黛琛》等被认为是"在生动形象的语言表述中，叙说裕固民族的渴望和企盼"。在搜集、整理、出版这 3 个民族民间故事的长期实践中，赵燕翼、郝苏民、马自祥、汪玉良、马少青、才让丹珍、乔维森、野枫、赵邦楠等成果最为突出。他们使这 3 个民族的口头文学作品第一次以专书的形式走向全国，走

向世界，向人们展现了生活在甘肃境内的东乡、保安、裕固3个民族社会发展的轨迹，民族性格的特征，善良心灵的历程和文学创造的才能。王殿搜集整理的《土族民间故事选》也很有特色，其中的《祁家颜希》《黑马张三哥》《除蟒王》和《纳音得阿姑》等作品，情节曲折，语言质朴，有很强的可读性和科学研究价值。

陇原大地的山川风物及历史人物传说的大量结集出版，是20世纪80年代和90年代初期的又一重大收获。所出版的十种传说集，从东部的崆峒山、麦积山到西部的嘉峪关、敦煌；从轩辕黄帝、大禹到李广、霍去病，几乎包容了丝绸之路甘肃段绝大部分脍炙人口的地方风物传说和历史人物传说。从表达人民意愿和激情的角度来看，传说可说是"口传的历史"，但它们都不是严格的科学意义上的真实历史，而是取一点历史因由，虚构渲染成篇，通过奇异的幻想和巧妙的艺术构思来反映社会生活的本质和普通老百姓对事物的解释。崆峒山及其周围地区民间流传着许多关于黄帝的传说，如《黄帝问道》《望驾山》《崆峒洞天》和《棉花的传说》等，尽管由于历史的积淀和演变，这些传说或多或少夹杂着一些道教文化的色彩，但就其主流而言，仍然反映了人们对这位中华民族始祖在那远古文明肇始时代巨大贡献的敬仰和怀念。积石山相传是大禹导河治水的起点，民间流传的《禹王石》《禹王爷治河》《禹王爷和八盘峡》《禹王在兰州》等传说都有一个共同的主题，即对大禹这位古代英雄人物不辞辛劳、万里奔波、献身治水、造福民众的伟大人格与业绩的颂扬。至于能工巧匠鲁班、药王孙思邈、神人刘伯温、使节苏武、名将霍去病等历史人物传说，以及麦积山、炳灵寺、凉州钟、嘉峪关、莫高窟、月牙泉等地方名胜传说，也被大量采录，编入各个专集，给读者以琳琅满目、美不胜收的感觉。这些传说专集对于弘扬甘肃优秀的文化遗产，增强人们对丝绸之路光辉历史的认识，以及吸引国内外客人来甘肃各地观光旅游，都发挥了积极的宣传和引导作用。在各类传说的搜集、整理、编辑、出版方面，贡献突出的有陈钰、罗培模、仇非、唐光玉、潘竟万、高凤山、张军武、焦炳琨、石磊、赵方中等。不过，从已公开出版的各种传说专集来看，其中有的集子里的部分篇目，艺术加工成分"略嫌大了些，有的近乎再创

作"（曲子贞语）。作为生动有趣、具有地方特色的普及性读物，这样做当然无可非议，但作为科学意义上的搜集整理，则是欠妥当的。因为"搜集整理"是一个有严格界定的学术概念，不能随意使用。简略地说，整理是要求把民间口头创作按它本来的面目写出来；改编是把民间口头创作进行适当加工，按改编者自己的意图写出来；再创作只是以民间口头创作为基本素材，大幅度进行改造，以作者个人创作的形式拿出来。如果大删大添，"伤筋动骨"，那就成了改编或再创作而不是整理。为什么要强调"忠实记录，慎重整理"？这主要是由于民间口头文学本身的多功能性这个特质决定的。也就是说，它不只是具有文学的欣赏价值，而且具有重要的史料价值，诸如许多民族的形成和迁徙，某些风俗的起因，古老婚制的遗存，家族财产继承方式的演变，生产方式的更替，生态环境的变化等，都可以从民间神话、传说、故事中找到它们的痕迹和线索。正是在这个意义上，民间文学才被称为劳动人民的"百科全书"，才受到学术界的高度重视。如果我们按今天的伦理道德标准或价值观念将传统的民间文学——加以改动，那么，许多极有价值的成分就会荡然无存。

20世纪80年代，柯杨的《中国风俗故事集》（上、下册，1985）和谷德明的《中国少数民族神话》（上、下册，1987）两部专集的出版，意味着甘肃民间文学工作者视野的开拓和编选角度的创新。前者选出我国各民族有关岁时节日、婚嫁丧葬、信仰禁忌、工匠技艺、服饰饮食、文娱活动等方面的民间风俗故事280篇，分类加以编排。这些作品阐释和解说了各民族种种风俗习惯的由来，凸显了它们的历史性、民族性和地域性特色，较真实地反映了各族人民的社会生活和文化传统，形象、生动地表达了人们的价值观念和审美情趣，受到了学术界的普遍欢迎，并于1988年获得全国少数民族地区文艺读物优秀图书一等奖。谷德明的《中国少数民族神话》共选入46个少数民族的神话166篇，包容量很大，诸如创世神话、洪水和人类繁衍神话、万物起源神话、人类征服自然神话和英雄神话等，均有许多可供参照、比较的作品，对学术研究具有重要意义。著名学者王松在该书序言中写道："（这部书）是我国第一部少数民族神话专书。她的出版，证明中国的神话绝不是只有那些被称为

'片断的'、'零碎的'、'仅存零星者'的汉文古籍中的材料，而是完整的、丰富多彩的、至今还活在各民族中的中国古代百科全书。"

综上所述，改革开放 20 年来，由于全国经济建设的飞速发展、社会生活的安定、意识形态领域内政策的宽松及广大民间文学工作者心情的舒畅和敬业精神的高涨，甘肃省民间故事的搜集、整理、翻译和出版工作呈现出一派空前繁荣的景象，取得了引人注目的成果，在全国民族民间文学界为我省争了光。而甘肃人民出版社的魏宏泽（雪犁）、张正义、赵邦楠、马东升、法兰、王占国、董兆惠、吴祯、陈绍泉、李宝峰、钟嵘、岑新伟、张琪珍等，或担任责任编辑，或装帧设计或插图美化，以他们辛勤的劳动和严肃认真的工作，也为提高我省民间故事专集的出版质量做出了一定贡献。

（三）《中国民间故事集成·甘肃卷》（1984—1999）

1984 年 5 月 28 日，国家文化部、国家民委和中国民间文艺研究会三家联合签发了包括《中国民间故事集成》在内的关于编辑、出版"中国民间文学三套集成"的《通知》（简称"808 号文件"）并很快下达各省、市、自治区。1985 年 6 月，在京召开了第二次集成工作会议，讨论通过了"中国民间文学集成编辑出版规划"和三套集成的编辑方案。1986 年 5 月，三套集成的总编委会和各套集成的主编、副主编名单在第三次集成工作会议上获得通过。1987 年 3 月，《中国民间文学集成工作手册》编成后下发，使全国各地的集成工作有了统一的规范和标准。于是，这项被誉为"民间文化建设上的万里长城"（钟敬文语）和"全国民间文学界的龙头工程"（贾芝语）的三套集成工作在全国范围内陆续启动了。三套集成的总体要求是：总结以往搜集工作的经验，进一步开展普查，用科学记录的方法，在广泛搜集的基础上编选出各地区、各民族、各种形式的优秀口头文学作品。三套集成各卷本要严格注意科学性、全面性，选入的作品一定要符合"忠实记录，慎重整理"的原则，避免失真。要具有高质量，真正反映各民族劳动人民口头文学的原貌。

甘肃省民间文艺研究会遵循上述原则，在省文联党组的直接领导下具体负责这项艰巨、浩大工程的筹划、组织和实施。从 1986 年开始，先后在庆阳、白银、嘉峪关、平凉、张掖、甘南、临夏、天水、定西、武威等地、州、市，或办学习班培训骨干，或与地方有关部门协商组建班子、落实经费，逐步打开了深入普查、全面搜集的局面。1988 年以后，又将慎重整理、编出县卷作为核心任务来抓。在专业人员很少、经费严重不足、条件十分困难的情况下，经过十多年的艰苦奋斗，终于取得了可喜的成果。据统计，我省各地、市、县、区和省民研会为这项工程先后投入一万多人次，一百多万元，记录下来的原始资料达七千多万字，其中民间故事部分占七成。

三套集成工作主要依靠的是各地县文化领导部门、文联、群众艺术馆、文化馆的干部和最基层的民间文学爱好者。省民研会主席曲子贞、专职工作人员黄金钰、赵方中等也经常下到基层进行协调、指导和帮助工作，保证了各地工作的顺利开展。到目前为止，全省除了个别经费十分困难的县只有手抄本，尚未印出县卷外，绝大多数市、地、县、区，均已印出了内容丰富、分类科学、编辑认真、装帧精美的 32 开印刷本，如孙维高主编的《兰州民间故事》（上、下册，1988），邢正中主编的《通渭民间故事》（1988），定西县文化馆编的《定西民间传说》（1988），王举章主编的《静宁民间故事》（1989），葛惟煌主编的《白银民间故事》（1990），曹晓兰、张怀群主编的《泾川民间故事》（1991），赵智远主编的《永登传说故事》（1992），山丹县文化馆编的《焉支山的传说——山丹民间故事选》（1993），高仲选主编的《合水民间故事》（上、下册，1998）等。另外，如张继宗主编的《永登县民间故事集》（四卷本，1988），王万胜主编的《兰州市红古区民间故事集》（两卷本，1988），朱栋苍、马天凤编辑的《华亭县民间故事》（1988），李永春编辑的《武山县民间故事集》（1988），徐志贤主编的《平凉地区故事集成》（四卷本，1989），王柄主编的《天水市北道区民间故事集》（两卷本，1989），赵久红、毛鹏举编辑的《张家川民间故事集》（1989），杨进录主编的《裕固族民间故事》（两卷本，1990）等，虽系打字油印 16 开本，但也基本达到了三套集成资料本的要求。这批由基层搜集、整理、编印的民间故事卷质量究竟如何？我们可以举《合水民间故事》的编选过程为例来说明。合水县在县委、县政府的直接领导下，由县委宣传部、县文化局和文化馆三家联手，抽调专职人员白克金、高仲选、郭玉亮、高继祥、蒋静等于1987年4月成立了县民间文学三套集成编委会，组织了基层的110多人，利用一年多的时间，在全县15个乡镇、90多个行政村、400多个自然村进行了全面的普查和搜集，先后走访群众1500多户，2000多人次，发现"故事篓子"35名，录制磁带123盘，记录民间故事685篇。然后遵照"科学性、全面性、代表性"的全国统一要求，从中精选出227篇故事进行了慎重整理，并严格按规定编成了上、下两册共73万字的《合水民间故事》。我们今天见到的这部故事集，作品质量上乘，分类科学有序，编校认真，印刷精美，每篇故事之后均有讲述人、搜集人、整理人、流传地区及搜集时间的详细记录，所有特殊方言词语均在本页下作了注释。全书最后还列有"重点故事篓子小传"和"民间故事讲述者统计表"，可说是一部完全符合要求的县卷本，作为我省基层民间故事卷的样板，它是当之无愧的。

全省各地、市、县、区故事卷的陆续编成印妥，就为《中国民间故事集成·甘肃卷》的选编打下了坚实的基础。从1991年到1999年这9年间，先后有武文、黄金钰、杜自勉、徐文鹏、柯杨等投入大量时间和精力，从事省卷故事作品的筛选、修订、注释和编纂。初审通过后，又根据总编委会的审查意见，进行了增删、调整和修订，终于在1997年通过了复审和终审，使甘肃省的三套集成工作由落后跃入先进行列，受到了中央有关单位的表彰与嘉奖。经统计，《中国民间故事集成·甘肃卷》共选入我省各民族的神话、传说、故事、寓言、笑话465篇，再加上所附的异文42篇，总计507篇，近100万字。书末附有《甘肃省常见故事类型索引》及神话、传说索引，为研究家们提供了检索的方便，这部书已于2001年6月在北京出版。由武文主编，黄金钰任常务副主编，杜自勉、徐文鹏任副主编。这标志着中国民间文学"万里长城"浩大工程中一小段的完工，它将为全国乃至全世界提供一部前所未有的、具有甘肃多民族特色和地域特色的民间故事总集。这部书的问世是甘肃各族人民献给21世纪的最珍贵的文化重礼之一。

（四）民间口头散文叙事文学的研究（1978—1999）

甘肃省的民间文学理论研究工作起步较早。20世纪50年代初期，兰州大学中文系的匡扶、曹觉民两位先生就先后开出了"民间文学概论"和"中国人民口头创作"两门课程。匡扶的讲义还整理成专著《民间文学概论》，于1957年正式出版。由于当时的民间文学课程正处于初创期，理论方面主要是一些基本概念的说明和民间文学思想性及艺术性的阐发，举例和作品分析也多以歌谣为主，还谈不上对民间故事的深入探讨。但历史地看，他们当时授课，通过大量材料充分证明，劳动人民不仅是社会物质财富的创造者，也是精神财富的创造者；民间文学不仅有鲜明的思想性和丰富的社会文化内涵，而且也表现了劳动人民的智慧和艺术创造才能，从而历史性地扭转了那种认为民间文学难登大雅之堂的偏见和错误认识，这在甘肃省高等学校文科教育史上具有开创性的意义，应予充分肯定。

"文革"前的17年，在我省的报刊上虽然也发表过一些介绍和评述民间故事的文章，但由于受"左"的思想路线的影响，只强调其思想性和政治作用而忽视审美价值和学术意义的倾向比较突出。这是那个年代的必然，许多人都经历过，并不奇怪。真正科学意义上的民间故事研究应当说是从1978年党的十一届三中全会以后才开始的。随着意识形态领域对"左"的思潮的批判和清算，人们的思想得到了极大的解放，学术气氛空前高涨，再加上各高等院校有关课程的开设、科研机构的建立和队伍的逐步壮大，不但学术论文的数量明显增多，而且水平也有了质的飞跃。就民间故事的研究而言，最突出的就是对神话和少数民族民间故事的研究。

武世珍是甘肃神话研究方面的杰出代表。他从1979年发表《略论古代神话的起源》这篇论文开始，就以全部精力投入对神话宏观的、系统的研究。经过整整15年的艰苦奋斗，先后发表了《试论古代神话的发展和演变》《古代神话特点初探》《神话与审美》《神话辨义》《神话研究的对象和范围》《神话思维辨析》等论文，而他在1993年出版的学术专著《神话学论纲》则为自己的神话研究作了一个阶段性的小结。从这部20万字的著作中可以看出，武世珍有着丰富的资料储备，深厚的马克思主义理论及专业理论修养，他坚持运用整体、综合性和动态性原则，对神话学所涉及的诸多基本理论问题进行了全面的、辩证的、历史的研究，诸如对当代神话学家袁珂"广义神话论"的批评，对神话研究对象和范围的界定，对神话思维特征的阐释等。同时，他还运用跨文化的比较研究方法，较深入地探讨了中西方一些具有独到见解的结论，引起了全国神话学界的关注，促进了我国神话学的研究向纵深发展。我国民间文学界泰斗、北京师范大学教授钟敬文先生对武世珍的神话研究多次给予了很高评价，说他的论文是"凝聚心力之作"，是"神话研究的曙光"。钟先生在《中国大百科全书·中国文学》卷所撰写的《民间文艺学》这个长词条中，当论及我国神话研究现状时，还专门提到了武世珍的名字。概括言之，武世珍的论文和专著，治学态度严谨，擅长理论思辨，代表着甘肃近年来神话研究的最高水平，在全国神话学界产生了较大影响。

1992年10月，首届伏羲文化研讨会在天水市召开，甘肃学者在会上宣读了一批与伏羲神话传说有关的学术论文。其中主要有刘文英的《伏羲传说的原始背景和文化内涵》，李希平的《华夏先祖伏羲氏——中国龙文化的奠基人》，柯杨的《论伏羲神话传说的文化史意义》，雒江生的《〈伏羲考〉补正》，张华、夏峰的《伏羲·成纪·大地湾》，武文的《伏羲——原始生殖祖神》，王彦俊的《试论伏羲氏族文化》，张先堂的《论伏羲神话传说的历史文化内涵及其与天水地区的关系》，陈利民的《伏羲传说研究》，傅小凡、李建成的《伏羲新考》以及王利靖的《浅论蛇、龙和伏羲》等。这批论文后来被选入《伏羲文化》一书，于1994年正式出版。著名学者、陕西师范大学霍松林教授评价说："从体现研讨成果的几十篇论文看，在'羲皇故里'举行的这次盛会，由于学者们运用先进方法，将有关伏羲的文献记载、神话传说与大地湾遗址、文物以及附近的山川古迹、风土民俗等等联系起来，互相印证，深入探讨，因而对伏羲文化的研究取得了突破性的进展。其主要表现在于：第一，学者们面对事实，摆脱了伏羲属于南方苗蛮集团的成说，得出了与'伏羲生于成纪'的文献记载相同的结论，一致认为天水是以伏羲为代表的华夏先民长期生活的主要地域。第二，学者们用大地湾遗址、文物以及附近的山川、古迹等等，论证了伏羲画八卦、结网罟、取火种、制嫁娶、造甲历、创乐器、造书契等许多发明创造的充分可能性，一致认为天水是我国古代文明的重要发祥地。第三，学者们认为：从伏羲母的'神

婚'到伏羲的'兄妹婚'和伏羲倡导的'媒聘婚'，反映了从杂居群婚到对偶婚的变革，标志着从母系氏族社会向父系氏族社会的过渡。伏羲被称为'人文初祖'，这是重要原因之一。第四，学者们认为：伏羲最初应是一个氏族及其酋长的名号。这个氏族不断繁衍，便由成纪向陈仓、中原及其他广大地区迁徙，故在全国许多地区都有伏羲的传说和遗迹。苗族传说以伏羲、女娲为其始祖神，只能从正面证明苗族是伏羲的后裔，而不能反过来证明伏羲、女娲生活在南方。第五，有些学者提出：伏羲氏族以蛇为图腾，这个氏族通过兼并、联姻等方式，将以马、狗、鹿、鱼、鸟等为图腾的许多氏族吸收进来，便以蛇图腾为基础而综合其他各种图腾的某些特征，形成了龙图腾。因此，伏羲乃是龙图腾民族的始祖。"在作了上述肯定性评价后，霍松林先生还指出："论文中许多新论点、新结论，必将在海内外学者中引起强烈反响，或认同，或争论，激起伏羲研究的热潮；而论文中提到的大地湾遗址、文物以及附近一带的山川名胜、文物古迹，必将引发海内外读者的极大兴趣，争先来到天水观光览胜，考察研究。"从霍先生上述评论中可以看出，《伏羲文化》所选入的这批论文充分展现了甘肃学者们在神话研究方法上的更新，即将口承文学与古籍记载、考古成果紧密结合，突破了前人在伏羲神话传说研究上的局限，取得了引人注目的成果。

在神话研究方面，还有谷德明和柯杨的几篇学术论文也应在此加以介绍。谷德明的《论神话与后世神话色彩文学的本质区别》（1987）一文是同以神话学家袁珂为代表的"广义神话"论者的争鸣文章，他不赞成将神话的范围无限制地扩大，强调了神话是人类童年时代原始思维的产物，其创作具有不自觉性，认为不能把现代社会上出现的、在自觉意识支配下所创作的带有神话色彩的文学作品也纳入神话的范围。他的《我国少数民族斗争神话初探》（1984）对我国少数民族斗争神话的社会意义和思维内涵进行了分析，并着重指出：原始宗教意识在人类童年时代并非始终占据主导地位，斗争神话明显地表现为对自然力的抗争，它的出现乃是人类认识发展史上的一次重要飞跃。柯杨的《简论民间文学的学术价值》（1982）一文，举神话、传说等民间文学作品为例，对民间文学与历史学、民族学、文字学及民俗学的密切关系进行

了阐发，并提出民间文学的研究应从其个性特征（即处于多种人文科学相交叉的边缘地位）出发，通过多种知识与方法的综合运用，才有可能攻克某些学术难点。这篇文章被《新华文摘》1982年第3期全文转载。柯杨的另一篇论文《中国的山魈和巴西的林神——中国与美洲印第安人古代文化近似的又一证据》（1984）获得了1986年《民间文学论坛》首届银河奖，该文从神话学角度对中国的山魈与南美印第安人的林神极为相似这一共性特征出发，进行了微观的比较研究，为古印第安人源于亚洲大陆这一热点课题提供了具有相当说服力的论据而受到国内学术界的重视。中央民族大学马学良教授将这篇文章推荐给他的博士生金仁喜（韩国）就是一个例子。

除神话研究之外，对于少数民族民间故事的研究也是改革开放以来我省在民间文学理论研究上很有成就的一个方面。郝苏民的学术专著《文化透视：蒙古口承语言民俗》（1994）一书，对蒙古族的口头文学从民族学、民俗学两个角度切入，进行了精辟的透视与剖析，并对蒙汉、蒙藏和阿尔泰语系诸民族的语言文化进行了比较研究。其中，《多元文化的奇光异彩——西蒙古故事〈骑黑牛的少年传〉与敦煌变文〈孔子项托相问书〉及其藏译文》这篇论文运用大量资料，对敦煌遗书之一的《孔子项托相问书》的产生年代进行了精细的考证，认为它的雏形可上溯至战国末期，流传已有2000年之久，而其最早见诸文字的写定本则产生于五代十国时期的后晋天福八年（943）。这一故事的藏文译本约产生于公元10世纪左右，而蒙文译本最迟也应在1836年。因为，俄国蒙古学家波波夫所编之《蒙古作品精华》中有一篇题为《骑无鞍黑牛的小儿传》，正是这篇故事的蒙译，而该书出版于1836年，距今已有180多年了。郝苏民这篇文章的学术价值不仅在于对这篇故事汉、藏、蒙三种文字的版本产生年代的考证，更重要的是对这篇本属汉文书面叙事作品的故事是如何在不同民族的文化土壤上进行传播并产生变异的文化意义的深层探讨方面。文章明确指出：翻译语言、故事中的自然环境、生活习俗、物名、人名等的民族化和本土化，使读者和听众感觉不到丝毫"舶来品"的味道，这正是汉族故事在蒙、藏等民族人民中得以流传和变异（再创作）的根本原因。这种有利于其他民族接受的翻译方法意味着文化"嫁接"的成功和文化"交融"的实现。文章的主要论点对于翻译理论的深化和跨民族、跨区域文化传播方式的研究以及中华民族文化的多元一体格局的形成史也很有启发意义。

郝苏民在其《东乡族及其文学》（1982）一文中，对东乡族人民中流传的《璐夫人斩蟒》《葡萄山和高陵峙》《白羽飞衣》《喜鹊为什么跳着走》《玉斯哈的故事》等传说故事进行了简要的评述与分析。文章指出：如果不对东乡族人的历史、宗教信仰、民俗和早期游牧人的气质作进一步的追根溯源和体察，就很难对他们口头文学中所反映出来的强悍骁勇、刚烈不屈的民族精神达到真知。这就是说，民族民间文学的研究必须视野开阔，综合运用多种人文科学的知识和方法，才能使研究工作不断深化。

魏泉鸣在其《裕固族民间文学初探》（1981）一文中，不但介绍了《莫拉》《神箭手射雁》《洋人盗宝》《红女人》和《屈大哥走延安》等故事的主要情节，还对它们不同的社会背景、历史渊源和文化意义进行了分析。他认为前两篇故事"不仅真实地反映了裕固族的共同心理素质、风俗习惯、地域特点，也对研究裕固族的历史及其变革有极可贵的参考价值。特别是对甘州回鹘王朝的建立提供了可信的根据"。后两篇故事反映了抗日战争时期红四方面军转战河西走廊时与裕固族人民结下的鱼水情谊，是"进行革命传统教育的材料"。魏泉鸣的这篇论文是在全国性的《民间文学》月刊上首次评价裕固族的民间文学作品，产生了一定影响。

武文的《甘肃民间文学概论》（1996）是第一部全面论述甘肃民间文学作品的学术专著，具有开创性和填补空白的重要意义。全书分神话、民间传说、民间故事、寓言和笑话、民间歌谣、小戏及讲唱、少数民族民间文学7章，共28万余字。这部著作突出了地域性和多民族特色，且具有一定的理论深度。比如，在神话这一章中，有一节是专门考证伏羲、女娲与大地湾，炎帝、黄帝与渭水、藉河，西王母与祁连山，大禹在甘肃的足迹，其中引用了许多历史地理学方面的资料，对深入研究这些神话人物的活动范围及这类神话最早产生的自然和人文环境大有裨益。当论述到甘肃民间传说的分布与流播问题时，武文认为："在这四个传播圈内，我们能找到每则传说的融构的文化特质，即传说中的符合该中心点整体文化的基本模式。原因就在于它从甲地流传到乙地后，当地人民就会依据自己的情趣、民族习惯及生活环境进行加枝添叶，改造加工。在这四个传播圈中，由于地理环境、社会因素等基本相近，传说具有相同的母题和相同的文化素材。"在论述甘肃的民间故事时，武文不但将民间故事的演变分为神话性（幻想性）、传奇性、写实性三大模式，并通过举例进行了分析，而且对故事情节结构的三段式与连环式、人物塑造的勾勒法与对比法等艺术手法进行了阐释，体现出对民间故事形式方面的整体把握能力和宏观思考的深度。这部著作的最后一章对我省藏、蒙、回、东乡、保安、裕固这6个少数民族的民间文学分别进行了概括性介绍，并对各民族有代表性的故事做了重点分析，阐明了这些故事的文化史意义。总之，武文的《甘肃民间文学概论》一书展现了作者对我省各民族民间文学的整体认知和独到见解，为甘肃民间文学的研究向纵横开拓打下了良好基础。需要指出的是，甘肃民间口头叙事散文作品的理论队伍，目前主要集中在兰州大学、西北民族大学和西北师范大学这3所高等院校，其他院校和文化单位研究力量相对较弱，成果还不够突出。包括上述3院校在内，都面临补充新生力量、扩大研究队伍、开拓学术视野、提高研究水平的紧迫任务。因为，还有许多填空补缺的课题等待我们去完成，国际学术对话与交流的活动亦越来越繁重、越来越深入，都需要更多力量的投入。回顾50年的历程，尽管有挫折和曲折，但也的确取得了许多开创性的成果，在全国民间文学界产生了一定的影响。甘肃全省的民间文学工作者都是在十分困难的条件下奋力拼搏，做出了无愧于时代的贡献，这是应当感到欣慰和自豪的！

民间楹联

（一）丰富多彩的历史楹联

楹联，也叫"楹贴""对联""对子"，雅号"诗中诗"，是中国艺苑一树绚丽多姿的奇葩。以其民族性、概括性、广泛性、文字美、声律美、对称美等特点，为祖国江山胜迹与住宅书室平添秀色或传神壮威，丰富了人们文化生活的高尚情趣，陶冶着人们的道德情操，鼓舞着人们奋发图强的爱国精神。

甘肃楹联的历史悠久，溯源于宋、元，鼎盛于明、清，繁荣普及并流香溢彩于今朝。制作之丰富，

数以万计；品种之多，难以尽数；所以在中华楹联史上占有极为重要的一席。仅兰州楹联就达数千副之多。1986年春，在陇西一地征集到惠存于前辈文人之手的名胜古迹楹联二百多副，又得到会宁县铁木山楹联百余副，于此足见一斑。

甘肃楹联分布很广。西自玉门古关，东至崆峒名山，北达靖远乌兰山，南及两当太阳山对子崖，绝妙奇巧的佳联风韵处处可见可闻。不必说"景是他鸾描出画；形为天马负来图"的敦煌月牙泉、"二崤虎口夸天险；九折羊肠确地雄"的万里长城西端终点嘉峪关，也不必说"高接金城，地居两界河山首；遥连玉塞，气作三秦锁钥雄"的陇西威远楼、"如临虎穴千重嶂；似至鹫峰一线天"的武山县花果山、"阁临碧玉迎朝爽；门对朱山映晚霞"的甘谷县大象山，单是那"石泠一溪水；涛声万壑松"的兴隆山、"高阁横秀气；飞泉挂碧峰"的五泉山、"高山仰止；大河前横"的白塔山等兰邑胜地，也无一不借楹联的画龙点睛之笔，与览胜大观的即情美景融为一体，交相辉映，令人心旷神怡！

甘肃楹联的主体部分，以其内涵丰富，题材广泛，体制悉备，音韵和谐，久为人们喜闻乐见。其中，远念古代先贤英杰的：有讴歌中华文明鼻祖、诞生陇西成纪（今秦安县）的伏羲氏；缅怀3000年前涉足甘肃腹地、隐居首阳山的伯夷叔齐；赞颂孔子及其弟子、甘肃早期知识分子石作子、壤驷子、秦子的庙联；有彪炳飞将军李广戈铁马的"虎卧沙场，射石昔曾传没羽；鹤归华表，沾巾今日赋招魂"的墓联；有凭吊诸葛武侯六出祁山（今西和、礼县境内）勋业、诗圣杜甫流寓秦州（今天水市）际遇的祠联；有悼念临洮李鉴亭议长"陇上奇男儿，独为民权早拼一死；蜀中贤令尹，即论政策亦足千秋"的挽联；还有揭露国民党省政府某民政厅厅长搜刮民财的讽联："早死三日天睁眼；多活一时地剥皮。"至于清代各省设于兰州的会馆联、名人花园的风景联、大文人家庭的特制联等，更是琳琅满目，各具特色。或体现甘肃人民与东南沿海人民之间在经济文化方面广泛交流的深情厚谊，或渲染凉亭夜读的豪情异趣，或表达处世立身、忧国忧民的思想境界，读来深受教益。

近记当代盛事的有长征红军进驻康乐县景古城，抒发"奋斗中间莫放手；牺牲到底不回头"的激烈壮

怀的誓联；高台县烈士陵园悼念西路红军悲壮历程的"血溅沙场，威武不屈；志光中华，浩气长存"的挽联；红军会师会宁，写在当地城墙上的气壮山河的抒志联"金斧劈开新世界；银镰割断旧乾坤"。至于流传于甘肃民间的回文对、叠韵对、嵌字联、格言联、摘句联、集句联、谜联、杂联等传统趣联，更是异彩纷呈，流传如珠，绮艳似锦，不乏上乘之作。

甘肃楹联的精华或以地方色彩深郁而著称于世，或以名家妙笔生花而蜚声海内，或因文士相考而出奇制胜，或因征联应对而蓬勃发展。禁烟抗英的民族英雄林则徐，在被谪戍途中，为肃州（今酒泉市）镇台云洲题写的"桐荫睡鹤观调息；雪夜图蕉得画禅"的赠联墨宝；抗击俄国侵略者的封疆大吏左宗棠，在兰州望河楼撰写的"积石导流趋大海；崆峒倚剑上重霄"的千古名联；陇上铁汉安维峻翰林撰书在秦安及兰州等地的联墨珍品；我国史地学家顾颉刚，国民党爱国将领杨虎城先后在渭源县霸陵桥的对联留墨；戊戌变法六君子之一的谭嗣同在兰州游学时的精妙题联；清代文学家邢澍在其梓里武都宗泽庙所书写的楹联手泽；清代制联巨匠梁章钜宦游甘肃的联句杰构；国民党元老、大书法家于右任，甘肃省原省长邓宝珊，著名国画大师张大千及我省翰林进士文人书法家杨思、刘庆笃、范振绪、慕少棠、水梓、裴建准、黄文中等人在甘肃各地遗存的一系列联作珍品，都在甘肃楹联史册上留下了宝贵的精神财富。特别是清末翰林、兰州著名学者刘尔炘，以其清新明快、天趣盎然的格调，雅俗咸宜、生动贴切的笔触，为兰州景观撰写了数百脍炙人口的楹联，至今为人们赞赏不已。

综观甘肃丰富、繁盛、雄奇的对林联海，尤其奇情壮采的，还有那百字以上的鸿篇巨制之作——长联。从我们目前掌握的5副长联来看，有雍正进士、陇西人陈来心所作的长达218字的渭源《莲峰山大五台夷齐祠联》；清代御史、皋兰人吴可读所作的192字的《甘肃贡院联》；咸丰进士、四川乐池知县、陇西人武尚人所作的146字的陇西仁寿山《魁星阁联》；陈来心所作的134字的陇西《西关东岳庙联》；刘尔炘所作的108字的《兰州小西湖联》。5副长联各具特色。或以构思奇巧取胜，或以气势雄伟见长，或以壮物言志传神，或以词语两佳传世。下列笔力雄健奔放、词语洗练传神的《甘肃贡院联》于后，以供读者赏析品味。其联曰：

二百年草昧破天荒，继滇黔而踵湘鄂，迢迢绝域，问谁把秋色平分？看雄关四扇，雉堞千寻，燕厦两行，龙门数仞。外勿弃九边桢干，内勿遗八郡楩楠，画栋与雕梁，齐煜耀于铁马金戈以后。抚今追昔，饮水思源，莫辜负我名相怜才，如许经营，几番结撰；

一万里文明培地脉，历井鬼而指斗牛，翼翼神洲，知自古夏声必大。想积石南横，崆峒东矗，流沙北走，瀚海西来。淘不尽耳畔黄河，削不成眼前兰岭，群山兼众壑，都奔走于风檐寸晷之中。叠嶂层峦，惊涛骇浪，无非为尔诸生下笔，展开气象，推助波澜。

此联作者吴可读，字柳堂，皋兰人。道光进士，授刑部主事，晋员外郎，迁吏部郎中转河南道监察御史。工诗，擅属对，"文笔气节，震耀一时"。著有《携雪堂集》。

吴可读笔下的甘肃贡院，又名举院，原地在今兰州萃英门，现仅存一试厅在兰医二院，移作他用。甘肃贡院由陕甘总督左宗棠极力倡议，于光绪元年（1875）建成。总面积长140丈，宽90丈，工程造价50万两白银。外筑城垣，内建试院，亭堂楼阁，池桥廊房齐备，有可容4000考生的号舍，蔚为陇上洋洋大观。该联是吴氏为祝贡院落成的激情之作。

全联的大意是：陕、甘分省200年来，甘肃首次草创了贡院。这是继云南、贵州、湖南、湖北分省并设试院之后的又一壮举。在这风气闭塞的西北边陲，是谁建立了堪与邻省竞相媲美的伟业呢？纵目观瞻贡院正门威仪，城垣雄姿，长廊丰彩，龙门壮观。以及兀立贡院的边塞良材，挺拔的府县名木，彩饰丽日的画栋雕梁，不由使人对这座金碧辉煌的建筑群体崛起于战乱之后，满怀崇敬之情！在抚育甘肃人文蔚起的今朝，追忆文教事业凋敝的往昔，饮水思源，不要辜负惠我乡邦的左氏名相重视人才，多年苦心擘划，数度躬亲文事的卓越政绩。

为广袤万里的甘肃文明命脉而培育英才的贡院，必将在今后的文教事业中，有如经历东井舆鬼星宿，直冲北斗，指向牵牛星区的勃勃生气，前程无量。在可爱的神州大地上，深知自古以来，大西北的文学艺术源远流长，历久不衰，并将更加发扬光大。凝视遥想那横亘甘南的积石山，矗立陇东的崆峒山，滚滚流沙向塞北移去，浩瀚戈壁自西方奔来，淘浪东逝的黄河在耳际鸣响，雄峙的皋兰主峰葆其自然之妙有，非人力大削之能成，连同那沐浴在阳光之中的千山万壑，尽寓眼底。这是一幅何等动静卷舒，多么雄浑苍茫的壮图！这些峰峦层叠的山川芳意，惊听骇观的大河奇景，无非是在为你们各位书生挥洒翰墨，展开气象万千的遐想，推助波澜的奇情，裁就锦绣文章。

综观全联，作者以如椽的健笔，执着的情愫，摹态状物的妙手，成功地运用对联艺术酣畅挥洒，把时代背景、甘肃形胜、金城风貌、贡院秀色，勾画得栩栩如生，跃然纸上，更兼上下联语呼应，谋篇布局有方，典对妥帖，一气呵成，堪称甘肃历史长联中的匠心力作。

甘肃历史楹联尽管丰富多彩，且有不少名人名联，但正式编辑出版的只有一册铅印本——《兰州楹联》。该书由甘肃学院图书馆颜刚甫先生编辑、甘肃省主席邓宝珊题写书名，现存甘肃省图书馆，是研究我省特别是兰州市历史楹联的珍贵资料。另有一部手抄本《求是斋对联选》，是老联家慕寿祺的联作及其对楹联的研究成果，也珍藏在省图书馆，很值得一读。

（二）楹联的发展

第一阶段（1949—1966），中华人民共和国成立初期至"文化大革命"前夕，是甘肃楹联的新旧交替时期。数量上的发展不算太大，内容上的更新却十分明显。

在党的"百花齐放，百家争鸣"的文艺方针指引下，沿着"为人民服务，为社会主义服务"的方向，甘肃楹联艺术事业开始了弃旧创新的历史征程，一些带有封建迷信色彩或纯写风花雪月的春联被弃置不用，代之以"金斧劈开新世界，银镰割断旧乾坤""翻身不忘共产党，幸福全靠毛泽东""虎踞龙盘今胜昔，天翻地覆慨而慷"等，使人们耳目与环境氛围为之一新。50年代初期，兰州市中央广场由老联家范振绪、慕少棠牵头，辛安亭、马济川、陆长林、安维翰、王统仁等热情支持或积极参与的两次春联射虎比赛，群情振奋，盛况空前，其中有不少佳联名虎要求群众对射；特别是在第三天（即最后一天）标出"虎王""绝对"之时，群众津津乐道，百思求解，砥

砺揣测，相互答辩之情，给人们增添了春节的文学韵味。可惜这类活动，只限于省图书馆个别部门的倡导，会前缺乏统一的组织领导，会后未看见文字总结或报道材料，而群众的参与纯系触景生情的自发性行为，发奖又采取边对、边射、边领奖的分发形式，所以留给人们的印象主要是较短时间的热闹场景。但也应该承认：它为甘肃春节楹联灯谜活动起到了宣传鼓动作用，也为楹联事业的大发展拉开了序幕。省内其他地、州、市、县文化馆、图书馆、群艺馆、机关、学校、厂矿企业，多年利用节假日或纪念日举办了不同形式的楹联活动，深受群众欢迎；不少省市报刊都相继刊登了很多乡土楹联、楹联故事或楹联专文，增添了甘肃楹联的风采，加深了人们对楹联的认识和理解，为甘肃楹联事业做出了积极贡献。

与此同时，甘肃文教界彭铎、王沂暖、张思温、匡扶、裴慎、安维翰、郭扶正、马永锡等数十位联苑名流与楹联爱好者所创作的数百副春联、赠联、名胜联、喜联、挽联、治学做人联和种树种草联，备受人们的垂青。1952年秋天，甘肃省文化教育馆附设职工业余学校开学典礼联别具特色，影响深远，博得了与会领导、来宾和千名学员的赞赏，也激发了省、市、学校教师为本单位撰写联语的新风。兰州城关区和外县一部分职校、夜校、妇校录用原联当作校联借以激励师生。其联为：

> 教好学好，先生学生齐努力；
> 说到做到，政治文化都提高。

第二阶段（1966年后季至1976年底），"文化大革命"时期，这是楹联的偃旗息鼓阶段。原因是"四人帮"将楹联列入"四旧"，谁也不敢逾越雷池，招灾惹祸！但联家及爱好者的愤慨不平，却从后来的联作中得到了充分的表现，给人以"枯木逢春花更香"的亲切感受。

第三阶段（1977—1999），"文化大革命"结束至今，是楹联艺术事业积势协力蓬勃发展的大好时机。

1976年，敬爱的周恩来总理逝世，天安门广场"四五"作品中出现了大量的对联，用以歌颂周总理的丰功伟绩、高风亮节，当然也寄寓着对"四人帮"的切齿痛恨！这一征兆，给全国楹联界注入了活力，甘肃自不例外。后来，"四人帮"被彻底打倒，甘肃联业起死回生。首先是甘肃教育学院安维翰先生利用

业余时间广采博集，刻意撰联，于1982年编著《艺苑奇葩·对联》两册，一为《甘肃楹联》，一为《全国名联》。经过审定，于1983年付梓问世，为甘肃楹联首开著作范例。紧接着，他又应中国民主促进会甘肃省委员会之邀，在兰州、张掖、天祝、临夏、天水、平凉等地，既讲《学记》，又讲楹联知识，并做楹联采访工作。特别值得一提的是1984年甘肃第一次规模空前的春节"对联、射虎"有奖比赛。这次比赛由甘肃人民广播电台等四单位联办，收到省内外广大楹联爱好者乃至包括日本友人在内的应征对联两千多稿，一万多副。经过严格筛选评出入选联语一百多副，奖励作者一百余人，为甘肃对联的大开展拉开了大幕，打下了基础，也对"热爱甘肃，治穷致富"起到了广泛的宣传鼓动作用。这次比赛搞得有条不紊。比赛开始，由艺术顾问安维翰先生通过广播讲授了楹联基本知识，赛后作了总评，并在《甘肃日报》作了摘要报道，在《甘肃农民报》《甘肃工人报》《甘肃青年》等报刊上作了详细报道，最后还举行了隆重的颁奖大会，使广大作者深受鼓舞。征联、应联及评选盛况，在《文成武就艳阳春》一文（原载《甘肃工人报》1984年3月9日三版）中有详细记载。

"春节'对联、射虎'有奖比赛"，从正月初一至初十的短短十天中先后收到应联、射虎稿件两千多份，应对联语一万多副。按地区分：有本省的，也有新疆和四川等兄弟省区的，还有日本千叶县的朋友。按年龄分：有八十多岁的老人，也有少年儿童。有的同志为了改好一字一韵三次来信更正；有的同志在除夕晚上彻夜应联、射虎之后，初一早上又跑到数十里之外赶寄稿件。他们一致认为：这次活动扩大了知识领域，给新春活动增加了丰富的内容，并希望今后多开展这种群众喜闻乐见、乐于参加的文艺活动。

这次对联的评选标准是思想健康，文字流畅，符合对联的三大基本要求。一般说来，被评为一等的联语，基本上达到了内容与形式的统一，平仄音韵的协调，或至少注意了最后一个字的平仄相对。如"新春降人间，飞雪报喜"，对以"佳节逢盛世，美景呈祥"等；又为了不因为韵而损音，评委们在评选中始终以思想内容为主，并根据联题的难易，适当地放宽了对联韵律的要求。比如"过佳节节节好"这一上联，有的同志对以"承裕岁岁岁丰"，评委仍把它评为一等。

这副联语中，以"岁"对"节"，并不符合严格的平仄要求，二字在读音上只有轻重之分，但"承裕岁"三字充分肯定了头一年物阜年丰的美好生活，而"岁岁丰"又真切地表达了一年更比一年好的热切希望与坚定信心，仍然不失为一副佳联。再如，用"甘、肃、草、树"四字拟联作对的嵌字联中，"甘南新草绿，肃北古树苍""甘泉广润芳草地，肃水长映花树天"及"甘南肃北，青草如毡牛羊壮；陇东河西，绿树成荫瓜果香"三联，或以少胜多，或形象生动，或设想广阔，上下联纷呈异彩；在同类联中，也有用历史人物故事作长联者，古朴生动，音韵谐和，表现了爱国主义思想。

再说字虎（字谜）。字虎按内容难易，将所出二十只字虎共定为120分，射虎总分达到120分者为一等，111分以上者为二等，100分以上者为三等。另外，个别同志所射虎底虽与原虎底有出入，但却符合原虎底的字意或寓意，经过讨论分析后，决定同样按原分数计分，积分达到得奖标准者同样给奖。

时隔不久，在省会兰州又出现了新景点，悬出了新佳联。这就是变油泥为乐土，化腐朽为神奇的兰州炼油厂水上公园，其联曰："映日澄湖开玉镜，依风暗柳吐青烟。"

1985年4月，中国楹联学会成立。中国文联通知各省、市、自治区成立相应组织。甘肃文联于1986年委托安维翰先生负责筹备成立甘肃省楹联学会。经过半年的努力，于同年10月31日在省文联领导主持下召开了有四十多位会员参加的省楹联学会成立大会。在讨论通过学会章程后进行民主选举。选出王秉祥（省政协主席）、刘海声（省人大常委会副主任）、曲子贞（省文联副主席）为名誉会长，安维翰为会长，李树荣、裴经书、王统仁、和保鼎、田企川为副会长，秘书长由和保鼎兼任，成守铭、杨兴茂为副秘书长；并选出牟紫东、张思温、苟秉元、黎泉等10位顾问，组成以会长为首的15人理事会及7人常务理事会。与会领导及来宾对甘肃楹联艺术事业提出了殷切希望！中国《对联》杂志社特意寄来了"愿与瓜城常应对，好将丝路永相连"的贺联，我省民革、民进委员会，群艺馆及省电台，《甘肃工人报》《甘肃农民报》等新闻单位以贺联、贺词、贺信、报道等方式，显示了对楹联艺术事业的热情支持。

省楹联学会的成立，标志着党和政府对楹联事业的高度关怀，是甘肃楹联有史以来的创举，在楹联发展史上写下了光辉的篇章。从此，我省楹联队伍的壮大、楹联组织的筹建、楹联活动的开展、楹联理论的研讨，以及省内外联谊活动与经验交流等，都纳入了专业学术组织活动的计划性范畴。学会对楹联工作的要求是"团结奉献、共创伟业"。态度是"继往不泥古，开来善创新"。部署是"日常工作要尽力而为，重点工作要协力攻坚，大型活动要根据人力与财力而定"。面对楹联这一国粹发展的曲折道路，大家此时此际的心情与感受是："曾经沧海千重浪，又上联坛一道桥。"

面对当时的联坛现实，学会主要从5个方面开展工作。一是在着手建立全会内组织制度的同时，先从兰州、天水、平凉、会宁等楹联基础较好的市县发展会员，充实力量，并对其他地区积极要求入会的合格会员予以及时吸收；二是通过书面汇报与文字报道，与中国楹联学会及其一报（《中国楹联报》）一刊（中国《对联》杂志）挂起钩来，取得中楹会的业务指导并掌握全国联坛动态；三是结合节日与中心工作举办征联大赛；四是提倡并支持会员同志著书立说，开展楹联创作与理论研究；五是开展省际与国际学术社团的联谊活动。现择其要者，分类陈述如下：

1. 举办了4次征联大赛，1次现场出联应对

甘肃省楹联学会宣传了甘肃，扩大了影响，积累了珍贵资料，珍藏了名人墨宝，也一次又一次地发现和磨炼了省内联坛人才。

1987年春节，由甘肃省楹联学会等6单位联合举办的以"对歌盛世，联唱三陇"为主题的春节"对联、射虎"有奖比赛。共收到应对联语12476副，射虎稿件1658份。参与应联和射虎的作者不仅遍及我省各县市，还有陕西、河南、山西、四川等地的干部和工人、农民。评选结果揭晓后，由名誉会长刘海声进行了颁奖和总结，安维翰会长以诗赞颂。其诗曰：

盛馔美酒度良辰，电波传题逗诗兴。
挥动诗仙文案笔，挽开飞将武库弓。
笔下精神称妙手，联中风格蕴奇情。
箭步青云入虎穴，飞镝红光会群雄。
喜见天水来佳对，笑祝兰州得虎贲。
千里陇原走神韵，万仞关山壮豪情。

凤凰池中客满座，龙虎榜上名如林。
甘肃自古多虎将，佳联诗文负盛名。
人才济济今胜昔，盛世激情胸中腾。
忠党爱国酬壮志，文成武就艳阳春。

1989年春节，学会又举办了以歌颂"祖国建设伟业与锦绣山河"为主题的春节征联大奖赛。由于时间稍长，参赛人数之多（较1987年多1164人），地区之广（江西、辽宁、黑龙江、南京等地均有参赛者），联作之丰（较1987年多2341联），均超过1987年春节联赛，但由于一等奖由江西作者获得，来兰有诸多不便，只好把奖品寄去，学会同仁怀有美中不足之感。

1992年4月1日至8月31日，甘肃省楹联学会等24个单位联合举办"中国楹联墨迹大赛"，这是一次引起海内外书画名家高度重视的盛会。举办的目的与内容是"为了纪念毛主席《在延安文艺座谈会上的讲话》发表50周年，并配合丝绸之路文化节，团结当代海内外中华楹联作家、书法家及广大联语、书法爱好者、优秀金石雕刻者，运用独树一帜、雅俗共赏的中国楹联形式与真、草、隶、篆、行5种优秀书法，写江山胜迹，展新兴伟业，促廉政建设，抒爱国豪情。经筛选评定，编印一部写作两佳的《中国楹联墨迹大赛集锦》，为祖国传神壮威，供人民欣赏借鉴，对楹联事业继往开来，为旅游景点开窗亮宝。"经过五个月的征联活动，收到海内外墨联、雕刻、题有楹联的美术作品近千副，经评选后，以名人荣誉奖，一、二、三等奖，优秀奖入选者达400余副，并已编辑成册，筹划出版。

由甘肃省楹联学会主办，安维翰、吴恒泰主编，刘海声、张济川、应中逸三人题书名的《中国楹联墨迹大赛集锦》，由甘肃人民出版社出版发行。由于中国、美国、日本、新加坡等地的名家云集，作者众多，故编成一、二两卷，每卷由80克双胶纸、350页集成，封面为缎面、烫金、精装，并有铜版纸印制的彩色名画、诗联篆刻多幅（凡参加过学会前几次联赛的作者，一律在本书留名纪念）。既有作者联墨，又有简介，是一部包括真、草、隶、篆、行、钟鼎、甲骨文七种字体的好帖，也是一部集思想性、文学性、艺术性、趣味性、实用性、资料性于一体的名著。

1998年7月14日下午甘肃电视台演播厅里甘肃

社会各界"群贤毕至，少长咸集"。一场别开生面的"庆香港回归，唱中华盛世""丝路春杯"楹联大赛的现场出联应对和颁奖仪式在这里隆重举行。中共甘肃省委常委、宣传部部长石宗源，省人大常委会原副主任流萤，省政协副主席韩正卿、应中逸等省内领导及有关方面负责人现场观看，并为获奖者颁奖。

在楹联现场应对比赛中，大家围绕"港还九州，梦圆百年，国民喜庆回归"等五副上下联积极对应，出现了不少佳联妙对，表现了参赛者丰富的生活积累和崇高的思想境界。现场应对比赛结束后，举行了甘肃省"庆香港回归，唱中华盛世""丝路春杯"楹联大赛颁奖仪式。这一活动是由甘肃省楹联学会主办，甘肃日报社、甘肃人民广播电台、甘肃电视台、甘肃人民出版社、甘肃省文物局、甘肃省群众艺术馆、甘肃省丝路春酒业集团公司、兰州军区房地产管理局、靖远电厂、甘肃联合大学等单位协办。自6月5日开始，历经一个多月，全省上下征得对联一千三百多副。组委会成立了由省内楹联专家组成的评选委员会，进行了认真评选。评选结果：一等奖空缺，靖远县文化馆张普等3人获得二等奖，白银市平川区陡城乡政府李一立等8人获得三等奖，有60人获优秀奖和名人荣誉奖。

会上，展示了由中共甘肃省委常委、兰州市委书记陆浩所撰，著名书法家、甘肃书画研究院副院长黄汉卿书写的一联：

> 金城生辉，高楼林立，
> 车水马龙，望滚滚黄河之水东逝去；
> 陇原增秀，树木葱茏，
> 鸟语花香，闻阵阵兰山清风扑面来。

还展示了省政协副主席、书画家应中逸先生撰书的香港回归联：

> 东亚明珠呈异彩；南疆巨港显辉煌。

本次楹联大赛充分表达了广大楹联爱好者庆祝香港回归的喜悦心情，靖远县工业局陈家嶙先生撰联道：

> 港浦回珠，朝晖初朗，祖国河山披锦绣；
> 秦庭归璧，金瓯永固，中华儿女唱心声。

另外，学会还配合联赛颁奖与重大节日，在兰州举办过四次书画展览。每次展出两百余幅至一千幅，展期分别为一天、三天或一周，受到了参展者的赞赏！与此同时，学会还组织对联艺术家、书法家5至10人，为旅兰会员与当地群众撰书中堂、对联与春联两千多副，广交朋友，不取分文。联家、书法家均由学会分送文具致谢。

2. 会员阵容的发展壮大与学会组织的建立、健全

甘肃省楹联学会从成立至今已有38年时间，会员人数从成立时的42名已发展到近千名。除个人会员外，还有武威市诗词楹联学会、白银市诗词楹联家协会、平凉市楹联家协会、天水市楹联学会、庆阳市诗词楹联学会、甘肃藏族自治州诗词楹联学会等团体会员28家，覆盖全省各州市。

3. 会员的联作实践、理论研讨与著书立说

会员对联作实践十分重视，除平日触景生情的联作外，对联赛和联谊活动都积极参加，因而每年都有会员获奖或联作被某著名景点所选用的报道，读来令人兴奋！即以1998年10月创建"中国楹联第一城——曲阜"海内外大征联来说，甘肃就有夏世峰、李青松、刘兆浩、王天德等9人的17副佳联被选中，这是学会的光荣，也是甘肃的光荣。许多省内外报刊载有甘肃作者写的楹联短文、趣谈、楹联故事等，送到学会或出版前要会长作序的联书原有陈琳、程凯编著的《羲皇故里楹联选》与《羲皇故里联话录》，齐培礼编著的《胜景游踪》，张耀民编著的《庆阳名胜楹联集》，田应龙主编的《通渭古今对联选》等共计18本，再加上齐培礼即将编辑出版的《中国清真寺楹联》，樊泽民正在编写的《甘肃当代楹联》，正好以20本联书来迎接新中国成立50周年与澳门回归祖国。在这里，仅就安维翰先生编著的《甘肃名胜楹联》作一简介。

由中国楹联学会常务理事、甘肃省楹联学会会长、当代对联艺术家安维翰先生主编的《甘肃名胜楹联》，是一份内涵深宏、文辞优美、图文并茂、风格新颖的褶叠式楹联彩卷。全部联语用真、行、隶与仿宋等多种字体，艺术地排列在涂以浓淡相宜色彩的16面高质铜版纸之中，与多幅风景点彩图交相辉映，严密配合，使得佳联与美景相得益彰，激情与诗意比翼齐飞！

108副联语，长中短联齐备，短联居多；古今联并举，今联面大量广。全省主要名胜古迹均有楹联传神壮威，历代著名仁人志士所撰对联彪炳功业，个别大文人家之特制联与花园名联录来留香溢彩，兰州

城隍庙戏台佳联与兰州贡院至公堂名联留下启迪众生……编者用心之苦，选材之细，于此足见一斑。

细品40副古联，全系名人名作。其中有文成武就的左宗棠，清代制联巨匠梁章钜，甘肃联坛大师吴可读、刘尔炘、慕少棠，文笔著称其时的杨昌浚、王了望，更有诗联书法声震中外的于右任，文武全才的张治中、邓宝珊。上述诸位前贤的联作，堪称词意俱佳，字字传神，一副副联语就像一串串珍珠宝玉悬挂在陇原大地的名胜古迹之上，或像束束鲜花长年开放在伟大祖国万紫千红的艺苑奇葩之中，供人欣赏，令人陶醉！这里略举三副短联并加以简析，就足以说明作者文笔练达，名不虚传。

> 积石导流趋大海；
> 崆峒依剑上重霄。
>
> （左宗棠题兰州望河楼联）

望河楼建于明代。登楼远眺群山，近俯黄河。"积石"指甘肃南部边境的"阿尼马卿山"，黄河绕流其东南侧，富产珍贵野生动物和矿藏。"崆峒"指甘肃平凉市西南的崆峒山，风景秀丽。全联以凭栏远眺描绘了黄河奔腾入海，高山直插云霄的壮丽景象；并以积石、崆峒两山为衬托，状写出楼之高险雄奇，抒发了作者"大海"般襟怀和"重霄"般志向，确是一副写景抒情的名联。

> 佛地本无边，看排闼层层，紫塞千峰平槛立；
> 清泉不能浊，喜出山滚滚，黄河九曲抱城来。
>
> （梁章钜题五泉山崇庆寺联）

崇庆寺建于清代同治年间，后经重修。这副景联是作者的登高览胜之作。"佛地"指五泉山；"排闼"意为推门而入，极其形象地写出了山色的深浓如溢。"紫塞"，即长城。上联写作者登临佛山纵览，一望无际，只见层峦叠嶂，长城蜿蜒起伏于群山之上，看起来如同佛阁的栏杆一样高低。下联写五泉山的五大泉水清碧透明，奔涌不息，汇入滚滚黄河，环绕着兰州城奔腾东去。全联以五泉山为中心，居高临下，长城、黄河、山峰、城郭尽收眼底。近景与远景、河流与山岳契合无间。将在五泉山所看到的雄伟气势和壮阔景色有声有色地展现出来，令人拍手叫好。

> 二崤虎口夸天险；
> 九折羊肠确地雄。
>
> （嘉峪关联）

嘉峪关位于嘉峪关市南隅，是万里长城西端的终点，因城在嘉峪山麓而得名。建于明代洪武年间。关城布局与山海关相似，自古为东西要冲，城门悬有"天下雄关"大匾，是国内外闻名的游览胜地。

此联作者尚待考证，但联如雄关，奇险而气势不凡。上联以"二崤"山作比，形容关城的险要雄奇，如同"虎口"。"二崤"原指位于河南洛宁县北的东西二崤山，此指嘉峪关南与祁连山相峙、雄踞河西走廊的龙首山、马鬃山。嘉峪关城高踞南北两大山脉之间，城墙横穿戈壁，与北山相连，南山相近，且有黑河绕护关城，形势更若"天险"，堪可"夸"也。下联以九折坡为喻来形容嘉峪山中的羊肠小路，进一步突出关城的奇险无比。"九折"原指四川荥经县西邛崃山的九折坡，山路崎岖回环，须经历九次回旋方可到达山顶，用在此处以比喻嘉峪关所占位置确属"地雄"无疑。总观全联，比喻贴切传神，"天险"与"地雄"两相映衬，浑然天成。读者可从作者刚健的笔力和工稳的对仗中，领会到雄关的擎天之险和作者的博大胸怀。

与此联有异曲同工之妙的甘肃名楹联还有不少。如：描写敦煌鸣沙山、月牙泉的"景是仙鸾描出画；形为天马负来图"；状写平凉萧关的"峰高华岳三千丈；险踞秦关百二重"；悬于天水玉泉观的"金锁重开百二关河归陇上；铜驼无恙九天日月护西秦"；刻于甘谷大象山的"阁临碧玉迎朝爽；门对朱山映晚霞"；挂于陇西威远楼的"高系金城地居两界河山首；遥连玉塞气作三秦锁钥雄"；原书于兰州拱星墩的"举手摘星辰，仰攀云汉三千丈；罗胸有丘壑，横览烟村十八滩"；等等。

经过筛选的前辈联作，固属精品，在中华名胜楹联发展史上占有极为重要的一席。但饱含时代精神，展现改革开放大好形势，状写新时期宏伟建设，抒发强烈爱国情操与远大理想的今人之作，更显得新颖别致，亲切有味！如：

> 甘到老年回蔗味；肃于清境梦松风。
>
> （台湾伏嘉谟教授撰书）

用"凤顶额"联型，将"甘肃"二字镶嵌在上下联首，让全省人民在这块美好的土地上回味着幸福生活，实现远大理想，并诗情画意般地表达了作者的良好祝愿。翻到第一褶"金城兰州"便展现在眼前。

"北山白塔名三宝；天下黄河第一桥"（中国楹联学会理事吴恒泰撰书），一联两景，气势豪迈，且注意联中的数字对与色彩对。

> 玉垒金城，傍水依山，遥瞰黄河入东海；
> 丹林白塔，环岚绕雾，高腾紫气拥北山。
> （中国楹联学会理事吕选忠撰书）

全联以细致的笔触，流转如珠的词汇，贴切自然而明快，且又意味深长。"登阁眼观三陇景；入园身挂万重霞"（安维翰先生题兰山公园联）。兰山公园是兰州唯一的山顶公园，在山顶之上有一高阁，名曰"三台阁"。此联上联正是从三台阁放眼，大处落笔，状写视野广阔，景象万千。作者在兴致勃勃地用移步观景的方法登阁远望之后，接着进入园中观赏，为配合上联的"眼观三陇景"，此处巧对以"身挂万重霞"来隐喻阳光照耀下的绿树红花，亭台楼阁和各种奇情异景，耐人寻味。合起来说，上联写远景广阔无比，下联写近景绚丽非凡。而且远景与近景（或者说外景与内景），相映相连，始终把握住日光直射或霞光万道的高山公园特色。为兰州西游记艺术宫的撰联是：

> 取真经须忠肝义胆，分清人鬼神妖，
> 当怜则怜，当斩立斩；
> 做好官必勤政爱民，明辨是非善恶，
> 该赏就赏，该惩便惩。

有意把神话故事与人类社会挂起钩来，直述取经之道和为官之理，前者突出一个"真"字，后者强调一个"好"字；而且平仄相对，词意相关，故事性与警策性自然融合，联中的好官及与鬼妖相似而又不值得一提的坏官、人神与鬼妖分类排队，让人们在对故事与现实的回忆对比中，激发爱憎分明的思想波涛，更好地促进廉政建设。"香浮笑语牙生水；凉人衣襟骨有风"是一副诗联，悬在兰州瓜市十分恰切。把人们在瓜摊旁边吃、边说、边笑，和瓜水与涎水滴滴欲出的神态，以及兰州瓜甜香可口、清心沁骨的威力写得活灵活现。"映日澄湖开玉镜；依风暗柳吐青烟"，则诗情画意般地展现了水上公园的美景。

接下去是河西、临夏、陇南、陇中、天水、平凉及庆阳各景点。无论是驰名中外的莫高宝窟、嘉峪雄关、伏羲大殿、张掖卧佛、拉卜楞寺、炳灵石窟、麦积烟云、崆峒秀峰，还是重建或新建的泾王母宫、会宁会师塔、陇西李氏龙宫，乃至夏河桑科草原

等七十多处名胜古迹，楹联彩卷都以联衬景或状形释意，以利读者知其景点或古迹之由来，然后或深入其境或精心研讨。如："纳皮兴嫁娶，结网教畋渔，渭河犹奏立基乐；设像契神明，布爻穷变化，陇坂长留画卦台。"（陕西师大霍松林教授撰天水卦台山联）这副联语古朴典雅，文中写伏羲制嫁娶、教渔猎、立基乐、布八卦等伟大贡献，为人类走向文明时代奠定了基础，人民不约而同地为他刻石立像，永作纪念，卦台将永留陇上的渭河岸边。联文涉及的两个典故出处是：谯周《古史考》："伏羲制嫁娶，以俪皮为礼。"（即用两张鹿皮为聘礼，克服了乱婚时代，人类始由母系社会转入父系社会）《孝经纬》云："伏羲之乐曰《立基》。"

> 炳灵原是世族显赫，词出班固一文赋；
> 僧寺却因神龛密集，意乃藏经十万佛。
> 头端彩盖苍松，山似麦垛撑霄起；
> 脚畔红花绿水，景如洞天绕崖开。

此二联均为安维翰先生所撰。前联用寻根问底的嵌字手法，说明了"炳灵"二字的原意、出处与"炳灵寺"在藏文上的含义；后联阐释麦积山之名，描绘麦积山之景，对读者能起到一定的导游与宣传作用。再如："马蹄轻踏探头燕；神技绝雕盖世姿"，对"武威铜奔马"的威武英姿与铸造者的高超技艺进行了激情讴歌。自然，这类稀世文物，也象征着中华民族的高度智慧！

纵观这份《甘肃名胜楹联》，尤具奇情壮彩、形声兼备的还有三副百字以上的长联。一副是清代吴可读撰写的"甘肃贡院联"（前已详析，不再重述）。另两副长联是安维翰先生的大作。一副是他写给"红军长征会宁会师五十周年暨会师纪念塔落成典礼"的114字的嵌字贺联。其联曰：

> 会一二四方面红军，忆井冈举旗，遵义筹策，大渡桥横，金沙水拍，过草地，爬雪山，除腐恶，斩荆棘，长征途中，三军明良遇，将相和，肝胆相照，风云际会；
> 宁千万亿倒悬黔首，顾祖厉激浪，香林放彩，关川穗硕，青江风徐，出郭城，穿韩砭，越沟岔，翻坡寨，枝阳镇上，全民革壶迎，袍泽与，诗文传捷，酒肴犒师。

上联以"会一二四方面红军"点明会师的三大主

力军,用"忆"字做联眼,以长征中的惊天壮举概括艰辛历程与党、政、军肝胆相照、风云际会的动人情景;下联用"宁千万亿倒悬黔首"概述长征的重大意义,用"顾"字做联眼写景抒情,描绘会宁城乡人民诗文传捷,酒肴犒师的空前盛况,全联起得自然,收得巧妙,气势豪迈,意义重大,选材抓典型事件,抒怀抓重点景物,尤其是用字功力,不同凡响。如:全联首尾嵌"会宁会师"四字,"一二四"与"千万亿"数字串对,以及上下联中动词相对等等,都很值得玩味。此联《甘肃日报》最先登出,《会宁县志》选印其中,《中国对联宝典》等也相继刊出。

另一副是210字的"联唱甘肃",其内容是:

> 远溯羲皇成纪画卦,黄帝崆峒问道,夏禹积石导流,发祥陇右鸿基以来。继起汉关飞将,晋廷针经,唐室英主,赓续旷代殊勋重汗青。却休说刘锜扬威江淮,吴璘破金蜀道。更何况张芝草圣,太白诗仙,梦阳文魁,晓峰铁汉,慎之翰林,宝珊将军。八千载春秋,烈烈雄风人宛在。

> 近看豪杰神洲安邦,省垣鼎新决策,旱原琵琶反奏,开拓乡邦伟业而后。蔚成学府奇才,丝路妙舞,体坛明星,铸就盛世丰功谱清曲。最难望童山焕彩河岳,祁连献宝走廊。尤可观黄河虹桥,兰山高阁,紫电峡谷,科学宏宫,水上公园,会师雄塔。十余年岁月,煌煌大雅我欣然。

这副长联的最大特点是:集古今甘肃人文形胜于一联,融中央决策与陇原建设为一体,以激励人们的乡土深情、爱国情操。全联原为184字,曾发表于《驼铃》;后又增为208字,刊登于《民主协商报》;现经改动,增为210字。安维翰先生还鉴于此联较长,不易记忆,又用提纲挈领的方法给这副长联特制了一副短联:

> 酌古准今,天宝物华壮三陇;
> 开来继往,地灵人杰应一联。

4.国内外联谊活动

甘肃省楹联学会的联谊活动,主要通过书信往来、资料交换、诗联赠答、经验交流、人员互访专函特邀来展现。学会的《甘肃楹联》与《甘肃名胜楹联》(特别是后者)已分赠海内外学术组织110多处、联家诗

人300余人。全国各省市楹联学会及部分县镇、厂矿、学校诗联学会都有学会的贺联或贺诗。对部分名人的名作名著,学会又应邀予以诗联酬唱。现举例如下:

(1)贺四川省、成都市楹联学会成立联

> 会联坛俊秀,赏蓉城风雅;
> 怀李白乡情,谒杜甫草堂。

(安维翰撰贾世阔书)

> 对歌四川景;联唱三陇情。

(安维翰撰书)

(2)为湖北首届"云鹤杯"楹联大赛祝捷联

> 四十载德政伟业,曾记得?
> 武汉市长江大桥优先飞跨天堑;
> 三百首唐诗精华,永难忘:
> 黄鹤楼名家惊句早已广传世间。

(安维翰撰刘海声书)

(3)贺安徽省楹联学会成立联

> 玉门爱对黄山秀;洮砚流联皖墨香。

(安维翰撰书)

(4)应邀为青岛寓园连理亭撰写联语

> 连理亭蕴三乐志;寓园景酬九如诗。

(安维翰撰黄汉卿书)

> 亭连树蕙滋兰句;对理栽桃种李人。

(安维翰撰应中逸书)

(5)贺滕王阁重建落成典礼联

> 滕王阁,王勃序,高阁引妙序,妙序传高阁。襟三江,带五湖,瞻苏杭,飞龙光,物华天宝,名扬千秋。望而乐也,思而悦也!

> 南昌城,八一师,名城聚雄师,雄师壮名城。下两广,奔四川,赴陇陕,会井冈,人杰地灵,功著万代。听者钦焉,语者欣焉。

(安维翰撰朱世章书)

(6)为陕西黄帝陵整修竣工揭彩盛典书联

> 扫尽残云,黄陵结彩昭盛世;
> 揭开新宇,赤县连阁挂明星。

> 文德启天地,巍巍中华一帝;
> 武功辉古今,洋洋大业千秋。

(安维翰撰朱世章书)

(7)贺《庆阳名胜联集》联

> 联中庆州千重景;笔下乡国万卷情。

(安维翰撰薛琨书)

（8）应邀为《中国历史名人联萃》书联

汉武帝（刘彻嵌）名联：

> 武娴韬略，观其征夜郎，靖匈奴，指挥若定，丕显令德，怀仁柔远，政声克绍文景治；
>
> 帝懋典谟，鉴于礼宿儒，擢人杰，纳谏如流，大展经纶，播惠效忠，汉祚久延士广康。

（安维翰撰书）

（9）挽我省教育学会顾问苟秉元联

> 一生献忠贞，南山松柏长苍翠；
>
> 三陇播道义，故园桃李永芳菲。

（安维翰敬撰并书）

（10）诗联敬贺三侨胞（举其一）

全球汉诗诗友联盟总会长张济川先生喜闻甘肃主办"中国楹联墨迹大赛"，特从新加坡寄来七律一首致贺。原诗为：

> 甄拔诗联添壮举，阐扬书画共挥毫。
>
> 名山事业推班马，故里情怀美晋陶。
>
> 喜见神州弘国粹，欣闻甘肃振风骚。
>
> 九天珠玉三江水，共见尧民意气豪。

感佩之余，安维翰会长特酬谢诗一首，兼申仰慕之情！

> 诗联自远寄侨胞，拽谢祝福走笔豪。
>
> 济老嘉言欣蔼蔼，川翁善诱乐陶陶。
>
> 情通四海腾三陇，句辑五经附一骚。
>
> 《集锦》增光流异彩，荣衔"四五"赞英豪！

5. 特制寿联、挽联、贺联

（1）贺党寿国庆联（在学会百多副联中只举一例）

> 殊勋赫赫，党同日月争光彩；
>
> 伟业煌煌，国并天地共寿春。

（2）挽邓小平同志联（从学会常务理事联中略选四例）

> 一生献忠贞，雁三落，应三起，冤乎过乎任评说！壮志凌云，尊民意而定长策，正本清源，革故鼎新，终使宏图开万世。
>
> 四海铭德范，创两制，兴四有，国也民也同敬仰！雄风盖世，观思潮以酬久安，居仁由义，履中蹈和，总成大道启中华。
>
> 树雄心，振军心，济世心，富民心，心心术展国大治；
>
> 扶一代，领二代，选三代，泽四代，代代功

连邓小平。

> 世纪之光，南针北斗；
>
> 人民之子，沧海昆仑。
>
> 物阜民殷，日月初圆强国梦；
>
> 疆弥地补，江山永壮小平名。

（3）喜迎香港回归联（从正副会长联中略举四例）

> 两制新典范；一国启明星。
>
> 香江怒涛风旧耻；港府良策政新荣。
>
> 两制立天桥，地酹南港珠还浦；
>
> 一国铺锦绣，星拱北辰蔡向阳。
>
> 九州龙锁域，金瓯永固山河壮；
>
> 七曜凤还巢，玉局重开气象新。

6. 会员的荣誉职务、获奖情况与主要业绩

甘肃省楹联学会会员的职业有教授、总工程师、高级讲师、报刊主编等，文艺创作身份有当代对联艺术家、诗词家、书画家、中楹会会员等；其中有多位在国内外诗联大赛中获奖，还有在本职的教育、艺术、科技等领域获先进工作称号者。有6名对联艺术家经中国楹联学会批准，光荣地进入中国楹联陈列馆。他们的肖像、简历与业绩，被拍摄与镌刻在钛金板上，供人们长期观瞻。这6位联家是安维翰、李树棻、吴恒泰、齐培礼、薛渊、陈琳。

民间灯谜

甘肃的灯谜大约兴起在清代，它与科举考试有密切的联系。遍布甘肃各府、州、县的书院，学生常在课读之余制谜射谜，均以经史入谜。清进士吴可读、孙尚仁为制谜高手。入民国，甘肃各地的官员、师生、科举士人、文化人亦在元宵节制谜射谜。当时的《甘肃学生》《拓报》《和平日报》《兰州杂志》常刊谜征射虎。1945年，灯谜名家涂竹居在《拓报》刊《拟组设谜社启》，次年他又在《西北日报》刊登《谜社征友启事》，王静庵（1902—1972）、刘子荫（1912—1988）、马啸天（1918—1993）、赵浚等响应，组成水晶谜社，积极开展活动。1947年，涂竹居在《和平日报》连载《谜语之派别》，系统介绍南北派灯谜的体系、规律、制法，从理论上充实了甘肃

谜人的学养，提高了甘肃灯谜艺术的水平。当时的谜人有邓宝珊、范振绪、慕寿祺、孙炳元、裴建准、水梓、冯国瑞、郭维屏、程知耻等。民国时的甘肃灯谜多以经史入谜，间以时事、人名为题材。

1949 年 8 月 26 日甘肃省解放后，随着工农业生产的发展，兰州等地新兴工业城市的建设，人民生活的日益改善，广大群众对健康有益的文化娱乐活动的需求愈来愈迫切，灯谜作为一种智力文艺活动逐渐普及到工矿、学校、机关、部队等处。通过灯谜的猜射活动，寓教育于娱乐，推动广大群众自觉读书读报，提高文化素质。灯谜题材也逐渐从"四书五经"中解放出来，选取时事政治、科学知识、文学艺术的名词术语入谜。内容健康，贴近生活，活泼有趣，群众喜爱，在宣传党的工作和建设社会主义精神文明方面起到了积极作用。

十年浩劫的"文革"中，灯谜艺术也同其他文学艺术一样受到了摧残，谜人受到迫害，谜坛悄然无声。粉碎"四人帮"后，尤其是党的十一届三中全会以来，甘肃省的灯谜艺术焕发了青春，借助大型谜会、电视广播、报纸杂志，大力开展灯谜竞猜活动，传播科学知识，讴歌改革开放，为两个文明建设做出了贡献。

甘肃 50 年来的灯谜艺术发展，大致经历了三个阶段。

（一）灯谜走向职工群众时期（1949—1965）

兰州解放初期，水晶谜社仍然在开展灯谜活动，每逢星期天，其成员涂竹居（1951 年返回武汉）、王静庵、刘子荫、马啸天、赵浚、崔半僧、王品馨、蒋琢庵、郭廷献、周元、赵霖、赵九如、马守义等就在柏道路上下沟一带花园茶社，品茶出谜，相互猜射，探讨制谜猜谜之道，一直持续到 1953 年。

1950 年春节，甘肃省人民政府主席邓宝珊在省政府西花园（今甘肃省群众艺术馆）举办甘肃解放后第一次大型谜会，由邓宝珊、范振绪、冯国瑞、涂竹居、郭维屏制谜。谜条粘在方纱灯上，有数十个，悬挂在梨树枝上。邓宝珊所制"灯下喜相逢"射外交名词，"宽宏大度饶他人"射地名，被马啸天分别射中为"照会"和"海原"。范振绪制"牧童驱犊返"射中药"牵牛子、当归"；"逸仙"射唐诗"空山不见人"；"无珠难为玉，解带懒围腰"射"工"字。以上均为佳谜，后者被马啸天射中。奖品为范振绪、裴建准、郭维屏、甄载明所作的书画斗方。

1951 年春节，西北铁路工程局在天水举办灯谜晚会，以"解放大西北，驱逐反动军"射从《古文观止》一句"胡马奔走"，"胡马"别解为"胡宗南、马步芳"；以"回想旧中国诚如漫长夜"射唐诗"明月岁华新"（卷帘格），表达了对国民党反动派的蔑视，对新中国的热爱之情。

1952 年元宵节，王静庵、刘子荫、马啸天、赵浚、郭廷献制谜，自费购买奖品，在兰州中央广场石华治印室悬挂 6 个方纱灯，举办谜会。邓宝珊、范振绪也来出谜助兴。

40 年代至 50 年代初，兰州善射灯谜者有王静庵、马啸天、赵浚、赵霖。

1953 年发生月全食，群众缺乏科学知识，误以为灾害将会发生，于是甘肃省科学教育馆（今兰州市政协西北侧，后改为甘肃省博物馆）举办天文学专题谜会，向群众宣传月食、日食等天文知识，收到了很好的效果。这是甘肃省举办的第一次专题谜会，并且是第一次举办的科学知识谜会。由邓宝珊、王静庵、刘子荫、马啸天、赵浚、赵霖等根据该馆油印的《天文学名词》小册子制谜。奖品有两种：一种是利用抗战中击落日本飞机的残骸旋制的"立灯子"；一种是新华书店捐赠的科普书籍。其中的佳谜为"行者有过裹粮也"射天文学名词"带食（日食）而出"；邓宝珊的"电影红星"射星宿名"大角"，被李珍当场猜中。

1954—1964 年，每逢元宵节，兰州市教育馆（今兰州晚报社址）举办灯谜晚会，制谜者有王静庵、刘子荫、马啸天、赵浚、朱笠僧、周元、马子舆等。奖品有范振绪、裴建准、冯国瑞、杨扶辰等人的书画斗方、铅笔、大王瓜子、花生米、糖果等。由于猜灯谜的群众很多，需谜量增加，方纱灯（每个灯悬 16—20 条灯谜）不敷需要，灯谜条开始贴在游艺室的玻璃窗户上，群众在室外观看谜条，搔首猜射。

1955—1964 年，政协甘肃省委员会（今陇西路省政协家属院内）每逢元宵节、国庆节举办灯谜会，在礼堂里拉上纵横交错的细麻线，绳子上粘满五颜六色的谜条，供民革、民盟成员以及其他民主人士猜射，制谜者有邓宝珊、范振绪、水梓、裴建准、冯国瑞等。邓宝珊制"著作与孟子较优劣"射古人二"文同、轲比能",大家苦思久猜不能中的,有人请他放掉谜底,邓说:"用心猜!猜准了,我请客吃饺子。"书画家张慎微用此情此景制出一谜:"省长来了,谜底不放"射地名二,有人立即猜出"虎牢关",前一地名"邓至"始终无人射中。邓又出一谜"弯处在一头"射宋代陇将,人们正在思考之际,裴建准臂挂手杖姗姗而来,冯国瑞指着那个手杖说:"'曲端'来了。"大家对冯氏幽默射虎方式,报以开怀大笑。

1957—1958 年,兰州市图书馆(山字石)举办灯谜晚会,多为抄录的灯谜。50 年代后期以来,兰州灯谜射手有刘文白、姚煜、吴汴等。80 年代初仍善射。

1957 年,兰州市工人文化宫灯谜研究创作小组成立,一直持续到 1966 年自行解体。其成员有王静庵、刘子荫、马啸天、赵浚、赵霖、朱笠僧等,每逢元旦、春节、元宵节、"五一"劳动节、国庆节举办谜会,往往从上午 10 时一直持续到晚上 10 时,由市工人文化宫专干路逵组织联络。猜谜者有职工、干部、教员、学生等。一般用宣纸裁成 22 厘米 ×5 厘米的谜条,王静庵用欧体、刘子荫用赵体、赵浚用魏体书写谜面,钤制谜者的压角印、名号室斋印。猜中后,谜条上揭晓谜底及射手名字,张贴在白墙上,供人学习、欣赏。由于谜条本身就是一幅微型书法作品,往往被爱好者揭去珍藏。

60 年代初,边绍龙、龙得天、柯杨、段玉强、王文本、何永麒成为市文化宫灯谜组成员,边绍龙任组长,马啸天任副组长。1963—1964 年,李载阳、李珍、午明强、邓明成为组员,李载阳任组长。

兰州市文化宫灯谜小组不仅在文化宫制谜,还应邀去五泉山、白塔山公园制谜,主持谜会。每次谜会结束,精选佳谜 500 条,由路逵刻制蜡版、油印《兰州文化宫灯谜选》,邮寄兰州各大厂矿工会以及全国各大城市工人文化宫、工人俱乐部,供其举办谜会。至 1966 年初共编印 21 期。其中的佳谜有王静庵的"一川流水送残霞"射"没"字;刘子荫的"鸦片战争"射用具"烟斗";马啸天的"杨柳千条尽向西"射词牌"东风齐着力";赵浚的"麸"射泊号"白面郎君";赵霖的"恨他别后害相思"射《西厢记》"怨归去得疾";朱笠僧的"家徒三壁"射口语"一面

倒";柯杨的"十八罗汉斗悟空"射赵朴初散曲"排练你的喇嘛猴戏"。

1963 年国庆节,兰州市工人文化宫灯谜小组在文化宫内举办甘肃省有史以来第一次灯谜展览。有前言、谜格介绍等图版,由赵浚撰文、刘子荫书写。展出谜籍三十多种,有王静庵提供展出的《橐园春灯话》《跬园谜稿》《涂竹居先生谜条汇集》,涂竹居的《北派聊目谜语》25 种;还有范振绪的《东雪草堂谜存》《水晶社友谜选》。后者 8 卷,收王静庵的《静庵谜选》、刘子荫的《荫庐谜存》、杨承业的《莱茵轩谜存》等,由刘子荫用中楷书写,涂竹居批注。参观者众多,兰州大学教师蔡寅、柯杨等签名题词。1964 年国庆节移往五泉山公园文昌宫展出,观众络绎不绝,传播了灯谜艺术,展示了甘肃谜人的作品。

60 年代前期,兰州大学常在元旦、"五一"劳动节、国庆节举办灯谜晚会,制谜者有赵浚、蔡寅、柯杨。赵浚的"梅妃与唐明皇"、蔡寅的"河山永固"均射兰大教工"江隆基","文革"中被追查,写入大字报,进行批判。

1964 年以后,文化艺术战线上以阶级斗争为纲的思潮愈演愈烈,波及灯谜活动,谜材要求突出政治,不能运用传统文化、古典诗词、"四书五经"、戏剧、古人入谜,使制谜的路子越来越窄,谜人担惊受怕。于是制出了像"赫"射新语汇"一对红","刺刀见红"射"衄"字、"拔掉旧灯谜"射工具"老虎钳","由"射工具"电锯"、"水面庄稼"射物理名词"波谷"这样突出政治、为工农兵服务的灯谜。60 年代初,兰州的灯谜射手有李载阳、李珍、王文本、张毅安、何永麒、张启学、邓明、王华等。

(二)灯谜的沉寂时期(1966—1977)

1966 年元旦和春节,兰州市工人文化宫灯谜小组战战兢兢地办完了谜会,6 月,随着"文化大革命"的爆发,有人在文化宫贴出大字报,上纲上线批判文化宫灯谜小组成员及其所制的一些灯谜,其成员有的被隔离审查,交待问题,有的被抄家,有的被批斗,许多珍贵的灯谜资料被查抄烧毁,有的是谜人自己偷偷烧毁,以免被抄为"罪证"。从此,甘肃灯谜活动进入沉寂时期。

"文革"开始,工会、工人文化宫、工人俱乐部停止活动,灯谜活动随之停止。但是,兰州市的谜人

仍在暗暗制猜谜谜。谜人在街头巷尾相遇，互相出谜猜射；有时三五谜人在谜友的家中会猜；兰州谜人张启学（1925—1993）仍珍藏着自50年代初以来抄录的兰州谜家邓宝珊、范振绪、涂竹居、王静庵、刘子荫、马啸天等的谜作，并一一复写存副，以防不测之祸。至80年代，他抄录谜稿二百多本，收谜八万多条，并著有《春明谜话》。

1973年恢复工会、文化馆活动。9月，兰州市文化馆"为了贯彻毛泽东革命文艺路线，活跃工农兵群众文化生活"，在兰州工人文化宫南部举办灯谜讲座，由兰州四中教员金熙元讲授，并搜集、整理150条灯谜，油印为《谜语汇编》第一集，发给三百多名听众。其中多为无关碍的旧谜，并多字谜，亦有部分有新意的谜作，如"信守不渝"射革命圣地"遵义"等。天水市也有一些企业工会，从1973年起，每年举办一两次灯谜活动。

（三）灯谜走向多媒体的时期（1978—1999）

打倒"四人帮"后，随着党的十一届三中全会的召开，受迫害的甘肃谜人得到平反昭雪，灯谜艺术获得解放和新生。赵浚填词《眼儿媚》正表达了甘肃谜人的这种心情："挣开雪压与冰封，谜苑又春风。啸天功力，荫庐灵性，领袖群龙。此中甘苦重寻味，无语诉幽衷。半生癖好，十年怀罪，为个灯笼。"

乘着改革开放的东风，随着经济建设的不断发展，人民群众生活不断提高，报纸杂志、广播电视等传媒进入寻常百姓家，加之全国各地经济建设的横向联系的加强，灯谜艺术从挂谜条的单一形式，走向多媒体、多形式的新时代，报纸杂志、广播电视经常举办灯谜竞猜活动，介绍灯谜知识，采访谜人谜事，不断举办全国跨省市的大型谜会，或全国性的函猜活动，这些谜事都得到了企业的大力支持，并促使灯谜活动迅猛发展。

1979年春节至元宵节期间，兰州市五泉山公园举办"文革"后的第一次迎春灯会。公园主任尹建鼎将灯谜列为灯展的主要内容，全省"文革"后第一次大型谜会得以举办，从除夕到元宵节举办了12次猜谜活动，共创作1300多条灯谜，被射中的达70%多，有4300多人参加猜射。刘子荫选出200多条，油印为《五泉灯谜》。其中佳谜有马啸天的"秋声断续闻胡笳"射《聊斋》篇目"耿十八"；刘子荫的"一骑红尘妃子笑"射县名四"大荔、怀来、献、玉环"；赵浚的"李白清平调三章"射鲁迅著作"花边文学"；李珍的"火"射成语"灭顶之灾"；李载阳的"千里江陵一日还"射劳模"李顺达"；邓明的"鉴曰：此佳婿也，以女妻之"射科学家"爱因斯坦"；张启学的"铡草"射成语"压倒一切"等。

1979年国庆节，兰州市工人文化宫灯谜研究小组恢复活动，马啸天、刘子荫任顾问，赵浚任组长，王文本任副组长，成员先后有龙得天、顾载阳、午明强、何永麒、邓明、徐尚义、陈俊卿、张毅安和张启学。1979年12月编印《金城谜刊》第一期，这是甘肃第一次铅印的谜刊。后又出了两期。其中的佳谜有马啸天的"亦足以畅叙幽情"射《西厢》句"只这脚踪儿将心事传"，"东来紫气满函关"射楚辞句"老冉冉其将至兮"；刘子荫的"背负青天朝下看"射三国人名"高翔、高览"，"飞入寻常百姓家"射梁山泊人物二"燕顺、时迁"；赵浚的"回眸一笑百媚生"射科学家"杨乐"，"五岭逶迤腾细浪"射晋人"山涛"；王文本的"立足于艰苦奋斗"射外国人"基辛格"，"森森宫墙醉辇过"射交通口号"严禁酒后驾车"；龙得天的"兰生幽谷香谁惜"射《红楼梦》人"花自芳"，"数点落花委地"射《聊斋》篇目"小谢"；李珍的"东船西舫悄无声"射地名二"舟曲、静宁"，"梅花半落马蹄前"射"杰"字；李载阳的"三台小型电动机"射国名"马达加斯加"，"暗中来了鲁提辖"射电影名"黎明前到达"；午明强的"江州司马青衫湿"射电影名"泪痕"，"关关雎鸠，在河之洲"射电影名"鸟岛"；何永总的"壮士一去兮不复还"射电影名"绝唱"，"跃上葱茏四百旋"射体育用品"飞盘"；邓明的"土豆烧牛肉"射唐人"苏味道"，"红叶秋分前"射法国地名"枫丹白露"。

1979年，兰州市工人文化宫灯谜小组举办"文革"后的甘肃省第一次灯谜讲座，赵浚讲《制谜》、王文本讲《谜格》、李珍讲《谜史》，数百名职工、学生参加听讲。1991年6月23日，该组又举行了一次灯谜讲座，由赵浚、王文本、邓明、李载阳分别讲授了制谜、射谜、谜史、灯谜与民俗等专题。

1980年，兰州市五泉山公园灯谜组成立，组长马啸天，成员有刘子荫、黄汉卿、张志有、张启学、孙鸿彬等。每年春节配合迎春灯会举办谜会。1981年春节，从正月初一至元宵节均办谜会，观灯射虎，民俗氛围浓郁。曾编选铅印两期《兰泉谜阵》。其中的佳作有马啸天的"年年雁字写秋云"射画家"常书鸿"，"八卦炉中铄大圣"射"烧香的行者堪焦"；刘子荫的"请为君复凿二窟"射五泉山景点"三教洞"，"太史公迫下蚕室"射剧目"司马逼宫"；黄汉卿的"风吹梨花雪满庭"射书法用语"飞白"，"摩天楼"射唐诗"白云生处有人家"；张志有的"到黄昏点点滴滴"射"汐"字，"三八节的来历"射古籍"二十四史"；张启学的"碎"射梁山泊人物"石勇"，"恰似下了一场肉雨"射兰州俗语"倒膘子"；孙鸿彬的"春城无处不飞花"射口语"多谢"，"日照香炉生紫烟"射用具"太阳灶"。

1980年，广东澄海《探虎斋谜刊》第三期刊登马啸天的《七言谜面以协律为佳》一文，指出"北派者首推重平仄故也"；浙江温州《鹿城谜苑》第一期柯国臻的《灯谜小史》认为"直至辛亥革命后灯谜便形成南北派两种风格。南宗以会意隐寓重典雅，北派以诗律谜重韵味"。是年第二期《金城谜刊》载王文本的《也谈灯谜的南北派》一文，认为"灯谜无所谓南北派，南北派的提法只是个别人在民国以后的一种说法而已"。同时指出："谜面能做到协律，固然很好，做不到也无妨，只要谜面文理顺畅，通俗易懂，仍然堪称佳制。"1982年《兰泉谜阵》第三期刊载涂竹居1947年连载于兰州《和平日报》上的《北派谜语之体例谈》、刘子荫的《也谈北派谜》、张志有的《琐谈北派》阐述北派谜的特点，认为存在北派谜。这次学术争鸣地涉祖国南北，人及老中青，各抒己见，对推动灯谜艺术的发展起到很好的作用。

1980年，兰州李珍、张毅安编选油印兰州谜人作品选《商灯》，这是甘肃谜人第一次自费编印谜刊，至1985年编印了四期。这年，李珍自费编写油印《乐斋谜丛》，邮赠全国各地谜社、谜人，传播谜艺，至1998年共编印了二十三期。其中的专栏有《乐斋谜话》《乐斋悬虎》《民间谜选》《物谜故事》《佳谜选登》《典谜探源》《陇上谜讯》等。

一些谜人积极编印谜刊，如陶炎烈的《灯草》（1989—1992，共出三期），孙耀的《蛇尾春灯》（1989—1992，共出四期），杨树生的《团荷滴露》（1989），苗恩培的《虎背斜阳》（1990），林

经贵的《谜作选》（1990），孙先来的《麓轩谜稿》（1991），成发荣、鲜利亚、潘中兵、宗子涵的《兰风》（1992—1994，共出二期），张之义的《谜途学步》等。许海奎编印活页谜刊《秦州虎啸》，共出十期。一些谜人整理出版甘肃已故谜家遗作，如1992年，由赵浚、邓明整理铅印王静庵的《静庵谜稿》。一些谜人在国内有影响的谜刊上自费备奖设立灯谜征射专栏，展示甘肃灯谜艺术风采，如张志有主稿的《微风靶》，李载阳、张凡主稿的《文屏弹壁》，郭天林、许海奎、尹恺主稿的《以谜会友》，安建国主稿的《以谜会友》特别射等。鲜利亚则将征射谜作《渔洋商灯》印发给谜友们，又开辟一条灯谜猜射的新路子。

1981年11月21日，天水市灯谜学会成立，理事长杨承业（后陶炎烈、郭天林继任），成员有张邦彦、马永慎、马永惕、玉炳祥、马佩文、许海奎等。1983年举办迎春谜会，3天悬谜1550条，为春节增添了文化色彩。并编印《天水灯谜》，至1987年共出六期。其中的佳谜有马永慎的"洞庭波涌连天雪"射地名"冷湖"，"爽然若失"射汉人"霍去病"；张尚尧的"《泾川县志》"射唐诗"清流一邑佳"，"桃花扇故事"射电影名"血溅美人图"；杨承业的"金陵春梦"射千家诗句"高枕石头眠"，"佳语报平安"射电影演员"陈述、康泰"；马永惕的"黄河之水天上来"射《岳阳楼记》句"浊浪排空"，"董双成"射《聊斋》篇目"狐联、狐谐"；张邦彦的"鼓师兼琴师"射《聊斋》篇目"蛙曲"，"第一个五年计划"射年号"始建国"；陶炎烈的"文山囚北庭"探骊格射"元人关汉卿"，"狡兔死"射唐人"令狐楚"；马佩文的"点点杨花入砚池"射书法名词二"飞白、落墨"。

1982年，兰州市图书馆举办"文革"后的首届元宵节迎春灯谜晚会，至1999年已办14届，均由兰州市文化局提供经费，陈文达馆长主持其事。每届悬谜两千条，大批灯谜爱好者参与猜射，形成兰州市的春节新民俗。自80年代中期以来，李珍、张志有、张毅安、李载阳、王华、邓明等参与该会，并为制谜。其中的佳谜有"本埠走红业余演员"射集邮名词"地名票"；"汗"射广告语"生活离不了这一口子"；"富贵尚需重环保"射花卉"绿牡丹"等。

1982 年 5 月，五泉山公园灯谜组马啸天、刘子荫等在公园举办灯谜资料展览，展出他们收藏的全国各地谜刊、谜人来信及其谜笺。此展传播了谜艺，使甘肃灯谜爱好者对全国谜坛的动态有了比较具体形象的了解。

1982 年，甘肃电视台景春邀请王文本、午明强、邓明在白塔山公园为灯谜活动录像，并作为甘肃春节联欢晚会的一个节目，在春节期间播出，这是甘肃灯谜活动第一次上电视。

1983 年 8 月 7 日至 12 月 11 日，《甘肃日报》连载田企川的《兰州谜苑逸闻》，介绍了邓宝珊、范振绪、涂竹居、马啸天、刘子荫等谜家的谜史、谜作，并予以品评；同时指出"兰州的灯谜，吸取北派和南派灯谜之长，具有自己独特的风格，因而引起全国谜界的重视。这几年，有《凤城谜话》《鹿城谜苑》《一代风流录》《谜苑群英集》《九州谜萃》《百花谜谭》《灯谜辑存》《灯谜新花》《上海工人谜刊》等五十余种谜刊，登载了兰州谜家制的灯谜。大批求教谜艺、请批点灯谜的信件飞到兰州谜家的手里，仅马啸天就收到来自全国二十几个省市的信件一千多封"。

1984 年 2 月 1 日至 11 日，《甘肃工人报》、甘肃人民广播电台文艺部、甘肃省总工会宣教部、共青团甘肃省委宣传部举行"赞颂甘肃人民种草种树，宣传社会主义精神文明春节对联、射虎比赛"，出灯谜 20 条，分别在甘肃人民广播电台和《甘肃工人报》予以公布，有省内外及外国朋友两千多人参赛，分一、二、三等奖及鼓励奖四个奖项。其中的佳谜有"文明之乡人欢笑"射甘肃地名二"礼县、民乐"；"河滩上栽树"射音乐家"绿汀"。这是甘肃第一次通过广播和报纸进行的灯谜猜射活动。

1985 年，由赵浚、邓明联系兰州晚报社黄应寿、齐玉钞、常振励举办第一届元宵有奖雅谜晚会。正月十四、十五、十六三夜，在张掖路兰州晚报社门口街头举办大型谜会，彩灯齐明，谜笺五颜六色，各界群众摩肩接踵观看谜条，凝目思考，一有所得，则惊喜不已。制谜者有马啸天、刘子荫、赵浚、李珍、张志有、邓明等，奖品为名人字画、砚台、印章、日用品等。这是甘肃省第一次由报社与企业联合在街头举行的大型谜会。佳谜有赵浚的"数穷辱于项王而竟成帝业"射成语"多难兴邦"；刘子荫的"怎当她临去秋

波那一转"射唐诗句"将往复旋如有情"；马啸天的"范疆、张达偷入营"射电影"飞到生命最后一刻"等。这种由兰州晚报社在街头举办的元宵谜会至 1988 年共办四届，先后由兰州锅炉厂、城关区文教局、甘肃省城市建设总公司第一工程公司、甘肃省电力工业局赞助经费，参与主办。谜会后，由《兰州晚报》选刊佳谜。

1985 年，马啸天、张志有获中央人民广播电台"广播之友"灯谜大奖赛第一、二名，马啸天应邀赴重庆领取奖品五洲·阿里斯顿电冰箱。

1985 年，兰石公司职工业余文艺创作协会主编铅印《微风习习》谜刊，张志有任责编，至 1989 年共编印五期。

1986 年 5 月 10 日，西北铝加工厂灯谜协会在陇西成立。这是我省第一个企业灯谜协会。理事长为王安生，成员有陈书法、苗恩培、梁宝仁、买立新、苏君湖、宋禹田、孙延华、阎宝生、傅治安、黄正义、乔守信、李德强等，他们不间断地进行灯谜创作猜射和学术交流活动。先后举办大型谜会四十余次，内部会猜一百四十余次，同时每年度坚持对会员进行考评，评选出年度西铝优秀谜手与西铝谜作各五名。仅以 1996 年度（1996 年 5 月—1997 年 4 月）为例，谜协的 24 名会员共创作灯谜 828 条，其中 28 条被选为佳谜。有 15 人次获内部竞猜最佳射手。该谜协自 1986 年开始编辑油印《金虎》谜刊 8 期，并精选其中的佳谜编印《金虎撷芳》月刊（主编陈书法、审核王安生），至 1998 年年底已编印 117 期，寄往全国各地谜社谜人，交流谜艺，进行猜射。《金虎撷芳》《金虎月影》被评为"全国十大信用谜刊"和"全国十大油印谜刊"。《金虎月影》的栏目主要有《西铝谜踪》报道厂内的谜事；《金虎撷芳》编选该厂及全国各地灯谜，如陈清泉的"东郭先生遇救星"射《聊斋》篇目五"农人、局诈、狼、保住、书痴"，张昌明"廉为首、勤为先，犹重点滴为百姓"射"庶"字等；《佳谜赏析》用精练的文字评赏佳谜；《谜材拾萃》辑录百科制谜题材。刊首每期都载二三篇探讨谜艺的短文。

1987 年 1 月 3 日，天水市职工谜协成立，理事长郭天林，副理事长马佩文、王炳祥，理事陶炎烈、张瑞先、吕约伯、杨声远、李茂盛、许海奎，有成员三十多人。成立当日在天水市工人文化宫举办天水首

届迎春灯谜函寄会猜活动，福建、广东等16个省市的谜协一百二十多谜人邮寄上千余条谜作，连同天水市职工谜协成员的谜作，张灯挂谜，供人猜射。会后，编辑铅印《秦风》谜刊。其中的佳谜有：陶炎烈的"祖国处处讲文明"射县名"华、夏、德昌"；杨承业的"元旦团聚"射文学形式"新春联"；马永惕的"默算"射成语"心中有数"；马佩文的"月亮走、我也走"射戏剧名词二"行当、追光"；郭天林的"富甲天下"射数学名词"无穷大"；李茂盛的"三优一满意赛"探骊格射"商人比干"；丁善达的"黄河九道弯"射商品"天特曲"；师文宇的"复习外语"射"诩"字；丁小敏的"双边会谈"射《聊斋》篇目"二商"；吕约伯的"十表九个样"射语汇"观点不一"；王炳祥的"明月几时有"射影院用语"不日上映"；刘贺年的"双连冠"射电视剧"两个第一"；陈清泉的"后队变前队"射谜格二"掉首、掉尾"；杨渔亭的"好友相聚"射戏目"知音会"；程凯的"春风吹醒万树花"射运动员"苏菲"；杨声远的"幼儿学珠算"射数学名词"小数点"；周培棠的"临夏"射唐诗句"眼看春又去"。

1987年10月，甘肃省谜人马啸天、张志有、陶炎烈、王会生、梁宝仁等人参加中央电视台和中国谜报社在青岛举办的"双星杯"全国灯谜邀请赛时，结识了来自香港的谜家刘雁云，这次会见成为甘肃谜人与港台、海外谜界师友开展交流活动的序曲。1991年6月，出席全国灯谜艺术研讨会的甘肃省灯谜学会代表张志有、陶炎烈、张毅安、陈清泉、王安生、陈书法和苗恩培，又在北京会见了香港刘雁云、白福臻，台湾范胜雄、王火山、萧瑾瑜和以林炎炮、林宝才、卢一雄为首的泰国潮州会馆灯谜组访问团一行。在1992年9月广东澄海举办的华夏金秋灯谜艺术节，1994年8月河北保定召开的中华灯谜学术委员会成立大会和1998年5月陕西宝鸡举办的"华宝杯"宝鸡灯谜节上，李珍等参加并与港台谜友共同切磋谜艺。1997年7月，在陇西举办的"西北铝杯"全国大中型企业灯谜赛暨甘肃省首届谜会还邀请来自台湾的陈村金担任评委。台湾集思谜社发行的谜刊《谜汇》，期期举办猜射活动，我省谜人积极参与并榜上有名者有王履彦、许海魁、尹恺、陈书法、苗恩培、张毅安、慕明杰等。

1987年，由陈天民、李云亭主编的《新编谜语大观》由甘肃人民出版社出版发行。这是甘肃谜人公开出版的第一部谜集。1989年，陈清泉所著《西游记故事灯谜》由兰州大学出版社出版。这是由甘肃谜人著作的第一部公开出版物。

从80年代开始，甘肃谜人的谜作开始为国内外谜界所瞩目，除发表在各地报刊和灯谜刊物外，出版社发行的灯谜书籍中也收录了不少。据不完全统计，最早正式署名收录我省谜家灯谜作品的是1987年1月辽宁人民出版社发行的《当代百家谜选》（崇仁、章品、冬木、石或编），收有我省马啸天、刘子荫、李珍三人谜作。1990年10月，由赵首成、邵滨军编注，海天出版社出版的《新时期灯谜佳作选》面世，该书收有我省马啸天、刘子荫、赵浚、杨承业、马永慎、马永惕、郭廷献、黄汉卿、张志有、李珍、陶炎烈、王安生、陈书法、陈清等24人的谜作472条，佳谜有：李珍作"寂寞群山雨依稀"射医学名词"静脉点滴"；张志有作"杏帘招客饮"射外地名"巴尔干"；王文本作"点缀天朝春意浓"射日本友人"大平正芳"；邓明作"翩若惊鸿，婉若游龙"射外国首都"洛美"；赵浚作"蒙蒙细雨笼西岳"射外国首都"渥太华"；李载阳作"一年一度秋风劲"射作曲家"金复载"；郭廷献作"一手拿针，一手拿线"射成语"望眼欲穿"；黄汉卿作"花飞花落满乾坤"射成语"谢天谢地"；张启学作"轩辕后裔"射画家"黄苗子"；刘子荫作"猜谜莫从表面想"射医学名词"皮下注射"；马啸天作"片片落花入户来"射地名"谢通门"；陶炎烈作"眼中人是镜中人"射词语"对照自己"；杨承业作"霜皮溜雨四十围"射口语"大老粗"；马永惕作"空向龙门点额还"射泊号"浪里白条"；郭天林作"围围巾，戴眼镜"射广告用语"配套项目"；王安生作"云中谁寄锦书来"射武术名词"大雁功"；陈书法作"草原驯马有绝招"射衣着名代量"一套制服"等。在1991年1月由黄山书社出版的《佳谜鉴赏辞典》（吴仁泰、柯国臻主编，常任侠作序）中，收有我省谜人杨树生、刘子荫、张志有、涂竹居、黄汉卿、马永慎、陶炎烈、杨承业、邓明、王文本、赵浚、李载阳、马啸天、张毅安、李珍、王静庵、范禹勤、马永惕、陈书法、马佩文、梁宝仁、王安生、王焕钊共23人创作的灯谜112条，并一一作了评析。佳谜有杨树生作"家在东楼第一层"射字"炉";涂竹居作"斜风吹断春残红"射字"蚤";黄汉卿作"半潭秋水隔疏林"射字"湘";陶炎烈作"四方错落留春住"射字"躁";刘子荫作"错落竹枝无墨画"射成语"君子之交淡如水";邓明作"众人拾柴火焰高"射电影演员"大旺堆";李载阳作"六语八茅十一轸"射水浒人名三"阮小七、阮小五、阮小二";王文本作"韵事安排送冬后"射《水浒传》人一"宋江";马永慎作"汤放桀于南巢"射学者"商承祚";张毅安作"乔迁太频繁"射北京名胜"老舍故居";张志有作"视辙乱,望其旗靡"射地名二"曹、张北";李珍作"修眉"射五言唐诗句"长安一片月";杨承业作"雕阑玉砌应犹在"射《西厢记》句"改变了朱颜";王静庵作"牧童遥指杏花村"射《论语》句"远之则有望";范禹勤作"兰州两岸,绿野青畴"射《诗经》一句"黄流其中";马啸天作"挂印封金,斩将而去"射鲁迅作品"出关";陈书法作"主人考虑再三"射地理名词"东经六度";马佩文作"离天三尺三"射物理名词"高能量";马永惕作"不二法门"射戏剧名"无双传";梁宝仁作"刚被太阳收拾去,却教明月送将来"射影院用语"轮流上映";王安生作"三月霹雳"射西药名二"春雷霉素、卡那霉素";王焕钊作"隔窗犹见雨纤纤"射家电物件"室外天线"等。同年6月出版的《古今优秀灯谜鉴赏辞典》一书,由赵首成、邵滨军主编,漓江出版社出版发行,该书收入我省涂竹居、张志有、陶炎烈、马啸天、许海奎、刘子荫、王安生、杨承业等8人的灯谜45条,其中佳谜有涂竹居作"以后只拣瘦的医"射《西厢记》句"准备着抬";陶炎烈作"襄樊平地作深渊"射成语"暗送秋波";张志有作"牵衣顿足拦道哭"射成语"走亲戚";马啸天作"香飘云天外"射七言唐诗"人间能得几回闻";许海奎作"含情更看绵"射七言谚语"千里姻缘一线牵";刘子荫作"以铜为鉴,以古为鉴,以人为鉴"射作家"王统照";王安生作"此壁上弩影耳"射国际金融词语"蛇形浮动";杨承业作"菊残犹有傲霜枝"射地名"黄花、余干"。1992年9月,由辽宁科技出版社出版的《中华当代谜海》(方炳良、关德安编),是一部20世纪50年代—90年代初期的中华灯谜作品选,选收国内及泰国、美国、新加坡、菲律宾、印度尼西亚等

地近三千位中华谜人创作的文义谜50 500条。其中收有我省88位谜人的谜作1550条,仅张志有一人即收入392条。佳谜有:郭廷献作"八十万禁军教头"射成语"首当其冲";马佩文作"一朝春尽红颜老"射曲牌"好时光";孙鸿彬作"一尊红梅"射歌唱演员"单秀荣";梁宝仁作"东施蹙眉"射新词语"效益差";王文本作"大观园外栊翠庵"射成语"妙在其中";黄汉卿作"一片余晖半映帘"射字"帕";陈书法作"千杯万盏会应酬"射口语"特别能干";张启学作"夕阳西下起炊烟"射天文名词"日偏食";李珍作"天下自古称名泉"射《聊斋》篇目"雨钱";宋禹田作"未来都会交好运"射通假字"羊通祥";陶炎烈作"万里云罗一雁飞"射电影"天涯孤旅";邓明作"久久不识后来者"射元杂剧"长生殿";张毅安作"原野新霜万叶枯"射词牌"广寒秋";杨承业作"子规啼尽杜鹃红"射中药"血竭花";张志有作"飞吻难比耳鬓情"射俗语"远亲不如近邻";杨树生作"久不见大作"射银行用语二"长期、小写";李载阳作"门前立雪传佳名"射剧作家"程士荣";陈清泉作"王教头私走延安府"射足球用语"抬脚过高";王安生作"一枝红杏出墙来"射文化活动形式"迎春花展";胡宗灿作"九龄已老韩休死"射唐代人"李辅国";马啸天作"刀下留情"射京剧"杀惜";郭天林作"力求形神兼备"射数学名词"图象";苗恩培作"大难不死必有后福"射保险名词二"险别、受益人";王少鹏作"上楼才思如泉涌"射西药"感冒灵";赵笑因作"千乘之国"射明末文人"侯方域";许海奎作"千里江陵一日还"射常言"反应迅速";王炳祥作"不知木兰是女郎"射中药"密蒙花";李德强作"日"射常言"独具一格";柯杨作"旧衢何须问"射电影演员"陈道明";鲜利亚作"白眉"射五言唐诗"在山泉水清";阎宝生作"让世界充满爱"射汽车牌号二"环球、友谊";孙延华作"辛"射象棋语二"将六进一,车一退七";马永惕作"卧床不语"射法律名词"起诉";周俊龙作"姜家在横塘"射电影二"奴里、水上人家";黄正义作"残舟依重柳"射字"彤";午明强作"霹雳一声穿房阙"射象棋术语"过宫炮";王仁作"霜林百草萎"射《聊斋》篇目二"冷生、素秋";杜钧作"霜风吹皱绿水波"射《红楼梦》人二"秋纹、碧痕";买立新作

"醉翁之意不在酒"射歌词"好山好水好地方";梁仲元作"慷慨捐资办学校"射常言"不吝赐教";杜敏作"稳定才能团结"射数学名词"平方和"等。1995年11月出版的《现代灯谜精品选》一书,陆滋源、郭龙春、江更生主编,钟敬文作序,是一本荟萃海内外326位现代谜家的创作灯谜选集,其中收录我省马永惕、马佩文、马啸天、王文本、王安生、刘子荫、李载阳、陈书法、陈清泉、张志有、杨承业、赵笑因、陶炎烈13人创作的灯谜127条。佳谜有:马永惕作"独酌闲看五代词"射五言唐诗"花间一壶酒";马佩文作"十五的月亮,照在家乡,照在边关"射影院用语"两地同时上映";马啸天作"白石"射中成药"碧玉散";王文本作"春种一粒粟"射广电用语"点播";王安生作"纤夫谣"射常用词"拖拉作风";刘子荫作"断送春光是雨丝"射字"泰";李载阳作"韦应物"射科技名词"软件";陈书法作"三人工作两人干"射俗语"一不做,二不休";陈清泉作"常山赵子龙"射歌曲"故乡的云";张志有作"怀古遂自投汨罗"射体育用语"屈体跳水";杨承业作"灵台无计逃神矢"射科技名词"发射中心";赵笑因作"已是悬崖百丈冰"射唐诗人"寒山";陶炎烈作"疏林几处列庄前"射机械名词"机床"等。除上述谜籍外,吴仁泰编著的《佳谜欣赏》(安徽文艺出版社出版),隋晶、关德安合编的《千家灯谜》(辽宁人民出版社出版)和刘二安等编的《海内外灯谜精选》《当代青年灯谜精选》(均为中州古籍出版社出版),也都选收了甘肃谜人的灯谜作品。

1989年2月,甘肃省建第二安装公司邮协编印了《集邮灯谜》(油印本),收入以集邮名词、术语为题的灯谜138条。这是甘肃谜人力求使灯谜文艺和集邮收藏融合在一起的一种尝试。此后在甘肃谜人、国家级邮展评审员赖景耀等人的倡议下,1992—1994年与《集邮报》举办了三届集邮灯谜有奖竞猜活动,吸引了全国大批集邮爱好者和灯谜爱好者参加,促进了灯谜集邮联姻。

1989年,《兰州晚报》与城关区文教局举办"蛇年元宵有奖雅谜"函猜活动,由李珍、张志有、邓明、李西成、杨树生、赖景耀等制谜100条,其中有函谜、书法谜等花色谜,由常振励、李建斌编辑刊载于2月18日的《兰州晚报》上,这是甘肃在报纸上第一次进行函猜的活动。其中的佳谜有"同心萦怀两地书"射金融名词"分期信托","抗旱初告捷"射春秋人二"干将、要离","欣赏服装模特表演"射"行情看俏","脑科手术报告"射编辑用语"开头的话","望看各族皆友好"射带量货币俗称"十五张大团结","引无数英雄竞折腰"射歌星"鞠敬伟","小叩柴扉久不开"射称谓带姓"关院长"。至1995年,兰州晚报社先后与兰州卷烟厂、兰州百货大楼、兰山商场共主办五届元宵节有奖灯谜函猜活动。六届共刊登灯谜1061条,平均每届刊谜176条。制谜者先后有马啸天、赵浚、李珍、张志有、李载阳、邓明、张毅安、王华、杨树生、黄汉卿、张启学、鲜利亚、李建斌、赖景耀、潘中兵、杨根福、成发荣、王文本、刘韬、孙耀、刘益民等甘肃谜人以及柯国臻等外地谜人。每届设一等至五等五个奖次及纪念奖,一等奖获名人字画1帖,其余奖次奖100元至30元奖券不等。其中的佳谜有"庚午岁朝弄七弦"射乐器"马头琴","伞兵拼刺刀"射集邮术语"落地戳","断桥西畔别亲人"射"梓"字,"任尔东南西北风"射俗语"受气包","潇潇雨歇"射《出师表》一句"谓天下已定","祢衡骂曹流芳名"射文艺形式"击鼓传花","三更独闻蛙鸣声"射兰州俗语"呱子叫","拔河手滑丢冠军"射国名"拉脱维亚","中华灯谜谜馆"射俗语"藏龙卧虎之地","一枝清采妥湘灵"射电视剧"楚留香传奇","扶掖袁术登九五"射交通设施"高架公路","质玉玺孙策借兵"射广告语"小霸王为了将来打基础","闲敲棋子落灯花"射《隆中对》一句"此亮所以为将军谋也","亮瑜互看掌中字"射日用品"手表、打火机","火速策马催信传"射三国故事"怒鞭督邮"。

报纸杂志刊载灯谜进行函射,具有覆盖面广、省钱、省力、省时的优越性,并且可以通过以企业产品名及企业领导人名制谜,产生广告效应,往往比纯广告更具穿透力,因此企业愿意资助报纸杂志举办灯谜函射活动。自《兰州晚报》率先采取这种方法后,先后有《天水报》(1989年、1990年、1993年举办了三次)、《净友》(1990年1月及1991年1月"迎春灯谜")、《甘肃工人报》(1990年4月28日"瓣膜杯"职工灯谜大奖赛)、《工人日报》(1991年10月6日"康泰杯"雅谜竞赛)、《兰州宣传》(1991年1

月"可爱的兰州"有奖猜谜竞赛)、《兰州广播电视报》(1991年1月29日迎春谜语竞赛100题)、《兰州日报》(1994年2月24日"甲戌元宵春灯雅谜有奖猜射",1995年元宵节有奖灯谜大赛,1996年元宵节灯谜有奖猜射大赛)等报刊举办灯谜函射活动,活跃了群众的文化生活,宣传了企业形象,促进了两个文明建设。

80年代以来,《兰州晚报》设"谜苑""佳谜赏析",《甘肃日报》设"雅谜",《甘肃广播电视报》设"灯谜",《兰州日报》设"与虎谋皮"专栏,广泛进行灯谜活动。兰州的灯谜猜手有赵懋生、鲜利亚、潘中兵等。

80年代末以来,一些甘肃谜人先后参加了国内出版的灯谜辞书的编撰工作。其中最早的当数1989年9月安徽文艺出版社出版的《中华谜语大辞典》一书,由国内著名谜家17人通力合作编写,我省马啸天被聘为编委,负责古代谜著部分的编撰工作。此后,马啸天、张志有2人参加了《佳谜鉴赏辞典》(1991年元月出版)的编撰工作。张志有还应邀担任《中华谜书集成佳谜赏析辞典》副主编,李珍、邓明、刘旭参加了编写。被誉为文虎三峡工程的《中华灯谜库》,共有六十余名海内外谜家担任编委,甘肃有5人参与编纂,其中张志有、张毅安、陈书法分任"历代灯谜精选""地理"及"生物"类主编,买立新、宋禹田为"生物"类编委。

从80年代开始,除兰州、天水、陇西西北铝加工厂等处外,甘肃其他各地的灯谜爱好者也陆续开展各种形式的灯谜活动,其中比较活跃的有临夏州杨树生,秦安王少鹏,成县孙耀、张之义,平凉晁钦凯,陇西丁光斗等。

1990年元宵节,兰州日用化工厂工会举行全国灯谜函猜。会后由李珍编选铅印《陇头商灯》谜刊,选录函猜佳谜。

1991年6月5日,甘肃省灯谜学会成立,马啸天任名誉会长,杨承业、蔡寅为顾问,会长赵浚,常务副会长张志有,副会长黄汉卿、李珍、陶炎烈(退休后定居外地,改选郭天林担任)、王文本、张毅安、王安生、郭天林,秘书长张毅安,副秘书长邓明、李建斌。有团体会员6个,个人会员91人。

学会成立后,团结本省广大灯谜爱好者,开展

谜艺研究,从事灯谜创作,积极同全国各地灯谜社交流,做了大量工作。

在同年举办的海内外创作大赛上,李珍的"独酌无相亲"射文学用语"个人作品";杨树生的"不知细叶谁裁出"射广告用语"做工考究";穆全顺的"晚来天欲雪,能饮一杯无"射市招"冬令商品";马佩文的"东方长九尺,不得侏儒禄"射摄影名词"高反差";邓明的"夕餐秋菊之落英"射园艺植物"晚饭花",被评为最佳灯谜。陶炎烈、黄亚平、张志有的谜作被评为大赛佳谜;鲜利亚、孙先来、陈书法、张渭谜作被评为优秀灯谜。这是甘肃籍人在谜赛中获奖最多的一次。

天水陶炎烈创作的灯谜"故将红豆打黄莺"射电视剧"相思入梦",还荣获1991年度甘肃文艺敦煌奖。

全国灯谜界从1991年起首次评选24座灯谜城,兰州市名列其中;1993年陇西县也被评为当年灯谜24城之一。

1993年秋,兰州大学物理系学生马阳渊等组织大学生灯谜沙龙,邀请李珍、张毅安、李载阳、王华、邓明在兰大校园举办谜会,大学生们踊跃猜射,对传统文娱活动——灯谜艺术产生了浓郁的兴趣。1994年元旦,大学生灯谜沙龙又在兰州商学院举办灯谜晚会,大学生积极猜射,热闹非凡。春季,马阳渊等人又在兰州大学举办全国高等院校灯谜函猜活动。在全国影响很大。

1994年正月初三到十七,甘肃省灯谜学会、兰州白塔山公园举办迎春灯谜晚会,共十五夜,挂谜近万条,有两三万人参与猜谜,四五千人次猜中获奖,奖品为书画作品、小型工艺品等。会后,编选铅印《白塔春灯谜选》,赵浚、柯杨作序,设"谜坛纵横""灯谜选辑"专栏。其中的佳谜有王文本的"淡扫蛾眉朝至尊"射甘肃名胜"贵清山";王华的"岗位调动"射地名"冈底斯山";王履彦的"大智若愚"射杭州景点"灵隐";邓明的"率先天下进关中"射工程"引大入秦";李建斌的"门前冷落车马稀"射黄山名胜"迎客松";李珍的"李逵独劈罗真人"射东周人"公孙无知";李载阳"醉翁之意不在酒"射运动员"欧阳贵景";成发荣的"首战告捷"射商品带量"一打扑克";张志有的"素笺十二帖"射语汇"打白条";张海泉的"陈半丁"射称谓"老伴";张

毅安的"文以载道"射兰州地名"中山路"；杨根福的"反不正当竞争"射先秦人二"比干、莫邪"；赵浚的"欸乃一声山水绿"探骊格射梁山泊人物"张青"；柯杨的"岷山名产，誉满金城"射明人"归有光"；黄汉卿的"首届泼水节"射身体部位"头发"；鲜利亚的"糜芳"射兰州名吃"烂者香"；潘中兵的"船工号子"射地名"舟曲"；孙耀的"换房"射成语"各得其所"；许海魁的"春风吹又生"射口语"干重活"；杨树生的"书不读秦汉以下"射口语"老本行"。1994年8月8日至18日，第四届中国艺术节在兰州举行，将灯谜艺术列为在白塔山公园举办的黄河文化展示会第四展，历时半个月，由甘肃省灯谜学会制谜主持，并征集内地及香港谜人的谜作七八千条谜笺，在三台长廊雕栏画栋间悬挂，接待海内外的友人猜谜欣赏，文化部及甘肃省、兰州市的领导亦参观了这次谜展。会后，《兰州日报》刊出佳谜，有王文本的"属僚统统都退下"射电视栏目"屏幕内外"；王华的"伏首孔门学六艺"射考古名词"莫高窟文化"；王履彦的"中原牡丹赞歌声"射剧目"白花曲"；邓明的"治国首先要扫盲"射考古名词"齐家文化"；刘韬的"杨柳梢头双桥会"射"棘"字；李珍的"十八花季咏一曲"射小说"青春之歌"；李载阳的"蓝天哨音水底鳞"射甘肃特产"鸽子鱼"；张志有的"呵"射电影名"两个女人与一个男人"；张帆的"欲渡黄河冰塞川"射商贸名词"经济冻结"；张海泉的"晏"射《滕王阁序》句"望长安于日下"；张毅安的"翼王容貌卷帘看"射甘肃特产"庞公石"；赵浚的"弯弓塞北一骑来"射汉人"张骞"；郭景天的"军"射电视剧"爱心大篷车"；鲜利亚的"一对小美人"射甘肃特产"两当娃娃鱼"；蔡经湘（香港）的"我愿以身长报国"射新语汇"贡献余热"；张伯人（香港）的"黄河之水天上来"射"珂"字；邱春木（香港）的"三笑虎溪僧独回"射唐诗句"远送从此别"；成发荣的"谜友"射口语"不打不成交"。

1993年7月15日至17日，西北铝加工厂举办"西北铝杯"全国大中型企业灯谜赛暨甘肃省首届谜会。有华北制药厂、东北轻合金加工厂、莱芜钢铁总厂、郑州纺织机械厂、安阳自行车厂、湖北沙隆达集团公司、银川拖拉机厂、兰州机车厂和甘肃省阳光工贸总公司参赛。中华全国总工会发来贺电。

"西北铝杯"谜赛，山东莱芜钢铁总厂、宁夏银川拖拉机厂代表队获灯谜笔猜、综合谜艺冠军，甘肃阳光工贸总公司代表队夺得命题创作、电控竞猜两项冠军及团体总分第一名。甘肃省首届谜赛，兰州市、秦安县、陇西铝加工厂代表队分获灯谜笔试、综合谜艺及电控竞猜赛冠军，天水市代表队获命题创作及团体总分两项第一。

1996年正月十三至十五，甘肃省灯谜学会、兰州日报社、金达商厦在西关什字该商厦门前举办"春满金达有奖灯谜晚会"，数千条谜笺悬挂街头，引人猜射。这是90年代后期全省唯一举行的一次街头灯谜盛会。

同年，许海奎因在天水市灯谜学会工作中的成就，被天水市政府授予"十佳社团先进个人"称号。

自80年代后期至90年代以来，由于企业经济效益不好，不能提供经费举办谜会，加之文化娱乐形式多样化，诸如舞会、卡拉OK、电视、录像、旅游等等吸引了大批青少年，甘肃灯谜艺术走向了低谷时期，甘肃工会系统的文化宫、俱乐部大都无资金举办谜会。1995年以后，兰州市工人文化宫终于停办谜会。然而，个别谜协坚持办谜会、出谜刊，一些谜人仍在苦苦探索谜艺，如李珍撰写论文20篇，发表于《中华谜报》《知识窗》《高雄谜集》上。重要的有《谜格的缘始及沿革》《曹娥碑谜探微》《制谜五说》《民间谜语纵横谈》等。还撰写《古代谜书钩沉》《灯谜上下篇》等30篇未刊稿。为此，他于1995年获第三届文虎奖，5月，被选为中华灯谜学术委员会学术部研究员。李珍的谜学专著《乐斋探虎》作为高雄漳州文虎基金会丛书之五，亦于2003年12月在兰州出版。张志有继1987年参加中央电视台举办的"中华杯"灯谜大赛获"中华猜谜能手"称号后，又应邀于1994年2月参加上海举办的首届"申懋杯"东方谜王赛。他还撰写《典故、灯谜、杂感》一百四十余篇，被聘为东方文化馆灯谜学委员会委员，当选为中华灯谜学术委员会学术部副部长，并在1998年10月与李珍两人双双被评为全国十佳灯谜学术研究员。

一些谜人和基层组织还坚持开展灯谜交流。1998年11月27—29日，西铝谜协王安生、陈书法，天水灯谜学会许海奎、陈清泉、尹恺、马佩文、孙安邦，天水卷烟厂谜协安建国、祁亚强、王勇，秦安谜协王光鹏、高炜星，在天水市同陕西宝鸡谜协田鸿牛、曾正明共同举办灯谜联猜，还就尽快促成首届陕甘宁谜语会和甘肃省第二届谜会事宜交换了意见。

总之，在民间文化研究方面，自省民间文艺家协会（原叫中国民间文艺研究会甘肃分会）成立以来，工作范围不单单局限于民间文艺方面，第一任主席曲子贞就把着眼点放在民间文化上，先后成立了"花儿"学会、楹联学会、灯谜学会、民间工艺美术学会、民俗学会，在民间文化研究方面多次组织召开国际、国内民间文化学术研讨会，收集了各方面研究成果，由黄金钰主编的《甘肃省民间文化论集》集中编选了省内外民间文化工作者搜集研究成果，得到国内外学者的好评。

第二节　甘肃少数民族民间文艺研究

藏族民间文艺

藏族有悠久而灿烂的传统文化艺术。就文学而言，体裁丰富多样，有人物传记、古代史诗、民歌、诗歌、寓言、神话故事、谚语、谜语等。长期流传于藏族民间的英雄史诗《格萨尔王传》就是一部融汇传记、诗歌、神话、寓言、民俗于一体的文学巨著，所塑造的古代英雄形象极其感人，情节曲折生动。甘南左格地方出生的藏族高僧贡唐仓·丹贝仲美（1762—1822）所著《水树格言》和《世故老人箴言》，是继《萨迦格言》之后不可多得的格言诗集，其大部分诗句寓意深刻，迄今尤为人们所传诵。其他如流传民间的神话故事《什巴宰牛》、寓言故事《猴鸟的故事》《兔子判官》等，语言诙谐含蓄，富有鲜明的人民性和现实性，为藏族群众喜闻乐道。

藏族文学著作讲究声、韵，诗歌创作源远流长，富于哲理。特别是民歌，数量最多，流传最广，大致可分为"鲁"和"拉伊"两类。"鲁"是在集会上或宴酬时对唱的一种曲子。歌词内容广泛，如对祖国和家乡的美好河山、党的政策、民族团结、幸福生活、英雄人物等的颂扬以及对青年男女新婚的祝贺，都可用"鲁"来表达。"拉伊"是只能在牧场、田野歌唱的曲子。主要倾述男女青年爱慕时的衷情。在格调上，藏族民歌都富于比喻，声调高亢婉转，即兴唱和，扣人心弦。1949年以来，文化部门组织专人收集整理了大量藏族民间文学资料，相继选编出版了有关藏族的民歌、民间叙事诗、谚语、小说及散文等藏、汉文专集，促进了藏族文化的发展。藏族群众能歌善舞，舞蹈形式以集体环形舞为主，舞姿活泼优美，而踢踏舞则又表现了藏族人民豪放的性格。一种称作"札木年"（汉语呼为"龙头琴"）的单人弹唱在民间颇为流行，由表演者手持"札木年"边弹拨边演唱，并伴以道白和简单舞蹈动作，十分诙谐有趣，甚为藏族人民所喜爱。为了继承和发扬民族艺术，西北民族学院自20世纪60年代以来即开办了艺术系，培养了相当一批藏族声乐、器乐、舞蹈以及绘画人才，充实了藏区的文艺队伍。藏戏在传统上有八大剧目流传，即《文成公主》《曲结诺桑》《郎萨姑娘》《卓娃桑姆》《智美更登》《白马文巴》《苏格尼玛》《顿月顿珠》。1949年后拉卜楞寺的藏戏爱好者琅仓呼图克智布曾编写了《文成公主入藏》《热玛纳王》《达巴丹保》等戏本。夏河红教寺院原以演唱藏戏著称，1955年以该寺僧众为主的藏戏队排演传统剧《智美更登》，在参加西北五省区民间文艺汇演中获奖。近年来甘南州又成立藏戏团，所演出的改编历史剧《雍奴达美》，在藏族中产生广泛影响。藏族的雕塑、绘画艺术十分丰富，主要有彩绘、木雕、砖雕泥或金属塑、石雕、酥油花、堆绣等。造型风格上，主要属于青海同仁吴屯艺术流派，但同时又受汉族艺术的影响。藏族彩绘，主要是壁画和唐卡（即在绸帛上彩绘的卷轴画），这在技巧上类似汉族的工笔彩绘，远视颇有凸凹感，色彩绚丽。木雕、砖雕等主要用于装饰建筑物的门楣、板墙、房柱和屋脊等，所雕花卉、动物和各种图案都显得浑厚大方。泥塑主要用于制作佛像，金、银、铜质镏金塑用于制作佛像、佛殿建筑装饰、舍利塔等，庄重华丽，为佛教艺术之精华。最具特色的藏区石雕是洮砚。洮砚产于卓尼县洮砚镇，北宋以来即被书法家视为珍贵的文房四宝之一，与端砚、歙砚齐名。洮砚所用上品石料有"鸭头绿""柳叶青""鹦鹉红"等数种，石质坚韧细润，在石砚上镂刻山水、人物、松、竹、虫、鸟等形象，或刻以名人诗句，更显玲珑剔透和古朴大方，鉴赏者往往爱不释手。

东乡族民间文学

东乡族的民间文学丰富多彩，既有古老的英雄史诗、传说、故事，又有妙趣横生的笑话和富有哲理的寓言、童话；既有儿歌、谚语和传统的歌谣，又有高亢嘹亮、人人会唱的"花儿"民歌。这些形式多样的口头文学，以它们特有的艺术风格，从不同角度反映了东乡族人民从古至今各个历史阶段的生产生活风貌、美好理想和民族的心理状态，是东乡族人民智慧的结晶。

东乡族民歌，感情真挚，语言朴素，形式固定，生动地反映了劳动人民生产、生活的各个方面。

"了略"是在夏收季节的晚上，人们赶着毛驴，在崎岖的山道上，或在收庄稼时唱的一种歌。歌词一般是固定不变的，而且简单易记，节奏悠扬，表达人们欢快喜悦的情绪。

"洛洛"是碾场、赶滚碌碡时唱的号子，没有具体内容，如"哎——一对的木拉欧拉也，噢荷荷荷，洛洛呀回来哟！""莲格哇拉达"（连枷歌）是打连枷时唱的一种号子，形式是对唱。过去一家碾场，亲友都来帮忙，打连枷时，分成两排。顺着连枷一上一下，错落有致的强烈节奏，便一呼众和唱起来。歌词即兴而作，一般说来句子短小，节奏也较为活泼明快。还有"扬场歌"。是碾完场后扬场时唱的一种号子。流行的大夯调，也叫"当奴杜"，有五六种曲调。一般采用一人领唱、众人伴唱的形式。领唱者叫唱把式，不参加打夯，只是站在一旁领唱，为大伙助兴鼓劲。歌词有的是即兴而填，有的则有固定内容；有抒情的，也有叙事的。

"哈利"是东乡族的婚礼歌，即在结婚仪式上唱的歌。由一名"拿杜赤"（民间艺人）领唱，前来贺喜的人们伴唱，歌词也都是关于庆贺和祝愿的即兴之作，可长可短，但每一段的第一句必须唱"哈利姆"三个字，并按节击掌，拍手臂，载歌载舞。

在民间歌谣中，儿歌也很多。目前流行的儿歌有"真扎诺""胡拉哈胡勒""枯拉枯拉"等等。

"真扎诺"是趣味性儿歌。演唱形式是一问一答。如：

房顶上是什么人呢？
房顶上是真扎诺呀。
为什么不下来呀？
下来怕狗狗咬呀。
为什么不打狗呀？
打狗没有棍呀。
没棍找土块呀？
土块碎得快呀。

"胡拉哈胡勒"吟诵的是一些植物和农业生产知识。儿歌都是用东乡语吟诵的，对仗工整，押韵严格，甚至上下句式的音节也很一致。头韵、脚韵都有，音韵和谐，词语流畅。

人们通常说谚语是哲理小诗。东乡族的谚语简短，音韵和谐，对仗整齐，富有哲理性。一般押头韵脚韵。如：

奸驴的腰先折哩，
奸人的阴谋先破哩。
沟里的泉水不会干，
人的智慧不会完。

还有一种押腰韵、脚韵的。如：

骆驼吃的盐多，
弱者流的泪多。

东乡族有东乡语和汉语两种民歌，以上介绍的是东乡语民歌。汉语民歌有"花儿"和宴席曲。如：

东乡语把汉语"花儿"叫"端"，"端斗拉"即漫"花儿"。近一二百年以来，"端"在东乡族人民的精神生活里占着重要的位置，正如流行在甘、宁、青地区的一首"花儿"里唱的那样："花儿本是心上的话，不唱是由不得自家；刀刀拿来头割下，不死是就这个唱法。"由于"花儿"是东乡族人民表达自己喜怒哀乐、悲欢离合的好形式，所以在东乡族中，即兴而歌的"花儿"歌手是很多的。

过去东乡"花儿"中以苦歌和情歌为多，唱出了对旧社会悲惨生活的控诉，表达了青年男女对封建婚姻制度的反抗和追求忠贞爱情的愿望。1949年以后，歌唱新生活、歌颂共产党的新"花儿"，已替代了过去的悲歌、苦歌。党的十一届三中全会以后，东乡族人民信心百倍建设"四化"，心中的"花儿"漫得更红火了。

东乡族"花儿"属河湟"花儿"的范畴。基本是四句一首，前两句为比兴，后两句为本意。每一段的第一、三句各是九个字或者是十个字，二、四句各为八个字。

用东乡语吟诵的民间叙事长诗，目前尚在流行的有《米拉尕黑》《战黑那姆》《诗司尼比》《和者阿姑》《葡萄蛾儿》等。其中《米拉尕黑》数百年来一直流传，在东乡族人民中的影响是很深远的，故事梗概是：勇士米拉尕黑正在与善良朴实的玛芝璐姑娘相爱之时，突然国土受到了侵犯，米拉尕黑毅然出征。他给玛芝璐送了半面镜子，玛芝璐也给他赠了信物——白豆和筷子。几年后，当白豆花开的时候，战争结束了，米拉尕黑立即动身回家。在回家的路上，他得到一个神秘老人的指点，找见了一匹雪马。他骑上雪马，腾云驾雾，眨眼间回到了故乡。

米拉尕黑在河边碰见了"尕东麦客"（岳母）担水回家，他假扮成过路人，问明了玛芝璐的情况，得知一伙歹徒正在姑娘家中要吃要喝，并要抢走姑娘。他便立即到姑娘家，拿出珍藏的半面镜子，与日思夜想的亲人相认，"半面镜合成了圆圆盘，正是花红月儿圆。清亮亮宝镜如水潭，镜子里孔雀戏牡丹"。此时，玛芝璐高兴得很：

　　柳叶眉一展露水滴，
　　玛芝璐眼睛里流出蜜。
　　樱桃口一开闪白玉，
　　玛芝璐亲亲地叫"尕义"。

东乡语"米拉"是小，"尕义"是哥哥；"米拉尕黑"既是勇士的名字，也含有小哥哥的意思。在歹徒们吃饱喝足后，要把玛芝璐用马驮走的当儿，"强盗遇上了灾星"，于是，歹徒拉来的一百匹马中，"哪匹马上驮新娘"，"哪匹马儿就断脊梁"，歹人无奈，只好向雪马的主人米拉尕黑求助，米拉尕黑的雪马"眼里认亲人不认凶"，它驮上了勇士和玛芝璐腾空飞了，发疯的强盗便张弓搭箭，杀声震天地追去。这时玛芝璐在马背上大显身手，她向米拉尕黑要回了当年赠送的白豆和筷子。右手一扬，一把白豆儿从空中落地都变成了冰蛋，不偏不斜地砸在歹徒的头顶上；左手一扬，一把筷子撒在地上，顿时变成了茂密的大森林，挡住了歹徒的路。相恋的人终于结成了终身的伴侣。民间叙事长诗都是说唱体，形式比较自由，中间换韵较多。旋律结构不甚定型，随着唱词的长短而变化，

两段曲谱自由交替，不断反复，有较强的吟诵性。

传说是人民对于历史的艺术再现，它从纵横两个方面反映了民族的历史和人民的生活，具有重要的历史价值。在东乡族中也有许多古老的传说。相传在很久以前，哈姆则巴巴带领了40个"晒黑古杜卜"（弟子）和8个"赛义德"（首领）从遥远的撒尔塔地方，来到果朱巴昨以东的一条山岭，修了一座气势雄伟的大礼拜寺。当时，果朱巴昨的官府得知这一消息后，派兵干涉，强行拆毁，并想把建筑材料拉到城里修官府的宅第。可是有几根几个人也合抱不住的大梁，许多人都拉不动。于是，哈姆则就规劝当地害了病的州官，说只有重新修建这座大礼拜寺，州官的头痛病才会好。州官答应了他们的要求，头不再疼了，而且在他的辖区里，年年风调雨顺，百姓安居乐业。哈姆则的40个"晒黑古杜卜"，也在当地结婚成家，繁衍生息。哈姆则去世后，就安葬在当地的大山岭上，后人就把这条山岭叫作哈姆则岭了，直至如今。

"赤孜拉妖""璐妇人斩蟒""称够湾""葡萄山"等传说，则热情地歌颂了东乡族青年男女勇敢地追求幸福美满的爱情生活，对他们与邪恶势力拼死相搏的场面，描绘得细腻生动，催人泪下。

东乡族的民间文学中，故事占的比重最大，所反映的内容涉及生产、生活的各个方面。表现受苦受难的贫困人民与"诺彦"（官僚）、"头豪"（头人）和"尕扎占"（地主）做斗争的有《背地的故事》《俄晃祖哈》《孤儿与后娘》《三县的衙门（役）》《昂把斯》《新媳妇驱鬼》《尕孙孙》《阿卜杜的巧计》等。爱情故事有《双双金鸟》《白羽飞衣》《沙郎哥》《挡羊娃与牡丹花》《姣姣女》等。寓言童话故事有《聪明的地达达》《可恶的地狗》《虚荣的喜鹊》《麻囊与霍图》《猫和狗的古今》《牛心洞里的白鸽子》等。

除此之外，在东乡族民间文学中，还有不少的滑稽故事和民间趣闻。这些故事里都有个特定的主人公，叫玉斯哈。玉斯哈如同维吾尔族民间传说中的典型形象阿凡提一样，是个聪明机智的人物。他正直、勇敢、诚实、诙谐、幽默，"外憨内秀"，常设法把那些狡诈凶狠的"诺彦（长官）"、财主、奸商治得发愣，并把他们贪婪、无耻、虚伪、愚蠢的丑恶本质，揭露得淋漓尽致。同时对一些人的自私行为，玉斯哈也常以诙谐幽默的语言，进行善意的批评。

勤劳勇敢的东乡族人民不但创造了自己的历史，而且也创造了自己灿烂的民间文学。它们为我们伟大祖国的民间文学宝库增添了光彩，是祖国艺术宝库中一颗璀璨的明珠。

保安族民间文艺

在保安族的文学艺术中，最具特色的是保安族"花儿"。"花儿"是甘肃、青海、宁夏、新疆等省（自治区）回、汉、东乡、保安、撒拉、土族等人民群众中广泛流传的民歌之一。保安族的"花儿"以"保安令"（即"脚户令"）为主调，在演唱时除用汉语外，衬词、借词中往往有本民族语言以及撒拉语、藏语等。歌词一般多为六句式，也有八句、九句、十二句以至四十八句的。其内容大体可分为三类：

一是控诉和反抗旧社会统治阶级压迫剥削的"花儿"。这类"花儿"1949年前广泛流传，是保安族人民控诉、反抗黑暗社会，激发人民斗志的武器。如一首"花儿"中这样唱道："胡麻花开的蓝上蓝，天上的鹁鸽儿瓦蓝；如今活人是难上难，右难加的是左难。"深刻地反映了旧时劳动人民在反动统治压迫下的苦难生活。

二是表现保安族青年男女纯洁、真挚、坚贞不渝的爱情的"花儿"，这类"花儿"数量多，内容丰富，艺术性较高，流行最广，是河湟"花儿"中一枝永不凋谢的奇葩。1949年前保安族青年男女的婚姻，由于受封建礼教的束缚，自己不能做主，只凭"天定"和"父母之命、媒妁之言"而订终身，往往造成很多婚姻悲剧。保安族青年男女为追求自由、幸福的爱情，用"花儿"寄托自己的情思，同时控诉不合理的婚姻制度，如"高高的山顶上山丹花，黑头发想成了（个）白发；人家的阿哥们两三回，你怎么不看个我哩"，就是一首表达思念恋人的情歌。再如：

> 大山背后山靠山，
> 十二瓣叶叶的牡丹；
> 我不害怕王法铁绳（啦）连，
> 只害怕我俩的路断。

这首"花儿"不但用悲愤的歌声，对婚姻不能自主进行了控诉，而且表达了保安族男女青年冲破封建礼教束缚，忠实于爱情的坚定刚强精神。

三是歌颂党、歌颂幸福新生活的"花儿"。1949年后，保安族人民的政治地位和经济地位发生了巨大变化，生活水平不断提高，他们怀着对党对社会主义的深情厚谊，歌颂党的领导，歌颂民族团结，歌颂新社会好。正像一首"花儿"唱的：

> 尕鱼娃游在江河里，
> 清水儿清，
> 咋能离开个水哩；
> 尕光阴跌者福窝哩，
> 新社会好，
> 咋能不歌唱党哩。

充分反映了保安族人民对党的无比热爱和自己做了国家主人，走上社会主义道路的由衷喜悦的心情。保安族的"花儿"歌手，曾参加过1965年全国少数民族文艺会演、1979年全国少数民族民间歌手诗人座谈会和1980年全国少数民族文艺调演。保安族歌手演唱的"花儿"以音色明亮豪爽，旋律高亢优美，节奏自由奔放的独特风格，受到首都听众和民歌专家们的好评。

宴席曲，又称"家曲"，是保安族人民结婚时，在宴席场合演唱的一种民间传统曲调。宴席曲的传统演唱形式有独唱、对唱、和唱、随唱、问答、独唱加合唱、对唱加合唱等多种。它只有唱词，伴有简单的舞蹈动作，纯属清唱。宴席曲以曲调优美轻盈，潇洒抒情，节奏明快为特点。保安族地区比较流行的宴席曲有《恭喜曲》《五更哭》《高大人领兵》《送哥哥》《杨老爷领兵》《我的亲戚》《白丝布汗褡》等。其中《恭喜曲》的歌词是这样的：

> 恭喜（呀）恭喜（的）大（呀）恭喜（呀），庄子里的连（呀）手们来（呀）贺喜（呀）。星宿（呀）上来（者）一（呀）溜星（呀），月亮（吧你就）上（呀）来（者）笑（呀）笑盈盈（呀）。
> 我们（呀）来在（了）人（呀）门中（呀），明灯（嘛就）高（呀）挂（者）对（呀）联红（呀）。

喜庆色彩十分浓厚。爱情曲调，歌手只能演唱传统的爱情故事、历史故事和喜庆词曲，倘若歌手不分场合，随意乱唱，言辞不规，就会遭到主人的指责，甚至被驱逐出去。演唱宴席曲，至今仍然是保安族婚礼中一个饶有兴味的组成部分。

在保安族的婚礼中，还曾存在过一种叫《哭嫁歌》的特殊形式，是姑娘出嫁时所唱的。内容基本上都是反映姑娘诉说父母养育之恩而难舍难分，以及婚姻不自由等。

保安族的舞蹈刚健有力，节奏明快，融合有藏族舞蹈的特色，反映了保安族人民乐观豪迈、不畏艰险、追求自由幸福的民族性格。舞蹈《保安腰刀》曾获1980年全国少数民族文艺调演优秀节目奖。

保安族的民间文学十分丰富，形式多样，现已整理发表的有揭露封建地主阶级贪得无厌的阶级本性，描绘保安人民与邪恶势力以及大自然斗争的神话故事《神马》；教育人们做事要缜密周到，不能毛躁、主观臆断，富有哲理性的民间传说《妥勒尕尕》；歌颂聪明机灵的保安族木匠和他漂亮而贤惠的妻子，智斗奸诈阴险的财主的故事《聪明的木匠》，以及《阿舅与外甥》《库其过阿勾和自留阿勾》《九个弟兄和两个弟兄》《哈比的故事》等。其中最有代表性的是传统民间故事《三邻舍》，它讲的是在很久以前，大河家地区住着三户人家，每户当家的，各有一套神奇的本领。东家大哥是个"风里耳"，能听见远近的声音；西家二哥是个"穿山眼"，能看见山背后的一切；北家三哥是个"万能手"，心灵手巧，会做各式各样稀罕的东西。三个邻居平时互相帮助，生活得很和睦。在不远的南山有个魔王，心里非常忌妒三邻舍的和平生活，于是勾结黄河神，多次施展阴谋，挑拨离间，使三邻舍失去了互相帮助的力量，受不住各种灾害，都先后死去。临死的时候，他们才醒悟，知道上了魔王的当，认识到只有和睦团结，齐心合力，才能战胜恶魔降下的灾难。儿孙们接受了祖先这个遗训，终于生存下来，成为三个繁盛的民族——住在大河家的是"保安族"，住在太子山下的是"东乡族"，住在三二家的便是"土族"。这个故事取材于神话，生动地反映了保安族人民与其他兄弟民族友好相处的历史，寓意深刻，富有哲理。

裕固族民间文艺

裕固族人民有着珍贵的文化遗产，民间文学的内容丰富，形式多样，有神话、传说、故事、民歌、叙事诗、格言、谚语等。尤其是民歌独具风格，曲调朴实优美。学术界认为裕固族民歌在乐调和形式方面，既继承了古匈奴的某些特色，又吸收了藏族"拉伊"、蒙古族"酒曲"、回族"花儿"、土族"宴席曲"的某些优点，并且把各种风格巧妙地融为一体，成为独

具本民族特色的优秀民间文学。从已经整理并刊印的民间文学看，民歌在格调上多为两句一节，形成三节六句的形式，也有三句一节的，还有少量的四句、六句一节的。常用比喻、夸张、拟人、对比等表现手法；山川、湖泊、森林、花卉、草原、雪山、冰峰、飞禽、走兽等，常常成为比兴的对象。叙事诗有叙述和歌唱两部分，以唱为主，以叙为辅。在神话、传说中，保留着本民族不同历史时期的政治、经济、文化、宗教、习俗、道德、观念诸方面的原始素材，是研究民族学，乃至社会学、宗教学、民俗学所不可缺少的资料。已整理出来的作品有《尧熬尔来自西至哈至》《黄黛琛》《萨娜玛珂》《莫拉》《神箭手射雁》《金银姐妹与木头姑娘》《贡尔建与央珂萨》《两个兄弟》《珍珠鹿》《白天鹅和天鹅琴》《牧人、兔子和狐狸》《黄鸭子和天鹅》《戴头面歌》《婚礼曲》等几十篇之多。如《尧熬尔来自西至哈至》，全文共9节，400多行，用说唱形式叙述了裕固族于明代东迁入关的历史，除文学价值以外，可以补《明史》记载不详之缺陷。在唱到明王朝安置东迁各部时，唱词是这样的：

> 部落长前去说情，
> 肃州长官向朝廷把文书奏上，
> 洪武帝施下大恩大德，
> 让尧熬尔安居在肃州东方。

《黄黛琛》的篇幅更大，全文除开头的叙述和演唱外，共分《爱情》《逼婚》《冤仇》《屈死》《尾声》五节，通过黄黛琛和苏尔旦的爱情悲剧，揭露了旧社会的罪恶，歌颂了裕固族人民反抗压迫、反抗封建礼教的斗争精神。《尾声》中有一段是这样唱的：

> 美丽的黄黛琛，
> 你的灵魂是那样的美好；
> 好像雨后的彩虹，
> 谁不愿常留心中。
> 一对白天鹅飞进白云，
> 这多像你和苏尔旦的化身；
> 愿你俩与日月长存，
> 永生永世甜蜜相亲。
> 让我们尧熬尔的子孙，
> 都懂得苦难中的爱情；
> 安息吧！在你俩甜睡的泉边，

弹奏起深沉古老的天鹅琴。

1949 年以来，在原有的文化基础上，出现了书面文学，创作了不少新的民歌、诗歌。《坡坡水水歌连歌》，根据传统民歌三句一节的格式，描述裕固族社会的巨大变化和裕固族人民热爱家乡的新内容，不失为一篇佳作：

> 心里的歌，是欢乐的歌，
> 像奔腾的隆畅河。
> 心里的歌，是甜蜜的歌，
> 似沙枣花香飘满坡。
> 隆畅河的水哟，祁连山的坡，
> 坡坡水水歌连歌。

为了发展本民族文化，肃南裕固族自治县于1958 年建立了文工团，设有歌舞、戏剧两个队。1975 年改为文工队，经常深入牧区，演出反映本民族生活风貌的文艺节目，并多次出席张掖地区、甘肃省及全国的文艺会演，受到了多次奖励。肃南裕固族自治县还举行了三次全县性的群众文艺会演，推动了文艺创作和文化活动。目前，不少乡、村建立了文化站、文化室、图书室，开展群众性的文化活动。在专业文艺工作者和群众的结合下，创作出了《裕固族姑娘就是我》《裕固族幸福哪里来》《裕固族草原换新天》《隆畅河，友谊的河》《裕固族人驰骋在千里草原》等许多音乐、舞蹈作品。还成立了县文化馆，藏书一万多册。办起了新华书店，为各族人民提供图书资料。电影、广播等文化事业也从无到有、从小到大地发展了起来。裕固族人民的文化事业发展到了一个新的历史时期。

造型艺术 裕固族的历史文化遗产中还有优美的造型艺术。裕固族人民擅长编织，他们在河西回鹘时期，就有着美观大方、结实耐用的褐子，是历史上向中原王朝入贡的主要贡品。现在，在口袋、马缰绳等生活和生产用品上，也编织各种美丽的花纹、图案。过去，裕固族妇女的发饰上有用珊瑚、海贝、各色绸缎和丝绒编织成的方形、三角形、圆形图案，色彩鲜明。刺绣和剪纸也很盛行，如妇女的衣领、袖口、布靴上都绣有各种花、鸟、虫、草等图案。剪纸的图案与刺绣的图案相似，尤以各种牲畜的图案为佳，色彩协调，形象活泼，栩栩如生。近几年来生产的地毯、马褥子、坐垫等，图案仍保持传统的特色。裕固族的

造型艺术，不愧是裕固族文化遗产中的一朵鲜花。

撒拉族民间文艺

撒拉族的口头文学丰富多彩，总的可分说、唱两大部分。说的部分有故事、传说、神话、童话、寓言和笑话等形式；唱的部分有撒拉曲、宴席曲、民谣、劳动号子、摇篮曲、丧葬调以及"花儿"等多种曲调。在旧社会里，由于长期的封建统治和宗教影响，劳动人民创造的许多优秀作品和歌谣渐渐失传。1949 年后，民族文艺得到了新生，收集、整理了一大批作品，创作了许多优美、健康的歌谣，使民族文艺绽开鲜花。

说的部分的代表作有《阿姑尕拉吉》《阿娜那木起》《公道县长》《砍柴娃》等。不少故事和传说，真实地反映了旧社会里撒拉族劳动人民的悲惨遭遇，歌颂了他们勤劳勇敢、敢于反抗斗争的精神。它们不仅具有较为深刻的思想内容，而且具有较高的艺术价值。绝大多数作品中运用积极浪漫主义手法，以丰富的想象、夸张的铺陈、神话的色彩，赋予作品巨大的艺术感染力。民间艺人和讲述者还运用说唱相辅、长吟低诵等多种技巧，增加了作品的深远意境和浓郁的民族特色。

唱的部分以宴席曲和"花儿"为主。这两种曲调有的是以汉语演唱的，由于与回族杂居，许多回族的宴席曲和"花儿"也在撒拉族中盛行。宴席曲是在婚嫁喜庆日里所唱的祝贺歌曲，演唱时有独唱和合唱等形式，并伴有一些简单的舞蹈动作，增添了喜庆气氛和表演力。主要作品有《阿里玛》《方四娘》等。《阿里玛》是一首广泛流传、老少皆知的曲子。"阿里玛"本是山野里的一种小花，"才开的花芽是绿绿的，绽开的花朵是红红的，落去的花瓣是白白的"，以花喻人，以"阿里玛"美丽多彩的花色来形容撒拉族、藏族、蒙古族、土族和汉族的妇女。它以轻快的曲调、形象的语言，描绘了各族妇女的衣着服饰，成为民俗学上研究民族服饰的宝贵资料，并从侧面反映了撒拉族与附近兄弟民族杂居相处、和睦友爱的地区特色。

撒拉族的宴席曲还具有浓郁的民族风格。每首曲子都由若干段意义完整的短诗组成，这些短诗紧紧围绕着主题，或叙述一个故事，或抒发某种感情，或塑造一定形象。每首曲子又都有一套固定的调门，调门的声乐形象服务于内容，表达喜怒哀乐等不同的情

感。从内容上说，大多数曲子属于爱情故事，反映了旧社会里青年男女由于恋爱、婚姻的不自由，渴望冲破封建礼教的网罗，追求真诚的爱恋和幸福生活。从表现手法来看，大量运用民歌中常见的比兴手法，借物喻情，借物喻人，借物咏志。从格律上分析，每曲结构虽较自由，但每段的句式以四、六、八句者较多，每句则以五言句为常见。曲调节奏短促而明快，旋律奔放又激昂，尾词拖音悠长，千回百转，易于抒发歌唱者炽热的深厚情感。从语言上说，歌词优美，音乐感强，词汇丰富，比喻贴切、形象，寓意深刻，因而深受群众喜爱。

"花儿"是西北地区各族群众十分喜爱的一种山歌。撒拉族"花儿"声调清亮、自由奔放，颤音优美。其曲调有《撒拉大令》《水红花令》《白牡丹令》等多种，歌词一般为四、六句，有独唱、对唱、联唱等形式，在用汉语歌唱的同时，大都加用撒拉语作衬词，使其更具民族情调。如一首较为古老的"花儿"：

> 上去（者）高山望平川，
> 平川里有一朵牡丹；
> 看去容易（者）摘去时难，
> 摘不到手里是枉然。

在旧社会，"花儿"是劳动人民控诉黑暗统治的一种最习见的文艺形式。如：

> 马步芳修（哈）的乐家湾，
> 拔走了我心中的少年；
> 淌（哈）的眼泪和成面，
> 给阿哥烙（哈）上个盘缠。

这首"花儿"唱出了人民群众对反动统治者拔兵的怨恨。构思奇特又真切，感情细腻又深厚，朴实无华，意境开阔。

1949年后，撒拉族人民翻身做了主人，"花儿"这支根植于民间文艺深厚土壤里的艺术之花，绽开了奇葩，被赋予了新的内容和新的生命，成为广大人民群众纵情歌唱幸福生活、歌唱爱情、歌唱祖国和伟大的党、歌唱社会主义"四化"的最普遍的文艺形式。人们即兴抒情，开口成歌，编唱、创作了大量的"花儿"。如：

> 人说的天堂我没有见，
> 好政策，
> 看见了"四化"的远景；
> 幸福的生活比蜜甜，
> 不信了看，
> 真天堂就在（么）人间。

后 记

这部《中华民俗大典·甘肃卷》(以下简称《甘肃卷》)的资料搜集整理工作实际上是从 1985 年民间文学三套集成(民间故事、民间歌谣、民间谚语)的普查、搜集工作时就开始了。我们民间文艺家协会组织过全省的民间文艺工作者从事民俗调查搜集,和三套集成一样,要求原始性、科学性、代表性。甘肃省民间文艺家协会先后召开过三次民俗学术研讨会,搜集积累了大量的民俗资料。

2001 年我将多年搜集的民俗资料编辑出版过一部民俗专著《三陇民俗》,对于甘肃各地区和各民族的主要民俗进行叙述。在民俗学家段宝林先生倡导编纂《中华民俗大典》时,民俗泰斗钟敬文老先生就一直主张编纂中国民俗大全。钟老亲自对我说:民俗大全要把民间文艺研究史编进去。敦煌是世界文化宝库,《甘肃卷》要把"敦煌古俗"编进去,这才是甘肃特色。我遵照钟老的指示开始收集敦煌古俗。现在这部《甘肃卷》的资料一部分是我们甘肃同仁柯杨、华杰、武文、刘文江、徐志贤、麻泥浪、杨柳、赵宝玺、曾施霖、宁文焕、刘大有、高仲选、彭金山、石磊、王知三、王沛、马少青、郭仪、李德明、田志成等多年田野作业的成就,也有我的民俗专著《三陇民俗》的大部分资料,还有我几十年田野作业的成果。敦煌古俗一章的编纂受到敦煌研究院段文杰、谭蝉雪、王进玉、谢生保等同志的大力支持,还有来源于敦煌研究院的文史资料,特别要感谢南京大学高国藩教授,他把几部敦煌古俗研究专著推荐给我,对于敦煌古俗编纂起到很大帮助。在编纂民间文艺研究一章时吸收了李文衡主编的《甘肃当代文艺五十年》中的有关民间文艺研究史的文章。

《甘肃卷》的编纂还得到省内外其他民俗工作者的支持和协助,为我们提供稿源,特别是已故兰州大学中文系教授、民俗学家、中国民俗学会副理事长柯杨先生的亲自指导,不但给我们提供多篇民俗调查报告,还代表中国民俗学会审稿,为之写序。

《甘肃卷》根据中国民俗学会的编纂大纲分八章,加上"敦煌古俗"为九章,出版社建议把工艺美术单列一章,总共十章。

这部《甘肃卷》从 1985 年开始到今天历经 37 年,陪我从中年走到暮年。当年参与搜集和讲述的人很多已经不在世了,很多传统民俗也已经失传了。为我们出谋划策的民俗泰斗钟敬文老先生离开我们近十年了,为我们写序的兰大教授、中国民俗学会副理事长柯杨先生离开我们近 5 年了。为民俗大典几十年四处游说,上下奔走筹集经费、寻求出版的北大教授、民俗学家段宝林先生已是近九旬老人了。他们的共同心愿是使这部民族文化遗产能得以保存,得到出版。特别要感谢商务印书馆为《甘肃卷》的出版花了不少人力和财力,才使这部濒临失传的非物质文化遗产得以保存。

因为水平有限不能尽善尽美,还望读者谅解。

黄河

2022 年 6 月